あいうえお
かきくけこ
さしすせそ
たちつてと
なにぬねの
はひふへほ
まみむめも
や ゆ よ
らりるれろ
わ

すぐに使える

手話 パーフェクト 辞典

有限会社手話文化村代表
米内山明宏［著］

Perfect Dictionary of
sign language

ナツメ社

はじめに

数多い手話辞典の中からこの一冊をお求めいただき、ありがとうございます。

本書は、好評をいただいている『すぐに使える手話辞典6000』（ナツメ社刊）をもとに、日常よく使われる語や現代に定着しつつある新語、あわせて約1万1000語を集め、わかりやすいイラストとともに紹介した手話辞典です。

とくに本書では、手話の単語が引けるだけでなく、単語から表現のバリエーションを広げられるものについて「ほかの表現」という方法でイラストと解説を加えました。また、それぞれの単語の意味や用法、用例を明らかにするため、代表的な熟語や例文を「使い方例」として掲載しました。表現例を多く示すことで、より活用できるように工夫をこらしました。

さらに、巻頭・巻末には、手話に関する基本情報のコラムや、向きを変えるだけで違った意味を表す単語、数字を使ったさまざまな表現、都道府県名や苗字といった固有名詞など、いっそう表現の幅を広げるための情報を紹介しています。

学習者の方々には、この本を手話学習の参考にされるにあたって、学習とあわせて「言葉は、文化や生活とともにある」ということを忘れないでいただきたいと思います。この本が、「ろう文化」という異なる文化を学び、それによって、それぞれの方自身の持つ世界観を広げる手助けになるよう、そして何より、ろう者と接する場面で、みなさんのお役に立つことを願っております。

米内山明宏

もくじ

はじめに……2
この辞典の使い方……4

会話に役立つ表現集……6
向きによって意味が変わる表現……6
数の表現法……8
数の活用法……10
アルファベットの活用法……12

手話のポイントを覚えておきましょう……14

あいうえお順手話辞典……21

固有名詞・基本単語……581
都道府県名……582
地域名……593
いろいろな地名……595
観光地……601
外国の地名……606
苗字……613
デパート……619
スーパーマーケット……621
コンビニ……622
飲食店……623
ファッションブランド……625
自動車メーカー……626
家電メーカー……627
プロ野球の球団……628
プロ野球の球団(メジャーリーグ)……630
1～12月……631
指文字表……633

さくいん……637

付録
指文字ポスター

この辞典の使い方

あいうえお順手話辞典

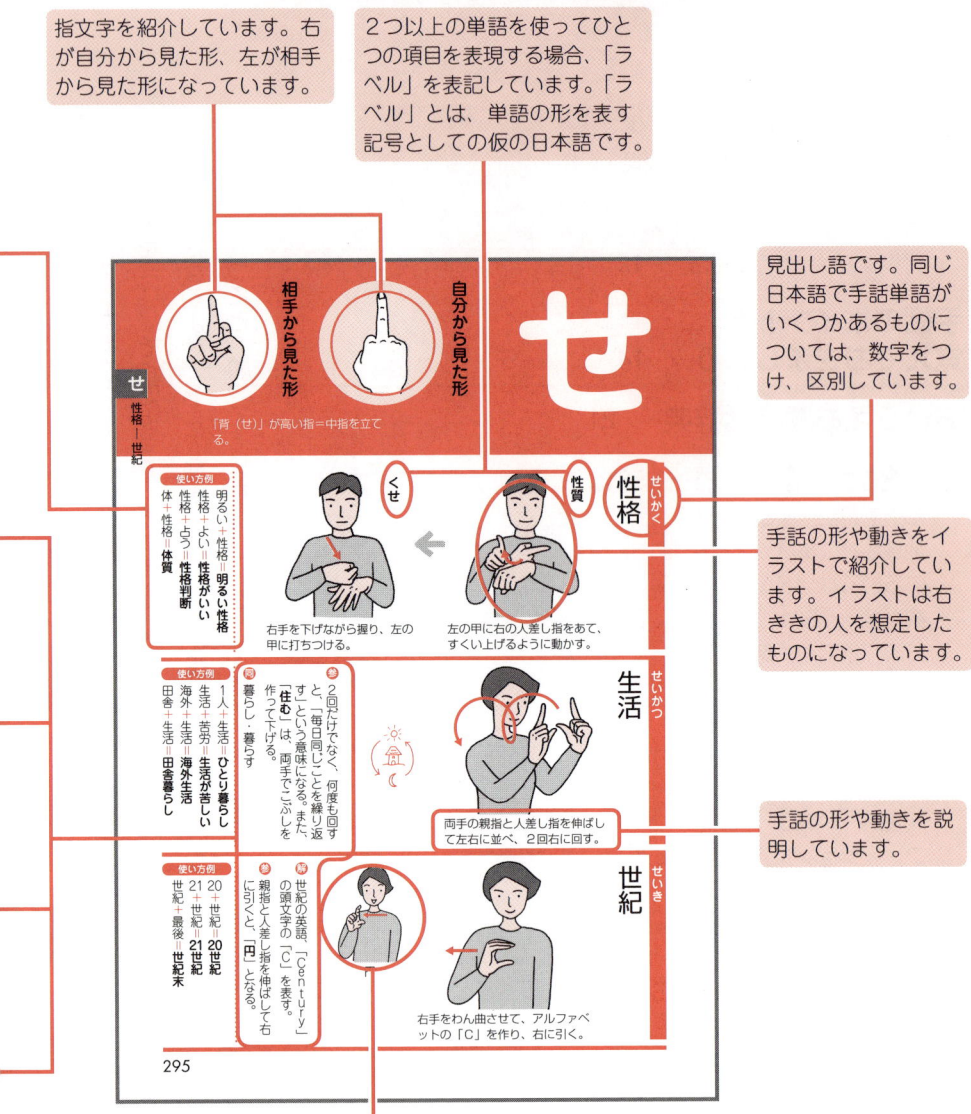

指文字を紹介しています。右が自分から見た形、左が相手から見た形になっています。

2つ以上の単語を使ってひとつの項目を表現する場合、「ラベル」を表記しています。「ラベル」とは、単語の形を表す記号としての仮の日本語です。

見出し語です。同じ日本語で手話単語がいくつかあるものについては、数字をつけ、区別しています。

手話の形や動きをイラストで紹介しています。イラストは右ききの人を想定したものになっています。

手話の形や動きを説明しています。

それぞれの項目のほかの表現、反対語、類似表現、あわせて覚えたい単語の動きや、別の角度から見た手話の形や動きを紹介しています。

紹介した単語を使った例文をわかりやすく、イラストとともに解説しています。ラベルの下の数字は、それぞれの単語が解説されているページです。

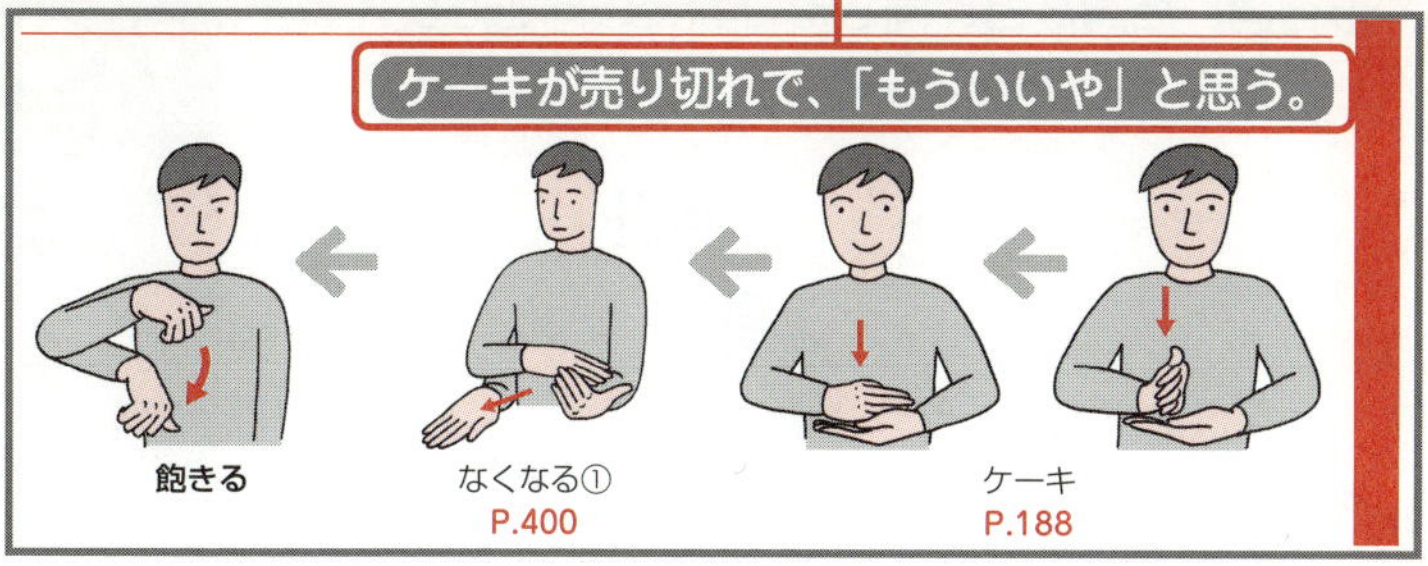

使い方例

単語を使った熟語や例文などを紹介しています。あわせて覚えると、単語数が大幅にアップします。なお、紹介している使い方は一例であり、ほかにもいくつか表現があるものもあります。

固有名詞・基本単語

県名などの地名、苗字や企業名など、覚えておきたい固有名詞をまとめました。

単語の由来や単語の持つほかの意味など、プラスアルファの情報を解説しています。単語を覚える手助けとなります。

解

単語の成り立ちや由来などを解説しています。ただし、現在使われている意味が、由来からかなり変化しているものもあります。

参

単語を表現する上での注意点や類似表現、ほかの表現、手の動きを少し変えた場合のほかの意味などを紹介しています。

反

「うれしい」↔「悲しい」など、反対の意味を持つ単語や、「兄」↔「姉」など、対になる単語を紹介しています。

同

単語の持つほかの意味（類義語を含む）を紹介しています。ただし、手話にはいろいろな表現があるため、同義語同士が必ずしも一致するわけではありません。

向きによって意味が変わる表現

手話単語には、動詞や形容詞、名詞など、同じ形で動きの向きを変えるだけで、意味が逆（対）になるものがあります。

【昨日】

右手の人差し指を立て、肩の位置から後ろに持ってくる。

【明日】

右手の人差し指を立て、肩の位置から前に出す。

【姉】

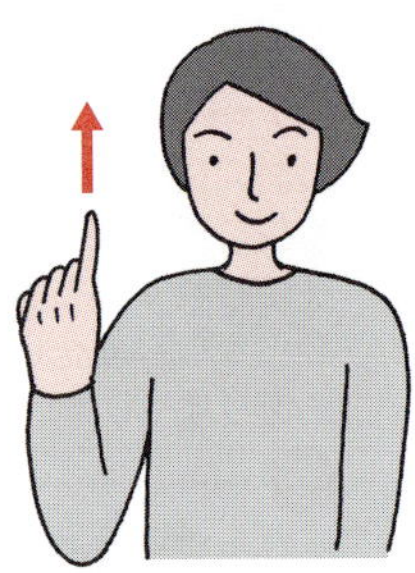

右手の甲を前に向け、右手の小指を立てて、上げる。

【妹】

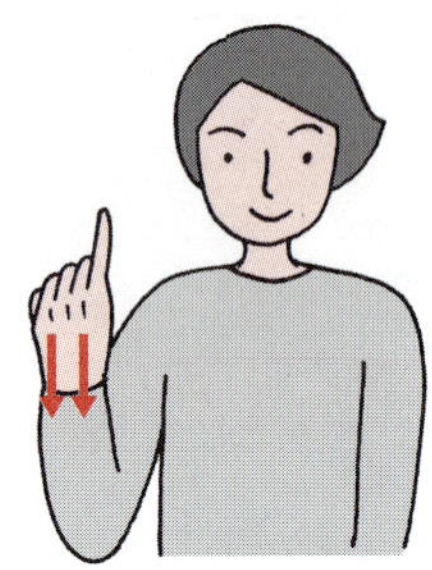

右手の甲を前に向け、右手の小指を立てて、２回下げる。

【背が高い】

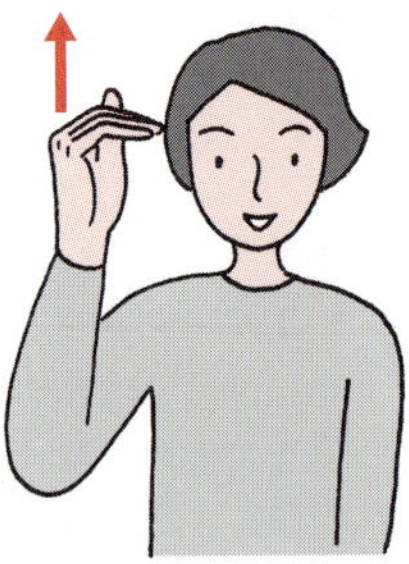

右手の指をそろえて折り、目の横に持ってきてから上げる。

【背が低い】

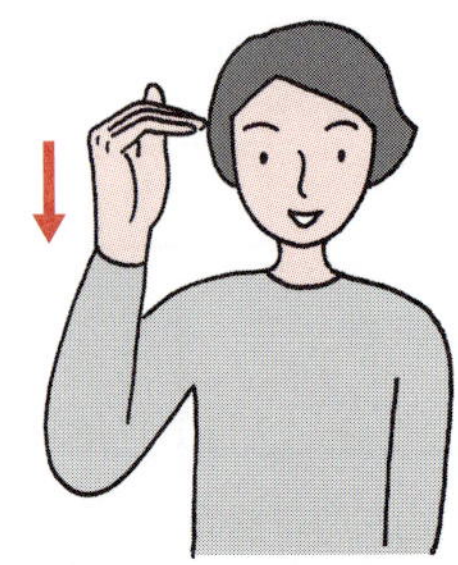

右手の指をそろえて折り、目の横に持ってきてから下げる。

【連絡を受ける】

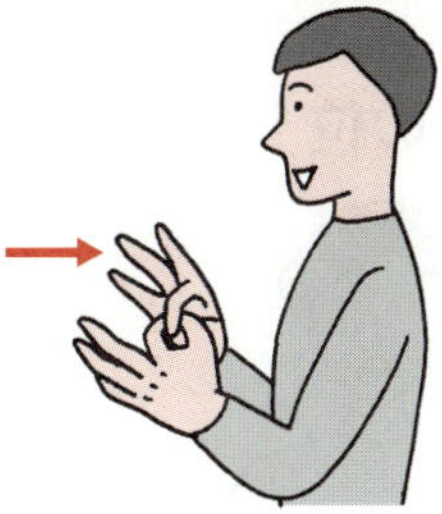

両手の親指と人差し指で輪を作ってからめ、手前に寄せる。

【連絡する】

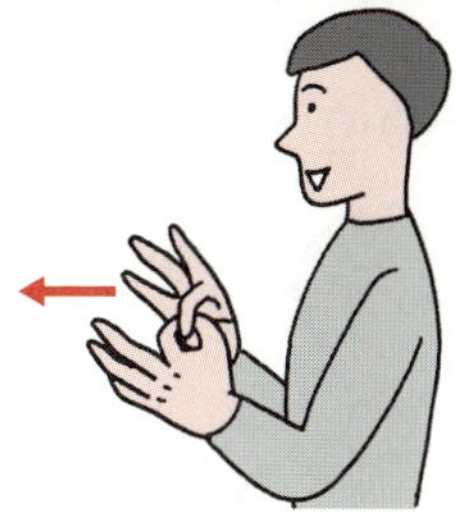

両手の親指と人差し指で輪を作ってからめ、前に出す。

【助けられる】

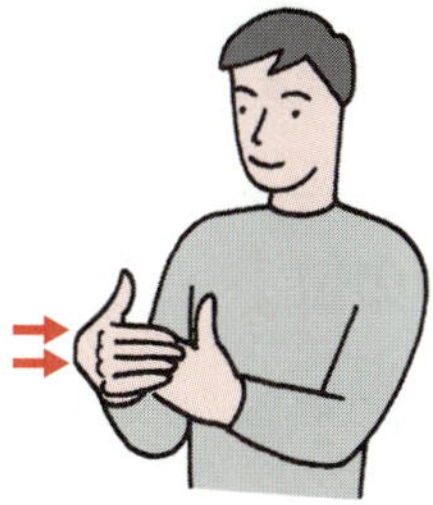

左の親指を立てて右の手のひらを添え、前から２回押す。

【助ける】

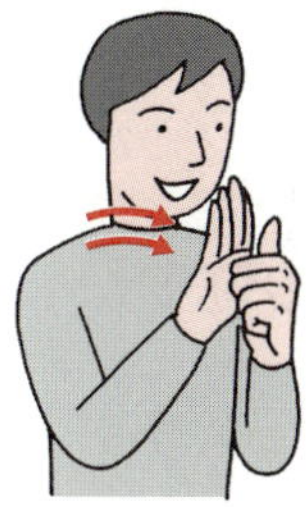

左の親指を立てて右の手のひらを添え、前に２回押す。

【説明を受ける】

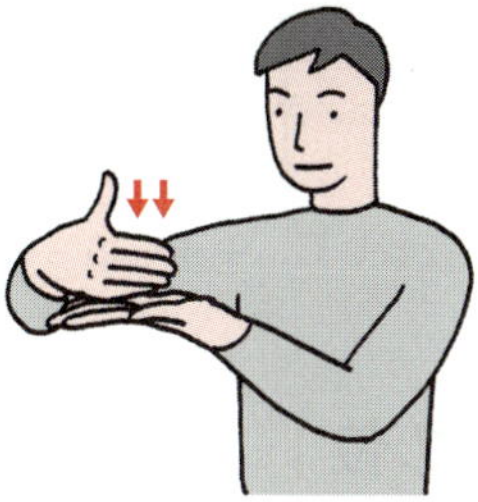

右手の指先を手前に向けて、左の手のひらにトントンと２回あてる。

【説明する】

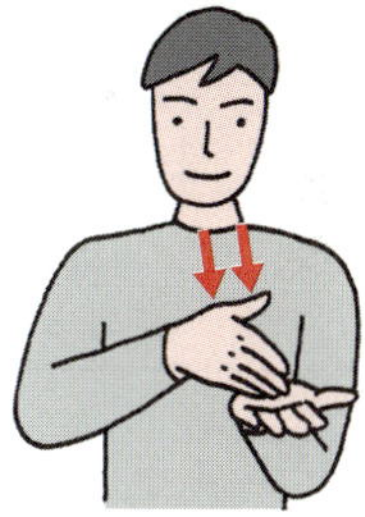

右手の指先を前に向けて、左の手のひらにトントンと２回あてる。

【入ってくる】
（自分のいる団体などに他者が）

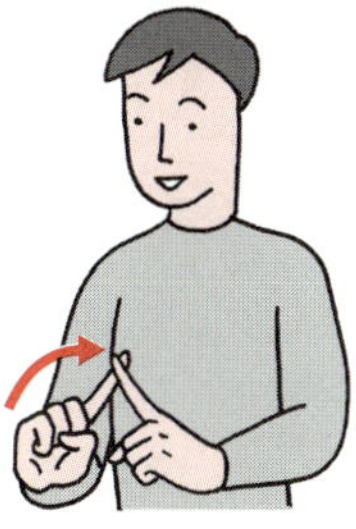

両手の人差し指で自分から見て「入」の字を作り、手前に倒す。

【入る】

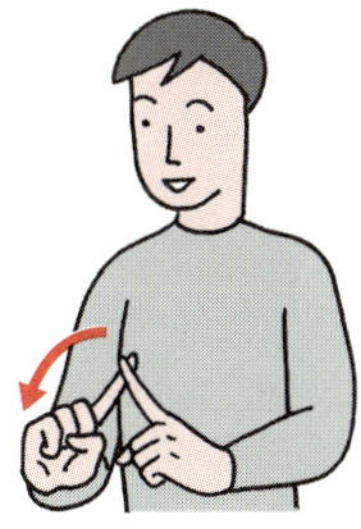

両手の人差し指で自分から見て「入」の字を作り、前に倒す。

数の表現法

一の位、十の位、百の位、……、数の基本的な表現法から大きな数字の表し方を紹介します。あわせて、日にちの表し方も覚えておきましょう。

【一の位】

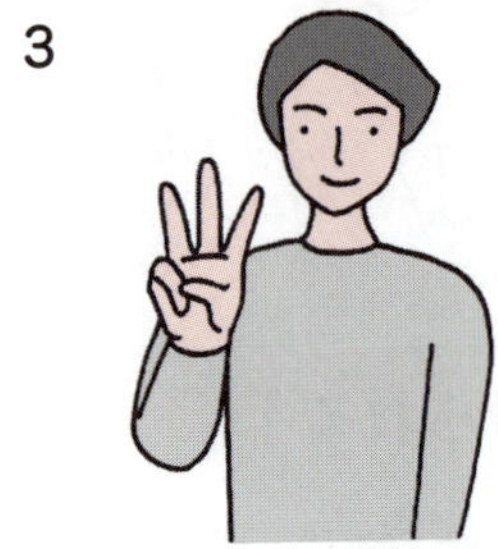

指文字の数字をそのまま表す。

【十の位】

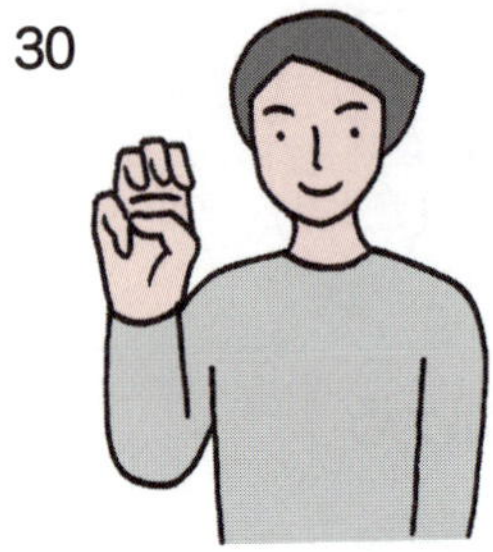

指文字の数字をそのまま表す。なお、10の位は指の第一関節を曲げることで表現する。

【百の位】

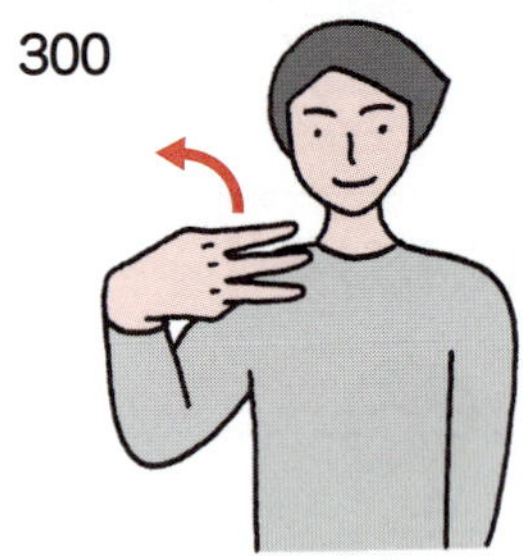

それぞれの数字を表して、手首を軸にして上げる。

【千の位】

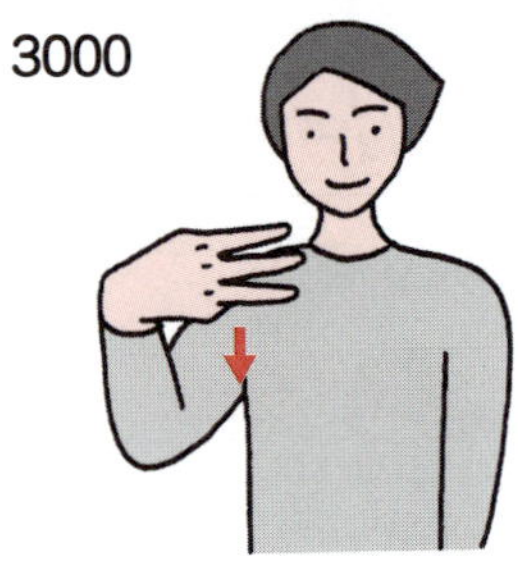

それぞれの数字を表して、手首を軸にして下げる。

【万の位】

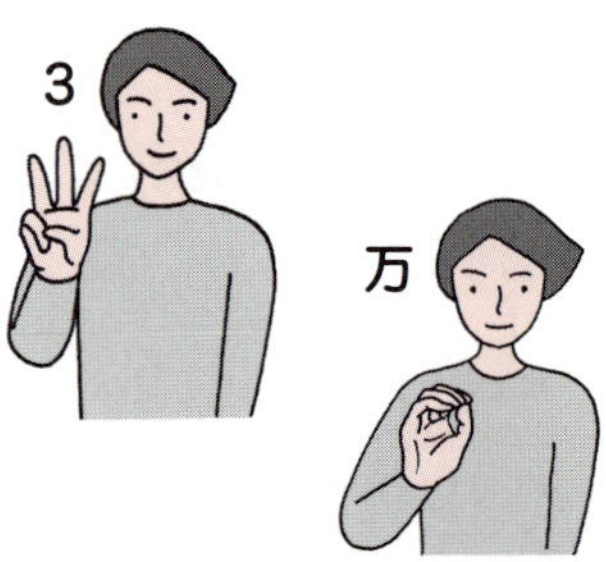

「万」は右手の5本の指先をつける。
(例)「3＋万＝3万」

【億の位】

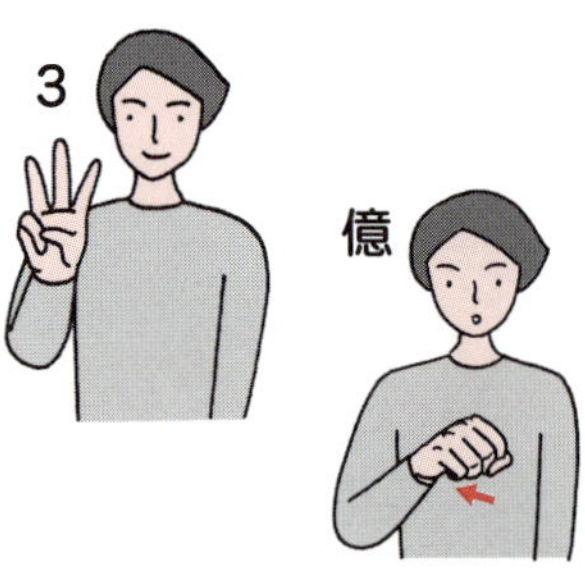

「億」は手のひらを前に向けて開いておき、握りながら手前に引く。
(例)「3＋億＝3億」

「1億2345万6789」を表現してみよう

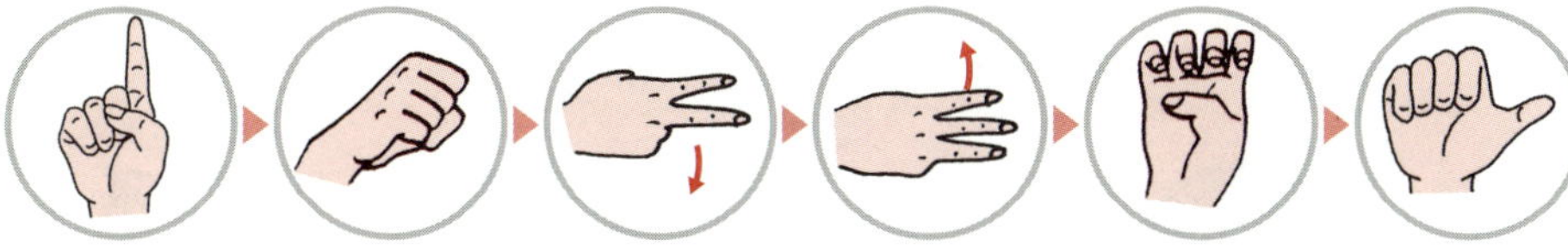

1　億　2000　300　40　5

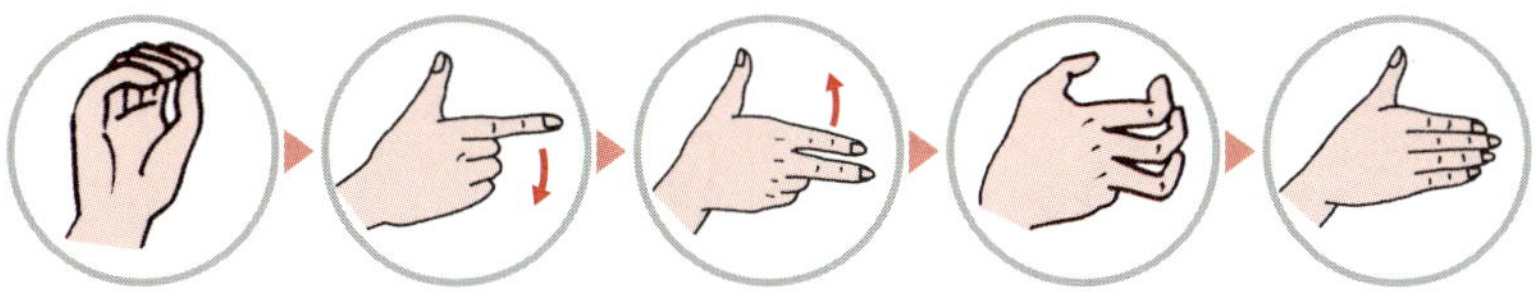

万　6000　700　80　9

日にちの表し方

【月と日が同じとき】

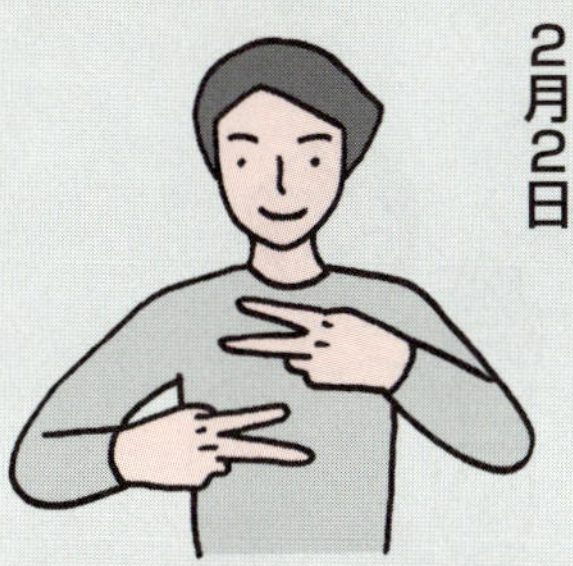

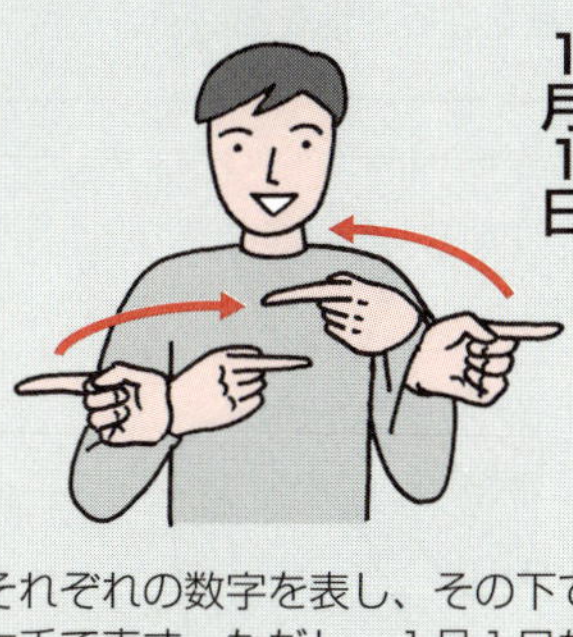

左手でそれぞれの数字を表し、その下で、同じ数字を右手で表す。ただし、1月1日だけは、両手の人差し指を伸ばし、手首をひねって真ん中に持ってくる「正月」を使う。

【月と日が違うとき】

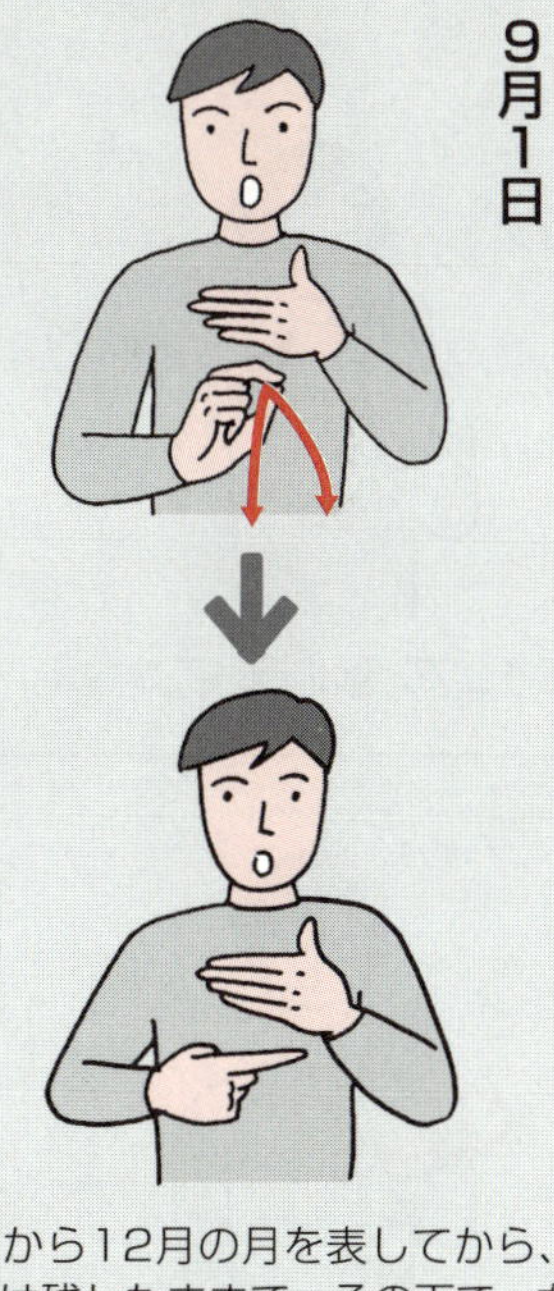

1月から12月の月を表してから、左手は残したままで、その下で、右手で日にちを表す。

数の活用法

手の形は数字を表し、それをさまざまに動かすことによって、いろいろな意味に変化させることができます。「3」を例にとって説明します。

【基本形「3」】

右手の人差し指と中指、薬指を横に伸ばす。

右手の人差し指と中指、薬指を立てる。

前に向けてひねる→「3分」「3円」

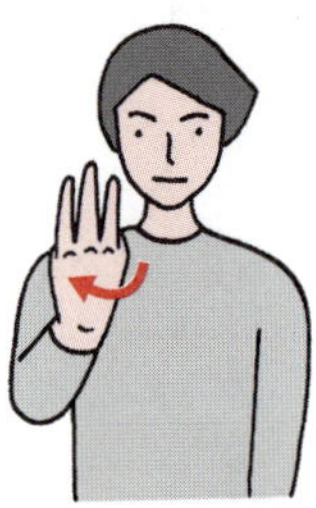

3指を立て、前に向けてひねる。

指を曲げる→「30」

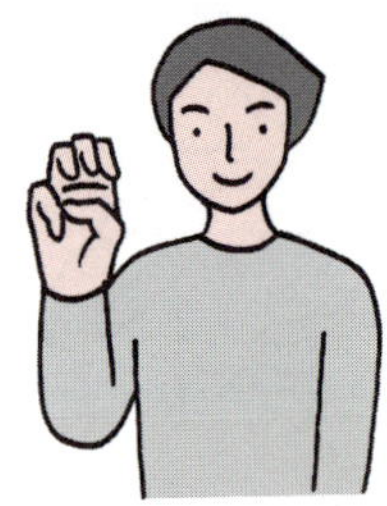

3指を立て、指を曲げる。

立てて水平に回す→「3時間」

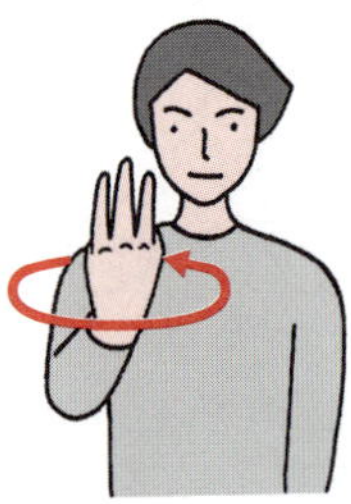

3指を立て、水平に円を描く。

はね上げる→「300」

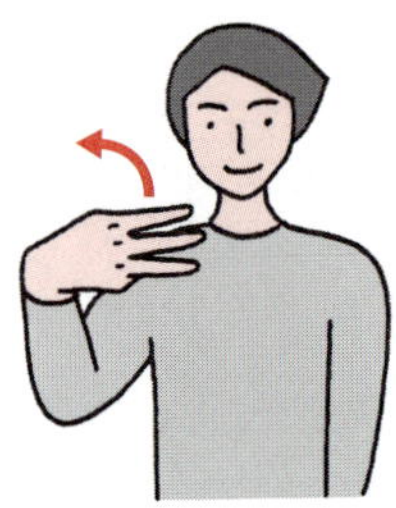

3指を横に伸ばし、はね上げて立てる。

手前にひねる→「3カ月」

3指を立てて、手前にひねる。

前に倒して手前に引く→「3級」

3指を立てて前に倒し、手前に引く。

2回下げる→「3000」「3月」

3指を横に伸ばし、2回下げる。

「人」と空書→「3人」

3指を立てて、「人」と空書する。

前に倒して右に引く→「第3」

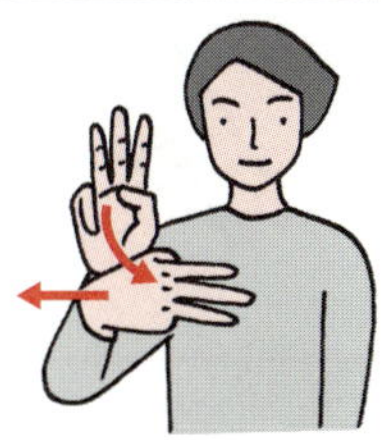

手首を軸に3指を下げてから右に引く。

1段上げる→「3倍」「3つ上」

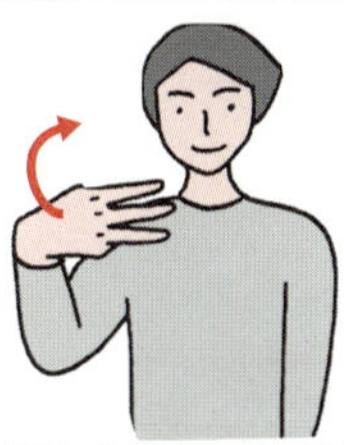

3指を横に伸ばし、1段上げる。

左手の筒を中心に手前に回す→「3年」

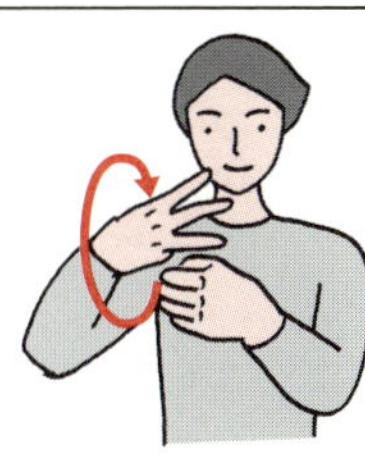

3指を横に伸ばし、左手の筒を中心に手前に回してのせる。

左手の筒にあてて引く→「3位」

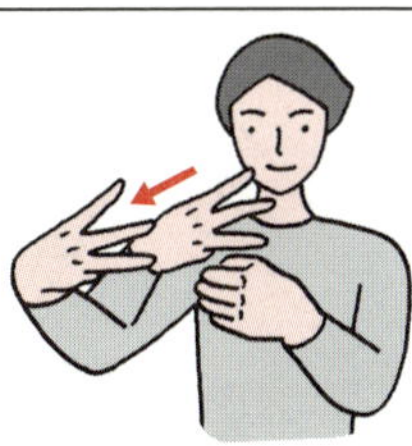

3指を横に伸ばし、左手の筒にあてて、右に引く。

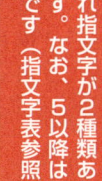

数字の1～4は、それぞれ指文字が2種類あります。なお、5以降は同じです（指文字表参照）。

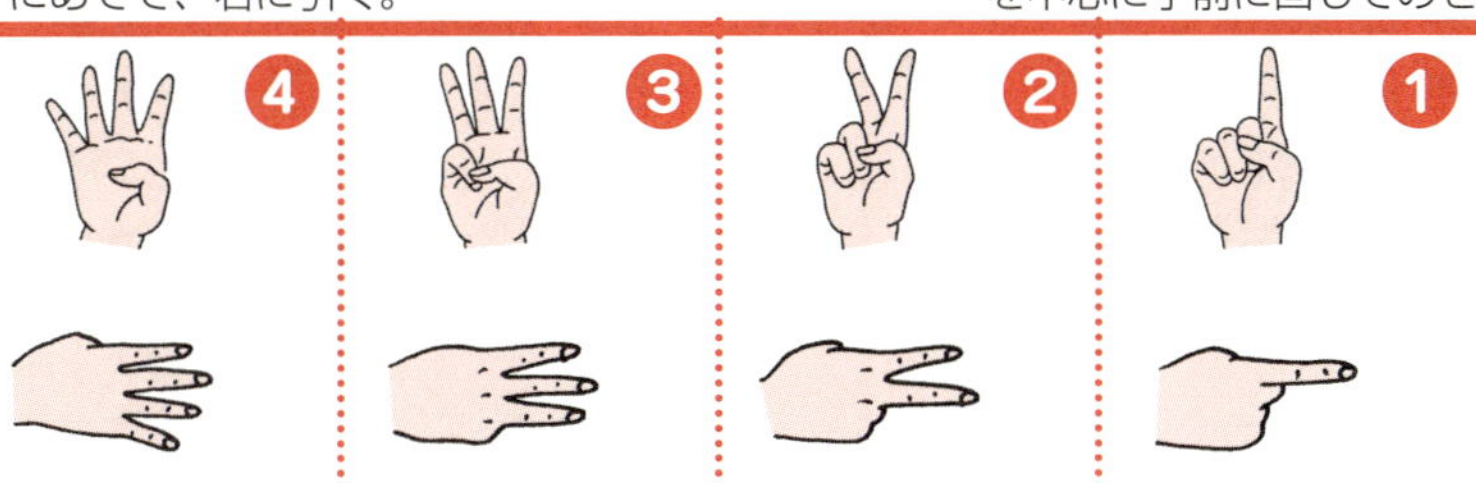

アルファベットの活用法

ポスターに掲載した指文字のアルファベット以外に、両手でアルファベットの形を作って表現する単語があります。よく使われるものとその使い方を紹介します。

A

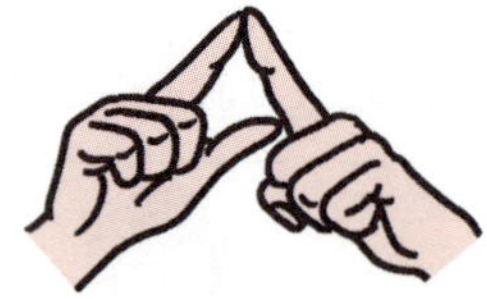

左の人差し指を立て、右の親指と人差し指を伸ばしてあて、自分から見て「A」の形を作る。

単語
血液型のA型、ブラジャーのAカップ、A定食、物語のAさん

B

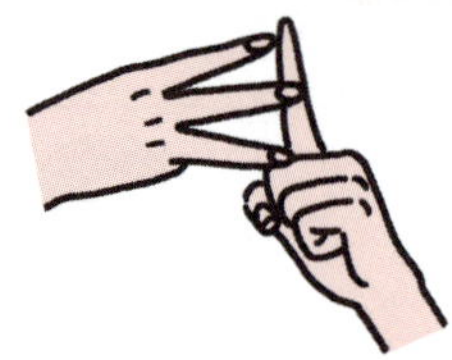

左の人差し指を立て、右の人差し指と中指、薬指を伸ばしてあて、自分から見て「B」の形を作る。

単語
血液型のB型、ブラジャーのBカップ、B定食、物語のBさん

D

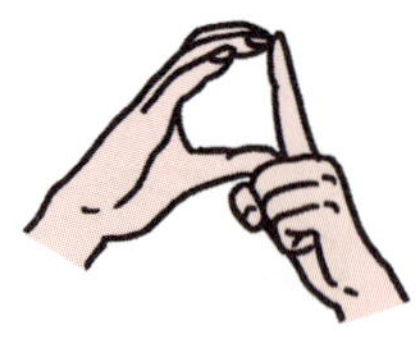

左の人差し指を立て、右の親指とほかの4本の指を離してあて、自分から見て「D」の形を作る。

単語
ディーゼル

使い方例
指文字のC+D=「CD」、M+D=「MD」

E

右手の人差し指と中指、薬指を伸ばし、左の人差し指をつけ、相手から見て「E」の形を作る。

単語
Eメール

F

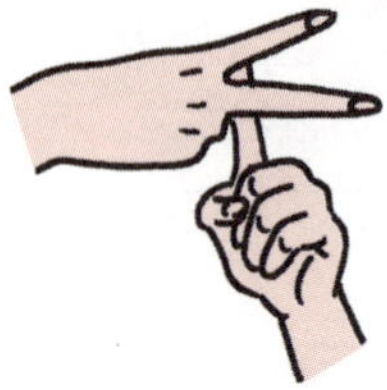

右の人差し指と中指を伸ばし、根元に左の人差し指をつけ、相手から見て「F」の形を作る。

単語
Fネット（FAX活用サービス）

G

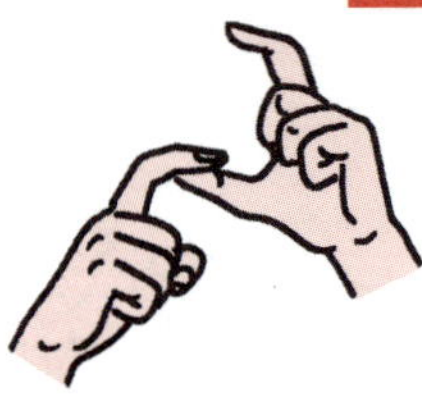

左の親指と人差し指を曲げて、右の人差し指をかけ、自分から見て「G」の形を作る。

単語
ジャイアンツ、ジーンズ

H

左の人差し指を立て、右の親指と人差し指を伸ばして、人差し指を左の人差し指につけ、「H」の形を作る。

単語
ホームルーム

K

左の人差し指を立て、右の人差し指で、自分から見て「K」の右側を空書する。

単語
～キロ、慶應義塾大学

M

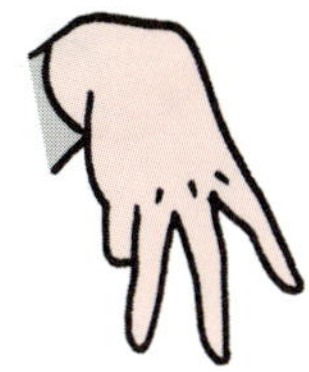

右の人差し指と中指、薬指を伸ばして下に向け、「M」の形を作る。

単語
洋服などのMサイズ、マクドナルド

使い方例
M＋指文字のO＝「MO」、M＋D＝「MD」

N

左の人差し指を立てて右の親指をつけ、右の人差し指を伸ばして、「N」の形を作る。

単語
（右手だけを斜めに上げて）NHK、（そのままの形で円を描いて）NEC

P

左の人差し指を立てて、右の人差し指で自分から見て「P」の右側を描く。

単語
ページ

使い方例
P＋R＝「PR」

R

左の人差し指を立てて、右の人差し指で自分から見て「R」の右側を描く。

使い方例
P＋R＝「PR」

S

右の人差し指で自分から見て「S」と空書する。

単語
洋服などのSサイズ、専攻科（ろう学校の高校の上の学校）

T

両手の人差し指を伸ばして、「T」の形を作る。

単語
Tシャツ

W

両手の親指と人差し指を伸ばして親指同士をつけ、「W」を作る。

単語
ダブル（2倍）、早稲田大学

使い方例
W＋ベッド＝「ダブルベッド」、W＋デート＝「ダブルデート」

X

両手の人差し指を伸ばして交差させ、左右の斜め下に引く。

単語
クリスマス

使い方例
X＋L＝「XL」、X＋S＝「XS」

手話のポイントを覚えておきましょう

1 日本の手話には、「日本手話」と「日本語対応手話」があります。

「日本語対応手話」は、日本語を話しながら手話の単語を並べていくことで、音声言語と手話を同時に使います。一方、「日本手話」は、日本語とは異なる独自の体系を持つ言語で、よりナチュラルな手話といえます。ろう者の多くが、「日本手話」を使っています。ただし、中途失聴者や難聴者の場合、「日本語対応手話」を使うことが多いようです。なお、本書では、日本手話での表現を紹介しています。

2 表現するときは、右ききの人と左ききの人では、違ってきます。

手話の動きは、手が動かしやすく、体に負担がかからないようになっています。よって、動きのあるほうをきき手で表現する、というのが基本です。本書では、右手がきき手である人を想定しています。左ききの人は、左右逆にすることで、スムーズに表現できます。

3 手話の語順は、日本語と同じものと違うものとがあります。

基本的には、「主語＋目的語＋動詞」の順になり、日本語とあまり変わりません。例えば、「わたしはアイスクリームが好きです」と表現する場合、「わたし＋アイスクリーム＋好き」となります。

ただし、形容詞を使う場合などは違ってきます。例えば、「甘いアイスクリーム」と表現する場合、「アイスクリーム＋甘い」としたほうが自然な場合があります。

どちらにしても、例外も多くあるため、語順を変えても表現できます。

4 基本的に、動きの回数には決まりがあります。

手話で単語を表現するとき、基本的には、その動きの回数に決まりがあります。例えば、「東京」は両手の親指と人差し指を伸ばして「２回」上げますが、１回だけだと「東」の意味になり、違う単語になってしまいます。また、別な単語と組み合わさることによって音韻が変化し、回数が数回から１回に変わる場合もあります。

そのため、本書では、回数を意識しながら表現したほうがよいものについては、回数を説明に加えてあります。

5 ひとつの単語で、いろいろな意味を持つ「語」があります。

ひとつの単語で、いろいろな意味をもつ「語」があります。例えば、「冬」「寒い」「怖い」は、すべて同じ単語で表現します。相手が何を伝えたいかを区別するには、文脈によって判断することになります。

本書では、同の項目で、それぞれの単語の持つ別の意味を紹介しています。

6 名詞には口型（こうけい）がつきます。

例えば、「アイロン」と「クリーニング」は同じ単語表現ですが、口型で区別されています。このように、普通名詞や地名などの固有名詞は、口型をつけて表現します。なお、口型とは、くちびるの動きのことで、「アイロン」なら「ア・イ・ロ・ン」とくちびるを動かします。

名詞以外の口型についても、さまざまな決まりや意味がありますが、ここでは、その説明は省きます。

7 基本的に、動詞とその動詞を名詞化したものは同じです。

例えば、「謝る」と「謝罪」、「働く」と「働き」、「断る」と「拒否・拒絶」は、それぞれ同じ単語を使います。このように、動詞と、それぞれの動詞をそのまま名詞化したものは、基本的に同じ単語となります。

8

手話には、ひとつの日本語にあたる、いろいろな表現があります。

ひとつの日本語にあたる表現がいろいろある語も多くあります。例えば、「行く」は、「一人で行く」「車で行く」「一緒に行く」「みんなで行く」「飛行機で行く」など、状況によって、表現が違ってきます。

また、方言や性別、世代などによって、同じ状況に使われるものでも、表現方法が異なるものもたくさんあります。

本書では、いくつかの表現については、何種類か紹介しています。それぞれ、参や 使い方例 の項目で、使い方を参考にしてください。

みんなで行く

一緒に行く

行く

9

男性的な表現と、女性的な表現があります。

ひとつの日本語にあたる表現が何種類かあるものも多くありますが、その中で、男性的な表現と、女性的な表現がある語があります。

例えば、「お風呂」の場合、女性はほおを洗うしぐさや胸のあたりを洗うしぐさで表現しますが、男性は、背中を洗うしぐさで表現することが多いようです。男性が女性的な表現を、女性が男性的な表現をすると、相手に違和感を与えます。

10 手話にも方言があります。

日本語と同じように、手話にも方言があります。例えば、「日曜日」は、関東では、「赤＋休み」で表現します。一方、関西では、「赤」の表現をしてから、左手の手のひらに親指を立てた右手のこぶしを横にしてのせて表現します。

ただし、たいていの場合、方言が会話に支障をきたすようなことはありません。

11 世代によって表現が違っているものもあります。

若い人の表現と、年配の人の表現が違っている場合があります。例えば、「トイレ」という単語の場合、若い人は「ＷＣ」で表しますが、年配の人は、手を洗うしぐさで表現することが多いようです。

12 表現するとき、その「リズム」にも意味があります。

同じ単語でも、動詞では、その表現の繰り返しや速度によって、意味が違ってきます。

例えば、「勉強する」という単語を繰り返し速い動きで表現すると、「一生懸命に勉強する」という意味を表すことができます。逆に、ゆっくりしたリズムで表現することで、「適当に勉強する」というニュアンスを含めることができます。

ただし、これらの場合、口型（こうけい）を含めた顔や頭の動きも重要なポイントになります。

13 顔や頭の動きで意味が違ってきます。

同じ手型の単語を使った表現でも、顔や頭の動きなどで、意味合いが違ってきます。口型(こうけい)を含めた顔や頭の動きなどで、副詞的な意味合いが変わってきたり、命令や疑問といった意味を持つようにもなります。顔や頭の動きは、文の意味をくみ取るための重要な判断材料といえます。

手話を日常的に使っている人は表情豊かであるといわれます。しかし、表情とは感情を顔に出すことであって、ここでいう文法的な意味を表す「顔の動き」とは別のものです。表情＝感情であっても、顔の動き＝感情だけではないことを念頭において、表現全体を見ることが大切です。なお、本書では、単語の紹介にとどめ、イラストの顔の表情、口型について、文法的な意味を含ませていません。

14 手話は世界共通ではありません。

手話は世界共通ではないので、日本の手話がそのまま海外で通じる、というわけではありません。例えば、アメリカ手話で、「男」は、親指を立てた右手をひたいにあててから、手を開きながら下ろして胸にあてて表現します。また、「女」は、親指を立てた右手をほおにあててこすってから、同じように手を開きながら下ろして胸にあてて表現します。

このように、単語だけを見ても大きな違いがあるため、海外では日本の手話は通じないと考えたほうがよいでしょう。

15 手話の過去形や現在形は口型（こうけい）で表現します。

少し難しくなりますが、手話で過去形を表すときは、動詞の手の動きが終わった時点で、くちびるを軽く開け、口型を「タ」にします。また、現在形は、くちびるを軽く突き出し、口型を「ウ」にします（ただし、「タ」や「ウ」だけではありません）。さらに、未来形は、「今度」や「明日」など、未来を表す単語をつけて表現できます。過去形も口型だけではなく「終わり」という単語などをつけて表現することができます。

16 体の各部は、それぞれの部分に触れて表現します。

体の各部を表すときは、それぞれの部分に触れることにより表現できます。人差し指で各部に触れたり、また、「おしり」や「背中」など、比較的広い範囲の部位は、手のひらをあてて表現することもあります。

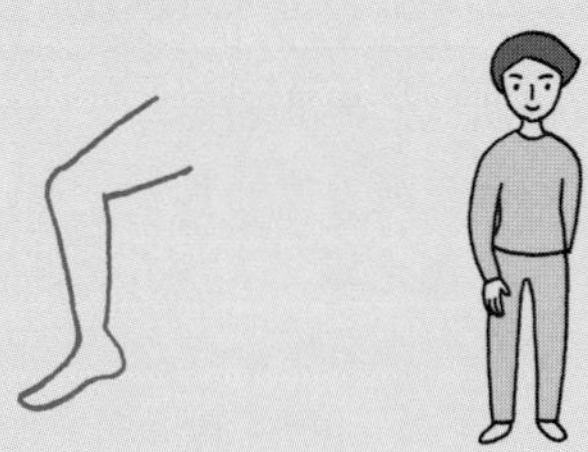

足

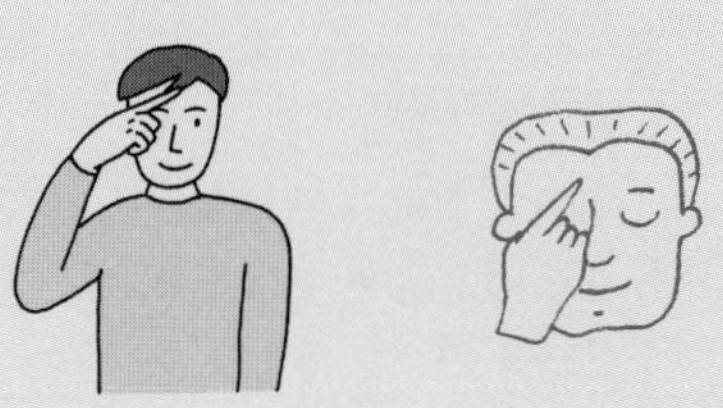

ひたい

あいうえお順
手話辞典

あ

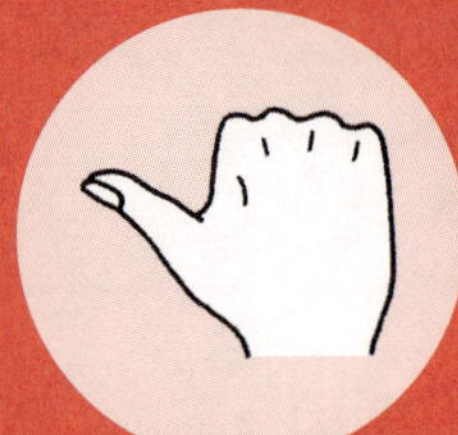
自分から見た形

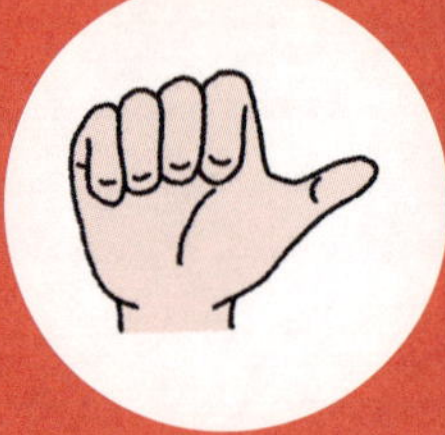
相手から見た形

相手から見てアルファベットの「a」の形になる。

相変わらず

あいかわらず

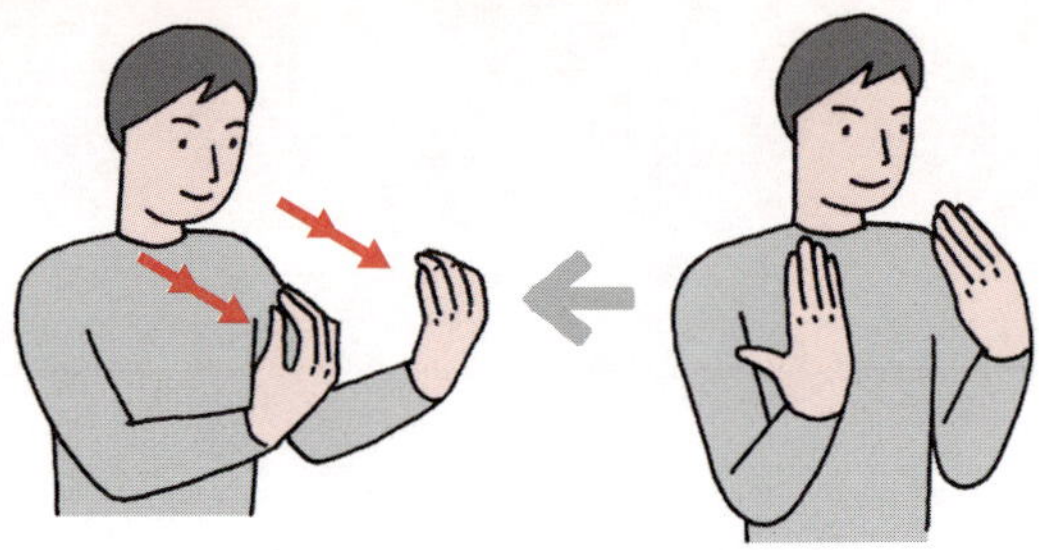
両手の手のひらを手前に向ける。

両手を2～3回閉じながら、前方に出していく。

解 両手の指を合わせるのは「**同じ**」の意味で、前に出すことで、同じ状態が続くことを表す。

使い方例

元気＋相変わらず＋尋ねる＝**お変わりありませんか？**
前＋相変わらず＝**前と同じ**
計画＋相変わらず＝**計画通り**

あいさつ

あいさつ

両手の人差し指を立てて向かい合わせ、同時に折り曲げる。

ほかの表現

解 人が腰を曲げ、おじぎをする様子から。

参 人差し指の代わりに、両手の親指を立てて向かい合わせ、曲げる表現もある。

使い方例

朝＋あいさつ＝**おはよう**
昼＋あいさつ＝**こんにちは**
夜＋あいさつ＝**こんばんは**

相性

あいしょう

上向きにした左手の人差し指の先に、右手の人差し指を軽くあてる。

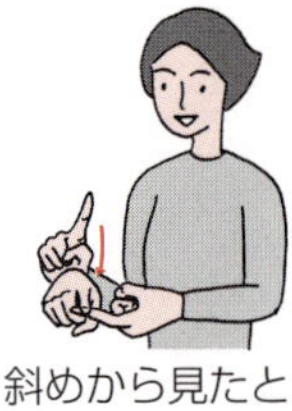
斜めから見たとき

参 あてる回数は、1回でも2回でもよい。

同 合う・ちょうどよい・～的・似合う・ぴったり

使い方例

相性＋よい＝**相性がよい**
相性＋悪い＝**相性が悪い**
相性＋調べる＝**相性チェック**

あいすくりーむ

アイスクリーム

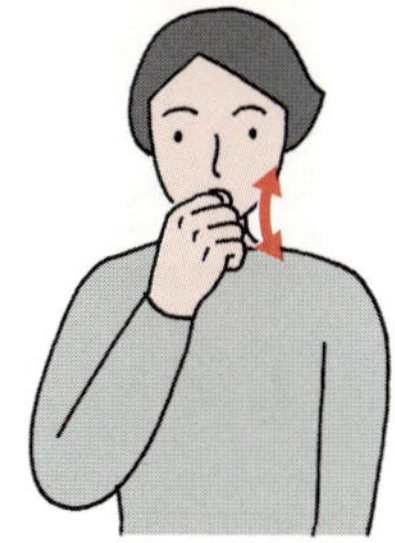

右手でこぶしを作って口の近くにおき、手前に引くように動かす。

解 アイスクリームをなめる様子から。

参 右手のこぶしを左右に動かすと、「**カラオケ**」の意味。また、カップのアイスなどを表すときは、その形を具体的に表現する。なお、「**ソフトクリーム**」は、ソフトクリームの形を作って表す表現もある。

あいする

愛する

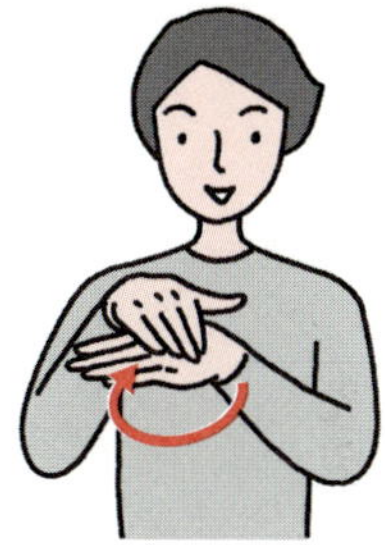

下向きにした左手の甲を、右手の手のひらでなでるように回す。

解 人の頭をなでる様子から。

参 「**愛知**」は、左手の親指を立てて、右手でなでるように水平に回す。

同 愛・大事・大切・ポイント

使い方例

わたし＋あなた＋愛する＝**わたしはあなたを愛している**
愛する＋人①＝**愛人**
命＋愛する＝**命を大切にする**

あいて

相手

右手の手のひらを自分に向けて軽く曲げ、体の前におく。

横から見たとき

参 手の形は指文字の「**ホ**」になる。

使い方例

会話＋相手＝**話し相手**
試合＋相手＝**対戦相手**
遊ぶ＋相手＝**遊び相手**
取引＋相手＝**取引先**

あいであ

アイデア

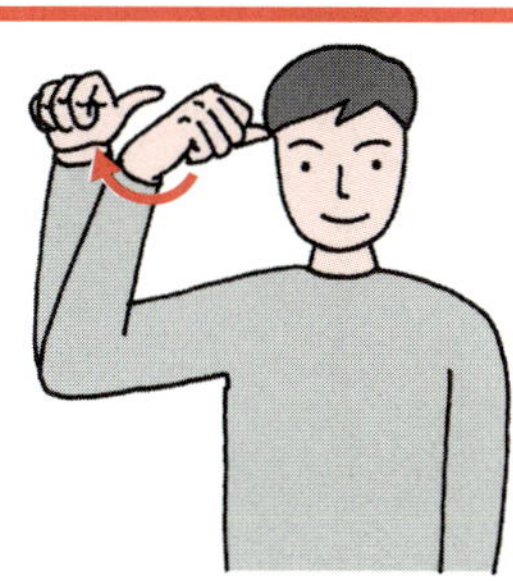

右手の親指を頭にあてて、手首を外側にひねる。

意見

解 何かを思いつく様子から。右手の形は指文字の「**ア**」。

参 指文字「**イ**」で同様にすると「**意見**」となり、右手の人差し指を頭にあてるだけだと、「**気づく**」「**ひらめく**」となる。

同 案・アンケート

使い方例

アイデア＋最高＋よい＝**一番いいアイデア**
アイデア＋プレゼント＝**提案**

IT

あいてぃ

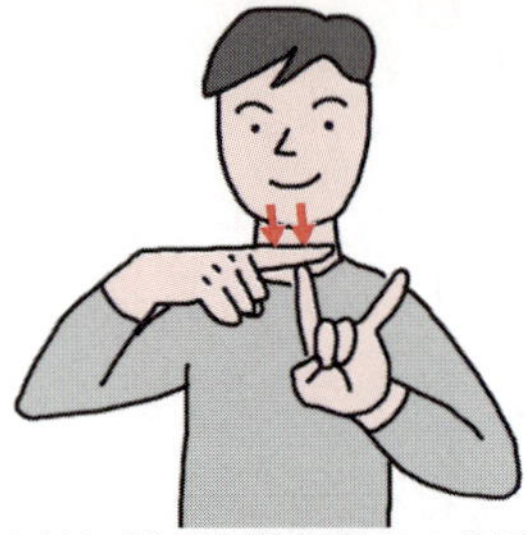

左手の人差し指と小指を立て、伸ばした右手の人差し指を左手の人差し指に2回あてる。

解 一度に「I」と「T」の文字を表す。

IT

使い方例

IT＋会社＝**IT企業**
IT＋代える＝**IT化**
IT＋グループ＝**ITグループ**

アイデンティティ

あいでんてぃてぃ

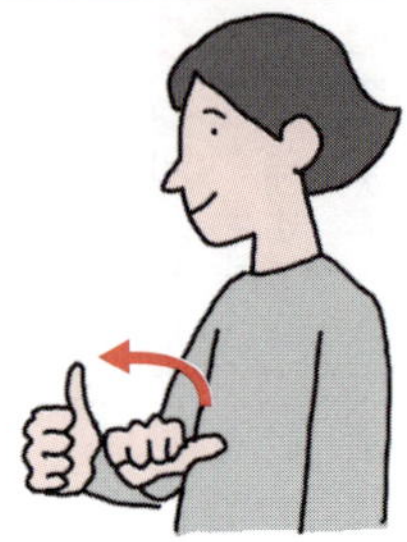

右手の親指を伸ばし、胸元にあて、手首をひねりながら前に出す。

表す

参 右手の人差し指を左手のひらにあて、左手をひねって前に出すと「**表す**」。

使い方例

アイデンティティ＋はっきり＋立つ＝**アイデンティティの確立**
アイデンティティ＋壊れる＝**アイデンティティが壊れる**

あいまい

あいまい

両手の手のひらを向かい合わせ、互い違いに小さく回す。

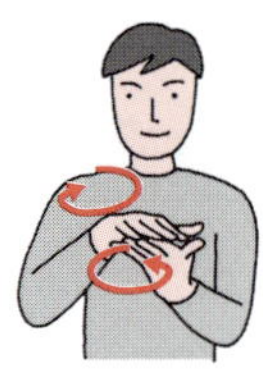

混ぜる

解 ぼんやりとした様子、ごちゃごちゃした様子から。

参 手のひらをぴったり重ねて回すと、「**混ぜる**」となる。

同 淡い・複雑

使い方例

意見＋あいまい＝**あいまいな意見**
覚える＋あいまい＝**記憶があいまい**

アイロン

あいろん

右手でこぶしを作り、こするように、2〜3回斜めに往復させる。

解 アイロンをかける様子を表す。

参 「**クリーニング**」とは、口型で区別する。

同 アイロンをかける・クリーニング

使い方例

アイロン＋テーブル＝**アイロン台**
アイロン＋店＝**クリーニング店**

会う あう

両手の人差し指を立てて、左右から寄せる。

ばったり会う

解 人差し指を人に見立て、会う様子から。

参 左右から寄せる代わりに、前後から寄せてもよい。勢いをつけて両手をぶつけるようにすると、「**ばったり会う**」。

使い方例

待つ＋会う＝**待ち合わせ**
また＋会う＝**また会いましょう**
あと＋会う＝**あとで会う**

合う あう

上向きにした左手の人差し指の先に、右手の人差し指を軽くあてる。

参 ぴったり合う、似合うなどの「**合う**」。また、自分が相手に「**合わせる**」というときにも使える。あてる回数は、1回でも2回でも意味は同じ。

反 「合う」を表現したあと、あてた人差し指を再び離すと、「**合わない**」。

同 相性・ちょうどよい・〜的・似合う・ぴったり

使い方例

洋服＋合う＝**洋服が似合う**
味＋合う＝**口に合う**
時間②＋合う＝**時間がぴったり**
印象＋合う＝**印象的**

青 あお

右手の４本の指を右のほおにあて、後ろに引く。

解 ひげを剃(そ)ったあとの、青々とした肌を表す。

参 「青」を2回表現すると、「**倉敷**」となる。4本の指を右のほおではなく、あごにあてて右に動かすと、「**おいしい**」。

使い方例

青＋森＝**青森**
青＋空＝**青空**
青＋顔色が変わる＝**青ざめる**
青＋梅＝**青梅(おうめ)**

赤 あか

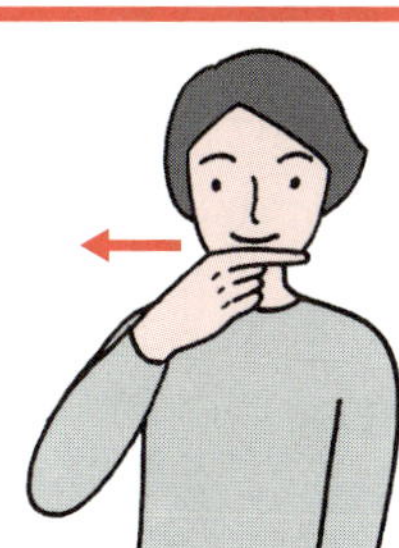

右手の人差し指を伸ばしてくちびるにあて、右に引く。

解 くちびるの色、すなわち「**赤**」を表す。

反 くちびるではなく、歯を指さして左に引くと「**白**」となる。

使い方例

赤＋休む＝**日曜日**
赤＋線を引く＝**赤字**
信号＋赤＝**赤信号**
赤＋口紅＝**赤い口紅**

赤字
あかじ

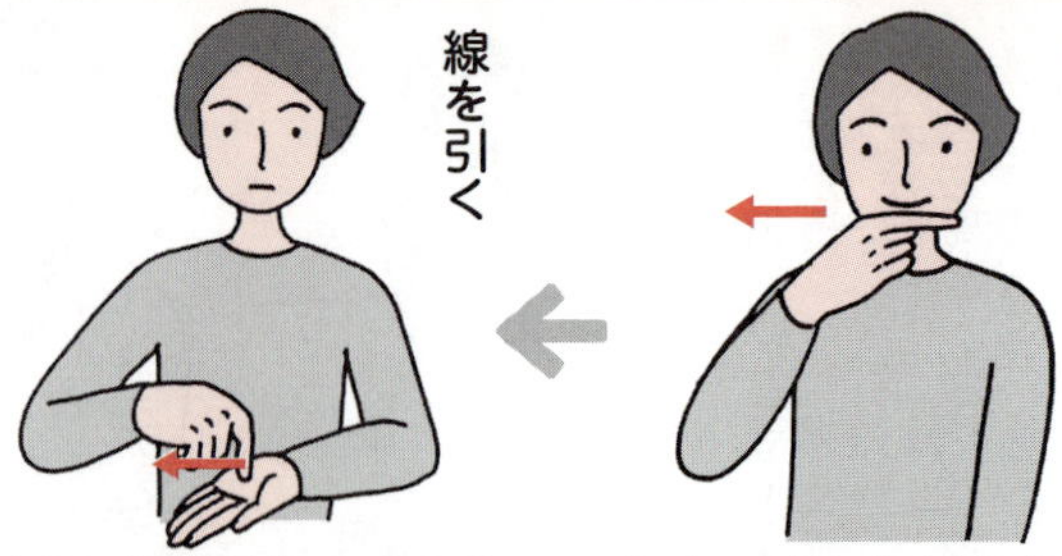

右手の人差し指を伸ばしてくちびるにあて、右に引く。

人差し指を伸ばして左の手のひらにのせ、右に引く。

解 くちびるの色、すなわち「**赤**」と、帳簿をつける様子から。

参 家計が赤字のときも、国の経済が赤字のときも使える。

反 「黒＋線を引く」で「**黒字**」。

赤ちゃん
あかちゃん

両手の手のひらを前に向け、軽く振る。

ほかの表現

解 赤ちゃんのしぐさから。

参 動物の赤ちゃんも同様に表せる。赤ちゃんを抱っこする様子で表す表現もある。

同 子ども・幼児

使い方例
赤ちゃん＋似る＝**子どもっぽい**
赤ちゃん＋雑誌＝**ベビー雑誌**
赤ちゃん＋専門＋座る＝**チャイルドシート**

明かり
あかり

頭の上で、指先を閉じた右手をパッとはじいて開く。

明かりが消える

解 明かりがパッとつく様子から。

参 2回繰り返すと、「**電気**」「**蛍光灯**」「**ライト**」になる。

反 「明かり」のあと、開いた右手を上げながら握ると、「**明かりが消える**」「**電気が消える**」。

同 明かりがつく・電気がつく

使い方例
明かり＋足りない①＝**薄暗い**
部屋＋明かり＝**室内照明**

上がる
あがる

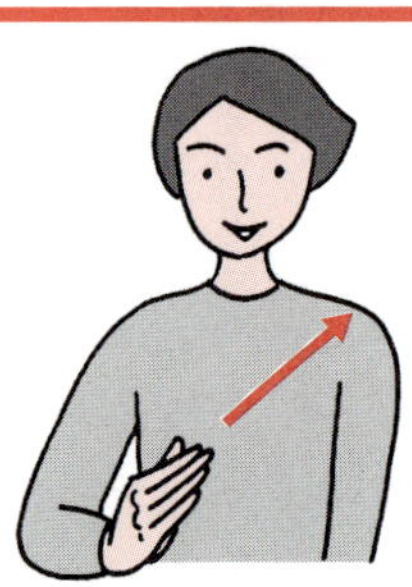

右手の手のひらを下向きにして、斜め上に上げていく。

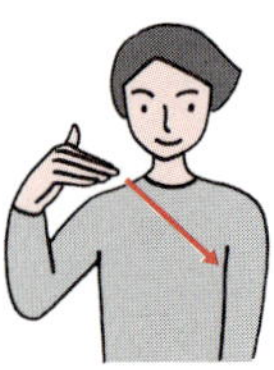

下がる

参 「**物価が上がる**」は、右手の親指と人差し指で輪（お金の意味）を作って、1段ずつ上げて表す。

反 手を斜めに下げていくと、「**下がる**」となる。

同 坂・上達・上り坂

使い方例
経済＋上がる＝**好景気、バブル**
技術＋上がる＝**技術向上**

あかるい
明るい

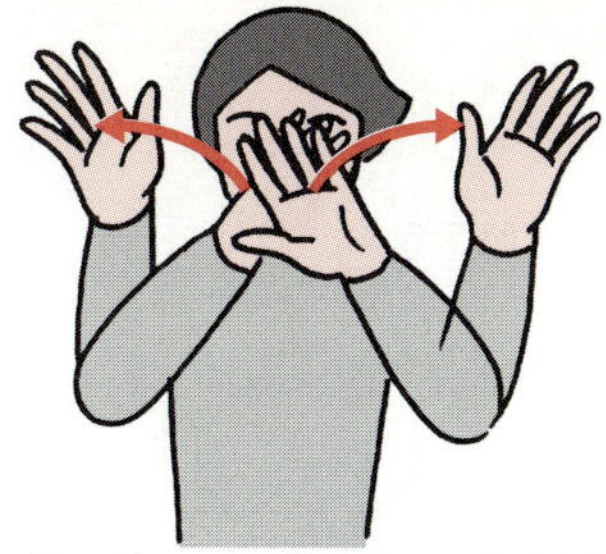

顔の前で、両手の手のひらを前に向けて交差させ、左右に開く。

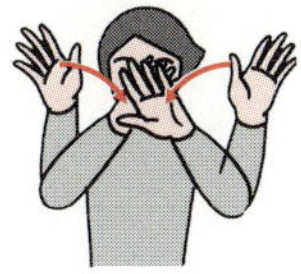

暗い

解 目の前が開ける様子から。

反 顔の前で、手のひらを左右から交差させると、「**暗い**」となる。

同 始まる・始める・晴れ

使い方例
部屋＋明るい＝**部屋が明るい**
性格＋明るい＝**明るい性格**
明るい＋緑＝**明るい緑色**
ある＋明るい＝**有明（ありあけ）**

あき
秋

前方から顔に風を送るような感じで、両手を数回手前に動かす。

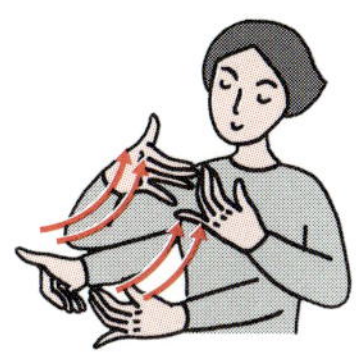

春

解 秋の涼しい風が顔にあたる様子から。

反 お腹のあたりから、すくうように数回動かすと、「**春**」。

同 涼しい

使い方例
本＋読む＋秋＝**読書の秋**
食べる＋好き＋秋＝**食欲の秋**
秋＋お腹（手のひらをお腹にあてる）＝**秋葉原**

あきす
空き巣

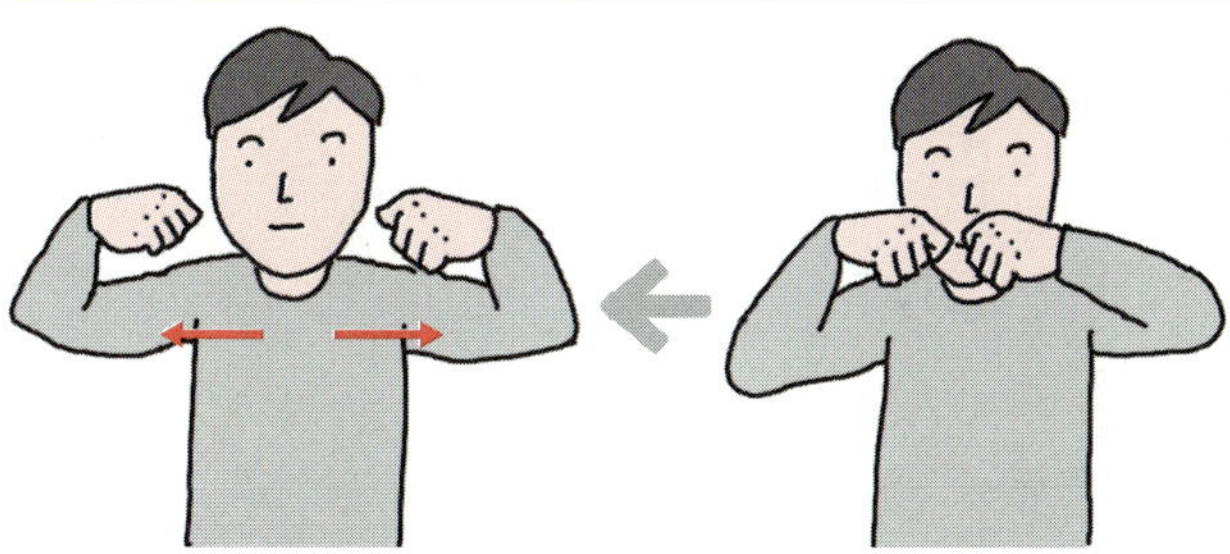

軽く握った両手を鼻の前あたりにかまえる。

結び目を引っ張るように、両手を同時に横に引く。

解 泥棒がかぶっている手ぬぐいを結ぶしぐさを表す。

使い方例
空き巣＋気をつける＝**空き巣に注意**
空き巣＋迷惑＋受ける＝**空き巣被害**
空き巣＋対応＋計画＝**空き巣対策**

あきらめる
あきらめる

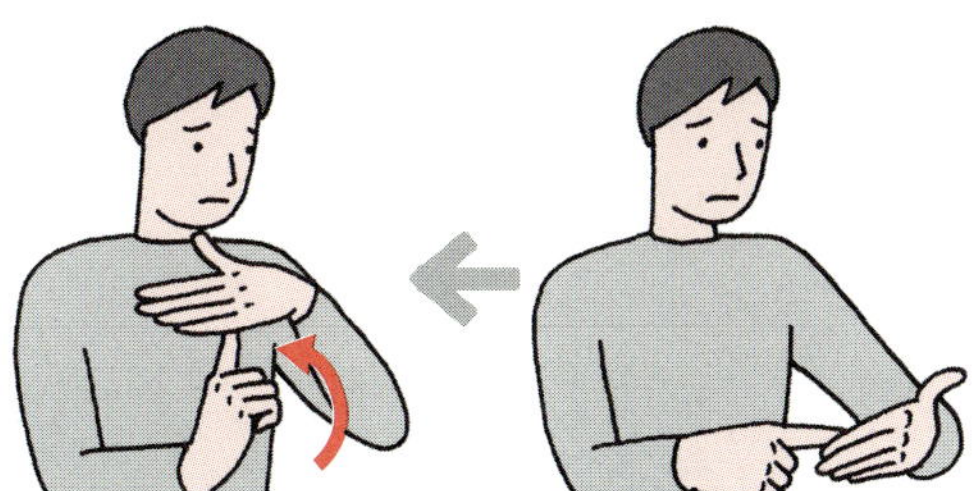

左手の手のひらに右の人差し指をあて、指を立てるように左手で押す。

解 努力がはね返される様子から。

参 左手の手のひらに、右の人差し指をあて、ねじりながら押すと「**努力**」となる。

使い方例
あきらめる＋仕方ない＝**あきらめるしかない**
あきらめる＋いいえ＝**あきらめないで**

飽きる

あきる

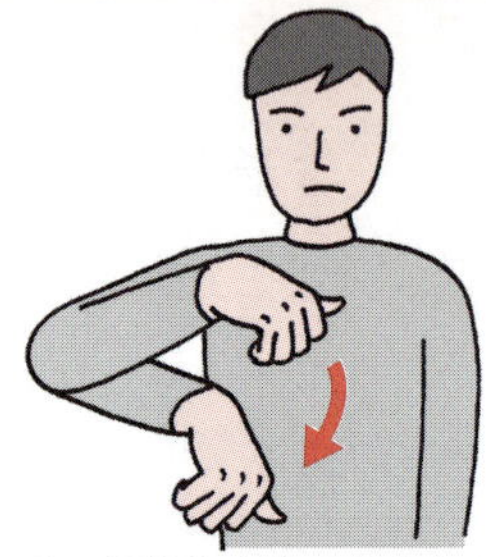

右手の親指を右胸のあたりにあて、手首をひねって下げる。

解 気持ちがなえてしまう様子を表す。

参 体に接触させず、立てた親指を倒すだけでも表現できる。また、「もういいや」と思う」という意味で使われることもある。

使い方例

カレー＋1週間＋飽きる＝**カレーが1週間続いて、飽きてしまった**

ケーキが売り切れで、「もういいや」と思う。

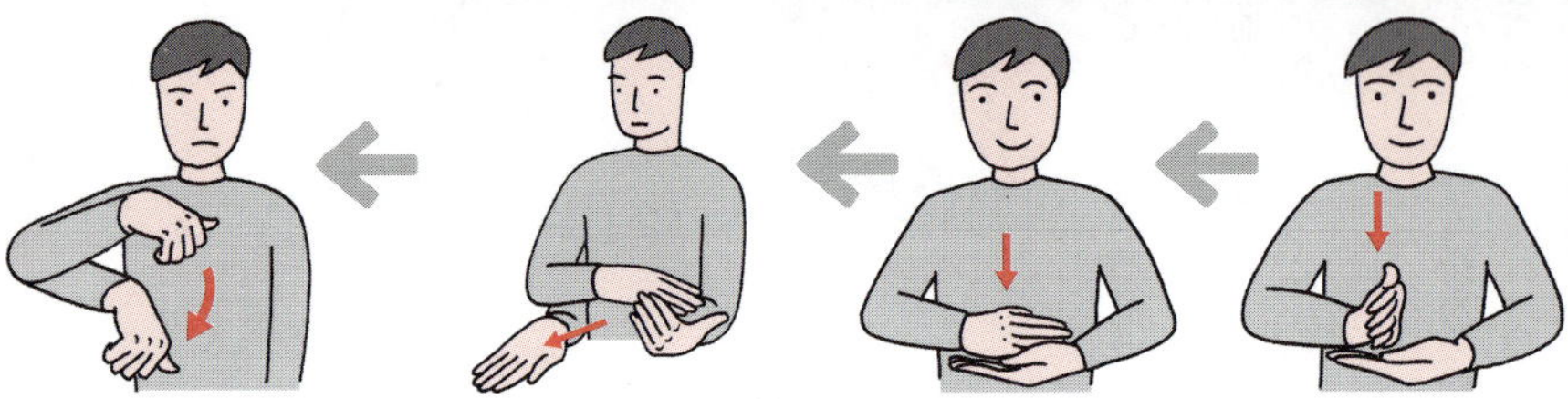

あきれる

あきれる

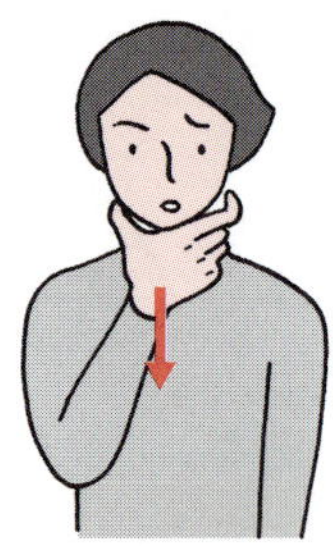

右手の親指と人差し指であごをはさみ、下ろす。

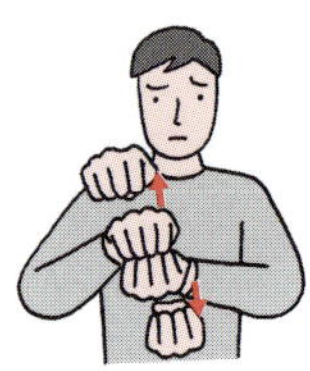

ほかの表現

解 あきれて、あごが外れる様子を表す。

参 「あきれる」を表したあと、右手の形はそのままで左手の手のひらに打ちつけると、「**だまされる**」となる。また、両手のこぶしを合わせて上下に引き離す表現もある。

使い方例

あきれる＋話す＋無理＝**あきれて物も言えない**

彼＋あきれる＝**彼にあきれられてしまった**

アクセサリー

あくせさりー

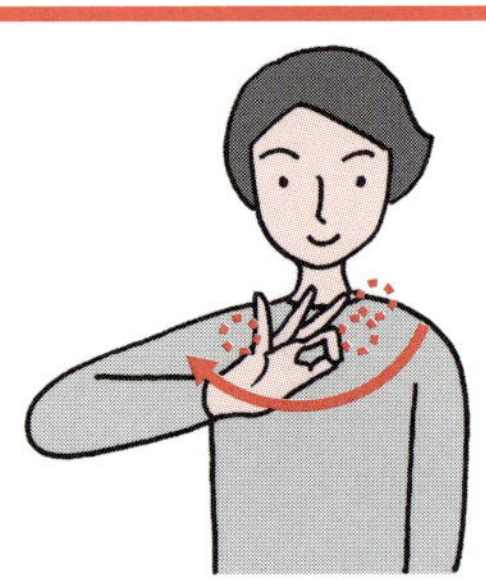

右手の親指と人差し指で作った輪を首の下にあて、右へ動かす。

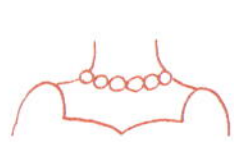

解 パールのネックレスを表す。

参 「アクセサリー＋〜など」で、アクセサリー全般を指す。また、「ピアス」「指輪」など、具体的なアクセサリーはそれぞれの手話単語で表す。

同 ネックレス

使い方例

金＋アクセサリー＝**金のアクセサリー**

貝＋アクセサリー＝**真珠**

あけがた

明け方

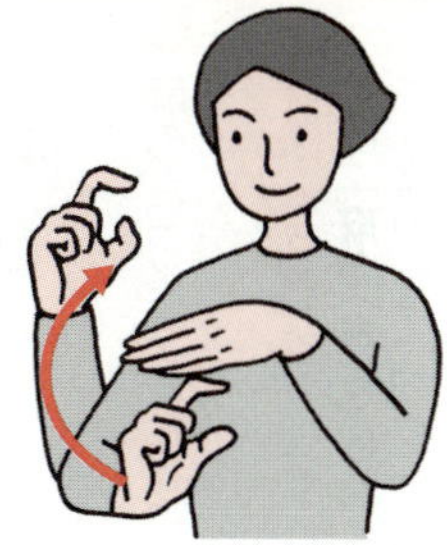

右手の親指と人差し指を曲げ、左手の下から、ゆっくり上げていく。

解 左手を地平線に見立て、右手を太陽が昇る様子を表す。

同 朝日・日の出

使い方例
正月＋明け方＝**初日の出**
明け方＋時間②＝**日の出の時刻**
明け方＋新聞＝**朝日新聞**

あげる

あげる

横から見たとき

両手の手のひらを上に向けて並べ、前に差し出す。

解 物を渡す様子から。

参 片手だけで表現することもできるが、ラフなニュアンスになる。

反 両手を手前に引くと、「**もらう**」。

同 与える・返す・提供・奉仕・渡す

使い方例
無料＋サービス＋あげる＝**無料奉仕**
血液＋あげる＝**献血**
あげる＋員＝**奉仕員**

あこがれる

あこがれる

右の手のひらを下に向け、ヒラヒラさせながら頭の横から前に出す。

解 ある思いが頭から出ていく様子を表す。

参 繰り返し表現すると、「ずっと前からあこがれている」となる。

同 懐かしい

使い方例
思う＋あこがれる＝**思い出**
肩＋あこがれる＝**片思い**
彼＋あこがれる＝**彼にあこがれる**

あさ

朝

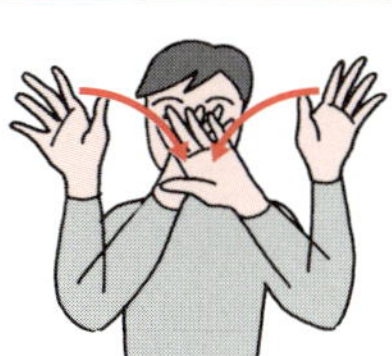

夜

右手でこぶしを作り、こめかみのあたりにあててから、下ろす。

解 朝起きるときに、枕を外す様子から。

反 顔の前で両手を交差させると、「**夜**」。

同 起きる・おはよう

使い方例
朝＋食べる＝**朝食**
今日＋朝＝**今朝**
朝＋式＝**朝礼**
朝＋はやい②＝**朝早く**

麻
あさ

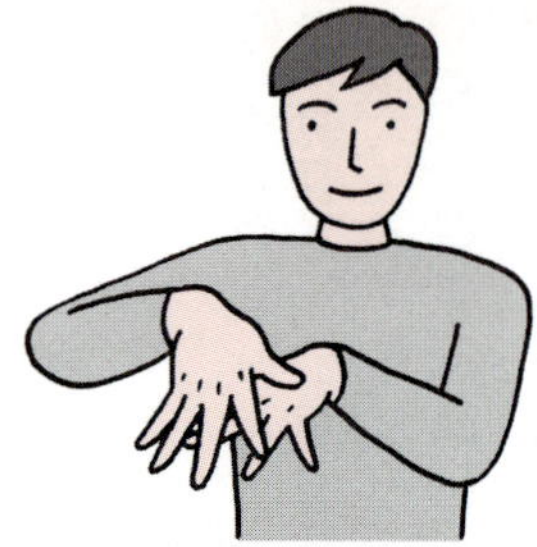

左手の指を開き、その指の間に右手の指を入れる。

綿

解 麻のざっくりした様子を表す。

参 「麻」を2回繰り返すと、地名の「**麻布(あざぶ)**」。また、指文字の「メ」「ソ」で「**綿**」。

同 機(はた)織り

使い方例

麻＋セーター＝**麻のセーター**
麻＋靴下＝**麻の靴下**
指文字の「ソ」＋材料＋麻＝**麻素材**

浅い
あさい

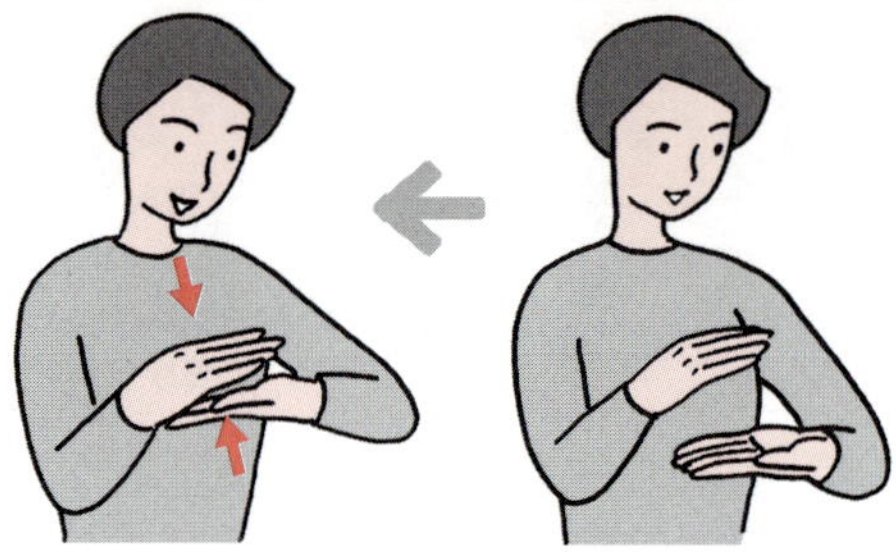

両手の手のひらを向かい合わせて上下におく。

両手を近づける。

解 底までの距離が短い様子から。

参 「池が浅い」「海が浅い」などの意味のほか、「経験が浅い」などと表すときにも使われる。

使い方例

海＋浅い＝**海が浅い**
経験＋浅い＝**経験が浅い**
知識＋浅い＝**知識が浅い**
浅い＋漬物＝**浅漬け**

あさって
あさって

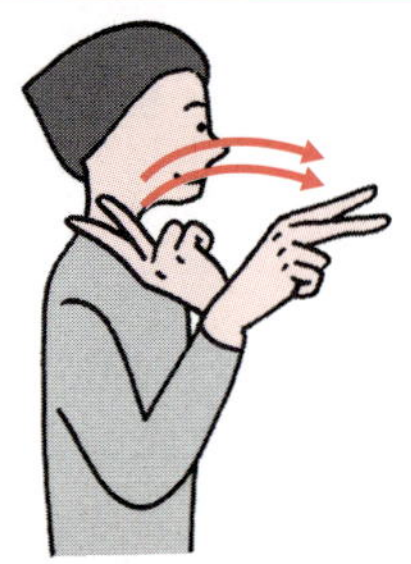

右手の人差し指と中指をV字形に立てて、肩の位置から2回前に出す。

前から見たとき

解 肩の位置が現在を表し、前は未来となる。指を2本立てるので「2日後」。

参 人差し指だけで1回前に出すと「**明日**」、人差し指と中指、薬指の3本で同様にすると「**3日後**」。

使い方例

年＋あさって＝**再来年**
あさって＋〜まで＋お願い＝**あさってまでにお願いします**

足
あし

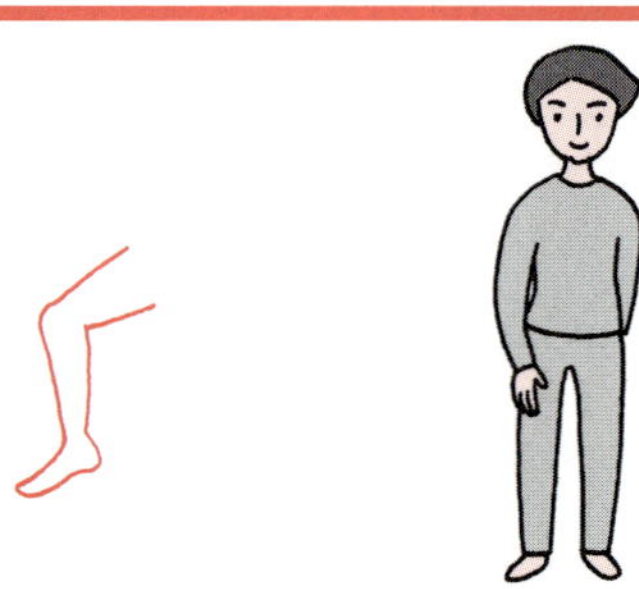

右手の手のひらで足に触れる。

参 具体的な足の部位を表現するときは、右手でその部位に触れる。例えば、「ひざ」はひざに触れ、「ふくらはぎ」はふくらはぎに触れる。

使い方例

足＋太る＝**足がむくむ**
足＋立つ＋区＝**足立区**
足＋はやい②＝**足が速い**
足＋鍛える＝**足を鍛える**

味 あじ

右手の人差し指で舌を指す。

おいしい

解 味を見ている様子から。

参 「お味はいかがですか」と尋ねるときは、一般的には、疑問の表情をしながら、「おいしい」を表す。

使い方例
味＋試す＝**味見**
味＋感じる＝**味覚**
味＋濃い＝**味が濃い**
味＋合う＝**口に合う**

明日 あした

右手の人差し指を立てて、肩の位置から前に出す。

前から見たとき

解 肩の位置が現在を表し、前は未来となる。指を1本立てるので「1日後」。

参 人差し指と中指を立てて2回前に出すと「**あさって**」、人差し指と中指、薬指の3本を立てて同様にすると「**3日後**」。

使い方例
年＋明日＝**来年**
明日＋～から＝**明日から**
明日＋～まで＝**明日まで**
明日＋中＝**明日中**

汗 あせ

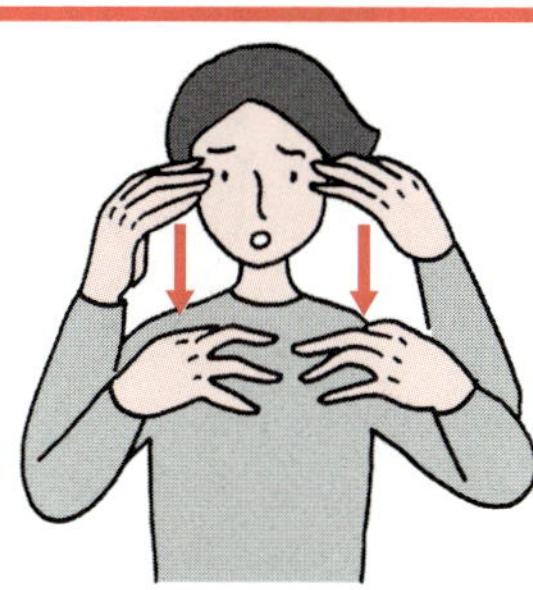
両手の指先をこめかみにあて、顔に沿って、あごまで下ろす。

解 汗が流れる様子を表す。

参 ほお骨の上あたりから下ろすと、「**冷や汗**」。汗をたくさんかいているときは、繰り返し動かす。

同 汗をかく

使い方例
汗＋とても＝**大汗**
汗＋くせ＝**汗かき**
汗＋中止＝**制汗**
汗＋発疹＝**あせも**

遊ぶ あそぶ

両手の人差し指を立てて、顔の横で、交互に前後に振る。

横から見たとき

参 両手の人差し指と中指を伸ばして同様に動かすと、「**会社**」。

同 遊び・ゲーム

使い方例
遊ぶ＋場所＝**公園**
遊ぶ＋建物＝**ゲームセンター**
遊ぶ＋相手＝**遊び相手**

与える
あたえる

横から見たとき

両手の手のひらを上に向けて並べ、前に差し出す。

解 物を渡す様子から。

参 片手だけで表現することもできるが、ラフなニュアンスになる。

反 両手を手前に引くと、「**もらう**」。

同 あげる・返す・提供・奉仕・渡す

使い方例
情報＋与える＝**情報提供**
ご飯＋与える＝**食事を与える**
血液＋与える＝**献血**

暖かい・温かい
あたたかい

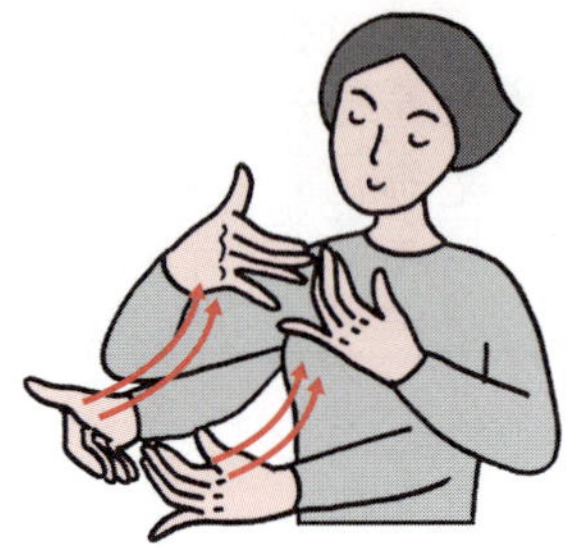

涼しい

お腹のあたりから、両手をゆっくりすくい上げるように数回動かす。

解 暖かい空気が立ち上る様子を表す。

反 顔に向けて手前に数回動かすと、「**涼しい**」。

同 春・ポカポカ・温める

使い方例
温かい＋コーヒー＝**ホットコーヒー**
暖かい＋寒い＝**暖冬**

あだな
あだな

両手とも親指を伸ばし、その他の指は軽くわん曲させ、ほおにあてる。

左右交互に、上下に2回動かす。

使い方例
あだな＋加える＝**あだなを付ける**
あなた＋あだな＋何＝**あなたのあだなは何?**

頭
あたま

右手の人差し指を伸ばして、こめかみにあてる。

参 右手の手のひらで軽く頭に触れる手話表現もある。なお、体の部分を表すときは、右手の人差し指や手のひらで、それぞれの部位に触れて表現する。

同 意識・思う・感覚・感じる

使い方例
頭＋痛い＝**頭痛**
頭＋悪い＝**頭が悪い**
頭＋よい＝**頭がいい**
頭＋かたい＝**頑固**

新しい
あたらしい

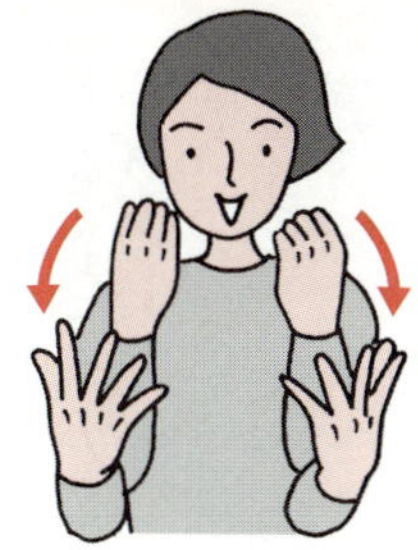

両手を上向きにしてすぼめ、パッと開きながら下げる。

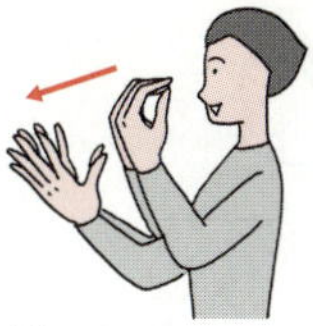

横から見たとき

参 右手だけを使って同じ動作をすると、「**珍しい**」。また、両手をパッと開きながら上げると、「**おめでとう**」。

反 鼻の前で右の人差し指を左に傾けると、「**古い**」。

同 新鮮

使い方例
新しい＋歌う＝**新曲**
新しい＋年＋会＝**新年会**
新しい＋人②＝**新人**
新しい＋米＝**新米**

あちこち
あちこち

右手を軽くわん曲させて、体の前におく。

位置をずらしながら、点々とおいていく。

解 右手をわん曲させておくのは「場所」の意味で、点々とおくことで、あちこちにある意味を表す。

使い方例
店＋あちこち＝**あちこちに店がある**
日本＋あちこち＝**日本中**
あちこち＋同じ＝**どこでも同じ**

厚い
あつい

右手の親指とほかの４本の指の間をあけておき、広げる。

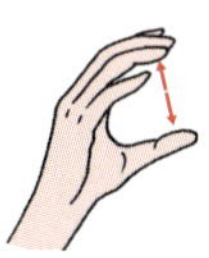

右手のアップ

解 厚みがある様子から。

参 同じ手でほおにあてて下げると、「**面(つら)の皮が厚い→厚かましい**」の意味になる。

反 逆に手を狭めると、「**薄い**」。

使い方例
本＋厚い＝**厚い本**
布団＋厚い＝**厚い布団**
厚い＋10＋センチメートル＝**厚さ10センチメートル**

暑い
あつい

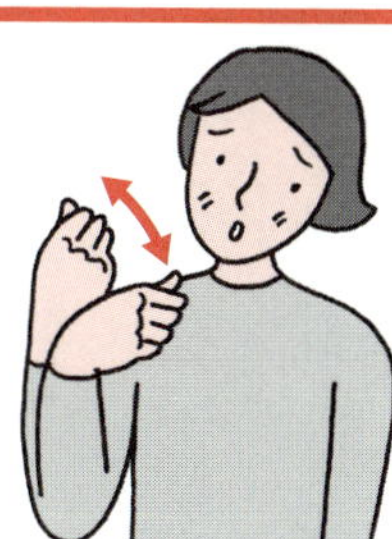

右手でうちわや扇子を持って、手首をひねって、あおぐ動作をする。

解 うちわなどであおぎ、風を送る様子から。

反 こぶしを両脇において震わせると、「**寒い**」。

同 あおぐ・うちわ・夏・南

使い方例
暑い＋降参＝**暑さ負け**
暑い＋勉強＝**サマースクール**
湿っぽい＋暑い＝**蒸し暑い**
残る＋暑い＝**残暑**

あつい

熱い

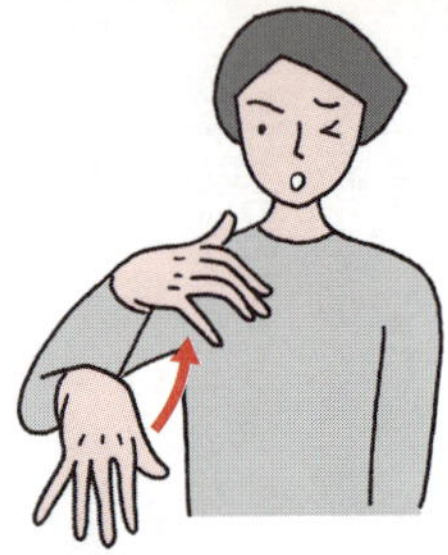

右手の指先を下に向け、サッと上げる。

横から見たとき

解 熱い物に触って、ハッと手を引っ込める様子から。

参 「熱い」と「冷たい」は口形で区別する。

同 冷たい

使い方例

熱い＋温泉＝**熱湯**
コーヒー＋熱い＝**熱めのコーヒー**
お茶＋熱い＝**熱いお茶**

あっぷ

アップ

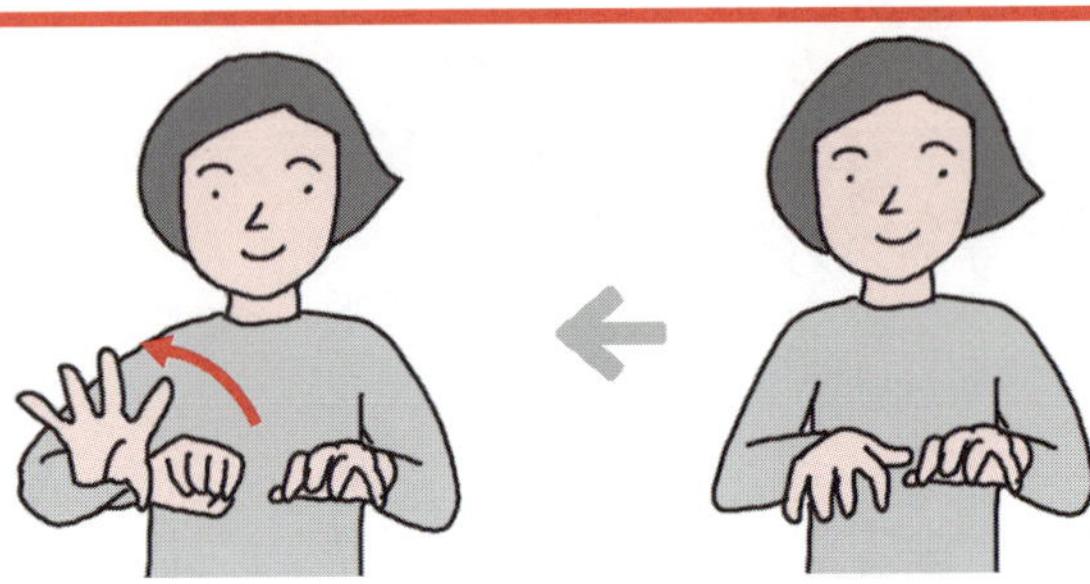

両手の手ひらを下に向け、指を動かす。

左手はそのままで、軽く丸めた右手をパッと開きながら前に出す。

解 キーボードを打つ動作と、データが外に出ていく様子を表す。

使い方例

フェイスブック＋写真＋アップ＝**フェイスブックに画像をアップする**
情報＋アップ＝**情報を送る**

あつまる

集まる

両手をわん曲させて向かい合わせ、左右から寄せる。

みんなで行く

解 人が集まる様子から。

参 左右から寄せてからそのまま前に出すと、「**みんなで（集まって）行く**」の意味になる。

同 集合

使い方例

集まる＋場所＝**集合場所**
集まる＋時間②＝**集合時間**
みんな＋集まる＝**全員集合**

あと

あと

右手の手のひらを前に向け、小さく前に出す。

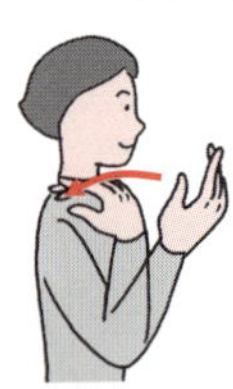

以前

参 前に出すのは、1回でも2回でもよい。

反 右手の甲を前に向けて手前に倒すと、「**以前**」。

同 これから・今度・将来・未来

使い方例

朝＋食べる＋あと＝**朝食後**
あと＋会う＝**あとで会う**
あと＋構わない？＝**あとでいい？**

あとぴー

アトピー

軽くわん曲させた両手をほおにあて、両手をぽんぽんと顔にあてながら、徐々に下ろす。

解 顔に湿疹がある様子を表す。

使い方例
アトピー＋薬＝**アトピーの薬**
アトピー＋体＋かゆい＝**アトピーで体がかゆい**

あどれす

アドレス

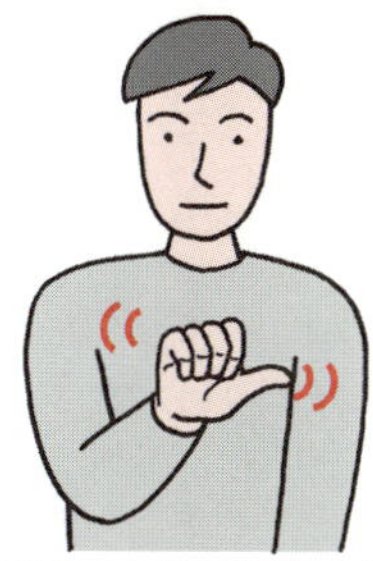

右手の親指を伸ばして、振る。

メール

解 指文字の「ア」の形から。

参 「**メール**」は右手の親指と人差し指で輪を作って（指文字の「メ」）、前に出して表現する。

使い方例
メール＋アドレス＝**メールアドレス**
ホームページ＋アドレス＝**ホームページアドレス**

あなうんさー

アナウンサー

右手でこぶしを作って、口元に持ってくる。

解 マイクを持つ様子から。

参 右手のこぶしを、口元から前方に出すと「**インタビュー**」。また、手前に引くように動かすと「**アイスクリーム**」。

同 マイク

使い方例
女性＋アナウンサー＝**女子アナ**
新しい＋人②＋アナウンサー＝**新人アナウンサー**

あなた

あなた

右手の人差し指で相手を指さす。

丁寧な表現

参 目上の人には、肩を少しすぼめて、ゆっくりと指さす。または、手のひらを上に向けて差し出す表現もある。

反 人差し指で自分を指さすと、「**わたし**」。

使い方例
あなた＋みんな＝**あなたたち**
あなた（疑問の表情で）？＝**あなたはどうですか？**

アナログ
あなろぐ

右手の人差し指を軽く折り曲げ、左側でかまえる。

手を波形を描くように動かしながら、左から右に移動させる。

解 オシロスコープの波形を表す。

使い方例
- アナログ＋人①＝**アナログ人間**
- アナログ＋テレビ＝**アナログテレビ**
- アナログ＋時計＝**アナログ時計**
- アナログ＋組織＝**アナログ派**

兄
あに

右手の甲を前に向けて中指を立て、上げる。

弟

解 上に上げることで、年齢が上であることを表す。

参 右手の中指を上げ、左手の中指を下げると、「**兄弟**」。

反 同じ形で2回下げると「**弟**」、中指の代わりに小指を立てて上げると、「**姉**」。

使い方例
- 義理＋兄＝**義兄**
- 兄＋血液＋違う＝**腹違いの兄**

アニメ
あにめ

右手の指を開いて手のひらを左に向け、前に2～3回回す。

おもしろい

参 両手で表すこともできる。また、指文字で表現する場合もある。なお、「**マンガ**」は「おもしろい＋本」で表す。

使い方例
- アニメ＋雑誌＝**アニメ雑誌**
- アニメ＋映画＝**アニメ映画**
- アニメ＋ファン＝**アニメファン**

姉
あね

右手の甲を前に向けて小指を立て、上げる。

妹

解 上に上げることで、年齢が上であることを表す。

参 右手の小指を上げ、左手の小指を下げると、「**姉妹**」。

反 同じ形で2回下げると「**妹**」、小指の代わりに、中指を立てて上げると、「**兄**」。

使い方例
- 義理＋姉＝**義姉**
- 姉＋血液＋違う＝**腹違いの姉**

アパート

あぱーと

左の手のひらに右手を垂直におき、左手の指先に向かってトントンと動かす。

解 アパートの、区切られた部屋の様子から。

参 右手の位置を動かさずにそのままトンとのせると、「**止める**」。縦、横とおくと「**ケーキ**」。

使い方例

借りる＋アパート＝**賃貸アパート**

アパート＋住む＝**アパート暮らし**

アピール

あぴーる

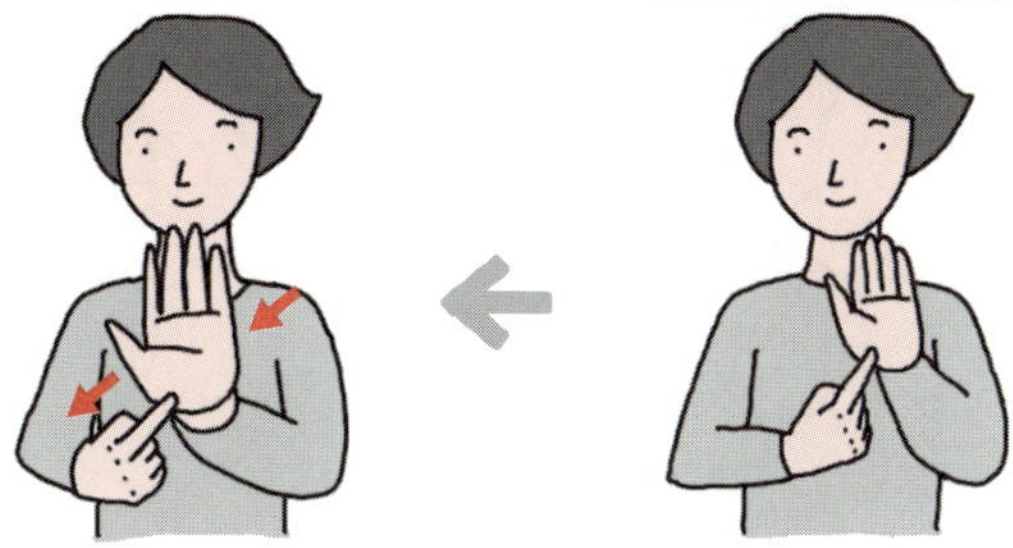

左手のひらを前に向け、右手の人差し指をあてる。

両手を同時にぐっと前に出す。

解 自分の意見を主張している様子を表す。

使い方例

自分＋アピール＝**自己アピール**

品＋物＋アピール＝**商品をアピールする**

町＋アピール＝**町をアピールする**

油

あぶら

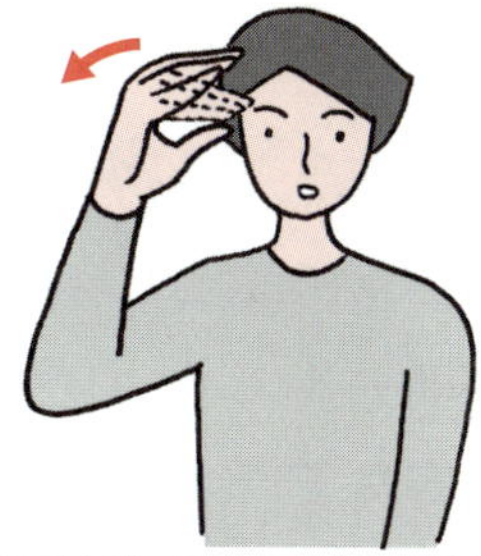

右手を頭におき、少し下げて指を閉じる。

黒

参 右手を頭において下げるだけだと、「**黒**」。また、「油」を2回繰り返して表現すると、「**石油**」となる。

同 脂肪

使い方例

油＋汚れ＝**油汚れ**

体＋油＝**体脂肪**

天ぷら＋油＝**天ぷら油**

油＋絵＝**油絵**

あふれる

あふれる

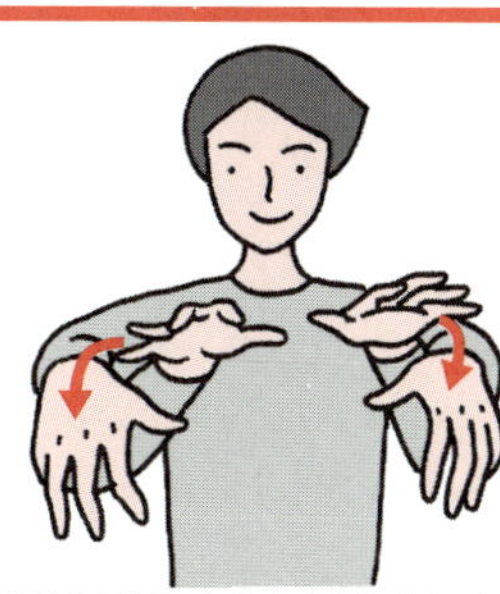

両手の手のひらを下向きにして並べ、前に倒すように出す。

たまる

解 器から液体があふれ出る様子を表す。

参 その形状（あふれるものが何か）によって表現が異なる。また、「**たまる**」は、両手の人差し指と中指を伸ばして重ね、上げる。

使い方例

コップ＋あふれる＝**コップからあふれる**

風呂＋水＋あふれる＝**風呂の水があふれる**

あまい
甘い

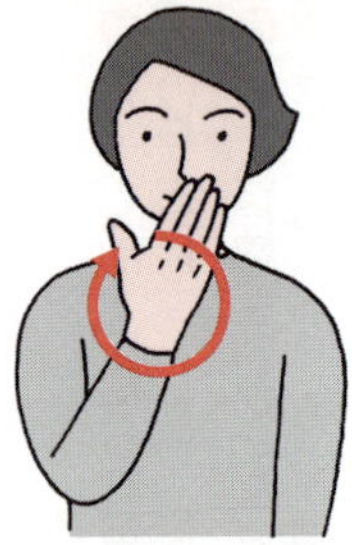
指を伸ばした右手の手のひらを口元において、回す。

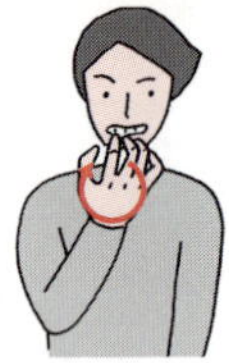
辛い

反 右手の指を曲げて回すと、「**辛い**」。

同 砂糖・佐藤・デザート

使い方例
ケーキ＋甘い＝**ケーキが甘い**
自分＋甘い＝**自分に甘い**
甘い＋口＝**甘口**
甘い＋酒＝**甘酒**

あまくだり
天下り

左手の指先に、親指を立てた右手をおき、右肩あたりにかまえる。

両手とも同時に、胸の前まで下げる。

使い方例
政治家＋天下り＋問題＝**政治家の天下り問題**
私＋天下り＋反対＝**私は天下りに反対だ**

あまり〜ない
あまり〜ない

ほとんど
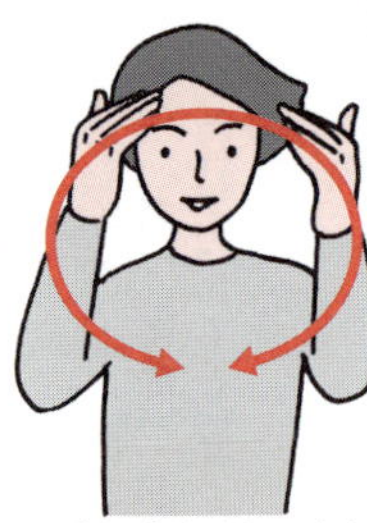
両手を合わせ、上から下へ、弧を描く。

ない①
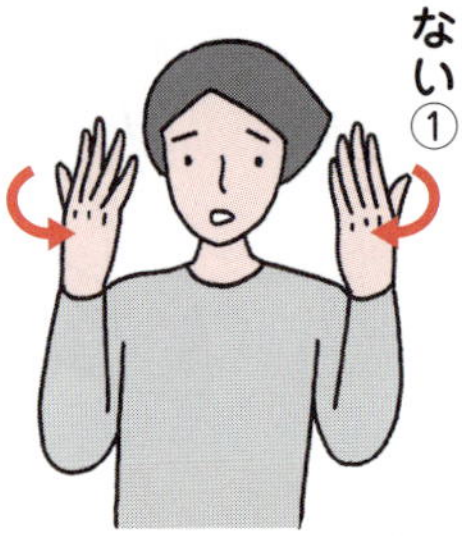
両手の手のひらを前向きにし、手首を内側に返す。

参 「ほとんど」を表現するときは、下部の円は閉じない。円を閉じると、「**まったく〜ない**」となる。

使い方例
お金＋あまり〜ない＝**あまりお金がない**
ほとんど＋会う＋ない①＝**あまり会わない**

あみ
網

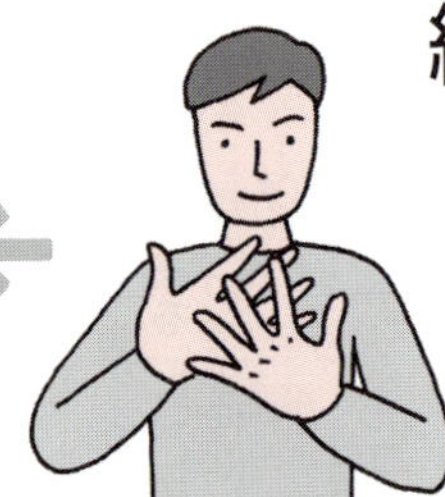
両手の5本の指を開き、交差させて重ねる。

両手を斜め下に下ろす。

解 網の目を表す。

参 手のひらを下に向けて重ね、右手を斜めに下ろすと、「**札幌**」。

同 ネット

使い方例
網＋はく（両手でストッキングを持ってはくしぐさ）＝**網タイツ**

あむ 編む

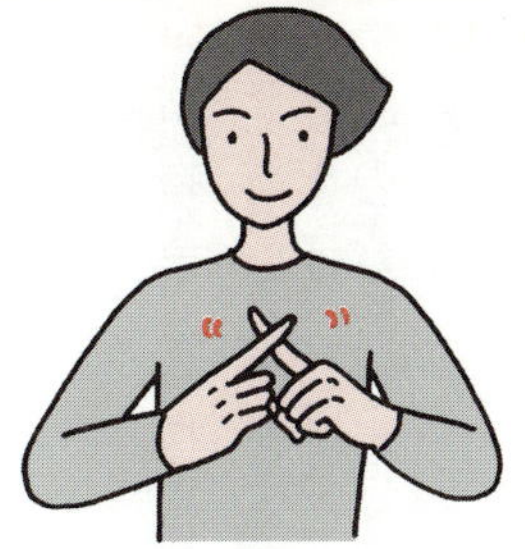
両手の人差し指をからませる。

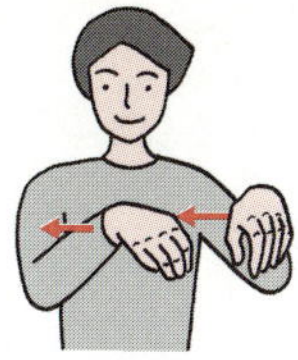
機械で編む

解 人差し指を編み棒に見立て、編み物をする様子から。

参 「**機械で編む**」は、編み機を両手で持って動かす様子で表す。

同 編み物

使い方例
- 手＋編む＝**手編み**
- 編む＋教える＋部屋＝**編み物教室**
- 編む＋洋服＝**セーター**

あめ 雨

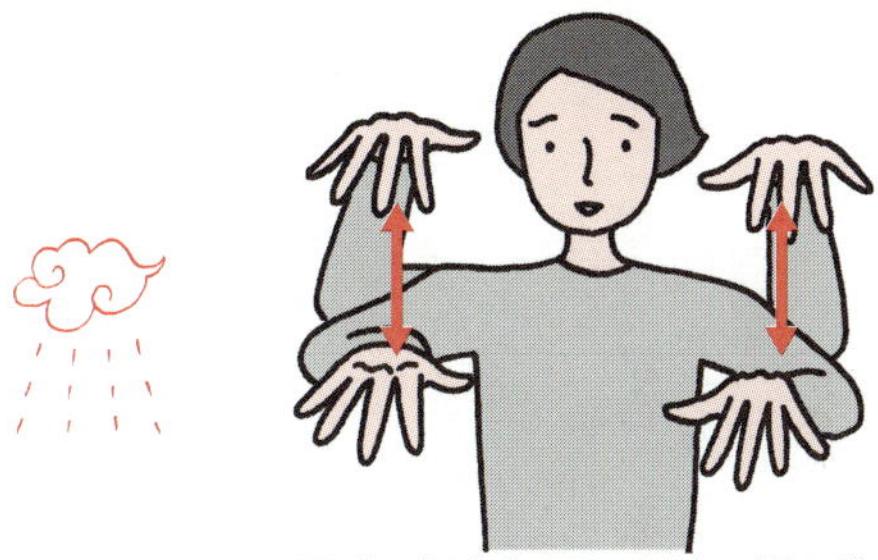
両手の指先を下に向け、顔の横で上下させる。

解 雨が降る様子から。

参 手を速く動かすと「**大雨**」、ゆっくり動かすと「**小雨**」。

同 雨が降る

使い方例
- 梅＋雨＝**梅雨**
- 霧＋雨＝**霧雨**
- 雨＋曇り＝**雨雲**
- 夕方＋雨＝**夕立ち**

あやしい 怪しい

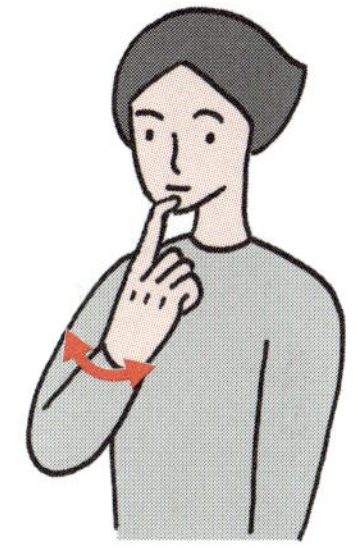
右手の人差し指をあごにあてて、ねじるように動かす。

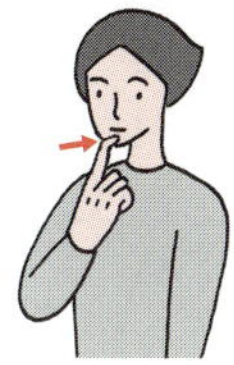
ほかの表現

解 「怪しいな」といぶかる様子から。

参 ねじるように動かすほかに、トントンと2〜3回あごにあてる表現もある。

同 疑う・おかしい・疑問・不思議

使い方例
- 状態＋怪しい＝**怪しい様子**
- 顔＋怪しい＝**怪しい顔**
- 彼＋怪しい＝**彼が怪しい**
- ガン＋怪しい＝**ガンの疑い**

あやまる 謝る

親指の腹が向かい合うように両手を並べる。

両手の親指を、同時に曲げる。

解 2人の人が向かい合って、頭を下げる様子から。

参 親指の代わりに人差し指で同様に表現すると、「**あいさつ**」。

同 あいさつ

使い方例
- すみません＋謝る＝**お詫び**
- 素直＋謝る＝**素直に謝る**
- ごめんなさい＋謝る＋文章＝**謝罪文**

洗う
あらう

両手でこぶしを作って手のひら側を合わせ、こすり合わせる。

解 洗濯物を手で洗う様子から。

参 手を洗うときは、両手の手のひらをこすり合わせる「**トイレ**」の手話単語で表現する。

同 洗濯

使い方例

洗う＋石けん＝**洗濯用石けん**
洗う＋洗剤＝**洗濯用洗剤**
洗う＋場所＝**洗い場**
手＋洗う＝**手で洗う**

争う
あらそう

親指を立てた両手を親指の腹を向かい合わせて左右におき、交互に上下させて上げていく。

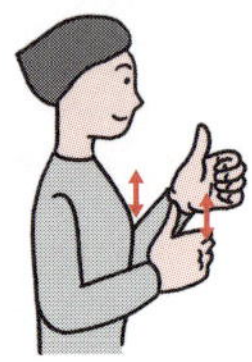

横から見たとき

解 交互に上げていくことにより、双方が競い合う様子を表す。

参 交互に上げず、左右から中央に寄せると「**試合**」、親指の腹を前に向けて交互に上下させると、「**試験**」。

同 ライバル

使い方例

グループ＋争う＝**グループ争い**
争う＋相手＝**競争相手**
争う＋勝つ＝**ライバルに勝つ**
争う＋関係＝**ライバル関係**

改めて
あらためて

両手の手のひらを向かい合わせる。

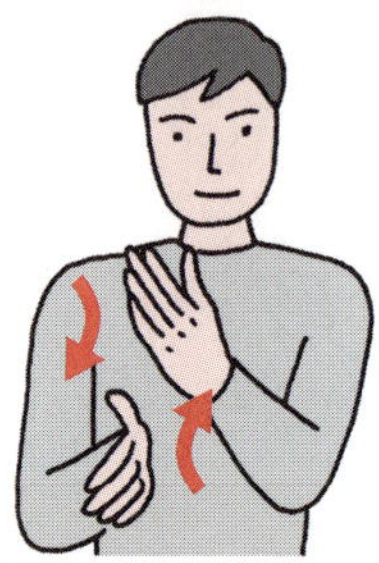

手を払うようにして、両手を打ち合わせる。

解 両手を払うことにより、「仕切り直す」というような意味を持つ。

参 「ない」という意味で使われる場合もある。

使い方例

改めて＋直す＝**もう一度**
勉強＋改めて＝**無学**

表す
あらわす

右手の人差し指を左手の手のひらにあてる。

左手をひねって、前に押し出す。

解 他者に向けて何かを表示する様子から。

参 手前に起こすと、「**現れる**」。

同 掲げる・示す・表現・デモンストレーション

使い方例

表す＋力＝**表現力**
気持ち＋表す＝**(自分の)気持ちを表す**

現れる
あらわれる

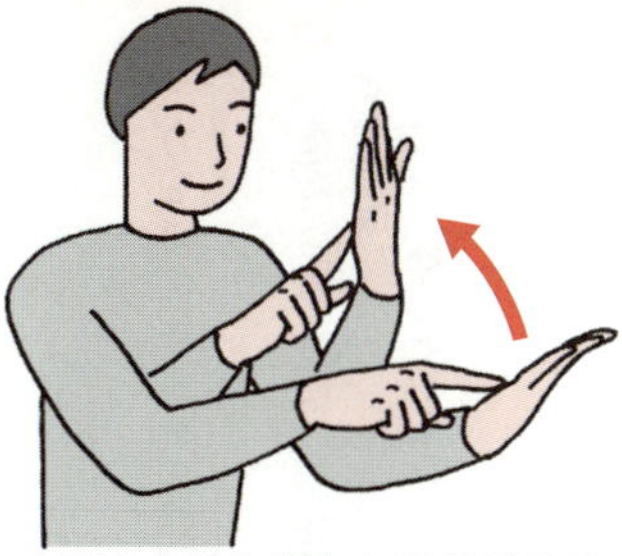

右手の人差し指を左手の手のひらにあて、手前に起こす。

解 他者によって表示されたものが目の前に現れる様子。「表す」の方向を変えることにより、受動的な意味合いになる。

参 「自然」という手話単語でも表現できる。

参 前に押し出すと、「**表す**」。

同 表される

使い方例
現れる＋宣伝＝**標示**
気持ち＋現れる＝**（相手が）気持ちを表す**

ありえない
ありえない

右手のひらを立て、少し山を描くように前に出す。このとき、口の形は「オーバー」。

同 すごい・信じられない・まさか・不信・うそ!

使い方例
暑い＋ありえない＝**暑すぎ**
説明＋ありえない＝**ありえない話**
おもしろい＋ありえない＝**おもしろすぎる**

ありがとう
ありがとう

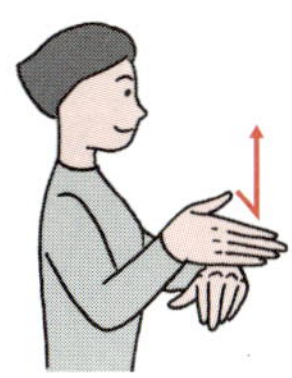

横から見たとき

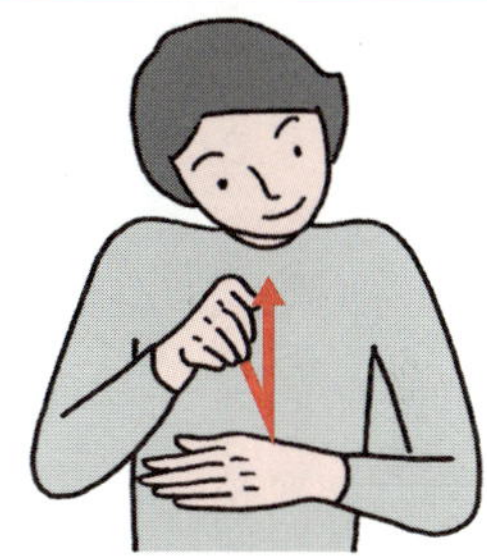

右手を垂直に立て、小指側で左手の甲をトンとたたく。

参 頭を軽く下げながら。ゆっくり表現すると、「たいへんありがたく思う」の意味になる。

同 感謝

使い方例
ありがとう＋祝う＝**感謝祭**
ありがとう＋四角＝**感謝状**
ありがとう＋お金＝**謝礼（金）**

ある
ある

横から見たとき

右手の手のひらを下に向けて体の前におき、少し下げる。

解 何かが存在していることを表す。

参 「（〜したことが）ある?」「〜を持っている?」と尋ねられて、「ある」と答えるときなどにも使う。

使い方例
ある＋明るい＝**有明（ありあけ）**
食べる＋ある?＝**食べたことがある?**
意地＋ある＝**意地がある**

あるく

歩く

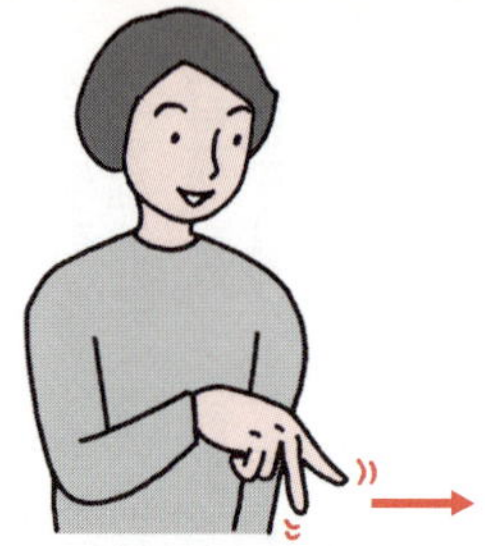

右手の人差し指と中指を足に見立て、交互に動かしながら前に進ませる。

解 人が2本の足で歩く様子から。

参 指を速く動かせば「**早足で歩く**」意味になり、ゆっくり動かせば「**ゆっくり歩く**」意味になる。

同 徒歩

使い方例
- 休憩＋歩く＝**散歩**
- 歩く＋行く＝**歩いて行く**
- 急ぐ＋歩く＝**急いで歩く**
- 歩く＋5分＝**歩いて5分**

あるばいと

アルバイト

仮

右の親指と人差し指で輪を作り、左の甲にあてる。

仕事

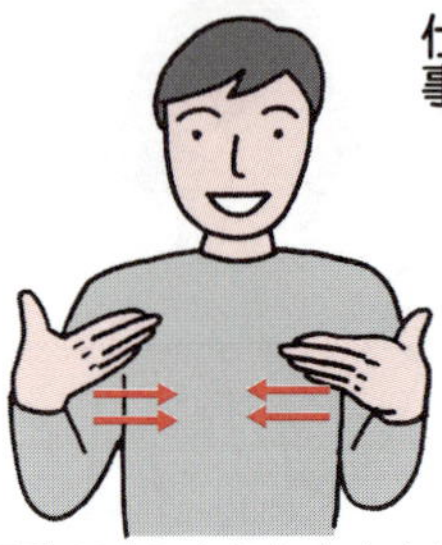

両手の手のひらを上向きにし、左右から2回寄せる。

解 アルバイト→「仮の仕事」。

同 仮…仮に・たとえ・例えば・もし・例
仕事…職業・働く

あれ

あれ

右手の人差し指で遠くを指さす。

これ

参 指さす対象物がある位置によって、指さす方向が変わる。

反 近くの物を指さすと、「**これ**」となる。

同 あちら・あっち・向こう

使い方例
- トイレ＋あれ＝**トイレはあちらです**
- あれ＋～から＝**あれから**
- あれ＋欲しい＝**あれが欲しい**

あれるぎー

アレルギー

ア

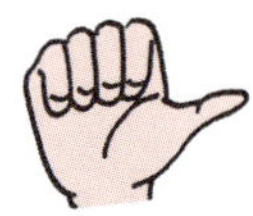

親指を横に伸ばし4指を握る。

レ

親指と人差し指を伸ばしてＬ字形に。

ル

親指と人差し指、中指を伸ばす。

ギ

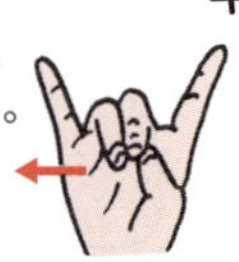

親指と中指、薬指をつけて、右に。

ー

人差し指を立てて下に倒す。

使い方例
- アレルギー＋わたし＝**わたしはアレルギー体質です**

あわい
淡い

両手の手のひらを向かい合わせ、互い違いに小さく回す。

濃い

解 ぼんやりとした様子、ごちゃごちゃした様子から。

参 手のひらをぴったり重ねて回すと、「**混ぜる**」となる。

反 両手を並べて手前に引くと、「**濃い**」。

同 あいまい・複雑

使い方例

淡い＋緑＝**薄緑**

淡い＋ピンク＝**薄ピンク**

性格＋淡い＝**はっきりしない性格**

あわせる
合わせる

両手の手のひらを上に向けて並べてから、手のひらを合わせる。

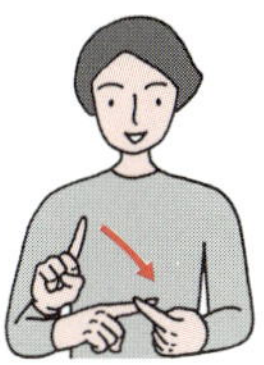

合う

解 ある物とある物を合わせて合計する様子から。

参 誰かに合わせる、何かに合わせると表すときは、「合う」の手話単語を使う。

同 合併・合計

使い方例

これ＋それ＋合わせる＋1＋万＋円＝**これとそれで1万円になります**

銀行＋合わせる＝**銀行合併**

あわてる
慌てる

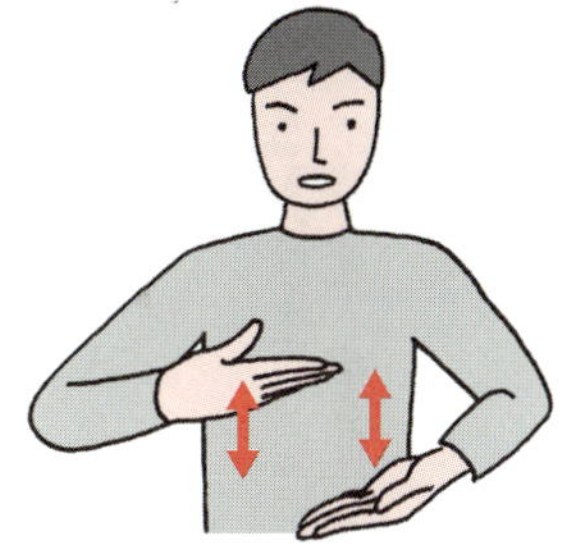

胸の前で両手の手のひらを上に向け、交互に上下させる。

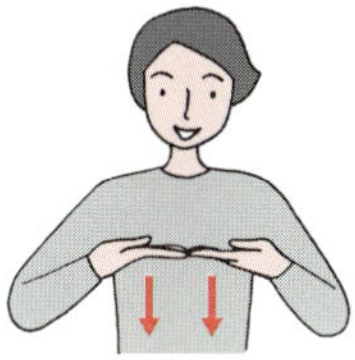

落ち着く

参 両手を交互に上下させながら上げていってもよい。

反 両手の指先をつけて、胸の前で下げると、「**落ち着く**」。

同 焦る

使い方例

慌てる＋性質＋習慣＝**慌てんぼう**

慌てる＋スムーズ＝**慌てやすい**

あんけーと
アンケート

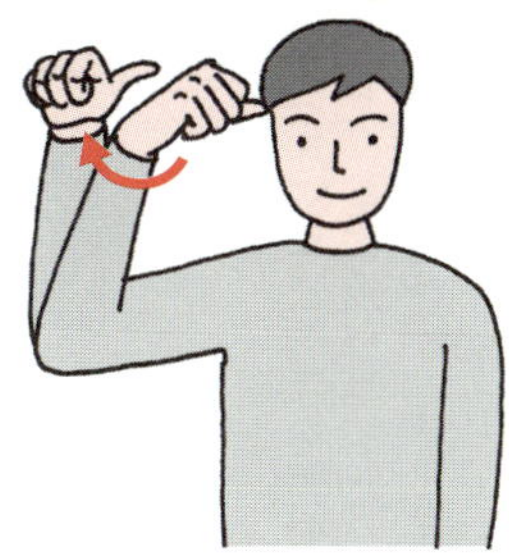

右手の親指を頭にあてて、手首を外側にひねる。

意見

解 右手の親指を横に伸ばすのは、指文字の「**ア**」。

参 指文字の「イ」で同様にすると、「**意見**」になる。

同 アイデア・案

使い方例

アンケート＋まとめる＝**アンケートを集める**

アンケート＋結果＝**アンケート結果**

安心
あんしん

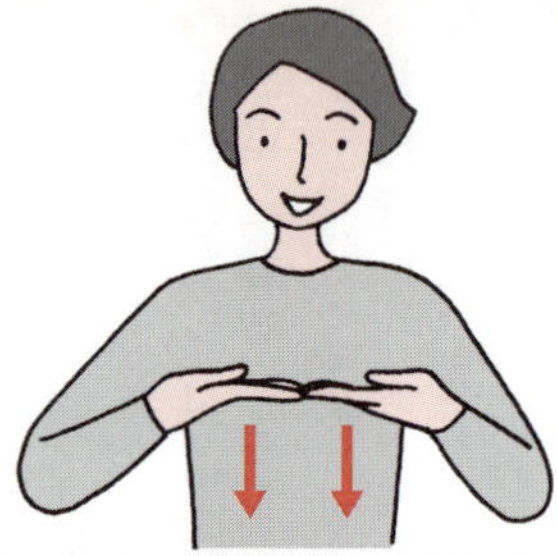

両手の手のひらを上に向けて胸の前におき、下げる。

横から見たとき

反 両手をわん曲させて2回胸にあてると、「**不安**」。

同 安静・安全・安定・落ち着く・おとなしい

使い方例

安心＋お願い①＝**安心してください**

安心＋無理＝**安心できない**

安全
あんぜん

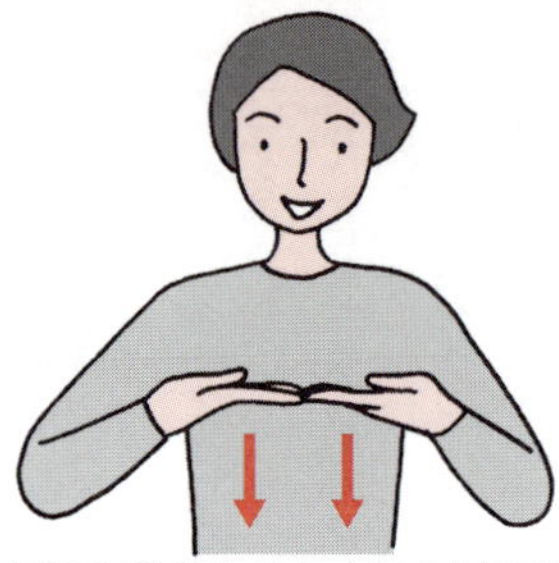

両手の手のひらを上に向けて胸の前におき、下げる。

横から見たとき

反 両手をわん曲させて2回胸にあてると、「**危険**」。

同 安心・安静・安定・落ち着く・おとなしい

使い方例

これ＋道＋安全＝**この道は安全です**

安全＋車＝**安全運転**

交通＋安全＝**交通安全**

案内
あんない

右手の親指を立てて、口の前で2回左右に動かす。

解 左右を行き来させることによって、人と人とを仲介する様子を表す。

同 紹介・通訳

使い方例

案内＋場所＝**インフォメーション**

落とし物＋案内＝**落とし物案内**

まとめる＋案内＝**総合案内**

あんまり
あんまり

下に向けた左手の甲に、立てた右手のひらをポンッとあて、前に出す。

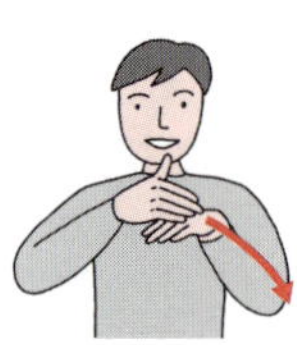

超える・越える

参 左手の甲に右手を垂直にのせ、前に滑らせると「**超える・越える**」。

同 ひどい・度が過ぎている

使い方例

いじめ＋あんまり＝**いじめすぎ**

言う＋方法＋あんまり＝**あんまりな言い方**

失礼①＋あんまり＝**常識はずれ**

い

自分から見た形

相手から見た形

立てた小指がアルファベットの「I」の形になる。

胃

い

右手の小指を立てて、胃の位置におく。

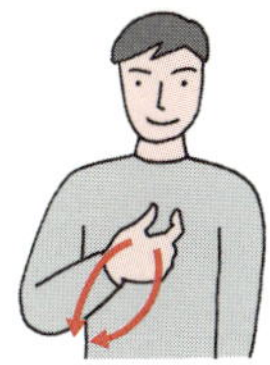

ほかの表現

解 小指を立てるのは指文字の「イ」。

参 右手の親指と人差し指で、胃の形を描く表現もある。

使い方例
胃＋重い＝**胃もたれ**
胃＋痛い＝**胃潰瘍（いかいよう）、胃痛**
胃＋薬＝**胃薬**

いいえ

いいえ

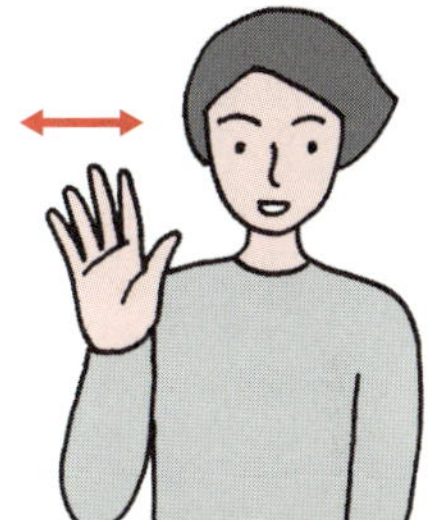

右手の手のひらを前に向けて、左右に軽く2〜3回動かす。

参 「違う」という表情をしながら。表情を変えると、「**バイバイ**」の意味になる。

同 とんでもない・ない

使い方例
好き＋いいえ＝**好きではない**
怖い＋いいえ＝**怖がらないで**
あきらめる＋いいえ＝**あきらめないで**

言い換える

いいかえる

右手の人差し指と中指を立て、人差し指→中指の順で口にあてる。

変わる

解 険しい表情をつけると「**裏切る**」、軽い表情をつけると「**気が変わる**」という意味になる。

参 両手の手のひらを向かい合わせ、手首を軸に回すと「**変わる**」。

同 約束と違う

使い方例
話す＋間違える＋言い換える＝**前言撤回**
言い換える＋多い＝**言い訳ばかり**

言い訳（いいわけ）

右の人差し指と中指を伸ばして人差し指をあごに向け、2回ねじる。

裏切る

解 口元から出た指は「言葉」を意味し、言ったことがひるがえる様子から。

参 「いろいろ＋言う」、または、「いろいろ＋説明」で表すこともできる。手を立てて1回同様にすると、「**裏切る**」。

言う（いう）

右手の人差し指を口元にあててから、前に出す。

横から見たとき

参 人差し指を2回前に出すと、「**語**」。また、「**話す**」は、すぼめた右手を口の前におき、パッと開く。

同 ～と申します（自己紹介するとき）

使い方例

わたし＋森＋言う＝**わたしは森と申します**

死ぬ＋言う＝**遺言**

家（いえ）

手のひらを下に向けた両手を斜めにして指先を合わせる。

解 家の屋根の形を表す。

参 ビル状の家は「建物」の手話単語を使う。家の形を作って手前に起こすと、「**家を建てる**」。家の形を作って右に動かすと、「**引っ越し**」。また、前に動かすと、老人ホームなどの「**ホーム**」。

同 屋根

使い方例

家＋場所＝**住所**

家＋出る＋中＝**外出中**

鈴木＋家＝**鈴木家**

家＋計算＋ノート＝**家計簿**

以下（いか）

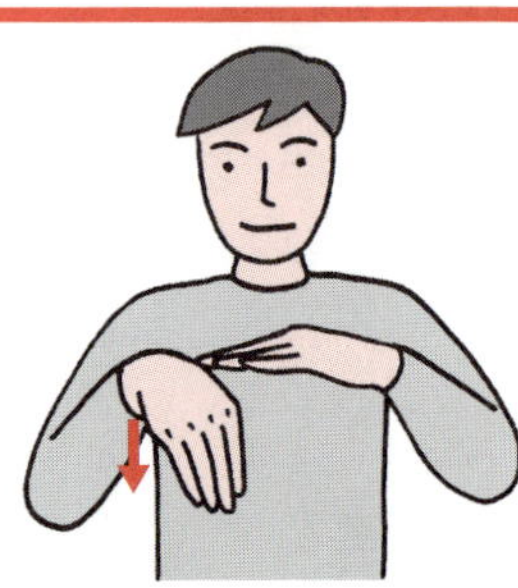

手のひらを下に向けた左手の横に右手をおき、右手を下げる。

以上

解 左手を基準として右手を下げることにより、一定以下という意味を表す。

参 右手だけで表現すると「**後輩**」。

反 右手の手のひらを上に向けて上げると「**以上**」。

使い方例

年齢＋18＋以下＝**18歳以下**

100＋以下＝**100以下**

いか

イカ

あごの下に、下に向けた右手の手首をあて、指をひらひらと揺らす。

解 イカの姿を表す。

使い方例
イカ＋漁＝**イカ漁**
イカ＋刺し身＝**イカ刺し**
イカ＋煮る＝**イカ焼き**
イカ＋辛い＝**イカの塩辛**

いがい

意外

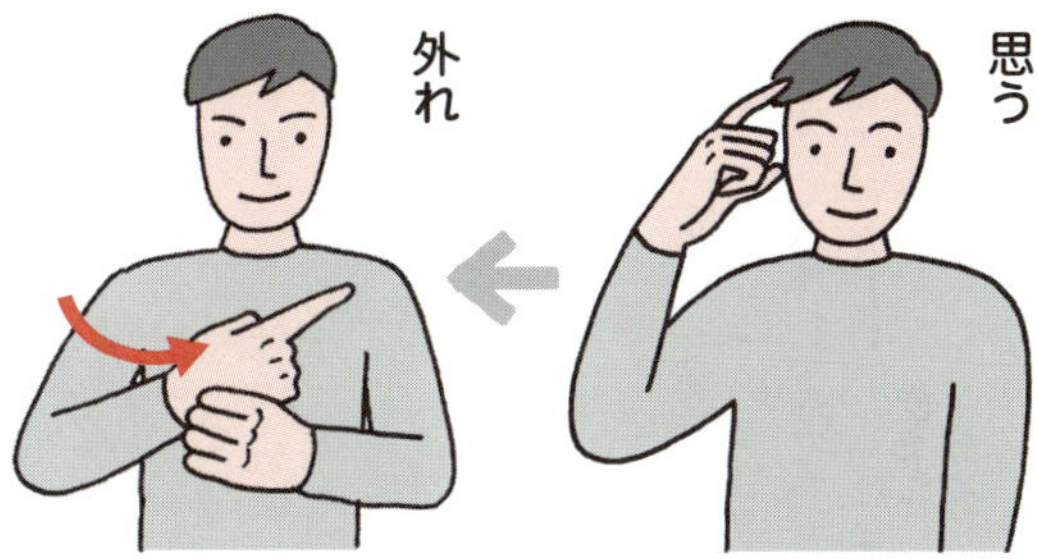

右手の人差し指を伸ばして、こめかみにあてる。

丸めた左手をかすめながら、右手を左に動かす。

解 「外れ」は、いったんあてた指を外すことにより、「あてが外れる」という意味を表す。

参 「思う」を省略することも。

使い方例
想像＋意外＋高い＝**思っていたより高い**
意外＋似合う＝**思っていたより似合う**

いかが

いかが

右手の手のひらを上にして、左右に振るように動かす。

尋ねる

参 どちらかといえば、カジュアルな手話表現。「何＋尋ねる」で、「いかがですか？」と、丁寧な表現となる。

同 どう

使い方例
これ＋いかが？＝**こちらはいかがですか？**
味＋いかが？＝**味はどう？**

いきる

生きる

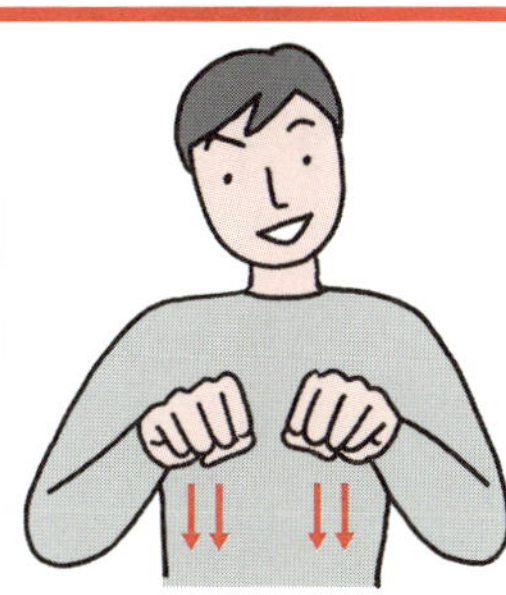

両手でこぶしを作って並べ、2回下げる。

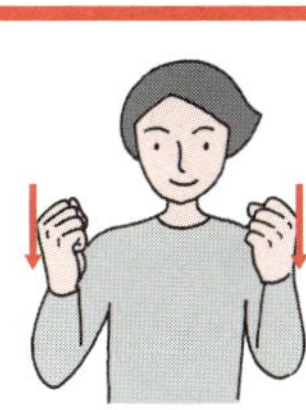

居る

参 「お父様はご存命ですか？」と尋ねるときには、「生きる」ではなく、「居る」の手話単語を使う。

反 両手を合わせて右に倒すと、**「死ぬ」**。

同 いきいきする・お元気で・頑張って・頑張る・元気

使い方例
生きる＋方法＝**生き方**
生きる＋残る＝**生き残り**
生きる＋臭い＝**生臭い**
生きる＋協会＝**生協**

行く
いく

右手の人差し指を伸ばして下向きにし、手首をひねって前に出す。

横から見たとき

参 右手の親指を立てて前方に動かす表現もある。「わたしが行く」「彼が行く」など、基本的に、1人で行く場合に使う。

使い方例
駅＋行く＝**駅に行く**
行く＋終わる＝**行った**
いつも＋行く＋店＝**行きつけの店**

(一緒に)行く
(いっしょに) いく

両手の人差し指をくっつけて、前へ動かす。

デート

参 カップルで一緒に行くときは、「**デート**」の手話単語を使う。人差し指を左右からくっつけただけだと、「**一緒**」となる。

使い方例
公園＋(一緒に)行く＝**一緒に公園に行く**
(一緒に)行く＋構わない？＝**一緒に行っていい？**

(飛行機で)行く
(ひこうきで) いく

右手の親指と小指を伸ばして、斜め上に上げる。

解 右手を飛行機に見立て、飛行機が飛び立つ様子を表す。

参 「電車で行く」「地下鉄で行く」などは、それぞれの乗り物を表したあと、「行く」の手話単語をプラスして表現する。

同 飛行機

使い方例
アメリカ＋(飛行機で)行く＝**アメリカに行く**
(飛行機で)行く＋時間②＝**飛行機の出発時刻**

(みんなで)行く
(みんなで) いく

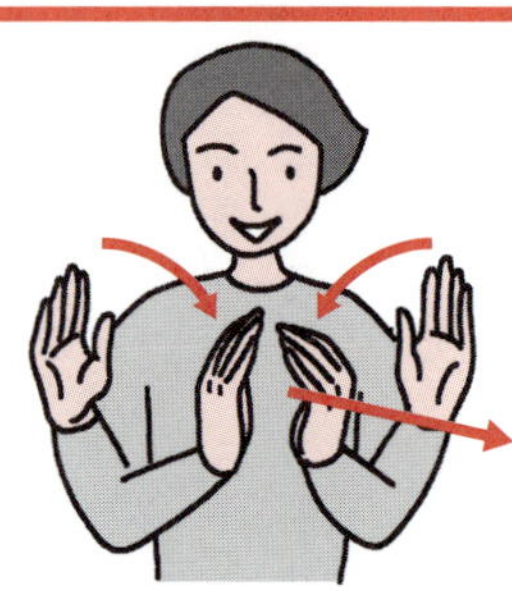

わん曲させた両手を左右から寄せ、そのまま前へ動かす。

集まる

参 およそ4人以上の人が行く場合に使う。また、前へ動かさないと、「**集まる**」の意味になる。

同 集まって行く

使い方例
映画＋(みんなで)行く＝**みんなで映画に行く**
駅＋(みんなで)行く＝**駅に集まってから行く**

育児
いくじ

両手のひらを向かい合わせて手首を近づけ、交互に上下に動かす。

(植物を)育てる

参 人間やペットに使う。「**(植物を)育てる**」は、左手の親指を立て、手のひらを上にした右手の指先でつつきながら両手を同時に少しずつ上げる。

同 介護・サービス・世話・育てる

使い方例
育児＋休む＋取る＝**育児休暇を取る**
育児＋疲れる＝**育児疲れ**

いくつ
いくつ

右手の指を順に閉じていき、数を数えるしぐさを２回する。

年齢

解 数を数える様子を表す。

参 あごの下で表現すると、「**年齢**」となる。

使い方例
本＋いくつ？＝**本は何冊？**
お金＋いくつ？＝**いくら？**
時間②＋いくつ？＝**何時？**

いくら
いくら

右手の親指と人差し指で輪を作って、軽く振る。

右手の指を順に閉じ、数えるしぐさを２回する。

解 お金…右手で作った輪はコインを表す。

使い方例
これ＋いくら？＝**これはいくら？**
希望＋いくら＝**希望価格**

池
いけ

親指とほかの指の間をあけた左手の内側に沿って、右手をなぞるようにする。

解 左手は池のふちを、右手は池の水を意味する。

参 右手の人差し指で左手の内側をなぞるようにすると、「**気にしない**」となる。

使い方例
池＋田＝**池田**
小＋池＝**小池**
湿っぽい＋池＝**蓮池(人名)**
池＋釣り＝**池で釣りをする**

生け花（いけばな）

両手の指を軽く曲げて向かい合わせる。手首を軸にして、互い違いに回して開く。

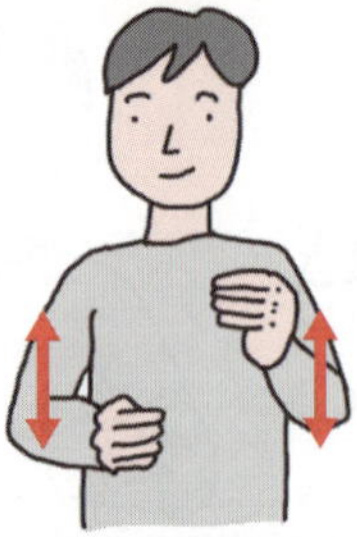

すぼめた両手を、交互に上下に動かす。

解 最初の動作は「花」の手話。次の動作は花を生けている様子を表す。

使い方例
- 生け花＋教える＋部屋＝**生け花教室**
- 生け花＋教わる＝**生け花を習う**
- 生け花＋先生＋資格＝**生け花の師範**

意見（いけん）

右手の小指をこめかみにあて、手首をねじる。

アイデア・案・アンケート

解 指文字「イ」を使った表現。

参 「考える」の手話単語でも表現できる。また、指文字「ア」で同じ動きをすると、「**アイデア**」「**案**」「**アンケート**」となる。

使い方例
- 意見＋交換＝**意見交換**
- 意見＋まとめる＝**意見をまとめる**
- 意見＋賛成＝**賛成意見**

以後（いご）

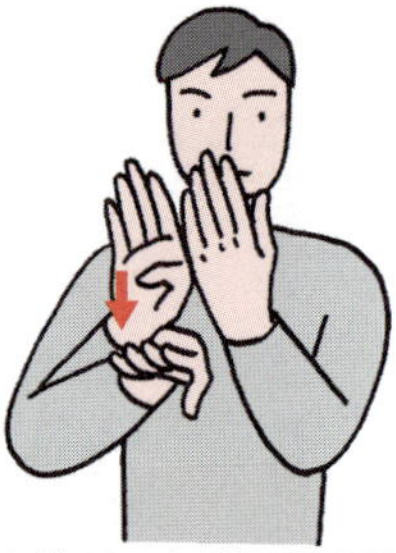

左手の横で、右手の手のひらを前に向けて出す。

以前

解 立てた左手はある一時期を意味し、前に出した右手はその時以降であることを表す。

参 左手をつけずに表現することもある。

反 左右とも手の方向を逆にして右手を手前に引くと「**以前**」。

使い方例
- 年齢＋20＋以後＝**20歳以後**
- 明日＋以後＝**明日以降**

囲碁（いご）

右手の中指と人差し指を交差させ、ポンとおく。口の形は「い」。

手を左に少しずらしてポンとおく。口の形は「ご」。

解 石を碁盤におく動作を表す。

使い方例
- 囲碁＋本番＋勝負＝**囲碁の対局**
- 囲碁＋教わる＝**囲碁を習う**
- 囲碁＋楽しい＝**囲碁を楽しむ**
- 囲碁＋本＝**囲碁の本**

遺産（いさん）

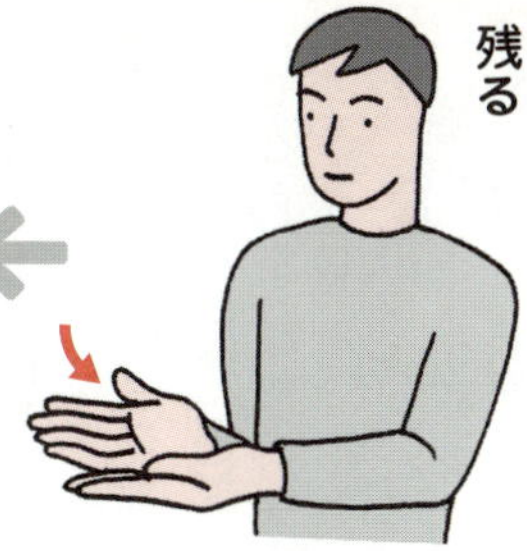

左手の手のひらに右手をのせ、すくうように手前に引く。

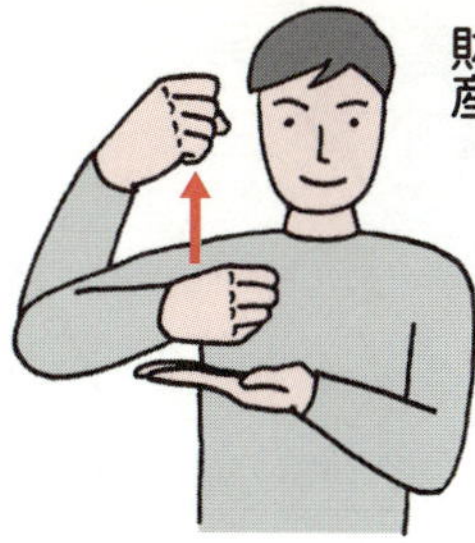

左手の手のひらに握った右手をおき、上げる。

参「死ぬ＋残る＋財産」としてもよい。「財産」の形のまま前に出すと、「**財産贈与**」となる。

使い方例

遺産＋もらう＝**遺産を相続する**

世界＋遺産＝**世界遺産**

意志（いし）

右手の人差し指で胸を指す。

右手を握る。

解 胸を指すのは「気持ち」。それを握ることにより、気持ちが固まっている状態を表す。

参「**自信**」は、右手を少し上げて握る。

使い方例

意志＋強い＝**意志が強い**

意志＋弱い＝**意志が弱い**

意志＋かたい＝**意志が固い**

意地（いじ）

両手を握って胸の前に並べ、両ひじを張る。

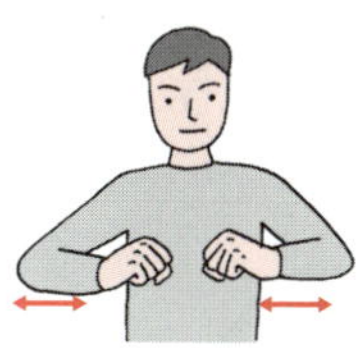

わがまま

解 ひじを張ることで、考えを通そうとする強い意志を表す。

参 両手を同じ形にして左右に動かすと「**わがまま**」となる。

同 意地を張る

使い方例

意地＋ある＝**意地がある**

意地＋いいえ＝**意地を張らないで**

いじめ（いじめ）

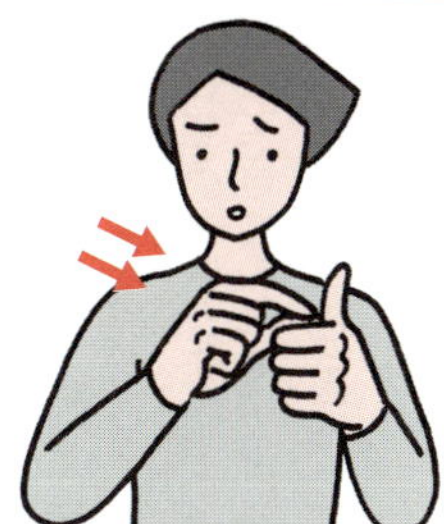

右の親指と人差し指で何かをつまむ形にし、左の親指を数回つつく。

いじめられる

参 表情をもっと軽く、からかうようにしながら表現すれば、「**からかう**」の意味になる。

反「**いじめられる**」は、右手の指先を自分に向けて、左手の親指を数回つつく。

同 いじめる

使い方例

いじめ＋問題＝**いじめ問題**

いじめ＋自殺＝**いじめによる自殺**

医者
いしゃ

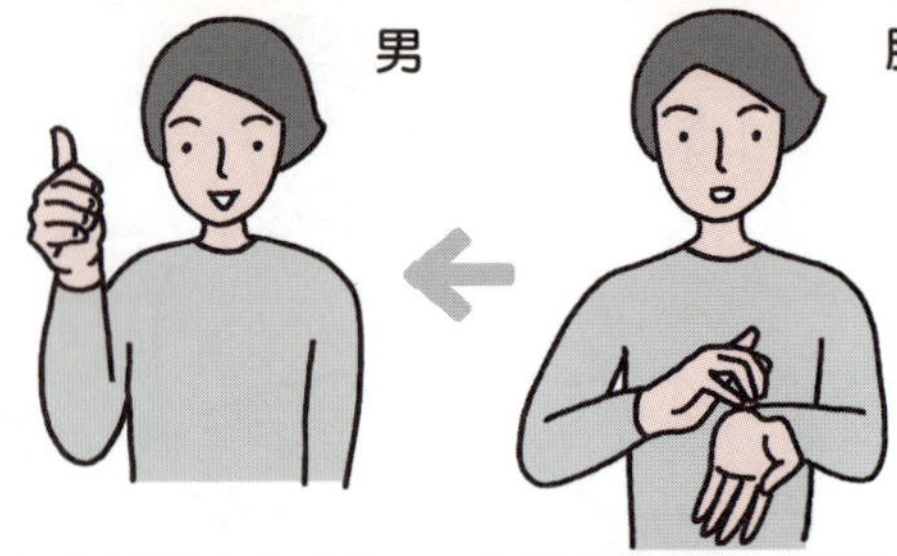

右手の指先を左手の手首にあてる。

右手の親指を立てる。

解 脈…脈をとる様子から。

参 脈をとるときは、親指だけでも人差し指と中指の2本を使ってもよい。

同 脈…医療

使い方例

歯＋医者＝**歯科医**
目＋医者＝**眼科医**
脈＋女＝**女医**
脈＋建物＝**病院**

以上
いじょう

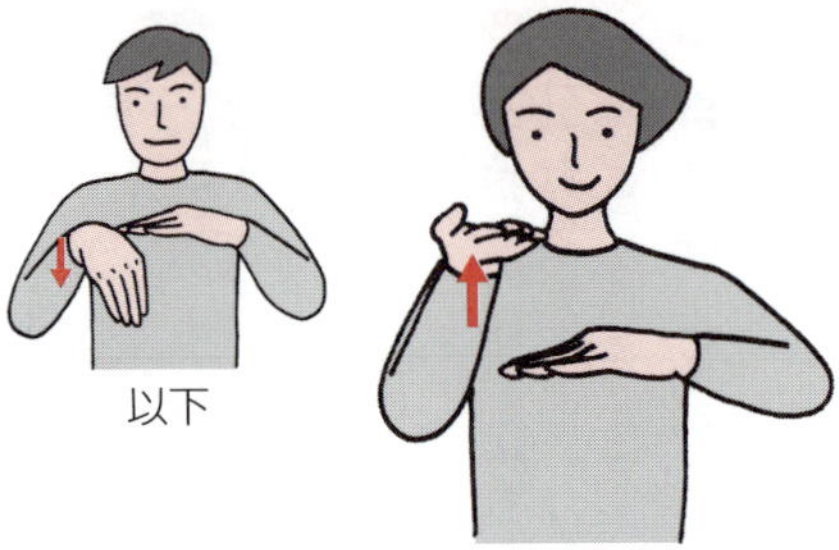

左手の横に、手のひらを上に向けた右手をおき、上げる。

解 左手はある基準を意味し、上げた右手はそれ以上であることを示す。

反 右手の手のひらを下に向けて下げると、「**以下**」。

使い方例

年齢＋20＋以上＝**20歳以上**
20＋年＋以上＝**20年以上**
30＋分＋以上＝**30分以上**

異常
いじょう

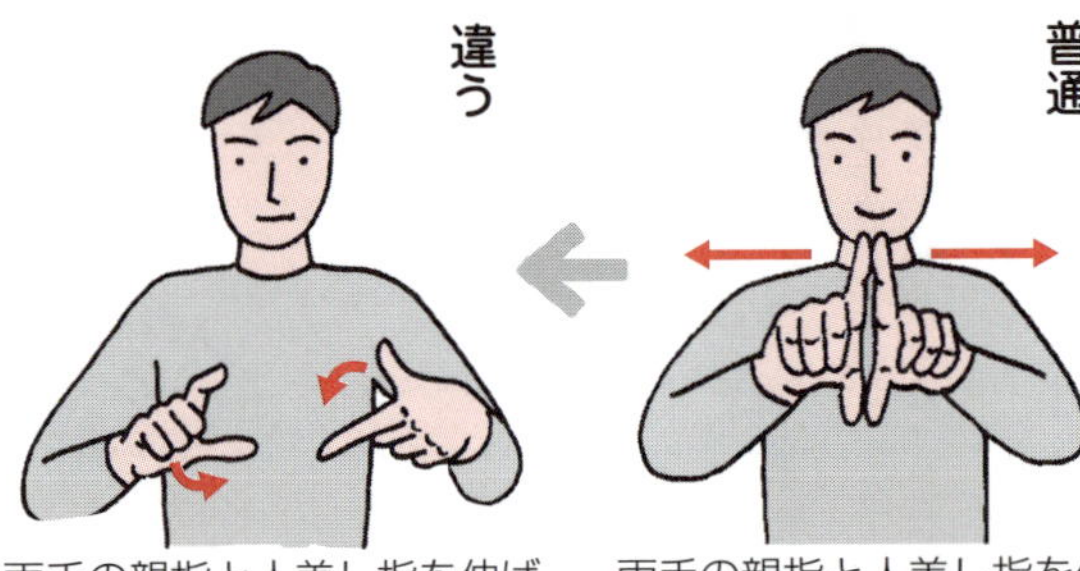

両手の親指と人差し指を伸ばして合わせ、左右に離す。

両手の親指と人差し指を伸ばして並べ、互い違いにひねる。

解 「普通」と「違う」が組み合わさった単語。

同 普通ではない

使い方例

天気＋異常＝**異常気象**

椅子
いす

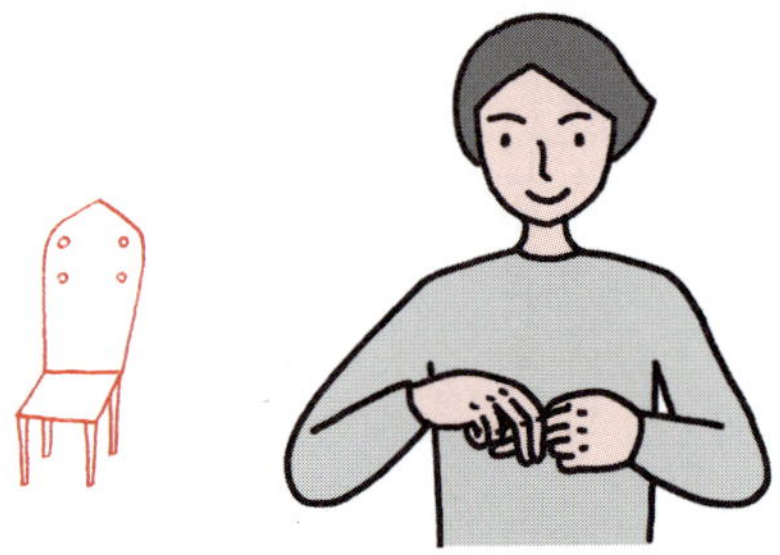

右の人差し指と中指を曲げて、左の人差し指と中指の上にのせる。

解 左手は椅子に、右手の指は人の足に見立て、椅子に腰掛ける様子を表す。

参 右手の指は左手の指の真ん中あたりにのせるようにする。

同 出席する・座る・席・乗り物・乗る

使い方例

ベージュ＋椅子＝**ベージュの椅子**
優先＋椅子＝**優先席**
椅子＋お金＝**席料**

忙しい
いそがしい

両手の指を下向きにして軽く曲げ、交互に水平に回す。

横から見たとき

解 忙しくて、ごちゃごちゃしている様子から。

反 「**暇**」は、両手を広げて胸のあたりにおき、手首を返して手のひらを上にする。

同 ごちゃごちゃ

使い方例
明日＋忙しい＋わたし＝**明日は忙しい**
仕事＋忙しい＝**忙しい仕事**

急ぐ
いそぐ

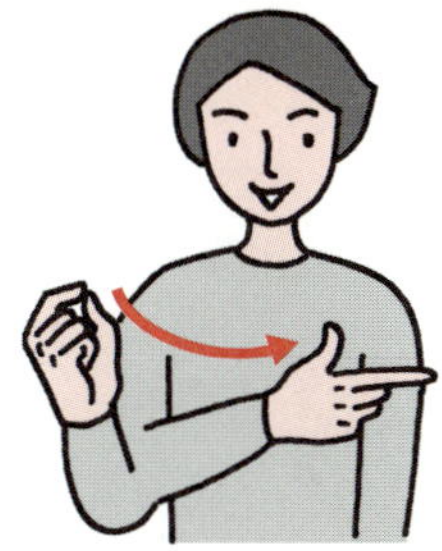

右手の親指と人差し指をくっつけ、パッと離しながら、左に動かす。

少し

参 左に動かさずにはじくだけだと、「**少し**」になる。

反 「**ゆっくり**」は、親指と人差し指を伸ばして指先を向かい合わせ、同時に右に動かす。

同 急いで・急行・すぐ・早い・速い

使い方例
急ぐ＋仕事＝**急ぎの仕事**
急ぐ＋帰る＝**急いで帰る**
特別＋急ぐ＝**緊急**

痛い
いたい

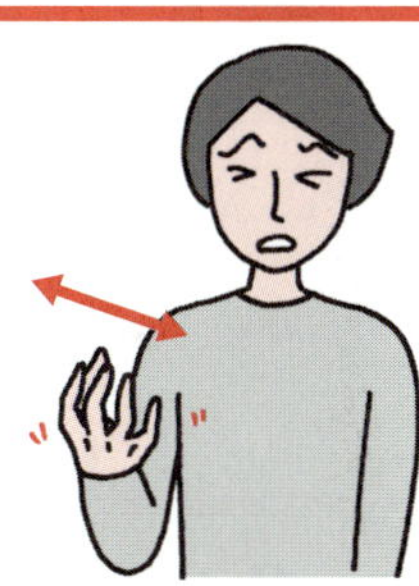

右手の指を軽く曲げて、左右に小刻みに震わせる。

参 痛い部位の近くで表す。

使い方例
頭＋痛い＝**頭痛**
歯＋痛い＝**歯が痛い**
胃＋痛い＝**胃潰瘍（いかいよう）、胃痛**
痛い＋止める＋薬＝**痛み止め**

炒める
いためる

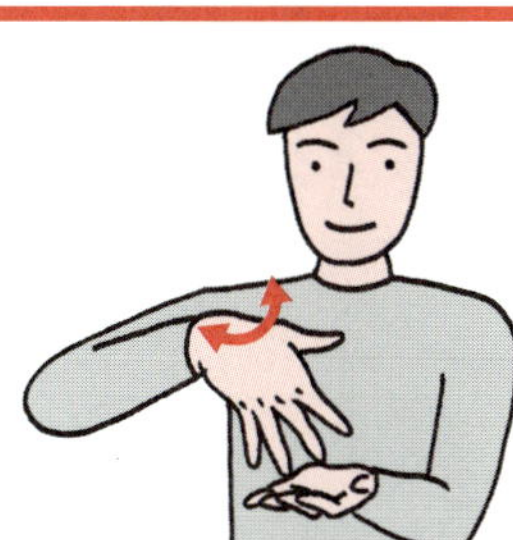

左手の上に右手の指先を垂らし、手首を使って前後に動かす。

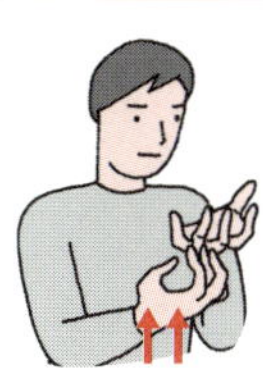

煮る

解 炒める様子から。

参 「**煮る**」は、わん曲させた左手の甲に右手の指を下から2～3回あてる。

同 炒め物・チャーハン・ピラフ

使い方例
野菜＋炒める＝**野菜炒め**
卵＋炒める＝**スクランブルエッグ**

一眼レフ

いちがんれふ

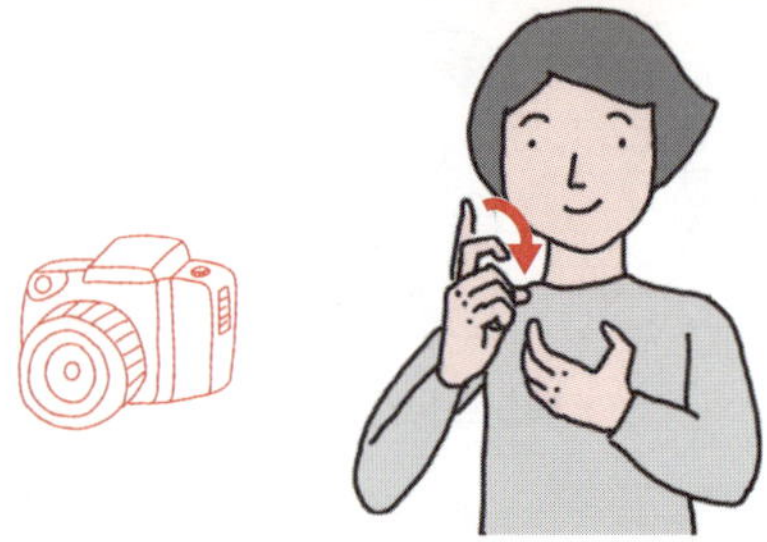

左手はわん曲させて胸の前にかまえ、右手は人差し指のみ伸ばして左手の上にかまえ、人差し指を曲げる。

解 左手でレンズを持ち、右手でシャッターボタンを押す動作を表す。

使い方例

一眼レフ＋マニア＋女＝**カメラ女子**

新しい＋売る＋一眼レフ＝**新発売の一眼レフ**

苺

いちご

右手をすぼめ、すべての指先を鼻にあてる。

解 鼻を、苺に見立てている。

使い方例

苺＋ケーキ＝**苺のショートケーキ**

苺＋パフェ＝**苺パフェ**

苺＋牛乳＝**苺ミルク**

一度も～ない

いちども～ない

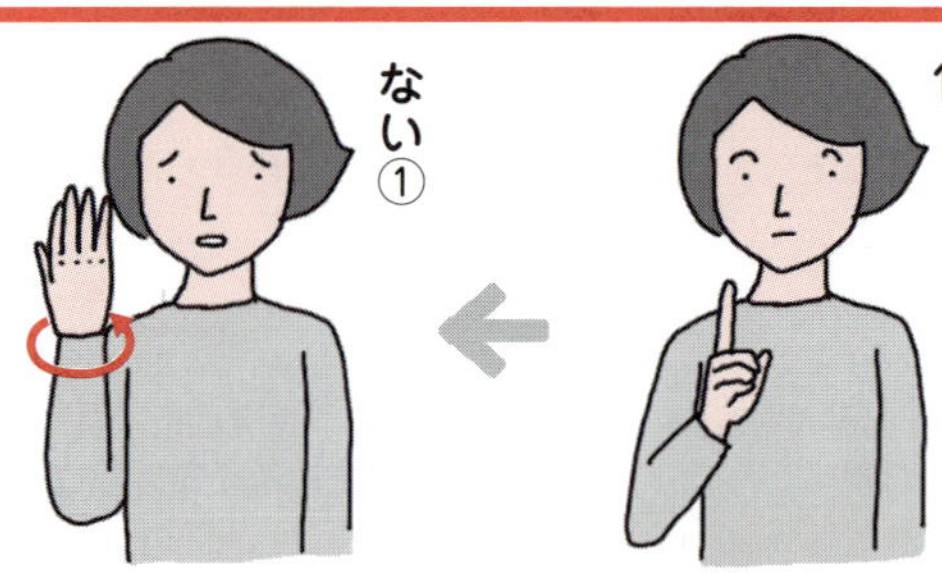

右手の人差し指を伸ばして、立てる。

手を開きながら、手首を回す。

解 最初の動作は「1」の手話、次の動作は「ない①」の手話。

使い方例

けんか＋一度も～ない＝**けんかをしたことがない**

食べる＋一度も～ない＝**食べたことがない**

一番

いちばん

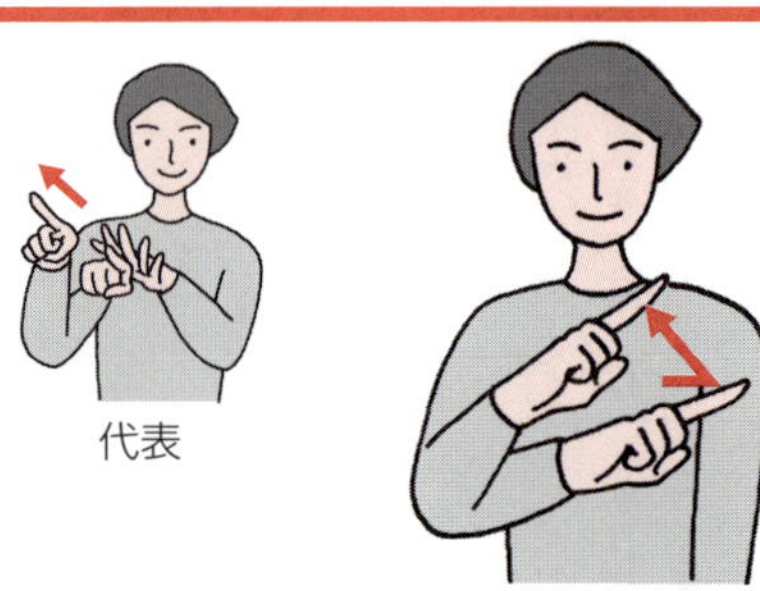

右手の人差し指を伸ばし、左胸のあたりにあて、前に出す。

解 右手の人差し指は、数字の「1」を表す。

参 人差し指を立てるだけで表すときもある。また、「代表」や「最高」という手話単語でも表せる。

使い方例

一番＋大きい＝**一番大きい**

春＋一番＝**春一番**

一番＋前＝**一番前**

一番＋新しい＝**最新**

一部
いちぶ

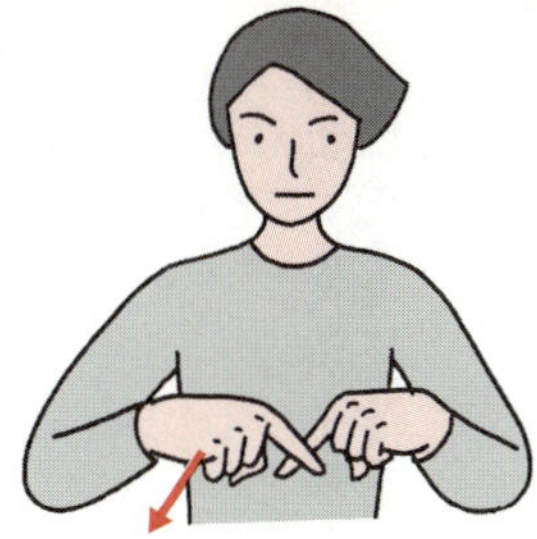

左の人差し指に右の人差し指をあて、指先に向かって滑らせる。

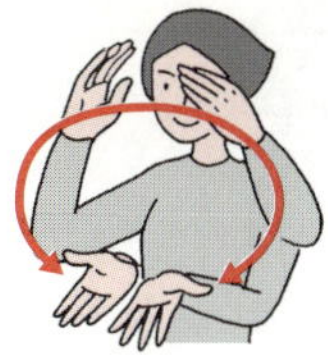

全部

解 少しという意味を表す。

参 2回滑らせると、「**少しずつ**」「**ローン**」となる。

反 「**全部**」は、両手の指を軽く曲げて合わせ、円を描いて小指側をつける。

使い方例

一部＋返す＝**一部返却**
一部＋残る＝**一部が残る**
一部＋直す＝**一部訂正**

一流
いちりゅう

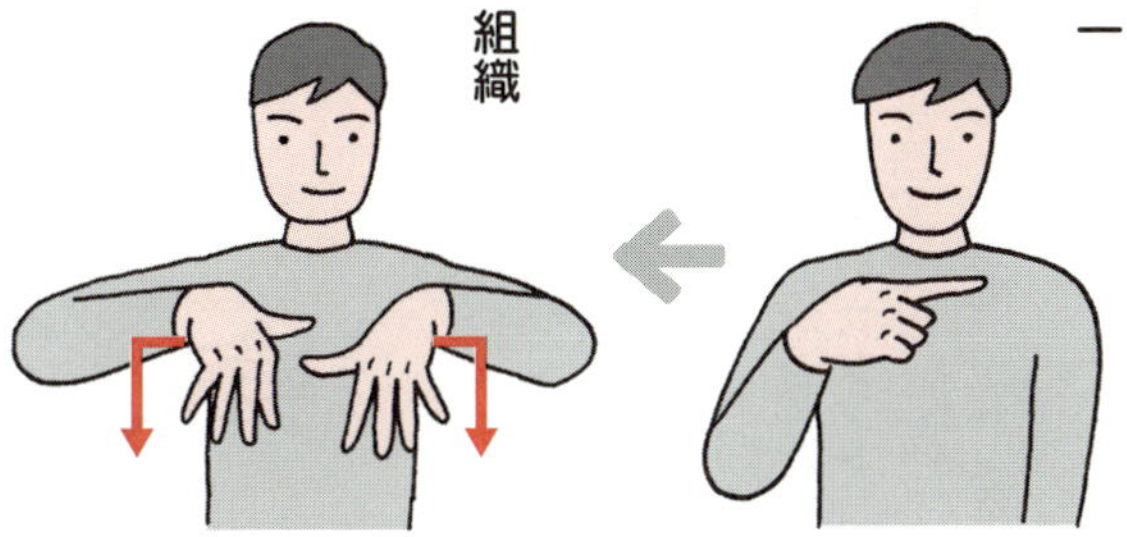

右手の人差し指を横に伸ばす。

軽く握った両手を並べ、指を開きながら指先を下に向け、下げる。

解 一…右手の人差し指は数字の「1」を表す。

使い方例

一流＋大学＝**一流大学**
一流＋会社＝**一流企業**
一流＋品＝**一流品**
一流＋ブランド＝**一流ブランド**

いつ
いつ

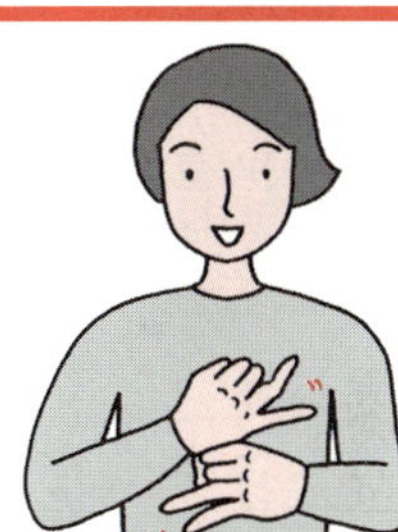

右手を上に左手を下につなげ、両手の指を同時にそれぞれ順に折る。

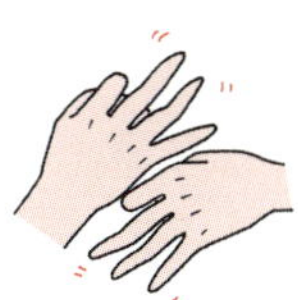

両手のアップ

参 右手だけで表現することもできる。日にちを尋ねるときに使い、時間を尋ねるときは、「時間＋いくつ」を使う。

使い方例

会う＋いつ？＝**いつ会う？**
誕生日＋いつ？＝**誕生日はいつ？**

いつか
いつか

右手の手のひらを前に向けて、指を順に折りながら前に出す。

将来

参 手のひらを前に向けて、折らずに出すだけだと、「**将来**」。

使い方例

いつか＋行く＝**（特定できないけれど）いつか行く**
いつか＋する＋希望＝**いつかしたい**

一級　いっきゅう

右手の人差し指を前に伸ばして、体のほうに引く。

三級

参 右手の人差し指、中指、薬指を伸ばして、体のほうに引くと「**三級**」。

使い方例
手話＋調べる＋定める＋一級＝**手話検定一級**
書道＋一級＝**書道一級**
二級＋お酒＝**二級酒**

一瞬　いっしゅん

両手の親指と人差し指で輪を作って並べ、真ん中に寄せて開く。

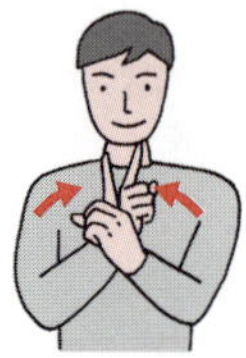

インスタント

解 触れ合ってすぐに散る様子。

参 「瞬時に〜になる」という場合は、「**インスタント**」の手話単語で表すこともある。

同 あっという間・突然・早い・速い

使い方例
一瞬＋起きる＝**一瞬の出来事**
彼＋一瞬＋来る＝**彼が突然やって来る**

一緒　いっしょ

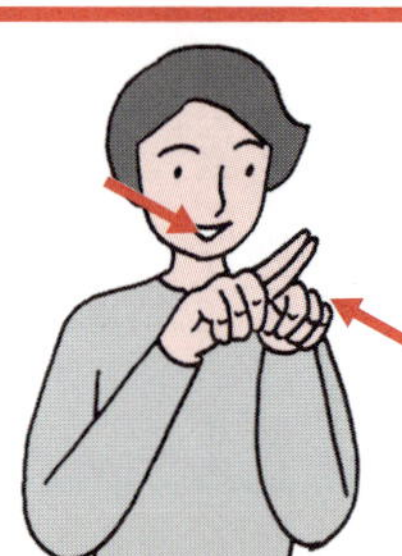

両手の人差し指を伸ばして、左右からくっつける。

解 人と人が一緒になる様子から。

参 人差し指をくっつけたまま前に出すと「**一緒に行く**」、両手をこぶしにして左右からくっつけると「**見合い**」。なお、日本語の「おそろい」「同じ」の意味では使えない。

使い方例
一緒＋遊ぶ＝**一緒に遊ぶ**
一緒＋作る＝**一緒に作る**
一緒＋仕事＝**一緒に働く**

一生　いっしょう

左手は指先を前に向け、右手は親指と小指を伸ばす。

右手を左に動かし、親指を左の手のひらにあてる。

解 親指と小指を伸ばす単語には、「人々」「家族」「人生」など、人に関係した意味を持つものが多く、左手にあてることによって、「死ぬまで」という意味を表す。

同 生涯

使い方例
一生＋勉強＝**生涯学習**
一生＋愛する＝**生涯愛し続ける**

一生懸命
いっしょうけんめい

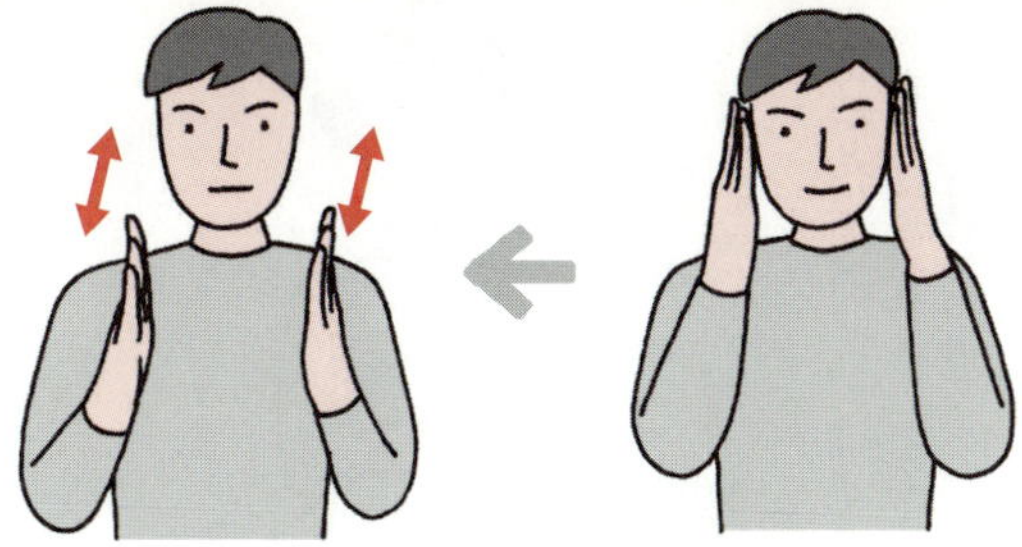

顔の両側に両手をあてる。

同時に前後に動かす。

解 ある物（こと）だけを見ている様子から。

同 熱心・熱中・夢中

使い方例
一生懸命＋頑張る＝**一生懸命頑張る**
勉強＋一生懸命＝**一生懸命勉強する**

一発
いっぱつ

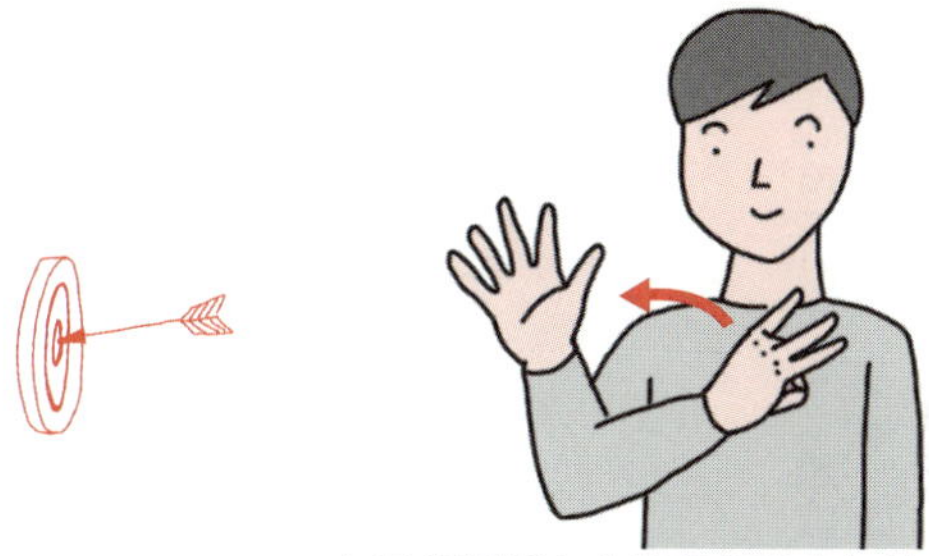

右手の親指と中指の先を合わせ、指をはじきながら、勢いよく左側から右側へ動かす。

同 一回きり

使い方例
一発＋勝負＝**一発勝負**
一発＋芝居＝**一発芸**
一発＋合格＝**一発合格**

いつも
いつも

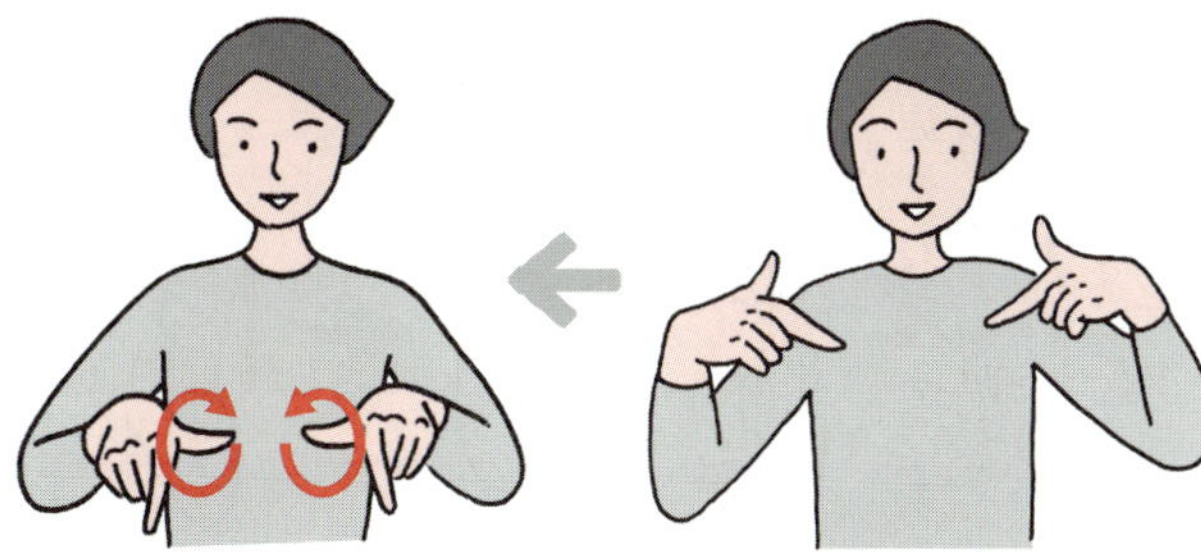

両手の親指と人差し指を伸ばして、向かい合わせる。

手前から前方へ、２回手首を回す。

同 常に・日常・普段・毎日

使い方例
いつも＋新聞＝**毎日新聞**
いつも＋月＝**毎月**
いつも＋行く＋店＝**行きつけの店**

遺伝
いでん

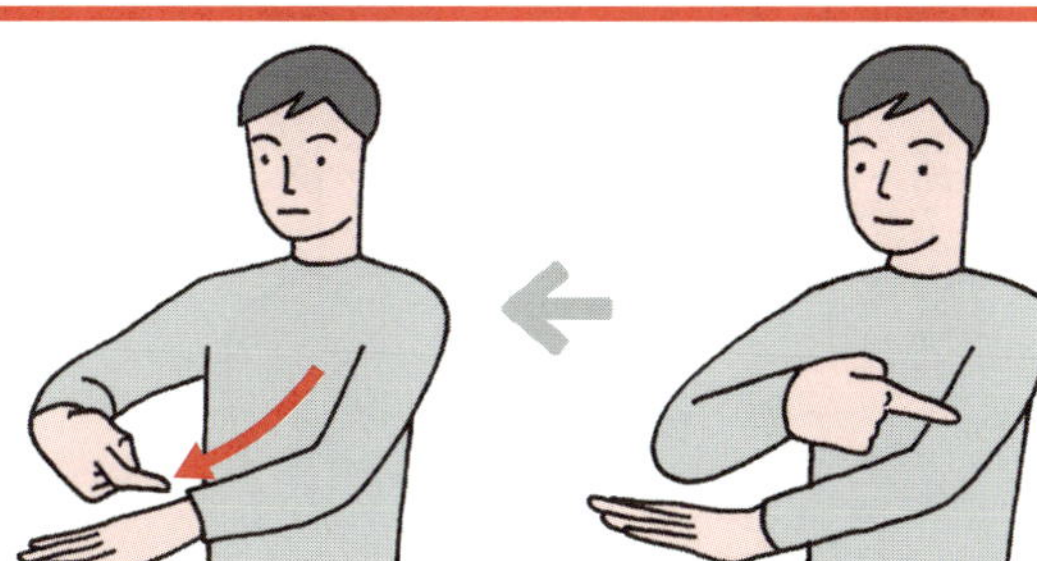

右手の人差し指を左腕にあてる。

手首まで線を引くように、右手を動かす。

参 遺伝＝血筋であることから、口形は「血(ち)」とする場合が多い。

同 血液・血液型

使い方例
わたし＋太る＋遺伝＋意味＝**わたしが太っているのは遺伝だ**

異動
いどう

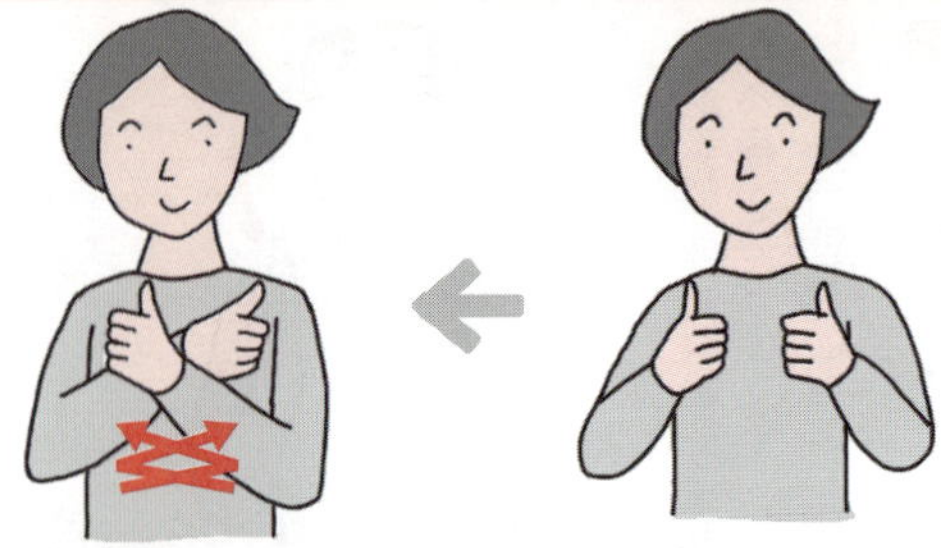

両手の親指を立てて、左右でかまえる。

両手を交差させる。

解 立てた親指は「人」を表し、手を交差させることで人と人が入れ替わる様子を表す。

使い方例
人①＋異動＝**人事異動**
異動＋申し込む＝**異動願い**
あなた＋異動＋場所＋何＝**あなたの異動先はどこですか？**

いとこ
いとこ

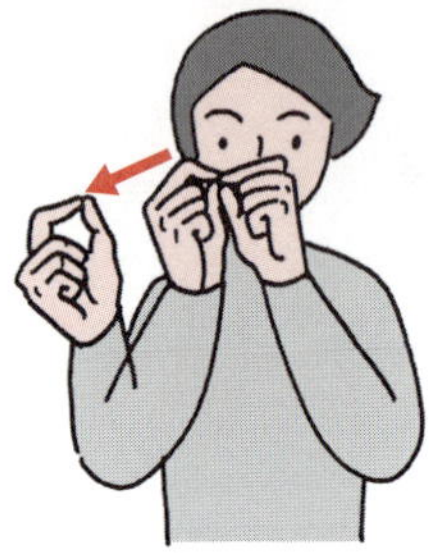

親指と人差し指をくっつけた両手を合わせ、右手を前に出す。

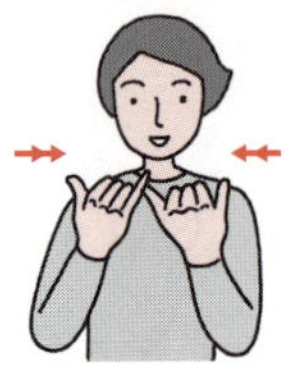

親戚

参 2回前に出すと、「**親戚**」となる。また、「親戚」は、両手の親指と小指を立てて小指同士を2回触れ合わせる表現もある。

使い方例
わたし＋彼＋いとこ＝**わたしと彼はいとこ同士です**
大阪＋いとこ＝**大阪のいとこ**

居ない
いない

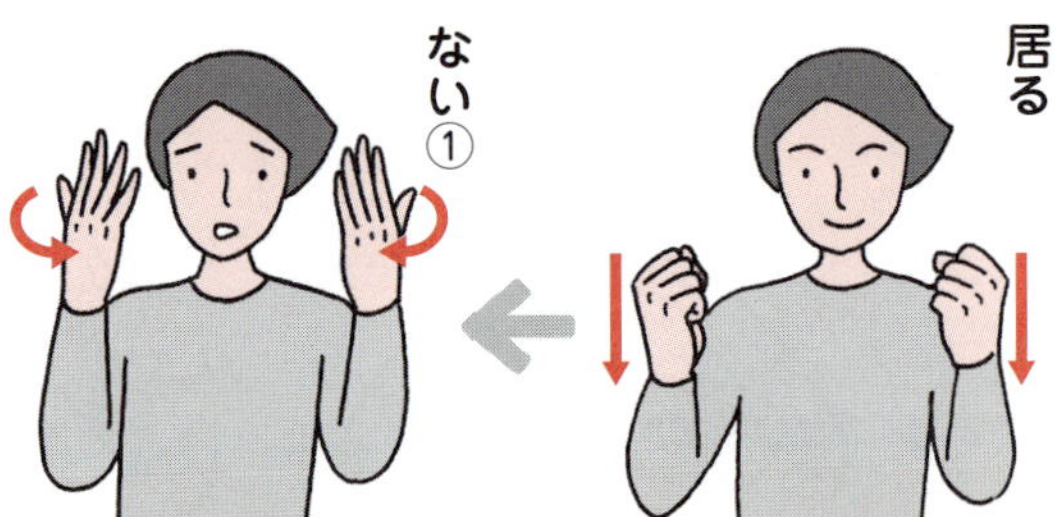

両手でこぶしを作って、下げる。

手のひらを前に向けた両手を内側に返す。

解 「居る＋ない」で、「居ない」と考える。

参 右手を左右に振る「いいえ」だけで表すこともある。

使い方例
彼＋居ない＝**彼が居ない**
いとこ＋居ない＝**いとこは居ない**

田舎
いなか

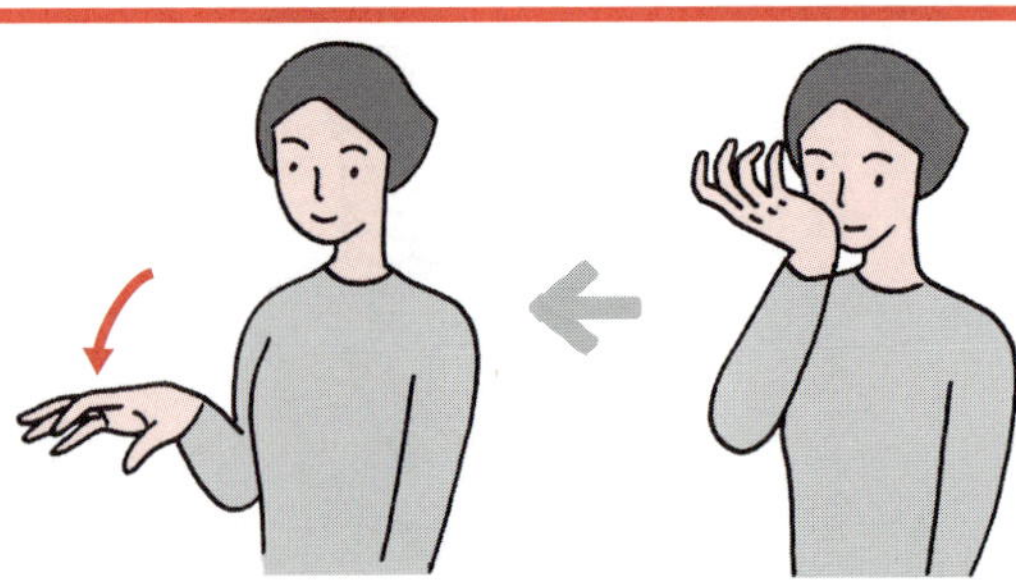

わん曲させた右手の手首を鼻につける。

右手の手首を返して、手のひらを下に向ける。

参 「畑＋場所」で表すこともできる。「出身地」という意味の「田舎」は、「生まれる＋場所」で表す。

使い方例
田舎＋生活＝**田舎暮らし**
田舎＋離す＝**田舎から離れる**
田舎＋みそ＝**田舎みそ**

犬

いぬ

両手を頭の両横につけて、親指以外の４本の指を前に倒す。

解 犬の垂れた耳を表す。

参 「シーズー」「プードル」など、犬種は指文字で表すことが多い。

使い方例

わたし＋家＋犬＋いる＝**犬を飼っている**
秋田＋犬＝**秋田犬**
犬＋追う＝**犬を追う**

いのしし

いのしし

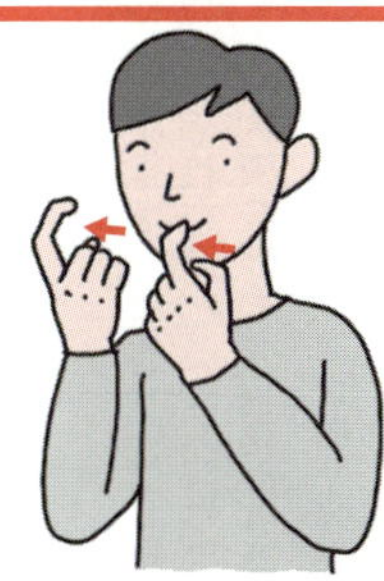

両手の人差し指をかぎ型にし、口元から前に出す。

解 いのししの牙を表す。

使い方例

いのしし＋鍋＝**しし鍋**
干支＋いのしし＝**亥年**
いのしし＋まっすぐ＝**猪突猛進**

命

いのち

右手のこぶしを左の胸にあてる。

心臓

解 心臓がある位置で表す。

参 「**心臓**」は、軽くわん曲させた両手を左胸の前に上下におき、近づけたり離したりして表す。

使い方例

命＋大切＝**命を大切にする**
命＋気にしない＝**命知らず**
生きる＋命＝**生命**

祈る

いのる

両手を組み、祈るしぐさをする。

祈る（仏教の場合）

解 祈りを捧げる様子から。

参 教会（キリスト教）の場合に使う。仏教の場合は、手をこすり合わせるしぐさなどで表現する。

使い方例

教会＋祈る＝**礼拝**
神＋祈る＝**神に祈る**

いばる

いばる

両手の親指を胸の左右にあて、ほかの４本の指を軽く動かす。

解 衿元に指をあてて、「どうだ」と胸を張る様子から。

参 「誇り」というよい意味もある。また、「自慢」という意味もあるが、「自慢」はほかの表現もある。

同 自慢・誇り

使い方例

彼＋いばる＝**彼はいばっている**

いばる＋持つ＝**誇りを持つ**

いはん

違反

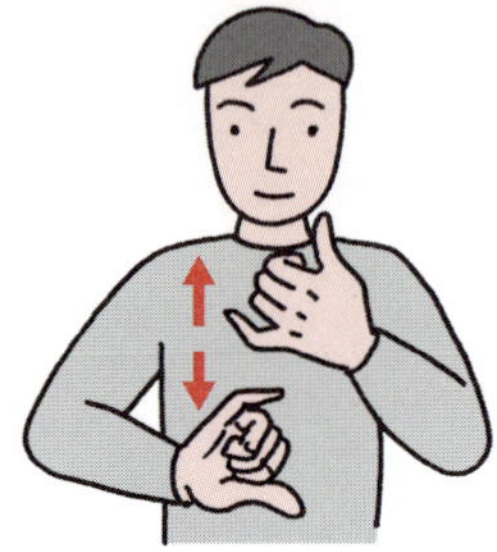

両手の小指をからめ、パッと上下に引き離してほどく。

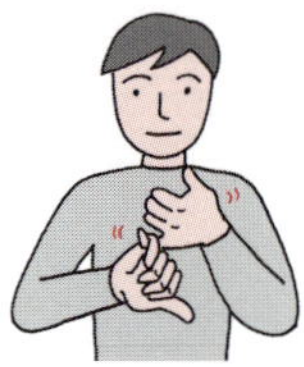

約束

解 小指をからめるのは「**約束**」。それをほどくことによって、約束を破る＝違反となる。

同 解約・キャンセル・約束を破る

使い方例

ルール＋違反＝**ルール違反**

交通＋違反＝**交通違反**

法律＋違反＝**法律違反**

違反＋お金＝**違約金、罰金**

いべんと

イベント

両手の人差し指を立てて頭の両横におき、回す。

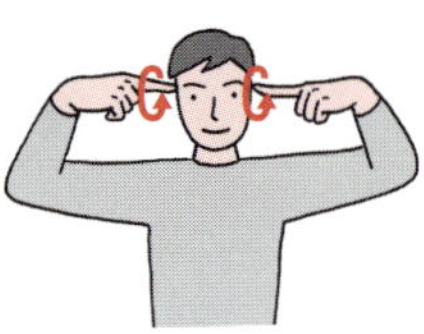

羊

参 両手の指先をこめかみのあたりにおき、前に回すと「**羊**」。

同 フェスティバル

使い方例

イベント＋準備＋忙しい＝**イベントの準備で忙しい**

イベント＋会社＝**イベント会社**

いま

今

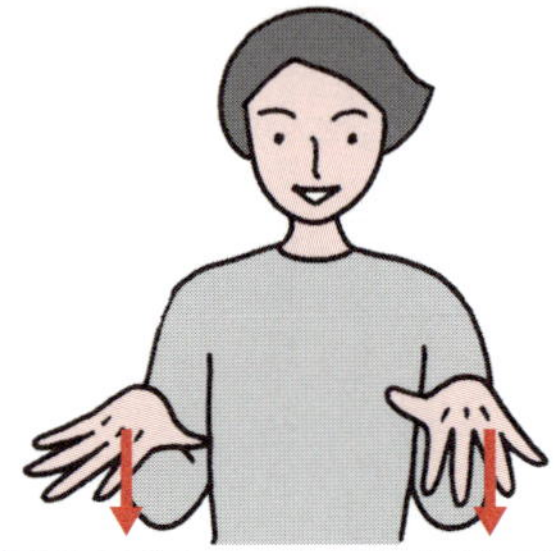

両手の手のひらを下に向けて並べ、少し下げる。

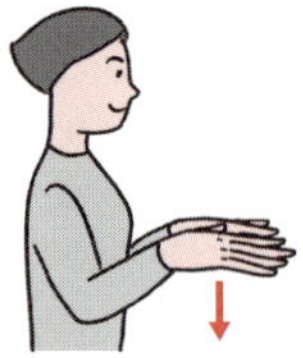

横から見たとき

参 両手を2回下げると、「**今回**」「**現在**」の意味になる。

同 今日

使い方例

今＋年＝**今年**

今＋月＝**今月**

今＋夜＝**今夜**

今＋朝＝**今朝**

意味（いみ）

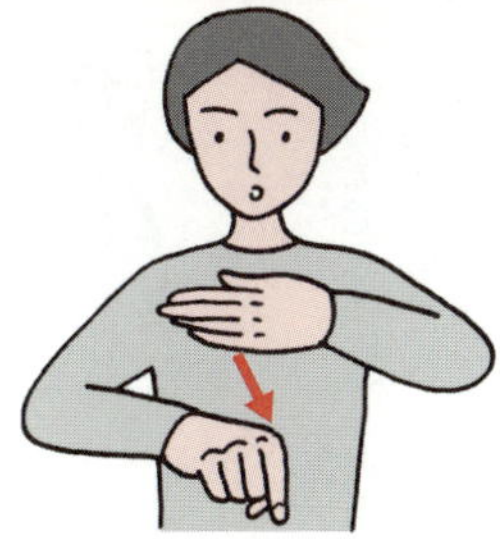

左手の下に、右手の人差し指をもぐり込ませる。

横から見たとき

参 2回もぐり込ませて、疑問の表情をすると、「**なぜ？**」の意味になる。

同 理由・わけ

使い方例

意味＋わからない＝**意味がわからない**

意味＋ない①＝**意味がない**

移民（いみん）

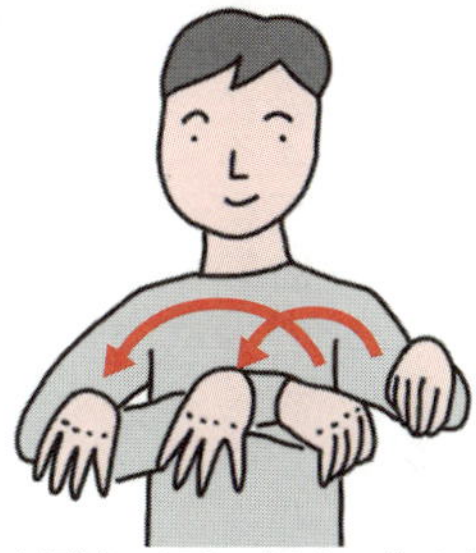

両手をすぼめ、下に向け、体の左側におく。手を開きながら右側に移動させる。

解 たくさんの人が一度に移動する様子を表す。

使い方例

ブラジル＋移民＝**ブラジル移民**

移民＋断る＝**移民拒否**

移民＋申し込む＝**移民申請**

移民＋受ける＝**移民を受け入れる**

イメージ（いめーじ）

右手の小指を頭の横におき、円を描く。

意見

解 指文字の「イ」を使っている。

参 「イメージが変わる」は、「雰囲気＋変わる」でも表現できる。円を描かずに手首をひねるだけだと、「**意見**」になる。

同 印象

使い方例

イメージ＋変わる＝**イメージチェンジ**

イメージ＋下がる＝**イメージダウン**

妹（いもうと）

右手の小指を立てて甲を前に向け、2回下げる。

姉

解 小指は女性を意味し、下げることで、年齢が下であることを表す。

参 右の小指を上げ、左の小指を下げると、「**姉妹**」。

反 同じ形で1回上げると「**姉**」、小指の代わりに中指を2回下げると、「**弟**」となる。

使い方例

義理＋妹＝**義妹**

妹＋血液＋違う＝**腹違いの妹**

いらいらする

イライラする

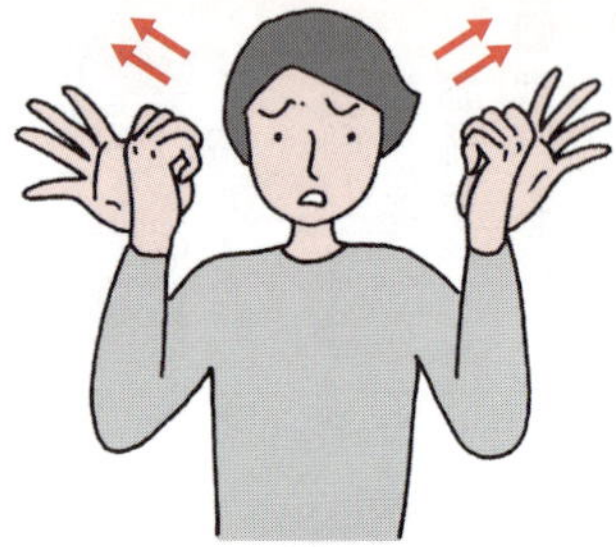

両手を軽く握って顔の横あたりにおき、2〜3回はじく。

ほかの表現

参 頭の横ではじきながら上げていく表現もある。はじかずにねじり上げると、「**感動する**」。

使い方例

暑い＋イライラする＝**暑くてイライラする**

イライラする＋スムーズ＝**イライラしやすい**

いらない

要らない

両手を折り曲げて、指先を両脇にあてる。

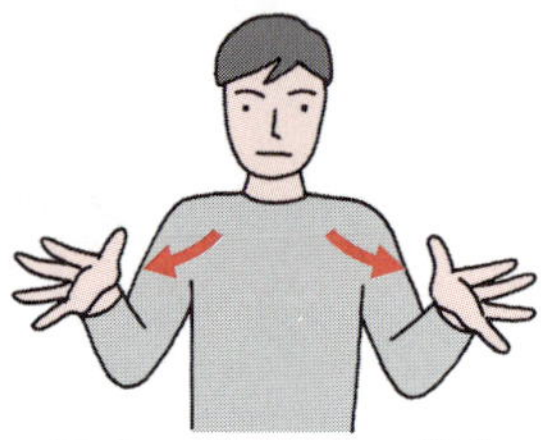

両手の手首を返し、指先を前に出す。

解 「要る（最初の動き）」を前に払うことによって、「要らない」となる。

参 「説明がない」などの「ない」という意味で使われることもある。

使い方例

要らない＋物＝**不用品**

お世辞＋要らない＝**お世辞なんか要らない**

説明がなくても理解できます。

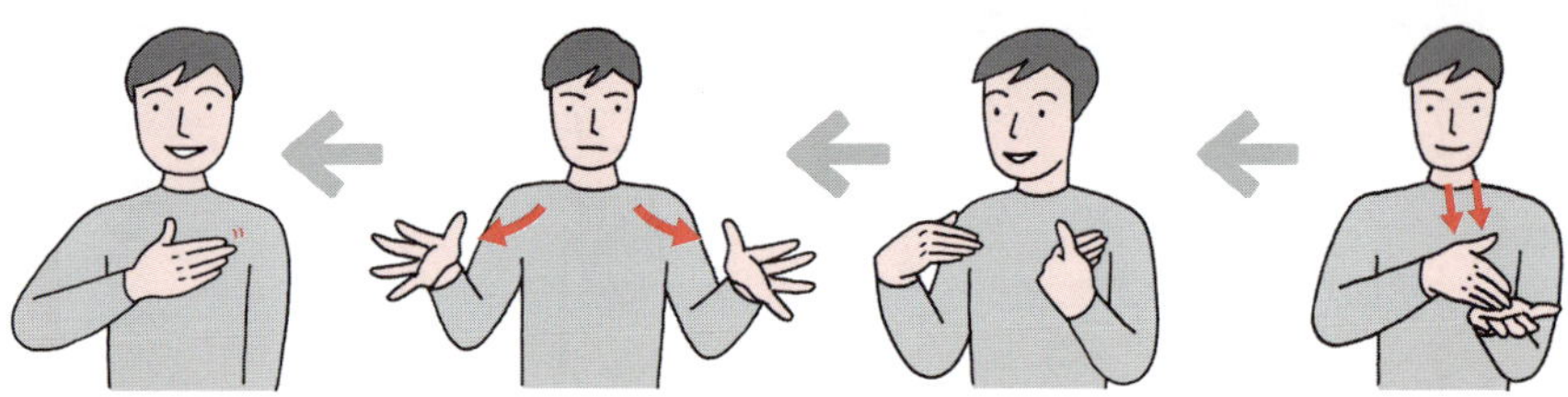

説明
P.304

要らない

わかる
P.576

いりぐち

入口

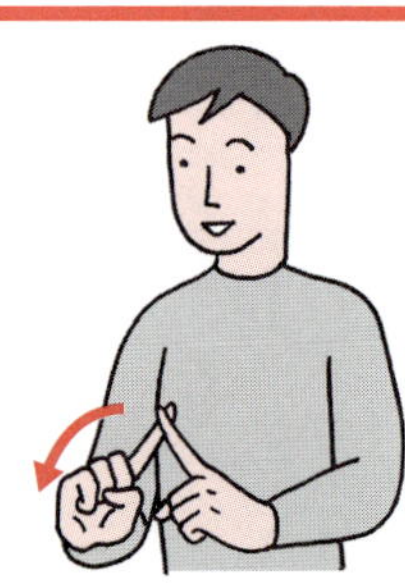

入る

人差し指で自分から見て「入」を作り、前に倒す。

口

右手の親指と人差し指で輪を作って口の前におく。

参 ほかに、「入る＋学校」で「入学」だが、入の字がつくものすべてに使えるわけではなく、「入院」や「輸入」などは、それぞれ別の表現がある。

反 「出る＋口」で「出口」。

いる
居る

手のひらを内側に向けた両手でこぶしを作って、下げる。

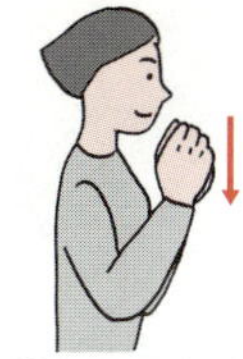

横から見たとき

参 人や動物が居ることを表現するときに使う。

同 住む・存在

使い方例
居る＋部屋＝**居間**
居る＋ない①＝**居ない**
居る＋場所＝**住所**
外国＋居る＝**海外在住**

いるか
イルカ

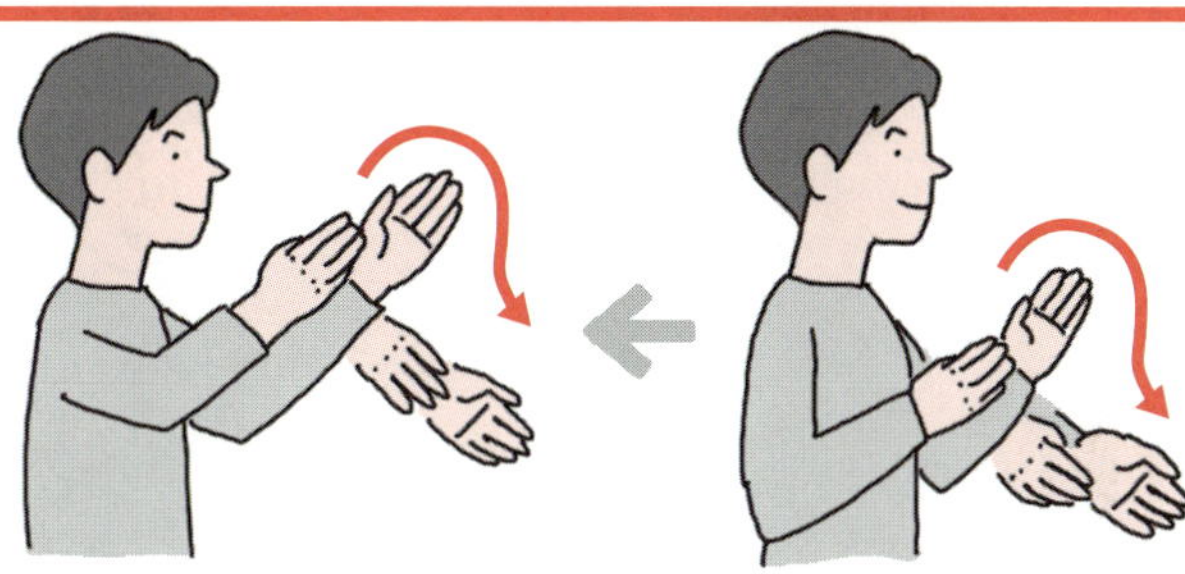

両手を向かい合わせ、弧を描くように前に出す。

同じ動作を繰り返し、だんだん体から離していく。

解 イルカが飛び跳ねている様子を表す。

使い方例
イルカ＋賢い＝**イルカは賢い**
指文字「ば」「ん」「ど」「う」＋イルカ＝**バンドウイルカ**

いろ
色

すぼめた両手をくっつけて、手首を互い違いにひねる。

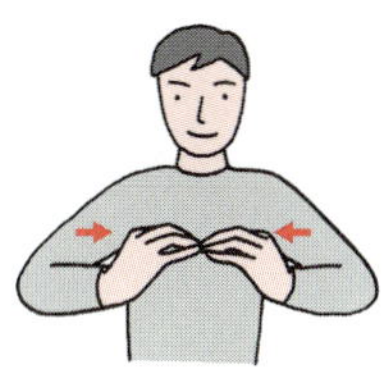

ついでに

参 ひねらずに左右からくっつけるだけだと「**ついでに**」の意味になる。

使い方例
水＋色＝**水色**
顔＋色＝**顔色**
色＋ペン＝**カラーペン**
色＋紙＝**色紙**

いろいろ
いろいろ

右手の親指と人差し指を伸ばし、手首をねじりながら右に動かす。

違う

参 右手の親指と人差し指を伸ばして手首を内側にひねると、「**違う**」となる。

同 ～など・～類

使い方例
色＋いろいろ＝**カラフル**
いろいろ＋まとめる＝**一式**
鍋＋いろいろ＝**鍋物**
種類＋いろいろ＝**種類豊富**

祝う
いわう

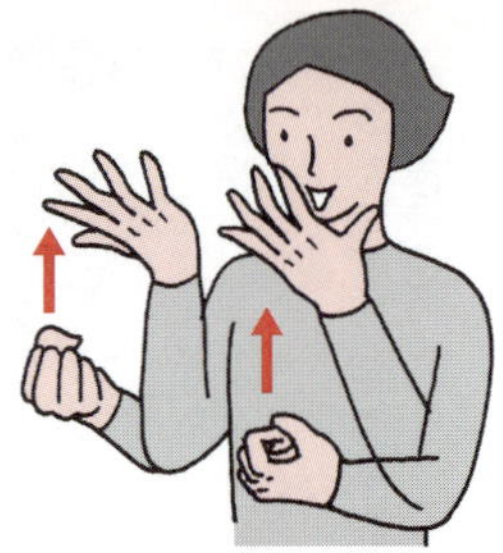

すぼめた両手をパッと開きながら、上げる。

新しい

参 両手を上げずに、下げながら広げると、「**新しい**」となる。

同 おめでとう

使い方例
正月＋祝う＝**あけましておめでとう**
祝う＋お金＝**祝い金**
入学＋祝う＝**入学祝い**

違和感
いわかん

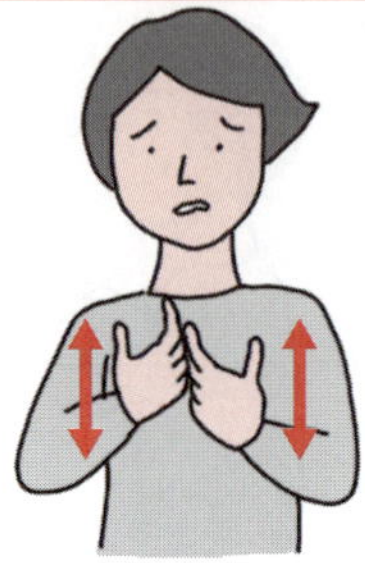

両手の甲を合わせ、指の部分を上下にこする。

同 そぐわない・釈然としない・むかむかする

使い方例
体＋違和感＝**体調不良**
考える＋方法＋違和感＝**そりが合わない**

員
いん

右手の親指と人差し指で輪を作って、左胸におく。

解 胸にバッジがついている様子を表す。

参 西日本では、「**名前**」という意味で使われている。

同 委員・バッジ

使い方例
会社＋員＝**会社員**
裁判＋員＝**裁判員**
員＋会＝**委員会**
会＋員＝**会員**

印鑑
いんかん

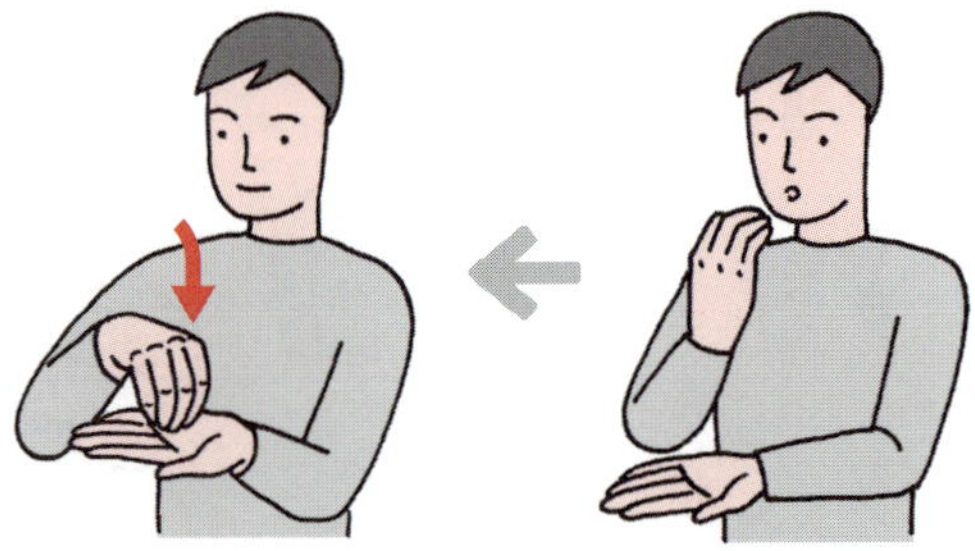

右手の指先をすぼめ、息を吹きかける。

すぼめた右手を左の手のひらに押しつける。

解 書類などに判を押す様子から。

参 関西地方では、「**認める**」の意味で使われている。

使い方例
印鑑＋登録＝**印鑑登録**
印鑑＋証拠＝**印鑑証明**

印刷
いんさつ

両手の手のひらをパタンパタンと2～3回合わせる。

解 謄写版（ガリ版）で印刷するときの様子から。

参 ろう学校の専攻科には、印刷、理容、木工などのコースがあり、印刷の仕事に就く者も多い。

使い方例
- 印刷＋会社＝**出版社**
- 会社＋印刷＝**印刷会社**
- 名刺＋印刷＝**名刺印刷**

印象
いんしょう

右手の小指を頭の横におき、円を描く。

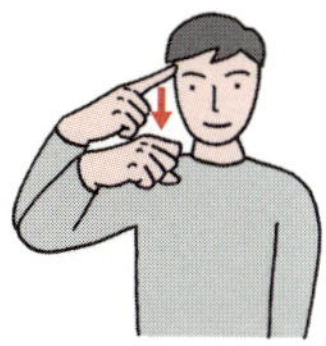

ほかの表現

解 指文字の「イ」を使っている。

参 右手の人差し指をこめかみにあてたあと、こぶしを握る表現もある。

同 イメージ

使い方例
- 第一＋印象＝**第一印象**
- 印象＋組織＝**印象派**
- 印象＋合う＝**印象的**

インスタント
いんすたんと

両手の人差し指を伸ばして、両手を交差させる。

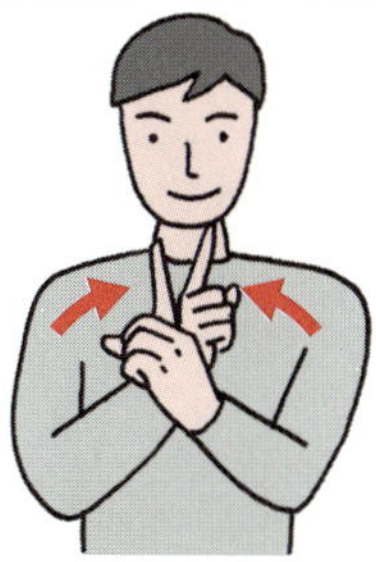

両手の人差し指を立てる。

解 時計の秒針が合う様子から。

参 「瞬時に」という場合に使われる。

同 すぐ・当日

使い方例
- インスタント＋ラーメン＝**インスタントラーメン**
- インスタント＋コーヒー＝**インスタントコーヒー**

インターネット
いんたーねっと

両手の小指を伸ばして、こぶしを合わせる。

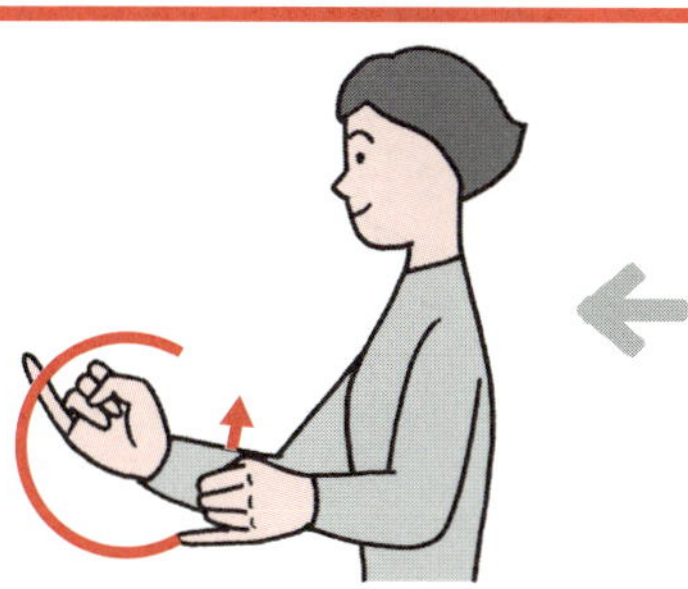

右手だけを前方に１回転させ、こぶしを重ねる。

解 「ネット」のイメージから。

使い方例
- インターネット＋買い物＝**ネットショッピング**
- インターネット＋選挙＝**ネット投票**

インフルエンザ

いんふるえんざ

指文字「い」を表し、口にあて、咳をするしぐさをする。

解 指文字「い」と「風邪」の手話が合わさっている。

使い方例

インフルエンザ＋ウイルス（病気）＝**インフルエンザウイルス**

インフルエンザ＋流行る＝**インフルエンザが流行る**

う

自分から見た形

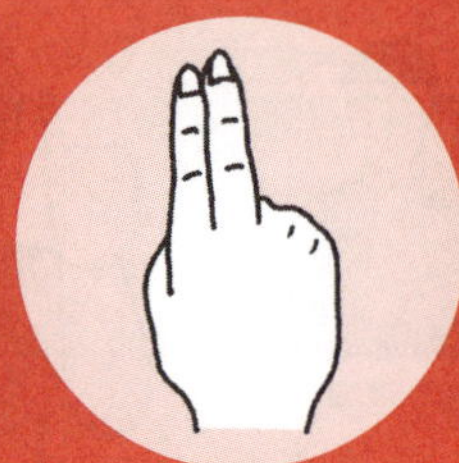

相手から見た形

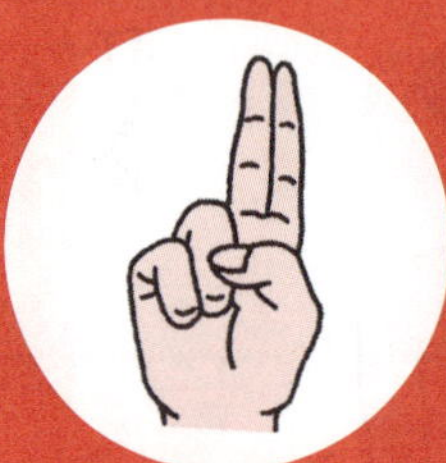

人差し指と中指を立てる。立てた2本の指が「U」の形になる。

ウイスキー

ういすきー

ワイン

右手の人差し指と中指、薬指を軽く開いて立て、口の端に2回あてる。

解 ウイスキーの頭文字である、アルファベットの「W」を指文字で表す。

参 ほお寄りで、円を描くように回すと「**ワイン**」の意味になる。

使い方例

ウイスキー＋水＋半分＝**ウイスキーの水割り**

ウイスキー＋ストレート＝**ウイスキーのストレート**

ウイルス

ういるす

病気のウイルス

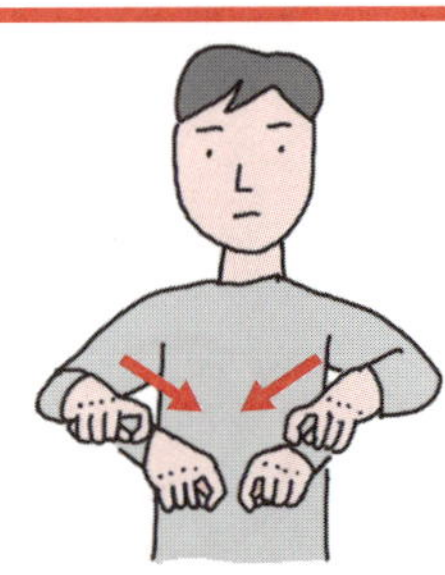

両手の人差し指を曲げ、動かしながら前に出す。

パソコンのウイルス

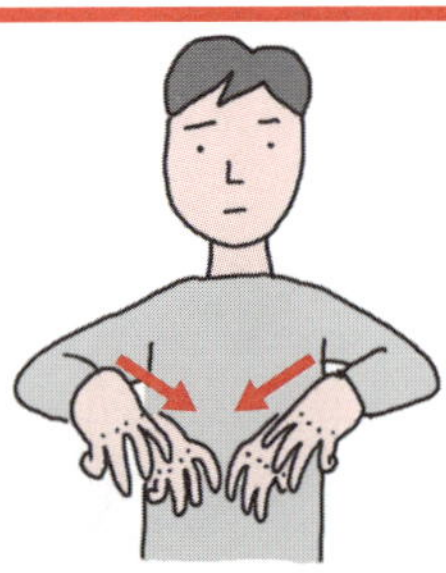

両手の人差し指、中指、薬指を動かしながら前に出す。

解 病気、パソコンいずれも、ウイルスが集まって外へ出ていく様子を表す。片手の人差し指だけでも表現できる。

使い方例

インターネット＋ウイルス＝**ネットウイルス**

ウイルス＋感染＝**ウイルス感染**

ウーロン茶
うーろんちゃ

右手の親指と人差し指、中指、小指を伸ばし、親指側に傾ける。

解 指文字の「ウ」と「お茶（急須でお茶を注ぐ動作）」を同時に表す。

参 「中国＋お茶」で表現することもできる。

使い方例
温かい＋ウーロン茶＝**ホット ウーロン茶**
冷たい＋ウーロン茶＝**アイス ウーロン茶**

上
うえ

右手の親指と人差し指を伸ばして、上げる。

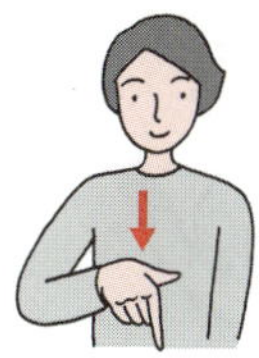

解 漢字の「上」の形から。

参 人差し指で上を指さす表現もある。

反 「**下**」は右手の親指と人差し指を伸ばして下に向け、下げる。

使い方例
上＋品＝**上品**
上＋司＝**上司**
上＋田＝**上田**
上＋海＝**上海**

ウエートレス
うえーとれす

左手の上に筒形にした右手をのせ、右手を前に出す。

右手の小指を立てる。

解 給仕…左手をトレーに見立て、右手でコップを持って、客のテーブルに給仕する様子を表す。

反 「**ウエーター**」の場合は、小指の代わりに「男」を意味する親指を立てる。

植える
うえる

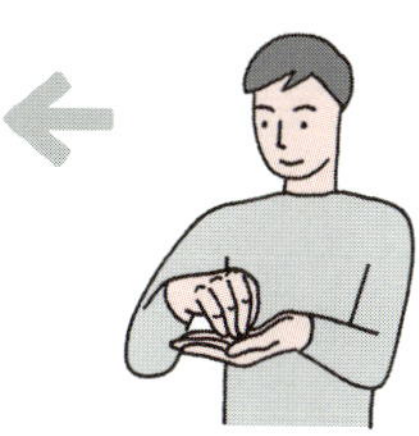

右手をすぼめて左の手のひらにのせる。

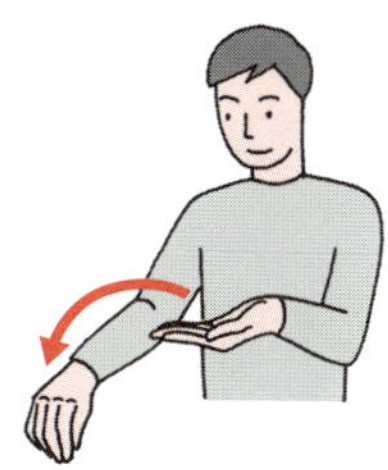

右手を前に出す。

解 稲を植える様子から。

参 両手の指先を軽く閉じて並べ、右手だけ前に出す表現もある。「**木を植える**」場合は、棒を持って下におく動作で表す。

使い方例
田＋植える＝**田植え**
植える＋村＝**植村**
植える＋田＝**植田**

受付
うけつけ

手のひらを下に向けた左手に、右手の指を折り曲げてのせる。

解 「受付」と書かれた紙がテーブルに垂れ下がっている様子を表す。

同 フロント・窓口

使い方例
- 受付＋女＝**受付嬢**
- 受付＋係＝**受付係**
- 受付＋終わる＝**受付終了**

受ける
うける

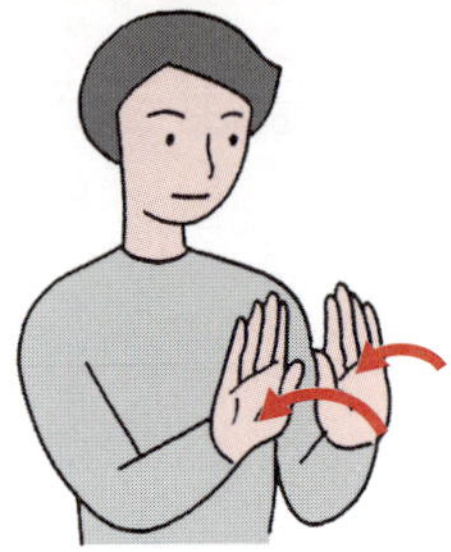

両手の手のひらを前に向けて並べ、手前に引き寄せる。

横から見たとき

解 何かを受けとめる様子を表す。

参 「〜される」という受け身を表すときにも使う。

反 左の手のひらに右手の指先をあて、左手で押し出すと、「**断る**」。

使い方例
- 試験＋受ける＝**受験**
- 受ける＋生徒＝**受講生**
- 相談＋受ける＝**相談を受ける**
- 刺激＋受ける＝**刺激を受ける**

人前で恥をかかされる。

みんな P.526 → 前 P.506 → 恥 P.432 → **受ける**

うさぎ
うさぎ

両手の甲を前に向けて、耳の上におき、4指を2回曲げる。

解 うさぎの耳の形を表す。

参 同じ位置で、両手の手のひらを前に向けて指を倒すと、「**犬**」の意味になる。

使い方例
- 干支＋うさぎ＝**卯(うさぎ)年**
- 白＋うさぎ＝**白うさぎ**
- 赤ちゃん＋うさぎ＝**うさぎの赤ちゃん**

牛
うし

両手の親指を伸ばして人差し指を曲げ、親指を頭の両横につける。

水牛

解 牛の角を表す。

参 両手の親指と小指を伸ばして頭の両横につけると、「**水牛**」。

使い方例

牛＋レストラン＝**ステーキ**
牛＋場所＝**牧場**
牛＋舌（舌を指す）＝**牛舌**
牛＋肉＝**牛肉**

失う
うしなう

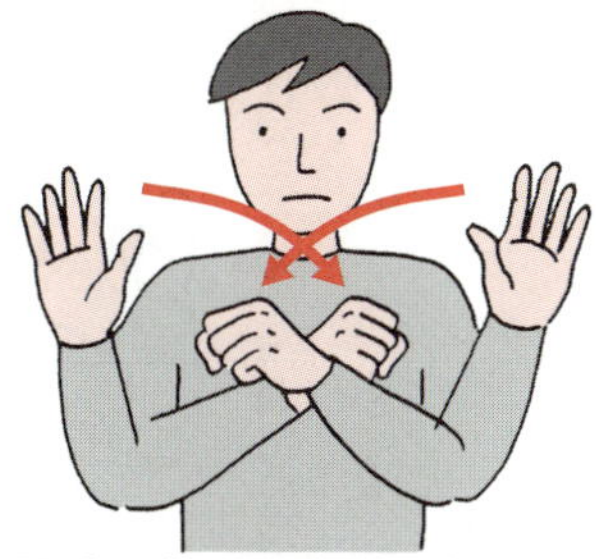

両手の手のひらを前に向け、こぶしを作りながら交差させる。

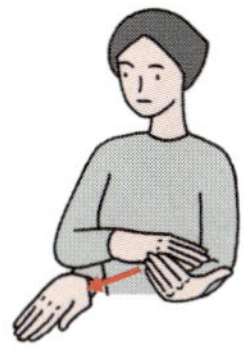

なくなる

解 そこにあったものがフッとなくなってしまう様子から。

参 左手に右手をのせ、滑らせる表現（「なくなる」）もある。

同 乾く・乾燥・消える・治る・なくなる

使い方例

はさみ＋失う＝**はさみがなくなる**
失う＋肌＝**乾燥肌**
信用＋失う＝**信用を失う**

後ろ
うしろ

右手の人差し指を立てて、肩の後ろを指さす。

前

参 「後方」の意味で使う。前後の単語によって、「後ろ」の表現も変わる。

反 右手の手のひらを前に向けて前に出すと、「**前**」。

使い方例

後ろ＋居る＝**後ろに居る**
席＋後ろ＝**後ろの席**

薄い
うすい

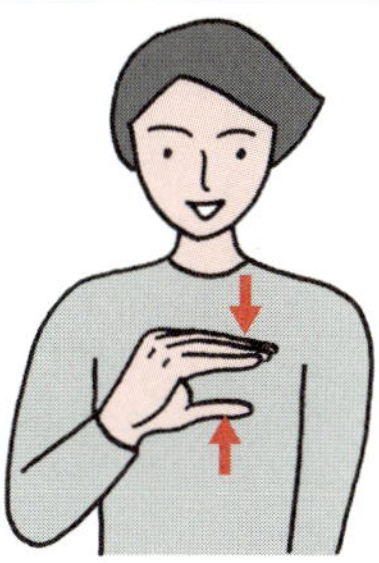

右手の親指とほかの４本の指の間をあけておき、狭める。

色が薄い

解 厚みがない様子を表す。

参 「**色が薄い**」は、両手の手のひらを向かい合わせ、互い違いに小さく回す。

使い方例

本＋薄い＝**薄い本**
布団＋薄い＝**せんべい布団**
薄い＋1センチメートル＝**薄さ1センチメートル**

うそ
うそ

右手の人差し指で、2回ほおをつつく。

解 「うそでしょう!?」と驚いた様子を表すときは、驚きの表情をして、1回だけほおをつつく。

反 「**本当**」は、右の人指し指の側面であごを2回たたく。

同 故意・わざと

使い方例
- うそ＋日＝**エイプリルフール**
- うそ＋多い＝**うそばかり**
- うそ＋だます＝**偽装（ぎそう）**
- 実は＋うそ＝**実は偽物です**

歌う
うたう

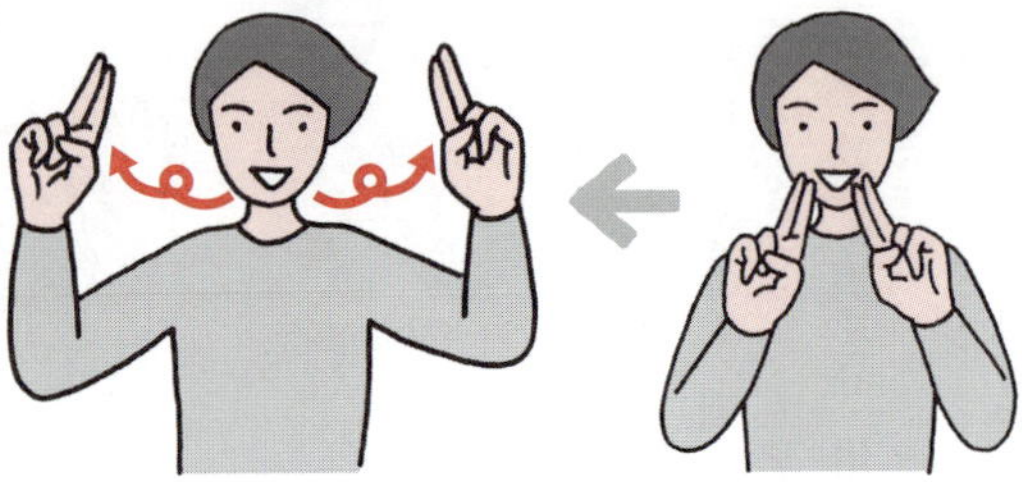

両手の人差し指と中指を立てて、口の両端におく。

両手を斜め上にくるりと上げる。

解 リズミカルに声が出る様子を表す。

参 右手だけで表現することも。

同 歌・ライブ

使い方例
- 新しい＋歌う＝**新曲**
- 歌う＋カラオケ＝**歌手**
- 子ども＋歌う＝**童謡**
- 日本＋歌う＝**日本の歌**

疑う
うたがう

右手の人差し指をあごにあて、ねじるように動かす。

ほかの表現

解 「怪しいな」といぶかる様子から。

参 右手の親指と人さし指を合わせてあごにあてる表現もある。

同 怪しい・おかしい・疑問・不思議

使い方例
- ガン＋疑う＝**ガンの疑いがある**
- 疑う＋文章＝**疑問文**

打ち合わせ
うちあわせ

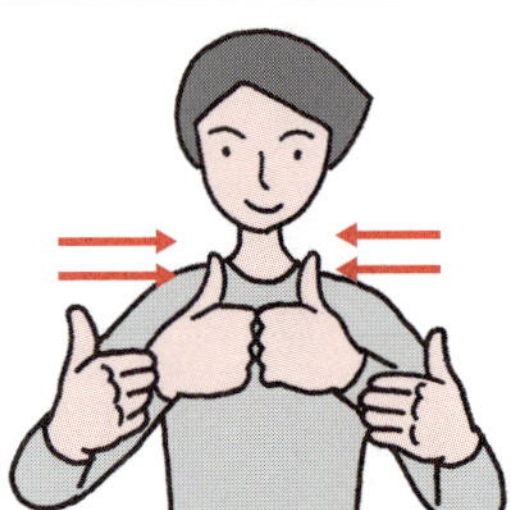

両手の親指を立てて指の腹を向かい合わせ、2回ぶつけ合わせる。

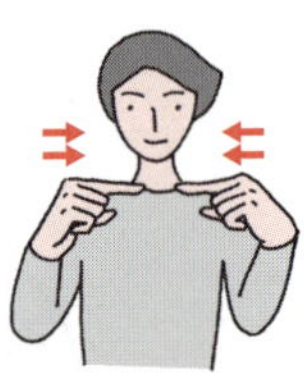

ほかの表現

参 両手の人差し指を左右から2回寄せる手話単語でも表現できる。

同 会議・相談

使い方例
- 明日＋打ち合わせ＋する＝**明日の打ち合わせをする**
- 仕事＋打ち合わせ＝**仕事の打ち合わせ**

宇宙

うちゅう

右手の人差し指で上空を指さし、小さく回転させる。

天国

参 人差し指で天（上の方）を指すと、**「天国」**の意味になる。

使い方例

宇宙＋人②＝**宇宙人**
宇宙＋旅行＝**宇宙旅行**
宇宙＋開発＝**宇宙開発**

うつ病

うつびょう

指文字「う」を表す。

指文字「つ」を表す。

右手のこぶしを、ひたいにあてて2回軽くたたく。

解 この表現は例のひとつで、違った表現をする場合もある。

使い方例

うつ病＋会社＋休む＝**うつ病で会社を休む**
生まれる＋後＋うつ病＝**産後うつ**
防ぐ＋うつ病＋薬＝**抗うつ剤**

腕時計

うでどけい

右手の親指と人差し指で輪を作り、左の手首の上におく。

解 腕時計の形から。

参 指の上で輪を作ると指輪型の時計、胸の位置で輪を作るとペンダント型の時計の意味になる。

使い方例

ブランド＋腕時計＝**ブランドの腕時計**
腕時計＋欲しい＝**腕時計が欲しい**

うどん

うどん

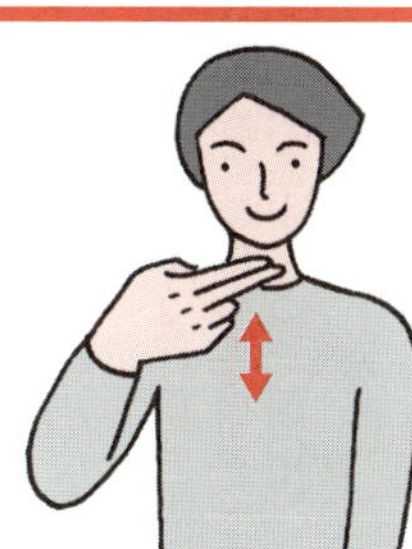

右手の人差し指と中指を伸ばし、上下させる。

解 右の2本の指をはしに見立て、うどんを食べる様子を表す。

参 右手で何かをすくうように動かすと、**「ご飯」「食べる」**となる。

同 そば・ラーメン

使い方例

冷たい＋うどん＝**冷やしうどん**
うどん＋定める＝**うどん定食**
煮る＋うどん＝**煮込みうどん**

ウナギ
うなぎ

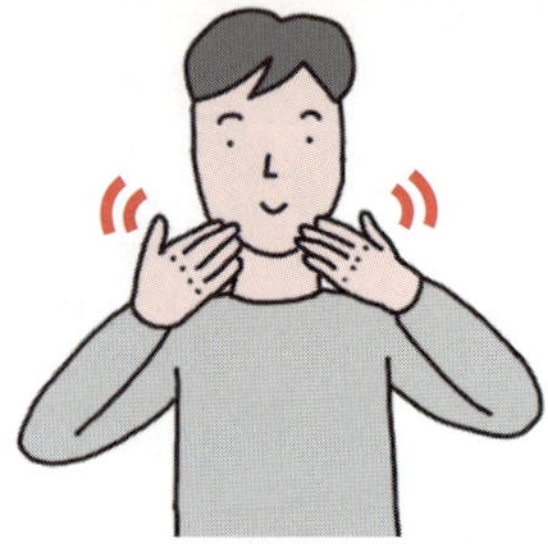

両手のすべての指をあごの左右にあて、同時に前後にひらひらと動かす。

解 ウナギのエラを表す。

使い方例
ウナギ＋丼＝**うな丼**
ウナギ＋白＋煮る＝**ウナギの白焼き**
ウナギ＋指文字「ぱ」「い」＝**ウナギパイ**

馬
うま

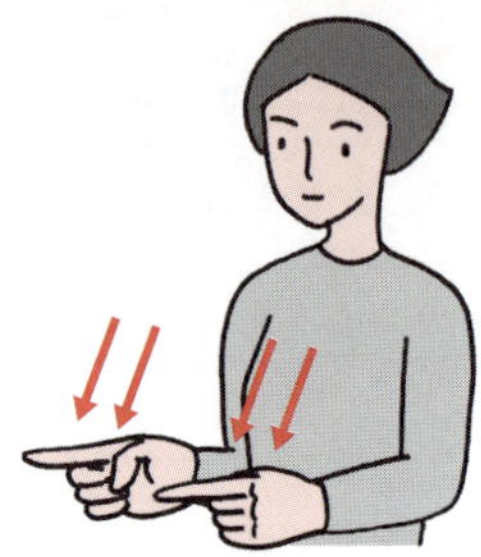

両手の人差し指を前に向けて、2回振り下ろす。

解 馬の手綱（たづな）を引く様子から。

同 群馬・競馬

使い方例
馬＋刺し身＝**馬刺し**
馬＋肉＝**馬肉**
乗る＋馬＝**乗馬**

生まれる
うまれる

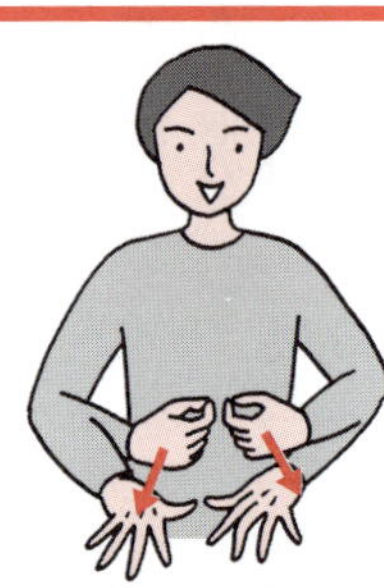

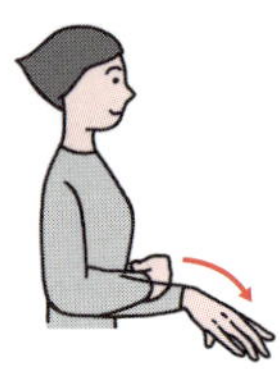

横から見たとき

両手をすぼめてお腹にあて、開きながら前に出す。

解 赤ちゃんが生まれる様子を表す。

参 お腹にあてる両手の手のひらの向きは、上向きでも下向きでもよい。

同 産む・出産・出身

使い方例
生まれる＋日＝**誕生日**
生まれる＋助ける＋女＝**助産師**
生まれる＋女性＋脈＝**産婦人科**

海
うみ

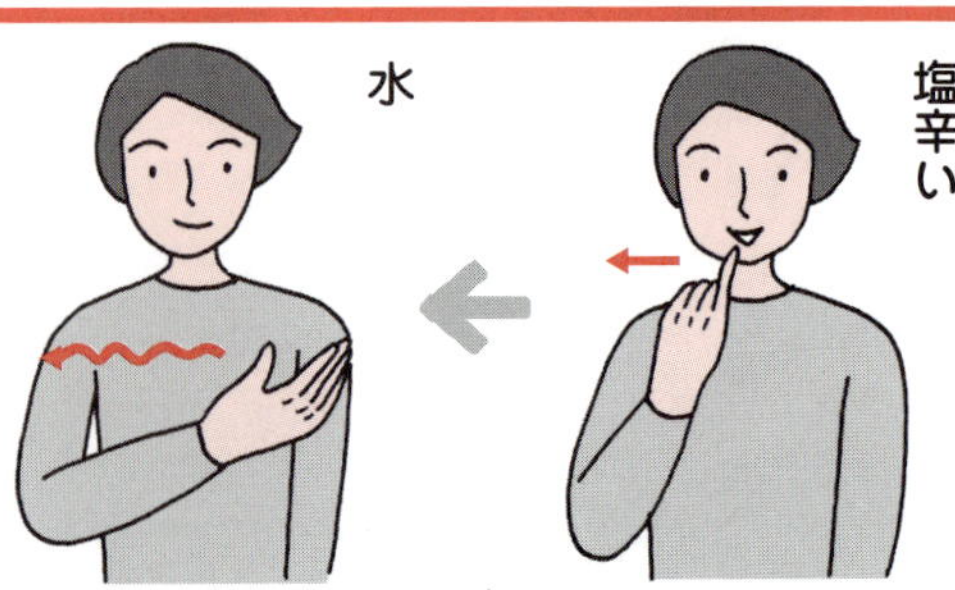

右手の小指の先を口元にあて、右に引く。

手のひらを上向きにし、波立たせながら右に引く。

参 「水」…人差し指と中指、薬指を伸ばして波立たせながら右に引くと、**「河(川)」**。

同 水…水分・水曜日

使い方例
海＋歩く＝**海を渡る**
海＋始まる＝**海開き**
東＋海＝**東海**
上＋海＝**上海**

梅 うめ

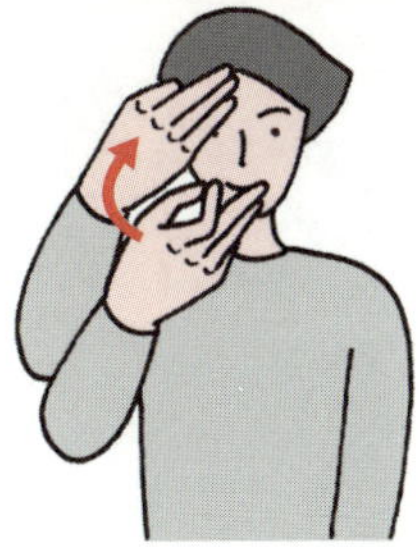

親指と人差し指で輪を作り、口の端においてから、こめかみのあたりにおく。

参 親指と人差し指で作った輪を口の端におく表現もある。

同 梅干し

使い方例

梅＋雨＝**梅雨**
青＋梅＋電車＝**青梅（おうめ）線**
梅＋酒＝**梅酒**
梅＋おにぎり＝**梅おにぎり**

裏 うら

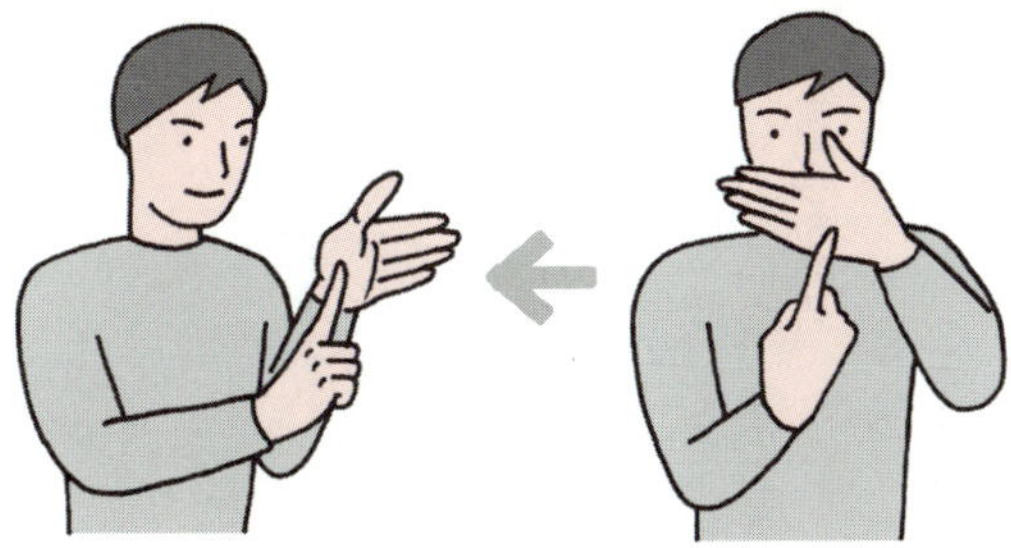

右手の人差し指で左手の甲を指す。

右の手首を返して、人差し指を手のひらにあてる。

解 人差し指で左手の甲を指すのは、「表があって、裏がある」という裏を強調させる表現。

反 左手の甲に右手で触れると、「**表（おもて）**」となる。

使い方例

表＋裏＝**裏表（うらおもて）**
裏＋技術＝**裏ワザ**
裏＋話す＝**裏話**
裏＋取引＝**裏取引**

裏切る うらぎる

右手の人差し指と中指を伸ばして人差し指をあごにあて、手首をねじる。

解 「二枚舌を使う」という意味を表しているともいわれる。

参 矛盾やでたらめという意味でも使う。手を横に寝かせて同様に2回ねじると、「**言い訳**」。

言い訳

同 でたらめ・矛盾

使い方例

裏切る＋否定＝**裏切りは許さない**
裏切る＋多い＝**言ったことを守らない場合が多い**

彼女はでたらめを言っている。

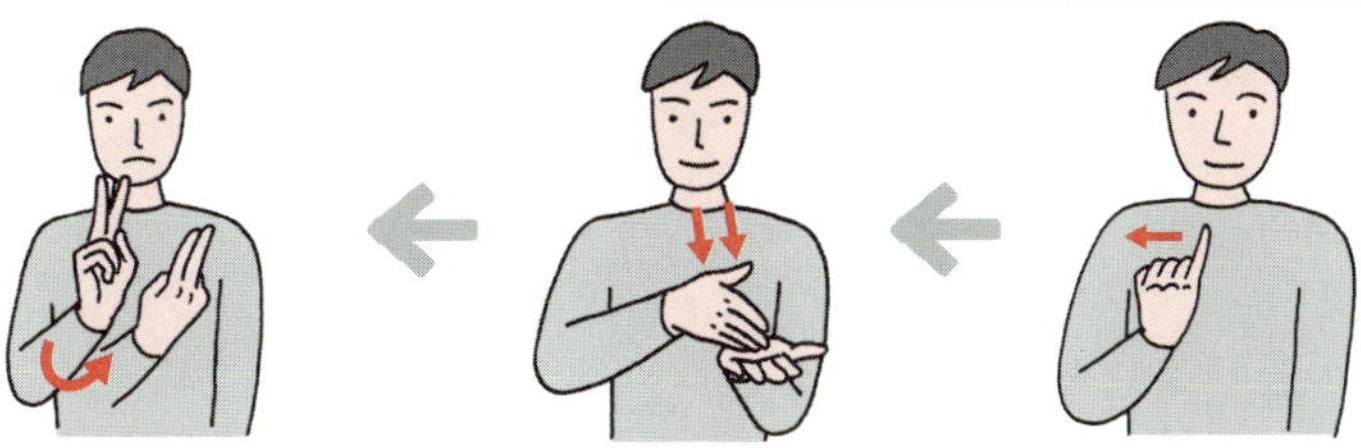

彼女 P.130

説明 P.304

裏切る

うらない
占い

右手の人差し指と中指を伸ばして、左の手のひらの上で回転させる。

解 易（えき）で占う様子を表す。

同 運・運命

使い方例
占い＋資格＝**占い師**
動物＋占い＝**動物占い**
星＋占い＝**星座占い**
干支＋占い＝**干支占い**

うらむ
恨む

両手の親指と人差し指を伸ばして腕を交差させる。

両手を左右に引きながら指先を閉じる。

参 最初に腕を開いてその後交差させるという、逆の動きをする場合もある。

同 復讐（ふくしゅう）

使い方例
恨む＋覚える＝**恨みを忘れない**
彼＋恨む＝**彼を恨む**

うらやましい
うらやましい

右手の人差し指を口の端にあて、下げる。

あなた

解 うらやましくて、よだれが垂れる様子から。

参 「幸せ」＋「あなた」で、「うらやましい」というニュアンスを表すこともできる。

同 うらやむ・羨望（せんぼう）する

使い方例
結婚＋終わる?＋うらやましい＝**結婚したの？　うらやましい**

うりきれ
売り切れ

手前から勢いをつけて左の手のひらに右手をのせ、指先の方に滑らせる。

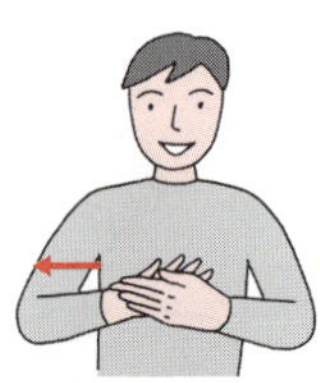

きれい

解 そこにあったものがなくなってしまう様子から。

参 右手を左手の指先に向かってゆっくり動かすと、「**きれい**」。また、「きれい」を2回繰り返すと「**衛生**」「**さっぱり**」「**清潔**」になる。

同 なくなる

使い方例
カレー＋売り切れ＝**カレーは売り切れ**
売り切れ＋一瞬＝**すぐに売り切れてしまった**

うる
売る

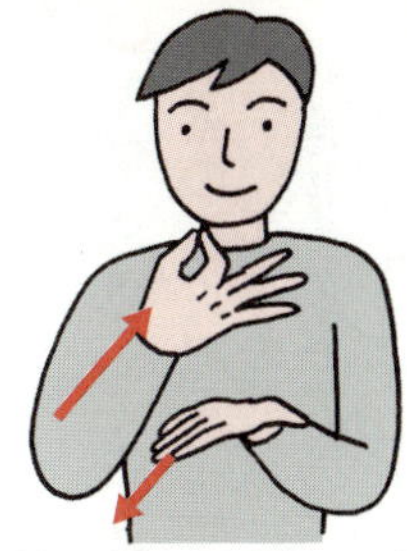

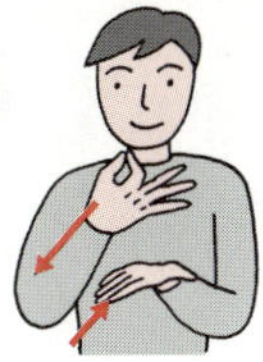
買う

左手を前に出すと同時に、右手の親指と人差し指で作った輪を寄せる。

解 前に出した左手は品物を渡すことを、手前に引いた右手はお金を受け取ることを表す。

反 左手を手前に引くと同時に右手の輪を前に出すと、「**買う**」。

使い方例
売る＋場所＝**売り場**
売る＋残る＝**売れ残り**
体＋売る＝**売春**

うれしい
うれしい

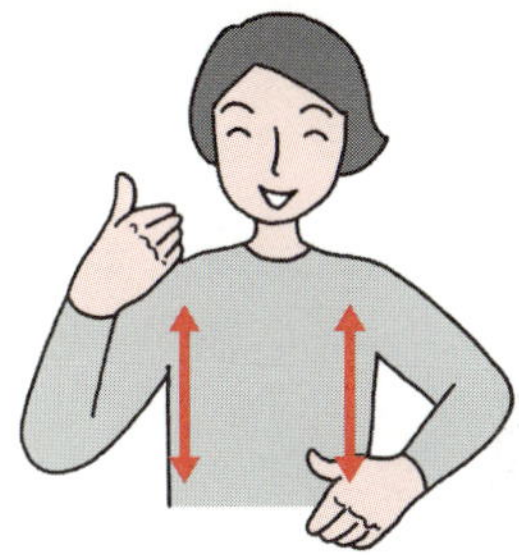

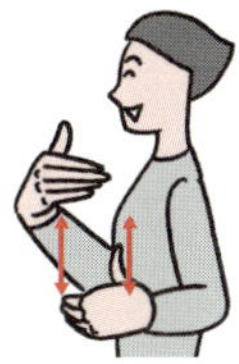
横から見たとき

両手を折り曲げ、親指以外の指の指先を胸に向け、交互に上下に動かす。

参 ゆっくり動かすと、「**とてもうれしい**」となる。

同 楽しい・喜び・喜ぶ

使い方例
待つ＋うれしい＝**お楽しみに**
うれしい＋待つ＝**期待**
気持ち＋うれしい＝**うれしい**

うわき
浮気

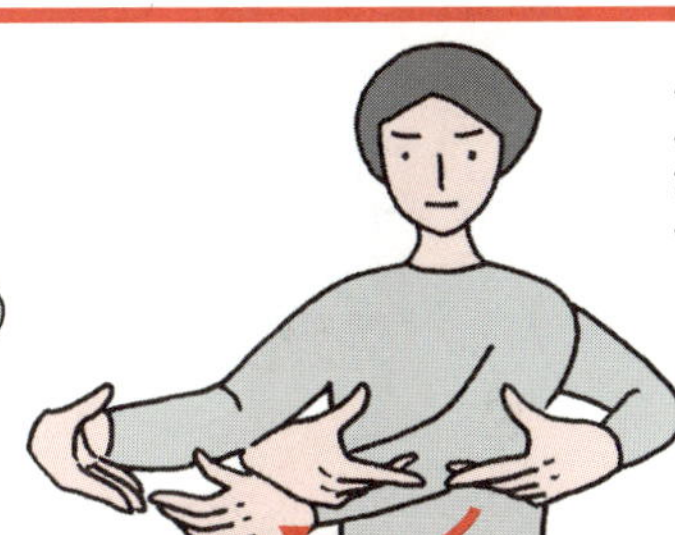

迷う

手のひらを上向きにして左右におき、右に動かす。

解 気持ちがほかに移る様子を表す。

参 同じ形で左右に揺らすと「**迷う**」の意味になる。

同 不倫

使い方例
夫＋浮気＝**夫の浮気**
妻＋浮気＝**妻の浮気**
浮気＋病気＝**浮気性**

うわさ
うわさ

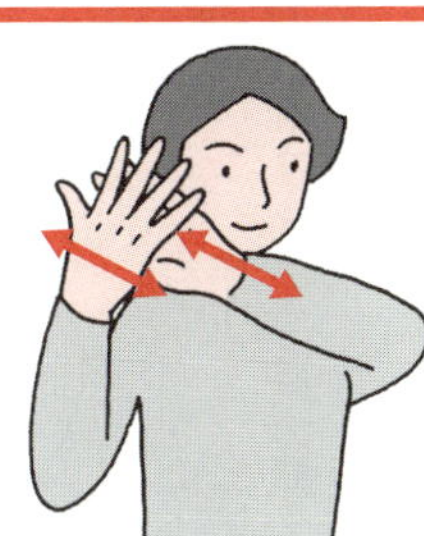

両手の手のひらを合わせて右耳におき、指の腹を前後にこすり合わせる。

解 耳元で、人がうわさ話をする様子を表す。

同 作戦・評判

使い方例
うわさ＋流行＝**うわさが広まる**
うわさ＋信じる＋ダメ＝**うわさを信じてはいけない**

運
うん

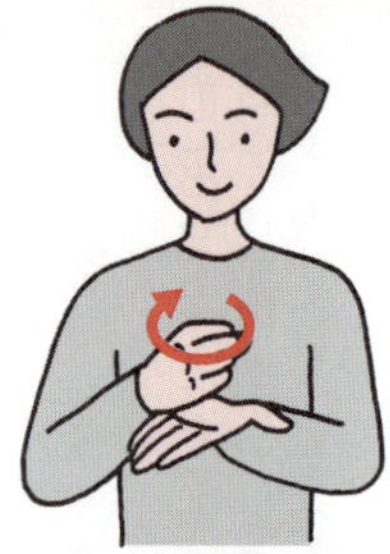

右のこぶしを左の手のひらにおき、2回小さく回転させる。

解 易（えき）で占う様子を表す。

参 右手の人差し指と中指を伸ばして、左の手のひらの上で回転させる表現もある。

同 運命・機会・偶然・たまたま・都合・まぐれ

使い方例
運＋よい＝**ツイている**
運＋悪い＝**ツイていない**
運＋任せる＝**運任せ**
会う＋運＝**運命の出会い**

うんざり
うんざり

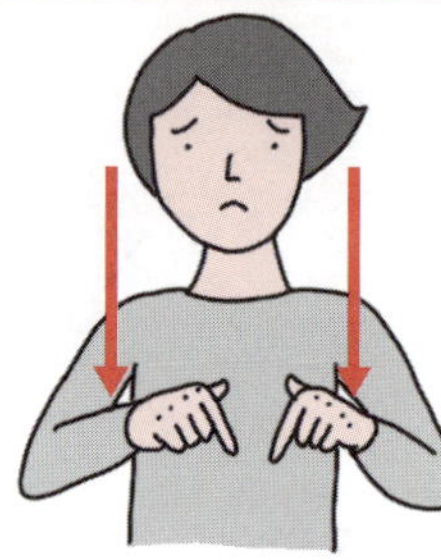

両手の親指と人差し指を伸ばし、下に向け、頭の横から下に下ろす。

同 こりごり・降参

使い方例
仕事＋うんざり＝**仕事にうんざりする**
あなた＋うんざり＋終わる＝**君にはもううんざりだ！**

え

自分から見た形

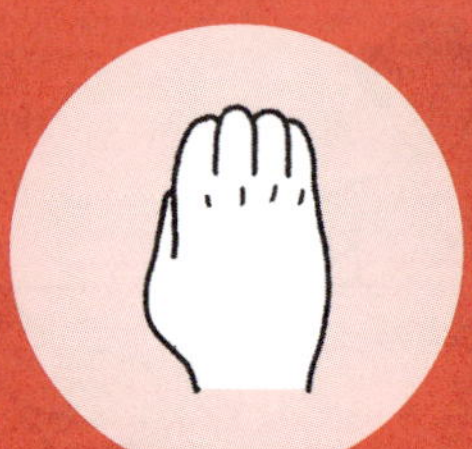

相手から見た形

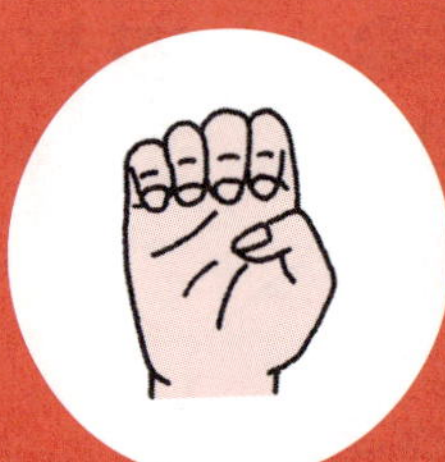

相手側から見て、アルファベットの「e」の形になる。

絵
え

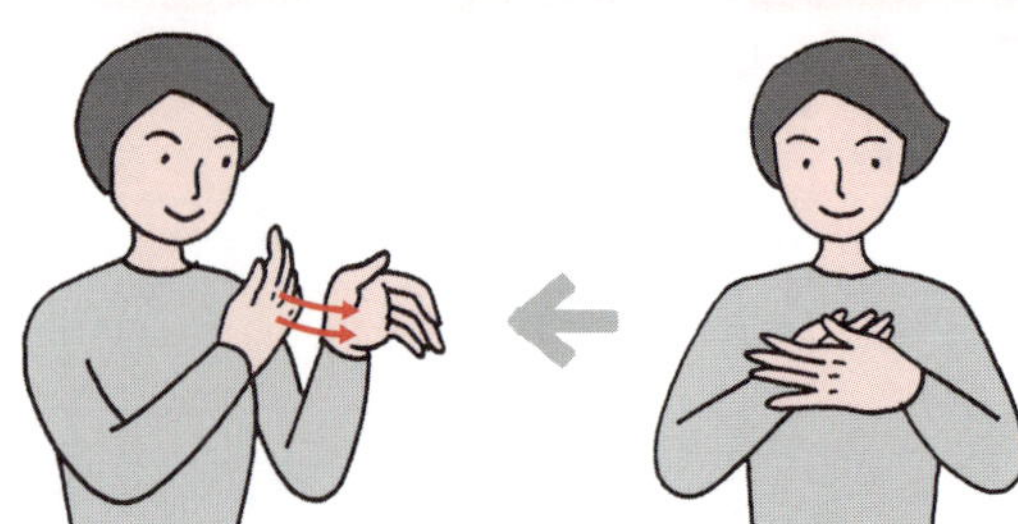

左手の手のひらの手前に右手をおく。

左手の手のひらに、右手の甲を軽く2回打ちつける。

解 キャンバスに絵の具を塗る様子を表す。

同 絵を描く・絵画・美術

使い方例
絵＋建物＝**美術館**
絵＋家＝**画家**
油＋絵＝**油絵**
絵＋大学＝**美術大学**

エアコン
えあこん

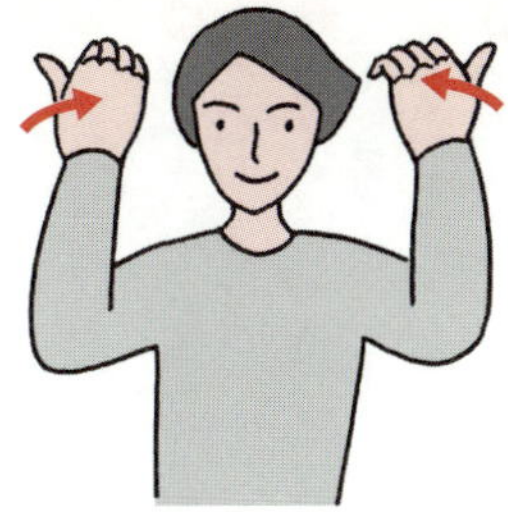

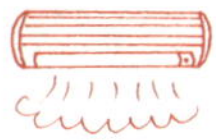

頭上に手のひらを手前に向けた両手をおき、手前に引く。

解 エアコンから風が吹き出す様子を表す。

同 クーラー

使い方例
寒い＋エアコン＝**冷房**
暖かい＋エアコン＝**暖房**
エアコン＋強い＋寒い＝**エアコンが効き過ぎて寒い**

映画
えいが

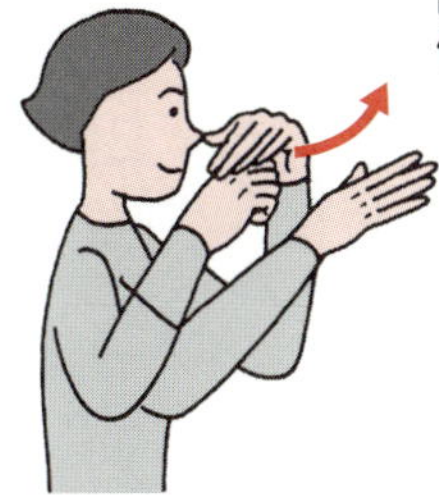

左手の下で、すぼめた右手を開きながら前に出す。

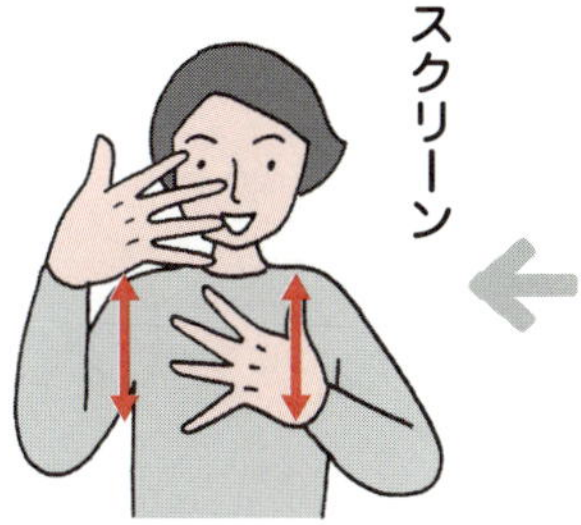

両手の指を広げて、交互に上下に動かす。

解 映像…映写機から映像が出る様子を表す。

同 スクリーン…テレビ

使い方例
映画＋建物＝**映画館**
大人＋映画＝**成人映画**
怖い＋映画＝**ホラー映画**
アニメ＋映画＝**アニメ映画**

影響
えいきょう

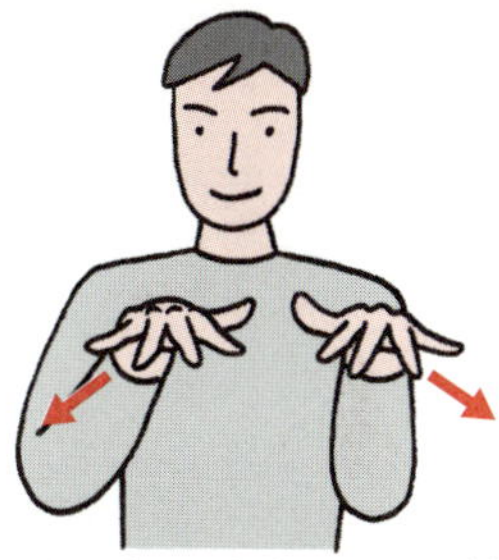

両手の手のひらを下にして並べ、左右に開きながら前方に動かす。

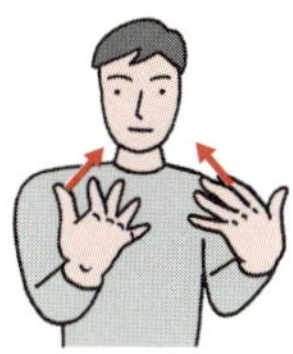

影響を受ける

解 指先を前に向けることによって、「影響を与える」という意味を表す。

反 指先を手前に向けると、「**影響を受ける**」となる。

同 影響を与える

使い方例
影響＋悪い＝**悪影響**
影響＋力＝**影響力**
母＋影響＝**母の影響**

営業
えいぎょう

両手の親指と人差し指で輪を作って上下におき、交互に水平に回す。

つき合い

参 輪を作って回す代わりに、両手の手のひらを上向きにして同様に回すと、「**つき合い**」。

同 宴会・経営・景気・経済・パーティー

使い方例
営業＋下がる＝**不況**
営業＋上がる＝**バブル・好景気**
営業＋男＝**営業マン**
営業＋部＝**営業部**

英語
えいご

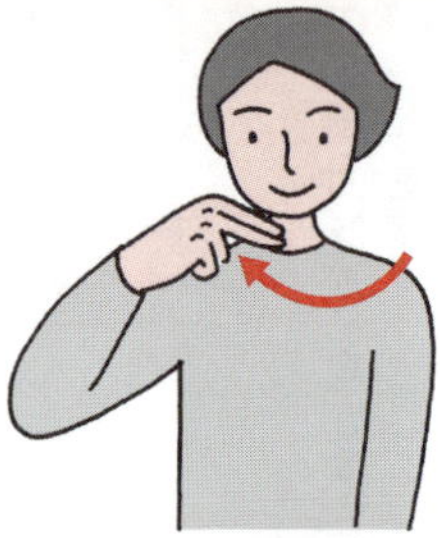

右の人差し指と中指をあごの下につけ、あごに沿って右に動かす。

解 バッキンガム宮殿の兵隊のあごひもを表す。

参 右手でペンを持って、グルグルと書く様子で表すこともできる。

同 イギリス

使い方例
英語＋会話＝**英会話**
英語＋仕事＝**ビジネス英語**
英語＋文化＋法律＝**英文法**
英語＋検定＝**英語検定**

エイズ
えいず

右手の５本の指を曲げ、甲側をひたいにあてる。

病気

解 右手はエイズの「エ」を指文字で表している。

参 指文字の「エ」をこぶしに替えて、親指側を2回ひたいにあてると「**病気**」となる。

使い方例
エイズ＋裁判＝**エイズ訴訟**
エイズ＋防ぐ＝**エイズ防止**
エイズ＋持つ＝**エイズ患者**

衛星
えいせい

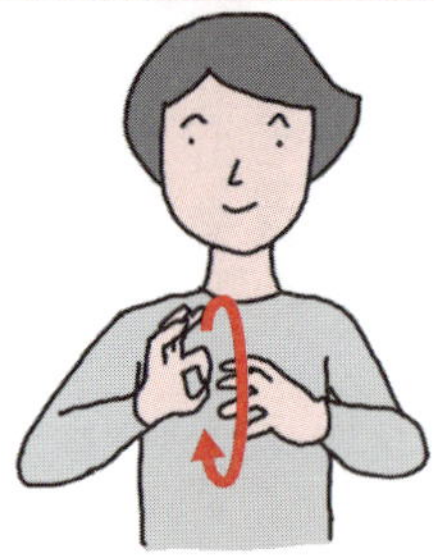

わん曲させた左手の周りを親指と人差し指で輪を作った右手を一周回す。

衛星放送

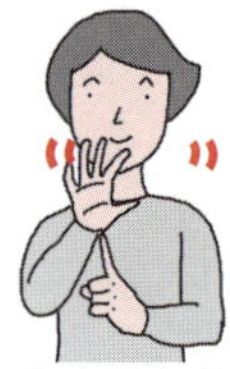

左手の人差し指の上に、開いた右手のひらをのせ、手首を少し回す。

解 「衛星」の手話は、左手を地球、右手を衛星に見立てている。「衛星放送」の手話は、パラボラアンテナの形を表す。

使い方例
人①＋作る＋衛星＝**人工衛星**
衛星＋開発＝**衛星開発**

衛生
えいせい

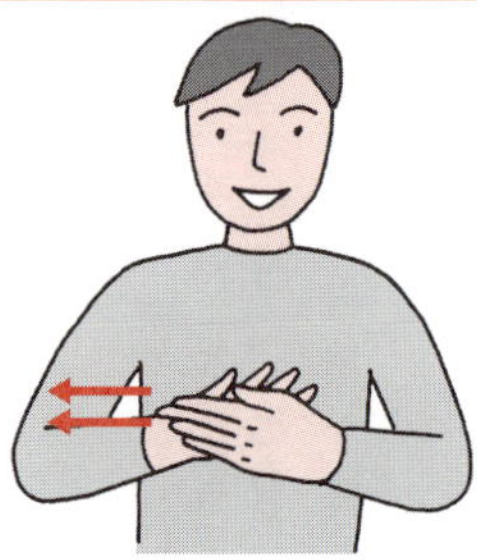

手のひらを上向きにした左手に右の手のひらをのせ、2回右に滑らせる。

横から見たとき

解 汚れなどがなく、滑らかな様子から。

参 1回滑らせると、「**美しい**」「**きれい**」「**美人**」「**素敵な**」となる。

同 さっぱり・清潔

使い方例
歯＋衛生＋資格＝**歯科衛生士**
衛生＋責任＋人々②＝**衛生責任者**

えいよう
栄養

右手の手のひらを上に向けてわん曲させ、指先を右胸の上に2回あてる。

上から見たとき

解 体の中に栄養を取り込む様子から。

使い方例

栄養＋足りない①＝**栄養不足**
栄養＋多い＝**栄養たっぷり**
栄養＋資格＝**栄養士**

えき
駅

右の親指と人指し指で、手のひらを上向きにした左手をはさむ。

解 切符にはさみを入れる様子を表す。

参 「駅＋場所」で表す場合もある。また、「**切符**」を表すときは、左手を2回はさむ。

同 改札

使い方例

東京＋駅＝**東京駅**
駅＋弁当＝**駅弁**
道路＋駅＝**道の駅**
駅＋前＝**駅前**

えきでん
駅伝

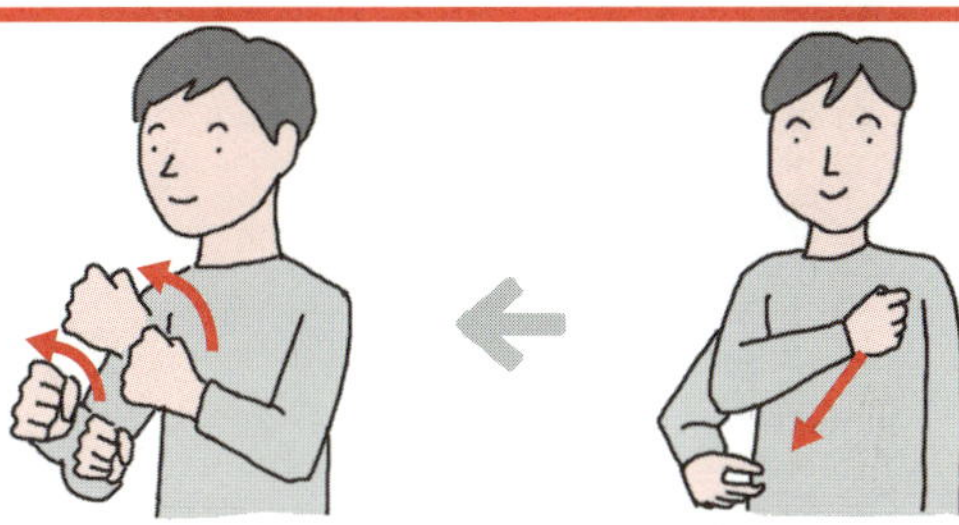

右手の親指と人差し指で「コ」の字形にし、左肩から右腹に動かす。

両手ともこぶしを作り、上下にかまえ、同時に両手を前に出す。

解 最初の動作はたすきを表し、次の動作はたすきを次の走者に渡す動きを表す。

使い方例

箱根＋駅伝＝**箱根駅伝**
駅伝＋選手＝**駅伝の選手**
駅伝＋ストレート＝**駅伝のコース**

えすかれーたー
エスカレーター

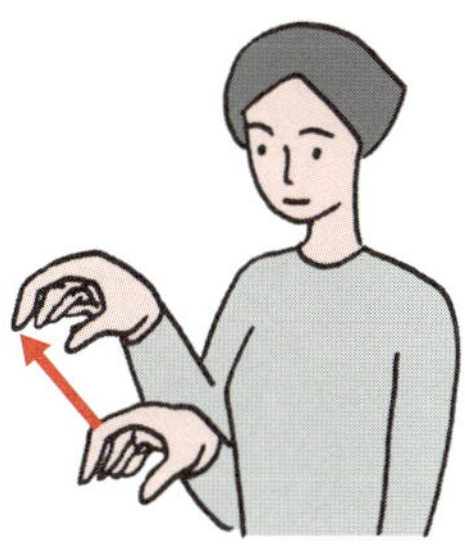

右手の親指とほかの４本の指の間を開いて曲げ、斜め上に上げる。

解 エスカレーターの手すりを持って、上がっていく様子から。

参 エレベーターの形（右手の人差し指と中指を左手の手のひらにのせる）で斜め上に上げる表現もある。

反 「**エスカレーターで下りる**」を表現するときは、斜め下に下げていく。

同 エスカレーターで上がる

エステ
えすて

両手の手のひらを下向きにし、親指とほかの指でもむようにする。

解 体をもむ様子から。

参 顔のエステの場合は、両手の手のひらを両ほおにあて、クリームを塗る様子で表す。

同 マッサージ

使い方例
やせている+エステ=**やせるエステ**
中国+エステ=**中国式エステ**
エステ+仕事=**エステティシャン**

干支
えと

エ

右手の指を折り曲げる。

ト

右手の人差し指と中指を立てる。

解 指文字の「エ」と「ト」を順に表す。

参 「**十二支**」は、数字の「12」と指文字の「シ」で表す。

使い方例
干支+うさぎ=**卯(うさぎ)年**
干支+さる=**申(さる)年**
干支+ねずみ=**子(ねずみ)年**
干支+占い=**干支占い**

江戸
えど

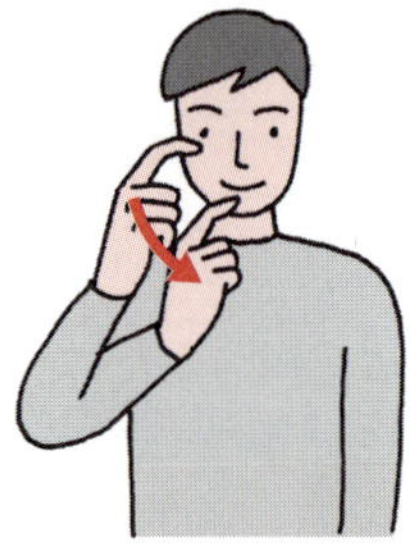

右手の親指と人差し指を曲げて耳の下におき、下げる。

ほかの表現

解 もみあげを表す。

参 右手の人差し指と中指をそろえて頭の上におく表現もあり、こちらは、「ちょんまげ」を表す。

使い方例
江戸+区=**江戸川区**
江戸+(~の)とき+~間=**江戸時代**
とても+江戸+電車=**大江戸線**

NPO
えぬぴーおー

右手の親指と人差し指を伸ばし、左手の人差し指に親指をあてる。

左手はそのままで、右手を半円を描きながら、少し下に下げる。

解 「N」「P」の形を表す。

使い方例
NPO+グループ=**NPO団体**
NPO+法人=**NPO法人**
NPO+活躍=**NPO活動**
NPO+申し込む=**NPO申請**

えねるぎー

エネルギー

左手の指を曲げ、右手の人差し指で左上腕に半円を描く。

解 左手は指文字の「エ」を表し、右手は左腕に作られた力こぶを表現する。

使い方例
基本＋エネルギー＝**原子力エネルギー**
エネルギー＋足りない①＝**エネルギー不足**

えび

エビ

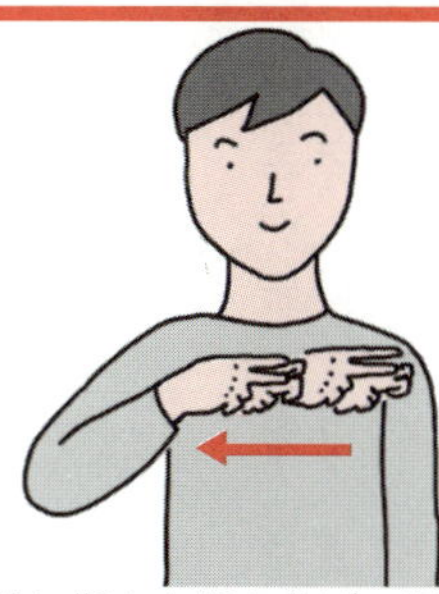

右手の人差し指と中指を曲げ、指を伸ばしたり曲げたりしながら、左から右へ動かす。

解 エビが泳ぐ様子を表す。

使い方例
エビ＋天ぷら＝**エビ天、エビフライ**
甘い＋エビ＝**甘エビ**
指文字「い」「せ」＋エビ＝**伊勢エビ**

えぷろん

エプロン

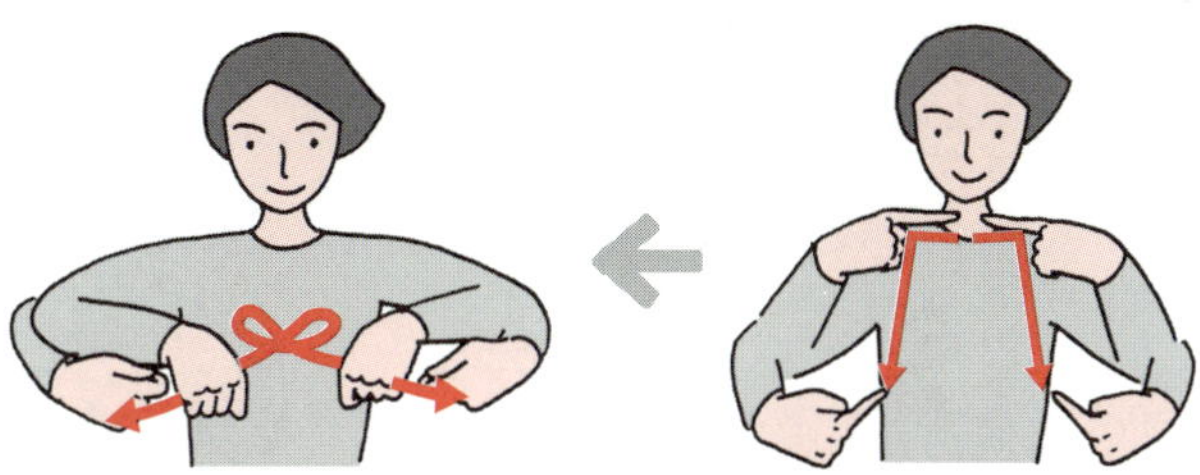

両手の人差し指で、エプロンの胸あてを描く。

何かをつかむ形にした両手で、ひもを結ぶ。

解 胸あてエプロンの形と、ひもを結ぶ様子を表す。

使い方例
エプロン＋売る＋場所＝**エプロン売り場**
タオル＋エプロン＝**タオル地のエプロン**

えらい

偉い

横から見たとき

手のひらを下向きにした右手の人差し指側を鼻の下にあて、右に引く。

参 右手の指はまっすぐにする。

同 豪華・高級・素敵な・立派な

使い方例
偉い＋男＝**偉人**
偉い＋仕事＝**偉業**

選ぶ（えらぶ）

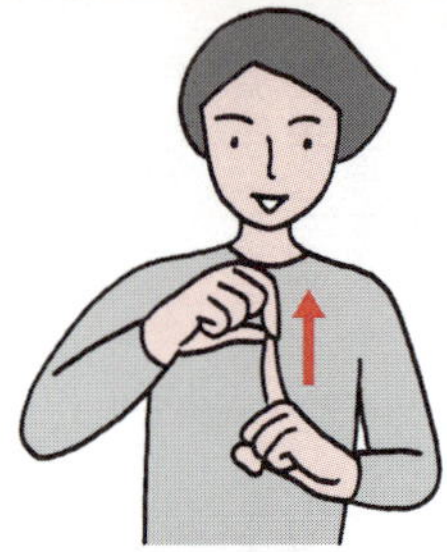

右の親指と人差し指で、左の人差し指をつまむようにして上げる。

たくさんの中から選ぶとき

解 左手を人に見立て、ピックアップする様子から。

参 いくつかある中から、ひとつを選ぶ場合は、5本の指を立てて、そのうちのどれかを右手でつまむ。

同 採用・選択・採り上げる

使い方例

- 選ぶ＋自由＝**選び放題**
- 仕事＋選ぶ＝**仕事を選ぶ**
- 代表＋選ぶ＝**代表者を選ぶ**
- 洋服＋選ぶ＝**洋服を選ぶ**

エレベーター（えれべーたー）

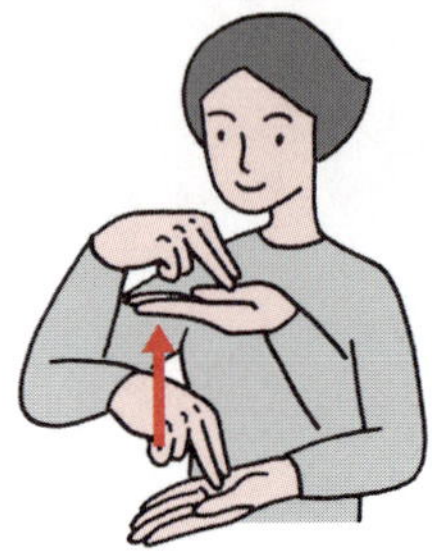

左手の上に、右手の人差し指と中指の指先をつけ、そのまま上げる。

解 右手の2本の指を人の足に見立て、エレベーターに乗って昇る様子から。

反 「**エレベーターで下がる**」を表すときは、両手を下げる。

同 エレベーターで上がる

使い方例

- エレベーター＋女＝**エレベーターガール**
- 荷物＋エレベーター＝**運搬用エレベーター**

円（えん）

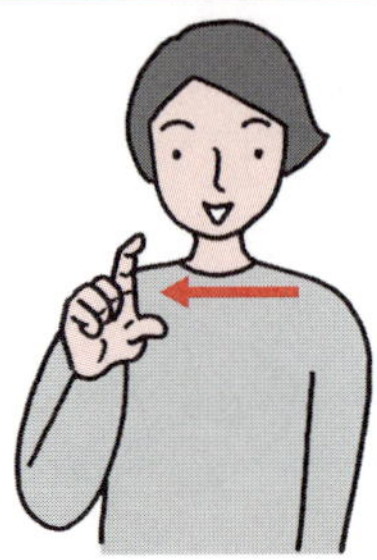

右手の親指と人差し指を曲げて、左から右へ動かす。

横から見たとき

参 お金の「円」のときに使う。「丸い」という意味の「**円**」は、人差し指で円を描いて表現する。

使い方例

- 円＋(値段が)高い＝**円高**
- 円＋安い＝**円安**

宴会（えんかい）

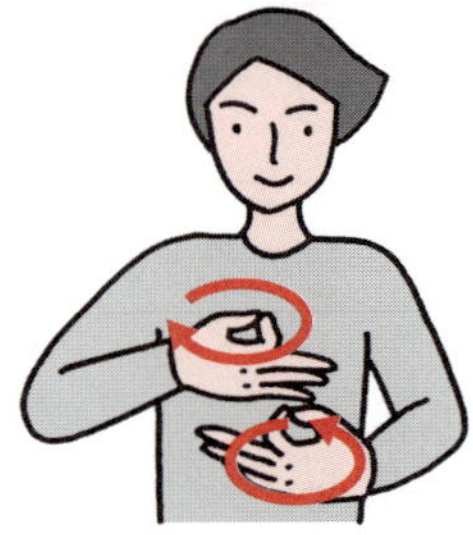

両手の親指と人差し指で輪を作って上下におき、交互に水平に回す。

つき合い

解 飲み物が入ったグラスがあちこちに行き交う様子から。

参 輪を作って回す代わりに、両手の手のひらを上向きにして同様に回すと、「**つき合い**」。

同 営業・経営・景気・経済・パーティー

使い方例

- 結婚＋宴会＝**結婚披露宴**
- 宴会＋責任＝**宴会の幹事**
- 宴会＋芝居＝**宴会芸**

延期
えんき

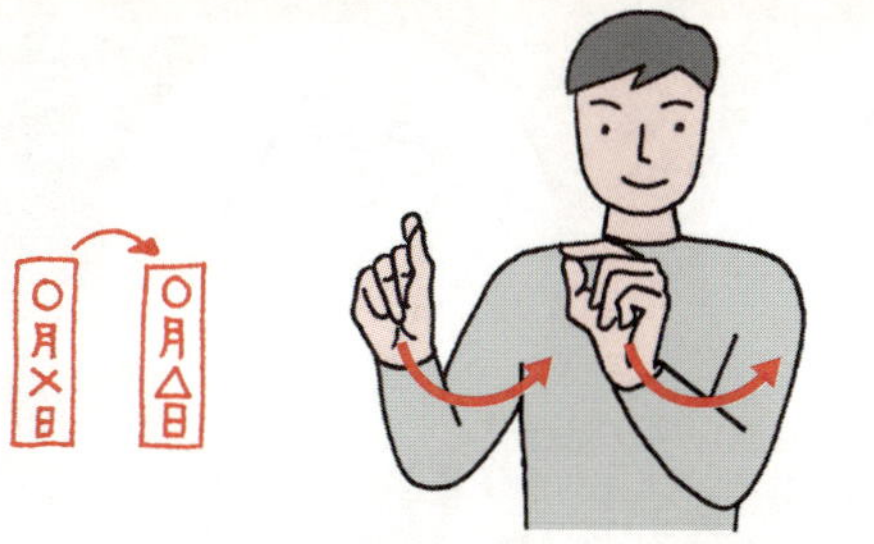

何かをつまむ形にして両手を並べ、左に孤を描くように動かす。

解 両手を同時に左に動かすことにより、「あちらからこちらへ」、転じて「延期」という意味を表す。

同 延長

使い方例

試合＋延期＝**延長戦**
雨＋延期＝**雨天順延**
結婚＋延期＝**結婚を延期する**

園芸
えんげい

花

すぼめた両手を向かい合わせて互い違いに回し、開く。

草

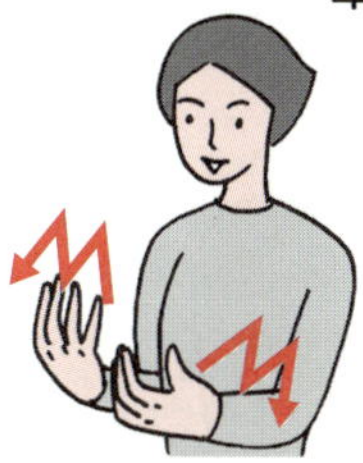

両手を小さく上下させながら左右に離す。

育てる

左手の親指を右手の指でつつきながら上げていく。

参「育てる」は、人や動物、植物など、幅広く使える。

エンジン
えんじん

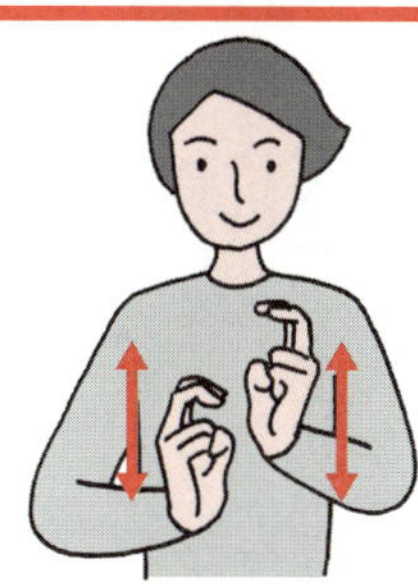

両手の人差し指と中指を曲げて向かい合わせ、交互に上下させる。

確認

解 エンジンが動く様子を表す。

参 同じ形で右手の指先を目に向けて、左右に2回動かすと「**確認**」の意味になる。

使い方例

バイク＋エンジン＝**バイクのエンジン**
エンジン＋壊れる＝**エンジン故障**

遠慮
えんりょ

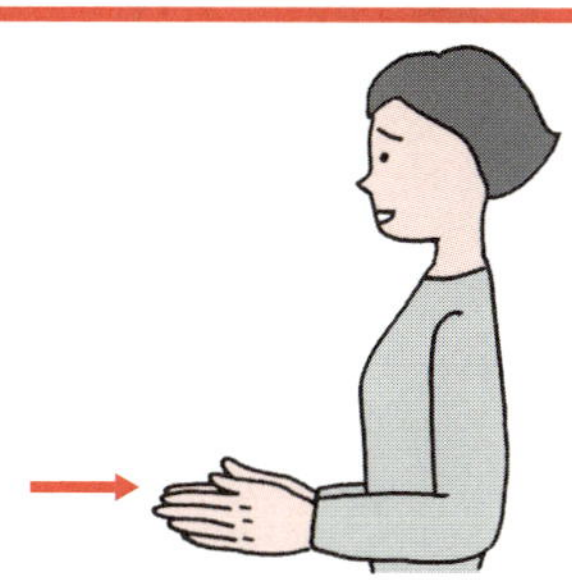

両手の手のひらを向かい合わせて、そのまま手前に引く。

前から見たとき

解 手を引っ込めて遠慮する様子から。

参「遠慮」のあと、手を前に払うようにすると、「**遠慮なく**」の意味になる。

同 遠慮深い

使い方例

遠慮＋性格＝**引っ込み思案**
参加＋遠慮＝**参加を見合わせる**
苦手＋遠慮＝**謙虚**

お

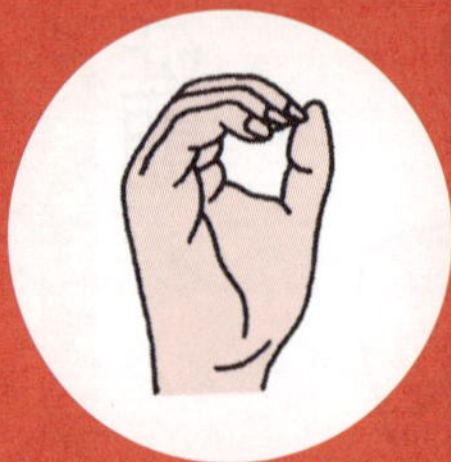

相手から見た形

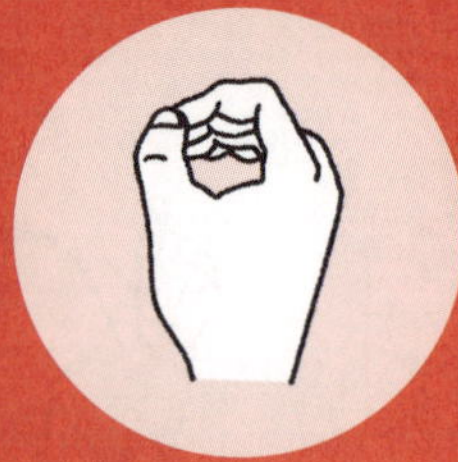

自分から見た形

丸めた形が、アルファベットの「o」の形になる。

おい

甥

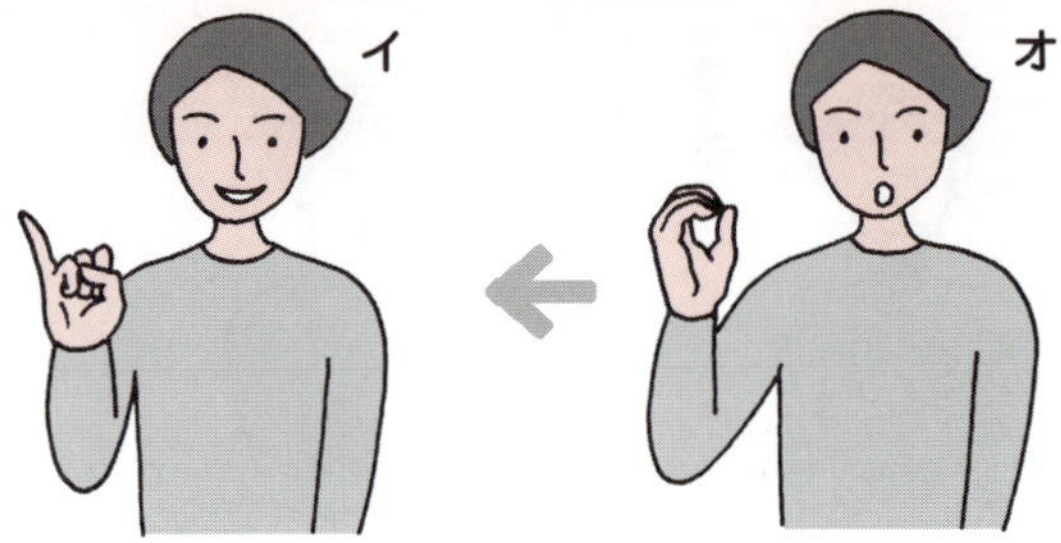

右手の親指とほかの4本の指で丸を作る。

右手の小指を立てる。

解 指文字で「オ」と「イ」を順に表す。

参 具体的な関係がわかっている場合には、「兄（弟）」＋「息子」、「姉（妹）」＋「息子」と表現する。

反 「姪（めい）」も指文字で表す。

おいしい①

おいしい①

右手の手のひらを右側のほおにつけて、2～3回軽くたたく。

解 おいしくて、ほっぺが落ちそうな様子から。

参 握った右手をあごにあてて右に動かす表現もある。また、左側のほおを2回たたくと、「**もったいない**」の意味に。

反 右手の指の腹をあごにつけてから前に出すと、「**まずい**」。

使い方例

ご飯＋おいしい①＝**おいしいご飯**

タイ＋料理＋おいしい①＝**タイ料理はおいしい**

おいしい②

おいしい②

右手を握ってあごの下にあて、右に動かす。

参 どちらかというと、男性がよく使う表現。「おいしい①」と同様に使われる。

使い方例

ケーキ＋おいしい②＋店＝**ケーキがおいしい店**

これ＋おいしい②＝**これはおいしい**

追う
おう

右の人差し指で左の人差し指を追うようにし、両手を前に出す。

追われる

解 両手の指をそれぞれ人に見立て、人が人を追う様子を表す。

反 「**追われる**」は両手を手前に向けて、手前に動かす。

同 ストーカー

使い方例
犬＋追う＝**犬を追う**
犯人＋追う＝**犯人を追う**
追う＋男＝**ストーカー犯**
鬼＋追う＝**鬼ごっこ**

応援
おうえん

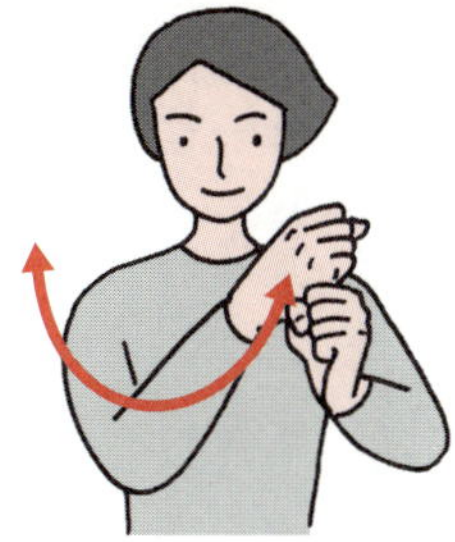

両手のこぶしを上下にくっつけて、左右に揺らす。

解 旗のさおを持って振り、応援する様子を表す。

参 「フレー、フレー」と、応援団長が手を胸元から交互に開いて応援する様子を表現する方法もある。

使い方例
応援＋グループ＝**応援団**
応援＋試合＝**応援合戦**

往復
おうふく

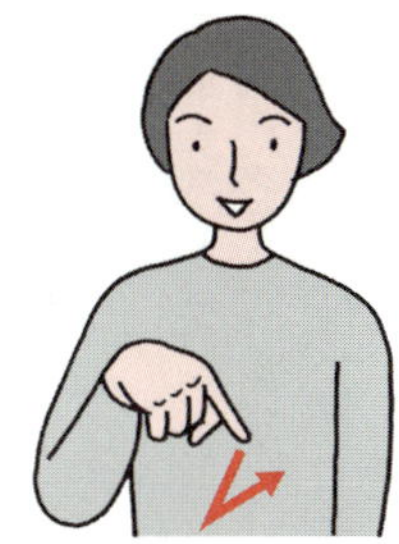

右手の人差し指を下向きにして前に出し、引き寄せて戻す。

片道

解 人差し指を前に動かすのは「行く」、手前に動かすのは「来る」で、続けて表現することで「往復」となる。

反 右手の人差し指を前に出すだけだと、「**片道**」。

同 日帰り

使い方例
往復＋切符＝**往復切符**
往復＋はがき＝**往復はがき**

オウム
おうむ

右手の親指を口元、人差し指を鼻の前におき、弧を描きながら下ろして、指先を合わせる。

解 オウムのくちばしを表す。

使い方例
オウム＋治る＝**オウム返し**
オウム＋育児＝**オウムを飼う**
人①＋まねる＋上手＋オウム＝**人まねが上手なオウム**

応用
おうよう

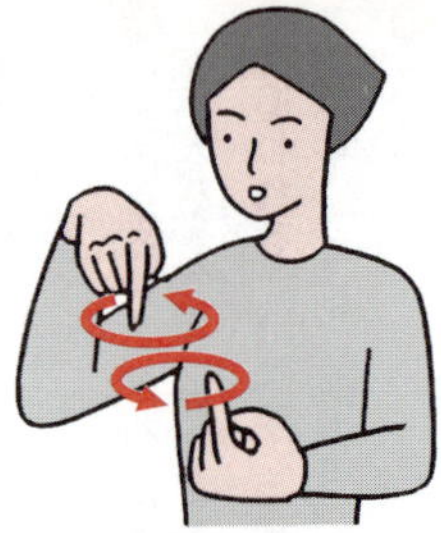

両手の人差し指を伸ばして上下におき、互い違いに回す。

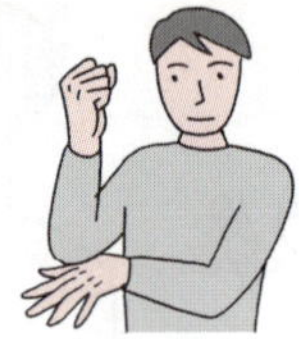

基本

解 人差し指を回転させることで「繰り返す」、転じて「応用」という意味を表す。

反 「**基本**」は、右のひじの下でこぶしを作った左手を開く。

同 繰り返す・リサイクル

使い方例

基本＋応用＝**基本と応用**
悪い＋応用＝**悪用**
応用＋ストレート＝**応用コース**

多い
おおい

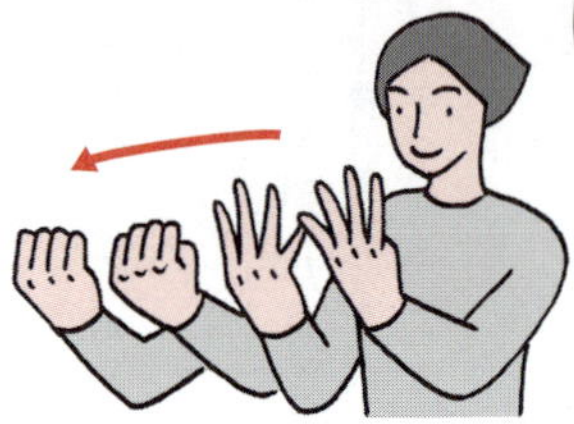

両手の指を折りながら、右に動かしていく。

少ない

参 数が多いことを表現するときに使う。なお、「何が多いのか」によって、「多い」の手話単語が違ってくる。

反 右手の人差し指の爪を親指ではじくと、「**少ない**」となる。

同 (漢字の)沢・たくさん

使い方例

本＋多い＝**本が多い**
多い＋決める＝**多数決**
多い＋田＝**沢田**
うそ＋多い＝**うそばかり**

OL
おーえる

右手の親指とほかの4本の指で丸を作る。

右手の親指と人差し指を伸ばす。

解 指文字で、「O」と「L」を順に表す。

参 「会社員」は、「会社＋員」で表現する。

使い方例

わたし＋仕事＋OL＝**わたしはOLです**
新しい＋人②＋OL＝**新人OL**

大きい
おおきい

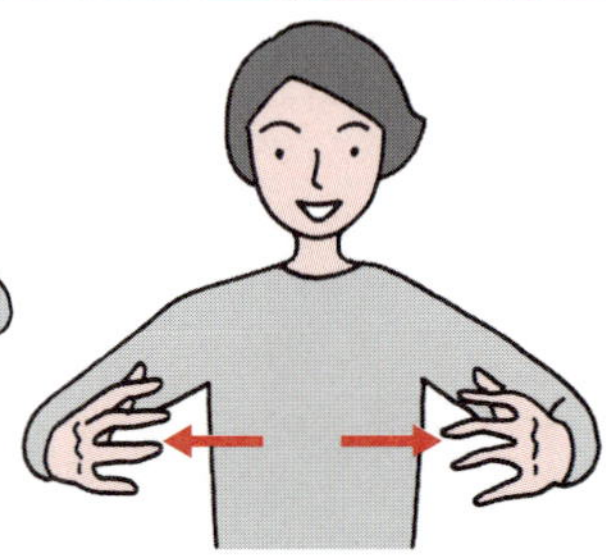

両手を軽くわん曲させて向かい合わせ、左右に開く。

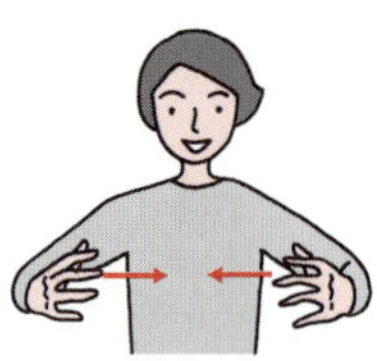

小さい

参 手を大きく開くほど、より大きい意味になる。

反 両手を真ん中に寄せると「**小さい**」となる。

使い方例

赤ちゃん＋大きい＝**大きな赤ちゃん**
犬＋大きい＝**大きな犬**

おーくしょん
オークション

右手でこぶしを作り、上下に2回振る。

解 ハンマーを打ちつける様子を表す。

使い方例
インターネット＋オークション＝**ネットオークション**
オークション＋取る＝**オークションで落札する**

おおぜき
大関

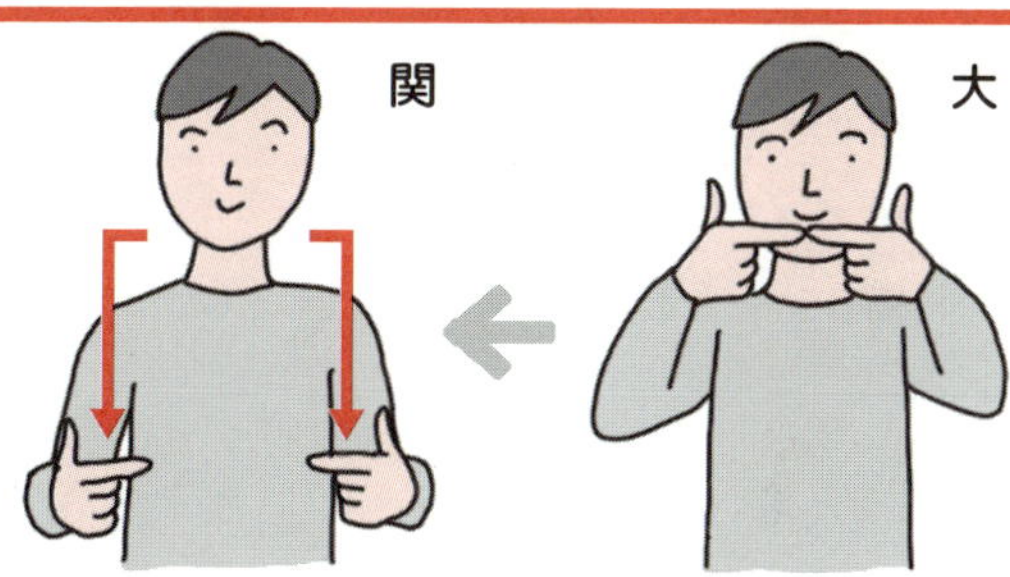

両手の親指と人差し指を伸ばして、向かい合わせる。

同時に両手を横に開き、ぐっと下ろす。

解 最初の動作は「大」を表し、次の動作は「関」の形を表す。

使い方例
大関＋出世＝**大関昇進**
大関＋辞める＝**大関引退**
大関＋上＋横綱＝**大関の次は横綱だ**

おおもの
大物

左手を握って親指を立て、右手の親指と人差し指で何度かはじく。

解 指ではじいて、品定めをしている様子。

同 大御所

使い方例
大物＋行政＋家＝**大物政治家**
大物＋芝居＋男＝**大物俳優**
子ども＋あと＋大物＋ため＋（植物を）育てる＝**子どもを大物に育てる**

おーろら
オーロラ

右手のひらを立てて、頭の上のほうにおき、波形を描くように右から左へ動かす。

解 オーロラの形を表す。

使い方例
オーロラ＋見る①＋調べる＝**オーロラ観測**
オーロラ＋有名＋国②＝**オーロラで有名な国**

お金

おかね

右手の親指と人差し指で輪を作って、軽く振る。

解 右手で作った輪は、お金（コイン）を表す。

（値段が）高い

参 「**（値段が）高い**」は、輪を上げて表す。

同 金曜日・値段・料金・硬貨・コイン

使い方例

本当＋お金＝**現金**

お金＋経済＝**金融**

年＋お金＝**年金**

お金＋いくつ？＝**いくら？**

補う

おぎなう

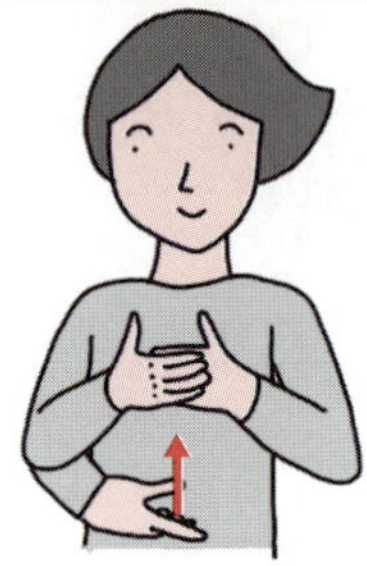

左手の手のひらを体のほう向け、右手の手のひらを下から付け合わせる。

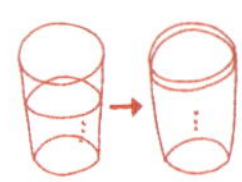

解 漏れていたものを補う様子を表す。

反 欠け・落ち度

同 補てん・補足

使い方例

失敗＋補う＝**ミスをカバーする**

補う＋勉強＝**補習授業**

言葉＋補う＝**言葉を補う**

起きる①

おきる①

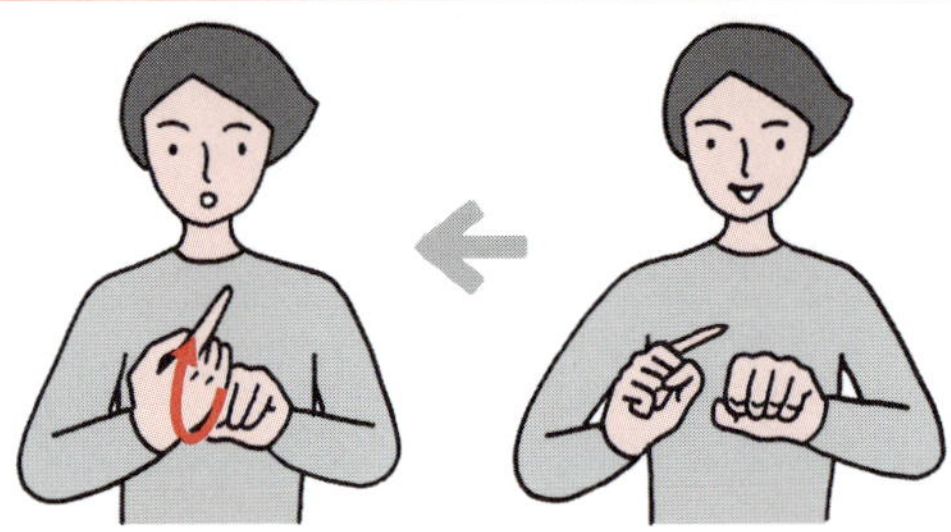

左手は丸め、右手は人差し指を横に伸ばす。

右手の人差し指を左手にあてて、上にはねる。

参 「問題が起きる」「トラブルが起きる」などのときに使う。前後の単語によって、「起きる」の表現も違ってくる。

同 きっかけ・事件・出来事・発生

起きる②

おきる②

親指と人差し指の先をつけて両目におき、ピンとはじいて開く。

解 閉じていたまぶたを開く様子から。

参 朝、眠りから覚めるという意味で使う。ほかに、それまでと違う意識を持つ「目覚める」という意味でも使うことができる。また、「朝」の手話単語でも表現できる。

同 目覚める

使い方例

朝＋起きる②＋時間②＋10＋遅刻＝**朝起きたら10時で、遅刻してしまった**

億　おく

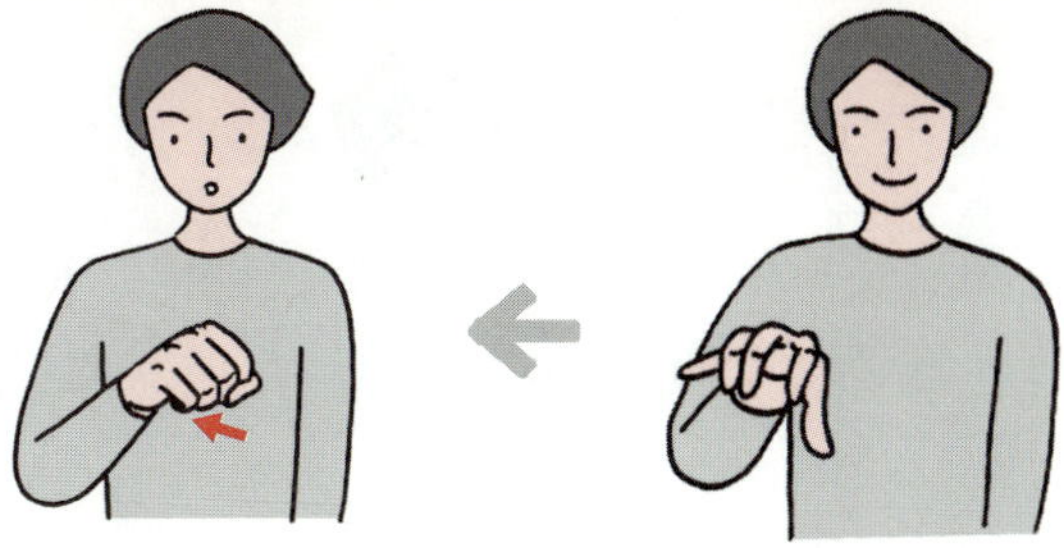

右手を軽く開く。

少し手前に引きながら握る。

参 数字を表して、そのあと「億」をつける。例えば、「10億」は「10＋億」。

使い方例
- 1＋億＋円＝**1億円**
- 億＋建物＝**億ション**
- 数＋億＋～ぐらい＝**億単位**

置く　おく

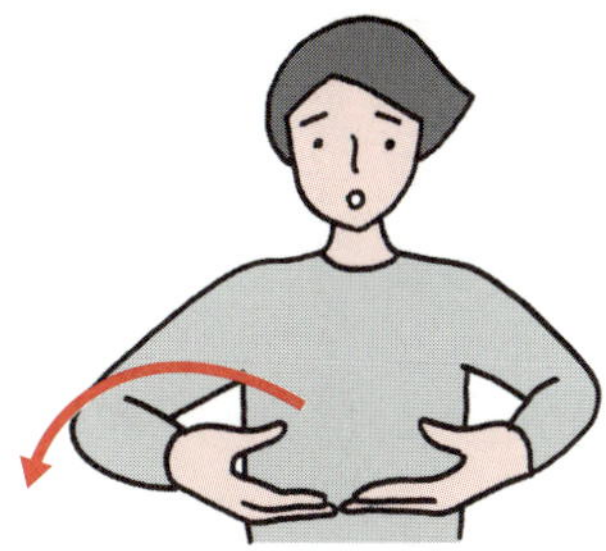

両手で何かを持つようにして、そのまま横に動かして、置く。

紙を置く

解 物を置く様子を表す。

参 何を置くかによって、表現が異なる。「**紙を置く**」は、右手の親指以外の4本の指をそろえて手のひらを下に向け、何かをたたくような感じでポンと置くようにする。

使い方例
- 小包＋置く＝**小包を置く**
- 置く＋場所＝**置き場所**

送る①　おくる①

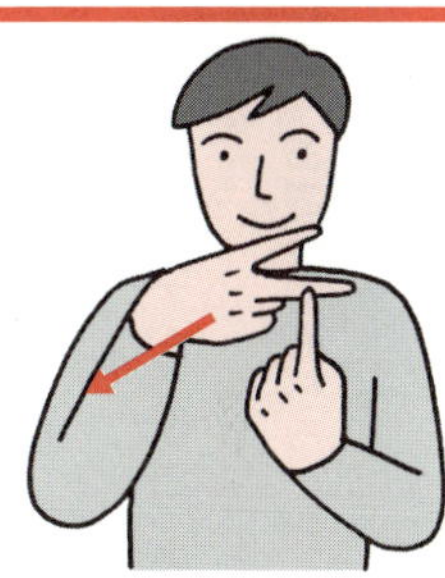

右の人差し指と中指を横に倒して左の人差し指を下につけ、前に出す。

郵便を受け取る

解 郵便局の「〒」マークを前に動かすことで、郵便を送るという意味を表す。

参 引き寄せれば「**郵便を受け取る**」。「〒」マークを作って動かさなければ、「**郵便**」「**手紙**」。

同 通信・メール

使い方例
- 送る①＋お金＝**送料**
- 送る①＋アドレス＝**メールアドレス**
- あと＋送る①＝**後送する**

送る②　おくる②

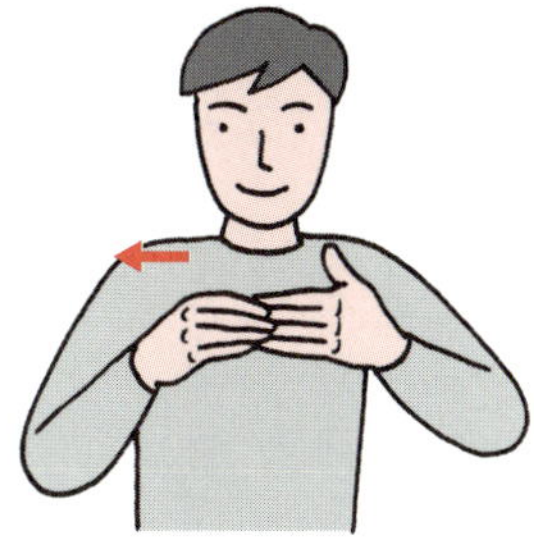

右手で左手の指先を持って、右に引く。

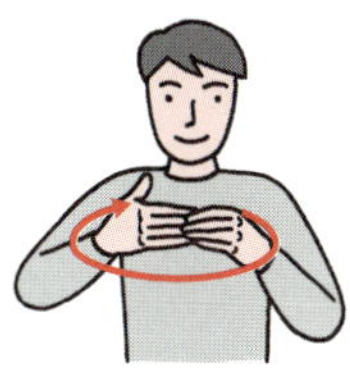

連盟

参 人を送るときに使う。また、左手で右手をつかんで右方向に水平に回すと、「**連盟**」となる。

同 案内する・連れて行く

使い方例
- 車＋送る②＝**車で送る**
- 紹介＋送る②＝**案内して回る**

遅れる

おくれる

両手の親指と人差し指を伸ばして左右におく。

同時に右に倒す。

参 片手だけで表現することもできる。

同 遅い・遅刻

使い方例

電車＋事故＋遅れる＝**電車の事故で遅れる**

流行＋遅れる＝**流行遅れ**

手＋遅い＝**手遅れ**

怒る

おこる

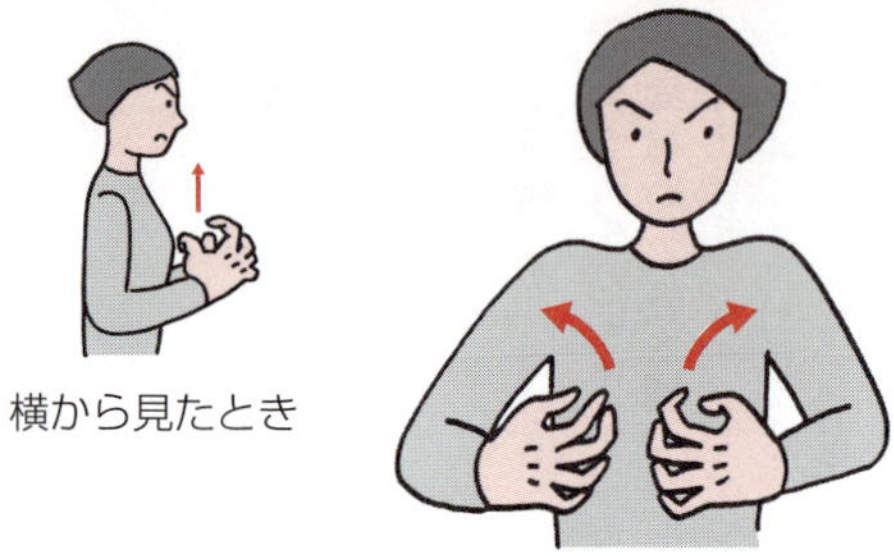

両手の指を軽く曲げて胸にあて、同時に開きながら上げる。

横から見たとき

解 感情がわき出る様子から。

参 ゆっくり動かすと、「**とても怒っている**」となる。

使い方例

怒る＋とても＝**激怒**

怒る＋スムーズ＝**短気**

怒る＋簡単＝**怒りっぽい**

おごる

おごる

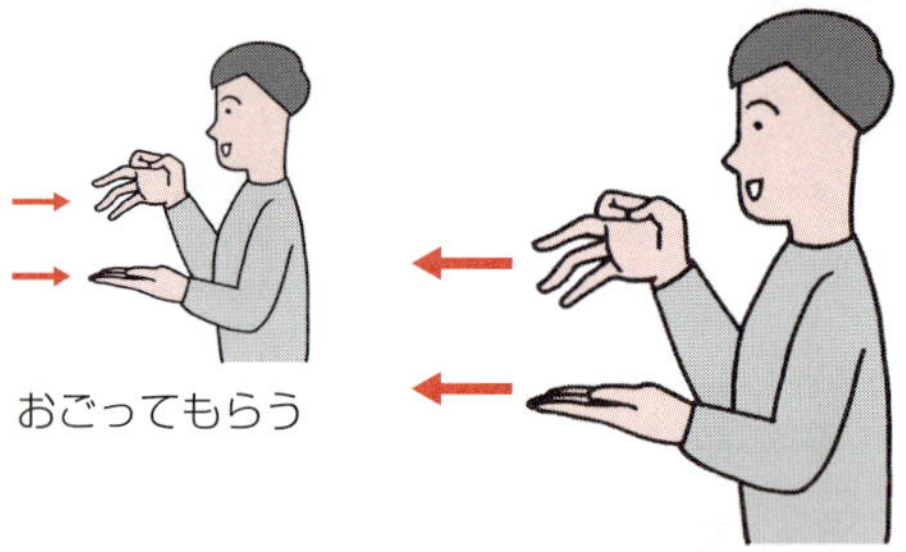

右の親指と人差し指で輪を作り、左手を添えて、同時に前に出す。

おごってもらう

解 手を添えてお金を出す様子を表す。

反 「**おごってもらう**」ときは、両手を手前に引く。

使い方例

ご飯＋おごる＝**食事をおごる**

ご飯＋おごられる＋ありがとう＝**ごちそうさま**

お酒を飲む

おさけをのむ

右の親指と人差し指を軽く曲げて口元におき、手首を手前にひねる。

解 おちょこでお酒を飲む様子を表す。

参 尋ねる表情をしながら表現すると、「飲みに行かない?」と誘う意味になる。

使い方例

お酒を飲む＋場所＝**居酒屋**

お酒を飲む＋会＝**飲み会**

お酒を飲む＋苦手＝**下戸（げこ）**

惜しい

おしい

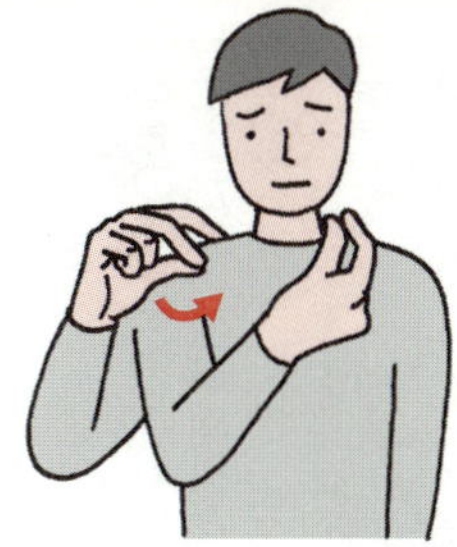

右手の親指と人差し指、中指をくっつけてひねり、指をはじく。

残念

参 「残念、もう少し」というような場合に使う。右手のこぶしを左手に打ちつける「**残念**」の手話単語でも表現できる。

使い方例

3位＋惜しい＝**惜しくも3位だった**

おじいさん

おじいさん

右手の親指を立て、曲げながら小さく2回回す。

おばあさん

解 腰が曲がっている男性を表す。

参 自分の「祖父」を表すときは、人差し指をほおにつけたあと、「おじいさん」を表現。

反 親指の代わりに小指で表現すると、「**おばあさん**」。

同 年寄り・老人

使い方例

おじいさん＋おばあさん＋日＝**敬老の日**

おじいさん＋病気＝**老人病**

押し入れ

おしいれ

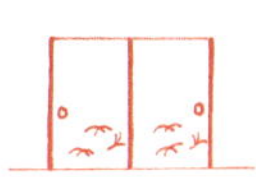

左手の手のひらを右に向け、左手の横で右手を右に動かす。

解 左手を添えて、右手で押し入れのふすまを開ける様子を表す。

同 ふすま

使い方例

押し入れ＋ない①＝**押し入れがない**

押し入れ＋家具＝**押し入れダンス**

おじぎ

おじぎ

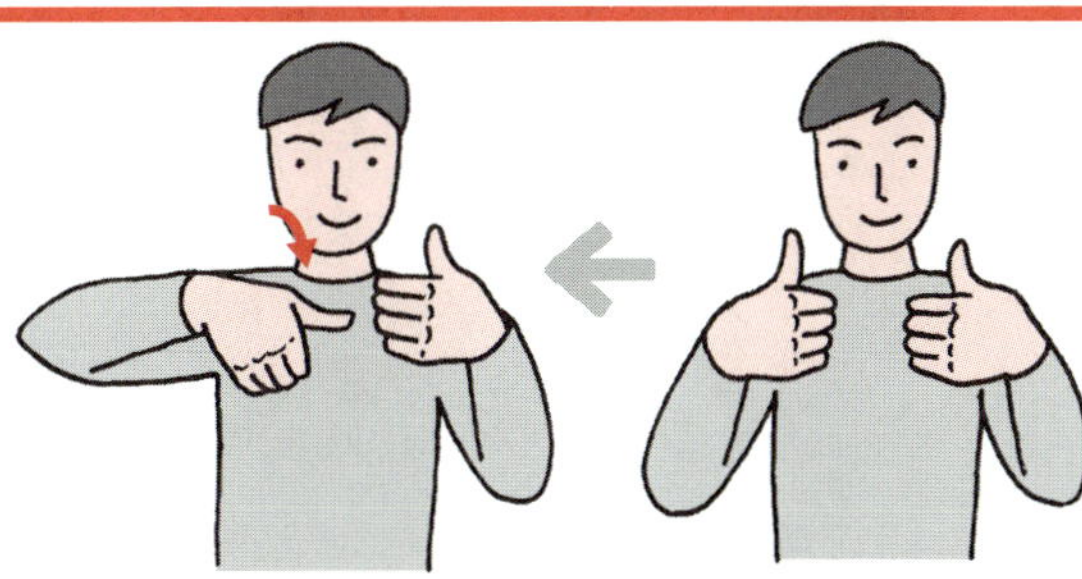

両手の親指を立てて向かい合わせる。　右手を下にひねって傾ける。

解 両手の親指は人を意味し、右手を傾けることによって、おじぎする様子を表す。

参 両手の親指を立てて左右に並べ、同時に指を曲げると「**あいさつ**」（親指でなく、人差し指で表現する場合も多い）。

同 謝る・お詫び

おじさん

おじさん

右手の親指を立てて、下げながら曲げる動きを２回繰り返す。

おばさん

参 中年の男性を指す「おじさん」にあたる。血縁関係がある「叔父」「伯父」は、「母の弟」「父の兄」などと具体的に表す。

反 親指の代わりに小指で表現すると、「**おばさん**」。

使い方例
酒＋店＋おじさん＝**酒屋のおじさん**
おじさん＋太る＝**中年太り**
頑固＋おじさん＝**頑固おやじ**

おしゃべり

おしゃべり

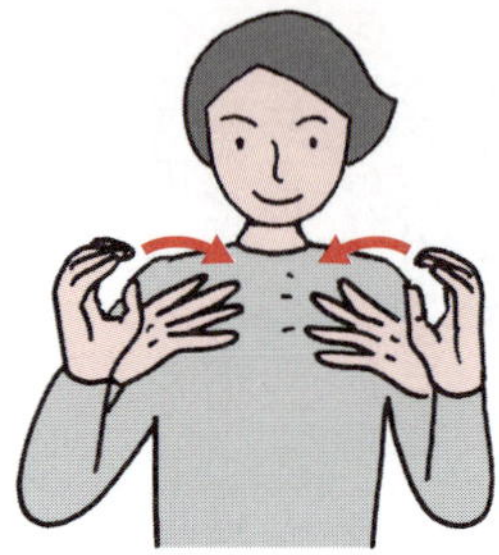

軽く握った両手を向かい合わせ、同時にパッパッと開く。

解 人と人が向き合って、口を開いておしゃべりする様子から。

参 両手を同時に開くほかに、交互に開く表現もある。

同 会話・話し合い

使い方例
おしゃべり＋会＝**懇談会**
お茶＋おしゃべり＋会＝**茶話会**

おしゃれ

おしゃれ

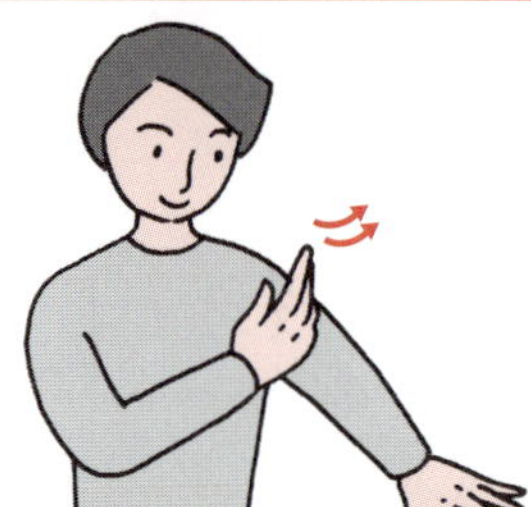

右手の甲で、左肩を２～３回左に払う。

プライド

解 右手でホコリを払って、身なりを気にする様子から。

参 手のひらで左肩のあたりを２回払うと「**プライド**」の意味になる。

同 ブランド

使い方例
色＋おしゃれ＝**おしゃれな色**
おしゃれ＋店＝**おしゃれな店**

押す

おす

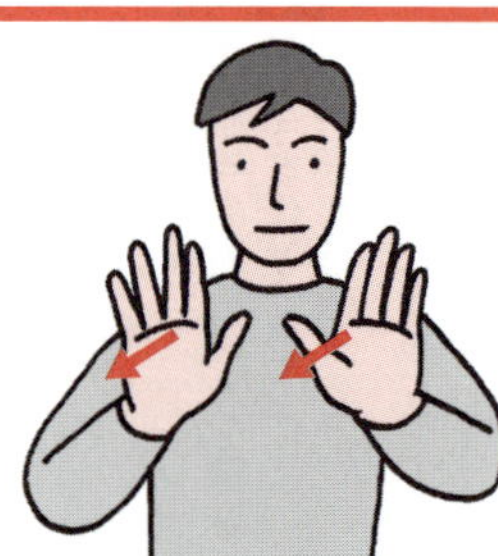

両手の手のひらを前に向けて並べ、同時に前に出す。

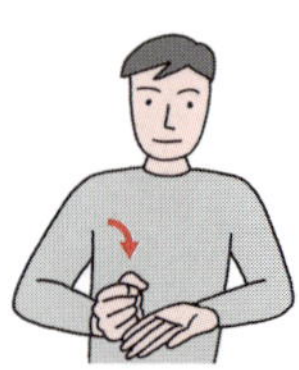

ほかの表現

解 何かを押す様子から。

参 人差し指を前に出して「**チャイムを押す**」、右手を前に出して「**ドアを押す**」、右手をスタンプに見立てて「**スタンプを押す**」など、状況により、表現も変わる。

同 押さえる

使い方例
タンス＋押す＝**タンスを押す**
押す＋上＝**押上（おしあげ）**

お世辞

おせじ

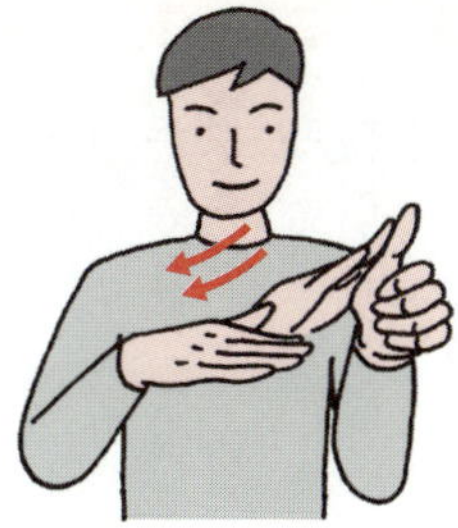

左手の親指を立て、右手で2～3回なでる。

お世辞を言われる

解 左手をさすって、ベタベタとする様子を表す。

反 左手の甲を前に向けて右手で前からなでると、「**お世辞を言われる**」となる。

同 ごまをする・慰める・なだめる

使い方例

お世辞＋要らない＝**お世辞なんか要らない**

お世辞＋脅す＝**あめとムチ**

遅い

おそい

両手の親指と人差し指を伸ばして左右におく。

同時に右に倒す。

参 片手だけで表現することもできる。

同 遅れる・遅刻

使い方例

遅い＋過ぎる＝**遅過ぎる**

手＋遅い＝**手遅れ**

夜＋遅い＝**夜遅く**

走る＋遅い＝**足が遅い**

おたふく風邪

おたふくかぜ

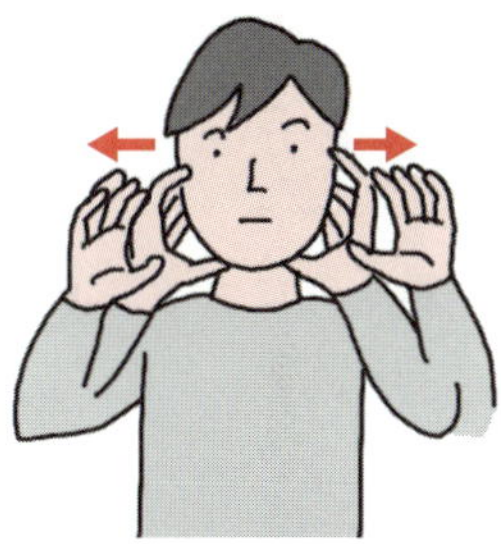

軽くわん曲させた両手をほおからあごにあて、顔から引き離す。

風邪

右手のこぶしを口にあて、咳をするしぐさをする。

解 最初の表現はほおが膨れる様子を表す。次の動作は「風邪」の手話。

使い方例

おたふく風邪＋防ぐ＋注射＝**おたふく風邪の予防注射**

おたふく風邪＋学校＋休む＝**おたふく風邪で学校を休む**

落ち込む

おちこむ

右手の指先を伸ばし、斜め下に下げていく。

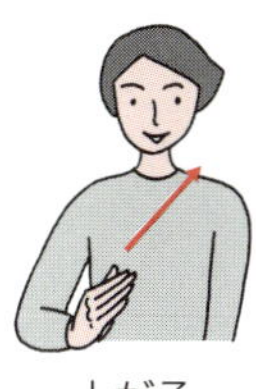

上がる

反 手を斜めに上げていくと、「**上がる**」。

同 下り坂・下がる・低下

使い方例

体＋落ち込む＝**体力が落ち込む**

気持ち＋落ち込む＝**気分が落ち込む**

落ち着く
おちつく

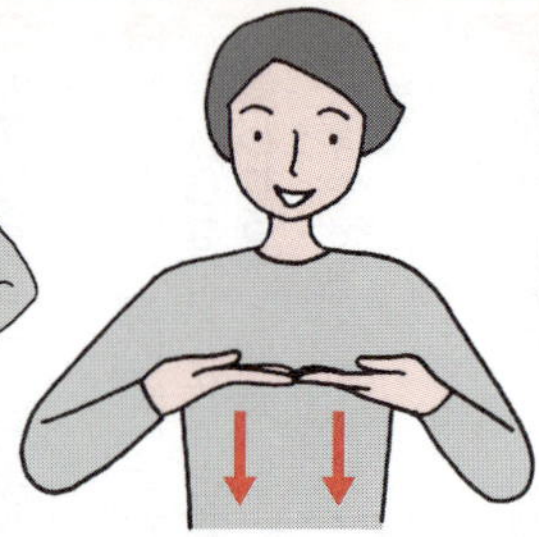

両手の手のひらを上に向けて胸の前におき、下げる。

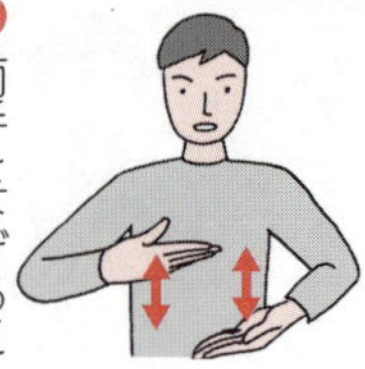

慌てる

解 両手を下げることにより、心が静まっている様子を表す。

参 手のひらは、上向きでも下向きでもよい。

反 両手を交互に上下させると、「**慌てる**」。

同 安心・安静・安全・安定・おとなしい

使い方例
落ち着く＋お願い①＝**落ち着いてください**
落ち着く＋いいえ＝**落ち着かない**

お茶
おちゃ

右手の親指と小指を伸ばして、親指側に傾ける。

解 右手を急須に見立て、お茶を注ぐ様子から。

参 右手を筒形にして湯のみに見立て、左手の手のひらにポンポンと2回のせる表現もある。

同 お茶の水・緑茶

使い方例
お茶＋流行る＝**緑茶ブーム**
お茶＋葉＝**お茶の葉**
温かい＋お茶＝**温かいお茶**
冷たい＋お茶＝**冷たいお茶**

落ちる
おちる

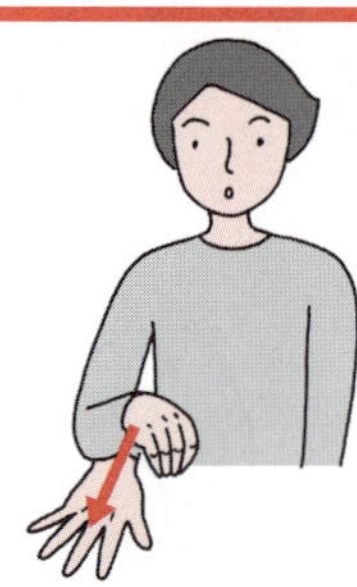

右手をすぼめてから、手をパッと開きながら少し下げる。

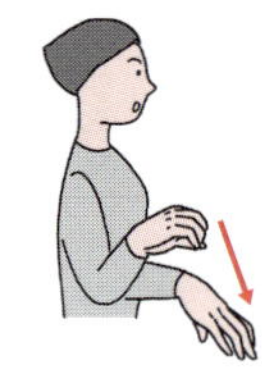

横から見たとき

解 つかんでいた物を落とす様子を表す。

同 落とし物・落とす

使い方例
お金＋落ちる＝**お金を落とす**
財布＋落ちる＝**財布を落とす**
落ちる＋会う＝**落合（おちあい）**

お疲れさま
おつかれさま

右手のこぶしで左手の手首の甲側を2回たたく。

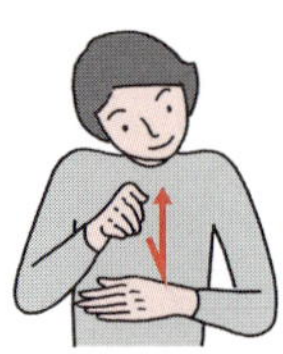

ありがとう

参 お疲れさまのあとに、「ありがとう」をプラスすることもある。

同 苦労・ご苦労さま・たいへん・面倒

使い方例
今日＋お疲れさま＝**今日はお疲れさまでした**
お疲れさま＋また＋明日＝**お疲れさま。また、明日**

夫
おっと

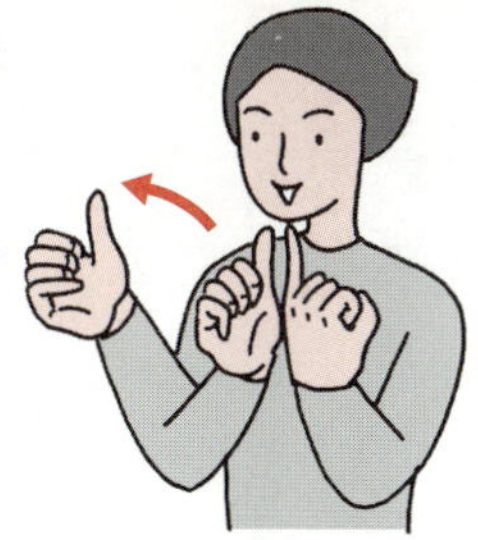

親指を立てた右手と小指を立てた左手をつけ、右手を斜め前に出す。

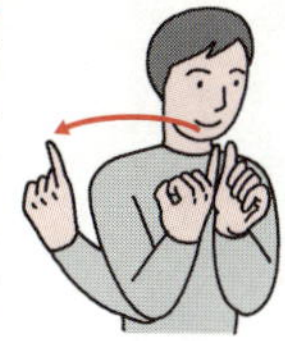

妻

解 両手をくっつけることで「結婚」を意味し、親指は男性を表す。

参 自分の夫、または恋人を表すときは、胸の前で親指を立てて右に動かすだけで表現できる。

反 左右の手を逆にすると、「妻」。

使い方例
- 夫＋出張＋中＝**夫は出張中**
- 夫＋年齢＋50＝**夫は50歳**
- 基本＋夫＝**元夫**
- 夫＋浮気＝**夫の浮気**

お釣り
おつり

左手の手のひらに右手をのせ、すくうように手前に引く。

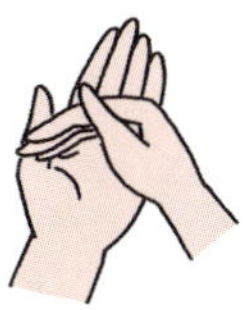

上から見たとき

同 余り・余る・残り・残る

使い方例
- お釣り＋お金＝**釣り銭**
- お釣り＋もらう＝**お釣りをもらう**

弟
おとうと

右手の中指を立てて甲を前に向け、2回下げる。

兄

参 右の中指を上げ、左の中指を下げると、「**兄弟**」となる。

反 同じ形で1回上げると「**兄**」、中指の代わりに小指を立てて2回下げると「**妹**」となる。

使い方例
- 義理＋弟＝**義弟**
- 弟＋血液＋違う＝**腹違いの弟**

男
おとこ

右手の親指を立てる。

彼（恋人）

参 男女に関係なく、単なる「人」を表すこともある。また、「**彼（恋人）**」は、胸の前で立てた親指を右に動かす。

反 小指を立てると、「**女**」。

同 彼・人

使い方例
- 警察＋男＝**警察官**
- 脈＋男＝**医者**
- 給仕＋男＝**ウエーター**
- 悪い＋男＝**犯人**

落とし物
おとしもの

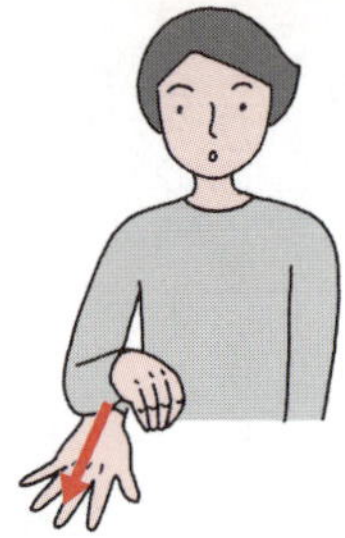

右手をすぼめてから、手をパッと開きながら少し下げる。

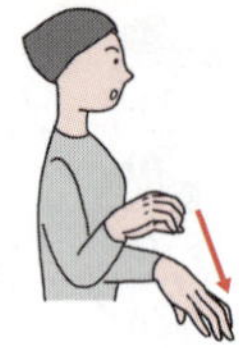

横から見たとき

解 つかんでいた物を落とす様子から。

同 落ちる・落とす

使い方例
落とし物＋案内＝**落とし物案内**
落とし物＋係＝**落とし物係**

脅す
おどす

左手の親指を立て、右手をわん曲させてグッと近づける。

脅される

反 自分に向けて右手を下ろすようにすると、「**脅される**」「**叱られる**」。

同 こらしめる・叱る

使い方例
電話＋脅す＝**脅迫電話**
お世辞＋脅す＝**あめとムチ**

一昨日
おととい

右手の人差し指と中指を立てて、肩から２回後ろに持っていく。

前から見たとき

解 肩は現在を表し、後ろに持っていくことで「過去」となる。指を2本立てることから「2日前」となる。

参 人差し指だけだと「**昨日**」、人差し指と中指、薬指で同様にすると「**3日前**」。

使い方例
一昨日＋～から＝**一昨日から**
定期券＋一昨日＋締め切り＝**定期が一昨日で切れた**

大人
おとな

両手の親指以外の４本の指をそれぞれ折り曲げて、上げる。

解 大人は子どもと比べて背が高いことから、背が高くなる様子を表す。

参 右手だけを頭の位置から上げると「**背が高い**」となる。

同 成人・成長

使い方例
大人＋お金＝**一般料金**
大人＋映画＝**成人映画**
大人＋式＝**成人式**
大人＋失聴＝**中途失聴**

おとなしい

おとなしい

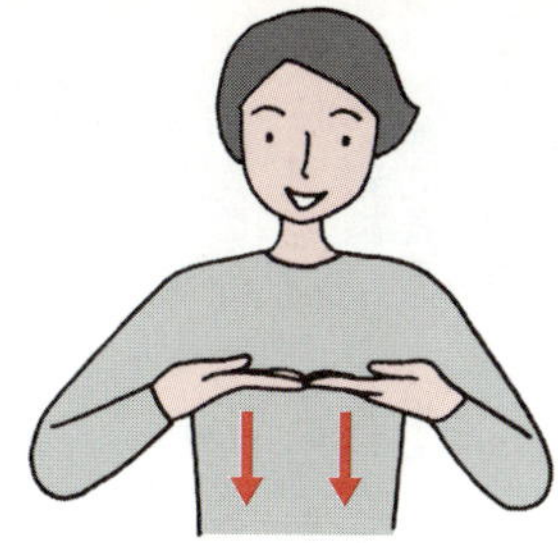

両手の手のひらを上に向けて胸の前におき、下げる。

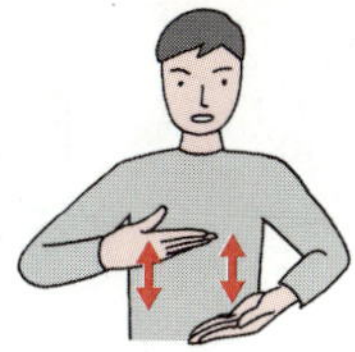

慌てる

参 手のひらは、下向きでもよい。また、両手を交互に上下させると、「**慌てる**」。

同 安心・安静・安全・安定・落ち着く

使い方例

彼女＋おとなしい＝**彼女はおとなしい性格だ**

今日＋おとなしい＝**今日はおとなしい**

驚く

おどろく

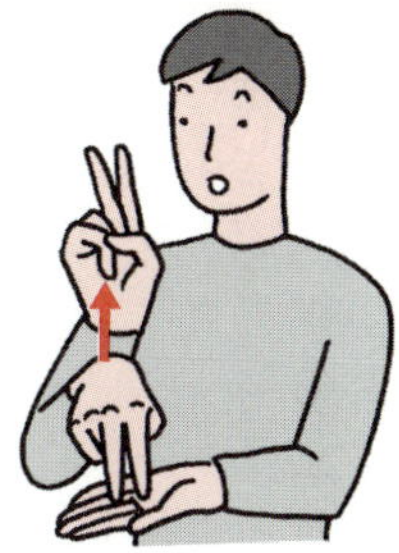

左手の手のひらに、右手の人差し指と中指をのせて、上げる。

解 右手の2本の指を人に見立て、びっくりして跳び上がる様子から。

同 びっくりする

使い方例

きれい＋変わる＋驚く＝**きれいになって驚いた**

同じ

おなじ

右手の親指と人差し指を2回つけたり離したりする。

やはり

参 両手で表現することもできる。また、両手で1回つけて下げると「**やはり**」。両手を交差させて、両手の指をつけると「**互いに**」となる。

同 そう・〜でしょう？（同意、確認）

使い方例

同じ＋部屋＝**同じ部屋**

同じ＋愛する＝**同性愛**

期待＋同じ＝**期待通り**

同じ＋カギ＝**合いカギ**

あなた、理解できますよね？

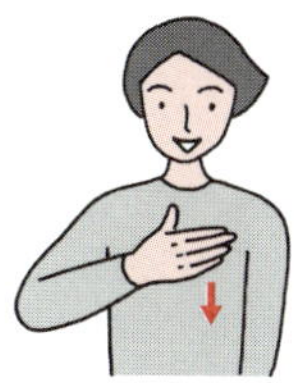

あなた P.35

リ P.563

わかる P.563

同じ？

鬼
おに

両手の人差し指を立てて、頭の両横におく。

牛

解 鬼の角の形から。

参 「怒る」という意味でも使える。親指、人差し指の2指で同様に表すと、「**牛**」となる。

同 悪魔・怒る

使い方例

鬼＋追う＝**鬼ごっこ**
心＋鬼＝**心を鬼にする**
鬼＋島＝**鬼ケ島**

おにぎり
おにぎり

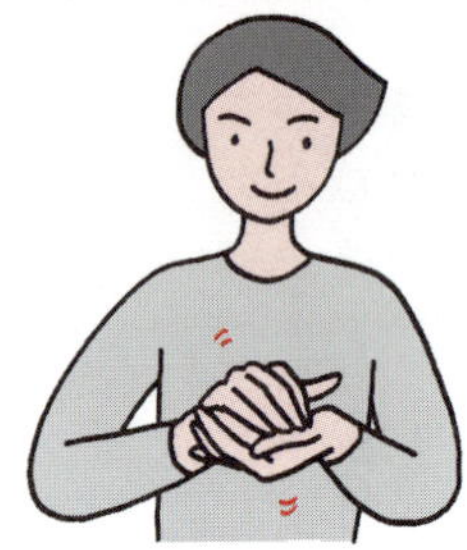

両手の手のひらをわん曲させて、2～3回合わせる。

解 おにぎりを作る様子から。

参 軽く両手を組み合わせるだけにすると、「**友達**」の意味になる。

使い方例

梅＋おにぎり＝**梅おにぎり**
おにぎり＋定める＝**おにぎり定食**

お願い①
おねがい①

右手を顔の前に垂直に立て、頭を軽く下げながら斜め下に出す。

横から見たとき

解 頭を下げて頼みごとをする様子から。

参 両手をこすり合わせる表現もある。

同 依頼・~してください・頼む・願う

使い方例

参加＋お願い①＝**参加してください**
助けてもらう＋お願い①＝**助けてください**

少々お待ちください。

少し
P.285

←

待つ
P.511

←

お願い①

おねがい②

お願い②

両手をこすり合わせる。

解 頼みごとをする様子から。

参 お願い①と同様に使う。

同 依頼・祈る・～してください・頼む・願う

使い方例
お願い②＋もらう＝**願いを叶える**
神＋お願い②＝**神にお願いする**

おばあさん

おばあさん

右手の小指を立て、曲げながら小さく2回回す。

おじいさん

解 腰が曲がっている女性を表す。

参 自分の祖母を表すときは、人差し指をほおにつけたあと、「おばあさん」の手話単語を表す。

反 小指の代わりに親指で表現すると、「**おじいさん**」。

同 年寄り・老女

使い方例
おじいさん＋おばあさん＋日＝**敬老の日**

おばさん

おばさん

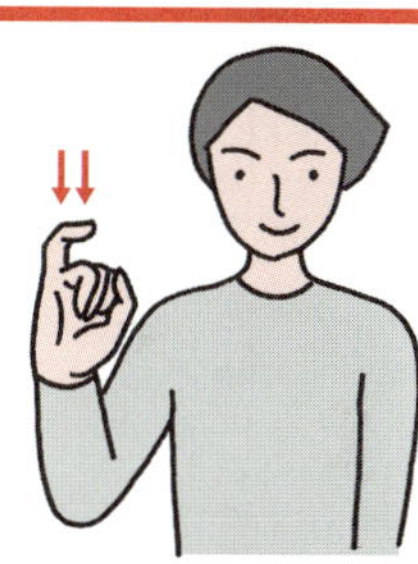

右手の小指を立てて、下げながら曲げる動きを2回繰り返す。

おじさん

参 中年女性を指す「おばさん」。血縁関係のある「叔母」「伯母」は、「父の妹」「母の姉」などと具体的に表す。

反 小指の代わりに親指で表現すると、「**おじさん**」。

使い方例
家＋近い＋おばさん＝**近所のおばさん**

おはよう

おはよう

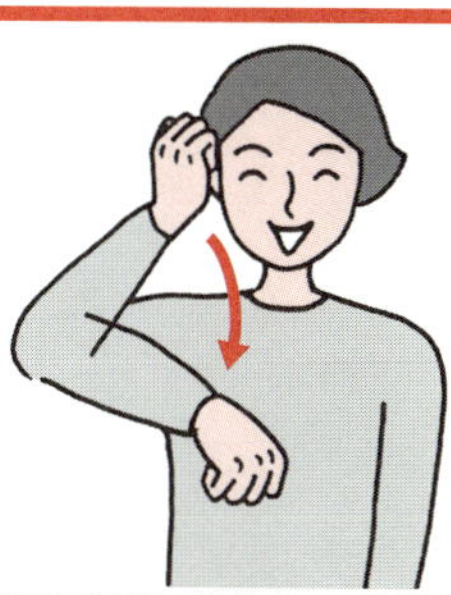

右手でこぶしを作り、こめかみのあたりにあててから、下ろす。

あいさつ

解 朝起きるときに、枕を外す様子から。

参 「おはよう＋あいさつ」で表現すると、丁寧になる。

同 朝・起きる

使い方例
おはよう＋あいさつ＝**おはようございます**
おはよう＋定める＝**モーニングセット**

おびえる

おびえる

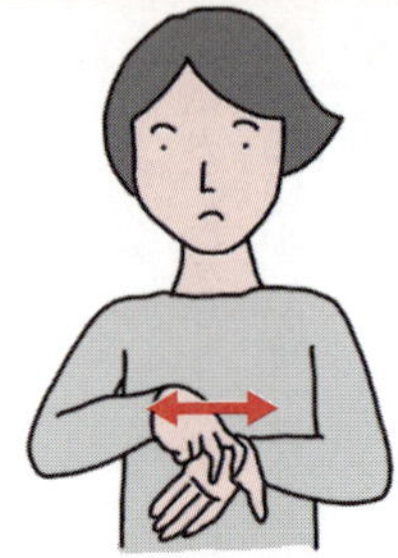

左手の手ひらの上で、右手の人差し指と中指を左右に震わせる。

解 足を震わせている様子を表す。

同 ひるむ・びくつく・びびる

使い方例
高い＋苦手＋おびえる＝**足がすくむ**
犬＋怖い＋おびえる＝**犬におびえる**
うわさ＋おびえる＝**うわさにおびえる**

おぼえる

覚える

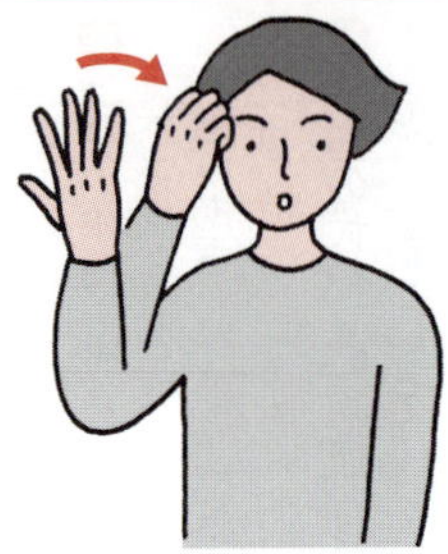

右手を開いて頭の横におき、握る。

忘れる

反 頭の横で、握った右手をパッと開くと「**忘れる**」となる。

同 暗記・記憶

使い方例
約束＋覚える＝**約束を覚えている**
覚える＋力＝**記憶力**
覚える＋無理＝**覚えられない**

おぼん

お盆

左の手のひらを右に向け、その横で右の人差し指を２回振り下ろす。

解 お坊さんが木魚をたたく様子から。

参 「お盆休み」のお盆。親指と人差し指を口の前におき、前に出しながら閉じる表現もある。

同 寺・仏教・仏滅・彼岸

使い方例
お盆＋休む＝**お盆休み**
お盆＋年＋最後＝**盆暮れ**

おみくじ

おみくじ

両手でそれぞれ筒を作って上下につなげる。

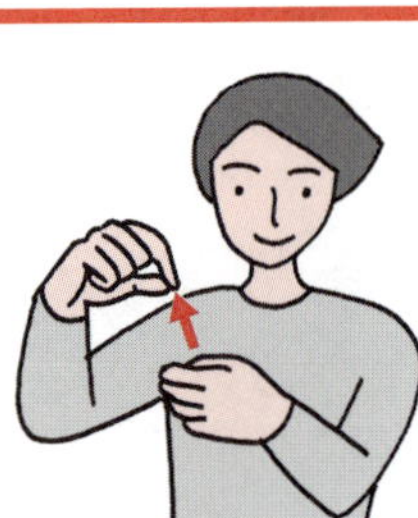

右手をつまむ形にして上げる。

解 おみくじを引く様子を表す。

参 「おみくじ＋神」でも表現できる。

使い方例
おみくじ＋任せる＝**おみくじに任せる**
おみくじ＋占い＝**おみくじで占う**

お見事
おみごと

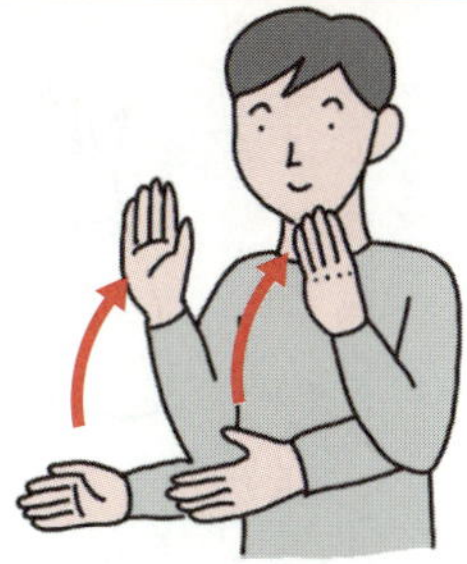

両手を体の左右で向かい合わせ、ひじを支点にして同時に上げる。

解 主に、年配者が使う表現。

同 頭が下がる

使い方例
彼＋仕事＋お見事＝**彼の働きぶりは見事だ**
絵＋お見事＝**見事な絵**
山＋お見事＝**素晴らしい山だ**

おめでとう
おめでとう

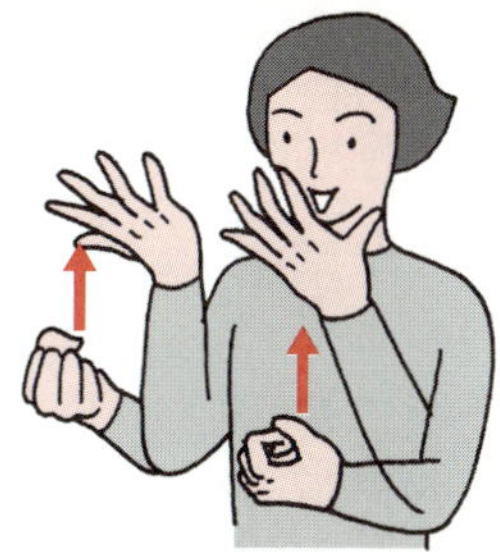

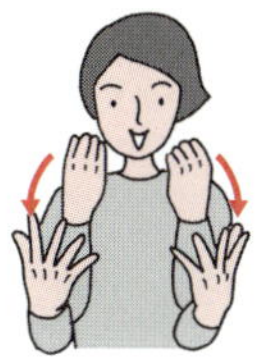

新しい

すぼめた両手をパッと開きながら上げる。

参 すぼめた両手を下げながら広げると、「**新しい**」となる。

同 祝う

使い方例
入る＋学校＋おめでとう＝**入学祝い**
おめでとう＋会＝**祝賀会**

重い
おもい

両手の手のひらを上に向けて左右に並べ、同時に下げる。

解 手を下げることにより、重い様子を表す。

反 逆に、上げると、「**軽い**」。

同 重さ

使い方例
荷物＋重い＝**荷物が重い**
体＋重い＝**体重**
胃＋重い＝**胃もたれ**
石＋重い＝**重い石**

思い当たる
おもいあたる

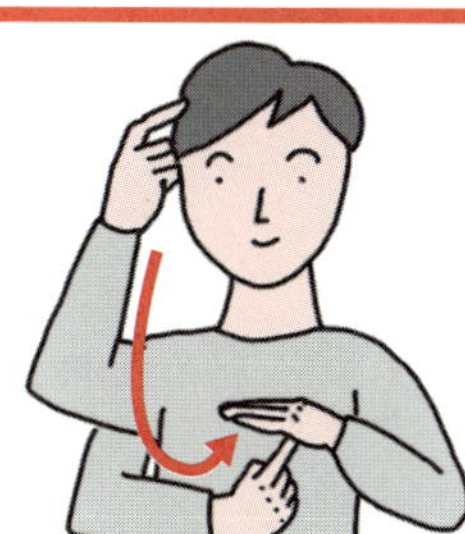

右手の人差し指をこめかみにあて、下に向けた左手のひらに指先をあてる。

参 険しい表情で勢いよく表現すると「**頭にきた**」という意味になる。

同 気がつく

使い方例
思い当たる＋ない①＝**思い当たらない**
思い当たる＋同じ＝**そうだった！**

思い出
おもいで

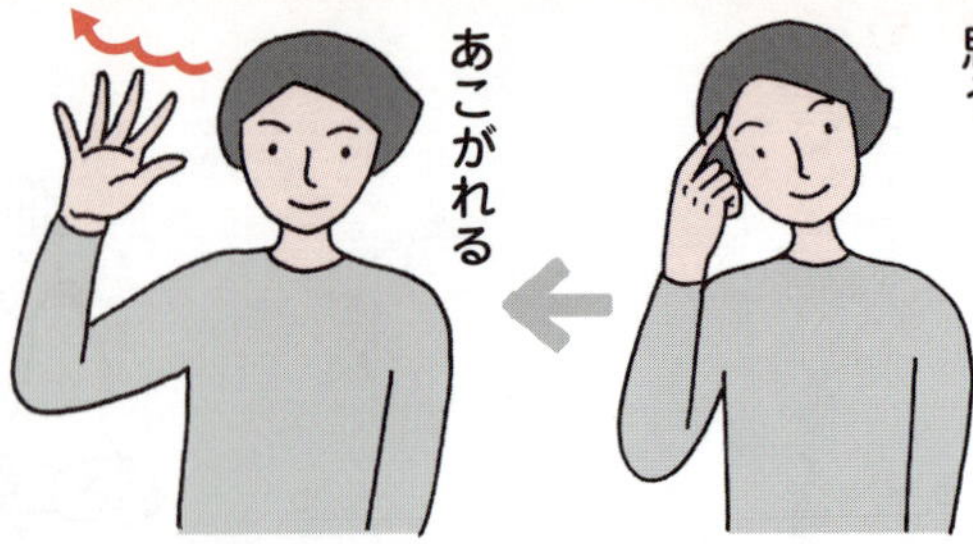

右手の人差し指を伸ばして、こめかみにあてる。

指をヒラヒラさせながら、右手を頭から離す。

参 「今思い出した！」というときは、「思う」の手話単語だけで、頭を後ろに少し引くようにする。

同 思い出す

使い方例
夏＋思い出＝**夏の思い出**
父＋思い出＝**父の思い出**
思い出＋映画＝**思い出の映画**

思い直す
おもいなおす

右手のひらを前に向け、頭の横につけ、手首を軸に手のひらを返す。

言い換える

解 主に、年配者が使う表現。

参 口に、右手の人差し指→中指の順にあてると「**言い換える**」。

同 考え直す

使い方例
突然＋思い直す＝**いきなり考えが変わった**
気持ち＋行く＋思い直す＝**行く気がなくなった**

思いやり
おもいやり

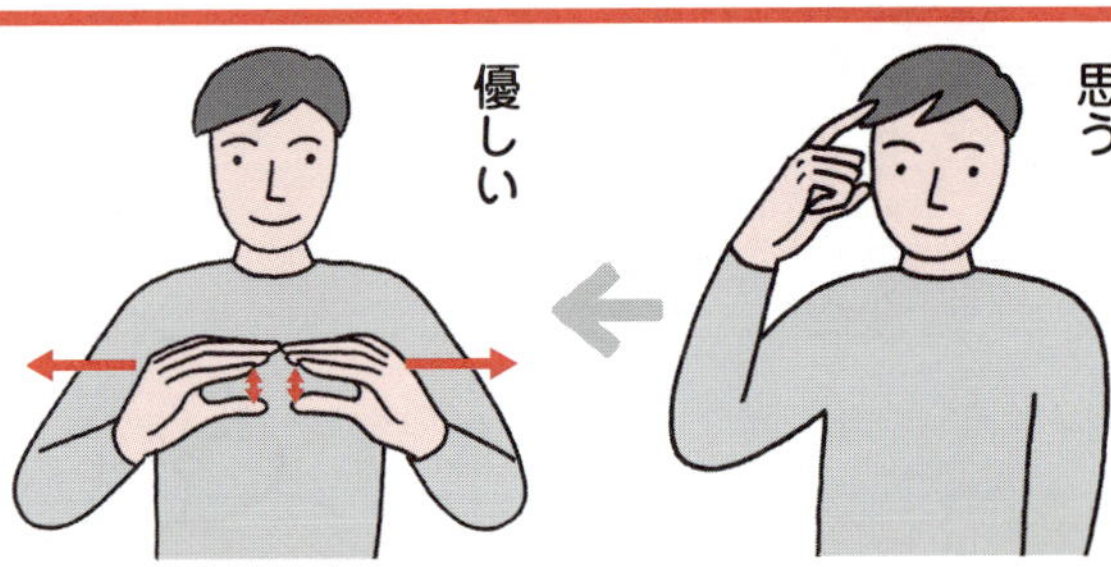

右手の人差し指を伸ばして、こめかみにあてる。

親指とほかの指をフワフワさせながら左右に開く。

参 「思う」を省いても表現できる。

反 「**厳しい**」「**きつい**」は、左手の甲を右手でつねる。

同 優しい…ソフト・やわらかい

思う
おもう

右手の人差し指を伸ばして、こめかみにあてる。

考える

参 頭に指をおいたまま手首をねじると、「**考える**」の意味になる。

同 頭・意識・感覚・感じる

使い方例
思う＋いいえ＝**気にしないで**
思う＋優しい＝**思いやり**
思う＋あこがれる＝**思い出**
無理＋思う＝**無理だと思う**

おもしろい

おもしろい

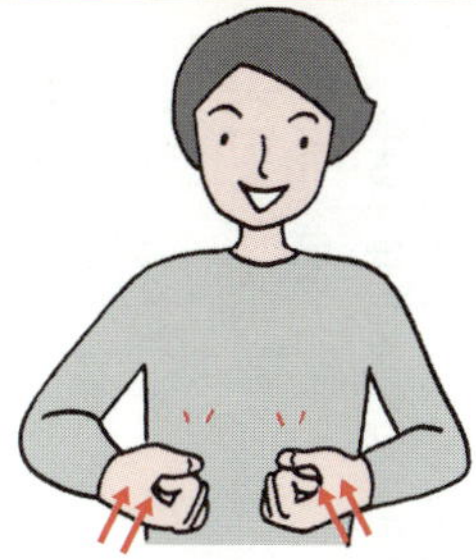

横から見たとき

両手でこぶしを作り、小指側でお腹のあたりを同時に2～3回たたく。

参 胸のあたりをたたいて表現することもできる。

使い方例

おもしろい＋経歴＋説明＝**おもしろい話**

おもしろい＋本＝**マンガ**

おもちゃ

おもちゃ

右手の親指とほかの４本の指の間を開いて下に向け、左右に動かす。

解 おもちゃの車を持って、転がして遊ぶ様子から。

使い方例

おもちゃ＋店＝**おもちゃ屋**

おもちゃ＋博物館＝**おもちゃ博物館**

木＋おもちゃ＝**木のおもちゃ**

おや

親

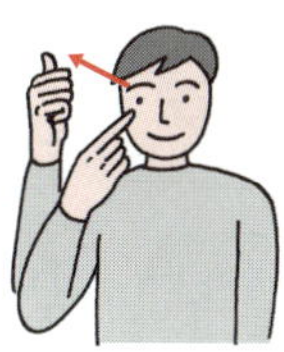

父

右の人差し指をほおにあてて親指と小指を立て、目より上に上げる。

解 人差し指をほおにあてるのは「肉親」の意味で、親指は父親、小指は母親を意味する。

参 親は目上なので、目より上に。また、「**父**」は同様にして親指だけ、「**母**」は小指だけ立てる。

同 父母・両親

使い方例

親＋会＝**父母会、保護者会**

親＋世話＝**親の面倒を見る**

親＋子ども＝**親子**

おやすみなさい

おやすみなさい

右に頭を傾けて、右手のこぶしをこめかみのあたりにあてる。

解 頭を枕にのせる様子から。

参 両手の手のひらを合わせて右のほおにあてる表現もある。

反 こぶしを下げると、「**おはよう**」になる。

同 泊まる・寝る・～泊

使い方例

おやすみなさい＋また＋明日＋会う＝**おやすみなさい、また明日ね**

降りる
おりる

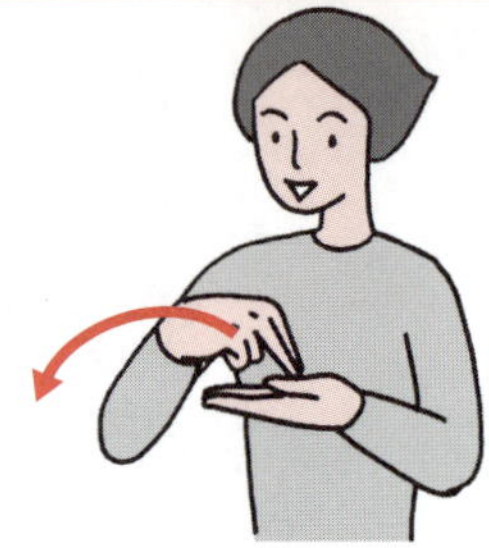

左の手のひらに右の人差し指と中指をのせたあと、右に降ろす。

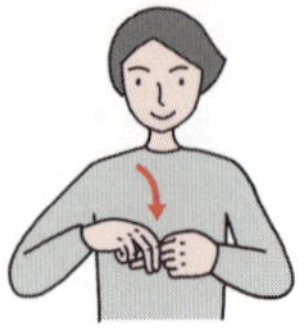

乗る

解 右の指を人の足に見立て、降りる様子から。

反 「**乗る**」は右手の2本の指を左手の2指にのせて表現する。

使い方例
- バス＋降りる＝**バスを降りる**
- 車＋降りる＝**車を降りる**
- 電車＋降りる＝**電車を降りる**

オリンピック
おりんぴっく

両手の親指と人差し指で輪を作り、手首をひねって３回組み替える。

解 オリンピックのシンボルマークである5輪を表す。

同 くさり・チェーン

使い方例
- 指文字の「パ」「ラ」＋オリンピック＝**パラリンピック**
- 冬＋オリンピック＝**冬季オリンピック**

おろす
おろす

大根をおろす

左手のひらの上で、わん曲させた右手を2回前後に動かす。

ショウガをおろす

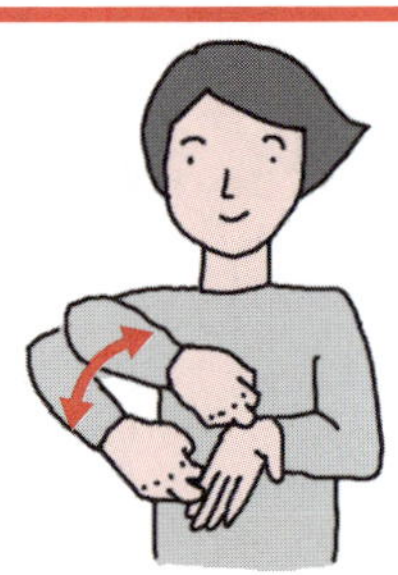

左手のひらの上で、中指を突き出した右手を2回前後に動かす。

解 何をおろすかによって、表現が異なる。

使い方例
- 右手の親指を左手のひらにあてて、おろす動作をする＝**わさびをおろす**
- もみじ＋おろす＝**もみじおろし**

終わる
おわる

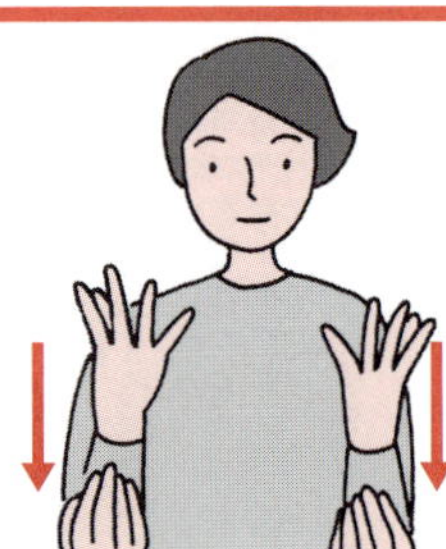

両手の手のひらを上に向けて、指をすぼめながら下げる。

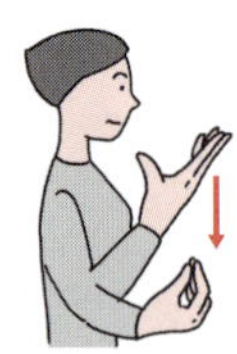

横から見たとき

参 文の終わりにつけて、「～した」と過去形にすることができる。また、胸の位置で表現すると、「**がっかりする**」。

同 終わり・～した

使い方例
- 勉強＋終わる＝**勉強した**
- 結婚＋終わる＝**既婚**
- 感動＋終わる＝**感動した**
- 行く＋終わる＝**行った**

先週、アメリカを旅行しました。

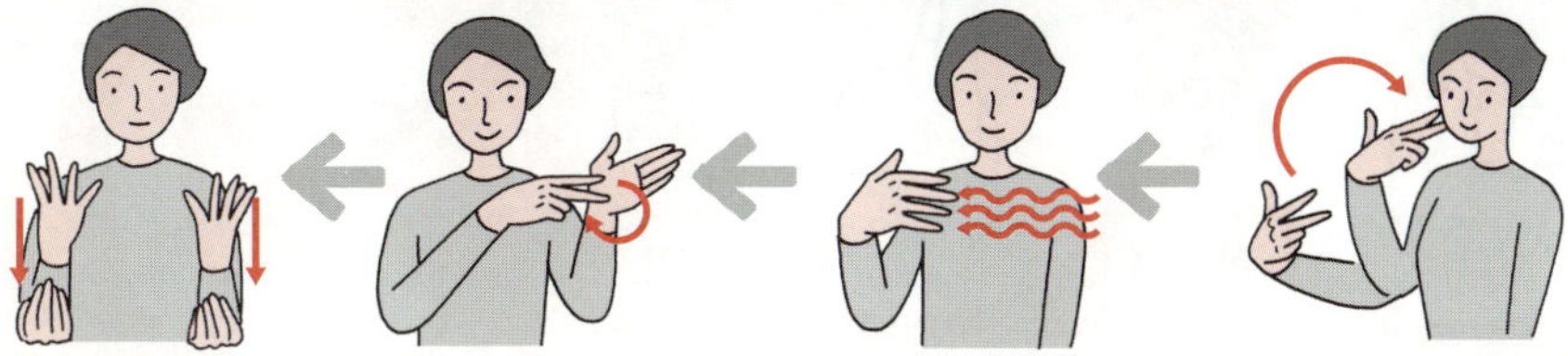

先週 P.307
アメリカ P.606
旅行 P.566
終わる

音楽 おんがく

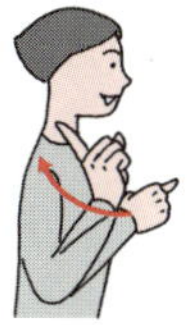

横から見たとき

両手の人差し指を立てて向かい合わせ、腕を左右に振る。

解 指揮棒を振る様子から。

同 コンサート・指揮

使い方例
- 音楽＋授業＝**音楽の授業**
- 音楽＋男＝**指揮者**
- 音楽＋部屋＝**音楽室**

温泉 おんせん

右手の人差し指と中指、薬指を立て、左手の４本の指と親指ではさむ。

解 温泉マークを表す。

参 左手で右手を2回はさむと、「**熱海**」の意味になる。

同 湯

使い方例
- 温泉＋町＝**温泉街**
- 温泉＋まんじゅう＝**温泉まんじゅう**
- 外＋温泉＝**露天風呂**

女 おんな

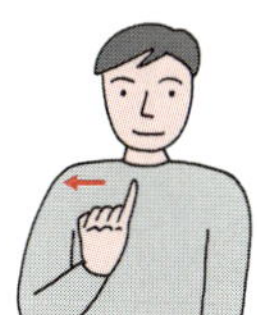

彼女（恋人）

右手の小指を立てる。

参 「**彼女（恋人）**」は、胸の前においた小指を右に動かして表す。

同 彼女

使い方例
- 家＋女＝**主婦**
- 世話＋女＝**保育士**
- 給仕＋女＝**ウエートレス**
- 女＋合う＝**女らしい**

か

自分から見た形

相手から見た形

前に曲げた中指に親指をつける。
横から見て、「K」の形になる。

蚊

か

右手の親指と人差し指、中指を伸ばし、中指の腹に親指をつける。

蛾（が）

解 指文字の「カ」で表す。

参 「カ」を右に動かすと、「**蛾（が）**」になる。

使い方例

蚊＋たくさん＝**蚊がたくさん**

蚊＋（人差し指を下に向けて丸を描く）＝**蚊取り線香**

カーテン

かーてん

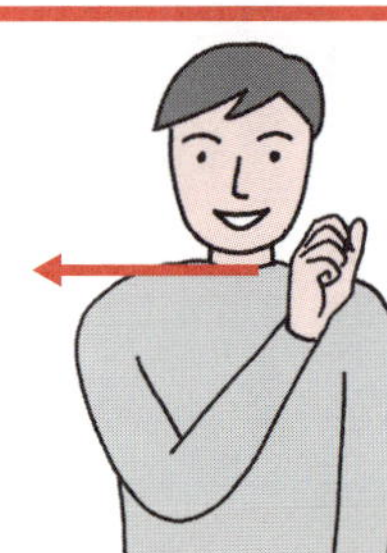

右手でカーテンをつかむようにし、右に動かす。

解 カーテンを引く様子を表す。

参 両手でカーテンを開いたり閉じたりする表現もある。

同 カーテンを引く

使い方例

太陽＋防ぐ＋カーテン＝**遮光カーテン**

火事＋防ぐ＋カーテン＝**防炎カーテン**

カード

かーど

両手の親指と人差し指を伸ばして、四角形を作る。

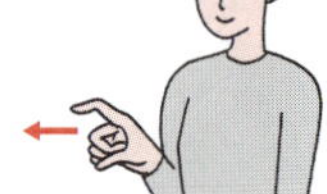

ほかの表現

解 カードの四角い形を表す。

参 右手だけで、親指と人差し指を曲げて前に出す表現（フロッピー」と同じ）も。デパートのカードは、デパート名のあとに「カード」をつける。

同 券・チケット

使い方例

D＋カード＝**デビットカード**

銀行＋カード＝**キャッシュカード**

かーなび

カーナビ

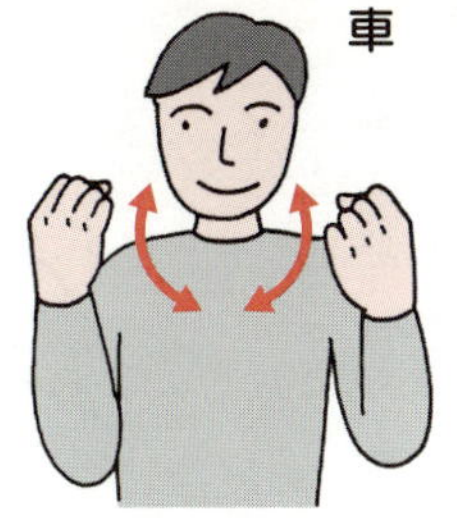

両手を軽く握って車のハンドルを動かすようにする。

左手の上に人差し指を伸ばした右手をおき、波状に前に出す。

解 最初の動作は「車」の手話、次の手話は「地図」の手話。

使い方例
カーナビ＋ついでに＋借りる＋車＝**カーナビ付きのレンタカー**

かい

会

両手の手のひらを下に向けて斜めにする。

両手を左右の斜め下に引く。

解 「会」の漢字の上部を表す。

使い方例
員＋会＝**委員会**
走る＋会＝**運動会**
祝う＋会＝**祝賀会**
会＋員＝**会員**

かい

貝

両手を軽くわん曲させて重ね、手首を軸に開いたり閉じたりする。

解 貝の殻が閉じたり開いたりする様子を表す。

同 あさり・貝殻

使い方例
桜＋貝＝**桜貝**
貝＋アクセサリー＝**真珠**
貝＋～など＝**貝類**

～かい

～階

右手の人差し指を横に伸ばす。

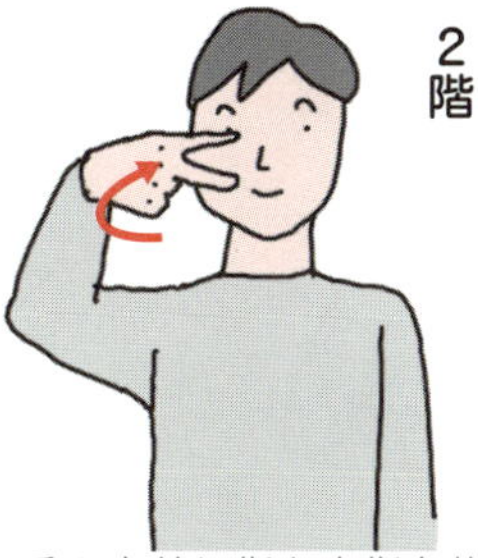

右手の人差し指と中指を横に伸ばして、半円を描いて上げる。

解 階数を示す場合、数字を表した手を横にし、上階は半円を描きながら上に上げていく。下階は下に下げていく。

使い方例
2階＋建てる＋アパート＝**2階建てのアパート**
2階＋登る＝**2階へ上がる**

海外
かいがい

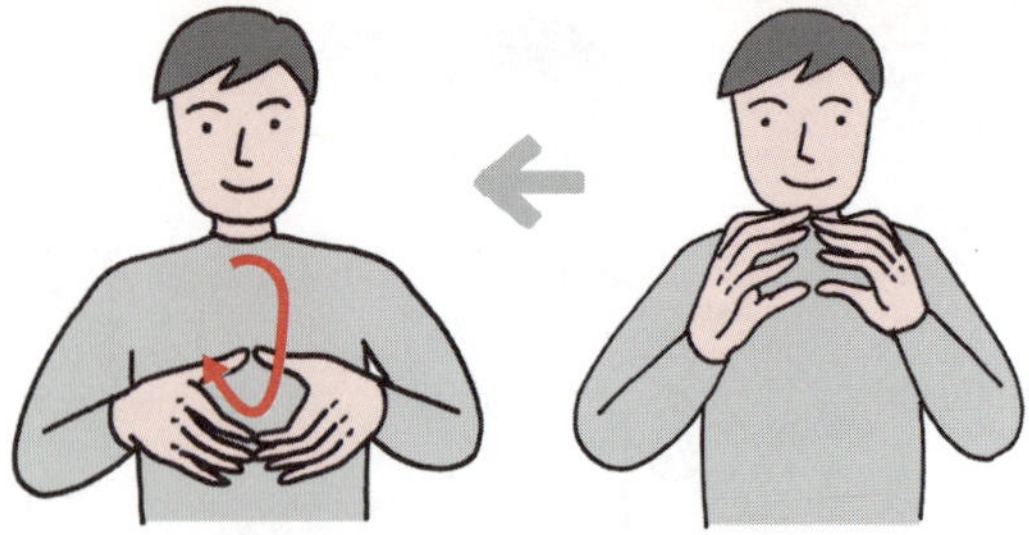

両手をわん曲させて合わせ、丸い形を作る。

同時に前に回す。

解 地球の丸い形を表す。

同 外国・国際・世界・地球

使い方例
海外＋飛行機＝**海外旅行**
海外＋手話＝**国際手話**
海外＋会議＝**国際会議**
海外＋車＝**外車**

海岸
かいがん

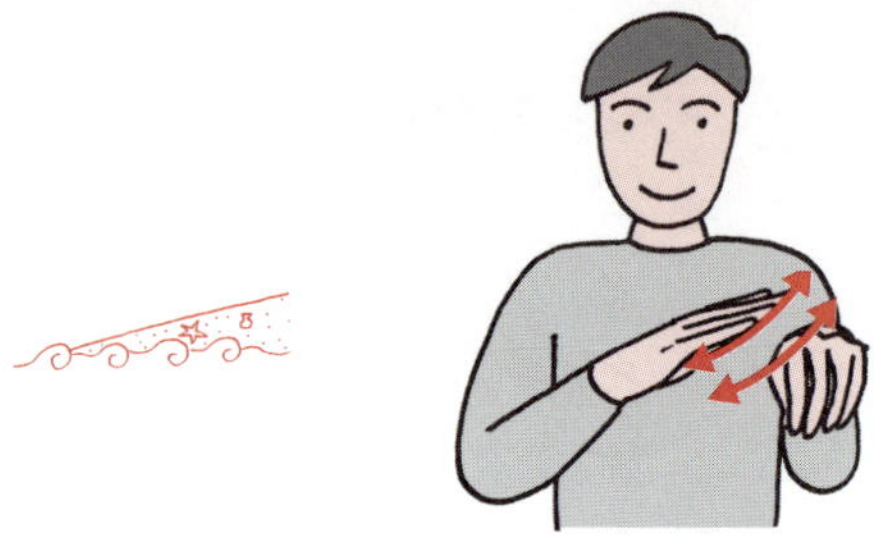

わん曲させた左手に右手をあて、2～3回上げたり下ろしたりする。

解 わん曲させた左手を陸に、右手を波に見立て、波が打ち寄せる様子を表す。

同 磯・波・浜・浜辺

使い方例
砂＋海岸＝**砂浜**
西＋海岸＝**西海岸**
東＋海岸＝**東海岸**
海岸＋通り＝**海岸通り**

会議
かいぎ

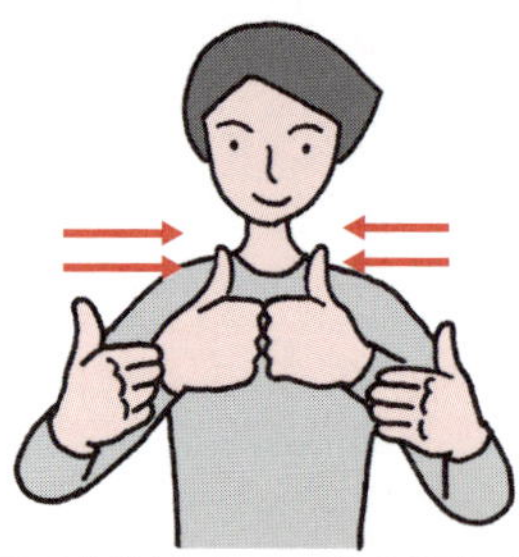

両手の親指を立てて指の腹を向かい合わせ、2回合わせる。

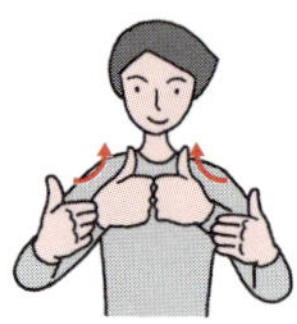

試合

参 1回だけぶつけ合わせるようにすると、「**試合**」となる。

同 打ち合わせ・相談

使い方例
会議＋部屋＝**会議室**
会議＋場所＝**会議場**
海外＋会議＝**国際会議**

会計
かいけい

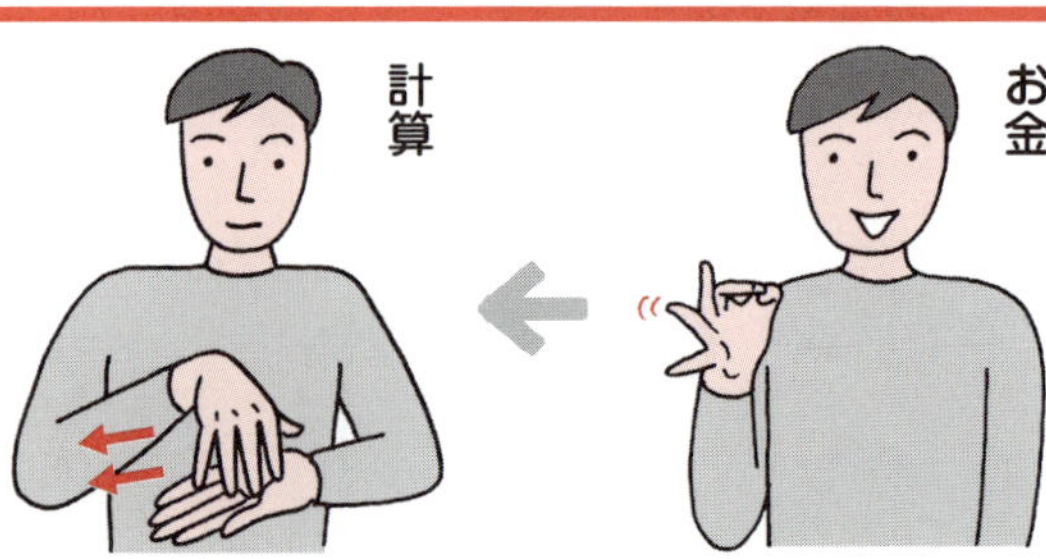

右手の親指と人差し指で輪を作って軽く振る。

右手の指先を左手にのせ、右へ2回動かす。

同 お金…金曜日・値段・料金
計算…そろばん・約

使い方例
会計＋資格＝**会計士**
会計＋報告＝**会計報告**
会計＋係＝**会計係**

かいご①

介護①

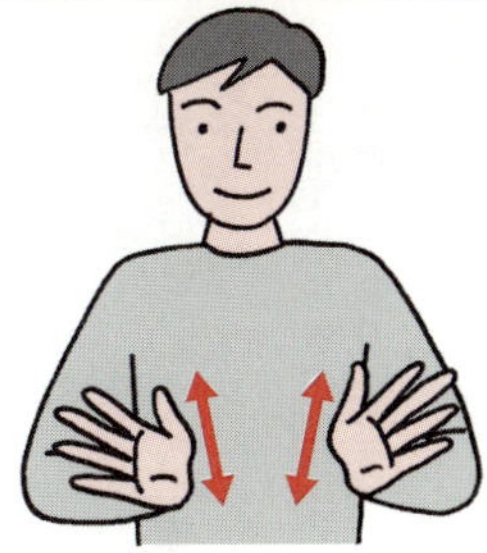

両手の手のひらを向かい合わせて手首を近づけ、交互に上下に動かす。

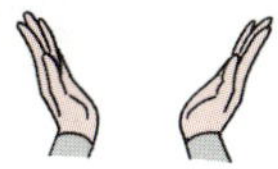

上から見たとき

解 世話をする様子から。

参 左手の人差し指に右手の人差し指と中指を伸ばしてあて、下げる表現もある。

同 育児・サービス・世話・育てる

使い方例
介護①＋たいへん＝**介護はたいへん**
介護①＋助ける＝**ホームヘルパー**

かいご②

介護②

左手の人差し指に右手の人差し指と中指を伸ばしてあて、下げる。

解 「介」の字を表す。

参 「介護②＋介護①」で「介護をする」と表すこともある。

使い方例
介護②＋幸せ＋指文字の「シ」＋資格＝**介護福祉士**
介護②＋保険＝**介護保険**
介護②＋介護①＝**介護をする**

がいこく

外国

外国

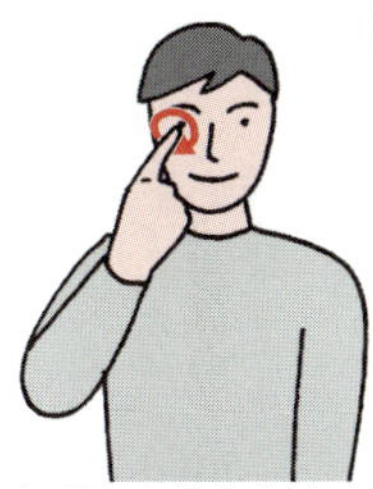

右手の人差し指を右目に向けて回す。

場所

軽くわん曲させた右手を少し下げる。

解 外国…外国人と目の色が違うことを表す。

同 外国…外国人

使い方例
外国＋住む＝**海外在住**
外国＋旅行＝**海外旅行**

かいこする

解雇する

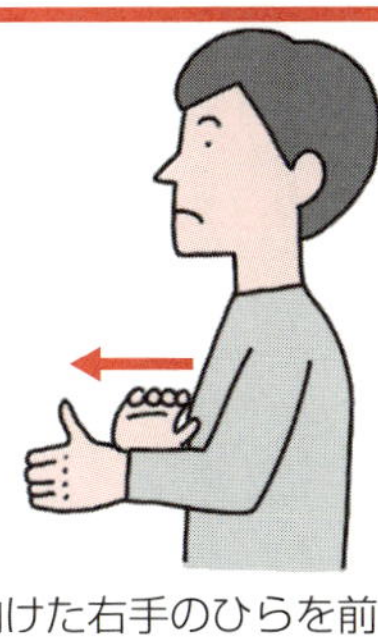

下に向けた右手のひらを前に出しながら、立てた左手の親指にあてる。

解 親指を人に見立て、首を切る様子を表す。

参 「**解雇される**」は、右手の手ひらを体のほうに引き寄せて左手の親指にあてる。

同 失格

使い方例
倒産＋ため＋解雇する＝**倒産のため解雇する**
解雇する＋報告＝**解雇を申し渡す**

改札
かいさつ

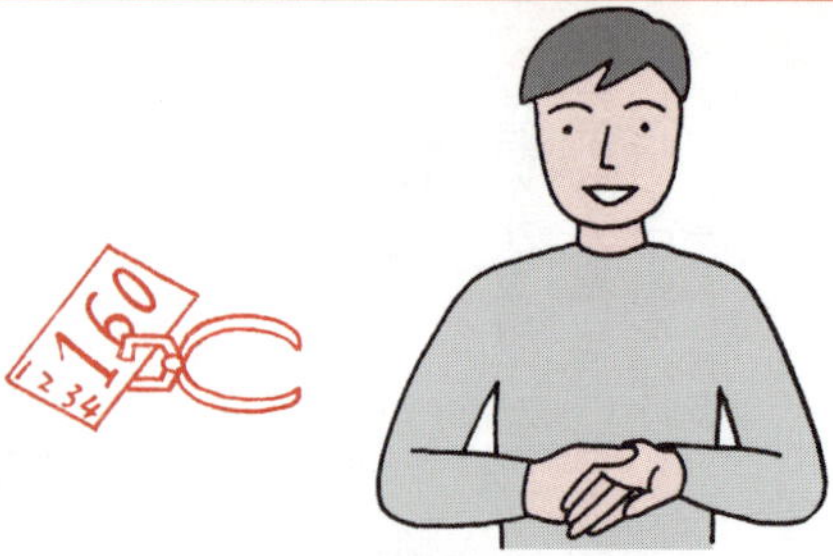

右の親指と人差し指で、手のひらを上向きにした左手をはさむ。

解 切符にはさみを入れる様子を表す。

参 右手で左手を2回はさむと「**切符**」の意味になる。

同 駅

使い方例
改札＋口＝**改札口**
中＋改札＝**中央改札**
改札＋員＝**駅員**

解散
かいさん

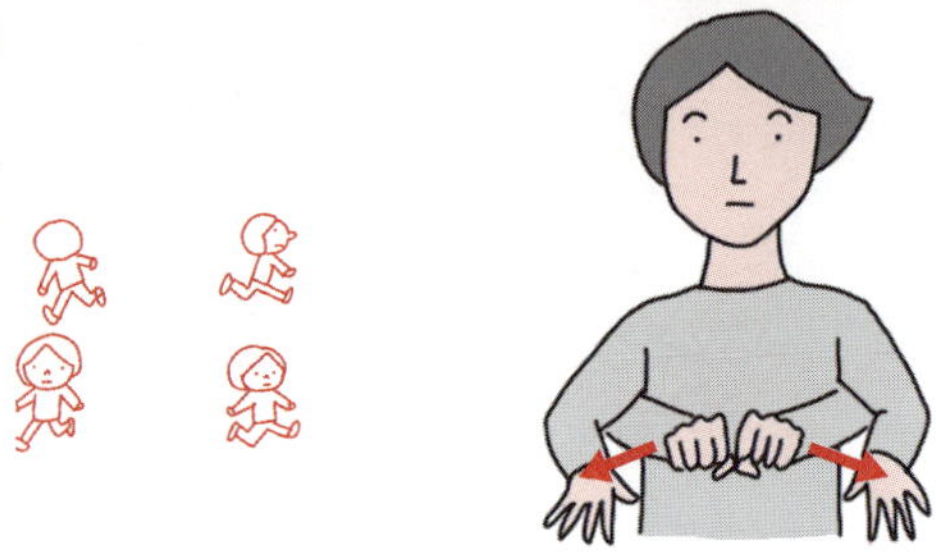

軽く握った両手を体の前におき、手を開きながら同時に斜め前に出す。

解 人々が散り散りになる様子を表す。

使い方例
本当＋場所＋解散＝**現地解散**
解散＋命令＝**解散命令**
解散＋まとめる＋選挙＝**解散総選挙**

会社
かいしゃ

両手の人差し指と中指を立てて頭の横におき、交互に前後に動かす。

遊ぶ

参 両手の2指ではなく、人差し指だけで同様に動かすと、「**遊ぶ**」となる。

同 企業

使い方例
会社＋長＝**社長**
株＋会社＝**株式会社**
会社＋辞める＝**退職**
会社＋員＝**会社員**

会社員
かいしゃいん

会社

員

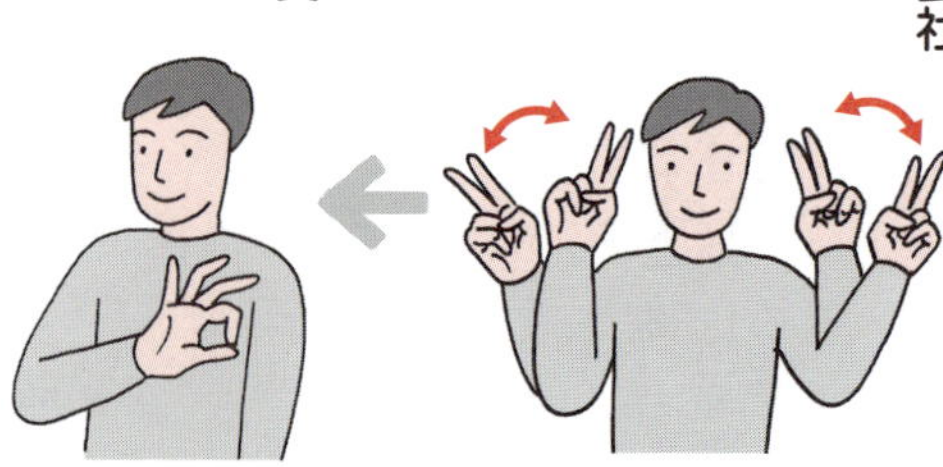

人差し指と中指を立て、交互に前後に動かす。

右手の親指と人差し指で輪を作って左胸におく。

解 員…胸にバッジがある様子。

参 「会社＋ネクタイ」でも表現できる。

同 員…委員・バッジ

使い方例
会社員＋券＝**社員証**
派遣＋会社員＝**派遣社員**

階段
かいだん

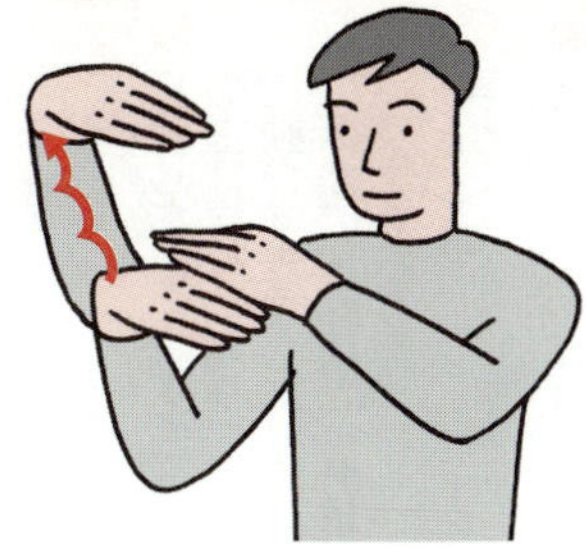

手のひらを下に向けて両手を並べ、右の手首を軸にひねりながら、斜めに上げる。

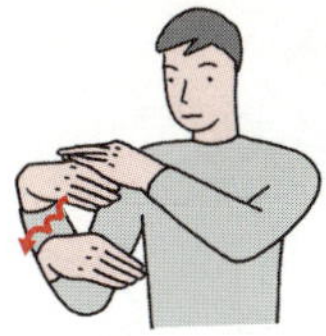

下り階段

解 階段の形を表す。

参 長い階段のときは、段々を何回も繰り返す。斜め下に下げると、「**下り階段**」の意味になる。

使い方例

階段＋登る＝**階段を上がる**

天国＋階段＝**天国への階段**

懐中電灯
かいちゅうでんとう

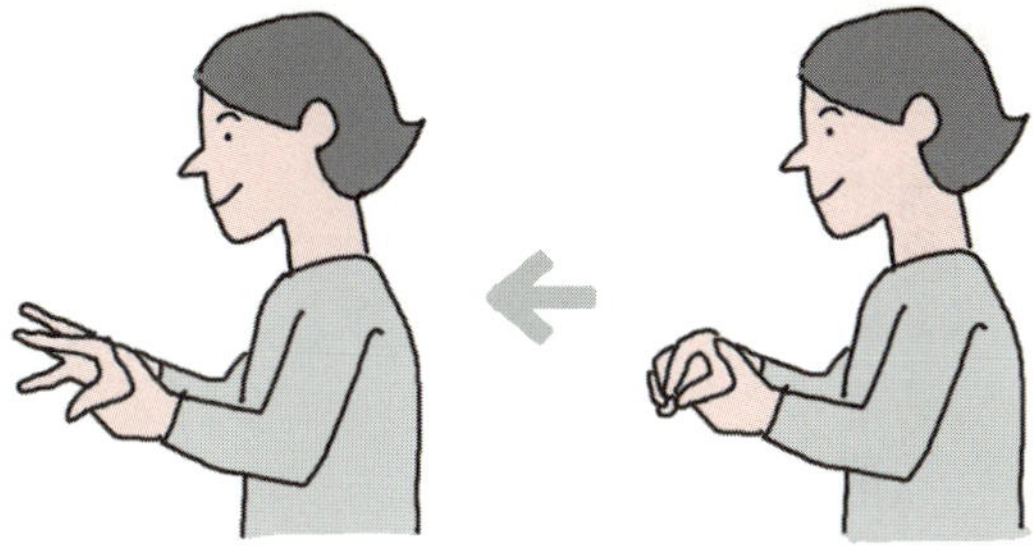

すぼめた右手の手首を左手でつかむ。

右手を開いたり、閉じたりする。

解 光が点灯（点滅）している様子を表す。

使い方例

ラジオ＋ついでに＋懐中電灯＝**ラジオ付き懐中電灯**

小さい＋形＋懐中電灯＝**小型懐中電灯**

開店
かいてん

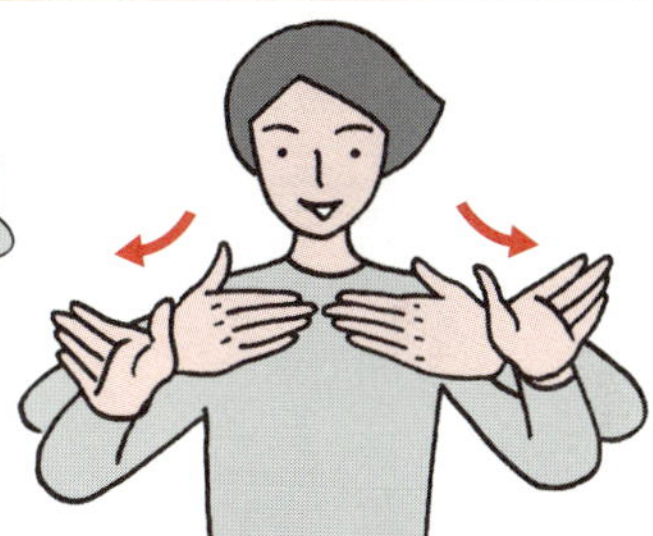

両手の手のひらを手前に向けて指先をくっつけ、左右に開く。

閉店

解 ドアが開く様子から。

参 「店＋開く」でも表現できる。

反 逆に、開いた手を閉じると、「**閉店**」となる。

同 オープン・開く

使い方例

開店＋パーティー＝**オープニングパーティー**

開店＋時間①＝**開店時間**

ガイド
がいど

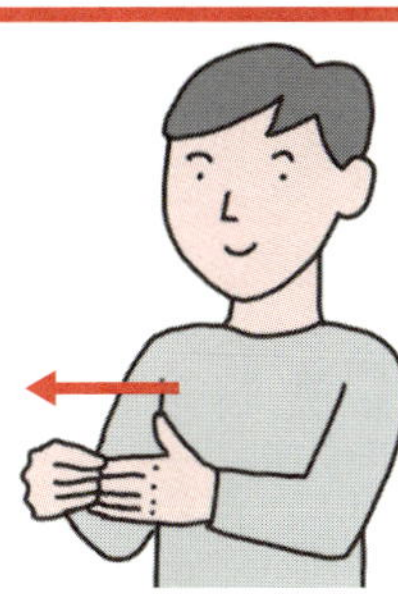

立てた左手のひらを、右手で軽くつかんで前に出す。

解 手を引いて引率している様子。

同 引率・案内

使い方例

観光＋ガイド＝**観光ガイド**

ガイド＋世話＝**ガイドヘルパー**

バス＋ガイド＋女＝**バスガイド**

かいはつ
開発

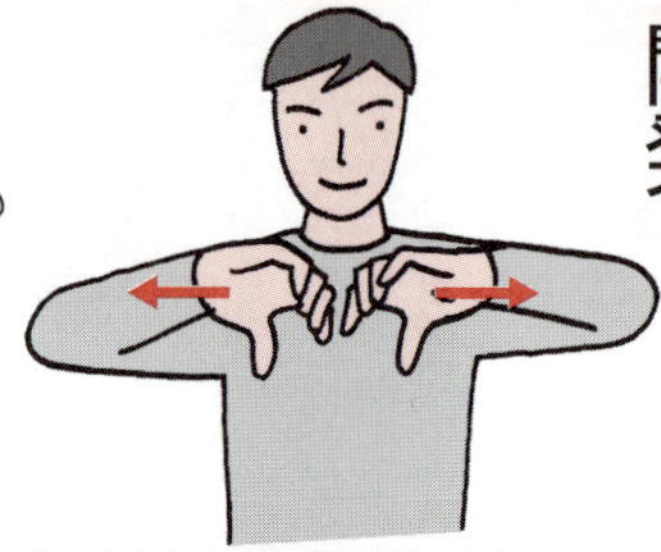
両手の指を曲げて前に向け、2回何かを掘るように動かす。

ほかの表現

参 人差し指と中指を曲げてほかの指は握り、同様に掘るように動かす表現もあり、「開発」のほかに、「**詮索**」「**分析**」という意味もある。

同 覗く

使い方例
- 技術＋開発＝**技術開発**
- 宇宙＋開発＝**宇宙開発**
- 開発＋部＝**開発部**
- 開発＋お金＝**開発費**

かいもの
買い物

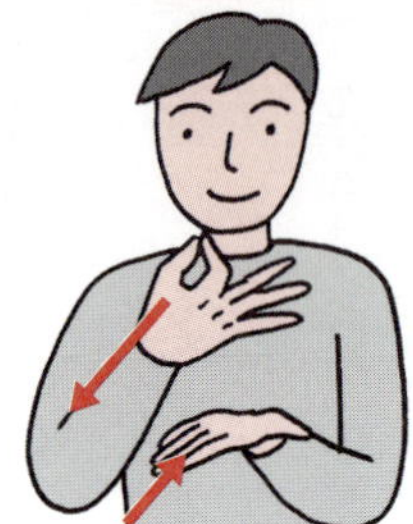
左手を引きながら、右の親指と人差し指で作った輪を前に出す。

売る

解 輪をお金に見立て、お金を出す様子。

反 逆に、左手を前に出して、右手で作った輪を手前に引くと、「**売る**」となる。

同 買う

使い方例
- 買い物＋建物＝**ショッピングセンター**
- 買い物＋バッグ＝**ショッピングバッグ**

かいわ
会話

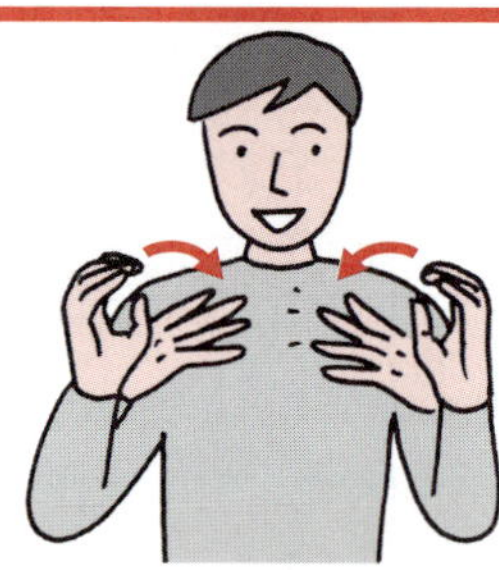
軽く握った両手を向かい合わせ、同時にパッパッと開く。

解 人と人が向き合って口を開いて会話する様子を表す。

参 両手を同時に開くほかに、交互に開く表現もある。

同 おしゃべり・話し合い

使い方例
- 会話＋会＝**懇談会**
- 英語＋会話＝**英会話**
- フランス＋語＋会話＝**フランス語会話**

かう
買う

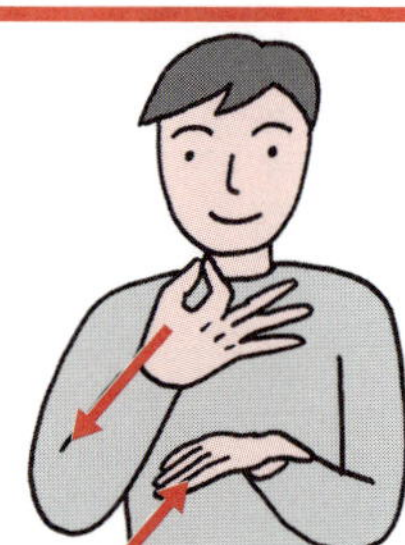
左手を引きながら、右の親指と人差し指で作った輪を前に出す。

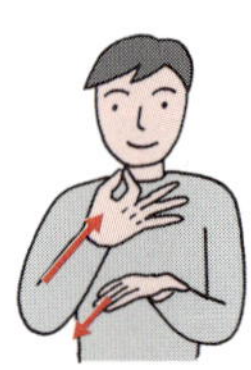
売る

解 右手でお金を払って、左手で物を受け取る様子を表す。

反 逆に、左手を前に出して、右手で作った輪を手前に引くと、「**売る**」となる。

同 買い物

使い方例
- 買う＋終わる＝**買った**
- 買う＋ない①＝**買い物はない**

かうんせりんぐ
カウンセリング

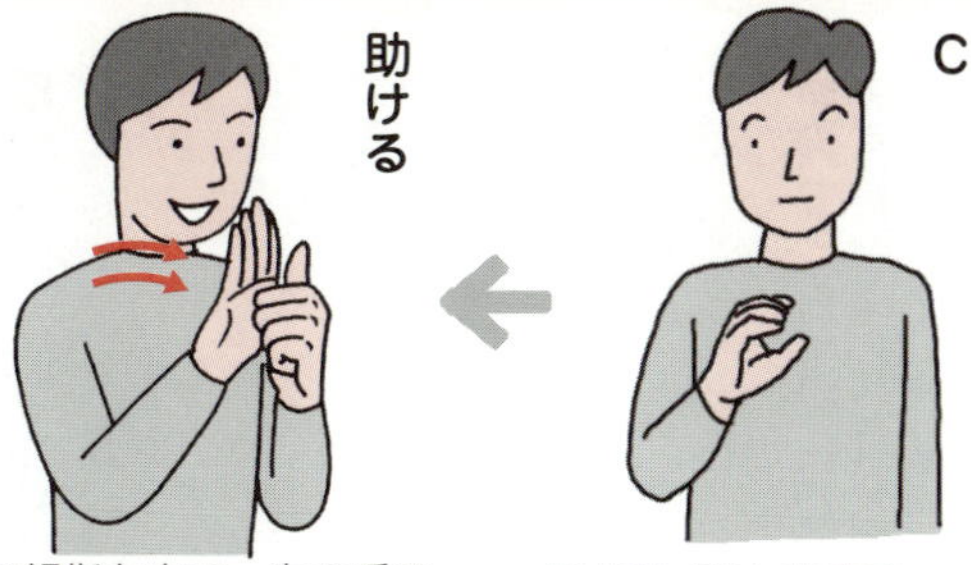

指文字「C」を表す。

左の親指を立て、右の手のひらを手前から数回あてる。

解 2つ目の動作は「助ける」の手話。

使い方例
カウンセリング＋受ける＝**カウンセリングを受ける**
カウンセリング＋男(女)＝**カウンセラー**

かえす
返す

両手の手のひらを上に向けて並べ、前に差し出す。

返してもらう

解 何かを返す様子から。
反 相手から「**返してもらう**」は、両手を手前に引く。
同 あげる・与える・提供・奉仕・渡す

使い方例
お金＋返す＝**返金**
本＋返す＝**返本**
沖縄＋返す＝**沖縄返還**

かえる
帰る

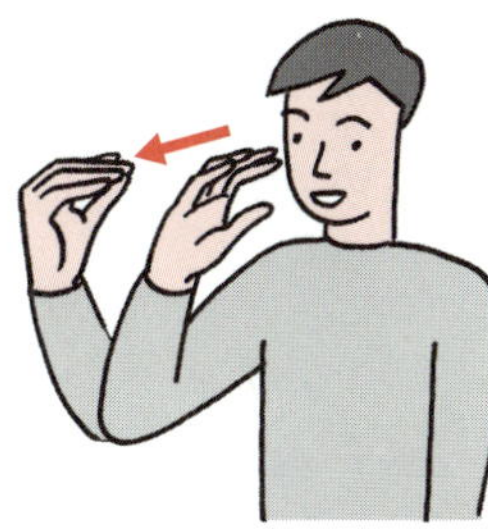

右手の指をすぼめながら、5本の指を合わせて前方に出す。

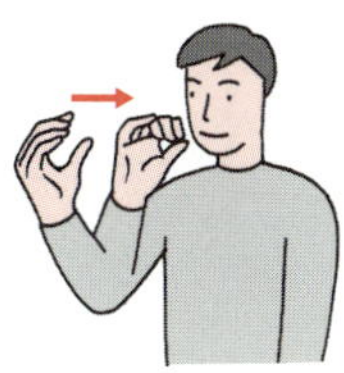

お帰り

解 人がだんだん小さくなる様子を表す。
反 指をすぼめながら手前に引くと、「**お帰り**」「**帰ってくる**」の意味になる。
同 帰り

使い方例
まず＋帰る＝**お先に失礼します**
本当＋家＋帰る＝**実家に帰省**
急ぐ＋帰る＝**急いで帰る**

かえる
代える・替える・変える

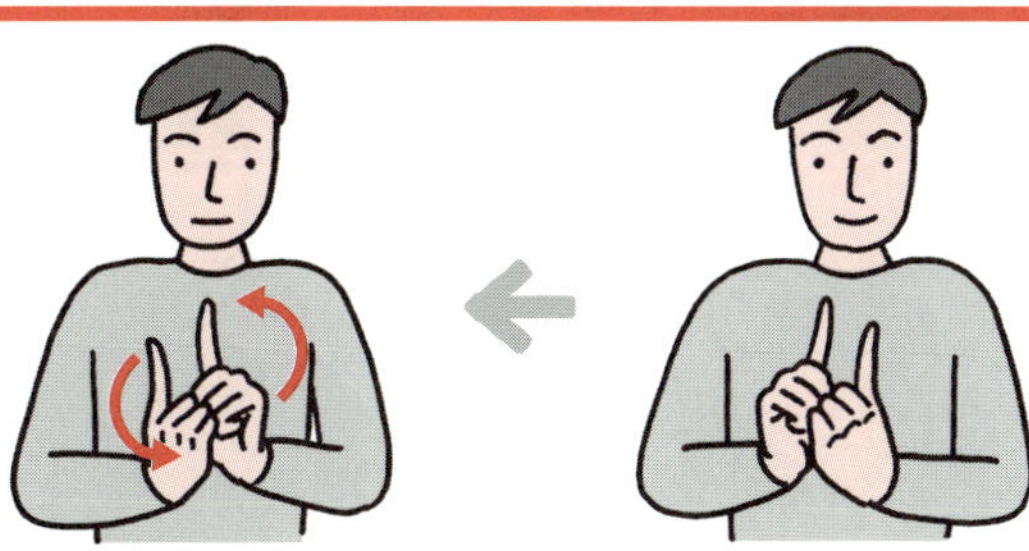

両手の人差し指を立てて合わせる。

手首を軸に回し、指の位置を入れ替える。

解 人と人が入れ替わる様子。
参 右手の人差し指と中指を立てて、手首を返す表現もある。
同 代わる・交替・代理

顔
かお

右手の人差し指を自分の顔に向けて、円を描く。

参 顔の一部、目や鼻、口などは、人差し指でそれぞれを指して表現する。

使い方例
顔＋きれい＝**美人**
顔＋格好いい＝**ハンサム**
顔＋色＋よい＝**顔色がいい**
よい＋顔＝**いい顔をしている**

顔色が変わる
かおいろがかわる

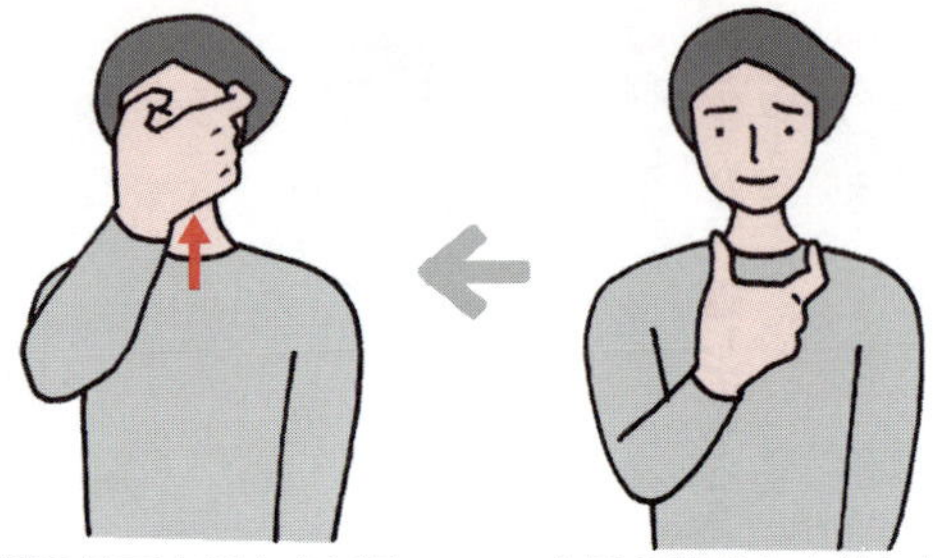

右手の親指と人差し指を曲げて顔の前におく。

顔の前で右手を上げる。

解 手を上げることによって、だんだんと顔色が変わっていく様子を表す。

使い方例
赤＋顔色が変わる＝**赤面する**
青＋顔色が変わる＝**青ざめる**
太陽＋顔色が変わる＝**日焼け**

顔がひきつる
かおがひきつる

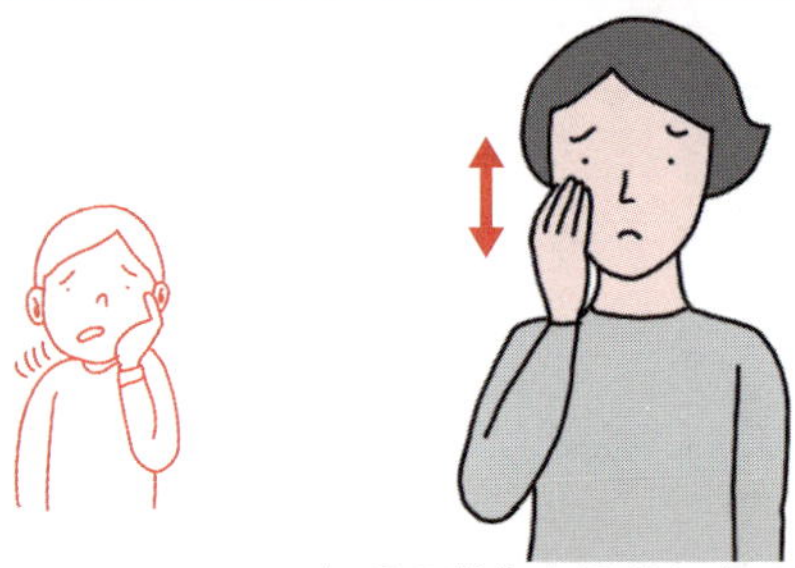

右手の指先をほおにあて、2～3回軽く押し上げる。

同 まずい・やばい・苦々しく思う

使い方例
顔がひきつる＋白＋顔＝**顔面蒼白**

顔が広い
かおがひろい

両手の親指と人差し指を伸ばして、顔の横におき、両手同時に左右に引く。

同 有名人

使い方例
彼＋町＋みんな＋わかる＋顔が広い＋人①＝**彼は町一番の有名人だ**

香り
かおり

右手の人差し指と中指を伸ばして、指先を鼻の穴に近づける。

前から見たとき

参 2～3回近づけると「ガス」「空気」「呼吸」となる。いい香りとイヤな香りで表情を変える。

同 かぐ・匂い

使い方例
- 香り＋ふりかける＝**香辛料**
- 香り＋状態＝**雰囲気**
- 花＋香り＝**花の香り**
- 体＋香り＝**体臭**

かかあ天下
かかあでんか

左手の親指を立て、右ひじの下にあて、右手は小指のみを立てる。

亭主関白

左手の小指を立て、右ひじの下にあて、右手は親指のみを立てる。

解 親指は夫、小指は妻を表し、どちらが優位に立っているかを表す。

使い方例
- あれ＋夫婦＋かかあ天下＝**あの夫婦はかかあ天下だ**

化学
かがく

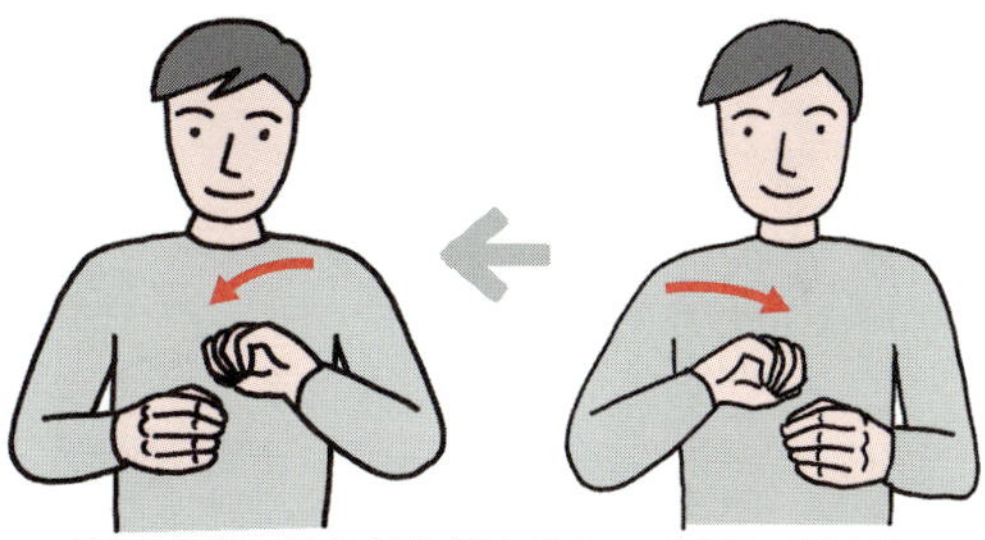

両手の指でそれぞれ筒を作り、交互に傾ける。

解 両手に試験管を持って、交互に試薬を注ぎ入れる様子を表す。

同 実験

使い方例
- 化学＋授業＝**化学の授業**
- 化学＋部＝**化学部**
- 化学＋会社＝**化学会社**
- 化学＋工場＝**化学工場**

科学
かがく

両手とも人差し指を伸ばし、横に向けた左手の上に、右手を2回打ちつける。

解 ロケットが打ち上がる様子を表す。

使い方例
- 科学＋人々①＝**科学者**
- 科学＋研究＋場所＝**科学研究所**

鏡
かがみ

右手の手のひらを顔に向け、左右に振る。

解 右手を鏡に見立て、顔を映す様子を表す。

同 鏡に映す

使い方例
- 鏡＋丸＝**丸い鏡**
- 鏡＋机＝**鏡台**

係
かかり

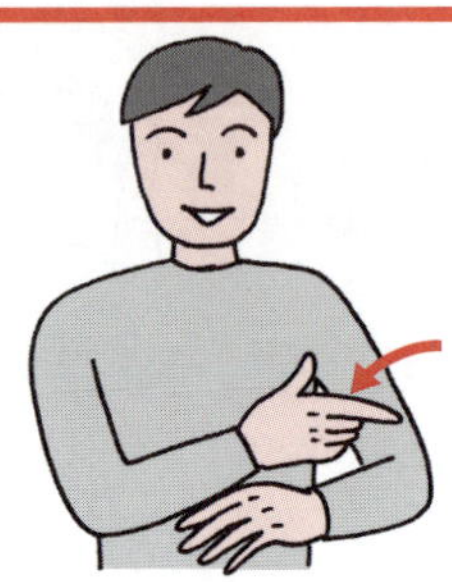

右手の親指と人差し指を伸ばして左腕にあて、右に少し動かす。

解 腕に巻いた腕章を表す。

同 当番・役

使い方例
- 係＋長(男)＝**係長（男）**
- 係＋長(女)＝**係長（女）**
- 受付＋係＝**受付係**
- 係＋員＝**役員**

(時間が)かかる
（じかんが）かかる

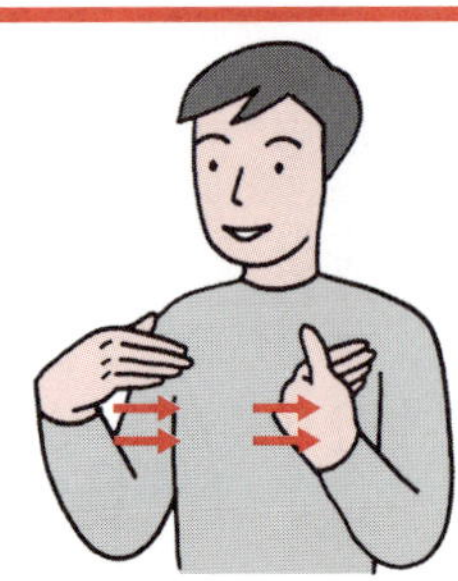

両手の手首を折り曲げて、指先を両脇に2回あてる。

横から見たとき

参 30分、1時間などの時間を表したあと、「かかる」を表現する。「使う」の手話単語でも表現できる。

同 ～しなければならない・必要・用事

使い方例
- 3＋分＋かかる＝**3分かかる**
- 30＋分＋以上＋かかる＝**30分以上かかる**

カギ
かぎ

右手でカギを持つようにし、手首を2～3回ひねる。

解 カギ穴にカギを差し込み、回して開け閉めする様子を表す。

参 カード型のカギのときは、カードを差し込む様子で表す。

同 カギを開ける（閉める）

使い方例
- 同じ＋カギ＝**合いカギ**
- カギ＋店＝**カギ屋**
- 車＋カギ＝**車のカギ**

核
かく

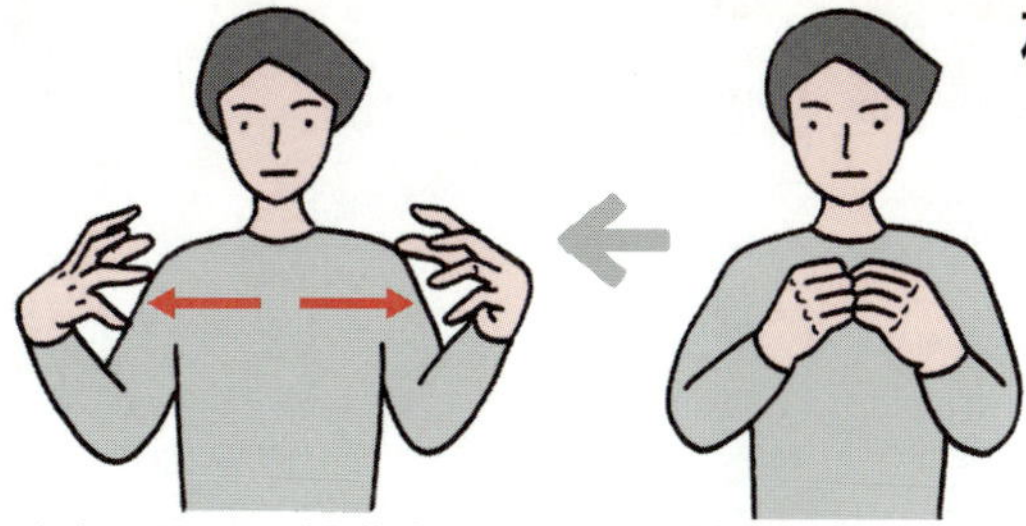

両手をそれぞれ丸めて、合わせる。

左右に開きながら指を開く。

参 右手をわん曲させて体の前におく表現もある。原子核などのことで、「話の核」などというときには使えない。

同 核爆発・核兵器・爆発

使い方例
核＋試す＋試験＝**核実験**
核＋反応＝**核反応**

書く
かく

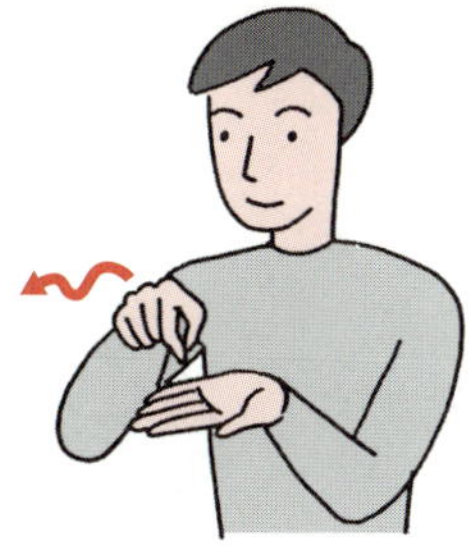

左の手のひらの上で、右手でペンを持って何かを書くように動かす。

解 左手を紙に見立て、何かを書く様子から。

参 縦書きのときは右手を縦に動かし、横書きのときは右手を横に動かす。

同 鉛筆・記録・サイン・筆談・ペン

使い方例
死ぬ＋書く＝**遺書**
有名＋人＋書く＝**有名人のサイン**
黒＋書く＝**黒板**

家具
かぐ

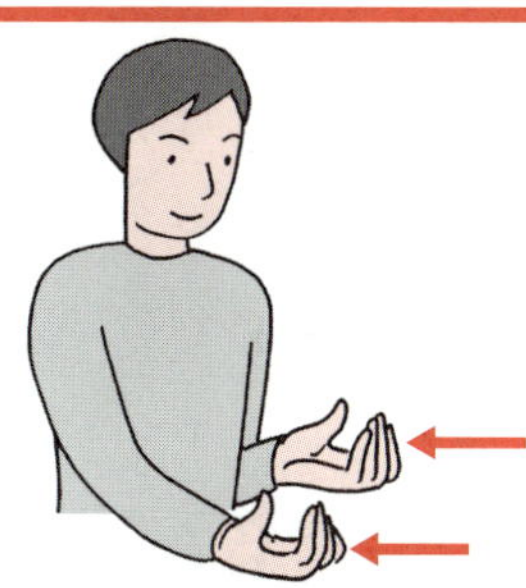

両手の指を軽く曲げて同時に手前に引き、位置を下げて再度引く。

解 両手でタンスの引き出しを開ける様子を表す。

同 タンス・引き出し

使い方例
家具＋店＝**家具屋**
古い＋家具＝**アンティーク家具**

各駅
かくえき

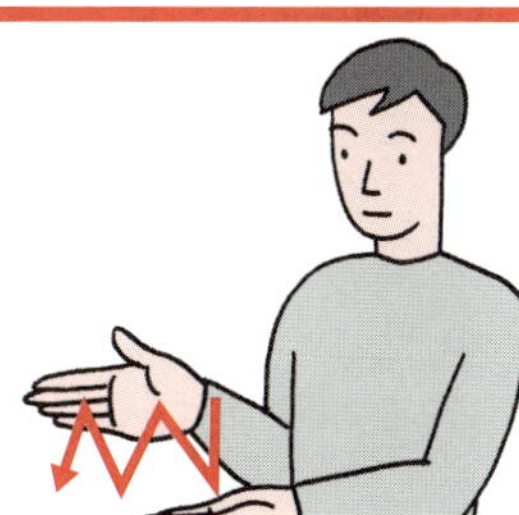

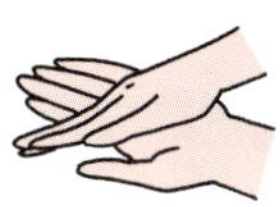

上から見たとき

左手の上で、右手をトントンと2～3回下ろしながら、前に動かす。

解 ひと駅ずつ止まる様子から。

参 下ろす間隔を広くすることによって「**急行**」「**快速**」の意味になる。また、左手を省いても表現できる。

使い方例
中＋電車＋各駅＝**中央線の各駅停車**

覚悟
かくご

右手のこぶしをお腹にあて、横に引く。

解 切腹を表す。腹をくくるという意味。

同 切腹

使い方例

覚悟＋決める＝**覚悟を決める**
覚悟＋足りない①＝**覚悟が足りない**
つまらない＋覚悟＝**決死の覚悟**

隔日・隔週
かくじつ・かくしゅう

隔日

開いた左手の親指、中指、小指の順に右手の人差し指をあてる。

隔週

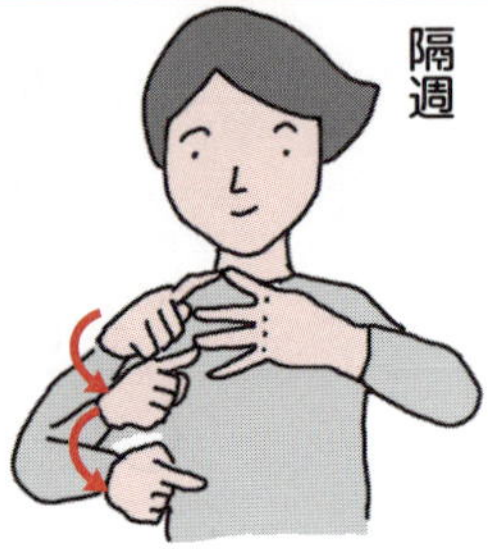

親指以外の指を横に伸ばした左手の人差し指、薬指、小指の下の順に右手の人差し指をあてる。

使い方例

隔週＋授業＝**隔週授業**
私＋アルバイト＋隔日＝**私は隔日でアルバイトがある**

隠す
かくす

両手の手のひらを手前に向けて並べ、顔を隠すようにする。

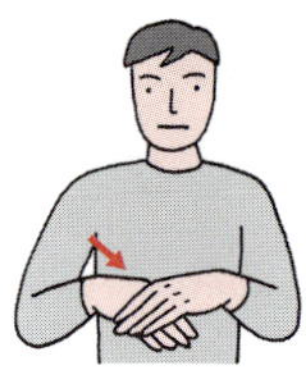

物を隠す

解 手のかげに顔を隠す様子から。

参 人に言いたくないときの「隠す」は「内緒」や「秘密」でも表現できる。「**物を隠す**」なら、左手の下に右手を滑り込ませる表現になる。

同 隠れる・こっそり

使い方例

隠す＋タバコ＝**隠れてタバコを吸う**
物を隠す＋お金＝**へそくり**

学生
がくせい

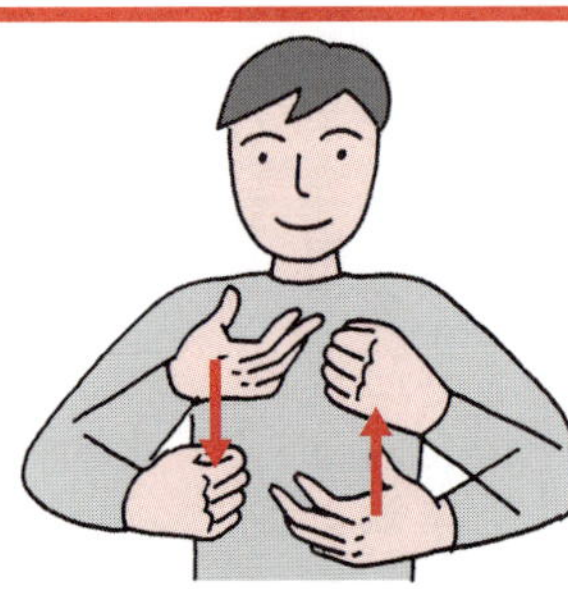

左手は上げ、右手は下げながら、それぞれ握る。

教える

解 昔の学生の兵児（へこ）帯を結ぶ動作から。

参 「**先生**」は、右手の人差し指を下に向けて振り（「教える」）、親指を立てる（「男」）。

同 生徒

使い方例

大学＋学生＝**大学生**
高校＋学生＝**高校生**
学生＋会＝**生徒会**
卒業＋学生＝**卒業生**

カクテル
かくてる

両手の指を曲げてシェーカーを持つようにし、上下に2～3回振る。

解 シェークしてカクテルを作る様子を表す。

参 具体的なカクテルの名前は、指文字で表す。

同 シェーカー・バーテンダー

使い方例
甘い＋カクテル＝**甘いカクテル**

確認
かくにん

横から見たとき

右の人差し指と中指を曲げて、指先を目に向け、2回左右に動かす。

解 眼球が動く様子を表す。

同 検査・調べる・確かめる・調査・はかる

使い方例
定める＋確認＝**定期検査**
確認＋失敗＝**確認ミス**
体＋元気＋確認＝**健康診断**

隠れる
かくれる

横から見たとき

両手の手のひらを手前に向けて並べ、顔を隠すようにする。

解 手のかげに顔を隠す様子。

参 顔はやや横向きにして、両手でおおうようにする。

同 隠す・こっそり

使い方例
顔＋隠れる＝**顔を隠す**
曇り＋隠れる＝**雲が隠れる**
隠れる＋家＝**隠れ家**

欠け
かけ

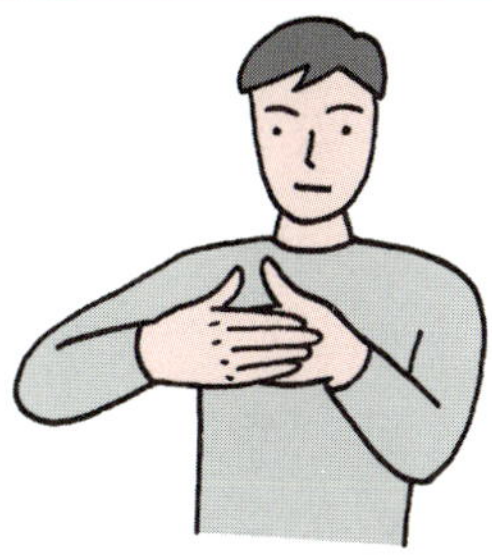

左手の甲に右手を重ねる。

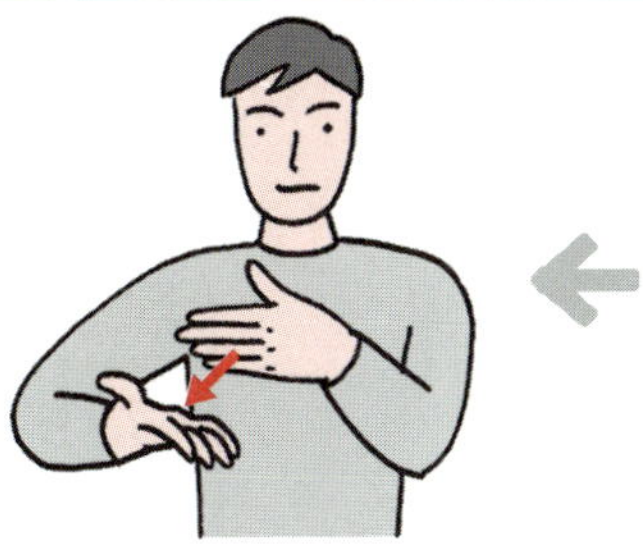

右手の手首をひねって、前に倒す。

解 そこにあるべきものがなくて、足りないという意味を表す。

参 「欠け」を表したあと、左手に右手を重ねると、「**欠けを補う**」となる。

同 欠点・手抜かり・もらす・もれ・落ち度

かけざん

かけ算

両手の人差し指を伸ばし、×の形に交差させる。

5×5
8×3

解 ×の形を表す。

参 「**割り算**」は、左手の人差し指を横に伸ばして、曲げた右手の親指と人差し指ではさみ、「÷」の形を作る。

使い方例

かけ算＋苦手＝**かけ算が苦手**

かけ算＋覚える＝**かけ算を暗記する**

かけはなれている

かけ離れている

両手の人差し指を立て、手首で両手を合わせ、同時に斜め上下に動かす。

同 雲泥の差・月とスッポン

使い方例

あなた＋私＋考える＋方法＋かけ離れている＝**二人の考え方はかけ離れている**

かけひき

駆け引き

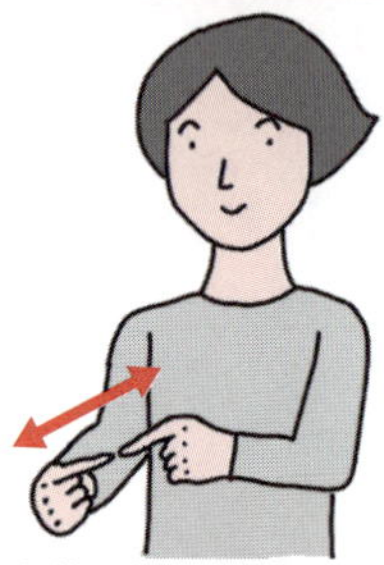

両手の人差し指を伸ばして指先を向かい合わせ、斜め前後に2～3回動かす。

解 押したり引いたりしている様子を表す。

同 折衝

使い方例

恋＋駆け引き＝**恋の駆け引き**

駆け引き＋上手＝**駆け引き上手**

かこ

過去

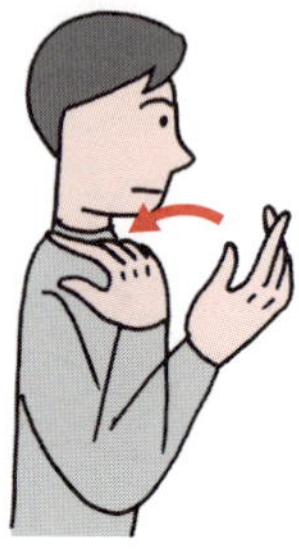

右手の手のひらを手前に向けて、顔の横で後ろに動かす。

未来

参 少しだけ動かすと「**さっき**」、大きく動かすと「**ずっと前**」。

反 手のひらを前に向けて前に出すと、「**将来**」「**先**」「**未来**」となる。

同 かつて・(～する)前・昔

使い方例

過去＋こと＝**過去のこと**

さらに＋過去＝**遠い過去**

暗い＋過去＝**暗い過去**

かご
カゴ

両手の手のひらを上に向けて、指先を重ね合わせる。

左右に引き離して上げる。

解 真ん中が丸くなったカゴの形から。

使い方例
カゴ＋バッグ＝**カゴのバッグ**
着替え＋カゴ＝**脱衣カゴ**
麻＋カゴ＝**麻のカゴ**
黒＋カゴ＝**黒いカゴ**

かこむ
囲む

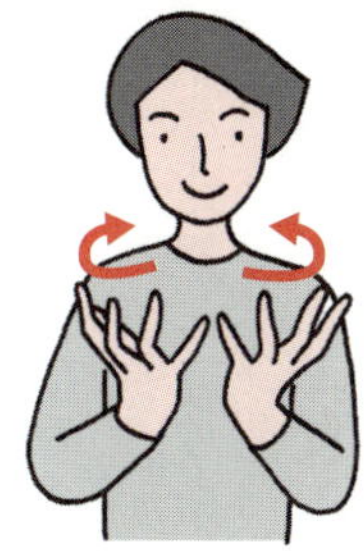

わん曲させた両手を並べ、水平に回して親指同士を合わせる。

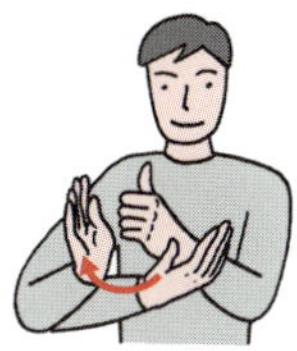

環境

解 何かを取り囲む様子から。

参 左手の親指を右手で囲むように回す「**環境**」でも表すことができる。

同 集団

使い方例
囲む＋生活＝**集団生活**
先生＋囲む＋会＝**先生を囲む会**

かさ
傘

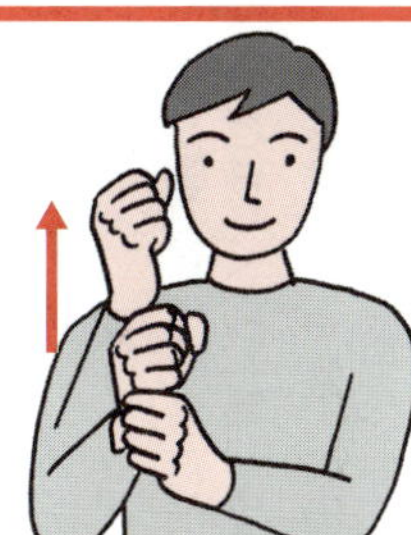

右手のこぶしを上に左手のこぶしを下につなげ、右手を上げる。

解 傘を開く様子から。

同 パラソル

使い方例
壊れる＋傘＝**折りたたみ傘**
太陽＋傘＝**日傘**
雨＋傘＝**雨傘**

かさねる
重ねる

両手の手のひらを下に向ける。

右手の手のひらを左手の甲にあてる。

参 さらに左手を右手に重ねると「**重複**」。また、左手に右手を2回ポンポンとあてると「**方法**」となる。

使い方例
重ねる＋障害者＝**重複障害者**
重ねる＋人①＝**二重人格**
重ねる＋否定＝**二重否定**

菓子
かし

右手の親指と人差し指を曲げて、口元に持っていく。

解 右手の指で菓子を持って、口に入れる様子を表す。

参 口の幅にして、開けた口に持っていくと「**入れ歯**」の意味になる。

同 クッキー・せんべい

使い方例
菓子＋～など＝**菓子類**
冷たい＋菓子＝**冷菓**
甘い＋菓子＝**甘い菓子**

火事
かじ

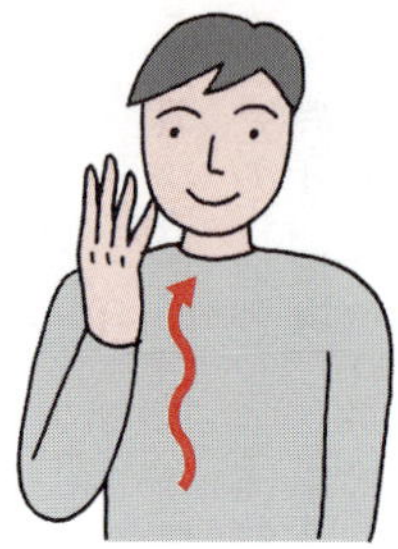

右手の手のひらを手前に向け、手首をひねりながら上げていく。

解 火が燃えて炎が上がる様子を表す。

参 「赤＋火事」で表すこともある。また、山火事のときなど、火事の状況によって、両手で表すこともある。

同 火・燃える

使い方例
山＋火事＝**山火事**
火事＋場所＝**火事場**
火事＋防ぐ＋カーテン＝**防炎カーテン**

賢い
かしこい

右手の親指と人差し指を合わせて頭の横におき、人差し指を立てる。

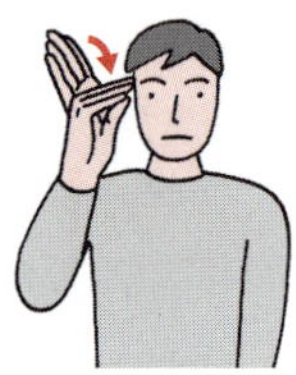

賢くない

参 左脇で親指と人差し指をピンとはじくと、「**熱がある**」。

反 「**賢くない**」は、頭の横に5指を広げておき、閉じる。

同 頭がいい・天才

使い方例
賢い＋生徒＝**優等生**
勉強＋賢い＝**勉強がよくできる**
ずるい＋賢い＝**ずる賢い**

歌手
かしゅ

両手の人差し指と中指を立て、口から斜め上に出す。

右手のこぶしを口の前で左右に動かす。

解 歌う…口からリズミカルに声が出る様子を表す。
カラオケ…マイクを持って歌う様子を表す。

同 カラオケ…アイドル

貸す（かす）

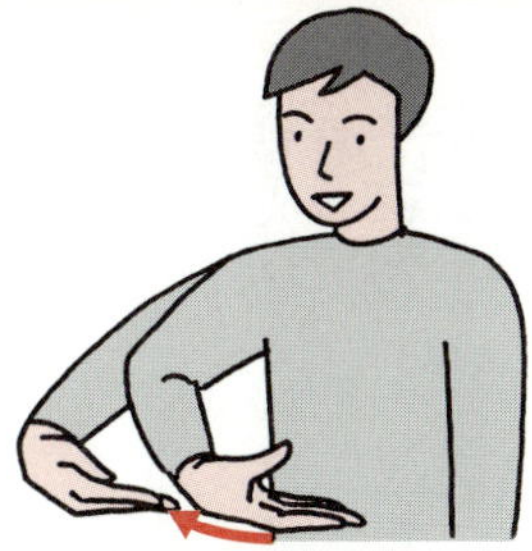

右手の指先を手前に向け、前に出しながら、親指を閉じる。

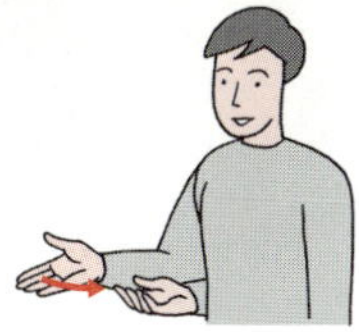

借りる

反 手のひらを上に向けて、親指を閉じながら手前に引くと、「**借りる**」となる。

使い方例
- 貸す（右手）＋借りる（左手）＝**取引**
- 貸す＋お金＝**貸金**
- 貸す＋切る＝**貸し切り**

数（かず）

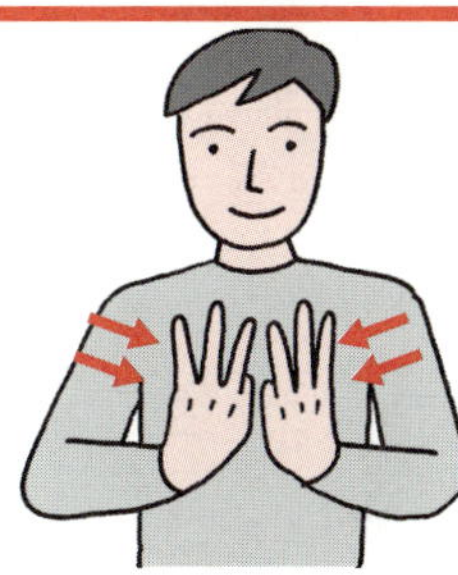

両手の人差し指と中指、薬指を立てて、２回ぶつけ合わせる。

横から見たとき

同 算数・数学・数字・番号

使い方例
- 生徒＋数＋百＝**生徒数１００**
- 参加＋数＝**参加人数**
- 子ども＋数＋減る＝**少子化**
- 目標＋数＝**目標数**

ガス（がす）

右手の人差し指と中指を伸ばし、指先を２～３回鼻の穴に近づける。

前から見たとき

解 ガスの臭いを表す。

参 指先を1回だけ鼻に近づけると「**香り**」「**かぐ**」「**匂い**」の意味になる。

同 空気・呼吸

使い方例
- ガス＋お金＝**ガス代**
- ガス＋臭い＝**ガス臭い**
- ガス＋会社＝**ガス会社**
- ガス＋止める＝**ガスを止める**

風（かぜ）

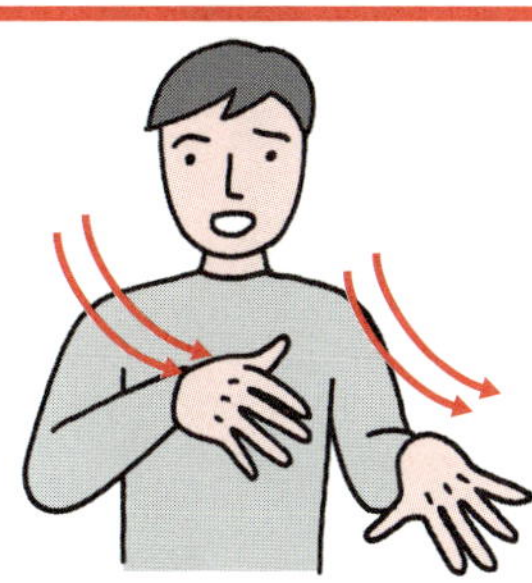

両手の指を広げて手のひらを前に向け、斜め下に２回下げる。

解 風が吹く様子を表す。

参 手の動かし方で、風の強さを表す。小さく動かすと「**そよ風**」、大きく動かすと「**台風**」となる。

使い方例
- 風＋水＝**（占いの）風水**
- 春＋風＝**春風**
- 秋＋風＝**秋風**
- 日本＋風＝**和風**

かぜ
風邪

右手のこぶしを口にあて、咳をするしぐさをする。

解 風邪をひいて、咳をする様子を表す。

参 「**くしゃみ**」は、くしゃみをするしぐさで表現する。

同 咳

使い方例
風邪＋薬＝**風邪薬**
風邪＋止める＝**咳止め**
風邪＋発疹＝**風疹（ふうしん）**

かぞく
家族

斜めにした左手の下で、右手の親指と小指を伸ばして、振る。

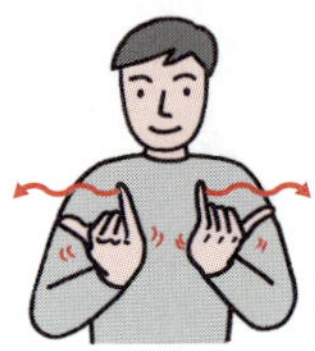

人々

解 左手は「屋根」を表し、右手は「人々」を表す。「ひとつ屋根の下の人々」の意味で、「家族」となる。

参 「**人々**」は、両手の親指と小指を伸ばして並べ、ねじりながら左右に離す。

使い方例
家族＋レストラン＝**ファミリーレストラン**
家族＋親しい＝**仲のいい家族、家族の和**

がそりん
ガソリン

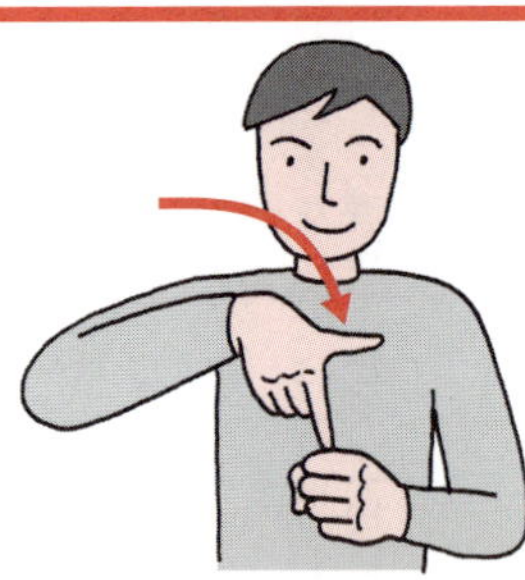

右の親指と人差し指を伸ばし、人差し指を左手で作った筒に差し込む。

解 ガソリンを給油口に入れる様子を表す。

参 「油＋ガソリン」で表すこともある。なお、「**石油**」は、「油」を2回繰り返す。

使い方例
ガソリン＋店＝**ガソリンスタンド**

かたい
硬い・固い・堅い

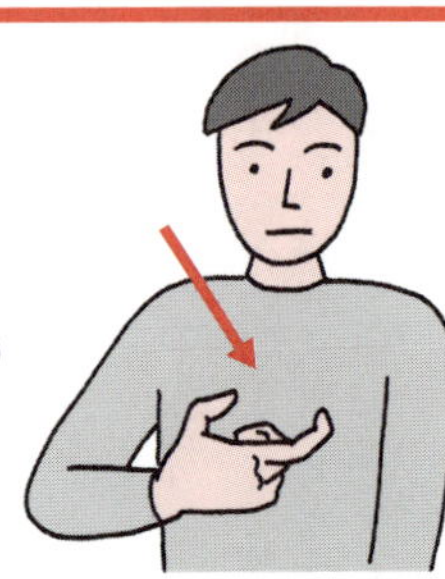

右手の親指と人差し指を曲げ、斜め下に強く下ろす。

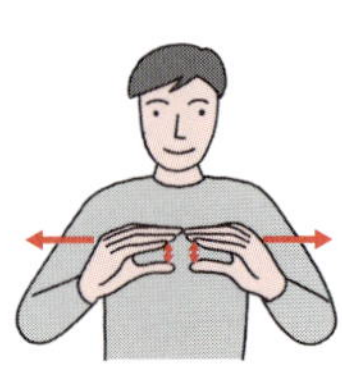

やわらかい

参 右手の手のひらを上向きにして軽くわん曲させ、下ろす表現もある。

反 両手の親指とほかの指を向かい合わせ、フワフワさせると、「**やわらかい**」となる。

同 丈夫・続ける

使い方例
頭＋かたい＝**頑固**
石＋かたい＝**硬い石**
意志＋かたい＝**意志が固い**
地震＋固い＝**耐震**

かたおもい
片思い

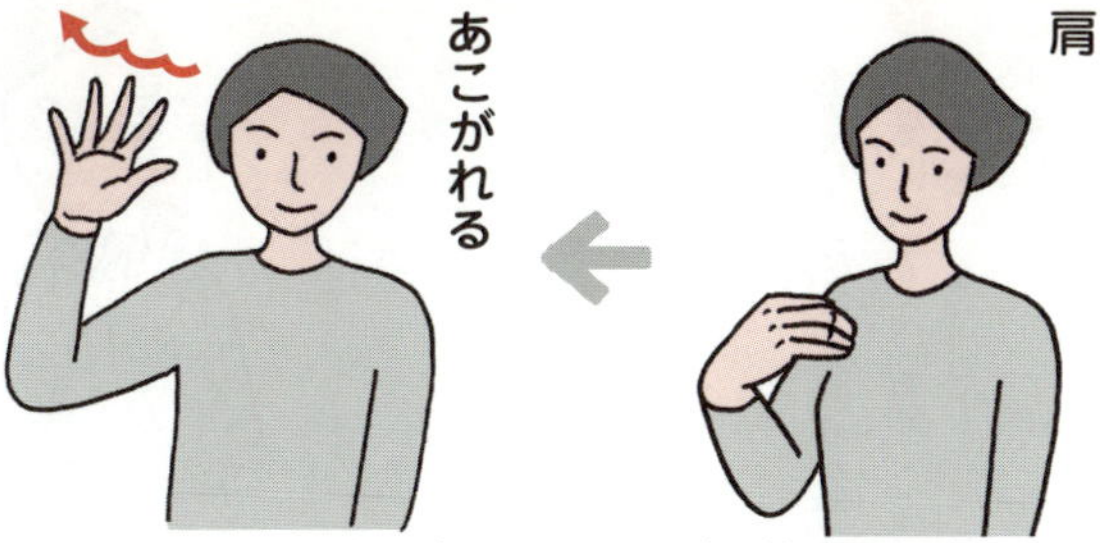

右手を右肩にあてる。

指をヒラヒラさせながら、右手を頭から離す。

解 ある思いが頭から出ていく様子を表す。

使い方例
片思い＋苦しい＝**片思いをしていて苦しい**
片思い＋構わない＝**片思いでいい**

かたがき
肩書き

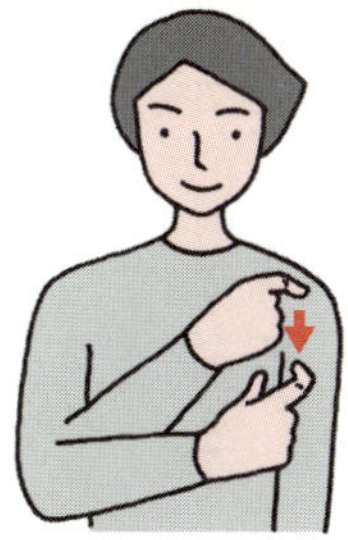

右手の親指と人差し指を曲げて左肩にあて、下げる。

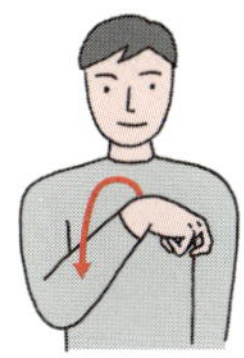

名刺

参 右手は下げずにあてるだけでもよい。また、左肩にあてたあと、斜めに下げると「**候補**」。下げずに前に出すと、「**名刺**」となる。

同 資格

使い方例
肩書き＋取る＝**資格取得**
肩書き＋経歴＝**プロフィール**

かたこり
肩凝り

右手の指を軽く曲げて、右肩にのせる。

解 肩が凝っている様子を表す。

参 肩をやや下げて表現する。表情や口形をつけずに、右手で触れるだけだと「**肩**」の意味になる。

使い方例
50＋肩凝り＝**五十肩**
肩凝り＋なくなる＝**肩凝りが治る**

かたち
形

両手の親指と人差し指を伸ばし、3回くらい交互に上下に動かす。

参 定規でサイズを測っている様子を表す。

使い方例
形＋悪い＝**形が悪い**
形＋覚える＝**形状記憶**
口＋形＝**口型**
形＋尊敬＝**形にこだわる**

カタログ
かたろぐ

両手の手のひらを合わせ、左右に2回開く。

解 カタログを開く様子を表す。

参 同様にして1回開くだけだと、「**本**」「**メニュー**」となる。

同 雑誌・手帳・ノート

使い方例
- 郵便＋カタログ＝**通販カタログ**
- 電話＋カタログ＝**イエローページ**

価値
かち

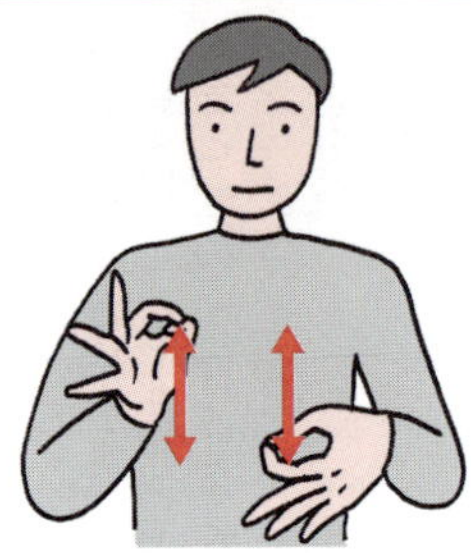

両手の親指と人差し指でそれぞれ輪を作って、交互に上下に動かす。

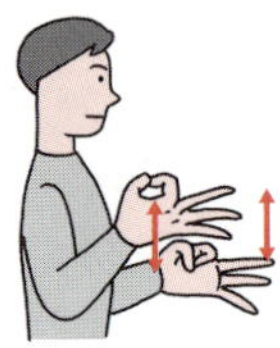

横から見たとき

解 指で作った輪はお金を表し、値段が上がったり下がったりする様子を表す。

参 交互に前後に動かすと、「**商売**」「**売買**」「**販売**」「**店**」。

同 評価

使い方例
- 価値＋ない①＝**価値がない**
- 価値＋大切＝**価値がある**
- 価値＋思う＝**価値観**

課長
かちょう

人差し指と中指を伸ばし、中指の腹に親指をつける。

右手の親指を立てて、上げる。

解 「課」は指文字の「カ」で表す。

参 親指を上げるときは、目より上の位置に上げる。

反 女性の課長の場合は、親指の代わりに小指を上げる。

勝つ
かつ

親指を立てた両手を前後に合わせる。

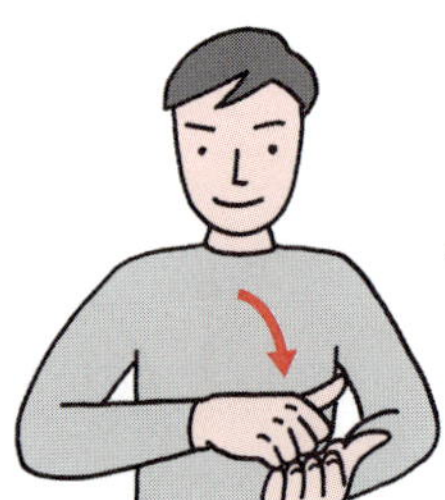

右手で左手を前に倒す。

解 相手を打ち負かす様子から。

参 右手のこぶしを上げて開く表現もある。両手を左右からぶつけ、右手は右に、左手は左に倒すと、「**引き分け**」。

使い方例
- 試合＋勝つ＝**試合に勝つ**
- 必ず＋勝つ＝**必ず勝つ**
- 争う＋勝つ＝**ライバルに勝つ**
- 勝つ＋グループ＝**勝利チーム**

～がつ

～月

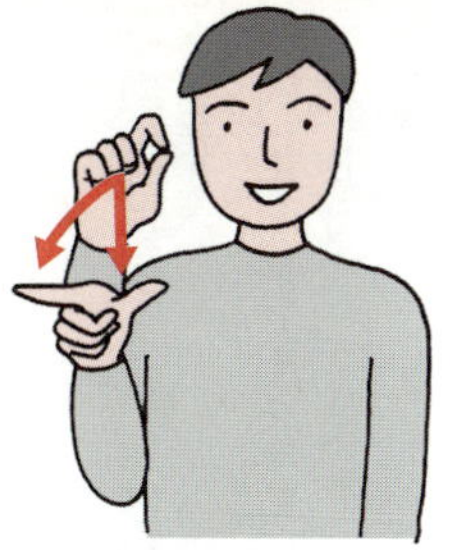

右手の親指と人差し指をくっつけ、下げながら離す。

解 三日月の形の一部を表す。

参 具体的に何月かを表すときは、体の前で左手で数字を表し、その下で、「月」を表現する。

同 月曜日・月（つき）

使い方例

赤＋～月＝**生理**

～月＋お金＋いくつ？＝**月にいくら？**

毎日＋～月＝**毎月**

がっかりする

がっかりする

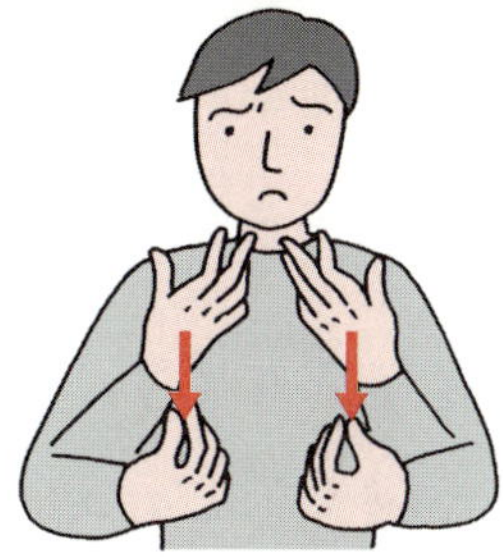

横から見たとき

胸の前で、わん曲させた両手を下ろしながらすぼめる。

解 気持ちがしぼむ様子を表す。

同 あきらめる・寂しい

使い方例

デート＋キャンセル＋がっかりする＝**デートがキャンセルになってがっかりする**

がっこう

学校

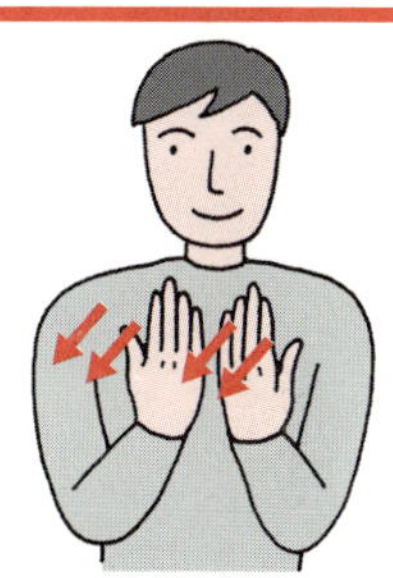

横から見たとき

手のひらを上に向けた両手を並べ、軽く２回下げる。

解 本を開いて学ぶ様子を表す。

参 両手の手のひらを合わせ、左右に開くと「**本**」となる。

同 授業・勉強・学ぶ

使い方例

学校＋力＝**学力**

小＋学校＝**小学校**

絵＋学校＝**美術学校**

学校＋建物＝**校舎**

かっこういい

格好いい

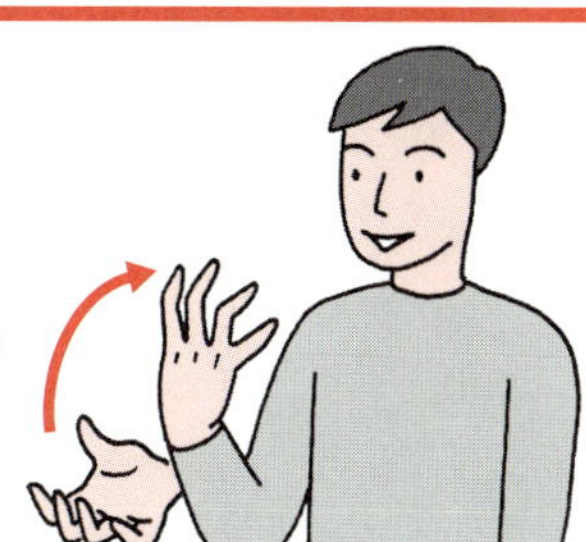

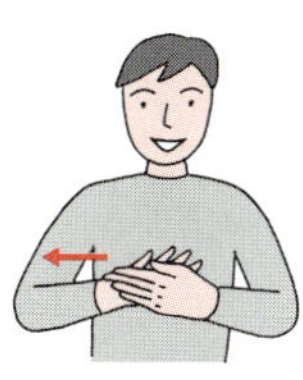

きれい

右手を軽くわん曲させて、手前に引き寄せるようにする。

参 「顔＋格好いい」や「洋服＋格好いい」など、何が格好いいのかわかるように表現する。また、「**きれい**」は、左手に右手をのせて右に滑らせる。

使い方例

彼＋顔＋格好いい＝**彼はハンサム**

洋服＋格好いい＝**格好いい洋服**

カップル
かっぷる

甲を前に向けた右手の親指と小指を立てて、手首を軽くねじる。

デート

解 親指は「男」、小指は「女」を表す。

参 同じ手の形で甲を手前にし、前に出すと「**デート**」。

同 夫婦

使い方例
年をとる＋カップル＝**熟年カップル、老夫婦**
カップル＋席＝**カップル席**

活躍
かつやく

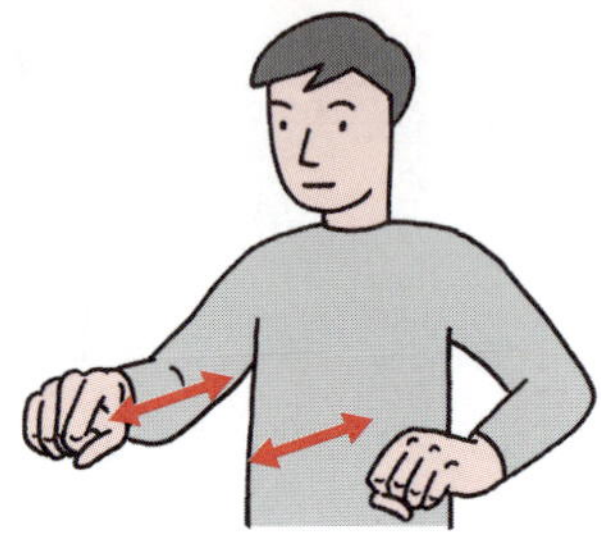

両手でこぶしを作って、ひじを張り、交互に前後に動かす。

元気

参 両手でこぶしを作って並べ、同時に2回下げると「**元気**」。ひじを張っただけだと、「**意地**」、ひじを張ってこぶしを左右に開くと「**わがまま**」。

同 動く・活動・活発

使い方例
就職＋活躍＝**就職活動**
活躍＋中＝**活躍中**
活躍＋合う(1回)＝**活動的**

家庭
かてい

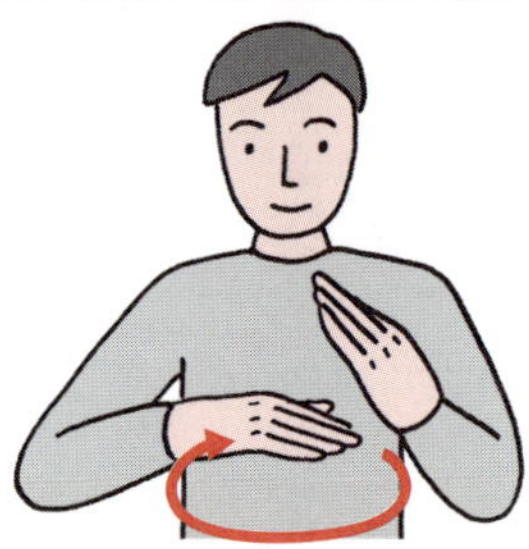

斜めにした左手の下で、右手の手のひらを下向きにして回す。

家族

解 左手は家の屋根を表す。

参 屋根にした左手の下で、右手の親指と小指を立てて手首をねじると「**家族**」となる。

使い方例
家庭＋料理＝**家庭料理**
家庭＋内（左手はそのままで右手の人差し指で下を指す）＋暴力＝**家庭内暴力**

悲しい
かなしい

両手の親指と人差し指の先をつけて目の下におき、下げる。

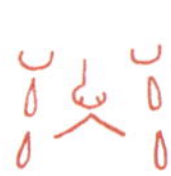

解 目から涙がこぼれる様子を表す。

参 片手で表現することもできる。

同 かわいそう・泣く・涙

使い方例
悲しい＋芝居＝**悲劇**
悲しい＋物語＝**悲しい物語**
悲しい＋恋＝**悲恋**

かならず
必ず

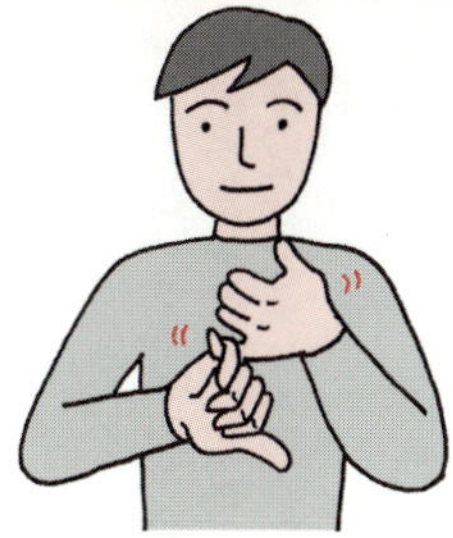

両手の小指を伸ばして上下におき、からめて軽く振る。

約束を破る

解 指切りげんまんしている様子。

参 からめた小指を離すと、「**約束を破る**」となる。

同 きっと・守る・約束・予約

使い方例
必ず＋勝つ＝**必ず勝つ**
絶対＋必ず＝**必ず守る**
必ず＋行く＝**必ず行く**
必ず＋待つ＝**必ず待つ**

かに
カニ

両手の人差し指と中指を伸ばして顔の横におき、指を閉じたり開いたりする。

解 カニがはさみを動かしている様子を表す。

使い方例
カニ＋鍋＝**カニすき**
カニ＋労働＋船＝**蟹工船**
カニ＋指文字「ざ」＝**カニ座**
カニ＋缶詰＝**カニ缶**

かねもち
金持ち

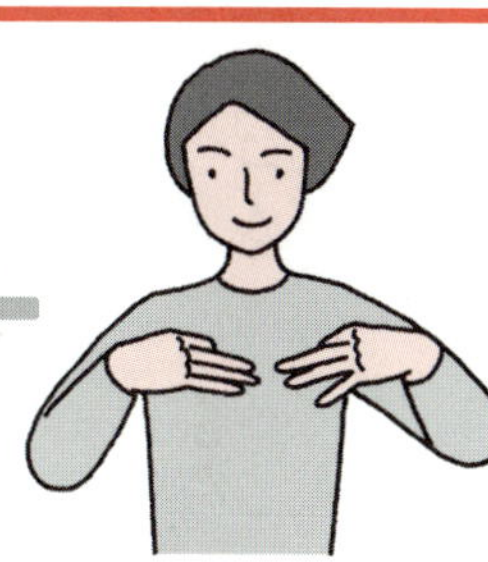

両手の親指と人差し指で輪を作って胸にあてる。

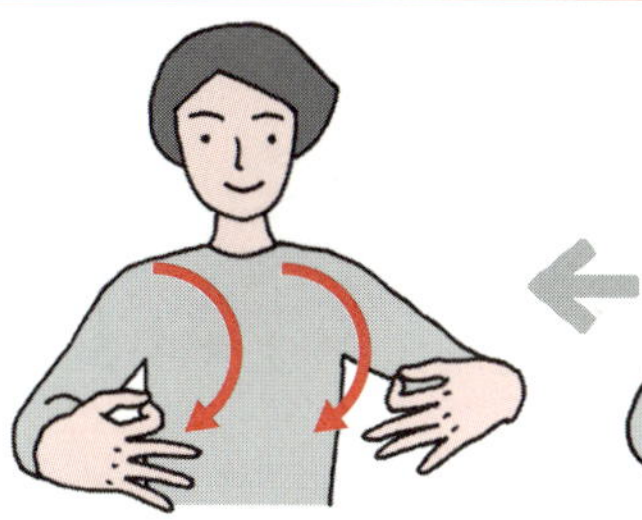

両手の手首を返して、お腹まで下ろす。

解 お金がたくさんあって、お腹が膨らんでいる様子を表す。

参 両手の指で輪を作らずに、親指を立ててお腹まで下ろすと、「**裁判**」になる。

反 「**貧乏**」は、親指をあごの下にあてて、2回前に出す。

同 富

かねる
兼ねる

右手の人差し指と中指を伸ばし、左肩にあてる。

肩書き

参 指の数を増やすと、複数の掛け持ちをしていることを表せる。

参 右手の親指と人差し指を曲げて左肩にあて、下げると「**肩書き**」。

同 兼任・兼務

使い方例
これ＋事務所＋また＋教室＋兼ねる＝**この事務所は、教室も兼ねている**

彼女
かのじょ

右胸の前で、右手の小指を立てて、右に少し動かす。

彼女
（3人称）

解「わたしと関係が近い＝恋人」という意味を持つ。

参 恋人という意味の「彼女」。小指を立てるだけだと、3人称の女性を表す「彼女」になる。

反「**彼**」は親指を右に動かす。

使い方例
- 彼女＋ない①＝**彼女がいない**
- 彼女＋～できる＝**彼女ができる**
- 彼女＋特別＝**特別な彼女**

株
かぶ

両手でこぶしを作って合わせる。

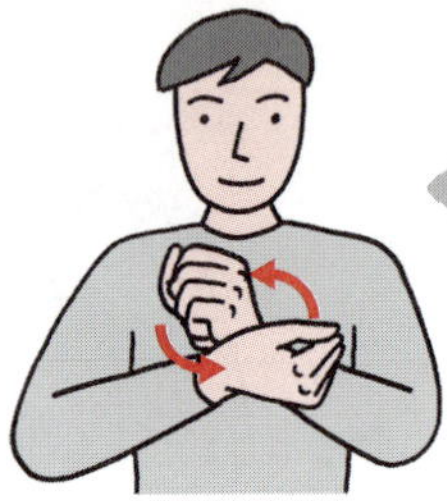

互い違いにひねる。

参 2回ひねると、「**証券**」の意味になる。

同 券

使い方例
- 株＋券＝**回数券**
- 株＋会社＝**株式会社**
- 株＋お金＝**株価**

カフェオレ
かふぇおれ

両手の親指と小指を伸ばして、親指側に傾ける。

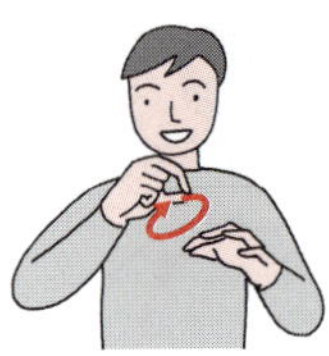

コーヒー

解 コーヒーと牛乳を同時に入れる様子から。

参 指文字の「カ」を少し震わせてから、「オ」＋「レ」と表現することもある。また、「**コーヒー**」はコーヒーカップを持ってスプーンでかき混ぜるしぐさで表す。

使い方例
- 冷たい＋カフェオレ＝**アイスカフェオレ**
- 温かい＋カフェオレ＝**ホットカフェオレ**

歌舞伎
かぶき

両手とも軽くわん曲させ、右手は上向き、左手は正面を向ける。

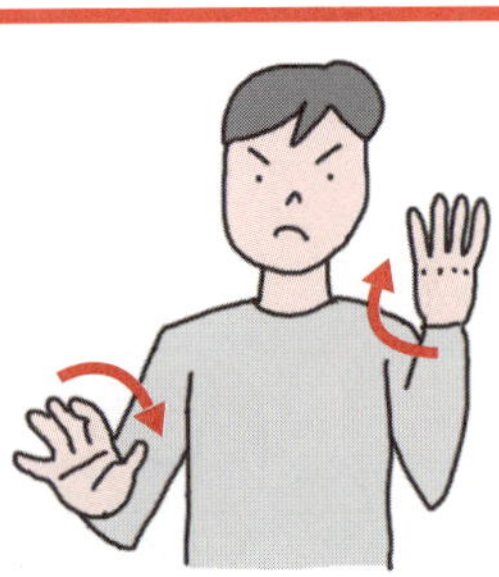

両手首をひねりながら、右手は少し前に出し、左手は少し引く。

解 見得を切る様子を表す。

使い方例
- 歌舞伎＋芝居＋人々①＝**歌舞伎役者**
- 歌舞伎＋指文字「ざ」＝**歌舞伎座**

かぶしきがいしゃ
株式会社

両手でこぶしを作って合わせ、互い違いにひねる。

両手の人差し指と中指を立て、交互に前後に動かす。

同 株…券
会社…企業

使い方例
株式会社＋まとめる＋会＝**株主総会**
株式会社＋建てる＝**株式会社を興す**

かふんしょう
花粉症

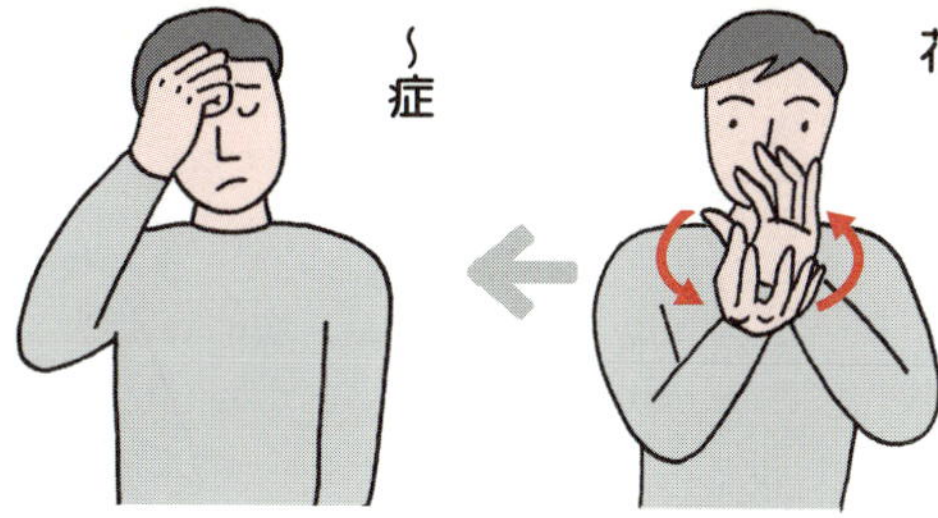

両手を向かい合わせ、互い違いに回しながら開く。

右手のこぶしをひたいにあてる。

参「花＋匂い＋病気」でも表現できる。

使い方例
花粉症＋止める＋薬＝**花粉症の薬**

かべ
壁

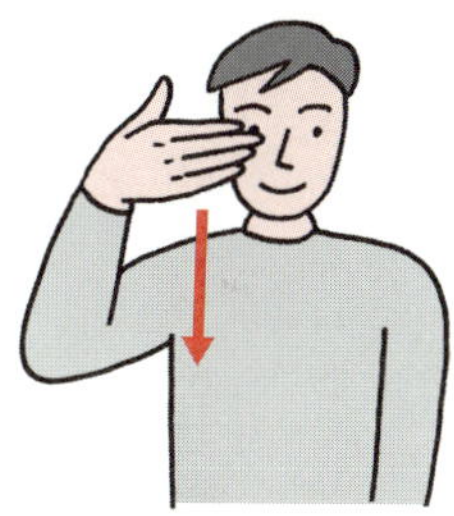

右手の指をそろえて、上から下へまっすぐに下ろす。

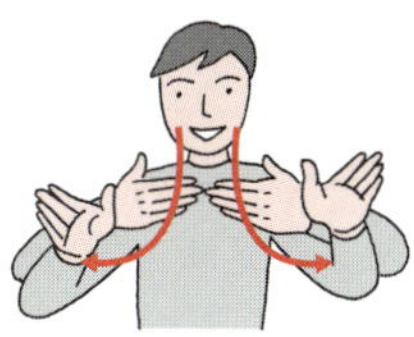
バリアフリー

参 両手で表現することも。また、両手で壁を表現してから開くと、「**バリアフリー**」。

同 塀

使い方例
社会＋壁＝**社会の壁**
ガラス＋壁＝**ガラス張り**
砂＋壁＝**砂壁**

かまわない
構わない

右手の小指を立てて、あごに2回あてる。

横から見たとき

参 質問されて、「大丈夫」や「ＯＫ」と答えたり、同意したりする意味がある。

同 いい・どう致しまして

使い方例
タバコ＋構わない？＝**タバコを吸ってもいい？**
これ＋食べる＋構わない？＝**これ、食べてもいい？**

がまんする

我慢する

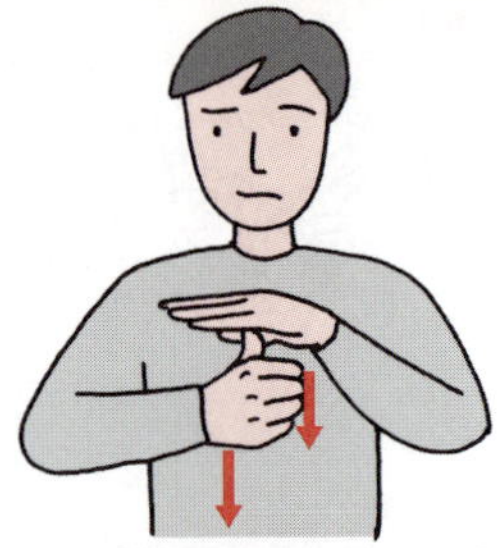

右手の親指に左手の手のひらをのせ、同時に下ろす。

解 こみあげてくるものを、上から押さえつける様子を表す。

使い方例
我慢＋無理＝**我慢できない**
我慢＋大会＝**我慢大会**

かみ

紙

両手の人差し指を伸ばして、四角を描く。

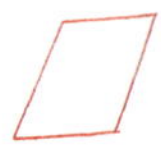

解 四角い紙の形から。
参 小さな紙なら小さな四角を、大きな紙なら大きな四角を描く。
同 四角・書類・～枚

使い方例
答える＋紙＝**解答用紙**
紙＋1＝**1枚（紙など）**
給料＋紙＝**給料明細**
色＋紙＝**色紙**

かみ

神

両手を２回打つ。

宗教

解 柏手（かしわで）を打つ様子を表す。
参 両手をこすり合わせると、「**宗教**」となる。

使い方例
神（ただし、手を1回打つ）＋川＝**神奈川**
神＋道路＝**神道**
神＋祈る＝**神に祈る**

かみそり

カミソリ

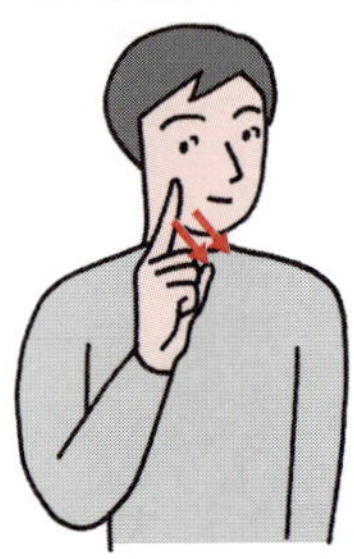

右手の人差し指の側面をほおにあて、２回滑り下ろす。

解 ひげを剃（そ）る様子を表す。
参 人差し指をゆっくりと1回滑り下ろすと、「**スムーズ**」の意味になる。また、足のムダ毛を剃（そ）るときは、人差し指を足のあたりで滑らせて表現する。
同 剃（そ）る

使い方例
使う＋捨てる＋カミソリ＝**使い捨てカミソリ**
ひげ＋カミソリ＝**ひげを剃（そ）る**

雷
かみなり

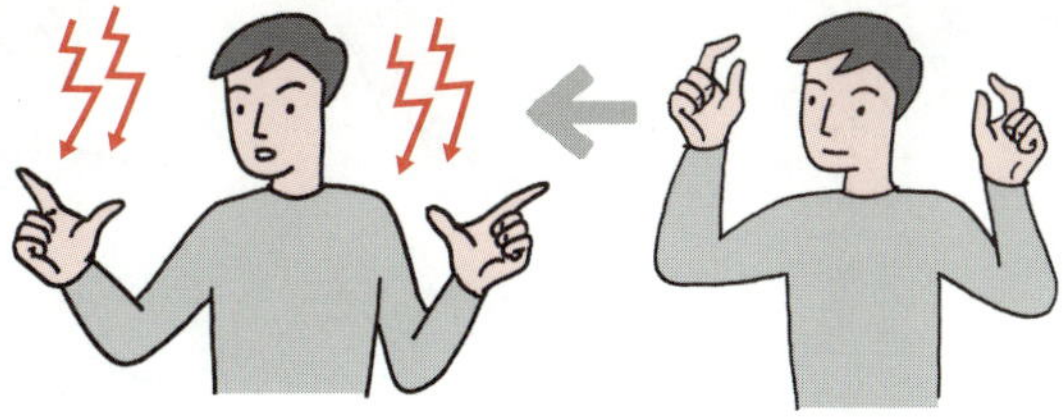

両手の親指と人差し指をつまむ形にする。

指を広げながらジグザグに下ろす。

解 雷の稲妻の形を表す。

参 人差し指と中指を伸ばし、その指を広げながら下ろす表現もある。

使い方例
- 突然＋雷＝**突然雷が鳴る**
- 雷＋神＝**雷神**
- 雷＋曇り＝**雷雲**

髪の毛
かみのけ

右手の親指と人差し指で、髪の毛をつまむ。

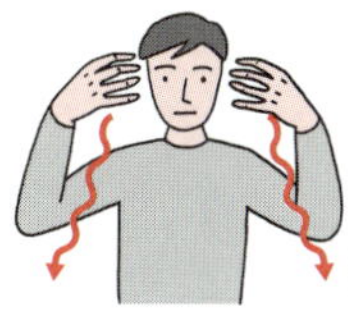

パーマ

参 髪型を表すときは、それぞれの形を表現する。例えば、「**おかっぱ**」は、両手の人差し指でおかっぱの形を描く。また、「**パーマ**」は両手を頭の横で波立たせるようにしながら下げる。

使い方例
- 髪の毛＋切る＝**散髪**
- 茶色＋髪の毛＝**茶髪**
- 金＋髪の毛＝**金髪**

ガム
がむ

右手の人差し指を口元におき、丸く風船の形を描く。

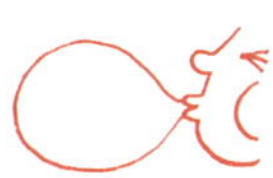

解 風船ガムの形を表す。

使い方例
- 歯磨き＋ガム＝**歯磨きガム**
- 眠る＋防ぐ＋ガム＝**眠気防止ガム**

カメラ
かめら

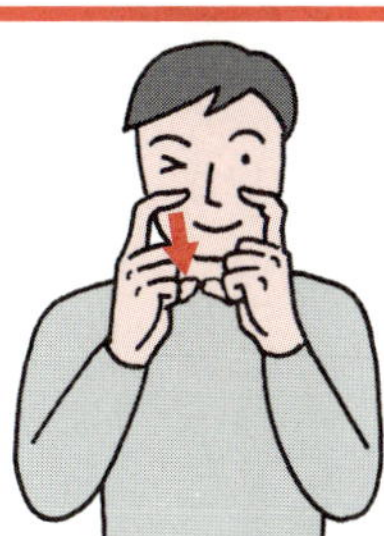

両手の親指と人差し指で四角を作り、右の人差し指を曲げる。

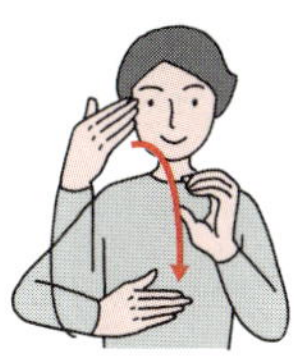

写真

解 両手でカメラを表し、シャッターを押す様子を表す。

参 「**写真**」は、シャッターが下りる様子で表す表現もある。

同 写真・撮る

使い方例
- 使う＋捨てる＋カメラ＝**使い捨てカメラ**
- デジタル＋カメラ＝**デジタルカメラ**

かゆい
かゆい

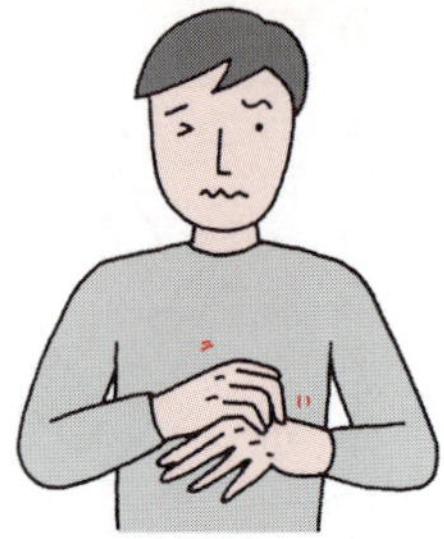

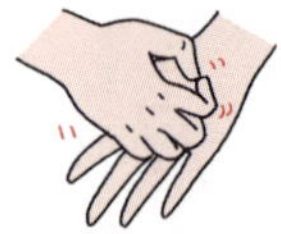

上から見たとき

右手の指先で左手の甲を、かくしぐさをする。

参 特にかゆい部分を表したい場合は、その部位の近くで表現する。

使い方例
体＋かゆい＋ある?＝**かゆいところがある?**
かゆい＋止める＋薬＝**かゆみ止め薬**

通う
かよう

横から見たとき

右手の親指を立てて、2～3回前後に動かす。

解 人が行ったり来たりする様子を表す。

同 行きつけ（「いつも＋行く」でも表現できる）

使い方例
仕事＋通う＝**通勤**
学校＋通う＝**通学**
ジム＋通う＝**ジム通い**
通う＋店＝**行きつけの店**

火曜日
かようび

赤

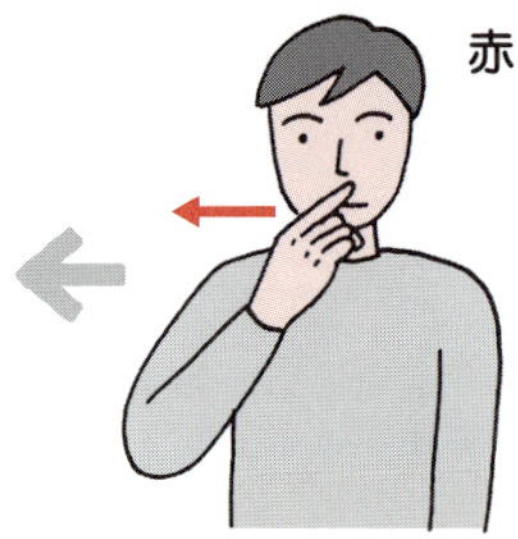

右手の人差し指をくちびるにあてて、右に引く。

火

右手の手首を内側にひねりながら上げる。

解 赤…くちびるの赤い色を表す。
火…火が燃える様子から。

参 「赤」を省いてもよい。

同 火…火事・燃える

使い方例
来週＋火曜日＝**来週の火曜日**
火＋練習＝**火災訓練**
防ぐ＋火＝**防火**

空
から

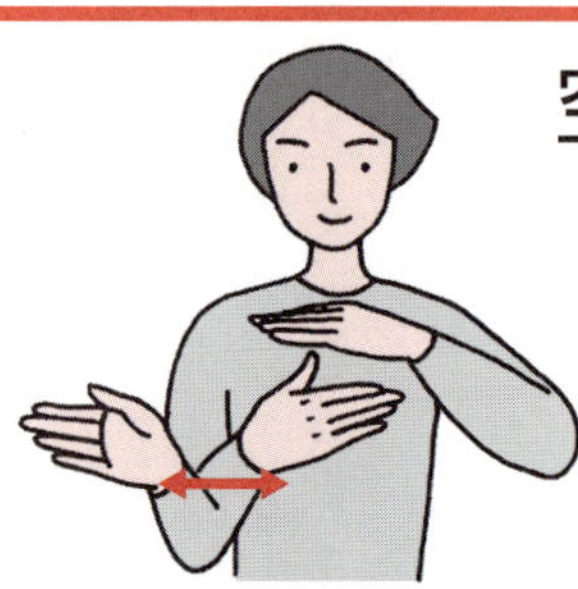

ほかの表現

手のひらを下向きにした左手の下で、右手を左右に振る。

解 右手を左右に振ることで、「そこに何もない」という意味を表す。

参 左手で何かの器を持つようにしてその中に右手を差し入れ、軽く振るように動かす表現もある。

同 居ない・ガラガラ・空しい

使い方例
空＋家＝**空き家**
電話＋空＝**留守番電話**
頭＋（～の）中＋空＝**能天気**

~から
（~から）

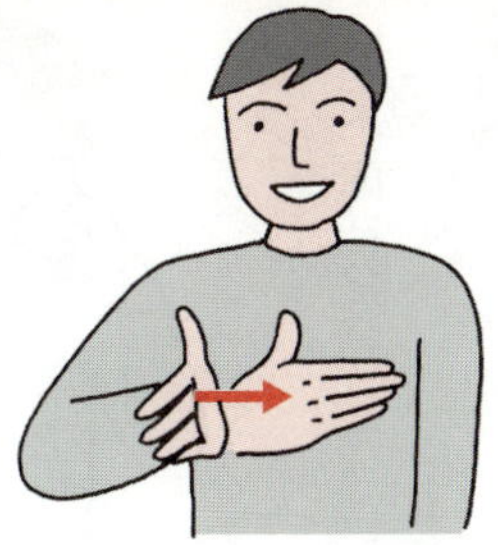

右手を垂直にして、指先を前に向け、手首をひねって左に払う。

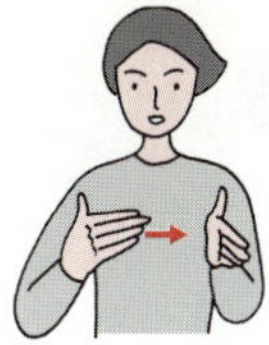

~まで

参 時間や距離の起点を表す。

反 「**~まで**」は、右手の指先を左の手のひらまで動かしてつける。

使い方例

時間②＋5＋~から＋始まる＝**5時から始まる**

何＋~から?＝**どこから?**

今日＋~から＝**今日から**

柄
（がら）

わん曲させた両手をポンポンと空中におく。

水玉

参 両手の親指と人差し指でそれぞれ輪を作って、空中にポンポンとおくと、「**水玉**」となる。

使い方例

柄＋何?＝**どんな柄?**

ほか＋柄＋ある?＝**ほかの柄はありますか?**

動物＋柄＝**ひょう柄**

辛い
（からい）

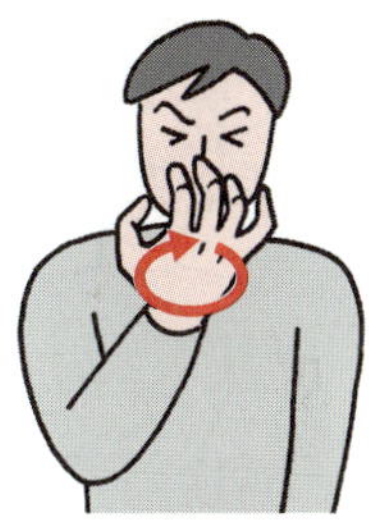

右手を軽くわん曲させて口の前に持っていき、回す。

甘い

参 塩辛いなどのほか、スパイシーな辛さにも使う。また、2回回すと、「**塩**」となる。

反 指を伸ばして回すと「**甘い**」となる。

同 カレー・塩辛い・苦い

使い方例

辛い＋大＝**激辛**

辛い＋口＝**辛口**

中＋辛い＝**中辛**

カラオケ
（からおけ）

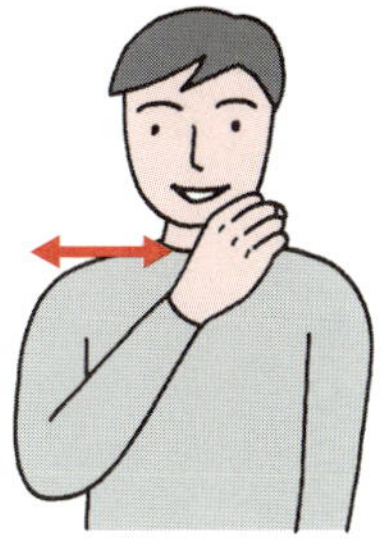

右手のこぶしを口の前で左右に動かす。

解 マイクを持って、歌を歌う様子を表す。

参 左右に動かさないと、「**マイク**」となる。

同 アイドル

使い方例

歌う＋カラオケ＝**歌手**

カラオケ＋部屋＝**カラオケボックス**

ガラス（がらす）

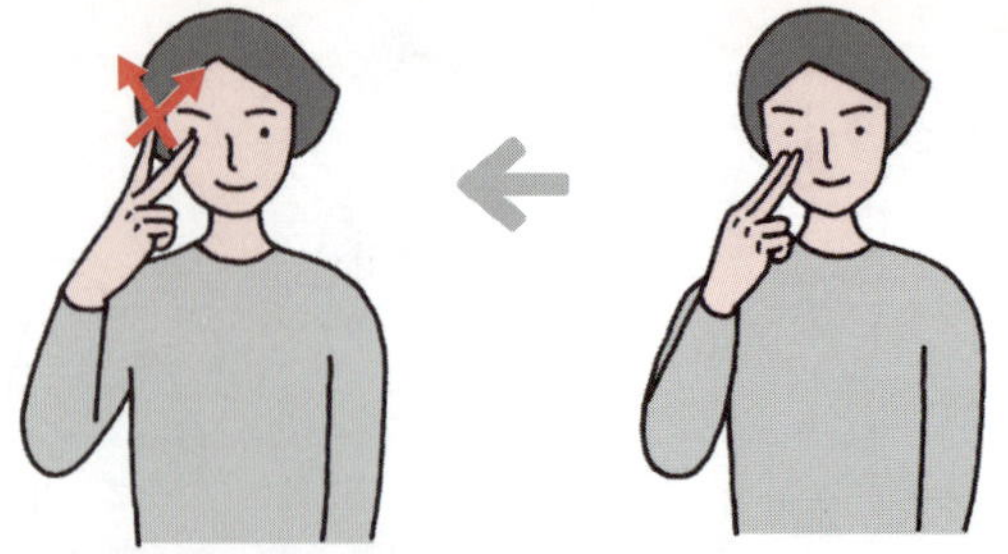

右手の人差し指と中指を伸ばして、右目の前におく。

2本の指をすり合わせるように、数回動かす。

解　指の間から物が見えている様子。

同　間違い・間違える

使い方例
- ガラス＋壁＝**ガラス張り**
- ガラス＋靴＝**ガラスの靴**
- 窓＋ガラス＝**窓ガラス**

体（からだ）

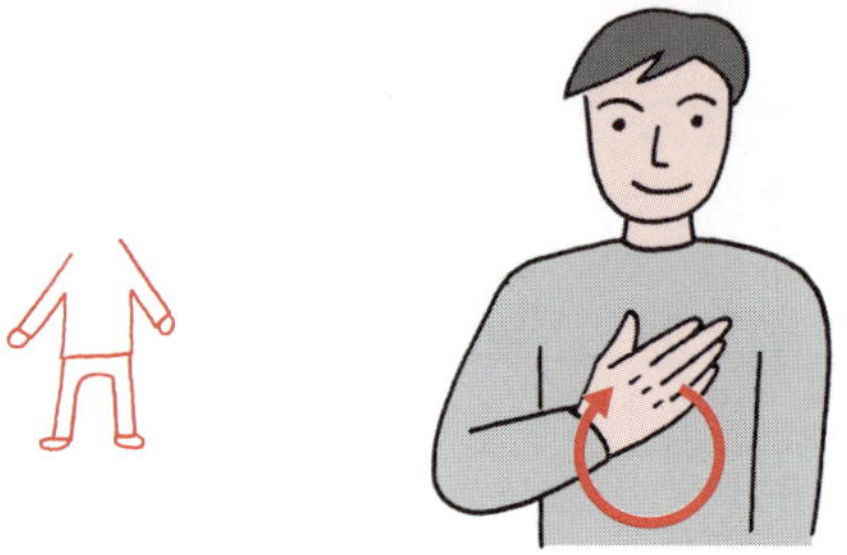

右の手のひらで体を全体的になでるような感じで、大きな円を描く。

参　体の各部位は、それぞれを指さしたり、触るなどして表す。

同　全身・身分

使い方例
- 体＋元気＝**健康**
- 体＋重い＝**体重**
- 体＋状態＝**体調**
- 体＋性格＝**体質**

空手（からて）

右手のこぶしを下向きにして前に出し、左手のこぶしを上向きにしてお腹近くにあてる。

両手同時に、ひねりながら前後を入れ替える。

解　空手の型の動きを表す。

使い方例
- 空手＋ベテラン＋人①＝**空手の名人**
- 空手＋教える＋責任＝**空手の師範**

狩り（かり）

右手をわん曲させて左手の前におき、2回ほど手前に引き寄せる。

狩り（猟）

解　物を集める様子から。

参　いちご狩りなどのときに使う。また、「**猟（りょう）**」という意味の「狩り」は両手で鉄砲を持ち、撃つしぐさで表す。

使い方例
- りんご＋狩り＝**りんご狩り**
- ぶどう＋狩り＝**ぶどう狩り**

借りる
かりる

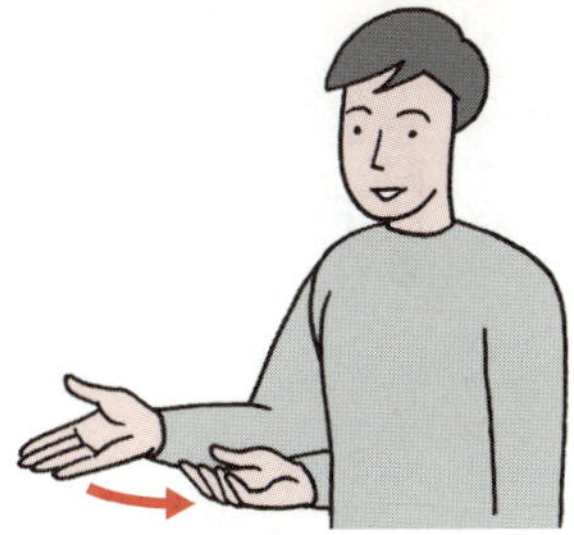

右手の手のひらを上に向け、手前に引きながら親指を閉じる。

貸す

反 指先を手前に向け、前に出しながら親指を閉じると、「**貸す**」となる。

同 レンタル

使い方例
- 借りる＋お金＝**借金**
- ビデオ＋借りる＝**レンタルビデオ**
- 部屋＋借りる＝**部屋を借りる**

軽い
かるい

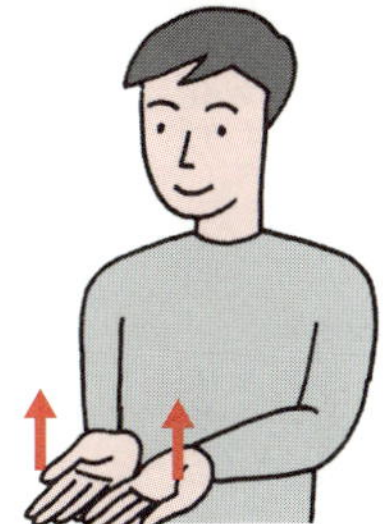

両手の手のひらを上向きにし、軽く上げる。

重い

解 手に持った物が軽いことを表す。

反 両手の手のひらを上に向け、指先をつけて並べ、下げると「**重い**」の意味になる。

使い方例
- 軽い＋車＝**軽自動車**
- 体＋軽い＝**体が軽い**
- 軽い＋井＋多い＝**軽井沢**
- 気持ち＋軽い＝**気軽**

彼
かれ

右胸の前で、右手の親指を立てて、右に少し動かす。

彼
（3人称）

解 「わたしと関係が近い＝恋人」という意味を持つ。

参 恋人という意味の「彼」。3人称の男性を表す「**彼**」は、親指を立てるだけ。

反 「彼女」は小指を右に動かす。

使い方例
- 彼＋ない①＝**彼がいない**
- 彼＋～できる＝**彼ができる**
- 彼＋特別＝**特別な彼**

カレー
かれー

右手を軽くわん曲させて口の前に持っていき、回す。

甘い

参 2回回すと「**塩**」となり、また、右手の指を伸ばして回すと、「**甘い**」となる。

同 辛い・塩辛い・苦い

使い方例
- インド＋カレー＝**インドカレー**
- カレー＋砂＝**カレー粉**

かれーじ
ガレージ

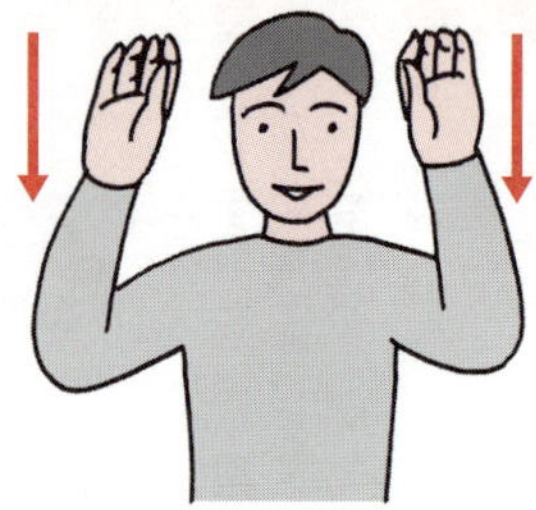

両手でガレージのシャッターを下げる動作をする。

解 ガレージのシャッターを下げる様子を表す。

参 「車＋ガレージ」で表すこともできる。

反 逆に、上げると、「**シャッターを開ける**」になる。

同 シャッター・シャッターを閉める。

使い方例
車＋ガレージ＝**ガレージ**
ガレージ＋（スプレーをするしぐさ）＝**ガレージに落書きをする**

かれる
枯れる

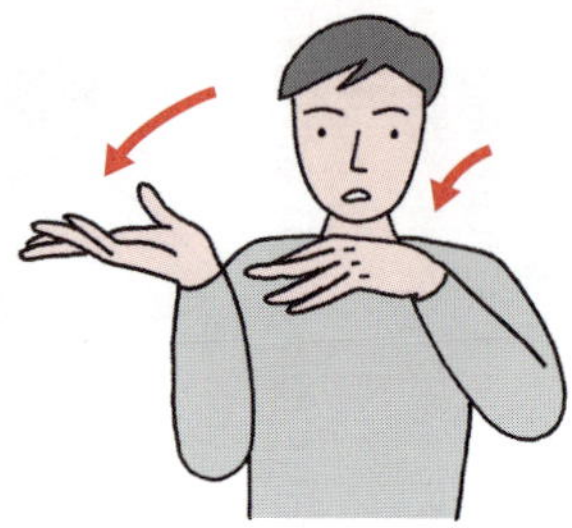

両手の手のひらを向かい合わせて立て、同時に右に倒す。

解 花がしおれ、倒れる様子を表す。

参 「葉が枯れて落ちる」は、葉に見立てた手を上からヒラヒラと下に動かす。

使い方例
花＋枯れる＝**花が枯れる**
葉＋枯れる＝**葉が枯れる**

かれんだー
カレンダー

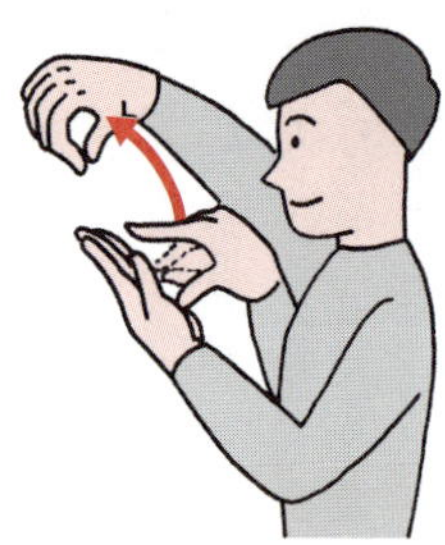

左手をカレンダーに見立て、右手でめくるようにする。

解 カレンダーをめくる様子を表す。

参 「**日めくり**」は、右手で何回もめくって表現する。

使い方例
カラオケ＋カレンダー＝**アイドルのカレンダー**

かわ
河（川）

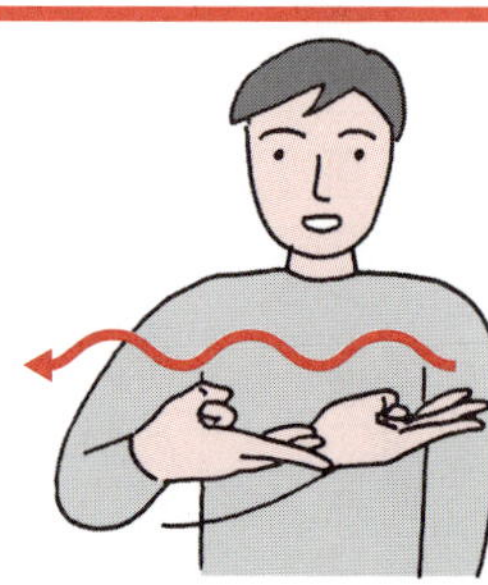

漢字の「川」

右手の人差し指と中指、薬指を伸ばし、右へ波状に動かす。

参 5指を伸ばして波状に動かすと、「**水**」となる。また、漢字の「**川**」は、人差し指と中指、薬指を立てて、手首を軸に前に倒す。

使い方例
河（川）＋釣り＝**川釣り**
河（川）＋会う＝**河合**

皮
かわ

右手の親指の先をほおにあて、人差し指を前に倒す。

徳

解 顔の表面、つまり皮であることから。

参 同じ形であごにあてて表すと、「**徳**」。「皮」は左手の甲を右手の親指と人差し指でつまむようにする表現もある。

使い方例
- 皮＋靴＝**革靴**
- 皮＋バッグ＝**革のバッグ**
- 皮＋ベルト＝**革のベルト**
- 皮＋着る＝**革ジャン**

かわいい
かわいい

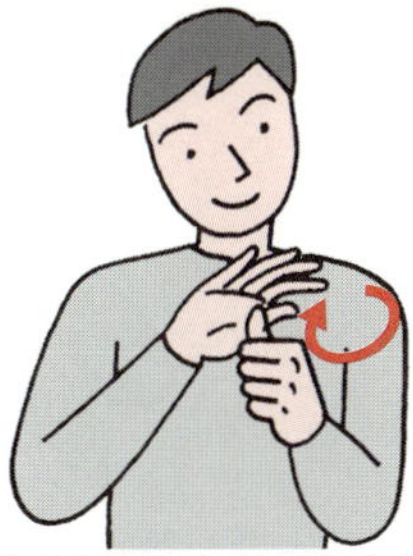

手のひらを下に向けてわん曲させた右手を、左の親指の上で回す。

解 立てた親指は人を表し、人の頭をなでる様子を表す。

同 愛知・かわいがる

使い方例
- 子ども＋かわいい＝**かわいい子ども**
- 洋服＋かわいい＝**かわいい洋服**

かわいそう
かわいそう

両手の親指と人差し指の先をつけて目の下におき、下げる。

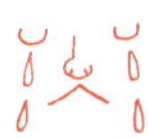

解 目から涙がこぼれる様子を表す。

参 右手だけで表現することもできる。

同 悲しい・泣く・涙

使い方例
- かわいそう＋芝居＝**悲劇**
- かわいそう＋人①＝**かわいそうな人**

乾く
かわく

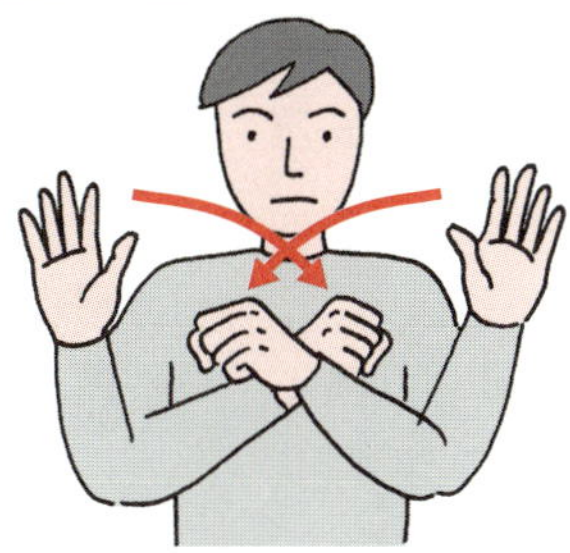

両手の手のひらを前に向け、こぶしを作りながら交差させる。

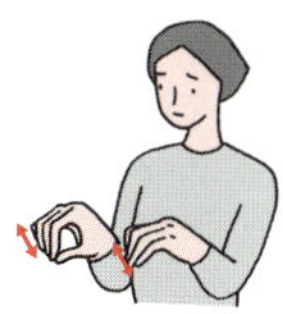

濡れる

反 手のひらを前に向けた両手の指先を同時につけたり離したりすると、「**濡れる**」。

同 失う・乾燥・消える・治る・なくなる

使い方例
- 肌＋乾く＝**乾燥肌**
- 目＋乾く＝**ドライアイ**
- 空気＋乾く＝**空気が乾燥する**

(のどが) かわく

(のどが)渇く

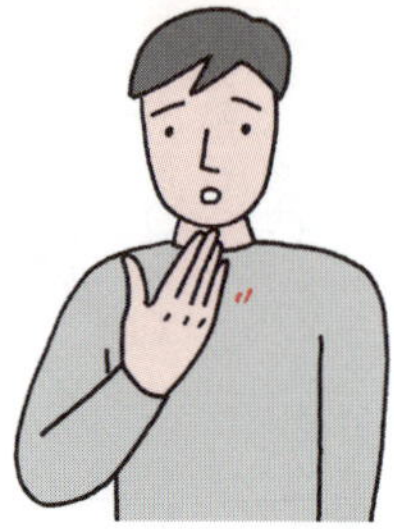

右手の指先をのどにあて、なでる。

横から見たとき

解 のどが渇く様子を表す。

同 欲求

使い方例

(のどが)渇く＋水＋飲む＝**のどが渇いたから水を飲む**

暑い＋(のどが)渇く＝**暑くてのどが渇く**

かわむき

皮むき

わん曲させた左手の横に、親指を立てた右手をおき、同時に2回ひねる。

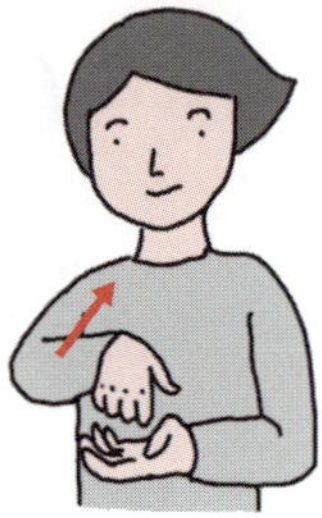

わん曲させた左手の上に、右手をおき、前から後ろに2回動かす。

解 何の皮をむくかによって、表現が異なる。

使い方例

りんご＋皮むき＝**りんごの皮をむく**

皮むき＋部下＋練習＋大切＝**皮むきも修行のうち**

かわる

変わる

両手の手のひらを向かい合わせる。

手首を軸に回し、手の位置を入れ替える。

参 両手の人差し指を立て、手首を軸に入れ替える表現もあり、「代わりに」などと表すときに使う。

同 変身

使い方例

顔＋変わる＝**顔が変わる**

社会＋変わる＝**世の中が変わる**

気持ち＋変わる＝**心変わり**

～かん

～間

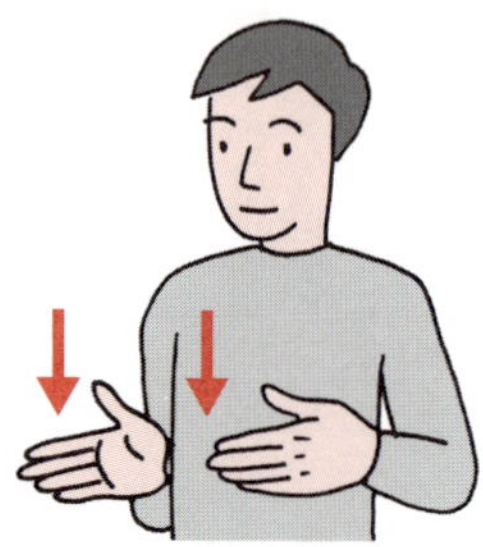

体の前で、両手の手のひらを向かい合わせ、少し下げる。

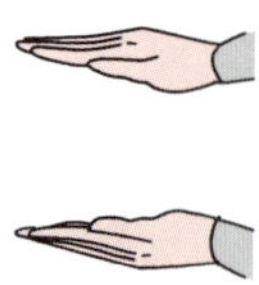

上から見たとき

解 両手で空間(間)を作る。

参 2回同じ動作をすると「**ちょうど**」の意味になる。

同 間(あいだ)・間(ま)

使い方例

週＋～間＝**1週間**

昼＋～間＝**昼間**

1＋秒＋～間＝**1秒間**

空気＋～間＝**空間**

ガン
がん

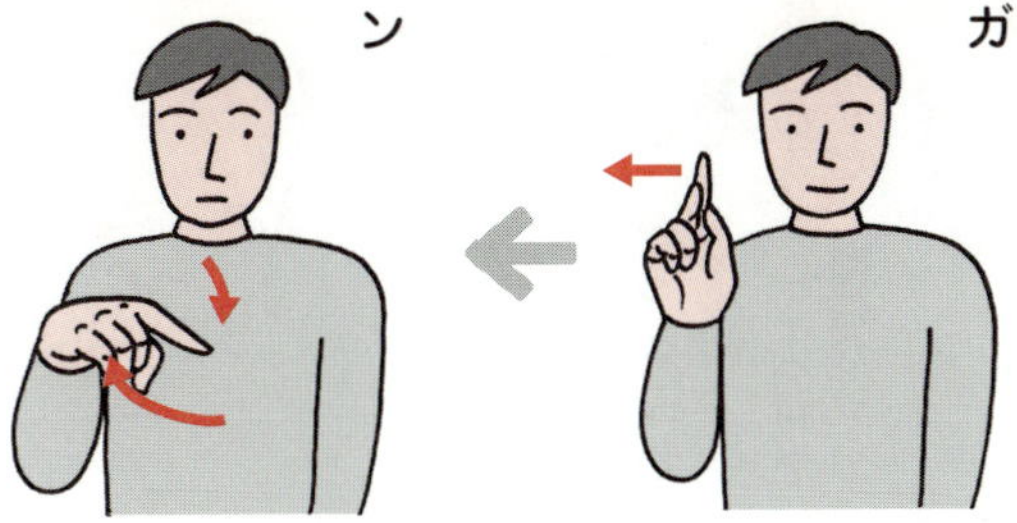

人差し指と中指を立て、中指に親指の腹をつけ、右に動かす。

人差し指で「ン」と空書する。

解 指文字で「ガン」と表す。

参 「**エイズ**」は指文字の「エ」をひたいにあてて表す。

使い方例
- 肺＋ガン＝**肺ガン**
- ガン＋怪しい＝**ガンの疑い**
- ガン＋報告＝**ガンの告知**

肝炎
かんえん

両手で肝臓の形を表して、肝臓がある位置にあてる。

右手の手のひらを手前に向け、手首をひねりながら上げていく。

解 2つ目の動作は「火」の手話。

使い方例
- 指文字「C」＋形＋肝炎＝**C型肝炎**
- 肝炎＋病気＋通う＝**肝炎で病院に通院する**

考える
かんがえる

右手の人差し指をこめかみのあたりにつけ、指をねじる。

参 難しいことを考える場合は、深刻な表情をしながら。ねじらないで、指をおくだけだと「**思う**」の意味になる。

使い方例
- 考える＋甘い＝**甘い考え**
- よい＋考える＝**よく考える**
- 考える＋力＝**思考力**

環境
かんきょう

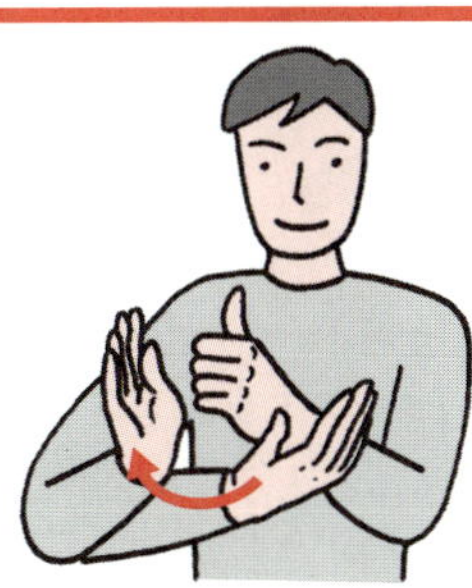

左手の親指を立て、右手で左手全体を囲うように回す。

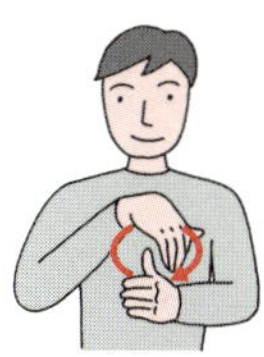

独身

解 親指は人を表し、右手はその人の周囲という意味を表す。

参 左手の親指を立て、右手を上で回すと「**独身**」となる。

同 守る

使い方例
- 環境＋問題＝**環境問題**
- 環境＋悪い＝**環境が悪い**
- 環境＋よい＝**環境がいい**

関係
かんけい

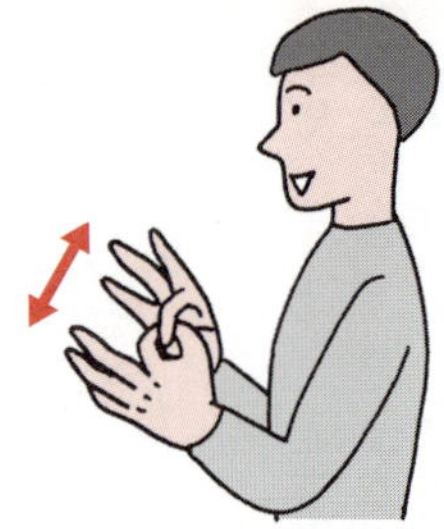

両手の親指と人差し指で輪を作ってからませ、左右に2回往復させる。

参 からませた両手の輪を前に出すと、「**ずっと**」「**だから**」「**続く**」となる。

反 からませた両手の輪をパッと離すと、「**関係ない**」となる。

同 関する

使い方例
関係＋ある＝**関係がある**
人①＋関係＝**人間関係**
女＋関係＝**女性関係**
関係＋切る＝**縁を切る**

頑固
がんこ

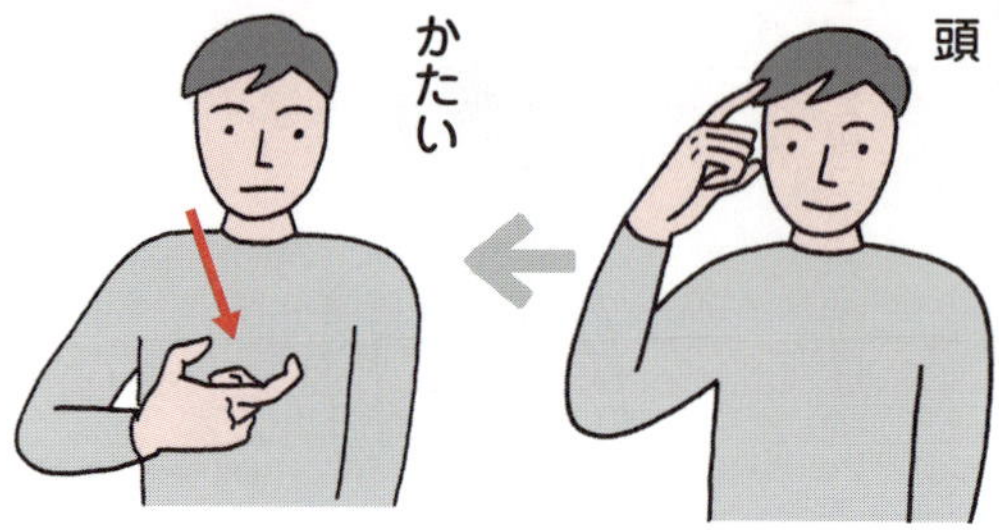

右手の人差し指を伸ばして、こめかみにあてる。

右手の親指と人差し指を曲げ、強く斜めに下ろす。

解 頭がかたい、つまり「頑固」となる。

反 「頭＋やわらかい」で「柔軟」となる。

使い方例
頑固＋おじさん＝**頑固おやじ**

観光
かんこう

右の親指と人差し指で輪を作って目におき、円を描いて右に動かす。

解 いろいろな物を見て、目が動く様子を表す。

同 見学・探す

使い方例
観光＋場所＝**観光地**
観光＋建物＝**博物館**
観光＋バス＝**観光バス**
観光＋客＝**観光客**

看護師(女)
かんごし

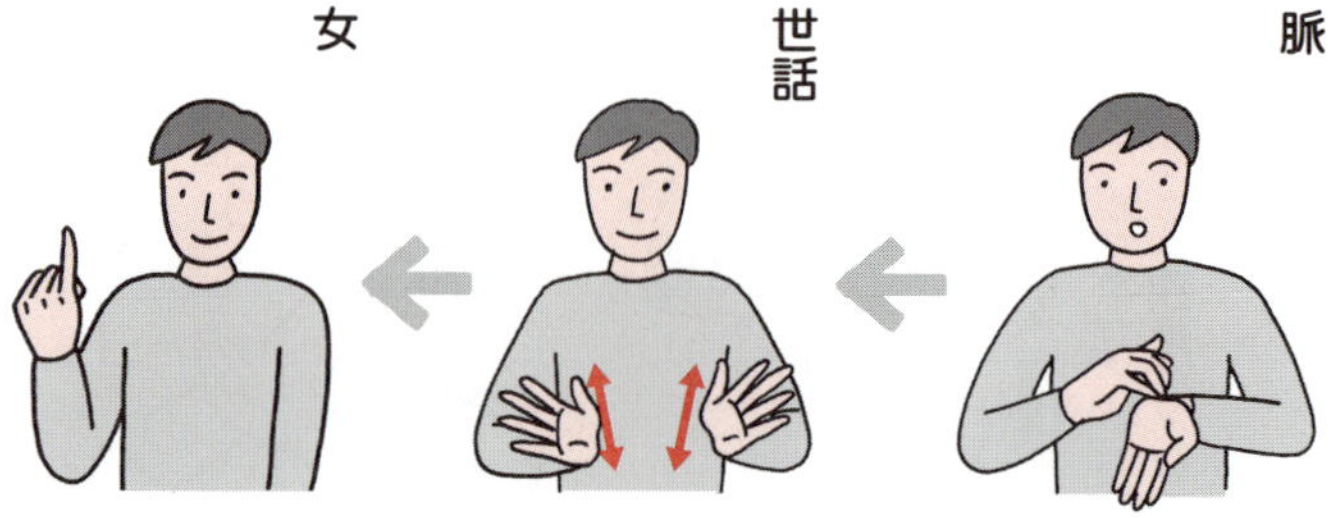

右手の指先を左手の手首にあてる。

両手を向かい合わせ、交互に上下に動かす。

右手の小指を立てる。

反 「女」の代わりに「男」の手話単語を表すと、「**看護師(男)**」。

感謝
かんしゃ

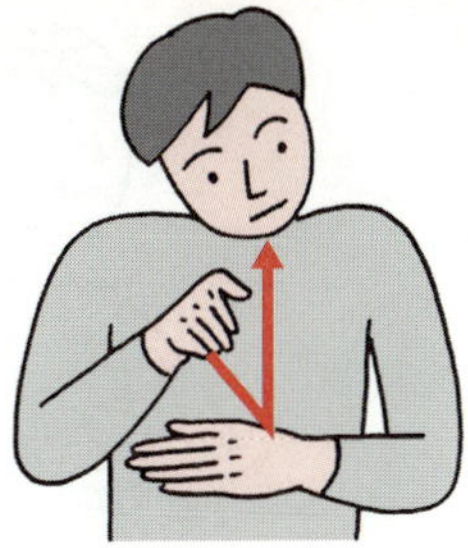

右手を垂直に立て、小指側で左手の甲をトンとたたく。

横から見たとき

同 ありがとう

使い方例

感謝＋恩（右手の手のひらで頭をなでる）＋会＝**謝恩会**

感謝＋四角＝**感謝状**

干渉
かんしょう

右手の手のひらを下にして左手の甲にのせる。

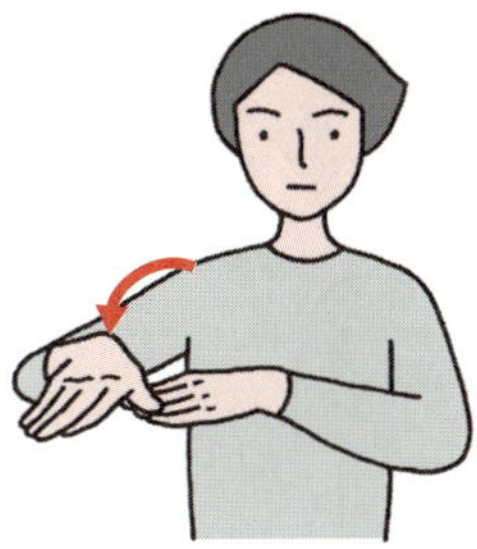

右手を少し前に出す。

解「手出しをする」という意味から。

同（ギャンブルなどに）手を出す

使い方例

子ども＋干渉＝**子どもに干渉する**

干渉＋ない②＝**干渉しない**

勘定
かんじょう

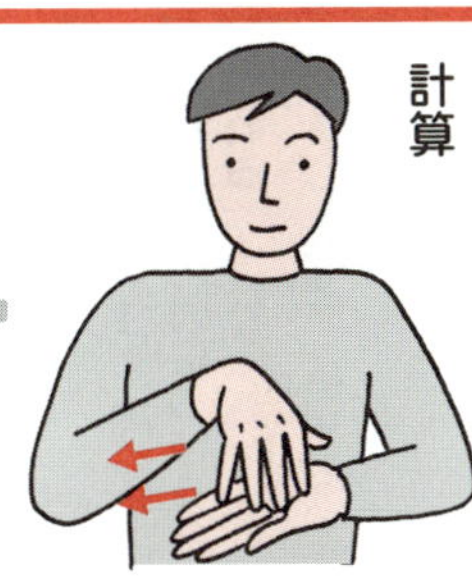

右手の指先を左手にのせ、右へ2回動かす。

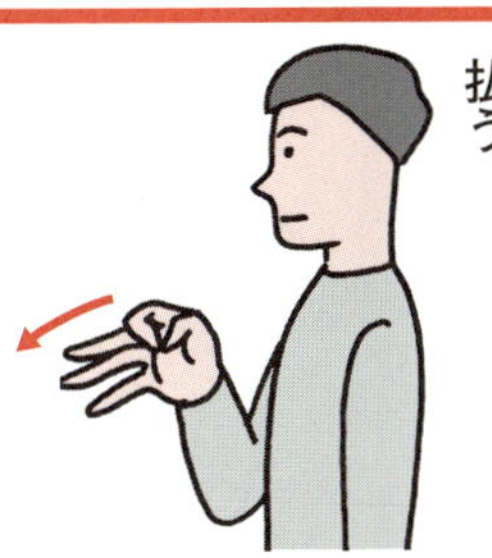

右手の親指と人差し指で輪を作って、前に出す。

解 計算…そろばんで計算する様子を表す。
払う…お金を払う様子を表す。

同 計算…そろばん・約
払う…支払い・支払う・有料

感じる
かんじる

右手の人差し指を伸ばして、こめかみにあてる。

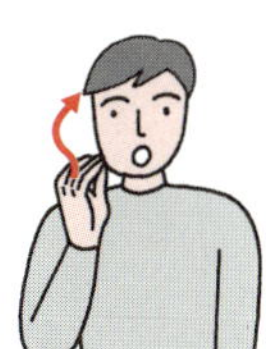

感じ入る

参 心の中で思うときに使う。右手をすぼませてほおに指先をあて、少しねじりながら上げる表現もあり、「**感じ入る**」ときに使う。

同 頭・意識・思う・感覚

使い方例

よい＋感じる＝**よいと感じる**

緊張＋感じる＝**緊張感**

孤独＋感じる＝**孤独感**

味＋感じる＝**味覚**

間接
かんせつ

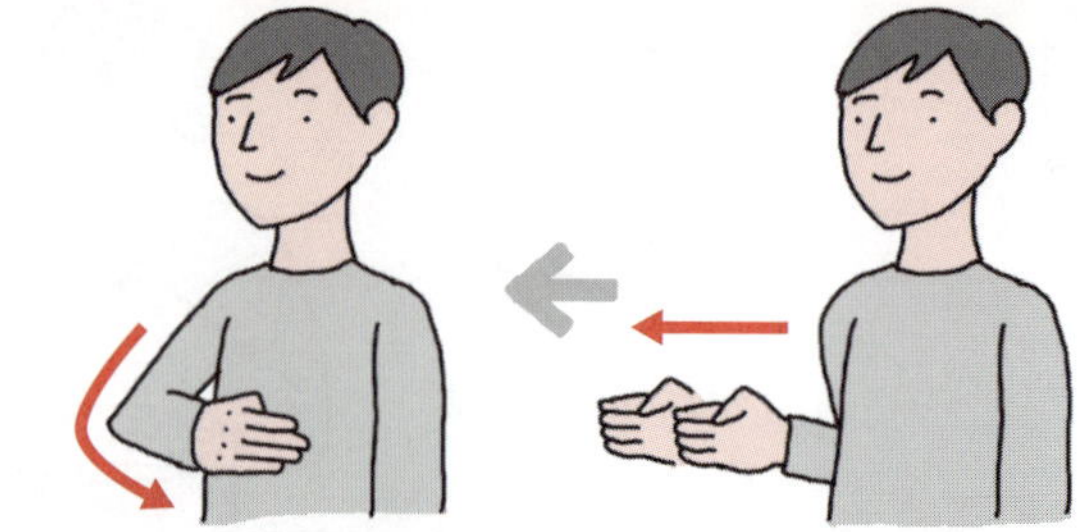

右手を体に垂直におき、まっすぐ前に出す。

前に出した右手を左に曲げ、体と平行に動かす。

同 ～を通して

使い方例

間接＋電気＝**間接照明**

間接＋合う＋言う＝**間接的な言い方**

間接＋キス＝**間接キス**

感染
かんせん

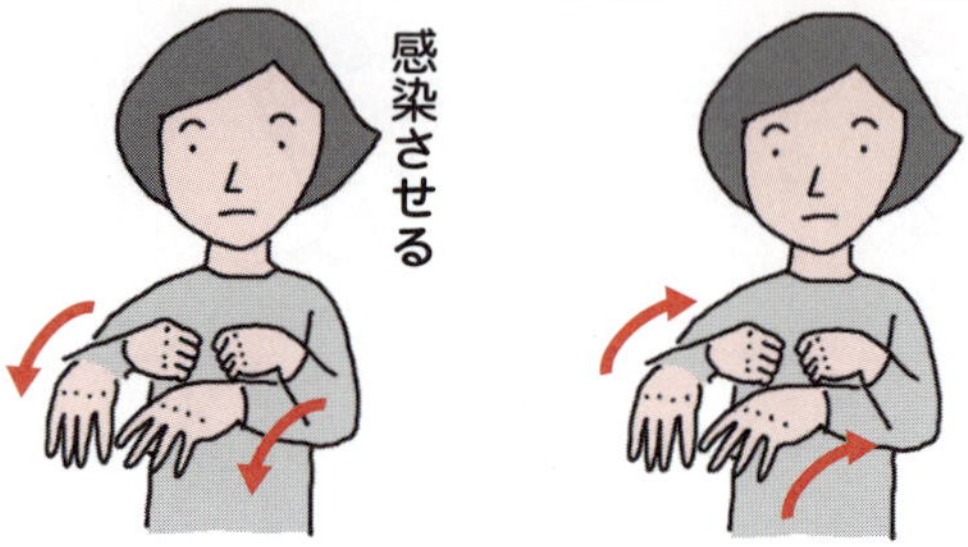

軽くわん曲させ、下に向けた両手を、引き寄せながらすぼめる。

すぼめた両手を胸の前におき、手を開きながら外側に出す。

解 細菌が、体の中に入ってきたり、出ていったりする様子を表す。

使い方例

インフルエンザ＋感染する＝**インフルエンザにかかる**

感染する＋病気＝**感染症**

乾燥
かんそう

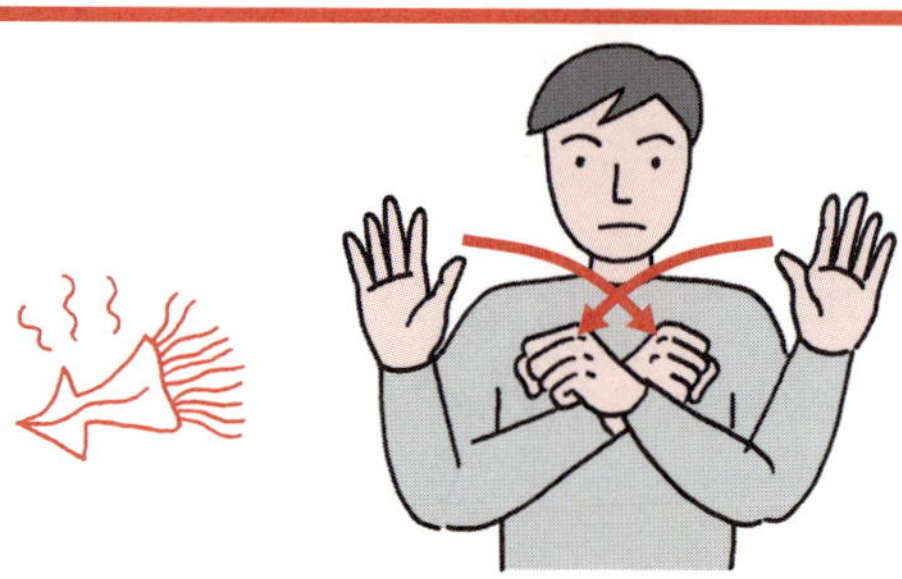

両手の手のひらを前に向け、こぶしを作りながら交差させる。

反 手のひらを前に向けた両手の指先を同時につけると、「**濡れる**」となる。

同 失う・乾く・消える・治る・なくなる

使い方例

肌＋乾燥＝**乾燥肌**

目＋乾燥＝**ドライアイ**

空気＋乾燥＝**空気が乾燥する**

寛大
かんだい

両手の親指を立てて手のひらを上に向け、お腹の前におき、同時にゆっくり左右に引く。

同 寛容

使い方例

寛大＋お願い①＝**大目に見てください**

男＋寛大＋心＋持つ＝**彼は寛大な男だ**

簡単
かんたん

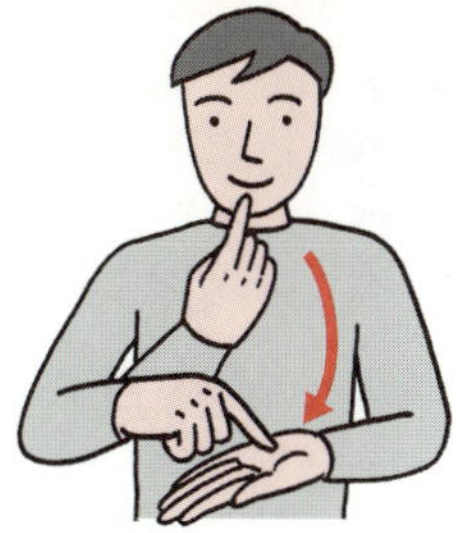

右手の人差し指をあごにあてたあと、左の手のひらにポンとのせる。

難しい

参 人差し指だけでなく、中指も一緒にのせると、「**決める**」。また、「スムーズ」でも、「簡単」の意味を表せる。

反 親指と人差し指でほおをつねるようにすると、「**難しい**」。

同 シンプル・単純・易しい

使い方例

尋ねる＋簡単＝**簡単な質問**
簡単＋ハンバーガー＝**ファーストフード**
誤解＋簡単＝**誤解しやすい**

元日
がんたん

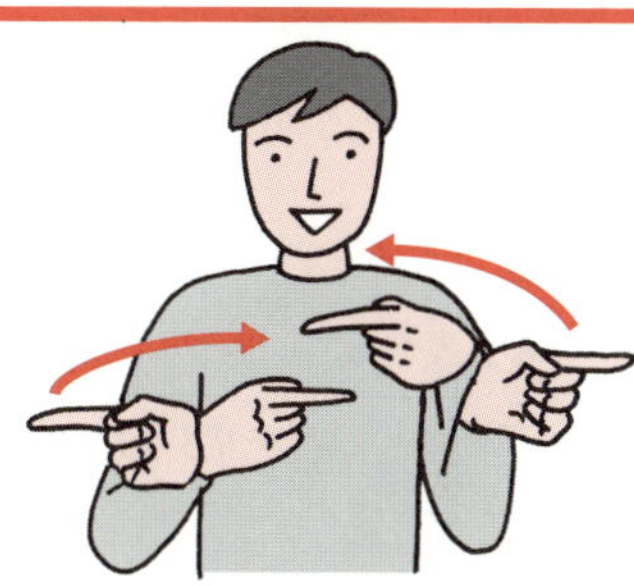

両手の人差し指を伸ばし、手首をひねって、真ん中に持ってくる。

解 一月一日を表す。

同 一月一日・正月

使い方例

元日＋明け方＝**初日の出**
元日＋祝う＝**あけましておめでとう**

勘違い
かんちがい

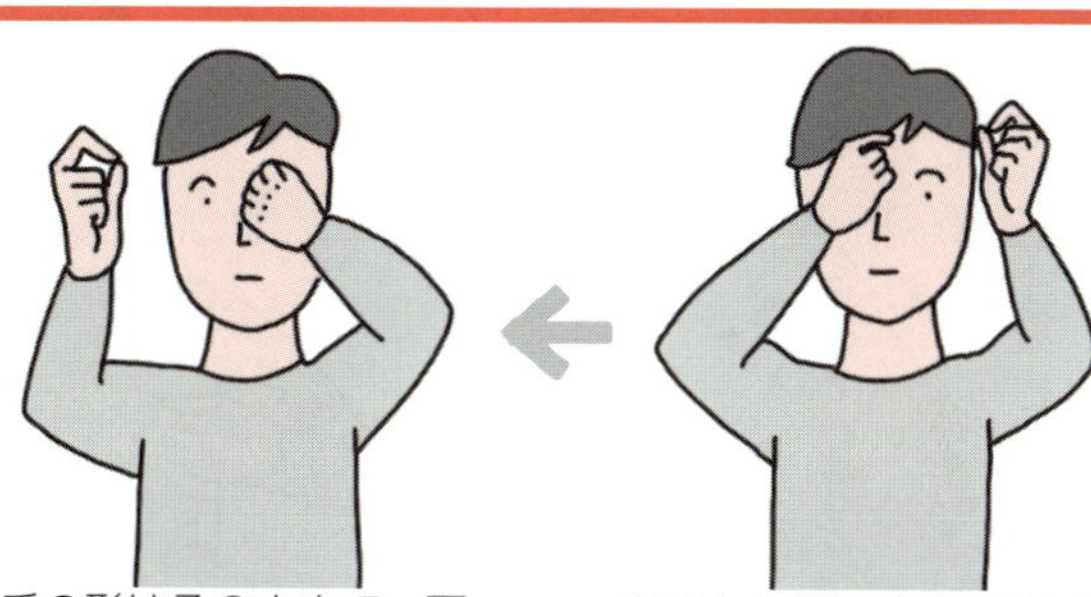

親指と人差し指をつけた両手を額の左側におく。

手の形はそのままで、両手を額の右側に動かす。

同 誤解・早とちり

使い方例

勘違い＋ない③＋気をつける＝**早とちりしないように気をつけなさい**

缶詰
かんづめ

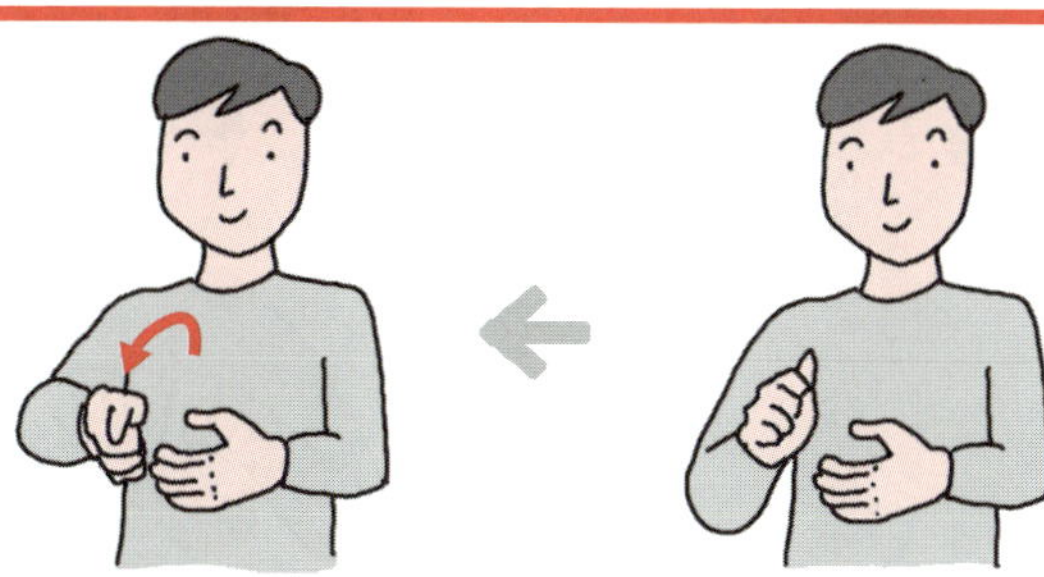

左手を軽くわん曲させて立て、右手のこぶしを左手の横上あたりにおく。

左手はそのままで、右手を手首を軸にひねる。

解 缶切りの様子を表す。

使い方例

果実＋缶詰＝**くだものの缶詰**
指文字「つ」「な」＋缶詰＝**ツナ缶**

かんでんち
乾電池

電気

頭の上で、指先を閉じた右手を２回パッとはじいて開く。

棒

両手で輪を作って並べ、左右に引き離す。

解 電気…電気がパッとつく様子から。
棒…細長い物の形を表す。

使い方例
乾電池＋なくなる①＝**電池切れ**

かんどう
感動

両手をすぼめて、ほおのあたりにおき、少しねじりながら上げる。

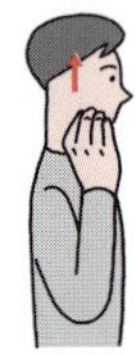
横から見たとき

参 右手だけで表現してもよい。
同 感激・感じ入る・感情・感心・興奮

使い方例
映画＋感動＝**映画に感動する**
本＋感動＝**本に感動する**
感動＋終わる＝**感動した**

かんぱい
乾杯

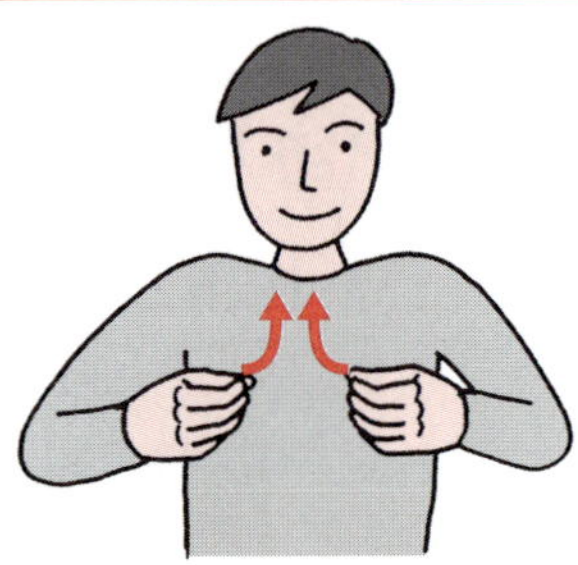
両手を軽く握り、左右からぶつけ合わせて、軽く上げる。

解 グラスを持って乾杯する様子を表す。
参 「**パーティー**」は、両手で輪を作って上下におき、交互に水平に回す。

使い方例
ワイン＋乾杯＝**ワインで乾杯する**
乾杯＋役＋お願い＝**乾杯の音頭をとってください**

がんばる
頑張る

両手でこぶしを作って並べ、２回下げる。

横から見たとき

参 応援するような表情をすると、「頑張って！」の意味になる。
同 いきいきする・生きる・お元気で・頑張って・元気

使い方例
体＋頑張る＝**健康**
頑張る＋命＝**生命**
頑張る＋指文字の「ヤ」＝**頑張り屋**

かんばん
看板

両手の手のひらを前に向けて並べる。

両手を左右に開く。

両手を下げて、指をつける。

右手の人差し指を左の手のひらにあて、手前に起こす。

解 看板…看板の四角い形を表す。

き

影絵をするときのきつねの形を作る。

き
木

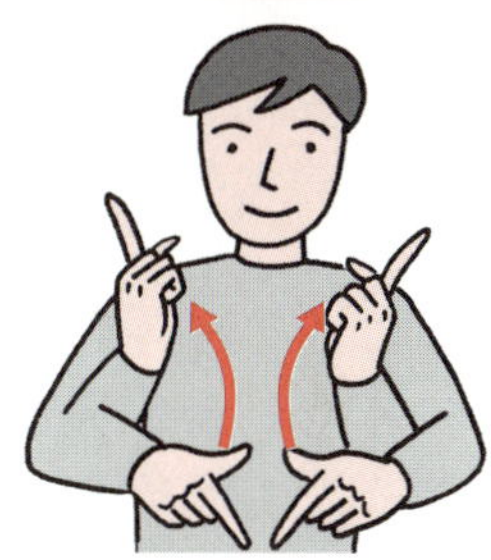

両手の親指と人差し指を伸ばし、手首を軸に開くようにして上げる。

解 木の形を表す。

参 「**林**」は両手の手のひらを向かい合わせて、交互に上下に動かす。「**森**」は両手の手のひらを手前に向け、上下に動かしながら左右に引き離す。

同 木曜日

使い方例
木＋村＝**木村**
木＋作る＝**木製**
りんご＋木＝**りんごの木**
木＋机＝**木の机**

きあい
気合い

軽くわん曲させた右手を、みぞおちあたりにあて、息を吐きながら強く押しあてる。

解 ぐっと力をこめたときのような表情をつけるのがポイント。

同 根性

使い方例
勝負＋(～する)前＋気合い＝**勝負の前に気合を入れる**
気合い＋～だけ＋意味＋ない①＝**根性だけではどうにもならない**

きいたことない

聞いたことない

右手を耳元につけ、手首をひねりながら引き離す。

ない①

参 手のひらを前に向けた右手を内側に返すと「**ない①**」。

同 覚えがない・初耳・聞いたためしがない

使い方例

今＋説明＋聞いたことない＝**今の話は聞いたことがない**

今＋〜まで＋聞いたことない＝**前代未聞**

きいていない

聞いていない

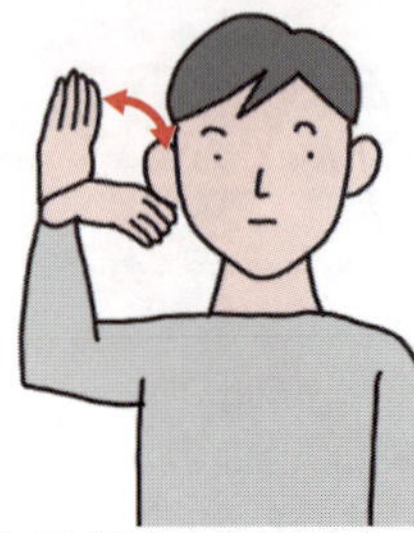

右手を耳の横におき、手首を軸に上下に振る。

両手で表したとき

解 音が聞こえない、話を聞いていないという意味。

同 聞こえない・知らない・知らされていない・蚊帳の外

使い方例

今日＋予定＋全部＋聞いていない＝**今日の予定はまったく聞いていない**

きいろ

黄色

右手の親指をひたいにあて、人差し指を左右に動かす。

前から見たとき

参 親指をあごにあてて人差し指を軽く左右に動かすと、「**なるほど**」となる。

使い方例

黄色＋緑＝**黄緑**

卵＋黄色＝**黄身**

黄色＋花＝**タンポポ**

きおん

気温

左手の手のひらに右手の人差し指をあてて、上下に動かす。

解 温度計の赤い部分が上がったり下がったりする様子を表す。

参 人差し指を上げると「**気温が高い**」、下げると「**気温が低い**」となる。

同 温度

使い方例

気温＋暑い＝**気温が高くて暑い**

普通＋気温＝**平均気温**

機会（きかい）

右のこぶしを左の手のひらにおき、2回小さく回転させる。

（〜の）とき

参 右手の親指を左の手のひらにあて、人差し指を前に倒す「（〜の）とき」で表すこともある。

同 運・運命・偶然・たまたま・都合・まぐれ

使い方例
機会＋ない①＝**機会がない**
会う＋機会＋作る＝**会う機会を作る**

機械（きかい）

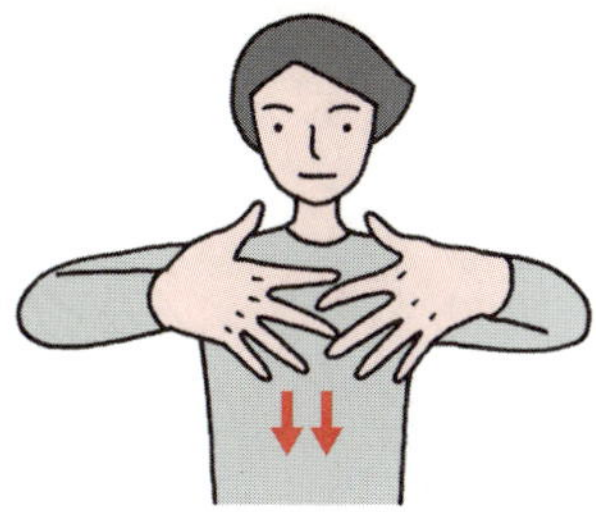

両手の指を広げてかみ合わせ、2回下げる。

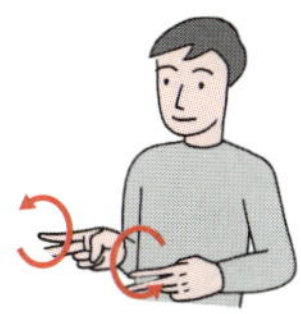

ほかの表現

解 機械の歯車を表す。

参 両手の人差し指と中指を伸ばして交互に回し、ベルトコンベヤーを表す手話表現もある。

同 機能

使い方例
機械＋マウス＝**CAD（コンピュータを利用した設計・製図）**
コピー＋機械＝**コピー機**

着替え（きがえ）

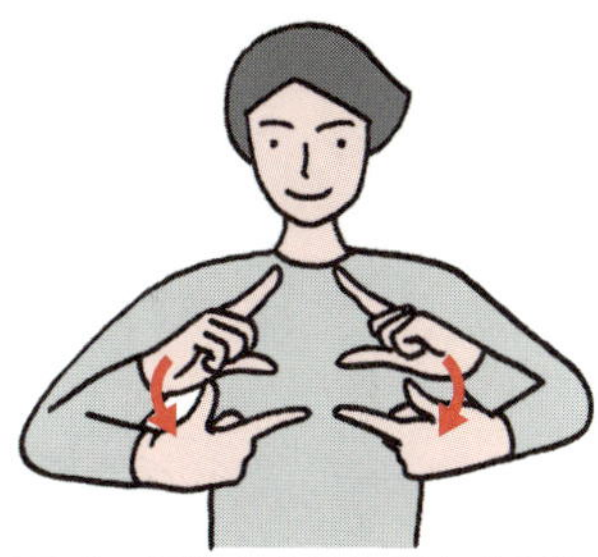

両手の親指と人差し指を伸ばして胸の前におき、手首を前にひねる。

違う

解 手首をひねることで、洋服を別の物に替えるという意味を表す。

参 両手を互い違いにひねると、**「違う」**となる。

使い方例
着替え＋カゴ＝**脱衣カゴ**
着替え＋部屋＝**脱衣室**
着替え＋大会＝**仮装大会**
着替え＋行列＝**仮装行列**

気が強い（きがつよい）

気持ち

右手の人差し指で、左胸に円を描く。

強い

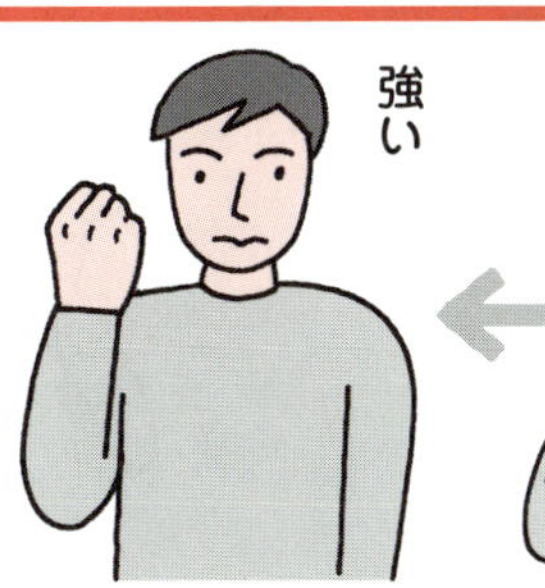

右手を握り、腕を直角に曲げる。

解 強い…力こぶを作る様子から。

参 「気持ち」は、人差し指で胸に触れるだけでもよい。

同 気持ち…気分・心

使い方例
気が強い＋性格＝**強気な性格**
母＋気が強い＝**母は気が強い**

きかない
聞かない

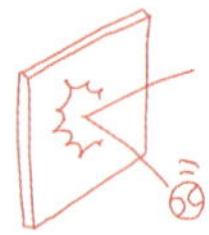

左手の手ひらに右手の人差し指をつけ、はじくように離す。

解 目（耳）に入らず、はね返っている様子を表す。

同 無視する

使い方例
人①＋説明＋聞かない＝**人の話を無視する**
聞かない＋損＝**聞かないと損をする**

きがよわい
気が弱い

気持ち
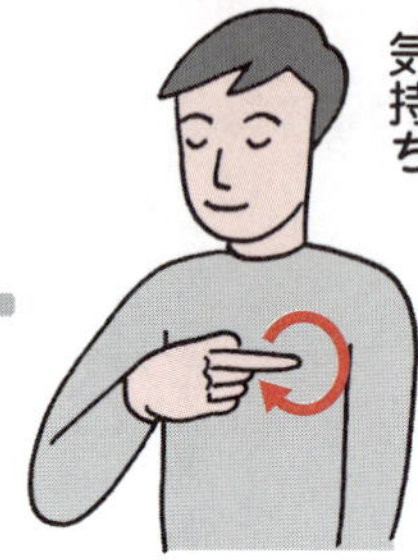
右手の人差し指で、左胸に円を描く。

弱い
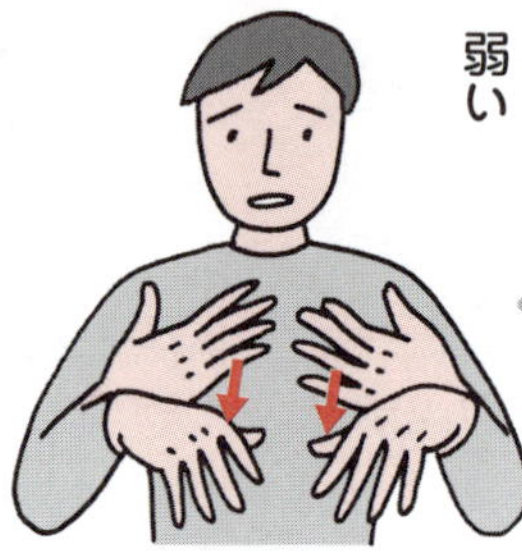
胸の前においた両手を手首からだらりと下ろす。

参 「気持ち」は、人差し指で胸に触れるだけでもよい。

同 気持ち…気分・心
弱い…弱点

使い方例
気が弱い＋性格＝**内気な性格**
気が弱い＋言う＋無理＝**気が弱くて言えない**

きがる
気軽

気持ち
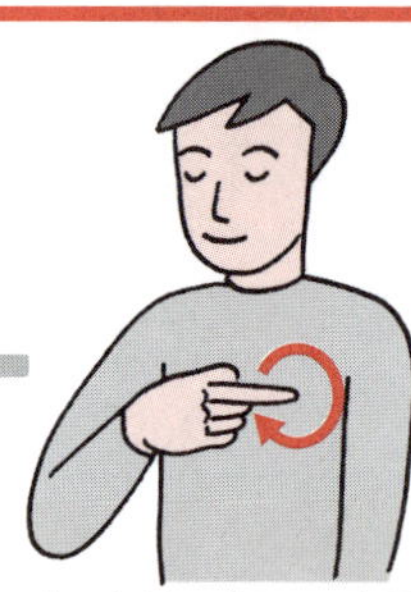
右手の人差し指で、左胸に円を描く。

軽い

両手の手のひらを上向きにし、軽く上げる。

参 「気持ち＋楽」で「気楽→気軽」と表してもよい。

同 気持ち…気分・心

使い方例
気軽＋家＋誘う＝**気軽に遊びに来てね**
気軽＋よい＝**気楽でいい**

ききながす
聞き流す

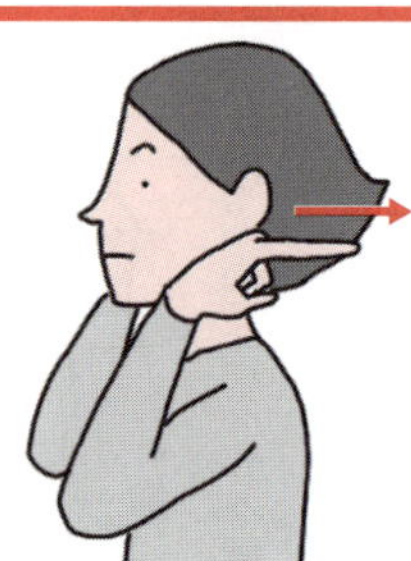

両手の人差し指を伸ばし、目の横を抜けるように後ろに動かす。

同 聞き逃す

使い方例
先生＋説明＋聞き流す＝**先生の話が理解できない**
親＋気をつける＋聞き流す＝**親の注意を聞き流す**

聞く きく

右手の手のひらを前に向けて、耳にあてる。

参 軽く曲げた右手の人差し指を、耳に2回近づける表現もある。

使い方例
話す＋聞く＝**話を聞く**
聞く＋気持ち＋ない①＝**聞く耳を持たない**

危険 きけん

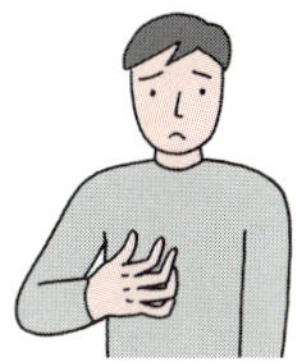
右手だけで表現するとき

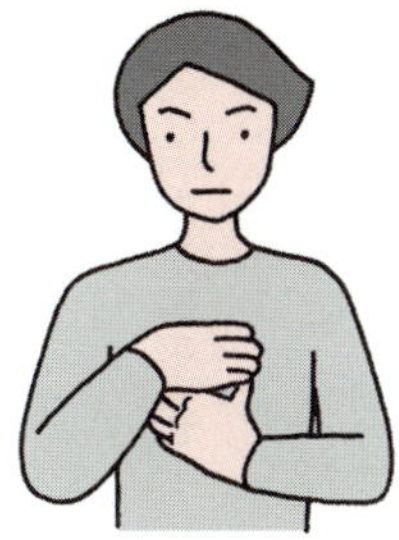

両手の指を軽く曲げて、2回胸にあてる。

参 右手だけをわん曲させて胸にあててもよい。

同 危ない・心配・不安

使い方例
危険＋高い＝**危険度が高い**
動物＋危険＝**危険な動物**
危険＋報告＝**警報**
危険＋場所＝**危険な場所**

既婚 きこん

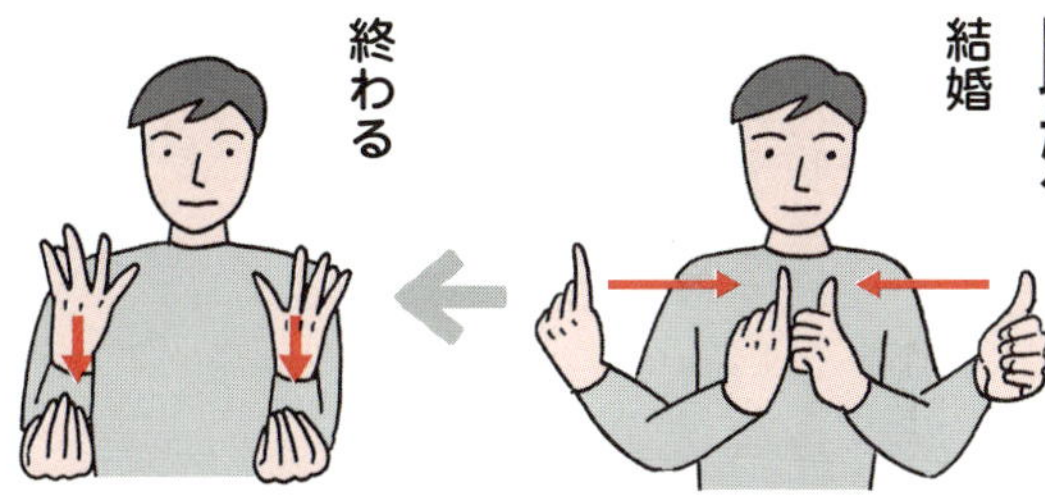

右手の小指と左手の親指を立て、左右からつける。

両手をすぼめながら下げる。

解 結婚が終わる→「既婚」。結婚…親指(男)と小指(女)がくっつくことから。

反 「結婚＋まだ」で「未婚」。

使い方例
既婚＋人々②＝**既婚者**
妊娠＋結婚＝**できちゃった結婚**

技術 ぎじゅつ

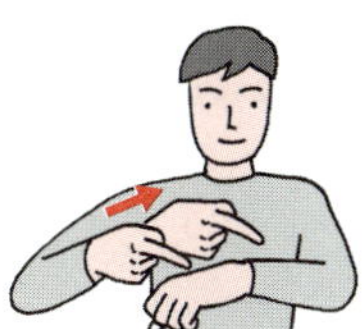
素人

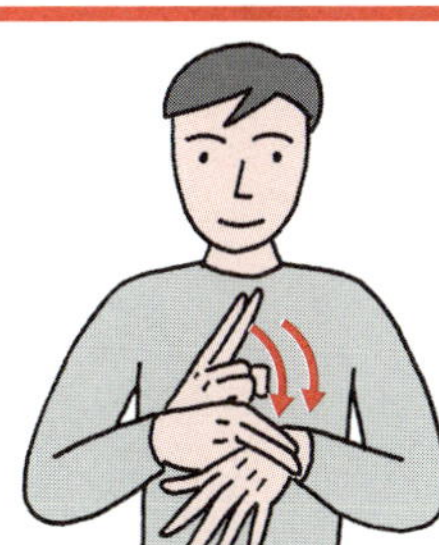

右手の人差し指と中指をそろえて伸ばし、左の手首を2回たたく。

参 2指ではなく、人差し指で線を引くようにすると、「**素人**」となる。

同 技（わざ）

使い方例
技術＋男(女)＝**技術者**
技術＋上手＝**腕がいい**
技術＋あげる＝**技術提供**
裏＋技術＝**裏ワザ**

キス
きす

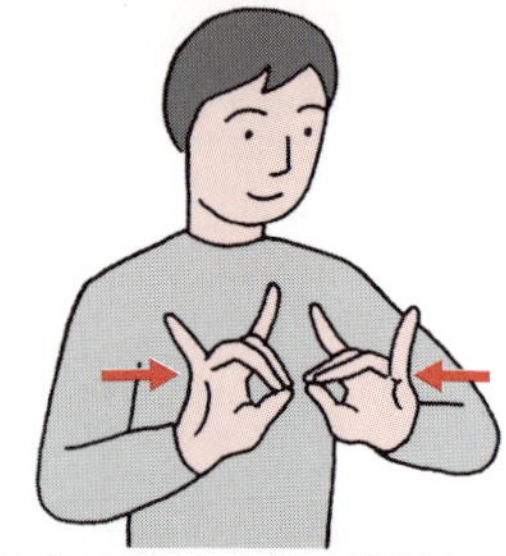

両手の親指と中指、薬指をそれぞれつけて、左右から寄せる。

解 両手の形は指文字の「キ」で、くちびるとくちびるが触れ合う様子を表す。

参 5本の指をすべてつけて、左右から寄せると「**ついでに**」。

使い方例
キス＋〜したい＝**キスしたい**
キス＋味＝**キスの味**
初めて＋キス＝**ファーストキス**

傷
きず

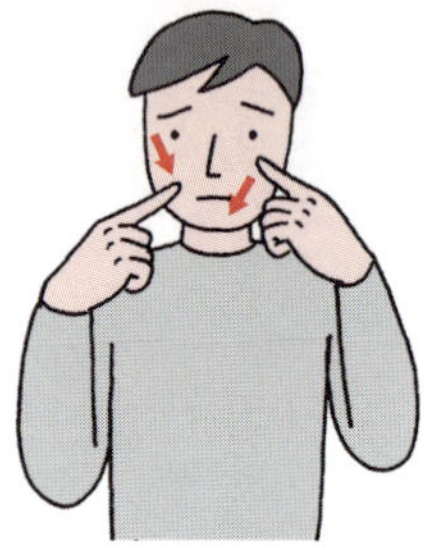

両手の人差し指を伸ばしてほおにあてて、斜め下に交互に動かす。

解 顔についた傷を表す。

参 手の傷は手の上で、足の傷は足の上でなど、傷の部位に人差し指をあてて動かす。

同 けが

使い方例
傷＋痛い＝**傷が痛む**
心＋傷＝**心の傷**
傷＋深い＝**深い傷**

季節
きせつ

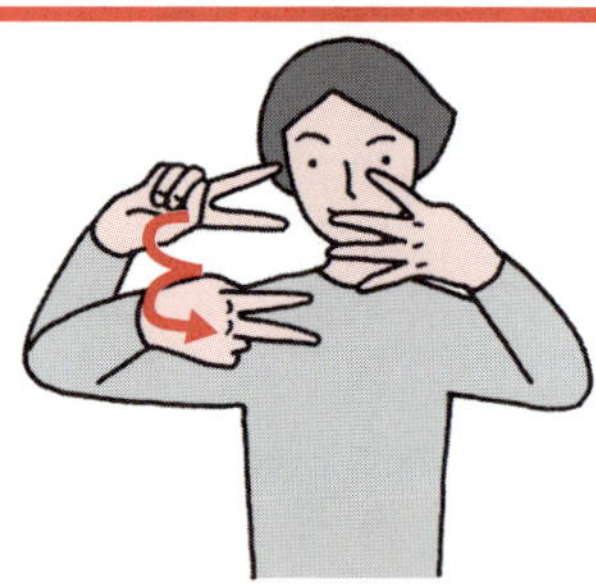

左の４指を広げ、その横で、右の人差し指と中指をねじって下げる。

解 左手の4指は「春夏秋冬」を、右手の2指をねじるのは「季節の移り変わり」を意味する。

同 四季

使い方例
季節＋合わない＝**季節外れ**
季節＋歌う＝**四季の歌**

偽造
ぎぞう

右手の人差し指と中指を伸ばし、手首を返して指先を前に向ける。

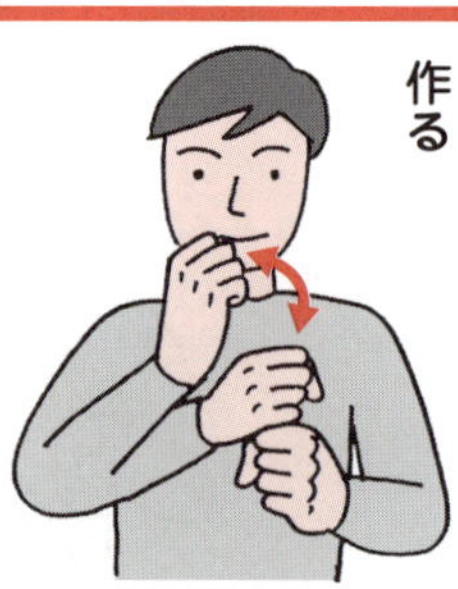

両手でこぶしを作って、左手に右手のこぶしをぶつける。

解 1つ目の動作のとき、舌で右ほおを突き出す。

使い方例
1＋万＋円＋偽造＝**1万円札偽造**
偽造＋隠す＝**偽造を隠す**
おしゃれ＋偽造＝**ブランド品偽造**

規則
きそく

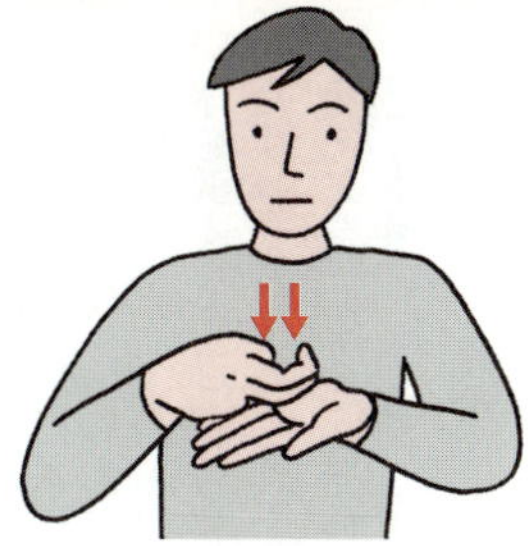

右手の人差し指と中指をそろえて曲げ、左の手のひらに2回あてる。

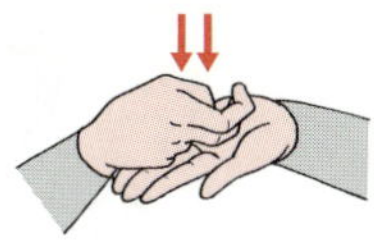

両手のアップ

同 憲法・法律

使い方例
交通＋規則＝**交通規則**
会社＋規則＝**就業規則**
規則＋まじめ＋生活＝**規則正しい生活**

北
きた

両手の親指と人差し指、中指を伸ばして、手を交差させる。

北

解 漢字の「北」の形から。

反 手でうちわや扇子などを持って、手首をひねってあおぐ動作をすると、「南」となる。

使い方例
東＋北＝**東北**
北＋ヨーロッパ＝**北欧**
北＋地域＝**北方面**
北＋区＝**北区**

ギター
ぎたー

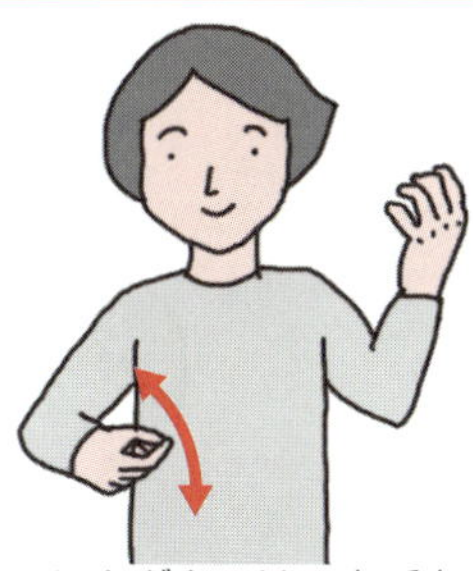

エレキギターは、右手をピックを持つように握る。

軽く握った左手を上のほうでかまえ、右手の手首を上下に振る。

解 この表現は例のひとつで、ギターの形や種類によって表現が異なる。

使い方例
ギター＋教わる＋部屋＝**ギター教室**
ギター＋男＝**ギタリスト**

期待
きたい

楽しい

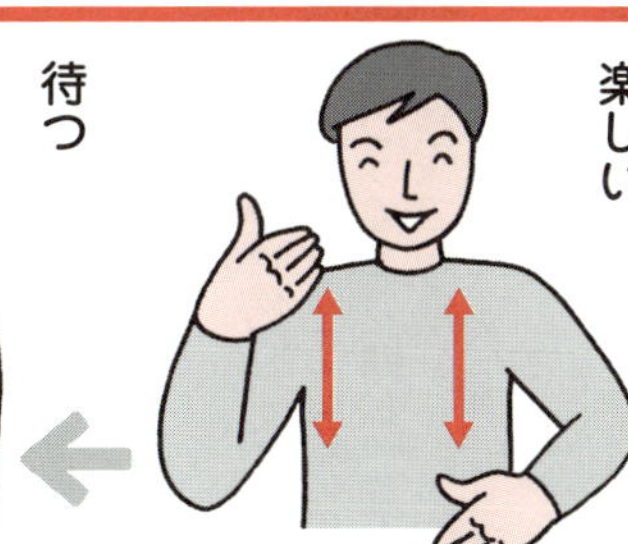

両手の指先を胸に向け、交互に上下に動かす。

待つ

右手を折って指先を手前にし、あごの下にあてる。

参 指文字の「キ」をあごの下にあてる表現もある。

同 楽しい…うれしい・喜び・喜ぶ

使い方例
期待＋同じ＝**期待通り**
待つ＋楽しい＝**お楽しみに**
期待＋意外＝**期待外れ**

鍛える

きたえる

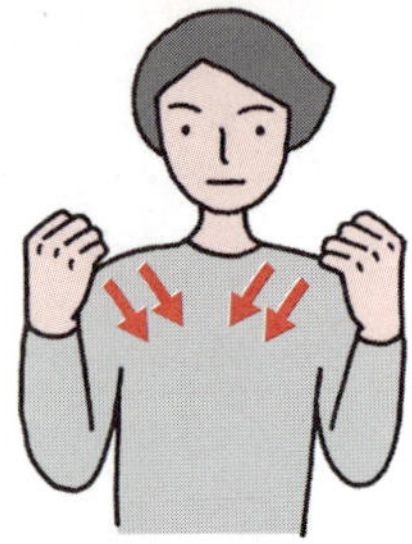

両手を握り、胸に2回あてる。

体操

解 体を鍛えるようにドンドンたたく様子から。

参 腕を交差させて左右に動かすと「**体操**」となる。

同 運動・ジム・鍛錬

使い方例
鍛える＋足りない①＝**運動不足**
体＋鍛える＝**体を鍛える**
足＋鍛える＝**足を鍛える**

汚い

きたない

鼻をつまむ。

わん曲させた右手を左手の手のひらに2回のせる。

解 鼻をつまむことで臭いことを、右手を左手にのせることで、汚れがつく様子を表す。

同 不潔

使い方例
洋服＋汚い＝**汚い服**
汚い＋入る＝**汚物入れ**
心＋汚い＝**心が汚い**

貴重

きちょう

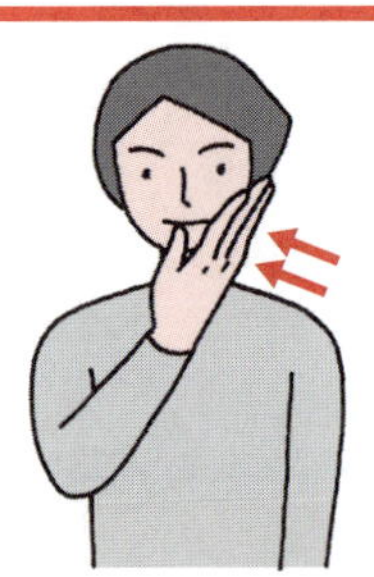

右手の手のひらを左のほおに2回あてる。

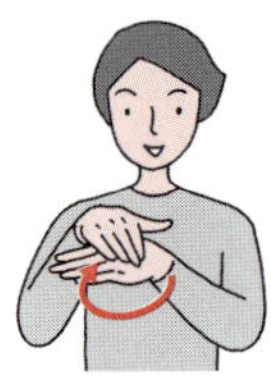

愛する

参 右のほおにあてると、「**おいしい**」となる。また、下向きにした左手の甲を右手でなでる「**愛する**」で表すこともできる。

同 大事・大切・もったいない

使い方例
貴重＋品＝**貴重品**
貴重＋物＝**とっておきの物**
家族＋貴重＝**家族を守る**

きちんと

きちんと

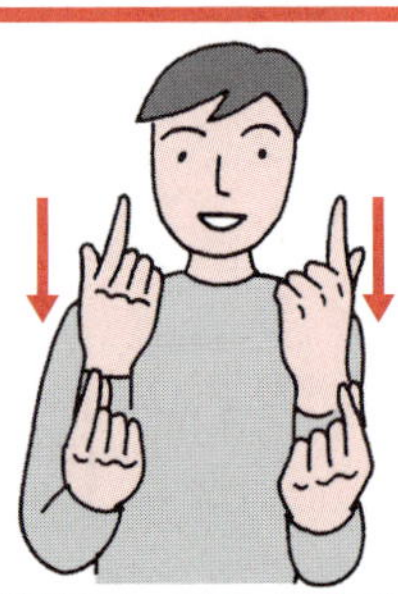

両手の親指と人差し指を立てて、指先をくっつけながら下げる。

横から見たとき

参 片手で同様にすると「**〜も**」、また、下げずに2回指をくっつけると、「**同じ**」「**そう**」の意味になる。

同 やはり

使い方例
部屋＋きちんと＝**きちんとした部屋**
きちんと＋性格＝**几帳面**
きちんと＋準備＝**きちんと準備**

きっかけ

きっかけ

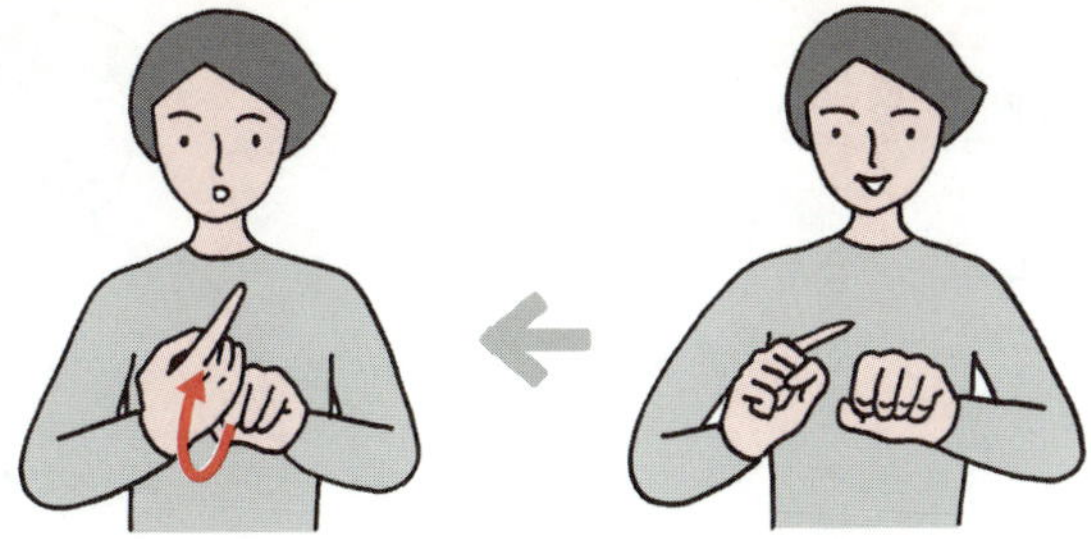

左手は丸め、右手は人差し指を横に伸ばす。

右手の人差し指を左手にあてて、上にはねる。

同 起きる・事件・出来事・発生

使い方例
基本＋きっかけ＝**原因**
きっかけ＋作る＝**きっかけを作る**

ぎっくりごし

ぎっくり腰

こぶしを作った両手を上下につなげ、上の手を自分のほうに少しずらす。

解 腰がずれた様子を表す。

使い方例
荷物＋運ぶ＋ぎっくり腰＋後悔＝**荷物を運んでぎっくり腰になった**

きっさてん

喫茶店

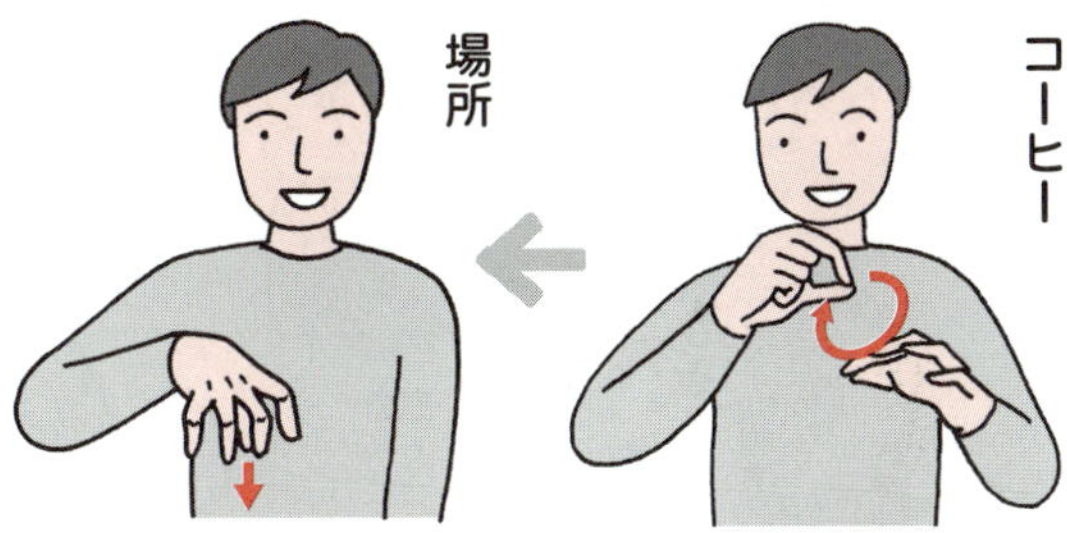

コーヒー

左手でカップを持ち、右手のスプーンでかき回す。

場所

軽くわん曲させた右手を少し下げる。

参「コーヒー」の右手を、上下に軽く動かすと「**紅茶**」の意味になる。

同 場所…〜所・〜場

使い方例
毎日＋喫茶店＝**いつもの喫茶店**
駅＋前＋喫茶店＝**駅前の喫茶店**

きって

切手

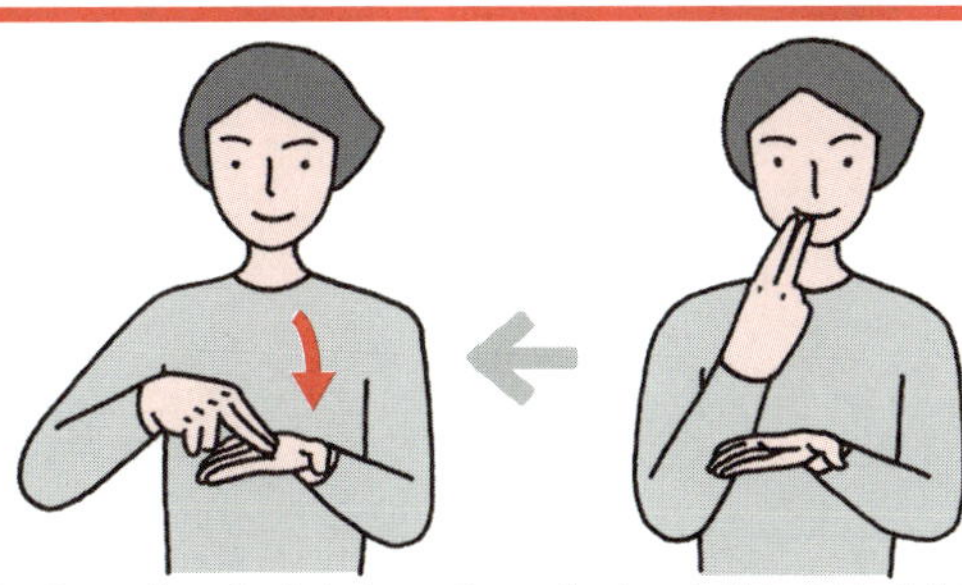

右手の人差し指と中指を立てて口の前におく。

右手の2指の指先を左の手のひらにあてる。

解 切手をなめて貼る様子から。

参 右手の人差し指と中指を、左の手のひらにあてるだけだと「**決める**」となる。

使い方例
切手＋お金＝**切手代**
切手＋集まる＝**切手収集**
80＋切手＝**80円切手**

切符
きっぷ

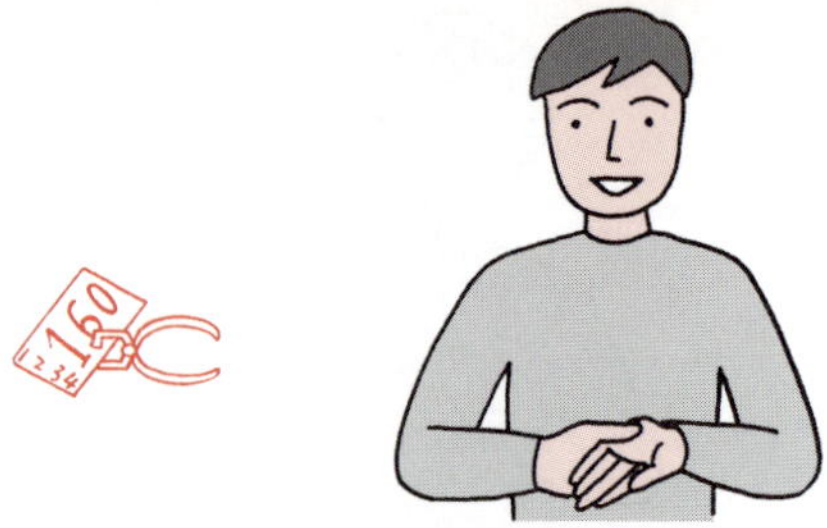

右の親指と人差し指で、手のひらを上向きにした左手を2回はさむ。

解 切符にはさみを入れる様子を表す。

参 右手で左手を1回はさむと、**「駅」「改札」**となる。

使い方例

切符＋場所＝**切符売り場**
往復＋切符＝**往復切符**
行く＋切符＝**片道切符**

気にかかる
きにかかる

右手の人差し指を曲げて、口元におく。

人差し指を2回右に引く。

解 ひっかかる動作で、「気になる」ということを表す。

参 1回だけ引くと**「引っ張られる」「誘惑に負ける」**という意味になる。また、「心配」の手話単語でも「気にかかる」を表せる。

気にしない
きにしない

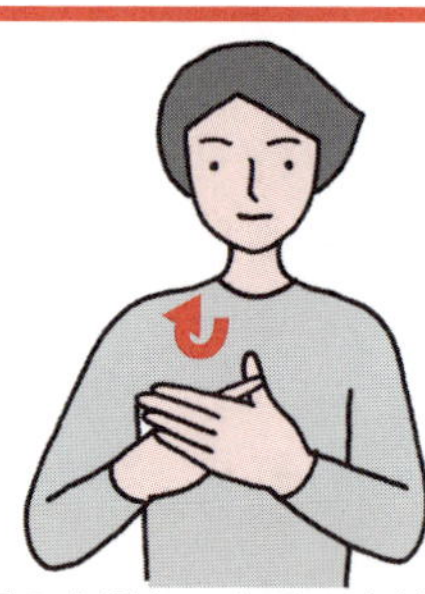

左手の内側を、右手の人差し指で2回なぞるように動かす。

空(から)

参 左手の内側をなぞるような動きは「空(から)」を意味している。**「空(から)」**は、左手の中に右手を入れて軽く振る。

同 のんびり・平気・気に留めない

使い方例

気にしない＋する＝**何も考えずに行動する**
命＋気にしない＝**命知らず**

家の中ではのんびりしています。

家
P.46

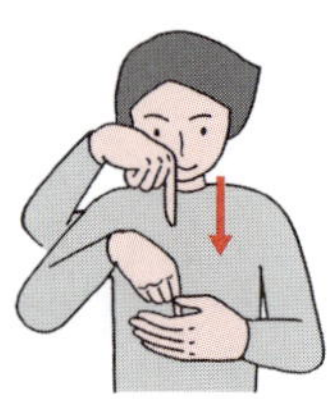

(〜の)中
P.400

頭
P.32

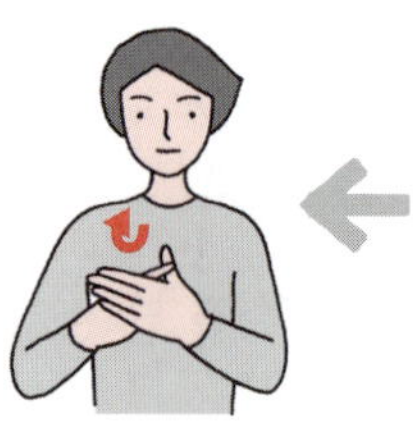

気にしない

記念
きねん

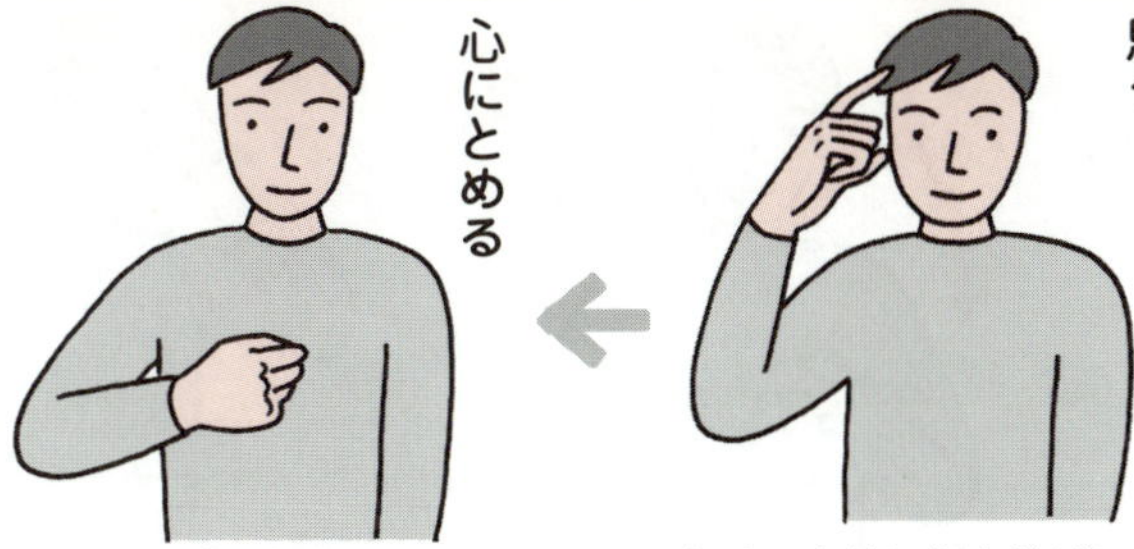

右手の人差し指を伸ばして、こめかみにあてる。

右手のこぶしを胸にあてる。

同 思う…頭・意識・感覚・感じる

使い方例
記念＋品＝**記念品**
結婚＋記念＋日＝**結婚記念日**

昨日
きのう

右手の人差し指を立て、肩のところから後ろに持ってくる。

前から見たとき

解 肩を現在と考え、現在より後ろなので過去となり、指が1本なので「1日前」。

反 人差し指を肩から前に出すと、「**明日**」となる。

使い方例
昨日＋～まで＝**昨日まで**
昨日＋終わる＝**昨日で終わり**

きのこ
きのこ

左の手のひらを下に向けてわん曲させ、右手の人差し指をあてる。

解 きのこの形を表す。

参 「しめじ」や「まいたけ」など、具体的なきのこの名前は指文字で表す。

同 しいたけ

使い方例
きのこ＋～など＝**きのこ類**
きのこ＋スパゲッティ＝**きのこスパゲッティ**
松＋きのこ＝**まつたけ**

厳しい
きびしい

右手で手のひらを下向きにした左手の甲をつねるようにする。

皮

参 厳しそうな表情をしながら。また、つねらずに皮膚をつまむだけだと「**皮**」「**肉**」の意味になる。

反 両手をフワフワさせながら左右に開くと、「**優しい**」。

同 きつい・つらい

使い方例
性格＋厳しい＝**厳しい人**
授業＋厳しい＝**厳しい授業**
父＋厳しい＝**厳しい父**

寄付
きふ

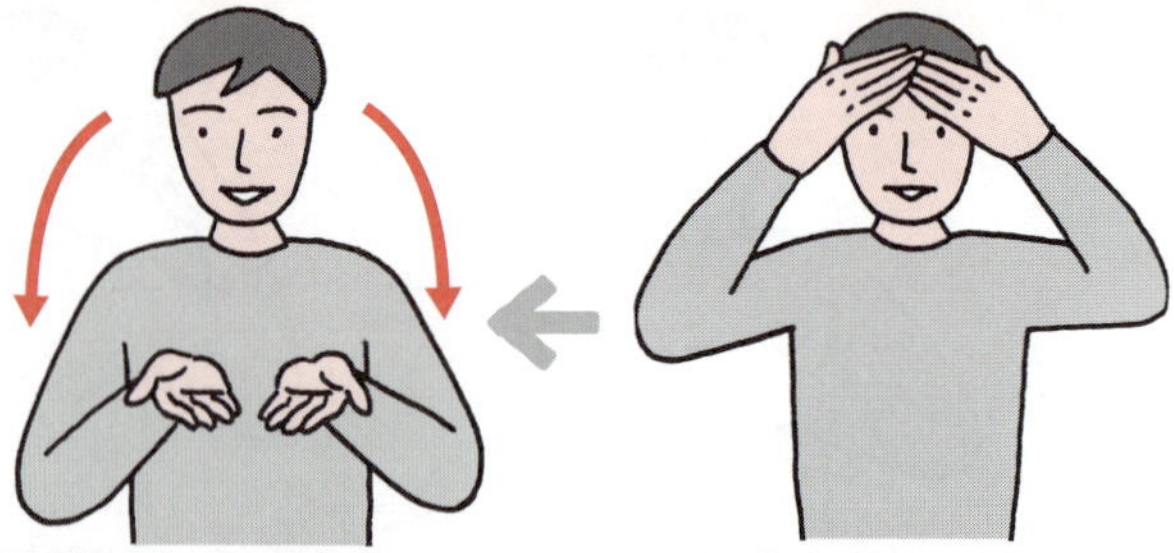

両手の指先を重ね合わせ、ひたいにつける。

両手を下ろして離す。

使い方例

寄付＋支払う＝**お金を寄付する**

寄付＋お金＝**寄付金**

気分がよい
きぶんがよい

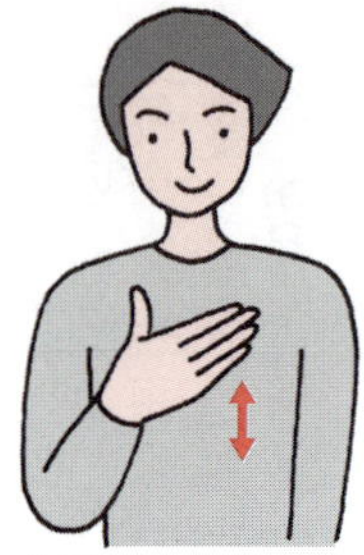

右手で胸をさする。

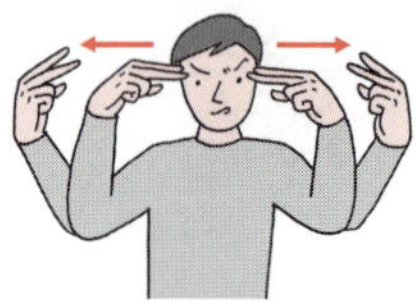

ムカつく

解 胸がスッとする様子から。

参 「気持ち＋よい」でも表すことができる。

反 両手の人差し指と中指を伸ばして頭の横におき、左右に開くと、「**ムカつく**」。

同 満足

使い方例

天気＋気分がよい＝**気持ちいい天気**

有名＋気分がよい＝**有名になって気分がよい**

希望
きぼう

右手の親指と人差し指を伸ばしてのどにあて、指を閉じて下げる。

横から見たとき

参 同じ動作を2回繰り返すと「**好み**」。

同 ～したい・好き・欲しい

使い方例

アルバイト＋希望＝**アルバイト希望**

希望＋明るい＝**希望の光**

基本
きほん

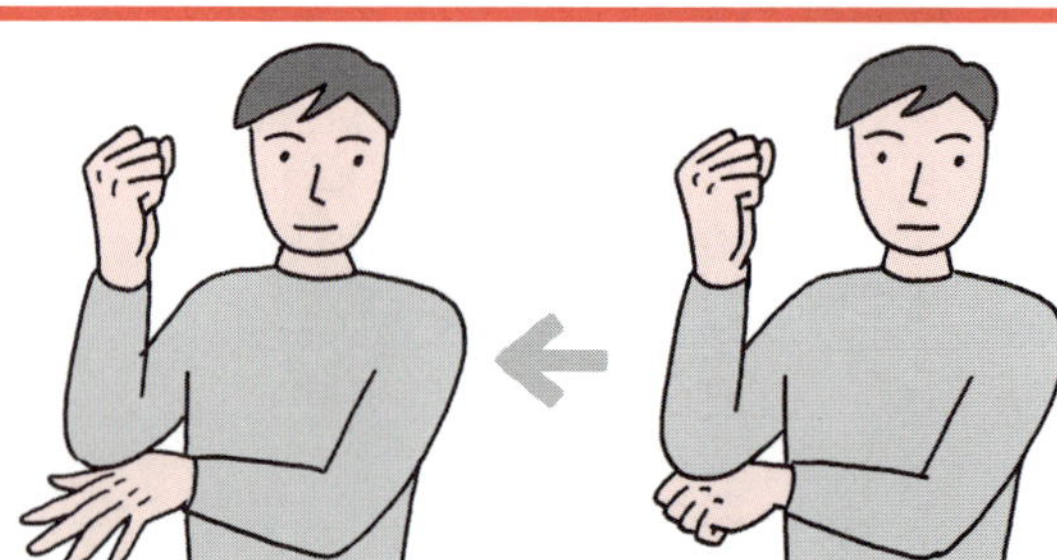

こぶしを作った右のひじの下に、左手のこぶしをあてる。

左手を下向きに開く。

解 基本＝根のイメージから、木の根の形を表す。

同 基礎・根本・資源・根・元

使い方例

基本＋合う＝**基本的**

地震＋基本＝**震源**

基本＋夫＝**元夫**

基本＋きっかけ＝**原因**

義務（ぎむ）

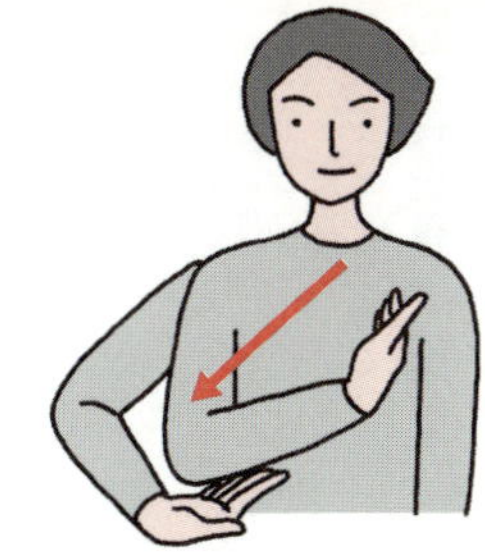

右手を左肩にあて、斜めに下げる。

解 「自分を切りつけることもやむを得ない」という意味を表す。

参 指文字の「ギ」＋「ム」で表す場合もある。

同 仕方ない

使い方例
義務＋教える＝**義務教育**
義務＋受ける＝**義務教育を受ける**
義務＋合う＝**義務的**

決める（きめる）

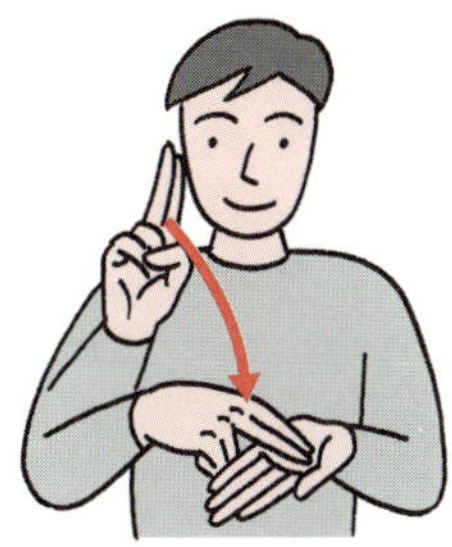

右手の人差し指と中指を立てて、左手の手のひらをポンと打つ。

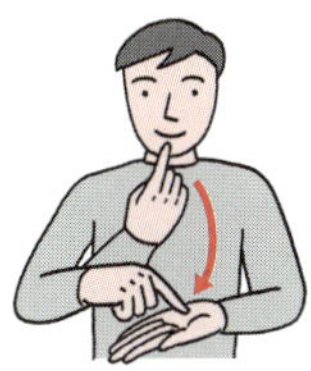

簡単

解 何かが決まって机をポンとたたく様子から。

参 右の人差し指をあごにあてたあと、手のひらにポンとのせると、「**簡単**」。

使い方例
メニュー＋見る＋決める＝**メニューを見て決める**
目標＋決める＝**目標を立てる**
くじ＋決める＝**くじで決める**

気持ち（きもち）

右手の人差し指で、左胸に円を描く。

解 気持ちは胸にあることから。

参 顔の前で円を描くと「**顔**」の意味になる。

同 気分・心

使い方例
気持ち＋下がる＝**落ち込む**
気持ち＋うれしい＝**うれしい**
嫌い＋気持ち＝**嫌な気持ち**
気持ち＋よい＝**いい気分**

気持ち悪い（きもちわるい）

両手の甲を背中合わせにして、胸の前で上下にこすり合わせる。

吐く

参 感情的にしっくりこないという意味で使われる。「**吐き気がする**」という意味の「気持ち悪い」は、口元から右手を出す「吐く」の手話単語を使う。

同 そぐわない・不快

使い方例
彼＋おしゃべり＋気持ち悪い＝**彼と話すのは嫌だ**
味＋気持ち悪い＝**変な味**

着物
きもの

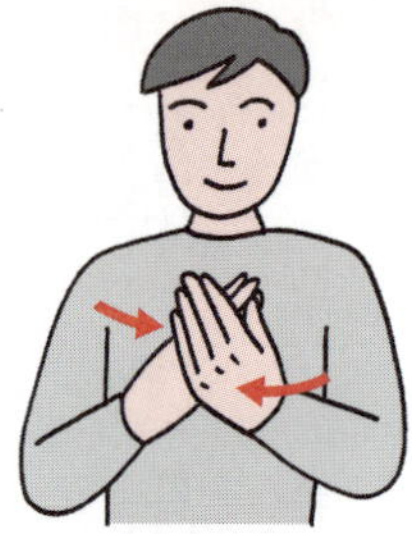

両手の手のひらを手前に向け、右手、左手の順に、衿元で重ねる。

解 着物の衿元を表す。

同 着物を着る・和服

使い方例
着物＋古い＝**アンティーク着物**
着物＋教える＋部屋＝**着つけ教室**
夏＋着物＝**ゆかた**

客
きゃく

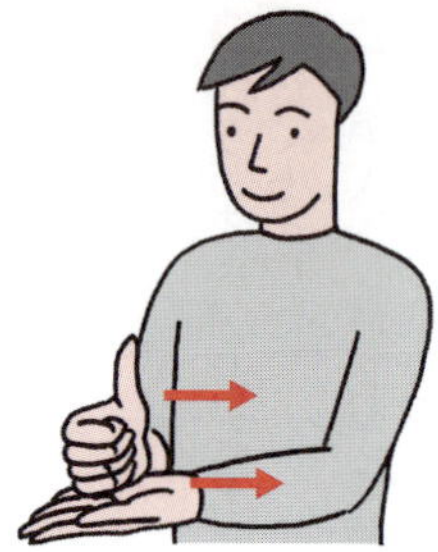

左手の手のひらに、親指を立てた右手をのせ、左に動かす。

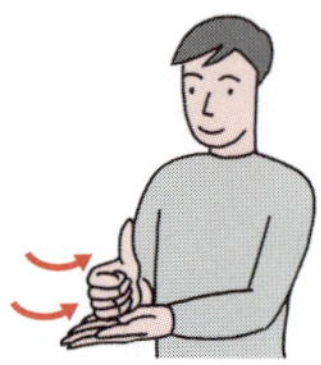

手前に寄せるとき

参 状況によって、右手を手前に寄せることもある。

同 迎える

使い方例
観光＋客＝**観光客**
いつも＋客（を何回か表現）＝**顧客**

逆
ぎゃく

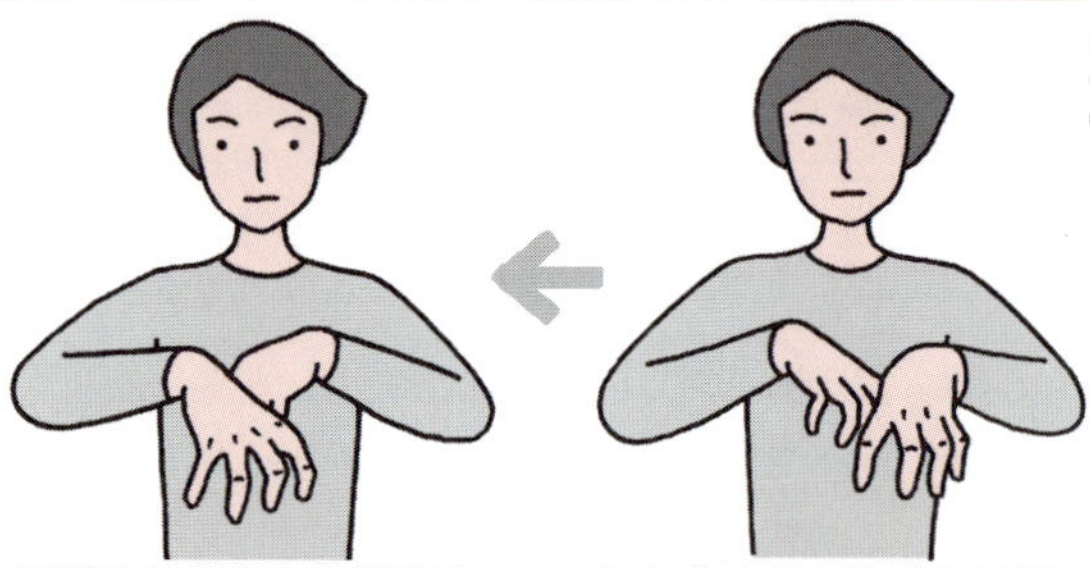

わん曲させた両手を前後に並べる。

両手の位置を入れ替える。

参 両手を上下におき、位置を変える表現もある。

同 あべこべ・反対（ただし「反対する」という意味はない）

使い方例
逆＋勝つ＝**逆転勝ち**
想像＋逆＝**想像していたのと逆**

虐待
ぎゃくたい

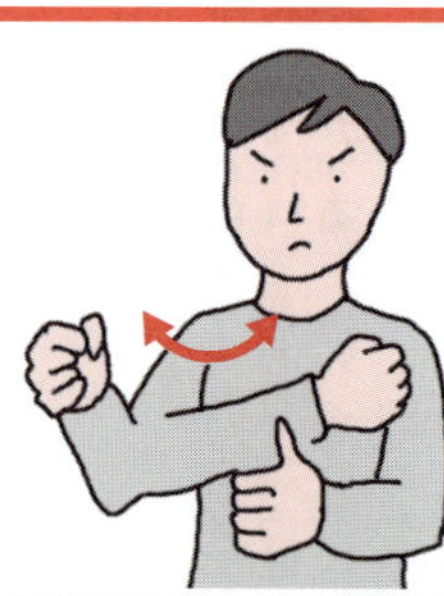

左手の親指を立て、体の前におき、右手のこぶしで左手の親指を左右に一往復なぐる。

解 左手の親指は人を表す。

使い方例
赤ちゃん＋虐待＝**幼児虐待**
学校＋通う＋子ども＋虐待＝**児童虐待**
動物＋虐待＝**動物虐待**

きゃんせる

キャンセル

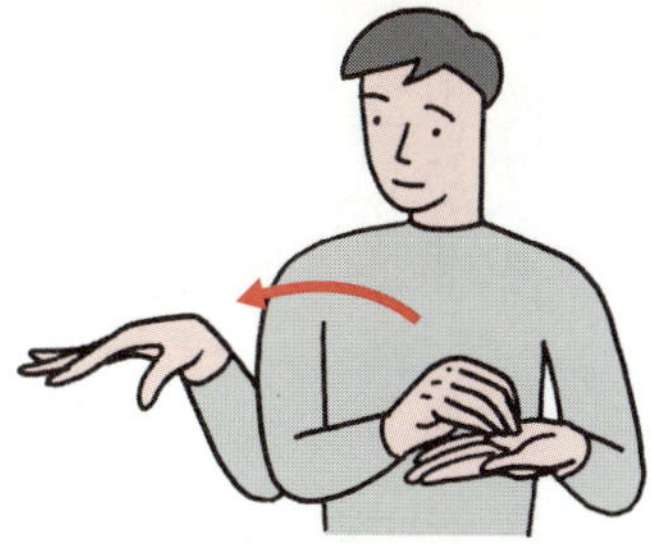

指をすぼめた右手を左の手のひらにのせ、握って捨てるようにする。

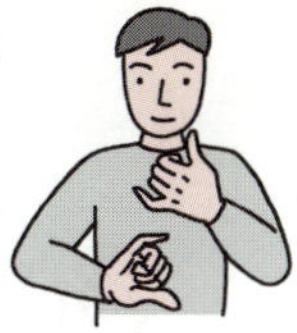

ほかの表現

参 両手の親指と小指を立てて小指をからませ、上下に離す表現もある。

同 取り消す

使い方例

キャンセル＋お金＝**キャンセル料**

キャンセル＋待つ＝**キャンセル待ち**

きゃんぷ

キャンプ

右手の手のひらを下向きにして左手の甲にのせ、上げながら閉じる。

解 テントの形を表す。

同 テント

使い方例

キャンプ＋場所＝**キャンプ場**

キャンプ＋(みんなで)行く＝**みんなでキャンプに行く**

きゅうきゅうしゃ

救急車

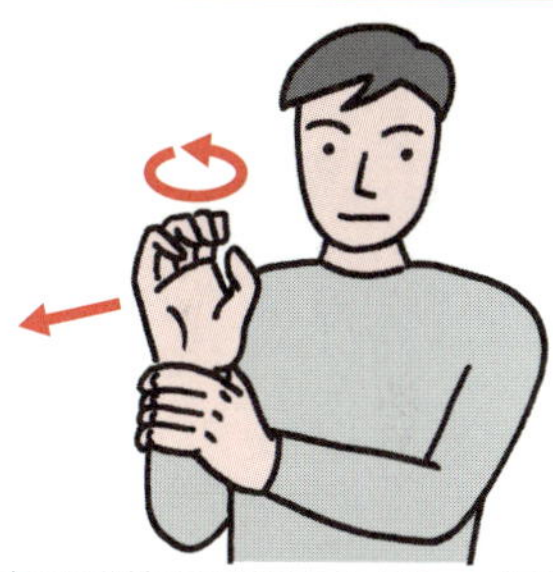

右の手首を左手でつかみ、右の手首を軸に、ひねりながら前に出す。

解 赤ランプを点灯させながら、救急車が動く様子を表す。

使い方例

救急車＋呼ぶ＝**救急車を呼ぶ**

きゅうけい

休憩

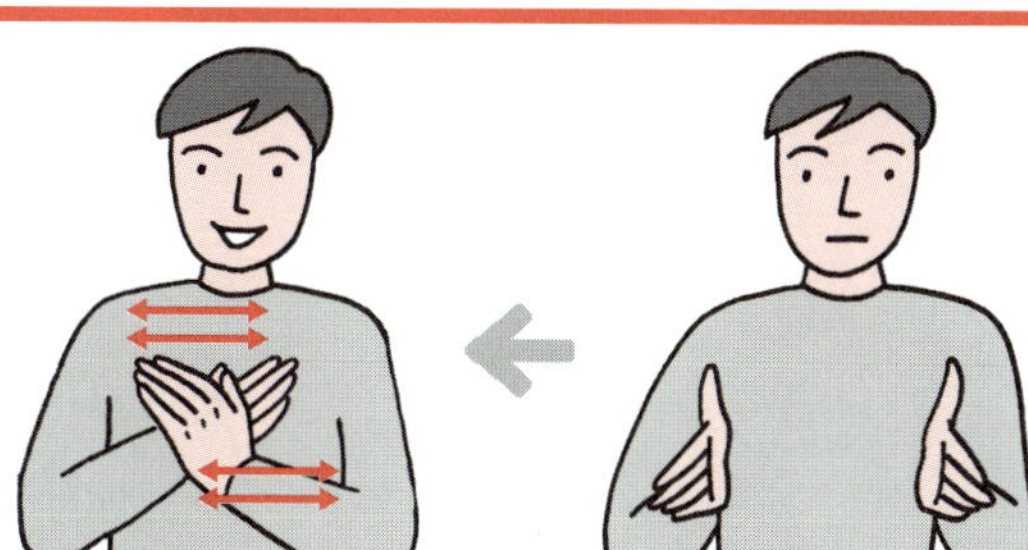

両手の手のひらを向かい合わせる。

両手を交差させて戻す動作を繰り返す。

同 しばらく・スペース・当分・のんびり・ゆとり

使い方例

休憩＋歩く＝**散歩**

休憩＋構わない＝**ゆっくりでいい**

昼＋休憩＝**昼休み**

急行
きゅうこう

右手の親指と人差し指をくっつけ、パッと離しながら、左に動かす。

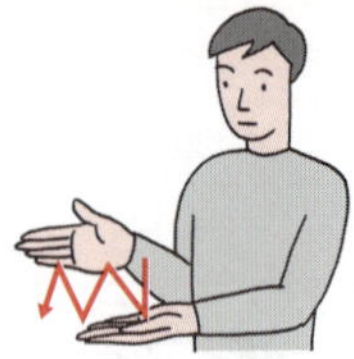

各駅

反 右手を2～3回、トントンと前に動かすと「**各駅**」となる。

同 急いで・急ぐ・すぐ・早い・速い

使い方例
特別＋急行＝**特急**
急行＋仕事＝**急ぎの仕事**
上＋海＋急行＝**上海エクスプレス**

弓道
きゅうどう

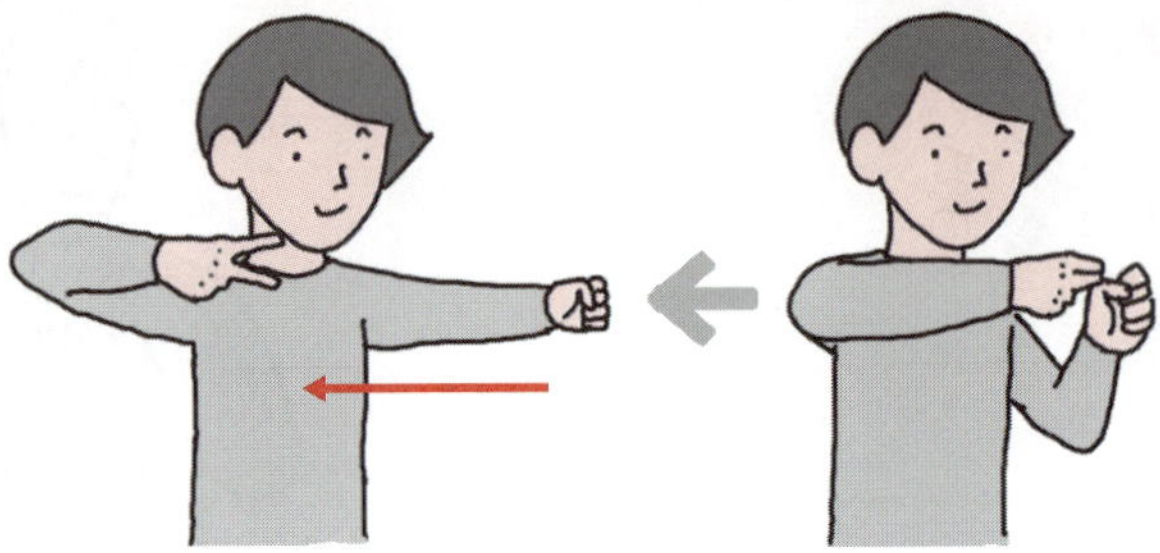

右手で弦を持つように体の横に立てた左手の近くでかまえる。

両腕を左右に引き、右手の人差し指と中指をパッと開く。

解 最初の動作は弓をかまえ、次の動作は弓を引いて矢を放つ動きを表す。

使い方例
弓道＋練習＝**弓道の稽古**
弓道＋場所＝**弓道場**
弓道＋試合＝**弓道の試合**

急に
きゅうに

右手の親指と人差し指をつけ、手首を起こして少しはじくようにする。

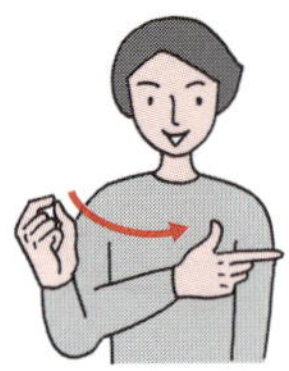

はやい②

参 「一瞬」や「はやい②」でも、「急に」の意味を表すことができる。

同 すぐ

使い方例
急に＋必要＝**急用**
急に＋病気＝**急病**

牛乳
ぎゅうにゅう

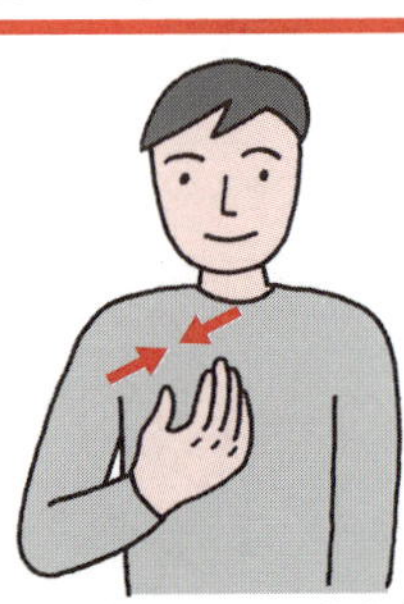

右手の親指とほかの指を軽く曲げて右胸におき、手を２回握る。

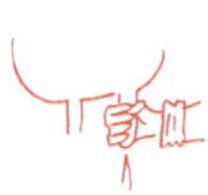

解 牛の乳を搾(しぼ)る様子を表す。

参 親指を立てた右手を口の端におく表現もある。

使い方例
母＋牛乳＝**母乳**
牛乳＋紅茶＝**ミルクティー**

救命胴衣
きゅうめいどうい

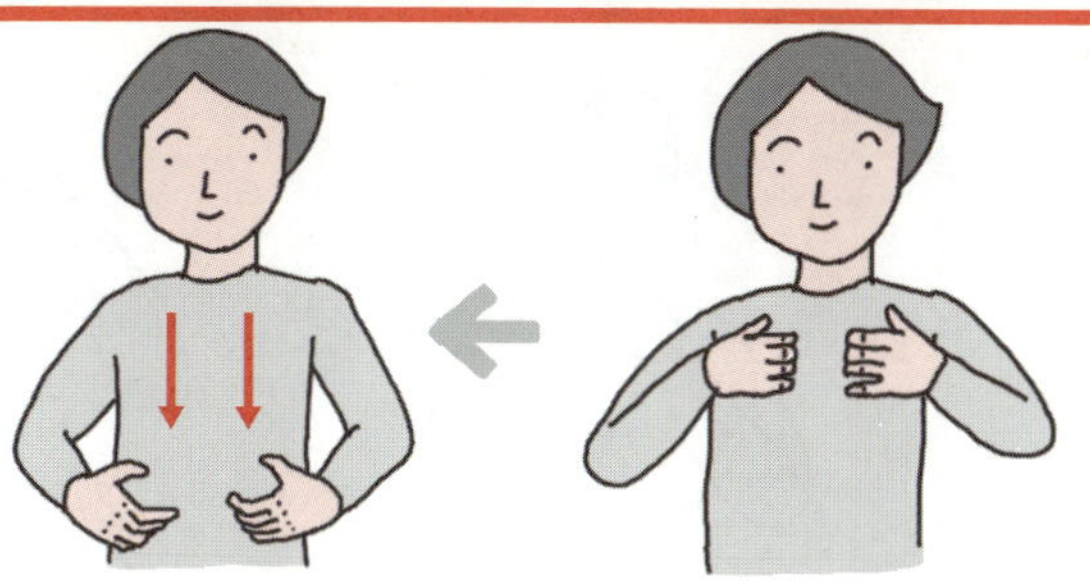

両手を「コ」の字形にわん曲させて、胸の上のほうにあてる。

手の形はそのままで、お腹のあたりまで下げる。

解 救命胴衣の形状（分厚いベスト）を表す。

使い方例
船＋中＋必ず＋救命胴衣＋準備＋ある＝**船の中には必ず救命胴衣が準備されている**

給料
きゅうりょう

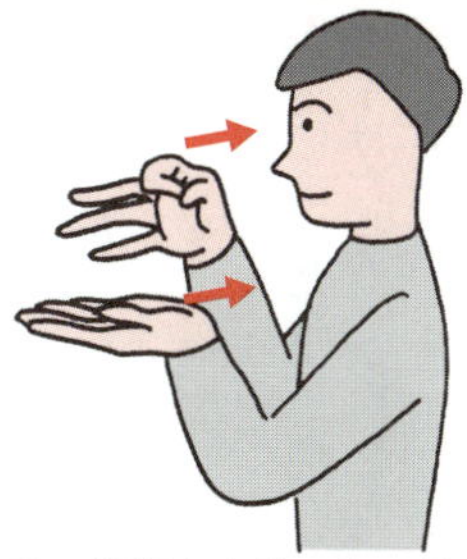

右手の親指と人差し指で輪を作り、左手を添えて同時に寄せる。

前から見たとき

解 右手で作った輪はお金を表し、お金をもらう様子から。

同 給料をもらう

使い方例
一日＋給料＝**日給**
時間①＋給料＝**時給**
給料＋（値段が）高い＝**高給**
給料＋四角＝**給料明細**

今日
きょう

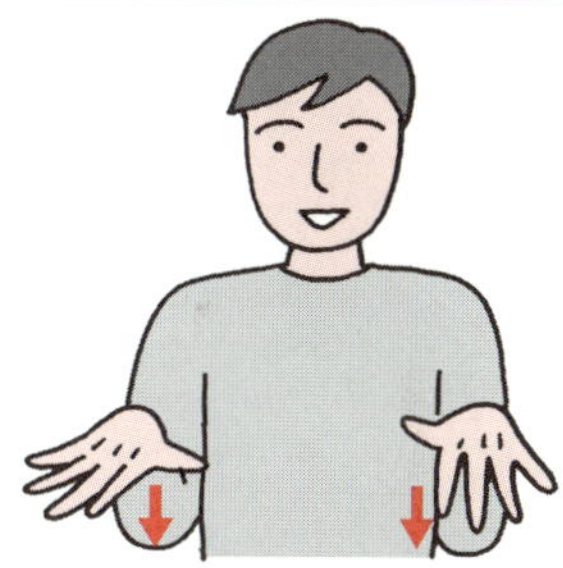

両手の手のひらを下に向けて並べ、少し下げる。

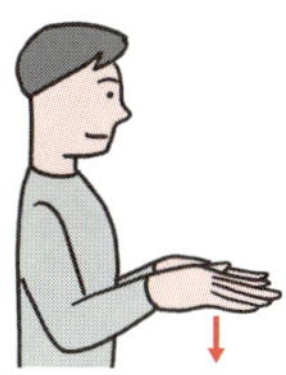

横から見たとき

参 「**現在**」「**今回**」は2回下げて表現する。

同 今

使い方例
今日＋年＝**今年**
今日＋月＝**今月**
今日＋～ぐらい＝**最近**
今日＋朝＝**今朝**

協会
きょうかい

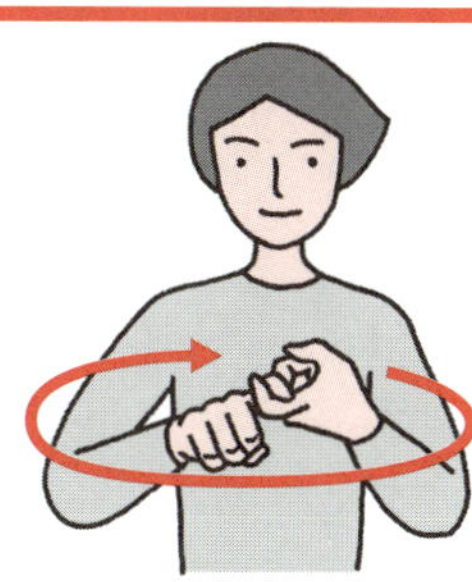

両手の人差し指をからめて水平に回す。

連盟

参 「**連盟**」は手のひらを手前に向けた右手を左手でつかんで右に水平に回す。

同 協力・組合・サークル

使い方例
生きる＋協会＝**生協**
ろう＋協会＝**ろうあ協会**
みんな＋協会＝**みんなで協力する**

きょうかい
教会

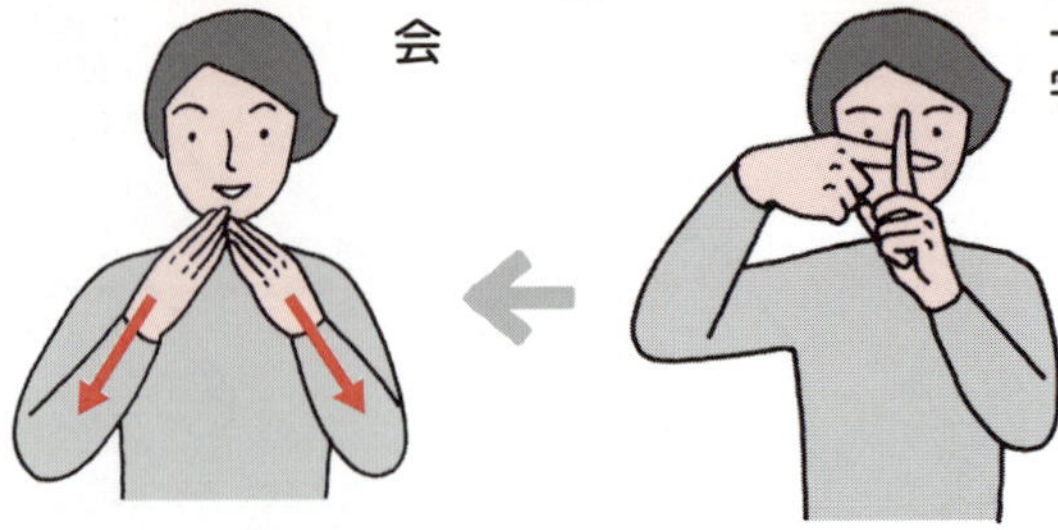

両手の人差し指を交差させて、十字を作る。

両手を斜めに合わせ、左右の斜め下に引く。

同 十字…キリスト・十字架・プラス

使い方例
教会＋祈る＝**礼拝**
赤＋十字＝**日本赤十字社**
十字＋本＝**聖書**
会＋場所＝**会場**

きょうだい
兄弟

両手の中指を立てて並べ、上下に離す。

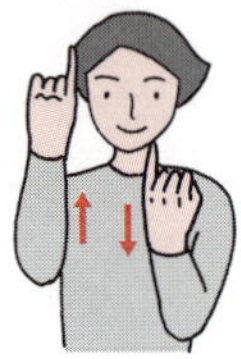
姉妹

解 上に上げた指が「兄」、下に下げた指が「弟」を表す。

反 「**姉妹**」は中指の代わりに小指を使う。

使い方例
2＋人①＋兄弟＝**2人兄弟**
兄弟＋けんか＝**兄弟げんか**

きょうみ
興味

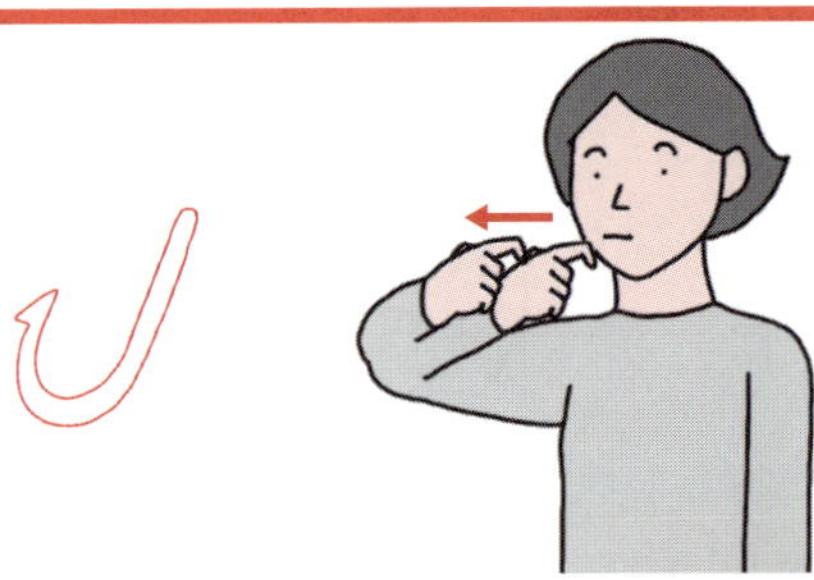

右手の人差し指を曲げ、口の横におく。右手を横に引っ張り、引っ張られている表情をつける。

解 右手は釣り針を表し、口の端を引っ張っている様子を表す。

使い方例
彼＋興味＝**あの人に興味がある**
歴史＋興味＋女＝**歴女**
英語＋興味＝**英語に興味がある**

ぎょうれつ
行列

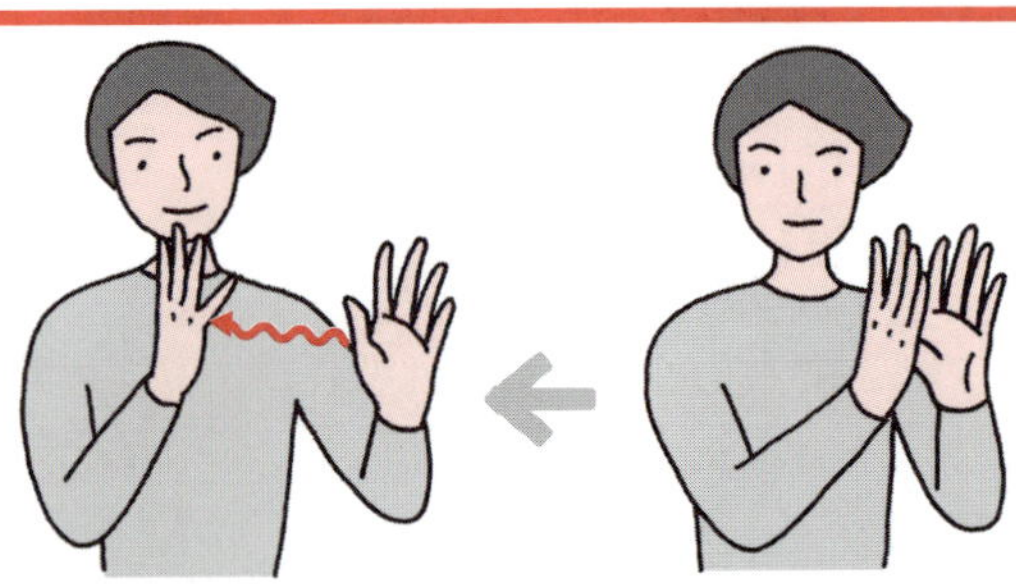

両手を立てて手のひらを向かい合わせ、前後に並べる。

右手を揺らしながら手前に引く。

解 人が並ぶ様子から。

参 両手を同時にトントンと前に出すと、「**ハイキング**」。

同 整列・並ぶ

使い方例
着替え＋行列＝**仮装行列**
行列＋おいしい＋店＝**行列のできる店**

ぎょーざ

餃子

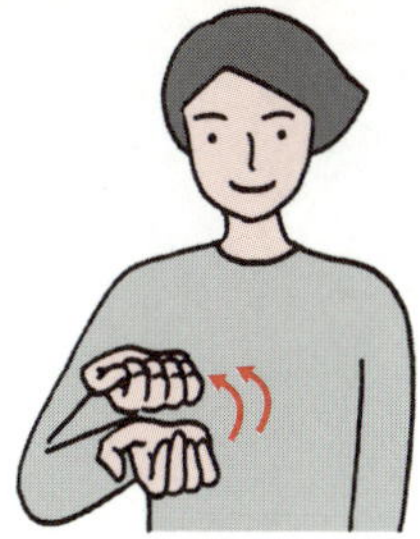

手のひらを上にした右手を2回軽く握る。

シューマイ

解 餃子の形から。

参 「**シューマイ**」もシューマイの形で表す。

同 柏(かしわ)

使い方例

水＋餃子＝**水餃子**

餃子＋定める＝**餃子定食**

きょねん

去年

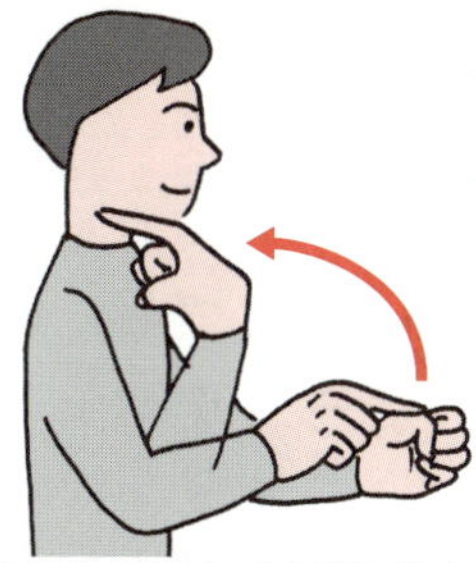

丸めた左手に右の人差し指をあててから、肩から後ろへ倒す。

来年

解 丸めた左手は木の年輪を表す。人差し指を肩から後ろに持っていくことで、過去を表す。

参 2本の指を倒すと「**2年前**」、3本の指を倒すと「**3年前**」となる。

反 左手にあててから、右の人差し指を前に倒すと、「**来年**」。

使い方例

去年＋指文字の「ド」＝**昨年度**

きらい①

嫌い①

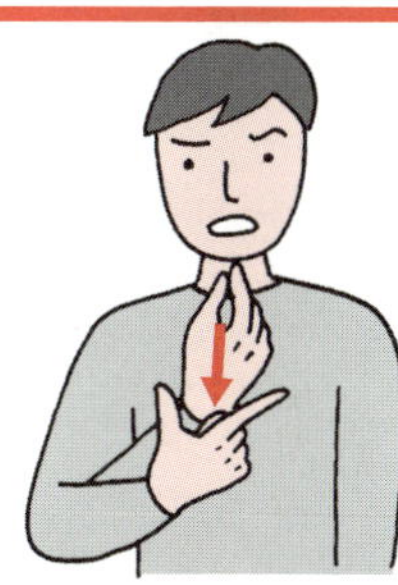

親指と人差し指をつけてあごの下におき、パッと開きながら下げる。

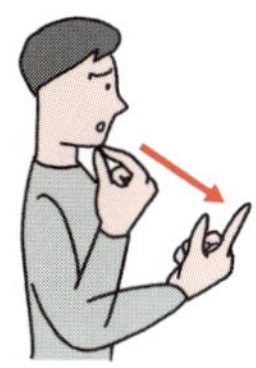

横から見たとき

反 親指と人差し指を開いて、指をつけながら下げると「**好き**」になる。

同 嫌(いや)

使い方例

わたし＋彼＋嫌い①＝**彼のことが嫌い**

犬＋嫌い①＝**犬嫌い**

嫌い①＋気持ち＝**嫌な気持ち**

きらい②

嫌い②

右手の親指と人差し指を曲げて、胸に2回あてる。

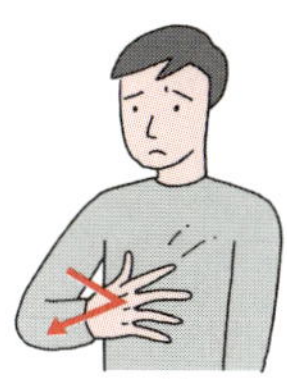

不満

参 右手を開き、いったん胸にあててから再び前に出すと、「**不満**」となる。

反 親指と人差し指を開いて、指をつけながら下げると、「**好き**」になる。

同 嫌(いや)

使い方例

食べる＋嫌い②＝**食べるのは嫌**

会う＋嫌い②＝**会うのは嫌**

霧

きり

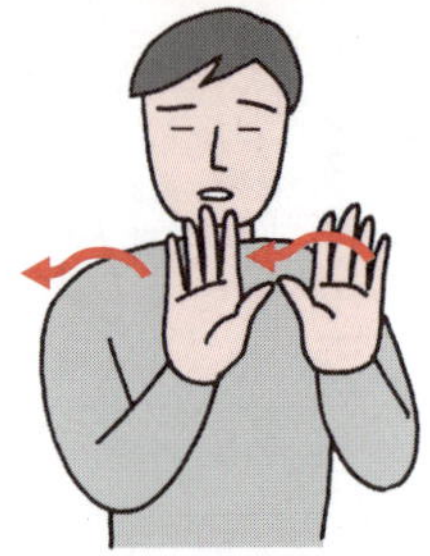

両手を顔の前におき、左から右にゆっくり動かす。

解 霧が流れていく様子を表す。

参 霧がかかって前が見えにくいことから、目を細めながら表現する。

使い方例
夜＋霧＝**夜霧**
霧＋雨＝**霧雨**

義理

ぎり

右手の親指と中指、薬指をつけて、右に動かす。

きつね

解 指文字の「ギ」を表す。

参 右の親指と中指、薬指をつけただけだと、「**きつね**」。

使い方例
義理＋母＝**義母**
義理＋父＝**義父**
義理＋姉＝**義姉**
義理＋弟＝**義弟**

ぎりぎり

ぎりぎり

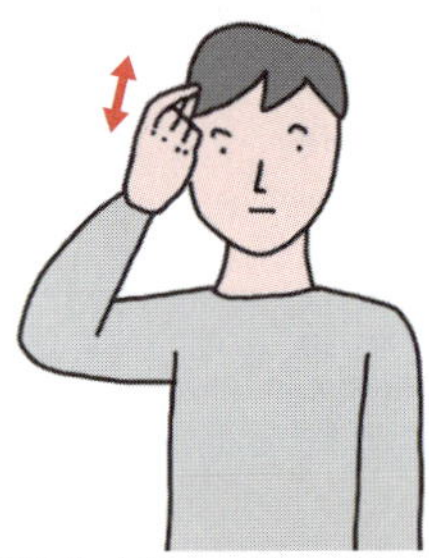

右手の親指と人差し指をつけ、額の横で上下に動かす。歯を食いしばった表情で。

同 四苦八苦・手こずる・悪戦苦闘・すれすれ・焦る

使い方例
ぎりぎり＋無事＝**ぎりぎりセーフ**
いつ＋切る＋ぎりぎり＝**締め切りぎりぎり**

キリスト教

きりすときょう

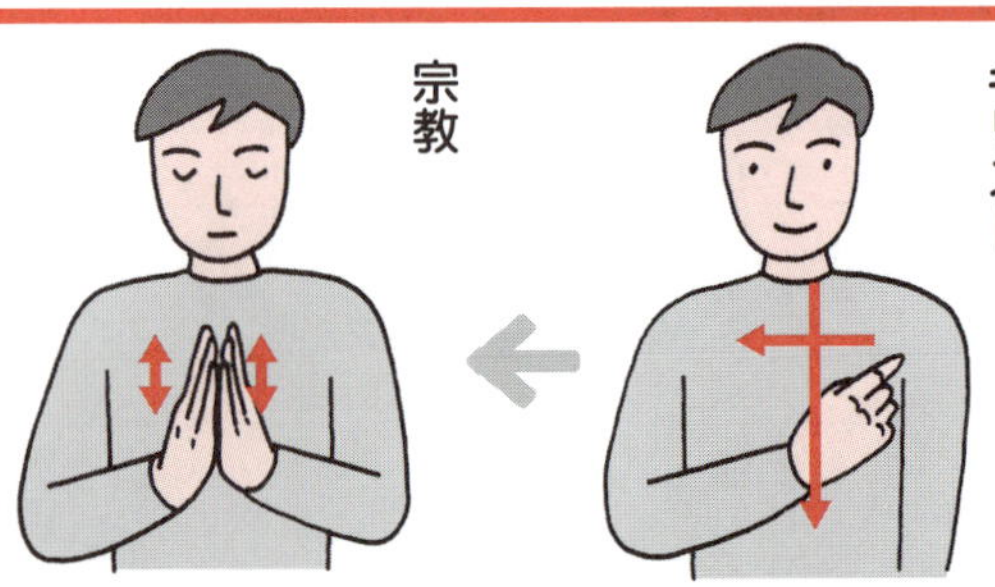

親指と人差し指を合わせ、胸の前で十字を切る。

両手の手のひらをこすり合わせる。

解 キリスト…「アーメン」と祈るときに十字を切る様子。
宗教…手をこすり合わせて祈る様子から。

使い方例
キリスト＋信じる＝**キリスト教信者**
キリスト＋本＝**聖書**

きりん

キリン

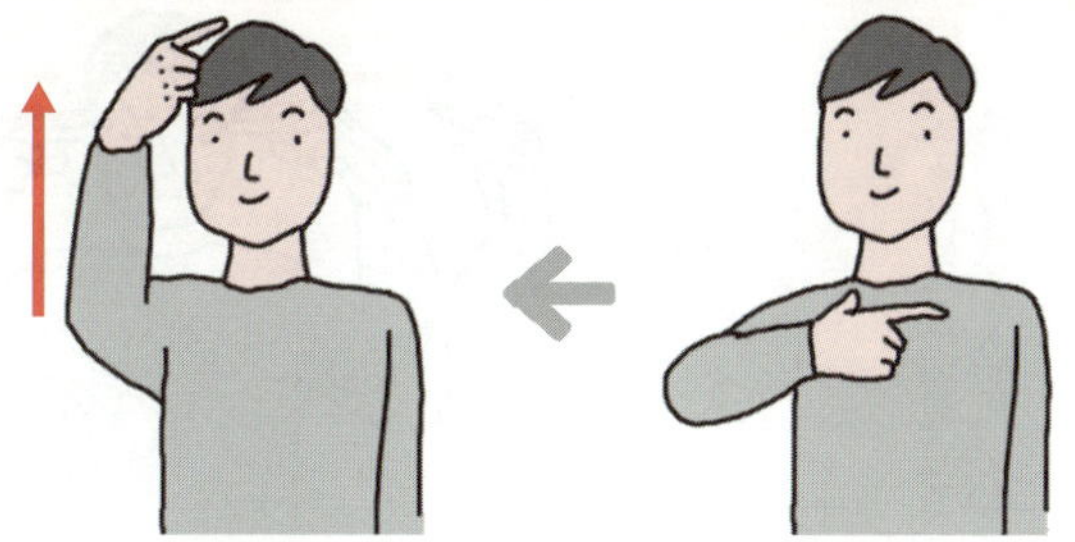

軽くわん曲させた右手の親指と人差し指を、首の前にかまえる。

手の形はそのままで、頭の上あたりまでぐっと上げる。

解 首が長いということを表す。

使い方例
キリン＋ビール＝**キリンビール**
キリン＋親＋子ども＝**キリンの親子**

きる

切る

右手の人差し指と中指をくっつけたり離したりしながら前に動かす。

解 はさみで切る様子を表す。

参 切る物によって横に動かしたり縦に動かしたりする場合にも使う。また、はさみで「切る」場合に使い、のこぎりや包丁などで「切る」場合には、それぞれの道具で切る動作をする。

使い方例
紙＋切る＝**紙を切る**
新聞＋切る＝**新聞の切り抜き**
会話＋切る＝**話を打ち切る**

きる

着る

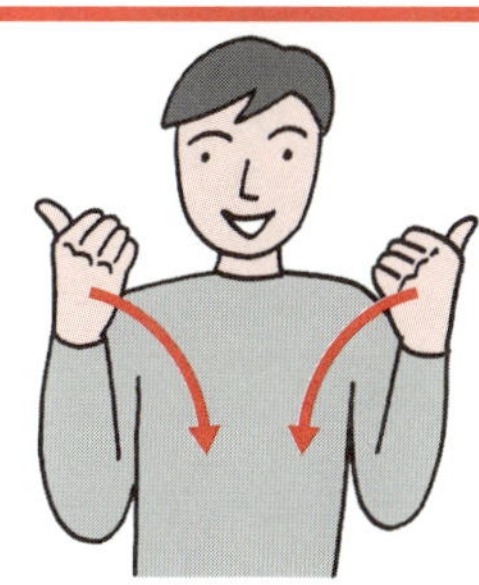

両手を軽く握り、肩の上から洋服をはおるような感じで下ろす。

解 上着をはおる様子を表す。

参 ズボンやスカートなどをはくときは、下からはくような動作で表現する。

反 洋服を脱ぐ様子で、「**脱ぐ**」になる。

使い方例
着る＋やせている＝**着やせする**
試す＋着る＋部屋＝**試着室**
皮＋着る＝**革ジャン**

きれい

きれい

横から見たとき

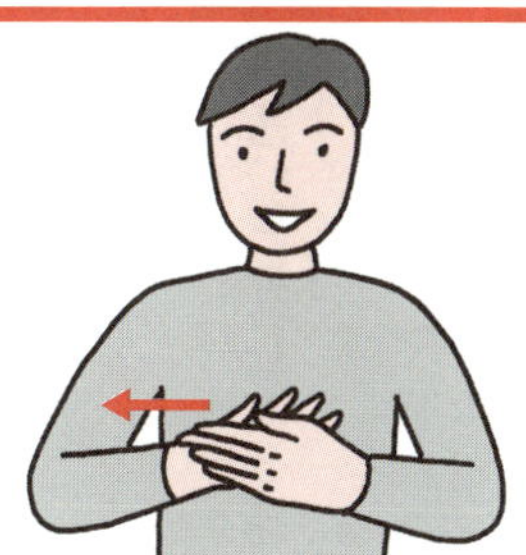

手のひらを上向きにした左手に右の手のひらをのせ、右に滑らせる。

解 汚れがなく、滑らかな様子から。

参 ゆっくり長く滑らせると、「**とてもきれい**」となる。また、2回滑らせると、「**衛生**」「**さっぱり**」「**清潔**」。

同 美しい・素敵な・美人

使い方例
顔＋きれい＝**美人**
きれい＋男＝**美男子**
きれい＋花＝**きれいな花**

きれる

キレる

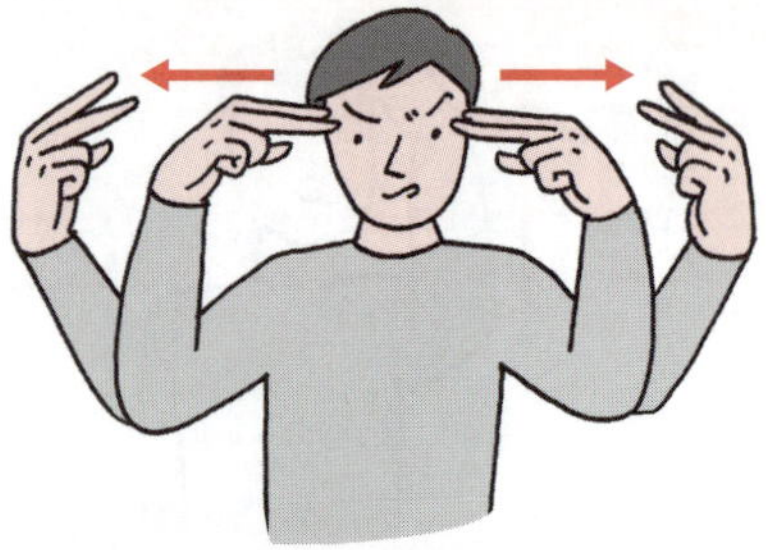

両手の人差し指と中指を伸ばして頭のあたりにおき、指を開きながら左右に引く。

解 両手をはさみに見立て、「キレる」様子を表す。

同 ムカつく

使い方例

彼＋すぐ＋キレる＝**彼はすぐキレる**

キレる＋スムーズ＝**キレやすい**

きろ

キロ

左手の人差し指を立て、右手の人差し指で「K」と描く。

センチメートル

解 アルファベットの「K」の形から。

参 「**センチメートル**」は人差し指で「cm」と空書する。

使い方例

キロ＋グラム＝**キログラム**

キロ＋メートル＝**キロメートル**

1＋キロ＝**1キロ**

きろく

記録

右手の親指を立てて、曲げる。

書く

解 ストップウォッチを押す様子から。

参 スポーツなどの成績を表すときに使う。記録として書き留めるときは、「書く」の手話単語を使う。

使い方例

記録＋超える＝**記録破り**

新しい＋記録＝**新記録**

最高＋記録＝**最高記録**

ぎろん

議論

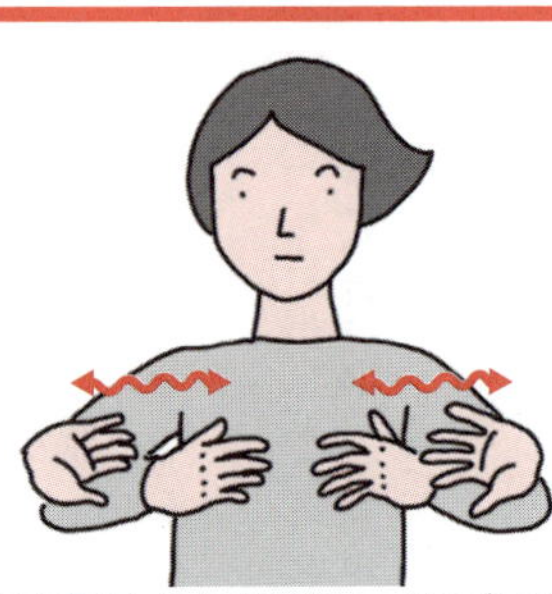

両手をひねりながら、近づけたり離したりする。

解 言い合いをしている様子を表す。

同 討論

使い方例

議論＋燃える＝**白熱した議論**

議論＋無駄＝**議論しても無駄**

議論＋大切＝**議論は重要だ**

きをつける

気をつける

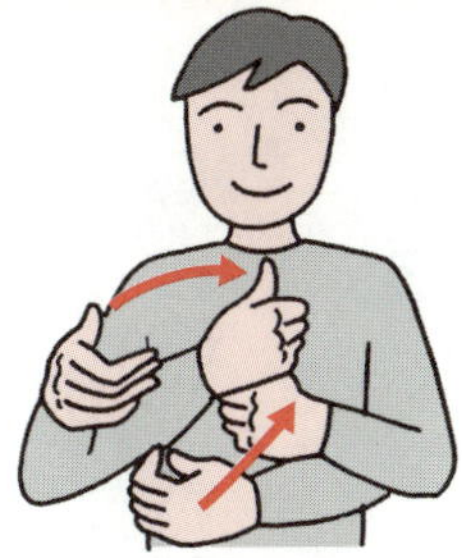

軽く開いた両手を胸の前で上下におき、握りながら手前に寄せる。

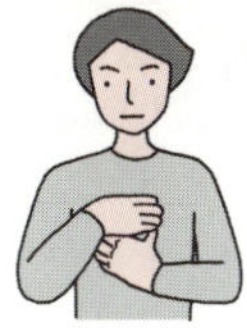

危険

参 「気をつけて」とあいさつするときや「気をつけなさい」と注意するときにも使える。また、両手をわん曲させて胸に2回あてると、「**危険**」。

同 注意

使い方例
気をつける＋帰る＝**気をつけて帰ってね**
台風＋気をつける＋報告＝**台風注意報**

きん

金

右手の親指と人差し指で輪を作り、手首を前にひねる。

お金

参 輪を振ると、「**お金**」となる。

同 金属

使い方例
18＋金＝**18金**
白＋金＝**銀**
金＋アクセサリー＝**金のアクセサリー**

きんいつ

均一

両手の親指と人差し指を伸ばして並べる。

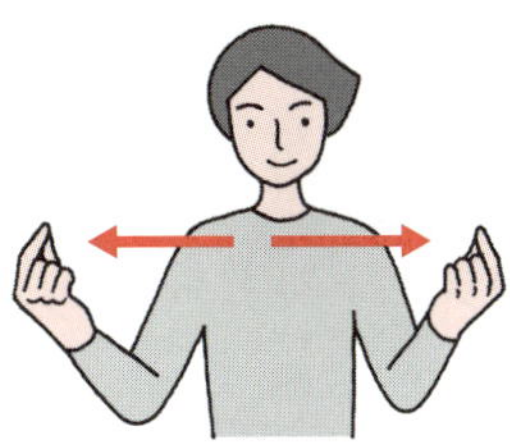

両方の指を閉じながら左右に開く。

解 親指と人差し指を2回くっつけると「**同じ**」。同じ物がたくさん並んでいることから。

同 おそろい・同一

使い方例
均一＋洋服＝**おそろいの洋服**
百＋円＋均一＝**100円均一**

きんえん

禁煙

タバコ

右の人差し指と中指を立てて口にあて、2～3回前に出す。

禁止

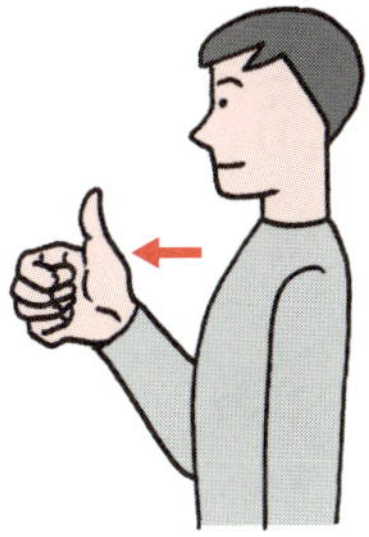

親指を立てた右手を、軽く前に出す。

反 「タバコ」だけで「喫煙」となる。

使い方例
禁煙＋席＝**禁煙席**
禁煙＋部屋＝**禁煙室**

緊急
きんきゅう

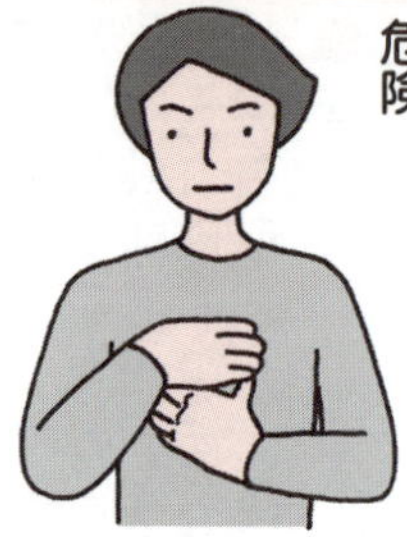

両手の指を軽く曲げて、2回胸にあてる。

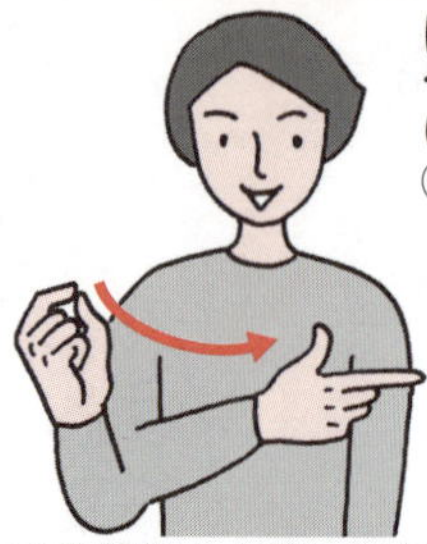

右手の親指と人差し指をつけ、離しながら左に動かす。

解「危険な事態なので早く対処しなければ」ということから。

使い方例
- 緊急＋連絡＋方法＝**緊急連絡手段**
- 緊急＋電話＝**緊急電話**

銀行
ぎんこう

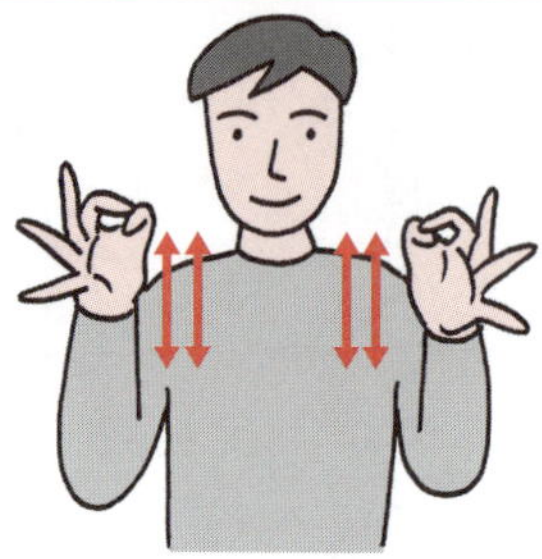

両手の親指と人差し指で輪を作って並べ、同時に上下に2回動かす。

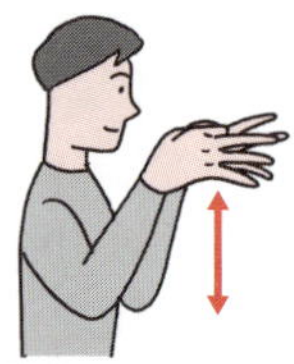

横から見たとき

参 交互に上下に動かすと、「**価値**」「**評価**」となる。

使い方例
- 信用＋銀行＝**信用金庫**
- 銀行＋員＝**銀行員**
- 銀行＋カード＝**キャッシュカード**

禁止
きんし

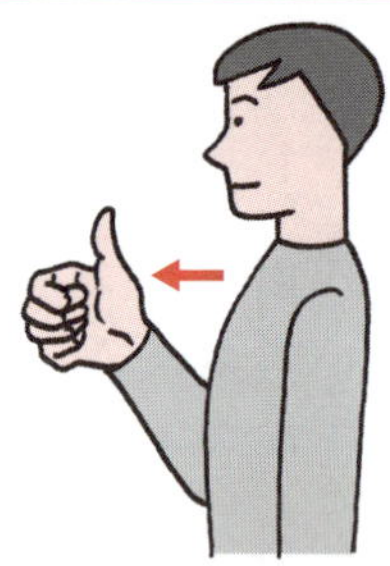

親指を立てた右手を、軽く前に出す。

ほかの表現

参 両手の人差し指を交差させて「×」を作ったり、右手の人差し指で「×」を空書してもよい。

同 叱る・ダメ・罰

使い方例
- タバコ＋禁止＝**禁煙**
- 駐車＋禁止＝**駐車禁止**
- 差別＋禁止＝**差別禁止**

近所
きんじょ

両手を斜めにして指先を合わせる。

左手はそのままで、右手で水平に弧を描く。

参「家＋隣」、または「家＋近い」で表現することもある。

使い方例
- 近所＋つき合い＝**近所づき合い**
- 近所＋おばさん＝**近所のおばさん**

金属
きんぞく

右手の親指と人差し指で輪を作り、手首を前にひねる。

お金

参 輪を振ると、「**お金**」となる。

同 金(きん)

使い方例
18＋金属＝**18金**
金属＋作る＝**金属製**
白＋金属＝**銀**

緊張
きんちょう

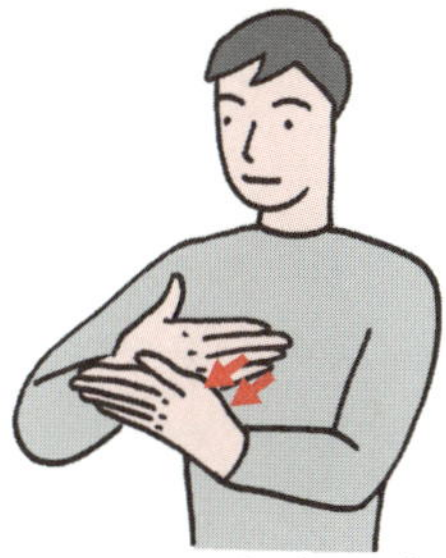

胸の前においた左手に、右手の甲を手前から２回打ちつける。

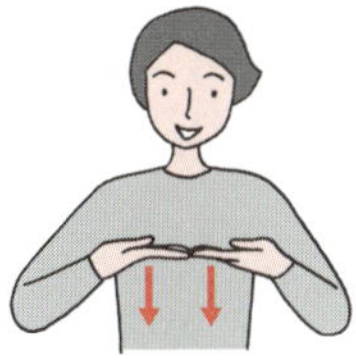

落ち着く

解 心臓がドキドキしている様子から。

反 両手の手のひらを上に向けて胸の前におき、下げると「**落ち着く**」。

同 ドキドキする・ワクワクする

使い方例
緊張＋病気＝**あがり性**
緊張＋顔＝**緊張した顔つき**
緊張＋感じる＝**緊張感**

金曜日
きんようび

右手の親指と人差し指で輪を作って、軽く振る。

金、金属

解 お金の形を表す。

参 輪を前にひねると、「**金**」「**金属**」となる。

同 お金・値段・料金

使い方例
毎週＋金曜日＋サークル＝**毎週金曜日にサークルがある**
来週＋金曜日＝**来週の金曜日**

く

自分から見た形

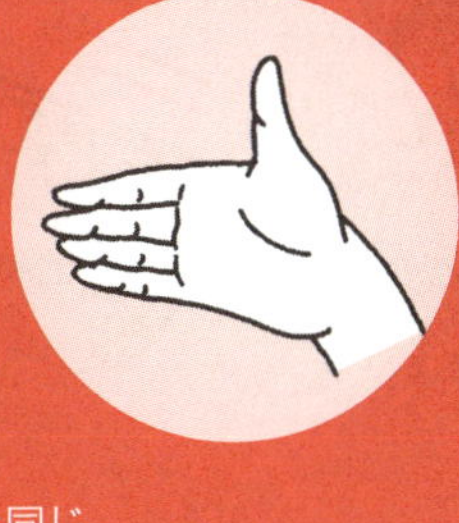

相手から見た形

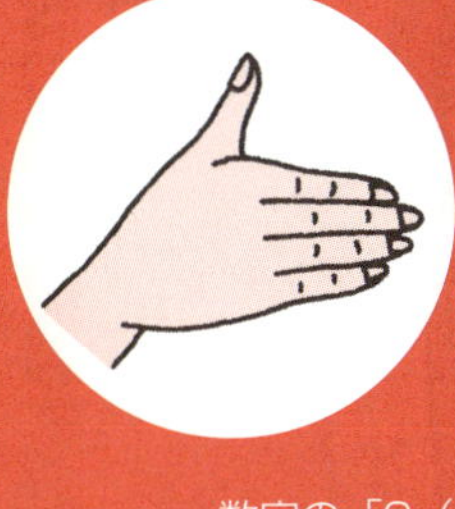

数字の「9（く）」と同じ。

区

く

右手の手のひらを手前に向けて
指をそろえ、横に出す。

市

解 指文字の「ク」で表現。

参 「**市**」は指文字の「シ」で表現する。

同 9(数字)

使い方例

新宿＋区＝**新宿区**
北＋区＝**北区**
足＋立つ＋区＝**足立区**
区＋(〜の)中＝**区内**

クイズ

くいず

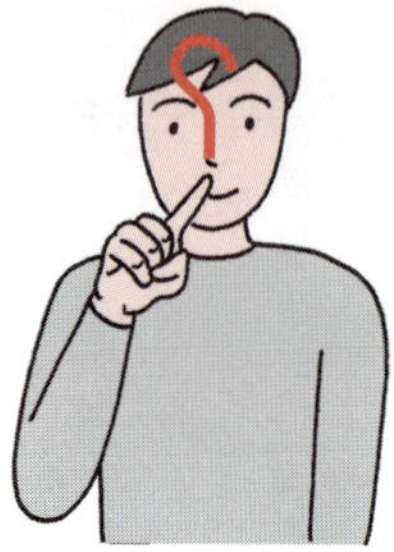

右手の人差し指で、自分から見て
クエスチョンマークを空書する。

解 クエスチョンマークの形を表す。

同 〜かもしれない・疑問・謎・なぞなぞ

使い方例

クイズ＋本＝**クイズの本**
クイズ＋難しい＝**難しいクイズ**
クイズ＋テレビ＝**クイズ番組**

食い違う

くいちがう

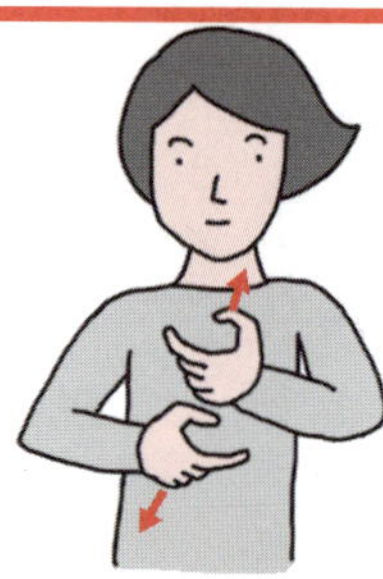

両手の親指と人差し指をコの字形に
し、向かい合わせ、前後にずらす。

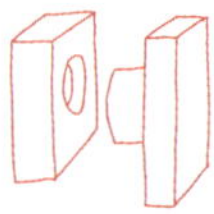

同 ずれている・かみ合わない

使い方例

意見＋食い違う＝**意見が食い違う**
説明＋食い違う＝**話がずれる**
文化＋食い違う＝**文化のずれ**

空気

くうき

右の人差し指と中指を伸ばして、
指先を2〜3回鼻の穴に近づける。

前から見たとき

参 同じ動作で1回近づけると、「**香り**」「**かぐ**」「**匂い**」となる。

同 ガス・呼吸

使い方例

空気＋清潔＋エアコン＝**空気清浄エアコン**
空気＋〜間＝**空間**
空気＋乾く＝**空気が乾燥する**

空港
くうこう

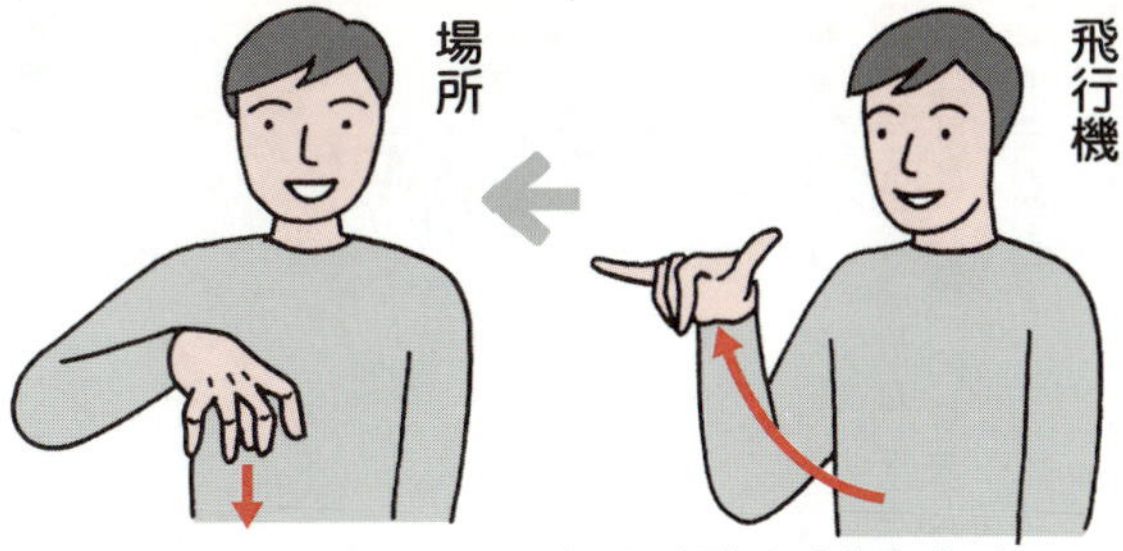

右手の親指と小指を伸ばして、斜め上に上げる。

軽くわん曲させた右手を少し下げる。

解 飛行機…飛行機が離陸する様子を表す。

使い方例
飛ぶ＋田＋空港＝**羽田空港**
空港＋レストラン＝**空港内レストラン**

偶然
ぐうぜん

右手のこぶしを左の手のひらにおき、２回小さく回転させる。

横から見たとき

解 易（えき）で占う様子を表す。

参 「偶然！」と驚きの意味を表すときは、驚きの表情をつける。

同 運・運命・機会・たまたま・都合・まぐれ

使い方例
偶然＋会う＝**偶然会う**
偶然＋違う＝**偶然ではない**

空腹
くうふく

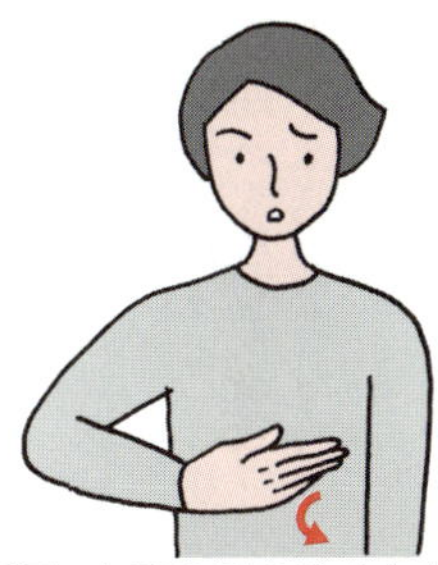

お腹に右手の手のひらをあてて、へこますようにしながら下げる。

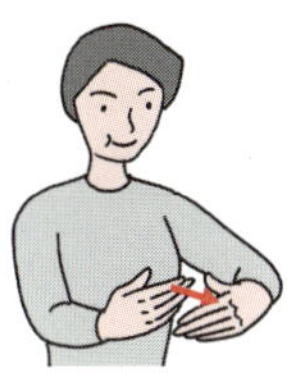

満腹

解 お腹が平らな様子を表す。

反 左手をお腹の前で横にしておき、その内側でお腹につけた右手の甲を左の手のひらに打ちつけると、「**満腹**」となる。

使い方例
空腹＋（～の）とき＝**空腹時**
空腹＋苦しい＝**お腹がすいて苦しい**

クーラー
くーらー

頭上に手のひらを手前に向けた両手をおき、手前に引く。

解 クーラーから風が吹き出す様子を表す。

同 エアコン

使い方例
寒い＋クーラー＝**冷房**
暖かい＋クーラー＝**暖房**
クーラー＋強い＋寒い＝**クーラーが効きすぎて寒い**

草
くさ

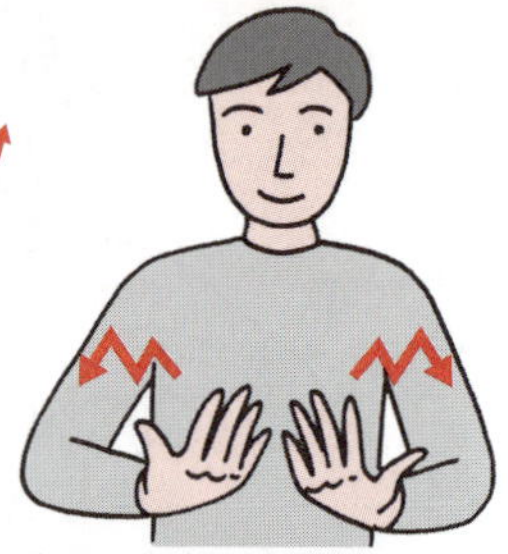

両手の手のひらを手前に向け、指を開いて並べ、小さく上下させながら左右に開く。

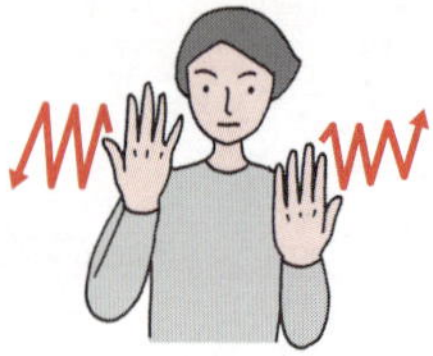

森

解 草が生えている様子を表す。

参 両手を大きく動かして左右に離すと、「**森**」の意味になる。

同 芝生・野草

使い方例
花＋草＋育てる＝**園芸**
草＋指文字の「ノ」＝**草野**
草＋（草を取るしぐさ）＝**草むしり**

臭い
くさい

右手の親指と人差し指で鼻をつまむ。

解 臭いにおいをかいで鼻をつまむ様子から。

参 「臭い」のあと、左手にわん曲させた右手を2回のせると、「**汚い**」となる。

同 腐る

使い方例
ガス＋臭い＝**ガス臭い**
生きる＋臭い＝**生臭い**
面倒＋臭い＝**面倒臭い**

腐る
くさる

右手の親指と人差し指で鼻をつまむ。

解 腐って臭いことから。

参 「腐る」のあと、左手にわん曲させた右手を2回のせると、「**汚い**」となる。

同 臭い

使い方例
野菜＋腐る＝**野菜が腐る**
腐る＋（～する）前＋おいしい＝**腐りかけがおいしい**

くし
くし

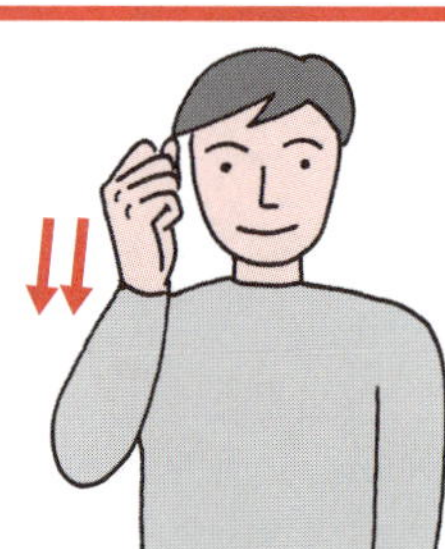

右手でくしを持ち、頭の横で髪をとかすように、数回下に動かす。

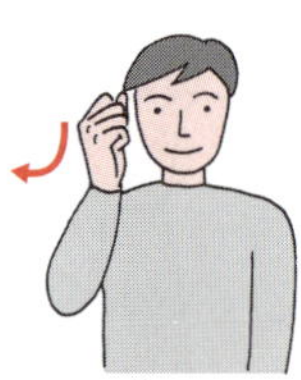

ブロー

解 くしで髪をとかす様子を表す。

参 髪をとかしながら横にはね返すようにすると、「**ブロー**」の意味になる。

使い方例
豚＋毛＋くし＝**豚毛のくし**
土産＋くし＝**土産のくし**
プラスチック＋くし＝**プラスチックのくし**

くじ

くじ

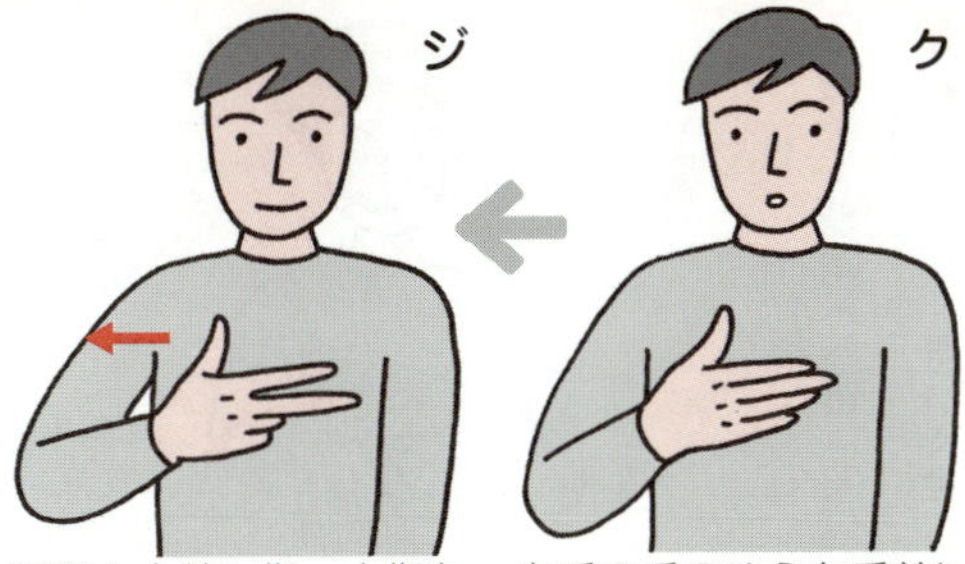

右手の手のひらを手前に向け、横にする。

親指と人差し指、中指を横に出し、右に動かす。

解 指文字の「ク」と「ジ」を順に表す。

参 指文字で表すほかに、何かの中からつまみ上げる（くじを引く）しぐさで表すこともできる。

使い方例

くじ＋年＝**くじにあたる**
ダイヤモンド＋くじ＝**宝くじ**
くじ＋決める＝**くじで決める**

くじら

クジラ

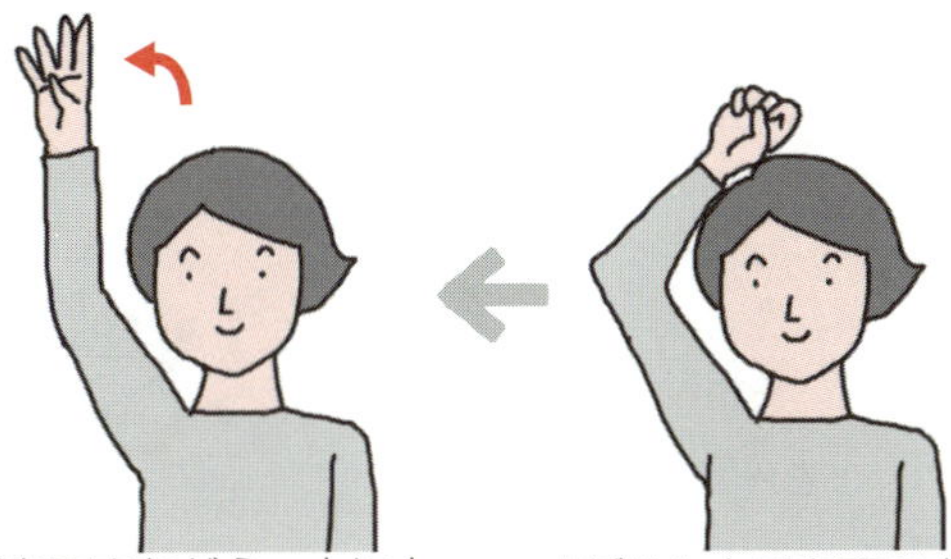

すぼめた右手を頭の上におく。

手を開きながら、上に上げる。

解 潮を吹いている様子を表す。

使い方例

クジラ＋料理＝**クジラ料理**
指文字「ざ」「と」「う」＋クジラ＝**ザトウクジラ**
クジラ＋曇り＝**クジラ雲**

くすり

薬

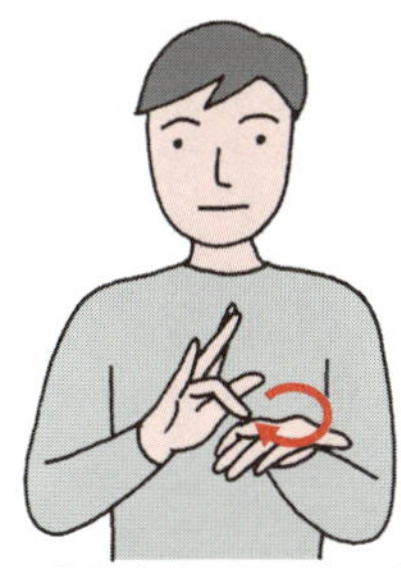

右手の薬指を左手の手のひらにおき、小さく回す。

参 錠剤やカプセルは、「薬」のあと、左手を口に持っていき、飲む動作をする。粉薬は「薬」のあと、薬の包み紙から飲む動作をする。

使い方例

薬＋資格＝**薬剤師**
防ぐ＋薬＝**抗生物質**
薬＋体＋多い＝**薬づけ**
避妊＋薬＝**ピル**

くずれる

崩れる

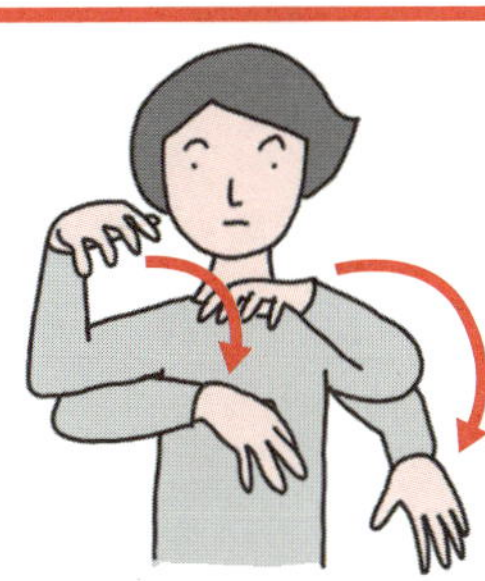

両手の手のひらを下に向けて、右上側にかまえ、両手同時に左下側に下げる。

解 何かが崩れていく様子を表す。

使い方例

砂＋崩れる＝**土砂くずれ**
雪＋崩れる＝**雪崩**
経済＋崩れる＝**経営破たん**

くせ
くせ

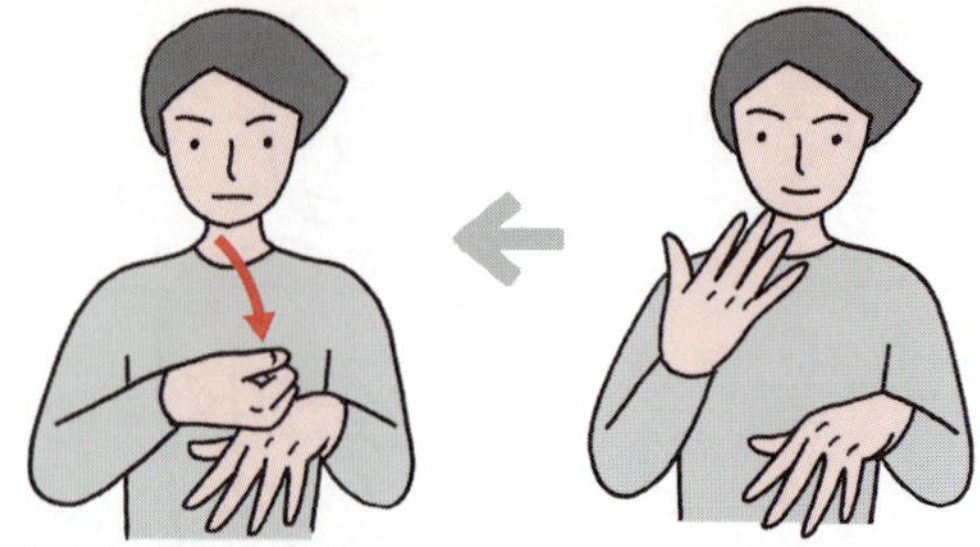

右手の手のひらを上に向ける。

右手を下げながら握り、左手の甲に打ちつける。

同 習慣・習得・性質・風習

使い方例
悪い＋くせ＝**悪いくせ**
くせ＋直す＋無理＝**くせは直らない**
汗＋くせ＝**汗かき**

果物
くだもの

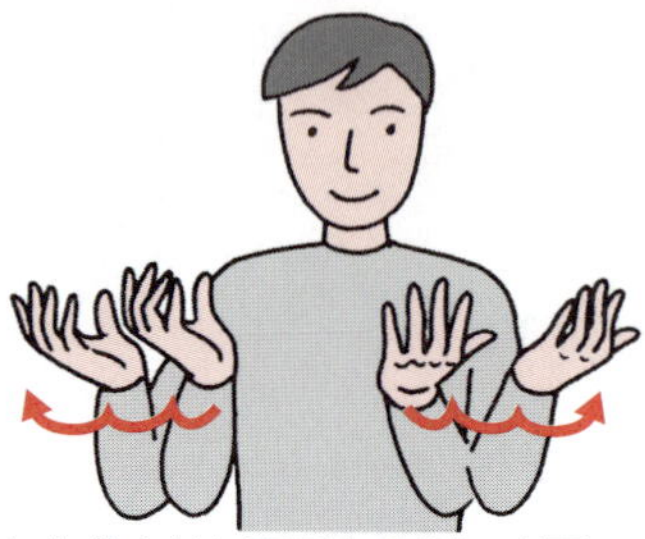

わん曲させた両手を交互に上下させながら、左右に離す。

解 果実がたわわに実っている様子を表す。

使い方例
果物＋店＝**果物屋**
甘い＋果物＝**甘い果物**
好き＋果物？＝**好きな果物は？**

くだらない
くだらない

右手の人差し指を伸ばし、下から左手の手のひらに打ちつける。

つまらない

解 左手は限界を表す。もうそれ以上はないという意味。

参 指を曲げて顔をおおうようにし、下げると、「**つまらない**」。

同 ばかばかしい・安物

使い方例
プレゼント＋くだらない＋あげる＝**つまらない物ですが、どうぞ**
話す＋くだらない＝**くだらない話**

口
くち

右手の人差し指で口のまわりをぐるりと回す。

ほかの表現

解 口の丸い形を、丸く描くことで表す。

参 親指と人差し指で輪を作って口の前におく表現もある。

使い方例
入る＋口＝**入口**
出る＋口＝**出口**
改札＋口＝**改札口**
山＋口＝**山口**

愚痴
ぐち

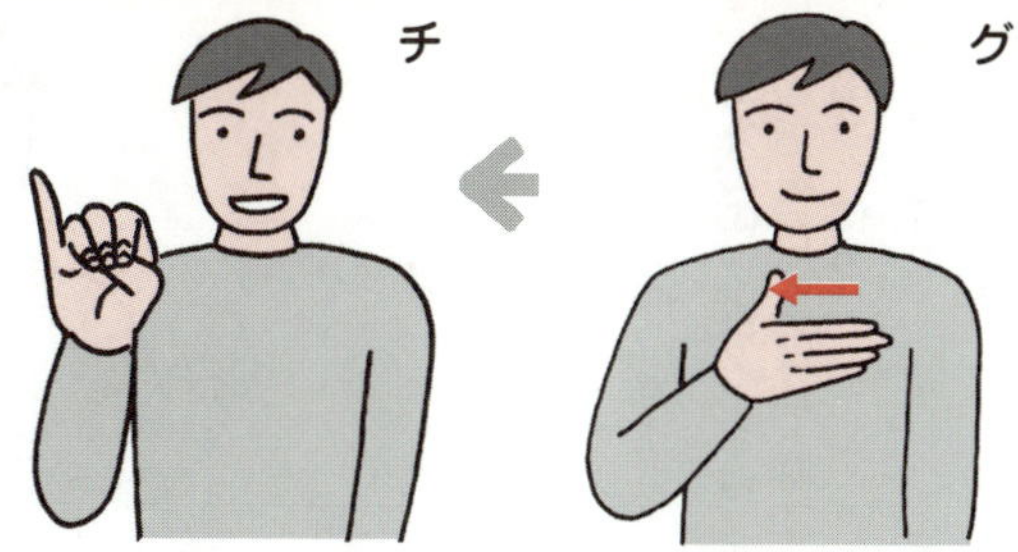

右手の指をそろえて横にし、そのまま右に動かす。

右手の小指を立て、ほかの４本の指をつける。

解 指文字で表す。

参 「不満」という単語でも同じような意味を表すことができる。

使い方例

愚痴＋言う＝**愚痴を言う**

愚痴＋多い＝**愚痴っぽい**

口紅
くちべに

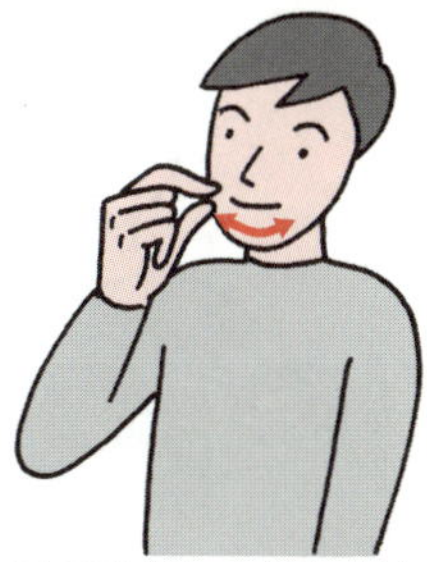

右手の親指と人差し指をくっつけて、くちびるを左右になぞる。

解 口紅を持って塗る様子を表す。

同 口紅をつける

使い方例

口紅＋指文字の「リ」「ッ」「プ」＝**リップクリーム**

赤い＋口紅＝**赤い口紅**

ピンク＋口紅＝**ピンクの口紅**

靴
くつ

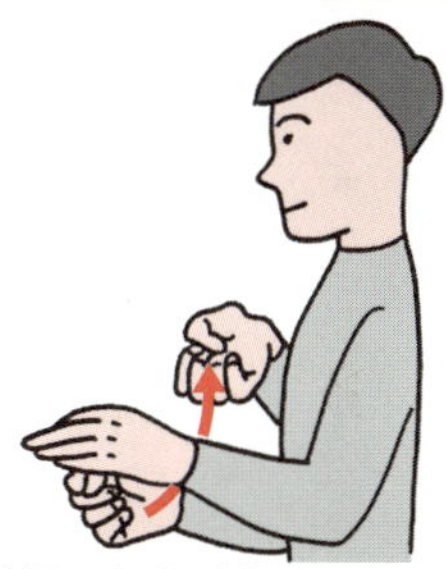

軽く握った右手を左の手のひらにあて、手首に沿って手前に引く。

前から見たとき

解 靴べらを使って靴をはく様子を表す。

使い方例

スポーツ＋靴＝**運動靴**

皮＋靴＝**革靴**

黒＋靴＝**黒い靴**

ガラス＋靴＝**ガラスの靴**

靴下
くつした

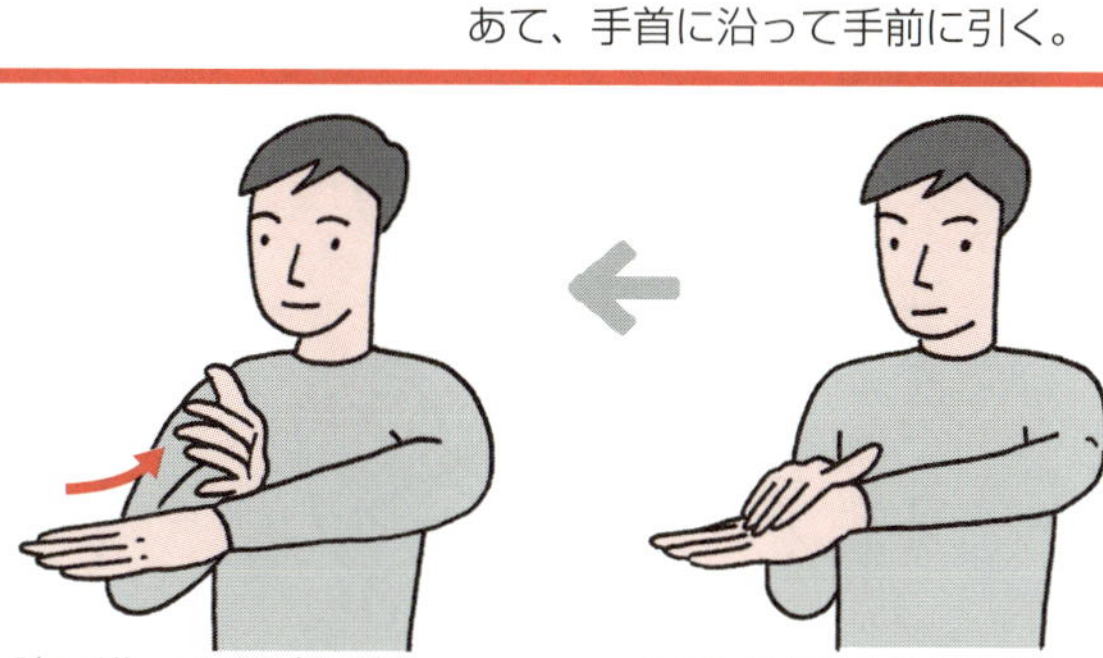

左手の甲に右手の手のひらをのせる。

腕に沿って上げながら垂直に立てる。

解 左手を足に見立て、靴下をはく様子から。

使い方例

靴下＋白い＝**白い靴下**

綿＋靴下＝**綿の靴下**

麻＋靴下＝**麻の靴下**

編む＋靴下＝**毛糸の靴下**

国① くに①

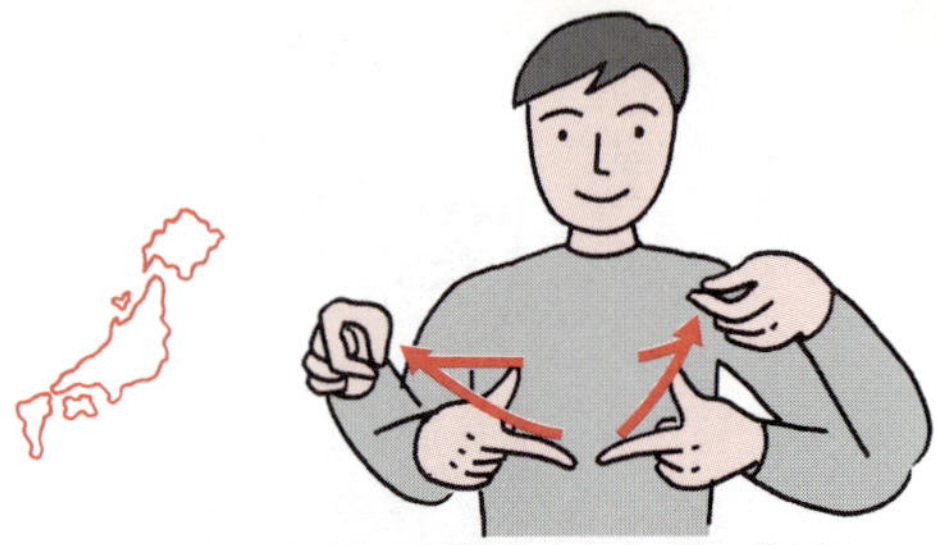

両手の親指と人差し指を伸ばし、左右に引きながらつける。

解 日本列島の形を表す。

参 海外の国を表すときは、人差し指を目に向けて回す「**外国**」を使う。

同 全国・日本

使い方例
- 北＋国＝**北国**
- 国＋人①＝**日本人**
- 国＋食べる＝**和食**
- 国＋風＝**和風**

国② くに②

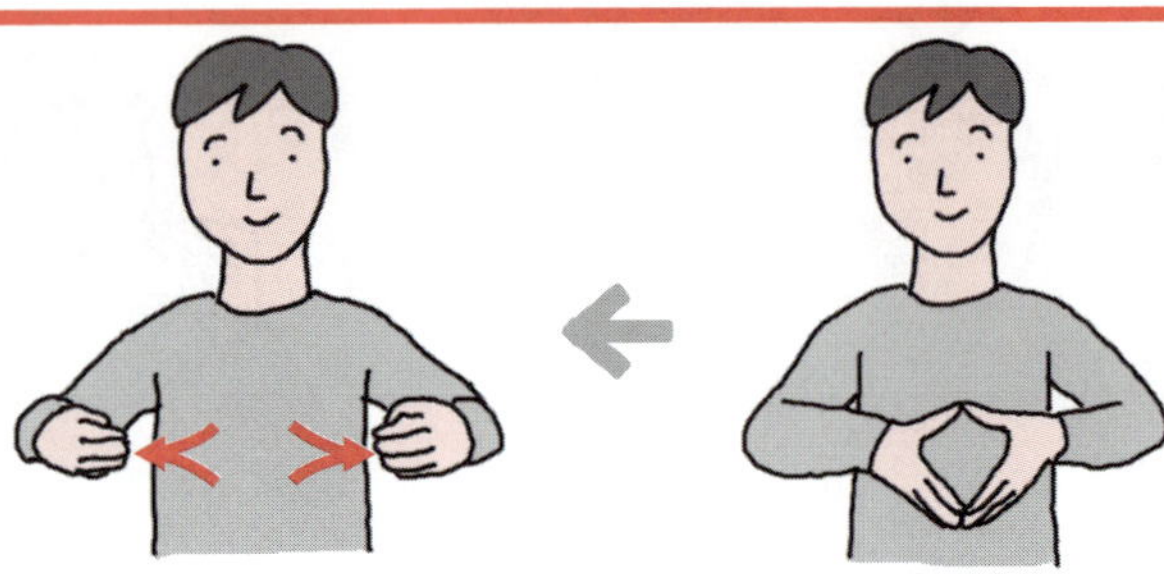

両手の指先をそれぞれ合わせる。

両手ともすぼめながら、横に引く。

解 日本に限らず、さまざまな「国」を表す。

使い方例
- 国②＋(スタンプを)押す＝**国籍**
- 国②＋立つ＝**国立(こくりつ)**
- 世界＋国②(2回繰り返す)＝**世界の国々**
- 国②＋儲ける＝**国益**

配る くばる

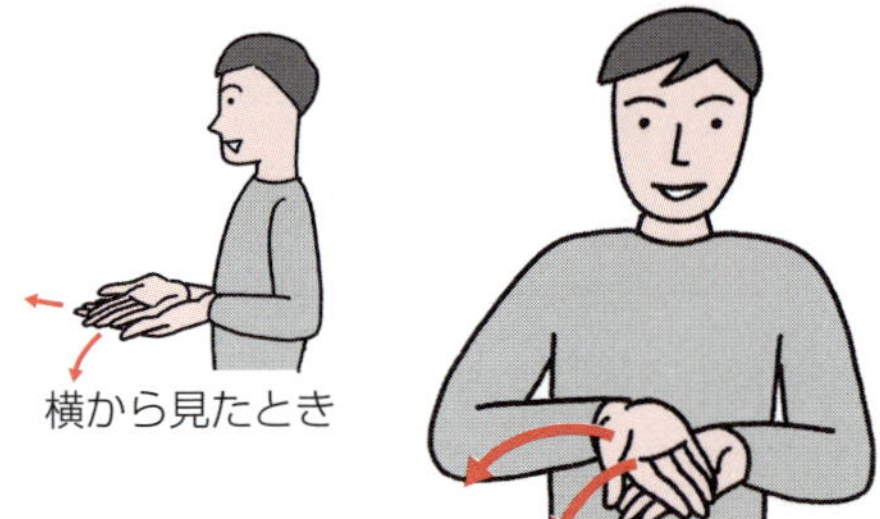

両手の手のひらを上に向けて、右手を上に重ね、右手を前や右に出す。

解 物をあちこちに配る様子を表す。

同 配布

使い方例
- 紙＋配る＝**プリントを配る**
- 土産＋配る＝**土産を配る**
- ティッシュペーパー＋配る＝**ティッシュ配り**

工夫 くふう

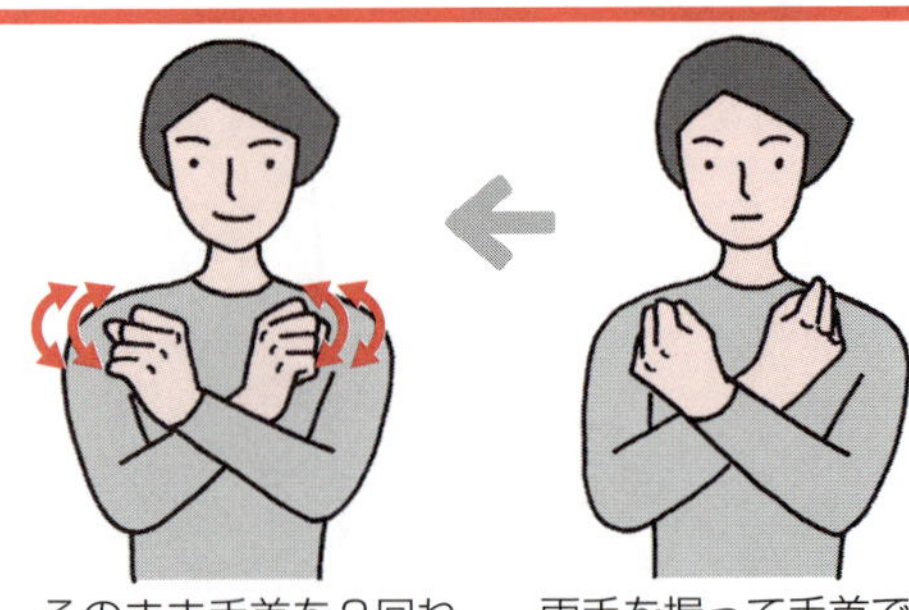

両手を握って手首で交差させる。

そのまま手首を２回ねじる。

解 両手の形は顕微鏡を表す。

参 両手を握って手首の甲をたたくと「**苦労**」になる。

同 研究

使い方例
- 料理＋工夫＝**工夫して料理する**
- 工夫＋足りない①＝**工夫が足りない**

区別
くべつ

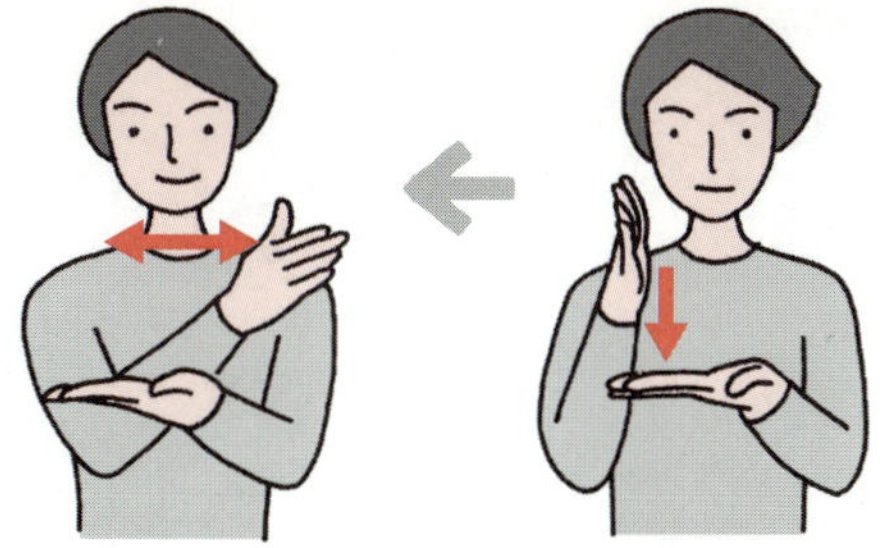

左手の手のひらに右手を垂直にのせる。

右手を左右に滑らせる。

解 右か左かと物事を見分ける、という意味から。

参 左手の上に右手をのせて、右に動かすと「**何でも**」となる。

同 識別・判断

使い方例

区別＋力＝**判断力**

区別＋無理＝**区別がつかない**

曇り
くもり

上の方で向かい合わせにした両手を、開いたり閉じたりしながら左右に離す。

解 モクモクした雲の形を表す。

参 天気のみに使い、「レンズの曇り」などのときには使えない。

同 雲

使い方例

入る＋曇り＝**入道雲**

空＋曇り＝**曇り空**

曇り＋雨＝**曇りのち雨**

曇り＋隠れる＝**雲が隠れる**

悔しい
くやしい

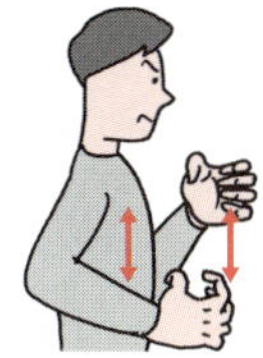

横から見たとき

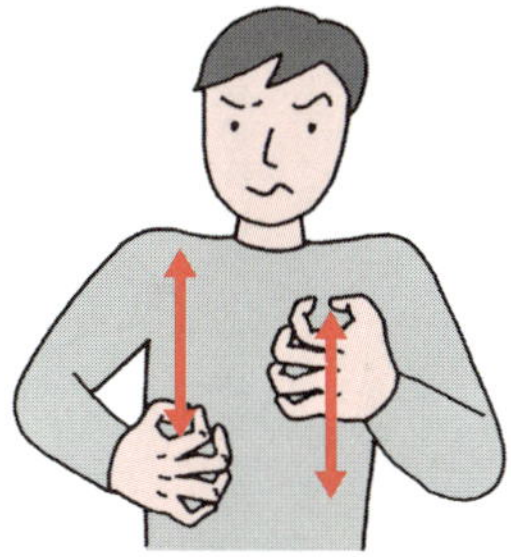

両手の指を軽くわん曲させて胸にあて、交互に上下に動かす。

解 悔しそうに胸をかきむしる様子を表す。

使い方例

悔しい＋眠る＋無理＝**悔しくて眠れない**

悔しい＋思い出＝**悔しい思い出**

暗い
くらい

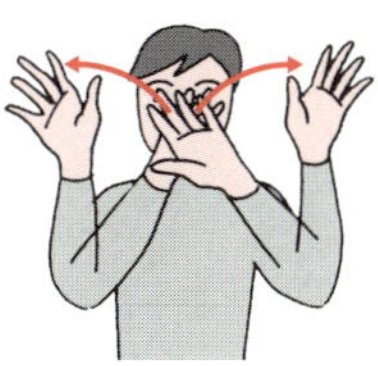

明るい

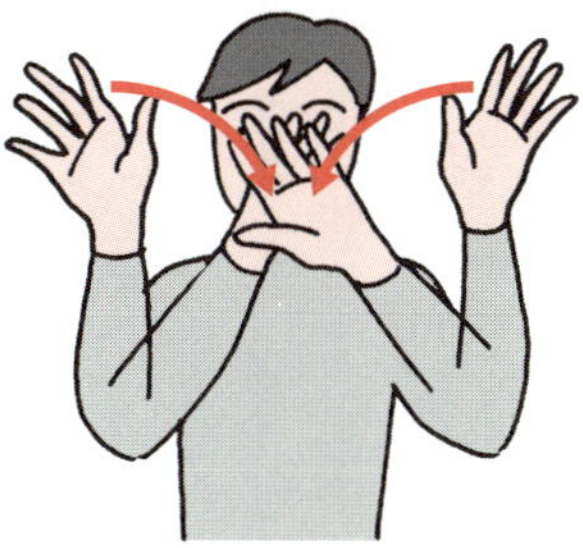

手のひらを前に向けた両手を、顔の前で左右から交差させる。

反 交差させた両手を左右に開くと、「**明るい**」の意味になる。

同 こんばんは・地味・闇・夜

使い方例

建物＋暗い＝**薄暗い建物**

性格＋暗い＝**暗い性格**

空＋暗い＝**空が暗い**

暗い＋過去＝**暗い過去**

～ぐらい

～ぐらい

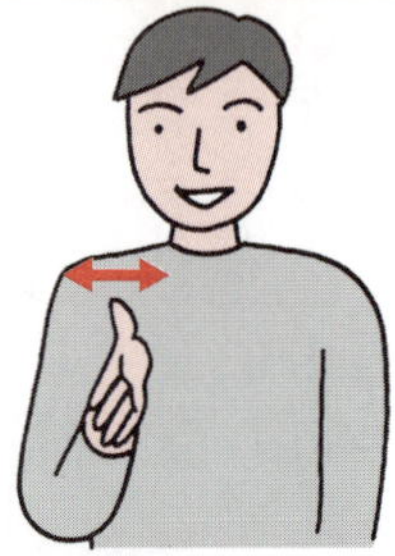

右手を体と垂直に立てて、指先を前に向け、左右に軽く振る。

横から見たとき

同 ～頃・だいたい

使い方例
今＋～ぐらい＝**最近**
5＋千＋～ぐらい＝**5千ぐらい**
年齢＋～ぐらい＝**年頃**

ぐらうんど

グラウンド

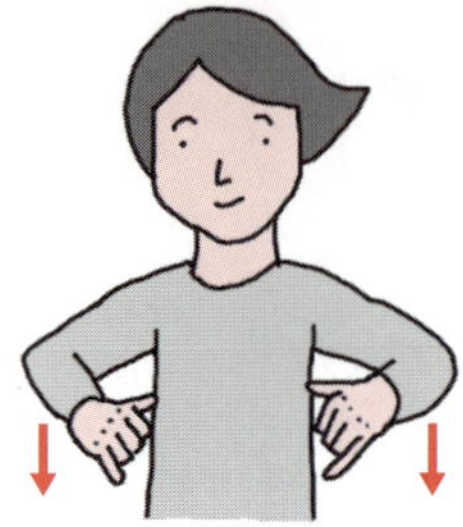

両手の親指と小指を伸ばして下向きにし、向かい合わせる。両手同時に軽く下に押す。

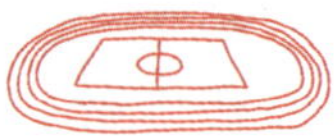

解 グラウンドの形を表す。

使い方例
学校＋グラウンド＝**校庭**
相手＋グラウンド＝**アウェイグラウンド**
私＋グラウンド＝**ホームグラウンド**

くらべる

比べる

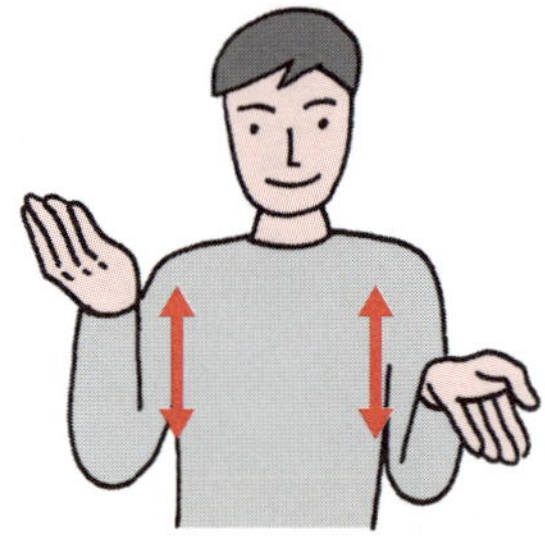

両手の手のひらを上に向けて並べ、交互に上下に動かす。

重い

解 重さを比較する様子から。
参 上下に動かさず、両手の指先をつけて下げると、「**重い**」になる。

同 グラム・天秤・比較

使い方例
比べる＋文化＝**比較文化**
比べる＋好き＝**比べたがる**

ぐらむ

グラム

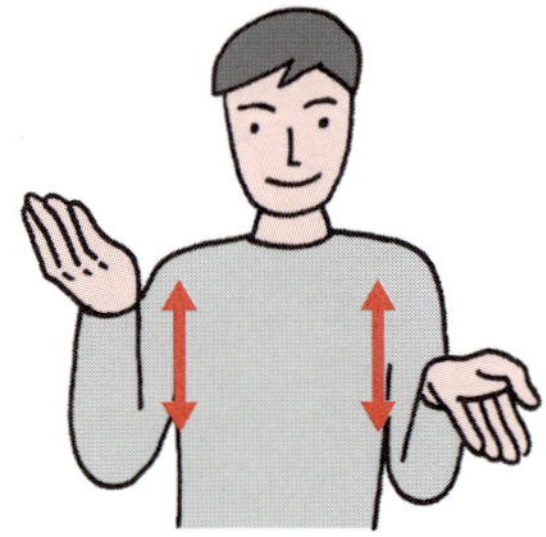

両手の手のひらを上に向けて並べ、交互に上下に動かす。

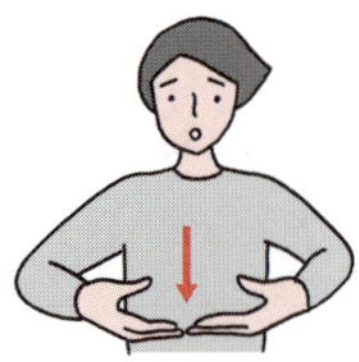

重い

解 重さを比較する様子から。
参 上下に動かさず、両手の指先をつけて下げると、「**重い**」になる。

同 比べる・天秤・比較

使い方例
百＋グラム＝**百グラム**
キロ＋グラム＝**キログラム**

くりーにんぐ
クリーニング

右手でこぶしを作り、こするように、2～3回斜めに往復させる。

解 アイロンをかける様子を表す。

参 「**アイロン**」との区別は口型でする。

同 アイロン・アイロンをかける

使い方例
クリーニング＋行く＝**クリーニング店に行く**

くりかえす
繰り返す

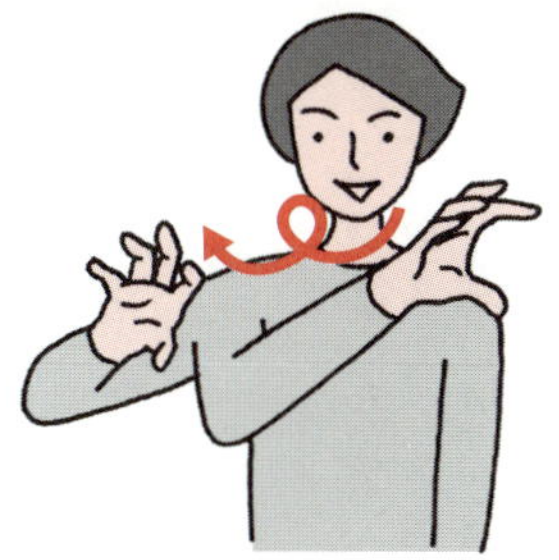

わん曲させた右手を回しながら下げていく。

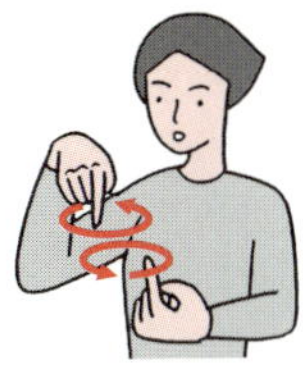

ほかの表現

解 同じ動きを続けることを表現している。

参 両手の人差し指を上下において交互に回す表現もある。

同 ワンパターン

使い方例
失敗＋繰り返す＝**失敗を繰り返す**
繰り返す＋ない②＋気をつける＝**繰り返さないよう注意**

くりすます
クリスマス

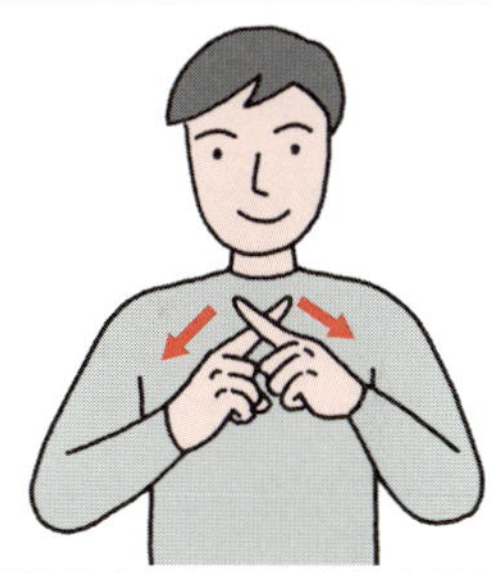

両手の人差し指を交差させて「X」を作り、同時に斜め下に引く。

解 「Xmas」の「X」の文字から。

参 「X」を表してから、サンタクロースのひげを表す表現もある。

使い方例
クリスマス＋ケーキ＝**クリスマスケーキ**
クリスマス＋プレゼント＝**クリスマスプレゼント**

くる
来る

右手の手のひらを手前に向けて人差し指を立て、手前に寄せる。

横から見たとき

解 人がやって来る様子を表す。

参 人差し指が下向きになる表現もある。

反 人差し指を前に動かすと、「**行く**」の意味になる。

使い方例
今日＋父＋来る＝**今日父が来る**
生理＋来る＝**生理が来る**

ぐるーぷ

グループ

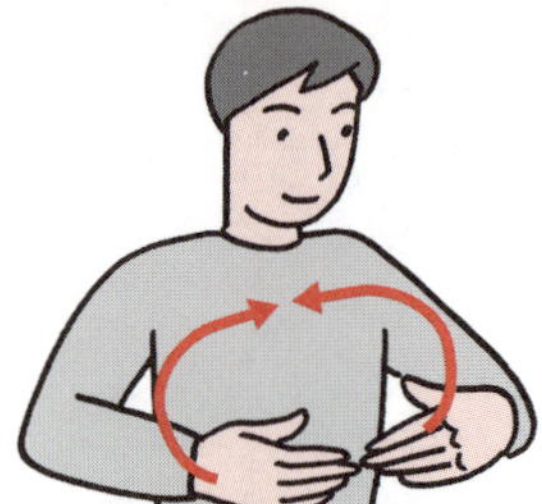

両手の甲を前に向けて指をそろえ、手首を軸に手前に円を描く。

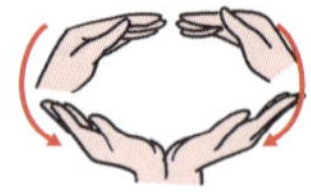

上から見たとき

解 大勢の人が輪の中に集まっている様子を表す。

同 クラス・クラブ・団体・チーム

使い方例

グループ＋活躍＝**クラブ活動**
グループ＋長＝**班長**
グループ＋バーゲン＝**団体割引**

くるしい

苦しい

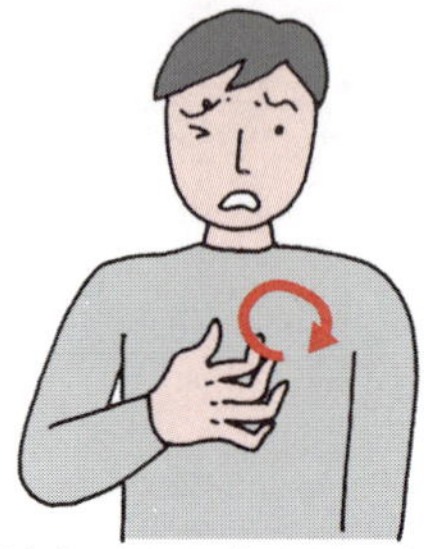

右手を軽くわん曲させて胸のあたりにつけ、回す。

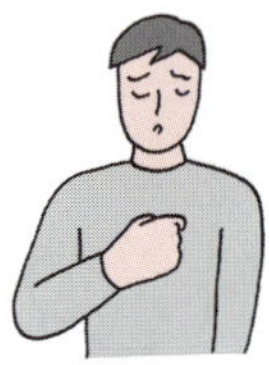

息苦しい

解 苦しくて胸をかきむしる様子を表す。

参 苦しそうな表情をしながら。なお、右手のこぶしで胸をたたくと「**息苦しい**」となる。

使い方例

見る＋苦しい＝**見苦しい**
呼吸＋苦しい＝**息苦しい**
心＋苦しい＝**心苦しい**
病気＋苦しい＝**病気で苦しい**

くるま

車

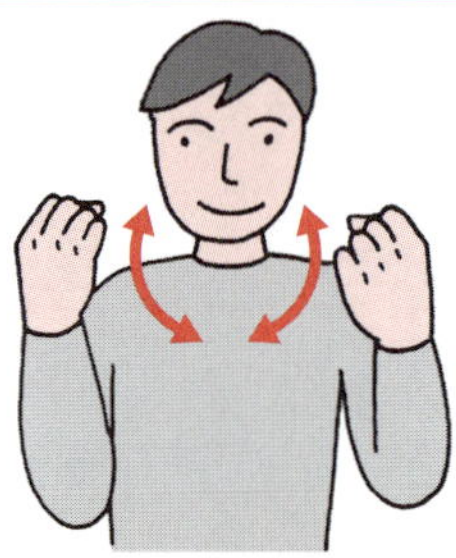

両手を軽く握って左右におき、車のハンドルを動かすようにする。

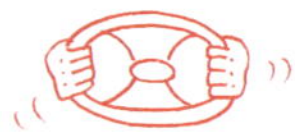

解 ハンドルを持って車を運転する様子を表す。

同 運転・ドライブ

使い方例

海外＋車＝**外車**
軽い＋車＝**軽自動車**
車＋直す＝**改造車**
安全＋車＝**安全運転**

くるまいす

車椅子

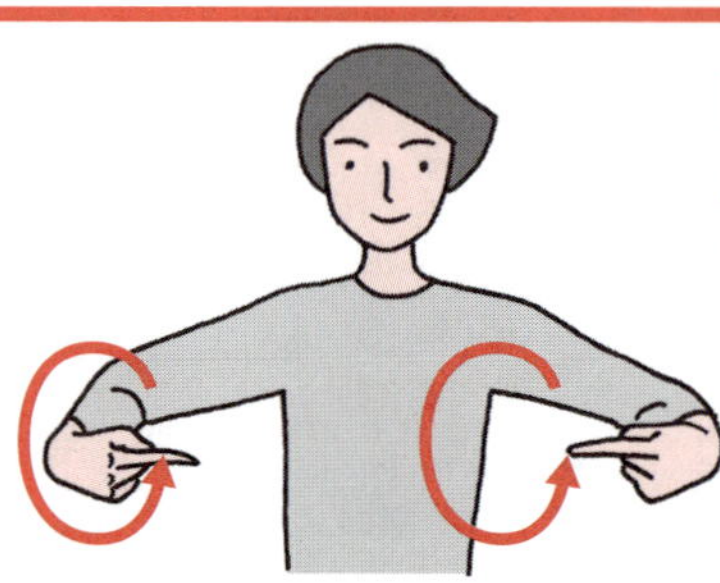

両手の人差し指を伸ばして体の左右におき、前に回す。

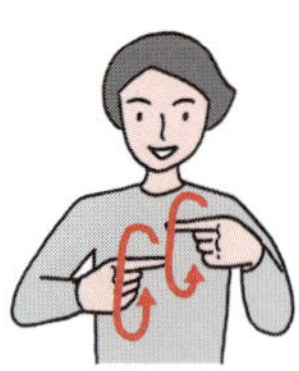

手話

解 車椅子の車輪の形から。

参 人差し指を向かい合わせて交互に回すと「**手話**」、頭の左右において回すと「**羊**」となる。

使い方例

車椅子＋指文字の「リ」＋やり直す＝**車椅子のリハビリ**
車椅子＋バスケットボール＝**車椅子バスケットボール**

ぐれー

グレー

右手の人差し指と中指をそろえて、口の前で曲げる。

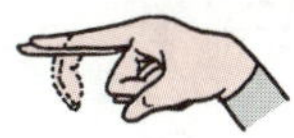

手前から見たとき

解 ねずみの歯を表す。ねずみ色=グレーから。

同 ねずみ

使い方例

グレー＋ワンピース＝**グレーのワンピース**

明るい＋グレー＝**ライトグレー**

くれじっとかーど

クレジットカード

カードを持つように右手を握り、体から少し離れた場所におく。

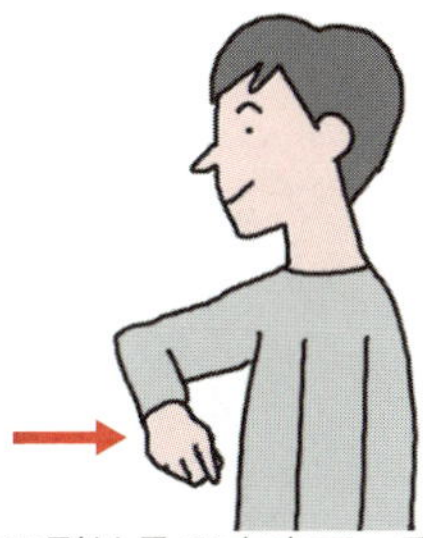

手の形はそのままで、手を垂直に体に引き寄せる。

解 クレジットカードをカードリーダーに読み込ませている様子を表す。

使い方例

クレジットカード＋失う＝**カード紛失**

クレジットカード＋倒産＝**カード破産**

クレジットカード＋ローン＝**クレジットカード支払い**

くろ

黒

右手の手のひらを頭の上にのせ、下げる。

解 髪の毛の色が黒いことから。

参 右手を頭の上にポンとのせて、表情をつけると、「**しまった！**」という意味になる。

反 「**白**」は、右手の人差し指で歯を指さして左に引く。

使い方例

黒＋書く＝**黒板**

黒＋線を引く＝**黒字**

黒＋洋服＝**喪服**

白＋黒＝**白黒**

くろう

苦労

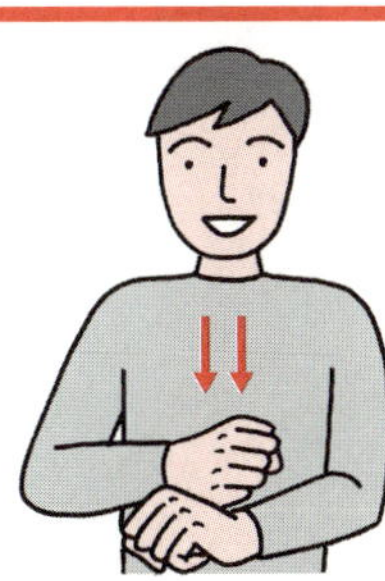

右手のこぶしで左手の手首の甲側を２回たたく。

作る

参 右手のこぶしを左手のこぶしに2回あてると「**作る**」となる。

同 お疲れさま・ご苦労さま・たいへん・面倒

使い方例

苦労＋続く＝**苦労続き**

苦労＋ありがとう＝**お疲れさまでした**

苦労＋知らない＝**苦労知らず**

くわえる
加える

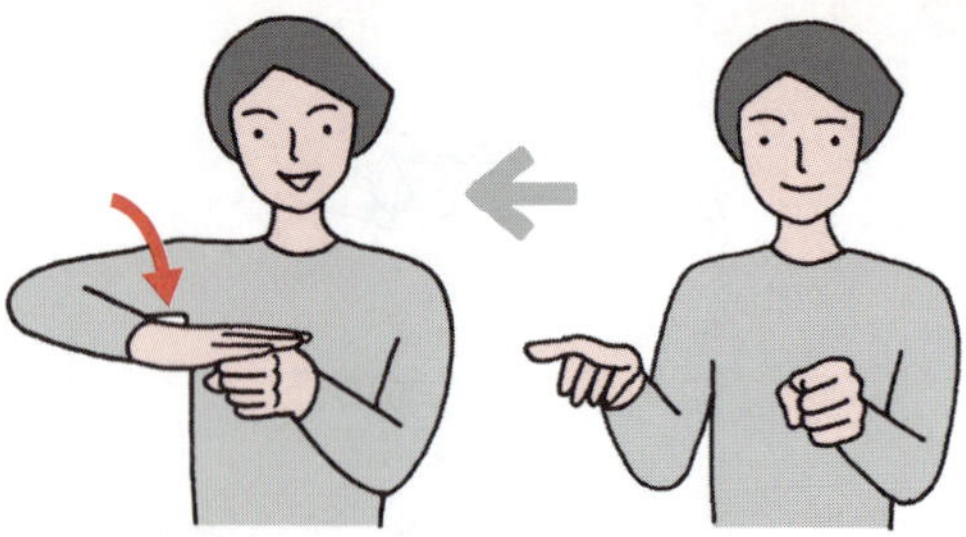

左手を筒にし、右手でふたをするように重ねる。

解 左手はすでにある物を表し、それに右手をかぶせることで「加える」という意味を表す。

同 つけ足す・含む・含める

使い方例
味＋加える＝**味つけ**
税金＋加える＋千＝**税込みで千円**

くわしい
詳しい

横から見たとき

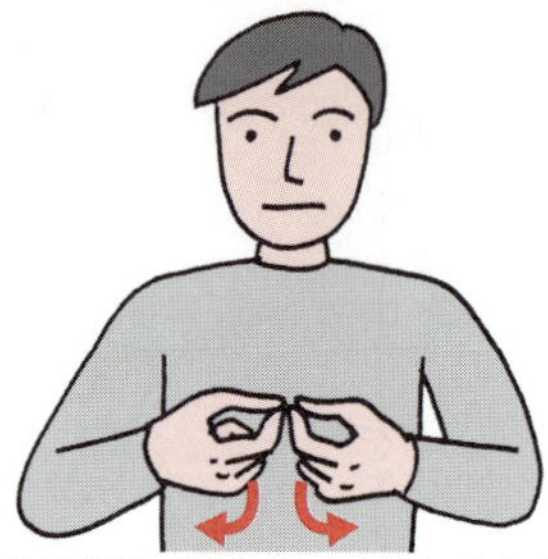

両手の指をすぼめて指先を合わせ、
２回手首をひねりながら少し下げる。

解 細々した様子から。

同 細かい・詳細

使い方例
彼＋コンピュータ＋詳しい＝**彼はコンピュータに詳しい**
詳しい＋情報＝**詳しい情報**
詳しい＋尋ねる＝**尋問**

ぐん
軍

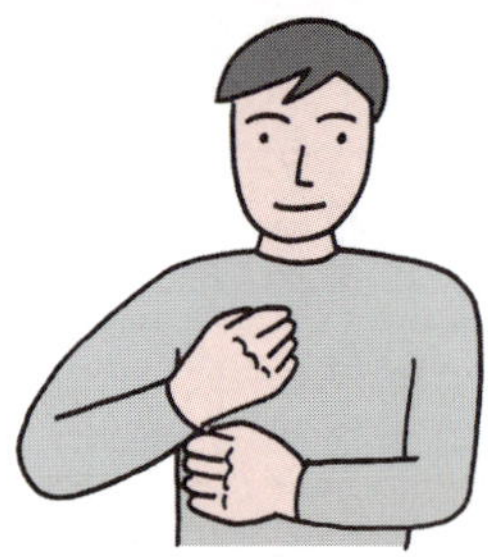

両手でこぶしを作って上下におき、右の胸にあてる。

解 兵隊が銃を持つ様子から。

同 兵庫

使い方例
軍＋グループ＝**軍隊**
副＋軍＝**予備軍**
アメリカ＋軍＝**アメリカ軍**
プラス＋軍＝**十字軍**

け

自分から見た形

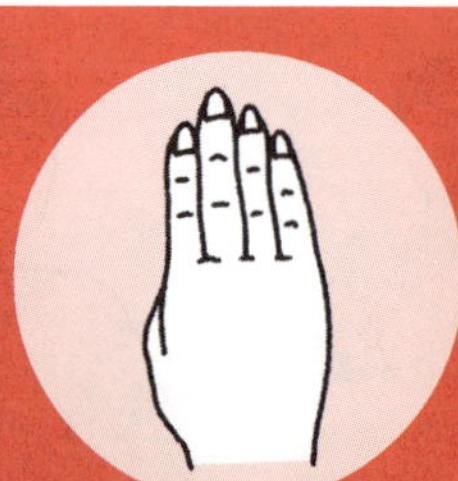

相手から見た形

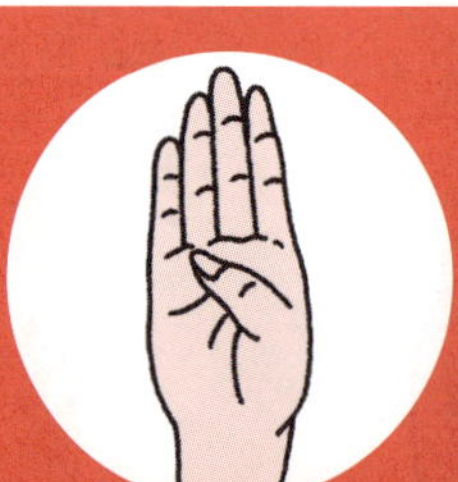

敬礼（けいれい）の形になる。

毛
け

左手の甲に軽くわん曲させた右手の甲を下にしておき、右手を回す。

髪の毛

解 織物の繊維を表す。

参 「**髪の毛**」を表すときは、右手の親指と人差し指で、髪の毛をつまむ。

使い方例

毛＋濃い＝**毛深い**
毛＋ない①＝**毛がない**
毛＋布団＝**毛布**
羊＋毛＝**羊毛**

経過
けいか

右手の指先を左腕にあてて、手首まで下ろす。

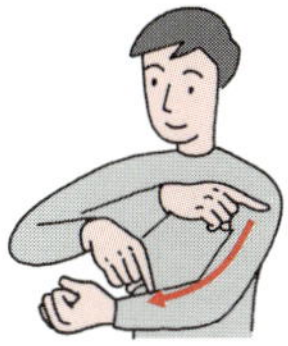

血液

解 時間が流れる様子を表す。

参 右手の人差し指で同様に表すと、「**血液**」。

同 経歴・流れ・プロフィール・略歴

使い方例

経過＋説明＝**経過を説明する**
経過＋報告＝**経過報告**
経過＋四角＝**履歴書**

計画
けいかく

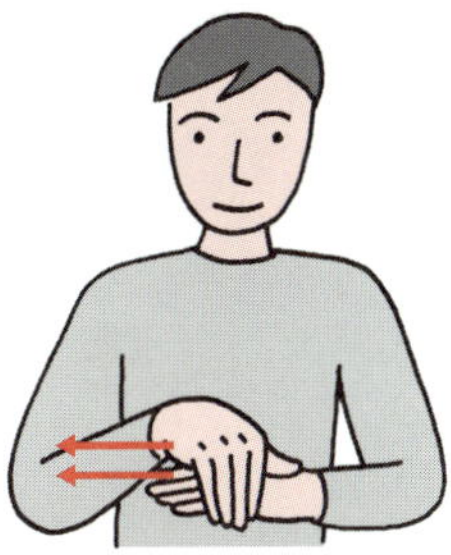

左の手のひらを下に向け、右手を左の小指にあて、2回右に動かす。

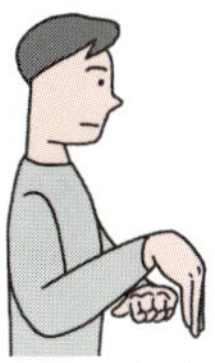

横から見たとき

参 右手の4本の指の代わりに、人差し指を伸ばして引くと、「**デザイン**」の意味になる。

同 (〜する)つもり・予定

使い方例

旅行＋計画＝**旅行の計画**
計画＋止める＝**計画中止**
計画＋相変わらず＝**計画通り**

景気
けいき

両手の親指と人差し指で輪を作って上下におき、交互に水平に回す。

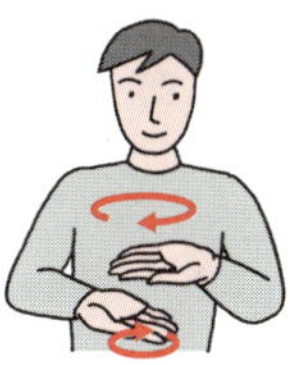

つき合い

参 輪を作って回す代わりに、両手の手のひらを上向きにして同様に回すと、「**つき合い**」。

同 営業・宴会・経営・経済・パーティー

使い方例

景気＋下がる＝**不況**
景気＋上がる＝**バブル、景気が上向く**

けいけん
経験

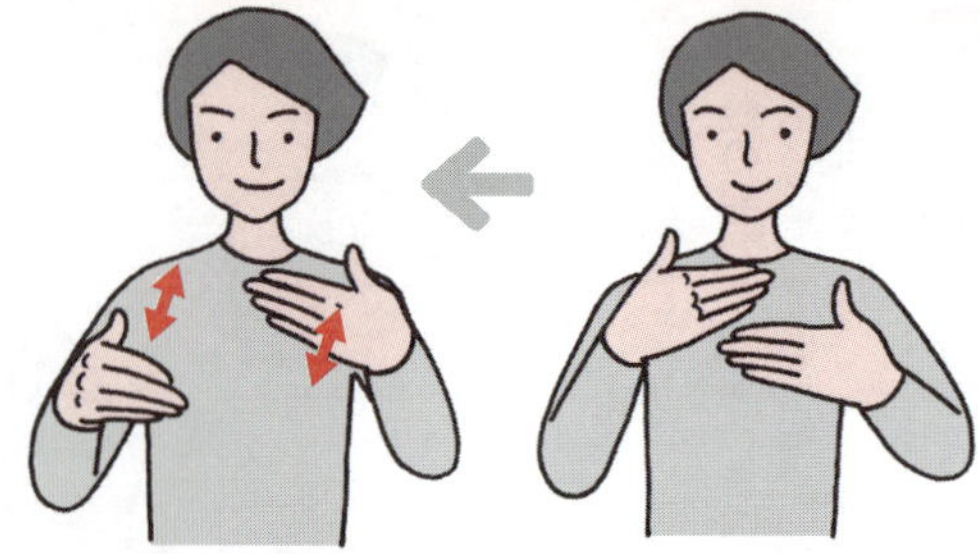
両手の指先を触れ合わせる。
そのまま、前後に打ちつけるように動かす。

解 多くのことにぶつかる様子から。

参 何度も繰り返すと、「**経験を積む**」となる。

同 体験・慣れる・ベテラン

使い方例
初めて＋経験＝**初体験**
経験＋多い＝**経験豊富**
経験＋足りない①＝**経験不足**
経験＋まだ＝**未経験**

けいざい
経済

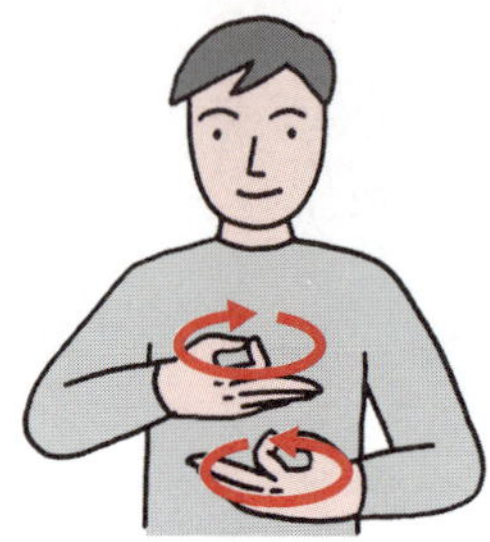
両手の親指と人差し指で輪を作って上下におき、交互に水平に回す。

つき合い

参 輪を作って回す代わりに、両手の手のひらを上向きにして同様に回すと、「**つき合い**」。

同 営業・宴会・経営・景気・パーティー

使い方例
自分＋経済＝**自営**
経済＋上がる＝**バブル**
経済＋計算＝**経理**
お金＋経済＝**金融**

けいさつ
警察

右手の親指と人差し指を軽く曲げて弧を作り、ひたいにあてる。

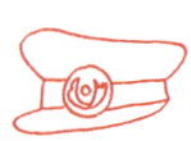

解 警官の帽子についている記章を表す。

使い方例
警察＋女＝**婦人警官**
警察＋男＝**警察官**
警察＋場所＝**交番**
警察＋建物＝**警察署**

けいさん
計算

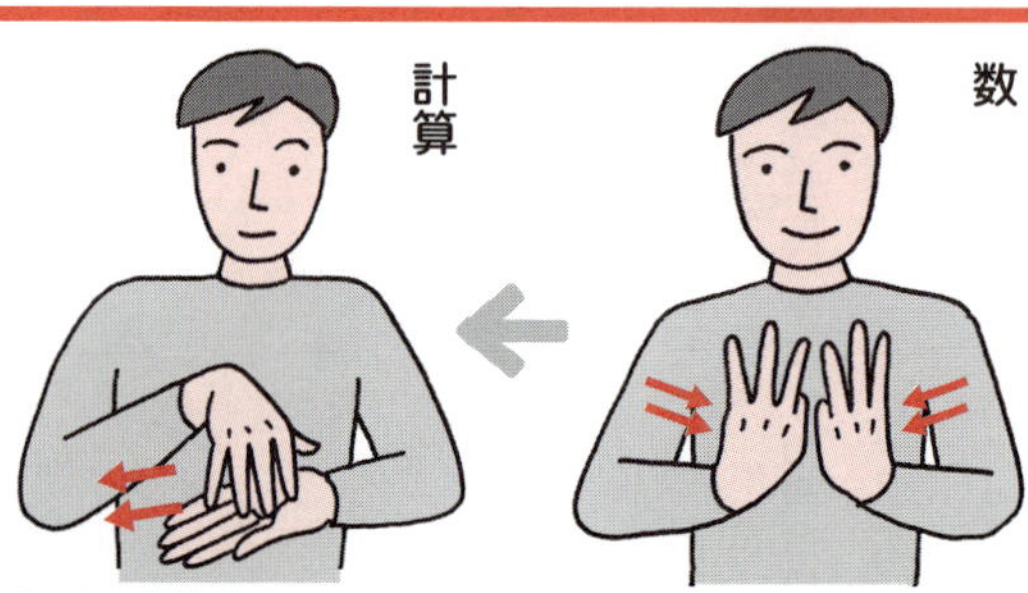

両手の人差し指と中指、薬指を立てて、２回ぶつけ合わせる。
右手の指先を左手にのせ、右へ２回動かす。

参 左の手のひらに右の人差し指で線を引くと「**手術**」となる。

同 数…算数・数学・数字・番号
計算…そろばん・約

使い方例
素直＋計算＝**計算が正しい**
家＋計算＋ノート＝**家計簿**
お金＋計算＋資格＝**会計士**

芸術
げいじゅつ

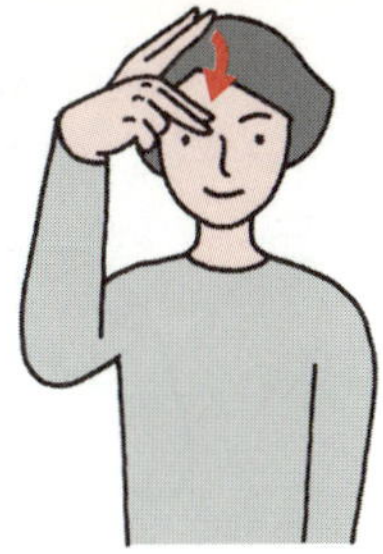

右手の人差し指と中指をひたいにあて、下げる。

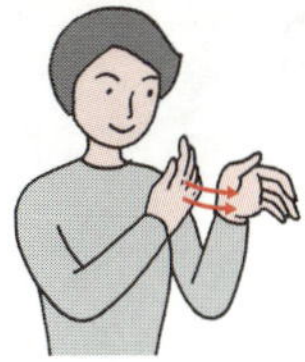

絵

解 東京芸術大学の学帽の記章から。

参 「芝居＋芸術」でもよい。また、左手の手のひらに右手の甲を2回打ちつける「絵」でも表現できる。

使い方例
芸術＋大学＝**芸大**
芸術＋合う＝**芸術的**
芸術＋家＝**芸術家**

携帯電話
けいたいでんわ

右手の人差し指を伸ばして、右耳にあてる。

電話

解 携帯電話のアンテナを立てた形から。

参 「**PHS**」はアルファベットで表す。また、「**電話**」は、親指と小指を伸ばして耳にあてて表す。

使い方例
携帯電話＋お金＝**携帯料金**
携帯電話＋番号＝**携帯番号**
携帯電話＋メール＝**携帯メール**

競馬
けいば

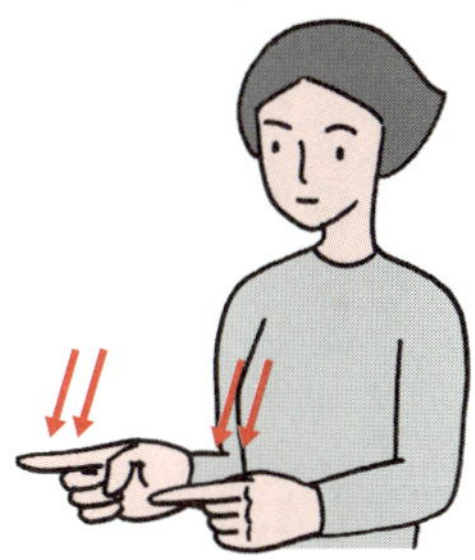

両手の人差し指を前に向けて、2回振り下ろす。

解 馬の手綱(たづな)を引く様子から。

同 馬・群馬

使い方例
競馬＋勝つ＝**競馬に勝つ**
競馬＋券＝**馬券**
競馬＋場所＝**競馬場**

契約
けいやく

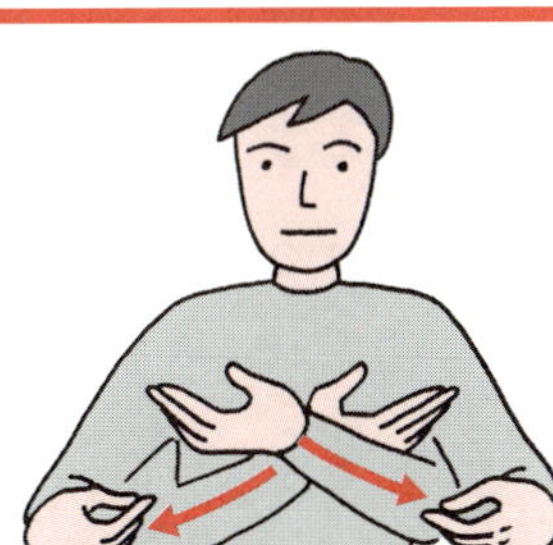

両手の手のひらを上に向けて交差させ、左右に引きながら指を閉じる。

同 取引・結納

使い方例
契約＋会社＝**取引会社**
契約＋会社＋員＝**契約社員**
契約＋四角＝**契約書**

経理
けいり

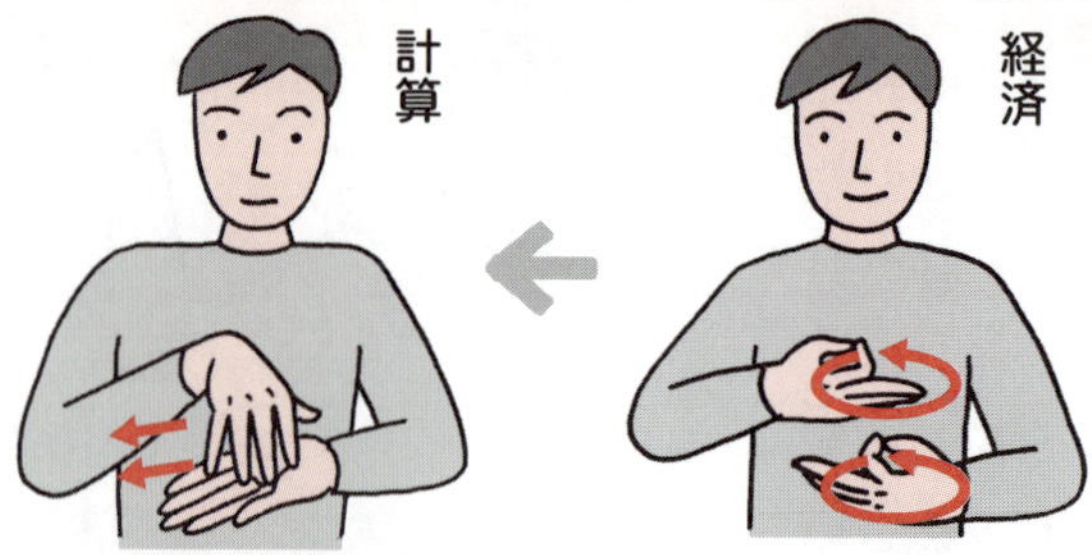

親指と人差し指で輪を作って上下におき、交互に水平に回す。

右手の指先を左手の上にのせ、右へ2回動かす。

同 経済…営業・宴会・経営・景気・パーティー
計算…そろばん・約

使い方例
経理＋課＝**経理課**
お金＋計算＋資格＝**会計士**

ケーキ
けーき

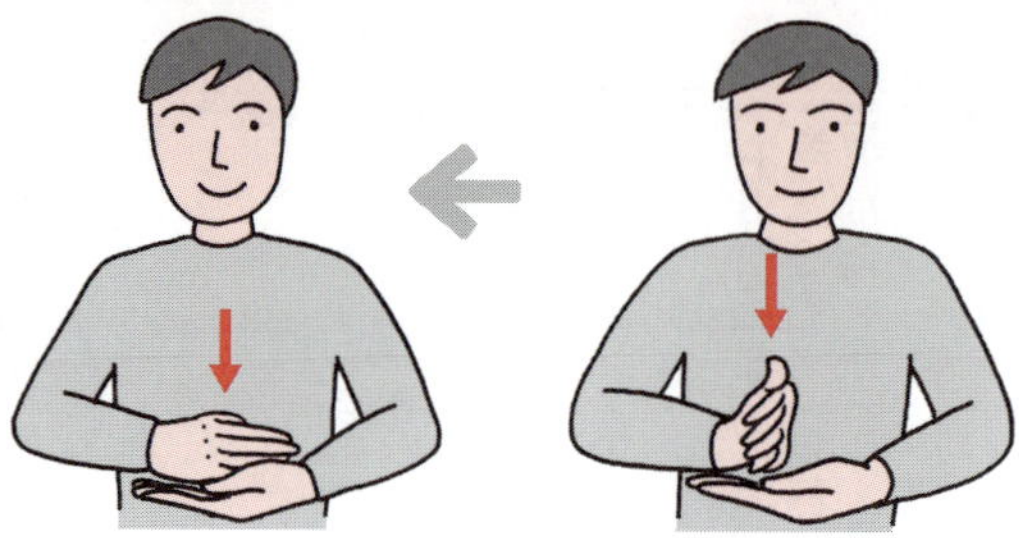

左手の手のひらの上に、右手を垂直に縦におく。

同様に横におく。

解 ケーキを切る様子を表す。

参 右手を垂直において、指先に向かって滑らせると「**まっすぐ**」になる。

使い方例
チーズ＋ケーキ＝**チーズケーキ**
誕生日＋ケーキ＝**バースデーケーキ**

けが
けが

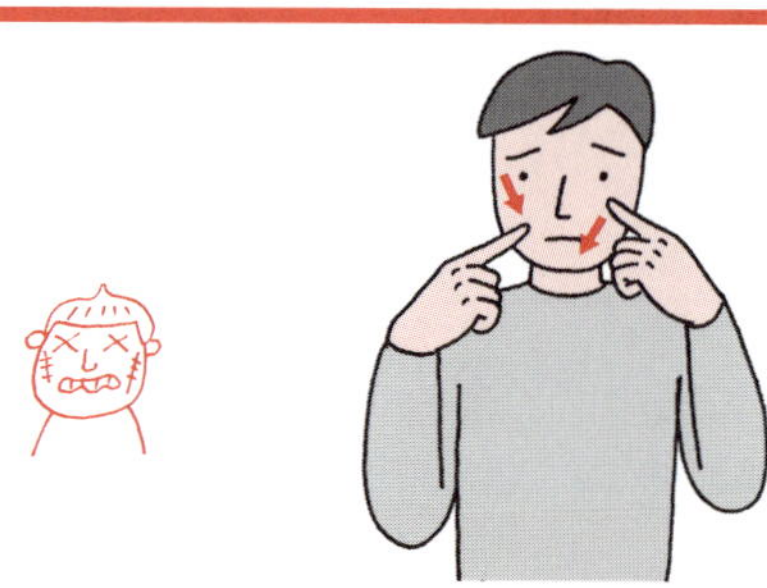

両手の人差し指を伸ばしてほおにあて、斜め下に交互に動かす。

解 顔についた傷を表す。

参 片手だけで表現することもある。手足のけがは、その部位で人差し指を動かす。

同 傷

使い方例
けが＋気をつける＝**けがに注意**
顔＋けが＝**顔にけがをする**

化粧
けしょう

左手に右手の指をつける。

右手の指をほおにあてる。

解 左手でコンパクトを持ち、右手でファンデーションを顔につける様子。

参 右手を顔にあてる動作だけでもよい。

使い方例
化粧＋品＝**化粧品**
化粧＋水＝**化粧水**
化粧＋部屋＝**化粧室**
化粧＋ない①＝**化粧っ気がない**

げた

下駄

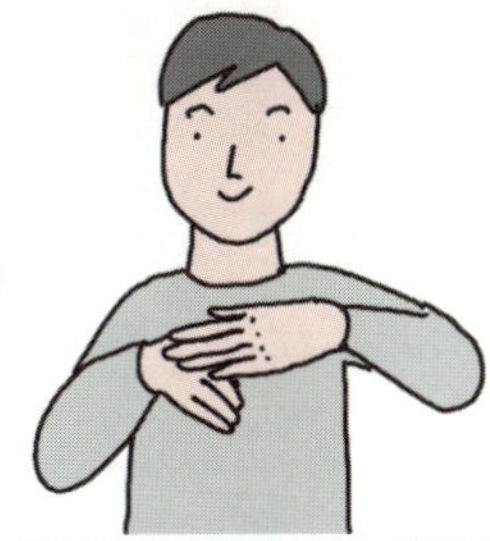

左手のひらを下に向け、立てた右手のひらを、左手の指先にあてる。

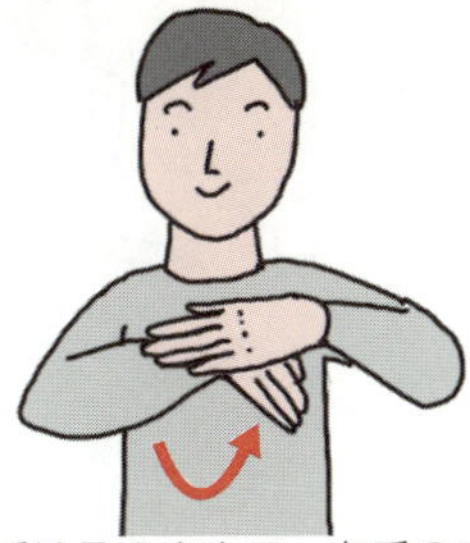

左手はそのままで、右手のひらを左手の手首のほうにずらす。

解 下駄の形を表しており、右手は歯を表す。

使い方例
指文字「き」「り」＋下駄＝**桐の下駄**
雪＋下駄＝**雪駄**
下駄＋責任＝**下足番**

けち

ケチ

右手の親指と人差し指で輪を作り、下くちびるにあてる。

米

参 輪を口の端にあてると、「**米**」になる。

反 「**無駄遣い**」は、右手の輪を左手にのせ、はじくように指を離す。

同 節約

使い方例
彼女＋ケチ＝**彼女はケチだ**
性格＋ケチ＝**ケチな性格**

けつあつ

血圧

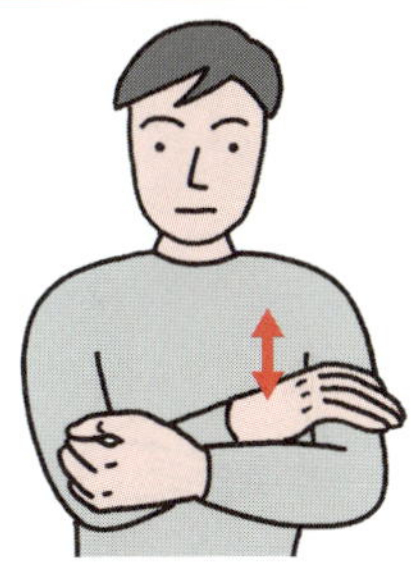

左腕を右手でつかみ、握ったり離したりする。

解 血圧計のバンドが締まったり緩んだりする様子を表す。

参 「血圧＋気温」で表現することもできる。

使い方例
血圧＋高い＝**高血圧**
血圧＋低い＝**低血圧**
血圧＋検査＝**血圧を測る**

けつえき

血液

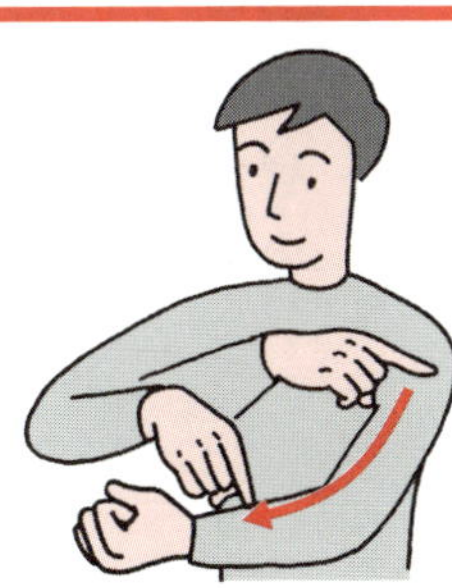

右手の人差し指を左腕にあて、手首まで動かす。

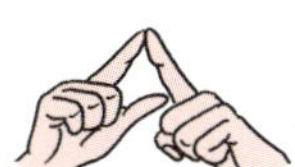

A型

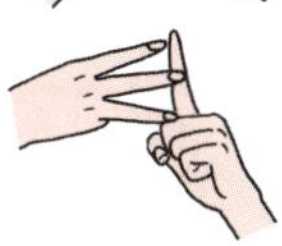

B型

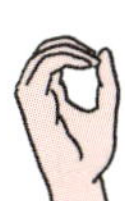

O型

解 血が流れる様子を表す。

参 血液型は、それぞれのアルファベットで表す。

同 遺伝・血液型

使い方例
血液＋あげる＝**献血**
血液＋占い＝**血液型占い**
兄＋血液＋違う＝**腹違いの兄**

結果
けっか

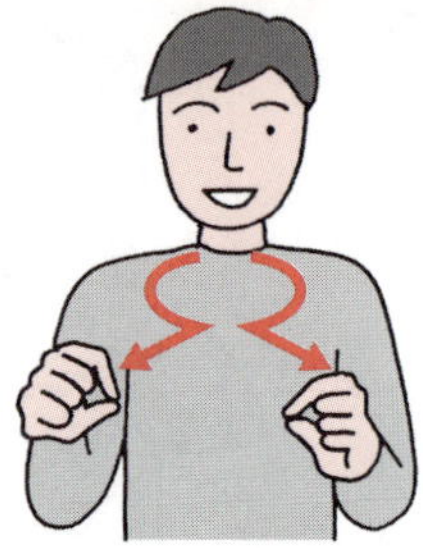

両手の親指と人差し指をくっつけて、水引を結ぶようにする。

解 「結果」の「結」の字から、結ぶことで表す。

反 「基本＋きっかけ」で「**原因**」となる。

同 結局・結論・ボーナス・結ぶ

使い方例
結果＋報告＝**事後報告**
結果＋最後＝**結末**
アンケート＋結果＝**アンケート結果**

結核
けっかく

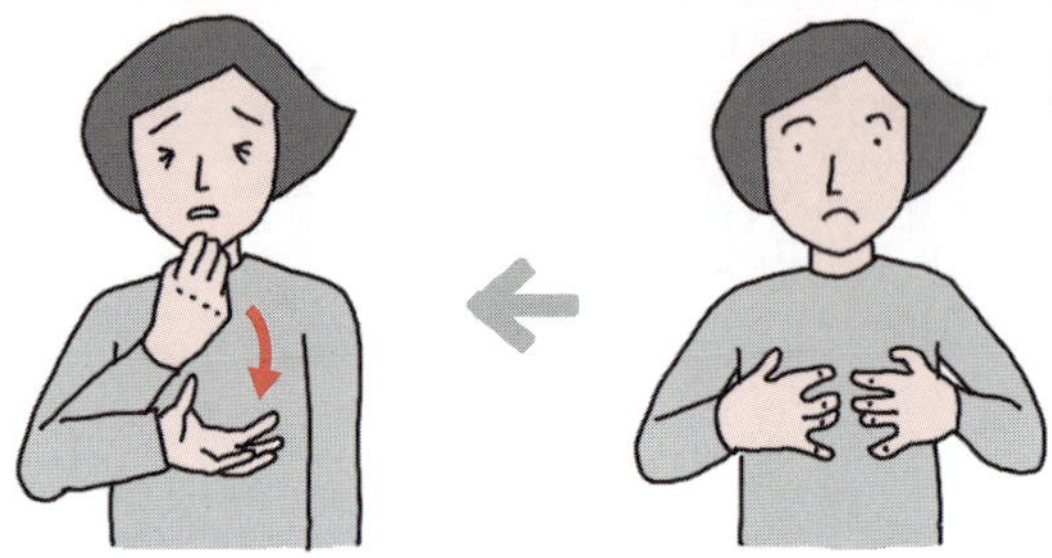

軽くわん曲させた両手を胸元あたりにあてる。

すぼめた右手を口元におき、パッと開きながら、前に出す。

解 最初の動作は「肺」の位置を表し、次の動作は吐血の様子を表す。

使い方例
結核＋病気＋人々①＝**結核患者**
結核＋病気＋男＋離す＝**結核患者を隔離する**

欠勤
けっきん

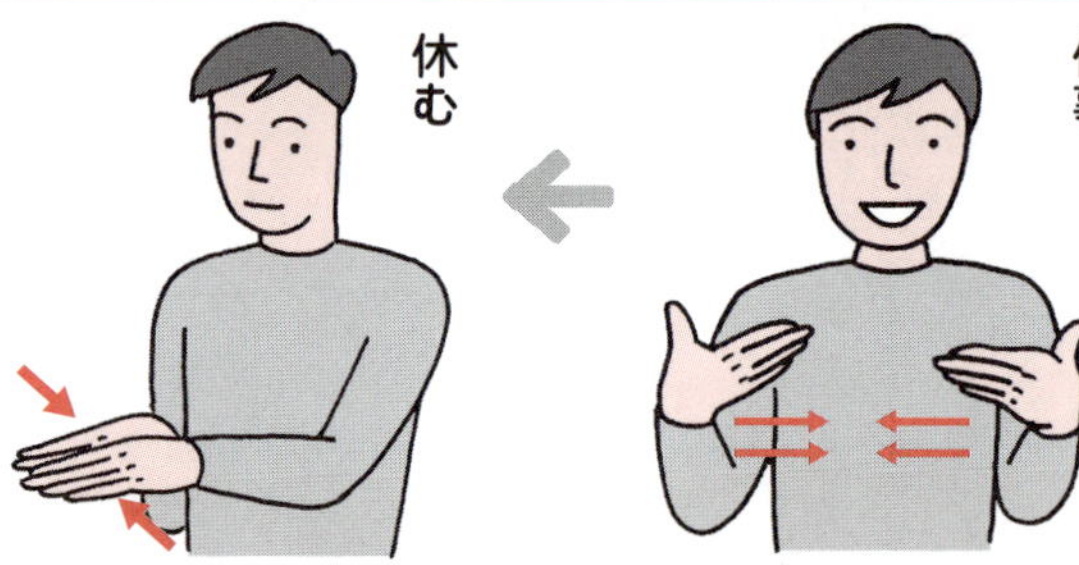

両手の手のひらを上向きにし、左右から２回寄せる。

両手の手のひらを下向きにして、左右から寄せる。

同 仕事…職業・働く
休む…休日・休み

使い方例
欠勤＋多い＝**欠勤が多い**
給料＋ある＋休む＋取る＝**有給休暇**

結婚
けっこん

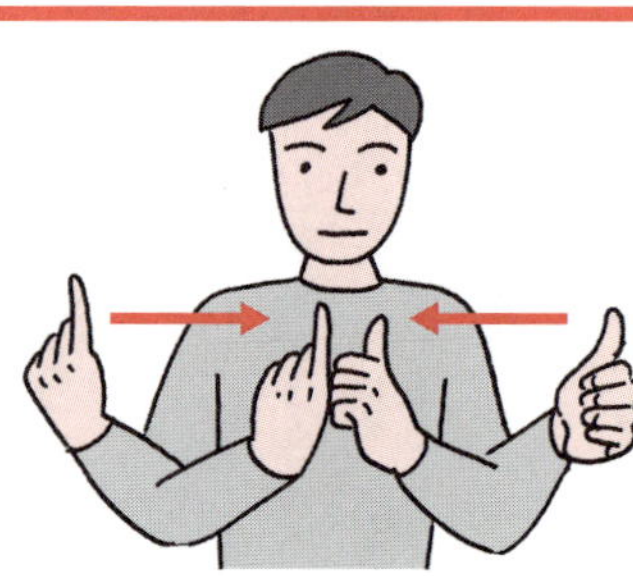

左手の親指と右手の小指を立てて、胸の前で左右からつける。

離婚

解 男(親指)と女(小指)がくっつく様子から。

反 右手と左手を左右に引き離すと、「**離婚**」になる。

使い方例
結婚＋まだ＝**未婚**
結婚＋終わる＝**既婚**
結婚＋式＝**結婚式**
結婚＋男(女)＝**夫(妻)**

けっして〜ない

決して〜ない

右手の親指と人差し指で輪を作って口の前におき、指を開きながら右にはねる。

手を左にはねてもよい。

解 どちらの表現も同じ意味。

使い方例
- 遅れる＋決して〜ない＝**遅れたことがない**
- 休む＋決して〜ない＝**皆勤**
- 負ける＋決して〜ない＝**負け知らず**

けっしん

決心

左手の手のひらに右手のこぶしを打ちつける。

解 握った手は「固い意志」を表し、それを左手にあてることで「決意」を表す。

参 「気持ち＋決心」と表してもよい。重大な決意という場合だけでなく、軽い意味合いの「決める」というときにも使う。

同 決まる・決める

使い方例
- 決心＋すごい＝**よくもこんなに決心した**
- とても＋決心＝**一大決心**

けっせき

欠席

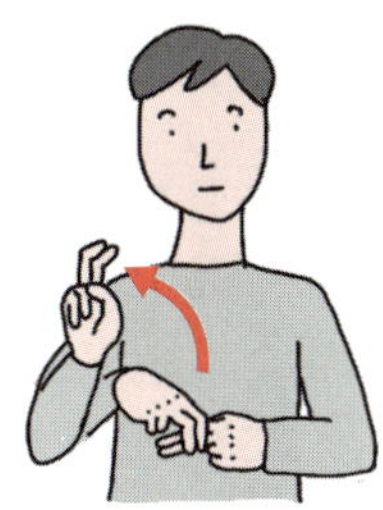

右手の人差し指と中指を曲げて、左手の人差し指と中指の上にのせてから離す。

出席

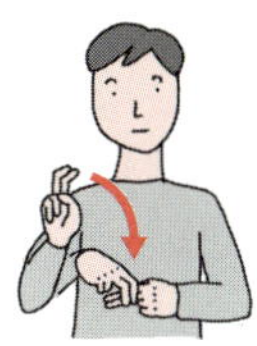

右手の人差し指と中指を曲げて、左手の人差し指と中指の上にのせる。

解 席にいないことを表す。

同 不参加

使い方例
- 会議＋欠席＝**会議を欠席する**
- 病気＋欠席＝**病欠**
- 秘密＋欠席＝**無断欠席**

げつようび

月曜日

右手の親指と人差し指をくっつけ、下げながら離す。

解 三日月の形の一部を表す。

参 「**1〜12月**」は、左手で数字を表し、その下で、右手で「月」を表現する。

同 〜月（がつ）・月（つき）

使い方例
- 今＋週＋月曜日＝**今週の月曜日**
- 毎週＋月曜日＝**毎週月曜日**
- 月曜日＋〜まで＝**月曜日まで**

仮病（けびょう）

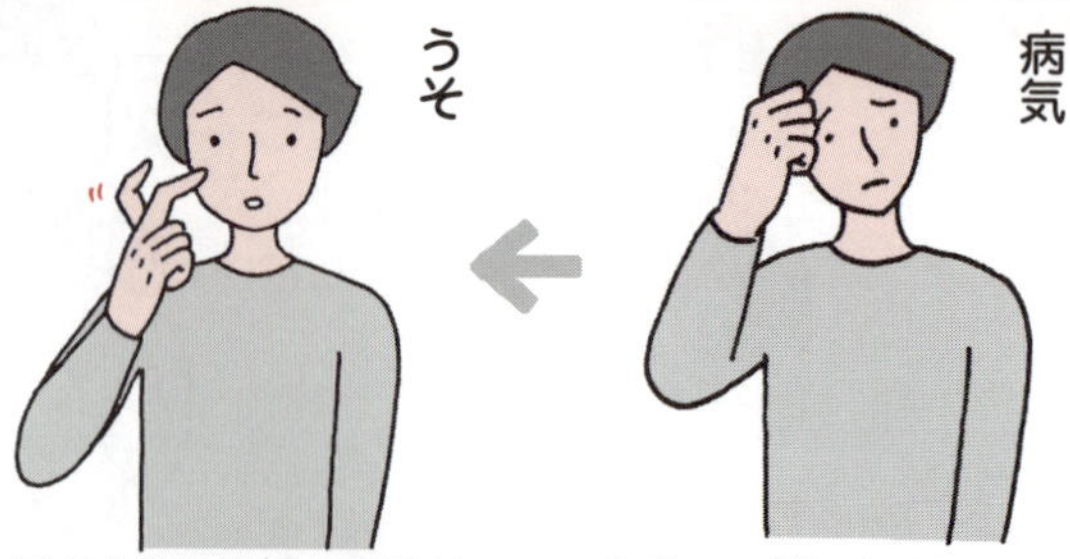

右手のこぶしをひたいにあて、２回軽くたたく。

右手の人差し指で２回ほおをつつく。

参「だます＋病気」でも表現できる。

使い方例
- 仮病＋学校＋休む＝**仮病で学校を休む**
- 仮病＋逃げる＝**仮病を使ってサボる**

下品（げひん）

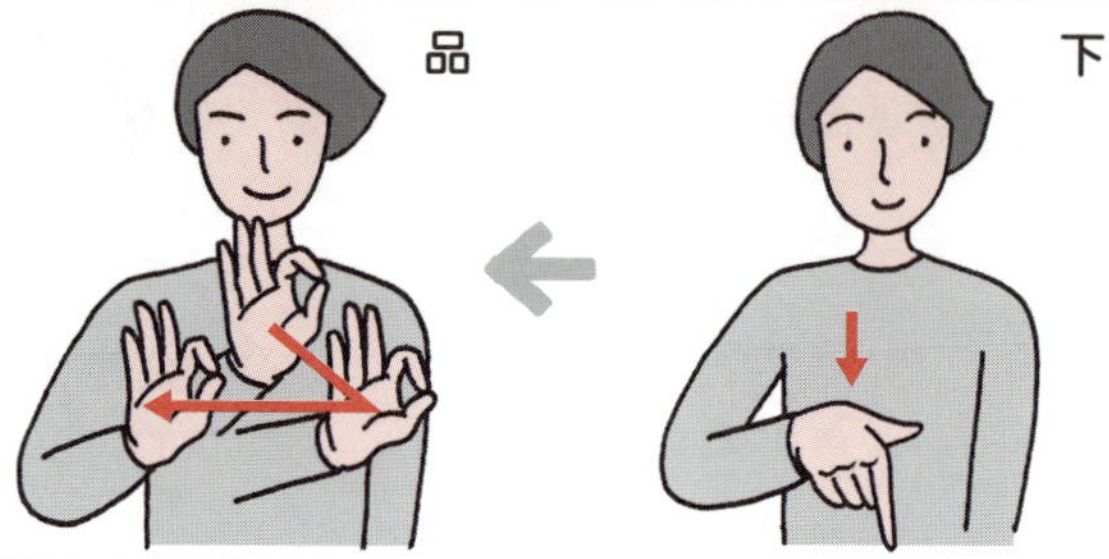

右手の親指と人差し指を伸ばして下に向け、下げる。

親指と人差し指で作った輪を「品」の形に動かす。

反「上＋品」で「**上品**」となる。

使い方例
- 話す＋下品＝**下品な言葉**
- マニキュア＋濃い＋下品＝**マニキュアが濃くて下品**

煙（けむり）

両手をわん曲させ、揺らしながら上げていく。

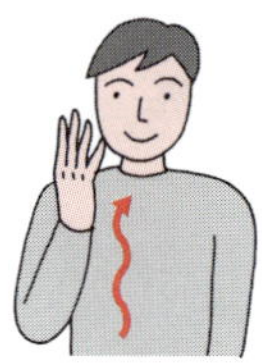

火事

解 もうもうと煙が立ち上る様子から。

参 片手だけで表現してもよい。わん曲させずにひねりながら上げると、「**火事**」「**火**」「**燃える**」となる。

使い方例
- ガス＋煙＝**排気ガス**
- タバコ＋煙＝**タバコの煙**

下痢（げり）

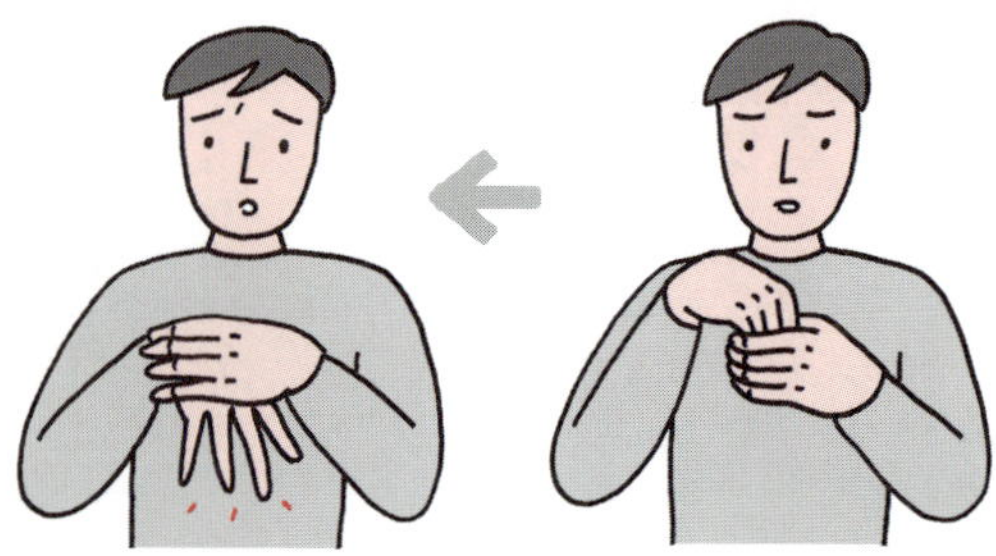

左手で作った筒の中に右手を入れる。

右手を下まで突き抜けさせ、指をパッと開く。

参 便が勢いよく出る様子を表す。

反 左手の筒に、右手を途中まで入れるだけだと、「**便秘**」の意味になる。

使い方例
- 下痢＋止める＋薬＝**下痢止め**
- 下痢＋薬＝**下剤**
- 下痢＋便秘＋繰り返す＝**下痢と便秘を繰り返す**

券
けん

両手の親指と人差し指で四角形を作る。

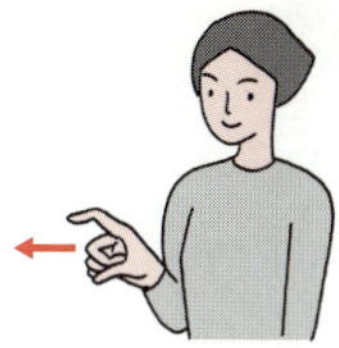

ほかの表現

解 券の四角い形を表す。

参 右手だけで、親指と人差し指を曲げて前に出してもよい（「フロッピー」と同じ）。

同 カード・チケット

使い方例
品＋券＝**商品券**
本＋券＝**図書券**
券＋予約＝**チケット予約**
甘い＋券＝**チョコレート**

県
けん

頭の横で、両手の手のひらを合わせる。

両手を互い違いにずらす。

参 指文字の「ケ」＋「ン」でも表現できる。

同 省・政府

使い方例
県＋行政＝**政治**
愛知＋県＝**愛知県**
県＋道路＝**県道**

けんか
けんか

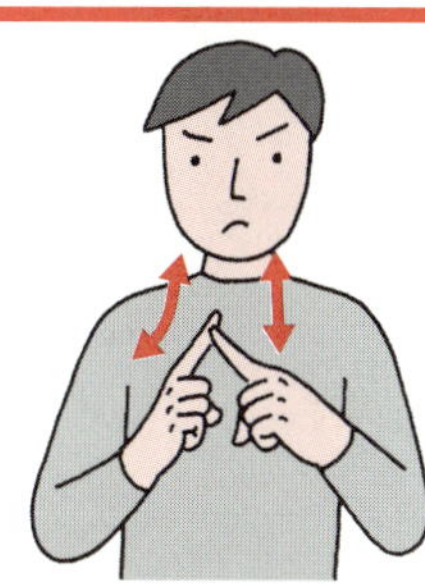

両手の人差し指を伸ばし、指先を２〜３回ぶつけ合わせる。

解 両手を刀に見立て、チャンバラする様子を表す。

参 両手をわん曲させて向かい合わせ、２回ぶつけ合わせる表現もある。また、４本の指で表現すると「**戦争**」となる。

使い方例
夫婦＋けんか＝**夫婦げんか**
兄弟＋けんか＝**兄弟げんか**
けんか＋くだらない＝**くだらないけんか**

玄関
げんかん

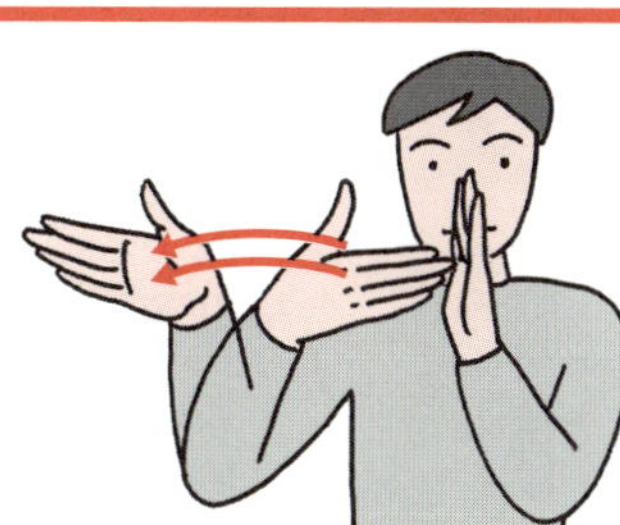

手のひらを右に向けた左手に右手の指先を向け、右手を２回前に払う。

解 ドアが開く様子を表す。

参 手首を１回だけひねると「**ドア**」の意味になる。また、「玄関」を表したあと、ドアノブを回し、前に出すと「**玄関のドアを開ける**」となる。

使い方例
玄関＋口＝**玄関口**
玄関＋広い＝**広い玄関**
玄関＋掃除＝**玄関掃除**

元気 げんき

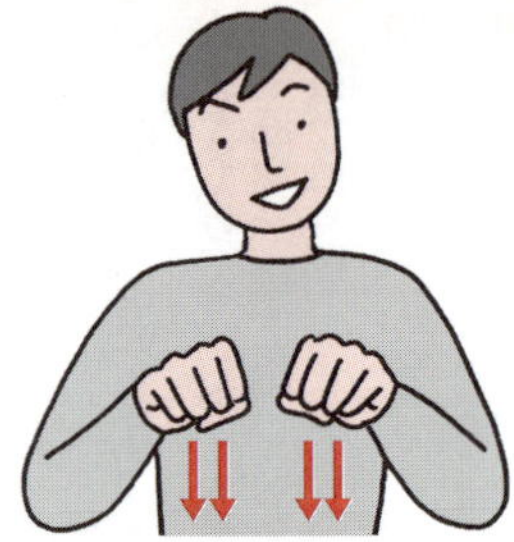
両手でこぶしを作って並べ、2回下げる。

横から見たとき

参 あいさつのときは「元気?」と尋ねる感じで。「頑張って」というときは勇気づける表情で表す。

同 いきいきする・生きる・お元気で・頑張って・頑張る

使い方例
体＋元気＝**健康**
体＋元気＋確認＝**健康診断**
あなた＋元気＝**あなたはいきいきしている**

研究 けんきゅう

両手を握って手首で交差させる。

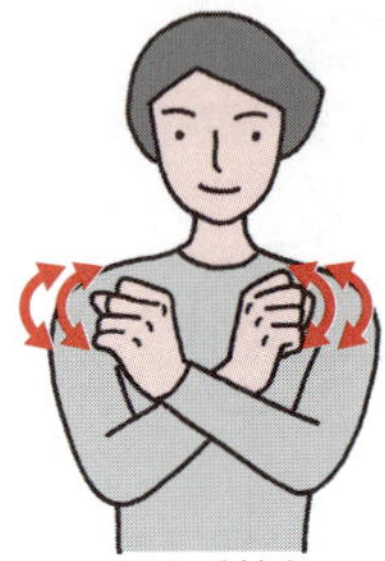
そのまま手首を2回ねじる。

解 両手の形は顕微鏡を表す。

参 両手を握って手首の甲をたたくと「**苦労**」になる。

同 工夫

使い方例
研究＋部屋＝**研究室**
研究＋生徒＝**研究生**
研究＋人々②＝**研究者**
研究＋場所＝**研究所**

謙虚 けんきょ

右手の手のひらを鼻にあてる。

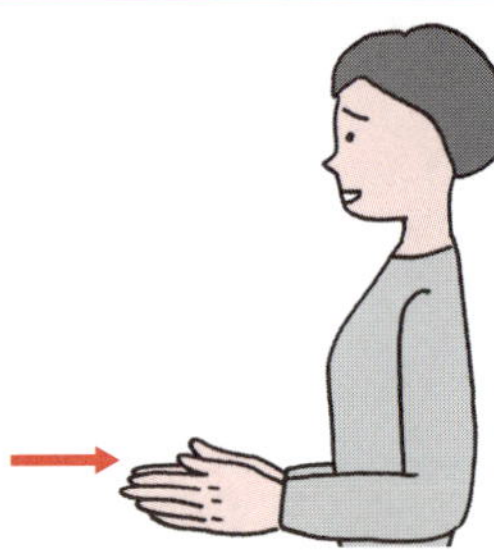

両手の手のひらを向かい合わせ、そのまま手前に引く。

解 「苦手ですから」と手を引いて遠慮することから。

使い方例
日本＋人①＋謙虚＋多い＝**日本人は謙虚な人が多い**

現金 げんきん

右手の手のひらを左に向け、あごに2回あてる。

右手の親指と人差し指で輪を作って軽く振る。

同 本当…事実・実際・真実・確かに・本物
お金…金曜日・値段・料金

使い方例
現金＋支払う＝**現金で支払う**
現金＋～だけ＝**現金のみ**

けんけつ
献血

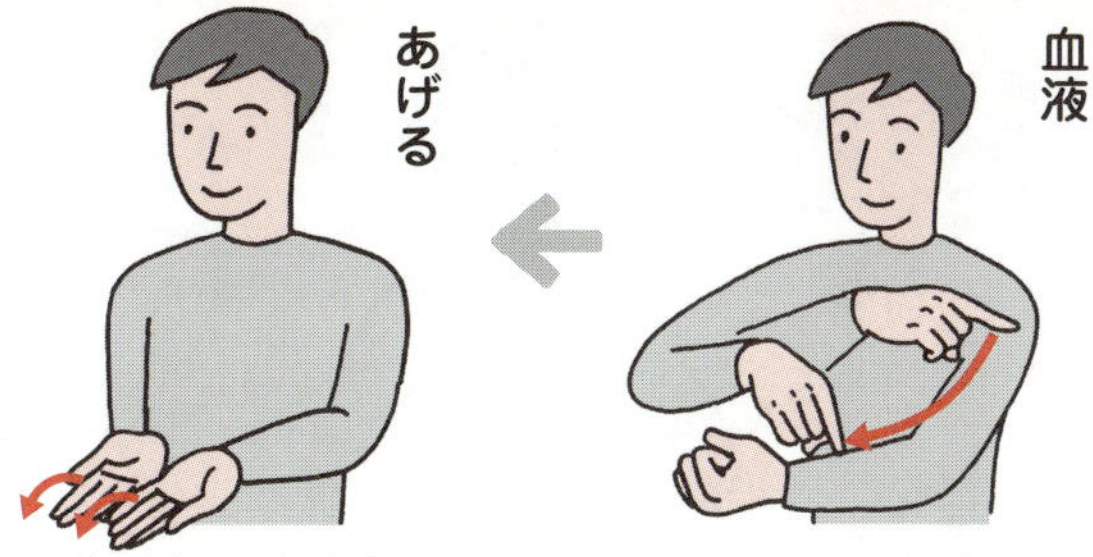

右手の人差し指を左腕にあて、手首まで動かす。

両手の手のひらを上向きにして前に差し出す。

反 「血液＋もらう」で「**輸血**」。

使い方例
献血＋助ける＝**献血に協力する**

げんご
言語

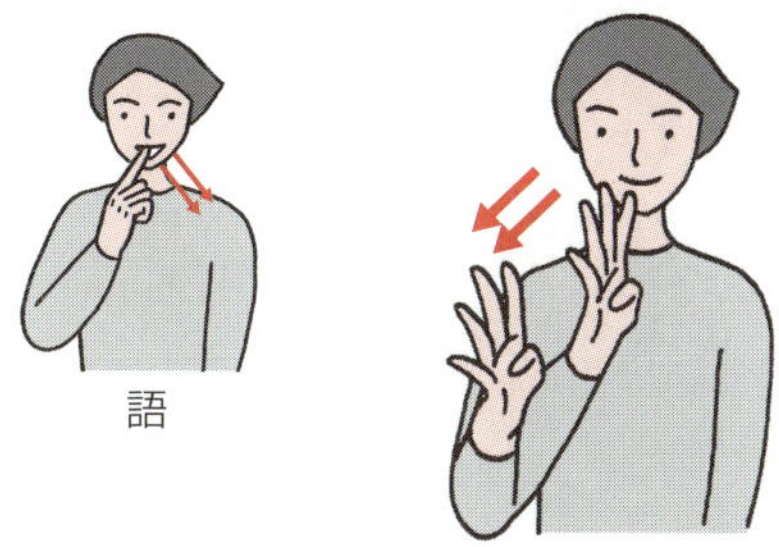

右手の４本の指を広げて口元におき、２回前に出す。

参 「言う」を何度か繰り返す表現もある。また、「**語**」は、右手の人差し指を口元におき、２回前に出す。

使い方例
言語＋勉強＝**言語学**
第一＋言語＝**第一言語**

けんこう
健康

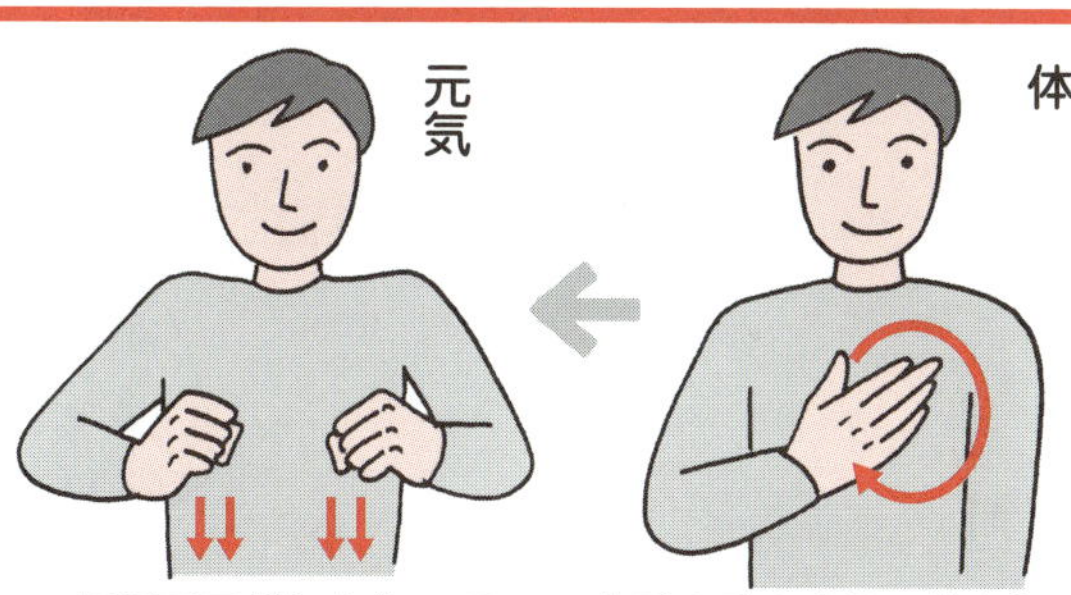

右手の手のひらで体をなでるように、円を描く。

両手でこぶしを作って並べ、２回下げる。

同 元気…いきいきする・生きる・お元気で・頑張って・頑張る

使い方例
健康＋気をつける＝**健康に気をつける**
健康＋第一＝**健康第一**
健康＋食べる＝**健康食品**

けんさ
検査

右の人差し指と中指を曲げて、指先を目に向け、２回左右に動かす。

参 右手の親指と人差し指で輪を作り、回しながら右に動かすと、「**探す**」になる。

同 確認・調べる・確かめる・調査・はかる

使い方例
定める＋検査＝**定期検査**
体＋検査＝**身体検査**
体＋元気＋検査＝**健康診断**
血圧＋検査＝**血圧を測る**

検定
けんてい

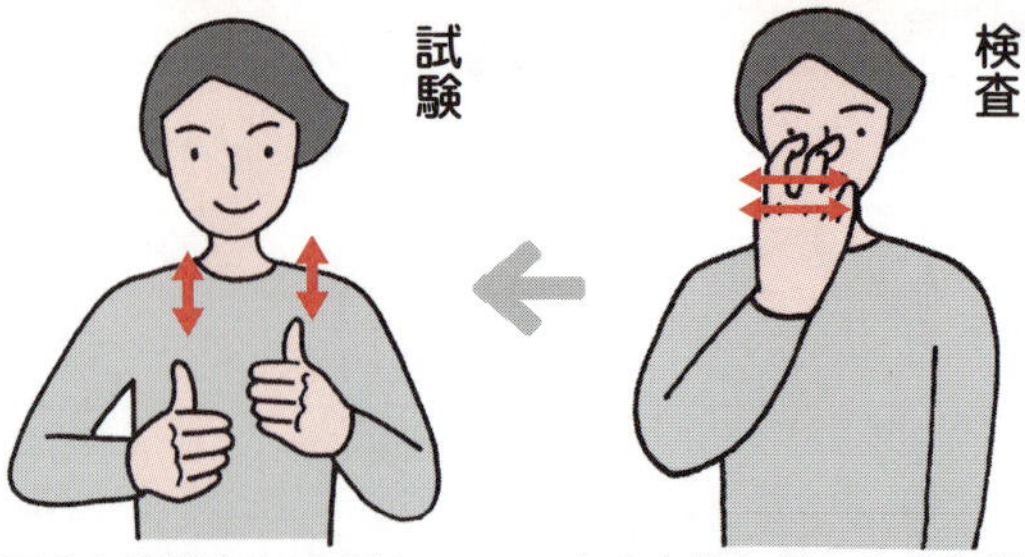

右の人差し指と中指を曲げ、目の前で２回左右に動かす。

両手の親指を立てて並べ、交互に上下させる。

参 「試験」は親指を上下に動かすときと、前後に動かすときがあるが、「検定」の場合は前者のみ。

使い方例
認める＋検定＝**認定試験**
手話＋検定＝**手話検定**
英語＋検定＝**英語検定**

剣道
けんどう

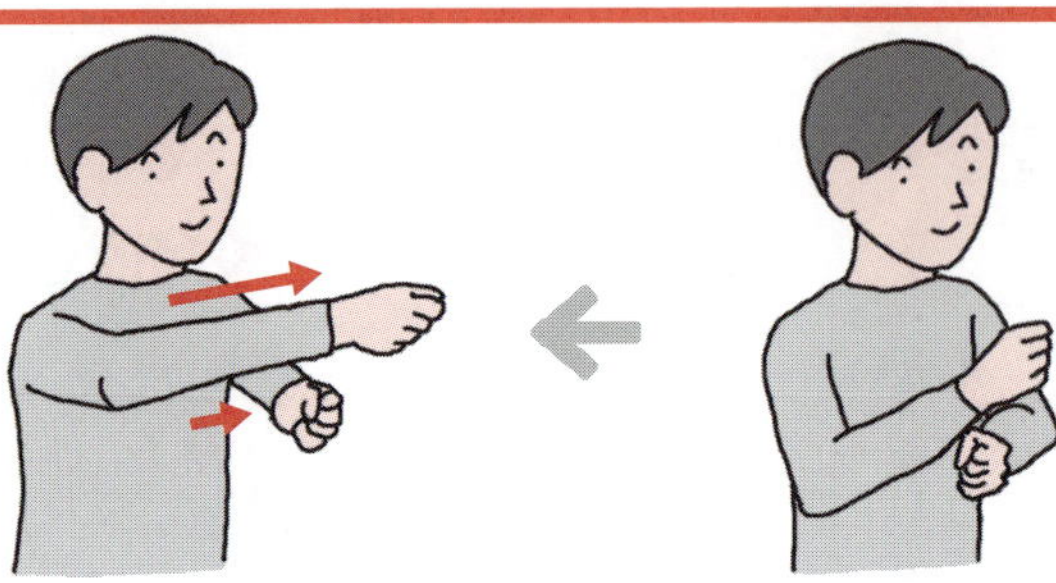

両手ともこぶしを作り、右手を上、左手を下におき、体の前でかまえる。

竹刀を持って打つように、両手のこぶしを同時に振る。

解 竹刀で面を打つ動きを表す。

使い方例
剣道＋試合＝**剣道の試合**
剣道＋試合＋見る①＝**剣道の試合を観戦する**
剣道＋グループ＝**剣道部**

幻滅
げんめつ

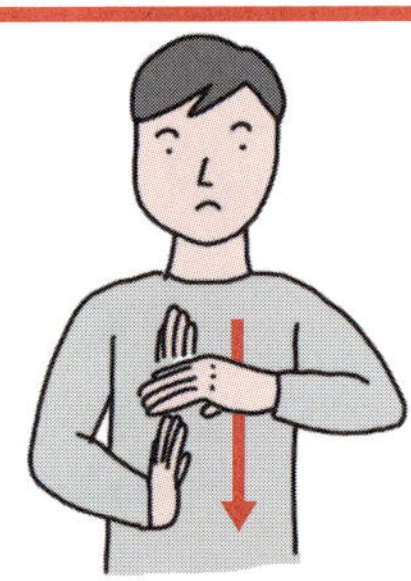

左手のひらを下に向け、立てた右手を左手にあてながら垂直に下げる。

同 興ざめ・しらける・期待外れ

使い方例
本当＋状態＋見る②＋幻滅＝**現実を知って幻滅した**
それ＋映画＋幻滅＝**その映画は期待外れだった**

権利
けんり

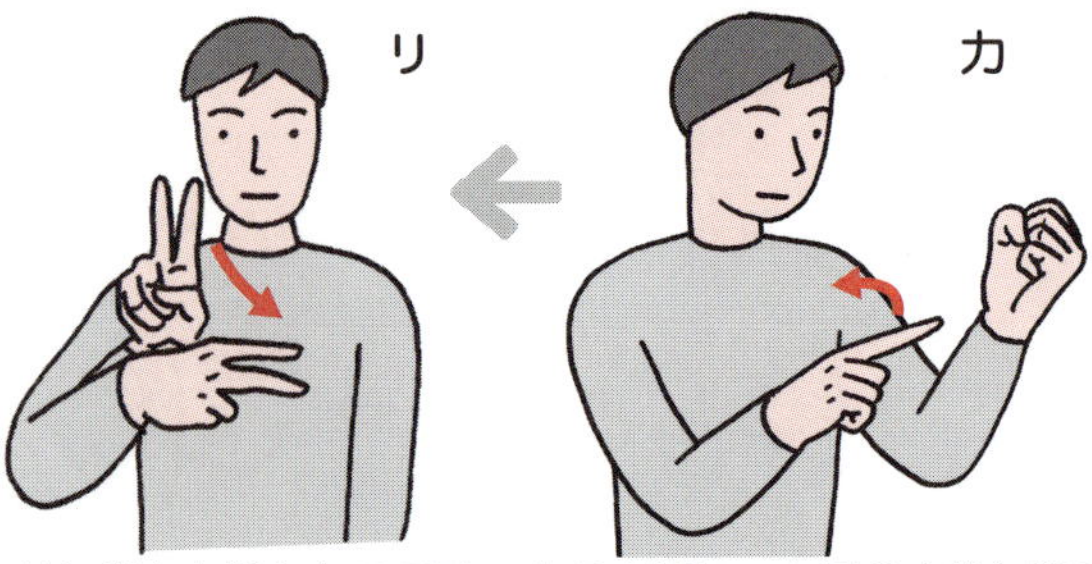

左の上腕に、右手の人差し指で力こぶを描く。

人差し指と中指を立てて下に倒し、「リ」と空書する。

解 「力」は力こぶを表す。

参 右手を握って、グッと立てると、「**強い**」となる。

使い方例
人①＋権利＝**人権**
権利＋お金＝**権利金**
答える＋権利＝**解答権**

こ

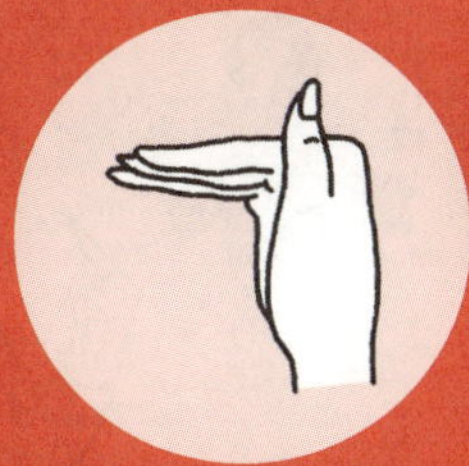

自分から見た形

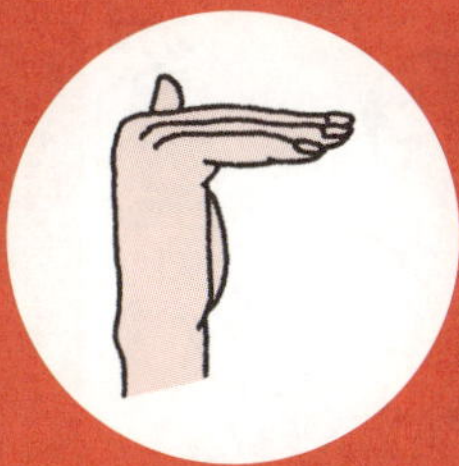

相手から見た形

「コ」の上部の形になる。

語（ご）

右手の人差し指を口元におき、2回前に出す。

言語

参 1回だけ前に出すと、「**言う**」となる。また、「**言語**」は、右手の4本の指を立てて口元におき、2回前に出す。

使い方例
日本＋語＝**日本語**
イタリア＋語＝**イタリア語**
フランス＋語＝**フランス語**
ドイツ＋語＝**ドイツ語**

コアラ（こあら）

わん曲させた右手を鼻の前におく。

解 コアラの鼻を表す。

参 木に抱きつく表現もある。

使い方例
コアラ＋子ども＝**コアラの子ども**
コアラ＋赤ちゃん＝**コアラの赤ちゃん**

濃い（こい）

並べた両手の手のひらを顔に向けて、軽く手前に引き寄せる。

淡い

参 色や味が濃いなどの表現のときに使う。強く手前に引き寄せるほど、「とても濃い」となる。

反 両手の手のひらを向かい合わせ、互い違いに小さく回すと、「**淡い**」となる。

同 派手・目立つ

使い方例
色＋濃い＝**色が濃い**
顔＋濃い＝**顔が濃い**
濃い＋赤＝**深紅**
濃い＋ピンク＝**濃いピンク**

恋（こい）

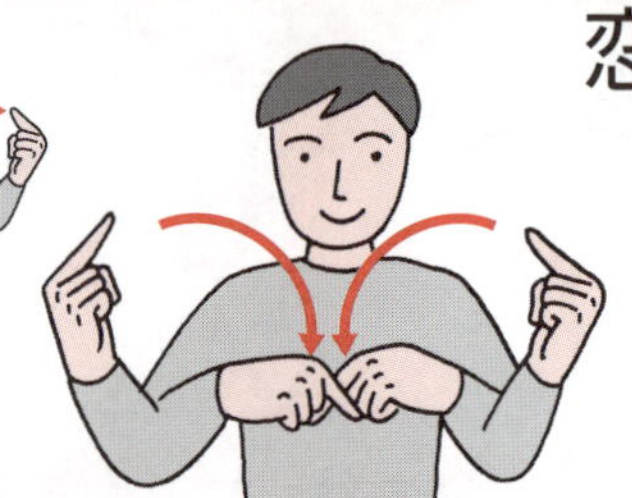

両手の人差し指を伸ばして指先を下に向け、胸の前で交差させる。

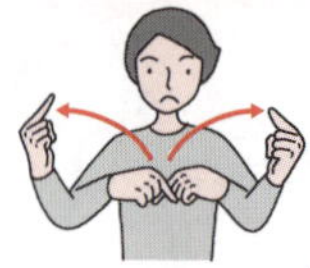

解 ハートの形を表す。

参 人差し指を交差させたときに、指先同士が触れるようにする。

反 胸の前で交差させた指を左右にはね上げると、「**失恋**」となる。

同 恋愛

使い方例
恋＋男＝**彼（恋人）**
恋＋女＝**彼女（恋人）**
恋＋遊ぶ＝**恋愛ごっこ**

豪雨（ごうう）

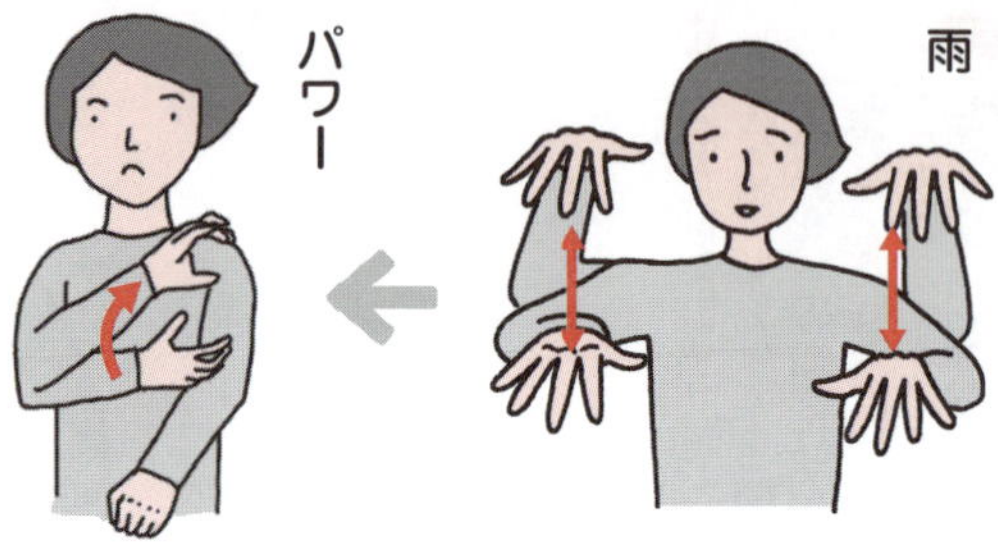

両手の指先を下に向け、顔の横で上下させる。

わん曲させた右手を左腕におき、ひねりながら上に上げる。

解 最初の動作は「雨」の手話で、次の動作は「パワー」の手話。

使い方例
豪雨＋迷惑＋被る＝**豪雨被害**
明日＋豪雨＋心配＋ある＝**明日は豪雨の恐れがある**

公園（こうえん）

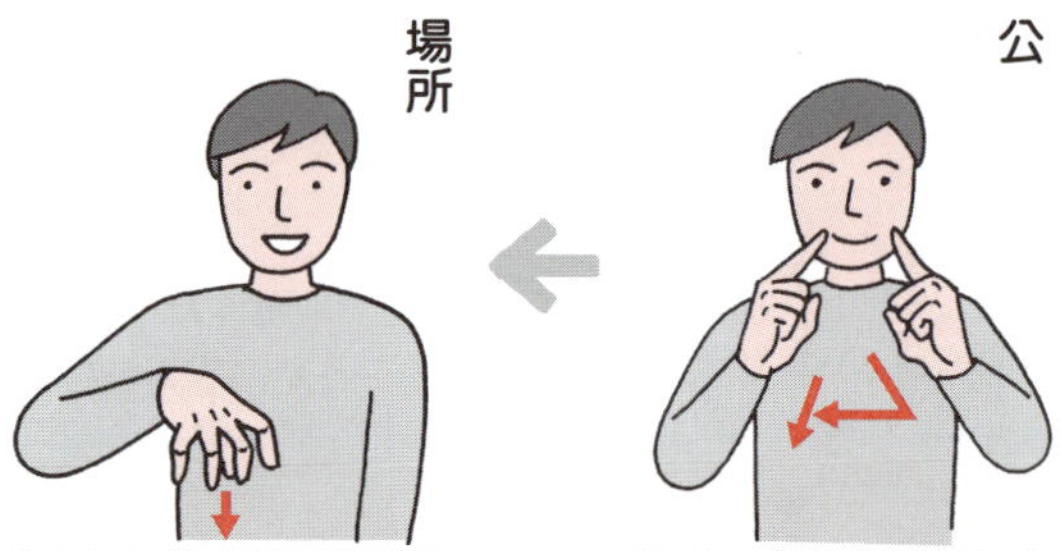

両手の人差し指を斜めにし、右手で「ム」と空書する。

軽くわん曲させた右手を少し下げる。

参 「遊ぶ＋場所」でも表現できる。

同 場所…～所・～場

使い方例
公園＋デート＝**公園でデートする**
国＋立つ＋公園＝**国立公園**
公＋施設＝**公共施設**

講演（こうえん）

下に向けた左手のひらの甲に、右手のひじをのせ、ひじを支点に右手を前後に動かす。

参 小刻みに長く表すと「**話が長い**」になる。

同 演説・講習

使い方例
講演＋会＝**講演会**
選挙＋講演＝**選挙演説**
手話＋講演＋会＝**手話講習会**

効果 こうか

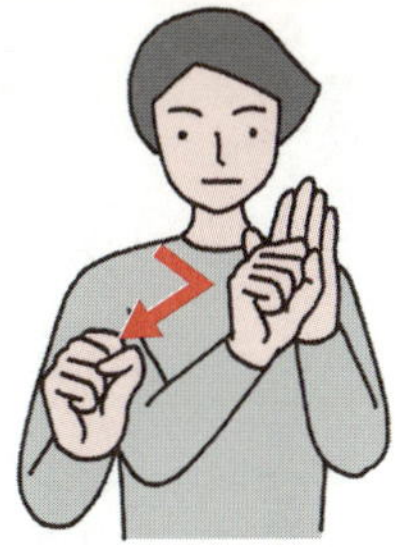

握った右手を左の手のひらにあて、前に出す。

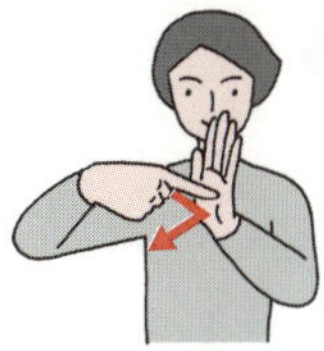

反応

解 「ある物事から生じたよい結果」という意味を表す。

参 右手を人差し指に替えて表現すると、「**反応**」となる。

同 インパクト

使い方例
- すぐ＋効果＝**即効**
- 効果＋高い＝**効果が高い**
- 効果＋合う＝**効果的**
- 効果＋ない①＝**効果がない**

後悔 こうかい

右手の手のひらを下に向け、後ろに倒す。

右手をそのまま首のあたりにあてる。

参 単に、「〜になってしまった」というような意味でも使われる。

使い方例
- 後悔＋来る＝**(いつか)後悔する**
- 後悔＋ない③＋ため＝**後悔しないために**

病気で突然聞こえなくなってしまった。

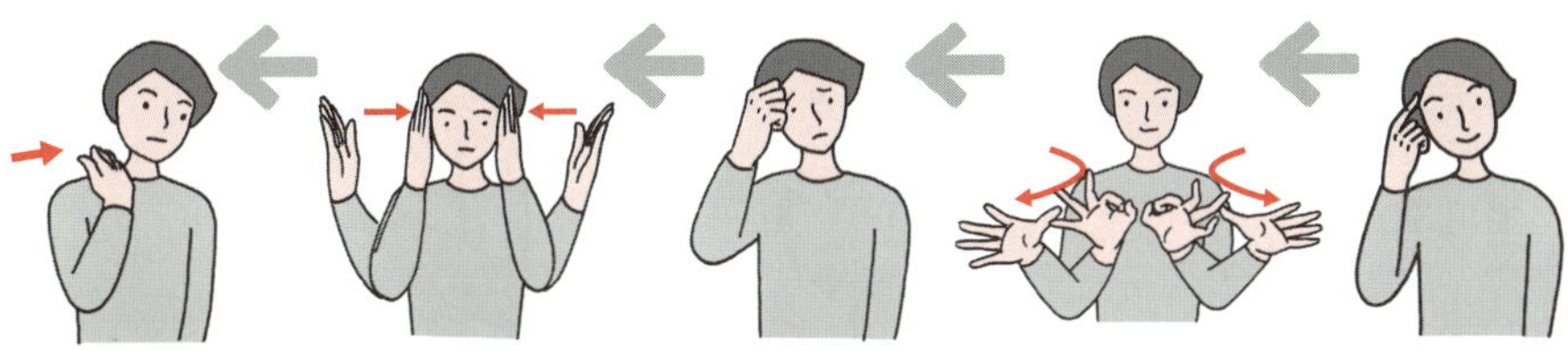

突然 P.389

病気 P.462

失聴 P.245

後悔

公害 こうがい

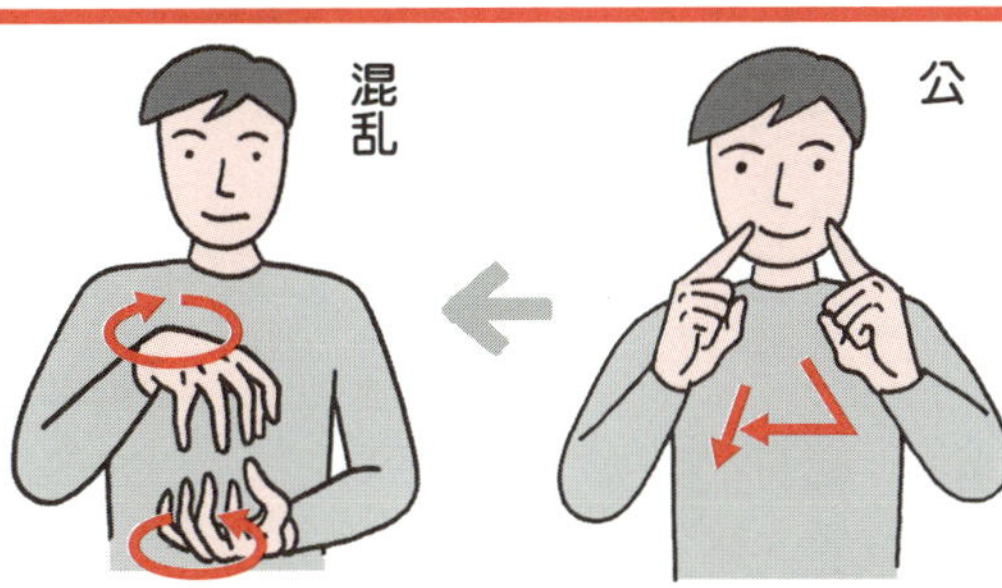

両手の人差し指を斜めにし、右手で「ム」と空書する。

両手をわん曲させて上下におき、交互に回す。

解 「公害」の「公」の漢字と、混乱している様子で表す。

同 公…公務
混乱…トラブル

使い方例
- ガス＋公害＝**ガス公害**
- 公害＋受ける＋人々②＝**公害被害者**
- 公＋施設＝**公共施設**

合格
ごうかく

左手の親指と４指の間に右手を下から入れる。

右手を上げる。

反 右手を下げると「**不合格**」の意味になる。

同 当選

使い方例

大学＋合格＝**大学に合格**
合格＋伝える＝**合格発表**
選挙＋合格＝**選挙に当選**

交換
こうかん

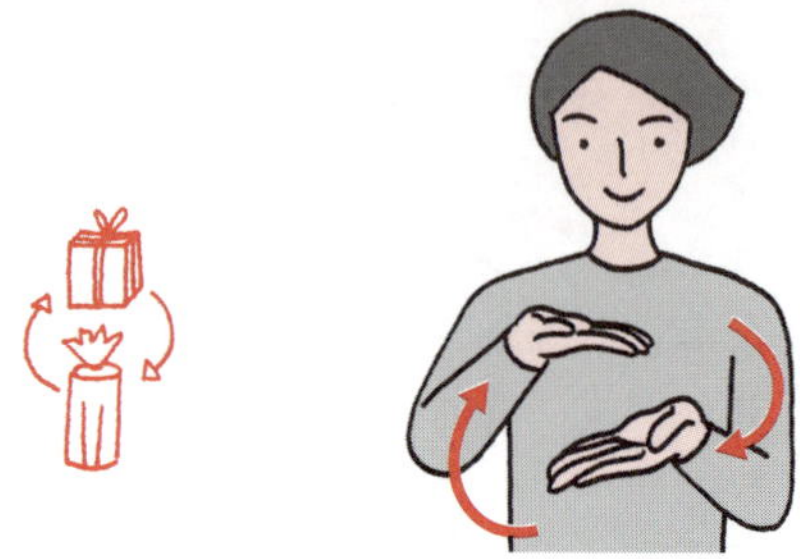

両手の手のひらを上向きにして前後におき、水平に回して入れ替える。

解 何かを取り替える様子から。

参 回さずに前後に動かすだけだと、「**交互のやり取り**」の意味になる。

同 引き換え

使い方例

名刺＋交換＝**名刺交換**
パチンコ＋交換＋場所＝**パチンコの景品交換場**
意見＋交換＝**意見交換**

抗議
こうぎ

不満

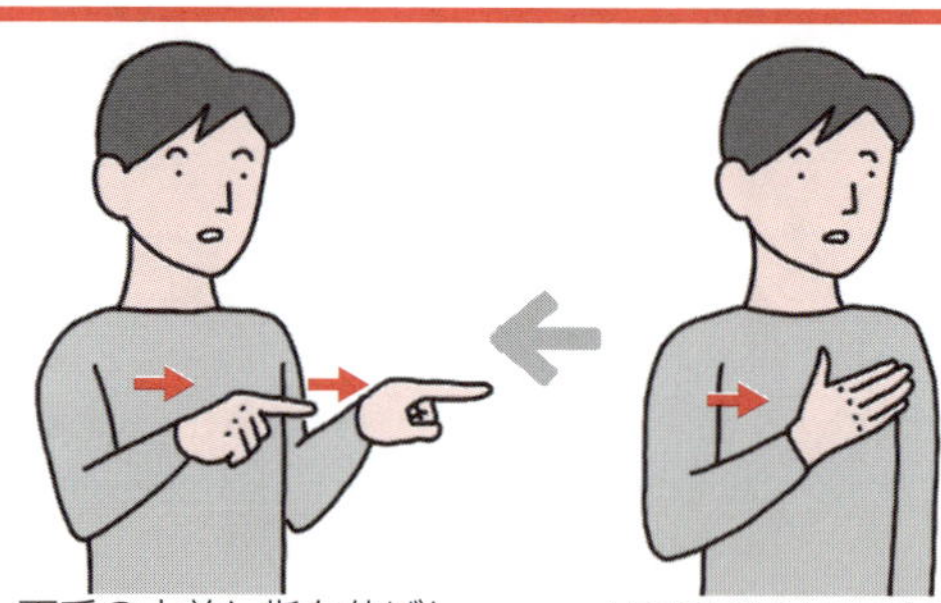

右手の手ひらを体に向け、そのまま前に出す。

両手の人差し指を伸ばし、同時に前に出す。

解 最初の動作を入れない表現もある。最初の動作は「不満」の手話。

同 文句・クレーム

使い方例

抗議＋指文字「で」「も」＝**抗議デモ**
抗議＋文書＝**抗議文**
抗議＋男＝**クレーマー**
抗議＋受ける＝**抗議を受ける**

高校
こうこう

右手の人差し指と中指を伸ばしてひたいにつけ、右に引く。

解 学生帽のラインを表す。

参 右手の指を軽く曲げてひたいにおき、円を2回描く表現もある。

使い方例

高校＋生徒＝**高校生**
女＋高校＋生徒＝**女子高生**
高校＋途中＋辞める＝**高校中退**
高校＋先生＝**高校教師**

こうさてん
交差点

両手の人差し指を十文字に交差させる。

プラス

解 交差する形から。

参 左手の人差し指を立て、右手の人差し指を横にして十文字を作ると、「**プラス**」の意味。「交差＋場所」で「交差点」とすることもある。

同 交差

使い方例
交差点＋前＝**交差点の前**
交差点＋人通り＝**スクランブル交差点**

こうさん
降参

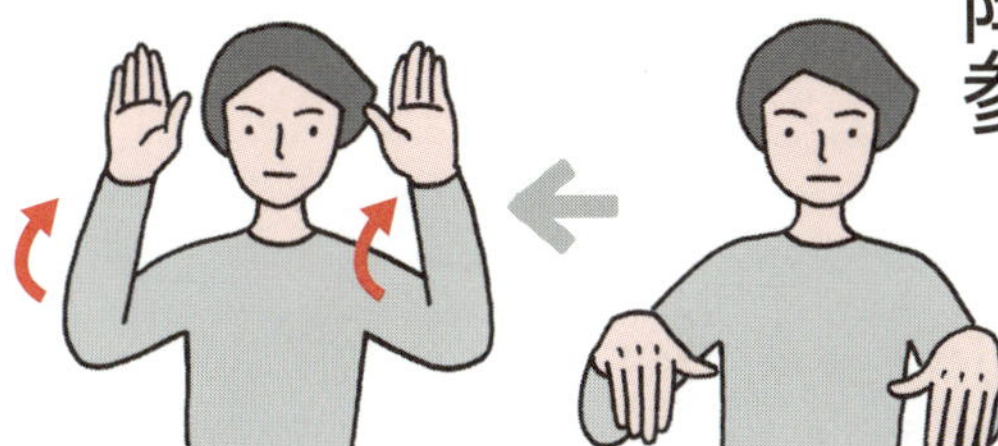
両手の指先を下にして並べる。
バンザイをするように両手を上げる。

解 「お手上げ」と、手を上げる様子から。

参 両手の手のひらを合わせて左肩の上まで上げる表現もある。

同 お手上げ・参る

使い方例
厳しい＋仕事＋降参＝**厳しい仕事にお手上げ**
料理＋たいへん＋降参＝**料理がたいへんで参る**

こうじ
工事

両手を握って並べ、小さく上下させる。

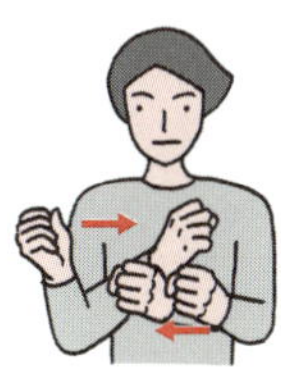
ほかの表現

解 掘削機(くっさくき)で地面を掘る様子から。

参 両手を握り、左手と右手を左右から打ちつける表現もある。

使い方例
工事＋仕事＝**土木作業**
工事＋中＝**工事中**
工事＋場所＝**工事現場、工事跡**

こうしょう
交渉

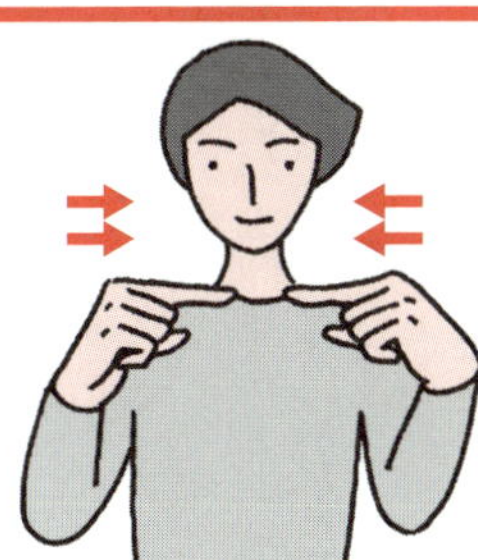
両手の人差し指を伸ばして左右に並べ、指先を2回近づける。

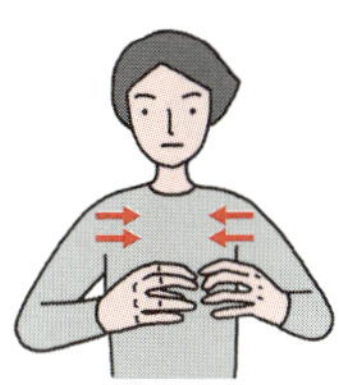
言い争う

解 双方がお互いに話し合う様子を表す。

参 1回だけ近づけると、「**通じる**」「**一致**」。また、両手をわん曲させて指先を数回寄せると、「**言い争う**」となる。

同 打ち合わせ

使い方例
交渉＋成功＝**交渉成立**
交渉＋バーゲン＝**値引き交渉**
交渉＋中＝**交渉中**
世界＋交渉＝**外交**

工場
こうじょう

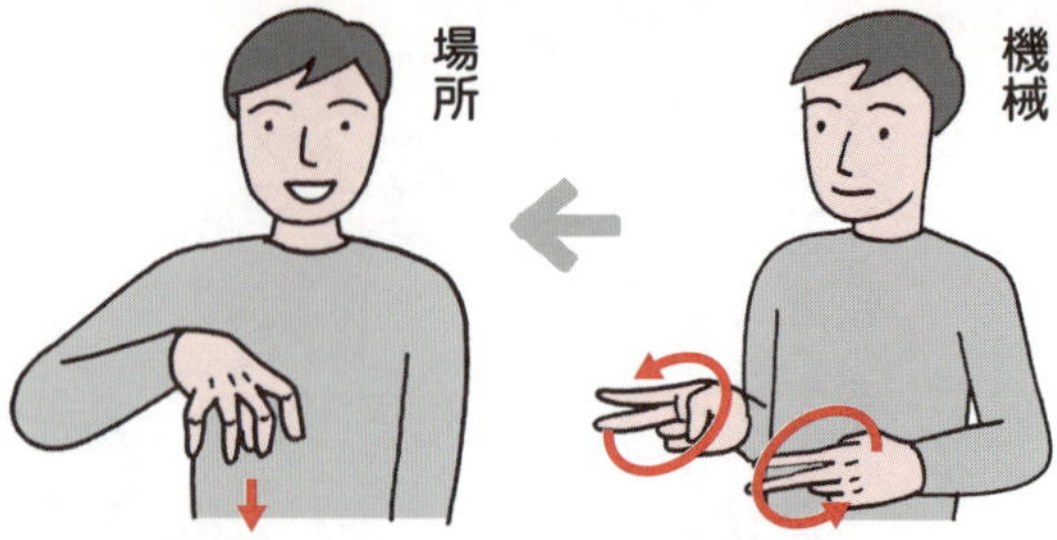

両手の人差し指と中指を伸ばして、交互に回す。

軽くわん曲させた右手を少し下げる。

解 「機械のある場所」→工場と考える。

参 「作る＋場所」でも表現できる。

使い方例
工場＋働く＝**工場で働く**
工場＋なくなる②＝**工場がつぶれる**
化学＋工場＝**化学工場**

行進
こうしん

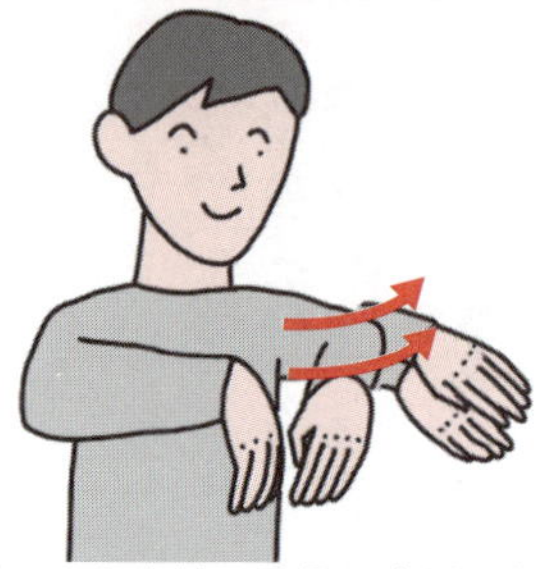

両手のひらを体のほうに向けてかまえ、押し出すように2回前に出す。

解 大勢の人が一斉に前に進む様子を表す。

同 パレード

使い方例
指文字「で」「も」＋行進＝**デモ行進**
夜＋行進＝**ナイトパレード**
行進＋音楽＝**行進曲**
軍＋グループ＋行進＝**軍隊の行進**

香水
こうすい

右手の人差し指を伸ばして顔の横におき、２～３回指を曲げる。

解 アトマイザーでシュッシュッと香水を吹きかける様子を表す。

参 ポンプを押すように、右手の5本の指を軽く曲げてシュッシュッと押す表現もある。

同 オーデコロン

使い方例
輸入＋香水＝**輸入香水**
香水＋シャネル＝**シャネルの香水**

洪水
こうずい

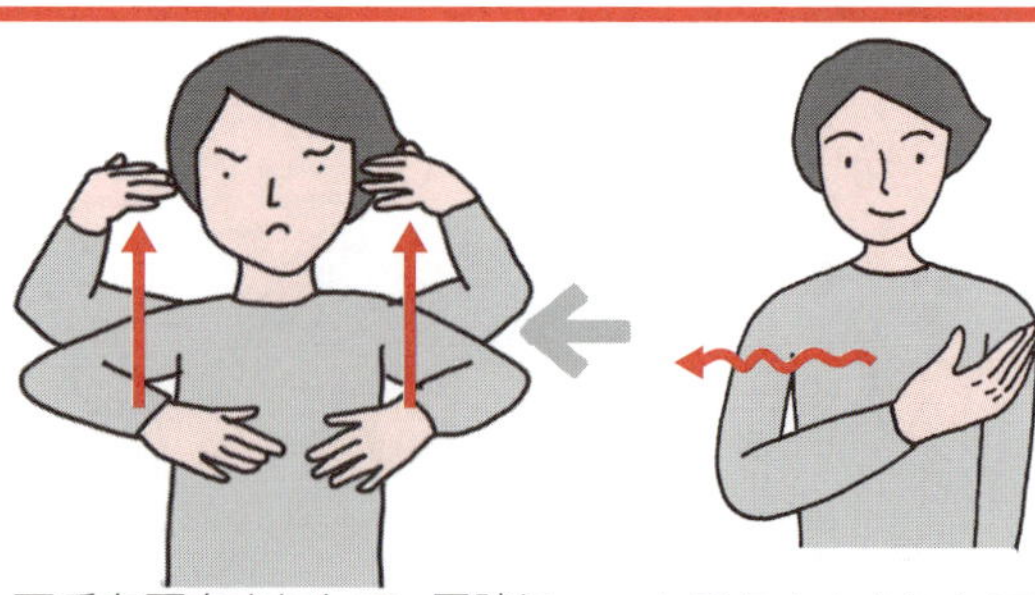

右手を上向きにして、揺らしながら右に動かす。

両手を下向きにして、同時に上げながら、ほおを膨らます。

解 最初の動作は「水」の手話で、次の動作は水かさが増していく様子を表す。

使い方例
家＋洪水＝**浸水**
洪水＋迷惑＋被る＝**洪水被害**
豪雨＋ため＋洪水＝**豪雨で洪水になった**

こうそくどうろ
高速道路

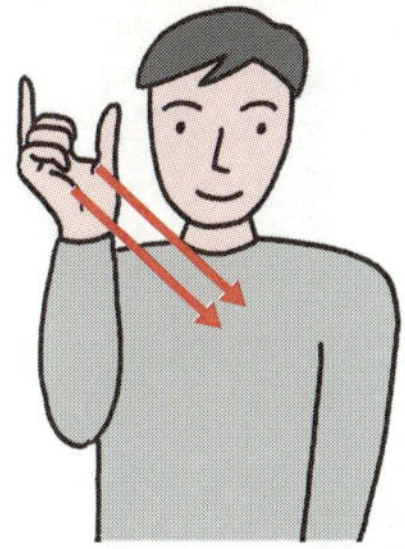

右手の親指と人差し指を曲げて、頭のわきで前方に２回動かす。

横から見たとき

参 具体的な高速道路の名前は、前につける。

使い方例
東＋名前＋高速道路＝**東名高速道路**
高速道路＋払う＋場所＝**高速道路の料金所**

こうたい
交替

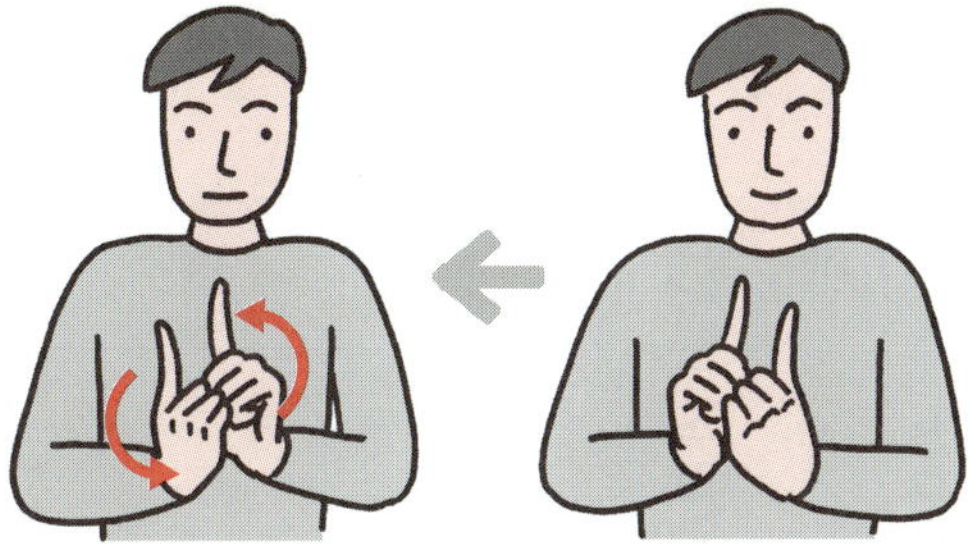

両手の人差し指を立てて合わせる。

手首を軸に回し、指の位置を入れ替える。

解 人差し指を人に見立て、人と人が入れ替わる様子から。

参 前後の単語によって「交替」の手話単語は違ってくる。

同 代える・代わる・代理

使い方例
社長＋交替＝**社長交替**
仕事＋交替＝**仕事を交替する**
係＋交替＝**係を交替する**

こうちゃ
紅茶

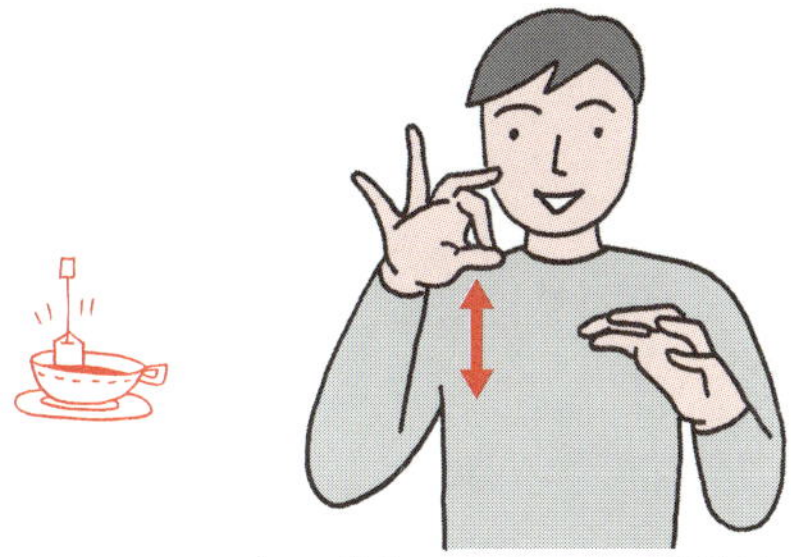

左の指をつまみ、右の親指と人差し指をくっつけて上下させる。

解 左手でティーカップの取っ手を持ち、右手でティーバッグを上下させる様子から。

参 右手でスプーンを持ってかき混ぜるしぐさをすると、「**コーヒー**」になる。

使い方例
寒い＋紅茶＝**アイスティー**
温かい＋紅茶＝**ホットティー**
ハーブ＋紅茶＝**ハーブティー**
牛乳＋紅茶＝**ミルクティー**

こうつう
交通

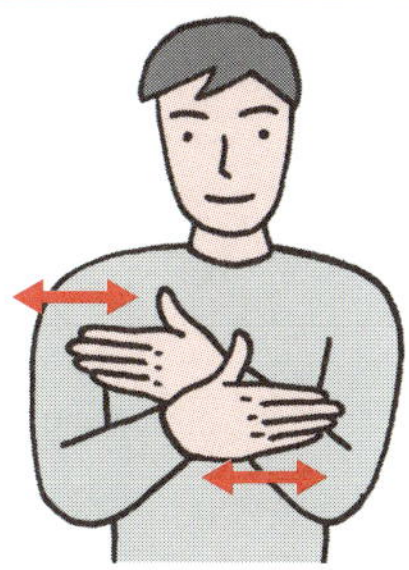

両手を左右におき、右手は左に左手は右に、平行に往復させる。

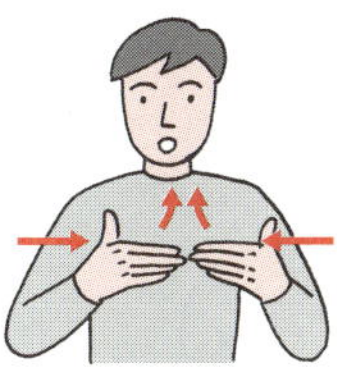

交通事故

解 車や電車が行き交う様子から。

参 平行に動かさず、中央でぶつけてはね上げると、「**交通事故**」となる。

使い方例
交通＋お金＝**交通費**
交通＋便利＝**交通の便がよい**
交通＋安全＝**交通安全**
交通＋規則＝**交通規則**

交通事故
こうつうじこ

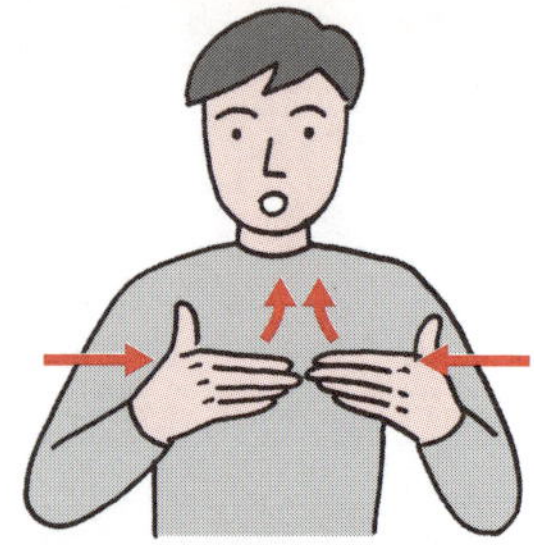

両手を近づけて、指先同士をぶつけたあと、はね上げる。

解 両手を車に見立て、正面衝突する様子を表す。

参 両手をぶつけずに、平行に往復させると「**交通**」になる。

同 事故・(電車やバスの)正面衝突

使い方例
交通事故＋基本＝**交通事故の原因**
交通事故＋多い＝**交通事故多発**

後輩
こうはい

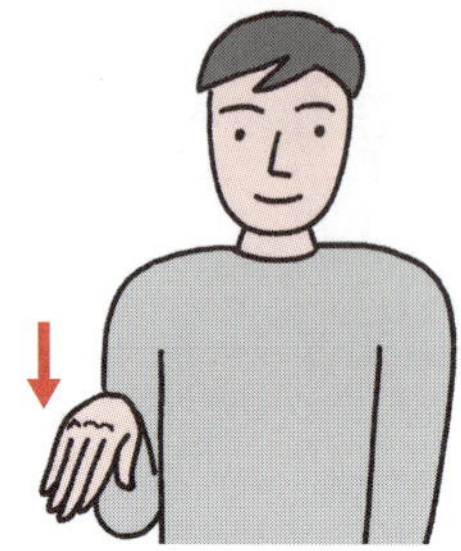

右手の手のひらを下に向けて、少し下げる。

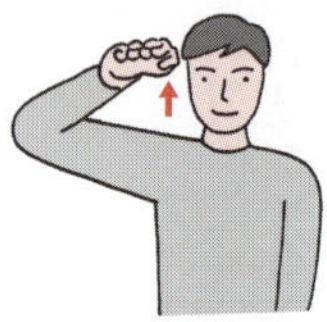

先輩

参 右手を水平に小さく回すと、「**子ども**」の意味になる。

反 右手を上げると「**先輩**」となる。

同 下級生・年下

使い方例
かわいい＋後輩＝**かわいい後輩**
わたし＋後輩＝**わたしの後輩**
彼＋後輩＝**彼の後輩**

興奮
こうふん

両手をすぼめてほおのあたりにおき、少しねじりながら上げる。

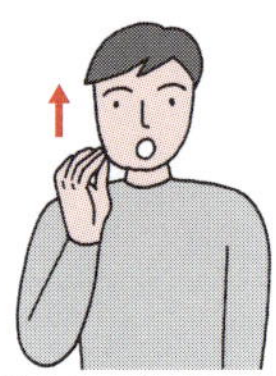

片手で表現したとき

参 右手だけで表現してもよい。

同 感激・感じ入る・感情・感心・感動

使い方例
興奮＋終わる＝**感動した**
興奮＋芝居＝**感動作**
興奮＋止める＋ない②＝**興奮が冷めない**

公務員
こうむいん

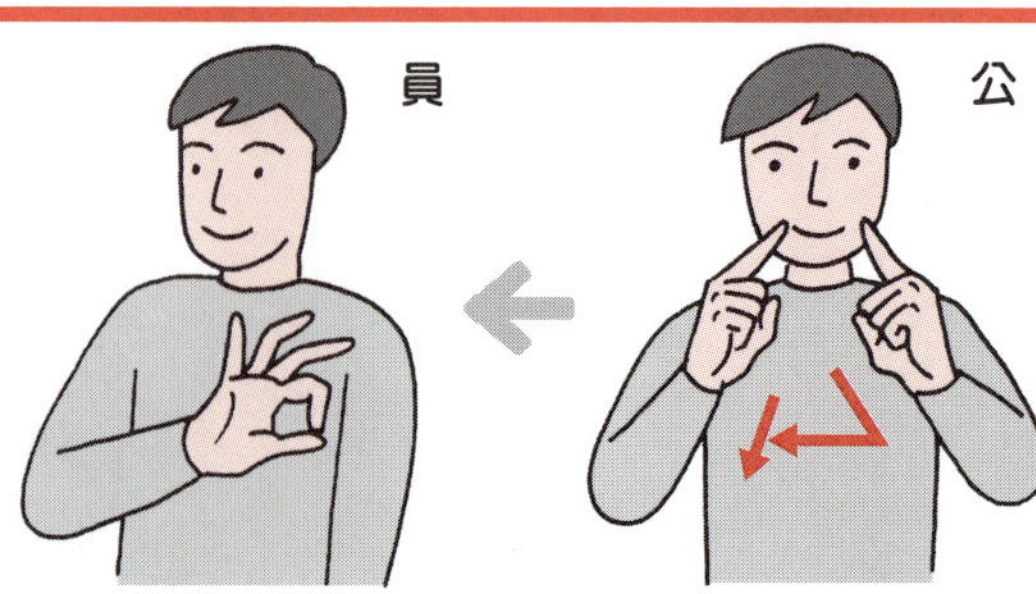

両手の人差し指を斜めにし、右手で「ム」と空書する。

右手の親指と人差し指で輪を作って左胸におく。

参 「公」と「員」の間に、指文字の「ム」を入れることも。

同 公…公務
員…委員・バッジ

使い方例
国＋公務員＝**国家公務員**
地域＋公務員＝**地方公務員**
公＋場所＝**公園**
公＋施設＝**公共施設**

被る（こうむる）

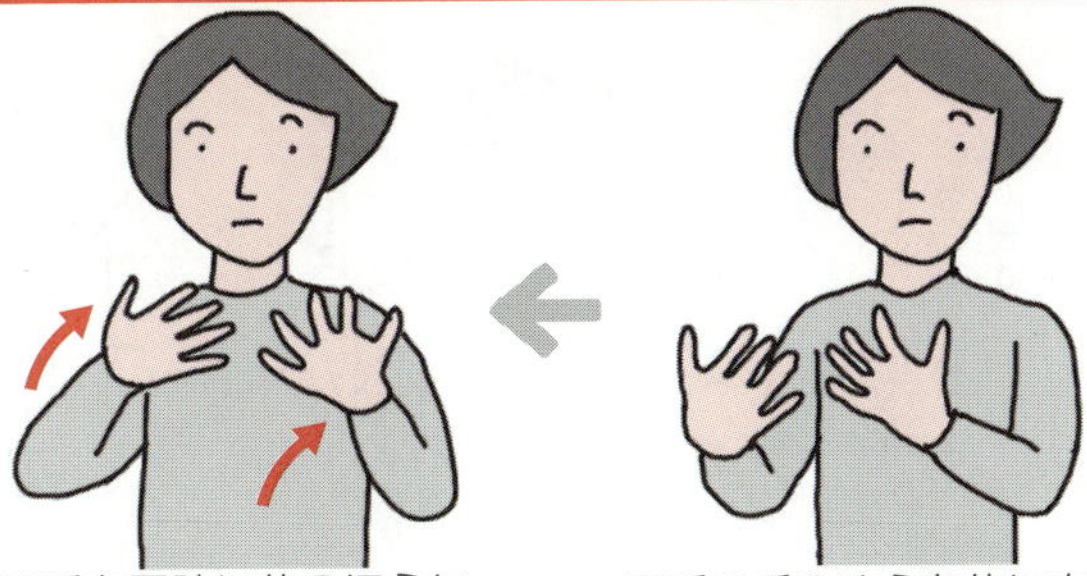

両手の手のひらを体に向け、斜め右前あたりでかまえる。

両手を同時に体のほうに引き寄せる。

解 何かがかぶさってくる様子を表す。

使い方例

- 被る＋災害＝**被災**
- 悪い＋被る＝**悪影響を受ける**
- 損＋被る＝**損害を被る**

口話（こうわ）

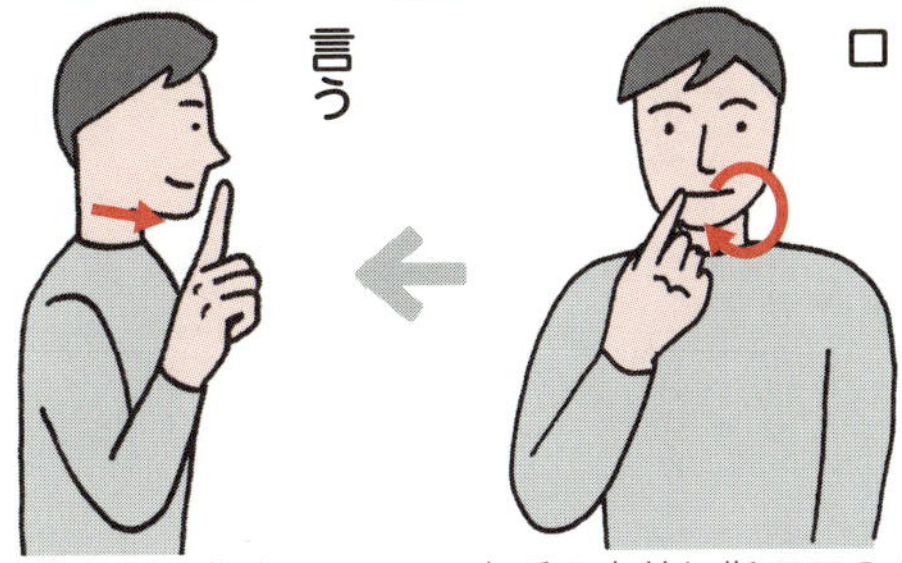

右手の人差し指で口のまわりをぐるりと回す。

右手の人差し指を口にあててから、前に出す。

参 「口話」とは、聴者（ちょうしゃ）と同じように声を出し、聞くときは、相手の口の形を見て読むこと、また補聴器を使って聞き取ろうとすること。

使い方例

- 口話＋教える＝**口話（こうわ）教育**
- 口話＋練習＝**口話（こうわ）訓練**

声（こえ）

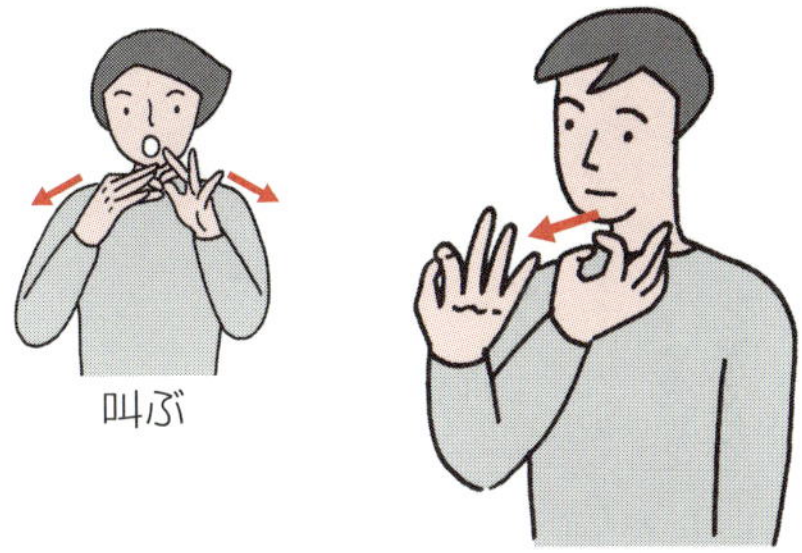

右手の親指と人差し指で作った輪をのどにおき、前に出す。

参 2回前に出すと、「**発音**」の意味になる。また両手の輪をのどにおき、広げるように前に出すと、「**叫ぶ**」。

同 声を出す

使い方例

- 甘い＋声＝**甘い声**
- 声＋低い＝**低い声**
- 声＋芝居＝**声優**
- 叫ぶ＋声＝**叫び声**

超える・越える（こえる）

左手の甲に右手を垂直にのせ、前に滑らせる。

解 あるラインを超える様子を表す。

参 2回前に滑らせると、「**残業**」。

同 オーバー・過ぎる・遅刻

使い方例

- 上＋越える＝**上越**
- 仕事＋超える＝**残業**
- 制限＋超える＝**範囲を超える**
- 時間②＋超える＝**時間が過ぎる**

こーと

コート

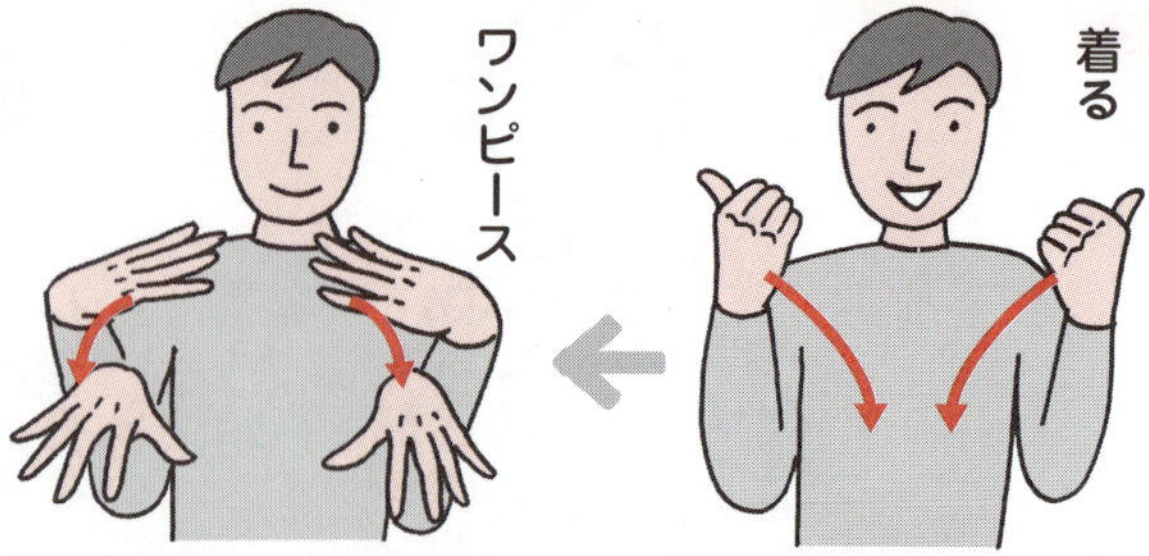

両手を軽く握り、肩の上あたりから下ろす。

両手を両肩のあたりにおき、手首から下ろす。

解 コートとワンピースの形が似ているので「着る＋ワンピース」で表す。

使い方例
冬＋コート＝**冬のコート**
皮＋コート＝**革のコート**
赤＋コート＝**赤いコート**
雨＋コート＝**雨がっぱ**

こーひー

コーヒー

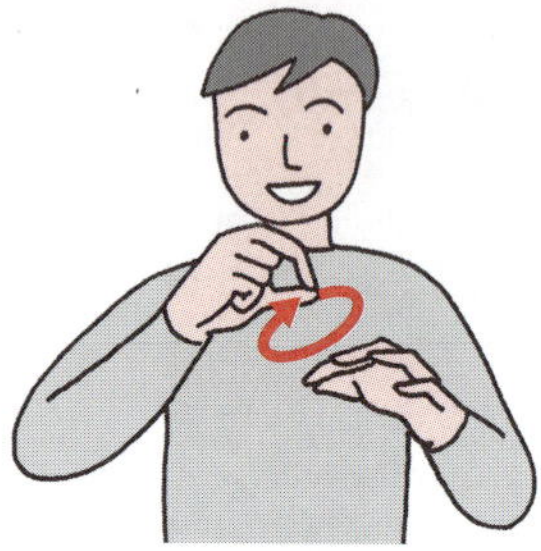

左手は何かをつまむ形にし、右手でスプーンを持ってかき回すしぐさをする。

解 コーヒーカップの取っ手を持ち、スプーンでかき混ぜる様子を表す。

参 「**紅茶**」は、カップの取っ手を持って、右手でティーバッグを上下させる様子で表す。

使い方例
コーヒー＋場所＝**喫茶店**
寒い＋コーヒー＝**アイスコーヒー**
コーヒー＋豆＝**コーヒー豆**

こおり

氷

左手の手のひらにわん曲させた右手をのせ、２回前後に動かす。

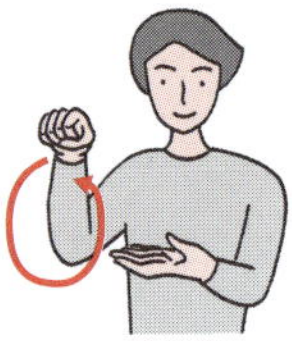

ほかの表現

解 氷を削る様子を表す。

参 「かき氷」には使えない。右手でこぶしを作って回し、かき氷を作る表現もあり、「**かき氷**」「氷」ともに使える。

使い方例
氷＋冷たい＝**氷は冷たい**
氷＋水＝**氷水**
氷＋山＝**氷山**

ごかい

誤解

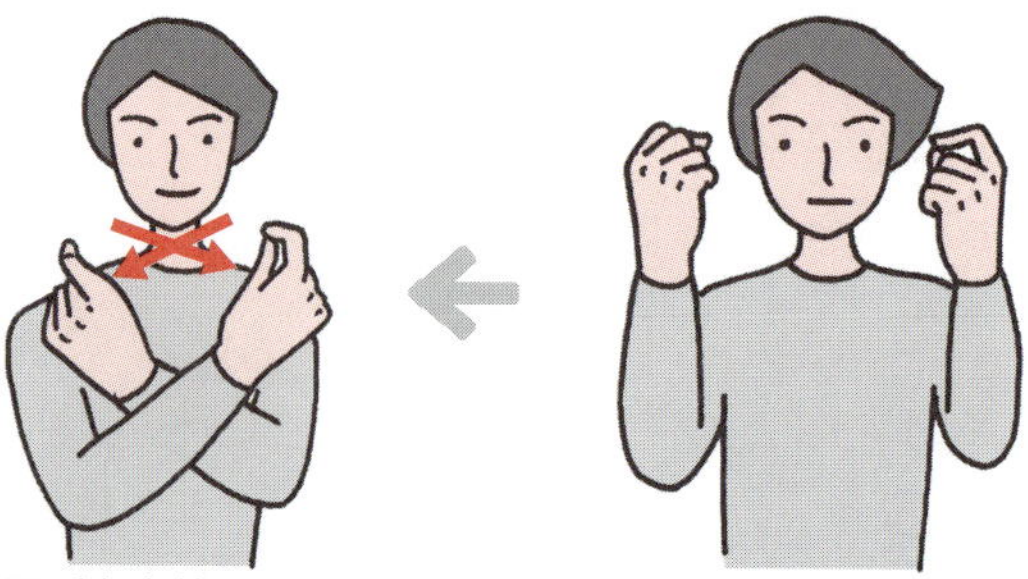

両手の甲を前に向け、親指と人差し指をつける。

両手を交差させる。

同 誤り・錯覚・間違える

使い方例
誤解＋簡単＝**誤解しやすい**
誤解＋防ぐ＝**誤解を防ぐ**
誤解＋とても＝**大きな誤解**

小切手
こぎって

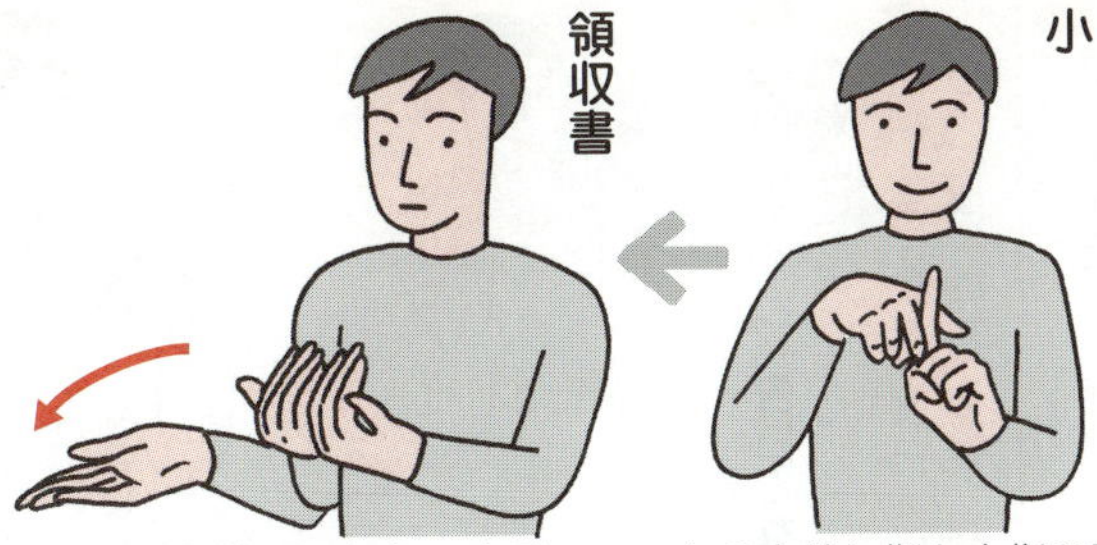

右の人差し指と中指の間に左の人差し指を入れる。

両手を並べてから、右手の指を伸ばして前に倒す。

解「小」は漢字の「小」の形。

参「**小切手を切る**」は「小切手」を表現したあと、切って渡す動作をする。

使い方例
小切手＋書く＝**小切手にサインする**
小切手＋四角＝**小切手帳**

ゴキブリ
ごきぶり

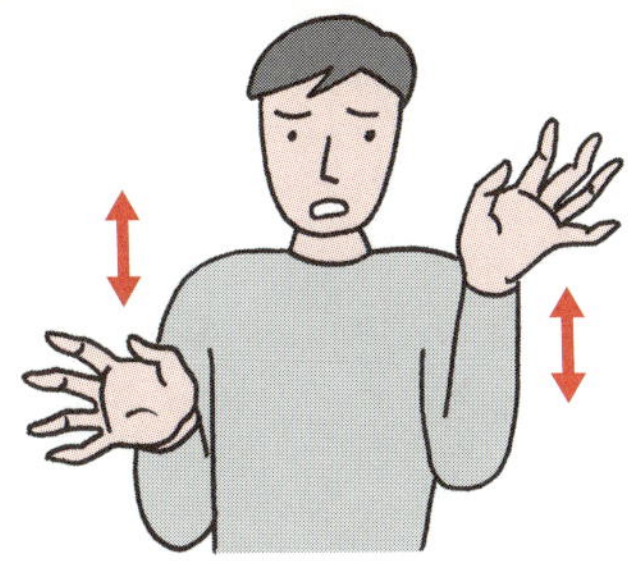

両手の５本の指を曲げ、交互に上下に動かす。

解 ゴキブリが動く様子を表す。

参「黒＋虫」で表すこともできる。

使い方例
ゴキブリ＋箱＝**ゴキブリホイホイ**
ゴキブリ＋まんじゅう＝**(ゴキブリよけの)ほう酸だんご**

呼吸
こきゅう

右手の人差し指と中指を伸ばして、指先を２～３回鼻に近づける。

解 鼻から息を吸う様子を表す。

参 右手を1回近づけると、「**香り**」「**かぐ**」「**匂い**」の意味になる。また、お腹に手をあてて息を吐いたり吸ったりすると、「**腹式呼吸**」となる。

同 ガス・空気

使い方例
呼吸＋無理＝**呼吸困難**
呼吸＋のど(のどを指す)＝**気管**
呼吸＋苦しい＝**息苦しい**

国語
こくご

両手の親指を立てて同時に前に出し、下の位置で同時に前に出す。

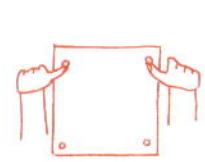

解 ガビョウでポスターを張る様子を表す。

参「国＋言葉」で表すこともできる。また、「**日本語**」は「日本＋語」で表す。

同 ホームページ・ポスター・掲示板

使い方例
国語＋授業＝**国語の授業**
国語＋本＝**国語の教科書**
国語＋力＝**国語力**
国語＋辞典＝**国語辞典**

告白
こくはく

両手の親指と人差し指を伸ばして口の前で左右におき、前に出す。

告白される

反 手前に引くと「**告白される**」の意味になる。

同 告知・答える・宣伝・伝える・伝言・発表・返事・報告

使い方例
愛する＋告白＝**愛の告白**
告白＋本＝**告白本**
告白＋断る＝**告白を断る**

午後
ごご

右手の人差し指と中指をそろえてひたいにつけ、左に傾ける。

午前

解 12時の位置にある時計の針が、相手から見て右（1時の方向）になる様子から。

反 ひたいから右に傾けると「**午前**」になる。

使い方例
午後＋3＝**午後3時**
午後＋予定＝**午後の予定**

ココア
ここあ

コ

右手の親指を立てて、ほかの４指を倒す。

コ

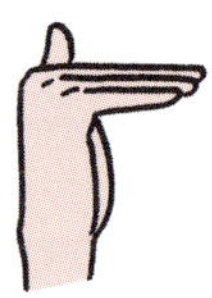

右手の親指を立てて、ほかの４指を倒す。

ア

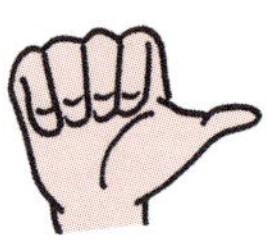

右手を握って親指を横に伸ばす。

使い方例
寒い＋ココア＝**アイスココア**
温かい＋ココア＝**ホットココア**

心
こころ

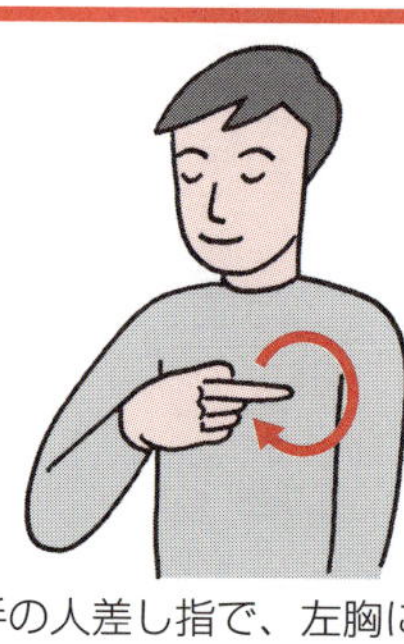

右手の人差し指で、左胸に円を描く。

解 心は胸にあることから。

同 気分・気持ち

使い方例
心＋変わる＝**心変わり**
心＋優しい＝**心優しい**
心＋下がる＝**落ち込む**
心＋病気＝**心の病気**

個室

こしつ

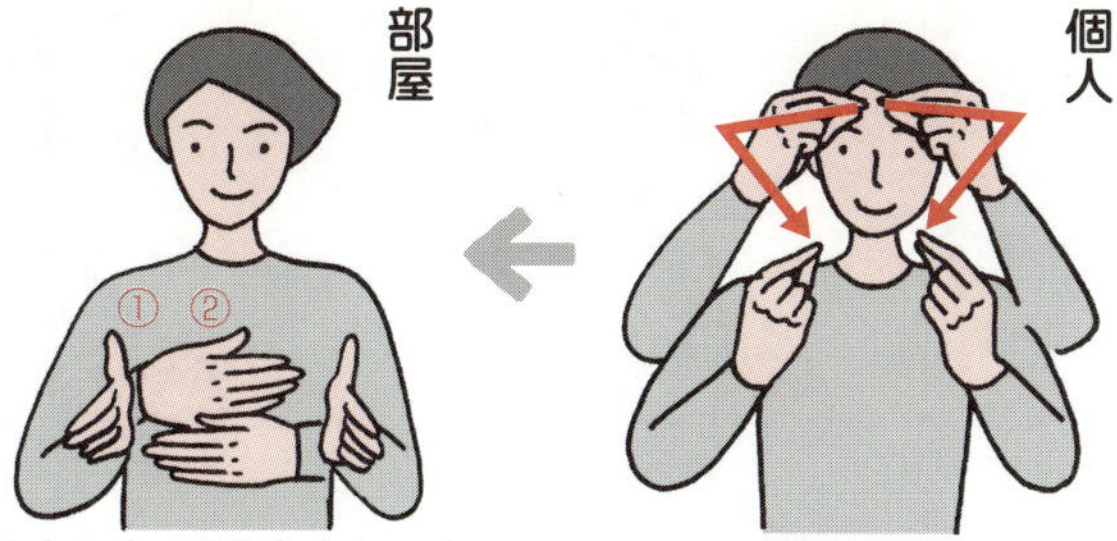

親指と人差し指をつまむ形にし、逆三角形を作る。

両手の手のひらを向かい合わせ、縦に横におく。

参 ロビーは指文字で表す。

使い方例

病院＋個室＝**病院の個室**
待つ＋部屋＝**待合室**
甘い＋部屋＝**スイートルーム**
試す＋着る＋部屋＝**試着室**

コショウ

こしょう

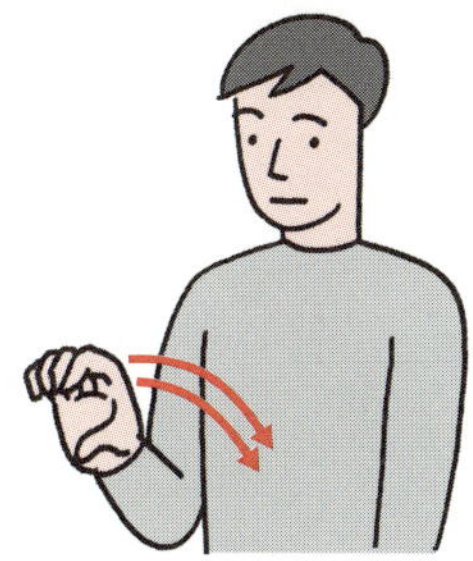

右手の親指とほかの4本の指の間をあけ、2〜3回下に傾ける。

解 コショウのいれ物を持って、振りかける様子を表す。

同 ドレッシング・ふりかける

使い方例

塩＋コショウ＝**塩コショウ**
黒＋コショウ＝**黒コショウ**
粒(右手で輪を作る)＋コショウ＝**粒コショウ**

故障

こしょう

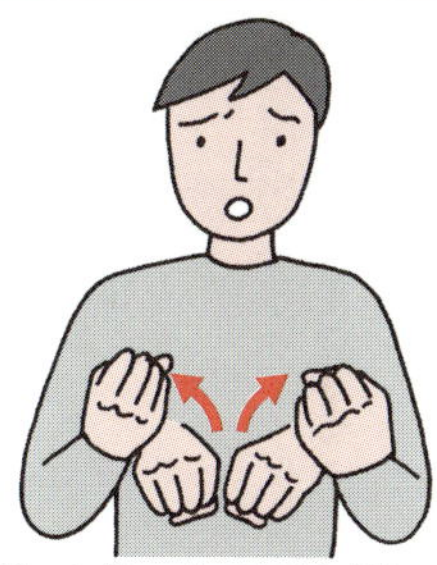

こぶしを作った両手を横につなげ、左右に折る動作をする。

解 棒を折る様子を表す。

参 こぶしを縦におき、2回ぶつけると、「**作る**」となる。

同 折る・壊れる・障害

使い方例

故障＋人々②＝**障害者**
車＋故障＝**車の故障**
体＋故障＝**体を壊す**
故障＋傘＝**折りたたみ傘**

個人

こじん

両手の親指と人差し指をつまむ形にし、ひたいから逆三角形を作る。

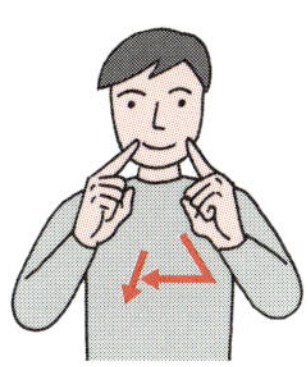

公

解 ほおかむりをして、「自分だけ」という意味を表すといわれる。

反 「**公**」は、両手の人差し指を斜めにし、「ム」と空書する。

使い方例

個人＋紹介＝**自己紹介**
個人＋部屋＝**個室**
個人＋立つ＝**私立**
個人＋経済＝**自営**

戸籍
こせき

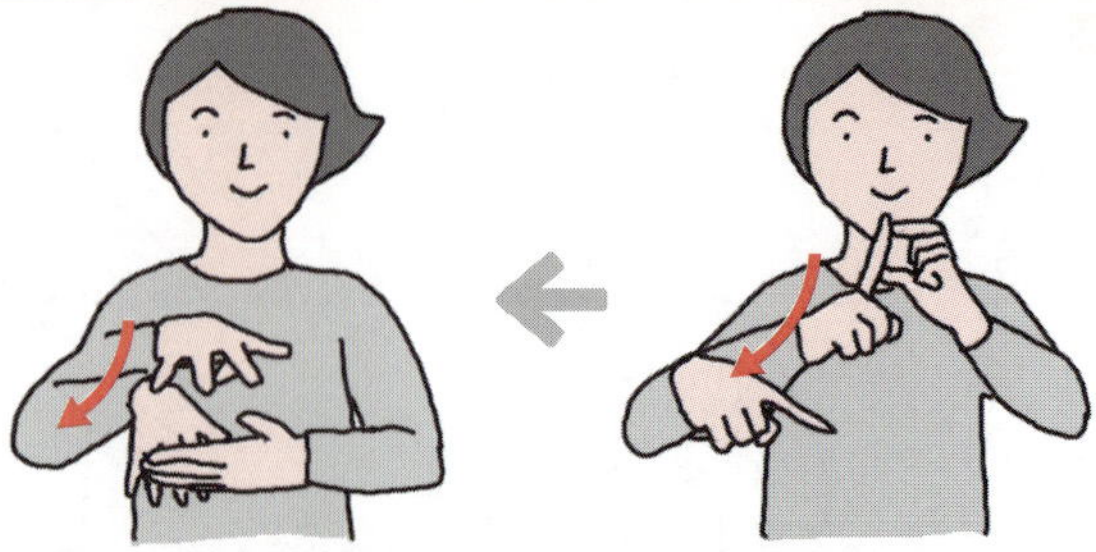

親指と人差し指を伸ばした左手に、右手の人差し指をあて、右手を下ろす。

左手を上に向け、親指以外を伸ばした右手で左手をなでる。

解 最初の動作は「戸」の字を表し、次の動作は「籍」の表のイメージを表す。

使い方例
戸籍＋調べる＝**戸籍を調べる**
戸籍＋変える＋申し込む＝**戸籍変更届**
戸籍＋取る＝**戸籍を取る**

午前
ごぜん

右手の人差し指と中指をそろえてひたいにつけ、右に傾ける。

午後

解 12時の位置にある時計の針が、相手から見て左（11時の方向）になる様子。

反 ひたいから左に傾けると、「**午後**」になる。

使い方例
午前＋9＝**午前9時**
午前＋帰る＝**午前さま**
午前＋予定＝**午前に予定する**

答える
こたえる

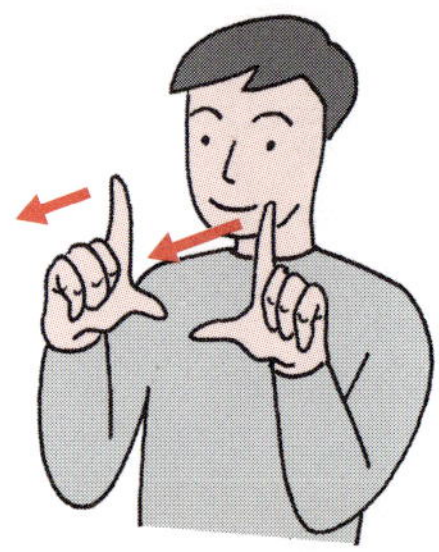

両手の親指と人差し指を伸ばして口の前で左右におき、前に出す。

答えが来る

反 前に出さずに手前に引き寄せると、「**答えが来る**」になる。

同 告知・告白・宣伝・伝える・伝言・発表・返事・報告

使い方例
アンケート＋答える＋紙＝**アンケートの回答用紙**
答える＋権利＝**解答権**

こたつ
こたつ

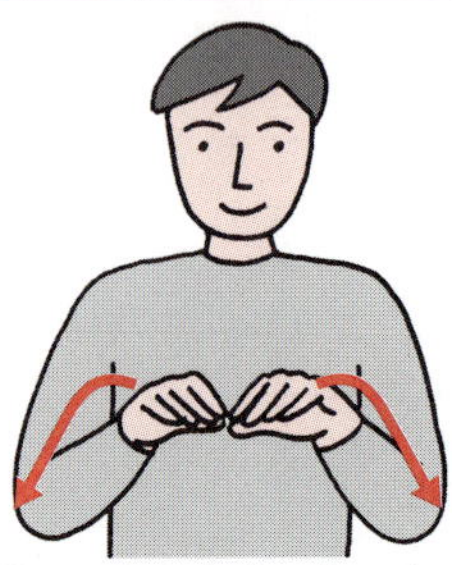

両手で、角の丸まったこたつの形を表す。

解 こたつの形を表す。

参 角を直角に表すと、「**机**」「**テーブル**」となる。

使い方例
こたつ＋布団＝**こたつ布団**
こたつ＋眠る＋禁止＝**こたつで眠ってはいけない**

ごちそうさま

ごちそうさま

左手の上で右手の２本の指を２回すくうようにする。

右手の輪に左手を添え、同時に手前に寄せる。

左手の甲に右手を垂直にトンとのせる。

参 ごちそうしてもらったときのお礼に使う。

こっかい

国会

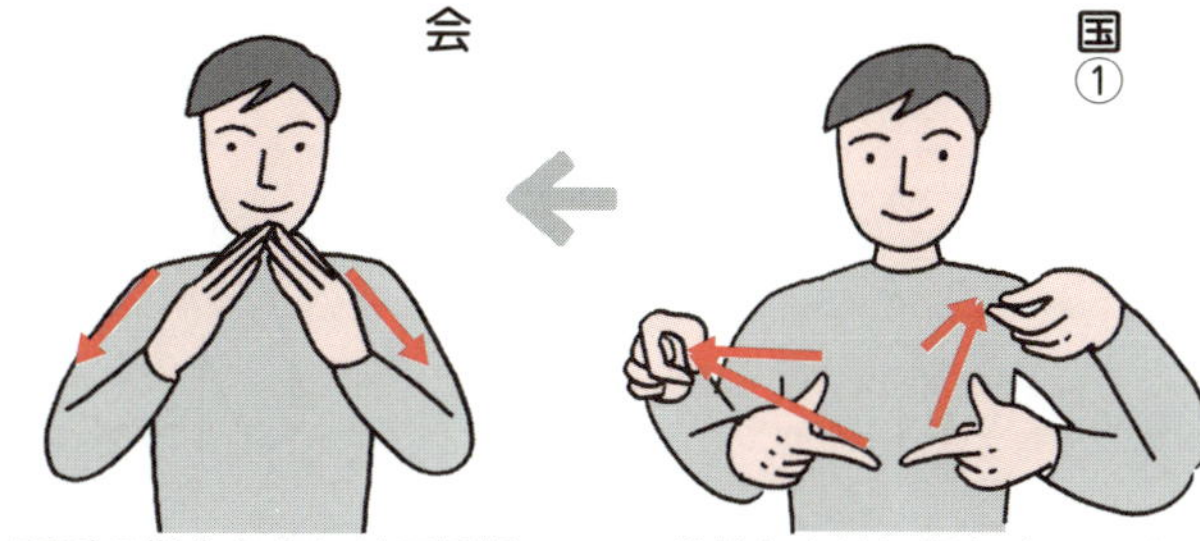

親指と人差し指をくっつけながら左右に引っ張る。

両手の指先を合わせて屋根を作り、斜めに下げる。

解 国…日本列島の形を表す。
会…漢字の「会」の一部から。

使い方例
国会＋員＝**国会議員**
国会＋本＋建物＝**国会図書館**

こっせつ

骨折

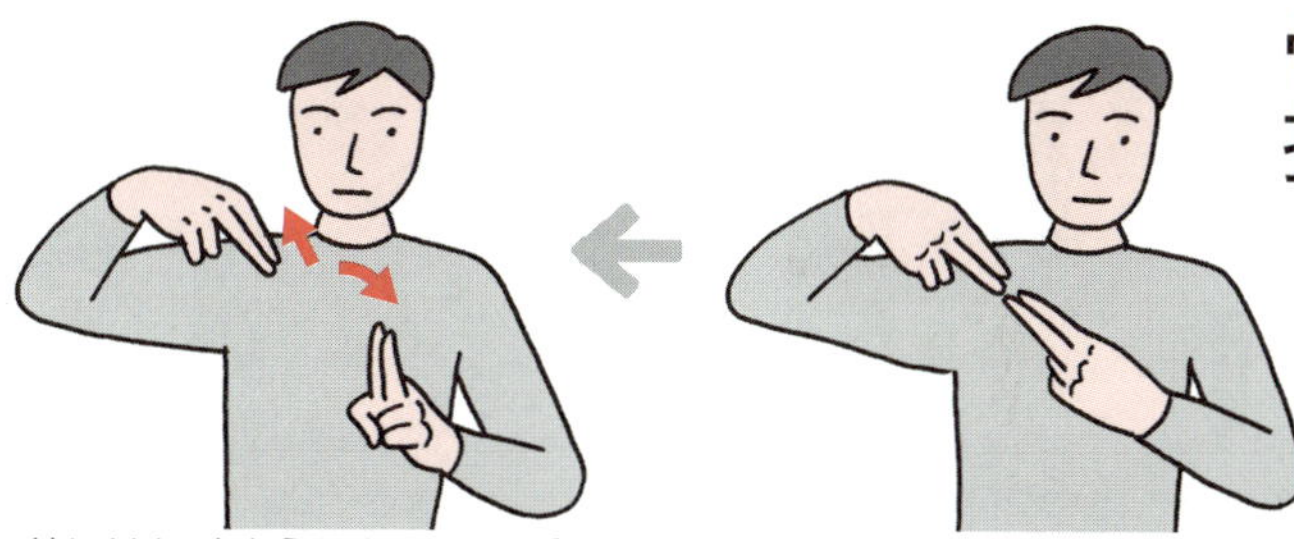

両手の人差し指と中指の指先をつける。

前にはじくようにして、両手の指先を離す。

解 骨が折れる様子を表す。

使い方例
足＋骨折＝**足を骨折する**
骨折＋入院＋中＝**骨折して入院中である**

こづつみ

小包

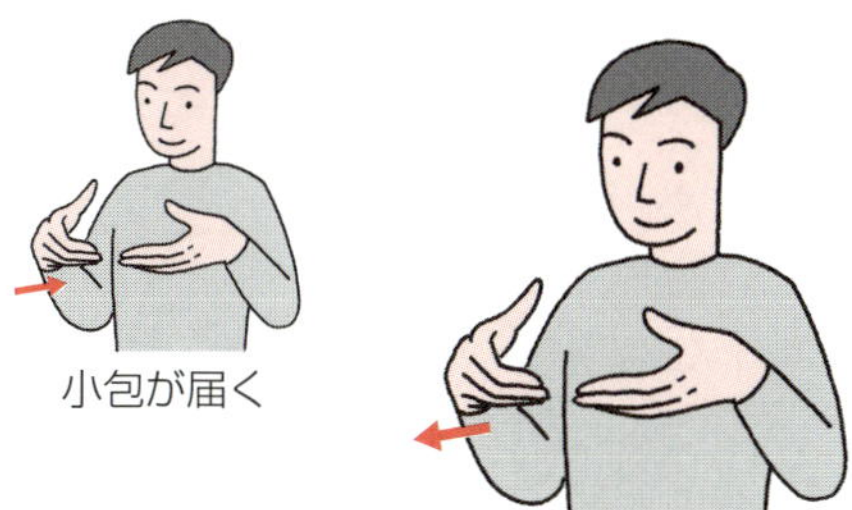

両手を曲げ、向かい合わせて四角を作り、少し前に出す。

解 小包を届ける様子を表す。

反 同じ形で手前に動かすと、「**小包が届く**」。

同 小包を届ける

使い方例
郵便＋小包＝**郵便小包**
小包＋もらう＝**小包をもらう**
小包＋置く＝**小包を置く**

コップ
こっぷ

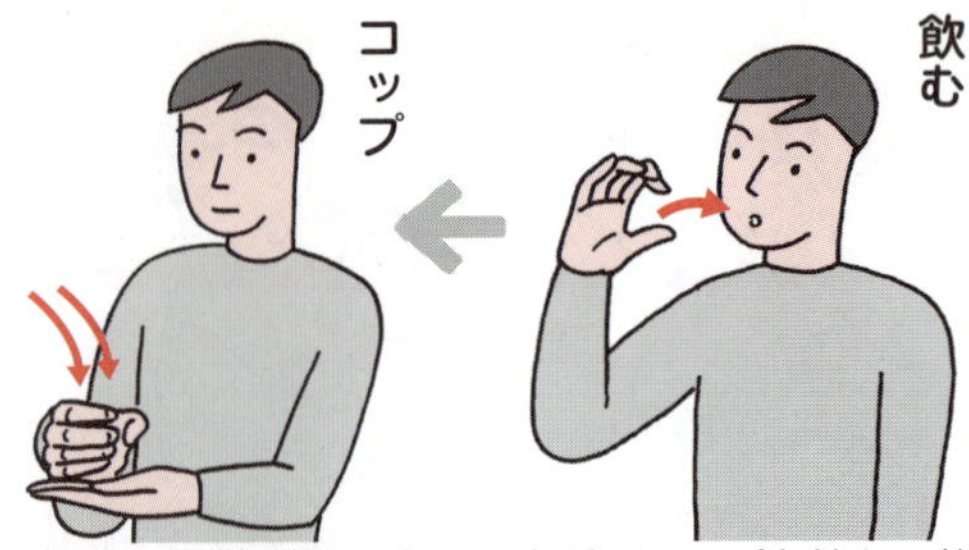

右手でコップを持ち、飲むしぐさをする。

右手でコップを持ち、左手に2回のせる。

解「コップ」は右手をコップに見立てている。

同 コップ…お茶・静岡

使い方例
ガラス＋コップ＝**ガラスのコップ**
白＋コップ＝**白いコップ**

こと
こと

両手でカギカッコを作る。

片手で表現するとき

解 カギカッコの形から。

参 片手だけで表現することもできる。

使い方例
こと＋言う＝**ことわざ**
親＋こと＋考える＝**親のことを考える**
よい＋こと＝**よいこと**

孤独
こどく

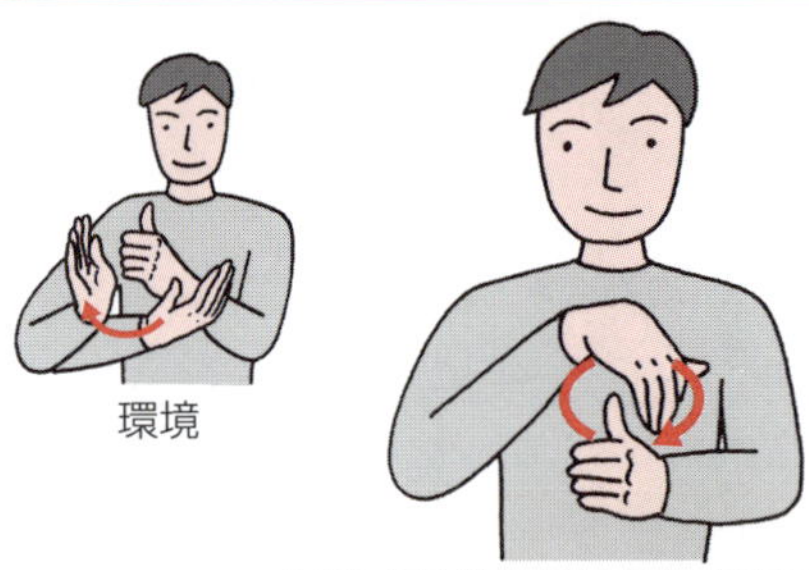

下向きに指をそろえた右手で、左手の親指のまわりをぐるりと回す。

環境

解 独りであって、まわりに人がいないことを表す。

参「心＋孤独」で表すこともできる。また、「**環境**」は、左手の親指を立て、右手で左手全体を囲むように回す。

同 独身

使い方例
孤独＋死ぬ＝**孤独死**
孤独＋寂しい＝**孤独(独りぼっち)で寂しい**
孤独＋感じる＝**孤独感**

今年
ことし

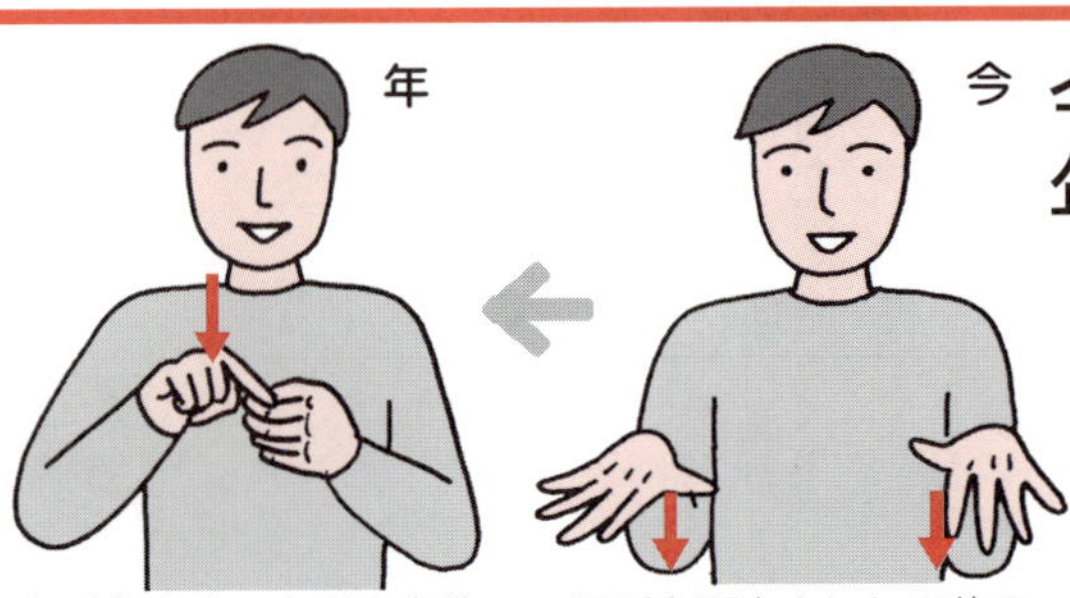

両手を下向きにして体の前におき、少し下げる。

左手を丸め、右手の人差し指をトンとあてる。

解 年…丸めた左手は木の年輪を表す。

同 今…今日
年…あたる・ため・目的

使い方例
今年＋全部＝**今年中**
今年＋卒業＝**今年で卒業**
今年＋～から＝**今年から**

言葉
ことば

人差し指を曲げ、右手を上に左手を下にしてカギカッコを作る。

解 自分から見て、縦書きのカギカッコの形を表す。

参 人差し指の代わりに両手をコの字にして表現すると、「**こと**」となる。

同 テーマ

使い方例
丁寧＋言葉＝**敬語**
わたし＋みんな＋言葉＝**わたしたちの言葉**
花＋言葉＝**花言葉**

子ども
こども

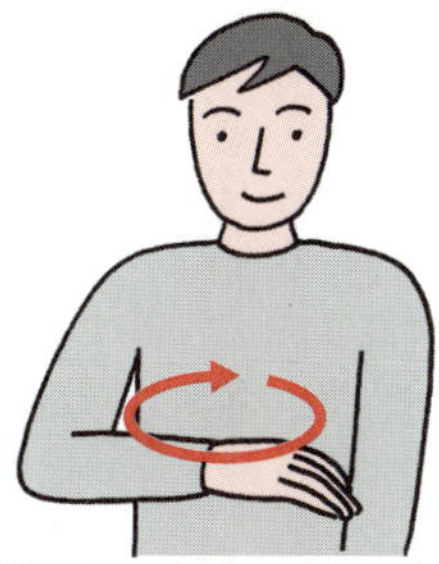

右手の手のひらを下に向けて、水平に小さく回す。

解 子どもの頭をなでる様子を表す。

参 右手は、胸より下で回す。また、「**かわいい子ども**」と表現するときは、同じ手話表現が2回続くので口形をつける。

同 かわいい・幼児

使い方例
子ども＋似る＝**子どもみたい**
子ども＋お金＝**子ども料金**
犬＋子ども＝**犬の子ども**
子ども＋歌う＝**童謡**

断る
ことわる

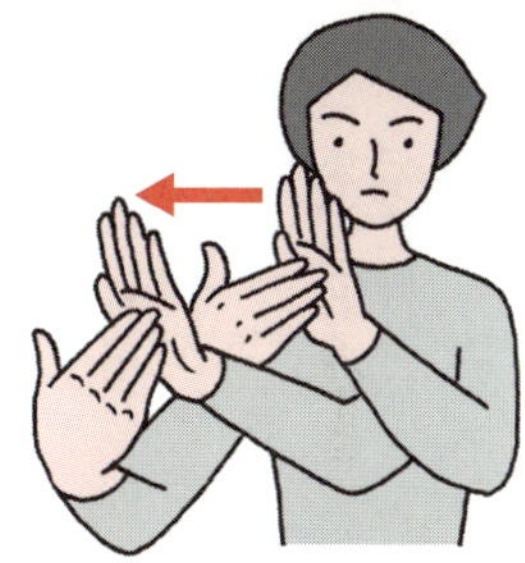

左の手のひらに右手の指先をあて、左手で押し出す。

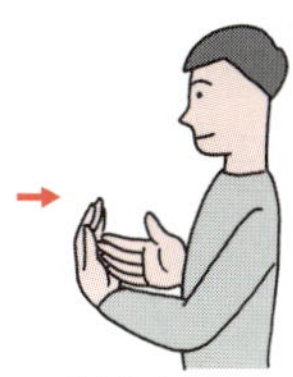

断られる

反 右手の指先を左手につけ、左手を手前に引くと、「**断られる**」となる。

同 拒絶・拒否・防ぐ・防止・予防

使い方例
告白＋断る＝**告白を断る**
親しい＋断る＝**仲間外れ**

ご飯
ごはん

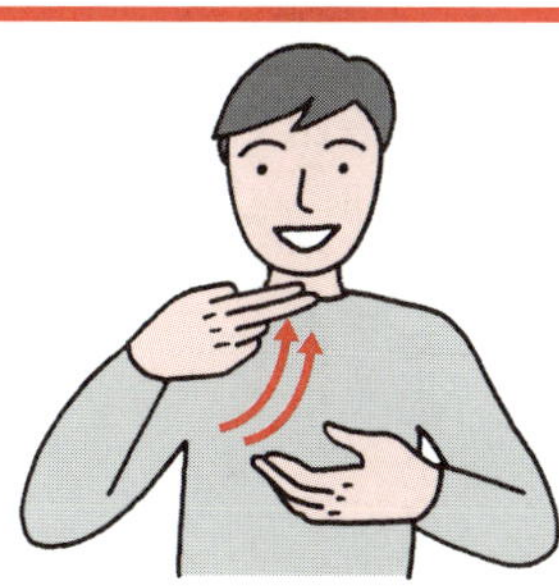

左手の上で、右手の人差し指と中指を口に2回すくい上げる。

解 左手を茶碗に、右手の人差し指と中指をはしに見立て、ご飯を食べる様子を表す。

参 「米」はほかの表現になる。

同 食事・食品・食べる

使い方例
朝＋ご飯＝**朝ご飯**
昼＋ご飯＝**ランチ**
夜＋ご飯＋何?＝**夕ご飯は何?**
ご飯＋茶碗＝**ご飯茶碗**

こぴー

コピー

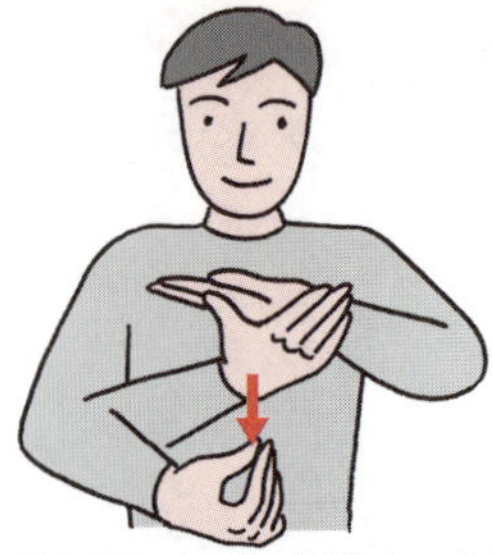

左手の甲に右手の指先をつけて、下に引っ張りながら指を閉じる。

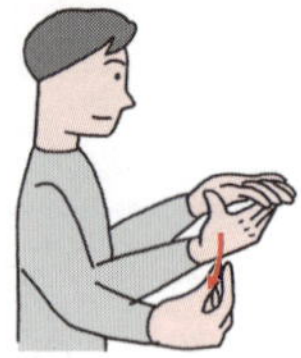

横から見たとき

解 コピーをとる様子から。

参 胸の前に手のひらをあてて前に引きながらグッと握ると、「**レントゲン**」となる。

使い方例

色＋コピー＝**カラーコピー**
写真＋コピー＝**焼き増し**
コピー＋機械＝**コピー機**

こまーしゃる

コマーシャル

左の親指とほかの指を曲げ、右の人差し指と中指、薬指を下に伸ばす。

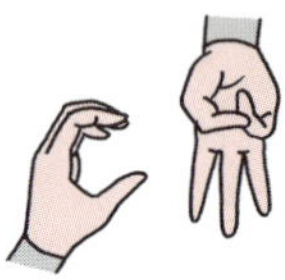

手前から見たとき

解 アルファベットの「C」と「M」を同時に表す。

参 「C」のあとで「D」を表すと、「**CD**」になる。

使い方例

テレビ＋コマーシャル＝**テレビコマーシャル**
コマーシャル＋お金＝**コマーシャル料金**

ごまかす

ごまかす

右手の親指と中指、薬指をつけて回す。

ごまかされる

解 右手の形は、指文字の「キ」。

参 右手の親指と中指、薬指をつけただけだと、「**きつね**」。

反 「**ごまかされる**」は、同じ形で自分に向けて回す。

同 だます

使い方例

ごまかす＋方法＝**ごまかし方**
ごまかす＋間に合わない＝**ごまかしきれない**

こまる

困る

右手を軽くわん曲させて、頭の横で前後に軽く動かす。

参 何度も繰り返すと、「とても困る」の意味になる。また、指を伸ばして頭の横にあてると「**しまった！**」の意味になる。

使い方例

仕事＋困る＝**仕事で困る**
子ども＋問題＋困る＝**子どものことで困る**

ゴミ
ごみ

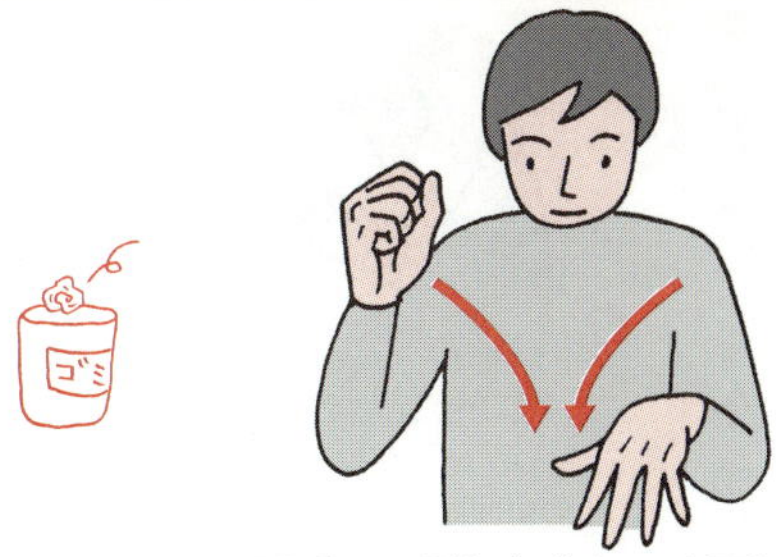

両手でこぶしを作り、交互に下に向けて手を開く。

解 ゴミ箱にゴミを投げ入れる様子を表す。

参 「汚い＋ゴミ」で表すこともできる。

同 捨てる

使い方例
- ゴミ＋箱＝**ゴミ箱**
- ゴミ＋袋＝**ゴミ袋**
- ゴミ＋車＝**ゴミ処理車**
- 燃える＋ゴミ＝**燃えるゴミ**

コミュニケーション
こみゅにけーしょん

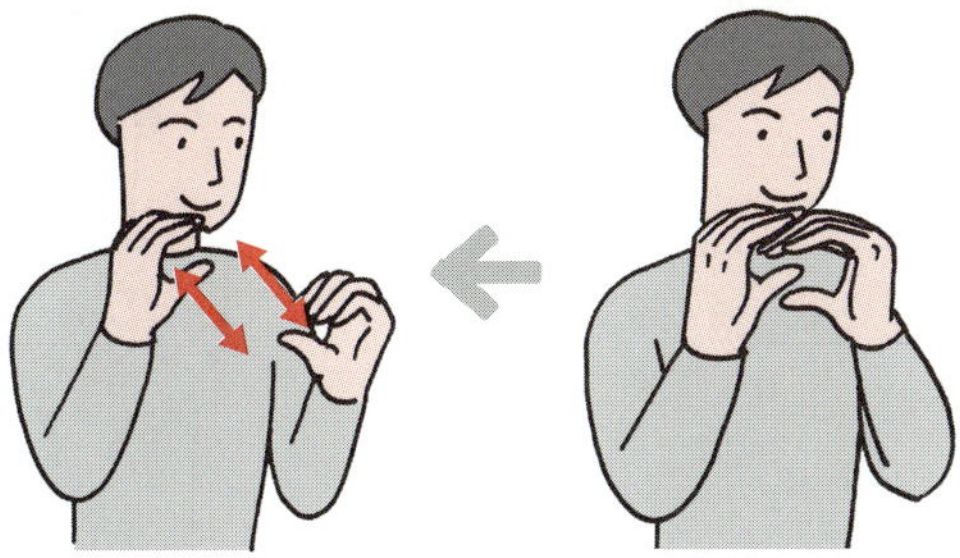

両手をわん曲させて、かみ合わせるようにする。

交互に前後に動かす。

解 英語の頭文字の「C」を取って表現している。

使い方例
- コミュニケーション＋スムーズ＝**コミュニケーションが上手にとれている**

混む
こむ

両手の４本の指の背を合わせて、水平に回す。

解 人が押し合い、混み合っている様子から。

参 両手の背を合わせて交互に上下に動かすと、「**気持ち悪い**」となる。

同 満員

使い方例
- 電車＋混む＝**満員電車**
- 混む＋席＝**満席**

米
こめ

右手の親指と人差し指の先をくっつけて、口の端におく。

解 親指と人差し指でお米の形を表し、口についている様子を表す。

同 ご飯・ライス

使い方例
- 米＋おいしい＝**おいしい米**
- 米＋足りない①＝**米不足**
- 新しい＋米＝**新米**

ごめんなさい

ごめんなさい

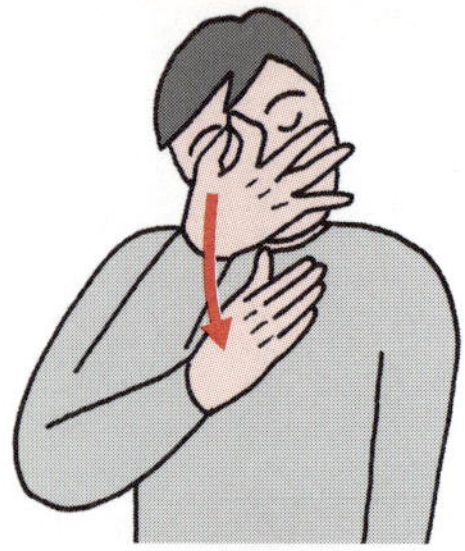

横から見たとき

親指と人差し指で眉間（みけん）をつまむようにし、指を伸ばして前に出す。

同 謝罪・すみません・申し訳ない

使い方例

遅れる＋ごめんなさい＝**遅れてごめんなさい**

ごめんなさい＋謝る＋文章＝**謝罪文**

ごるふ

ゴルフ

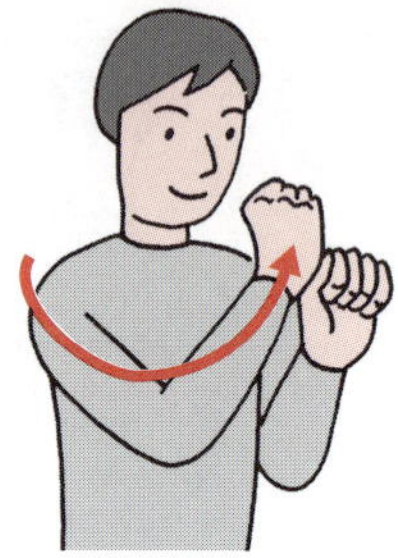

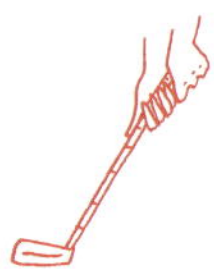

両手でこぶしを作って上下につなげ、そのまま大きく振る。

解 ゴルフクラブを持って、スイングする様子を表す。

使い方例

ゴルフ＋場所＝**ゴルフ場**

プロ＋ゴルフ＝**プロゴルファー**

ゴルフ＋練習＝**ゴルフの練習**

これ

これ

あれ

右手の人差し指で、近くの物を指さす。

参 対象物がある位置を指さすようにする。

反 遠くを指さすと、「**あれ**」になる。

同 こちら・この

使い方例

これ＋欲しい＝**これをください**

これ＋よい＝**これがいい**

ころす

殺す

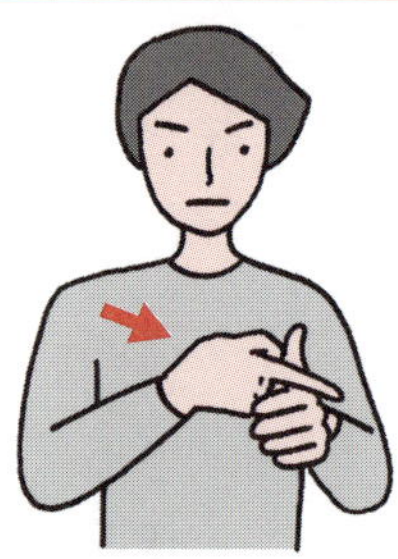

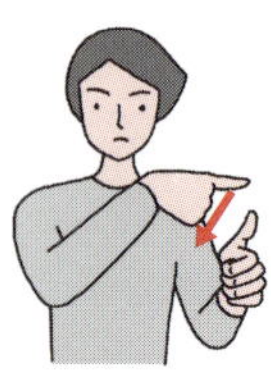

傷つける

左手の親指を立て、右手の人差し指で突く。

解 ナイフで人を刺し殺す様子から。

参 ピストルで殺す、刺し殺すなど、それぞれの方法により、手話単語の形も異なる。切りつけるようにすると、「**傷つける**」。

同 殺人

使い方例

殺す＋事件＝**殺人事件**

殺す＋犯人＝**殺人犯**

転ぶ
ころぶ

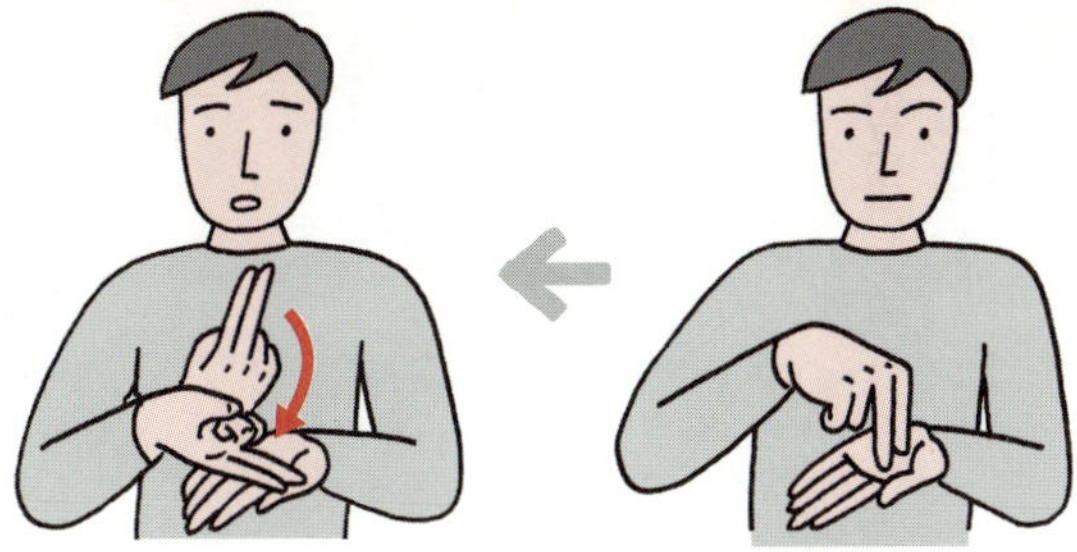

左手の手のひらに、右手の人差し指と中指をおく。

ひっくり返るように右手を倒す。

解 右手の2本の指を足に見立て、ひっくり返って転ぶ様子を表す。

同 倒れる・転倒

使い方例
自転車＋転ぶ＝**自転車で転ぶ**
転ぶ＋けが＝**転んでけがをする**

怖い
こわい

両手を握って体の両横におき、小刻みに震わせる。

解 怖さのために震える様子を表す。

参 右手の人差し指と中指を、左手の手のひらの上において、震わせる表現もある。

同 寒い・冷たい・冬・震える

使い方例
怖い＋経験＝**恐怖体験**
怖い＋映画＝**ホラー映画**
彼＋怖い＝**彼は怖い人だ**

壊れる
こわれる

こぶしを作った両手を横につなげ、左右に折る動作をする。

解 棒を折る様子から。

参 「頭＋壊れる」で、「どうかしている」という意味を表す。

同 折る・故障・障害

使い方例
壊れる＋人々②＝**障害者**
頭＋壊れる＝**どうかしている**
壊れる＋傘＝**折りたたみ傘**
壊れる＋被る＝**被曝**

1日に7食も食べるなんてどうかしている。

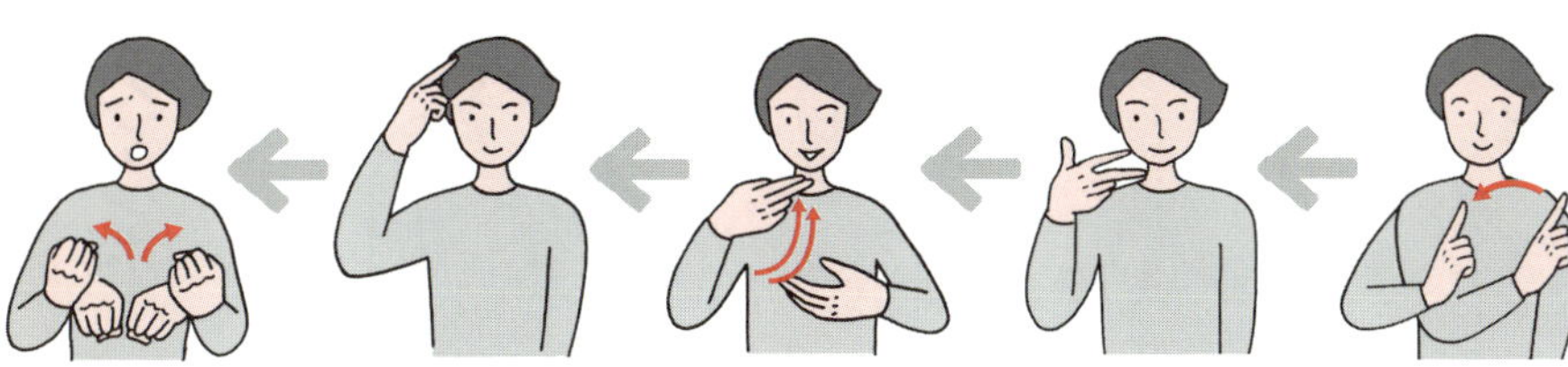

1日 P.410 → 7 → 食べる P.335 → 頭 P.32 → **壊れる**

紺
こん

右手の親指を立て、ほかの４本の指を倒す。

人差し指を立てて、「ン」と空書する。

解 指文字の「コ」と「ン」を順に表す。

使い方例
紺＋色＝**紺色**
濃い＋紺＝**濃紺**
紺＋指文字の「ノ」＝**紺野**

今月
こんげつ

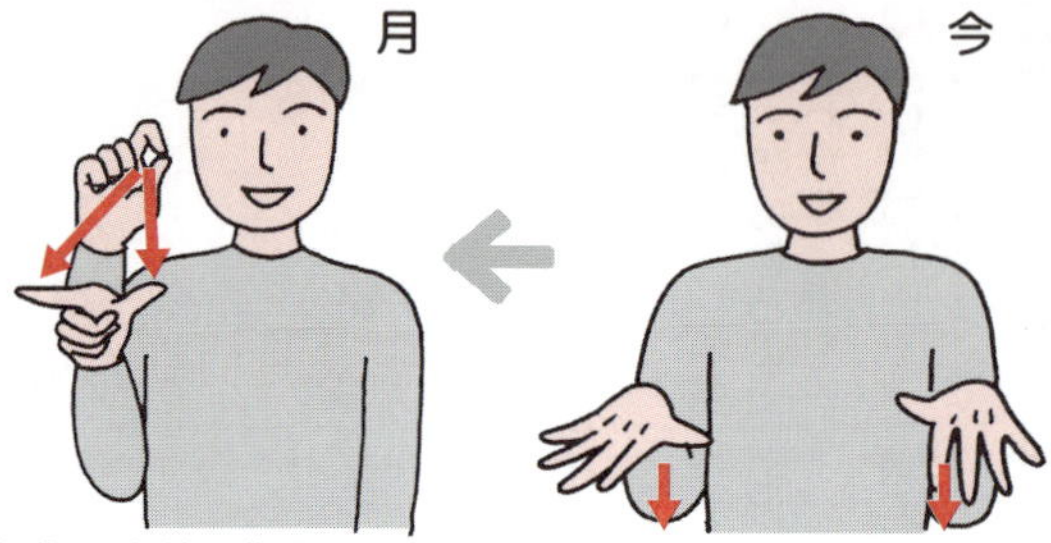

両手の手のひらを下向きにして、少し下げる。

親指と人差し指をくっつけて、下げながら離す。

解 月…三日月の形の一部を表す。

同 今…今日
月…～月（がつ）・月曜日

使い方例
今月＋最後＝**今月末**
今月＋締め切り＝**今月締め切り**

今週
こんしゅう

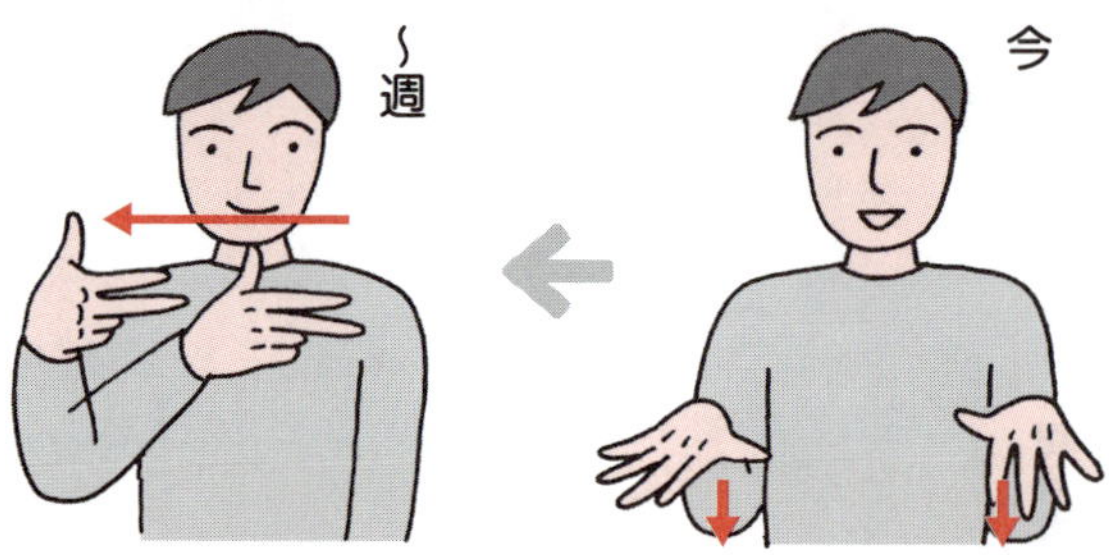

両手の手のひらを下向きにして、少し下げる。

親指と人差し指、中指を伸ばして右に引く。

解 週…右手は数字の「7」を表す。

同 今…今日

使い方例
今週＋全部＝**今週中**
今週＋忙しい＝**今週は忙しい**
今週＋～から＝**今週から**
今週＋月曜日＝**今週月曜日**

コンタクトレンズ
こんたくとれんず

右手の人差し指を伸ばして、目を指す。

コンタクトレンズを落とす

解 コンタクトレンズをつける様子から。

参 「**コンタクトレンズを落とす**」は、目を指したあと、人差し指を下に向ける。

使い方例
かたい＋コンタクトレンズ＝**ハードレンズ**
やわらかい＋コンタクトレンズ＝**ソフトレンズ**

こんど

今度

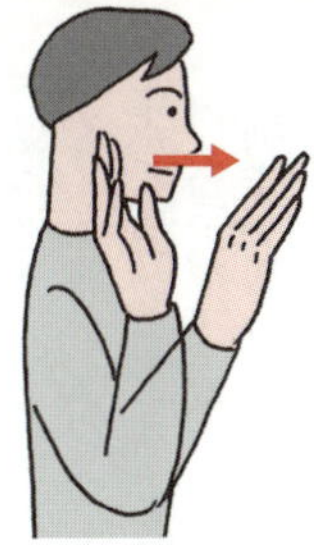

右手の手のひらを前に向け、小さく前に出す。

以前

参 より前に出すほど、より遠い未来。前に出すのは1回でも2回でもよい。

反 右手の甲を前に向けて手前に倒すと、「**以前**」。

同 あと・これから・将来・未来

使い方例

また＋今度＋行く＝**また今度行こう**

今度＋会う＝**今度会おう**

こんにちは

こんにちは

右手の人差し指と中指を立て、人差し指側をひたいにあてる。

あいさつ

解 2本の指が時計の針の意味で、時計の文字盤の12時の位置を表す。

参 「こんにちは＋あいさつ」で表すと、丁寧な表現になる。

同 正午・昼

使い方例

こんにちは＋よい＋天気＋同じ？＝**こんにちは。いい天気ですね？**

こんばんは

こんばんは

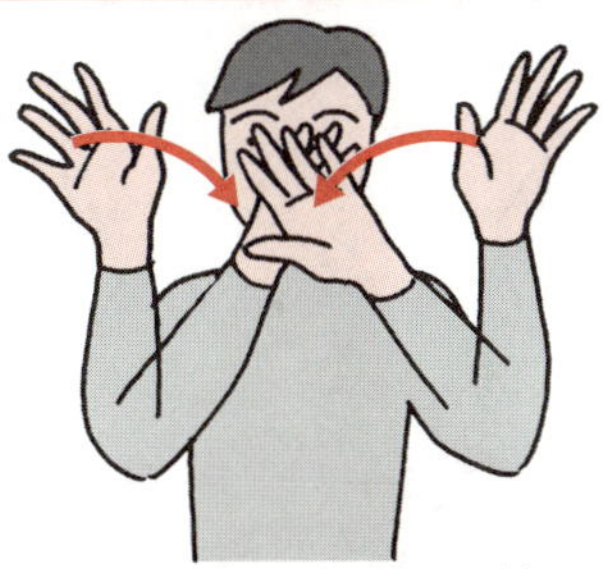

手のひらを前に向けた両手を、顔の前で左右から交差させる。

あいさつ

参 「こんばんは＋あいさつ」で表すと、丁寧な表現になる。

反 逆に、交差させた両手を左右に開くと、「**明るい**」となる。

同 暗い・地味・闇・夜

使い方例

こんばんは＋遅れる＋すみません＝**こんばんは。遅くなりました**

こんびに

コンビニ

右は人差し指と中指を立て、左は4本の指を立て、同時に右に回す。

解 24時間営業という意味で、右手は「2」を左手は「4」を表し、回すことで営業していることを表現する。

参 指文字の「コ」を横に振る表現もある。

同 24時間営業

使い方例

コンビニ＋アルバイト＝**コンビニのアルバイト**

コンビニ＋行く＝**コンビニに行く**

こんぴゅーた

コンピュータ

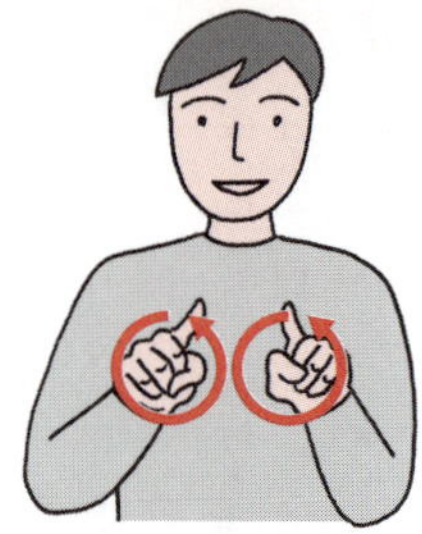

両手の人差し指を伸ばして、指先を前に向け、同時に右に回す。

横から見たとき

解 ディスクが回転する様子から。

参 左手で指文字の「パ」を表現し、右手でキーボードをたたく動作をすると「**パソコン**」となる。

使い方例

コンピュータ＋会社＝**コンピュータ会社**
コンピュータ＋部屋＝**コンピュータ室**

こんやく

婚約

結婚

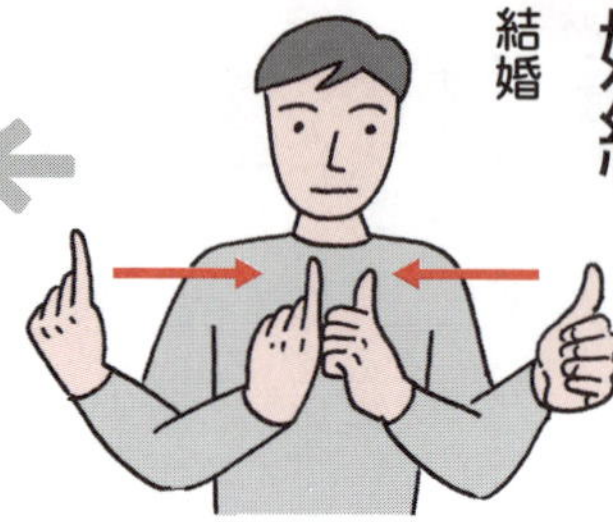

親指と小指を立てて、左右からくっつける。

約束

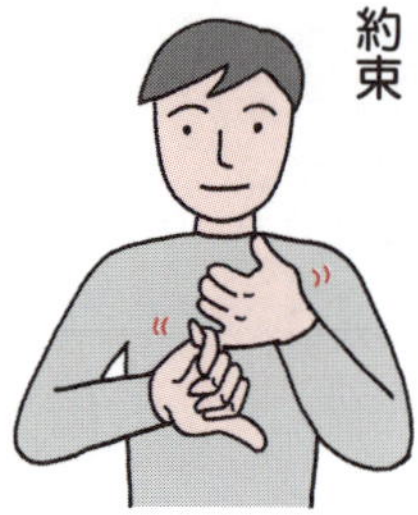

両手の小指を伸ばして、上下にからめて振る。

反 「結婚＋約束を破る」で、「**婚約解消**」となる。

同 約束…必ず・きっと・守る・予約

使い方例

婚約＋指輪＝**婚約指輪**
婚約＋男(女)＝**婚約者**
婚約＋取り消す＝**婚約解消**

さ

自分から見た形

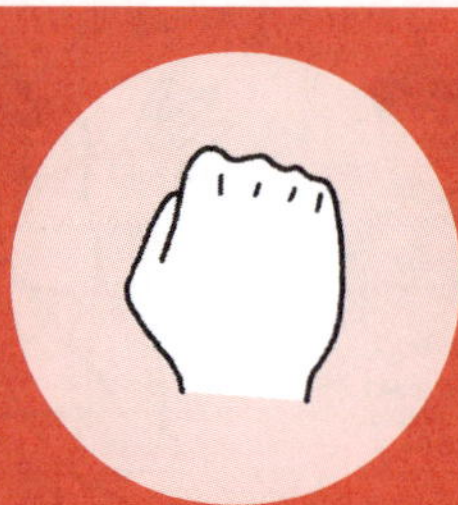

相手から見た形

握ったこぶしで表現する。

さ

差

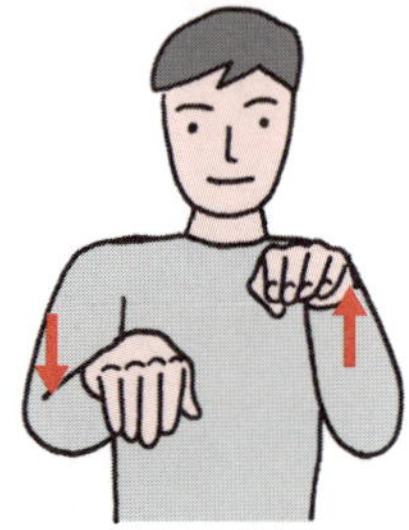

両手の手のひらを下にして並べ、上下に離す。

差別

解 開き(差)があることを高さの違いで表している。

参 両手を大きく離すと、「**大きな差がある**」。また、右手だけ下げると、「**差別**」となる。

使い方例

差＋お金＝**差額**
勉強＋力＋差＝**学力の差**
差＋ない①＝**均一、平等**

中国と日本では、大きな技術差がある。

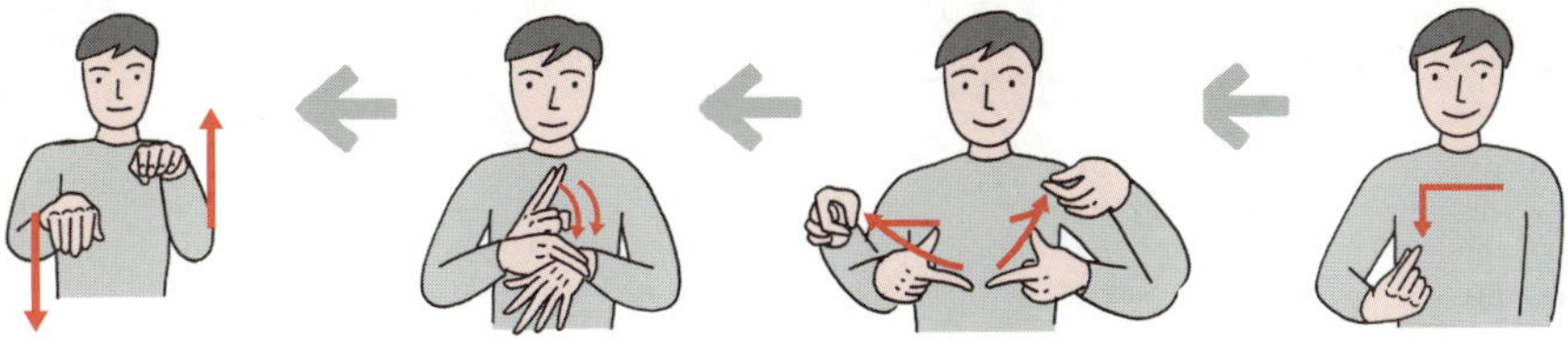

中国 P.609 → 日本 P.411 → 技術 P.151 → 差

サークル

さーくる

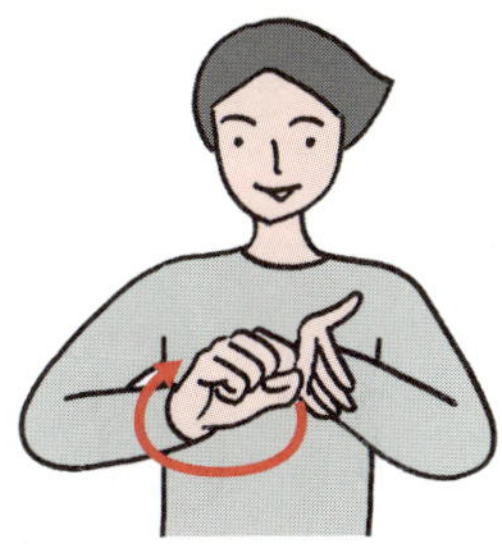

右手のこぶしを水平に回して左の手のひらにポンとあてる。

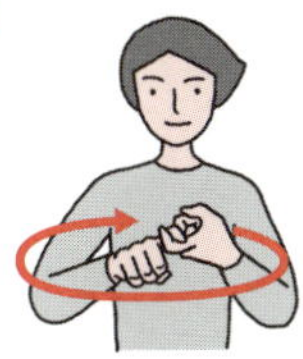

協会

解 右手のこぶしは、指文字の「サ」。

参 左手をつけず、右手のこぶしを回すだけでもよい。また、「**協会**」の手話単語を使ってもよい。

使い方例

手話＋サークル＝**手話サークル**

サークル＋みんな＝**サークルのみなさん**

サービス

さーびす

両手の手のひらを向かい合わせて手首を近づけ、交互に上下に動かす。

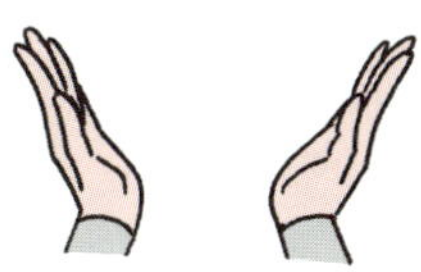

上から見たとき

参 面倒を見るというときに使う。

同 育児・介護・世話・育てる

使い方例

サービス＋資格＝**保育士**

サービス＋助ける＝**世話を焼く**

サービス＋お金＝**サービス料**

サーフィン

さーふぃん

両手の手のひらを下向きにして指を軽く曲げ、同時に後ろに引く。

解 サーフボードにのって、水をかく様子を表す。

参 後ろに引くとき、両手を交互に後ろにかいて表現することもできる。

使い方例

趣味＋サーフィン＝**趣味はサーフィン**

プロ＋サーフィン＝**プロサーファー**

災害
さいがい

左手は親指と小指を伸ばし、右手は人差し指、中指、薬指を立てる。

右手で「く」の字を描く。

解 左手は「火」の字を表し、右手は「災」の字の「く」の部分を表す。

使い方例
- 防ぐ＋災害＋練習＝**防災訓練**
- 災害＋保険＝**災害保険**
- 自然＋災害＝**自然災害**

最近
さいきん

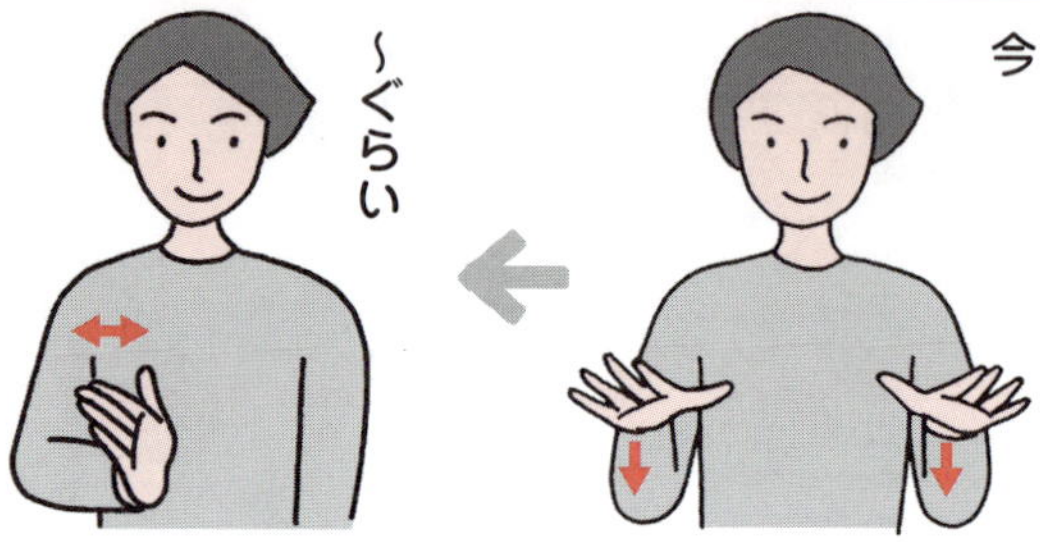

両手の手のひらを下向きにして、少し下げる。

右手の指先を前に向けて、軽く左右に振る。

同 今…今日
～ぐらい…～頃・だいたい

使い方例
- 最近＋あなた＋忙しい？＝**最近、忙しい？**
- 最近＋話す＝**最近の話**

最後
さいご

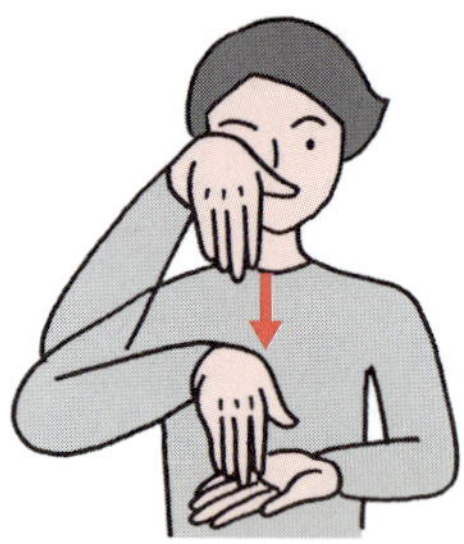

上向きにした左の手のひらに、右手の指先を上からあてる。

最高

参 左の手のひらを右に向け、右手をあてる「～まで」でも表現できる。左の手のひらを下向きにし、右手を下からあてると「**最高**」。

反 右手を閉じながら上げて人差し指を伸ばすと、「**最初**」。

同 最低

使い方例
- 最後＋電車＝**最終電車**
- ドラマ＋最後＋放送＝**ドラマの最終回**
- お盆＋年＋最後＝**盆暮れ**

最高
さいこう

左手の手のひらを下向きにし、右手の指先を下からあてる。

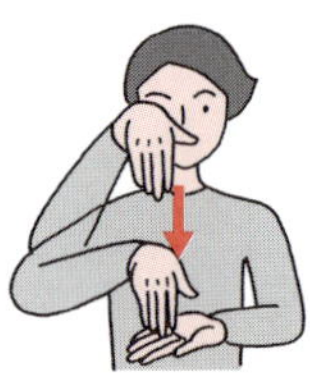

最低

解 下方から左手にあてることで一番上であることを意味する。

反 上向きにした左の手のひらに、右手の指先を上からあてると、「**最低**」となる。

同 最上

使い方例
- 最高＋席＝**ファーストクラス**
- 最高＋品＝**最高級品**
- 気持ち＋最高＝**最高の気分**
- 最高＋記録＝**最高記録**

財産
ざいさん

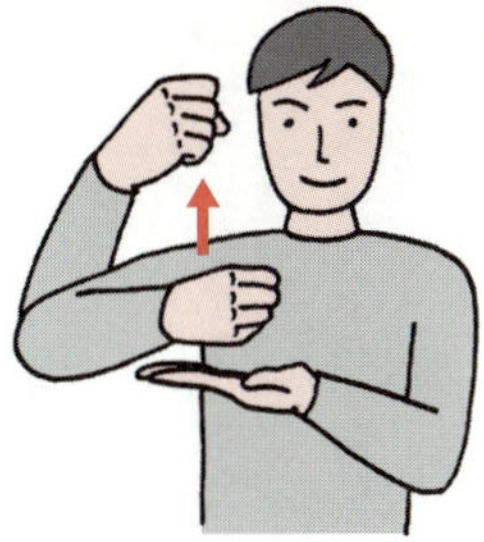

左の手のひらに握った右手をおき、上げる。

宅配便

解 右手で財産となる物の入った袋を持ち、左手で支える様子から。

参 同じ形のまま前に出すと、「**宅配便**」となる。

同 貯金・貯蓄

使い方例
残る＋財産＝**遺産**
財産＋税金＝**贈与税**
財産＋ない④＝**財産ゼロ**

サイズ
さいず

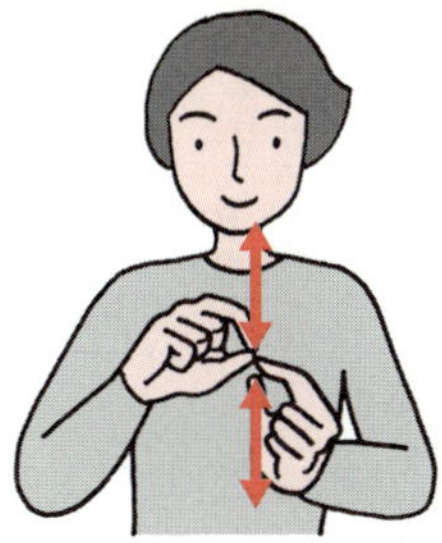

両手の親指と人差し指をつけ、上下に離したり寄せたりする。

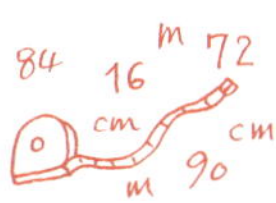

解 メジャーで測る様子を表す。

参 上下ではなく、左右に離したり寄せたりする表現もある。

使い方例
サイズ＋合う＝**サイズがぴったり**
サイズ＋アルファベットの「M」＝**Mサイズ**

最低
さいてい

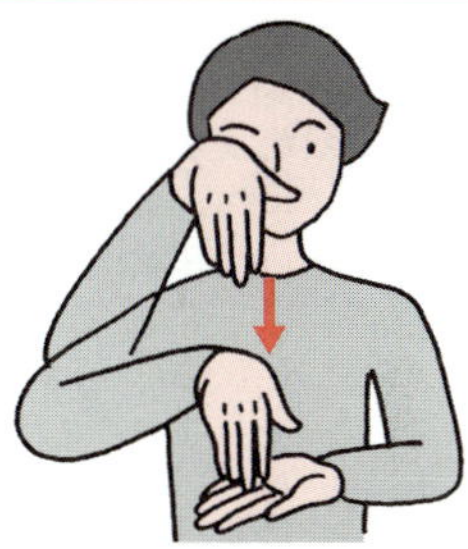

上向きにした左の手のひらに、右手の指先を上からあてる。

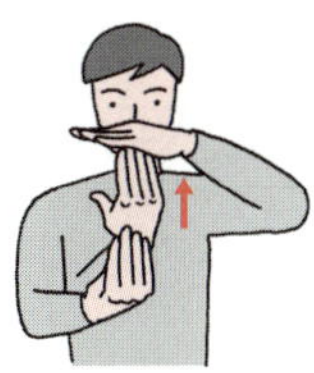

最高

解 上からあてることで、その下(次)がないことを意味する。

反 左の手のひらを下向きにし、右手を下からあてると「**最高**」。

同 最後

使い方例
彼＋最低＝**彼は最低**
今日＋1日＋最低＝**今日は最低な1日**

裁判
さいばん

両手の親指を立てて、胸から前に出す。

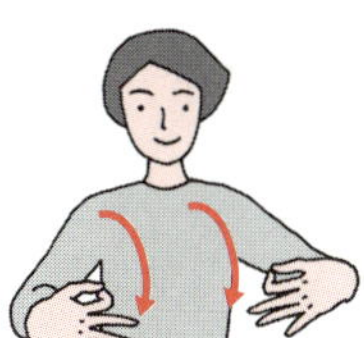

金持ち

解 裁判官の法衣を表す。

参 両手を輪にし、丸みをつけて下げると、「**金持ち**」となる。

同 裁く・茅ケ崎

使い方例
裁判＋男＝**裁判官**
地域＋裁判＋場所＝**地方裁判所**
エイズ＋裁判＝**エイズ訴訟**

財布 さいふ

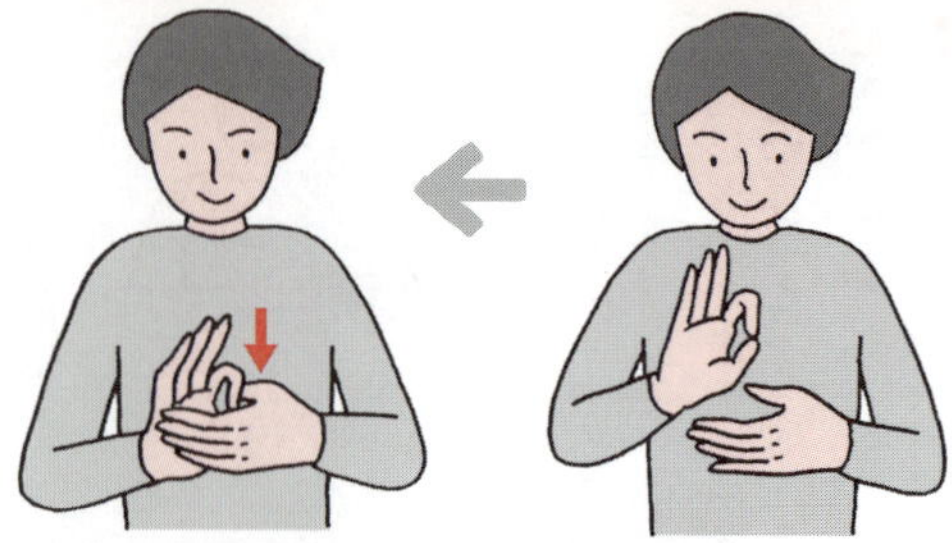

右手の親指と人差し指で輪を作る。

左手の親指とほかの4本の指の間に入れる。

解 財布に右手の輪（お金）を入れる様子から。

参 がま口型の財布を開ける動作でも表現できる。

使い方例
皮＋財布＝**革の財布**
財布＋落ちる＝**財布を落とす**

材料 ざいりょう

左手のこぶしの上に、右手のこぶしを2～3回軽くぶつける。

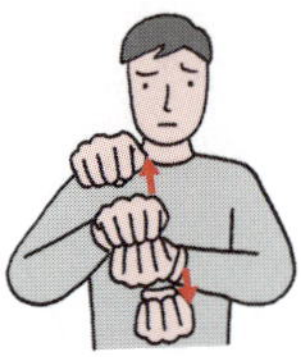

あきれる

参 左手の甲側を下にして2回ぶつけると、地名の「**堺**」となる。また、合わせたこぶしを上下に離すと「**あきれる**」となる。

使い方例
材料＋用意＝**材料の用意**
指文字の「ソ」＋材料＝**素材**
食べる＋材料＝**食材**

坂 さか

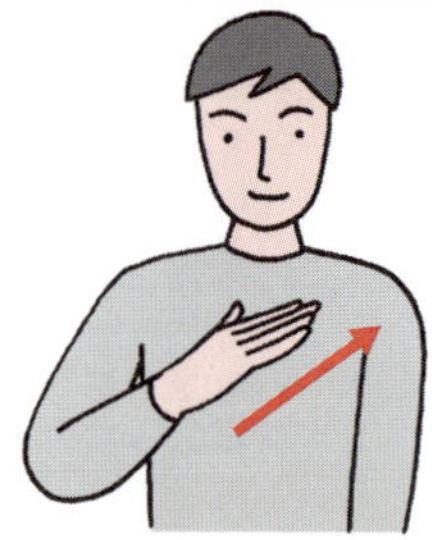

右手の手のひらを下向きにして、斜め上に上げていく。

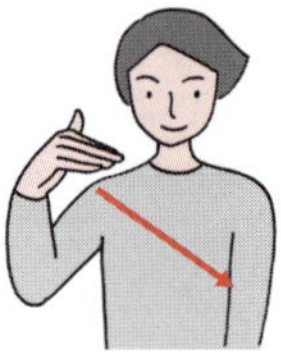

下り坂

解 上げることで「**上り坂**」を表す。

参 「登る＋坂」で「上り坂」を表すこともできる。

反 斜めに下げると「**下り坂**」となる。

同 上がる・上達・上り坂

使い方例
坂＋本＝**坂本**
坂＋道＝**坂道**

探す さがす

右の親指と人差し指で輪を作って目におき、円を描いて右に動かす。

調べる

解 いろいろな物を見て、目が動く様子を表す。

参 人差し指と中指を曲げて指先を目に向け、左右に動かすと、「**調べる**」。

同 観光・見学

使い方例
探す＋物＝**探し物**
友達＋探す＝**友達を探す**
はさみ＋なくなる②＋探す＝**はさみがなくなって探す**

魚（さかな）

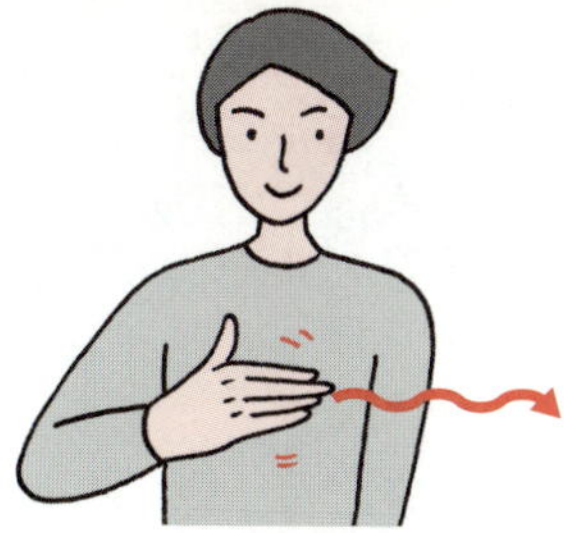

右の手のひらを手前に向け、軽く揺らしながら右から左へ動かす。

解 魚が泳ぐ様子を表す。

参 魚の名前を表すときは、「魚」＋魚の名前を指文字で表す。

使い方例
- 魚＋指文字の「マ」「グ」「ロ」＝**マグロ**
- 魚＋建物＝**水族館**
- 魚＋煮る＝**煮魚**

下がる（さがる）

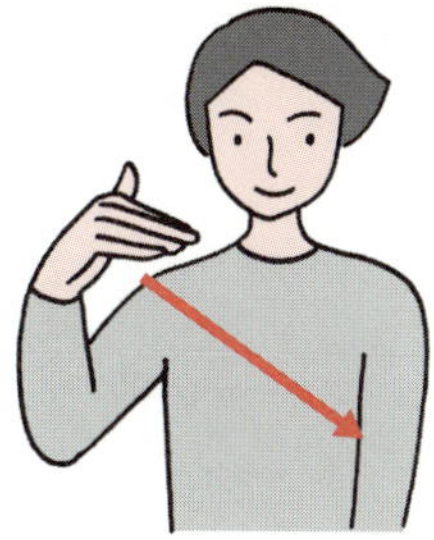

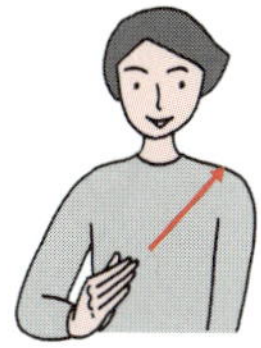

上がる

右手の指先を伸ばし、斜めに下げていく。

反 手を斜めに上げていくと、「**上がる**」の意味になる。

同 落ち込む・下り坂・低下

使い方例
- 経済＋下がる＝**不景気**
- 気持ち＋下がる＝**落ち込む**
- 体＋下がる＝**体力が落ちる**

詐欺（さぎ）

右手の親指、中指、薬指をつけて前に向け、円を描く。

解 手の形はきつねを表している。

同 だます

使い方例
- わたし(2回)＋詐欺＝**オレオレ詐欺**
- 結婚＋詐欺＝**結婚詐欺**
- 詐欺＋男＝**詐欺師**
- 詐欺＋罪＝**詐欺罪**

桜（さくら）

両手の手のひらを合わせ、手の位置を前後に変えながら右に動かす。

解 桜の花びらを表す。

参 両手の指を軽く曲げて向かい合わせ、手首を軸にして、互い違いに回して開くと、「**花**」となる。

使い方例
- 桜＋見る＝**花見**
- 桜＋色＝**桜色**
- 山＋桜＝**山桜**
- 桜＋貝＝**桜貝**

酒（さけ）

右手の人差し指と中指を、あご、ひたいの順におく。

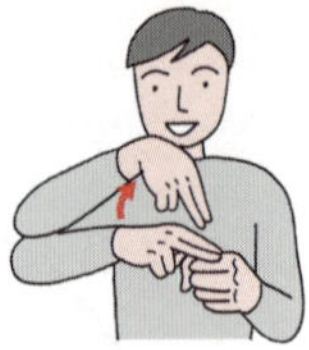

ビール

参 アルコール一般を指す。「**日本酒**」は、「日本＋酒」となる。左手のこぶしに右手の人差し指と中指をあて、上げると「**ビール**」となる。

使い方例
- 酒＋お酒を飲む＋酔う＝**酒に酔う**
- 地域＋有名＋酒＝**地酒**
- 甘い＋酒＝**甘酒**

サケ（さけ）

右手の人差し指を少し曲げてあごにあて、少し上げながら前に出す。

解 サケのあごを表す。

使い方例
- サケ＋缶詰＝**サケ缶**
- サケ＋おにぎり＝**サケのおにぎり**
- サケ＋お茶＋食べる＝**サケ茶漬け**

叫ぶ（さけぶ）

両手の親指と人差し指で作った輪をのどにおく。

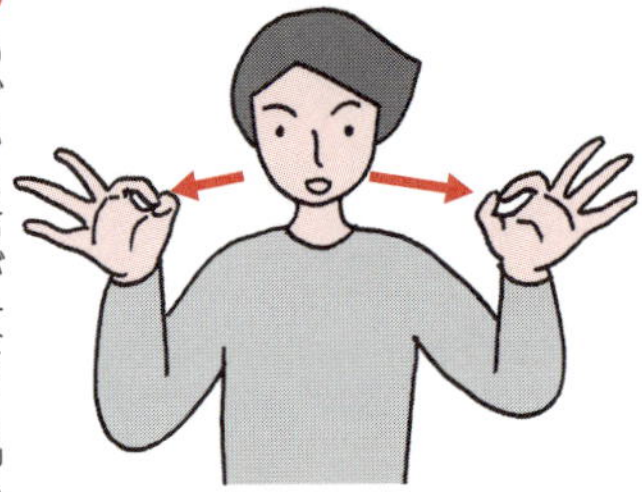

両手の輪を左右に引き離し、前に出す。

解 のどから声が大きく出る様子を表す。

参 右手だけで表現すると「**声**」となる。

同 絶叫

使い方例
- 映画＋叫ぶ＋状態＝**映画の絶叫シーン**
- 泣く＋叫ぶ＝**泣き叫ぶ**
- 叫ぶ＋声＝**叫び声**

刺し身（さしみ）

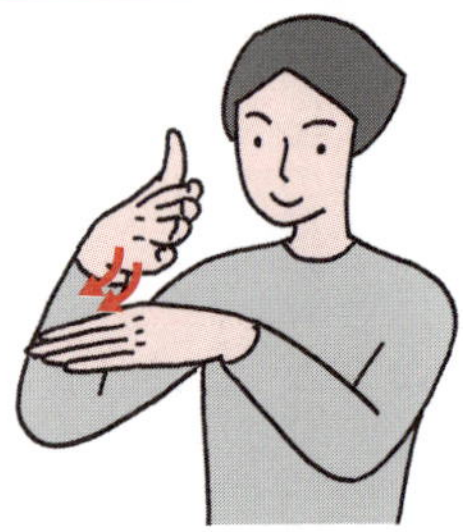

左手の甲に右手をのせ、２～３回滑らせながら右に動かす。

解 左手を切り身、右手を包丁に見立て、刺し身を切る様子を表す。

使い方例
- 刺し身＋定める＋食べる＝**刺し身定食**
- 馬＋刺し身＝**馬刺し**
- 牛＋刺し身＝**牛刺し**

さそう

誘う

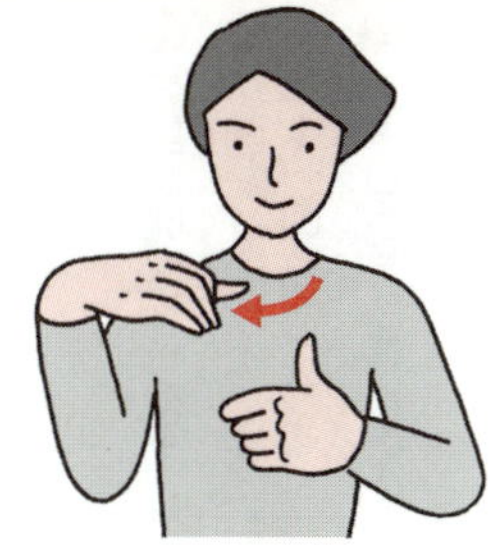

立てた左手の親指に向かって、右手で「おいでおいで」するように動かす。

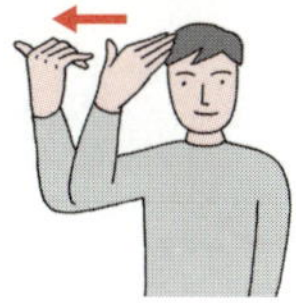

誘われる

参 女性を誘う場合は左手の小指を立て、男性を誘う場合は左手の親指を立てる。

反 頭のあたりに手をおいて、自分に向かって手招きすると、「**誘われる**」。

同 招待・招く・呼ぶ

使い方例
旅行＋誘う＝**旅行に誘う**
彼＋誘う＝**彼を誘う**
誘う＋希望＝**誘いたい**

さだめる

定める

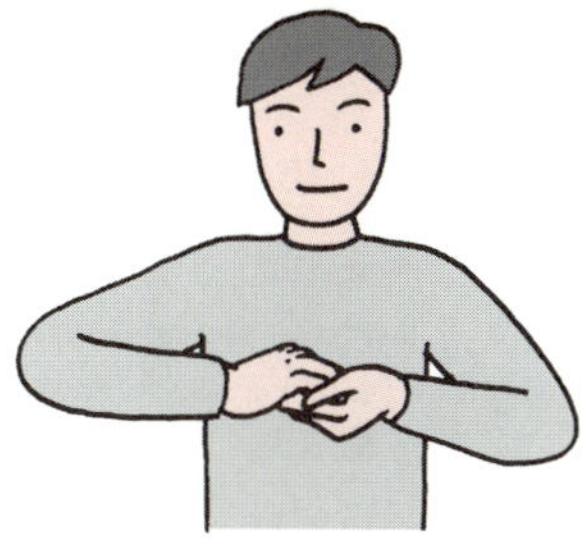

両手の指を曲げて組み合わせる。

決定

参 右手の人差し指と中指で左の手のひらをポンと打つと、「**決定**」となる。

同 必ず・指定・絶対・セット・ぜひ

使い方例
餃子＋定める＝**餃子定食**
定める＋休む＋日＝**定休日**
定める＋席＝**指定席**
定める＋検査＝**定期検査**

さっかー

サッカー

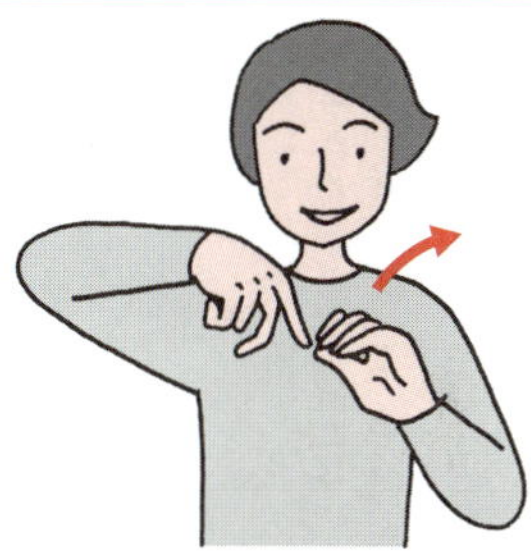

右の人差し指と中指を下に伸ばし、すぼめた左手にぶつける。

解 左手をボール、右手の2本の指を足に見立て、ボールをける様子を表す。

参 左手を右手の人差し指で打つようにすると「**野球**」となる。

使い方例
サッカー＋指文字の「J」＝**Jリーグ**
サッカー＋試合＝**サッカーの試合**

さっき

さっき

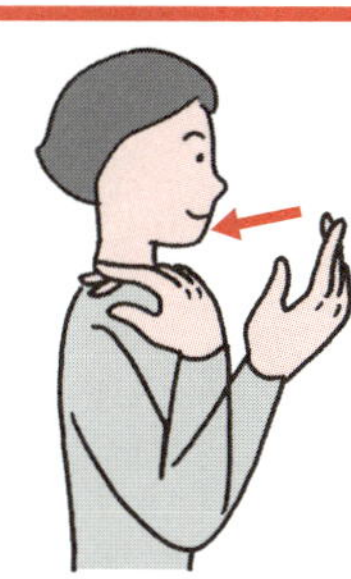

右手の手のひらを後ろに向けて顔の横に立て、少し後ろに倒す。

前から見たとき

解 少し後ろに倒すことで、「（時間が）少し前」を意味する。

参 後ろにゆっくり長く動かすと、「**ずっと以前**」「**昔**」となる。

同 以前・この間・先日

使い方例
さっき＋会う＋終わる＝**さっき会った**
さっき＋話す＝**さっきの話**

雑誌
ざっし

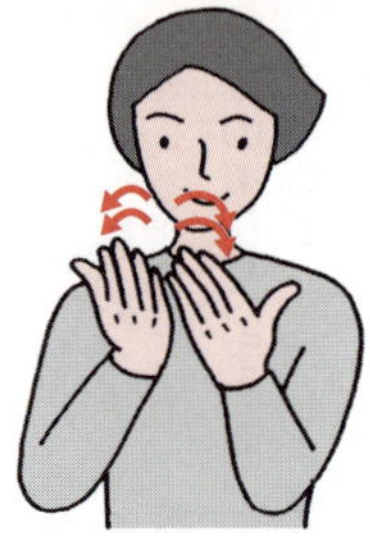

両手の手のひらを合わせ、左右に2回開く。

解 雑誌を開く様子を表す。

参 1回だけ開くと、「**本**」「**メニュー**」の意味になる。

同 カタログ・手帳・ノート

使い方例
- 週＋間＋雑誌＝**週刊誌**
- 洋服＋雑誌＝**ファッション誌**
- 女性＋雑誌＝**女性誌**

殺人
さつじん

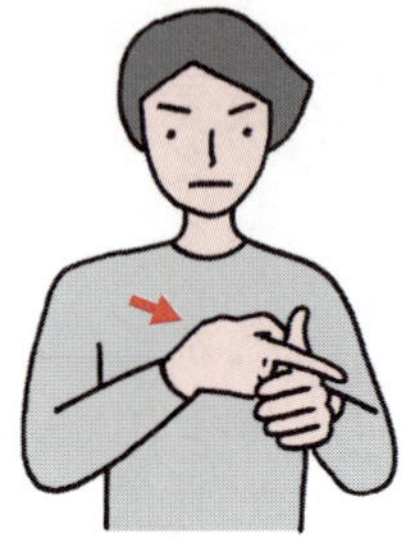

左手の親指を立て、右手の人差し指で突く。

傷つける

解 ナイフで人を刺し殺す様子から。

参 突くのではなく、切りつけるようにすると、「**傷つける**」の意味になる。

同 殺す

使い方例
- 殺人＋事件＝**殺人事件**
- 殺人＋犯人＝**殺人犯**
- 盗む＋殺人＝**強盗殺人**

砂糖
さとう

指を伸ばした右手の手のひらを口元において、回す。

塩

参 右手を軽く折り曲げて、口元で回すと「**塩**」の意味になる。

同 甘い・佐藤・デザート

使い方例
- 砂糖＋バーゲン＝**糖分控えめ**
- 砂＋砂糖＝**粉砂糖**
- 四角＋砂糖＝**角砂糖**
- 黒＋砂糖＝**黒砂糖**

茶道
さどう

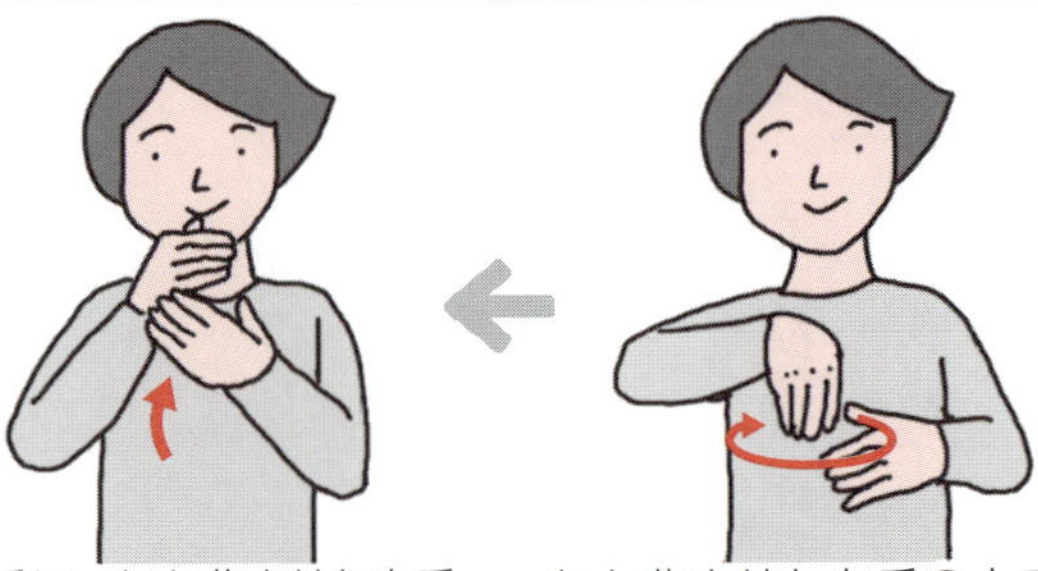

わん曲させた左手の上で、すぼめた右手を回す。

左手に、わん曲させた右手をおき、口に近づける。

解 最初の動作は茶をたてている様子を、次の動作は茶を飲んでいる様子を表す。

使い方例
- 茶道＋先生＋資格＝**茶道の師範**
- 茶道＋教わる＋部屋＝**茶道教室**
- 私＋趣味＋何＋茶道＝**私の趣味は茶道です**

寂しい（さびしい）

右手の親指とほかの４本の指の間をあけ、胸の前で閉じる。

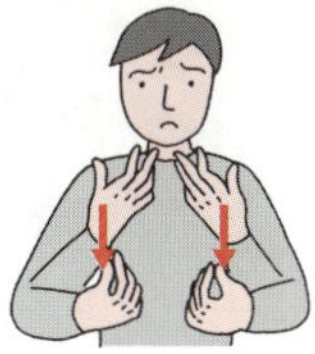

がっかりする

解 寂しくて気持ちがしぼむ様子を表す。

参 胸の前で両手をすぼめながら下げる「**がっかりする**」でも表現できる。

使い方例
彼＋会う＋無理＋寂しい＝**彼に会えなくて寂しい**
心＋寂しい＝**寂しい心**

差別（さべつ）

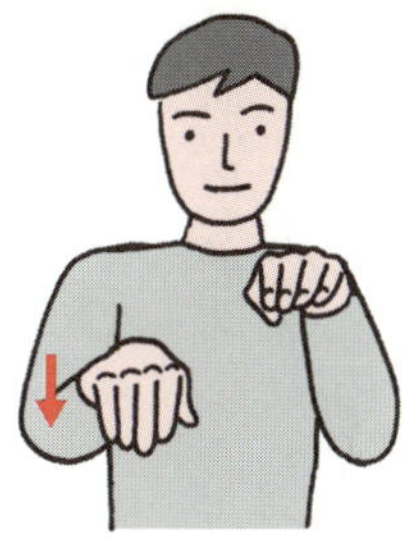

両手の手のひらを下にして並べ、右手だけ下げる。

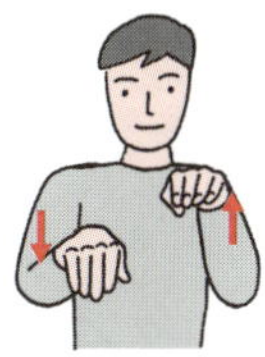

差

解 分けへだてがあることを、右手と左手に差をつけることで表す。

参 右手を下げ、左手を上げると「**差**」となる。

使い方例
男＋女＋差別＝**男女差別**
差別＋禁止＝**差別禁止**
女性＋差別＝**女性差別**

寒い（さむい）

両手を握って体の両脇におき、小刻みに震わせる。

解 寒くて震える様子を表す。

参 アイスコーヒーなど、冷たい飲み物や食べ物にも使う。

同 怖い・冷たい・冬・震える

使い方例
寒い＋指文字の「ジ」＝**冬至**
寒い＋病気＝**冷え性**
寒い＋死ぬ＝**凍死**
寒い＋エアコン＝**冷房**

冷める（さめる）

両手の手のひらを上に向けて、指をすぼめながら下げる。

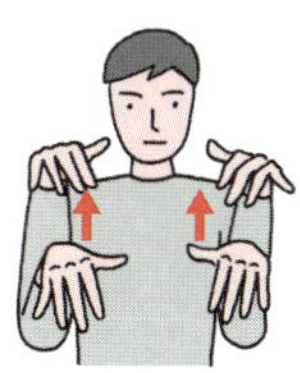

ほかの表現

参 「料理が冷める」など、物の温度が下がるときに使う。両手の指先を下に向け、サッと上げる表現もあり、感情などを表すときに使う。

使い方例
風呂＋温泉＋冷める＝**風呂の湯が冷める**
スープ＋冷める＝**スープが冷める**

さようなら

さようなら

右手の手のひらを前に向けて、左右に軽く振る。

解 バイバイとあいさつする様子を表す。

参 体の前で軽く振ると、「**いいえ**」の意味になる。

同 バイバイ

使い方例
さようなら＋会＝**送別会**
さようなら＋また＋会う＝**さようなら、またね**

さら

皿

親指と人差し指を曲げた両手を、向かい合わせる。

解 皿の形を表す。

参 大きな皿なら大きく、小さい皿なら小さく表現する。また、「皿」を右から左へ動かすと「**料理が来る**」となる。

使い方例
皿（の形を表して水平に回す）＋すし＝**回転ずし**
タバコ＋皿＝**灰皿**
皿＋1＝**1枚（皿）**

さらだ

サラダ

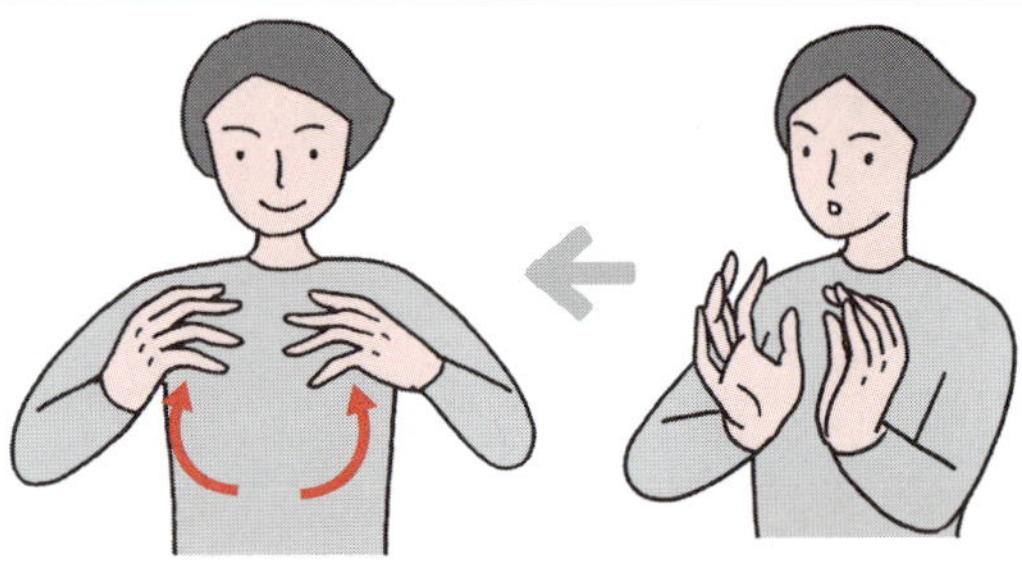

両手を軽くわん曲させて向かい合わせる。

丸くなるように両手を上げる。

参 両手を2回上げて真ん中で指が重なるようにすると、「**キャベツ**」。

同 野菜

使い方例
白＋サラダ＝**白菜**
果物＋サラダ＝**フルーツサラダ**

さらに

さらに

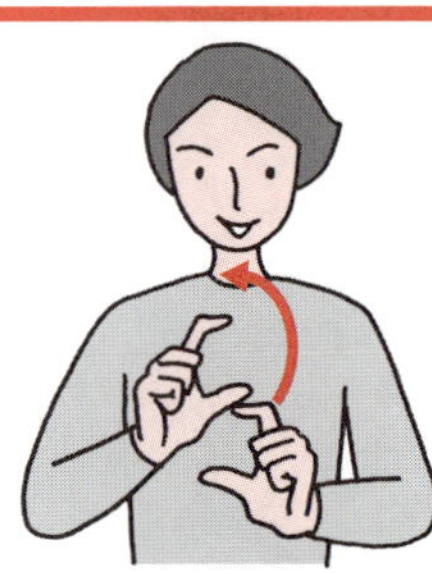

両手の親指と人差し指を曲げて上下におき、下の手を上に持ってくる。

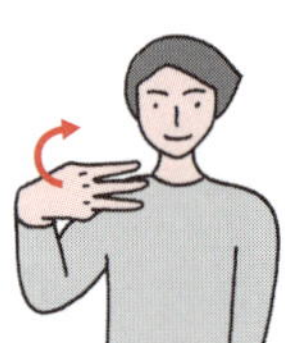

3倍

参 「**3倍**」は、3本の指を横に伸ばして上に1段上げるようにする。

同 追加・倍・増す・ますます・もっと・利息

使い方例
さらに＋注文＝**オプション**
さらに＋勉強＝**さらに勉強する**
さらに＋過去＝**遠い過去**

さる

さる

手のひらを下向きにした左手の甲を、右手でかく。

解 さるが手をかく様子を表す。

参 両手であごと頭をかく表現もある。

使い方例

- さる＋年＋生まれる＝**申（さる）年生まれ**
- 長＋さる＝**ボスざる**
- さる＋似る＝**さるのよう**

さわぐ

騒ぐ

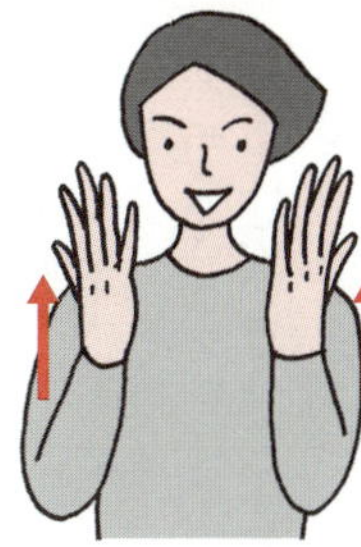

両手の手のひらを向かい合わせ、上げる。

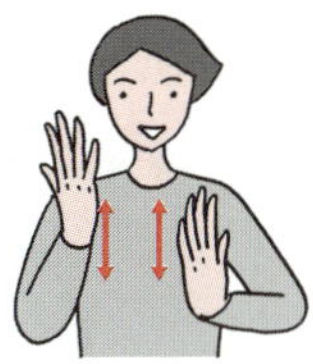

林

参「大騒ぎ」のときは、何度も繰り返す。なお、手のひらを交互に上下させると「**林**」になる。

同 騒ぎ・盛り上がる

使い方例

- 試合＋騒ぐ＝**試合で騒ぐ**
- 声＋騒ぐ＝**歓声**
- みんな＋騒ぐ＝**みんなで騒ぐ**

さんか

参加

手前に向けた左手の手のひらに右の人差し指を打ちつける。

座る

参 右手の人差し指と中指を伸ばして曲げ、左手の人差し指と中指の上にのせる表現（「**座る**」）もある。

同 参画・出席

使い方例

- 参加＋自由＝**自由参加**
- 社会＋参加＝**社会参加**
- 参加＋数＝**参加人数**

ざんぎょう

残業

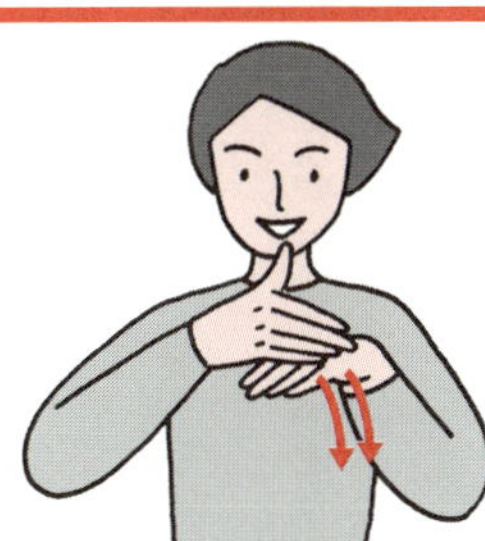

右手を垂直にして左手の甲におき、2回前に滑らせる。

横から見たとき

解 時間が「超える」様子を表す。

参 1回だけ滑らせると「**オーバー**」「**超える**」「**過ぎる**」。また、「仕事＋超える」で表現することもできる。

使い方例

- 残業＋お金＝**残業手当**
- 残業＋ない①＝**残業なし**
- 夜＋残業＝**深夜残業**

さんぐらす

サングラス

右手の手のひらを頭の上にのせ、少し下に引く。

両手の親指と人差し指を曲げて、両目にあてる。

解 「黒い メガネ」→サングラスとなる。

使い方例
おしゃれ＋サングラス＝**おしゃれなサングラス**
サングラス＋必要＝**サングラスが必要**

さんこう

参考

右の人差し指と中指、薬指を伸ばし、薬指でこめかみを2回たたく。

思う

解 右手の3指を伸ばすのは、「参考」の「さん(3)」から。

参 人差し指だけ伸ばして、こめかみにあてると「**思う**」となる。

使い方例
参考＋人①＝**参考人**
参考＋本＝**参考書**
参考＋意見＝**参考意見**

さんすう

算数

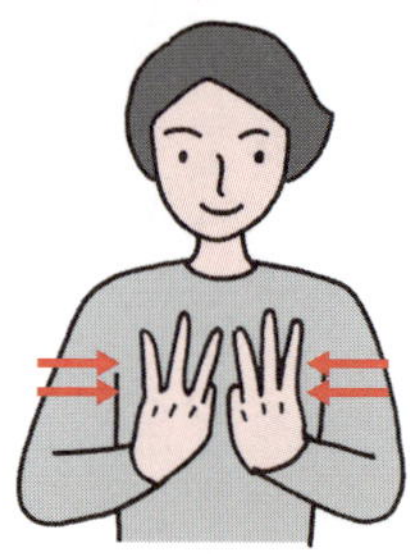

両手の人差し指と中指、薬指を立てて、2回ぶつけ合わせる。

国語

参 「**国語**」は、両手の親指を立てて同時に前に出し、下の位置で同様に同時に前に出す。

同 数・数学・数字・番号

使い方例
算数＋計算＝**計算**
算数＋授業＝**算数の授業**

さんせい

賛成

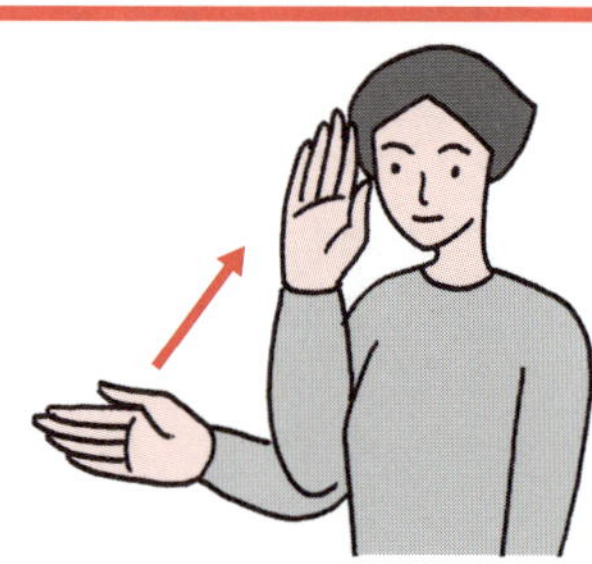

右手を上げる。

反対

解 手を上げて賛成する様子から。

反 「**反対**」は両手の甲を背中合わせにして、ぶつけ合わせて表現する。

同 手を挙げる

使い方例
みんな＋賛成＝**みんなが賛成する**
賛成＋意見＝**賛成意見**
賛成＋多い＝**賛成多数**

サンダル（さんだる）

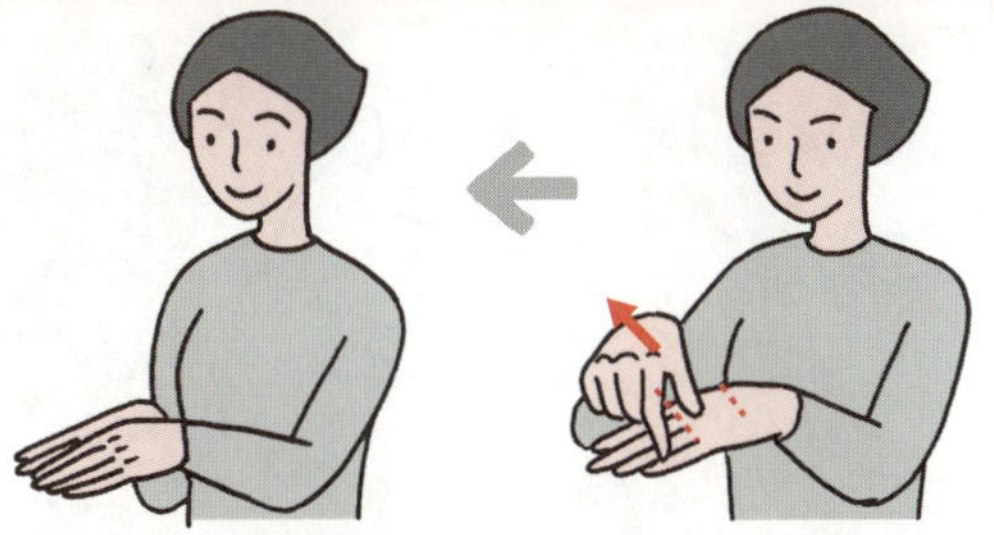

右手の親指と人差し指で、左手の甲にベルトを描く。

両手の手のひらを下に向けて並べる。

解 サンダルのベルト部分と両足を並べる様子から。

同 スリッパ

使い方例
海岸＋サンダル＝**ビーチサンダル**
体＋よい＋サンダル＝**健康サンダル**

サンドイッチ（さんどいっち）

左手の親指とほかの４指の間に、右手をはさむ。

解 パンに具をはさむ様子を表す。

参 「**ハンバーガー**」は、ハンバーガーを口に持ってくるしぐさで表現する。

使い方例
卵＋サンドイッチ＝**卵サンド**
野菜＋サンドイッチ＝**野菜サンド**

残念（ざんねん）

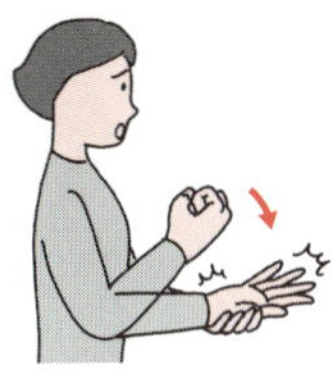

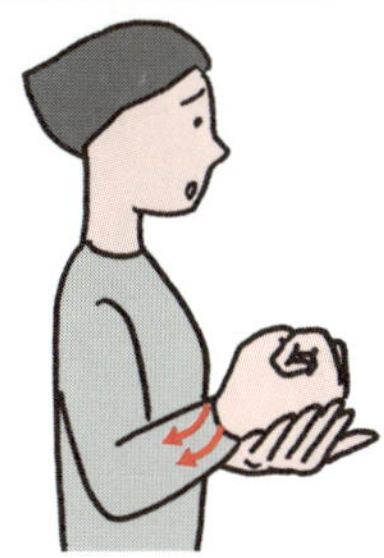

失敗

右手のこぶしを少し手前に引くように２回左手に打ちつける。

参 握った右手を左手に打ちつけて開くと、「**失敗**」になる。

使い方例
負ける＋残念＝**負けて残念**
残念＋免許＝**残念賞**
会う＋無理＋残念＝**会えなくて残念**

散歩（さんぽ）

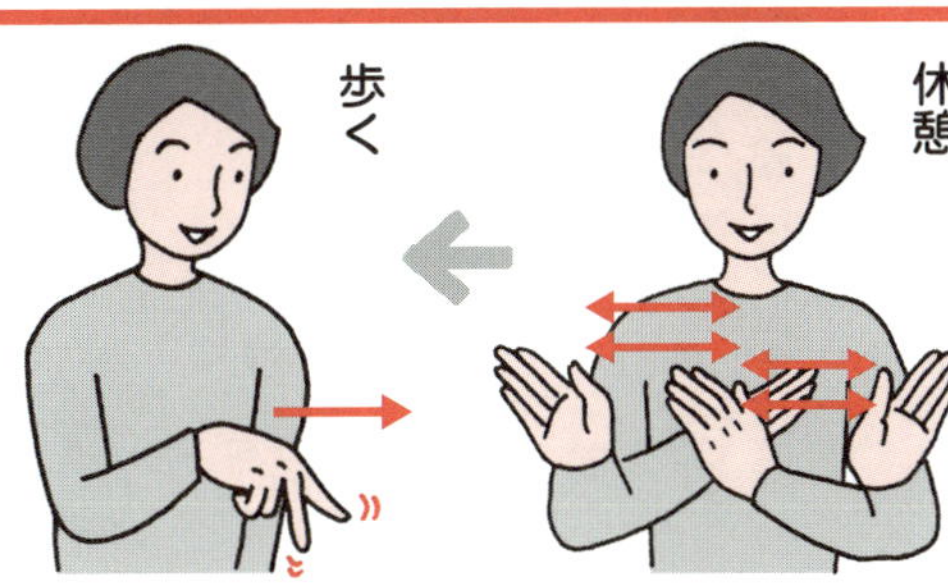

向かい合わせにした両手を２回交差させる。

右手の人差し指と中指を伸ばし、交互に動かして出す。

参 「歩く」の２本の指を動かさずに止めたままだと、「**立つ**」。

同 休憩…しばらく・スペース・当分・のんびり

使い方例
林＋散歩＝**林を散歩する**
散歩＋道路＝**散歩道**
犬＋散歩＝**犬と散歩する**

し

自分から見た形

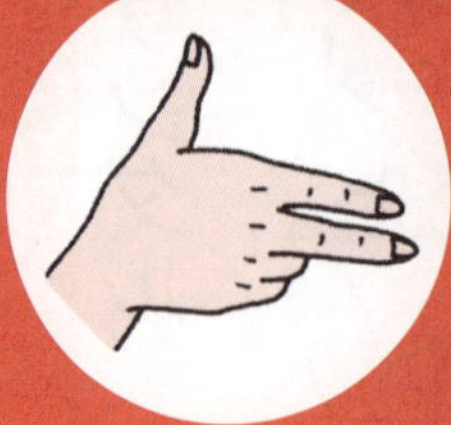

相手から見た形

「7（しち）」と同じになる。

市　し

右手の親指と人差し指、中指を伸ばす。

区

解 指文字の「シ」で表す。

参 全部の指をそろえて横に伸ばすと、「区」（指文字の「ク」）の意味になる。

同 詩

使い方例
名古屋＋市＝**名古屋市**
市＋条件＝**市の条例**
市＋内容＝**市内**
市＋外＝**市外**

詩　し

右手の親指と人差し指、中指を伸ばす。

シ

解 指文字の「シ」で表す。

同 市

使い方例
歌う＋詩＝**歌詞**
詩＋書く＝**詩を書く**
詩＋まとめる＋本＝**詩集**

〜時　〜じ

右手の人差し指で左手の手首に触れる。

横から見たとき

解 腕時計の位置を表す。

参 数字はあとにつける。

同 時間

使い方例
〜時＋3＝**3時**
〜時＋5＝**5時**

しあい
試合

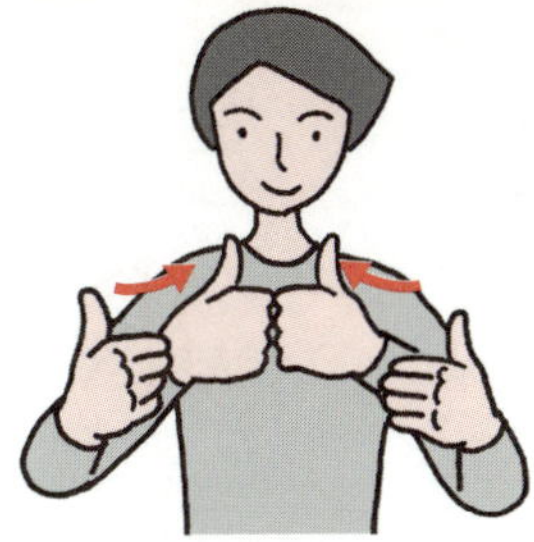

両手の親指を立てて指の腹を向かい合わせ、少し上げながらぶつけ合わせる。

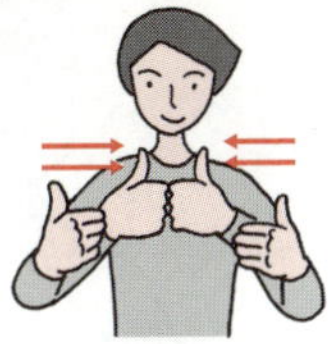

会議

参 2回ぶつけ合わせると「**打ち合わせ**」「**会議**」「**相談**」となる。

使い方例
サッカー＋試合＝**サッカーの試合**
練習＋試合＝**練習試合**
試合＋延期＝**延長戦**

しあわせ
幸せ

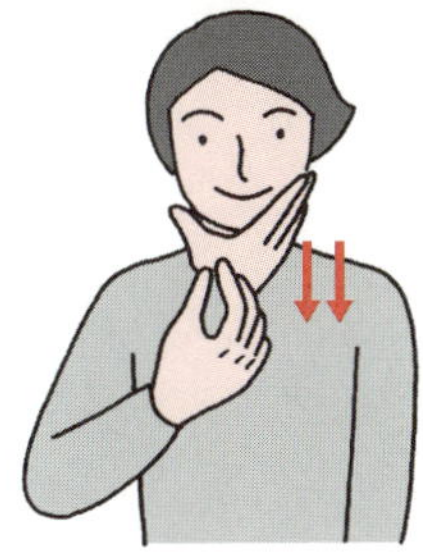

右手を開いてあごにあて、あごをなでるように2回閉じる。

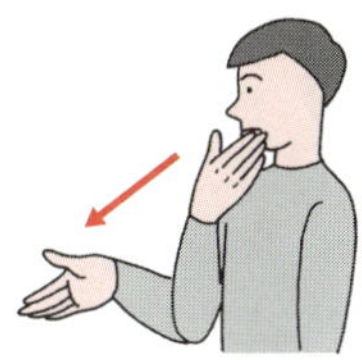

不幸

反 右手の指の腹をあごにあてて、下ろすと「**不幸**」の意味になる。

同 幸福・福

使い方例
幸せ（ただし、1回だけ閉じる）＋島＝**福島**
幸せ＋太る＝**幸せ太り**
幸せ＋指文字の「シ」＝**福祉**

しーでぃー
CD

C

右手の親指とほかの指の間を広げて、弧を作る。

D

左の人差し指を立て、右の親指とほかの指をつける。

解 「C」と「D」を順に作る。

参 アルファベットの「D」「V」「D」の形を順に作れば「**DVD**」。

使い方例
CD＋フロッピー＝**CDロム**
CD＋指文字の「ロ」「ム」＝**CDロム**

しーとべると
シートベルト

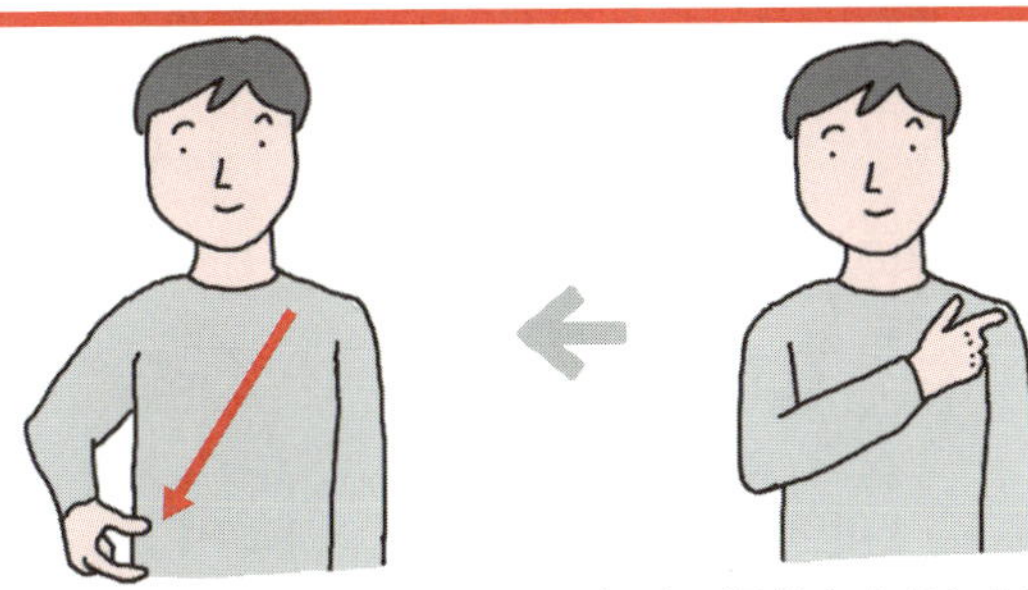

右手の親指と人差し指でコの字形を作り、左肩にあてる。

右手を右腹に向かって、ぐっと下げる。

解 斜め掛けのシートベルトの形を表す。

使い方例
赤ちゃん＋シートベルト＝**チャイルドシート**

JR
じぇいあーる

右手の親指と人差し指でL字形を作り、中指を人差し指にからめる。

解 アルファベットの「J」と「R」を表す。

使い方例
- JR＋東＋日本＝**JR東日本**
- JR＋西＋日本＝**JR西日本**
- JR＋社員＝**JR社員**

Jリーグ
じぇいりーぐ

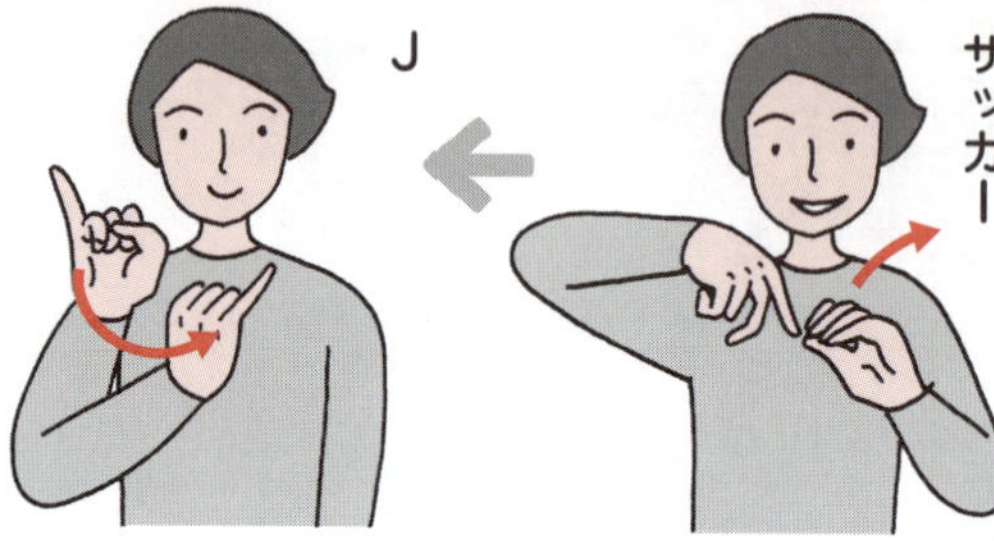

右手の人差し指と中指を伸ばし、すぼめた左手にあてる。

右手の小指を立てて、手首をひねりながら、「J」を表す。

参 「サッカー」を省いて「J」だけで表現することも。

同 J…ジュース・ジュニア・ジョナサン

使い方例
- Jリーグ＋優勝＝**Jリーグ優勝**
- ぶどう＋J＝**ぶどうジュース**

塩
しお

砂糖

右手を軽くわん曲させて、口元に持っていき、2回回す。

参 同様にして1回だけ回すと、「**辛い**」「**カレー**」「**塩辛い**」「**苦い**」。

反 右手の指を伸ばして口元で回すと「**砂糖**」になる。

使い方例
- 塩＋コショウ＝**塩コショウ**
- 甘い＋塩＝**甘塩**
- 塩＋豆＝**粗塩**

司会
しかい

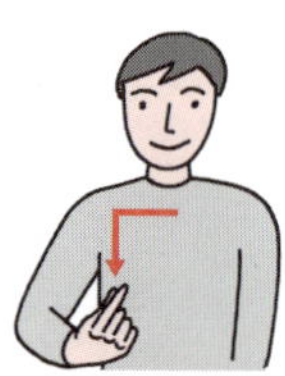
中国

右手の親指と人差し指をつけ、右に引いてから直角に下げる。

解 「司」の文字の一部から。

参 くっつけた指先を手前に向けて、胸の位置で同様に動かすと、「**中国**」となる。

同 司・司法・十分

使い方例
- まとめる＋司会＝**総合司会**
- 司会＋進む＝**司会進行**
- 上＋司会＝**上司**
- 司会＋かわる＝**司会代行**

四角
しかく

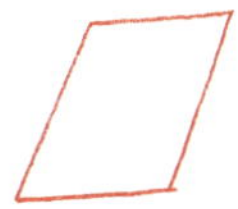

両手の人差し指を伸ばして、四角を描く。

解 四角い形を表す。

参 表したい物によって、四角の形を変える。

同 紙・書類

使い方例
- 文化＋四角＝**文書**
- 証拠＋四角＝**証明書**
- 経歴＋四角＝**履歴書**

資格
しかく

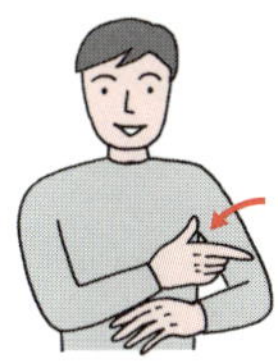

係

右手の親指と人差し指、中指を伸ばして左胸におく。

解 右手は資格の頭文字である「シ」の指文字。

参 「**係**」は、右手の親指と人差し指を伸ばして左腕にあて、右に少し動かして表現する。

同 ～士

使い方例
- 栄養＋資格＝**栄養士**
- 参加＋資格＝**参加資格**
- 資格＋取る＝**資格取得**
- 占い＋資格＝**占い師**

仕方ない
しかたない

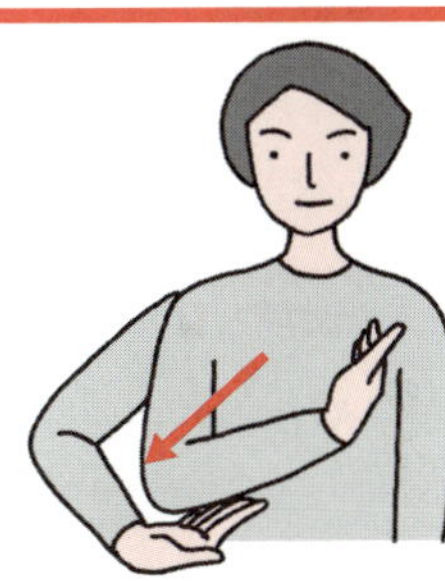

右手を左肩にあて、斜めに下げる。

解 自分を切りつけることもやむを得ないという意味から。

同 義務

使い方例
- 離婚＋仕方ない＝**離婚もやむを得ない**
- 仕方ない＋こと＝**仕方ないこと**

時間①
じかん①

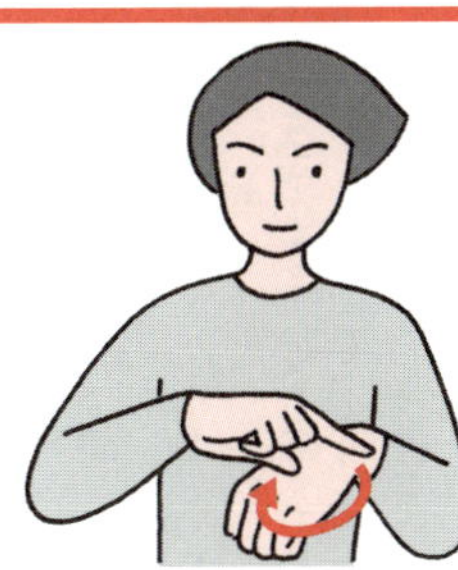

右手の親指を左手の甲において軸にし、人差し指を水平に回す。

解 腕時計の針が回る様子を表す。

参 時間①と②は同様の使い方をする。

同 腕時計・時計

使い方例
- 開店＋時間①＝**開店時間**
- 診察＋時間①＝**診察時間**
- 待つ＋会う＋時間①＋いつ？＝**待ち合わせの時間は？**

時間②
じかん②

右手の人差し指で左手の手首に触れる。

横から見たとき

解 腕時計の位置を表す。

参 時間①と②は同様の使い方をする。

同 〜時・コンクール

使い方例
時間②＋大丈夫＝**時間がある**
時間②＋かかる＝**時間がかかる**

式
しき

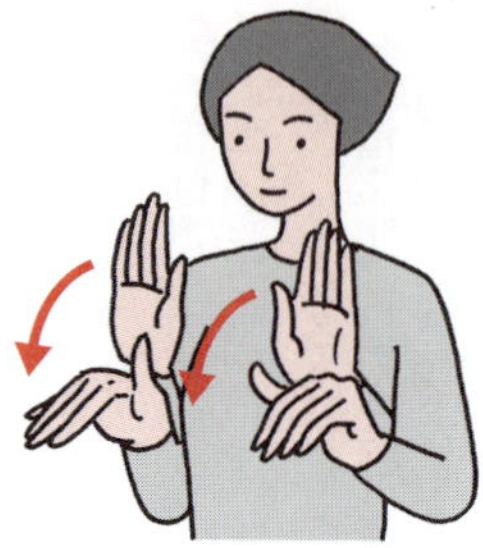
両手の手のひらを前に向けて並べ、親指以外の指を前に折る。

解 人が並んで、頭を下げる様子を表す。

参 両手の手のひらを手前に向けて前後に並べ、右手だけを前に出す「**大会**」でも表現できる。

使い方例
結婚＋式＝**結婚式**
年齢＋20＋式＝**成人式**
大人＋式＝**成人式**
入学＋式＝**入学式**

死刑
しけい

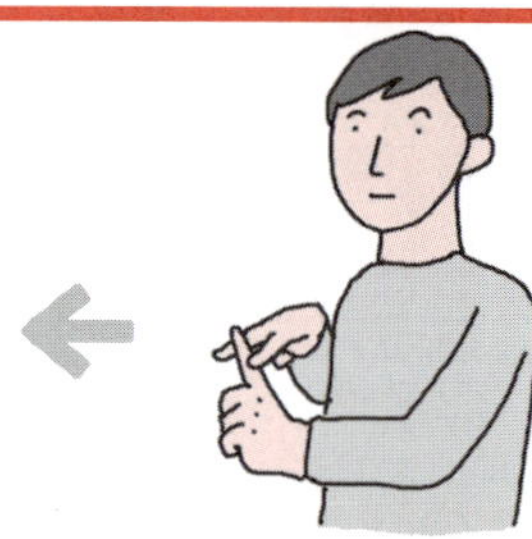
左手の人差し指を立て、右手の人差し指と中指ではさむようにする。

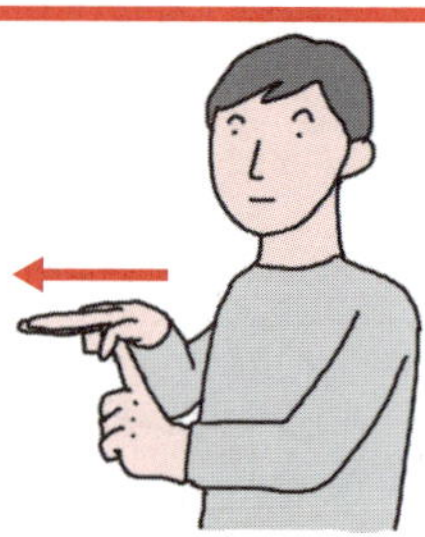
左手の人差し指にあたったら、右手の人差し指と中指をそろえて前に出す。

解 右手はハサミで切るようなイメージ。

使い方例
裁判＋死刑＋決める＝**裁判で死刑が決まった**
死刑＋制度＋反対＝**死刑制度に反対する**

刺激
しげき

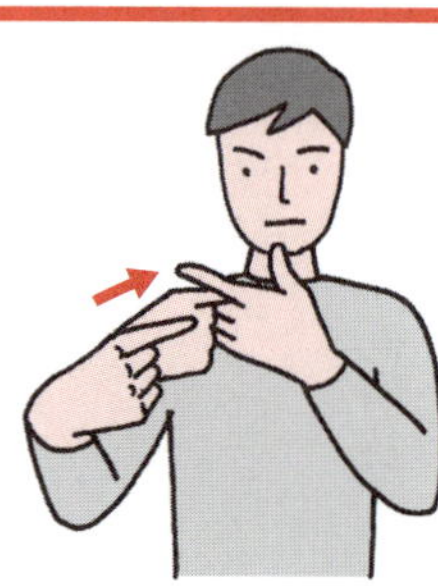
左手の指の間に右手の人差し指を差し込む。

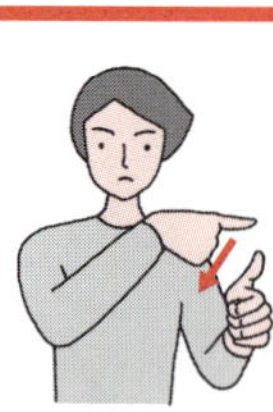
傷つける

参 左手の手のひらを下から右手の人差し指でつつく表現もある。また、親指を右の人差し指で切りつけると、「**傷つける**」。

使い方例
刺激＋ある＝**刺激がある**
刺激＋受ける＝**刺激を受ける**
刺激＋合う＝**刺激的**

試験 しけん

両手を握って親指を立てて並べ、交互に上下させる。

横から見たとき

解 両者が争う様子を表す。

参 親指の腹を向かい合わせて交互に上下させながら上げると**「争う」「ライバル」**。

同 競争・テスト・コンクール

使い方例

試験＋受ける＝**受験**

試験＋合格＝**試験に合格**

試験＋問題＝**試験問題**

最後＋試験＝**期末テスト**

事件 じけん

左手は握り、右手は人差し指を横に伸ばす。

右手の人差し指を左手にあてて、上にはねる。

同 起きる・きっかけ・出来事・発生

使い方例

殺人＋事件＝**殺人事件**

盗難＋事件＝**盗難事件**

事件＋難しい＝**難事件**

事故 じこ

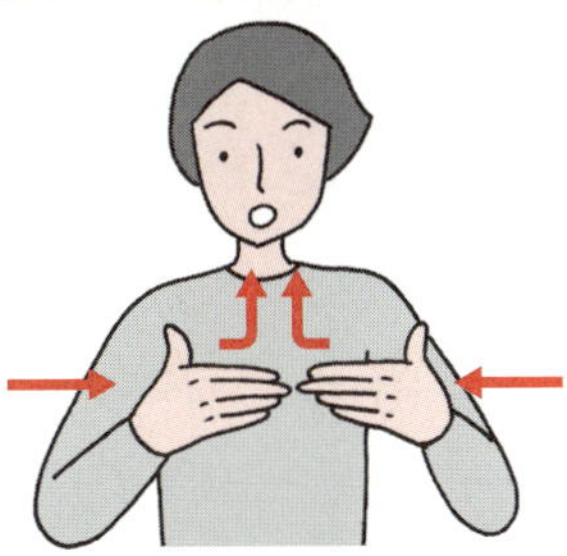

両手を近づけて、指先同士をぶつけたあと、はね上げる。

解 車が正面衝突する様子から。

参 交通事故以外の事故には使わない。

同 交通事故・（電車やバスの）正面衝突

使い方例

車＋事故＝**車の事故**

事故＋死ぬ＝**事故死**

電車＋事故＝**電車の事故**

事故＋場所＝**事故現場**

地獄 じごく

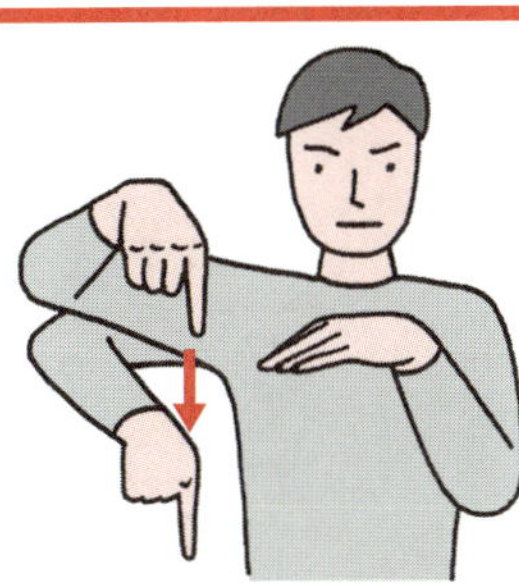

左手の手のひらを下に向け、右手の人差し指で下を指し、下げる。

天国

反 右手の人差し指を立てて上げると**「天国」**となる。

同 地下

使い方例

天国＋地獄＝**天国と地獄**

地獄＋谷＝**地獄谷**

お金＋借りる＋地獄＝**借金地獄**

じこしょうかい
自己紹介

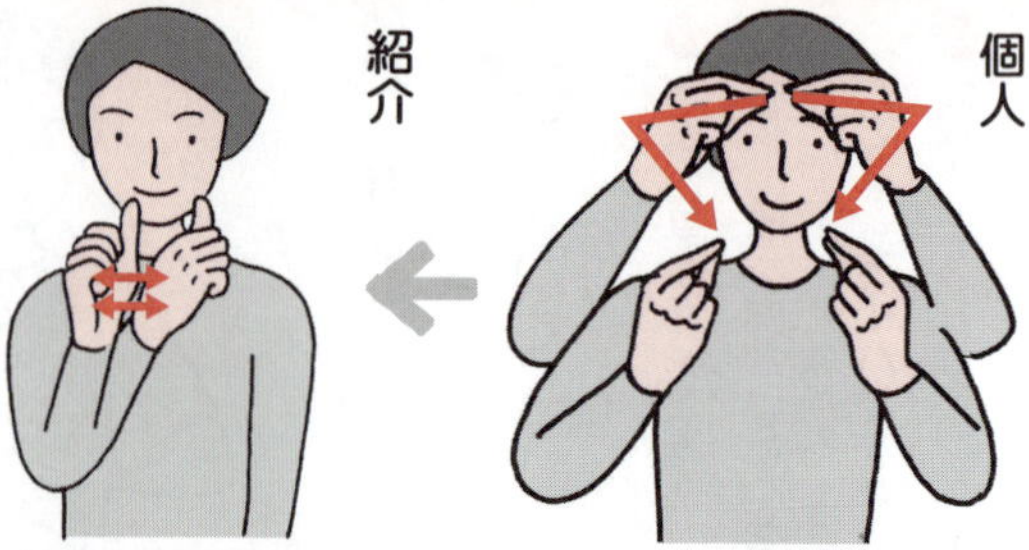

親指と人差し指をつまむ形にし、逆三角形を作る。

右手の親指を立てて、口の前で２回左右に動かす。

同 紹介…案内・通訳

使い方例
自己紹介＋お願い＝**自己紹介してください**
個人＋立つ＝**私立**
個人＋経済＝**自営**

しごと
仕事

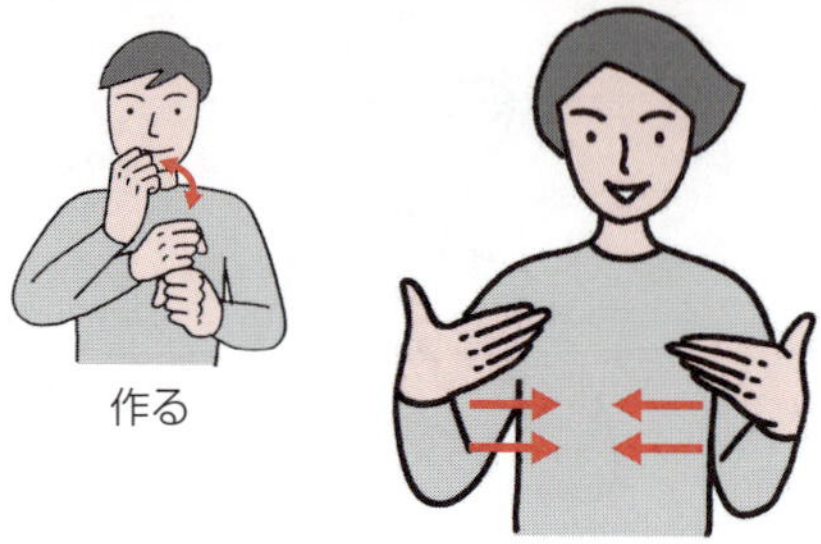

両手の手のひらを上向きにし、左右から２回寄せる。

解 働く様子を表す。

参 両手でこぶしを作って左手に右手をつける「**作る**」でも表現できる。

同 職業・働く

使い方例
仮＋仕事＝**アルバイト**
仕事＋休む＝**欠勤**
仕事＋辞める＝**退職**
仕事＋首になる＝**失業**

じさつ
自殺

両手を握って上下につなぐ。

両手をのど元に持ってくる。

解 のどを突いて自殺する様子から。

参 具体的な自殺の方法で表すこともある。

使い方例
ガス＋自殺＝**ガス自殺**
自殺＋希望＝**自殺願望**
飛ぶ＋自殺＝**飛び下り自殺**

じしゅ
自首

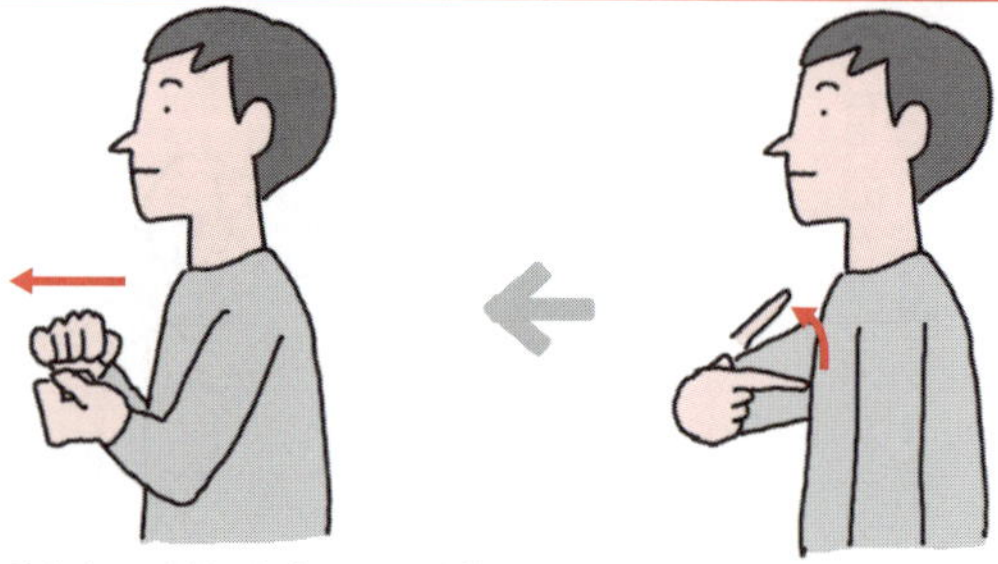

右手の人差し指をみぞおちにあて、はね上げる。

両手ともこぶしを作り、手首を合わせ、前に出す。

解 ２つ目の動作は手錠をかけられている様子を表す。

使い方例
警察＋行く＋自首＝**警察に行き、自首する**
あなた＋自首＋行く＝**自首しなさい**

刺繍

ししゅう

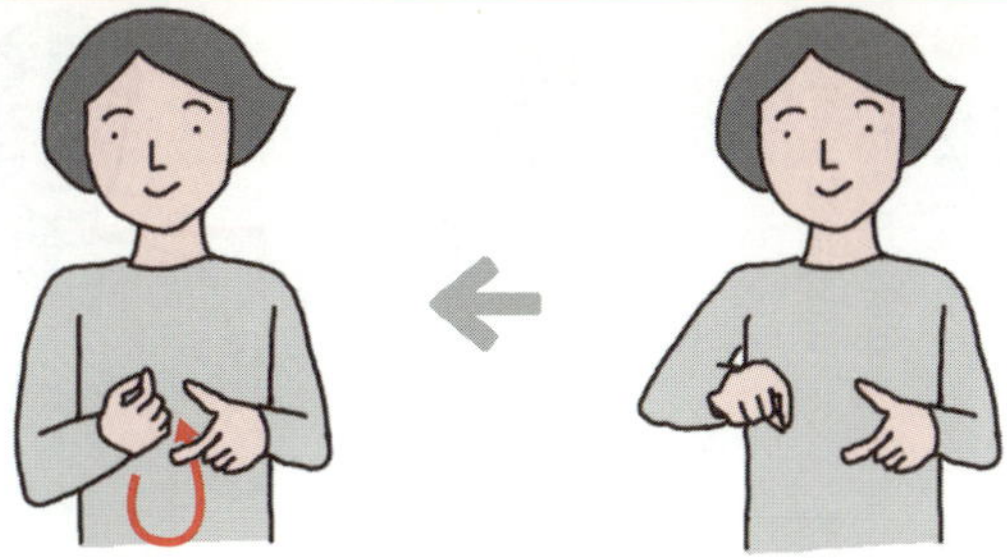

右手で針を持っているようにし、左手は親指と人差し指をわん曲させる。

左手はそのままで、右手をすくうように上に上げる。

解 刺繍の枠を持ち、針を持って縫っている様子を表す。

使い方例

刺繍＋ついでに＋ハンカチ＝**刺繍が入ったハンカチ**

刺繍＋針＝**刺繍針**

自信

じしん

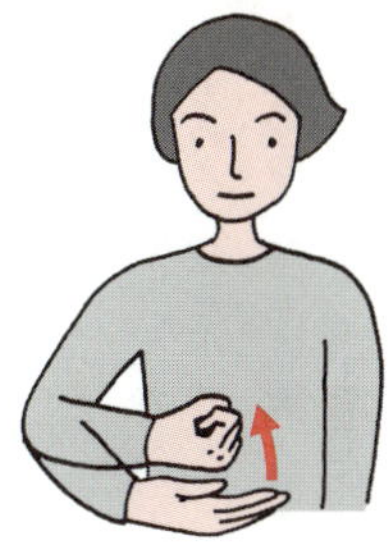

右の手のひらを上に向けてお腹の前におき、上げながら握る。

持つ

参 上げながら握る表現と、下げながら握る表現がある。また、体の前で手を握ると、「**持つ**」。

同 自信を持つ・信じる・信用・信頼

使い方例

自信＋ない①＝**自信がない**

自信＋なくなる②＝**自信喪失**

自信＋わかる＝**自信満々**

自信＋自慢＝**自信過剰**

地震

じしん

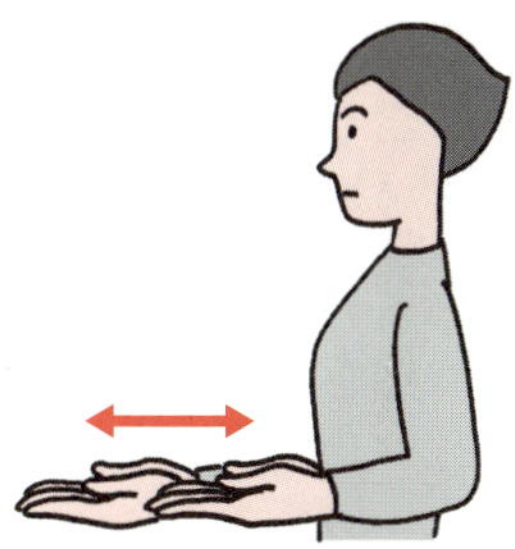

両手の手のひらを上に向け、同時に前後に動かす。

解 地面が揺れる様子を表す。

参 地震の規模が大きければ大きく動かし、小さければ小さく動かす。

使い方例

関東＋激しい＋地震＝**関東大震災**

地震＋想像＋報告＝**地震予知**

地震＋3＝**震度3**

姿勢

しせい

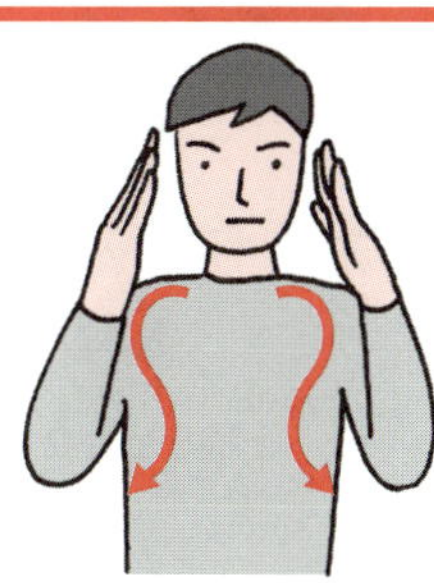

両手を向かい合わせ、体の形を描く。

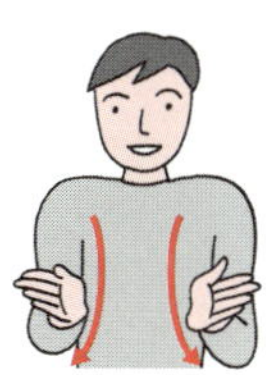

ダイエット

解 人間の姿形を表す。

参 「生きる姿勢」などのときは使えない。また、「**ダイエット**」はほっそりとしたウエストラインを描いて表す。

使い方例

姿勢＋悪い＝**姿勢が悪い**

姿勢＋よい＝**姿勢がよい**

姿勢＋直す＝**姿勢を正す**

施設 しせつ

「シ」を表した左手の横で、右手を上げて左に動かす。

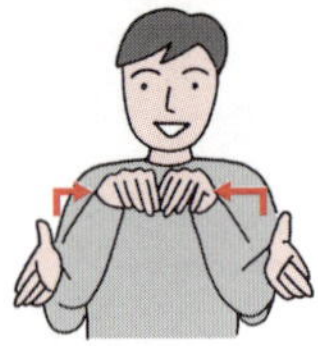

建物

解 左手は指文字「シ」、右手は建物の形を表す。

参 「建物」の手話単語で表現する場合も多い。

使い方例
重ねる＋障害＋施設＝**重複障害者施設**
公＋施設＝**公共施設**
施設＋入る＝**施設入所**

自然 しぜん

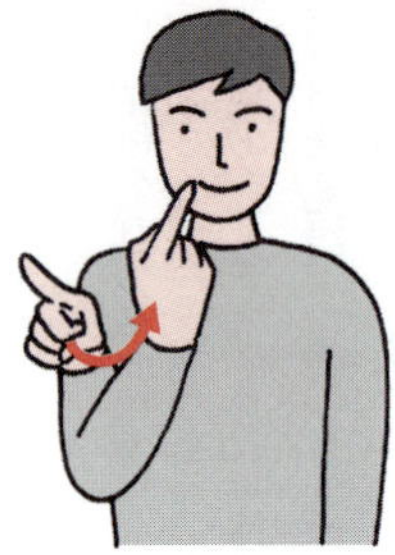

右手の人差し指で何かをすくうように動かす。

解 何もないところから何かが生まれる様子を表す。

参 **「ある～」**（ある男、あるところなど）というときの「ある」という表現で使うことも。

同 （～が）起こる・ナチュラル

使い方例
自然＋さる＝**野生のさる**
化粧＋自然＝**ナチュラルメーク**
自然＋怖い＝**自然の驚異**

下 した

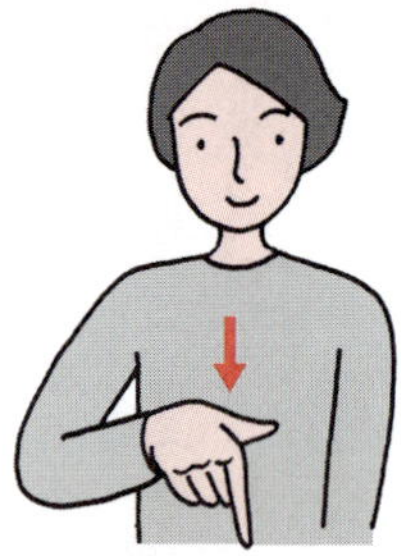

右手の親指と人差し指を伸ばして下に向け、下げる。

上

解 漢字の「下」の形を表す。

参 「位置が下」などのときは、人差し指で下を指す。「年齢が下」というときは、「後輩」の手話単語を使う。

反 漢字の「上」の形で上げると、**「上」**となる。

使い方例
下＋見る＝**下見**
下＋心＝**下心**
下＋品＝**下品**
山＋下＝**山下**

～したい ～したい

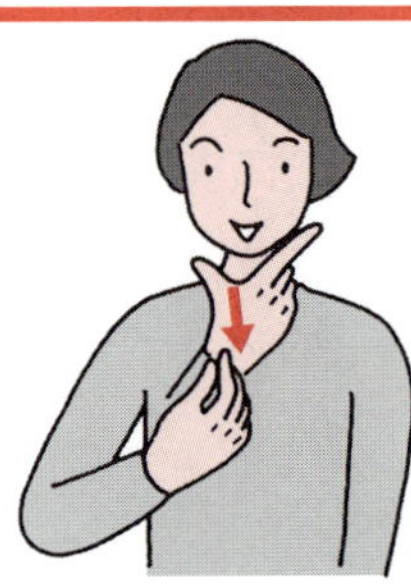

右手の親指と人差し指を伸ばしてのどにあて、指を閉じて下げる。

横から見たとき

参 同じ動作を2回繰り返すと、**「好み」**。

同 希望・好き・欲しい

使い方例
ケーキ＋食べる＋～したい＝**ケーキを食べたい**
結婚＋～したい＝**結婚したい**

時代（じだい）

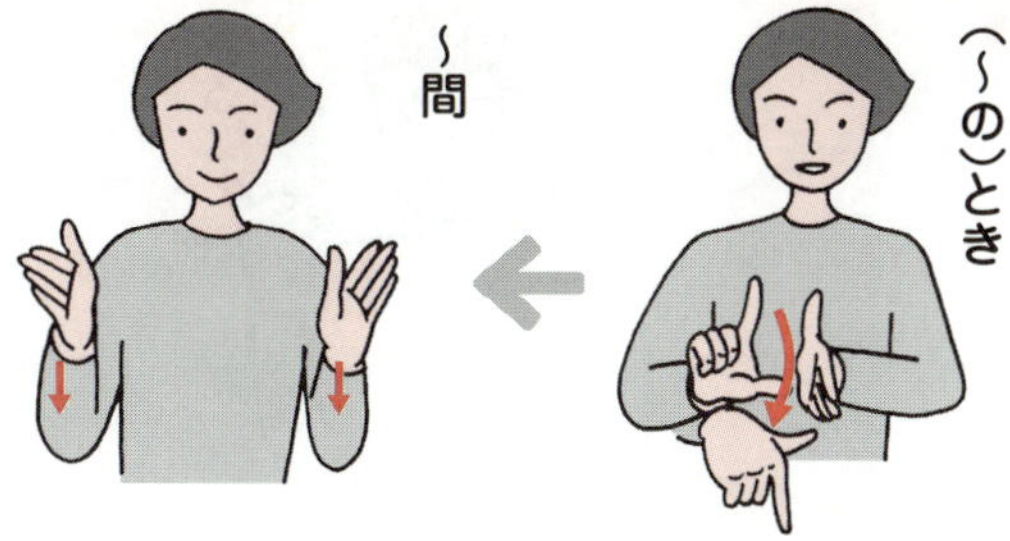

右手の親指を左手にあて、人差し指を前に倒す。

体の前で両手の手のひらを向かい合わせ、少し下げる。

解 ある一定の期間ということで、「~間」を使って表す。

同 (~の)とき…場合
~間…間(あいだ)・間(ま)

使い方例
時代+遅れる=**時代遅れ**
時代+変わる=**時代が変わる**
奈良+時代=**奈良時代**
江戸+時代=**江戸時代**

従う（したがう）

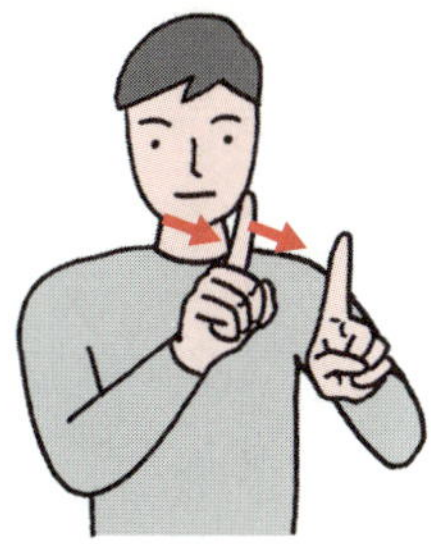

両手の人差し指を立てて、同時に左に動かす。

ストーカー

解 人の後ろについて行く様子から。

参 右手の人差し指で左の人差し指を追うようにすると、「**ストーカー**」。

同 ついて行く

使い方例
係+案内+従う=**案内係に従う**
従う+人①=**従者**
従う+不要=**従わない**

下着（したぎ）

左手の中に、指先を下に向けた右手の人差し指を入れる。

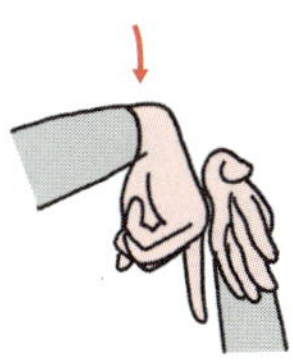

上から見たとき

参 ショーツやブラジャーなどは、「下着」の手話表現のあとで、具体的な形を説明する。

同 (~の)中・中身

使い方例
下着+売る+場所=**下着売り場**
下着+上+下+定める=**下着の上下セット**

親しい（したしい）

両手の手のひらを合わせて組み、そのまま軽く水平に回す。

解 手を握る様子を表す。

参 両手をきつく組んでゆっくり回すほど、親しさの度合いが強くなる。また、両手を2回組むと「**友達**」となる。

同 親友・仲間・仲よし・和

使い方例
夫婦+親しい=**夫婦仲がいい**
関係+親しい=**親しい関係**
家族+親しい=**仲のいい家族、家族の和**

試着
しちゃく

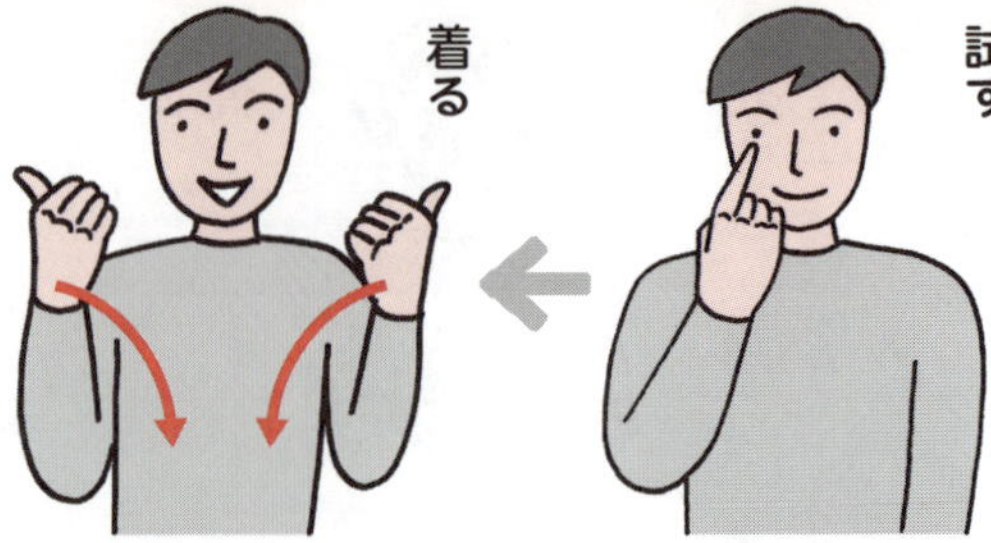

右手の人差し指を右目の下に2回あてる。

両手を軽く握り、肩の上あたりから下ろす。

解 着る…洋服をはおる様子から。

使い方例

試着＋構わない?＝**試着してもいいですか?**

試着＋部屋＝**試着室**

試着＋認めない＝**試着不可**

失業
しつぎょう

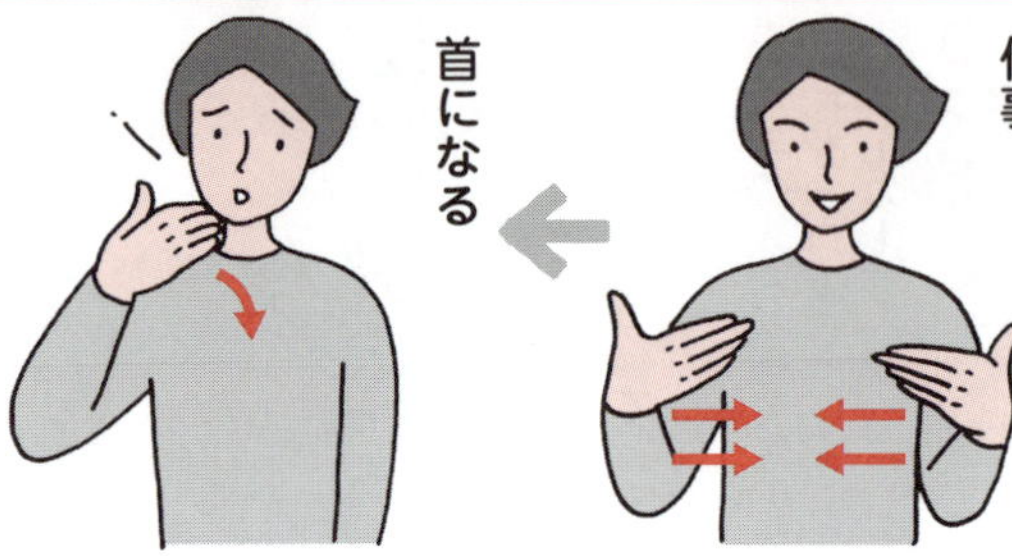

両手の手のひらを上向きにし、左右から2回寄せる。

右手の指をそろえて首にあて、切るように動かす。

解 首になる…首を切られる様子から。

同 仕事…職業・働く
首になる…リストラ

使い方例

失業＋保険＝**失業保険**

失業＋人口＝**失業人口**

失業＋人②＝**失業者**

しつけ
しつけ

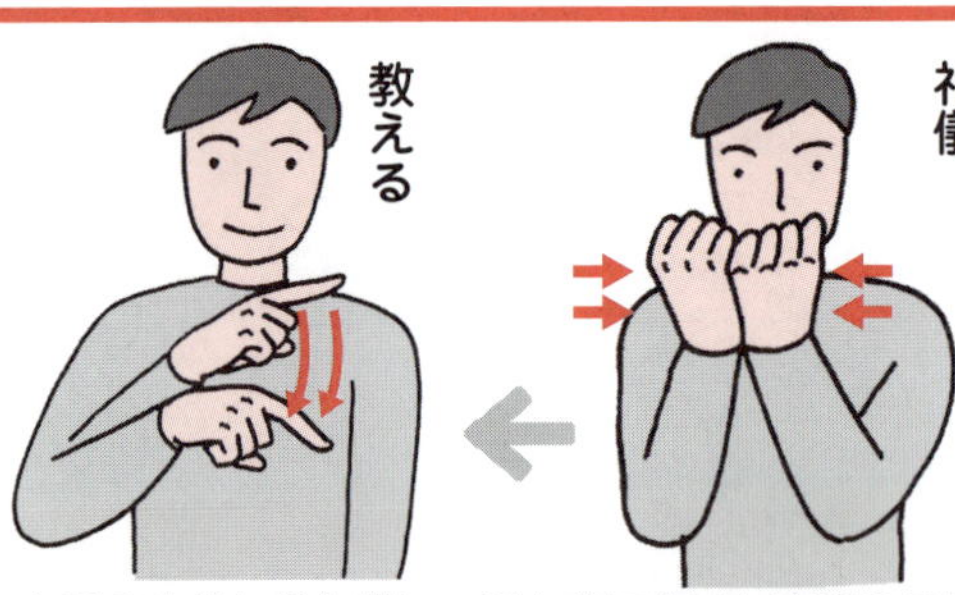

甲を前に向けた両手のこぶしを、左右から2回ぶつけ合わせる。

右手の人差し指を横に向け、2回振る。

解 礼儀を教えることから。

参 「礼儀＋育てる」でも表現できる。

同 礼儀…エチケット・常識・常識がある・マナー

使い方例

しつけ＋厳しい＝**しつけに厳しい**

しつけ＋よい＝**しつけがよい**

実験
じっけん

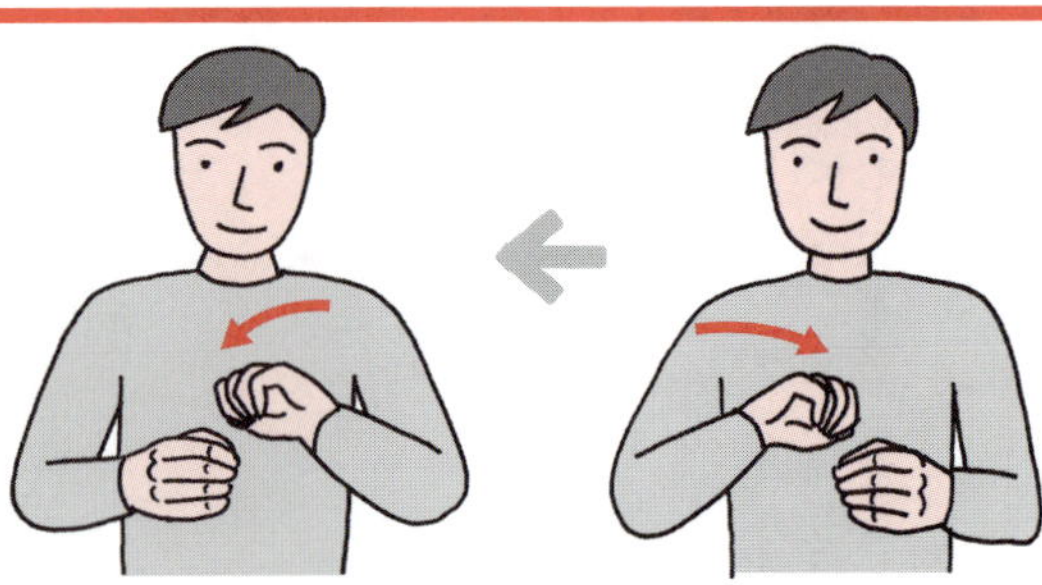

両手の指でそれぞれ筒を作り、交互に傾ける。

解 両手に試験管を持って、交互に試薬を注ぎ入れる様子から。

同 化学

使い方例

実験＋部屋＝**実験室**

実験＋机＝**実験台**

実験＋成功＝**実験成功**

しつこい

しつこい

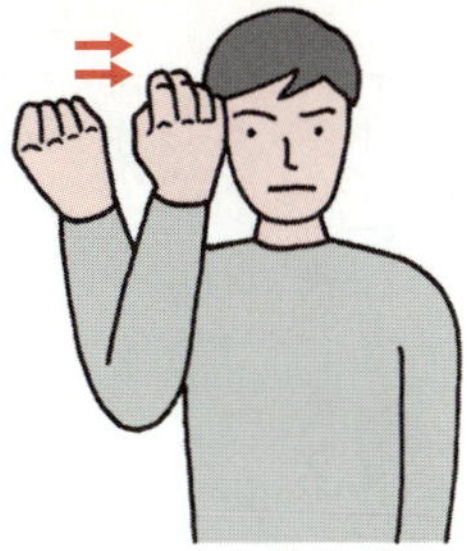

右手を握り、頭に2回あてる。

ほかの表現

参 両手をすぼめて重ね、上げながら手の位置を入れ替える動きを繰り返すという表現もある。

同 うるさい・邪魔・面倒

使い方例
しつこい＋男＝**しつこい人**
しつこい＋性格＝**しつこい性格**

失聴

しっちょう

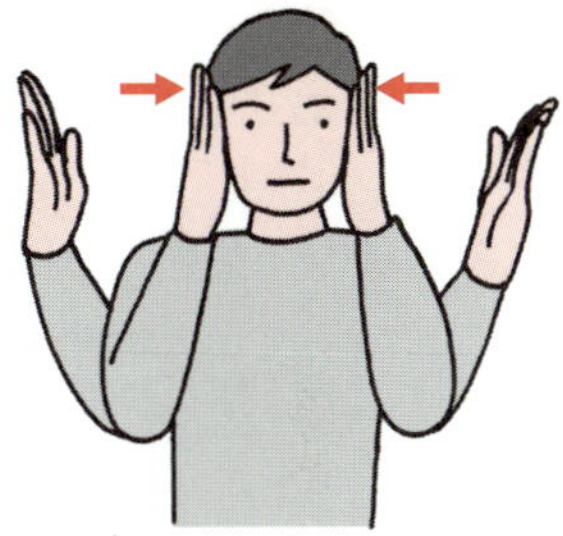

両耳から少し離したところに両手をおき、耳をふさぐ。

失明

解 初めは聞こえていたが、聞こえなくなった様子から。

参 右手で右耳を押さえる表現もある。なお、耳をふさぐだけだと、「**うるさい**」となる。また、耳でなく目にあてると「**失明**」になる。

使い方例
大人＋失聴＝**中途失聴**
病気＋失聴＝**病気による失聴**

実は

じつは

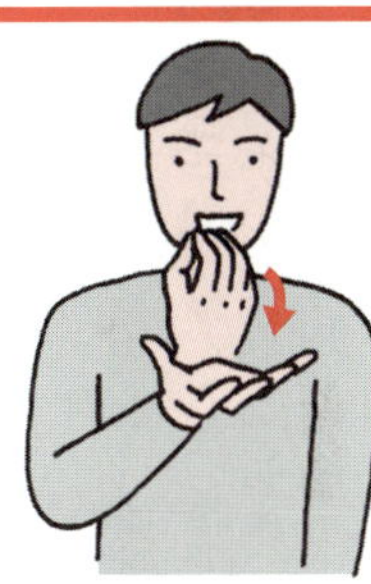

緩く握った右手を口元におき、開きながら少し下げる。

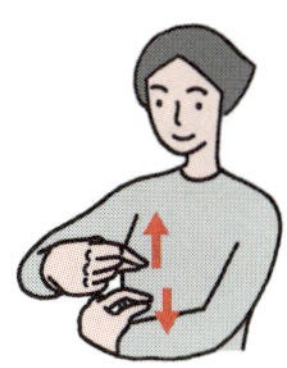

素直

解 黙っていたことをポロッと言ってしまう様子から。

参 「本当」、または、「素直」で表すこともできる。

使い方例
実は＋うそ＝**実は偽物です**
実は＋離婚＝**実は離婚したんです**
実は＋好き＝**実は好きです**

失敗

しっぱい

軽く握った右手を開きながら左手に打ちつける。

ほかの表現

参 右手の手のひらで頭をたたいて「しまった！」というようなしぐさでも表現できる。

反 右手のこぶしを鼻の前におき、弧を描いて下ろし、左手に打ちつけると、「**成功**」となる。

使い方例
失敗＋成功＋基本＝**失敗は成功のもと**
失敗＋説明＝**失敗談**
確認＋失敗＝**確認ミス**

失礼①

しつれい①

右手のこぶしを左手のこぶしにぶつけ、右手を前に出す。

礼儀

解 両手のこぶしをぶつけるのは「**礼儀**」の意味で、礼儀に外れることから。

参 「(お先に)失礼します」「失礼ですが」などと表すときは「失礼②」の表現になる。

同 非常識・無礼

使い方例
失礼①＋あなた＝**あなたは失礼だ**
失礼①＋人①＝**失礼な人**

失礼②

しつれい②

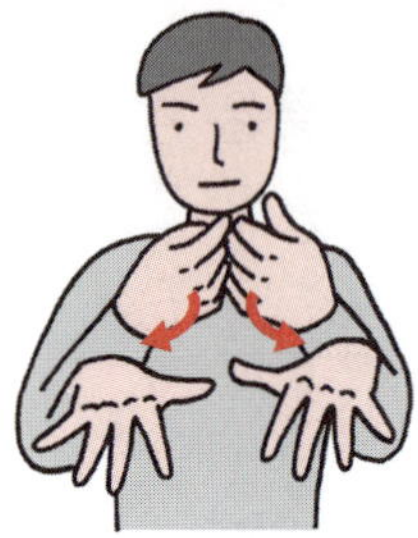

両手の４本の指の背を合わせ、左右に開いて指先を前に向ける。

失礼①

解 のれんをくぐって「失礼します」と顔を出す様子から。

参 「あなたは失礼だ」と表すときは、「失礼①」の表現になる。

使い方例
失礼②＋名前？＝**失礼ですが、お名前は？**
まず＋失礼②＝**お先に失礼します**

失恋

しつれん

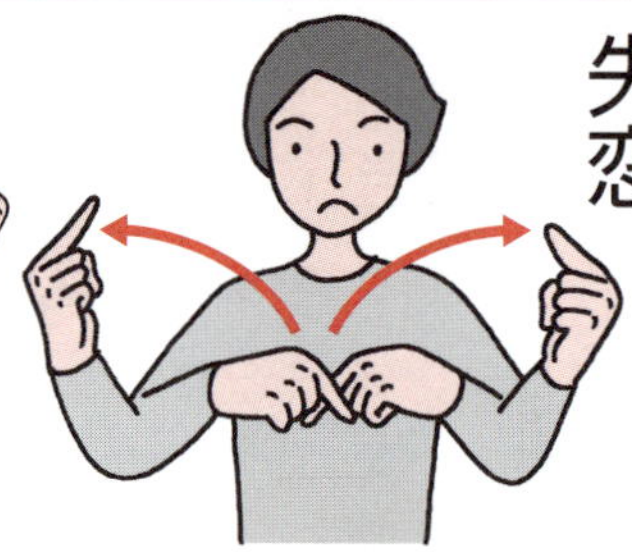

両手の人差し指を胸の前で交差させてから、左右にはね上げる。

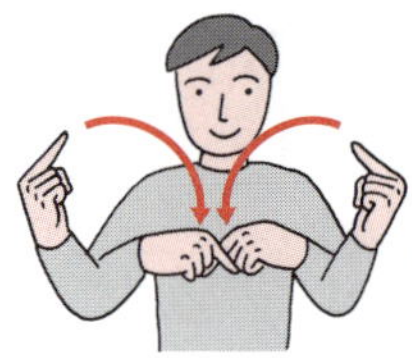

恋愛

解 ハートが壊れる様子を表す。

参 両手の親指と人差し指でハートの形を作り、割るように左右に離す表現もある。

反 交差させた状態のままだと「**恋愛**」となる。

使い方例
失恋＋多い＝**失恋ばかり**
失恋＋経験＋ない④＝**失恋したことがない**
失恋＋中＝**失恋中**

支店

してん

両手で何かをつまむようにして並べる。

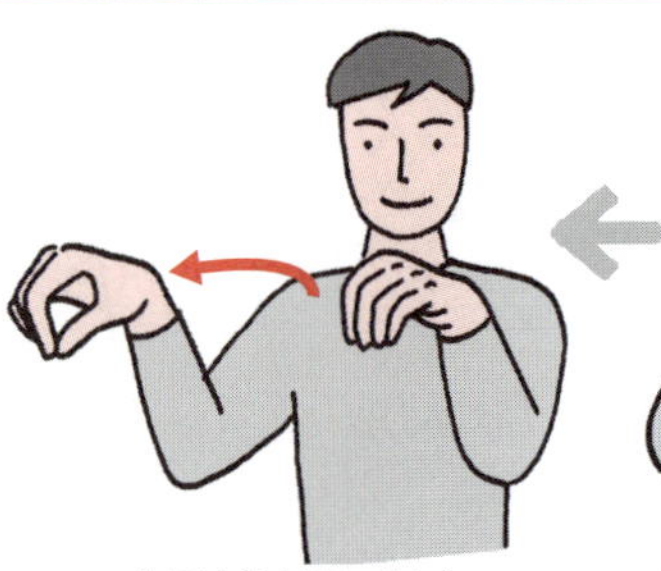

右手だけ前に出す。

解 左手が本店、そこから出ている右手が支店を表す。

同 支社・支部

使い方例
支店＋学校＝**分校**
アメリカ＋支店＋建てる＝**アメリカに支店を出す**
会社＋支店＝**支社**

辞典
じてん

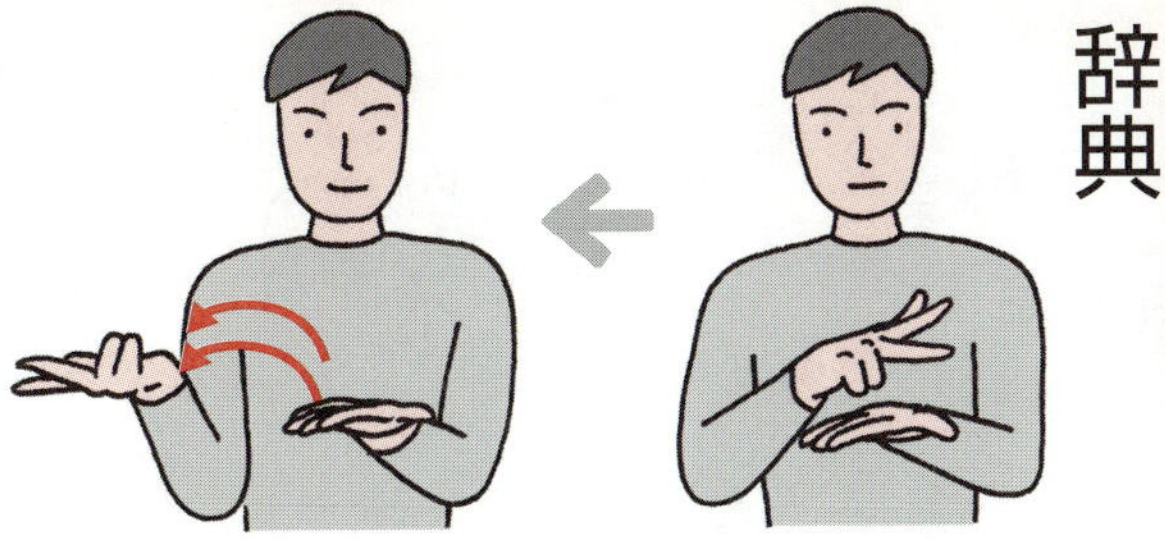

左の手のひらに右の人差し指と中指をあてる。

右手の手首を返す動きを２回繰り返す。

解 辞典のページをめくる様子から。

参 事典、字典、辞典、辞書など、すべてを表す。

使い方例
百＋辞典＝**百科事典**
手話＋辞典＝**手話辞典**
国語＋辞典＝**国語辞典**
歴史＋辞典＝**歴史辞典**

自転車
じてんしゃ

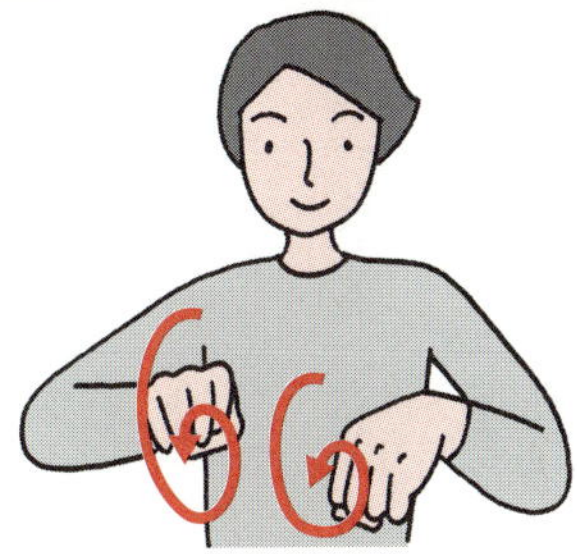

両手でこぶしを作って、交互に前に回す。

解 自転車のペダルをこぐ様子を表す。

参 「**バイク**」は、両手のこぶしを並べて、ふかすようにひねる。

使い方例
自転車＋通う＝**自転車で通う**
自転車＋転ぶ＝**自転車で転ぶ**
山＋自転車＝**マウンテンバイク**

指導
しどう

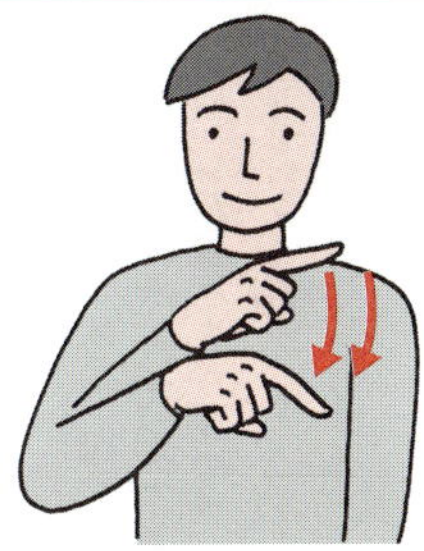

右手の人差し指を横に向け、２回下に振る。

指導される

参 「**命令**」は、人差し指で斜め下を勢いよく指す。

反 「**指導される**」は、人差し指を手前に2回振り下ろす。

同 教える・教育・先生

使い方例
生活＋指導＝**生活指導**
指導＋方法＝**指導法**
指導＋男(女)＝**教師、指導者**

自動販売機
じどうはんばいき

右手の親指と人差し指で円を作る。

親指と人差し指を開きながら、2回少し前に出す。

解 自動販売機に硬貨を投入する様子を表す。

使い方例
切符＋自動販売機＝**券売機**
ジュース＋自動販売機＝**ジュースの自動販売機**

しな
品

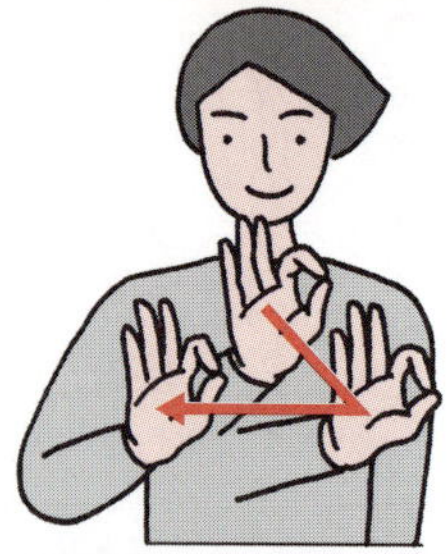

右の親指と人差し指で輪を作り、「品」を作るように動かす。

物

解 漢字の「品」の形から。

参 品物を表すときにも、「品がいい」などと表すときにも使う。また、「**物**」は、親指と人差し指で輪を作って手前にひねる。

使い方例
上＋品＝**上品**
化粧＋品＝**化粧品**
品＋券＝**商品券**
品＋漢字の「川」＝**品川**

～しなければならない
～しなければならない

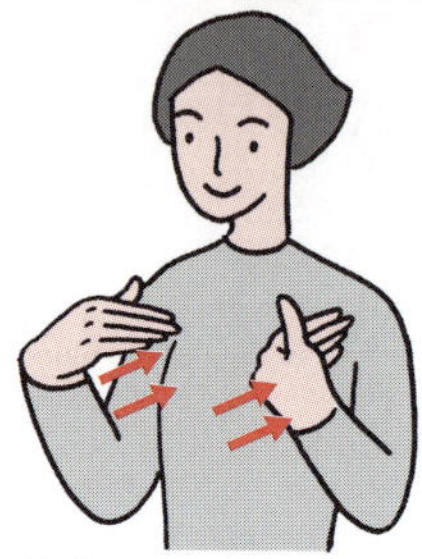

両手を折り曲げて、指先を両脇に2回あてる。

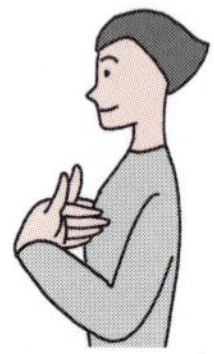

横から見たとき

参 動詞のあとにつけて表現する。

同 （時間が）かかる・必要・用事

使い方例
パン＋買う＋～しなければならない＝**パンを買わなければならない**

しぬ
死ぬ

両手の手のひらを合わせる。

そのまま両手を右に倒す。

参 動物にも使える。また、「死ぬ」を点々と表現すると、「**バタバタと人が死ぬ**」。

反 両手でこぶしを作って体の前におき、2回下げると、「**生きる**」となる。

同 死去・死亡

使い方例
死ぬ＋人①＝**死人**
死ぬ＋体＝**死体**
死ぬ＋日＝**命日**
孤独＋死ぬ＝**孤独死**

しばい
芝居

頭の両側で、両手のこぶしが互い違いになるように手首をひねる。

解 歌舞伎で見得（みえ）を切る様子から。

参 「**わざと～する**」という使い方もある。

同 演劇・演じる・芸・ドラマ

使い方例
芝居＋女＝**女優**
芝居＋男＝**男優**
芝居＋券＝**芝居のチケット**
芝居＋素人＝**素人劇**

始発
しはつ

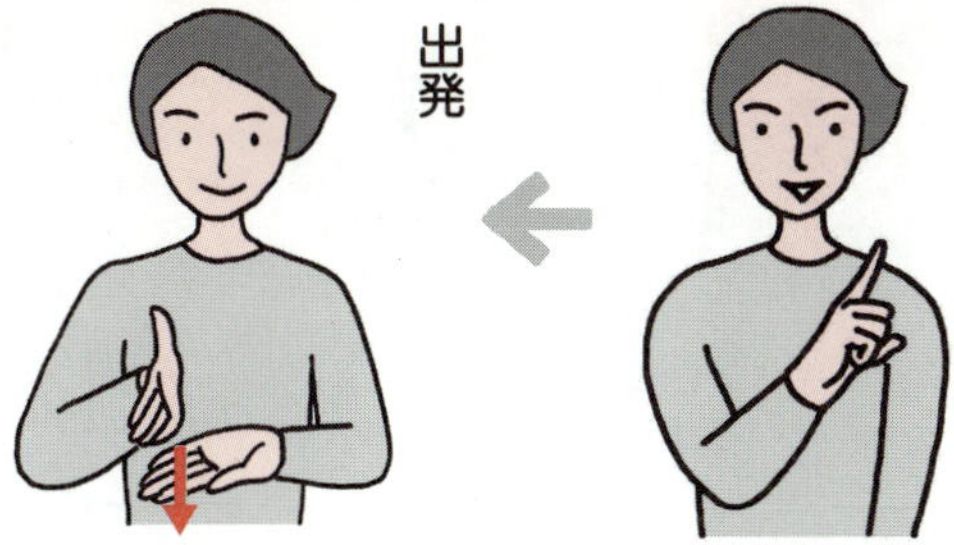

右手の人差し指を伸ばして、左胸にあてる。

左手に右手を垂直に立て、勢いをつけて前に出す。

参 「最後＋電車」で「**終電**」となる。

同 出発…スタート

使い方例
始発＋電車＝**始発電車**
始発＋駅＝**始発駅**
始発＋バス＝**始発バス**
始発＋時間②＝**始発時刻**

芝生
しばふ

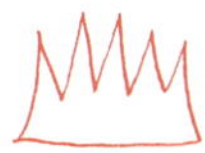

両手の手のひらを手前に向け、指を開いて並べ、小さく上下させながら左右に開く。

解 草が生えている様子を表す。

参 両手を大きく上下させると、「**森**」の意味になる。

同 草・野草

使い方例
花＋芝生＋育てる＝**園芸**
東＋芝生＝**東芝**
芝生＋公＋みんな＝**芝公園**

支払う
しはらう

右手の親指と人差し指で輪を作って、前に出す。

お金

解 お金を払う様子を表す。

参 輪を作って振ると、「**お金**」となる。

同 支払い・払う・有料

使い方例
わたし＋支払う＋いくら?＝**わたしの分はいくら?**
支払う＋日＝**支払日**
支払い＋予定＝**支払い予定**

しばる
しばる

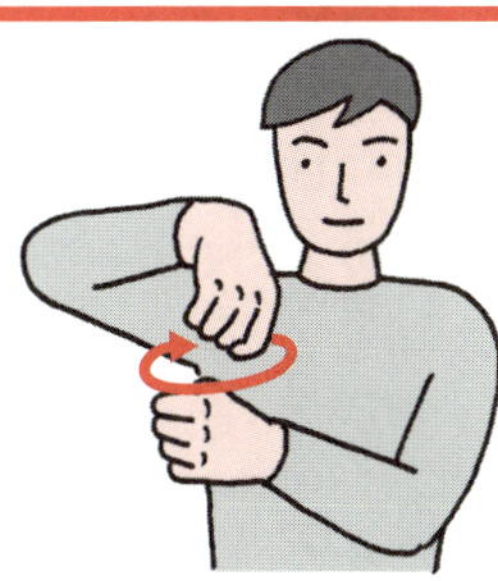

両手を握り、ひもを結ぶしぐさをする。

束縛

解 ひもを結ぶ様子から。

参 左手の親指を立て、右手で親指のまわりにひもを結ぶしぐさをすると、「**束縛**」になる。

同 拘束

使い方例
しばる＋時間②＝**拘束時間**
袋＋しばる＝**袋をしばる**
手＋しばる＝**手をしばる**

じぶん
自分

右手の人差し指で胸を指さす。

あなた

解 自分を指さすことで表す。
参 鼻を指す表現もある。
反 「**あなた**」は相手を指さして表す。
同 自己・ぼく・わたし

使い方例
自分＋持つ＝**自分の物**
自分＋考える＋方法＝**自分の考え方**
自分＋自由＝**自分勝手**

じへいしょう
自閉症

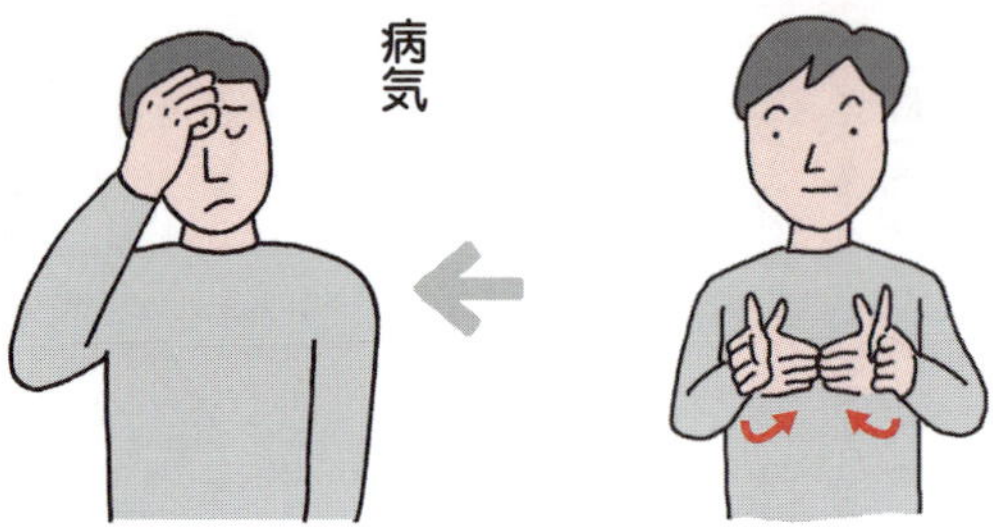

両方の手のひらを向かい合わせ、手首を自分に向けて折る。

右手のこぶしを、ひたいにあてて2回軽くたたく。

解 最初の動作は閉じている様子を表す。次の動作は「病気」の手話。

使い方例
男＋息子＋自閉症＝**彼の息子は自閉症だ**
自閉症＋計算＋得意＋多い＝**自閉症の人は計算が得意な人が多い**

しぼう
脂肪

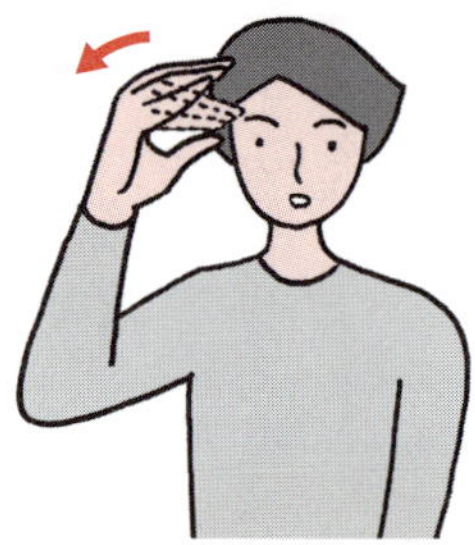

右手を頭におき、少し下げて指を閉じる。

黒

参 右手を頭において下げるだけだと、「**黒**」。また、「脂肪」を2回繰り返して表現すると、「**石油**」となる。
同 油

使い方例
体＋脂肪＝**体脂肪**
脂肪＋ない①＝**脂肪がない**

しぼる
絞る

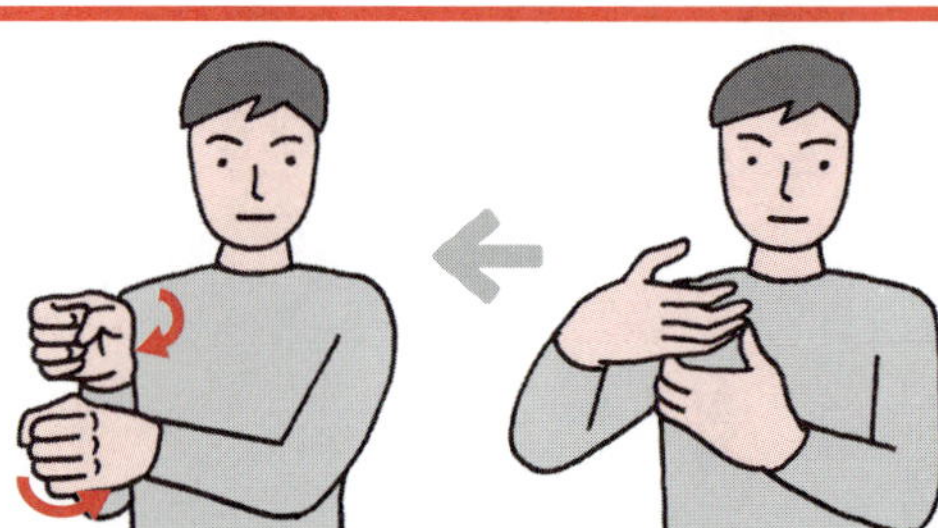

両手のこぶしを上下に並べる。

両手をそれぞれ逆方向にねじる。

解 雑巾を絞る様を表す。
参 範囲を狭める意味の「絞る」、テレビの音を「絞る」などには使えない。カメラの「絞り」は「夢中」の手話単語で表現する。

使い方例
タオル＋絞る＝**タオルを絞る**
染める＋絞る＝**絞り染め**

しま 島

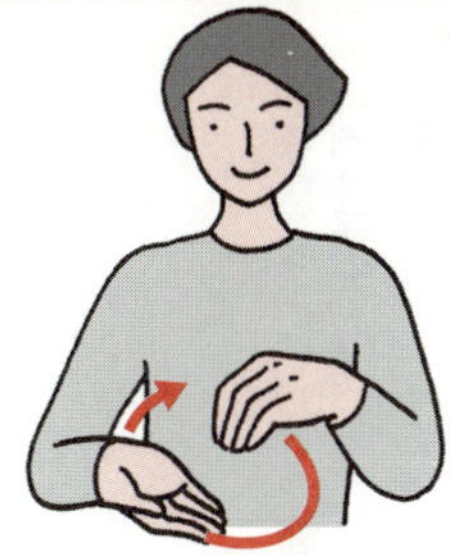

わん曲させた左手に沿って、右手を前方から手前に動かす。

解 左手は島、右手は島を囲む海に見立てている。

参 左手に右手をあてて下げるという動作を繰り返すと、「**海岸**」「**浜**」となる。

使い方例
大きい＋島＝**大島**
幸せ＋島＝**福島**
島＋指文字の「ネ」＝**島根**
鬼＋島＝**鬼ケ島**

しまい 姉妹

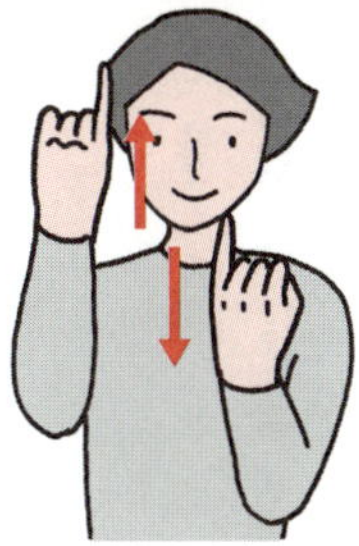

兄弟

両手の小指を立てて並べ、上下に離す。

解 上げた指は姉、下げた指は妹を表す。

反 「**兄弟**」を表すときは、小指の代わりに中指を使う。

使い方例
3＋人①＋姉妹＝**3人姉妹**
姉妹＋親しい＝**仲のいい姉妹**

じまく 字幕

左手の甲に右手の親指と人差し指をあてる。

解 画面の下の方に映った文字を表す。

参 文字が画面の横に出るものも、この「字幕」を使う。

使い方例
字幕＋放送＝**字幕放送**
字幕＋必要＝**字幕が必要**
字幕＋ついでに＋テレビ＝**字幕つきテレビ**

じまん 自慢

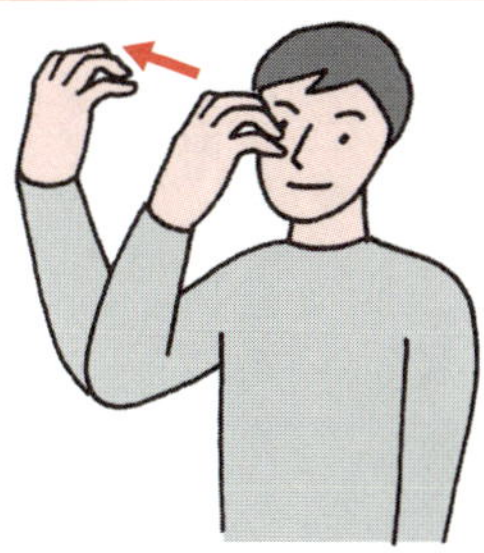

いばる

右手をすぼめて鼻の前におき、斜め上に上げる。

解 鼻が高くなる様子から。

参 両手の親指を胸の左右にあて、ほかの4本の指を軽く動かす「**いばる**」、また、右手の親指と小指を伸ばして鼻におき、前に出す「**得意**」でも表現できる。

同 生意気

使い方例
息子＋自慢＝**自慢の息子**
自慢＋話す＝**自慢話**
彼＋自慢＝**彼は自慢たらしい**

事務（じむ）

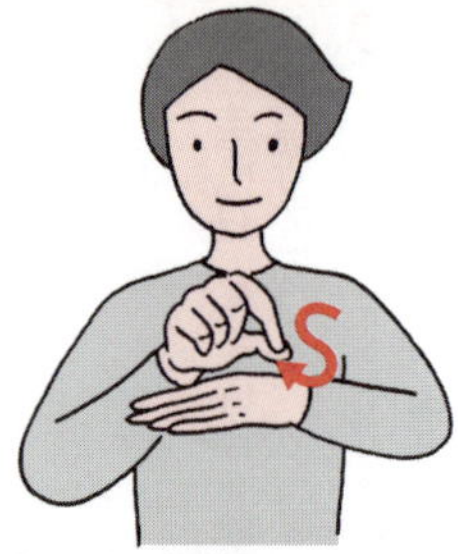

右手でペンを持って、左手のそばで何かを書く動作をする。

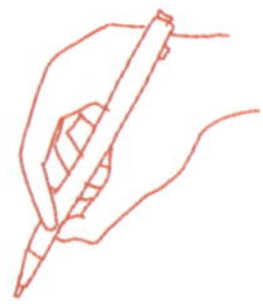

解 左手を添えて、何かを書いている様子を表す。

参 左手を添えずに右手だけで表すと、「**書く**」となる。

使い方例

事務＋員＝**事務員**

事務＋場所＝**事務所**

秘密＋事務＝**秘書**

事務＋係＝**事務係**

ジム（じむ）

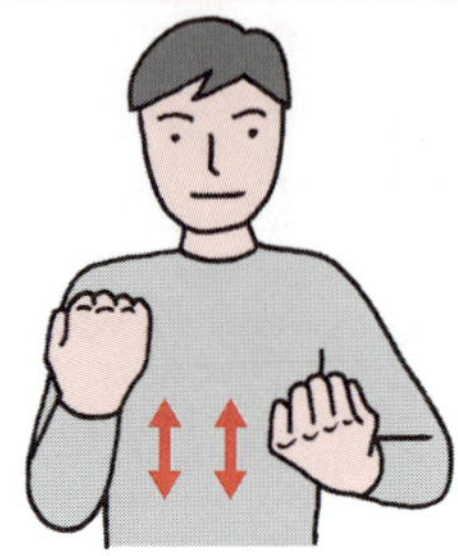

両手を握り、交互に上下させる。

体操

解 ダンベルを持ち、運動している様子を表す。

参 「**体操**」は、体操をする様子で表す。

同 ダンベル

使い方例

スポーツ＋ジム＝**スポーツジム**

ジム＋通う＝**ジム通い**

締め切り（しめきり）

左手を体の前におき、右の人差し指と中指を伸ばす。

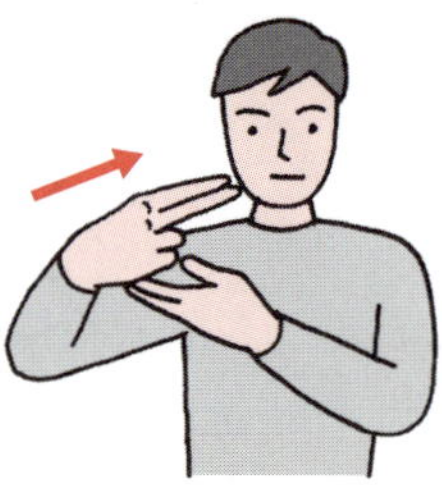

右手ではさみを入れる動きをする。

解 はさみで「切る」様子から。

参 左手はなくてもよい。

使い方例

借りる＋締め切り＝**貸し切り**

締め切り＋日＝**締め切り日**

湿っぽい（しめっぽい）

両手の指先を交互につけたり離したりする。

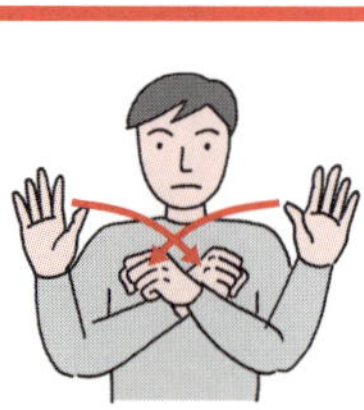

乾燥

解 湿ってベタベタしている状態を表す。

反 「**乾燥**」は、両手の手のひらを前に向け、こぶしを作りながら交差させる。

同 沼・蓮

使い方例

湿っぽい＋気温＝**湿度**

湿っぽい＋指文字の「ズ」＝**沼津**

湿っぽい＋暑い＝**蒸し暑い**

社員
しゃいん

両手の人差し指と中指を立て、交互に前後に動かす。

右手の親指と人差し指で輪を作り、左胸におく。

解 員…胸にバッジがついている様子。

同 員…委員・バッジ

使い方例
社員＋券＝**社員証**
社員＋バーゲン＝**社員割引**
社員＋食べる＋場所＝**社員食堂**

社会
しゃかい

親指と小指を立てて小指をつけ、手前に円を描いて親指をつける。

ほかの表現

参 人差し指と中指をそろえて、アルファベットの「S」の形を下から上へ描く表現もある。

使い方例
明るい＋社会＝**明るい社会**
社会＋環境＝**社会環境**
社会＋勉強＝**社会勉強**
社会＋参加＝**社会参加**

視野が狭い
しやがせまい

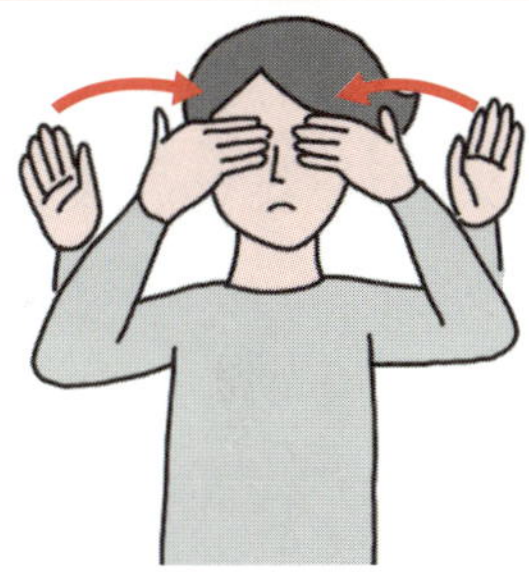
両手のひらを顔の横におき、目を覆う。

両手で目を覆い、両手を外側に開く。

解 視界が狭いことを表す。

参 物理的な意味よりも、「情報不足」「社会性がない」という意味で使うことが多い。

同 世間知らず・疎い

使い方例
彼＋視野が狭い＝**彼は世間知らずだ**
私＋視野が狭い＝**私は知識が足りない**

ジャケット
じゃけっと

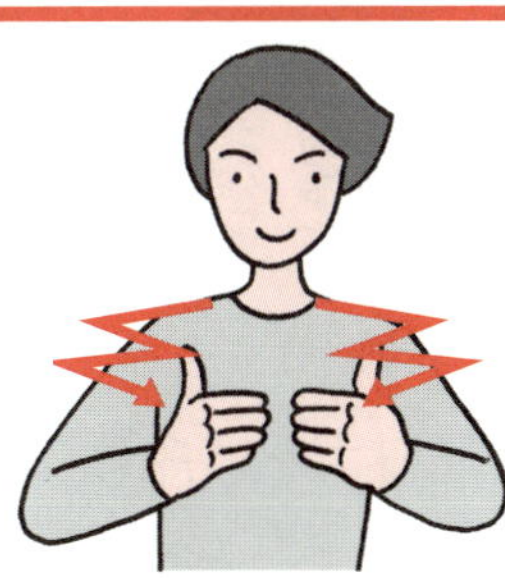
両手の親指を立てて、ジャケットの衿の形を描く。

解 ジャケットの衿の形を表す。

同 スーツ

使い方例
ジャケット＋新しい＝**新しいジャケット**
黒＋ジャケット＝**黒いジャケット**

写真
しゃしん

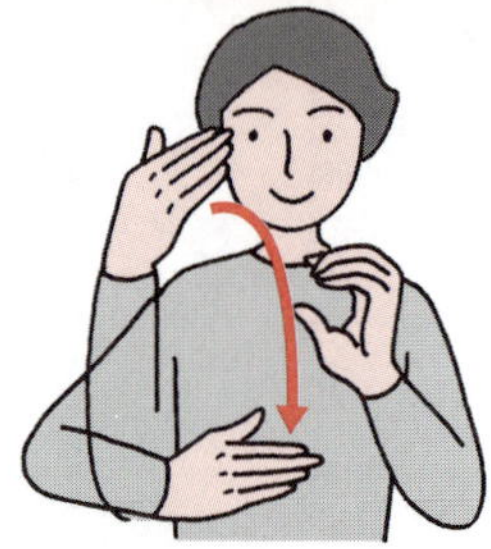

左の親指とほかの指を曲げ、右の手のひらを上から下ろす。

カメラ

解 左手をレンズ、右手をシャッターに見立て、シャッターが下りる様子を表す。

参 「**写真を撮る**」は、シャッターを押す様子の「カメラ」の手話単語で表す。

使い方例
写真＋コピー＝**焼き増し**
写真＋男＝**カメラマン**
写真＋本＝**写真集**

社長
しゃちょう

会社

両手の人差し指と中指を立て、交互に前後に動かす。

長

右手の親指を立てて、上げる。

反 「女社長」は、親指の代わりに小指を上げる。

使い方例
社長＋部屋＝**社長室**
社長＋変わる＝**社長代理**
副＋社長＝**副社長**

シャツ
しゃつ

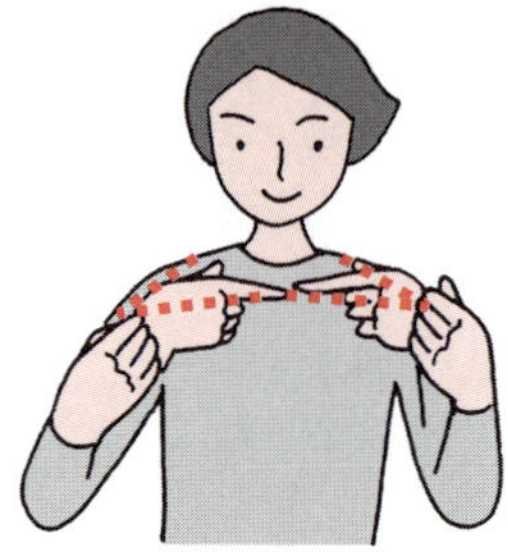

親指と人差し指を開いて衿元にあて、下げながら指を閉じる。

解 カッターシャツの衿の形を表す。

参 丸衿やハイネック、ボートネックなど、具体的な衿の形がわかっているときは、それぞれの形を表す。

使い方例
白＋シャツ＝**白いシャツ**
綿＋シャツ＝**綿のシャツ**
チェック柄＋シャツ＝**チェックのシャツ**

邪魔
じゃま

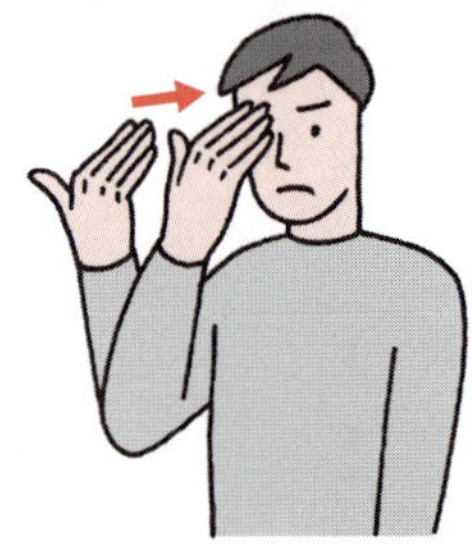

ひたいを右手で軽くつつく。

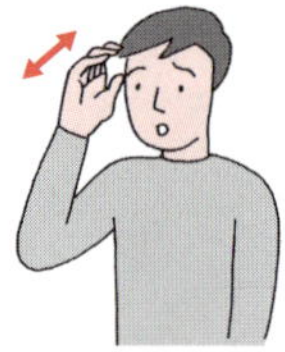

困る

解 目の前に物があって邪魔な様子から。

参 「**困る**」は、わん曲させた右手を頭の横で前後に動かす表現もある。

同 困る

使い方例
車＋邪魔＝**車が邪魔**
はさみ＋なくなる②＋邪魔＝**はさみをなくして困る**

シャワー
しゃわー

右手を軽く握って頭の上におき、下げながら手を２回開く。

解 シャワーの水が上方から出てくる様子を表す。

参 同じ動きで手を1回開くと、「**太陽**」となる。

使い方例
シャワー＋部屋＝**シャワールーム**
熱い＋シャワー＝**熱いシャワー**

シャンプー
しゃんぷー

頭の上で両手の指を軽く曲げ、シャンプーするように動かす。

解 頭を洗う様子を表す。

参 両手で髪の毛をはさんで、トリートメント剤をつける様子で「**トリートメント**」となる。

使い方例
朝＋シャンプー＝**朝シャン**
シャンプー＋トリートメント＋合わせる＝**リンスインシャンプー**

自由
じゆう

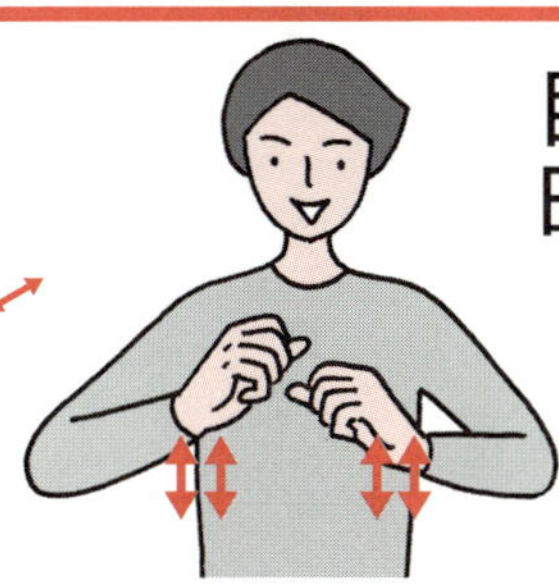

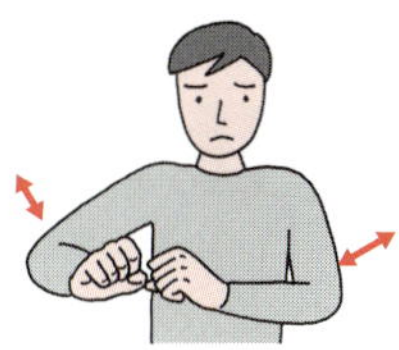

わがまま

ひじを張ってこぶしを作った両手を、交互に２回上下させる。

参 上下させるとき、回転させるような動きになる。また、こぶしを作るとき、親指を立ててもよい。ひじを張るだけだと「**意地**」、ひじを張って左右に動かすと「**わがまま**」となる。

同 勝手

使い方例
自由＋仕事＝**自由業**
食べる＋自由＝**食べ放題**
自分＋自由＝**自分勝手**
参加＋自由＝**自由参加**

～週
～しゅう

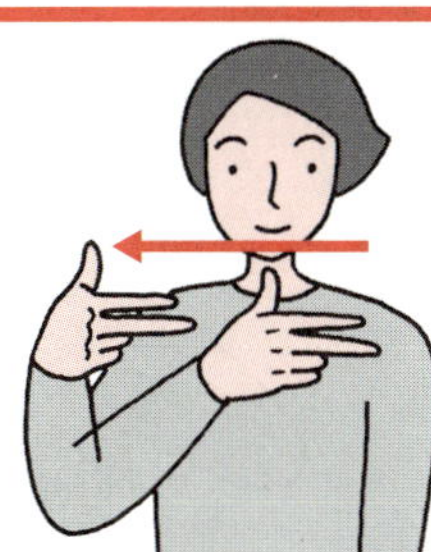

２週間

親指と人差し指、中指を伸ばして横向きにし、右に引く。

解 1週間が7日あることから、数字の「7」で表す。

参 「**2週間**」は、数字の「2」をそのまま右に引いて表現する。

使い方例
今＋～週＝**今週**
～週＋間＝**1週間**
～週＋2＝**週に2回**
～週＋いくつ?＝**週に何回?**

習慣
しゅうかん

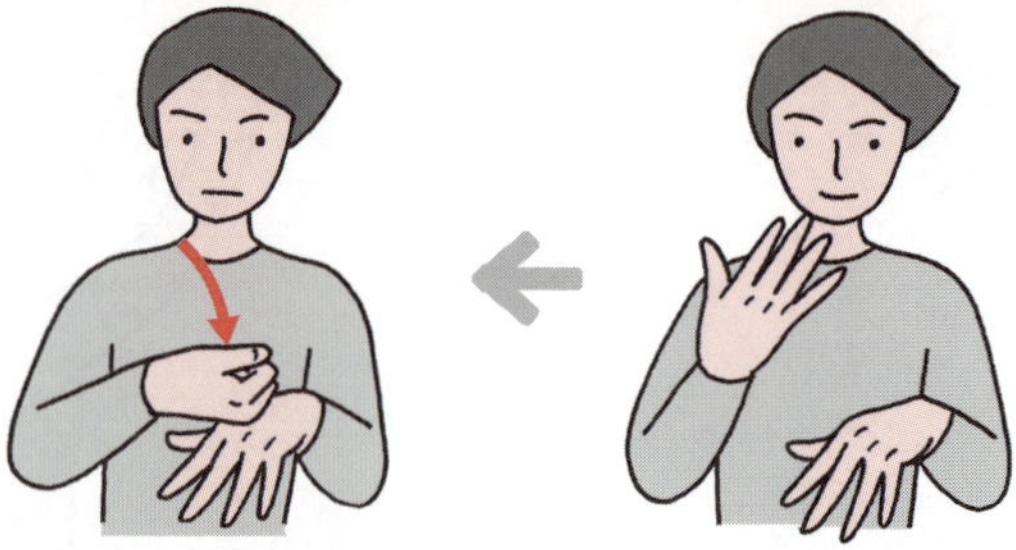

右手の手のひらを上に向ける。

右手を下げながら握り、左手の甲に打ちつける。

同 くせ・習得・性質・風習

使い方例
悪い＋習慣＝**悪い習慣**
生活＋習慣＋病気＝**生活習慣病**
体操＋習慣＝**体操の習慣**

週刊誌
しゅうかんし

親指と人差し指、中指を伸ばし、右に引く。

両手の手のひらを向かい合わせる。

両手を合わせて、左右に２回開く。

使い方例
女性＋週刊誌＝**女性週刊誌**
男性＋週刊誌＝**男性週刊誌**
月＋間＋雑誌＝**月刊誌**
週＋間＋女性＝**週刊女性**

宗教
しゅうきょう

両手の手のひらをこすり合わせる。

解 拝む様子を表す。

参 両手をこすらずにパンパンとたたくと「**神**」の意味になる。

同 拝む

使い方例
宗教＋ない①＝**無宗教**
宗教＋絵＝**宗教画**
宗教＋グループ＝**宗教団体**
宗教＋法人＝**宗教法人**

住所
じゅうしょ

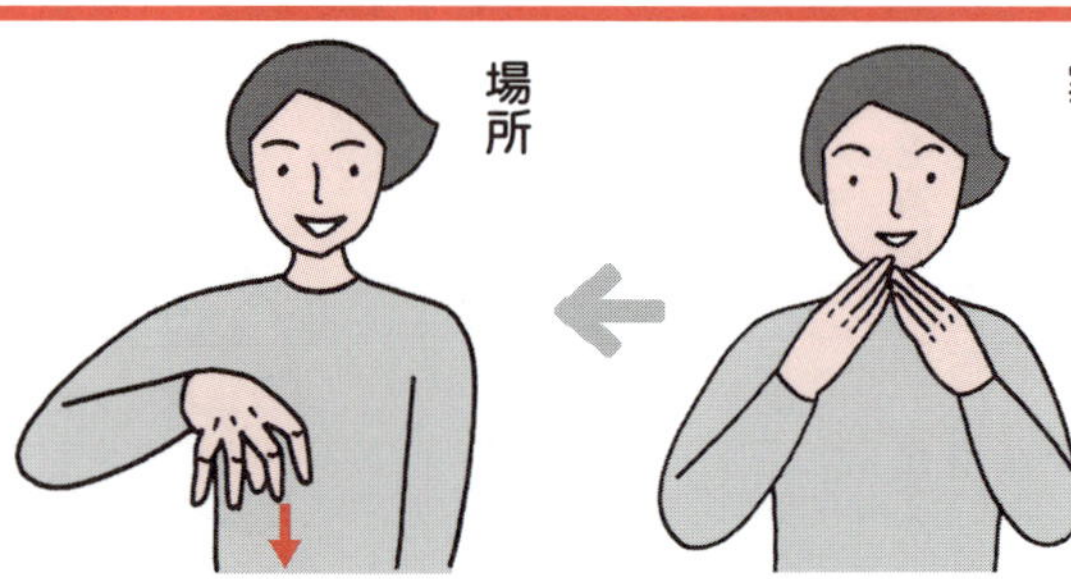

両手の指先を斜めにし、屋根の形を作る。

軽くわん曲させた右手を下に向け、少し下げる。

参 「居る＋場所」でも表現できる。

使い方例
住所＋何?＝**住所はどこ?**
住所＋登録＝**住所録**
住所＋変換＋申し込む＝**住所変更届**

就職
しゅうしょく

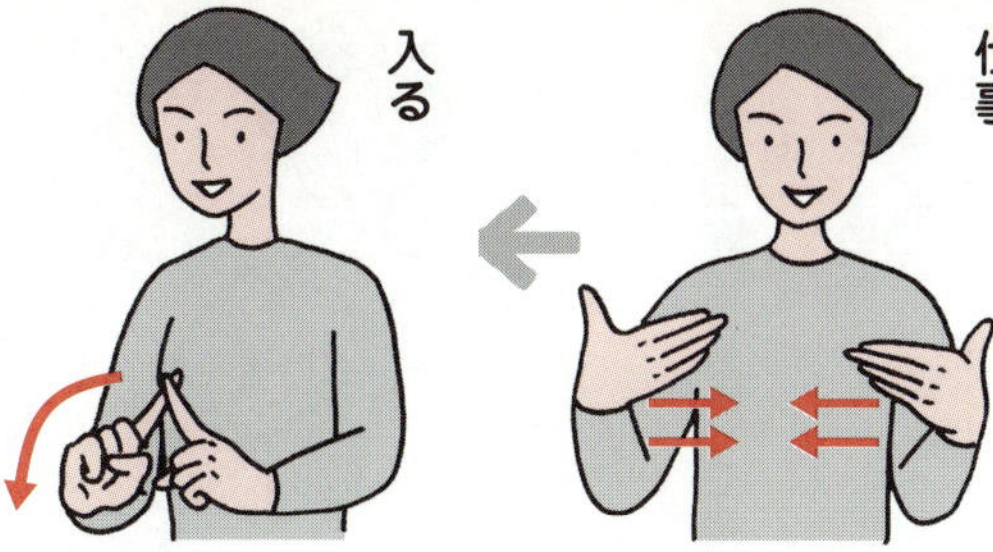

両手の手のひらを上向きにして、左右から2回寄せる。

両手の人差し指で「入」の形を作り、前に倒す。

解 仕事…働く様子を表す。
入る…漢字の「入」の形を表す。

同 仕事…職業・働く

使い方例
就職＋活躍＝**就職活動**
就職＋決める＝**就職が決まる**
就職＋難しい＝**就職難**

ジュース
じゅーす

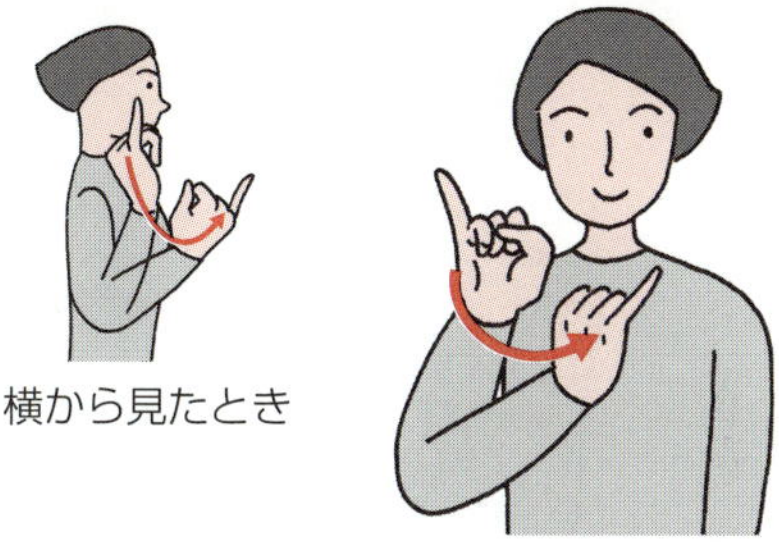

横から見たとき

右手の小指を立てて、手首をひねりながら、「J」を表す。

解 指文字の「J」で表す。

同 ジュニア・ジョナサン

使い方例
手＋作る＋ジュース＝**手作りジュース**
野菜＋ジュース＝**野菜ジュース**

渋滞
じゅうたい

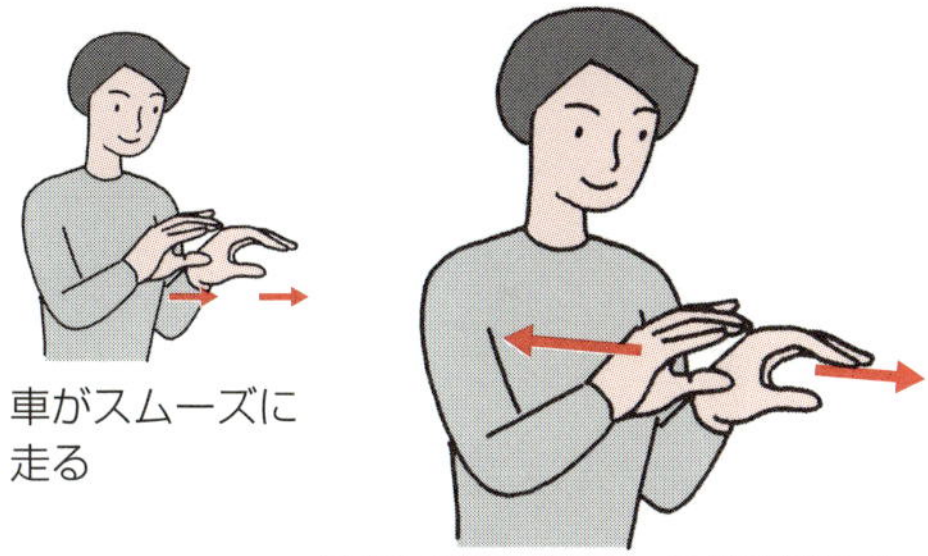

車がスムーズに走る

両手の親指とほかの指の間をあけて前後におき、引き離す。

解 両手を車に見立て、車が列を作る様子を表す。

参 引き離さず、同時に前方に動かすと、車がスムーズに走っていることを表す。

使い方例
渋滞＋降参＝**渋滞でまいる**
毎日＋渋滞＝**いつも渋滞**
渋滞＋ない①＝**渋滞しない**

集中
しゅうちゅう

両手のひらを顔の前あたりにおき、両手を同時に握りながら下ろす。

解 気持ちや神経が一点に絞られる様子を表す。

同 夢中・はまる・没頭する・凝っている

使い方例
集中＋力＝**集中力**
趣味＋集中＝**趣味にはまる**
集中＋越える＝**集中しすぎる**

終電
しゅうでん

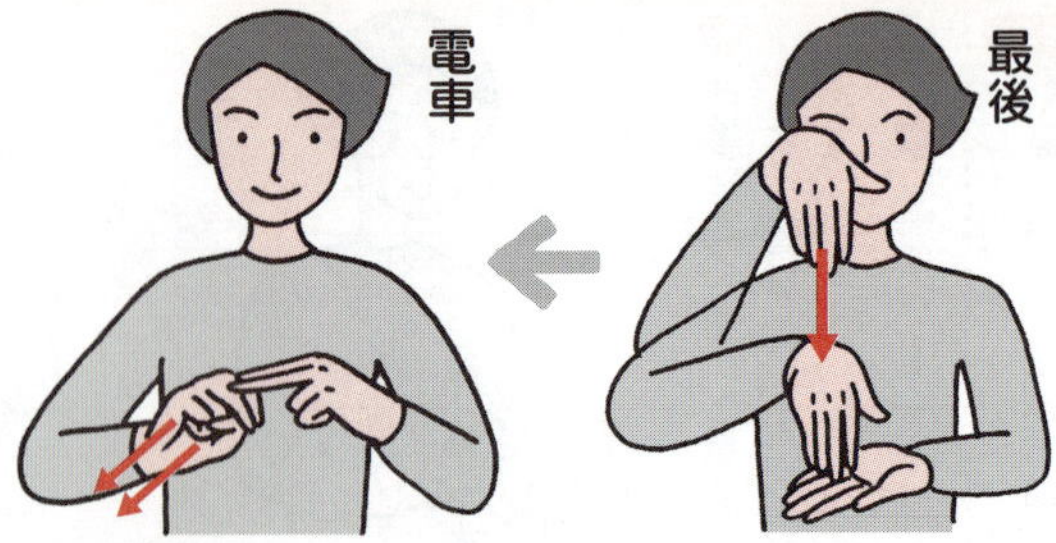

左手の手のひらに右手の指先を上からあてる。

左の2指の下に右の2指を曲げてつけ、右手を2回前に出す。

反 「先＋出発＋電車」で始電となる。

同 最後…最低
電車…列車

使い方例
終電＋～時＋1＝**終電は1時です**
終電＋間に合わない＝**終電に間に合わない**

柔道
じゅうどう

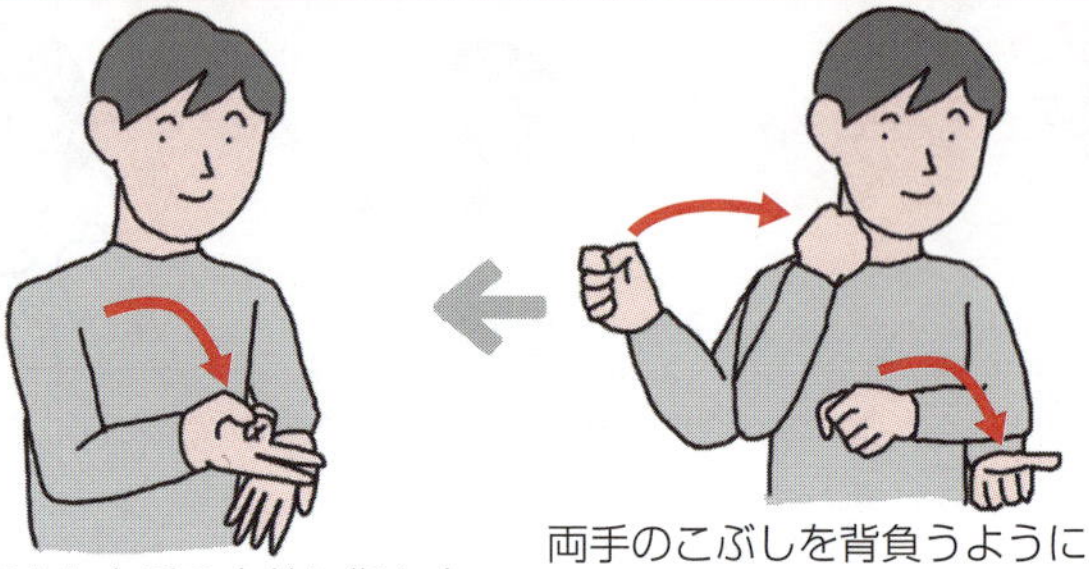

両手のこぶしを背負うように回す。左手は回しながら手のひらを開く。

回してきた右手の人差し指と中指を伸ばして左手におく。

解 投げ技の動きと、「倒れる」の手話を合わせた動き。

使い方例
柔道＋大会＝**柔道大会**
柔道＋教わる＝**柔道の授業**
柔道＋技術＝**柔道の技**

十分
じゅうぶん

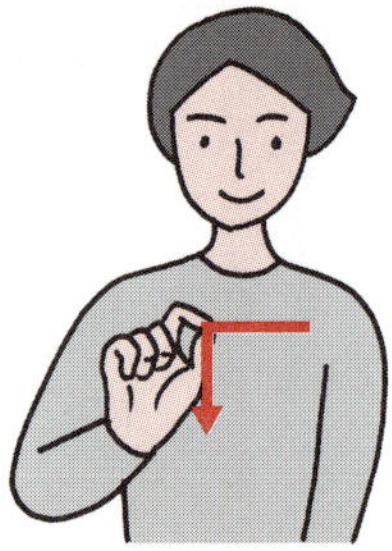

右手の親指と人差し指をつけ、右に引いてから直角に下げる。

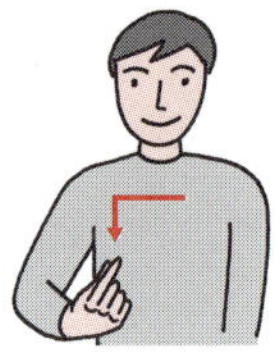

中国

参 くっつけた指先を手前に向けて、胸の位置で同様に動かすと、「**中国**」になる。

同 司・司会・司法

使い方例
満腹＋十分＝**お腹いっぱい食べた**
時間②＋十分＝**十分な時間**

シューマイ
しゅーまい

両手の5本の指をギュッと曲げて合わせる。

餃子

解 シューマイの形を表す。

参 右手を2回軽く握ると、「**餃子**」となる。

使い方例
シューマイ＋弁当＝**シューマイ弁当**
シューマイ＋煮る＝**シューマイを蒸す**

週末
しゅうまつ

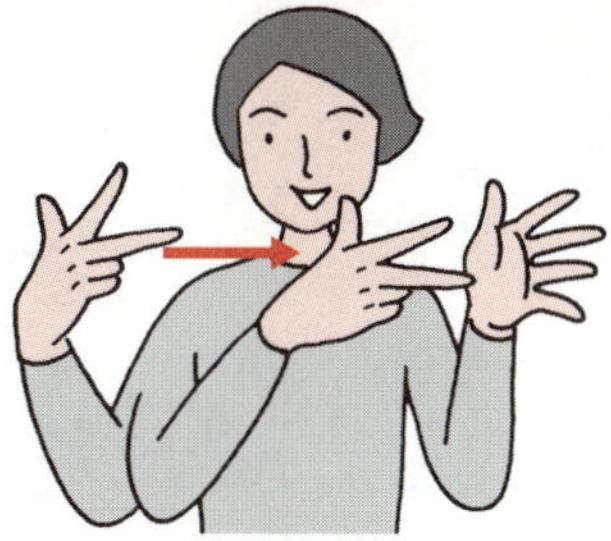

右の親指と人差し指、中指を伸ばし、左の手のひらまで動かす。

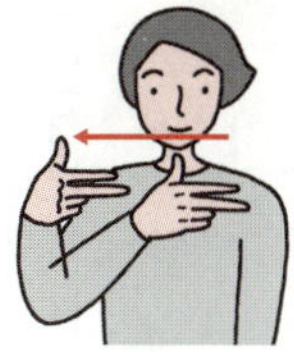

～週

解 右手は数字の「7」を表し、週が終わりになることを意味する。

参 「～週」は、親指と人差し指、中指を伸ばして横向きにし、右に引く。

使い方例

週末＋ドライブ＋行く?＝**週末ドライブに行かない?**
今＋週末＝**今週末**
週末＋結婚＝**週末婚**

授業
じゅぎょう

手のひらを上に向けた両手を並べ、軽く２回下げる。

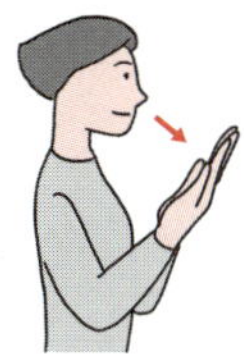

横から見たとき

解 本を広げて学ぶ様子を表す。

同 学校・勉強・学ぶ

使い方例

授業＋観光＝**授業参観**
授業＋中＝**授業中**
数学＋授業＝**数学の授業**
授業＋厳しい＝**厳しい授業**

塾
じゅく

教わる

右手の人差し指を手前に向け、２回振り下ろす。

ジュク

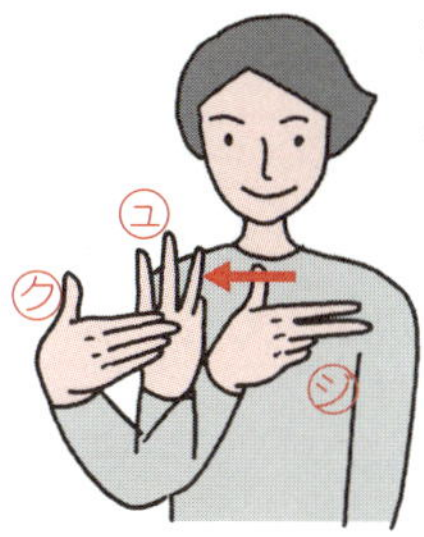

指文字で、「ジュク」と表す。

参 「教わる」の手話を省くこともできる。また、「**予備校**」は、「予＋学校」で表現する。

同 教わる…習う

使い方例

塾＋通う＝**塾に通う**
塾＋先生＝**塾の先生**

祝日
しゅくじつ

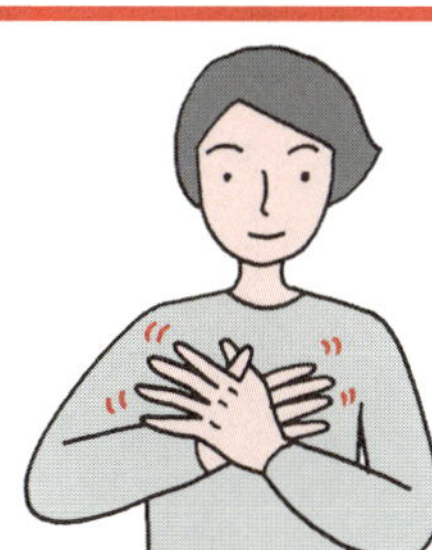

両手の親指をからませ、指をヒラヒラさせる。

解 祝日は旗日（国旗を掲げる日）であることから、旗が揺れる様子を表す。

参 「祝日＋休み」で表すこともできる。

同 祭日・旗日

使い方例

日曜日＋祝日＋営業＝**日・祝営業**
土曜日＋日曜日＋祝日＋休み＝**土・日・祝休業**

宿題
しゅくだい

両手の手のひらを上向きにして並べ、２回下げる。

何かをつまむ形にした右手に左手を添え前に出す。

参 「家＋プレゼント」で表現する方法もある。

同 勉強…学校・授業・学ぶ
プレゼント…差し入れ・土産

使い方例
宿題＋3＝**宿題が3つ**
来週＋～まで＋宿題＝**来週までの宿題**

受験
じゅけん

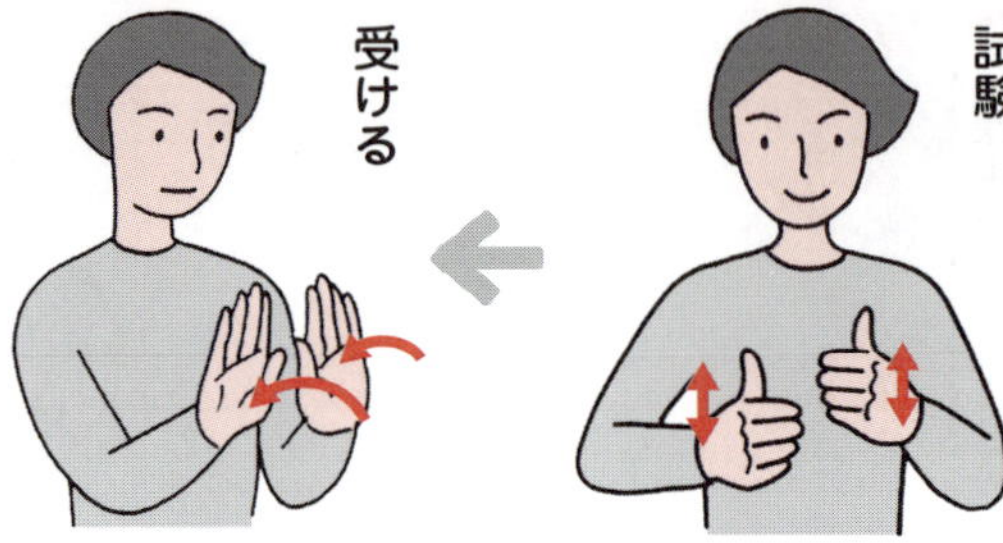

親指を立てた両手を並べて、交互に上下させる。

両手の手のひらを前に向けて並べ、手前に引き寄せる。

解 試験…競う様子を表す。
受ける…何かを受ける様子を表す。

同 試験…競争・テスト

使い方例
受験＋戦争＝**受験戦争**
大学＋受験＝**大学受験**
高校＋受験＝**高校受験**

手術
しゅじゅつ

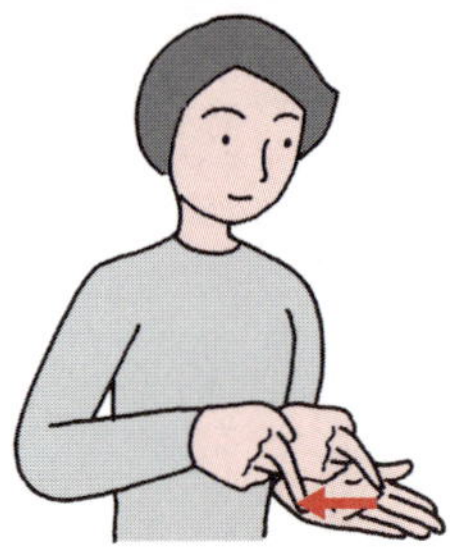

右の人差し指の先を左手の手のひらにおき、手前に引く。

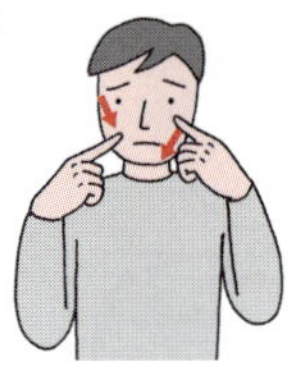

けが

解 左手を患部に、右手の人差し指をメスに見立て、メスで切る様子を表す。

参 両手の人差し指を両ほおにあて、交互に上下させると、「**けが**」になる。

同 外科

使い方例
手術＋男＝**手術医**
手術＋部屋＝**手術室**
ガン＋手術＝**ガンの手術**
手術＋理解＝**解剖**

首相
しゅしょう

右の手のひらを首にあてる。

左手の上に親指を立てた右手をのせる。

使い方例
首＋指文字の「ト」＝**首都**
グループ＋長＝**首長**
アメリカ＋長＝**アメリカ大統領**

出勤 しゅっきん

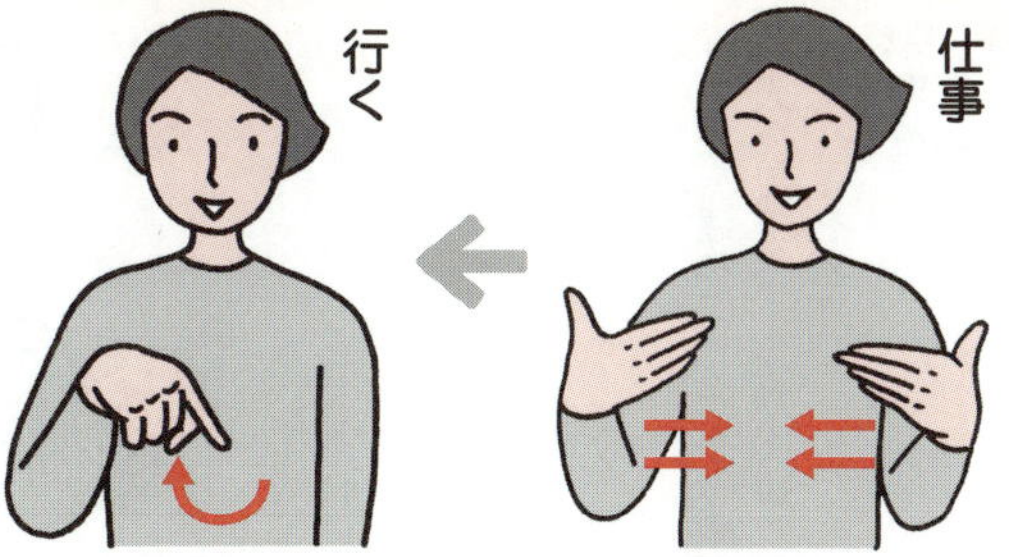

両手の手のひらを上向きにして、左右から2回寄せる。

右手の人差し指を下に伸ばして、前に出す。

参 「仕事＋通う」で「**通勤**」。

同 仕事…職業・働く

使い方例
出勤＋時間＝**出勤時間**
出勤＋日＝**出勤日**

出産 しゅっさん

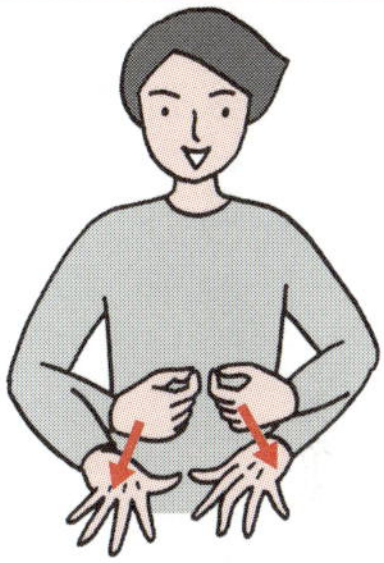

両手をすぼめてお腹にあて、開きながら前に出す。

横から見たとき

解 赤ちゃんが生まれる様子から。

参 すぼめた手のひらは上向きでも下向きでもよい。

同 生まれる・産む・出身

使い方例
出産＋日＝**誕生日**
出産＋祝う＝**出産祝い**
出産＋予定＋日＝**出産予定日**

出身地 しゅっしんち

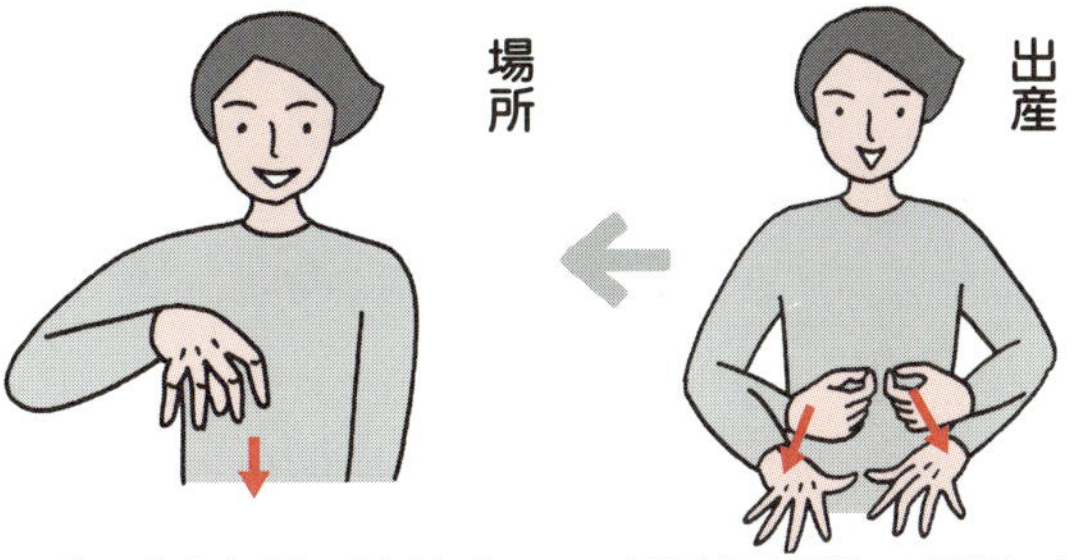

両手をすぼめてお腹にあて、開きながら前に出す。

手のひらを下に向けた右手を、軽く下げる。

同 出産…生まれる・産む・出身
場所…〜所・〜場

使い方例
あなた＋出身地＋何？＝**ご出身はどちらですか？**
出身地＋東京＝**東京出身**
出産＋日＝**誕生日**

出世 しゅっせ

右手の親指を立て、半円を描くように1段ずつ上げていく。

降格

解 右手の親指を人に見立て、地位が上がる様子を表す。

反 下に下げると、「**降格**」となる。

同 昇進

使い方例
出世＋スムーズ＝**トントン拍子に出世する**
出世＋無理＝**出世できない**
出世＋祝う＝**出世祝い**

出張 しゅっちょう

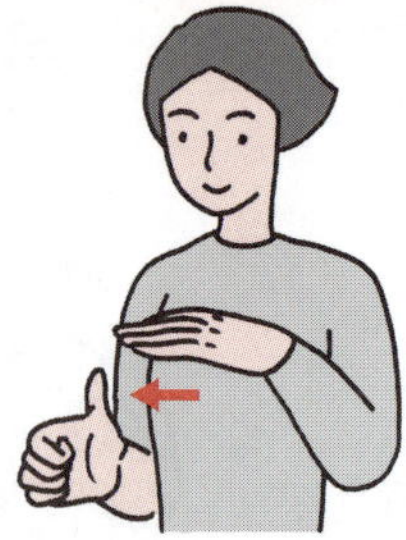

手のひらを下にした左手の下で、親指を立てた右手を前に出す。

解 左手を建物に、右手の親指を人に見立て、人が出掛けていく様子を表す。

同 派遣

使い方例

出張＋会社＋員＝**派遣社員**
出張＋場所＝**出張所**
出張＋お金＝**出張費**
出張＋長い＝**長期出張**

出発 しゅっぱつ

左の手のひらに右手を垂直に立て、勢いをつけて前に出す。

到着

参 右手を「飛行機」にすると「**飛行機が離陸する**」となる。

反 左の手のひらに右手をトンとのせると、「**到着**」。

同 スタート

使い方例

出発＋時間＝**出発時刻**
出発＋日＝**出発日**
東京＋出発＝**東京発**
先＋出発＝**始発**

主任 しゅにん

主

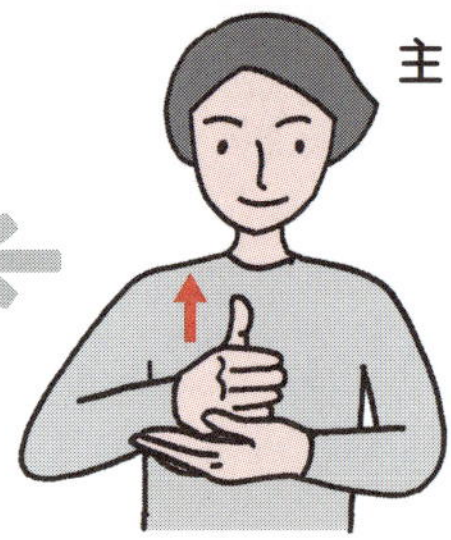

左手に親指を立てた右手をおき、少し上げる。

責任

軽くわん曲させた右手を、右肩にトンとのせる。

参 「責任」で、右手をのせて肩を下げると、「**責任が重い**」の意味になる。

同 主…王子・尊敬・尊重
責任…担当・任務・～のせいで・任される

使い方例

店＋主任＝**店の主任**
主任＋出世＝**主任に出世する**
責任＋人々②＝**責任者**

主婦 しゅふ

両手を斜めにして指先を合わせる。

左手はそのままで、下に小指を立てた右手をおく。

解 手を家の屋根に見立て、「家の中にいる女」を意味する。

反 右手の小指の代わりに、親指を立てると、「**主夫**」となる。

使い方例

主婦＋友達＝**主婦の友**
専門＋主婦＝**専業主婦**
主婦＋連盟＋会＝**主婦連合会**
（主婦連）

趣味 しゅみ

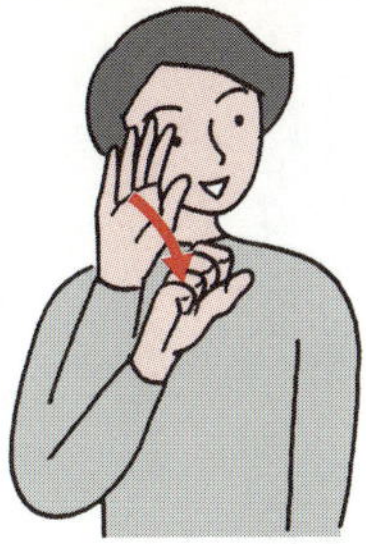

右手の人差し指側をほおにあて、滑らせながら、手を握る。

スムーズ

参 手を握らずに、ただ滑らせるだけだと「**スムーズ**」となる。

使い方例
- あなた＋趣味＋何？＝**あなたの趣味は何ですか？**
- 趣味＋釣り＝**釣りが趣味**
- 変＋趣味＝**変な趣味**

腫瘍 しゅよう

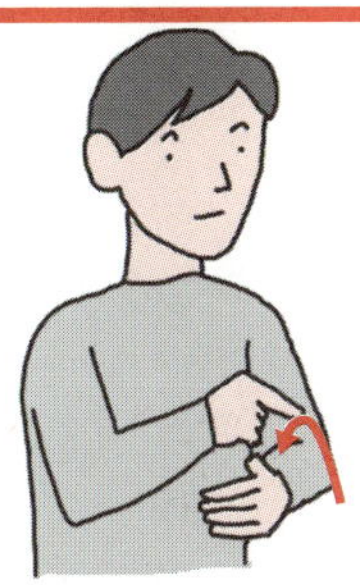

体に向けた左手を外から内へまたぐように、人差し指を伸ばした右手を動かす。

立てた左の手ひらに、すぼめた右手をあてる。

解 最初の動作は「体の中」を表し、次の動作は腫瘍ができている様子を表す。

使い方例
- 脳＋腫瘍＝**脳腫瘍**
- 腫瘍＋発見＝**腫瘍が見つかる**

種類 しゅるい

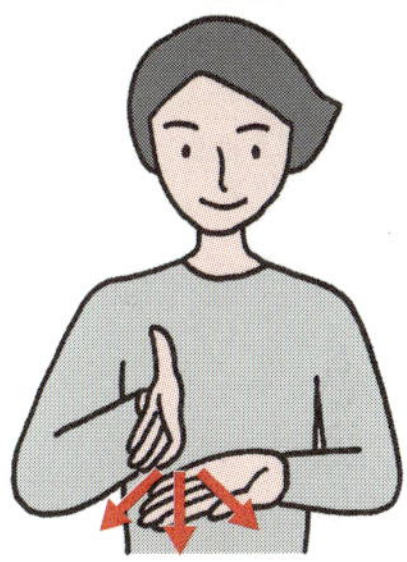

左手の手のひらの上に右手を垂直に立て、3方向に滑らせる。

ストレート

参 左の手のひらの上で、垂直に立てた右手を指先に向かってまっすぐに動かすと「**ストレート**」の意味になる。

使い方例
- 種類＋いろいろ＝**種類豊富**
- 種類＋多い＝**種類が多い**
- 色＋種類＝**色の種類**
- 種類＋2＝**2種類**

手話 しゅわ

両手の人差し指を横に伸ばして向かい合わせ、交互に前に回す。

参 人差し指の代わりに、5本の指を伸ばした両手を回す表現もある。

使い方例
- 日本＋手話＝**日本手話**
- アメリカ＋手話＝**アメリカ手話（ASL）**
- 手話＋通訳＝**手話通訳**

順番
じゅんばん

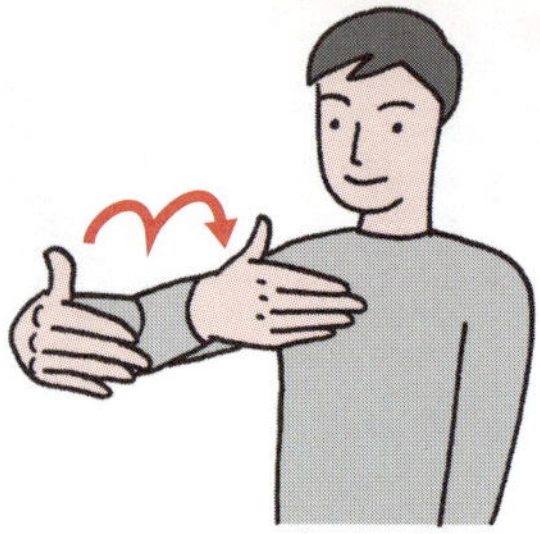
右の手のひらを手前に向けて体の前におき、トントンと寄せる。

自分の順番が関係ないとき

解 次から次へと順番が回ってくる様子から。

参 体に近づけるのは自分の順番がくるという意味。自分の順番が関係ないときは、右か左にトントンと動かす。

使い方例
- 順番＋待つ＝**順番待ち**
- 先＋順番＝**先約順**
- 順番（任意の方向に動かす）＋受付＝**順に受け付け**

省
しょう

頭の横で、両手の手のひらを合わせる。

両手を互い違いにずらす。

参 頭の前において同様に表すと、「**阪急**」となる。

同 県・政府

使い方例
- 国＋土＋交通＋省＝**国土交通省**
- 省＋行政＝**政治**
- 外国＋交渉＋省＝**外務省**

～症
～しょう

右手のこぶしをひたいにあてる。

エイズ

参 2回トントンとあてると、「**病気**」となる。また、右手を指文字の「エ」にしてひたいにあてると、「**エイズ**」。

同 ～病

使い方例
- 白＋血液＋～症＝**白血病**
- 高い＋油＋血液＋～症＝**高脂血症**
- 花＋～症＝**花粉症**

省エネ
しょうえね

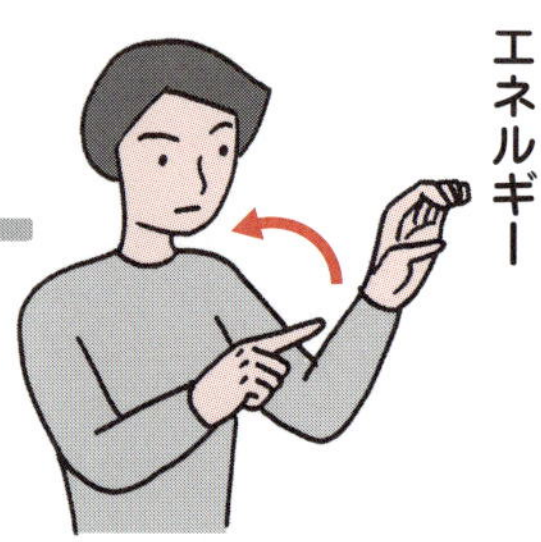

左の指を曲げ、右の人差し指で左腕に半円を描く。

両手の人差し指を斜めに並べ、同時に下ろす。

参 「エネルギー＋節約」でも表現できる。

使い方例
- 省エネ＋方法＝**省エネ対策**
- 省エネ＋生活＝**省エネ生活**
- 電気＋省エネ＝**電気の省エネ**

紹介
しょうかい

右手の親指を立てて、口の前で２回左右に動かす。

解 左右を行き来させることで、人と人とを仲介する様子を表す。

参 人差し指で表現してもよい。

同 案内・通訳

使い方例
- 紹介＋人々②＝**紹介者**
- 紹介＋お金＝**紹介料**
- 個人＋紹介＝**自己紹介**

障害者
しょうがいしゃ

障害

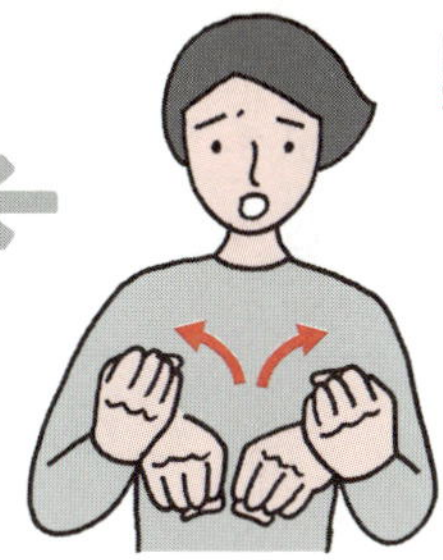

両手でこぶしを作り、横につなげて左右に折る。

人々②

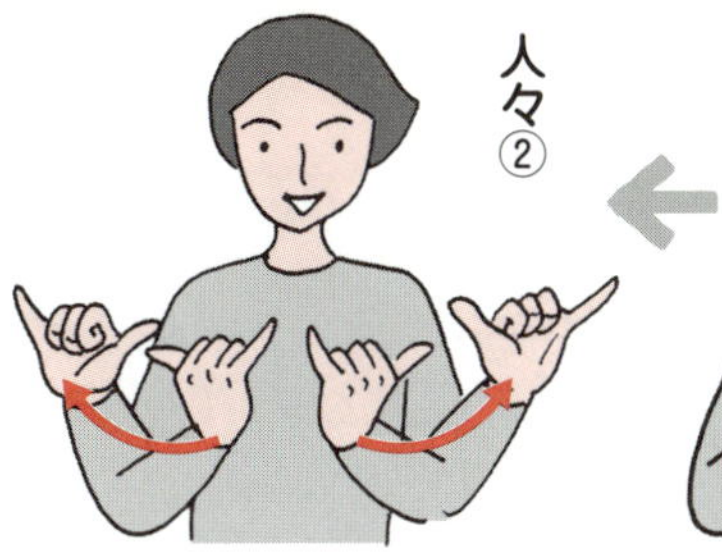

親指と小指を立て小指を触れ合わせ、手首をひねる。

同 障害…折る・故障・壊れる

使い方例
- 体＋障害者＝**身体障害者**
- 障害者＋ノート＝**障害者手帳**
- 障害者＋年金＝**障害者年金**

正月
しょうがつ

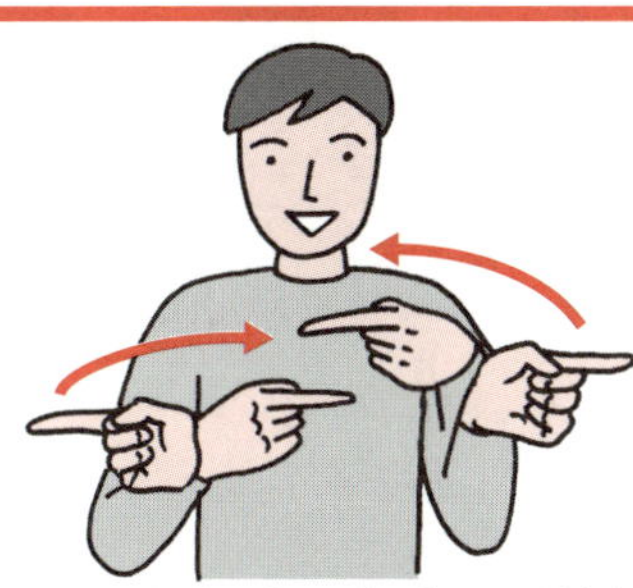

両手の人差し指を伸ばし、手首をひねって真ん中に持ってくる。

解 一月一日を表す。

同 一月一日・元旦

使い方例
- 正月＋神＝**初詣で**
- 正月＋おめでとう＝**あけましておめでとう**
- 正月＋明け方＝**初日の出**

小学校
しょうがっこう

小

右の人差し指と中指の間に左の人差し指を入れる。

学校

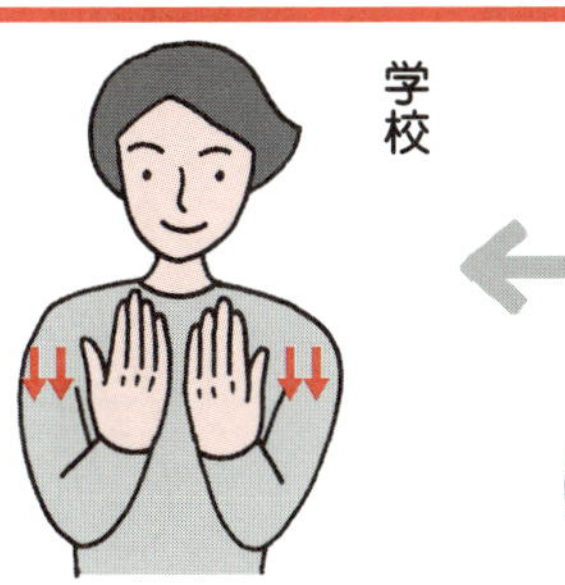

手のひらを上向きにした両手を並べ、２回下げる。

解 小…漢字の「小」を表す。
学校…本を広げて学ぶ様子を表す。

参 「小＋２」＝「小学校２年生」と、「学校」を省くこともできる。

将棋
しょうぎ

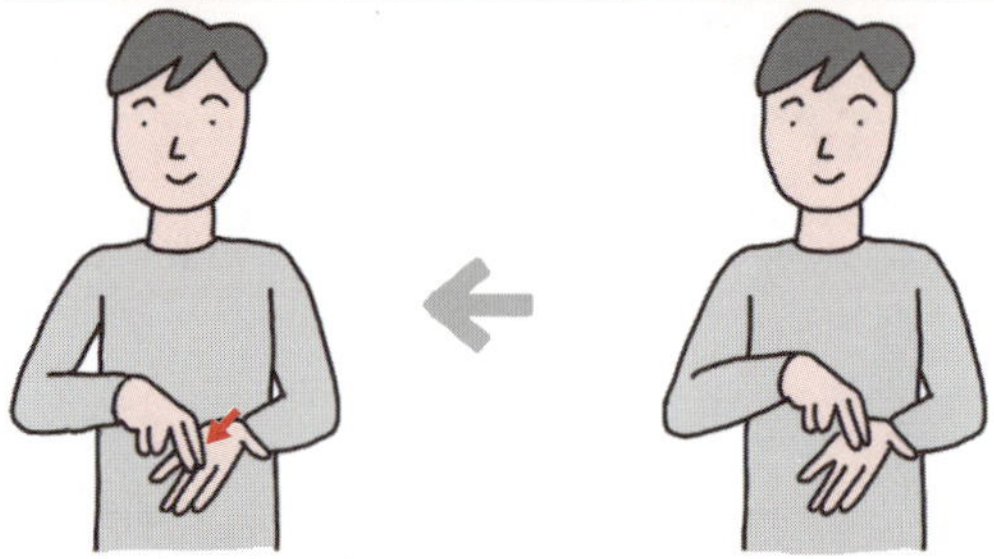

左手のひらを上に向け、右手の中指と人差し指を上におく。

左手はそのままで、右手を前に出す。

解 将棋をさす様子を表す。左手はつけなくてもよい。

使い方例
将棋＋本番＋勝負＝**将棋の対局**
将棋＋ベテラン＝**将棋の名人**
将棋＋プロ＝**プロ棋士**

条件
じょうけん

両手でそれぞれこぶしを作る。

人差し指から順に指を伸ばしていく。

解 相手と取引の条件をひとつずつ出し合う様子を表す。

同 条例

使い方例
悪い＋条件＝**悪条件**
条件＋一緒＝**条件つき**
第一＋条件＝**第一条件**
市＋条件＝**市の条例**

証拠
しょうこ

わん曲させた右手を左の手のひらにのせる。

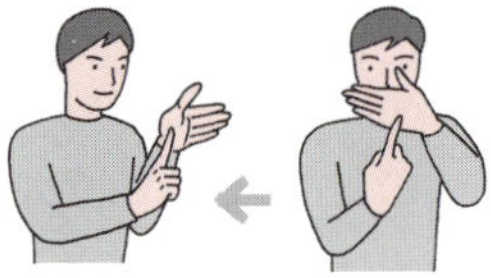

ほかの表現

解「ここの部分」という意味。

参 右手の人差し指を左手の甲、左手の手のひらと順にあてる表現もある（「裏」と同じ）。

同 証明・免許・マーク

使い方例
証拠＋ある＝**証拠がある**
証拠＋品＝**証拠品**
証拠＋人②＝**証人**
証拠＋四角＝**証明書**

上司
じょうし

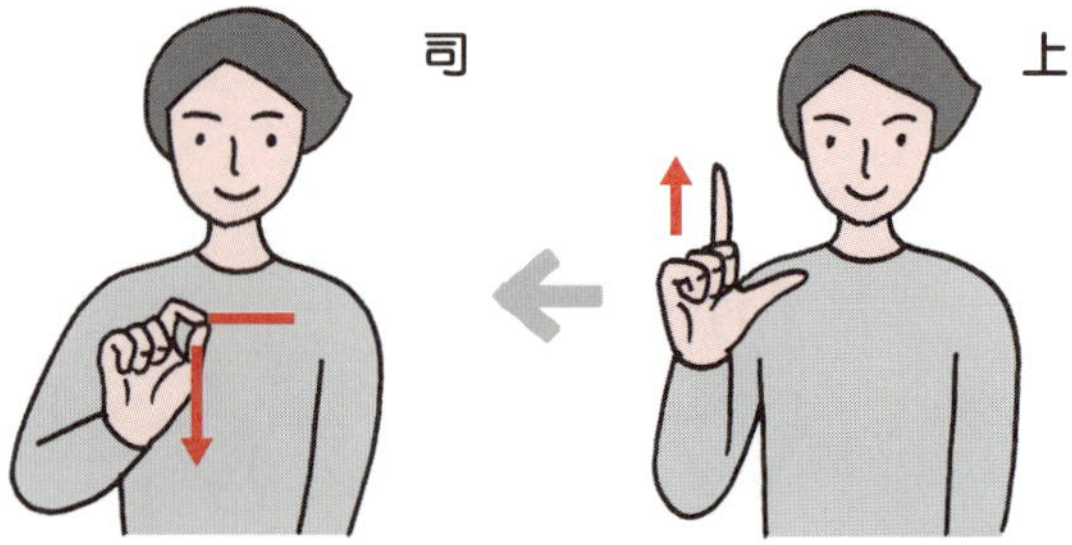

親指と人差し指で「上」を作り、少し上げる。

右手の親指と人差し指をつけ、右に引いてから直角に下げる。

解 漢字の「上」と「司」の形から。

参 指文字の「カ」＋長で「課長」。

同 司…司会・司法・十分

常識 じょうしき

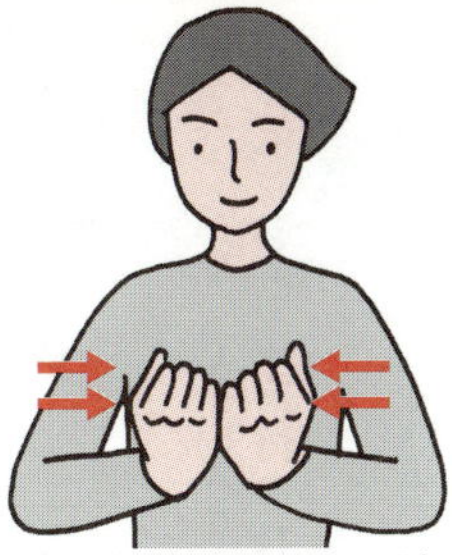

甲を前に向けた両手のこぶしを、左右から２回ぶつけ合わせる。

非常識

反 つけた両手のこぶしを外すと、「**非常識**」「**失礼**」となる。

同 エチケット・常識がある・マナー・礼儀

使い方例
普通＋常識＝**一般常識**
常識＋ない①＝**常識がない**
常識＋ある＝**常識がある**
常識＋教える＝**しつけ**

少女 しょうじょ

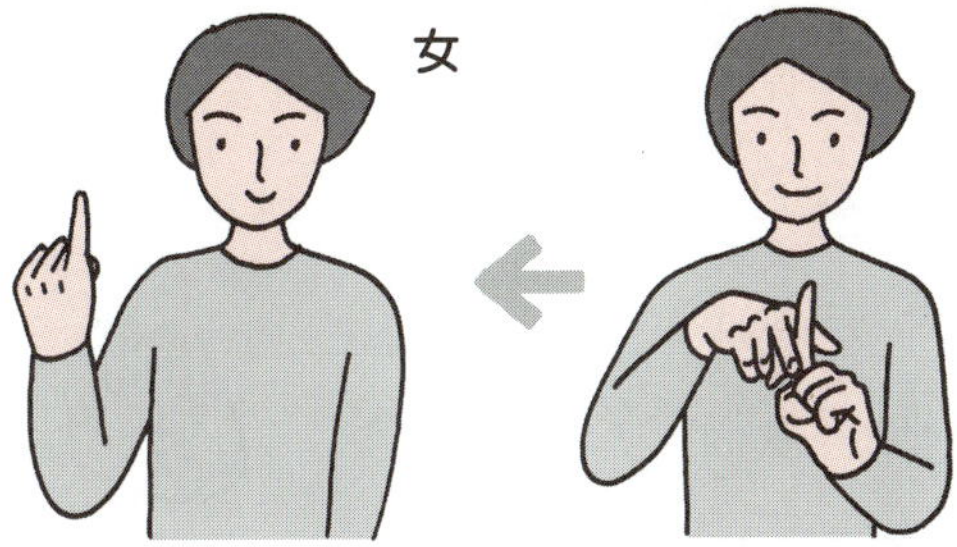

右の人差し指と中指の間に左の人差し指を入れる。

右手の小指を立てる。

解 小…漢字の「小」を表す。

反 小指の代わりに親指を立てると、「**少年**」になる。

使い方例
少女＋みんな＝**少女たち**
小＋学生＋女＝**小学生の女の子**

昇進 しょうしん

右手の親指を立て、半円を描くように１段ずつ上げていく。

降格

解 右手の親指を人に見立て、地位が上がる様子を表す。

参 「ポストが1段上がる」ならば1段上げ、「2段上がる」ならば2段上げる。

反 下に下げると「**降格**」となる。

同 出世

使い方例
昇進＋祝う＝**昇進祝い**
昇進＋課長＝**課長に昇進**
昇進＋報告＝**昇進の報告**

上手 じょうず

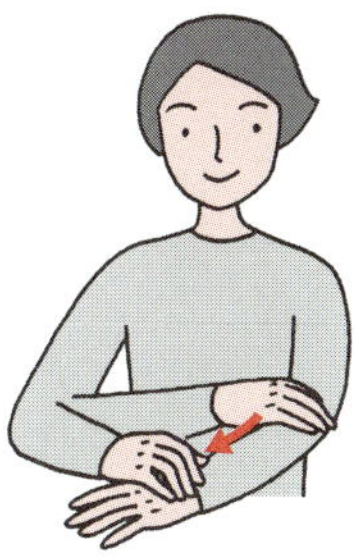

右の手のひらを下向きにして左腕におき、指先に向け滑らせる。

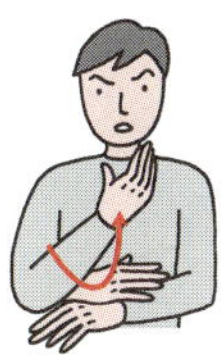

下手

参 左の手首を右手でつかむようにしてあてると、「**ベテラン**」となる。

反 右手を左手の甲あたりにおいてこすり上げると、「**下手**」となる。

使い方例
彼＋上手＋行く＝**彼とうまくいく**
料理＋上手＝**料理上手**
手話＋上手＝**手話が上手**

招待
しょうたい

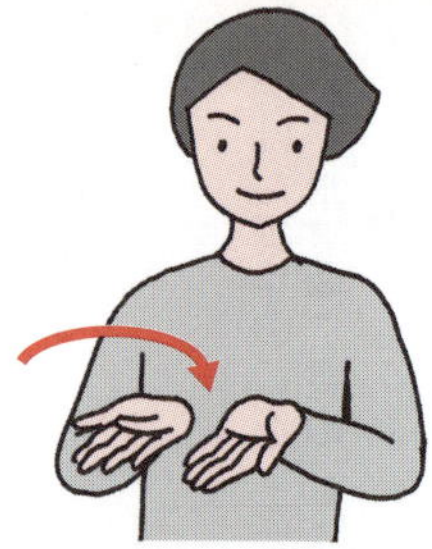
両手の手のひらを上向きにして並べ、右から左へ動かす。

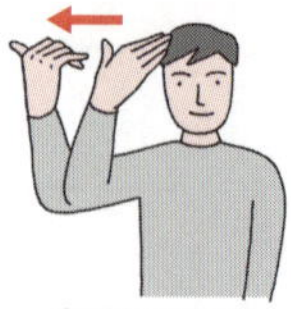
招待される

反 自分に向かって手招きするようにすると、「**招待される**」になる。

同 いらっしゃいませ・どうぞ・迎える・ようこそ

使い方例
招待＋席＝**招待席**
招待＋四角＝**招待状**

状態
じょうたい

両手の手のひらを前に向けて並べ、交互に上下させる。

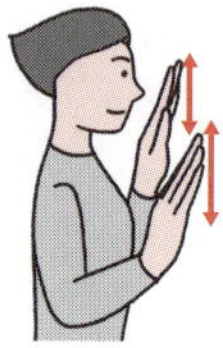
横から見たとき

参 手のひらを手前に向けて上下させながら左右に開いていくと、「**森**」となる。

同 シーン・状況・情勢・様子・容態

使い方例
体＋状態＝**体調**
香り＋状態＝**雰囲気**
空＋状態＝**空模様**
状態＋怪しい＝**怪しい様子**

冗談
じょうだん

右手の人差し指でほおをつつく。

右手の指先を下に向け、手をブラブラさせる。

参 2つめの動きは、両手で表現してもよい。

同 コメディー

使い方例
冗談＋話す＝**冗談を言う**
冗談＋多い＝**冗談ばかり**
うそ＋日＝**エイプリルフール**

少年
しょうねん

右手の人差し指と中指の間に左の人差し指を入れる。

右手の親指を立てる。

解 小…漢字の「小」を表す。

参 「小」の手話を2回繰り返す表現もある。

反 「小＋女」で「少女」。

使い方例
少年＋おもしろい＝**少年マガジン**
少年＋グループ＝**少年隊**
少年＋雑誌＝**少年雑誌**

消費税

しょうひぜい

使う

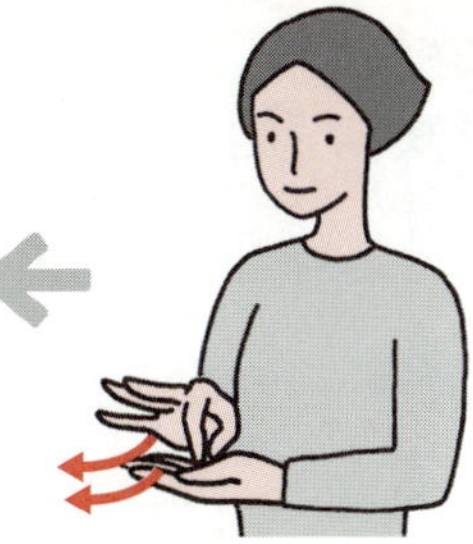

右手の輪を左手にのせ、前に2回出す。

税金

手首を手前にひねって、右手の輪を開く。

同 使う…ぜいたく

使い方例
住む＋税金＝**住民税**
給料＋税金＝**所得税**
税金＋増える＝**増税**
夜＋税金＝**深夜税**

上品

じょうひん

上

右手の親指と人差し指を伸ばして、上げる。

品

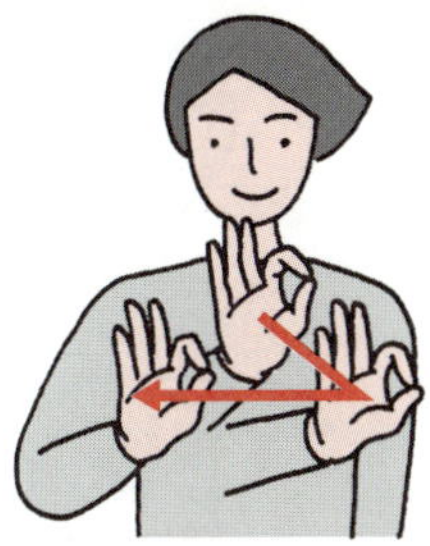

親指と人差し指で作った輪を「品」の形に動かす。

解 「上」「品」ともに、漢字の形を表す。

参 「素敵な」、または「品＋よい」でも表現できる。

反 「下＋品」で「下品」となる。

商品券

しょうひんけん

品

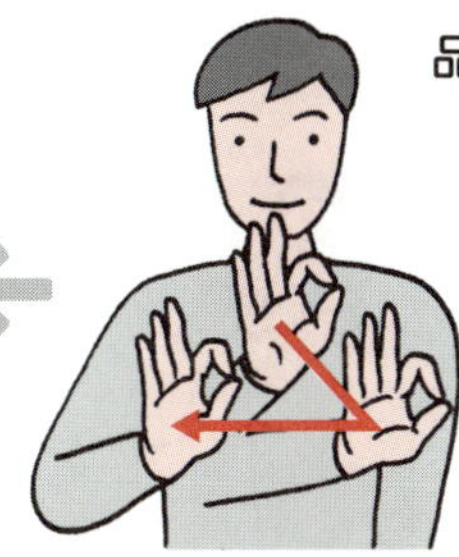

親指と人差し指で作った輪を「品」の形に動かす。

券

両手の親指と人差し指で四角形を作る。

参 「品＋フロッピー」でも表現できる。

使い方例
商品券＋切る＝**商品券の期限**
デパート＋商品券＝**デパートの商品券**

丈夫

じょうぶ

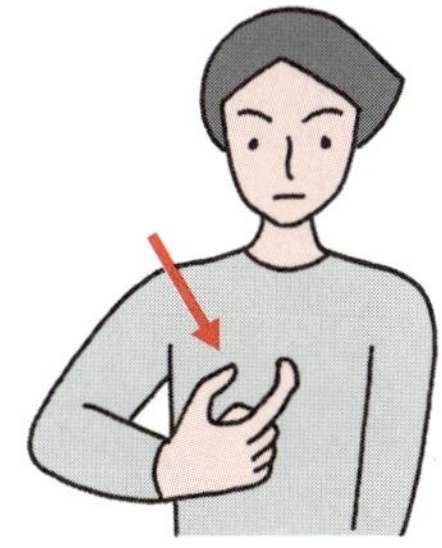

右手の親指と人差し指を曲げ、斜め下に強く下ろす。

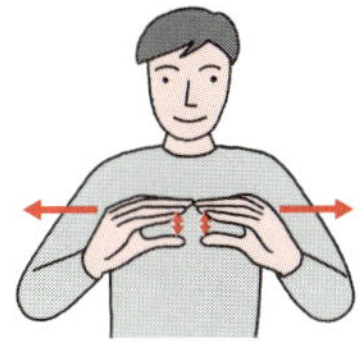

やわらかい

参 力を入れながら表現する。

反 「**やわらかい**」は両手をフワフワさせながら開いて表現する。

同 かたい・続ける

使い方例
紙＋丈夫＝**丈夫な紙**
仕事＋丈夫＝**仕事を続ける**
体＋丈夫＝**体が丈夫**

小便
しょうべん

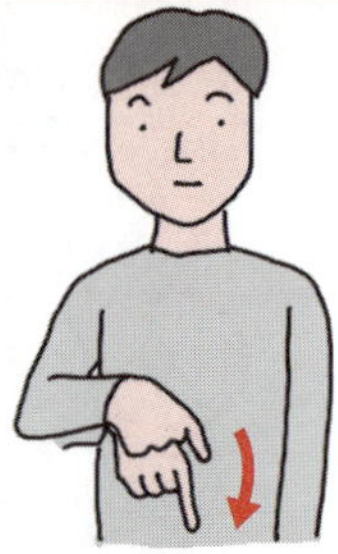

人差し指を伸ばし、お腹のあたりを指し、手首を上下に振る。

解 小便が体から外に出ていく様子を表す。

使い方例
- 小便＋調べる＝**検尿**
- 赤＋小便＝**血尿**
- 小便＋我慢する＋無理＝**おしっこを我慢できない**

消防
しょうぼう

ホースを持つように両手を曲げ、前後においてから両手を左右に振る。

解 ホースで水をまく様子を表す。

同 消火

使い方例
- 消防＋場所＝**消防署**
- 消防＋男＝**消防士**
- 消防＋グループ＝**消防団**
- 消防＋練習＝**消防訓練**

情報
じょうほう

両手を顔の横におく。

右手を耳に近づけて閉じる。

今度は、左手を耳に近づけて閉じる。

解 さまざまな知らせや知識などが耳から入ってくる様子。

参 片手だけで表現してもよい。

しょうゆ
しょうゆ

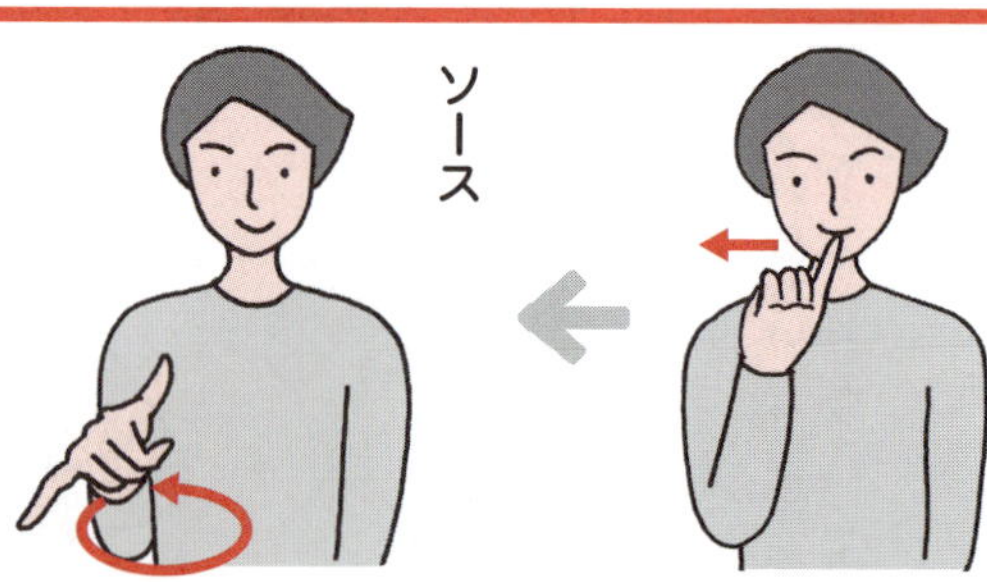

右手の小指を口にあて、右に引く。

親指と小指を伸ばし、小指側に傾けて回す。

解 小指を口にあてて「塩辛い」を表し、しょうゆをかける様子を表す。

使い方例
- 薄い＋しょうゆ＝**薄口しょうゆ**
- 指文字の「ス」＋しょうゆ＝**酢じょうゆ**

昭和
しょうわ

右手の親指と人差し指を曲げて首にあて、少し前に動かす。

解 昭和初期に流行した、立ち衿の上着の衿部分を表す。

使い方例
昭和＋天皇＝**昭和天皇**
昭和＋50＋生まれる＝**昭和50年生まれ**

ジョギング
じょぎんぐ

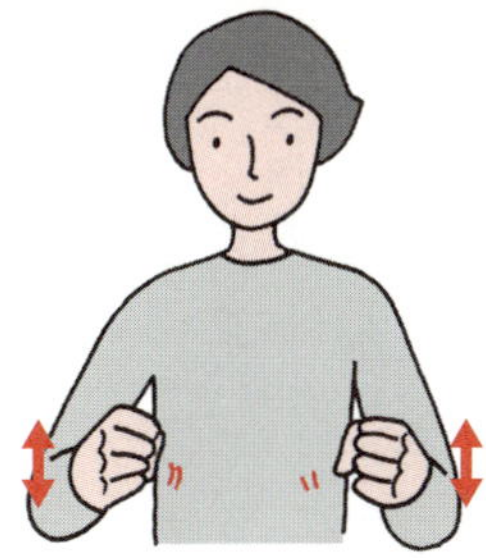

両手を軽く握り、体の前で軽く上下させる。

解 ジョギングする様子を表す。

参 両手のこぶしを交互に前に出すと、「**走る**」になる。

同 マラソン

使い方例
毎日＋朝＋ジョギング＝**毎朝のジョギング**
ジョギング＋趣味＝**ジョギングが趣味**

職員
しょくいん

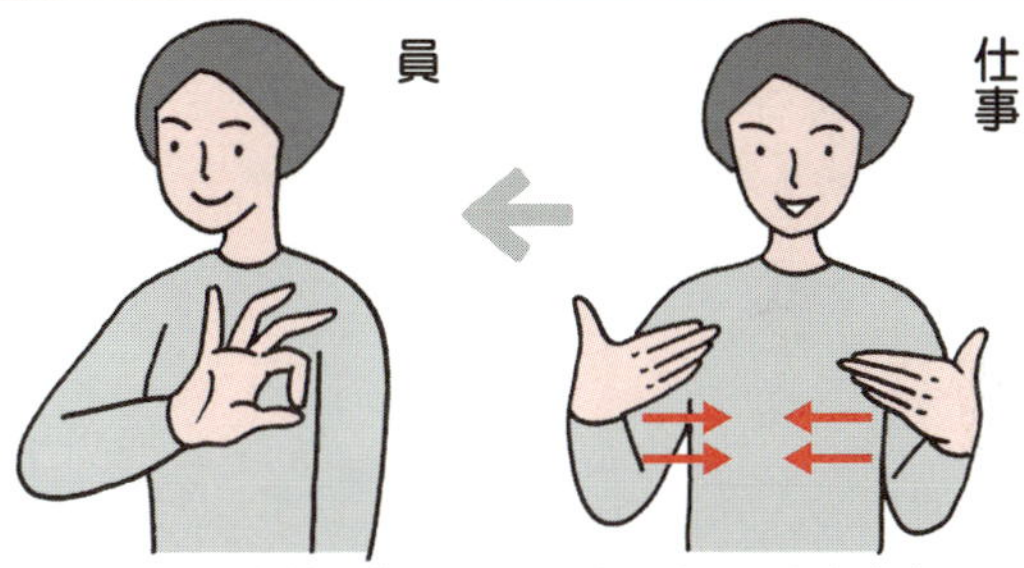

両手の手のひらを上向きにし、左右から2回寄せる。

右手の親指と人差し指で輪を作り、左胸におく。

解 仕事…働く様子から。
員…胸のバッジを表す。

同 仕事…職業・働く
員…委員・バッジ

使い方例
県＋職員＝**県職員**
大学＋職員＝**大学職員**
職員＋専門＝**職員専用**
会社＋員＝**会社員**

職業
しょくぎょう

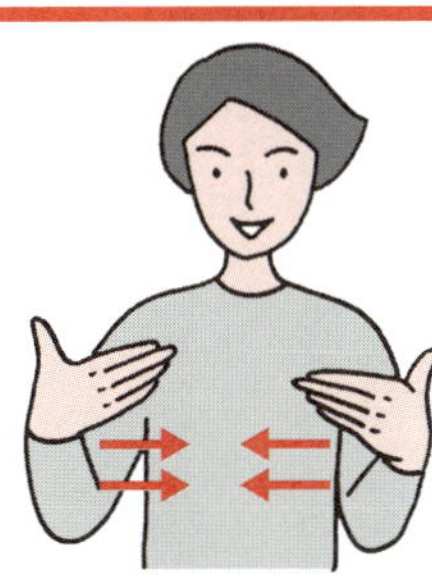

両手の手のひらを上向きにし、左右から2回寄せる。

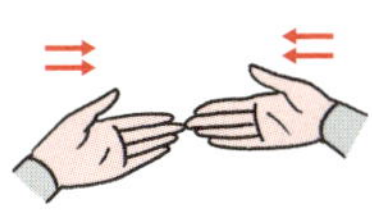

上から見たとき

解 働く様子を表す。

同 仕事・働く

使い方例
職業＋紹介＋場所＝**職業安定所**
職業＋入る＝**就職**
職業＋員＝**職員**

食欲
しょくよく

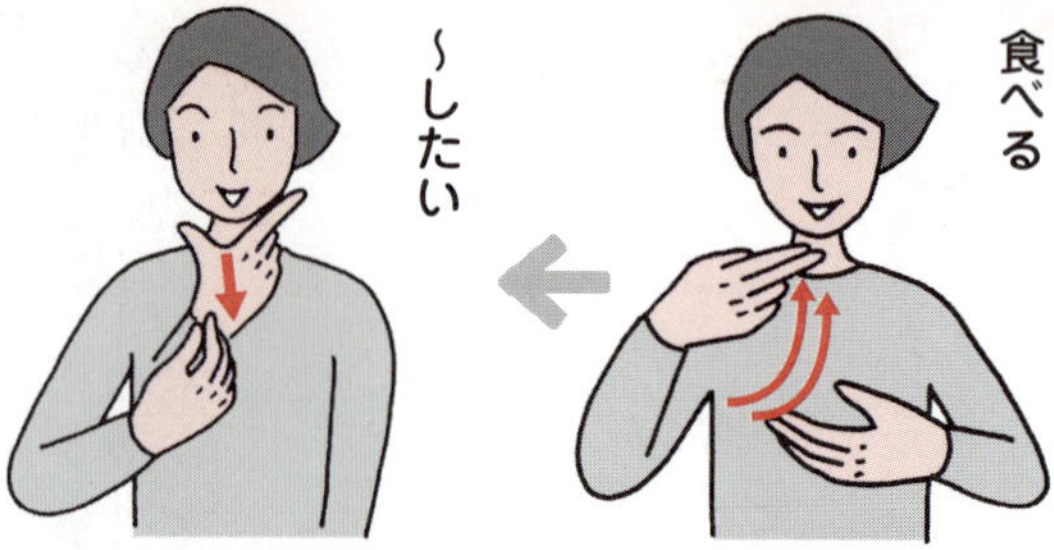

左手の上で、右手の2指を口に2回すくい上げる。

親指と人差し指をのどにあて、指を閉じて下げる。

同 食べる…ご飯・食事・食品
～したい…希望・好き・欲しい

使い方例
食欲＋ない①＝**食欲がない**
食欲＋熱心＝**食欲旺盛**

女性
じょせい

両手の小指を立てて合わせ、手前に水平に円を描く。

男性

解 水平に回すことによって、女性一般という広い意味を含ませている。

反 親指を立てて同じように動かすと、「**男性**」となる。

同 婦人

使い方例
女性＋雑誌＝**女性誌**
女性＋半分＝**女性半額**
女性＋差別＝**女性差別**
女性＋部＝**婦人部**

初段
しょだん

右手の人差し指を横に伸ばし、左腕にあてる。

解 ゴールテープを切っているイメージ。

同 まず・一番・一着

使い方例
柔道＋初段＝**柔道初段**
将棋＋初段＝**将棋初段**
初段＋出世＝**初段に昇進する**
初段＋目標＝**初段を目指す**

ショック
しょっく

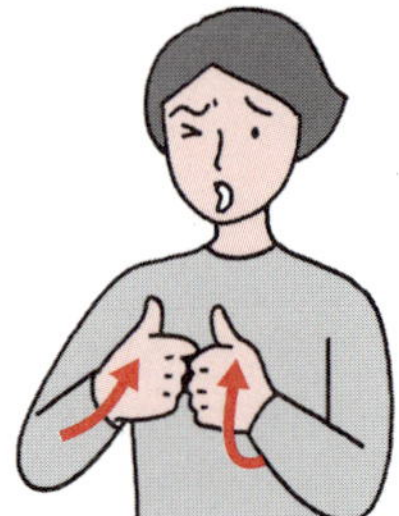

両手の親指以外の４本の指をそろえ、指先を胸に突き立てる。

必要

解 指先で胸をグサッと刺す様子から。

参 ショックを受けている表情をしながら。両手の間隔をあけて、両胸に2回あてると、「**必要**」になる。

使い方例
電気＋ショック＝**電気ショック**
ショック＋死ぬ＝**ショック死**

書道
しょどう

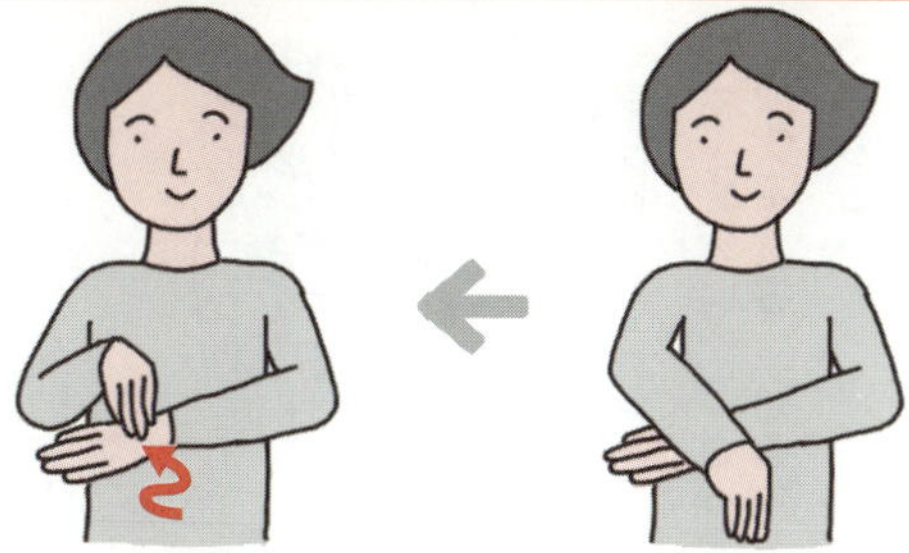

右手で筆を持っているようにし、左手を右腕の下にあてる。

左手はそのままで、右手は何かを書くように動かす。

解 左手を添えて、何かを書いている様子を表す。

参 左手を添えずに右手だけで表すと、「**書く**」となる。

使い方例

正月＋書道＝**書き初め**
書道＋家＝**書道家**
書道＋1級＝**書道1級**
書道＋コンクール＝**書道コンクール**

女優
じょゆう

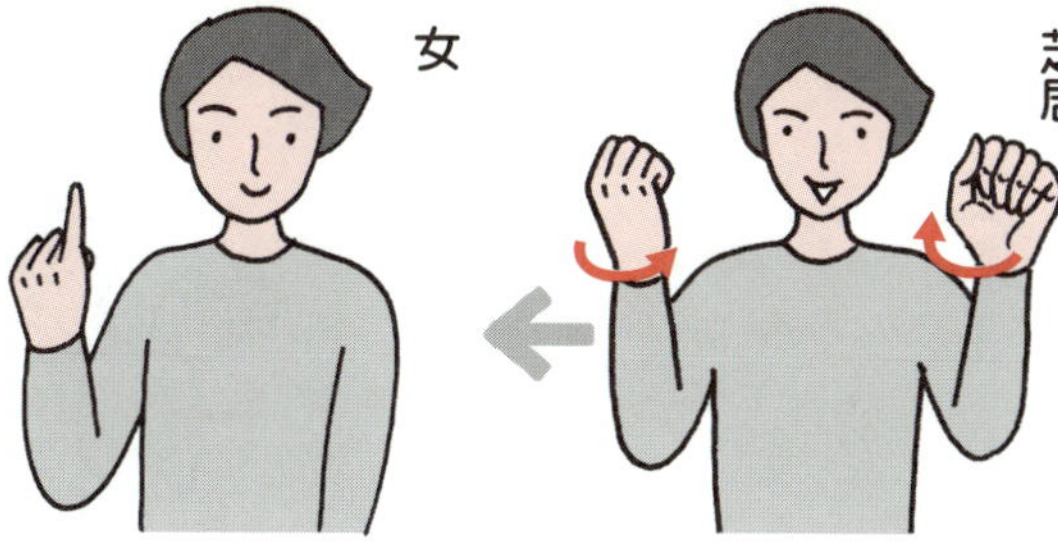

両手のこぶしが互い違いになるように手首をひねる。

右手の小指を立てる。

反「芝居＋男」で「**男優**」となる。

使い方例

有名＋女優＝**大物女優**
長＋女優＝**主演女優**
女優＋育てる＋学校＝**女優養成学校**

処理
しょり

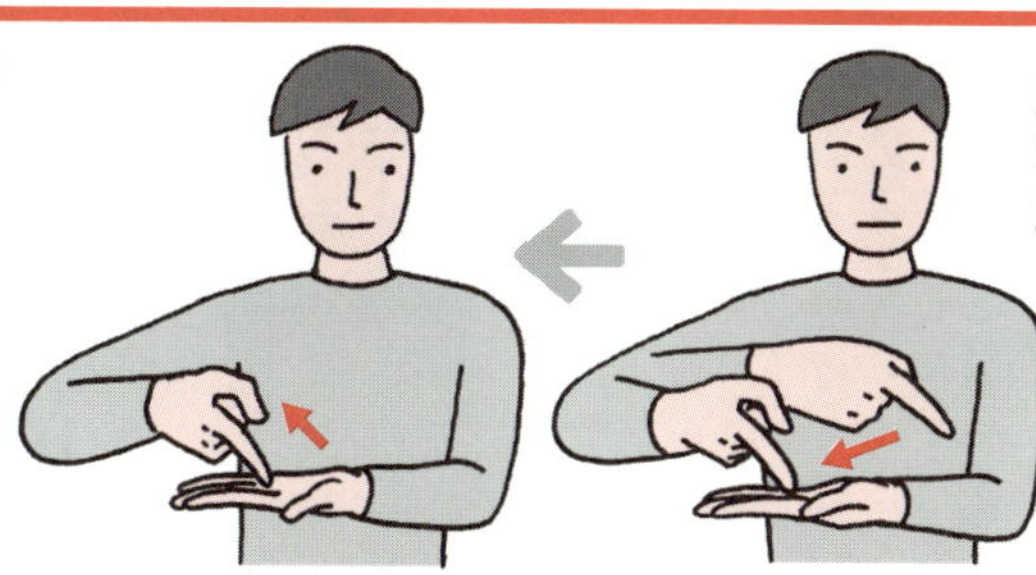

右手の人差し指で左の手のひらに×印を書く。

解 始末がついた、ということを「×」の形で表している。

参「×」でなく、「レ」と書くと「チェック」となる。

同 解決・処分

使い方例

情報＋処理＝**情報処理**
早い＋間＋処理＝**早期処理**
ゴミ＋処理＋場所＝**ゴミ処理場**

書類
しょるい

両手の人差し指を伸ばして、四角を描く。

解 四角い紙の形を表す。

参 紙と書類の区別をつけるために、口形をつける。四角い物は、この表現を使うことが多い。

同 紙・四角

使い方例

契約＋書類＝**契約書**
大切＋書類＝**重要書類**
結婚＋書類＝**婚姻届**
給料＋書類＝**給料明細**

知らない
しらない

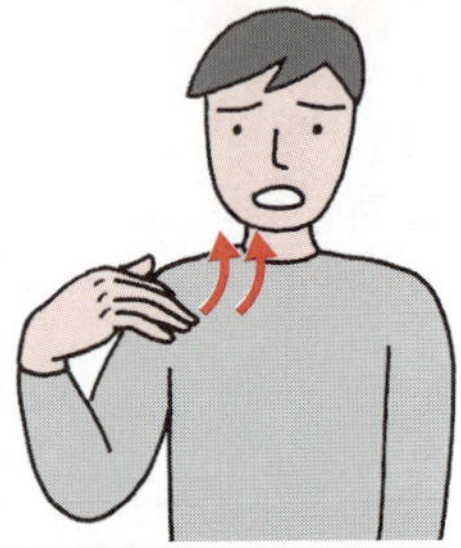

右手の指先で、右肩のあたりを2回上に払う。

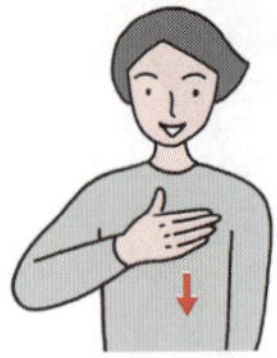

知っている

参 人差し指をあごにあててあと、指を開きながら下げる表現もある。

反 右手を胸にあてて下げると、「**知っている**」「**知る**」。

同 わからない

使い方例
親＋顔＋知らない＝**親の顔を知らない**
詳しい＋知らない＝**詳しくは知らない**

知らない人
しらないひと

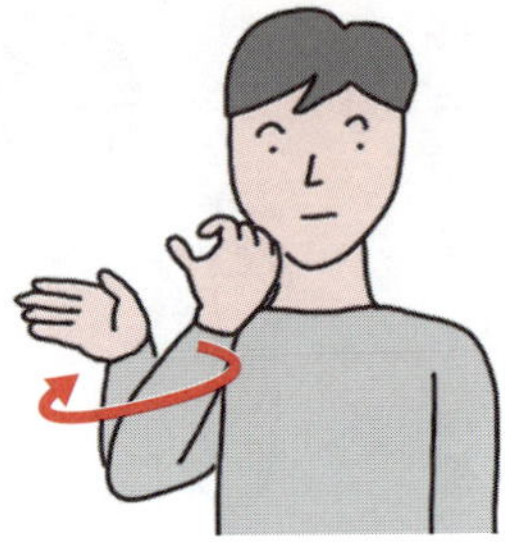

右手の指の背をほおにあてて、手首を軸にして返す。

同 あかの他人

使い方例
それ＋知らない人＝**あんな人知らない**
知らない人＋気をつける＋お願い①＝**知らない人に注意してください**

調べる
しらべる

右の人差し指と中指を曲げて指先を目に向け、左右に2回動かす。

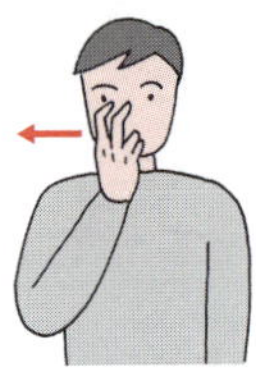

発見

解 眼球が動く様子を表す。

参 左右に動かさずに、1回だけ左から右へ動かすと「**発見**」となる。

同 確認・検査・確かめる・調査・はかる

使い方例
体＋調べる＝**身体検査**
調べる＋お願い＝**調査依頼**
調べる＋資料＝**調査資料**
相性＋調べる＝**相性チェック**

資料
しりょう

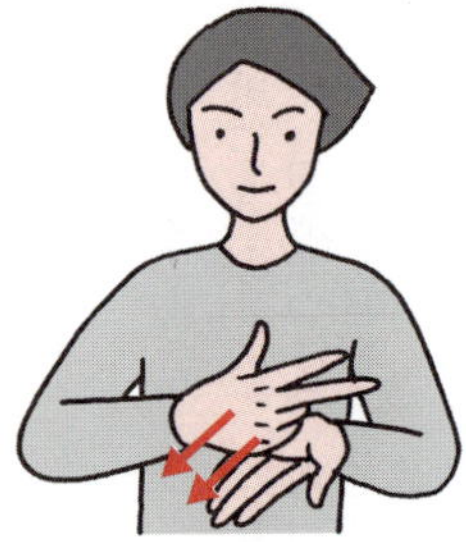

右の親指と人差し指、中指を伸ばし、左手の上で2回前に出す。

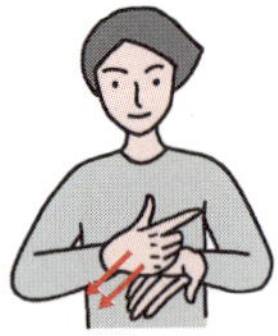

レポート

解 右手の形は指文字の「シ」を表す。

参 右手の親指と人差し指を立てて、指文字の「レ」で同様にすると、「**レポート**」になる。

使い方例
資料＋読む＝**資料を読む**
調べる＋資料＝**調査資料**
資料＋書類＝**資料書類**

知る
しる

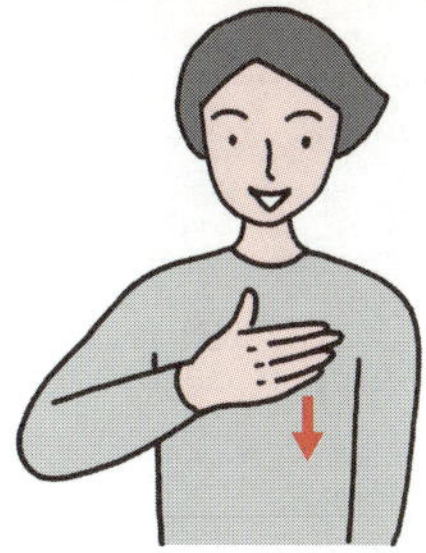

右手の手のひらを胸のあたりにあてて、下げる。

知らない

参 右手の手のひらを胸にあて、トントンと2回たたく表現もある。

反 右手の指先で右肩のあたりを2回払うと、「**知らない**」。

同 知っている・承知・了解・わかる

使い方例
- 知る＋人①＝**知人**
- 指文字の「リ」＋知る＝**理解**
- やっと＋知る＝**やっとわかった**

城
しろ

両手の人差し指を立てて、向かい合わせる。

両手の指を曲げながら、少し左右に開く。

参 左右に開かず、そのまま指を曲げるだけにすると、「**あいさつ**」となる。

同 名古屋

使い方例
- 大阪＋城＝**大阪城**
- 城＋町＝**城下町**
- 城＋残る＝**城跡**

白
しろ

右手の人差し指を伸ばして、歯を指さし、少し左に引く。

黒

解 歯が白いことから。

参 歯を指さすだけの表現もある。

反 右手を頭につけて下げると、「**黒**」。

使い方例
- 白＋金＝**銀**
- 赤＋白＝**紅白**
- 白＋黒＝**白黒**
- 白＋靴下＝**白い靴下**

素人
しろうと

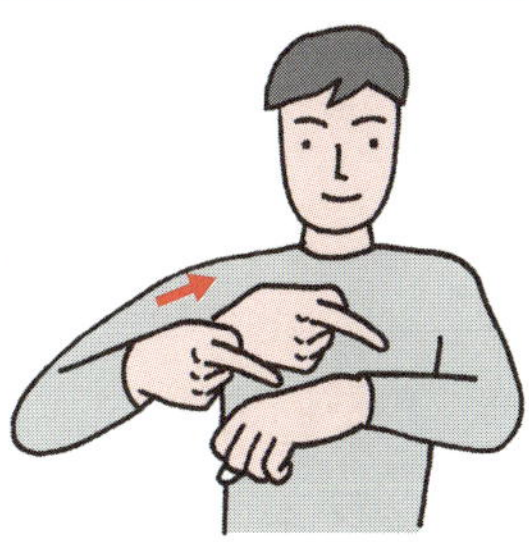

左の手首に右の人差し指をあて、手前に引く。

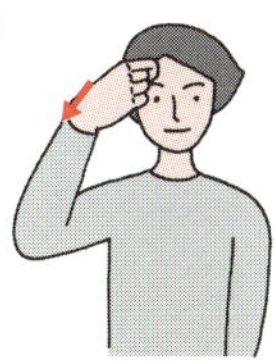

プロ

解 服の袖口につく階級の章の数が1本しかない（＝新入り）ことを表す。

参 「素人＋迷子」で表すこともできる。

反 右手の輪をひたいからはじいて前に出すと、「**プロ**」。

同 アマチュア

使い方例
- 素人＋グループ＝**素人集団**
- 全部＋素人＝**まったくの素人**
- 芝居＋素人＝**素人劇**

しんかんせん
新幹線

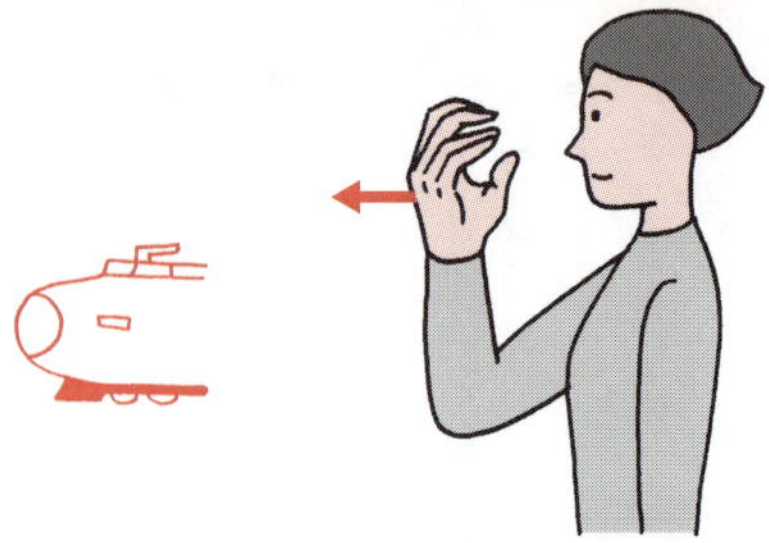

右手の指をわん曲させて、指先を顔に向け、前に動かす。

解 新幹線の先頭車両の形を表す。

参 「こだま」「ひかり」「のぞみ」は指文字で表す。

使い方例

上＋越える＋新幹線＝**上越新幹線**

新幹線＋予約＝**新幹線の予約**

しんきんこうそく
心筋梗塞

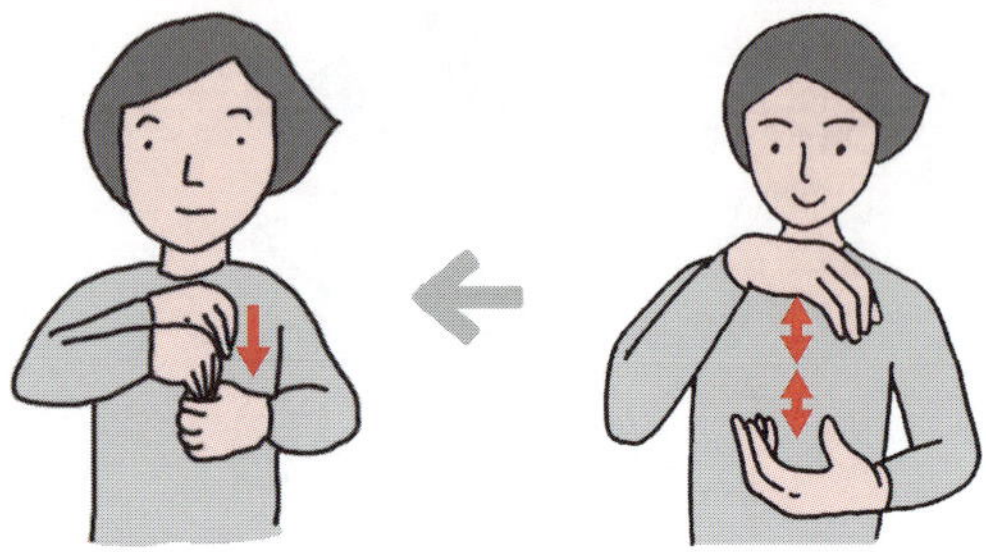

わん曲させた両手を左胸の前におき、近づけたり離したりする。

左手でこぶしを作り、すぼめた右手を上からあてる。

解 最初の動作は「心臓」の手話。次の動作は、血管に何かが詰まる様子を表す。

使い方例

心筋梗塞＋倒れる＝**心筋梗塞で倒れる**

心筋梗塞＋手術＋受ける＝**心筋梗塞の手術を受ける**

しんけい
神経

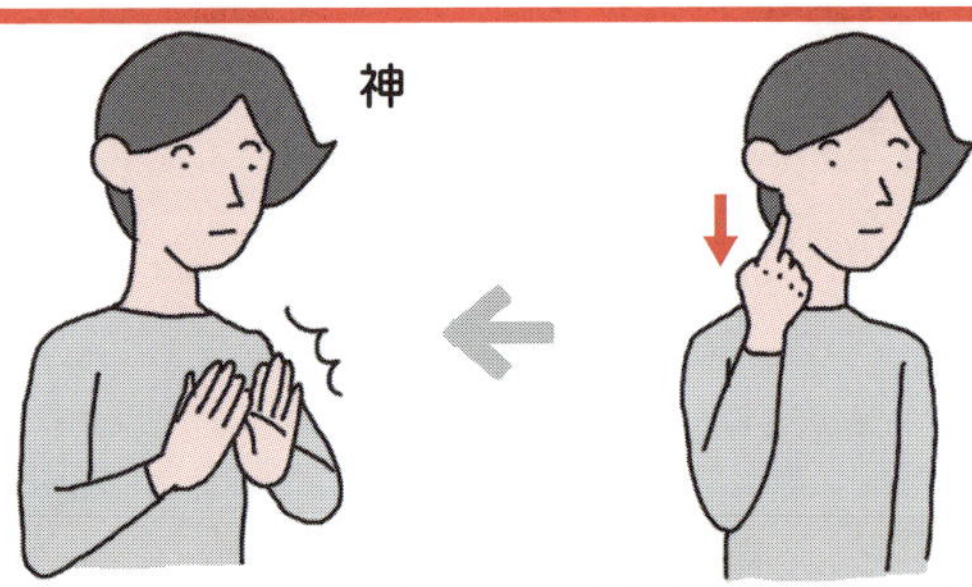

人差し指を伸ばした右手で、首筋あたりをなぞる。

両手の手ひらを向かい合わせ、2回たたく。

解 2つ目の動作は「神」の手話。

使い方例

神経＋痛い＝**神経痛**

神経＋頭＋使う＋疲れる＝**神経を使って疲れた**

しんごう
信号

両手を顔に向けて、同時にパッパッと指先をはじく。

解 信号が点滅する様子を表す。

参 頭の上から顔に向けて指先をはじくと、**「電気」「ライト」**になる。

使い方例

信号＋赤＝**赤信号**

信号＋青＝**青信号**

信号＋待つ＝**信号待ち**

信号＋故障＝**信号機故障**

人口（じんこう）

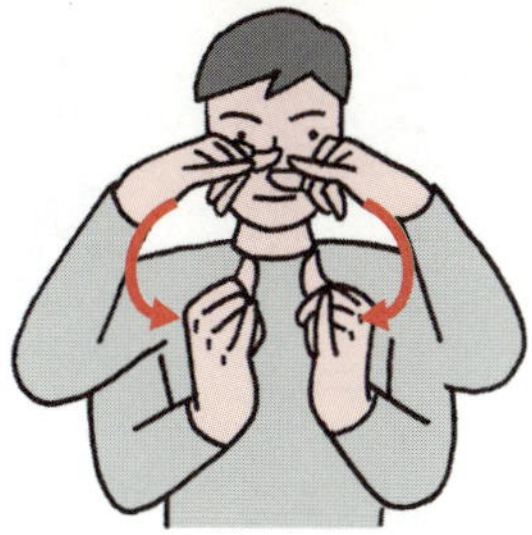

両手の親指と小指を伸ばして並べ、手首を立てて親指側を合わせる。

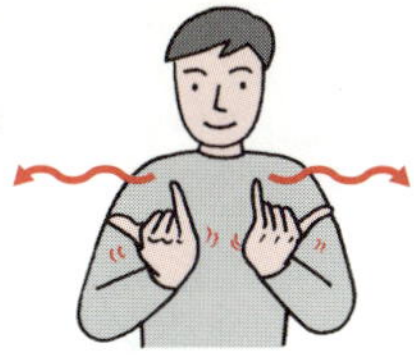

人々①

解 親指と小指は「人々」を表す。

参 「人＋数」でも表現できる。また、「**人々**」は、両手の親指と人差し指を立てて、ねじりながら左右に離す。

使い方例

人口＋増える＝**人口増加**
人口＋全部＋計算＝**人口統計**
失業＋人口＝**失業人口**

新婚（しんこん）

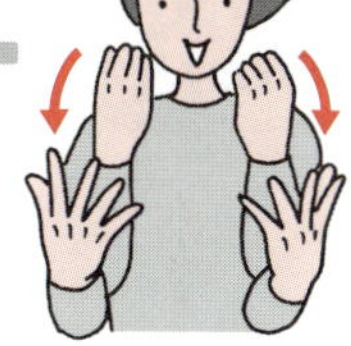

両手を上向きにしてすぼめ、パッと開きながら下げる。

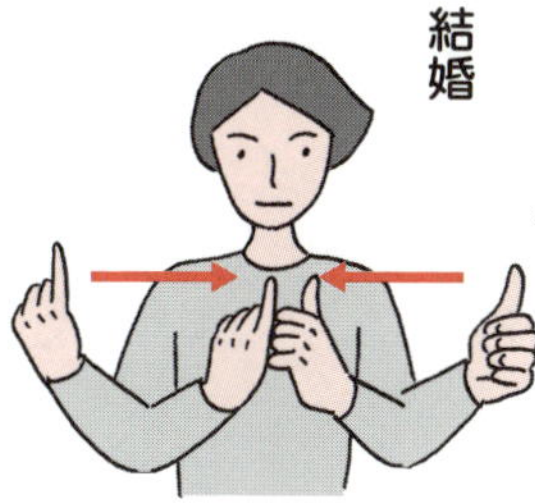

親指と小指を立てて、左右からくっつける。

参 「結婚」のくっつけた両手を左右に引き離すと、「**離婚**」になる。

同 新しい…新鮮

使い方例

新婚＋旅行＝**新婚旅行**
新婚＋定める＝**新婚限定**
新婚＋(～の)とき＋～間＝**新婚時代**

診察（しんさつ）

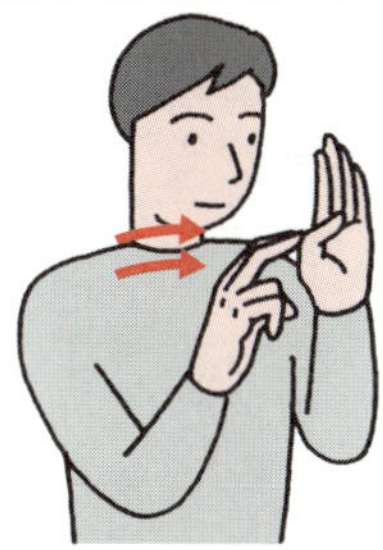

右手の人差し指と中指を伸ばし、左の甲を２回軽くたたく。

診察を受ける

解 打診する様子を表す。

参 「診察する」ときに使う。

反 左手の手のひらを手前に向けて同様にすると、「**診察を受ける**」となる。

同 診療・治療

使い方例

診察＋部屋＝**診察室**
診察＋券＝**診察券**
診察＋日＝**診察日**
診察＋時間①＝**診察時間**

神社（じんじゃ）

両手を２回打つ。

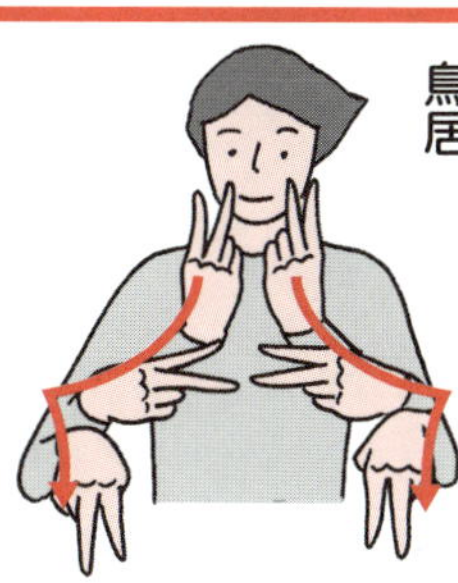

人差し指と中指を伸ばして左右に引き、下げる。

解 鳥居…その形を表す。

参 「神宮」は「神＋宮」で表現する。

同 鳥居…広島・(安芸の)宮島

使い方例

指文字の「ヤ」「ス」＋国＋神社＝**靖国神社**
神社＋祭り＝**神社の祭り**

信じる（しんじる）

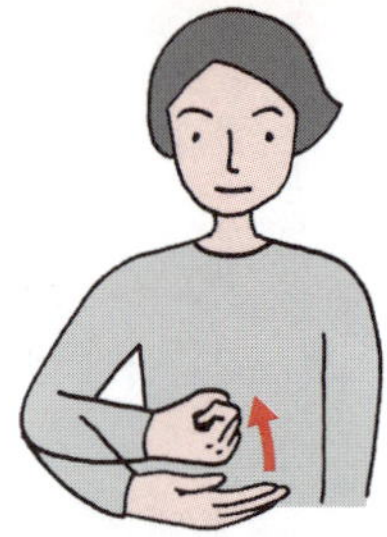

右手の手のひらを上に向けてお腹の前におき、上げながら握る。

持つ

参 体の前で手を握ると、「**持つ**」。

同 自信・自信を持つ・信用・信頼

使い方例

信じる＋～できる＝**信じられる**

信じる＋無理＝**信じられない**

人生（じんせい）

右手の親指と小指を立てて、自分から見て「人」と書く。

人①

参 人という字を書かずに、胸の前で回す表現もある。また、「人①」という手話単語で表すこともできる。

使い方例

人生＋いろいろ＝**人生いろいろ**

人生＋変わる＝**人生が変わる**

幸せ＋人生＝**幸せな人生**

親戚（しんせき）

親指と人差し指をくっつけた両手を合わせ、右手を2回前に出す。

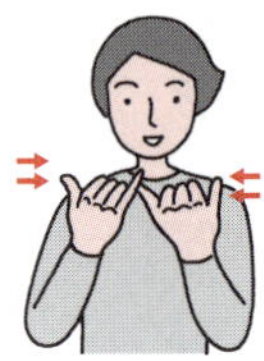

似る

参 1回だけ前に出すと、「**いとこ**」。また、両手の親指と小指を立てて、小指の先を軽く触れ合わせ、2回左右に引き離す表現（「似る」）もある。

使い方例

親戚＋おじさん＝**親戚のおじさん**

親戚＋集まる＝**親戚の集まり**

心臓（しんぞう）

わん曲させた両手を左胸の前におき、近づけたり離したりする。

胃

解 心臓の鼓動を表す。

参 「**胃**」は指文字の「イ」を胃のあたりにおいて表す。

使い方例

心臓＋病気＝**心臓病**

心臓＋悪い＝**心臓に悪い**

心臓＋弱い＝**心臓が弱い**

腎臓
じんぞう

軽くわん曲させた両手をお腹に2回あてる。

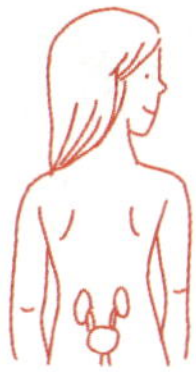

解 腎臓の位置を表す。腎臓は腰のあたりにあるが、手話ではお腹あたりを示しても、話の流れや口型で通じる。

使い方例
腎臓＋手術＝**腎臓手術**
腎臓＋病気＋悪い＋落ち込む＝**腎臓病が悪化する**

心電図
しんでんず

わん曲させた両手を左胸の前で近づけたり離したりする。

右手の人差し指を伸ばして、波を描きながら、左から右へ動かす。

解 最初の動作は「心臓」の手話。次の動作は心電図の波形を表す。

使い方例
心電図＋調べる＝**心電図を調べる**
心電図＋結果＋悪い＋入院＋決まる＝**心電図の結果が悪くて、入院がきまる**

心配
しんぱい

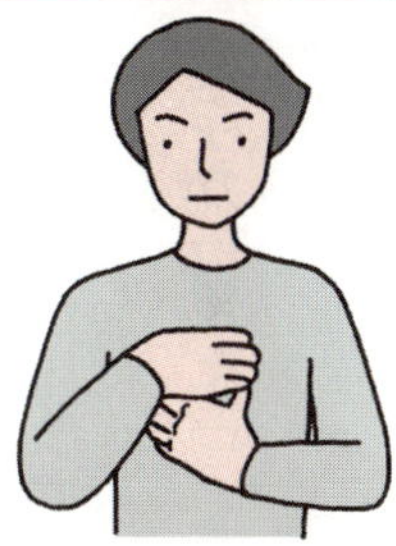

両手の指を軽く曲げて、2回胸にあてる。

右手だけで表現するとき

参 右手だけで表現することもできる。

反 「**安心**」は、両手の手のひらを上向きにして胸の前におき、下げる。

同 危ない・危険・不安

使い方例
心配＋あげる＝**心配をかける**
心配＋くせ＝**心配性**
心配＋急ぐ＝**緊急**
心配＋要らない＝**心配要らない**

新聞
しんぶん

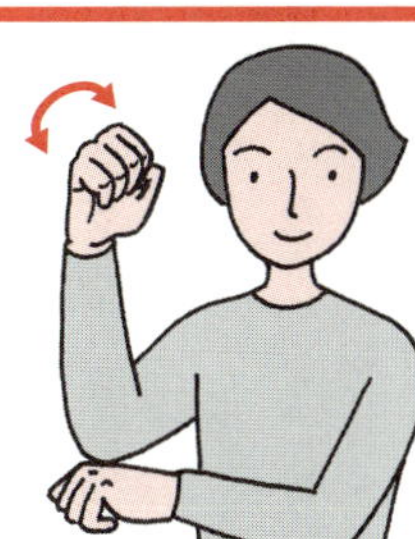

握った左手の甲に右ひじをおき、右手を握って手首を2回ねじる。

参 左手を握らずに、指を伸ばすと、「**畳**」になる。

使い方例
明け方＋新聞＝**朝日新聞**
毎日＋新聞＝**毎日新聞**
夕方＋新聞＝**夕刊**
新聞＋切る＝**新聞の切り抜き**

深夜
しんや

手のひらを前に向けた両手を、顔の前でゆっくり左右から交差。

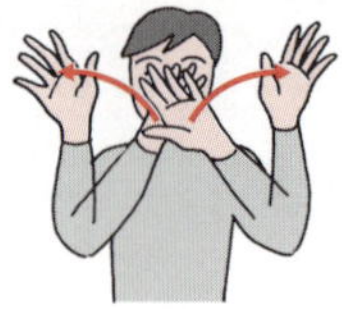

明るい

参 ゆっくりではなく、普通のスピードで交差させると、「**夜**」となる。

反 逆に、合わせた両手を左右に開くと、「**明るい**」「**晴れ**」。

同 真っ暗

使い方例
- 深夜＋電車＝**夜行列車**
- 深夜＋お金＝**深夜料金**
- 深夜＋仕事＝**深夜業**
- 深夜＋税金＝**深夜税**

信用
しんよう

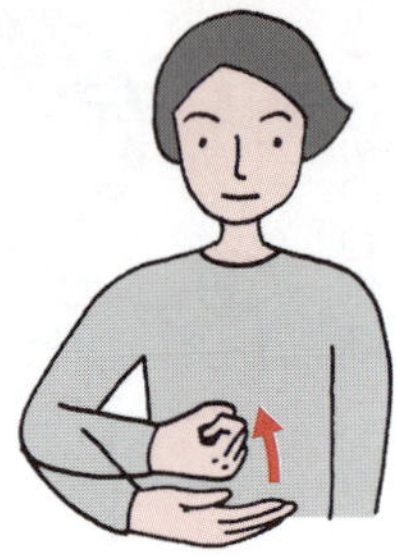

右手の手のひらを上に向けてお腹の前におき、上げながら握る。

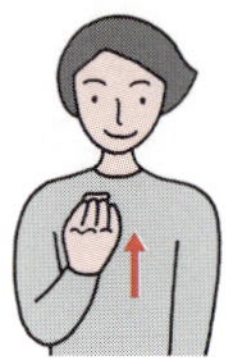

持つ

参 体の前で手を握ると、「**持つ**」。

同 自信・自信を持つ・信じる・信頼

使い方例
- 信用＋銀行＝**信用金庫**
- あなた＋信用＋～できる＝**あなたは信用できる**

す

自分から見た形

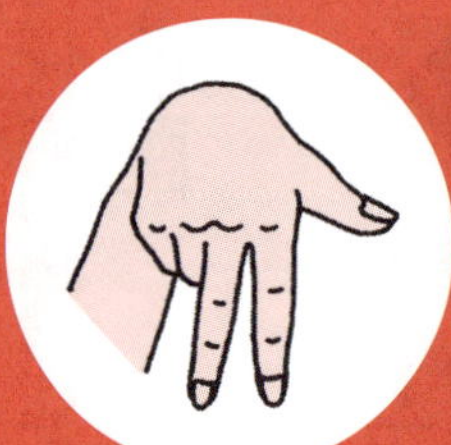

相手から見た形

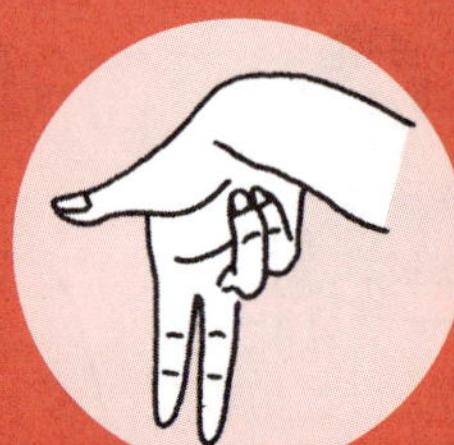

自分から見て「ス」の形になる。

水泳
すいえい

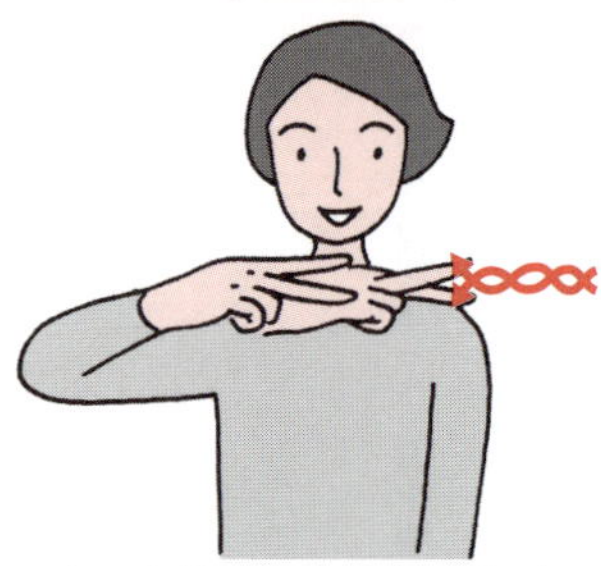

右の人差し指と中指を伸ばし、交互に上下させて右に動かす。

解 右手の2本の指を交互に動かしながら足に見立て、バタバタさせて泳ぐ様子を表す。

参 2本の指を交互に動かしながら斜め下に動かすと、「**ダイビング**」の意味になる。

同 泳ぐ・プール

使い方例
- 水泳＋大会＝**水泳大会**
- 水泳＋教える＋部屋＝**水泳教室**
- 水泳＋選手＝**水泳選手**

すいか
すいか

両手を軽く曲げて上に向け、口元で左右に動かす。

解 両手ですいかを持って食べる様子を表す。

参 両手をさらにわん曲させて、手首を手前に回すと「**とうもろこし**」になる。

使い方例
温かい＋部屋＋すいか＝**温室すいか**
すいか＋（棒を持って下に振る）＝**すいか割り**

すいどう
水道

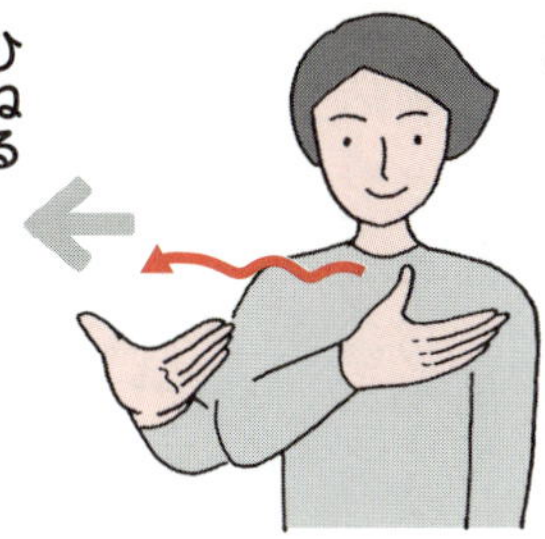

右手を上向きにして、揺らしながら右に動かす。

右手の指を曲げて、手首をひねって回す。

解 水…水が流れる様子から。ひねる…水道の栓をひねる様子を表す。

同 水…水分・水曜日

使い方例
水道＋お金＝**水道料金**
水道＋工事＝**水道工事**
下＋水道＝**下水道**
水道＋汚い＝**水道水が汚い**

すいようび
水曜日

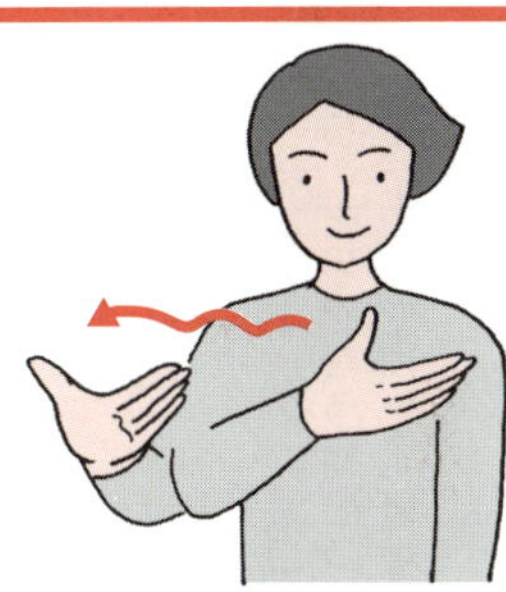

右の手のひらを上向きにし、左から右に動かす。

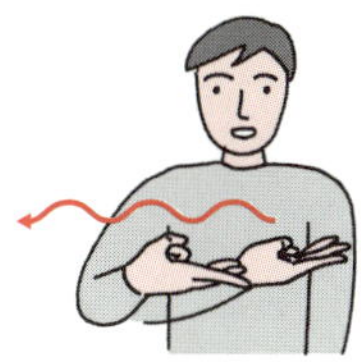

河(川)

解 水が流れる様子を表す。

参 人差し指と中指、薬指だけで動かすと、「**河(川)**」となる。

同 水分・水

使い方例
今週＋水曜日＝**今週水曜日**
水曜日＋まで＝**水曜日まで**
水曜日＋定める＋休む＝**水曜定休**

ずうずうしい
図々しい

右手を軽く曲げてほおにあて、滑り下ろす。

横から見たとき

解 面の皮が厚いことから。

参 親指と人差し指の2本を曲げて、ほおを滑らせる表現もある。

同 厚かましい

使い方例
あなた＋図々しい＝**あなたは図々しい**
図々しい＋お願い＝**図々しいお願い**

スーツ

すーつ

両手の親指を立てて、ジャケットの衿の形を描く。

解 ジャケットの衿の形を表す。

同 ジャケット

使い方例
グレー＋スーツ＝**グレーのスーツ**
ブランド＋スーツ＝**ブランドスーツ**

スーツケース

すーつけーす

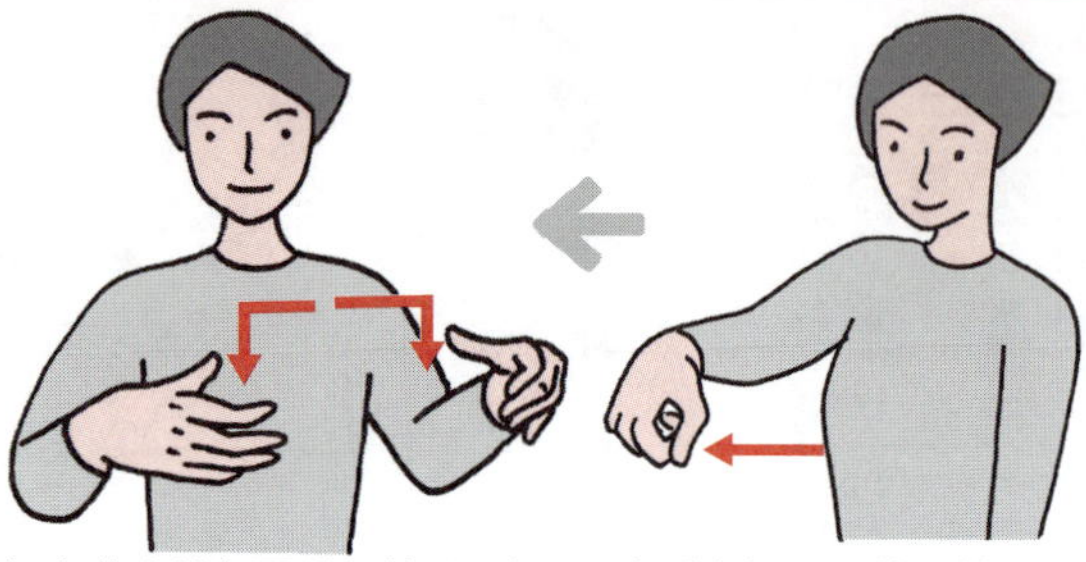

右手を握り、体の横において前に出す。

わん曲させた両手を並べ、左右に引き離してから下げる。

解 スーツケースをガラガラ引く動作と、スーツケースの四角い形を表す。

使い方例
スーツケース＋カギ＝**スーツケースのカギ**
スーツケース＋古い＝**古いスーツケース**

スーパーマーケット

すーぱーまーけっと

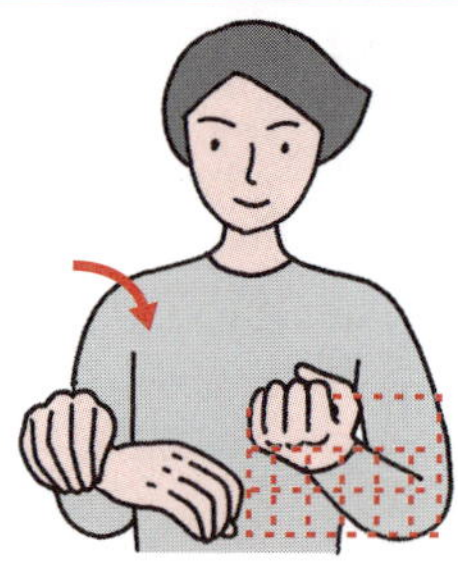

左手は軽く握り、右手はすぼめて左手の下に放り込む。

解 左手でスーパーのカゴを持ち、右手で買う物をつかんで、カゴの中に入れる様子を表す。

使い方例
スーパーマーケット＋定める＋休み＝**スーパーの定休日**
素晴らしい＋スーパーマーケット＝**高級スーパー**

スープ

すーぷ

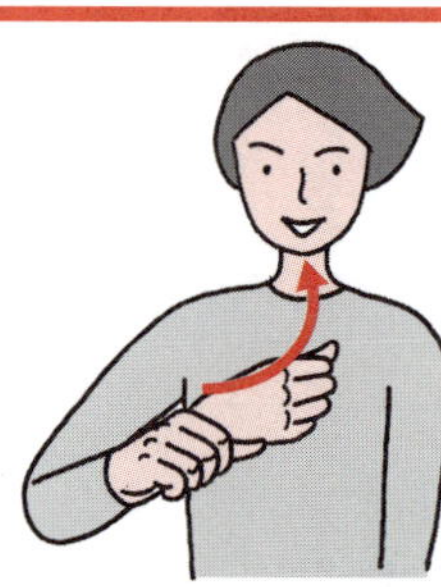

右手でスプーンを持つようにし、手前に動かし口元に持ってくる。

解 スプーンで、スープをすくって口に運ぶ様子を表す。

同 スープを飲む

使い方例
野菜＋スープ＝**野菜スープ**
卵＋スープ＝**卵スープ**
寒い＋スープ＝**冷製スープ**

すかーと

スカート

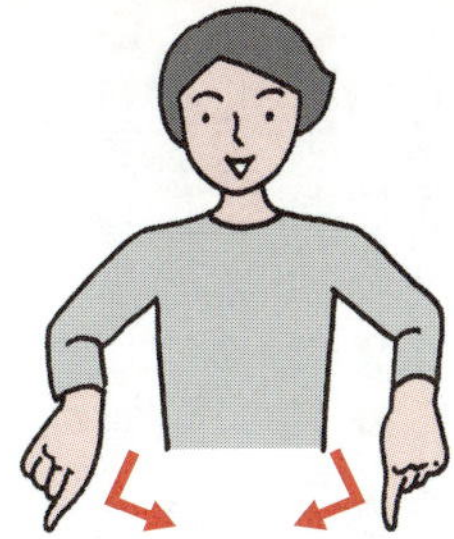

両手の人差し指を下に向け、ウエストから下げて真ん中に寄せる。

解 スカートの形を表す。

参 両手の人差し指を下げるときに、ミニスカートの場合は少し下げ、ロングスカートの場合は大きく下げる。

使い方例

皮＋スカート＝**革のスカート**

かわいい＋スカート＝**かわいいスカート**

すかーふ

スカーフ

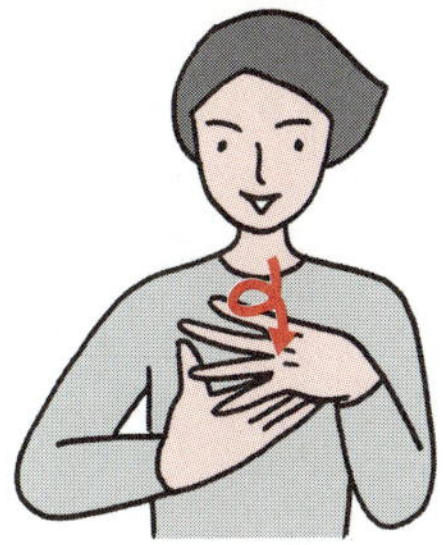

両手を首元におき、両手の手首をひねって動かす。

解 首元にスカーフを巻く様子を表す。

参 「**マフラー**」は、首にマフラーを巻く様子で表す。

使い方例

ピンク＋スカーフ＝**ピンクのスカーフ**

エルメス＋スカーフ＝**エルメスのスカーフ**

すき

好き

右手の親指と人差し指を伸ばしてのどにあて、指を閉じて下げる。

横から見たとき

参 ゆっくり下げると「**とても好き**」。また、同じ動作を2回繰り返すと「**好み**」。

反 「**嫌い**」は、親指と人差し指をくっつけて開きながら下げる。

同 希望・～したい・欲しい

使い方例

花＋好き＝**花が好き**

彼＋好き＝**彼が好き**

好き＋嫌い＋ない①＝**好き嫌いがない**

すきー

スキー

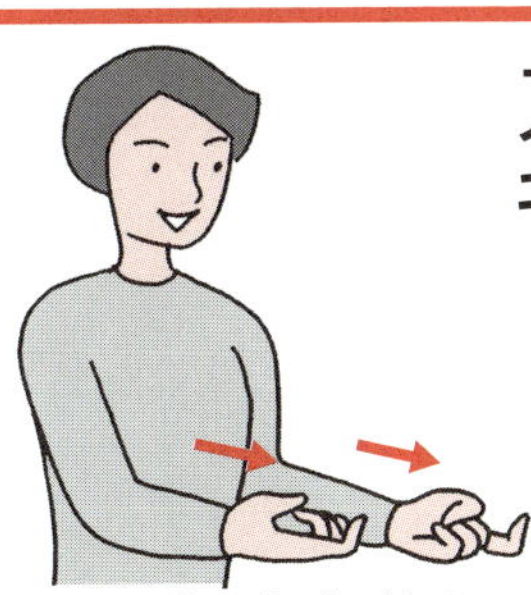

両手の人差し指を曲げて並べ、前に動かす。

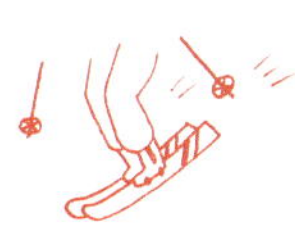

解 指をスキー板に見立て、滑る様子を表す。

参 「**スキー初心者**」は、両手の人差し指をハの字にしてボーゲンを表し、「**スキー上級者**」は板を左右に動かしてパラレルを表す。

使い方例

スキー＋場所＝**スキー場**

スキー＋旅行＝**スキー旅行**

スキー＋ストレート＋20＋年＝**スキー一筋20年**

すき焼き（すきやき）

右の人差し指と中指を伸ばして下に向け、水平に回す。

解 右手の指をはしに見立て、はしでかき混ぜて、すき焼きを作る様子を表す。

参 右手を同じ形にして熱湯に浸（つ）ける動作を繰り返すと、「**しゃぶしゃぶ**」になる。

使い方例
すき焼き＋有名＋店＝**すき焼きの有名店**
すき焼き＋鍋＝**すき焼き鍋**
すき焼き＋丼＝**すき焼き丼**

過ぎる（すぎる）

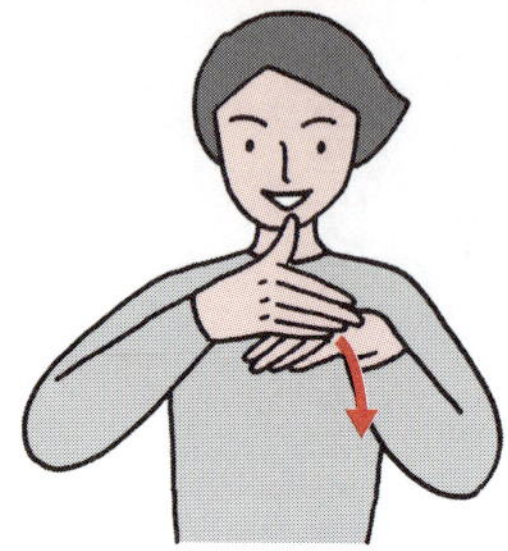

左手の甲に右手を垂直にのせ、前に滑らせる。

横から見たとき

参 2回前に滑らせると「**残業**」になる。

同 オーバー・超える・越える・遅刻

使い方例
時間＋5＋過ぎる＝**5時過ぎ**
食べる＋過ぎる＝**食べ過ぎ**
乗る＋過ぎる＝**乗り越し**
遅い＋過ぎる＝**遅過ぎる**

すぐ（すぐ）

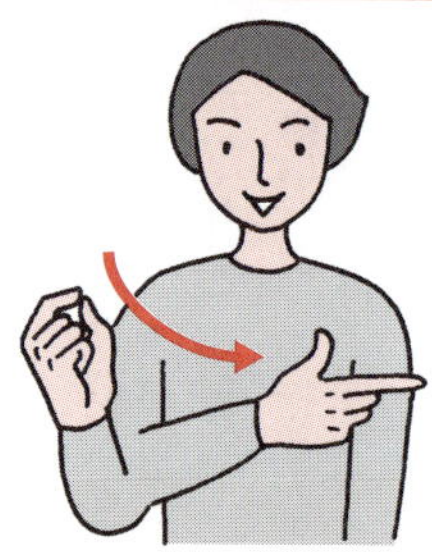

右の親指と人差し指をくっつけ、パッと離しながら、左に動かす。

少し

参 左の方向に向けず、そのままはじくと「**少し**」になる。

同 急いで・急ぐ・急行・早い・速い

使い方例
さらに＋すぐ＝**もっと早く**
すぐ＋行く＝**すぐ行く**
すぐ＋送る＝**速達**
すぐ＋効果＝**即効**

少ない（すくない）

右手の人差し指の爪を、親指ではじく。

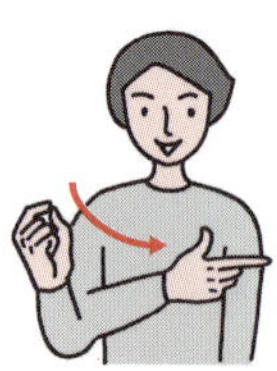

すぐ

参 右の親指と人差し指をつけ、パッと離しながら、左に動かすと、「**すぐ**」になる。

同 少し・ちょっと

使い方例
少ない＋待つ＋お願い＝**少々お待ちください**
お金＋少ない＝**お金が少ない**

すけーと

スケート

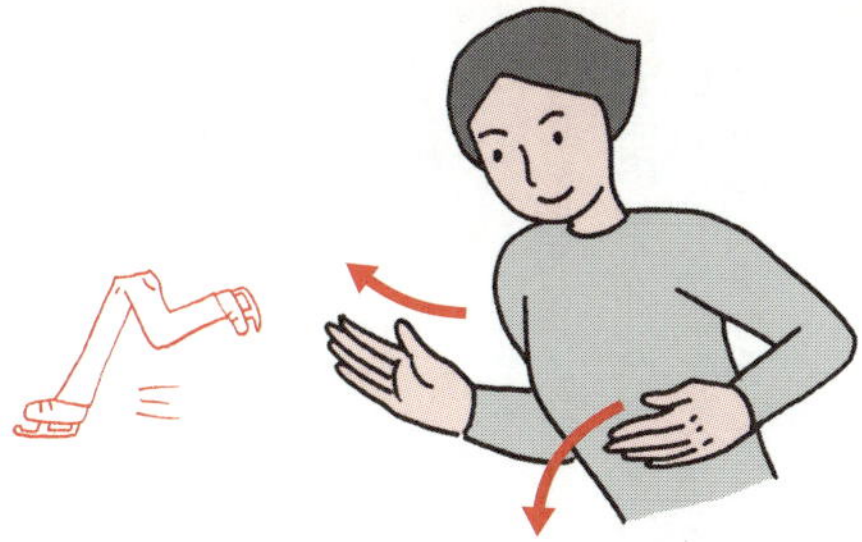

両手の手のひらを向かい合わせて、斜め前へ交互に動かす。

解 両手をスケートのエッジに見立てて、滑る様子から。

参 「**フィギュアスケート**」は、「スケート」のあと、人差し指と中指を足に見立て、回しながらジャンプする様子で表す。

使い方例
スケート＋女性＝**女子スケート**
スケート＋大会＝**スケート大会**

すけじゅーる

スケジュール

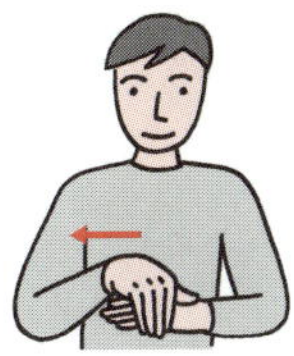

予定

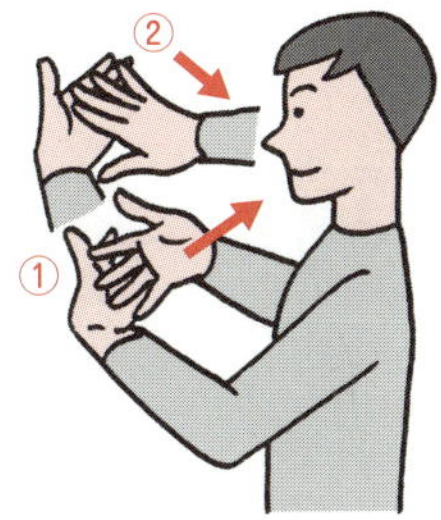

右の指先を左手にのせて横に動かし、手首を返して縦に動かす。

解 スケジュール表のマス目を表す。

参 手のひらを下向きにした左手の小指側に右手の指をあて、右へ動かす「**予定**」でも表現できる。

同 原稿・チェック柄・伝票・表

使い方例
スケジュール＋手帳＝**スケジュール帳**
スケジュール＋調べる＝**スケジュール確認**

すごい

すごい

右手を前にひねる。　わん曲させた右手を頭の横におく。

解 ある思いがねじれていることから。

参 両手を互い違いにねじるようにすると、「**(どこか) 調子がおかしい**」になる。

使い方例
バーゲン＋行列＋すごい＝**バーゲンのとき、すごい行列ができていた**
話す＋すごい＝**すごい話**

すこし

少し

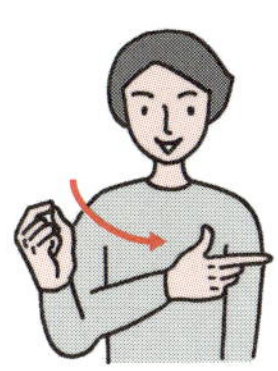

すぐ

右手の人差し指の爪を、親指ではじく。

参 右の親指と人差し指をつけ、パッと離しながら、左に動かすと、「**すぐ**」になる。

同 少ない・ちょっと

使い方例
少し＋待つ＋お願い＝**少々お待ちください**
少し＋構わない＝**少しでいいです**

すし

すし

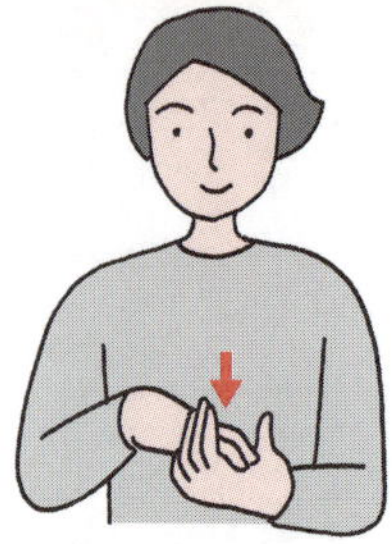

わん曲させた左の手のひらに、右手の人差し指と中指をのせる。

解 すしを握る様子を表す。

参 左手の指を伸ばし、手のひらに右手の2本の指をポンとあてると、「**決める**」になる。

使い方例
皿(回す)＋すし＝**回転ずし**
江戸＋すし＝**江戸前ずし**

涼しい

すずしい

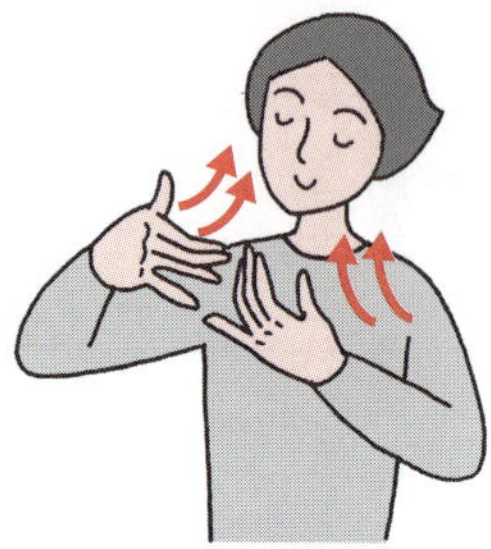

前方から顔に風を送るような感じで、両手を数回手前に動かす。

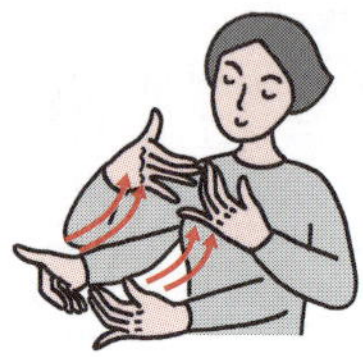

暖かい

反 お腹のあたりから、すくうように数回風を送ると「**暖かい**」となる。

同 秋

使い方例
涼しい＋季節＝**涼しい季節**
顔＋涼しい＝**涼しい顔**
涼しい＋やっと＝**やっと涼しくなった**

進む

すすむ

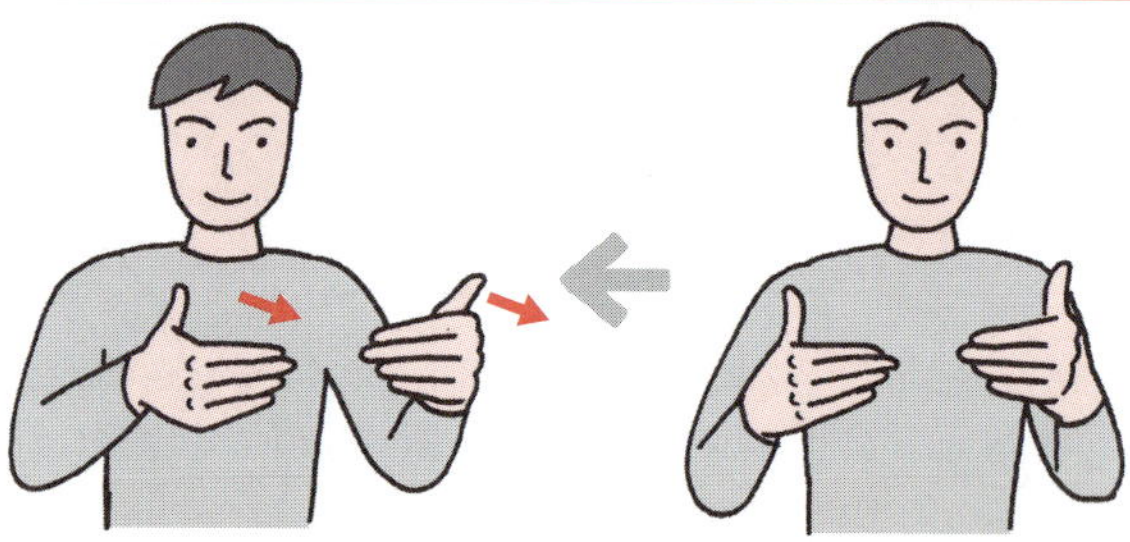

両手の手のひらを手前に向けて指をそろえ、並べる。

そのまま前に出す。

参 スッと前に出す表現と、トントンと下ろしながら前に出す表現とがある。前者はスムーズに物事が運ぶ様子、後者は一歩一歩少しずつ進む様子。

同 進行・進歩

薦める

すすめる

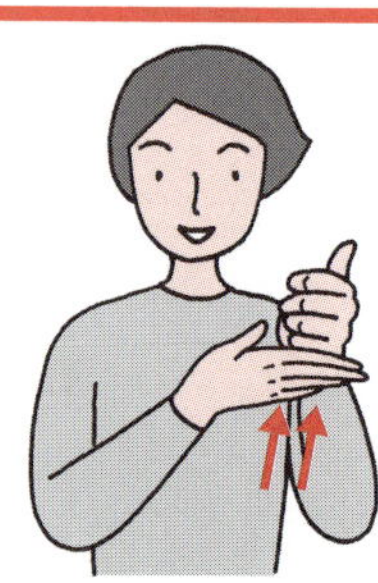

親指を立てた左手を、右手の手のひらで下から2回たたく。

横から見たとき

参 左手の親指を、右手の人差し指で手前からつつく表現もある。

同 お薦め・推薦

使い方例
学校＋薦める＝**学校推薦**
あれ＋店＋薦める＝**あの店はお薦め**

すたいる（ようし）

スタイル(容姿)

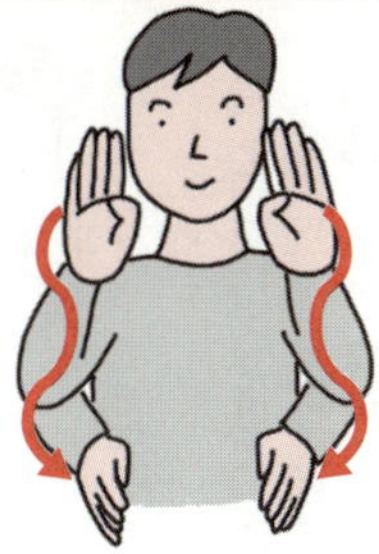

両手のひらを左右にかまえ、体の形を表すように動かしながら下ろす。

同 グラマー

使い方例
スタイル＋最高＋よい＝**スタイル抜群**
スタイル＋固い＝**スタイルを保つ**
スタイル＋相変わらず＝**スタイルが変わらない**

すたっふ

スタッフ

右手の親指、人差し指、中指を伸ばし、下に向け、左肩に2回あてる。

解 指の形は「す」の指文字。

使い方例
作る＋スタッフ＝**制作スタッフ**
映画＋スタッフ＝**映画スタッフ**
スタッフ＋グループ＋入る＝**スタッフに入る**

ずつう

頭痛

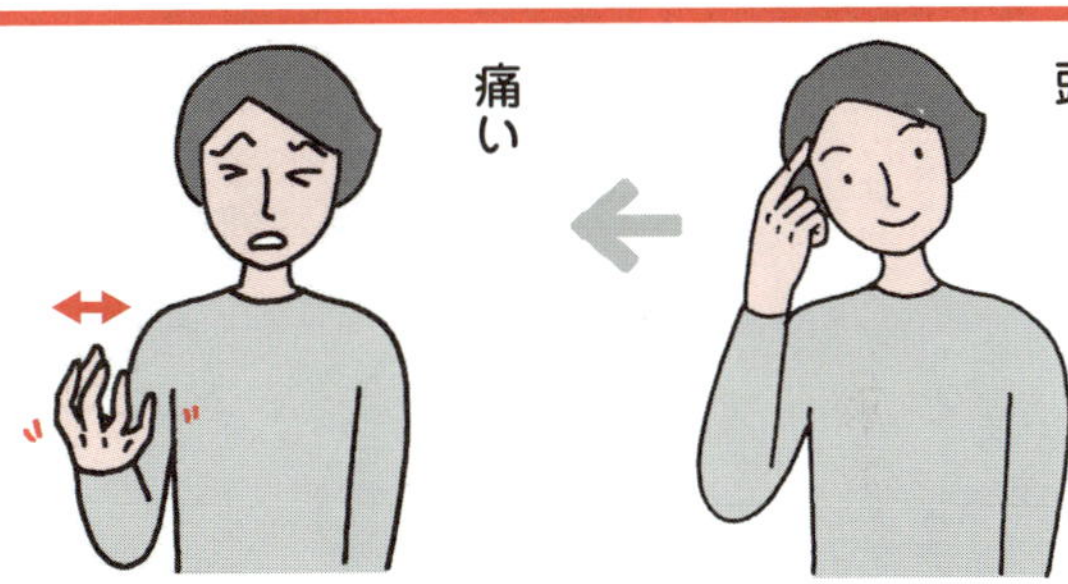

右手の人差し指を伸ばして、こめかみに触れる。

右手の指を軽く曲げて左右に小刻みに震わせる。

参 「困っている」という意味の「頭が痛い」にも使える。

使い方例
頭痛＋薬＝**頭痛薬**
頭痛＋邪魔＝**頭痛で困っている**
頭痛＋止める＝**痛み止め**

すっきり

すっきり

両手の指を額にあて、後ろにはらうように動かす。このとき、口の形は「ぱ」もしくは「ぴ」。

同 さっぱり

使い方例
あなた＋嫌い②＋すっきり＝**嫌なことは忘れなさい**
頭＋痛い＋治る＋すっきり＝**頭痛が治ってすっきりした**

ずっと
ずっと

両手の親指と人差し指でそれぞれ輪を作ってからませ、前に出す。

横から見たとき

参 輪を前方に出すほど「長い間」「永遠に」の意味。前後に2回動かすと「**連絡**」となる。

同 だから・伝える・続く・連絡する

使い方例
ずっと＋仕事＝**ずっと働く**
あと＋ずっと＝**これからもずっと**

酸っぱい
すっぱい

すぼめた右手を口元に持っていき、前に出す。

参 酸っぱそうな表情をしながら。なお、調味料の「**酢**」は、指文字の「ス」で表す。

使い方例
果物＋酸っぱい＝**酸っぱい果物**
酸っぱい＋味＝**酸っぱい味**
甘い＋酸っぱい＝**甘酸っぱい**

ステーキ
すてーき

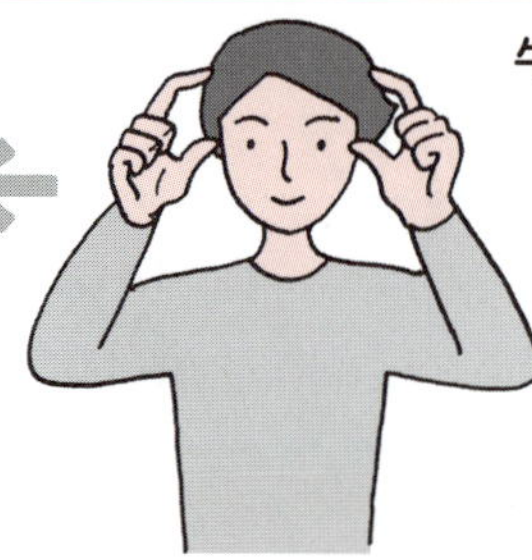

両手の人差し指を曲げ、親指を頭の両横におく。

両手でこぶしを作り、右手を前後に動かす。

参 「レストラン」の左手を口元に持っていくと、「**ステーキを食べる**」となる。

使い方例
指文字の「ヒ」「レ」＋ステーキ＝**ヒレステーキ**
ステーキ＋定める＝**ステーキ定食**

素敵な
すてきな

手のひらを下向きにした右手の人差し指側を鼻の下にあて、右に引く。

横から見たとき

参 右手の指はまっすぐにする。

同 偉い・豪華・高級・立派な

使い方例
素敵な＋建物＝**高級マンション**
洋服＋素敵な＝**素敵な洋服**

すてる
捨てる

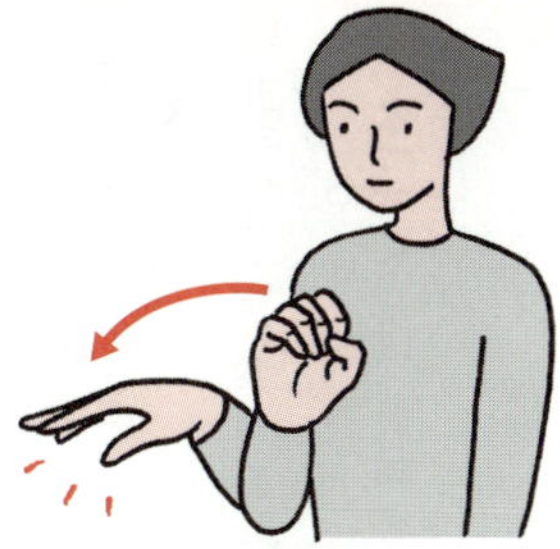

開いた手を握り、斜め下に向けてパッと開く。

解 物を捨てる様子を表す。

参 そのまま真下にパッと開くと「**落とす**」の意味になる。

同 放り投げる

使い方例
使う＋捨てる＝**使い捨て**
タバコ＋捨てる＝**タバコのポイ捨て**
ねこ＋捨てる＝**捨てねこ**

すとーかー
ストーカー

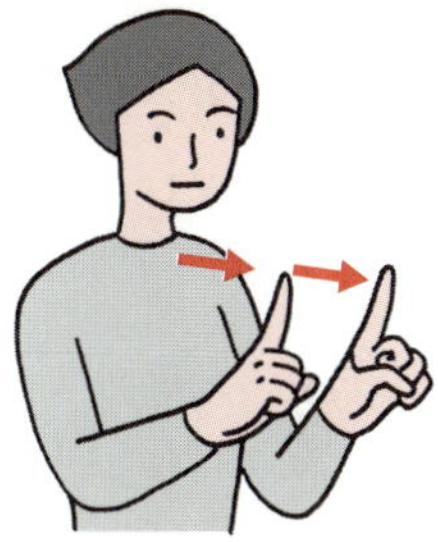

右の人差し指で左の人差し指を追うようにし、両手を前に出す。

解 両手の指をそれぞれ人に見立て、人が人を追う様子を表す。

同 追う

使い方例
ストーカー＋殺す＝**ストーカー殺人**
ストーカー＋犯人＝**ストーカー犯**

すとーぶ
ストーブ

両手の手のひらを前に向けて並べる。

解 ストーブにあたる様子を表す。

同 電気ヒーター

使い方例
電気＋ストーブ＝**電気ストーブ**
ガス＋ストーブ＝**ガスストーブ**

すとっきんぐ
ストッキング

両手でストッキングを持ち、引っ張るように上げるしぐさをする。

解 ストッキングをはく様子を表す。

参 左手の甲に右手をのせ、腕に沿って上げながら立てると、「**靴下**」となる。

使い方例
透明＋ストッキング＝**シースルーストッキング**
厚い＋ストッキング＝**タイツ**

ストレート

すとれーと

左手の手のひらに右手を垂直におき、まっすぐ前に出す。

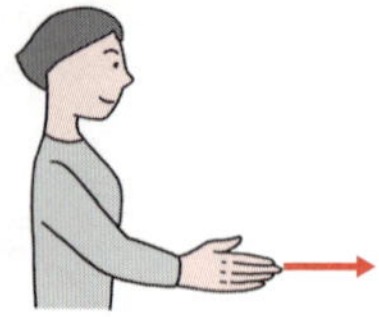
まっすぐ

解 曲がらず一直線であることを表す。

参 「**まっすぐ**」は、右手をまっすぐ前に出す。

同 一方・コース・直接・一筋

使い方例
ストレート＋合う＝**一方的**
サッカー＋ストレート＝**サッカー一筋**

ストレス

すとれす

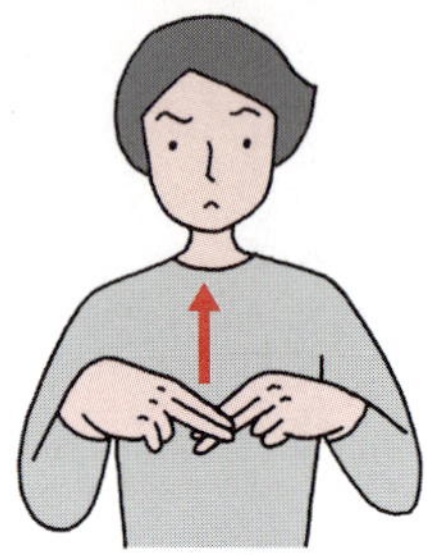
両手の人差し指と中指を伸ばして指を重ね、上げていく。

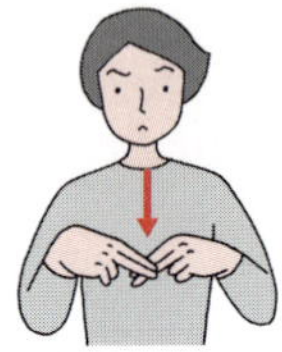
ストレスがなくなる

解 ストレスがたまる様子を表す。

反 指を下げると、「**ストレスがなくなる**」となる。

同 たまる

使い方例
仕事＋ストレス＝**仕事のストレスがたまる**
ストレス＋なくなる②＋方法＝**ストレス解消法**

砂

すな

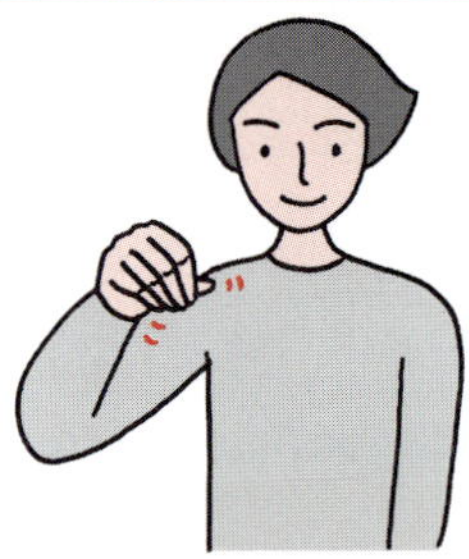

右手の指をすぼめて、指先をこすり合わせる。

解 砂をパラパラと落とす様子を表す。

同 粉・土・土曜日

使い方例
砂＋海岸＝**砂浜**
砂＋遊ぶ＝**砂遊び**
砂＋場所＝**砂場**
カレー＋砂＝**カレー粉**

素直

すなお

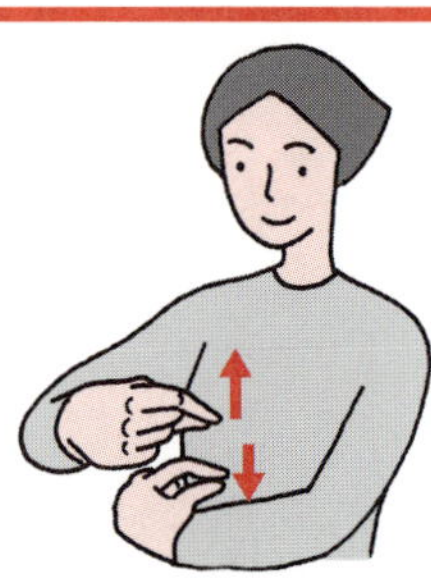
何かをつまむ形にした両手を胸に上下におき、上下に少し引き離す。

片手でも表せる

解 気持ちがまっすぐであることを表す。

参 片手だけでも表現できる。

同 正直・正しい・まじめ

使い方例
子ども＋素直＝**素直な子ども**
心＋きれい＋素直＝**純粋な心**
素直＋謝る＝**素直に謝る**

すのーぼーど
スノーボード

両手でバランスを取るしぐさをする。

解 スノーボードに乗って、バランスを取りながら滑る様子を表す。

参 両手の手のひらを下にして、前後に並べて前に2回出す表現もある。

使い方例
スノーボード＋夢中＝**スノーボードに夢中**
プロ＋スノーボード＝**プロスノーボーダー**

すばらしい
素晴らしい

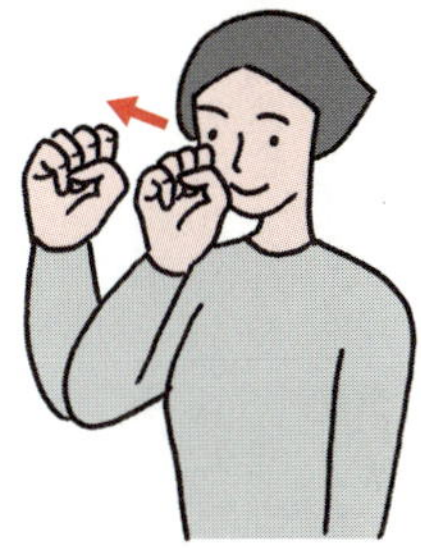

横から見たとき

右手のこぶしを鼻の前におき、ひじを軸にして斜めに上げる。

参 こぶしを鼻から前に出すと「**よい**」の意味になる。また、右手を鼻の下にあてて右に引く「**素敵な**」の手話単語でも表すことができる。

使い方例
映画＋素晴らしい＝**素晴らしい映画**
素晴らしい＋人①＝**素晴らしい人**

すぷーん
スプーン

右手でスプーンを持つようにし、手前に動かす。

解 スプーンで食べ物をすくって食べる様子を表す。

参 スプーンを口元まで持ってくると、「**スープ**」になる。

使い方例
白＋金＋スプーン＝**銀のスプーン**
スプーン＋必要＝**スプーンが必要**

すぽーつ
スポーツ

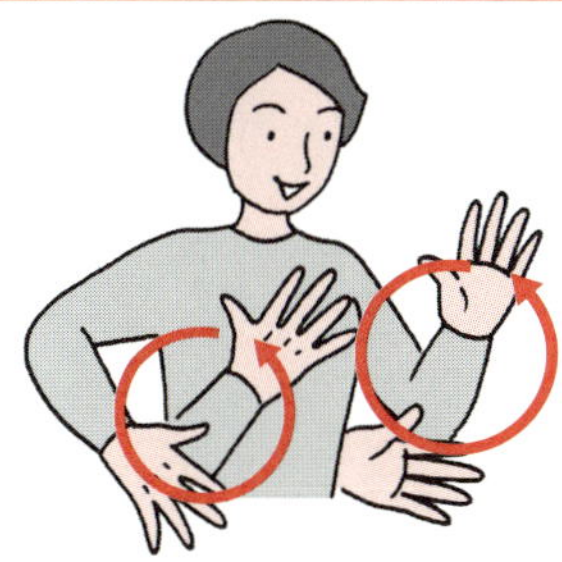

両手の指を開いて体と垂直におき、交互に前に回す。

解 手を振って走る様子を表す。

参 両手を握って体の前で交互に前後させると、「**走る**」になる。

使い方例
スポーツ＋グループ＝**スポーツクラブ**
スポーツ＋選手＝**スポーツ選手**

すまーとふぉん

スマートフォン

左手の手ひらの上で、右手の人差し指を左右に振る。

解 スマートフォンを操作している様子を表す。

使い方例
「I」+スマートフォン=**iPhone**
スマートフォン+機械+種類+交換=**スマートフォンに機種変更する**

すみません

すみません

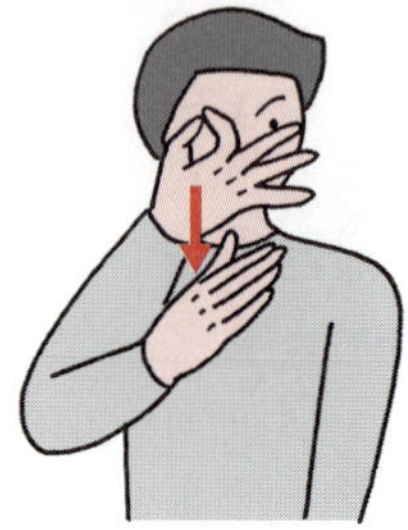

親指と人差し指で眉間（みけん）をつまむようにし、指を伸ばして前に出す。

横から見たとき

参 右手の親指と人差し指を眉間（みけん）におくだけだと、「**迷惑**」となる。

同 ごめんなさい・謝罪・申し訳ない

使い方例
遅刻+すみません=**遅刻してすみません**
すみません+謝る=**お詫び**

すむ

住む

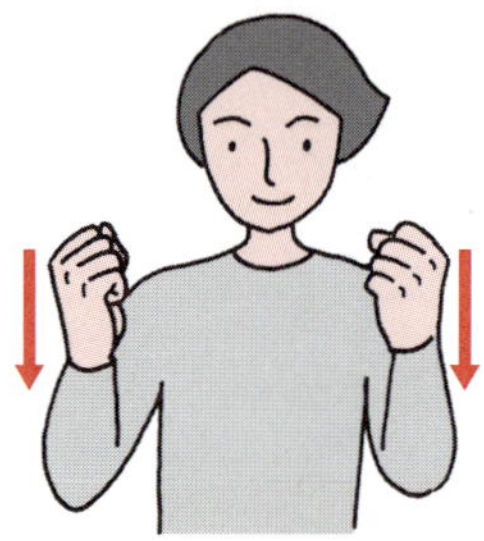

手のひらを内側に向けた両手でこぶしを作って、下げる。

横から見たとき

参 「**暮らす**」は、両手の親指と人差し指を伸ばして左右に並べ、2回右に回して表す。

同 居る・存在

使い方例
住む+四角=**住民票**
住む+部屋=**居間**
彼+住む=**彼がいる**
家+住む=**住所**

すむーず

スムーズ

右手の人差し指をほおにあて、あごに向かって滑らせる。

ほかの表現

解 スッと滑らせることで、「滑らかに進む」という意味を表す。

参 人差し指でなく、5本の指を伸ばして滑らせる表現もある。

同 ～しやすい・～になりやすい

使い方例
会議+スムーズ=**会議がスムーズに進む**
風邪+スムーズ=**風邪をひきやすい**

相撲 すもう

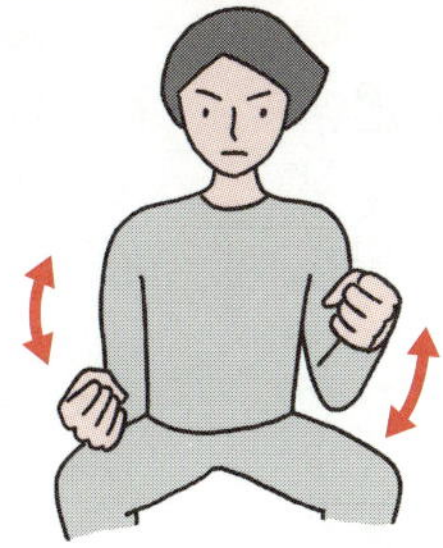

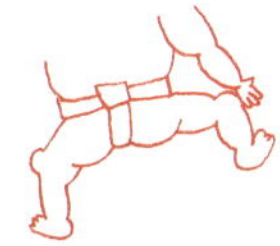

両手のこぶしを強く握り、交互にももをたたく。

解 シコを踏む様子を表す。

参 ももでなく、お腹の脇を交互にたたくと、「**おもしろい**」になる。

使い方例
相撲＋試合＝**相撲の試合**
相撲＋建物＝**両国国技館**
相撲＋ファン＝**相撲ファン**
相撲＋鍋＝**ちゃんこ鍋**

スランプ すらんぷ

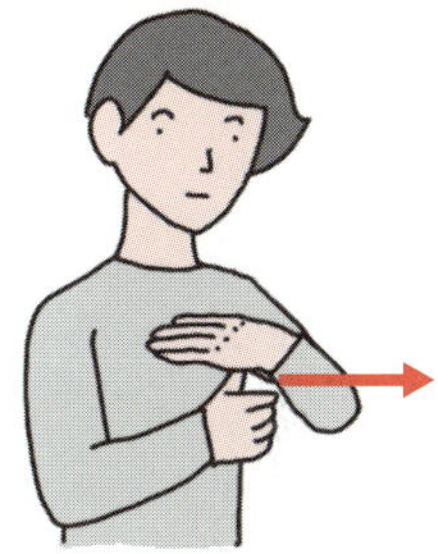

下に向けた左手の手ひらに、右手の親指をあて、両手とも前に出す。

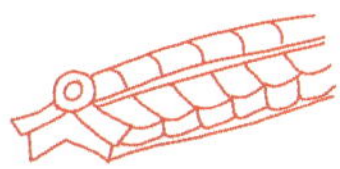

「うだつ」

解 なかなか上に突破できずに、そのまま進んでしまっている様子を表す。

同 まんねり・うだつがあがらない

使い方例
スランプ＋越える＝**スランプを脱出する**
スランプ＋中＝**スランプ中です**
スランプ＋ない④＝**スランプになったことがない**

スリッパ すりっぱ

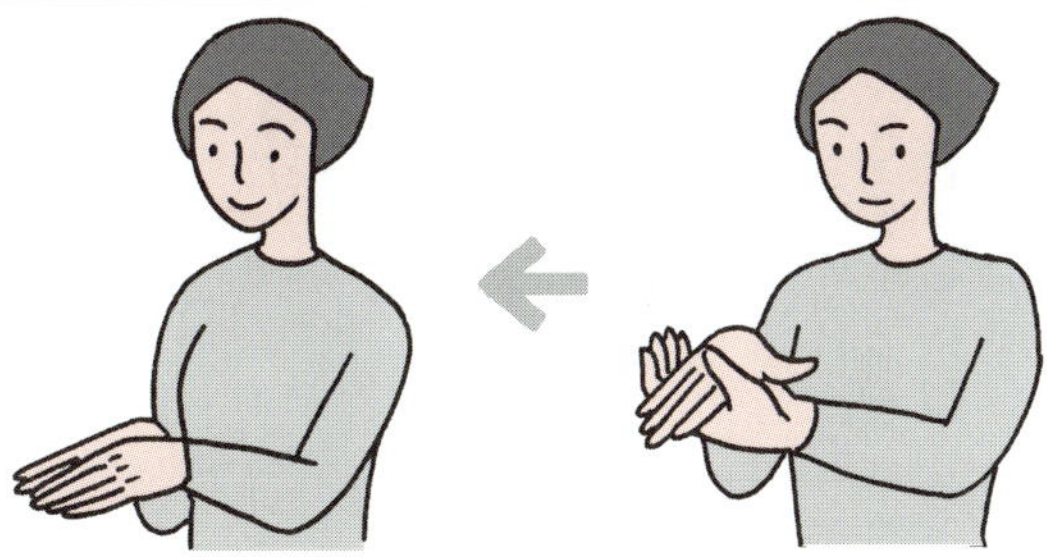

わん曲させた左手に、右手を滑り込ませる。

両手の手のひらを下に向けて並べる。

解 スリッパに足を入れる様子と、スリッパをそろえる様子から。

参 サンダル状のスリッパは、甲があたる部分の形を表現する。

する する

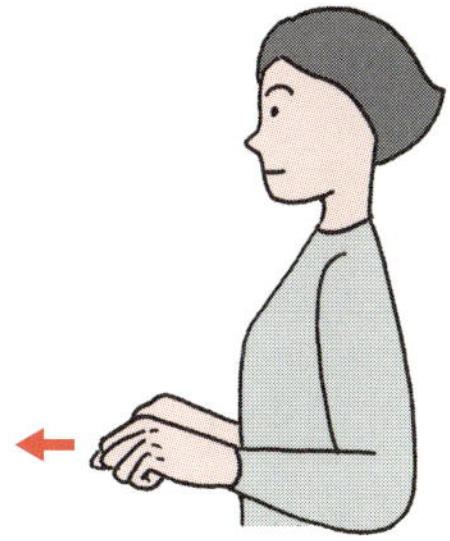

両手でこぶしを作って体の前におき、同時に前に出す。

前から見たとき

参 前に出さずに上下させると、「**元気**」となる。

同 行う・実行・やる

使い方例
本当＋する＋員＋会＝**実行委員会**
休日＋する＋何？＝**休日は何をしますか？**

ずるい
ずるい

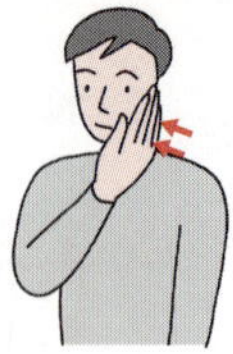
大事、大切

右手の甲を左ほおにあて、こする。

参 手のひらを2回あてると「**大事**」「**大切**」となる。また、手のひらを右のほおに2回あてると、「**おいしい**」となる。

使い方例
- ずるい＋止める＝**ずるしないで**
- ずるい＋賢い＝**ずる賢い**
- 性格＋ずるい＝**ずるい性格**

鋭い
するどい

鈍い

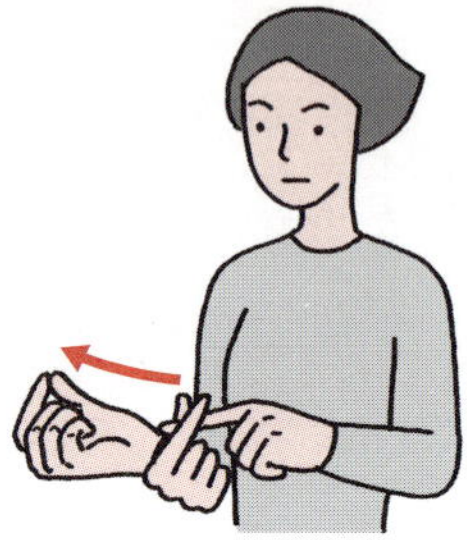
右の親指と人差し指で左手の人差し指をつまみ、引き上げる。

反 「**鈍い**」は、右手の手のひらで左手の人差し指をおおい、左手を開いて指の間隔を広げるようにする。

使い方例
- ナイフ＋鋭い＝**鋭いナイフ**
- 頭＋神＋鋭い＝**神経質**
- 肌＋鋭い＝**敏感肌**
- 感じる＋鋭い＝**勘が鋭い**

すれ違う
すれちがう

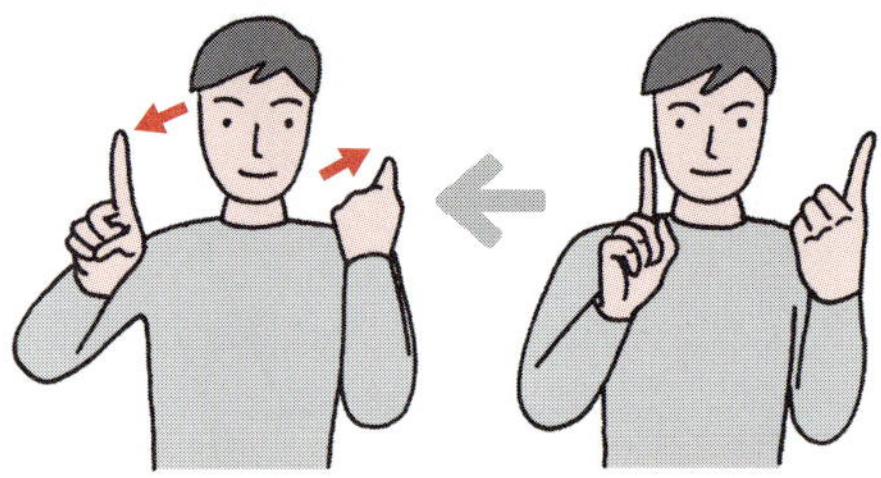
両手の人差し指を立て、甲が左右逆になるように並べる。

手首をねじって交互に前後させる。

解 人と人が通り過ぎていくことを表す。

参 人がすれ違う場合に使う。人差し指を向かい合わせて交差させる表現もある。また、2回繰り返して表現すると「**すれ違い生活**」。

使い方例
- 友達＋すれ違う＝**友達とすれ違う**
- いつも＋すれ違う＝**すれ違いの日々**

座る
すわる

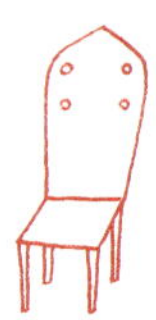

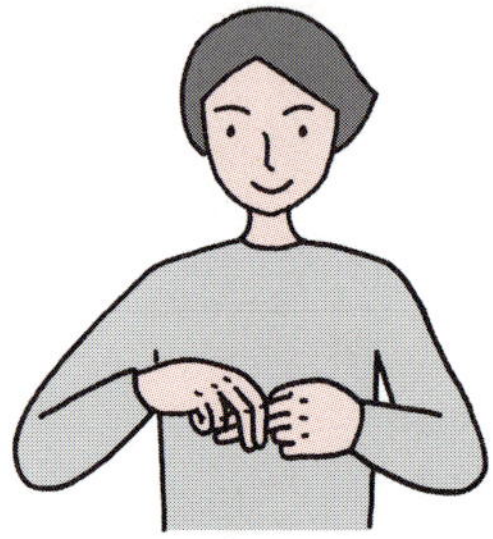
左の人差し指と中指に右の人差し指と中指をのせ、指を曲げる。

解 椅子に座る様子を表す。

参 畳などに座るときは、右手の人差し指と中指を折り曲げ、左の手のひらにのせて表現する。

同 椅子・出席する・席・乗り物・乗る

使い方例
- 座る＋構わない？＝**掛けていいですか？**
- 座る＋方法＝**座り方**
- 疲れる＋座る＝**疲れて座る**

せ

「背（せ）」が高い指＝中指を立てる。

性格（せいかく）

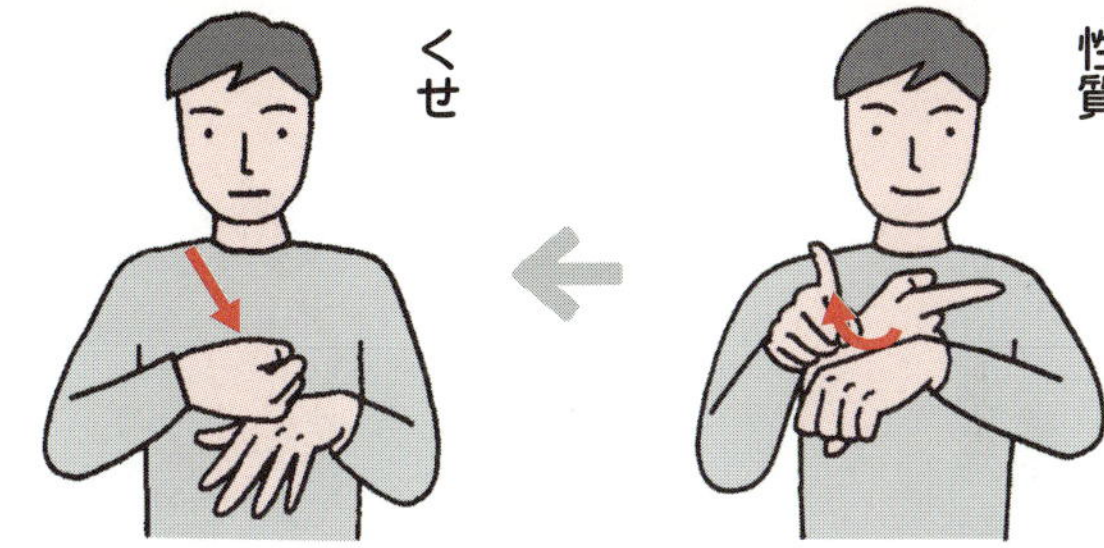

左の甲に右の人差し指をあて、すくい上げるように動かす。

右手を下げながら握り、左の甲に打ちつける。

使い方例

- 明るい＋性格＝**明るい性格**
- 性格＋よい＝**性格がいい**
- 性格＋占う＝**性格判断**
- 体＋性格＝**体質**

生活（せいかつ）

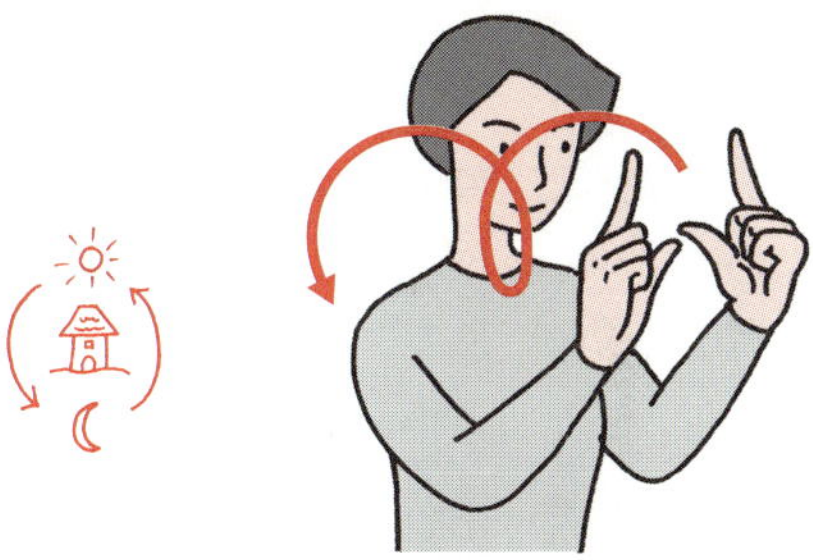

両手の親指と人差し指を伸ばして左右に並べ、2回右に回す。

参 2回だけでなく、何度も回すと、「毎日同じことを繰り返す」という意味になる。また、「**住む**」は、両手でこぶしを作って下げる。

同 暮らし・暮らす

使い方例

- 1人＋生活＝**ひとり暮らし**
- 生活＋苦労＝**生活が苦しい**
- 海外＋生活＝**海外生活**
- 田舎＋生活＝**田舎暮らし**

世紀（せいき）

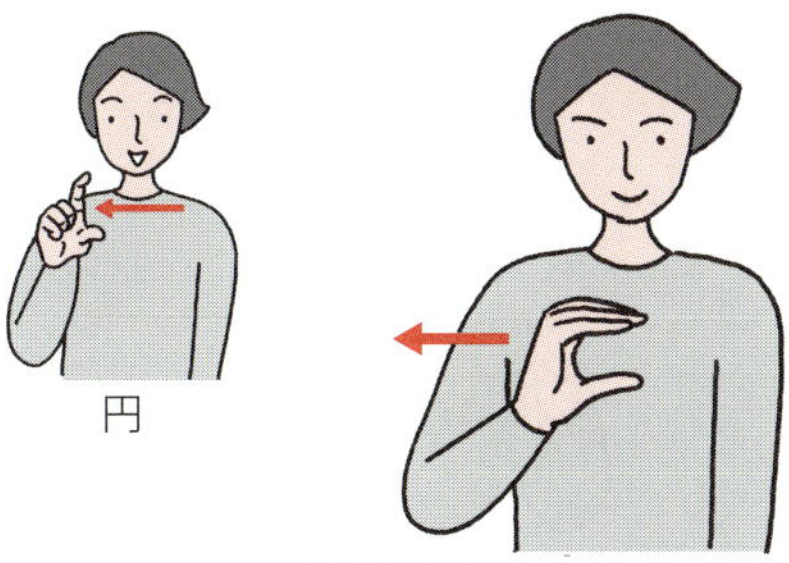

右手をわん曲させて、アルファベットの「C」を作り、右に引く。

解 世紀の英語、「Century」の頭文字の「C」を表す。

参 親指と人差し指を伸ばして右に引くと、「**円**」となる。

使い方例

- 20＋世紀＝**20世紀**
- 21＋世紀＝**21世紀**
- 世紀＋最後＝**世紀末**

請求
せいきゅう

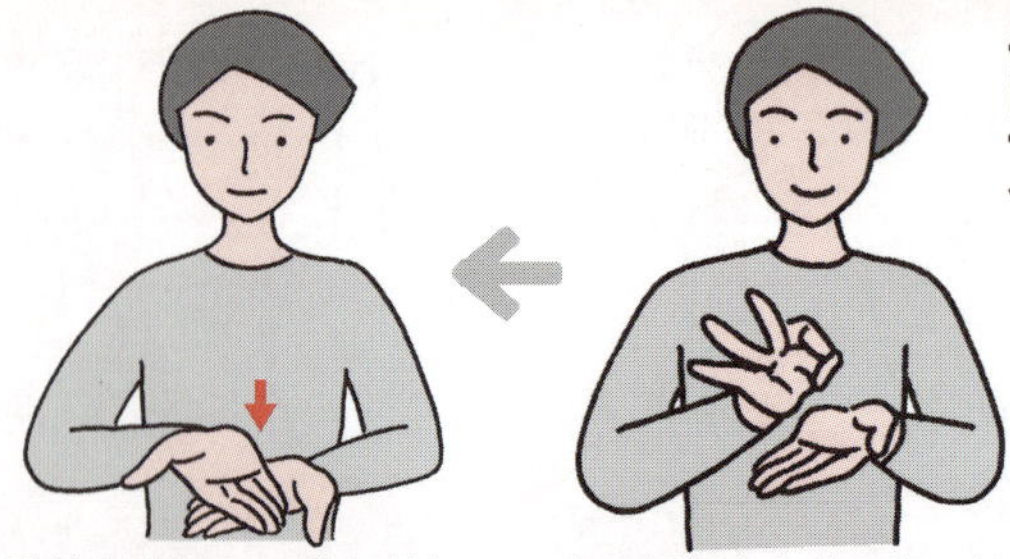

右の親指と人差し指で輪を作って左手の上におく。

手首をひねって輪を外し、左手に重ねる。

解 右手の輪は「お金」を意味し、両手を重ねるのは「求める」という意味を表す。

参 お金についてのみ使う表現。

同 催促・罰金

使い方例
請求＋紙＝**請求書**
請求＋報告＝**請求報告**
請求＋お金＝**請求金額**

税金
ぜいきん

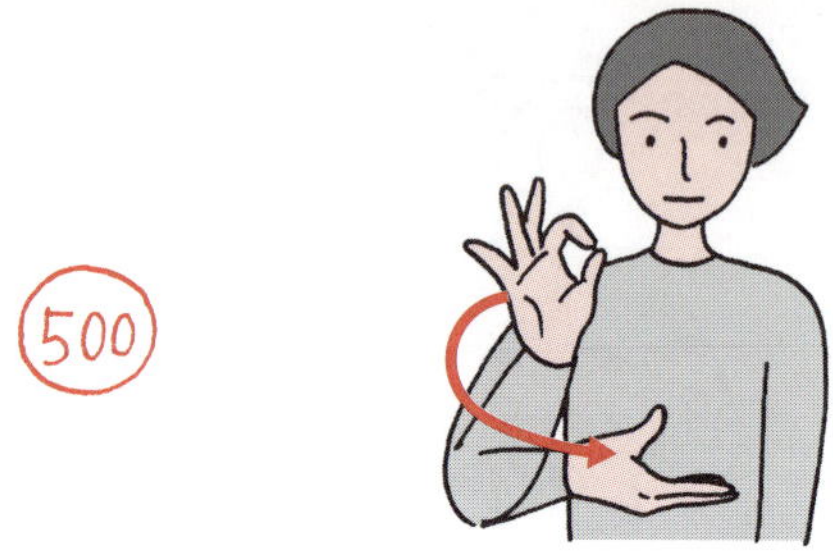

親指と人差し指で輪を作り、手首を手前にひねって指を開く。

参 手首をひねったあと、指先を前に向けると、「**罰金**」になる。

使い方例
住む＋税金＝**住民税**
税金＋場所＝**税務署**
使う＋税金＝**消費税**
夜＋税金＝**深夜税**

清潔
せいけつ

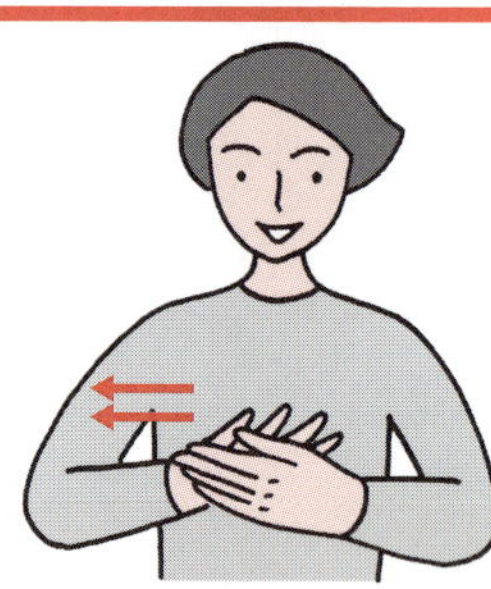

手のひらを上向きにした左手に右の手のひらをのせ、2回右に滑らせる。

横から見たとき

解 汚れがなどがついていなくて、滑らかな様子を表す。

参 1回だけ滑らせると「**きれい**」「**美しい**」「**美人**」「**素敵な**」となる。

同 衛生・さっぱり

使い方例
清潔＋感じる＝**清潔感**
清潔＋病気＝**潔癖性**
手＋清潔＋必要＝**手は清潔に**
空気＋清潔＝**空気清浄**

制限
せいげん

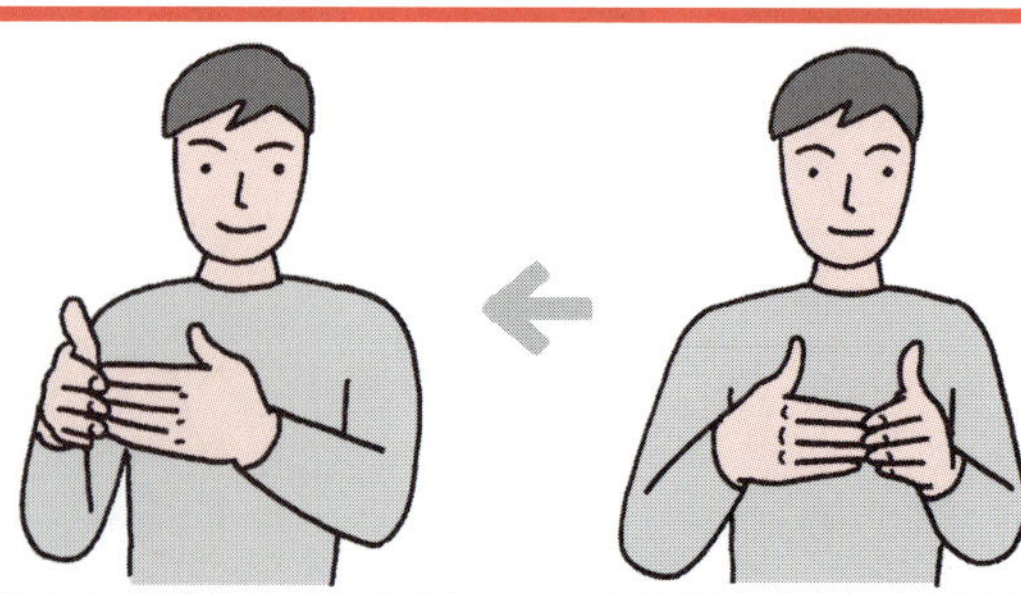

左の手のひらに右手の指先をあてる。

次に右の手のひらに左手の指先をあてる。

参 両手を縦と横に向かい合わせて近づける表現もある。

同 範囲

使い方例
制限＋ない①＝**制限なし**
つき合い＋制限＝**交際範囲**
活躍＋制限＝**行動制限**
年齢＋制限＝**年齢制限**

成功 せいこう

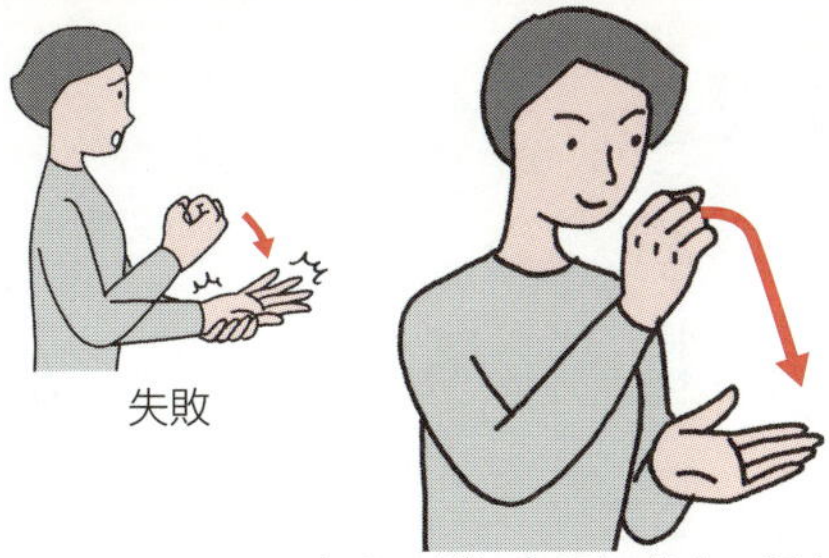

右のこぶしを鼻におき、弧を描いて下ろし、左手に打ちつける。

参 右手のこぶしを鼻の前におき、少し前に出すと、「**よい**」となる。

反 「**失敗**」は、軽く握った右手を開きながら左手に打ちつけて表現する。

使い方例
全部＋成功＝**完成**
ケーキ＋作る＋成功＝**ケーキができた**
彼＋成功＝**彼ができる**

星座 せいざ

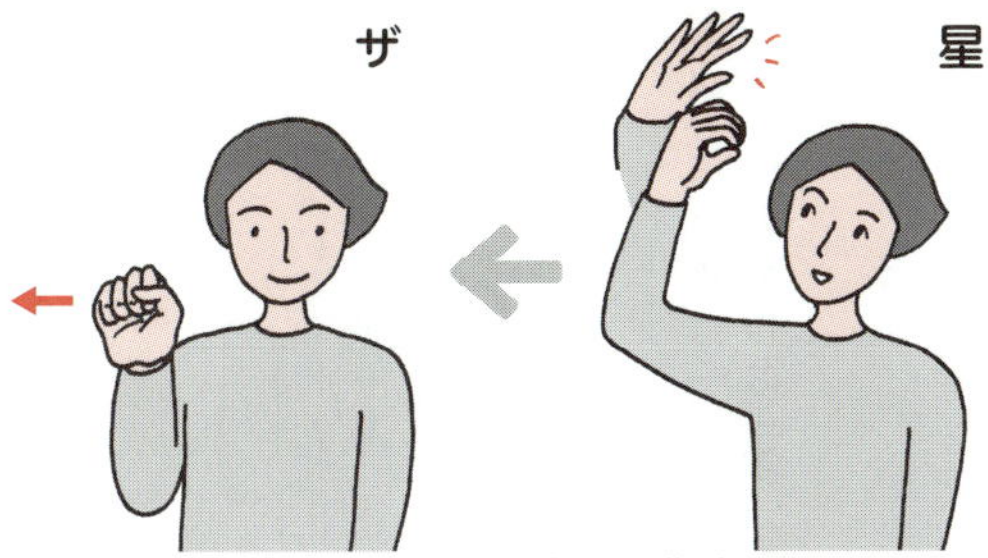

右手の指先を軽くつけ、頭の上で開いたり閉じたりする。

右手でこぶしを作って、右に動かす。

解 星…星が光る様子から。ザ…指文字の「ザ」。

参 具体的な星座名は「星」を省いて表現する。

使い方例
羊＋ザ＝**牡羊座**
牛＋ザ＝**牡牛座**
星座＋占い＝**星座占い**
12＋星座＝**12星座**

政治 せいじ

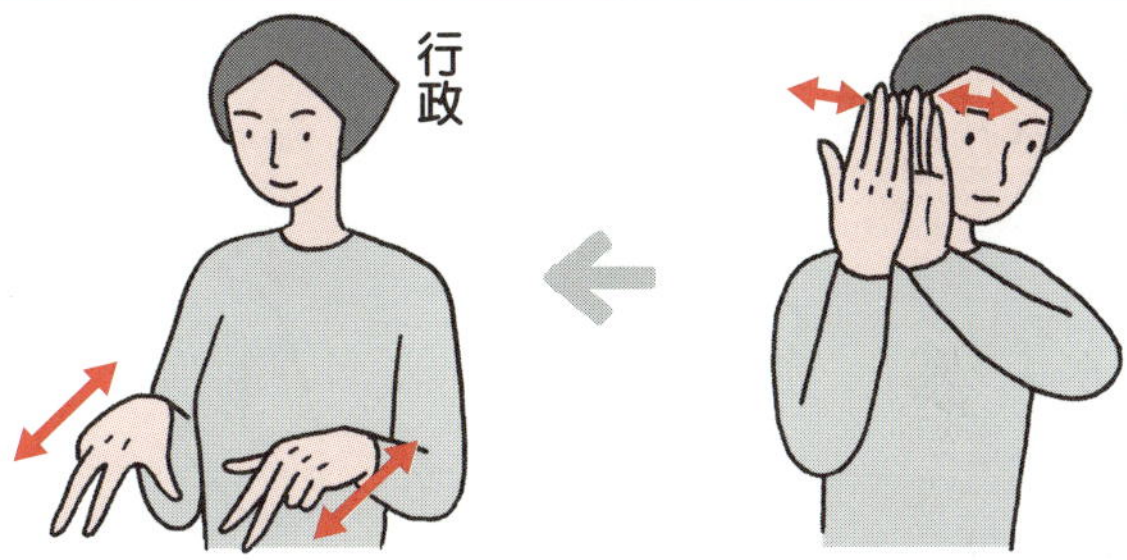

頭の横で合わせた両手を互い違いにずらす。

親指と人差し指、中指を伸ばし、交互に前後させる。

同 政府…県・省

使い方例
政治＋家＝**政治家**
政治＋問題＝**政治問題**
政治＋活躍＝**政治活動**
政治＋貯金＝**政治資金**

正式 せいしき

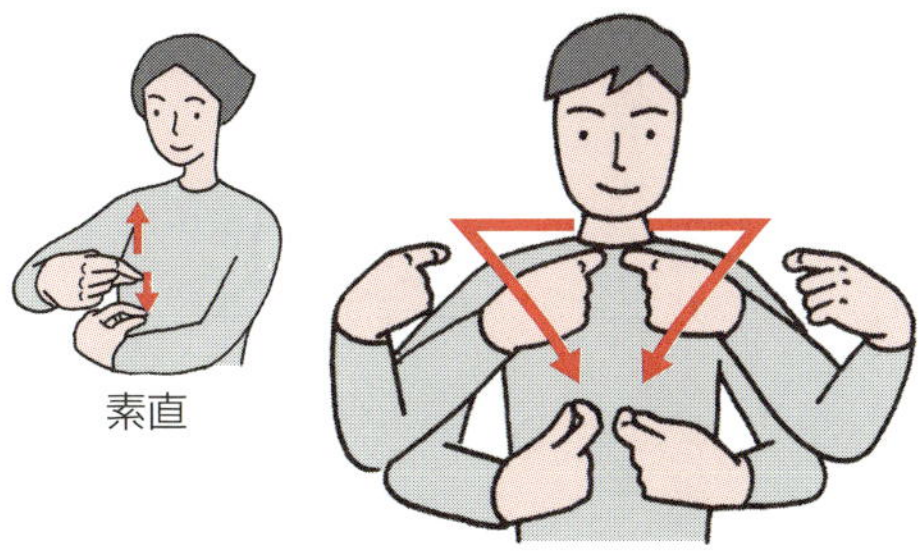

両手の親指と人差し指をそれぞれつけて胸の前におき、左右に引き離してから下げる。

解 裃(かみしも)の形から。

参 何かをつまむ形にした両手を胸の前で上下に離す「**素直**」や、右手を顔の前におき、手首をひねる「**当日**」でも表せる。

使い方例
正式＋社員＝**正社員**
正式＋文化＋書類＝**正式文書**
正式＋名前＝**正式名称**
正式＋選ぶ＝**正式採用**

性質
せいしつ

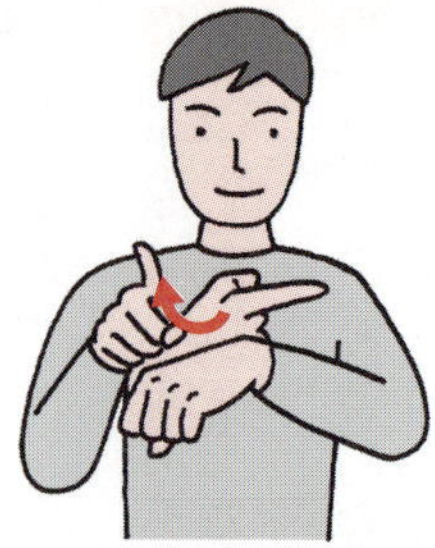

左の甲に右の人差し指をあて、すくい上げるように動かす。

解 「そこにある特性」という意味を表す。

同 くせ

使い方例
性質＋くせ＝**性格**
関係＋性質＝**関連性**
怒る＋性質＝**怒りっぽい**

精神
せいしん

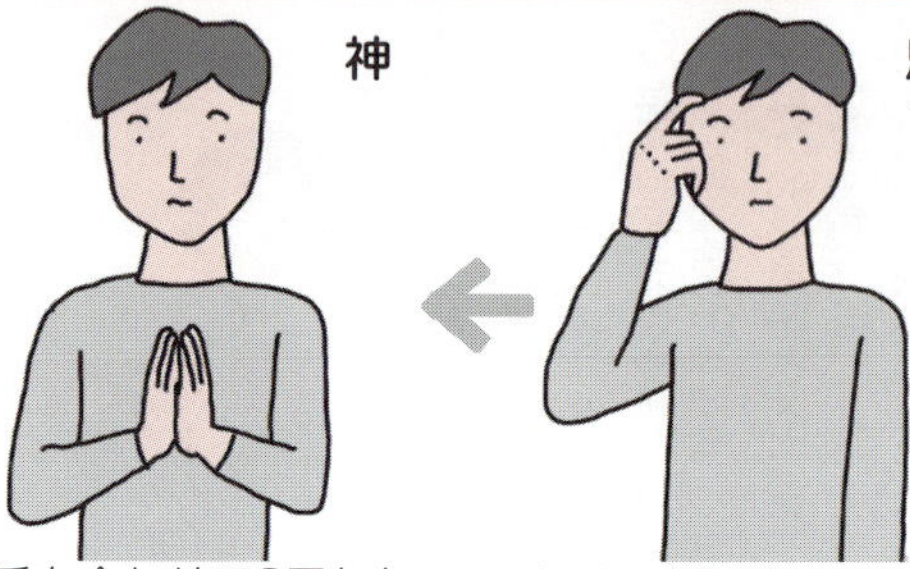

右手の人差し指をこめかみにあてる。

両手を合わせて2回たたく。

解 最初の動作は「思う」の手話、次の動作は「神」の手話。

同 神経

使い方例
精神＋病気＝**精神病**
精神＋安心＋薬＝**精神安定剤**
精神＋責任＝**精神的負担**

成績
せいせき

両手の人差し指を立て、右手をジグザグに上下させ右に動かす。

解 成績表の折れ線グラフの形を表す。

参 ジグザグするとき、だんだん下がるようにすると「**成績が下がる**」、上がるようにすると「**成績が上がる**」となる。

使い方例
営業＋成績＝**営業成績**
成績＋本＝**通知表**
成績＋よい＝**成績がよい**
成績＋上がる＝**成績アップ**

ぜいたく
ぜいたく

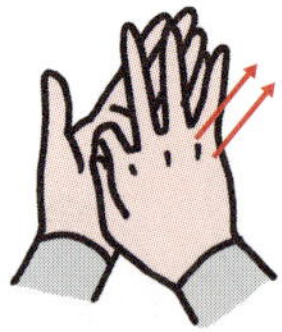

上から見たとき

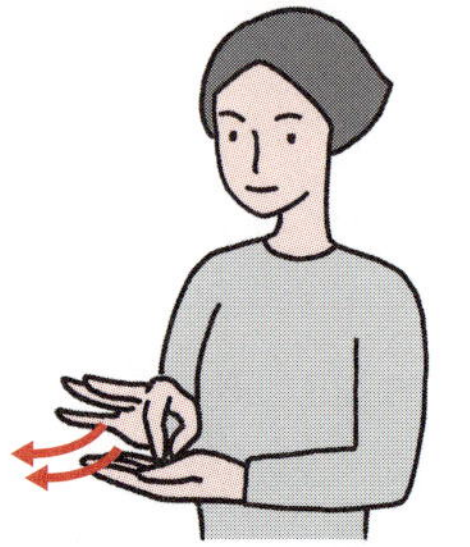

右手の親指と人差し指で輪を作って左手にのせ、2回前に出す。

解 指で作った輪をお金に見立て、お金がパーッと出ていく様子を表す。

同 使う

使い方例
彼女＋ぜいたく＝**彼女は浪費家だ**
ぜいたく＋品＝**ぜいたく品**

生徒
せいと

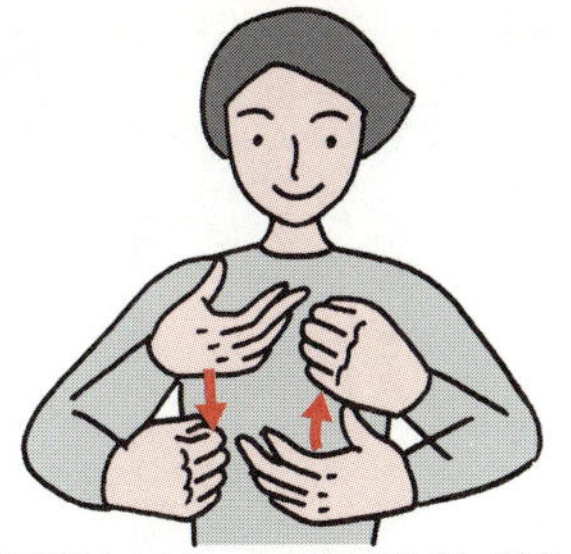

左手は上げ、右手は下げながら、それぞれ握る。

解 昔の学生の兵児（へこ）帯を結ぶ動作から。

同 学生

使い方例

大学＋生徒＝**大学生**
高校＋生徒＝**高校生**
生徒＋会＝**生徒会**
卒業＋生徒＝**卒業生**

制度
せいど

右手の人差し指と中指を前に向けて伸ばし、同時に右に動かす。

横から見たとき

参 そこに機材が備えつけられているという意味もある。

同 片づけ・準備・整理・用意

使い方例

社会＋保険＋制度＝**社会保障制度**
法律＋制度＝**法制度**
新しい＋制度＝**新制度**

政府
せいふ

頭の横で、両手の手のひらを合わせる。

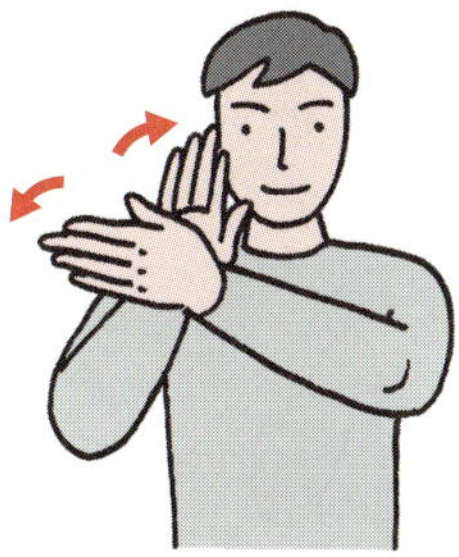

両手を互い違いにずらす。

参 役所＋指文字の「フ」で表現することもできる。

同 県・省

使い方例

政府＋行政＝**政治**
日本＋政府＝**日本政府**
政府＋内容＝**政府内**

生物
せいぶつ

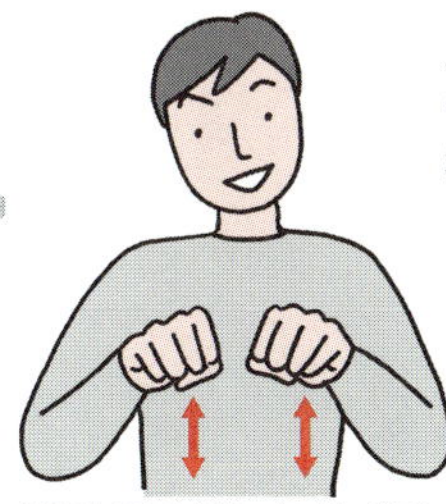

両手のこぶしを並べて、下げる。

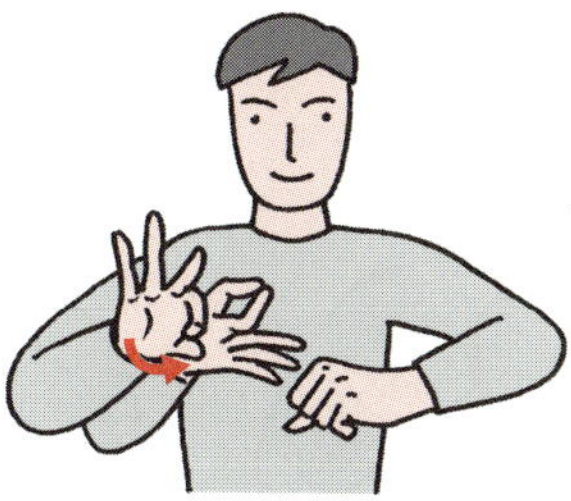

左手はそのままで、右手の親指と人指し指で輪を作って、手前にひねる。

解 左手は「生きる」の形、右手は「物」を意味する。

参 最初の動きだけでもよい。

使い方例

生物＋勉強＋人々②＝**生物学者**
生物＋研究＝**生物の研究**

整理
せいり

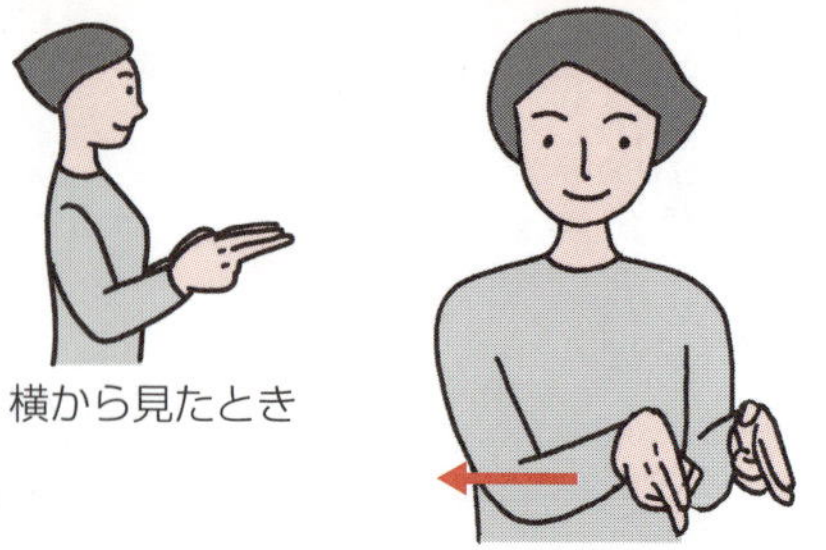

両手の人差し指と中指を前に向けて伸ばし、同時に右に動かす。

解 きちんと片づける様子から。

参 「準備」は、「整理」の手話単語で表すこともでき、さらに、手のひらを向かい合わせてトントンと右にずらす表現もある。

同 片づけ・準備・制度・用意

使い方例
- 整理＋券＝**整理券**
- 整理＋大切＝**整理のポイント**
- 話す＋整理＝**話を整理する**

生理
せいり

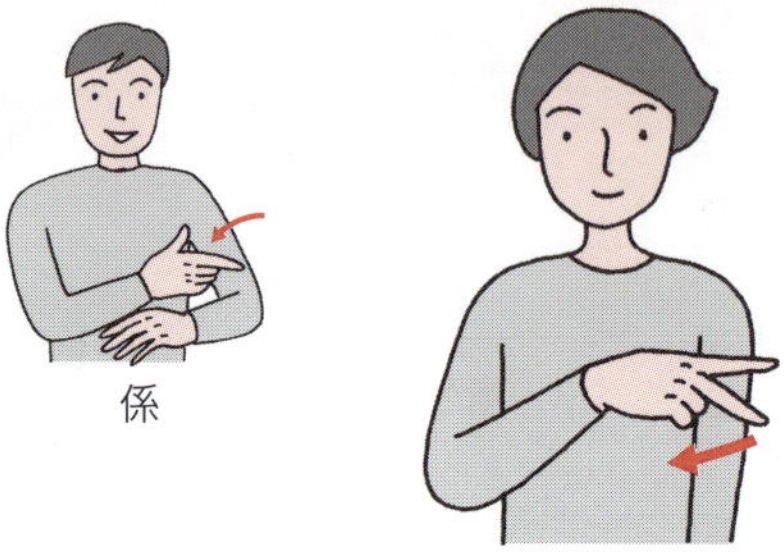

右手の人差し指と中指を伸ばして左腕におき、右に引く。

参 人差し指と中指の2本をほおにあてて下げる表現もある。なお、親指と人差し指を伸ばして腕にあてると「**係**」となる。

使い方例
- 生理＋中＝**生理中**
- 生理＋休む＝**生理休暇**
- 生理＋まだ＝**生理が来ない**

セーター
せーたー

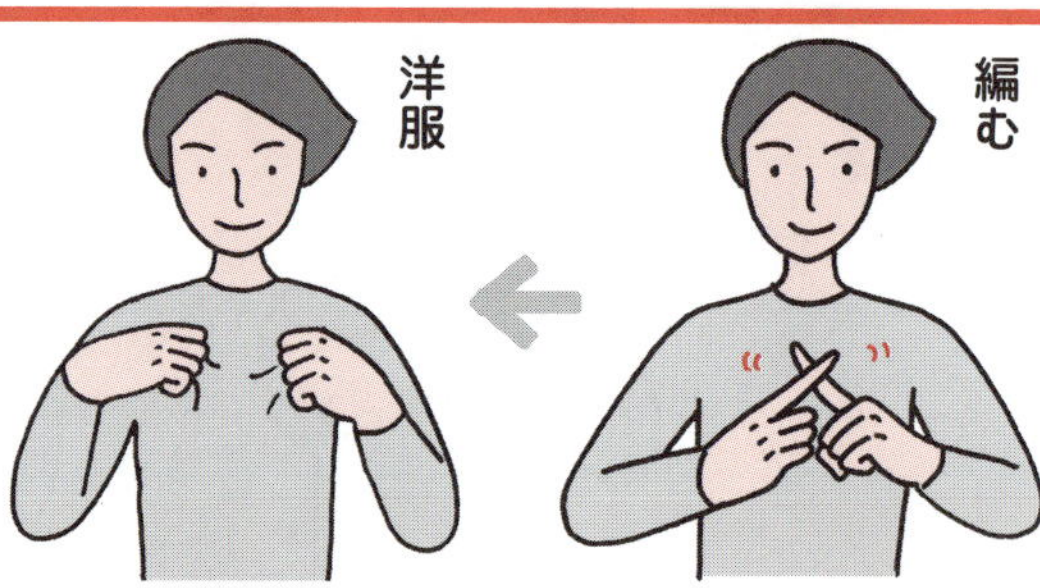

両手の人差し指をからませる。

両手で洋服をつまむ。

解 編む…編み棒で編み物をする様子を表す。

同 編む…編み物
洋服…ファッション

使い方例
- 手＋セーター＝**手編みのセーター**
- 羊＋セーター＝**ウールのセーター**

世界
せかい

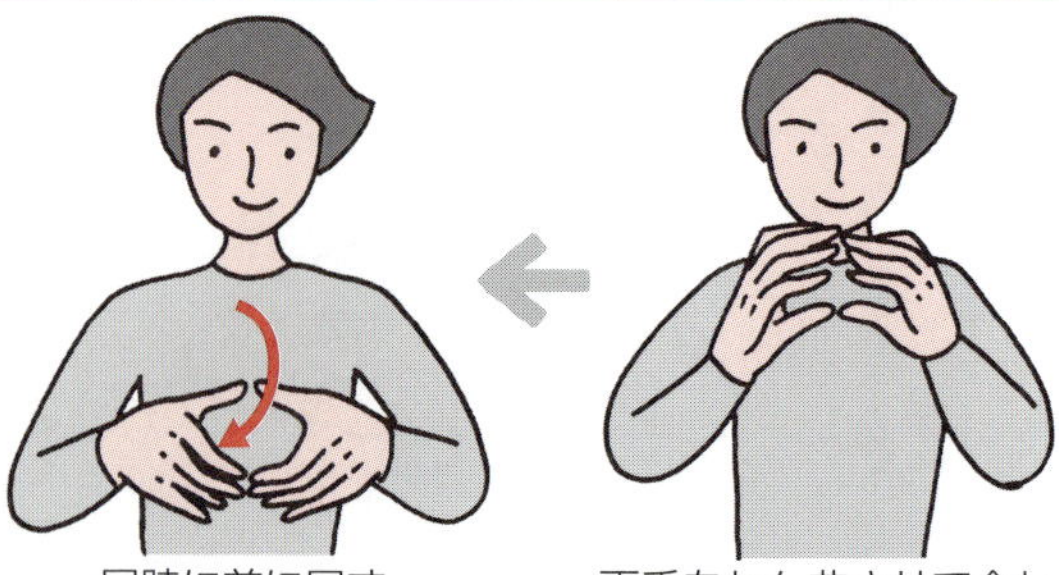

両手をわん曲させて合わせ、丸い形を作る。

同時に前に回す。

参 2回前に回しても同じ意味になる。

同 海外・外国・国際・地球

使い方例
- 世界＋飛行機＝**海外旅行**
- 世界＋手話＝**国際手話**
- 世界＋会議＝**国際会議**
- 世界＋遺産＝**世界遺産**

背が高い
せがたかい

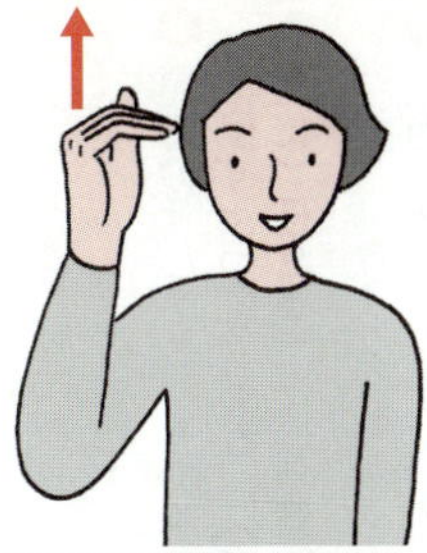

右手の指をそろえて折り、目の横に持ってきてから上げる。

解 右手の形は頭（背）を表し、上げることで背が高いことを意味する。

参 建物などが高いことを表すときにも使える。

使い方例
背が高い＋男＝**背が高い男**
10＋センチメートル＋背が高い＝**10センチ背が伸びた**

背が低い
せがひくい

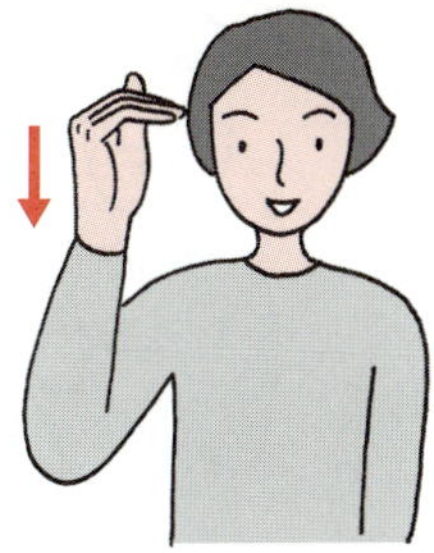

右手の指をそろえて折り、目の横に持ってきてから下げる。

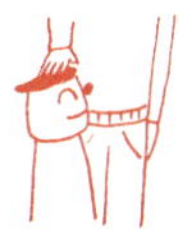

解 右手の形は頭（背）を表し、下げることで、背が低いことを意味する。

参 建物などが低いと表すときにも使える。

使い方例
背が低い＋女＝**背が低い女**
背が低い＋細い＝**小柄な**
10＋センチメートル＋背が低い＝**10センチ背が低い**

席
せき

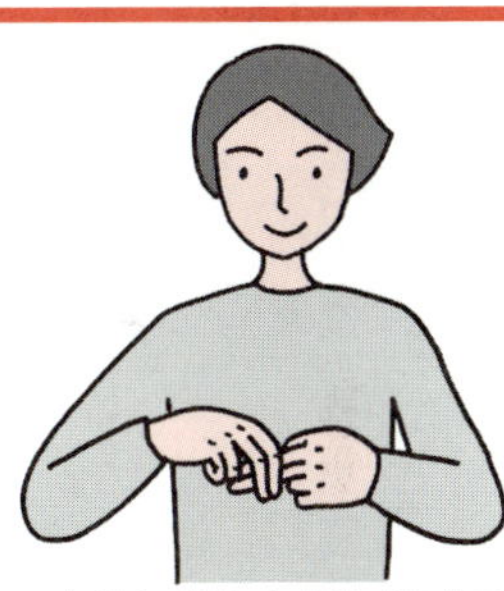

右の人差し指と中指を曲げて、左の人差し指と中指の上にのせる。

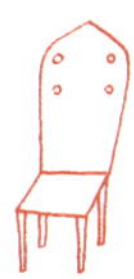

解 椅子に座る様子を表す。

同 椅子・出席する・座る・乗り物・乗る

使い方例
招待＋席＝**招待席**
特別＋席＝**特別席**
自由＋席＝**自由席**
定める＋席＝**指定席**

咳
せき

右手のこぶしを口にあて、咳（せき）をするしぐさをする。

解 ゴホゴホと咳をする様子を表す。

参 「**くしゃみ**」は、くしゃみをするしぐさで表現する。

同 風邪

使い方例
咳＋薬＝**風邪薬**
咳＋止まる＋無理＝**咳が止まらない**
咳＋とても＝**咳がひどい**

責任
せきにん

軽くわん曲させた右手を、右肩にトンとのせる。

参 肩にのせたあと、その手を前に倒すようにすると、「**(あなたに)任せる**」という意味になる。

同 担当・任務・～のせいで・任される

使い方例
主＋責任＝**主任**
責任＋思う＋ない①＝**責任感がない**
の＋責任＝**ノルマ**

関脇
せきわけ

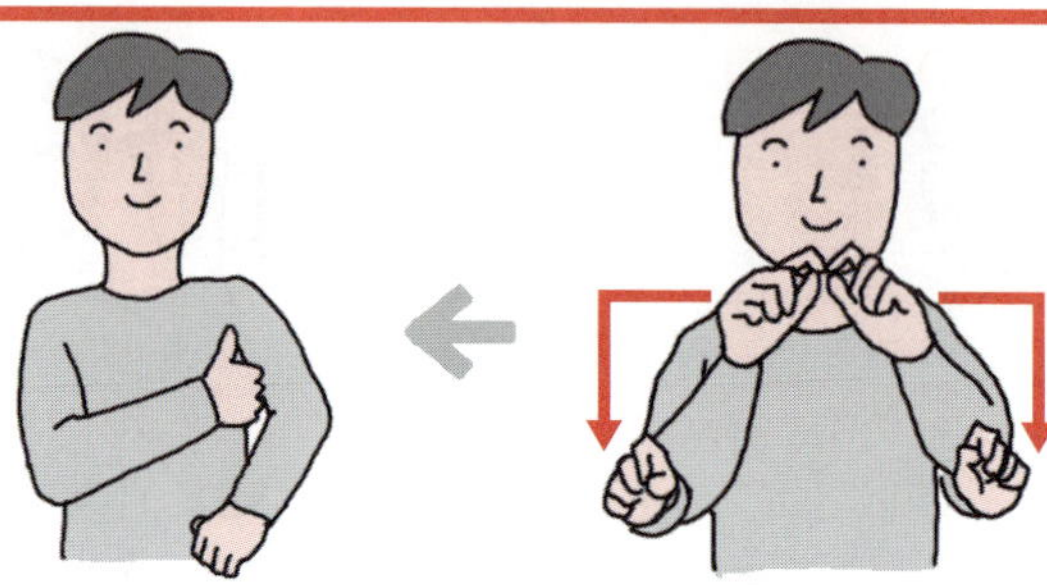

親指と人差し指を合わせ、同時に両手を横に開き、下ろす。

右手の手のひらを、左脇にはさむ。

解 最初の動作は「関」の形を表す。

使い方例
関脇＋降格＝**関脇に降格する**
関脇＋出世＝**関脇昇進**
関脇＋大関＋試合＝**関脇と大関の戦い**

セクハラ
せくはら

右手の手のひらを前に向け、さするように動かす。

解 おしりをなで回す様子から。

参 指文字で表すこともできる。

同 痴漢

使い方例
セクハラ＋リストラ＝**セクハラで首になる**
セクハラ＋受ける＝**セクハラされる**

せっかく
せっかく

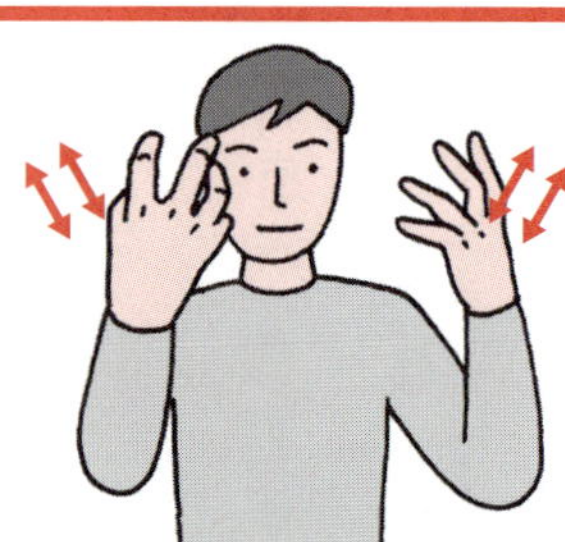

わん曲させた両手を顔の前で並べ、2回前後させる。

苦労

参 右手のこぶしで左手の甲側の手首を2回たたく「**苦労**」でも表現できる。

同 わざわざ

使い方例
せっかく＋会う＋意外＝**せっかく会えると思ったのに**
せっかく＋作る＝**わざわざ作る**

絶句（ぜっく）

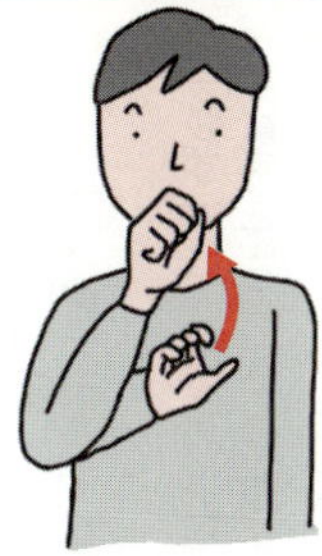

軽くわん曲させた右手を体の前におき、握りながら口元に引く。

解 言葉を失う、息をのむ様子を表す。

同 閉口する・ぐうの音も出ない・呆れて物も言えない

使い方例
久しぶり＋会う＋絶句＝**久しぶりに会って驚いた**
最高＋きれい＋女＋絶句＝**絶世の美女**

セックス（せっくす）

両手の人差し指と中指を伸ばして重ね、交差させる。

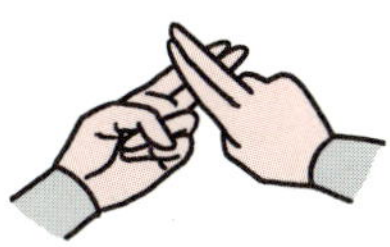

上から見たとき

解 両手の2本の指を足に見立て、足が交わる様子を表す。

参 交差させたあと2回くらい上下させてもよい。

使い方例
セックス＋ない④＝**セックスレス**
セックス＋断る＝**セックスを拒否する**

設計（せっけい）

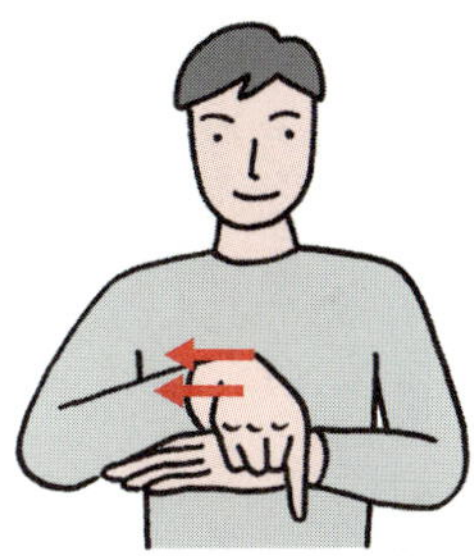

左手を下に向け、右の人差し指をあてて、2回右に動かす。

計画

参 右手の人差し指の代わりに、親指以外の4指をあてて同様にすると、「**計画**」「**予定**」。

同 デザイン

使い方例
建てる＋設計＋仕事＝**建築設計の仕事**
設計＋資格＝**設計士**

石けん（せっけん）

右の親指と人差し指を曲げて左手の甲におき、前後に動かす。

解 右手で石けんを持って、こする様子。

参 液体石けんは、ポンプを押す動作で表す。

使い方例
石けん＋香り＝**石けんの香り**
石けん＋シャンプー＝**石けんシャンプー**
洗う＋石けん＝**洗濯用石けん**

絶対
ぜったい

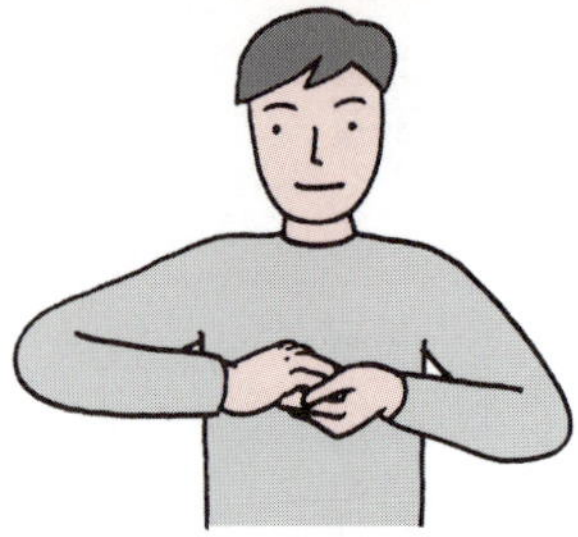

両手の指を曲げて組み合わせる。

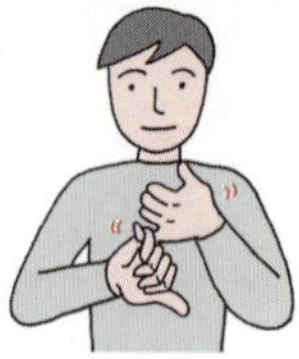

必ず

参 「**必ず**」は、両手の小指をからめて振る表現もある。

同 必ず・定める・指定・セット・ぜひ

使い方例
絶対＋必要＝**絶対必要**
絶対＋合格＝**絶対合格**
絶対＋行く＝**絶対行く**
絶対＋必ず＝**必ず守る**

説得
せっとく

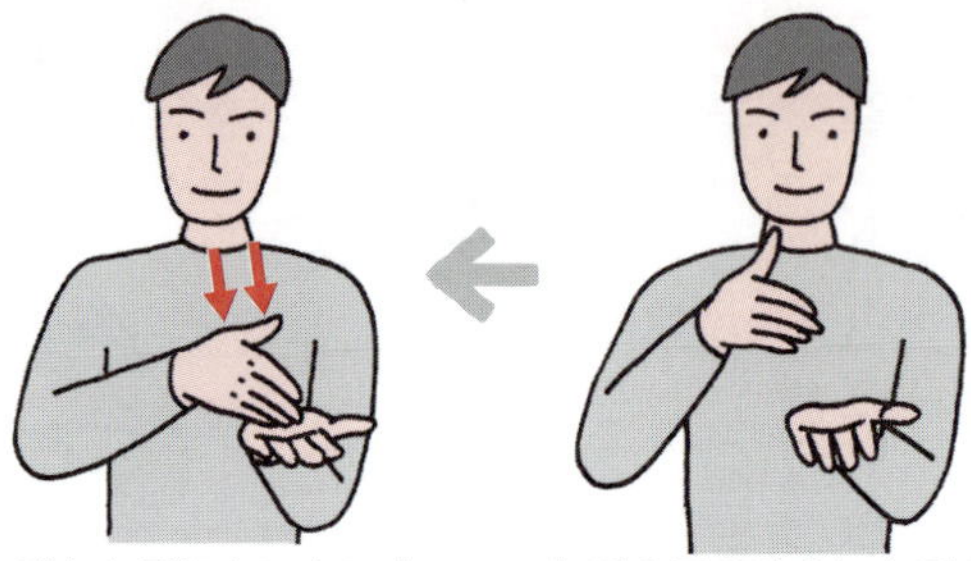

左手の手のひらに右手の指先を向ける。

右手を左手にトントンと2回あてる。

解 左手の書類を使って、相手に話している様子から。

同 説明

使い方例
説得＋力＝**説得力**
説得＋無理＝**説得できない**

設備
せつび

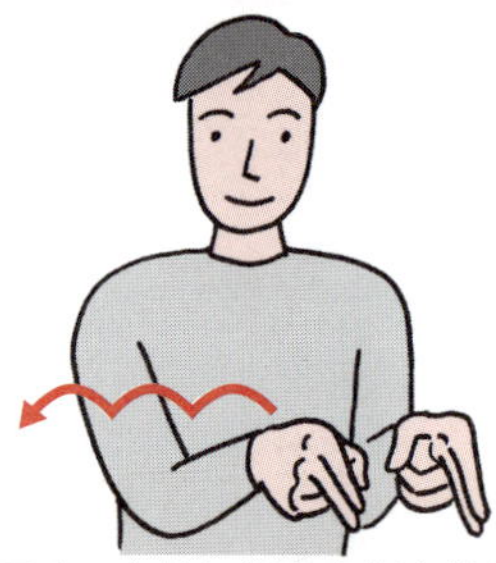

両手の人差し指と中指を伸ばし、トントンと右に動かす。

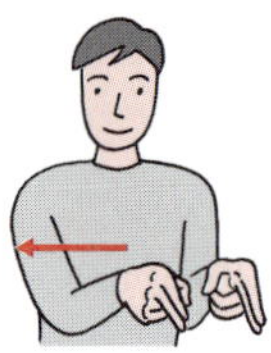

用意

解 トントンという動作は「そこに備えつけられた物」ということを意味する。

参 同じ形でまっすぐ右に動かすと、「**整理**」「**用意**」「**制度**」。

同 順番

使い方例
設備＋お金＝**設備資金**
最高＋新しい＋設備＝**最新設備**
設備＋欠け＝**設備もれ**

説明
せつめい

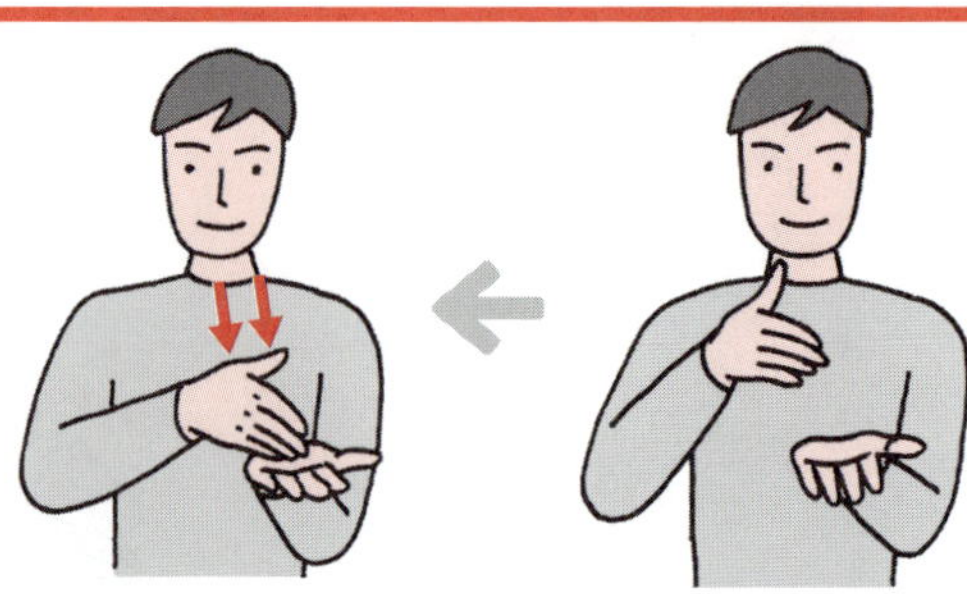

左手の手のひらに右手の指先を向ける。

右手を左手にトントンと2回あてる。

解 左手の書類を使って、相手に話している様子から。

同 説得・ナレーション

使い方例
説明＋文章＝**説明文**
説明＋足りない①＝**説明不足**
説明＋男(女)＝**ナレーター**
説明＋下手＝**説明が下手**

節約
せつやく

右手の親指と人差し指で輪を作り、下くちびるにあてる。

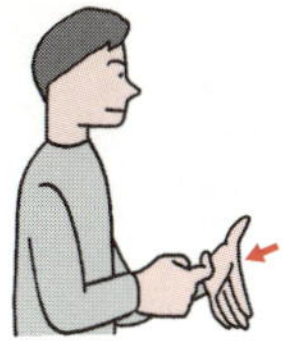

得

参 「**得**」は、右手の人差し指を曲げて、左手で手前に押す。「得」または「お金＋得」でも表現できる。

同 ケチ

使い方例

節約＋生活＝**節約生活**
時間＋節約＝**時間を節約**
節約＋上手＝**節約上手**

狭い
せまい

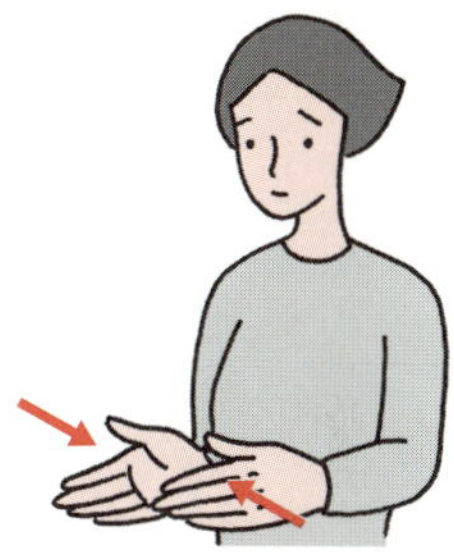

両手の手のひらを向かい合わせ、中央に寄せていく。

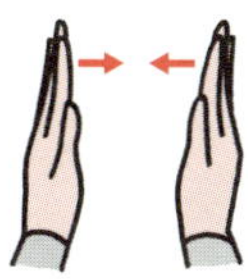

上から見たとき

参 中央に寄せれば寄せるほど、より狭い意味になる。

反 両手を左右に広げると、「**広い**」となる。

使い方例

道＋狭い＝**道が狭い**
家＋狭い＝**家が狭い**
部屋＋狭い＝**部屋が狭い**
心＋狭い＝**心が狭い**

セルフサービス
せるふさーびす

右手の人差し指で胸を指さす。

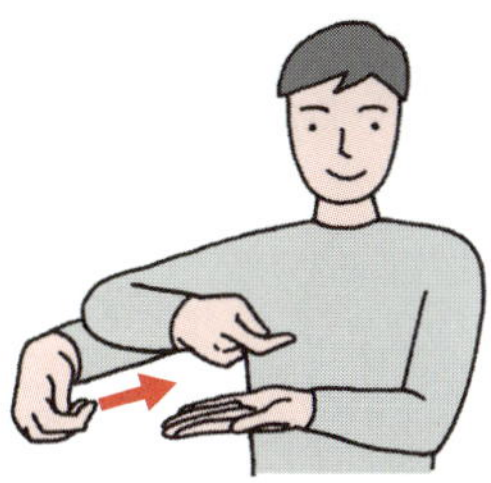

右手で物をつかみ、左手にのせる動作をする。

参 右手の人差し指と中指で料理を取り、皿に見立てた左手の上にのせると、「**バイキング**」となる。

使い方例

セルフサービス＋店＝**セルフサービスの店**
朝食＋セルフサービス＝**朝食はセルフサービス**

世話
せわ

両手のひらを向かい合わせて手首を近づけ、交互に上下に動かす。

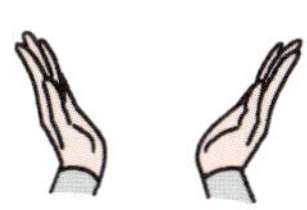

上から見たとき

同 育児・介護・サービス・育てる

使い方例

世話＋場所＝**保育園**
世話＋男(女)＝**保育士**
家＋世話＝**ホームヘルパー**
子ども＋世話＝**子どもの世話**

千（せん）

人差し指を横に向け、手首を軸にして下げる。

2千

参「**2千**」は、2本の指を横に向けて同様に動かす。以下、同様に「9千」まで表現できる。また、小指を立ててほかの4本の指の先を合わせ、右に引く表現もある。

使い方例

千＋バーゲン＝**千円引き**

定価＋千＝**定価千円**

定員＋千＝**定員は千人**

選挙（せんきょ）

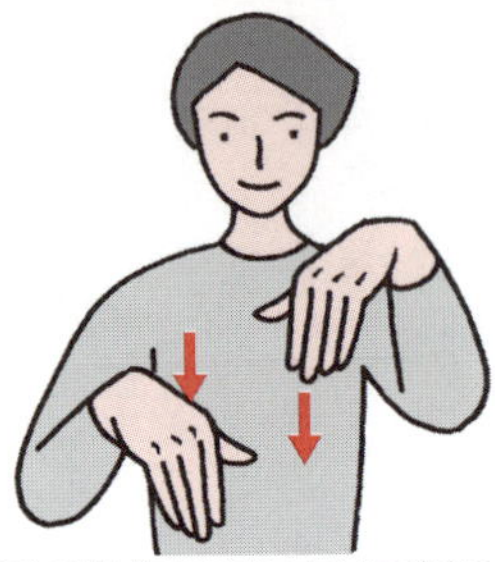

両手の指先を下に向けて折り、交互に下げる。

解 投票用紙を投票箱に入れる様子を表す。

参 片手だけを2回下げても表現できる。

同 投票

使い方例

選挙＋法律＝**公職選挙法**

選挙＋違反＝**選挙違反**

選挙＋車＝**選挙カー**

選挙＋合格＝**選挙に当選**

先月（せんげつ）

先週

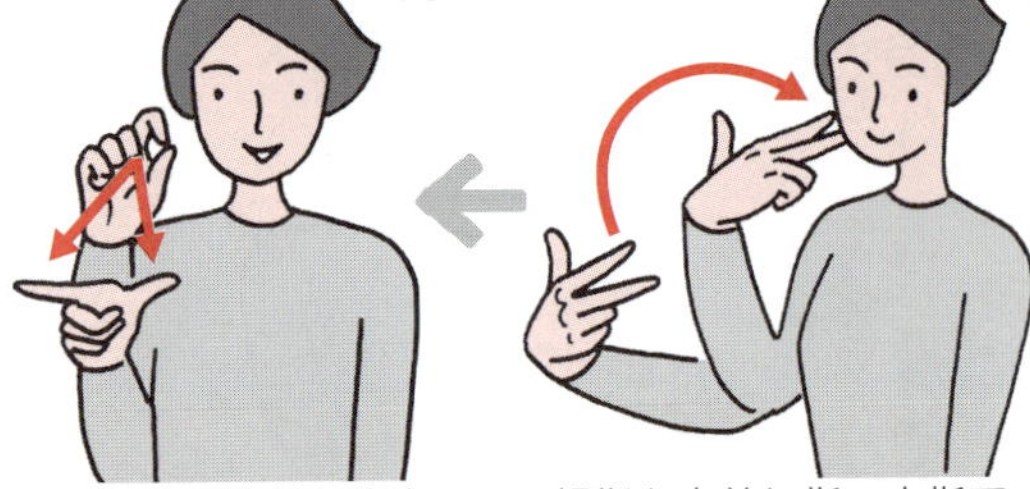

親指と人差し指、中指で弧を描いて手前に動かす。

月

右手の親指と人差し指をくっつけてから離す。

解 先週…数字の「7」を表し、手前に寄せることで先週となる。

月…三日月の一部を表す。

参「今＋月」で「今月」。

反「来週＋月」で「来月」。

同 月…～月(がつ)・月曜日

全国（ぜんこく）

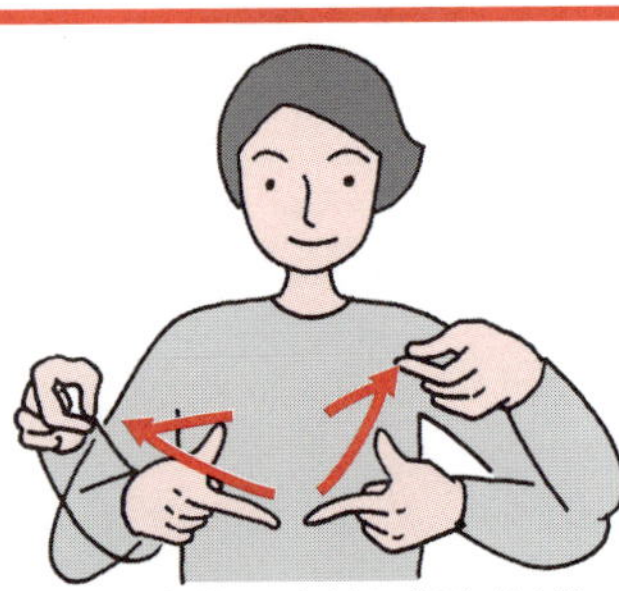

両手の親指と人差し指を伸ばし、左右に引きながらつける。

解 日本列島の形を表す。

同 国・日本

使い方例

全国＋あちこち＝**日本中あちこちで**

全国＋大会＝**全国大会**

全国＋合う＝**全国的**

洗剤
せんざい

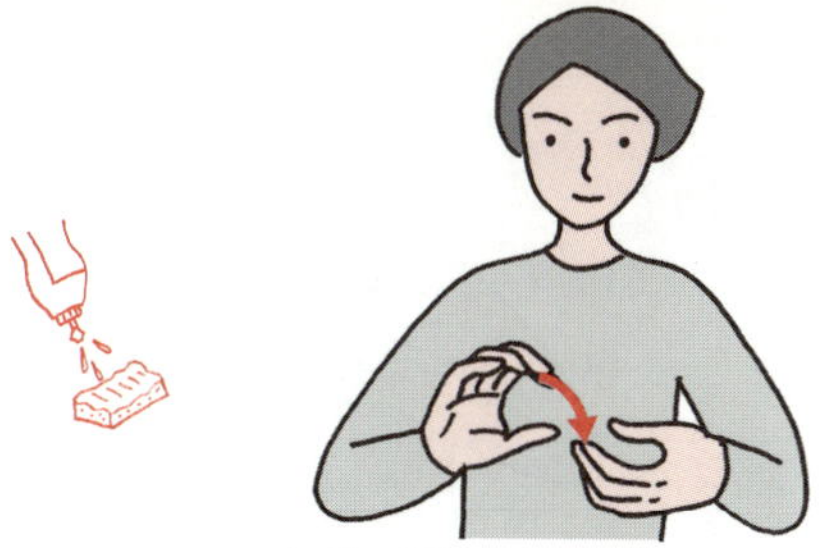

右手で何かを持つようにして、わん曲させた左手に向けて振る。

解 左手でスポンジを持ち、右手で洗剤を持ってかける様子を表す。

参 粉の洗剤の場合は、スプーンを持って、洗剤を入れる動作で表す。

使い方例
洗剤＋なくなる①＝**洗剤がなくなる**
トイレ＋洗剤＝**トイレ用洗剤**
洗う＋洗剤＝**洗濯用洗剤**

選手
せんしゅ

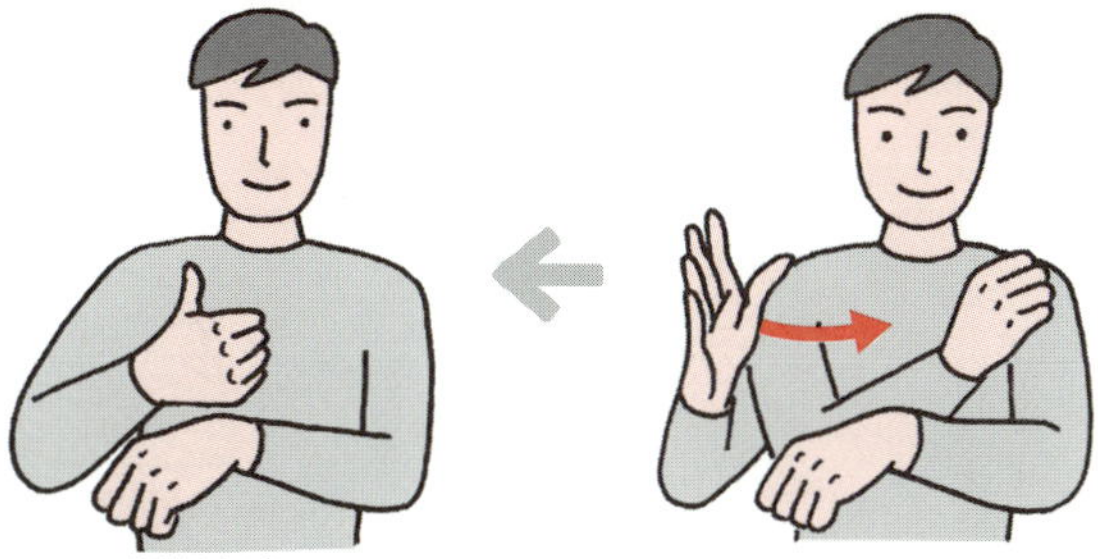

右手で何かをつかむように握りながら左手の上に持ってくる。

親指を立てる。

参 女性なら小指を立てる表現もある。

使い方例
代表＋選手＝**代表選手**
野球＋選手＝**野球選手**
サッカー＋選手＝**サッカー選手**
プロ＋選手＝**プロ選手**

先週
せんしゅう

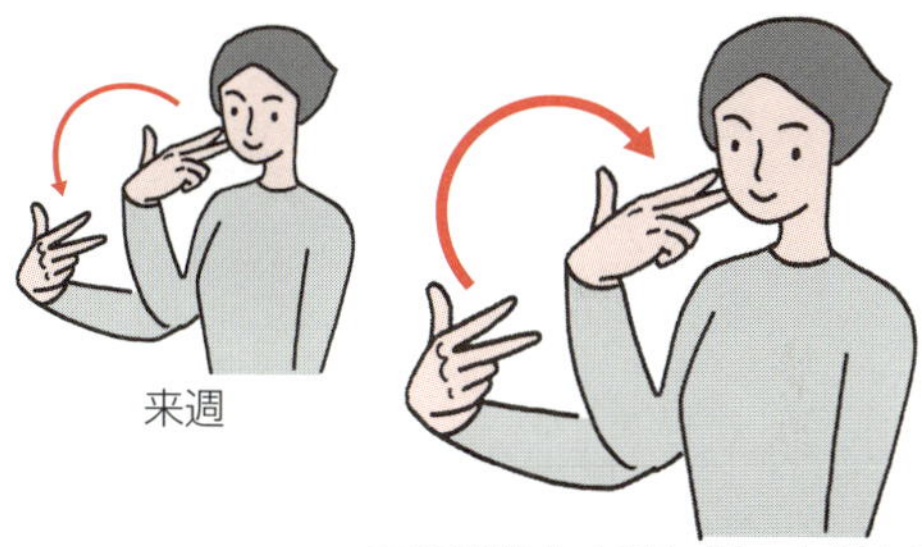

右の親指と人差し指、中指を伸ばし、弧を描いて手前に寄せる。

解 右手は数字の「7」を表し、手前に寄せることで「先週」となる。

反 同じ形をして、弧を描きながら前に出すと、「**来週**」となる。

使い方例
先週＋月＝**先月**
先週＋～から＝**先週から**
先週＋終わり＝**先週で終わり**

先生
せんせい

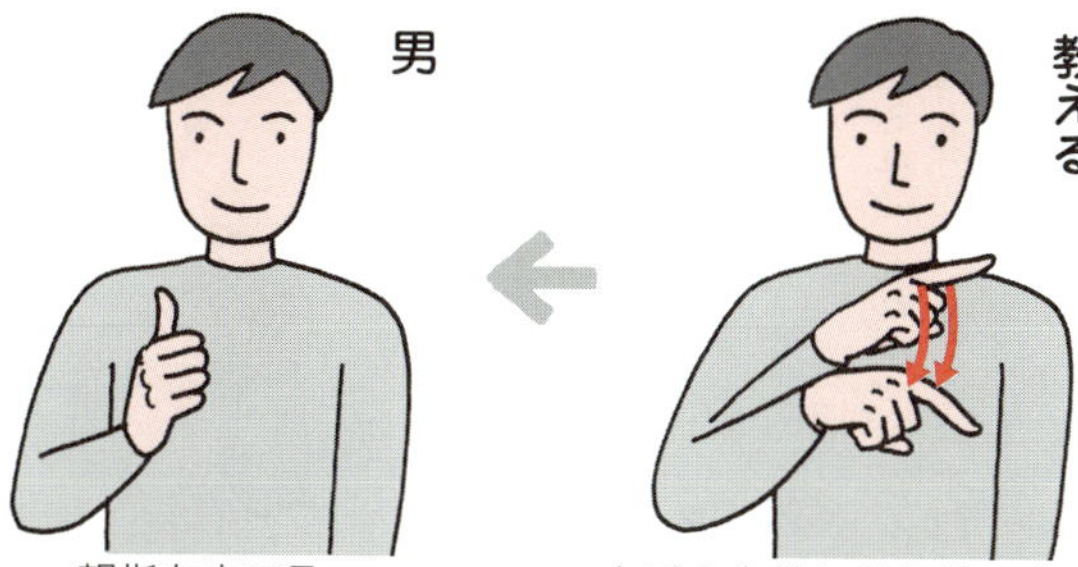

右手の人差し指を横に向け、2回下に振る。

親指を立てる。

参 人差し指を曲げて眉間（みけん）に向けて振ると、「**教わる**」。

反 女性の教師の場合は、小指を立てる。

同 教える…教育・指導・先生

せんそう
戦争

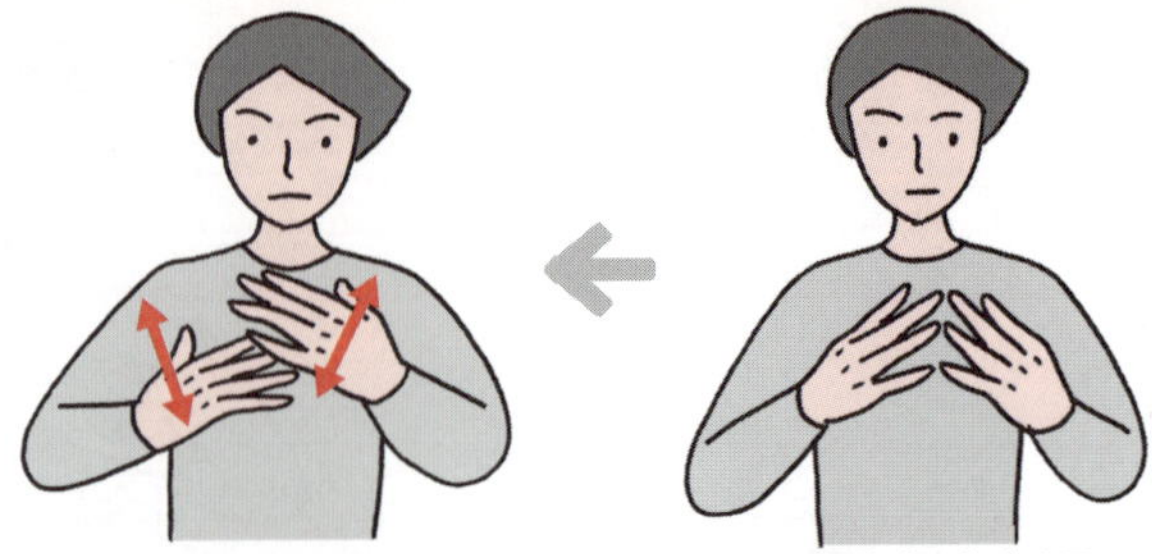

両手の指先を近づける。

交互に前後させながら指先を触れ合わせる。

参 耳の近くで同じような動作をすると、「**うわさ**」になる。

使い方例
戦争＋映画＝**戦争映画**
戦争＋終わる＝**終戦**
戦争＋平和＝**戦争と平和**
戦争＋前＝**戦前**

ぜんそく
喘息

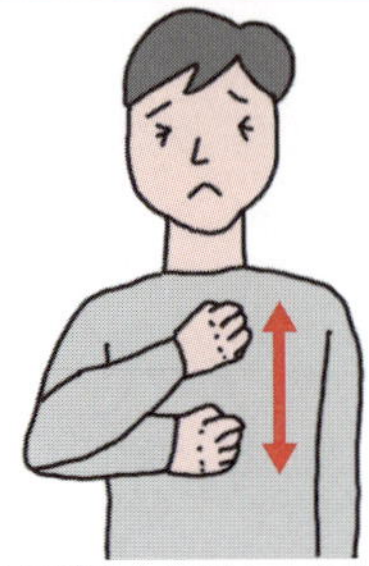

軽くすぼめた手を、のどから胸のあたりで上下させる。

解 のどがゼーゼーする様子を表す。

使い方例
喘息＋ため＋引っ越す＝**喘息のために引っ越す**
私＋息子＋喘息＋持つ＝**私の息子は喘息持ちだ**

せんたく
洗濯

両手でこぶしを作って手のひら側を合わせ、こすり合わせる。

洗濯機

解 洗濯物を手で洗う様子を表す。

参 右手の指先を下に向け、手首を回しながら円を描くと「**洗濯機**」となる。

同 洗う

使い方例
手＋洗濯＝**手洗い**
洗濯＋スプーン＝**洗濯用洗剤**
洗濯＋洗剤＝**洗濯用洗剤**
洗濯＋棒＝**物干しざお**

せんちめーとる
センチメートル

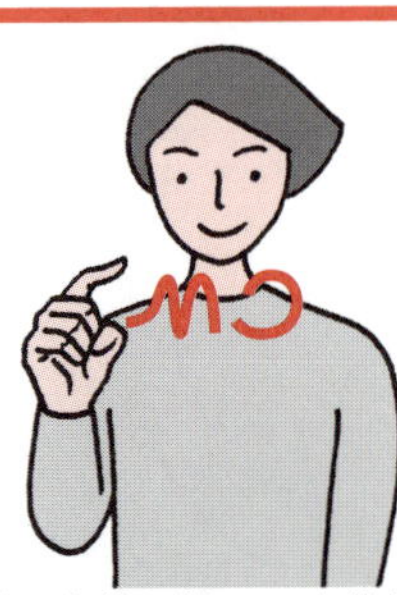

右手の人差し指で、自分から見て「cm」と空書する。

ミリメートル

解 「cm」を空書で表す。

参 「**ミリメートル**」は「mm」と空書する。また、「**キロメートル**」は「キロ」＋「m（空書）」となる。

使い方例
10＋センチメートル＝**10センチメートル**
3＋センチメートル＋背が高い＝**背が3センチ伸びた**

せんでん
宣伝

両手の親指と人差し指を伸ばして口の前で左右におき、前に出す。

コマーシャル

参 コマーシャルは、両手で「C」と「M」を表して表現する。

同 告知・告白・答える・伝える・伝言・発表・返事・報告

使い方例

宣伝＋効果＝**宣伝効果**
宣伝＋車＝**宣伝カー**
宣伝＋グループ＝**宣伝部**

せんぱい
先輩

右手の手のひらを下向きにして指先を前方に向け、上げる。

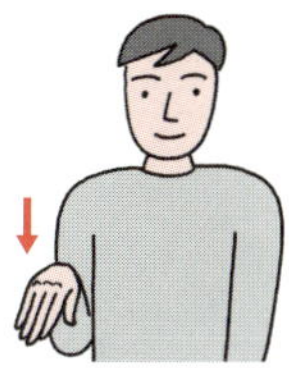

後輩

反 手を下げると、「**後輩**」になる。

同 上級生・年上

使い方例

2＋先輩＝**2年先輩**
会社＋先輩＝**会社の先輩**
先輩＋後輩＋親しい＝**先輩と後輩の仲がいい**

ぜんぶ
全部

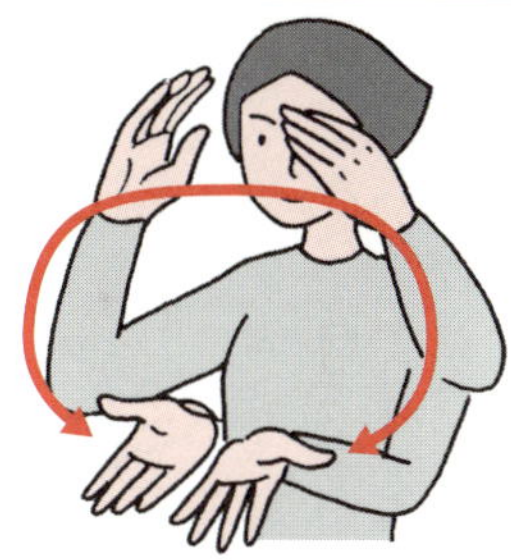

両手を合わせ、円を描いて小指側をつける。

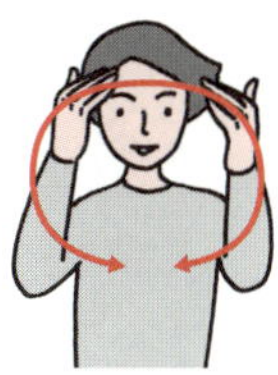

ほとんど

参 円を描き終わるとき、小指側をぴったりつける。下部を少しあけると「**ほとんど**」となる。

同 完全・完璧・すべて・全体・まったく

使い方例

全部＋成功＝**完成**
全部＋主＋指文字の「ギ」＝**完璧主義**
今年＋全部＝**今年中**

せんぷうき
扇風機

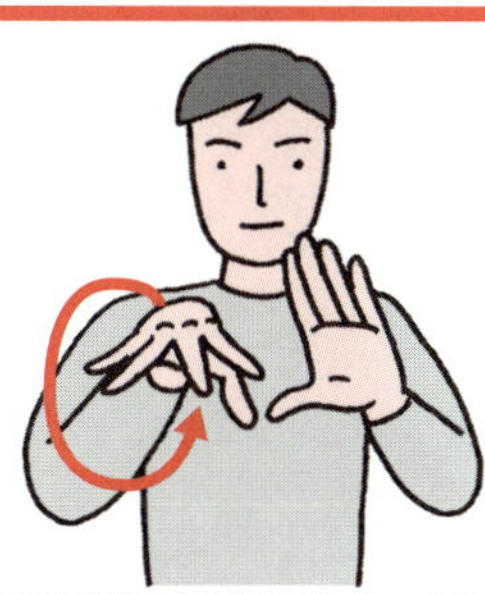

両手を前に向けて並べ、右手を回す。

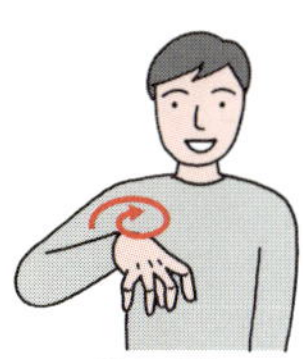

洗濯機

解 扇風機の羽根が回る様子から。

参 右手だけでもよい。右手を下に向けて回すと、「**洗濯機**」となる。

使い方例

扇風機＋壊れる＝**扇風機が壊れる**
扇風機＋小さい＝**小さい扇風機**

専門

せんもん

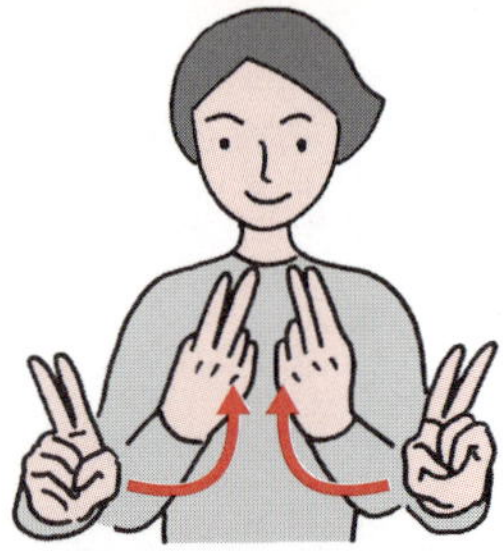

両手の人差し指と中指を立て、手首を返しながら上げる。

同 専攻・専用・～用

使い方例
専門＋学校＝**専門学校**
専門＋指文字の「ム」＝**専務**
専門＋本＝**専門書**
勉強＋専門＝**勉強用**

専門学校

せんもんがっこう

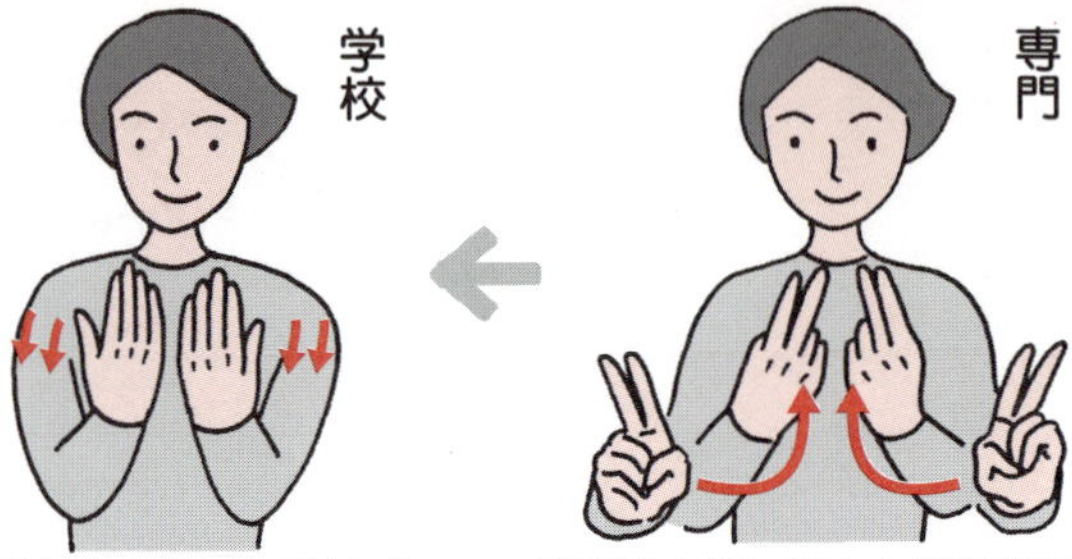

専門：両手の人差し指と中指を立て、手首を返しながら上げる。

学校：両手を上向きにして並べ、2回下げる。

同 専門…専攻・専用・～用
学校…授業・勉強・学ぶ

使い方例
専門学校＋生徒＝**専門学校生**
専門＋指文字の「ム」＝**専務**
専門＋本＝**専門書**

線路

せんろ

両手の人差し指と中指を向かい合わせて前後におく。

両手を引き離す。

解 線路の枕木（まくらぎ）を表す。

参 両手をわん曲させて下に向け、左右に引き離すと、「**（駅の）ホーム**」になる。

使い方例
線路＋電車＝**路面電車**
電車＋線路＋事故＝**脱線事故**

そ

自分から見た形

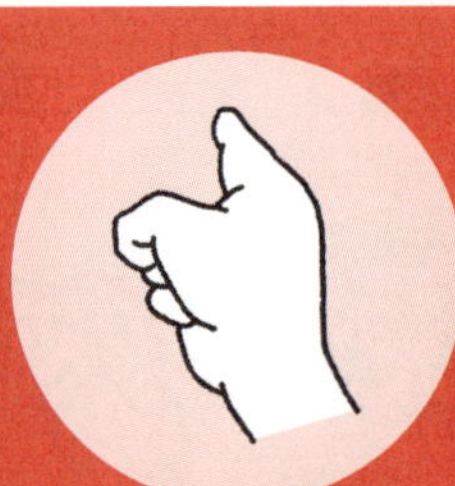

相手から見た形

「それ」と指さす動作をする。

そう

そう

右手の親指と人差し指を2回つけたり離したりする。

両手で表現したとき

参 「そう」と軽く同意するときや、質問されて「そうですね……」と間をもたせるときにも使える。なお、両手で表現することもできる。

同 同じ・〜でしょう?（同意、確認）

使い方例

わかる＋そう?＝**わかるでしょう?**

ゾウ

ぞう

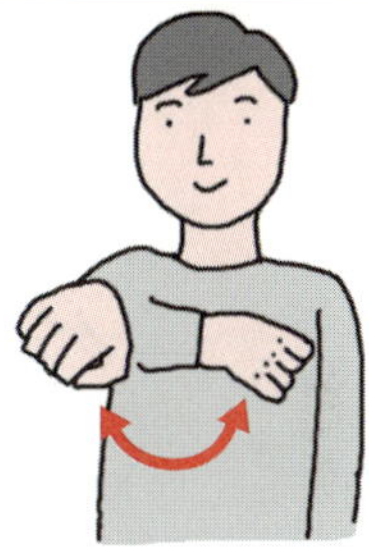

軽く握った右手を体の前に出し、左右に一往復振る。

解 ゾウの鼻が揺れている様子を表す。

使い方例

ゾウ＋育児＝**ゾウ使い**

アフリカ＋ゾウ＝**アフリカゾウ**

インド＋ゾウ＝**インドゾウ**

総合

そうごう

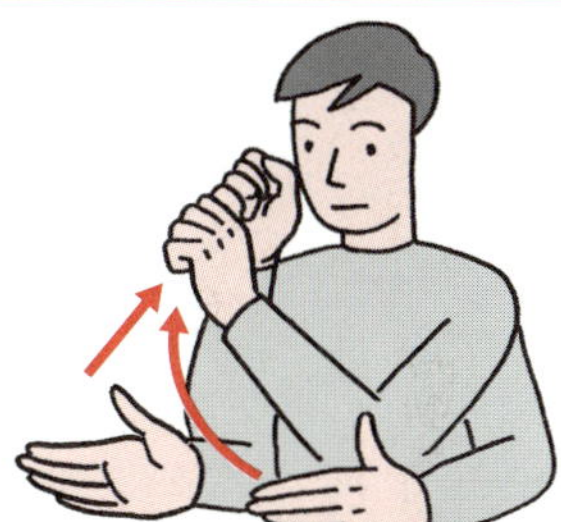

両手を並べて左右から寄せ、こぶしを作りながら中央で上げる。

解 両手で何かをつかんでひとまとめにする様子を表す。

同 つまり・統一・統計・まとめる・要するに

使い方例

総合＋病院＝**総合病院**

総合＋ビル＝**総合ビル**

総合＋勉強＝**総合学習**

総合＋案内＝**総合案内**

惣菜

そうざい

親指を立てた左手の下に、親指を立てた右手をつける。

主

解 左手が「主」、下につけた右手が「副」となる。副菜ということから。

反 「主」は、親指を立てた右手を左手におき、少し上げる。

同 おまけ・嘱託・つまみ・副・付属

使い方例

惣菜＋店＝**惣菜屋**

惣菜＋箱＝**惣菜パック**

惣菜＋作る＝**惣菜を作る**

掃除
そうじ

両手でこぶしを作って前後につなげ、2回前後に動かす。

解 掃除機をかける様子を表す。

参 ふき掃除の場合は、右手の手のひらを下に向けて机をふく様子で表現する。

使い方例
- 掃除＋係＝**掃除当番**
- 掃除＋嫌い＝**掃除が嫌い**
- 掃除＋逃げる＝**掃除をサボる**
- 玄関＋掃除＝**玄関掃除**

葬式
そうしき

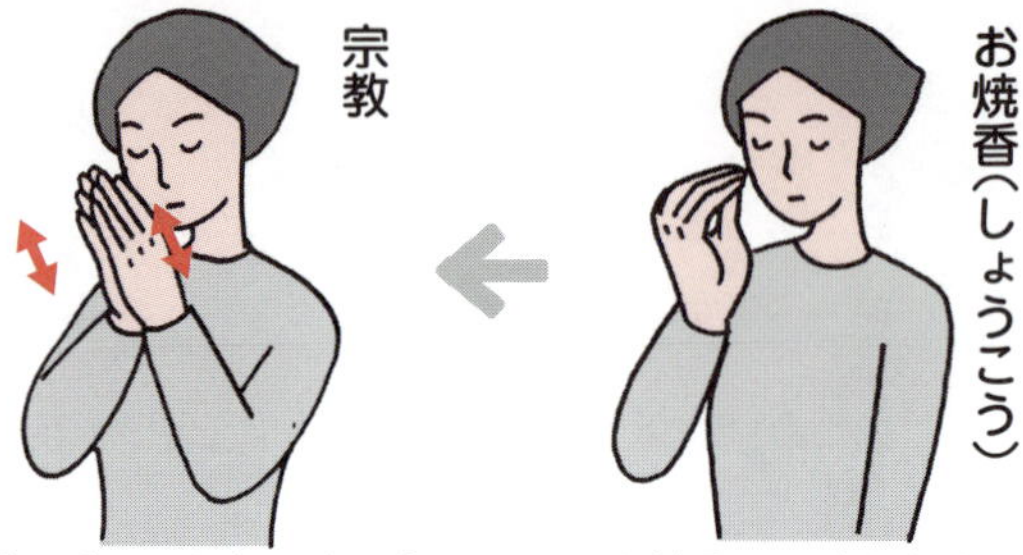

お焼香のしぐさをする。

両手の手のひらをこすり合わせる。

解 お焼香…お焼香をする様子を表す。
宗教…拝む様子から。

使い方例
- 夜＋葬式＝**お通夜**
- 葬式＋休む＝**忌引(きびき)**
- 葬式＋店＝**葬儀屋**
- 葬式＋行く＝**葬式に行く**

想像
そうぞう

右手を軽くわん曲させて上向きにし、頭の横から離していく。

横から見たとき

参 手のひらを下にして指をヒラヒラさせながら前に出していくと、「**あこがれる**」。

同 たぶん・夢想・夢・予想

使い方例
- 悪い＋想像＝**悪夢**
- 想像＋力＝**想像力**
- 想像＋妊娠＝**想像妊娠**
- 想像＋逆＝**想像と逆**

相続
そうぞく

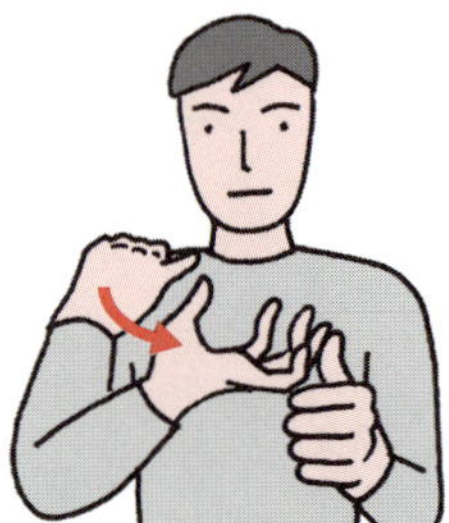

左手は親指を立て、右手は指先を肩にあてたあと、左手に近づける。

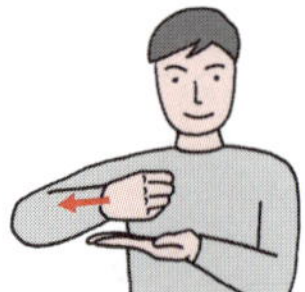

財産贈与

解 自分の持っている物を相手に渡す様子から。

参 「**財産贈与**」は、左手の上に握った右手をおいて前に出す。

同 跡継ぎ

使い方例
- 遺産＋相続＝**遺産相続**
- 家＋相続＝**跡継ぎ**
- 相続＋相手＝**相続人**
- 相続＋税金＝**相続税**

早退
そうたい

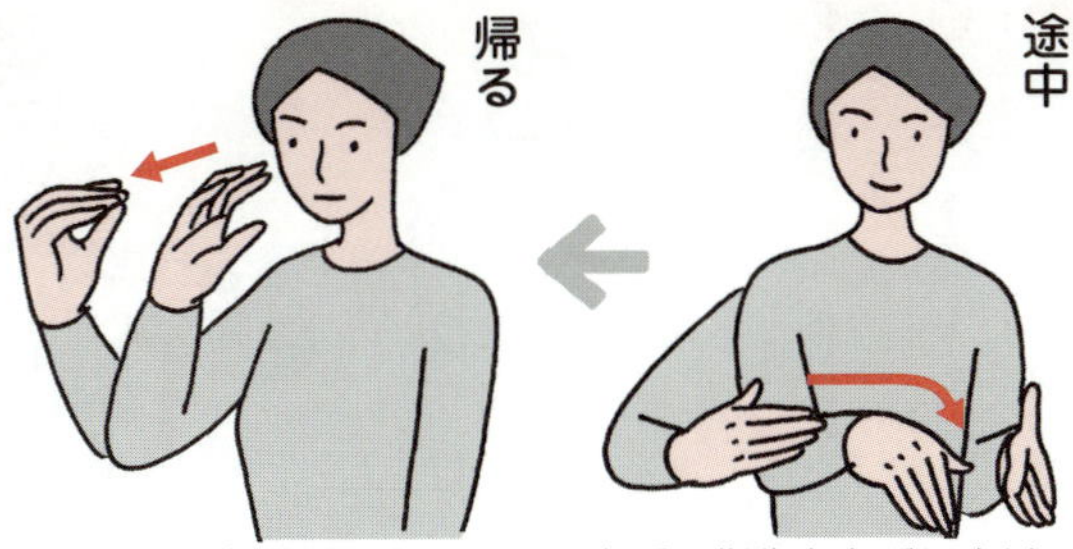

右手の指先を左手に向けて、手首から下ろす。

右手をすぼませながら前に出す。

解 帰る…人がだんだん小さくなる様子を表す。

同 途中…挫折・中途半端
帰る…帰り

使い方例
早退＋時間②＝**早退時刻**
途中＋電車＋降りる＝**途中下車**

相談
そうだん

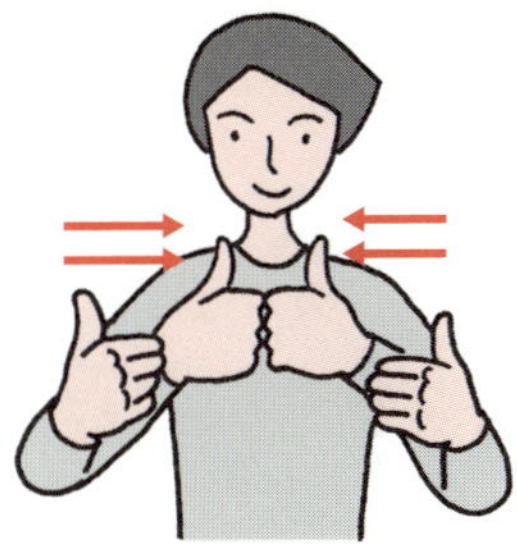

両手の親指を立てて指の腹を向かい合わせ、2回ぶつけ合わせる。

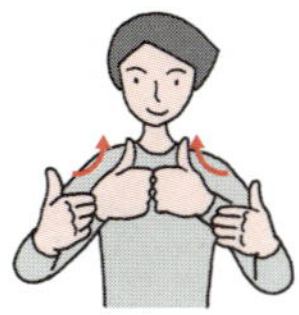
試合

参 少し上げながら1回だけぶつけると、「**試合**」になる。

同 打ち合わせ・会議

使い方例
彼＋相談＝**彼に相談する**
相談＋場所＝**相談所**
結婚＋場所＋相談＝**結婚相談所**

ソース
そーす

右手の親指と小指を伸ばして、小指を下にして回す。

解 ソースをかける様子を表す。

参 右手の小指を口にあてたあと、小指を下に向けて回すと「**しょうゆ**」になる。

使い方例
甘い＋ソース＝**甘口ソース**
辛い＋ソース＝**辛口ソース**
ソース＋なくなる①＝**ソースがなくなる**

そぐわない
そぐわない

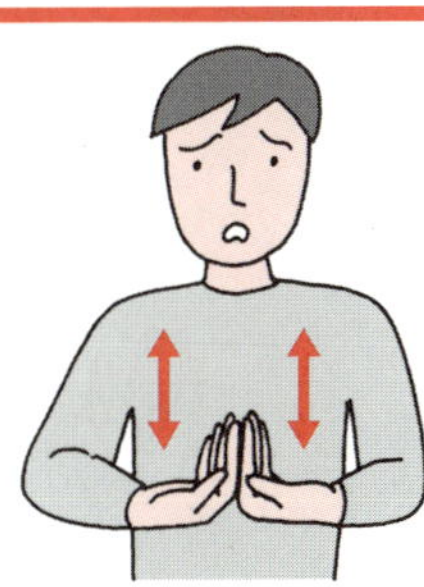

両手の甲を背中合わせにして、上下にこすり合わせる。

横から見たとき

参 感情的にしっくりこないという意味で使われる。

同 気持ち悪い・不快

使い方例
味＋そぐわない＝**口に合わない**
部屋＋いる＋そぐわない＝**居心地が悪い**

組織 そしき

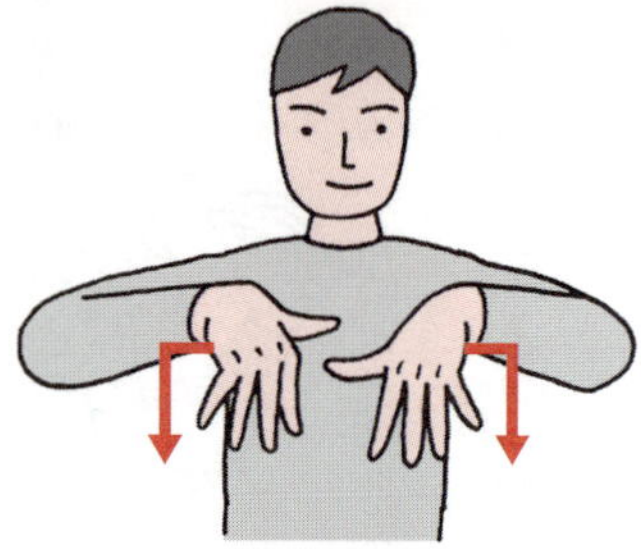

軽く握った両手を並べ、指を開きながら指先を下に向け、下げる。

一

参 「数字の一＋組織」で「**一流**」となる。

同 ～系・～派・～流

使い方例

田＋中＋組織＝**田中派**
会社＋組織＝**会社組織**
組織＋合う＝**組織的**
一＋組織＝**一流**

卒業 そつぎょう

頭を下げながら、両手のこぶしを少し上げる。

解 おじぎをしながら卒業証書を受け取る様子を表す。

使い方例

卒業＋生徒＝**卒業生**
卒業＋四角＝**卒業証書**
卒業＋透明＝**卒業見込み**
卒業＋式＝**卒業式**

そっくり そっくり

軽くわん曲させた右手を前に向け、振り下ろす。

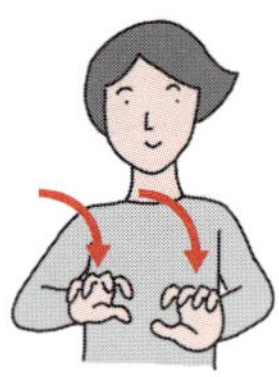

両手で表したとき

解 対象から対象へ、手を移動させる。

同 瓜二つ

使い方例

親＋子ども＋そっくり＝**瓜二つの親子**
そっくり＋すごい＝**そっくりそのまま**

外 そと

右手の人差し指を前に向けて、斜め横に出す。

参 「家＋外」や、「建物＋外」で表現することもできる。

使い方例

外＋待つ＝**外で待っていて**
鬼＋外＋幸せ＋中＝**鬼は外、福は内**
外＋温泉＝**露天風呂**

そのとき
そのとき

右手の人差し指で任意の空間を指さす。

右手の親指を左手にあてて、人差し指を前に倒す。

同 それ…そちら（その物を指す）
（～の）とき…場合

使い方例
そのとき＋車＋壊れる＝**そのとき、車が壊れた**
そのとき＋だけ＝**そのときだけ**

そのまま
そのまま

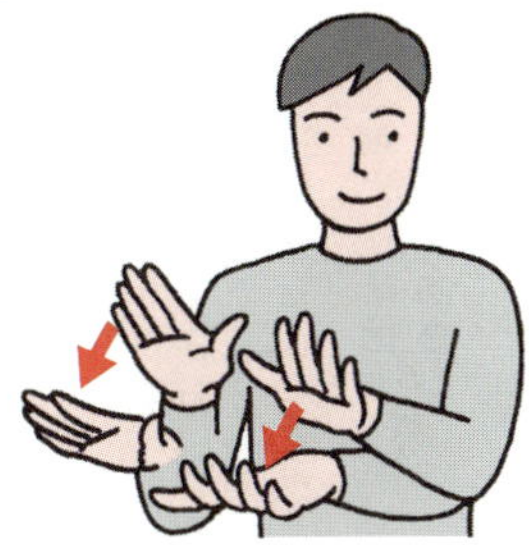

両手の手のひらを下に向けて並べ、少し下げる。

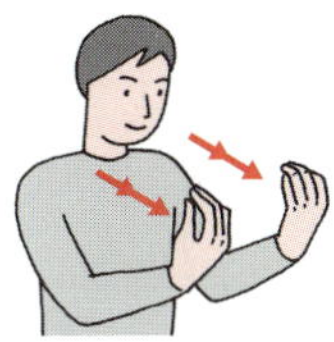

相変わらず

参 「性格が前のまま」「見た目が以前のまま」のときは「**相変わらず**」の表現を使う。

同 おいといて・待ってね

使い方例
そのまま＋待つ＝**そのまま待つ**
そのまま＋大丈夫？＝**そのままでいい？**

そば
そば

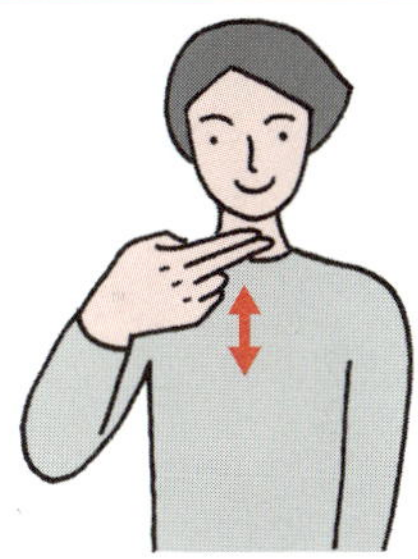

右手の人差し指と中指を伸ばし、上下に動かす。

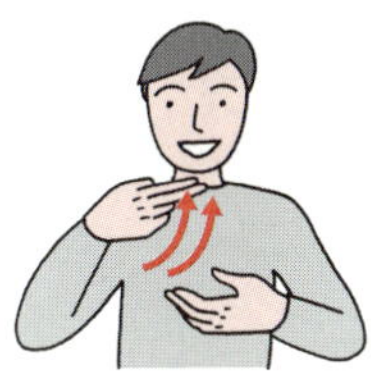

食べる

解 そばを食べる様子を表す。

参 右手を2回すくうように動かすと、「**食べる**」。

同 うどん・ラーメン

使い方例
温かい＋そば＝**温かいそば**
そば＋店＝**そば屋**
手＋作る＋そば＝**手打ちそば**

祖父
そふ

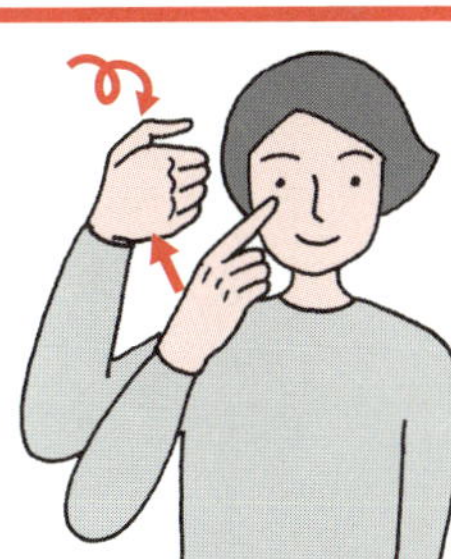

右の人差し指をほおにあて、親指を曲げながら、2回回す。

おじいさん

解 ほおにあてるのは「肉親」の意味、親指を曲げるのは、腰が曲がった男性を表す。

参 人差し指をほおにあてないと、「**おじいさん**」。

反 小指を使うと「**祖母**」になる。

使い方例
祖父＋葬式＝**祖父の葬式**
祖父＋似る＝**祖父にそっくり**
祖父＋元気＝**祖父は元気**

ソフト
そふと

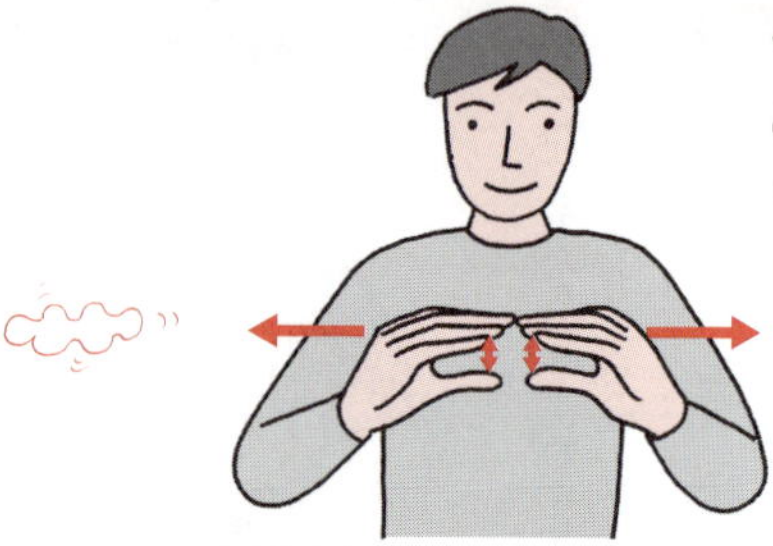

両手の親指とほかの指を向かい合わせ、フワフワさせて開く。

解 指先を近づけたり離したりすることで、フワフワとやわらかい様子を表す。

参 パソコンのソフトにも使える。

反 右手の親指と人差し指を曲げて斜め下に下ろすと、「**ハード**」。

同 優しい・やわらかい

使い方例
コンタクトレンズ＋ソフト＝**ソフトレンズ**
パソコン＋ソフト＝**パソコンソフト**

祖母
そぼ

右の人差し指をほおにあて、小指を曲げながら、2回回す。

おばあさん

解 ほおにあてるのは「肉親」の意味、小指を曲げるのは、腰が曲がった女性を表す。

参 人差し指をほおにあてないと、「**おばあさん**」。

反 親指を使うと「**祖父**」になる。

使い方例
祖母＋元気＝**祖母は元気**
祖母＋葬式＝**祖母の葬式**
祖母＋似る＝**祖母にそっくり**

染める
そめる

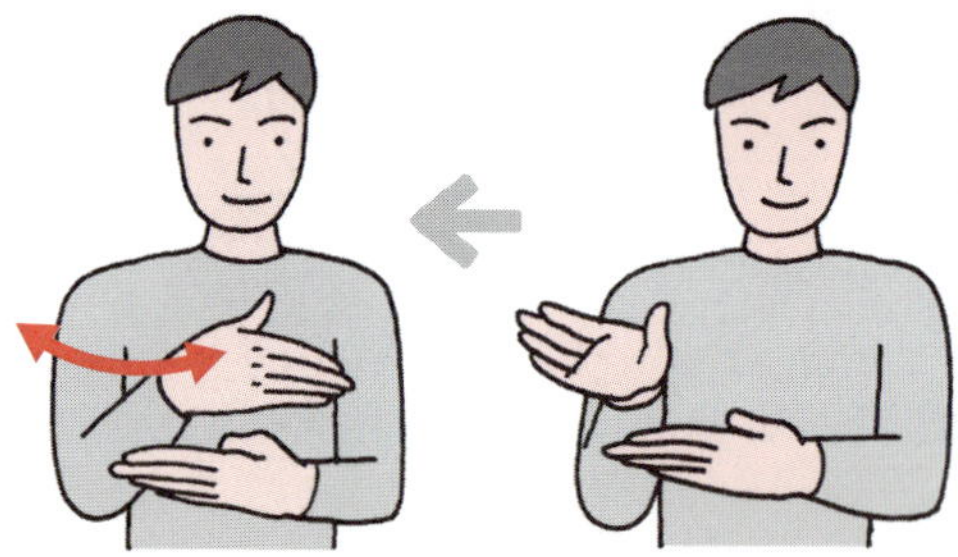

手のひらを上向きにした左手の上に右手をおく。

何かを塗りつけるようにして右手を動かす。

解 染め物をする様子から。

参 髪を染めるときは、髪に何かを塗りつけるようなしぐさで表す。なお、両手で何かをつまむようにして、上下に動かす表現もある。

使い方例
指文字の「ア」「イ」＋染める＝**藍染め**
絞る＋染める＝**絞り染め**
染める＋物＝**染め物**

空
そら

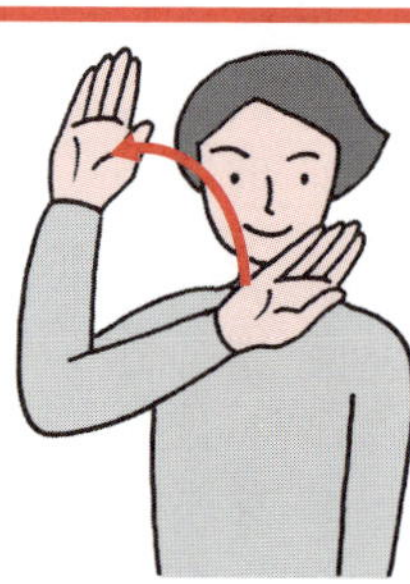

右手の手のひらを前に向け、顔の前で上に向かって弧を描く。

天国

解 空そのものを表す。

参 「**天国**」は、右手の人差し指を立てて、上げる。

同 天気

使い方例
空＋川＝**天の川**
空＋報告＝**天気予報**
空＋状態＝**空模様**
青＋空＝**青空**

そる
剃る

右手の人差し指の側面をほおにあてて、2回滑り下ろす。

参 腕の毛を剃(そ)るときは、腕に人差し指をあてて下から上へ動かす。また、人差し指と中指で同様にすると、「**横浜**」。

同 カミソリ

使い方例
顔＋剃(そ)る＝**顔を剃(そ)る**
頭＋剃(そ)る＝**スキンヘッド**
剃(そ)る＋欠け＝**剃(そ)り残し**

それぞれ
それぞれ

右手の人差し指を前に伸ばし、手首を返して上に向ける。

同じ動作を少し右側にずらして繰り返す。

解 2つ目の動作は、左から右でも、右から左でもどちらでもよい。

使い方例
それぞれ＋違う＝**それぞれ異なる**
それぞれ＋意見＋話す＝**それぞれ意見を言う**

そん
損

両手の親指と人差し指で輪を作り、前に投げるようにして開く。

得

解 お金を捨てる様子を表す。

参 「損」を2回繰り返すと、「**もったいない**」。

反 「**得**」は右手の人差し指を曲げて、左手で手前に押す。

同 損害・損失・無駄

使い方例
損＋保険＝**損害保険**
株＋損＝**株で損をする**
高い＋物＋買う＋損＝**高い物を買ったのに損した**

た

自分から見た形

相手から見た形

親指を立てて握りこぶしを作る。

田

た

両手の人差し指と中指、薬指を交差させて漢字の「田」を作る。

畑

解 漢字の「田」の形を表す。

参 両手でこぶしを作り、鍬(くわ)を2回振り下ろす動作をすると「**畑**」となる。

使い方例

山＋田＝**山田**
山＋畑＋みんな＝**田園**
田＋植える＝**田植え**
飛ぶ＋田＋空港＝**羽田空港**

タイ（鯛）

たい

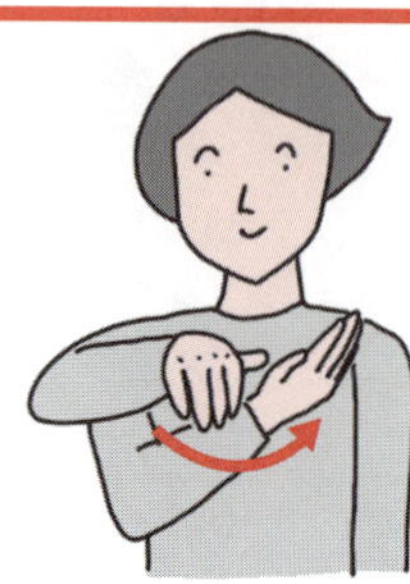

右手のひらを下に向け、すくうようにして手首を上にひねり上げる。

解 タイが跳ね上がっている様子を表す。

使い方例

タイ＋お茶＋食べる＝**タイ茶漬け**
タイ＋みそ＝**タイみそ**
タイ＋刺し身＝**タイの刺し身**
タイ＋食べる＝**タイ飯**

大安

たいあん

右手の親指と人差し指を伸ばし、右に引く。

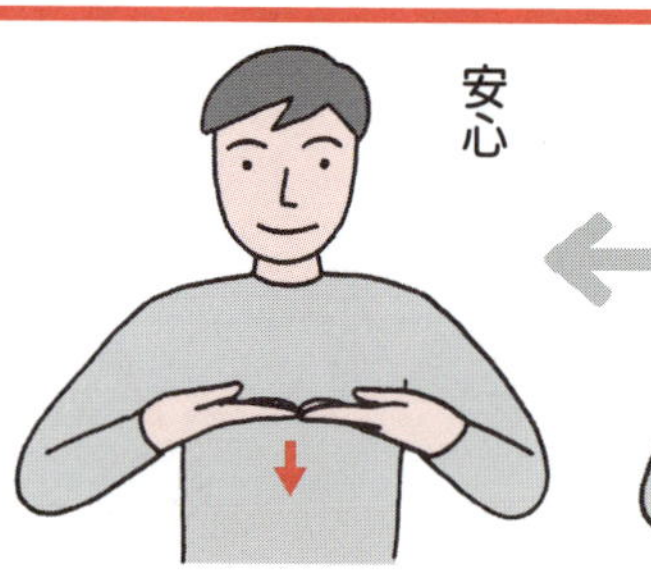

両手の手のひらを上向きにして、胸の前で下げる。

同 安心…安静・安全・安定・落ち着く・おとなしい

使い方例

大安＋よい＋日＝**大安吉日**
大安＋結婚＝**大安に結婚**

第一

だいいち

右手の人差し指を立てて、左下に払う。

右手の手首をひねって、右に引く。

参 「**第二**」は人差し指と中指の2指で同じように表す。「第九」まで同様に表現できる。

使い方例

第一＋希望＝**第一希望**
第一＋条件＝**第一条件**
第一＋印象＝**第一印象**
健康＋第一＝**健康第一**

退院 たいいん

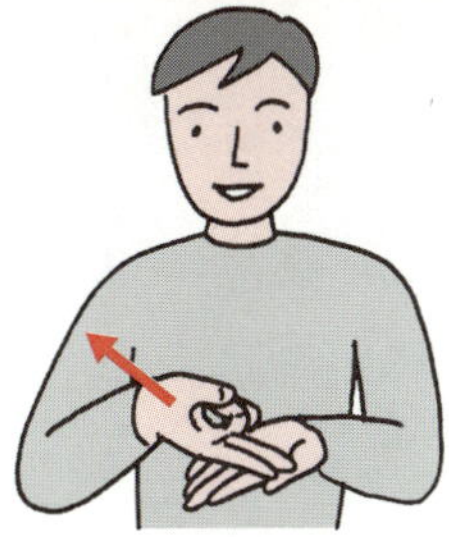

左の手のひらに人差し指と中指を伸ばした右手をのせ、手前に引く。

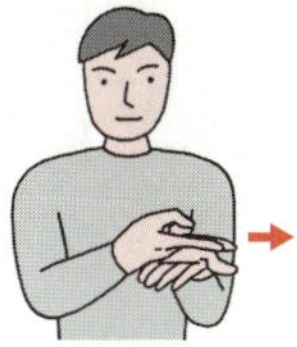

入院

解 左手をベッド、右手を人に見立て、ベッドに横たわっている人がベッドを出る様子から。

反 逆に、右手を前に出すと、「**入院**」になる。

使い方例
- 退院＋祝う＝**退院祝い**
- 途中＋退院＝**早期退院**
- 退院＋手＋連絡＝**退院手続き**
- 退院＋延期＝**退院が延びる**

ダイエット だいえっと

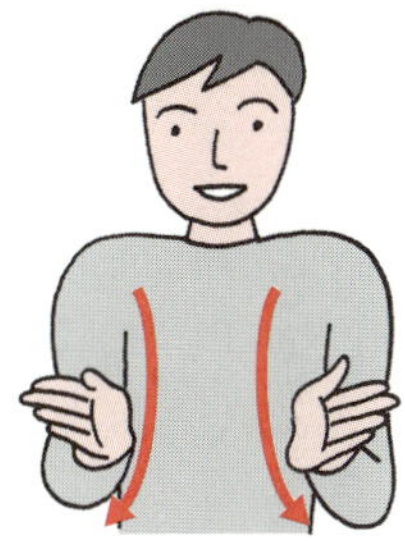

両手の手のひらを向かい合わせ、幅を狭めながら下ろす。

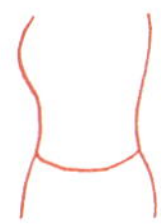

解 ほっそりとしたウエストラインを表す。

反 両手をわん曲させて向かい合わせ、左右に広げると、「**太い**」となる。

同 (体が)細い・やせている・やせる

使い方例
- ダイエット＋薬＝**やせ薬**
- ダイエット＋中＝**ダイエット中**

対応 たいおう

両手の人差し指を立てる。

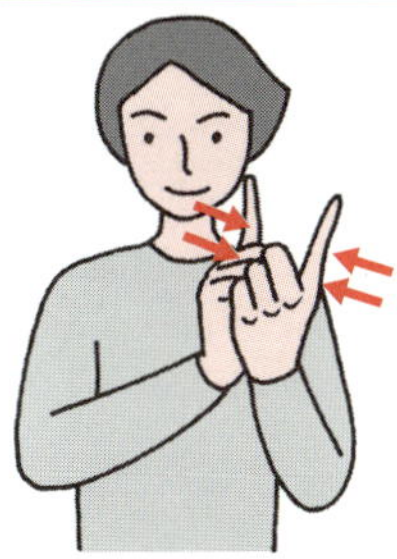

両手を２回ほど合わせる。

参 「両方が釣り合う」を表すときには、両手の人差し指を寄せる「**通じる**」を使う。

同 会う・応対・対策

使い方例
- 対応＋部屋＝**応接室**
- 知っている＋対応＝**知り合い**
- 対応＋部＝**対策部**

体温 たいおん

右手の人差し指を脇にはさむ。

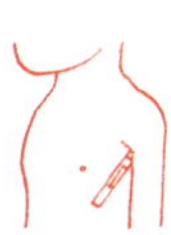

解 体温計で熱を測る様子から。

参 「**熱**」は右手の親指と人差し指をつけて脇におき、人差し指をはね上げて表す。

同 体温計・熱を測る

使い方例
- 体温＋検査＝**体温を調べる**
- 基本＋体温＝**基礎体温**

大会
たいかい

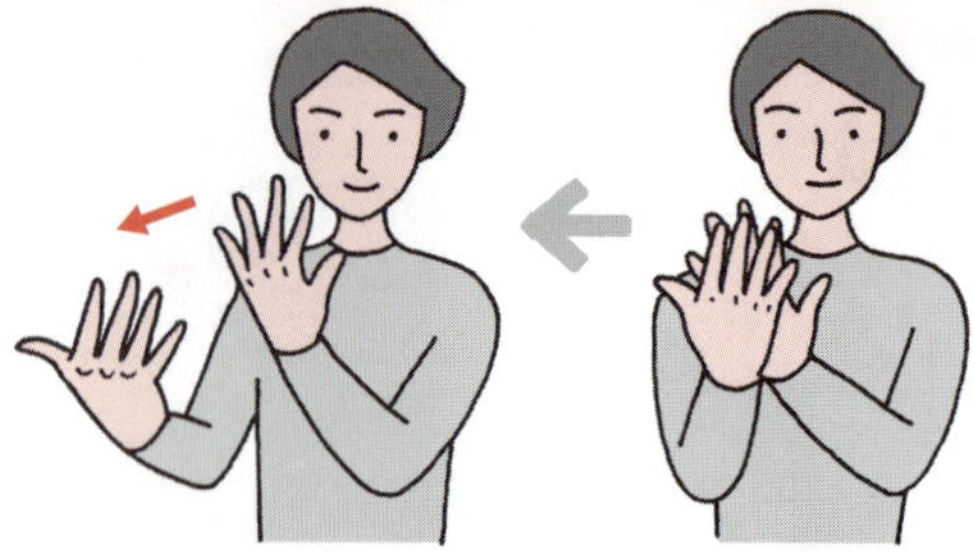

両手の手のひらを手前に向けて前後に並べる。

右手だけを前に出す。

解 人が大勢集まっている様子から。

参 結婚式など、「〜式」と表すときにも使える。

同 式・ホール

使い方例
ろう＋大会＝**ろう者大会**
全国＋大会＝**全国大会**
体育＋大会＝**体育大会**
我慢＋大会＝**我慢大会**

大学
だいがく

両手の人差し指を伸ばし、目の前で左右に開いて後ろに持っていく。

解 大学生の角帽の形を表す。

参 両手の親指と人差し指でつまむような形にして、角帽の角を表す表現もある。

使い方例
短い＋大学＝**短期大学**
大学＋生徒＝**大学生**
国＋立つ＋大学＝**国立大学**
個人＋立つ＋大学＝**私立大学**

大工
だいく

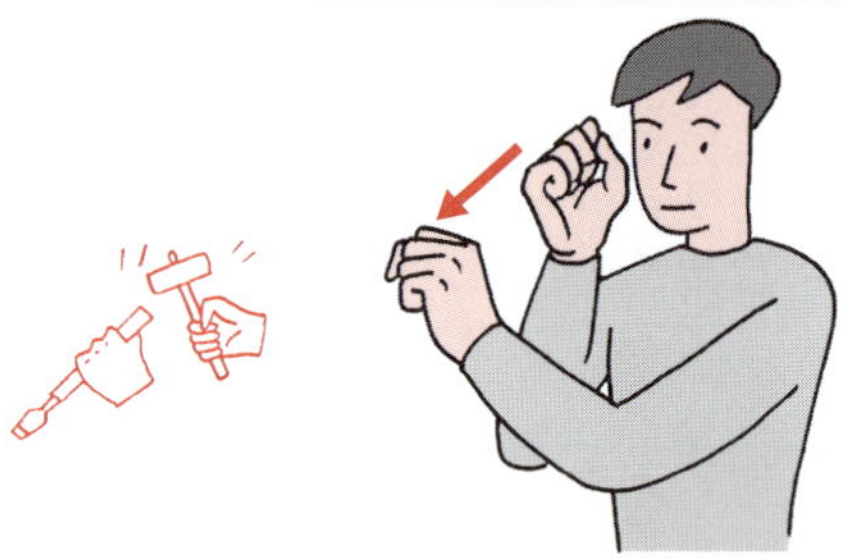

左でこぶしを作り、右手でカナヅチを持つようにして、打つ。

解 左手でクギやノミを持ち、右手でカナヅチを持って、打ちつける様子を表す。

参 カンナで削る動作でも表現できる。

使い方例
家＋大工＋仕事＝**とび職**
日曜日＋大工＝**日曜大工**
大工＋長＝**大工の棟梁（とうりょう）**

退屈
たいくつ

右手の指を開いて、中指をこめかみのあたりに2〜3回あてる。

つまらない

参 右手の指を軽く曲げて、顔の前で、そのまま下ろすと「**つまらない**」となる。

使い方例
仕事＋退屈＝**退屈な仕事**
本＋読む＋退屈＝**退屈な本**
毎日＋退屈＝**いつも退屈**

太鼓（たいこ）

両手の人差し指を伸ばし、上下に振る。

大太鼓

解 この表現は例のひとつで、太鼓の形や種類によって表現が異なる。

使い方例
- 日本＋太鼓＝**和太鼓**
- 太鼓＋男＝**ドラマー**
- 祭り＋太鼓＝**祭囃子**

体脂肪（たいしぼう）

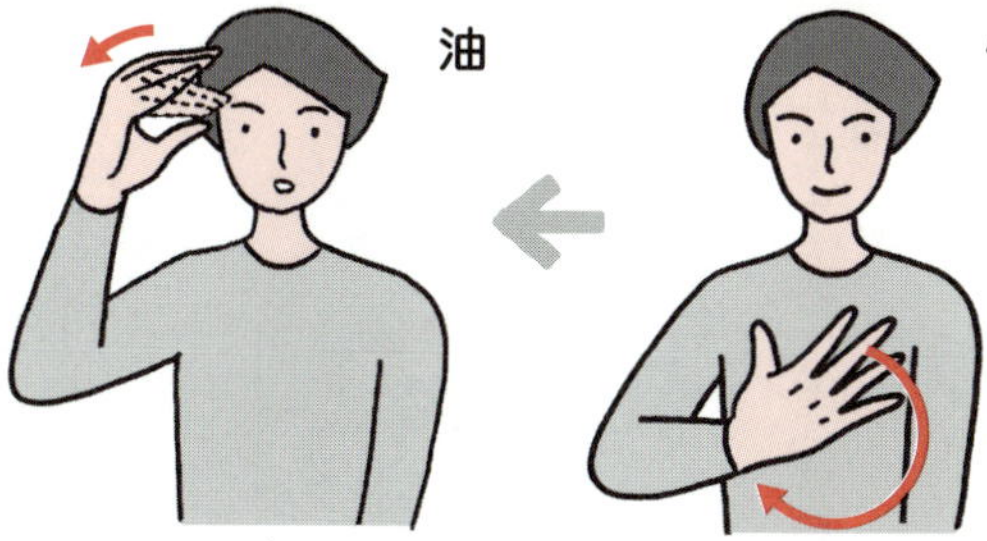

右の手のひらで体をなでるように円を描く。

右手を頭におき、下げながら5本の指を閉じる。

参「油」は食用の油を表すときにも使う。

同 体…全身・身分
油…脂肪

使い方例
- 体脂肪＋検査＝**体脂肪計**
- 体脂肪＋20＋パーセント＝**体脂肪20パーセント**
- 体脂肪＋高い＝**体脂肪率が高い**

体重（たいじゅう）

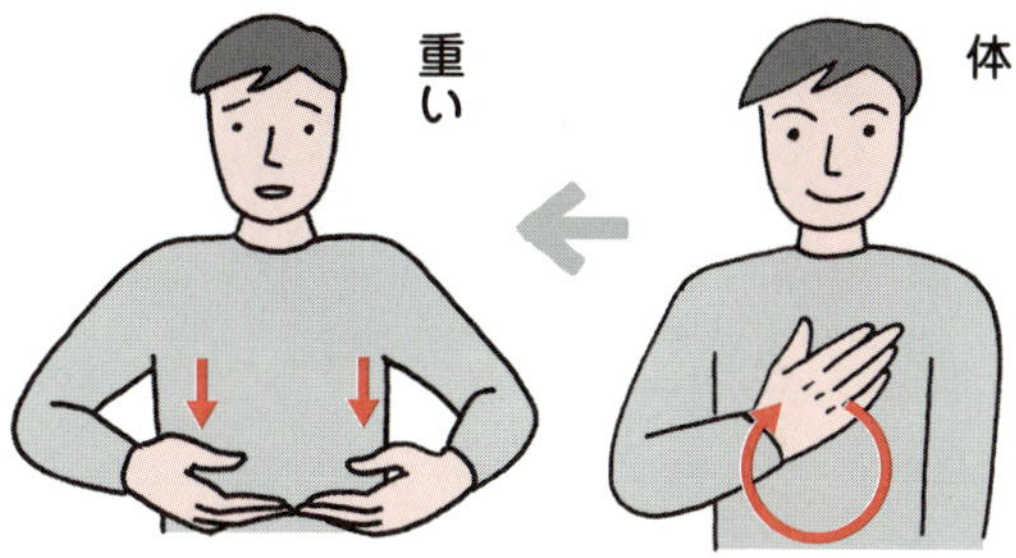

右の手のひらで体をなでるように円を描く。

両手の手のひらを上に向けて左右に並べ、同時に下げる。

解 重い…重い物を持つ様子を表す。

同 体…全身・身分
重い…重さ

使い方例
- 体重＋超える＝**体重オーバー**
- 体重＋いくつ?＝**体重は?**
- 体重＋70＝**体重70キロ**

大正（たいしょう）

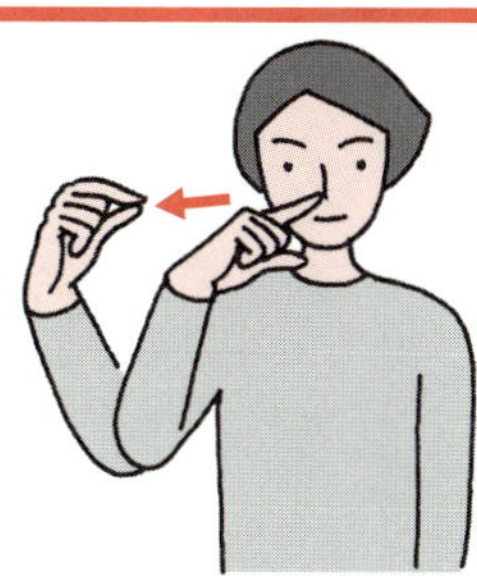

右の親指と人差し指を伸ばして鼻の下におき、つまんで右に引く。

明治

解 大正天皇の口ひげを表す。

参「**明治**」は明治天皇のあごひげで表す。口の上下に指をおいて右に引くと、「**アイヌ**」となる。

使い方例
- 大正＋天皇＝**大正天皇**
- 大正＋(〜の)とき＋〜間＝**大正時代**

大丈夫
だいじょうぶ

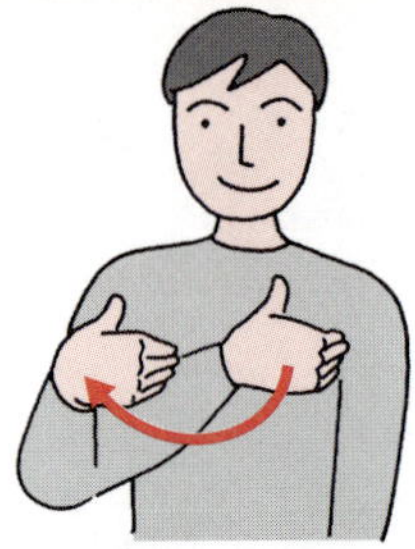

右手の親指以外の4本の指の指先を、左胸、右胸の順にあてる。

横から見たとき

反 右手の親指と人差し指でほおをつねるようにすると、「**無理**」になる。

同 可能・~できる

使い方例
時間＋大丈夫＝**時間に余裕がある**
明日＋大丈夫＝**明日はあいている**

退職
たいしょく

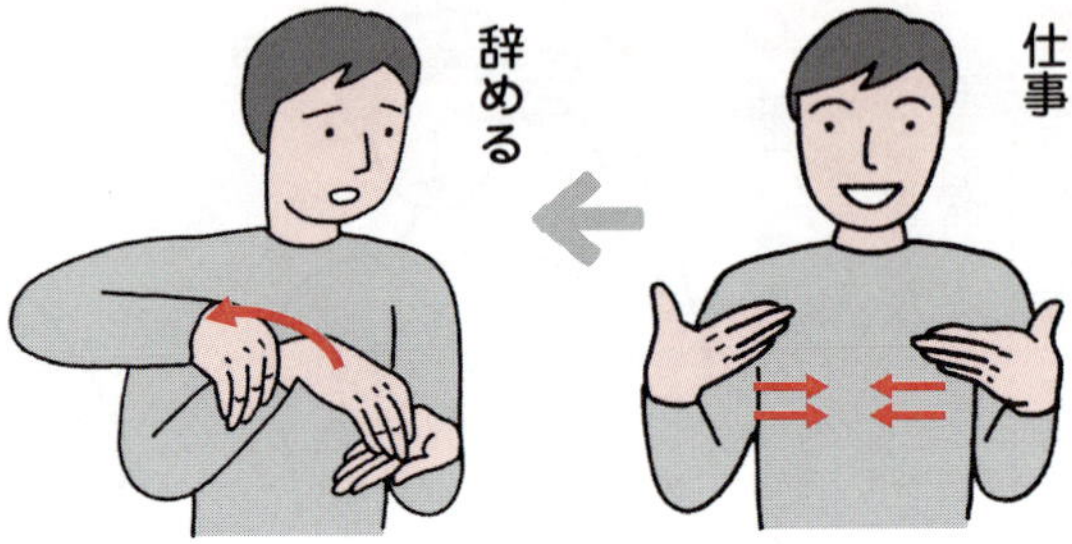

手のひらを上向きにして、左右から2回寄せる。

指を曲げた右手を左手にのせ、手前に引く。

反 「仕事＋入る」で「**就職**」になる。

同 仕事…職業・働く

使い方例
退職＋お金＝**退職金**
退職＋申し込む＝**退職届、退職願**
希望＋退職＝**希望退職**

大切
たいせつ

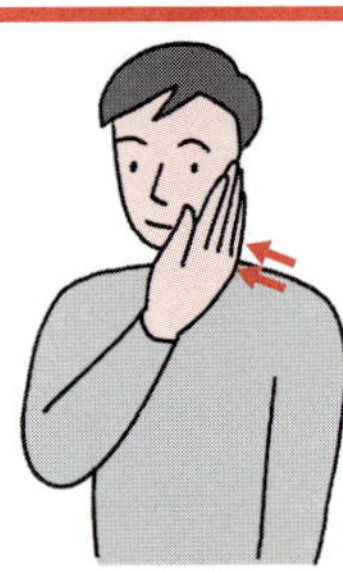

右手の手のひらを左のほおに2回あてる。

おいしい

参 右のほおにあてると、「**おいしい**」の意味になる。また、左手の甲を右手でなでる「愛する」で表現することもできる。

同 貴重・大事・もったいない

使い方例
大切＋本＝**大切な本**
大切＋物＝**貴重品**
大切＋友達＝**大切な友達**
価値＋大切＝**価値がある**

体操
たいそう

両手を軽く握って交差させ、左右に2回振り、腕の体操をする。

解 体操する様子を表す。

参 「**新体操**」は、リボンを回す動作で表す。

同 体育

使い方例
体操＋建物＝**体育館**
体操＋洋服＝**体操服**
ラジオ＋体操＝**ラジオ体操**
体操＋大会＝**体育大会**

だいたい

だいたい

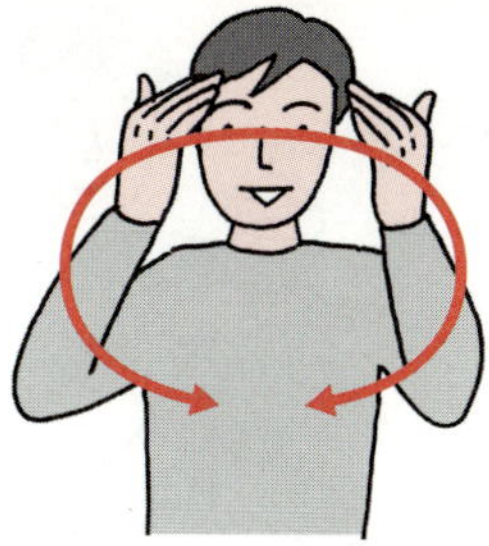

両手を合わせ、弧を描きながら下げて小指がつく手前で止める。

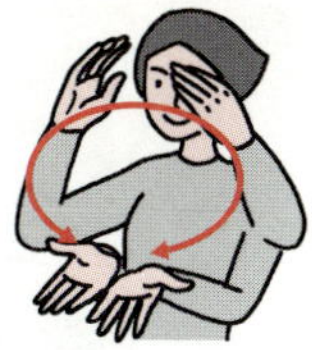

全部、まったく

参 小指を完全にくっつけて円を描くと「**全部**」「**まったく**」の意味になる。

同 およそ・ほとんど・約

使い方例
だいたい＋6＋人＝**6人ぐらい**
だいたい＋わかる＝**だいたいわかる**

たいちょう

体調

体

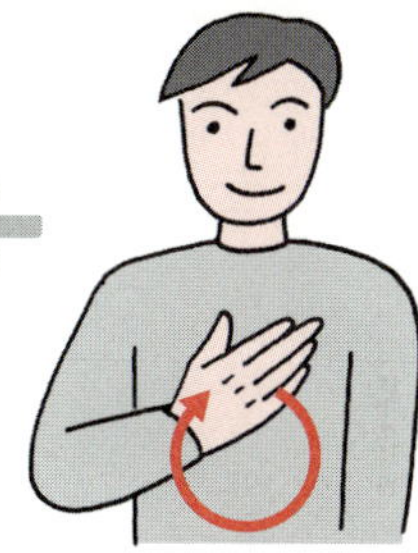

右の手のひらで体をなでるように円を描く。

状態

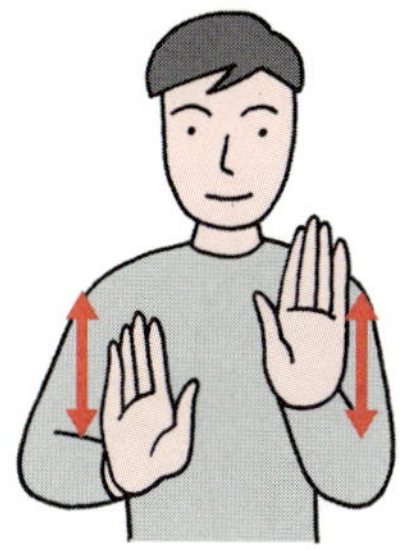

両手の手のひらを前に向け、交互に上下させる。

同 体…全身・身分
状態…シーン・状況・情勢・様子・容態

使い方例
体調＋よい＝**体調がいい**
体調＋悪い＝**体調が悪い**
体調＋治る＝**体調が戻る**

たいど

態度

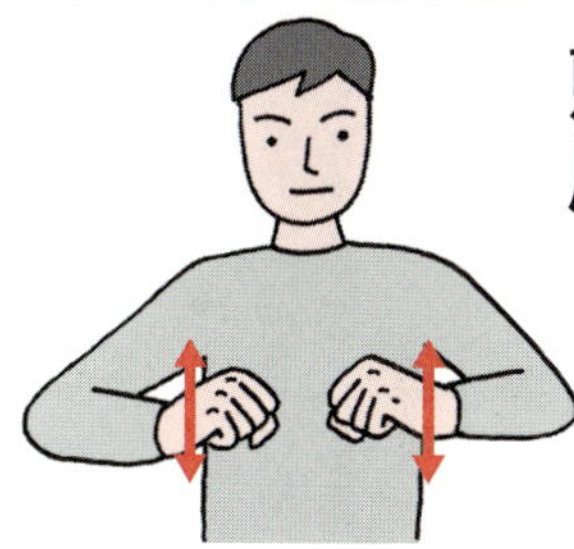

両ひじを張り、こぶしを握った両手を交互に上下させる。

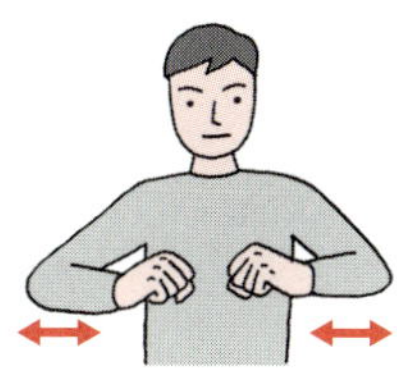

わがまま

参 上下に動かさずに同時に前に出すと「**行う**」になる。また、両手をグッと下げるようにすると「**頑張る**」、ひじを張って左右に動かすと「**わがまま**」となる。

使い方例
態度＋いばる＝**態度が大きい**
態度＋まじめ＝**まじめな態度**
態度＋わがまま＝**わがままな態度**

たいとう

対等

両手の親指を立てて並べる。

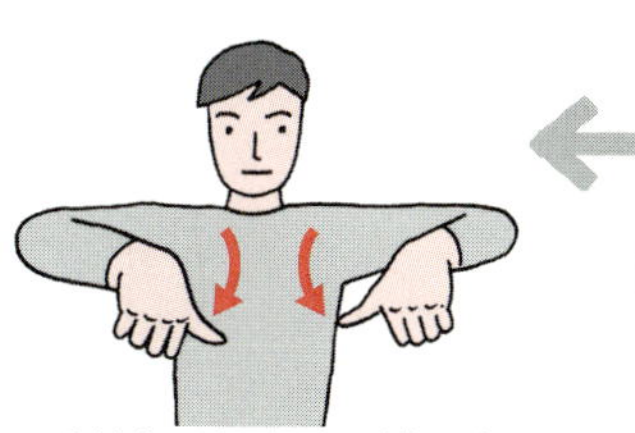

手首をひねって、横に寝かせる。

解 親指を伸ばすのは数字の「5」を意味し、五分五分＝対等となる。

同 平等

使い方例
男＋女＋対等＝**男女平等**
対等＋育てる＝**対等に扱う**
対等＋つき合い＝**対等なつき合い**

大統領
だいとうりょう

手のひらを手前に向け、揺らしながら右へ引く。

親指を立てた右手を、左手の甲にのせる。

解 アメリカ…星条旗のしま模様を表す。

参 「アメリカ大統領」を指す。ほかの国は、「アメリカ」のところに、それぞれの国の単語をあてはめて表現する。

台所
だいどころ

左手を軽くわん曲させて下に向け、右手で切る動作。

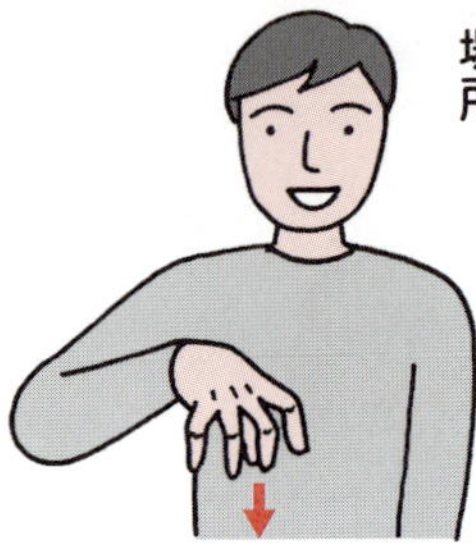

軽くわん曲させた右手を少し下げる。

解 料理…左手で材料をつかんで、右手を包丁に見立て、切る様子を表す。

同 場所…〜所・〜場

使い方例
台所＋直す＝**台所のリフォーム**
指文字の「シ」「ス」「テ」「ム」＋台所＝**システムキッチン**

タイトル
たいとる

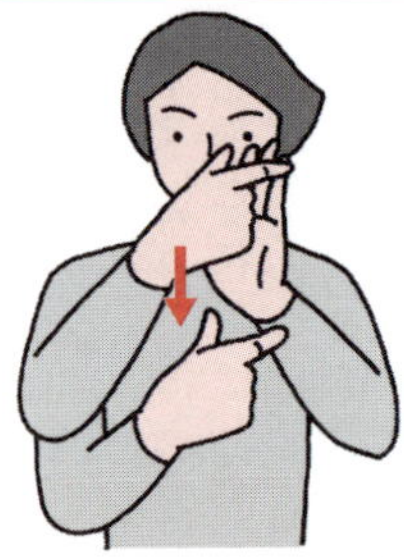

左手の手のひらに右手の親指と人差し指をあて、下げる。

字幕

解 紙に書かれたタイトルを表す。

参 左手の甲に右手の親指と人差し指をあてると、「**字幕**」。

同 題・テーマ・表題

使い方例
タイトル＋ない①＝**無題**
タイトル＋花＝「**花**」**のテーマ**
話す＋タイトル＝**話題**

代表
だいひょう

左手の指を広げ、下に人差し指を伸ばした右手をおいて前に出す。

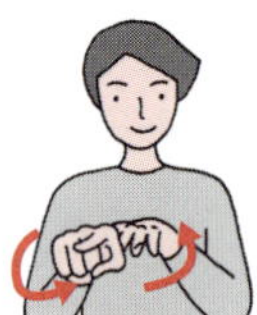

優先

参 右手を水平に回すようにして左手の前におくと「**優先**」となる。

使い方例
代表＋グループ＝**代表チーム**
代表＋男＝**代表者**
代表＋人々②＝**代表者**
代表＋選ぶ＝**代表者を選ぶ**

ダイビング
だいびんぐ

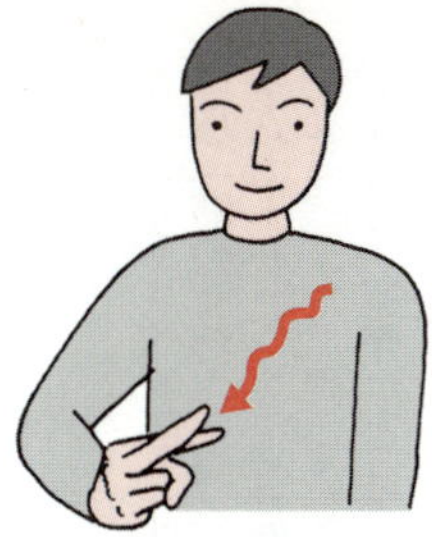

右の人差し指と中指を交互に動かしながら、斜めに下げる。

解 バタ足をしながら潜っていく様子を表す。

参 斜め下ではなく、右に動かすと「**水泳**」になる。また、右手の親指を立てて指先を左に向け、下げると「**スカイダイビング**」になる。

使い方例
経験＋ダイビング＝**体験ダイビング**
ダイビング＋資格＝**ダイビングのライセンス**

台風
たいふう

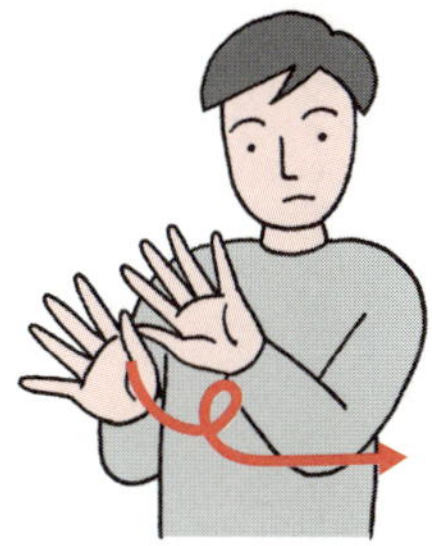

両手の指を開いて前に向け、手首を回し、右上から斜め下に動かす。

解 風が強く吹く様子を表す。

参 両手の手首を回さず、右上から斜め下に2回動かすと「**風**」になる。

同 嵐

使い方例
50＋台風＝**五十嵐**
台風＋12＝**台風12号**
台風＋気をつける＋報告＝**台風注意報**

大便
だいべん

右手の親指を立て、左手でつかむ。

親指を立てたまま、右手を下ろす。

解 大便が体から外へ出ていく様子を表す。

使い方例
犬＋大便＋自分＋責任＋持つ＋帰る＝**犬のフンは責任を持ってお持ち帰りください**

逮捕
たいほ

左手を軽く握り、体の前におき、右手で左手首をつかむ。

両手を体のほうにぐっと引き寄せる。

同 つかまえる

使い方例
悪い＋男＋逮捕＝**犯人を逮捕する**
誤解＋認める＋逮捕＝**誤認逮捕**
逮捕＋経過＝**逮捕歴**

タイムカード

たいむかーど

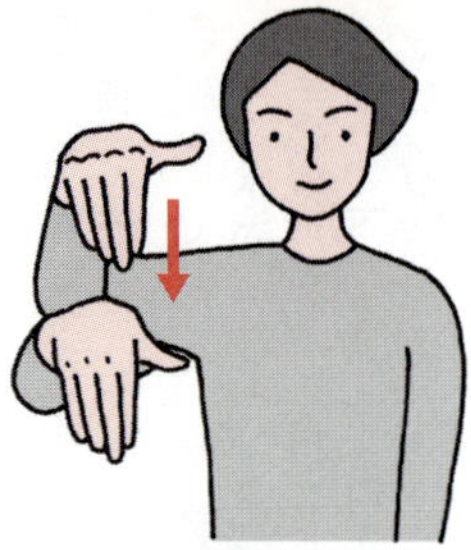

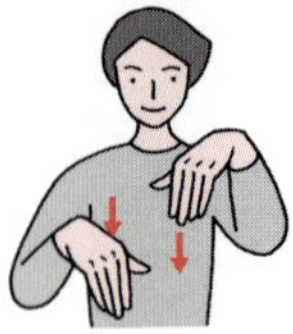

選挙

右手の指先を下に向けて、下げる。

解 タイムカードを差し込む様子から。

参 タイムカードを差し込むとき、「行く＋タイムカード」なら「**開始時刻**」、「帰る＋タイムカード」なら「**退社時刻**」になる。また、両手を交互に下げると「**選挙**」となる。

使い方例

タイムカード＋なくなる②＝**タイムカード紛失**

タイムカード＋レシピ＝**タイムカードの記録**

ダイヤモンド

だいやもんど

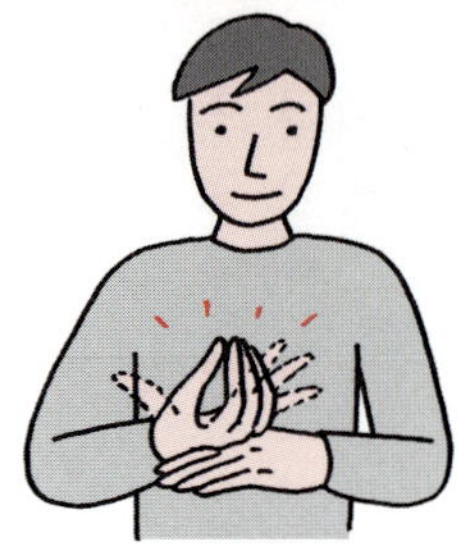

左手の甲の上に指をすぼめた右手の甲をあて、パッパッと2回開く。

解 ダイヤモンドがキラキラと光る様子を表す。

同 宝・宝石

使い方例

ダイヤモンド＋指輪＝**ダイヤモンドの指輪**

指文字の「ニ」「セ」＋ダイヤモンド＝**偽物のダイヤモンド**

太陽

たいよう

右手の指をすぼめて頭の上におき、少し下げながらパッと開く。

解 太陽の光が照らす様子を表す。

参 同じ動きで手を2回開くと、「**シャワー**」となる。

使い方例

太陽＋花＝**ヒマワリ**

日＋太陽＝**日光**

太陽＋傘＝**日傘**

太陽＋倒れる＝**熱中症**

大陸

たいりく

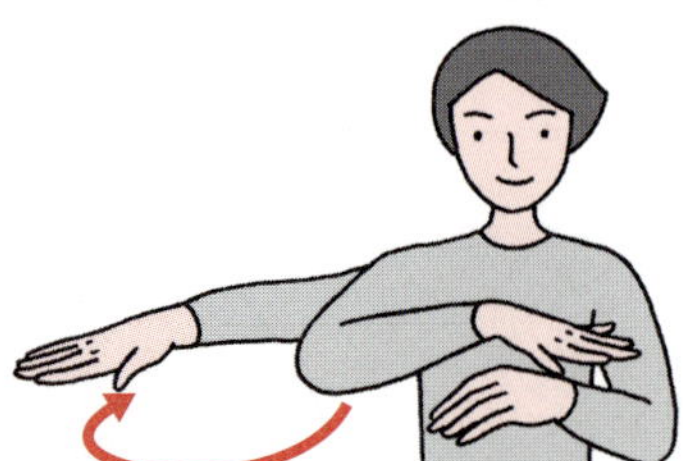

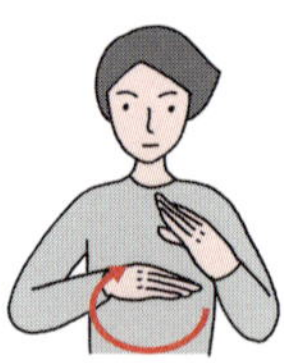

庭

わん曲させた左手の上で、右手を水平に回す。

解 右手は広い陸地を表す。

参 左手を斜めにして、右手を水平に回すと、「**庭**」「**庭先**」となる。

使い方例

アジア＋大陸＝**アジア大陸**

土＋大陸＝**土地**

砂＋大陸＝**砂漠**

体力
たいりょく

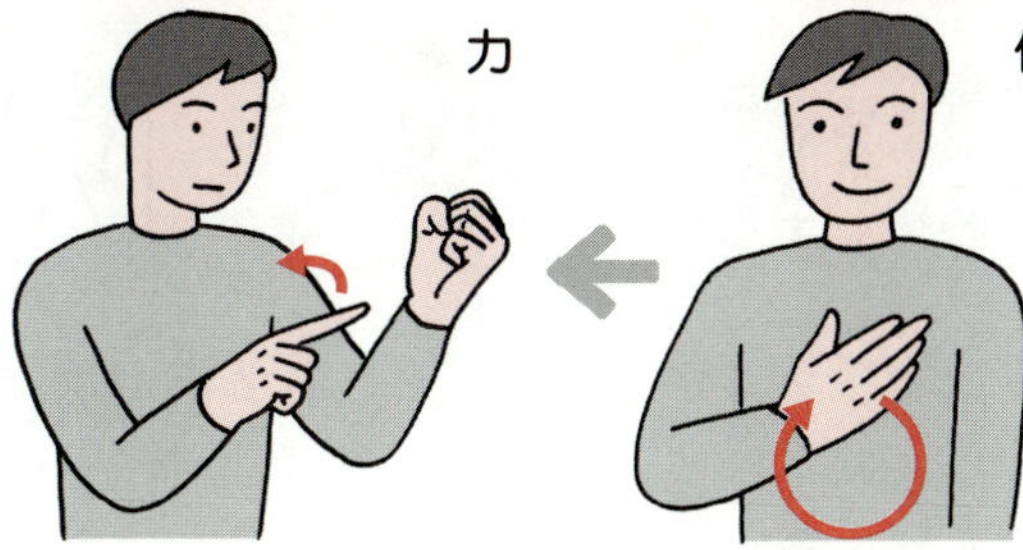

右手で体をなでるように円を描く。

左の上腕に、右手の人差し指で力こぶを描く。

同 体…全身・身分

使い方例
体力＋ある＝**体力がある**
体力＋ない①＝**体力がない**
体力＋上がる＝**体力アップ**
体力＋調べる＝**体力検査**

ダウンロード
だうんろーど

右手をわん曲させて上に向け、自分のほうに引き寄せながら握る。

解 データを自分のところに引っ張ってくる様子を表す。

使い方例
指文字「あ」「ぷ」「り」＋ダウンロード＝**アプリをダウンロードする**
写真＋ダウンロード＝**画像をダウンロードする**

タオル
たおる

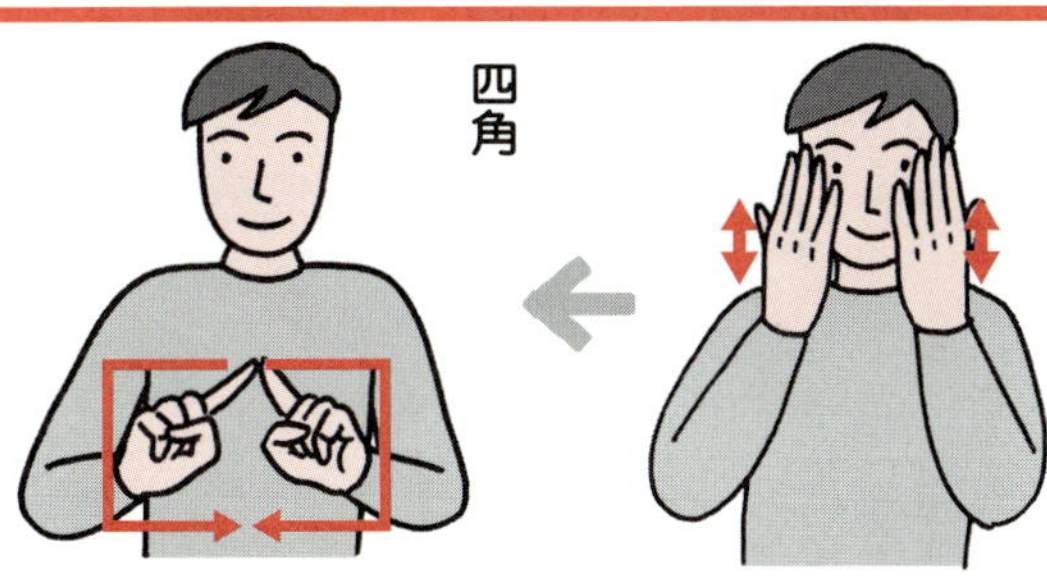

両手で顔をこする動作をする。

両手の人差し指で、四角を描く。

同 四角…紙・書類

使い方例
タオル＋大きい＝**バスタオル**
タオル＋薄い＝**薄手のタオル**
タオル＋布団＝**タオルケット**
顔を洗う＋場所＝**洗面所**

倒れる
たおれる

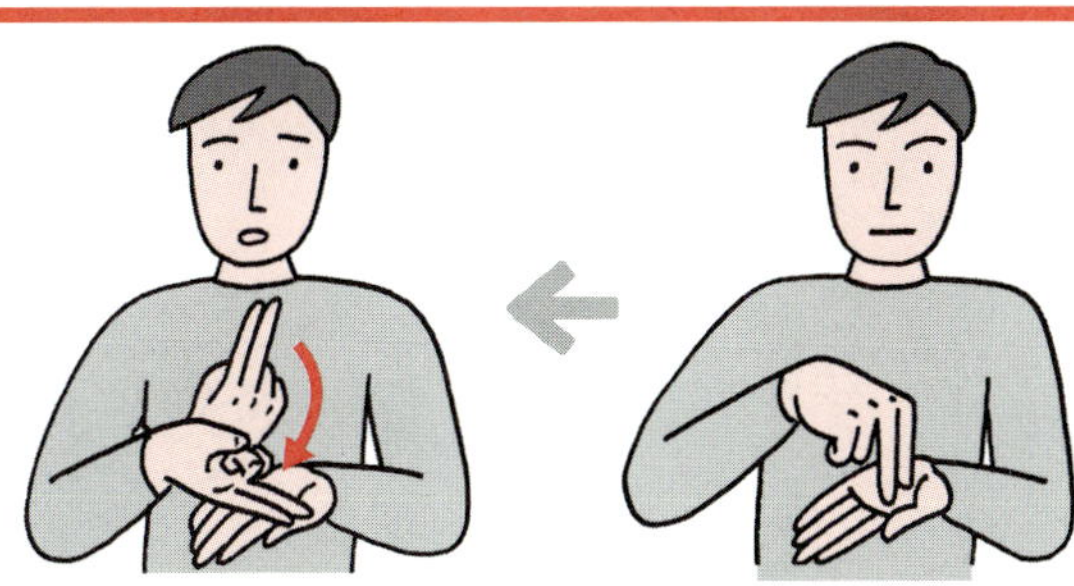

左手の手のひらに、右手の人差し指と中指をおく。

ひっくり返るように右手を倒す。

解 2本の指を足に見立て、人が倒れる様子を表す。

同 転ぶ・転倒

使い方例
めまい＋倒れる＝**めまいで倒れる**
倒れる＋スムーズ＝**倒れやすい**

高い
たかい

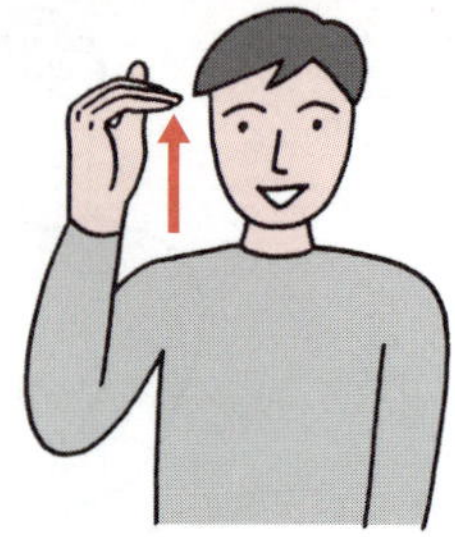

右手の親指以外の４本の指をそろえて曲げ、顔の横で上げる。

背が低い

参 右手をさらに上げると「**ノッポ**」の意味になる。また、肩の位置まで右手を下げると、「**低い**」となる。おもに身長のことをいうときに使い、金額が「高い」というときには使えない。

使い方例
高い＋田＝**高田**
頭＋高い＝**背が高い**
ビル＋高い＝**高いビル**

（値段が）高い
（ねだんが）たかい

右手の親指と人差し指で輪を作り、上げる。

安い

解 右手の輪は、お金を意味し、上げることで「高い」ことを表す。

参 右手の下に左手を添えることもある。

反 左手を添えて輪を下げると、「**安い**」となる。

使い方例
（値段が）高い＋違う？＝**（値段が）高いんじゃない？**
家＋お金＋（値段が）高い＝**家賃が高い**

互いに
たがいに

すぼめた両手を上下に重ねる。

手を上げながら、何度か手の位置を入れ替える。

参 両手の親指を立てて並べ、手首をひねって、横に寝かせる「対等」という手話単語でも表現できる。

同 しつこい

使い方例
互いに＋頑張る＝**お互いに頑張ろう**
互いに＋同じ＝**お互いさま**

だから
だから

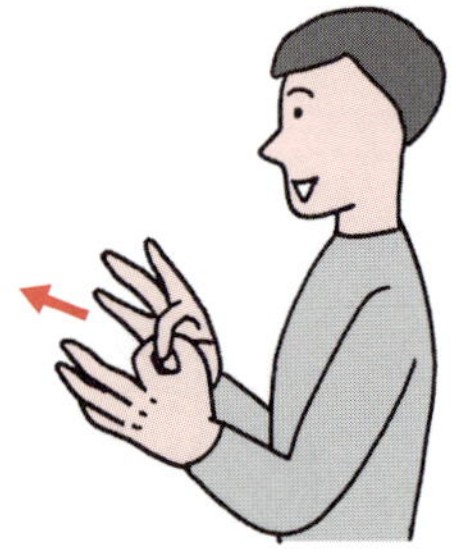

両手の親指と人差し指でそれぞれ輪を作ってからませ、前に出す。

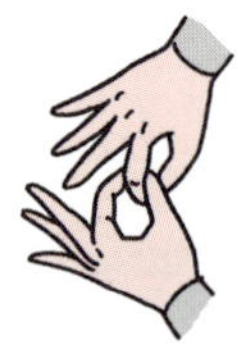

上から見たとき

参 大きく前に出すと「**永遠に**」という意味になる。

同 ずっと・伝える・続く・連絡する・～について・関係

使い方例
寒い＋だから＝**寒いから**
遅刻＋だから＝**遅刻したから**
だから＋何？＝**だから何なの？**

宝くじ
たからくじ

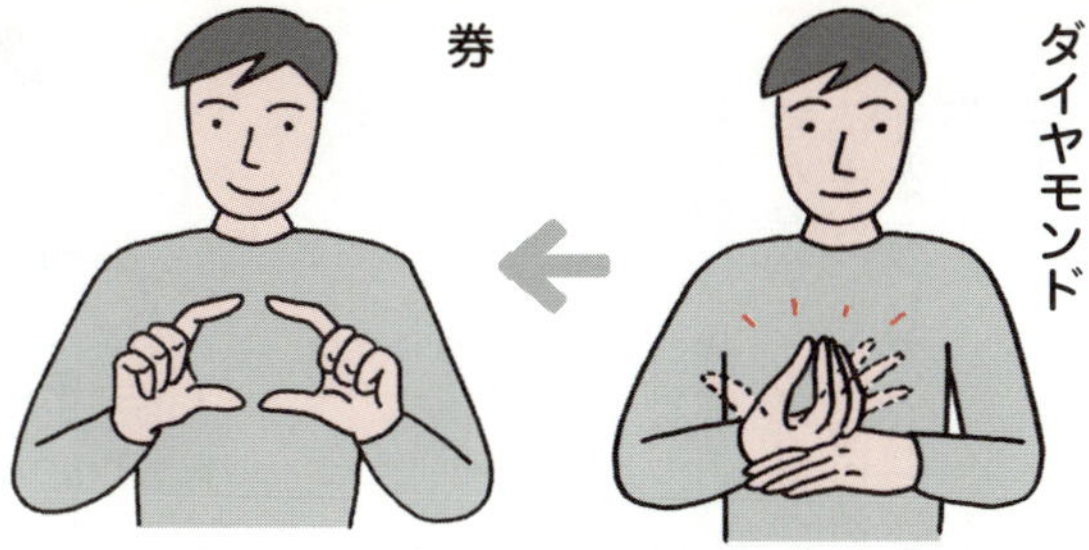

左手の甲に右手の甲をあてて、パッパッと2回開く。

両手の親指と人差し指で四角を作る。

参 「ダイヤモンド＋四角」でも表現できる。

使い方例
最高＋宝くじ＝**ジャンボ宝くじ**
宝くじ＋年＝**宝くじにあたる**

滝
たき

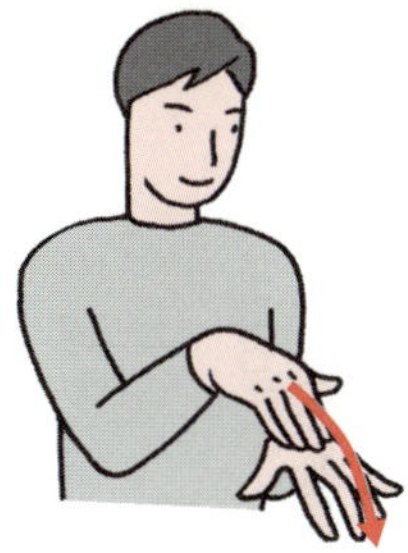

左手の上に、指先を下に向けた右手をおき、右手だけ下ろす。

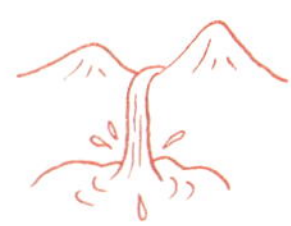

解 右手を滝の水に見立て、ザーッと流れる様子を表す。

使い方例
滝＋多い＝**滝沢**
日＋太陽＋滝＝**日光の滝**
滝＋観光＝**滝めぐり**

抱き合う
だきあう

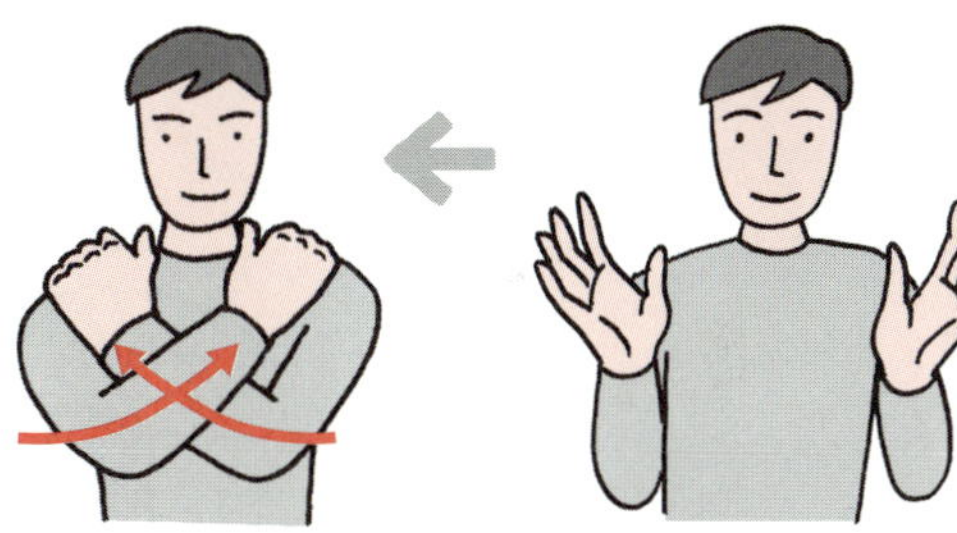

両腕を広げる。

両腕を交差させて、抱き合う動作をする。

解 抱き合う様子を表す。

参 「**赤ちゃんを抱っこする**」は、赤ちゃんを抱く動作で表す。

同 抱く

使い方例
抱き合う＋力＝**包容力**
抱き合う＋うれしい＝**抱き合って喜ぶ**

タクシー
たくしー

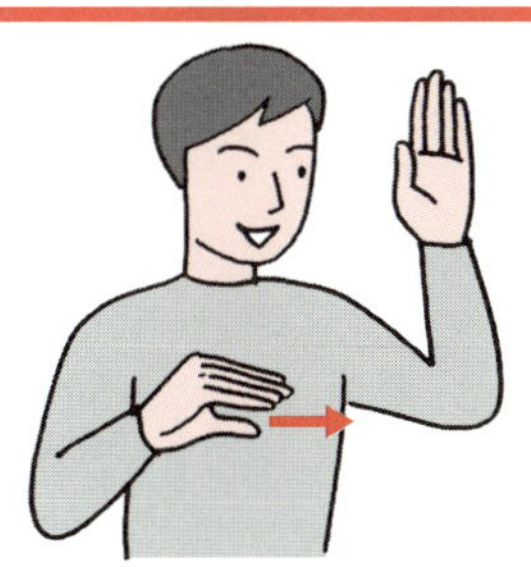

左手は上げ、右手は親指とほかの４本の指の間をあけて、前に出す。

解 右手の「コ」の形は車を意味し、左手は手を上げてタクシーを拾う様子を表す。

参 ほかに右手を上げてタクシーを拾う動作だけで表現することもできる。

使い方例
個人＋タクシー＝**個人タクシー**
タクシー＋車＋男＝**タクシー運転手**

宅配便

たくはいびん

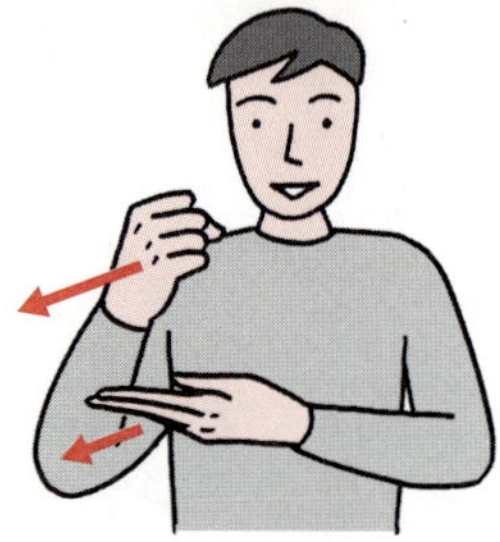

右手でこぶしを作って、下に左手を添え、同時に前に動かす。

解 荷物を届ける様子から。

参 右手を何かをつまむ形にし、左の手のひらと同時に前に動かすと「**プレゼント**」の意味になる。

同 持っていく

使い方例

バイク＋宅配便＝**バイク便**
個人＋宅配便＝**個人宅配**
宅配便＋会社＝**宅配業者**

～だけ

～だけ

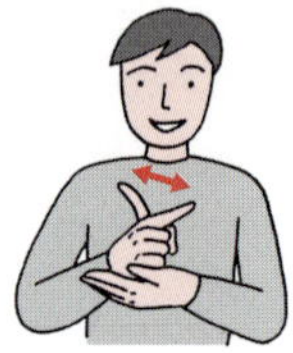
地図

人差し指を伸ばした右手を左の手のひらにポンとのせる。

参 左手にのせた右手の人差し指を左右に振ると、「**地図**」となる。

同 ～しか

使い方例

わたし＋～だけ＝**わたしだけ**
～だけ＋違う＝**～だけじゃない**
口＋～だけ＝**口だけ**

タコ

たこ

指を開いて下に向けた右手に、すぼめた左手を上からあてる。右手の指をひらひら揺らす。

解 タコの姿を表す。

使い方例

本当＋タコ＝**真タコ**
タコ＋煮る＝**ゆでダコ**
耳＋タコ＝**耳にタコができる**
タコ＋刺し身＝**タコ刺し**

確かに

たしかに

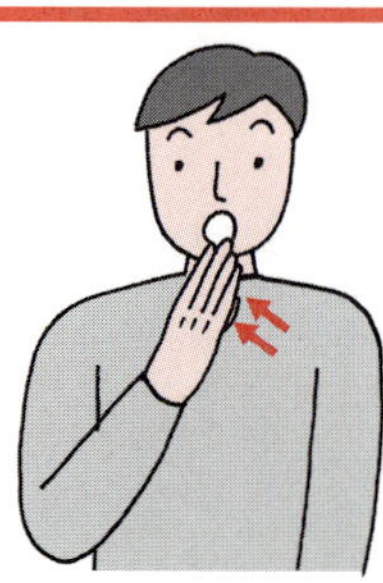

横から見たとき

右手の人差し指側の側面で、あごをトントンと2回たたく。

同 事実・実際・真実・本当・本物

使い方例

確かに＋彼＋格好いい＝**本当に、彼って格好いい**
確かに＋受け取る＝**確かに受け取りました**

足し算（たしざん）

両手の人差し指を伸ばし、十字に交差させる。

解 ＋の形を表す。

使い方例

- 足し算＋考える＝**プラス思考**
- 足し算＋練習＋書く＝**足し算ドリル**
- 乾電池＋足し算＝**乾電池のプラス極**

たじろぐ（たじろぐ）

左手のひらに、人差し指と中指を軽く曲げた右手をのせ、同時に体のほうに引く。

同 ひるむ・怖気づく・びびる

使い方例

- 大＋混乱＋たじろぐ＝**騒動にたじろぐ**
- すごい＋犬＋たじろぐ＝**猛犬にビビる**

助ける（たすける）

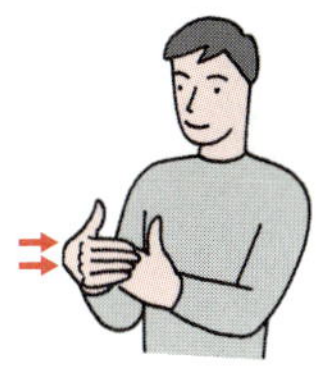

助けられる

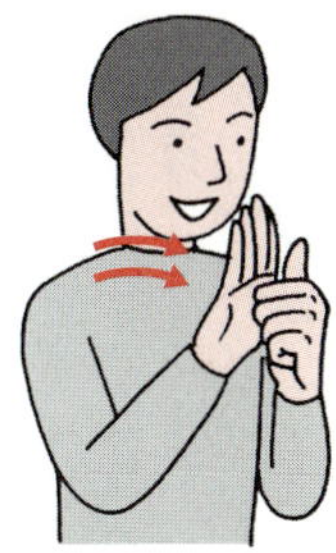

左の親指を立て、右の手のひらを手前から数回あてる。

解 親指は人を表し、人をあと押しする様子から。

反 右手を前から数回あてると「**助けられる**」となる。

同 協力・手伝う・支援

使い方例

- 助ける＋お金＝**義援金**
- 助ける＋助けられる＝**助け合う**

尋ねる（たずねる）

前から見たとき

右手の手のひらを手前に向けて顔の横におき、ひじを軸に前に出す。

解 相手に意見を尋ねるときに使う。

参 文末につけて、「〜ですか」と尋ねるときにも使う。

同 質問する・〜ですか

使い方例

- 詳しい＋尋ねる＝**尋問**
- 彼＋尋ねる＝**彼に尋ねる**
- 時間②＋尋ねる＝**時間を尋ねる**
- 尋ねる＋簡単＝**簡単な質問**

入ってもいいですか？

入る
P.428

構わない
P.131

尋ねる

畳（たたみ）

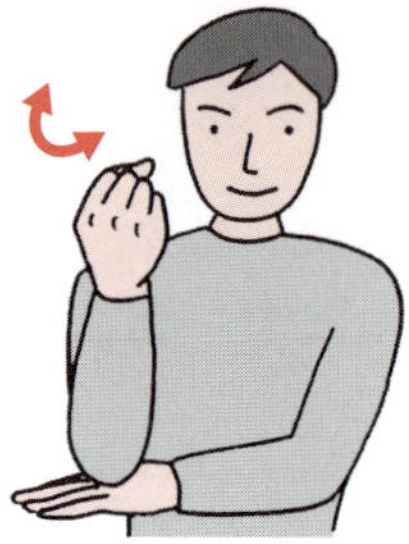

左手の甲の上に、こぶしを作った右手のひじをのせて、2回ねじる。

新聞

解 畳職人がむしろを縫いつける様子を表す。

参 左手もこぶしにすると、「**新聞**」になる。

使い方例

畳＋部屋＝**和室**
6＋畳＝**6畳**
畳＋仕事＝**畳職人**

立つ（たつ）

右の人差し指と中指を伸ばして下に向け、左手に指先をのせる。

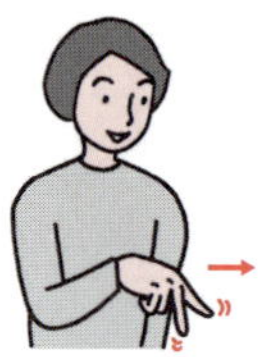

歩く

解 右手の指を2本の足に見立て、足で立つ様子を表す。

参 2回トントンとのせると、「**立場**」となる。また、左手をつけずに、2本の指を交差させながら前に進めると「**歩く**」となる。

使い方例

立つ＋見る＝**立ち見**
国＋立つ＝**国立（くにたち・こくりつ）**
足＋立つ＋区＝**足立区**

脱臼（だっきゅう）

右手でこぶしを作り、左手でつかむ。

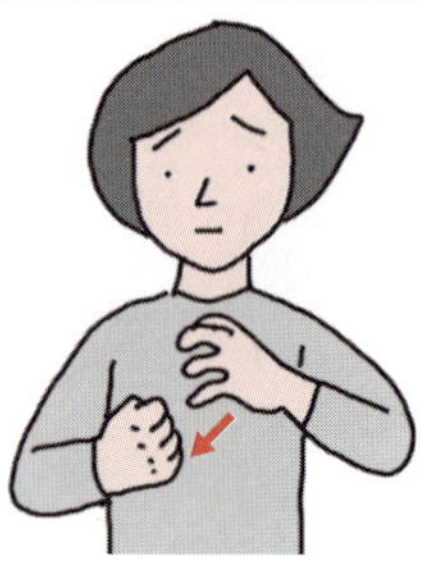

右手のこぶしを左手から離す。

解 関節が外れた様子を表す。

使い方例

私＋肩＋脱臼＋簡単＝**私の肩は脱臼しやすい**
私＋肩＋脱臼＋経験＋ある＝**私は肩を脱臼したことがある**

だっすい
脱水

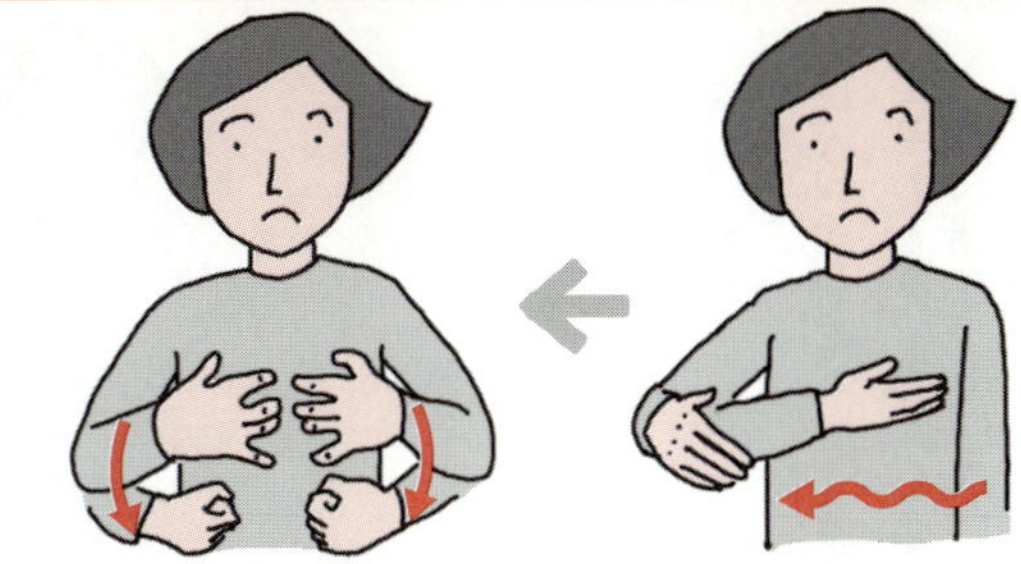

右手を上向きにして、揺らしながら右に動かす。

わん曲させた両手を握りながら斜め下に下ろす。

解 最初の動作は「水」の手話。次の動作は体の中から抜ける様子を表す。

使い方例

脱水＋病気＝**脱水症状**

熱＋中＋ため＋脱水＋病気＋起こる①＝**熱中症になって脱水症状を起こす**

たてもの
建物

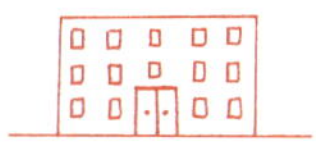

両手を向かい合わせて上げ、直角に曲げて左右からつける。

解 建物の四角い形を表す。

同 ～館・ビル

使い方例

絵＋建物＝**美術館**

売買＋建物＝**デパート**

観光＋建物＝**博物館**

本＋建物＝**図書館**

たてる
建てる

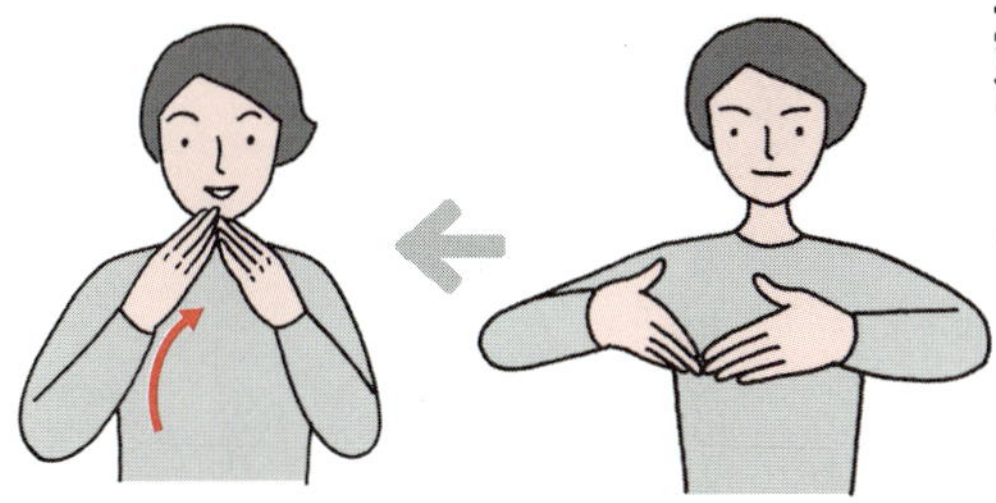

両手の４指の先を合わせて寝かせる。

手首を立てて、家の形を作る。

解 初めは寝かせておいて起こすことで、「建造する」という意味を表す。

参 最後に起こした家の形は、「家」という手話単語になる。

使い方例

会社＋建てる＝**会社を興す**

建てる＋設計＋仕事＝**建築設計の仕事**

寺＋建てる＝**寺院の建立**

たとえば
例えば

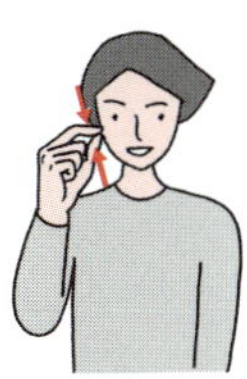

もし

右手の親指と人差し指で輪を作り、左手の甲にあてる。

参 「**もし**」は、ほおを親指と人差し指でつまむようにして表すこともできる。

同 仮・仮に・たとえ・もし・例

使い方例

もし＋例えば＝**もしかしたら**

例えば＋話す＝**例を説明する**

例えば＋文章＝**例文**

たな

棚

左の手のひらを立てて右手を垂直にあて、少し上げて同じ動きをする。

解 棚が何段もあることを表す。

参 右手の人差し指だけを伸ばして同じ動きで下げると、「**番組**」になる。

使い方例

木＋棚＝**木製の棚**
棚＋橋＝**棚橋**
棚＋作る＝**棚を作る**
棚＋欲しい＝**棚が欲しい**

たに

谷

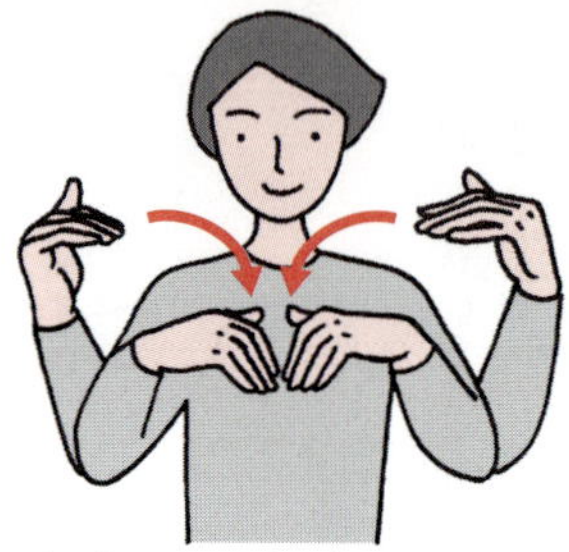

両手の指を軽く曲げて下向きに並べ、内側に下げて指の背をつける。

山

解 谷のくぼみを表す。

参 「山」は山の形で表す。

使い方例

渋い＋谷＝**渋谷**
谷＋口＝**谷口**
谷＋中＝**谷中**
朝＋谷＝**阿佐ケ谷**

たにん

他人

ほか

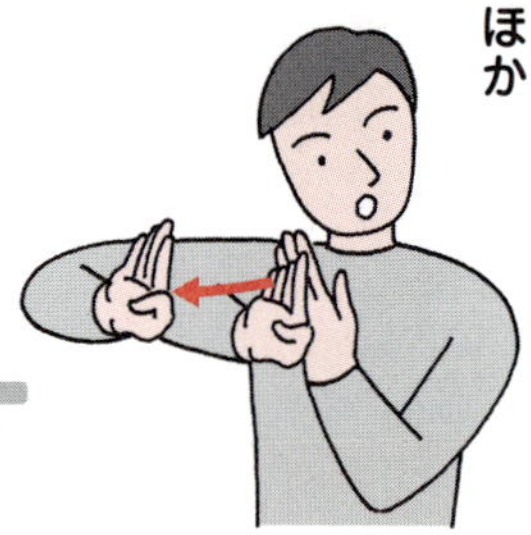

両手の甲を合わせ、右手を前に出す。

人①

右手の人差し指で、「人」の字を空書する。

解 ほか…ほかの物と区別する様子を表す。

同 ほか…その他・別

使い方例

他人＋こと＝**他人事（ひとごと）**
全部＋他人＝**あかの他人**

たのしい

楽しい

両手を折り曲げ、親指以外の指の指先を胸に向け、交互に上下に動かす。

横から見たとき

参 「楽しかったです」とお礼を言うときにも使える。

同 うれしい・喜び・喜ぶ

使い方例

遊ぶ＋楽しい＋場所＝**行楽地**
あなた＋一緒＋楽しい＝**あなたと一緒で楽しい**
楽しい＋待つ＝**期待**

たのむ

頼む

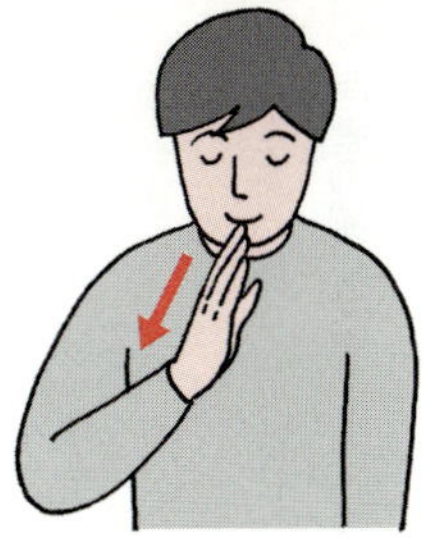

横から見たとき

右手を顔の前に垂直に立て、頭を軽く下げながら斜め下に出す。

解 頭を下げて頼みごとをする様子から。

参 両手をこすり合わせる表現もある。

同 依頼・お願い・～してください・願う

使い方例

ケーキ＋３＋頼む＝**ケーキを３つください**

友達＋頼む＝**友達に頼む**

たばこ

タバコ

右手の人差し指と中指を立てて口にあて、２～３回前に出す。

解 タバコを吸う様子を表す。

同 喫煙

使い方例

タバコ＋席＝**喫煙席**

タバコ＋禁止＋席＝**禁煙席**

タバコ＋構わない？＝**タバコを吸ってもいい？**

たぶん

たぶん

～らしい

右手を軽くわん曲させて上向きにし、頭の横から離していく。

参 「**～らしい**」という単語（人差し指と中指を立ててチョンチョンと振る）でも表現できる。また、人差し指で「？」を空書する表現もある。

同 想像・夢想・夢・予想

使い方例

たぶん＋大丈夫＋思う＝**たぶん大丈夫だと思う**

明日＋たぶん＋雨＝**明日はたぶん雨でしょう**

たべる

食べる

左手の上で、右手の人差し指と中指を口に２回すくい上げる。

解 左手を食器、右手を箸に見立て、ご飯を食べる様子を表す。

参 菓子をつまむ動作、スプーンですくう動作など、食べ物により表現が違う。

同 ご飯・食事・食品

使い方例

食べる＋～したい＋ある？＝**食べたいものはある？**

食べる＋歩く＝**食べ歩き**

食べる＋過ぎる＝**食べ過ぎ**

卵
たまご

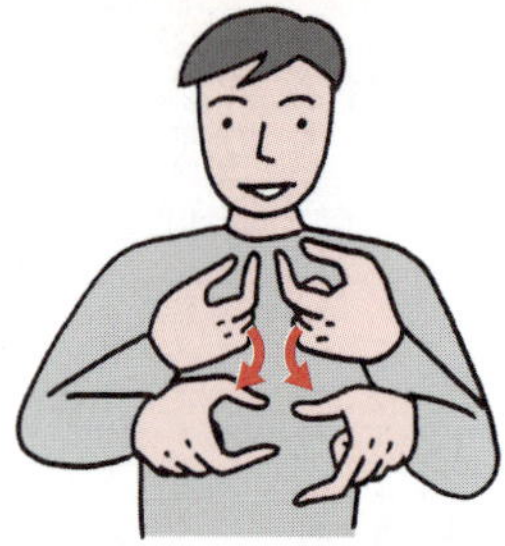

両手の親指と人差し指を向かい合わせ、手首をひねって左右に開く。

解 卵を割る様子を表す。

参 医者の卵、弁護士の卵などという場合にも使える。

使い方例
温泉＋卵＝**温泉卵**
卵＋炒める＝**スクランブルエッグ**
医者＋卵＝**医者の卵**

だます
だます

右手の親指と中指、薬指をつけて回す。

だまされる

解 右手は指文字「キ」の形になる。

参 右手の人差し指で2回ほおをつつくと「**うそ**」となる。

反 「**だまされる**」は同じ形で自分に向けて回す。

同 ごまかす

使い方例
男＋だます＝**男をだます**
だます＋上手＝**だまし上手**
うそ＋だます＝**偽装（ぎそう）**
だます＋増す＝**水増し**

たまに
たまに

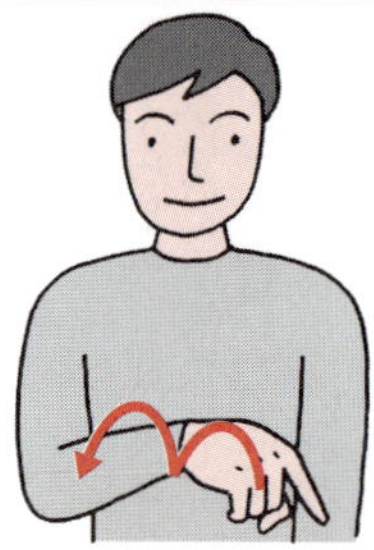

右手の人差し指で、左から右へ弧をいくつか描く。

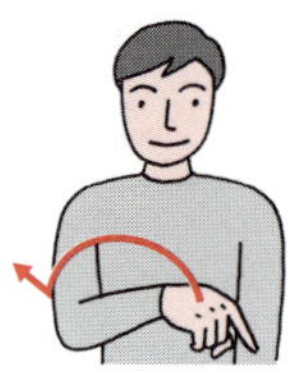

ごくたまに

参 大きく弧を描けば、「**ごくたまに**」の意味になる。

同 時々

使い方例
たまに＋外＋食べる＋行く＝**たまに外食する**
たまに＋会う＝**たまに会う**

玉ねぎ
たまねぎ

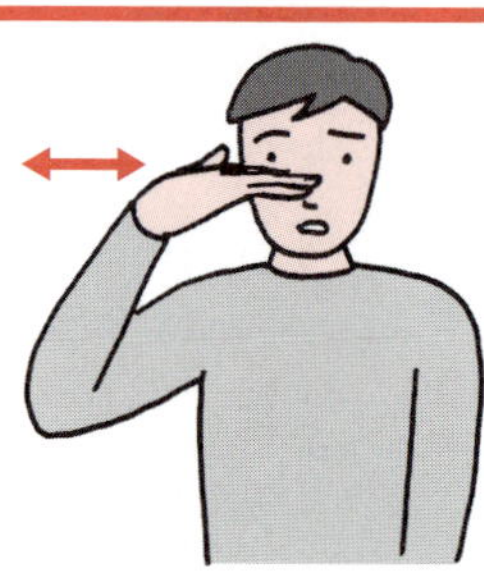

目の下に右手をおいて左右に動かし、泣く動作をする。

解 玉ねぎを切ると涙が出ることから。

参 「**きゅうり**」は両手で輪を作って並べ、左右に引き離して表す。

同 泣く

使い方例
玉ねぎ＋細かく切る（切る動作を何度も繰り返す）＝**玉ねぎのみじん切り**

黙る

だまる

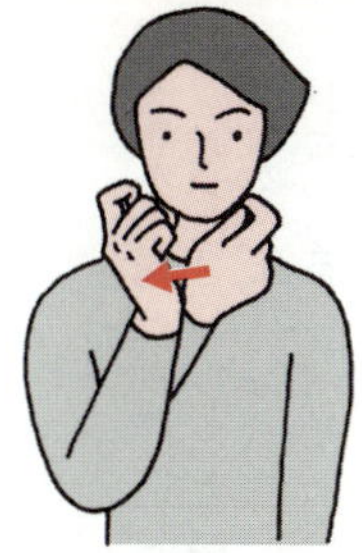

親指と人差し指の先を合わせて口元におき、左から右に動かす。

秘密

解 口にチャックをする様子から。

参 人差し指を立てて口の前におく「**秘密**」で表すこともできる。

同 内緒・秘密

使い方例
親＋黙る＝**親に黙っている**
黙る＋お願い＝**黙っていてください**

ダム

だむ

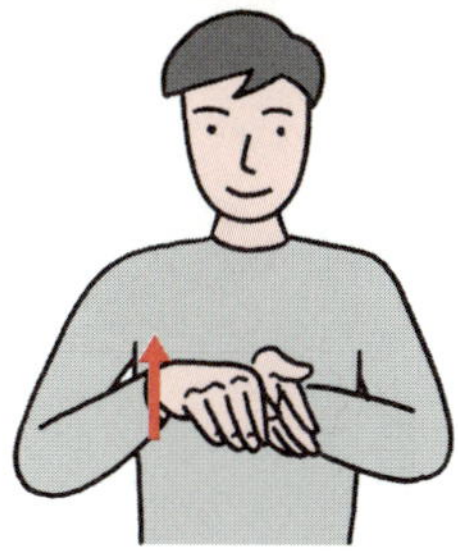

左の手のひらに下向きの右の手のひらの親指側をあて、上げる。

ストレス

解 水が満ちる様子を表す。

参 「水＋ストレス」でも表現できる。

同 たまる・満ちる

使い方例
ダム＋湖＝**ため池**
黒＋指文字の「べ」＋ダム＝**黒部ダム**

ため

ため

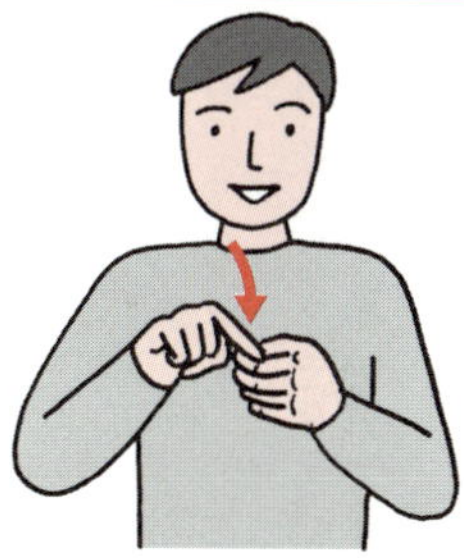

左手を丸めて筒形にし、右手の人差し指をポンとあてる。

目標

参 筒を横にして目よりも上におき、下から人差し指をあてると、「**目標**」になる。

同 あたる・年・目的

使い方例
遅刻＋ため＝**遅刻したため**
仕事＋ため＝**仕事のため**
彼＋ため＋頑張る＝**彼のために頑張る**

ダメ

だめ

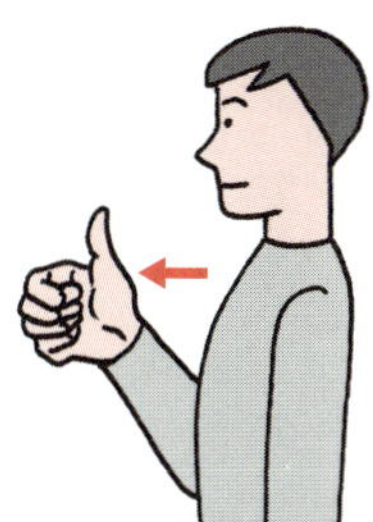

親指を立てた右手を、軽く前に出す。

悪い

参 両手の人差し指を交差させて「×」を作る表現や、右手の人差し指で「×」を空書する表現もある。右手の人差し指を鼻から左斜め下へ鼻をかめるように動かす「**悪い**」で表現してもよい。

同 禁止・叱る・罰

使い方例
タバコ＋ダメ＝**禁煙**
する＋ダメ＝**禁止行為**
年齢＋20＋以下＋ダメ＝**未成年禁止**

試す
ためす

右手の人差し指を右目の下にトントンと２回あてる。

愛人

参 右手を小指（「女」）にしてトントンと2回あてると「**愛人**」となる。また、ほおにトントンとあてると「**うそ**」となる。

使い方例
試す＋着る＝**試着**
味＋試す＝**味見**
試す＋食べる＝**試食**
核＋試す＋試験＝**核実験**

だらしない
だらしない

両手の手首を下に向け、ブラブラさせる。

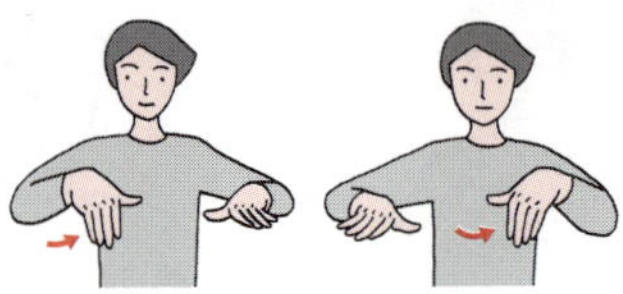

無職

参 両手を同様にして、交互に前後に動かすと、「**無職**」。

同 ルーズ

使い方例
洋服＋だらしない＝**だらしない洋服**
生徒＋だらしない＋困る＝**だらしない生徒に困る**

足りない①
たりない①

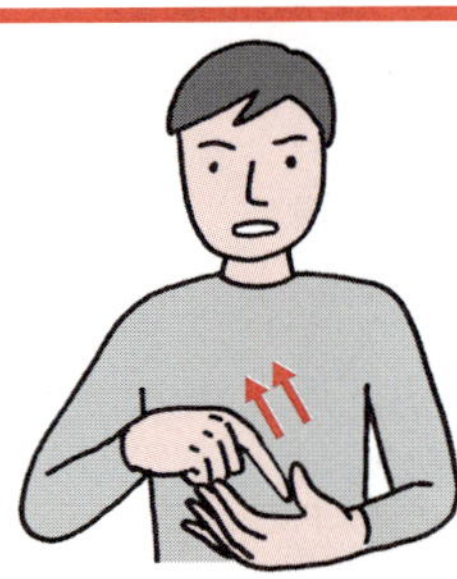

右手の人差し指を左手の手のひらにあて、２回手前に引く。

斜めから見たとき

参 客観的に見て「足りない」というときに使い、広く使われる。

同 不足

使い方例
スポーツ＋足りない①＝**運動不足**
数＋足りない①＝**数が足りない**

足りない②
たりない②

右手の親指をあごの下につける。

前から見たとき

解 「思っていたよりも少ない」というニュアンスで、主観的に「足りない」というときに使う。

使い方例
お金＋足りない②＝**お金が足りない**
惣菜＋足りない②＝**つまみが足りない**

誰 だれ

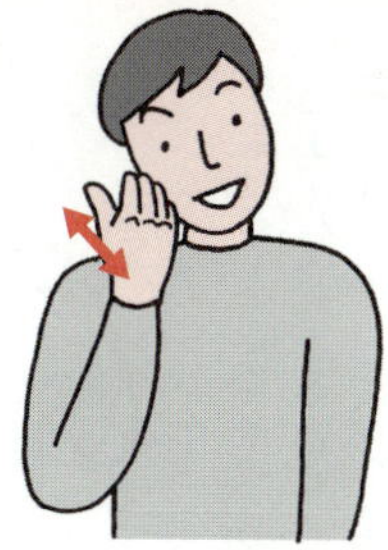

右手の指を軽く曲げ、右のほおにあてて軽く前後に動かす。

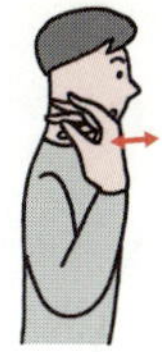

横から見たとき

参 誰かを指さして「誰?」の手話単語を表現すると、「あの人は誰ですか?」となる。

使い方例
一緒+誰?=**誰と一緒?**
今日+来る+誰?=**今日、誰が来る?**
紹介+誰?=**誰からの紹介?**

短気 たんき

右手の人差し指でお腹に触れる。

親指と人差し指をくっつけて左右から寄せる。

参 「お腹」は、右の手のひらをお腹にあてる表現もあり、人名の「原」にも使える。

同 短い…近い

使い方例
短気+人①=**短気な人**
短気+性格=**短気な性格**
短い+大学=**短大**

だんご だんご

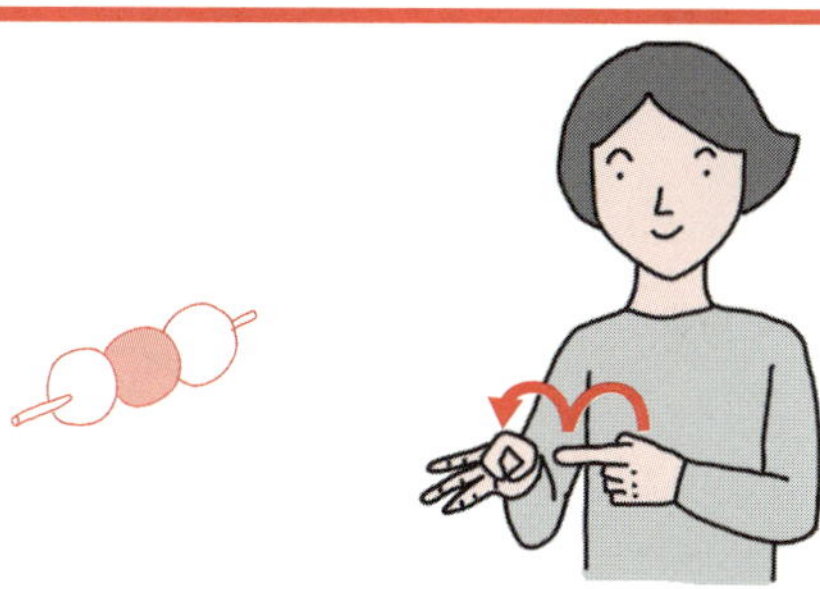

左手の人差し指を伸ばし、その上から親指と人差し指で輪を作った右手を指先に向かって3回あてる。

解 3つの団子が串に刺さっている様子を表す。

使い方例
花+無視する+だんご=**花よりだんご**
指文字「み」「た」「ら」「し」+だんご=**みたらしだんご**

炭酸 たんさん

左手をコップを持つようにかまえ、右手を左手の内側におく。

右手を開いたり閉じたりしながら上げる。

解 炭酸が発泡している様子を表す。

使い方例
炭酸+水=**炭酸水**
炭酸+ワイン=**スパークリングワイン**
炭酸+温泉=**炭酸泉**

誕生日
たんじょうび

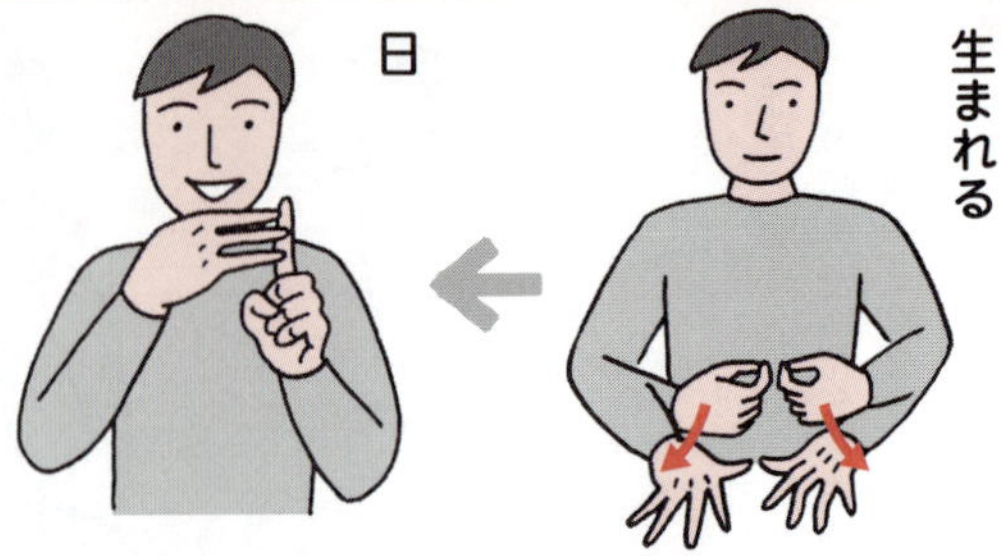

両手をすぼめてお腹にあて、開きながら前に出す。

左手の人差し指に、右手の３本の指をつける。

解 生まれる…赤ちゃんがお腹から生まれる様子を表す。
日…漢字の「日」の形を表す。

同 生まれる…産む・出産・出身

使い方例

誕生日＋プレゼント＝**誕生日プレゼント**

誕生日＋花＝**誕生日の花**

誕生日＋宴会＝**誕生会**

タンス
たんす

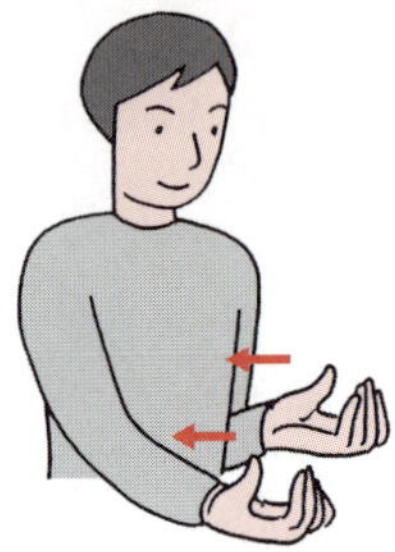

両手の指を軽く曲げて同時に手前に引き、位置を下げて再度引く。

解 タンスの引き出しを開ける様子を表す。

同 家具・引き出し

使い方例

指文字の「キ」「リ」＋タンス＝**桐ダンス**

押し入れ＋タンス＝**押し入れダンス**

ダンス
だんす

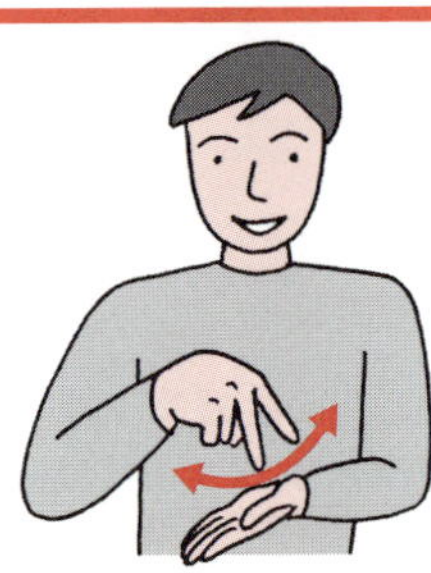

左の手のひらに右の人差し指と中指を伸ばしておき、前後に動かす。

解 右手の指を足に見立て、ダンスする様子を表す。

同 踊る

使い方例

指文字の「ジ」「ャ」「ズ」＋ダンス＝**ジャズダンス**

社会＋つき合い＋ダンス＝**社交ダンス**

男性
だんせい

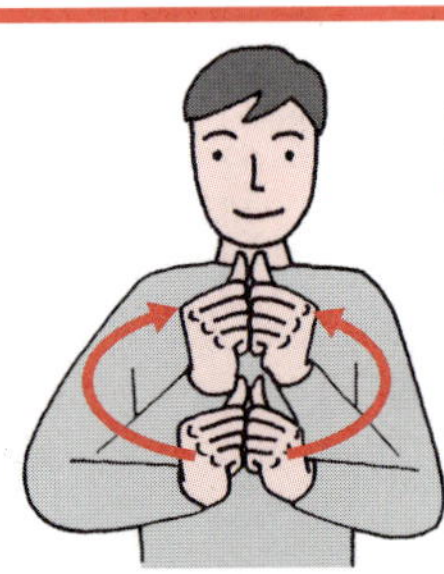

両手の親指を立てて並べ、手前に水平に円を描く。

女性

解 水平に回すことで、男性一般という広い意味を含ませている。

参 両手を指文字の「フ」にして同様に円を描くと、「**フォーラム**」となる。

反 両手の小指を立てて手前に水平に円を描くと、「**女性**」。

同 紳士

使い方例

男性＋風呂＝**男風呂**

男性＋学校＝**男子校**

男性＋雑誌＝**男性誌**

男性＋洋服＝**紳士服**

たんだい
短大

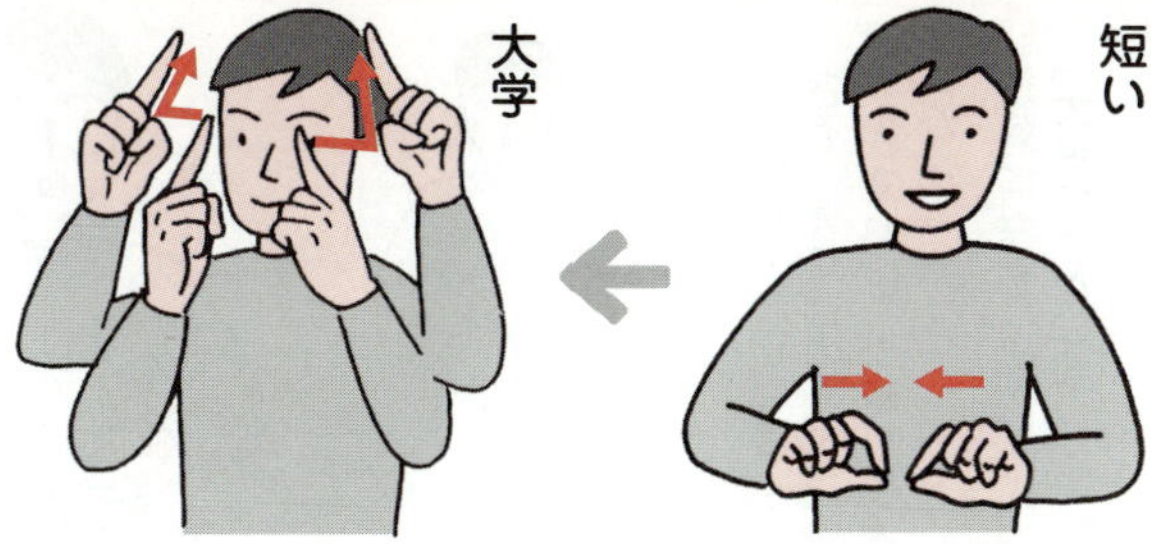

両手の親指と人差し指をくっつけて左右から寄せる。
両手の人差し指で、目の前で角帽の形を作る。

同 短い…近い

使い方例
短大＋生徒＝**短大生**
女性＋短大＝**女子短大**
短大＋卒業＝**短大卒**
お腹＋短い＝**短気**

だんだんと
だんだんと

右手の手のひらを前に向けて、小刻みに前に出す。

解 だんだんと進む状態から。
参 「徐々に値段が高くなる」「お金」は、を1段ずつ上げていく表現で表す。

使い方例
だんだんと＋気持ち＋変わる＝**気持ちがだんだん変わる**
だんだんと＋眠る＝**だんだんと眠くなる**

ち

同じ形で右に引くと、「千」。

ちいき
地域

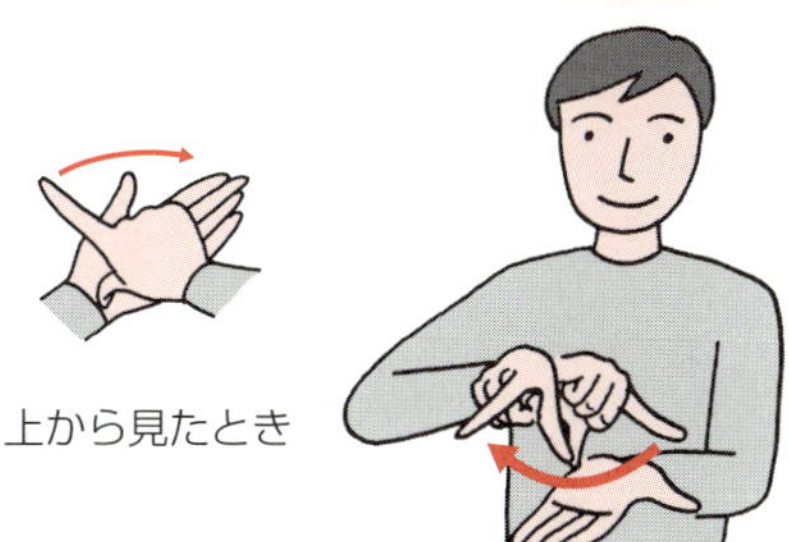

右の親指と人差し指を伸ばして左手におき、人差し指を右に動かす。

解 特定の範囲の土地という意味から。
参 人差し指を右方向だけでなく左右に動かすと「**コンパス**」になる。
同 地元

使い方例
地域＋登録＋通訳＝**地域登録通訳者**
地域＋サークル＝**地域のサークル**

ちいさい

小さい

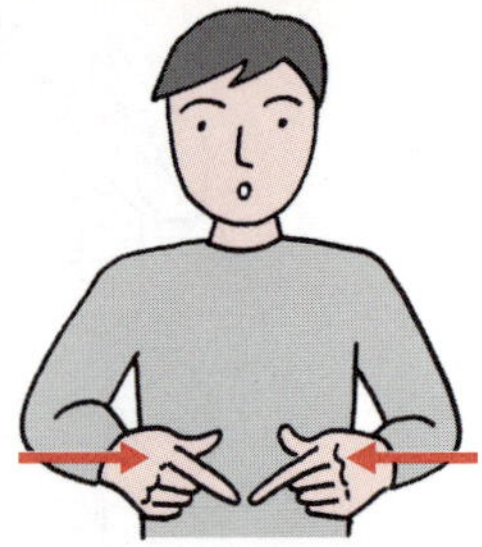

両手の親指と人差し指を伸ばし、左右から中心に寄せていく。

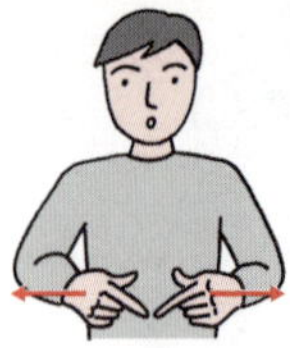

大きい

解 5本の指で表現することもできる。体を縮めるようにして表現すれば、「**より小さい**」となる。

反 反対に左右に開いていくと「**大きい**」となる。

使い方例

車＋小さい＝**小さい車**
家＋小さい＝**小さい家**
顔＋小さい＝**顔が小さい**

ちーず

チーズ

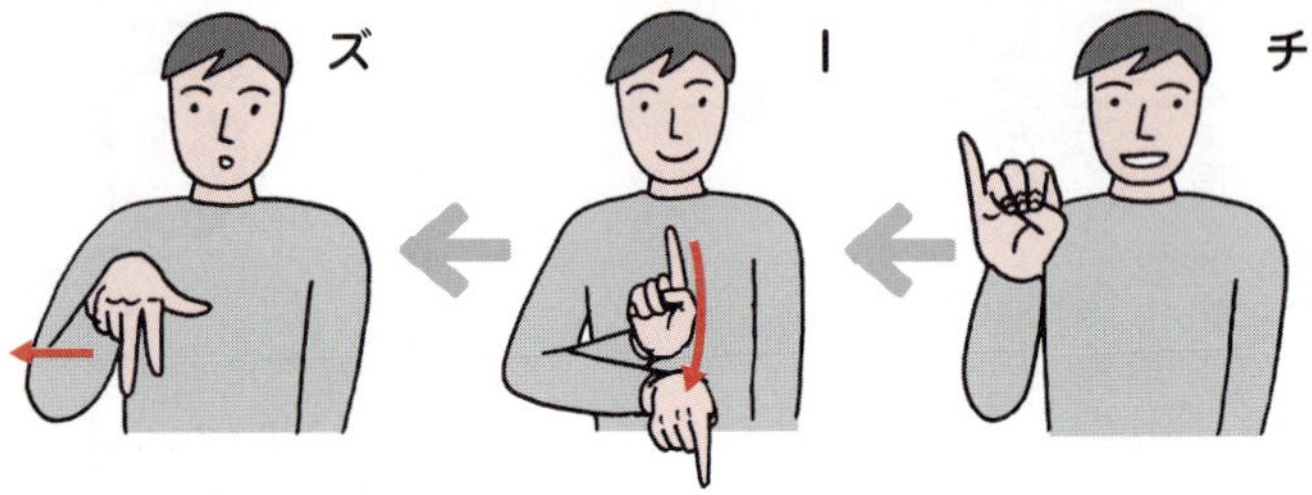

右手の小指を立て、ほかの４本の指をくっつける。

右手の人差し指を前に向け、まっすぐ下ろす。

親指と人差し指、中指を下に伸ばし、右に引く。

使い方例

チーズ＋ケーキ＝**チーズケーキ**
青＋チーズ＝**ブルーチーズ**

ちぇっくがら

チェック柄

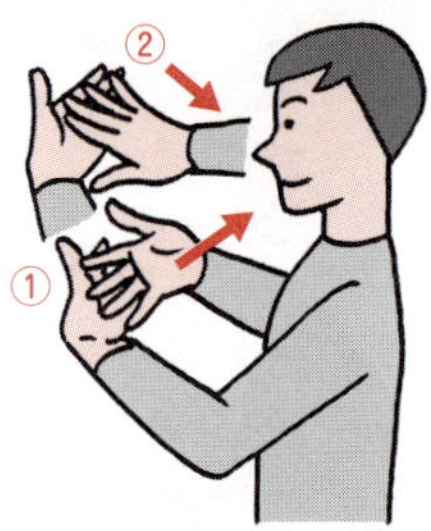

右の指先を左手にのせて横に動かし、手首を返して縦に動かす。

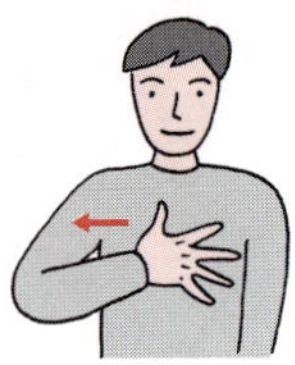

ボーダー

解 チェックの柄を表す。

参 「**ボーダー**」は、右手の指を開いて胸にあて、右に引いて表す。

同 原稿・スケジュール・伝票・表

使い方例

チェック柄＋シャツ＝**チェックのシャツ**
チェック柄＋ネクタイ＝**チェックのネクタイ**

ちぇっくする

チェックする

左手の手のひらに、右手の人差し指で「レ」の字を書く。

解 チェック印をつける様子を表す。

参 テストの採点や出欠の記録などに使う。

使い方例

チェック＋出掛ける＝**チェックアウト**
入る＋チェック＝**チェックイン**

地下（ちか）

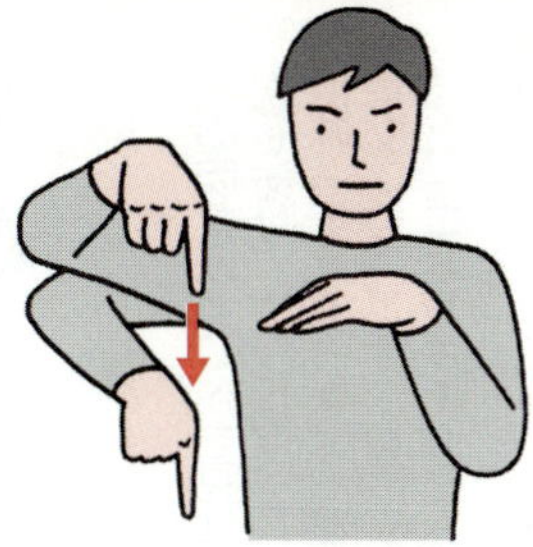

左手を下向きにして胸の前におき、右手の人差し指で下を指し、下げる。

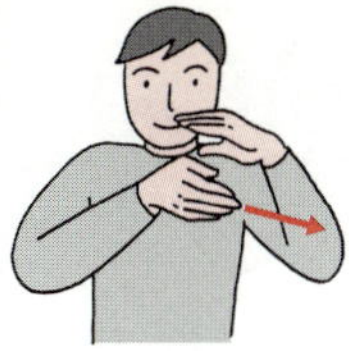

地下鉄

参 「**地下鉄**」は、左手の下に右手をもぐり込ませて前に動かす。

反 右手の人差し指を立てて、上げると、「**上**」「**天国**」。

同 地獄・下

使い方例

地下＋道＝**地下道**
地下＋2階下(右手の人差し指と中指を横に伸ばし、1段さげる)＝**地下2階**

近い（ちかい）

両手の親指と人差し指をくっつけて、左右から寄せる。

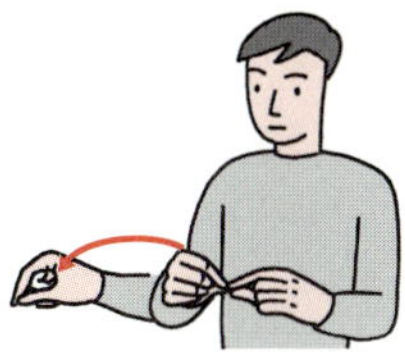

遠い

参 両手を素早く近くに寄せるほど「**ごく近く**」の意味になる。

反 右手を斜め前に出すと「**遠い**」となる。

同 短い

使い方例

銀行＋近い＝**銀行はすぐそこ**
近い＋道＝**近道**
駅＋近い＝**駅から近い**
年齢＋50＋近い＝**50歳近く**

違う（ちがう）

両手の親指と人差し指を伸ばして、左右に並べ、互い違いにひねる。

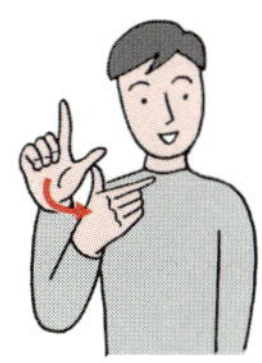

片手で表現するとき

参 「いいえ違います」と答えるときにも使う。また、片手で表現することもできる。ひねらず左右に引き離すと、「**普通**」となる。

使い方例

場所＋違う＝**場所が違う**
話す＋違う＝**話が違う**
いつも＋違う＝**いつもと違う**
普通＋違う＝**異常**

地下鉄（ちかてつ）

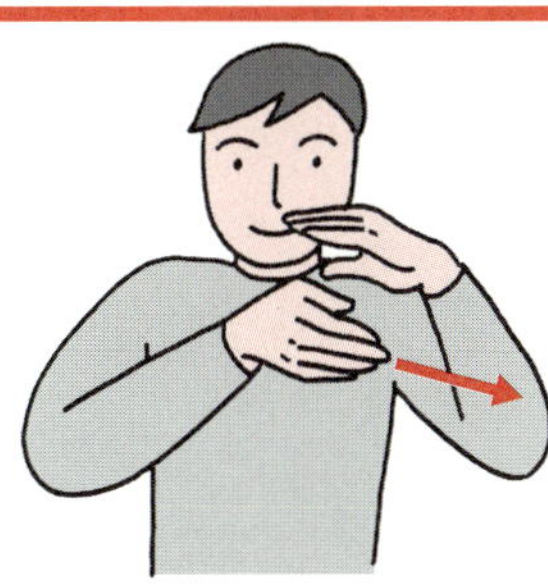

手のひらを下に向けた左手の下に、垂直にした右手をおき、前に出す。

解 左手を地面、右手を電車に見立て、地面の下を電車が走る様子を表す。

使い方例

地下鉄＋乗る＝**地下鉄に乗る**
地下鉄＋駅＝**地下鉄の駅**
「ト」＋営業＋地下鉄＝**都営地下鉄**

ちから
力

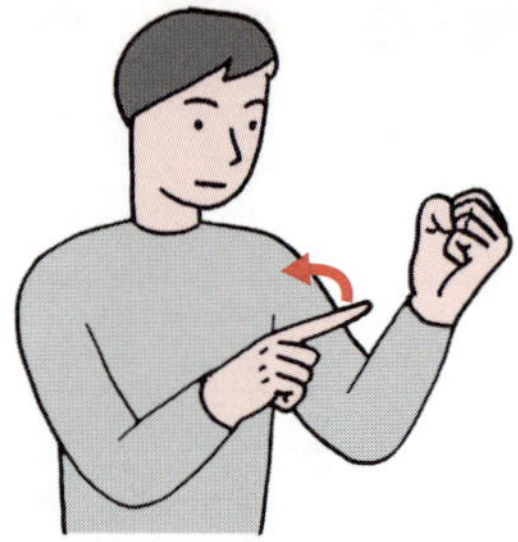

左の腕に、右手の人差し指で力こぶを描く。

エネルギー

参 左の腕だけ力こぶを見せる表現もあり、「力持ち」という意味も表せる。また、左手を指文字の「エ」にして表現すると「**エネルギー**」となる。

使い方例
力＋指文字の「リ」＝**権利**
体＋力＝**体力**
想像＋力＝**想像力**
電気＋力＝**電力**

ちかん
痴漢

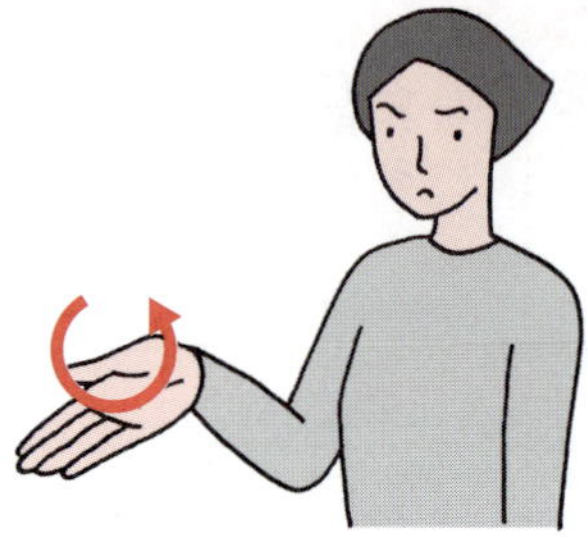

右手の手のひらを前に向け、さするように動かす

解 おしりをなで回す様子から。

参 「**泥棒**」は右手の人差し指をカギ形に曲げ、斜め前に出す「**盗難**」という表現になる。

同 セクハラ

使い方例
痴漢＋罪＝**痴漢犯罪**
痴漢＋犯人＝**痴漢の犯人**
痴漢＋防止＋物＝**痴漢防止グッズ**

ちきゅう
地球

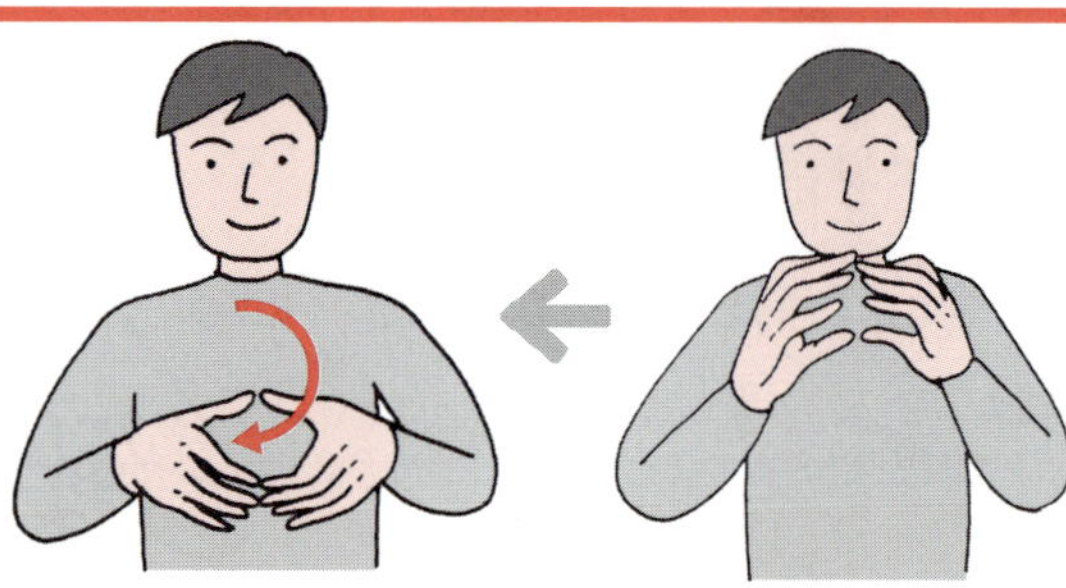

両手をわん曲させて合わせ、丸い形を作る。

同時に前に回す。

解 地球の丸い形を表す。

同 海外・外国・国際・世界

使い方例
地球＋丸い＝**地球は丸い**
地球＋手話＝**国際手話**
地球＋飛行機＝**海外旅行**

ちぎる
ちぎる

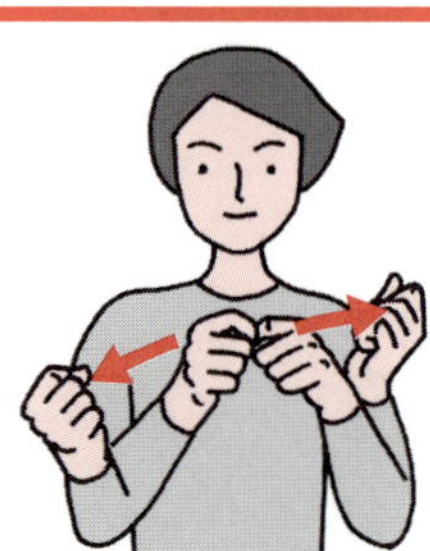

両手で何かをちぎるしぐさをする。

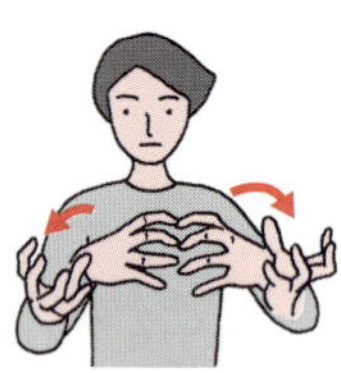

割る

解 何かをちぎる様子から。

参 「**割る**」は、両手でパカッと割る様子で表す。

使い方例
紙＋ちぎる＝**紙をちぎる**
写真＋ちぎる＝**写真をちぎる**

チケット

ちけっと

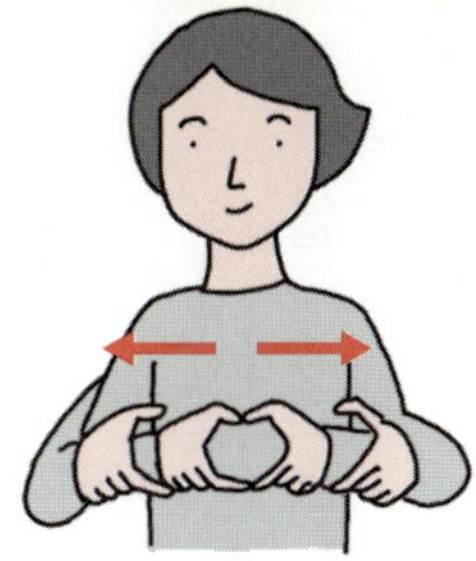

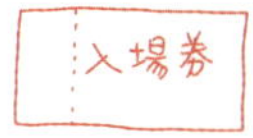

両手の親指と人差し指を合わせ、横に引く。

解 チケットの形を表す。

使い方例

お金＋チケット＝**紙幣**
チケット＋約束＝**チケット予約**
チケット＋店＝**チケット販売**

遅刻

ちこく

両手の親指と人差し指を伸ばして左右におく。

同時に右に倒す。

参 左手の甲に、右手を垂直にのせて前に滑らせる「超える」で表現することもできる。

同 遅れる・遅い

使い方例

遅刻＋ごめんなさい＝**遅刻してごめんなさい**
遅刻＋多い＝**遅刻魔**
電車＋遅刻＝**電車が遅れる**

知識

ちしき

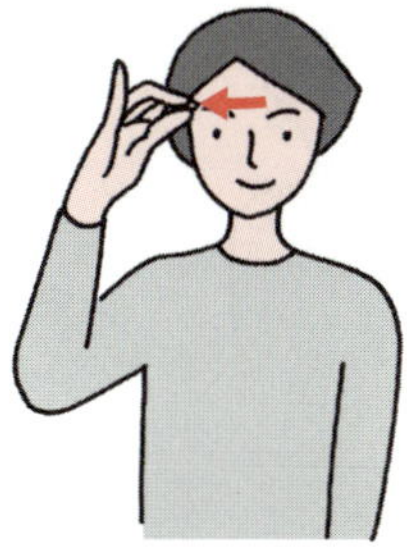

右手の小指を立ててほかの指はつけ、ひたいにあてて、右に引く。

解 右手は指文字の「チ」で、知識は頭の中にあることから、頭のあたりで表現する。

参 「**神戸**」は右手で輪を作ってひたいにあて、右に引く。

使い方例

知識＋0（ゼロ）＝**知識がない**
知識＋ない①＝**知識がない**
知識＋いろいろ＋知る＝**もの知り**

知人

ちじん

知っている

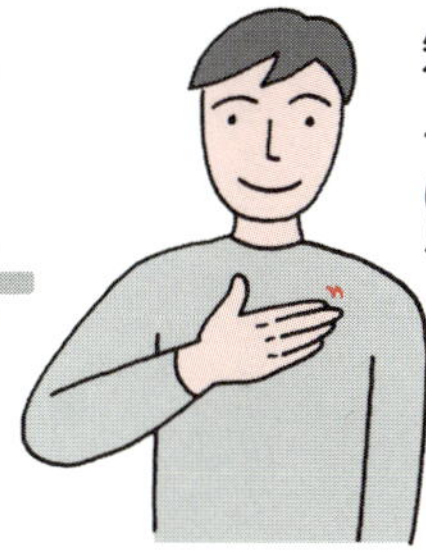

右手で胸のあたりをトントンと軽くたたく。

人①

右手の人差し指で「人」の字を空書する。

解 「知っている人」と表現する。

参 「知っている」で、トントンとたたかず、胸にあてて下げるだけの表現もある。

使い方例

母＋知人＝**母の知人**
家＋近い＋知人＝**近所の知人**
知人＋葬式＝**知人の葬式**

地図（ちず）

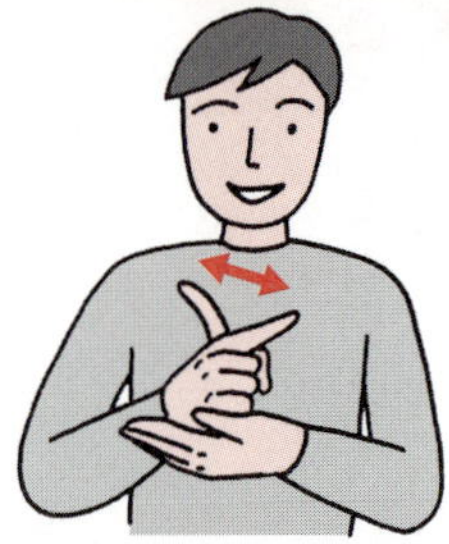

左の手のひらに右の人差し指を伸ばしてのせ、左右に振る。

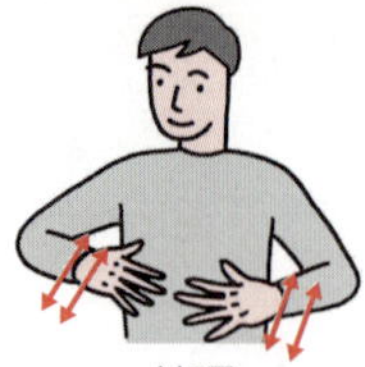

地理

参 両手の指を広げて指先を向かい合わせ、交互に前後にずらす「**地理**」でも表すことができる。

同 方向・方針

使い方例
世界＋地図＝**世界地図**
日本＋地図＝**日本地図**
会社＋地図＝**会社の方針**

父（ちち）

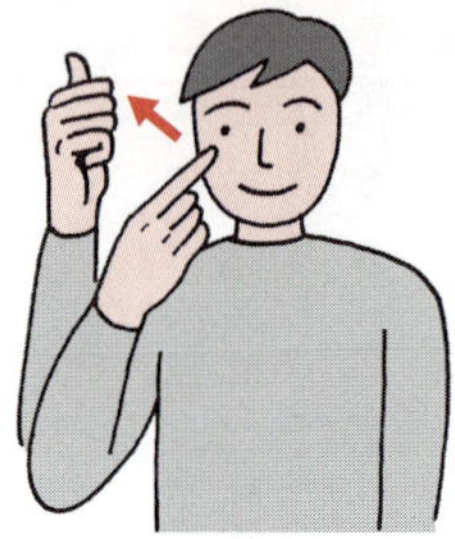

右手の人差し指をほおにあてて、親指を立てて目より上に上げる。

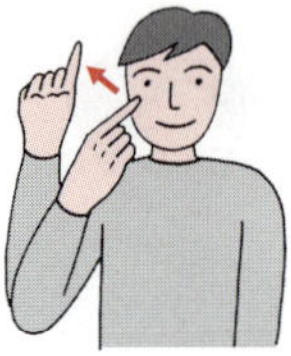

母

参 人差し指をほおにあてるのは「肉親」、親指を立てるのは「男」、目より上に上げるのは「目上」の意味になる。

反 親指の代わりに小指で表現すると、「**母**」となる。

使い方例
あなた＋父＝**あなたのお父さん**
父＋兄＝**伯父**
父＋姉＝**伯母**

チャーハン（ちゃーはん）

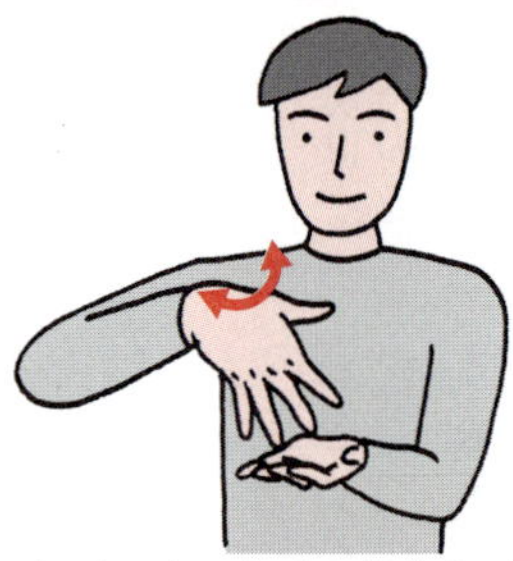

左手の上に右手の指先を垂らし、手首を使って前後に動かす。

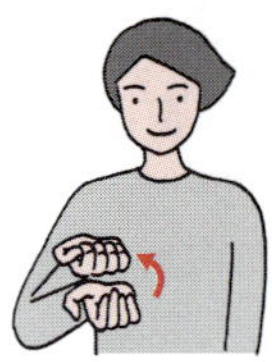

餃子

解 ご飯を炒める様子から。

参「**餃子**」は右手を握って表現する。

同 炒め物・炒める・ピラフ

使い方例
チャーハン＋定める＝**チャーハン定食**
卵＋チャーハン＝**卵チャーハン**

茶色（ちゃいろ）

右手を握って甲を前に向け、あごの下で手前に2回動かす。

横から見たとき

参 あごの下で1回動かすと「栗」となる。

同 栗

使い方例
茶色＋頭＝**茶髪**
茶色＋券＝**チョコレート**
茶色＋ねこ＝**茶色のねこ**
茶色＋スーツ＝**茶色のスーツ**

中
ちゅう

左の親指と人差し指に右手の人差し指をあてる。

小

解 漢字の「中」の形を表す。

参 同様に、小は漢字の「**小**」の形を表す。

同 （〜している）最中

使い方例
中＋学校＝**中学校**
勉強＋中＝**勉強中**
食べる＋中＝**食事中**
中＋部＝**中部**

中学校
ちゅうがっこう

中

左手の親指と人差し指に右手の人差し指をあてる。

学校

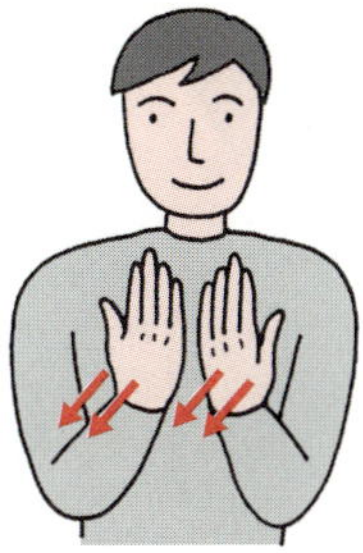

両手の手のひらを顔に向けて並べ、2回下ろす。

解 中…漢字の「中」を表す。
学校…本を読んで勉強する様子を表す。

参 「中」は「〜している最中」と表すときにも使える。

同 学校…授業・勉強・学ぶ

注射
ちゅうしゃ

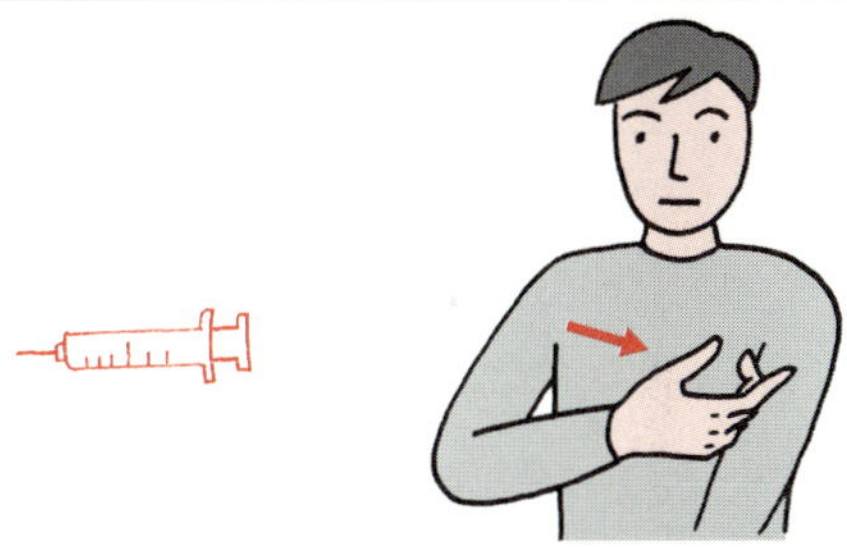

右の親指と人差し指を伸ばして左腕にあて、親指を押すよう動かす。

解 注射器を腕にあてて右手で押して注射する様子を表す。

参 「麻酔」「麻薬」は口形をつけて区別する。

同 麻酔・麻薬

使い方例
防ぐ＋注射＝**予防注射**
できもの＋防ぐ＋注射＝**はしかの予防注射**

駐車
ちゅうしゃ

左の手のひらに親指とほかの指の間をあけた右手をのせる。

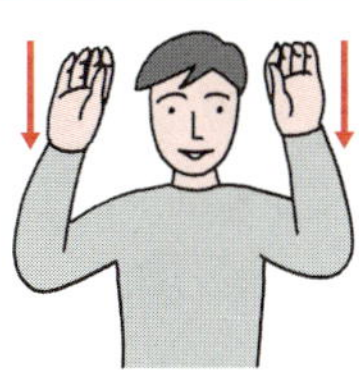

ガレージ

解 右手を車に見立て、車を止める様子を表す。

参 「**ガレージ**」はガレージのシャッターを下げる動作で表現する。

使い方例
駐車＋違反＝**駐車違反**
駐車＋場所＝**駐車場**
駐車＋お金＝**駐車料金**
駐車＋禁止＝**駐車禁止**

中心（ちゅうしん）

左の親指と人差し指に右手の人差し指をあてる。

そのまま右手を下げて、親指と中指も伸ばす。

解 「中心」の字をそのまま表す。

使い方例

自分＋中心＝**自己中心**
会社＋中心＝**会社中心**
女性＋中心＝**女性中心**
文化＋中心＝**文化の中心**

中絶（ちゅうぜつ）

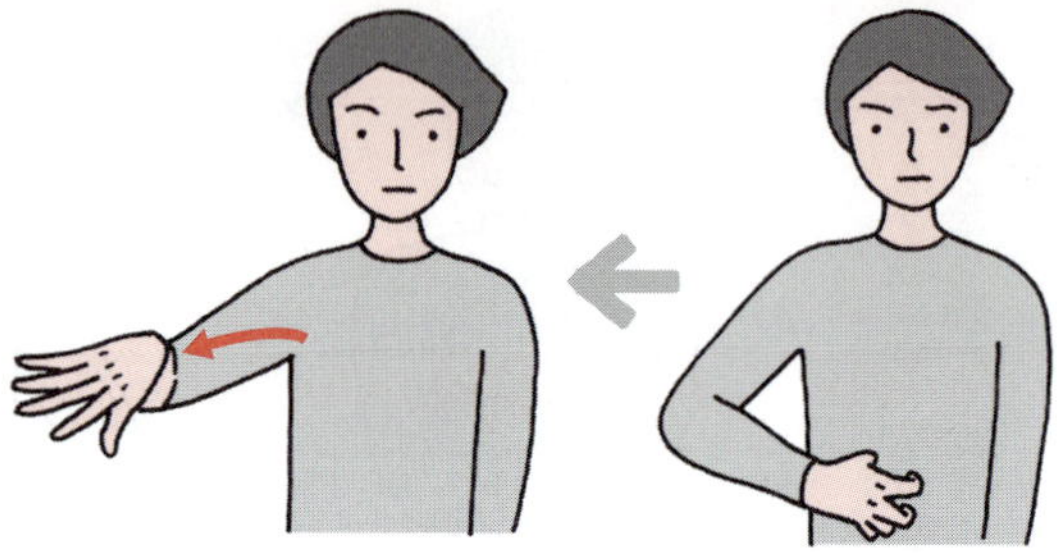

右手をわん曲させて、お腹の前におく。

右手を握って捨てる。

参 「妊娠＋中絶」で表してもよい。また、「**流産**」はお腹の位置で両手を握り、広げながら下げて表現する。

使い方例

中絶＋決心＝**中絶を決める**
中絶＋よい＝**中絶したほうがいい**

抽選（ちゅうせん）

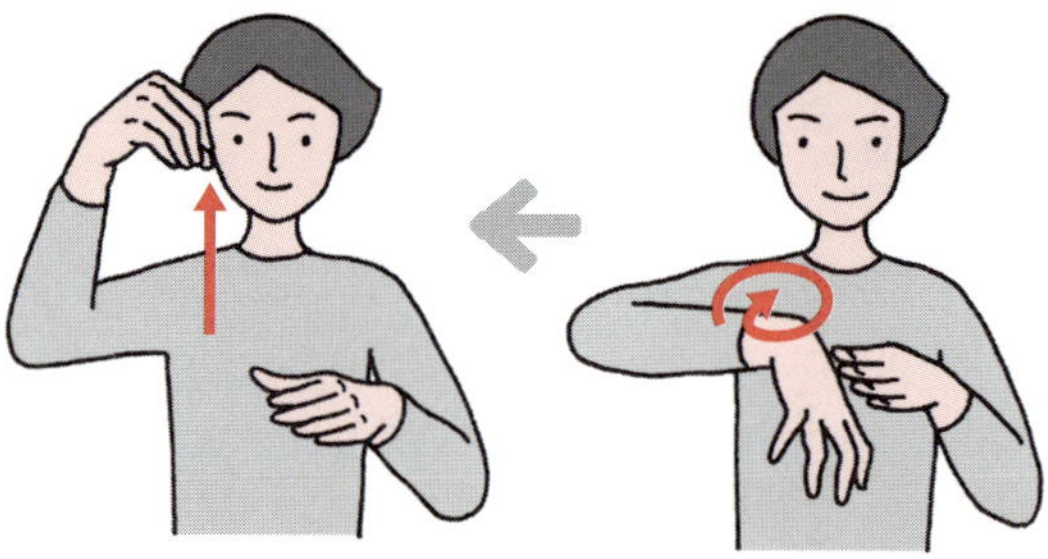

わん曲させた左手の内側に右手を入れてかき回す。

右手をすぼめて上げる。

解 箱の中に手を入れ、くじを引く様子から。

同 くじ引き

使い方例

抽選＋場所＝**抽選会場**
抽選＋年＝**抽選にあたる**
抽選＋決める＝**抽選で決める**

注目（ちゅうもく）

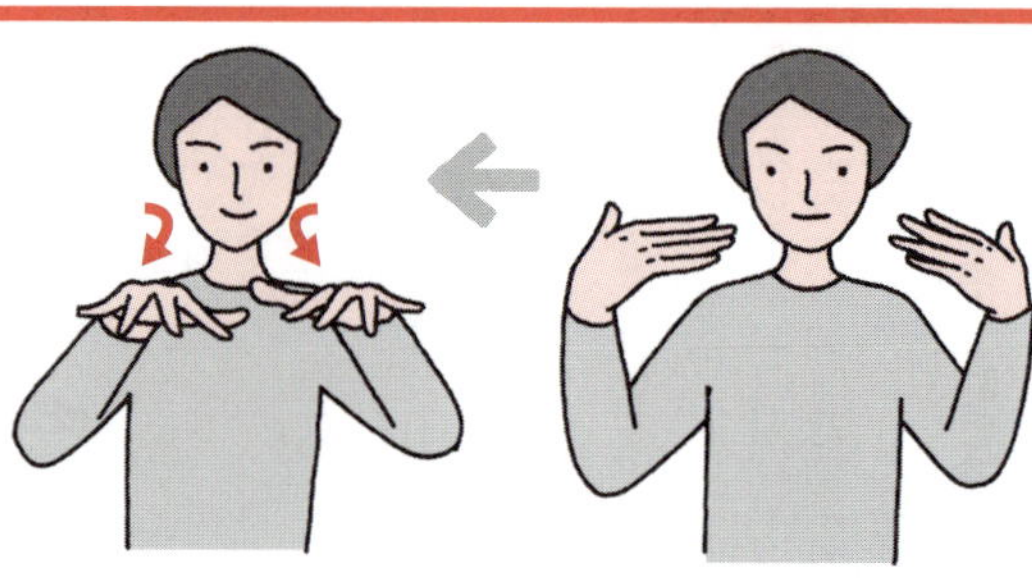

両手の指先を顔に向ける。

手首をひねって指先を前に向ける。

解 両手の指先は視線を表し、視線が集まる様子から。

反 最初の動きと次の動きを逆にすると、「**注目される**」となる。

使い方例

注目＋中＝**今注目している**
注目＋高い＝**注目度が高い**
彼＋注目＋お願い＝**彼に注目してください**

ちゅうもん

注文

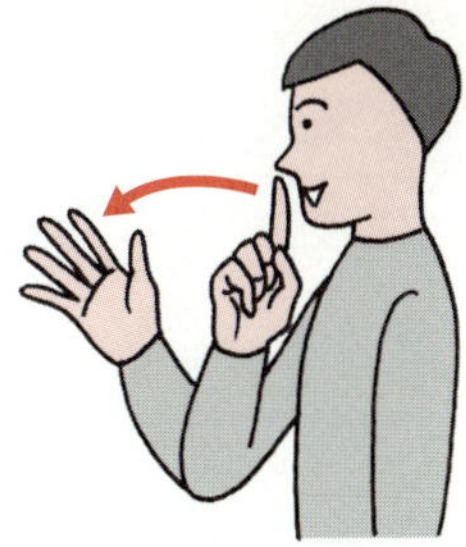

右の人差し指を立てて口元に持ってきて、手を開きながら前に出す。

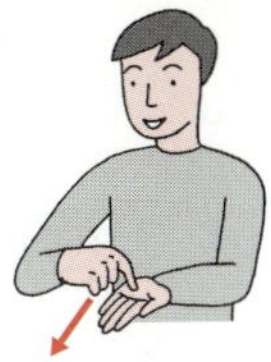

申し込む

参 左手に右手の人差し指をのせて前に出す「**申し込む**」でも表現できる。

使い方例

電話＋注文＝**電話注文**
注文＋終わり?＝**もう注文した?**
さらに＋注文＝**オプション**

ちょう

腸

右手を軽くわん曲させて腸のある位置にあて、ねじる。

胃

参 「**胃**」は、指文字の「イ」を胃のある位置にあてて表す。

使い方例

胃＋腸＝**胃腸**
腸＋便秘＝**腸閉塞(ちょうへいそく)**
小さい＋腸＝**小腸**
大きい＋腸＋ガン＝**大腸ガン**

ちょう

蝶

両手の親指を重ねて、ヒラヒラさせる。

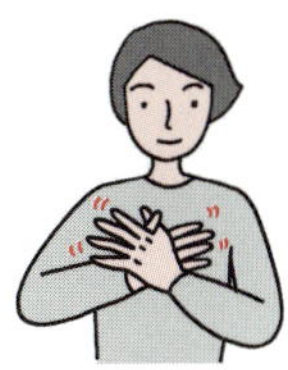

祝日

解 蝶が羽を広げて飛ぶ様子を表す。

参 手のひらを手前に向けてヒラヒラさせると、「**祝日**」になる。

使い方例

白＋蝶＝**モンシロ蝶**
蝶＋絵＋洋服＝**蝶柄の洋服**
指文字の「ア」「ゲ」「ハ」＋蝶＝**アゲハ蝶**

ちょう(しゃ)

聴(者)

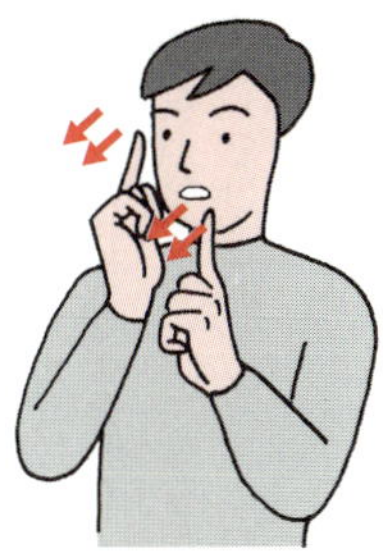

右の人差し指は耳に、左の人差し指は口にあて、同時に前に2回出す。

ろう(者)

解 聞くことと話すことを表す。

参 口を開けて表現する。また、「聴(者)＋人々②」でも表現できる。

反 「**ろう(者)**」は、右手の手のひらで、耳、口の順に押さえる。

使い方例

聴者＋立つ(を2回表す)＝**聴者の立場**
わたし＋聴者＝**わたしは聴者です**

彫刻
ちょうこく

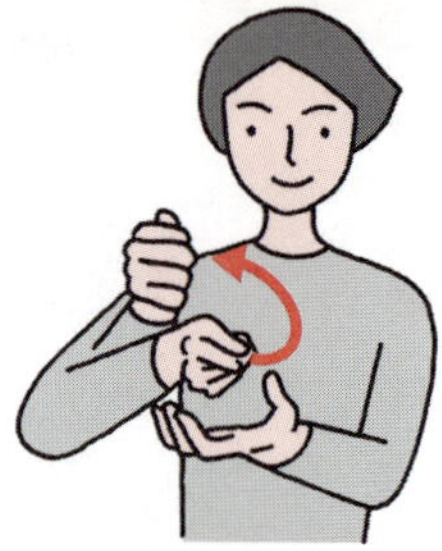

左手をわん曲させて何かをつかむようにし、彫るしぐさをする。

解 彫刻刀を持って、彫る様子から。

使い方例
- 彫刻＋家＝**彫刻家**
- 彫刻＋森＝**彫刻の森**
- 氷＋彫刻＝**氷の彫刻**

調子が狂う
ちょうしがくるう

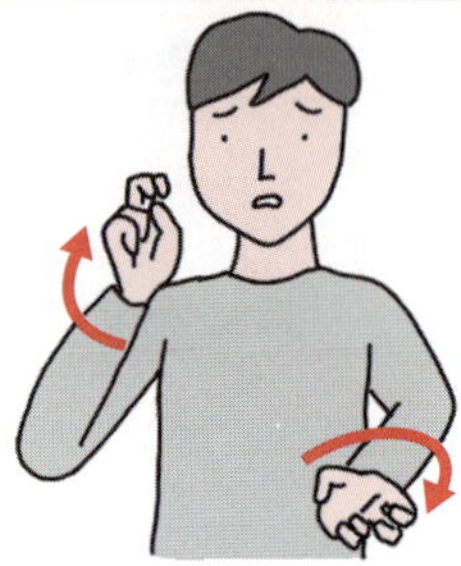

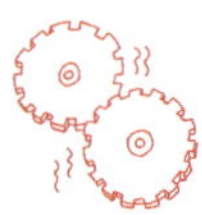

両手の人差し指と中指をかぎ形に曲げ、交互に上下に動かす。このとき、口の形は「ぴ」。

解 歯車がかみ合わない様子を表す。

使い方例
- 彼＋おしゃべり＋調子が狂う＋いつも＝**彼と話をしていると調子が狂う**
- パソコン＋調子が狂う＝**パソコンがフリーズした**

調節
ちょうせつ

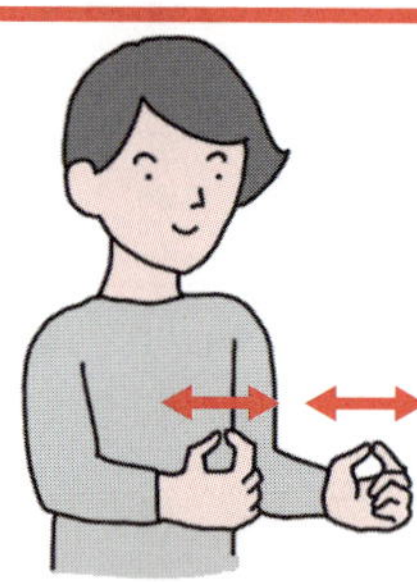

両手とも親指と人差し指をつけて上に向け、交互に前後に動かす。

解 何かを操作・調節している様子を表す。親指と人差し指をつけて下に向け、交互に前後に動かす表現もある。

同 調整・操作・コーディネート

使い方例
- 機械＋調節＝**機械を調整する**
- 予定＋調節＝**予定を調整する**
- 人①＋調節＋責任＝**マネージャー**

挑戦
ちょうせん

両手の親指を立てておき、右手を左手にぶつける。

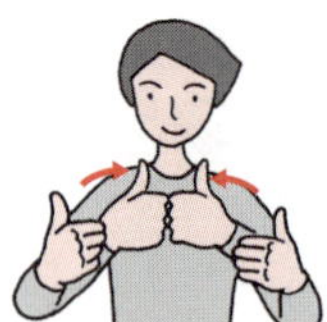

試合

解 左手に右手を近づけることで戦いに挑む様子を表す。

参 親指を立てた両手を左右からぶつけ合わせると、「**試合**」となる。

同 チャレンジ

使い方例
- 勉強＋挑戦＝**勉強に挑戦**
- もう一度＋挑戦＝**再挑戦**
- 挑戦＋権利＝**挑戦権**

ちょうど

ちょうど

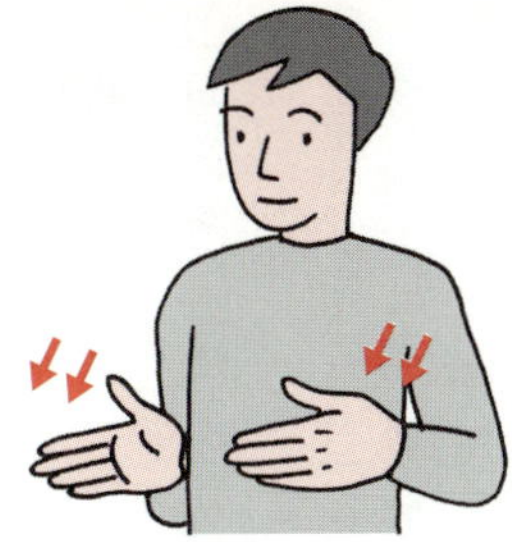

両手の手のひらを向かい合わせ、2回下げる。

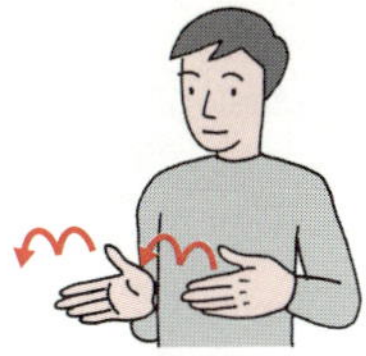

片づける

参 1回下げるだけだと、「**間**」。また、手を向かい合わせたままで、トントンと右にずらしていくと「**片づける**」となる。

使い方例

百＋円＋ちょうど＝**ちょうど百円**

ちょうど＋時間＋6＝**6時ちょうど**

長男

ちょうなん

両手を八の字に開き、手首をひねって手前に向ける。

右手の親指を立てる。

反 親指の代わりに小指を立てると、「**長女**」となる。

使い方例

長男＋妻＝**長男の嫁**

長男＋任せる＝**跡継ぎの長男**

わたし＋長男＝**わたしは長男です**

朝礼

ちょうれい

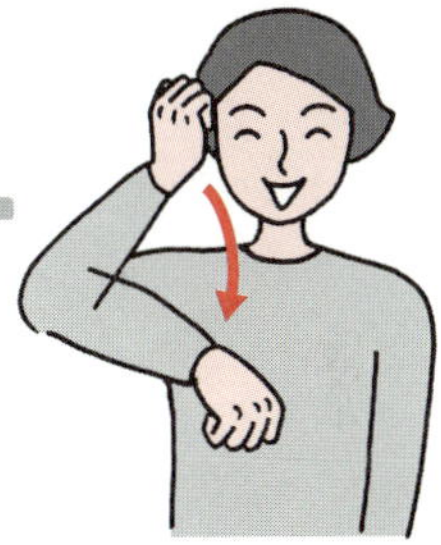

朝

右手のこぶしをこめかみにあてて、下ろす。

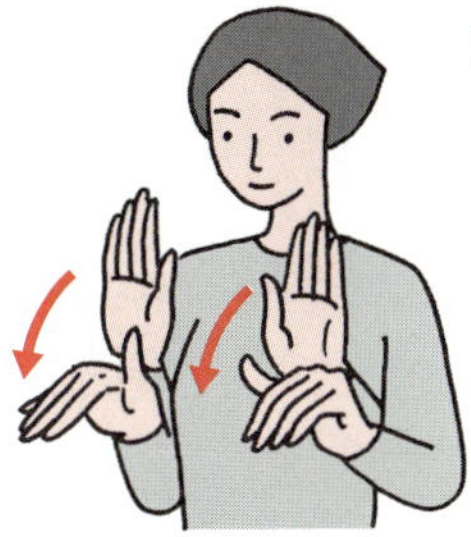

式

両手を前に向け、親指以外を前に折る。

解 朝…枕を外す様子から。
式…頭を下げる様子から。

参 「朝＋あいさつ」でも表現できる。

同 朝…起きる・おはよう

貯金

ちょきん

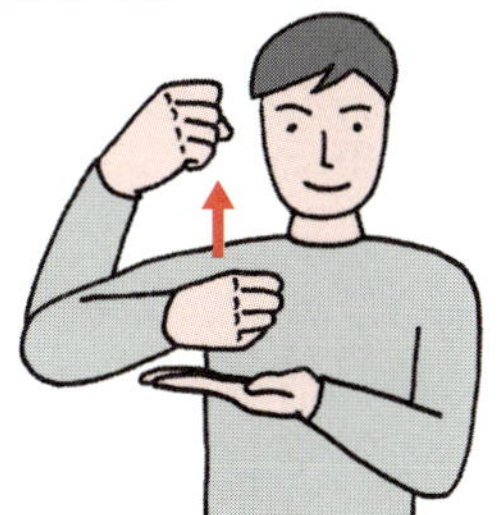

左の手のひらに握った右手をおき、上げる。

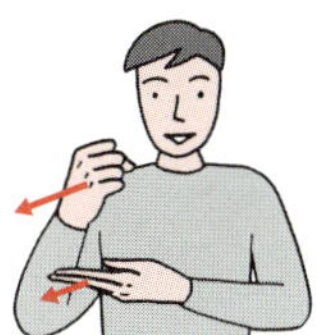

宅配便

解 右手で財産となるものの入った袋を持ち、左手で支えている様子から。

参 同じ形のまま前に出すと、「**宅配便**」となる。

同 財産・貯蓄

使い方例

貯金＋ない①＝**貯金ゼロ**

定める＋貯金＝**定期預金**

郵便＋貯金＝**郵便貯金**

普通＋貯金＝**普通預金**

ちょくせつ

直接

左手の手のひらに右手を垂直におき、まっすぐ前に出す。

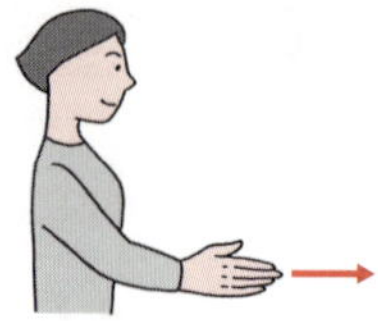

解 曲がらず一直線であることを表す。

参 左手をつけずに、右手をまっすぐ前に出すと、「**まっすぐ**」。

同 一方・コース・ストレート・一筋

使い方例
直接＋会う＝**直接会う**
直接＋合う＝**直接的**
直接＋言う＋方法＝**ストレートなもの言い**

ちょこれーと

チョコレート

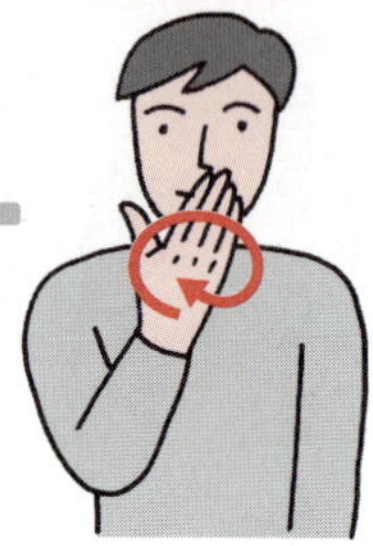

指を伸ばした右手の手のひらを口元において、回す。

両手の親指と人差し指で、四角形を作る。

参 ほかに、「茶色＋お菓子」、「茶色＋券」、指文字の「チ」を振るなどの表現方法もある。

使い方例
白＋チョコレート＝**ホワイトチョコレート**
指文字の「チ」(を振る)＋ケーキ＝**チョコレートケーキ**

ちょさくけん

著作権

左手のひらに、軽くわん曲させた右手の甲をあてる。

左手はそのままで、左腕に、右手の人差し指で力こぶを描く。

解 2つ目の動作は「力」の手話。

使い方例
音楽＋著作権＝**音楽の著作権**
著作権＋守る＝**著作権を守る**
著作権＋尊重＝**著作権を尊重する**

ちり

地理

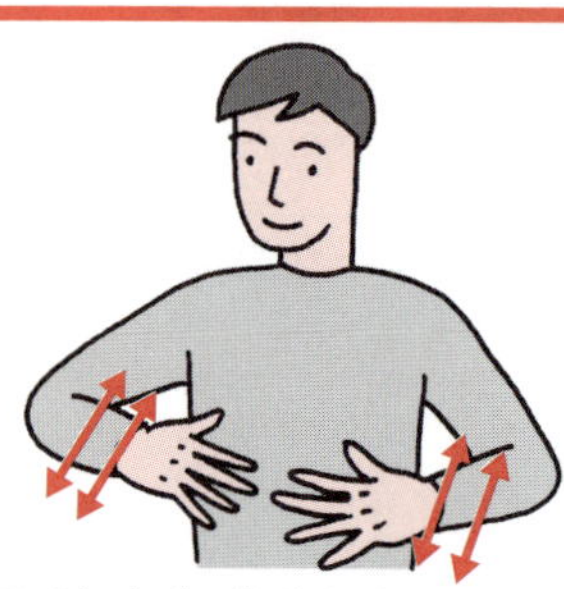

両手を広げて指先を向かい合わせ、交互に前後に２～３回動かす。

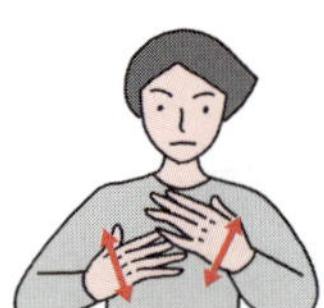

参 両手を斜めにして、指先を触れ合わせながら前後させると「**戦争**」となる。

同 地図

使い方例
地理＋詳しい＝**地理に詳しい**
地理＋勉強＋男＝**地理学者**
世界＋地理＝**世界地図**
地理＋苦手＝**地理が苦手**

治療

ちりょう

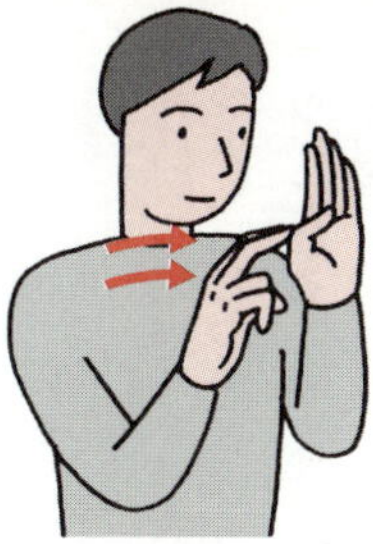

右手の人差し指と中指を伸ばし、左の甲を２回軽くたたく。

治療を受ける

解 医者が打診する様子を表す。

反 「**治療を受ける**」は、左手の手のひらを手前にして体の前におき、甲を2回たたく。

同 診察・診療

使い方例

治療＋中＝**治療中**
治療＋方法＝**治療方法**
治療＋あと＝**治療後**
治療＋お金＝**治療費**

つ

自分から見た形

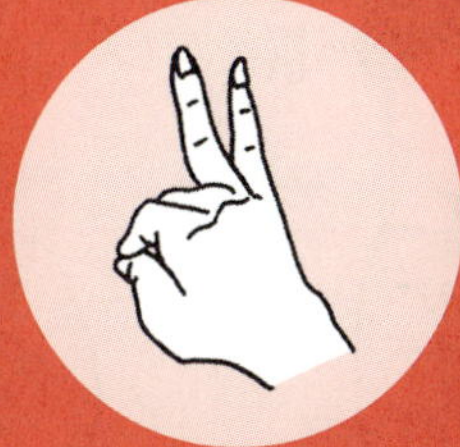

相手から見た形

自分から見て「ツ」の形になる。

ツアー

つあー

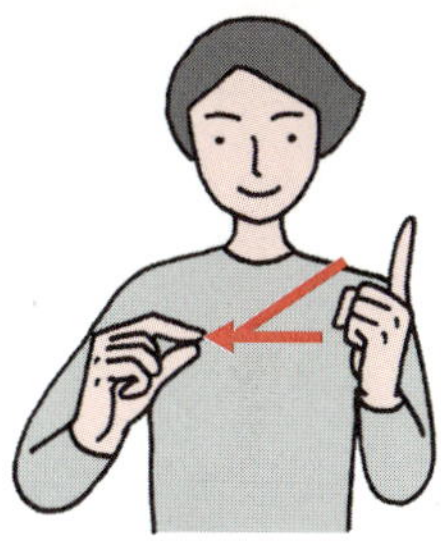

左手の人差し指を立てて右手の親指と人差し指で三角形を作る。

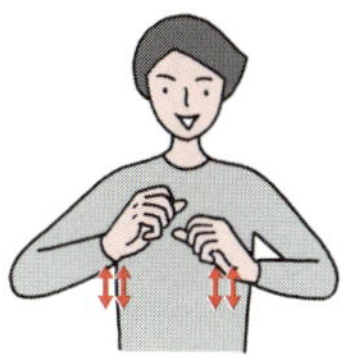

フリー

解 添乗員の持つ旗を表す。

参 「**フリー**」は、両ひじを張ってこぶしを作った両手を、交互に2回上下させる「**自由**」で表す。

使い方例

ツアー＋仕事＝**ツアーコンダクター**
世界＋ツアー＝**海外ツアー**
バス＋ツアー＝**バスツアー**

ツイッター

ついったー

口の前に右手をおき、親指と人差し指、中指をつけたり離したりする。

解 ツイッターのマークを表す。

使い方例

ツイッター＋もらす＝**ツイッターでつぶやく**
ツイッター＋登録＝**ツイッターに登録する**

ついていない

ツイていない

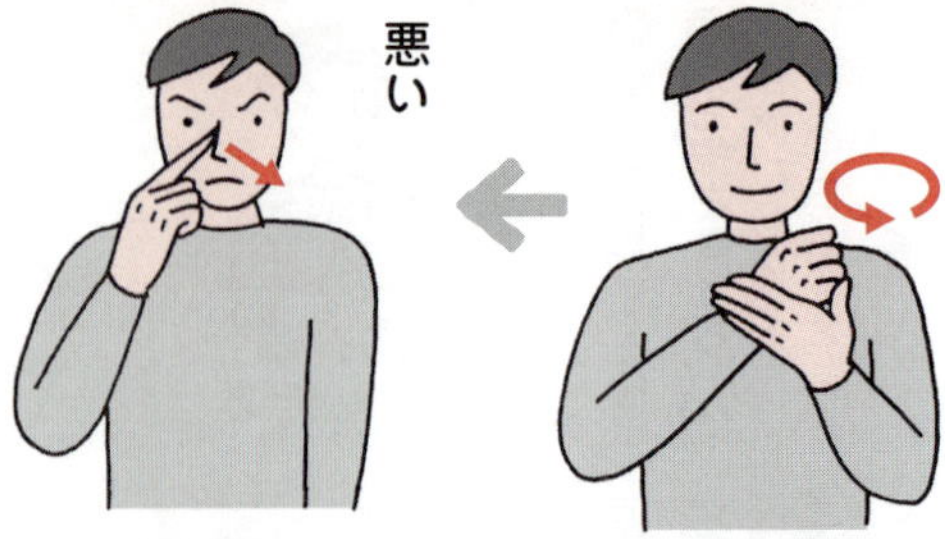

右手のこぶしを左手におき、2回小さく回す。

人差し指を鼻から斜め下へかすめるように動かす。

参 「悪い」の手話を2回表現すると、「**いじわる**」。

反 「**ツイている**」は、「運＋よい」となる。

使い方例
男＋ツイていない＝**男運が悪い**
今日＋ツイていない＝**今日はツイていない**

ついている

ツイている

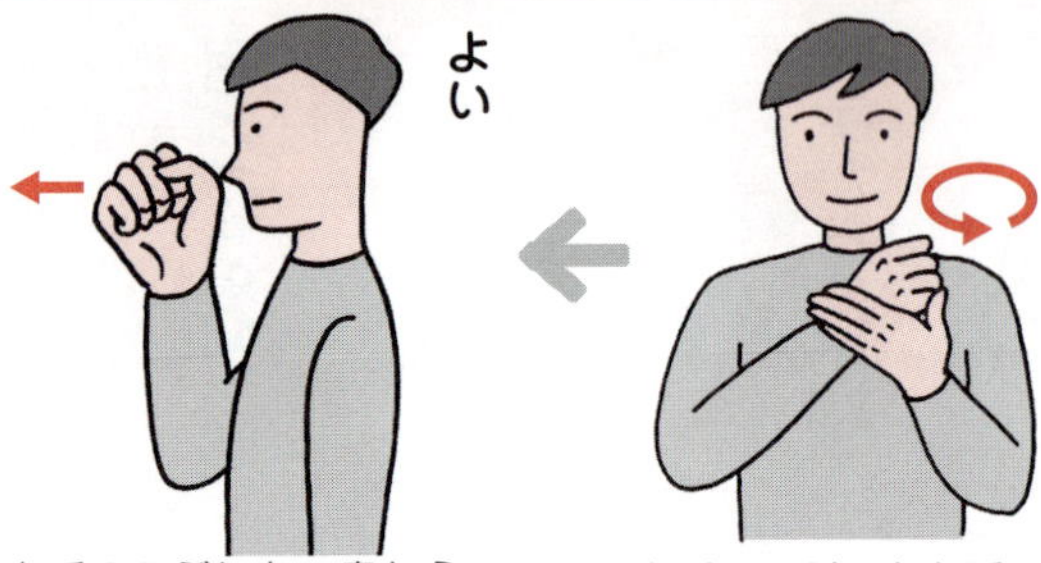

右手のこぶしを左手におき、2回小さく回す。

右手のこぶしを、鼻から前に出す。

反 「**ツイていない**」は、「運＋悪い」となる。

使い方例
仕事＋ツイている＝**仕事がツイている**
運＋幸せ＝**ラッキー**
運＋試す＝**運試し**

ついでに

ついでに

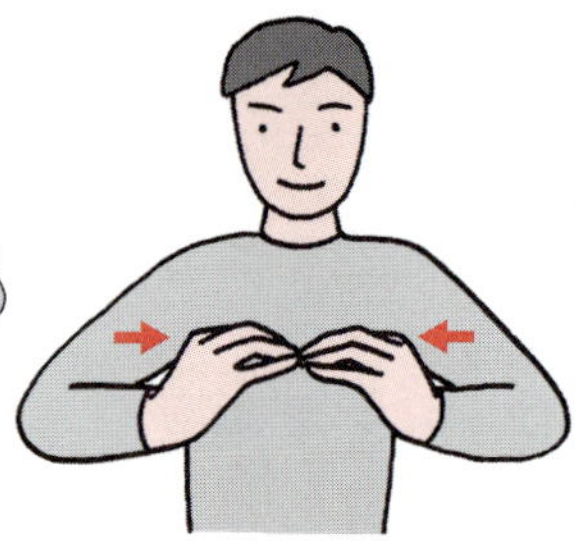

すぼめた両手を左右から寄せて合わせる。

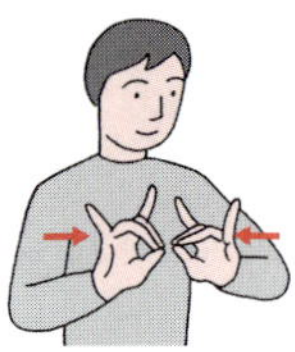

キス

参 「香りつき」「切手つき」などの「～つき」という場合、また、同じ日や同じ時刻に何かの行事がぶつかってしまうというときにも使う。両手の親指と中指、薬指をつけて、寄せると「**キス**」。

同 ～つき

使い方例
出張＋ついでに＋観光＝**出張のついでに観光する**
絵＋ついでに＋はがき＝**絵はがき**

つうじる

通じる

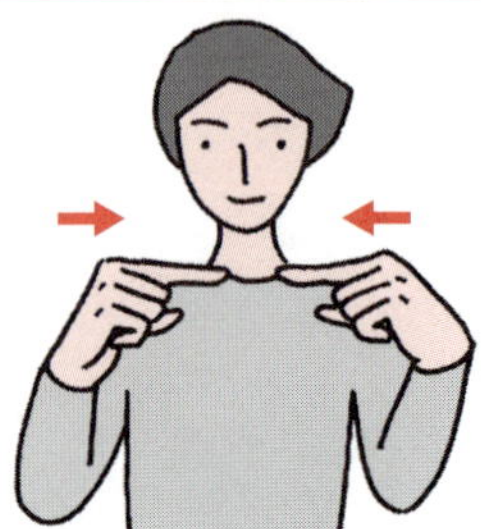

両手の人差し指を伸ばして左右に並べ、指先を近づける。

通じない

参 前後に並べて近づけてもよい。また、2回近づけると、「**打ち合わせ**」「**交渉**」。

反 「**通じない**」は人差し指の一方は前に、もう一方は後ろにずれるように動かして表す。

同 一致

使い方例
心＋通じる＝**フィーリングが合う**
手話＋通じる＝**手話が通じる**
電話＋通じる＝**電話が通じる**

通販
つうはん

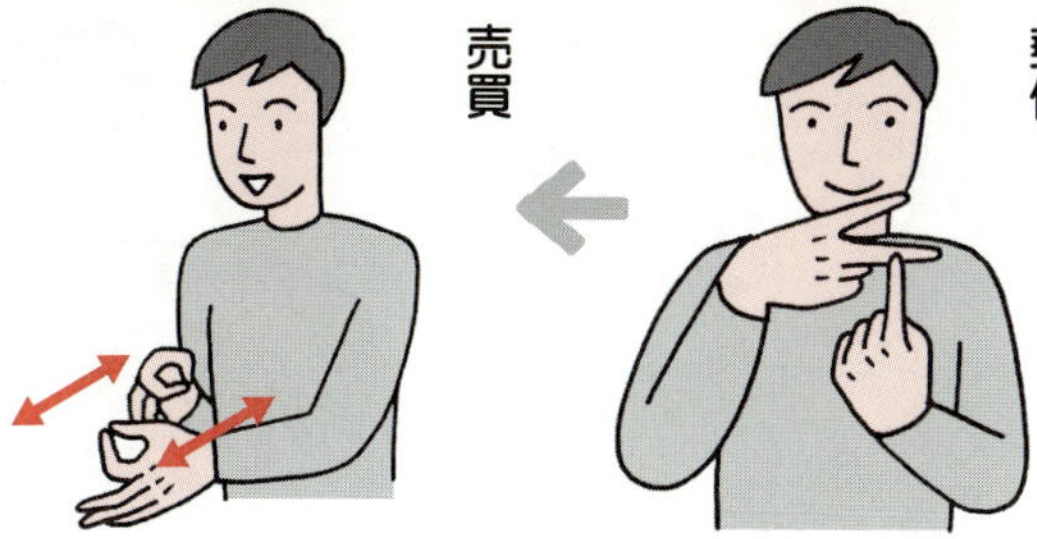

両手で「〒」マークを作る。

親指と人差し指で輪を作り、交互に前後させる。

同 郵便…手紙
売買…商売・販売・店

使い方例
テレビ＋通販＝**テレビ通販**
通販＋本＝**通販カタログ**
郵便＋買う＝**通販で買う**

通訳
つうやく

右手の親指を立てて、口の前で2回左右に動かす。

解 左右を行き来させることによって、人と人とを仲介する様子を表す。

参 人差し指で表現してもよい。

同 案内・紹介

使い方例
同時に＋通訳＝**同時通訳**
手話＋通訳＝**手話通訳**
通訳＋人々②＝**通訳者**
通訳＋育てる＝**通訳養成**

使う
つかう

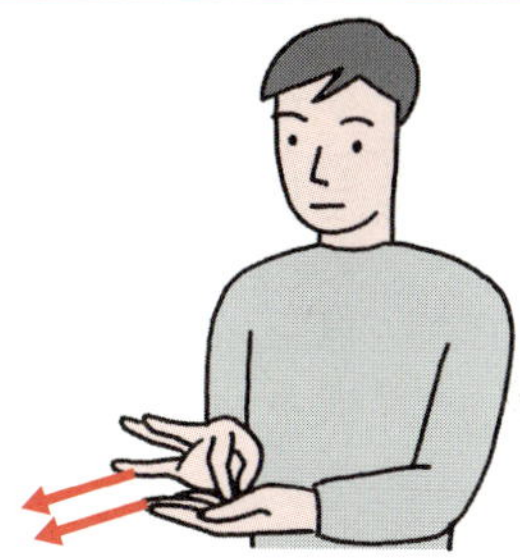

右手の親指と人差し指で輪を作って左手にのせ、2回前に出す。

解 右手の輪はお金を表す。

参 もともとは、「お金を使う」という表現だが、「気を遣う」などお金以外にも使われる。

同 ぜいたく

使い方例
使う＋税金＝**消費税**
指文字の「リ」＋使う＝**利用**
指文字の「キ」＋使う＝**気を遣う**
使う＋捨てる＝**使い捨て**

（人を）つかまえる
（ひとを）つかまえる

わん曲させた右手を、立てた左手の親指を囲むようにかまえる。

左手の親指を右手で握り、引き寄せる。

解 状況によって、表現が異なる。

使い方例
警察＋悪い＋男＋（人を）つかまえる＝**警察が犯人をつかまえる**
忙しい＋人①＋（人を）つかまえる＝**忙しい人をつかまえる**

つかれる
疲れる

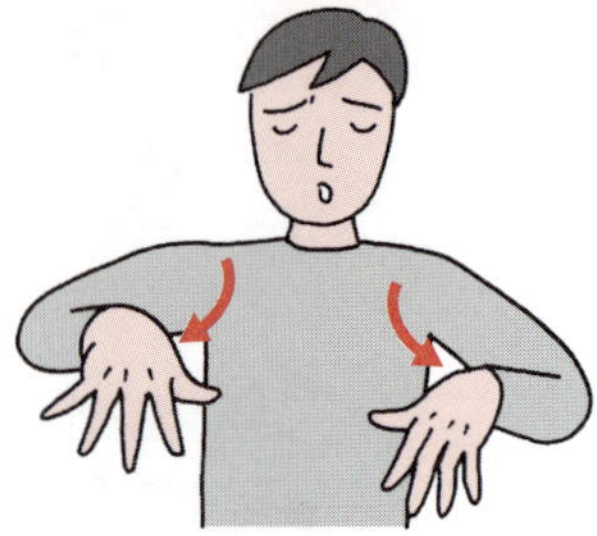

両手の指を軽く開いて甲を前に向け、肩のあたりから手首を下ろす。

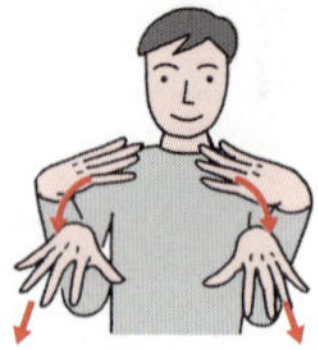

ワンピース

参 手首を下ろしてそのまままっすぐ下げると、「**ワンピース**」となる。

使い方例
仕事＋疲れる＝**仕事で疲れる**
疲れる＋簡単＋体＋性質＝**疲れやすい体質**
体＋疲れる＝**肉体疲労**

つき
月

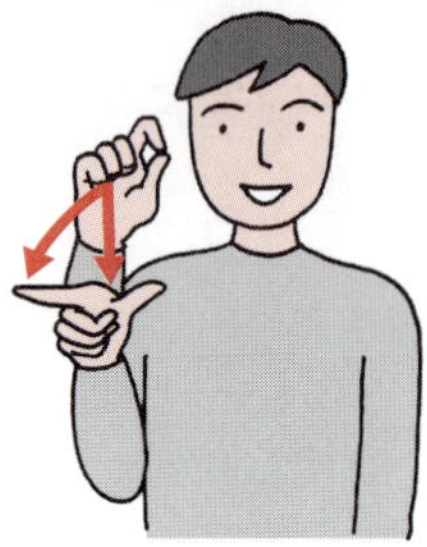

右手の親指と人差し指をくっつけ、下げながら離す。

解 三日月の一部を表す。

参 「**三日月**」や「**半月**」は、それぞれの形を作って表す。

同 ～月（がつ）・月曜日

使い方例
5＋月＝**5月**
月＋いくつ？＝**月に何回？**
月＋払う＝**月払い**
月＋きれい＝**きれいな月**

つぎ
次

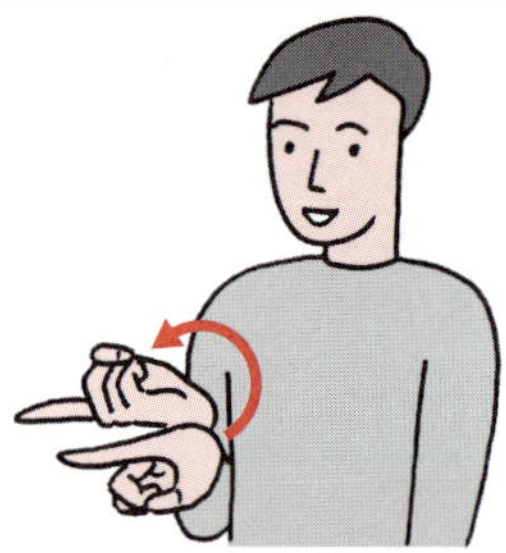

右手の人差し指を伸ばして指先を前に向け、手首を返して右に倒す。

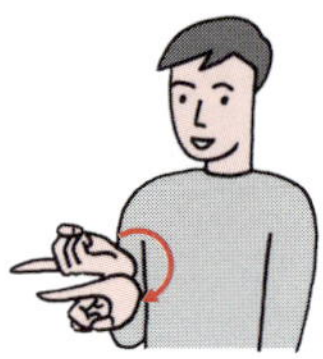

逆に返したとき

参 最初に手のひらを上向きにして、左に手首を返しても表現できる。

同 隣

使い方例
家＋次＝**隣の家**
次＋次＋進む＝**次々と進む**
次＋いつ？＝**次はいつ？**
次＋あなた＝**次はあなたです**

つきあい
つき合い

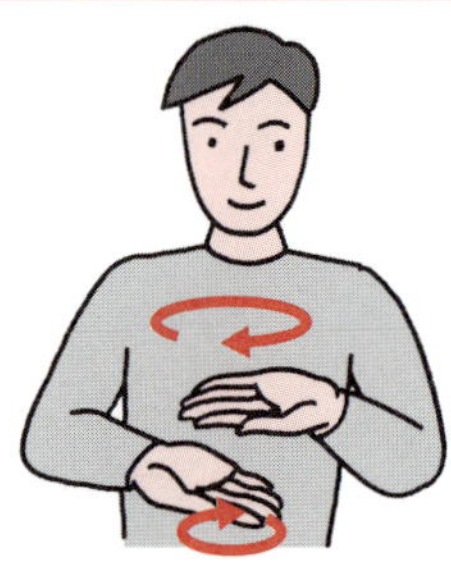

両手の手のひらを上向きにして上下におき、互い違いに回す。

パーティー

参 両手の親指と人差し指でそれぞれ輪を作り、同様に互い違いに回すと、「**パーティー**」となる。

同 交際・交流・触れ合い

使い方例
つき合い＋中＝**交際中**
つき合い＋会＝**交流会**
つき合い＋親しい＋会＝**親睦会（しんぼくかい）**

机 つくえ

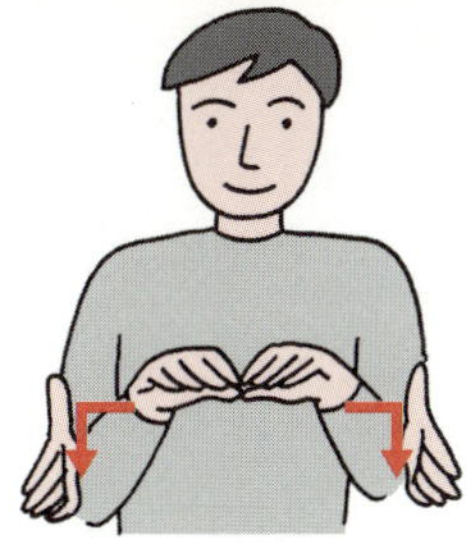

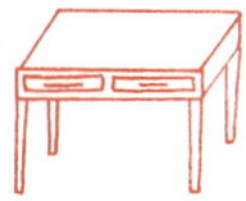

両手の手のひらを下向きにして並べ、左右に開いて直角に下ろす。

解 机の形を表す。

同 台・テーブル

使い方例
- テレビ＋机＝**テレビ台**
- 机＋場所＝**お台場**
- 勉強＋机＝**勉強机**
- 鏡＋机＝**鏡台**

作る つくる

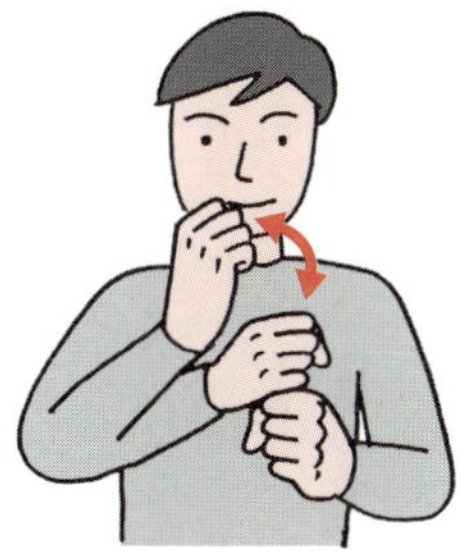

両手でこぶしを作って、トントンと左手に右手のこぶしをぶつける。

解 カナヅチで物を作る様子を表す。

同 仕事

使い方例
- 手＋作る＝**手作り**
- 木＋作る＝**木製**
- 自分＋ご飯＋作る＝**自炊する**
- 手＋作る＋そば＝**手打ちそば**

つけ足す つけたす

左手を筒にし、右手でふたをするように重ねる。

参 さらになでつけるようにすると、「**弁当**」となる。

同 加える・含む・含める

使い方例
- つけ足す＋お願い＝**つけ足してください**
- 税金＋つけ足す＝**税込み**

漬物 つけもの

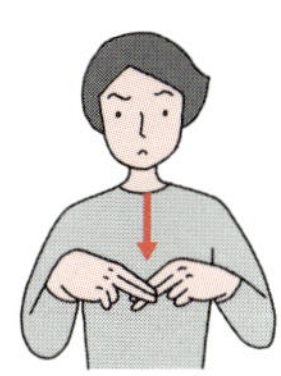

ストレスがなくなる

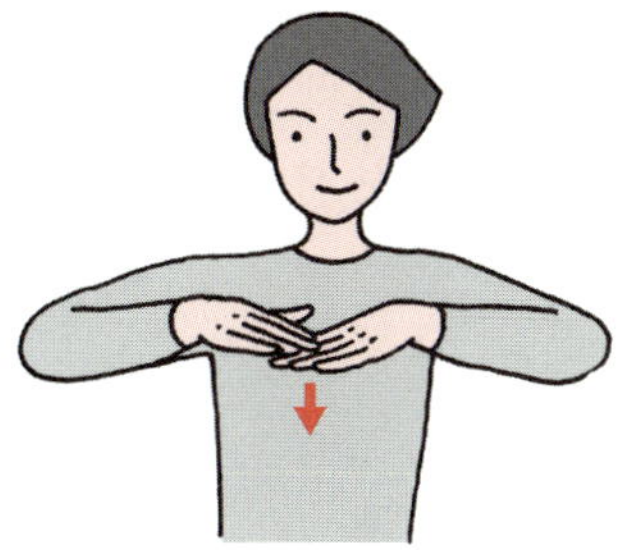

両手の手のひらを下にして重ね、ギュッと押さえつけるようにする。

解 重しをのせる様子から。

参 両手の人差し指と中指を重ねて同様にすると、「**ストレスがなくなる**」。

使い方例
- 浅い＋漬物＝**浅漬け**
- 韓国＋漬物＝**キムチ**
- 指文字の「ヌ」「カ」＋漬物＝**ぬか漬け**

都合（つごう）

右のこぶしを左の手のひらにおき、２回小さく回転させる。

同 運・運命・機会・偶然・たまたま・まぐれ

使い方例
都合＋よい＝**都合がいい**
都合＋悪い＝**都合が悪い**
都合＋何？＝**都合はどう？**

伝える（つたえる）

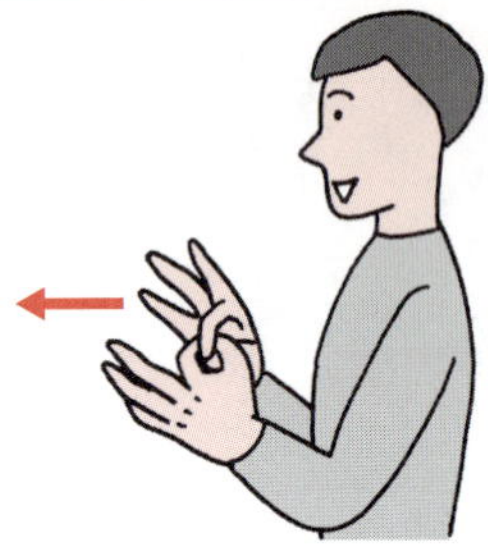

両手の親指と人差し指でそれぞれ輪を作ってからませ、前に出す。

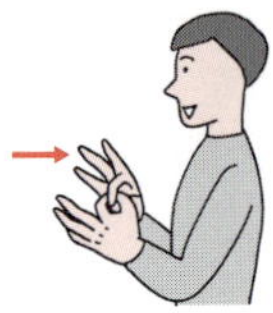

伝わる

参 繰り返してトントンと前に出すと、「次から次へと伝える」。また、結果や経過などを「知らせる」という意味を表すときは、「報告」を使う。

反 手前に引くと「**伝わる**」。

同 ずっと・だから・続く・連絡する

使い方例
（繰り返し表現して）伝える＋遊ぶ＝**伝言ゲーム**
特別＋伝える＝**特報**
合格＋伝える＝**合格発表**

伝わる（つたわる）

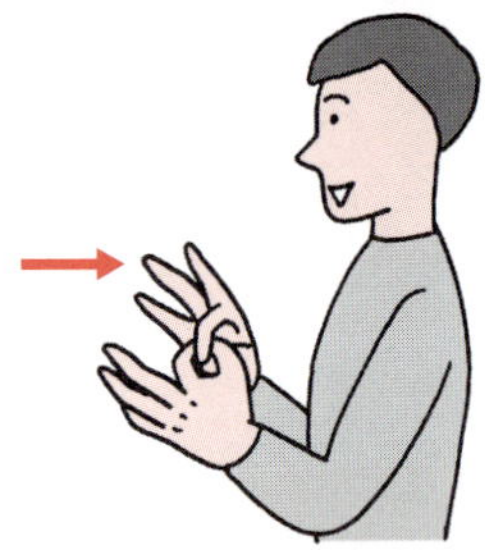

両手の親指と人差し指でそれぞれ輪を作ってからませ、手前に引く。

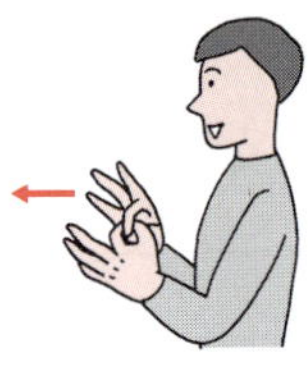

伝える

解 何度か繰り返し、トントンと手前に引き寄せるように動かすと、「次から次へ伝わってくる」という意味になる。

反 前に出すと、「**伝える**」。

同 連絡を受ける

使い方例
また＋伝わる＋お願い＝**また連絡してください**
気持ち＋伝わる＝**気持ちが伝わる**

続く（つづく）

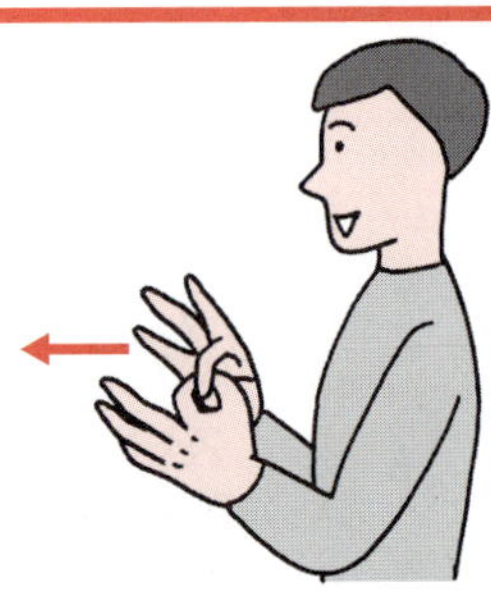

両手の親指と人差し指でそれぞれ輪を作ってからませ、前に出す。

連続する

参 同じ形で、軽く前に出しながら弧を２つ描くと、「**連続する**」の意味になる。

同 ずっと・だから・伝える・連絡する

使い方例
地震＋続く＝**余震**
次＋続く＝**次回に続く**
運動＋続く＝**運動を続ける**
苦労＋続く＝**苦労続き**

包む

つつむ

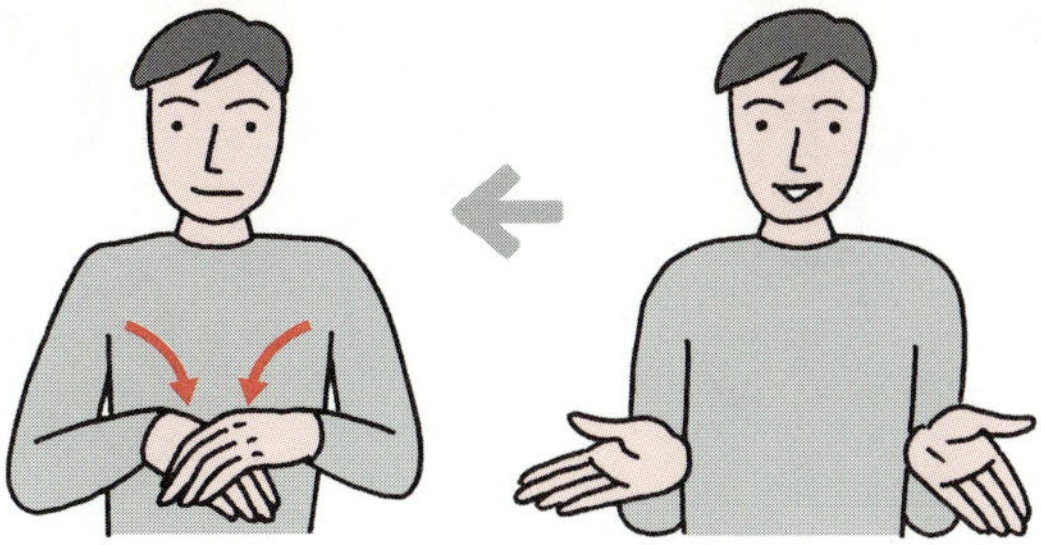

両手の手のひらを上に向けて開く。

何かを包むような感じで順に重ねる。

解 何かを包む様子を表す。

参 「風呂敷」は、「風呂＋四角」で表現する。

使い方例

プレゼント＋包む＋お願い＝**プレゼント用の包装にしてください**

包む＋四角＝**包装紙**

つなぐ

つなぐ

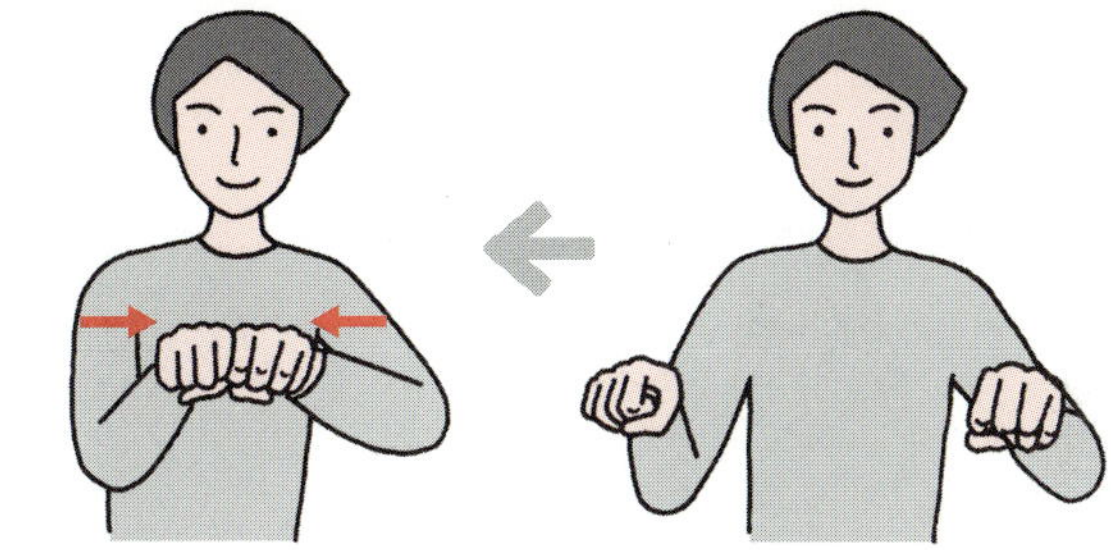

両手をそれぞれ握る。

両手を左右から寄せ、合わせる。

同 仲人・見合い

使い方例

紹介＋つなぐ＝**斡旋（あっせん）**

つなぐ＋責任＝**仲人役**

電気＋つなぐ＝**電気ケーブルをつなぐ**

津波

つなみ

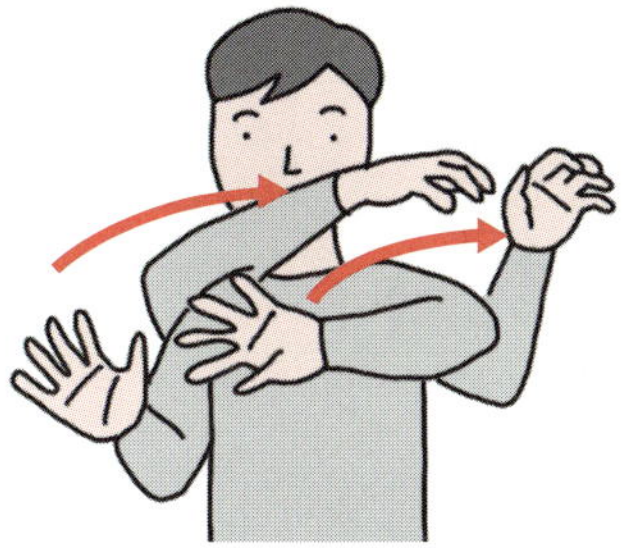

両手の手のひらを前に向けて、右下側にかまえ、両手同時に左上側に上げる。

解 大きな波が押し寄せる様子を表す。

使い方例

津波＋危険＋報告＝**津波警報**

津波＋気をつける＋放送＝**津波注意報**

津波＋危険＋逃げる＝**津波から逃げる**

潰す

つぶす

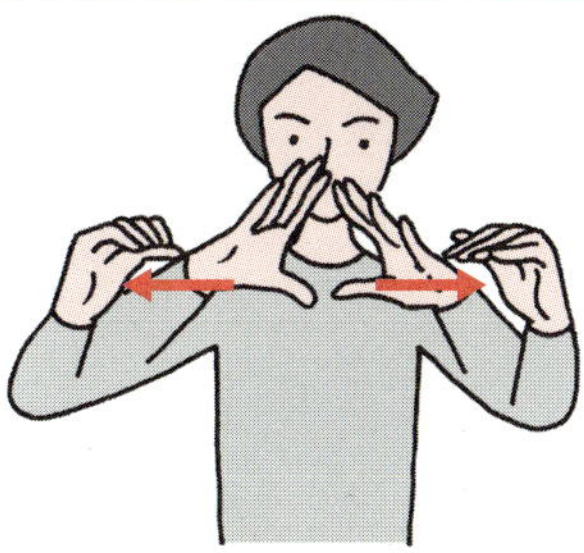

両手の手のひらを前に向けて並べ、やや開いて指をくっつける。

ほかの表現

解 建物が崩れる様子から。

参 指先を前に向けてそのまま閉じる表現もある。

同 全滅

使い方例

会社＋潰す＋近い＝**会社が潰れそう**

潰す＋嫌い＝**潰したくない**

予定＋潰す＝**予定が潰れる**

つぶやく

つぶやく

軽く握った右手を口元におき、小さく指をはじく。

言う

参「**言う**」は、右の人差し指を口にあててから前に出す。

同 ささやく・ぼそぼそ言う

使い方例
- 1人＋つぶやく＝**独り言**
- いつも＋つぶやく＝**いつもつぶやく**
- つぶやく＋声＝**つぶやき声**

つぼ

ツボ

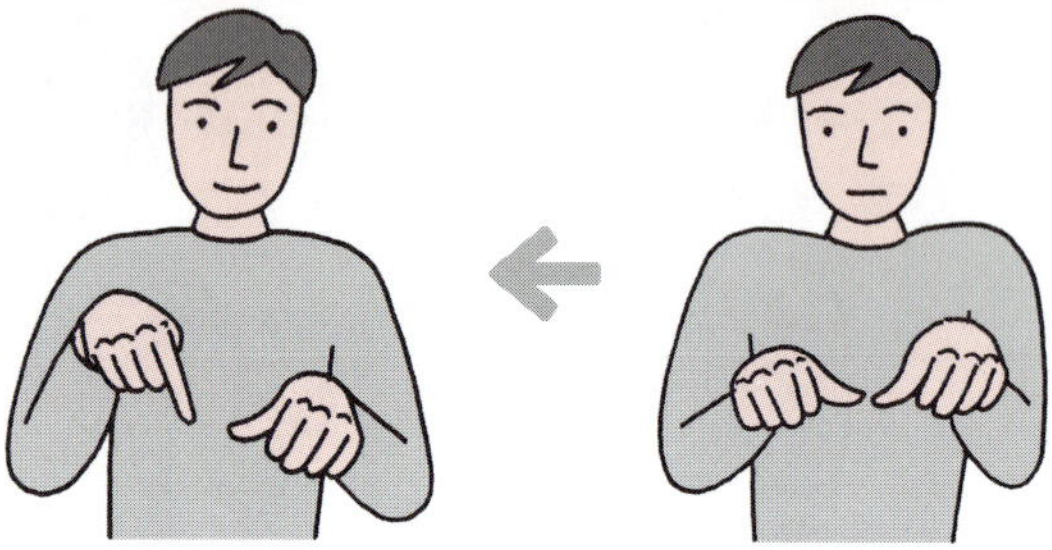

両手の親指を伸ばして並べる。

左手はそのままで右手の人差し指で下を指す。

解 ツボを押す様子を表す。

参「手のツボ」「足のツボ」のときは、手のひらのツボを押したり、足を指さしてからツボを押したりして表現する。

つま

妻

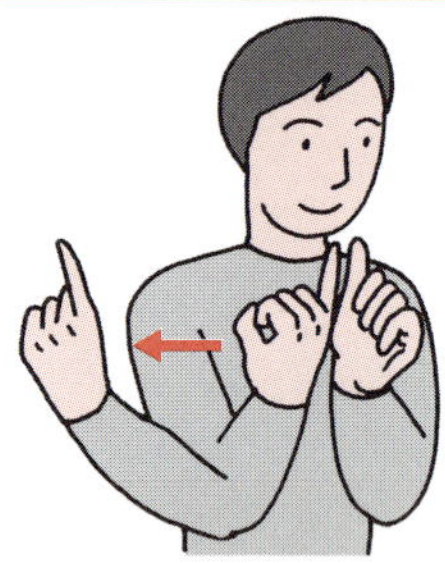

小指を立てた右手と親指を立てた左手をつけ、右手を斜め前に出す。

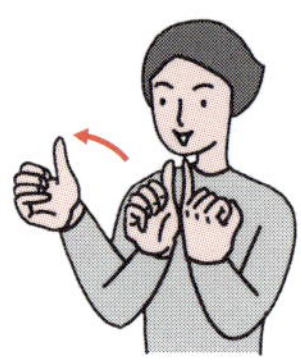

夫

参 小指は「女」を、小指と親指をくっつけるのは「結婚」を表す。

反 親指を立てた右手と小指を立てた左手をつけ、右手を斜め前に出すと、「**夫**」となる。

使い方例
- 2＋目＋妻＝**2度目の（再婚した）妻**
- 基本＋妻＝**前の妻**
- 新しい＋妻＝**新妻**

つまらない

つまらない

右手の指を軽く曲げて顔をおおうようにし、そのまま下ろす。

横から見たとき

参「意に介さず（～する）」「思い切って（～する）」などの意味もある。

同 臆せずに

使い方例
- 話す＋つまらない＝**つまらない話**
- つまらない＋買う＝**思い切って買う**

つまり

つまり

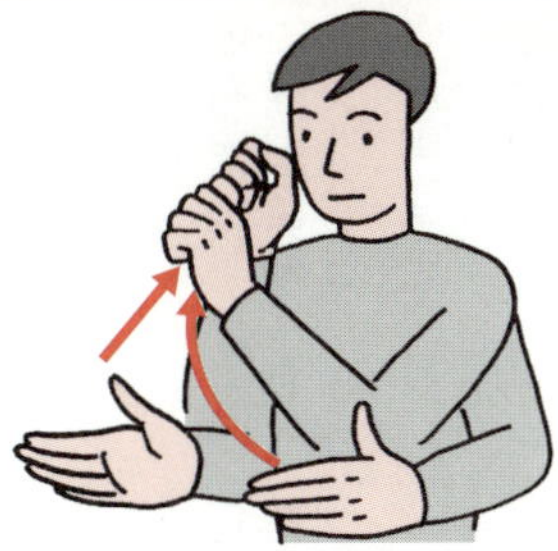

両手を並べて左右から寄せ、こぶしを作りながら中央で上げる。

解 両手で何かをつかんでひとまとめにする様子を表す。

参 両手の親指と人差し指をつけて水引を結ぶようにする「**結果**」で表すこともできる。

同 総合・統一・統計・まとめる・要するに

使い方例

つまり＋指文字の「ム」＋省＝**総務省**
つまり＋会＝**総会**
つまり＋何?＝**つまり、何?**

罪

つみ

両手ともこぶしを作り、向かい合わせる。このとき、口の形は「つ」。

両手首を近づける。このとき、口の形は「み」。

使い方例

罪＋延期＝**執行猶予**
罪＋もらす＝**罪を告白する**
罪＋認める＝**罪を認める**
彼＋罪＋ない①＝**彼に罪はない**

爪

つめ

右手の人差し指で、爪に触れる。

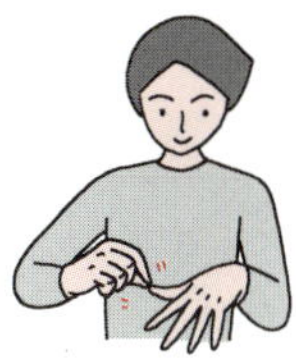

マニキュア

解 体の場所を表現するときは、それぞれの場所に触れる。また、「**マニキュア**」は、爪にマニキュアを塗る動作で表す。

使い方例

爪＋弱い＝**爪が弱い**
赤＋爪＝**赤い爪**

冷たい

つめたい

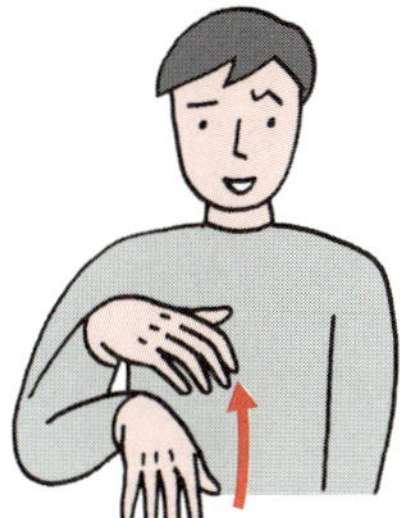

右手の指先を下に向け、サッと上げる。

寒い

解 冷たい物を触ったときに手を引っ込める様子を表す。

参 両手で表現してもよい。また、両手でこぶしを作って震わせる「**寒い**」でも表現できる。

同 熱い

使い方例

心＋冷たい＝**心が冷たい**
冷たい＋飲む＋希望＝**冷たい飲み物がいい**
水＋冷たい＝**冷たい水**

(～する)つもり
（～する）つもり

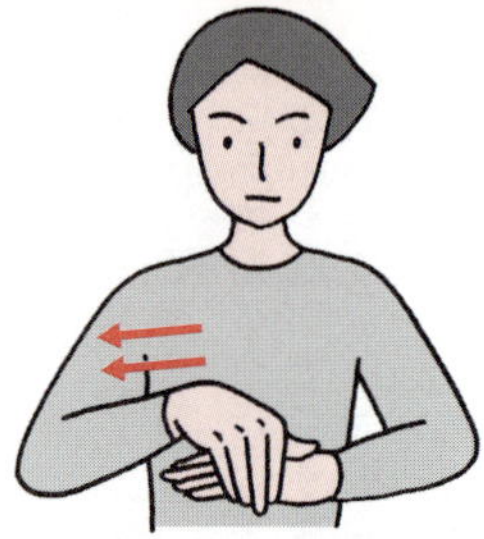

横から見たとき

左の手のひらを下に向け、右手を左の小指にあて、2回右に動かす。

参 右手の人差し指を伸ばして同様の動きをすると、「**デザイン**」となる。

同 計画・予定

使い方例
勉強＋(～する)つもり＝**勉強するつもり**
買う＋(～する)つもり＝**買うつもり**

梅雨
つゆ

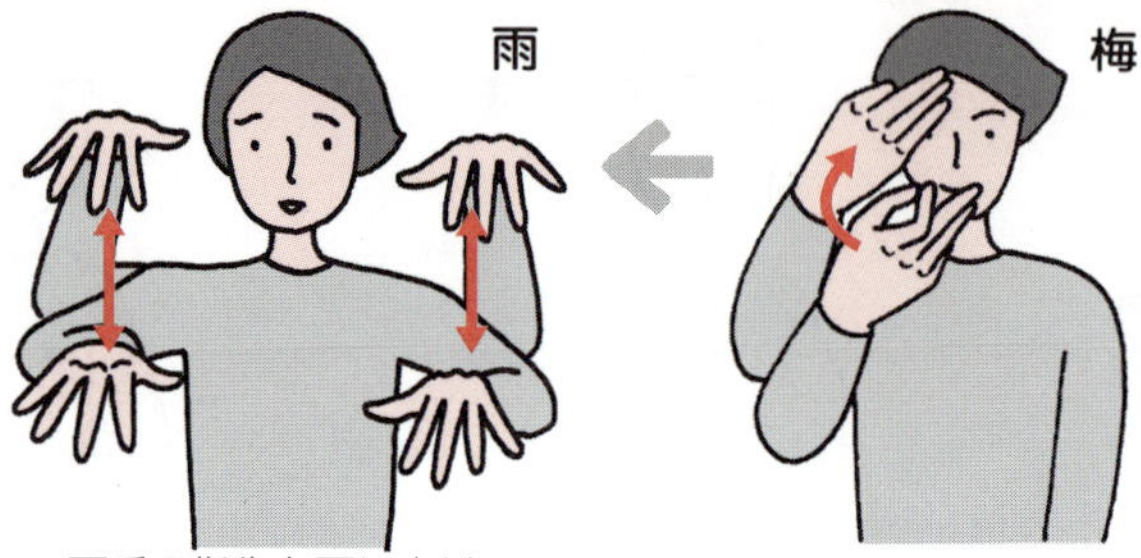

親指と人差し指で輪を作り、口の端、こめかみと順におく。

両手の指先を下に向け、顔の両横で上下させる。

解 雨…雨が降る様子を表す。

同 雨…雨が降る

使い方例
梅雨＋終わる＝**梅雨明け**
梅雨＋季節＝**梅雨のシーズン**
梅雨＋(～の)とき＝**梅雨時**

強い
つよい

右手を握り、腕を直角に曲げる。

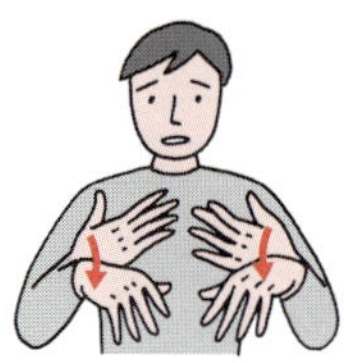

弱い

解 力こぶを作る様子を表す。

反 両手の指を軽く開いて甲を前に向け、肩のあたりから、手首を下ろすと、「**弱い**」となる。

使い方例
酒＋強い＝**お酒が強い**
心＋強い＝**強い心**
意志＋強い＝**意志が強い**
気持ち＋強い＝**気が強い**

つらい
つらい

右手で手のひらを下向きにした左手の甲をつねるようにする。

苦しい

解 痛くてつらい様子を表す。

参 右手を軽くわん曲させて胸のあたりにつけて回す「**苦しい**」で表すこともできる。また、ほおをつねると「**難しい**」となる。

同 きつい・厳しい

使い方例
毎日＋つらい＝**つらい日々**
別れる＋つらい＝**別れはつらい**
失恋＋つらい＝**失恋はつらい**

つり
釣り

両手の人差し指を伸ばして前後に並べ、同時に上げる。

解 両手の人差し指を釣りざおに見立て、魚を釣り上げる様子を表す。

参 左手の人差し指を立てて釣りざおに見立て、右手でリールを巻くようにする表現もある。

使い方例

- 釣り＋趣味＝**趣味は釣り**
- 海＋釣り＝**海釣り**
- 船＋釣り＝**船釣り**
- 波＋釣り＝**磯釣り**

つれていく
連れて行く

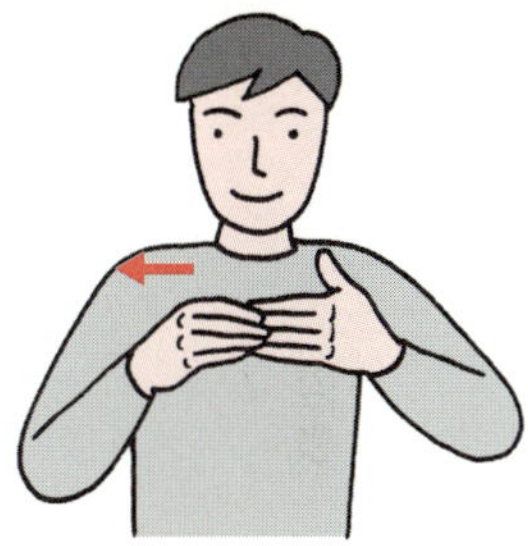

右手で左手の指先を持って、右に引く。

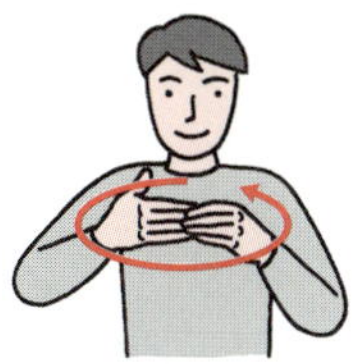

連盟

解 手を引く様子から。

参 右手を握って左に引く表現もある。また、左手で右手を持って右方向に水平に回すと「**連盟**」となる。

同 案内する・送る

使い方例

- 友達＋連れて行く＝**友達を連れて行く**
- 連れて行く＋お願い＝**連れて行ってください**

て

自分から見た形

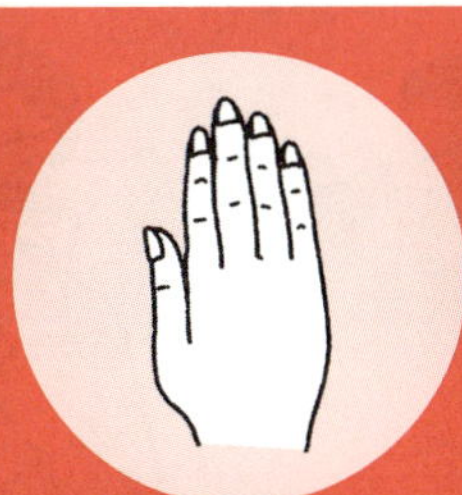

相手から見た形

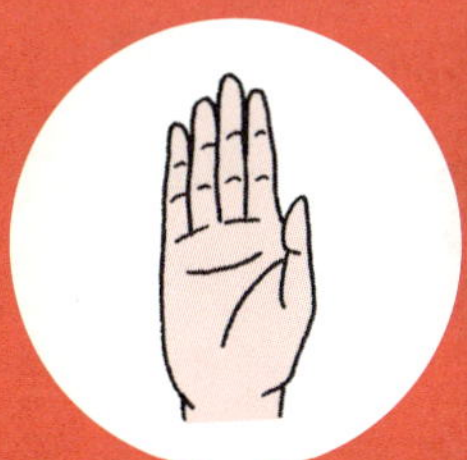

「手（て）」を表す。

て
手

右手で左手の甲に触れる。

爪

参 人差し指で触れたり手のひらで触れたり、状況に合わせて表現が変わる。また、「**指**」は指を触って表し、「**爪**」は爪を指して表す。

使い方例

- 手＋編む＝**手編み**
- 手＋作る＋そば＝**手打ちそば**
- 手＋遅い＝**手遅れ**
- 手＋連絡＝**手続き**

であう
出会う

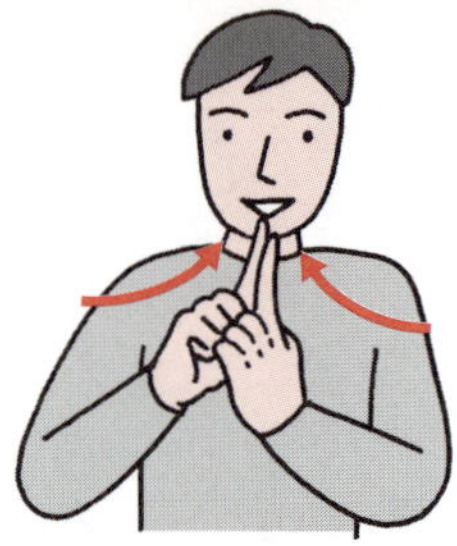

両手の人差し指を立てて、勢いよくぶつけ合わせ、少し上げる。

解 2本の指を人に見立て、人が出会う様子を表す。

参 「偶然会う」ニュアンスのときに使う。また、普通に人差し指を合わせると、「**会う**」となる。

使い方例
- 出会う＋運＝**運命の出会い**
- 出会う＋ある＝**出会いがあった**
- 出会う＋場所＝**出会った場所**

てぃーしゃつ
Tシャツ

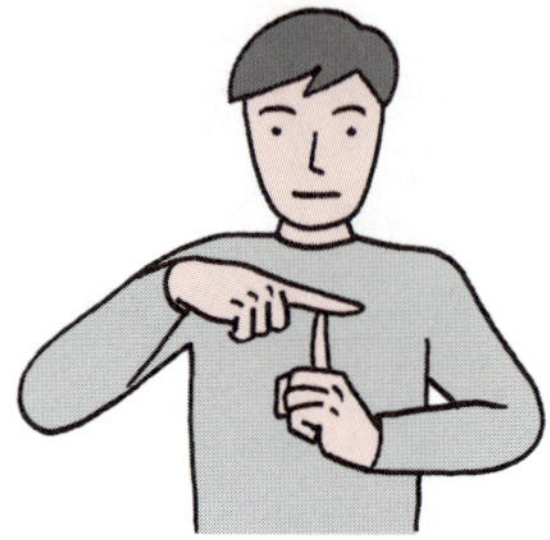

両手の人差し指で「T」の形を作る。

ジーンズ

参 「シャツ」は省き、「T」だけで表す。また、「**ジーンズ**」は、アルファベットの「G」の形で表す。

使い方例
- Tシャツ＋サイズ＋アルファベットの「S」＝**SサイズのTシャツ**

ていいん
定員

親指と小指を立てた右手を左の手のひらに下からあてる。

最高

解 親指と小指は人に見立て、左手は上限であることを表す。

参 左手に右手の指先を下からあてる「**最高**」という手話単語で表すこともできる。

使い方例
- 定員＋足りない①＝**定員割れ**
- 定員＋百＝**定員は百人です**
- 定員＋超える＝**定員オーバー**

ていか
定価

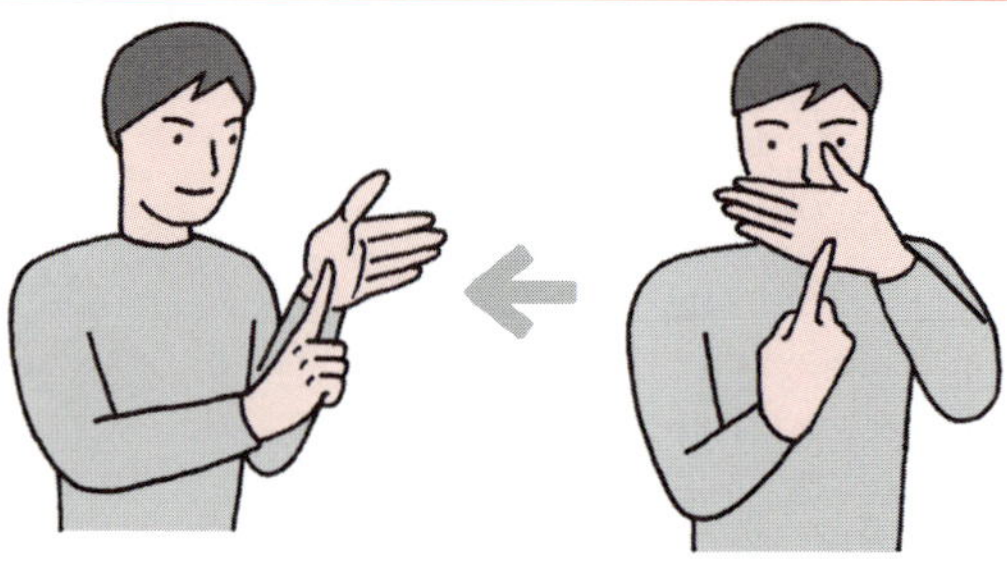

右手の人差し指を左手の甲にあてる。

手首を返して、人差し指を手のひらにあてる。

参 「定める＋お金」で表すこともできる。

使い方例
- 定価＋同じ＝**定価通り**
- 定価＋バーゲン＝**定価から割り引く**
- 定価＋高い＝**定価は高い**

ていきけん
定期券

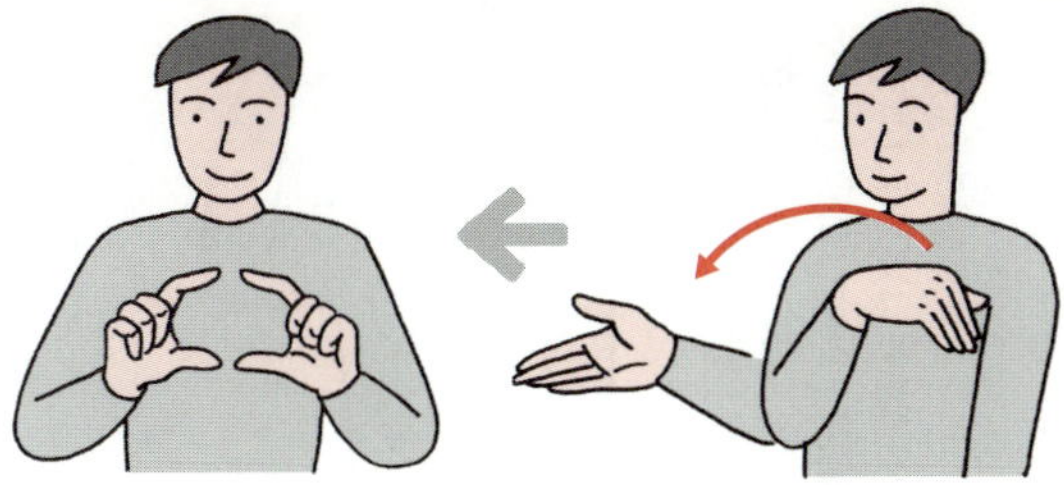

右手を下向きにして左の胸にあて、前に出す。

両手の親指と人差し指で四角形を作る。

解 ポケットから定期券を出す様子と、定期券の四角い形を表す。

使い方例
定期券＋売る＋場所＝**定期券売り場**
定期券＋締め切り＝**定期券が切れる**

ていきゅうび
定休日

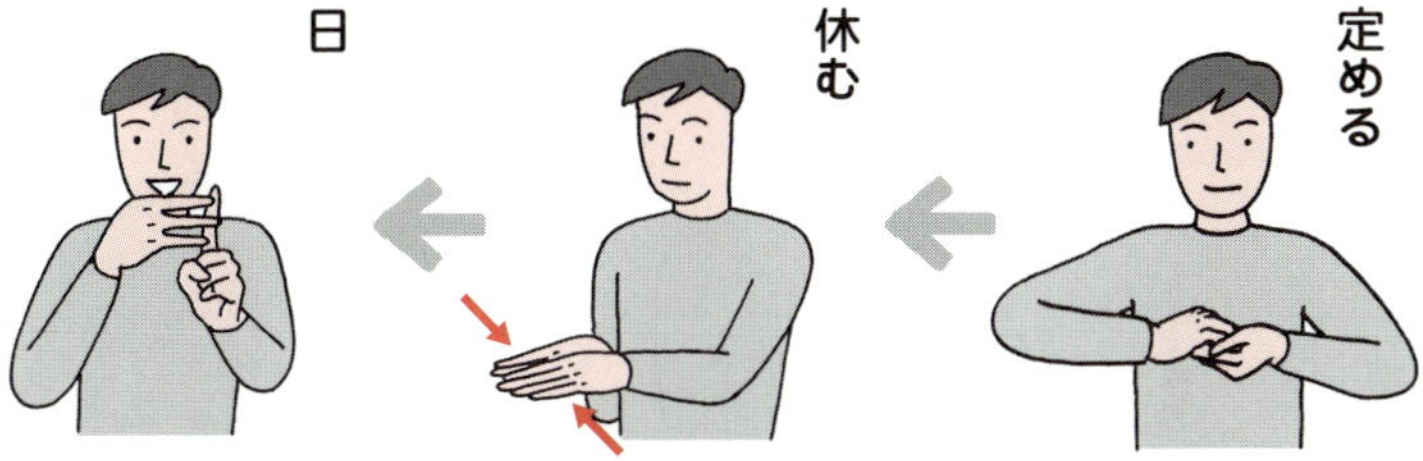

両手の指を曲げて組み合わせる。

両手の手のひらを下に向け、左右から寄せて、中央で合わせる。

左手の人差し指を立てて、右手の人差し指と中指、薬指をつける。

同 定める…必ず・指定・絶対・セット・ぜひ

ていくあうと
テイクアウト

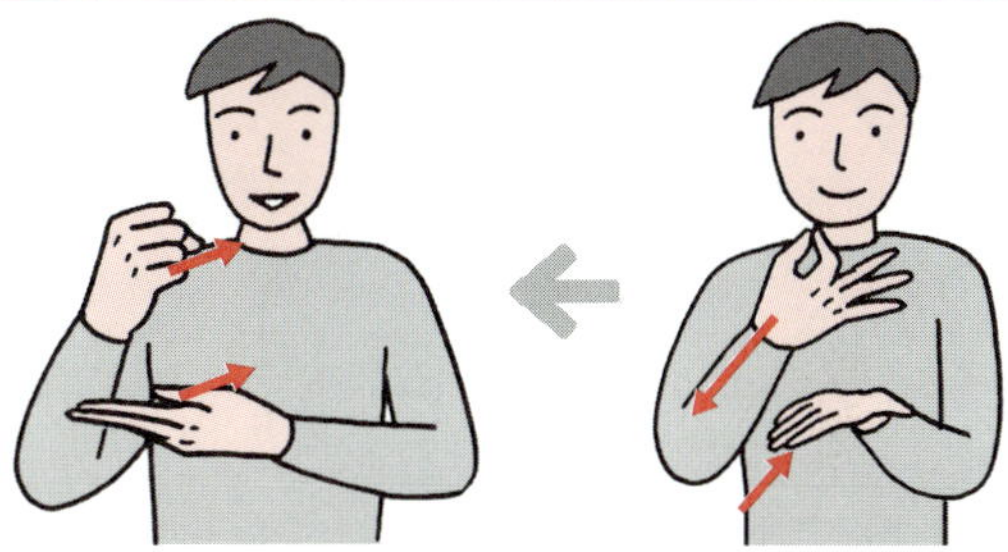

左手を手前に引くと同時に、右手の輪を前に出す。

右手のこぶしを左手の上におき、同時に手前に引く。

参 右の絵の動きを省いてもよい。

同 お持ち帰り

使い方例
テイクアウト＋お願い＝**テイクアウトでお願いします**
テイクアウト＋希望＝**テイクアウトしたい**

ていっしゅぺーぱー
ティッシュペーパー

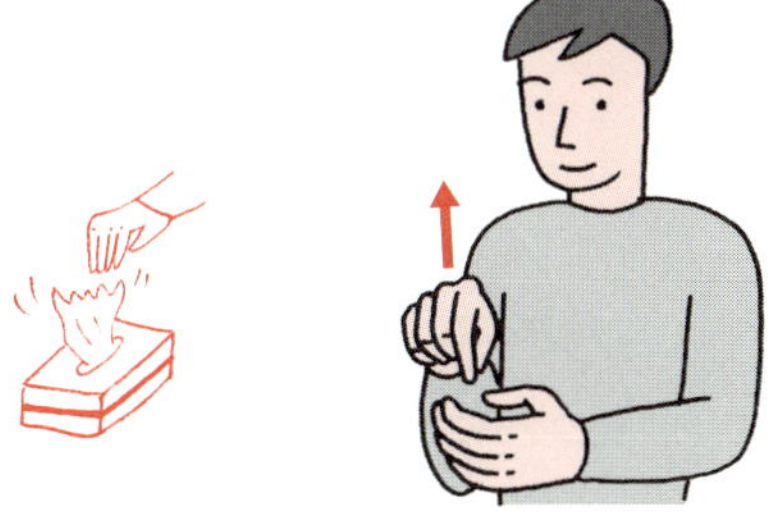

左手の上で、右の親指と人差し指でティッシュをつまみ上げる動作をする。

解 左手はティッシュペーパーの箱に見立て、右手でティッシュペーパーをつまみ上げる様子を表す。

参 「紙＋ティッシュペーパー」でも表せる。

使い方例
ティッシュペーパー＋なくなる②＝**ティッシュペーパーがなくなる**

ていねい

丁寧

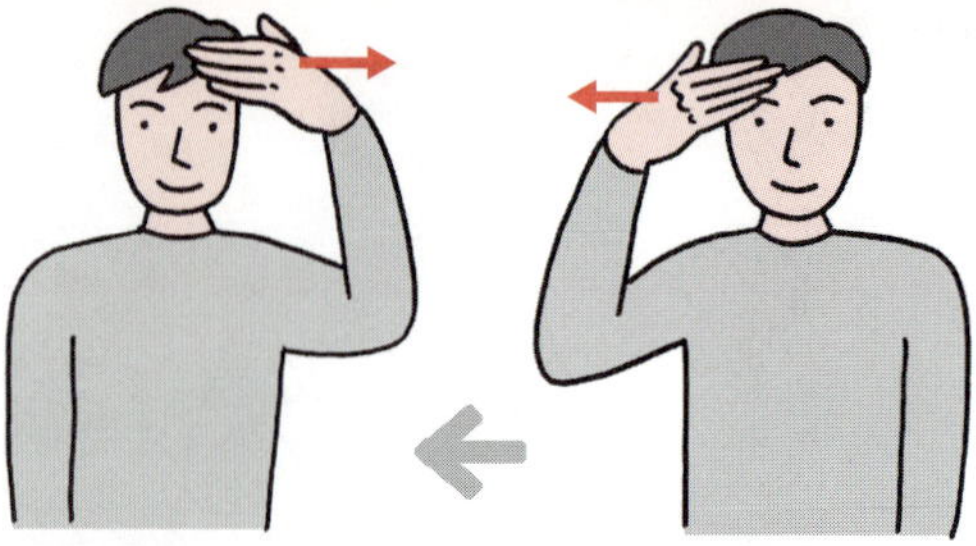

ひたいに右手をあてて右に引く。

同じようにひたいに左手をあてて左に引く。

参 右手を右に引く動作だけだと「**若い**」。また、両手のこぶしをぶつけ合わせる「**礼儀**」で、同じニュアンスを表現することもできる。

使い方例

丁寧＋手紙＝**丁寧な手紙**
丁寧＋言葉＝**敬語**
丁寧＋あいさつ＝**丁寧なあいさつ**

ていねん

定年

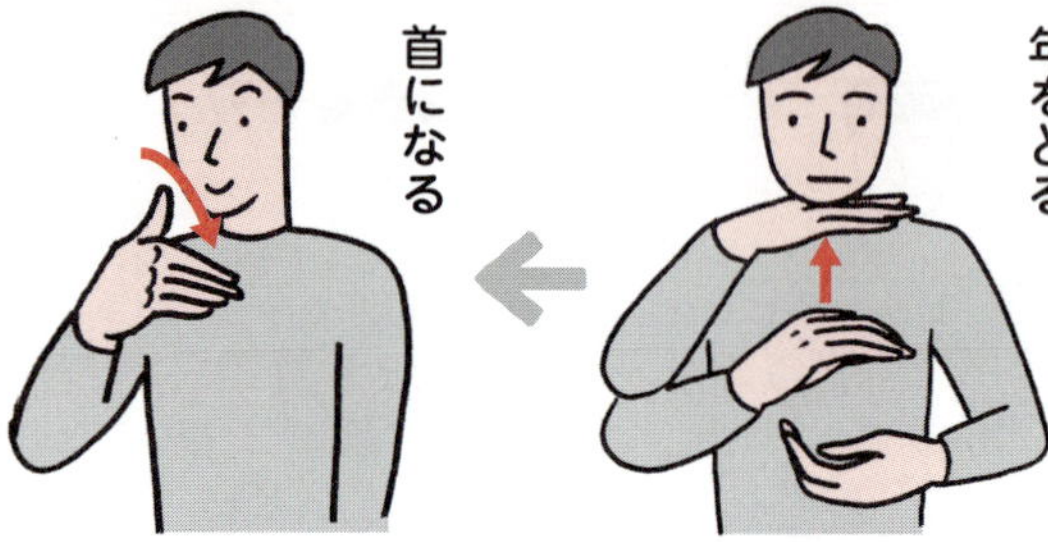

両手をわん曲させ、右手を上げて指を伸ばし、あごにつける。

右手を首にあて、首を切るように前に振る。

解 首になる…首を切る意味を表す。

同 年をとる…年寄り

使い方例

60＋定年＝**定年は60歳**
定年＋あと＝**定年後**
年をとる＋間＝**更年期**
首になる＋保険＝**失業保険**

でぃーぶいでぃー

DVD

左の人差し指と右手で、自分から見て「D」の形を作る。

右の人差し指と中指を立て、「V」を表す。

左の人差し指と右手で、自分から見て「D」の形を作る。

解 アルファベットの「D」「V」「D」をそのまま表す。

でーた

データ

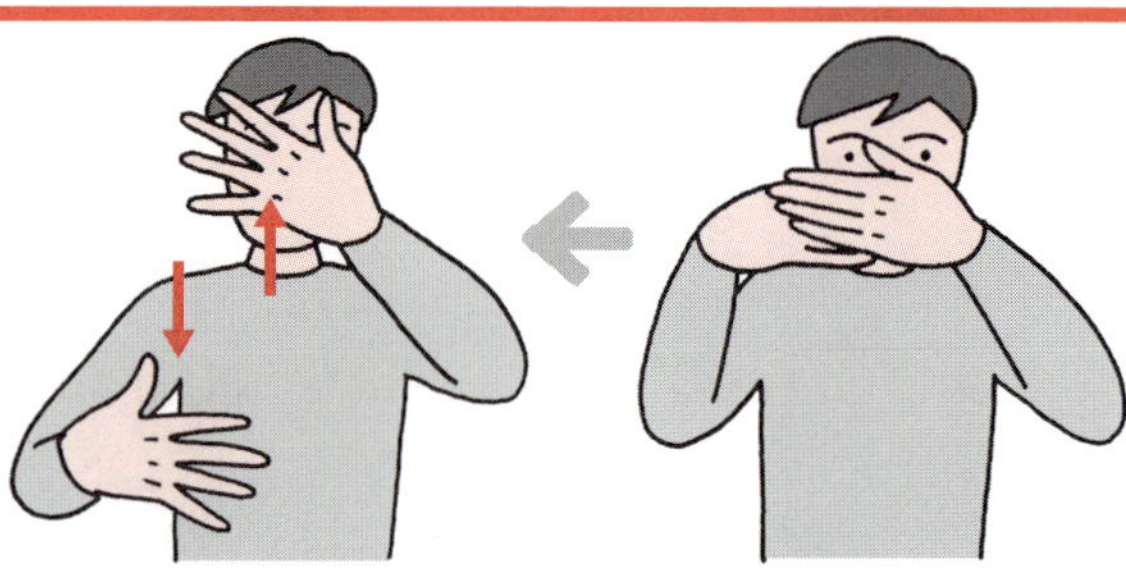

両手の手のひらを手前に向けて指を閉じ、重ねる。

指を開きながら、上下に離す。

解 画面上のデータのイメージから。

使い方例

飛行機＋データ＝**出発案内板**
データ＋まとめる＋計算＝**データ統計**
データ＋通じる＝**データ通信**

でーと

デート

右手の親指と小指を立てて手のひらを前に向け、前に出す。

カップル

解 親指が男性、小指が女性を表す。

参 親指と小指を立てて、手首を軽くねじると「**カップル**」「**夫婦**」になる。

使い方例
アルファベットの「W」＋デート＝**Wデート**
初めて＋デート＝**初デート**

てーぷ

テープ

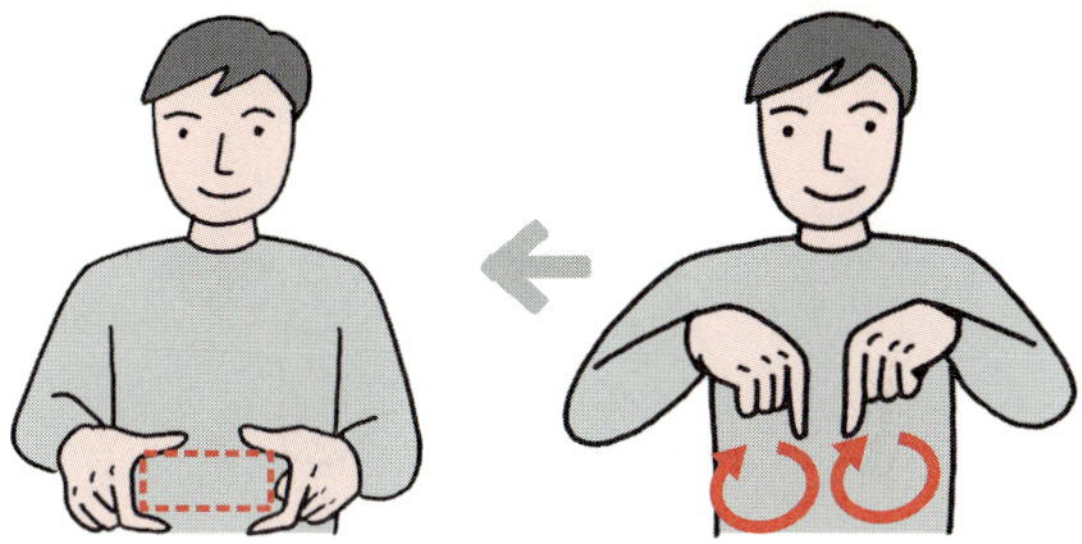

人差し指を伸ばして下を向け、同時に右に水平に回す。

両手の親指と人差し指で四角形を作る。

解 テープが回転する様子と、ビデオテープの形を表す。

参 四角を表現するとき、小さめにすると、「**カセットテープ**」になる。

同 ビデオテープ

てーぶる

テーブル

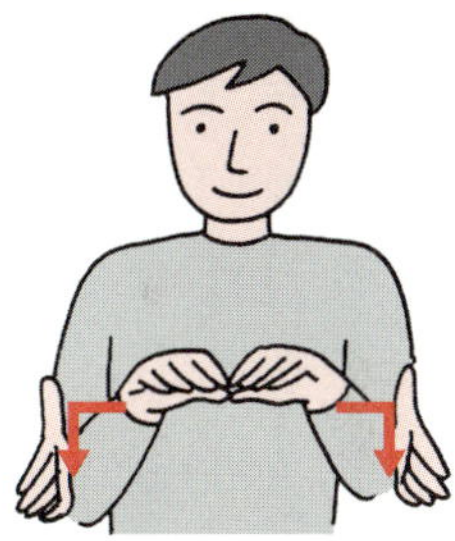

両手の手のひらを下向きにして並べ、左右に開いて直角に下ろす。

解 テーブルの形を表す。

同 台・机

使い方例
食べる＋テーブル＝**食卓**
勉強＋テーブル＝**勉強机**
木＋テーブル＝**木のテーブル**
テーブル＋場所＝**お台場**

でかける

出掛ける

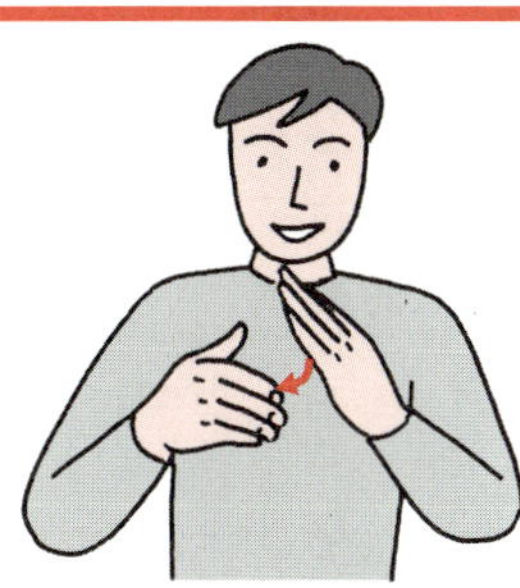

右手の人差し指を伸ばして下向きにし、手首をひねって前に出す。

行く

参 前後の単語によって、「行く」を使うこともある。

同 出る

使い方例
営業＋出掛ける＝**営業に出掛ける**
出掛ける＋時間②＝**出掛ける時間**

てがみ
手紙

右の人差し指と中指を伸ばして横にし、左の人差し指をつける。

〒

解 郵便局の〒マークを表す。

参 「手紙」の形にして前に出すと、「**送る**」となる。

同 郵便

使い方例
手紙＋四角＝**はがき**
手紙＋入れる＝**ポスト**
正月＋手紙＝**年賀状**
恋＋手紙＝**ラブレター**

てき
敵

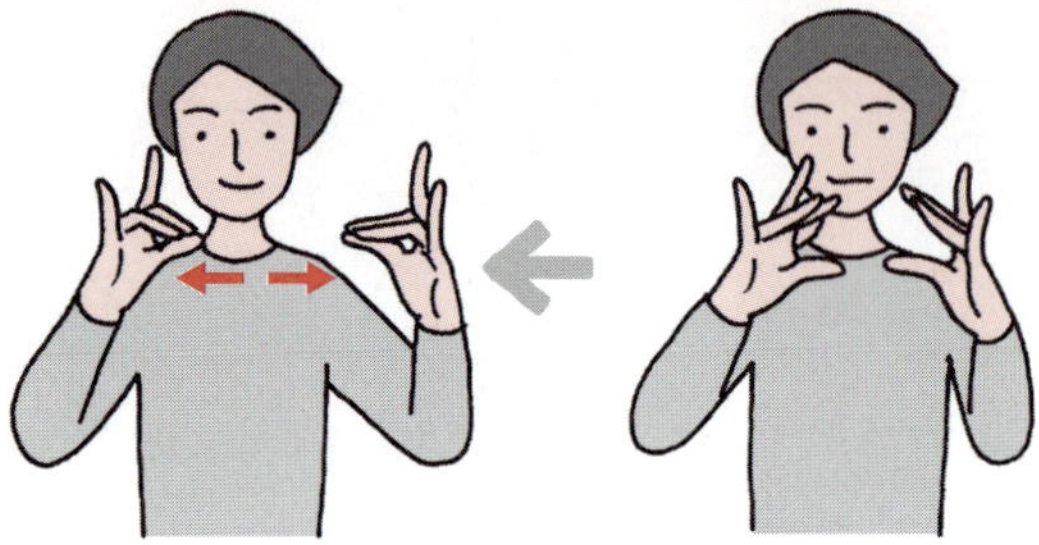

両手の親指、中指、薬指を向かい合わせる。

指をつけながら、左右に引き離す。

同 対立・敵対

使い方例
争う＋敵＝**ライバルと対立する**
敵＋味方＝**敵味方**

～できない
～できない

右手の親指と人差し指で、右のほおを軽くつねるようにする。

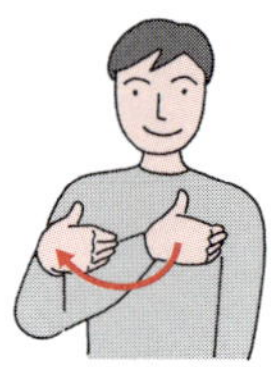

～できる

参 否定のほか、依頼や勧誘を断るときにも使われる。

反 右手の親指以外の4本の指の指先を、左胸、右胸の順にあてると、「**～できる**」となる。

同 困難・難しい・無理

使い方例
信じる＋～できない＝**信用できない**
全部＋～できない＝**何もできない**

できもの
できもの

すぼめた両手をできものがある部位にポツポツとおく。

参 ここでは、顔のできものを表現しているが、腕のできものならば、腕にポツポツとおくようにする。

同 そばかす・ニキビ・はしか・発疹

使い方例
できもの＋治る＋薬＝**できものの治療薬**
水＋できもの＝**水ぼうそう**
体＋できもの＝**じんましん**

～できる
～できる

右手の親指以外の４本の指の指先を、左胸、右胸の順にあてる。

横から見たとき

解「大丈夫」と自信を持って胸を張る様子から。

反 右の親指と人差し指でほおを軽くつねるようにすると、「**～できない**」。

同 可能・大丈夫

使い方例
英語＋～できる＝**英語が話せる**
作る＋～できる＝**作れる**
～できる＋こと＋探す＝**できることは何か探す**

出口
でぐち

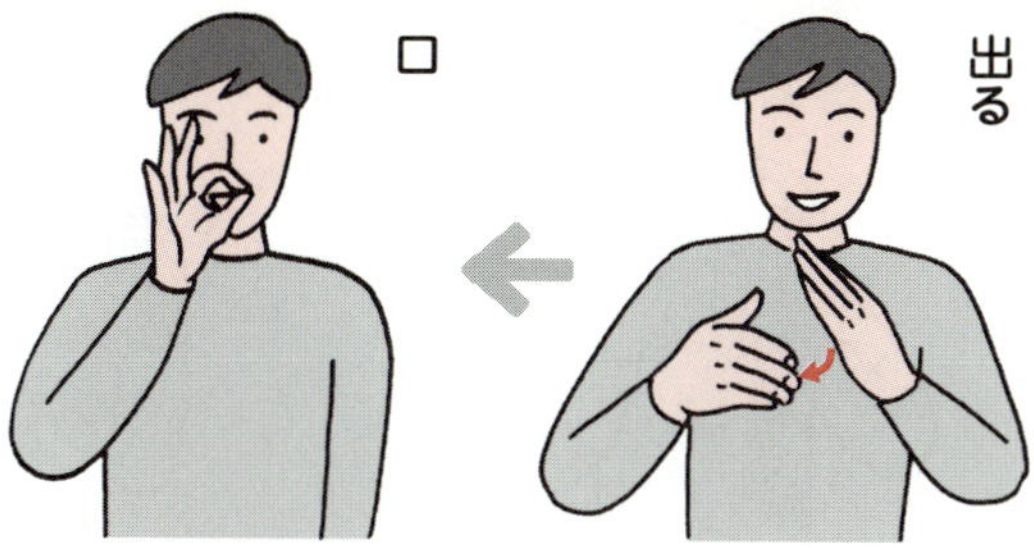

斜めにした左手に右手の指先をつけ、前に払う。

右手の親指と人差し指で輪を作って口の前におく。

参「非常口」は「非＋口」で表す。また、「口」は、人差し指で口のまわりに円を描く表現もある。

使い方例
出口＋あれ＝**出口はあちら**
入る＋口＝**入口**
家＋出る＝**外出**

デザート
でざーと

指を伸ばした右手の手のひらを口元において、回す。

辛い

参 指を曲げて口元で回すと、「**辛い**」になる。

同 甘い・砂糖・佐藤

使い方例
デザート＋おいしい＋有名＝**デザートがおいしいんだって**
デザート＋食べる＋自由＝**デザート食べ放題**

デザイン
でざいん

両手の手のひらを前に向けて斜めにし、交互に上下に動かす。

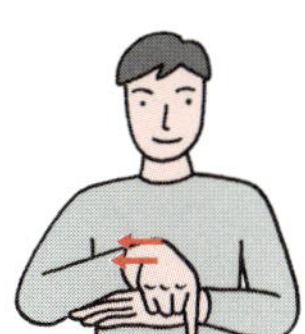

ほかの表現

解 定規を使い、図案を考えている様子から。

参 左の手のひらを下にしておき、小指側を右の人差し指でなぞる表現もある。

使い方例
デザイン＋学校＝**デザイン学校**
デザイン＋男＝**デザイナー**
デザイン＋絵＝**デザイン画**

デジタル
でじたる

右手は人差し指を伸ばし、左手は筒の形を作り、交互に前後に動かす。

解 デジタル信号の「0」と「1」を表す。

使い方例
デジタル＋機械＝**デジタル機器**
デジタル＋変わる＝**デジタル化**
デジタル＋テレビ＝**デジタルテレビ**

デジタルカメラ
でじたるかめら

デジタル

右手の人差し指を右に動かしながら何度か曲げ伸ばしする。

カメラ

両手でカメラを表し、シャッターを押す様子。

参 「デジタル」で、右手を小さく曲げ伸ばしして前に動かすと、「**虫**」となる。

手品
てじな

右の人差し指と中指を立てた右手で、左の人差し指と中指を握る。

解 忍者が術を使って姿を消す様子から。

参 握るとき、勢いよく握るようにする。

同 忍者・魔術・魔法

使い方例
手品＋男＝**マジシャン**
手品＋似る＝**魔法みたい**
トランプ＋手品＝**カードマジック**

でたらめ
でたらめ

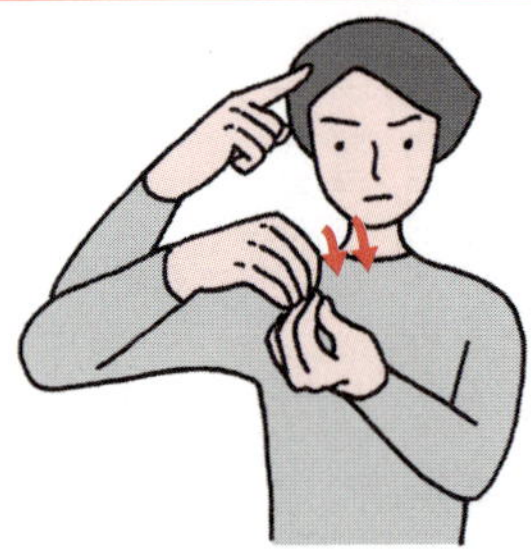

右手の人差し指で頭を指し、すぼめた両手の指先を2回くっつける。

裏切る

参 右手の人差し指と中指を伸ばして人差し指をあごにあて、手首をねじる「**裏切る**」でも表現できる。

使い方例
でたらめ＋〜らしい＝**でたらめのようだ**
でたらめ＋多い＝**でたらめばかり**

手帳
てちょう

両手の手のひらを合わせ、左右に2回開く。

解 手帳を開く様子を表す。

参 1回だけ左右に広げると、「**本**」「**メニュー**」になる。

同 カタログ・雑誌・ノート

使い方例
スケジュール＋手帳＝**スケジュール帳**
地図＋手帳＝**地図帳**
生活＋手帳＝**暮らしの手帖**

鉄
てつ

右の人差し指と中指を曲げ、指先で左の手のひらを2回たたく。

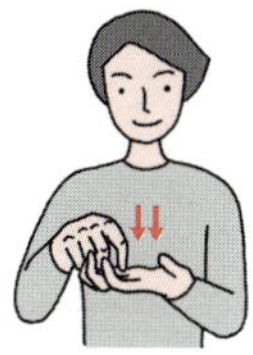

電卓

参 右手の人差し指だけで同様にすると、「**電卓**」となる。

使い方例
鉄＋棒＝**鉄棒**
鉄＋鍋＝**鉄鍋**
鉄＋作る＝**鉄製**
鉄＋栄養＝**鉄分**

徹夜
てつや

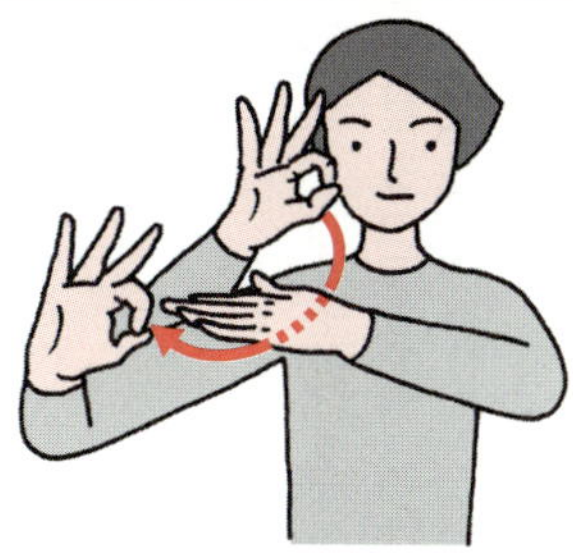

左手を横にしておき、右手の輪を手前から前にくぐらせる。

日が暮れる

解 日が落ちてまた昇る様子から。

参 繰り返しくぐらせると、「何日も徹夜が続く」と表すことができる。また、右手の輪を左手まで下げると、「**日が暮れる**」。

使い方例
徹夜＋遊び＝**徹夜で遊ぶ**
徹夜＋マージャン＝**徹夜マージャン**
仕事＋徹夜＝**仕事で徹夜**

テニス
てにす

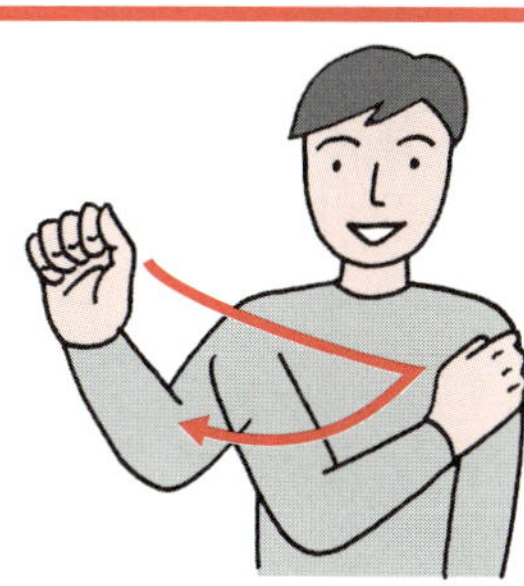

右手でこぶしを作って左右に振る。

解 テニスラケットを持って、振る様子を表す。

参 ラケットを正面に向けるようにして前後に振ると、「**バドミントン**」になる。

同 デニーズ

使い方例
テニス＋教える＋男＝**テニスのコーチ**
テニス＋男＝**テニスプレーヤー**

でぱーと
デパート

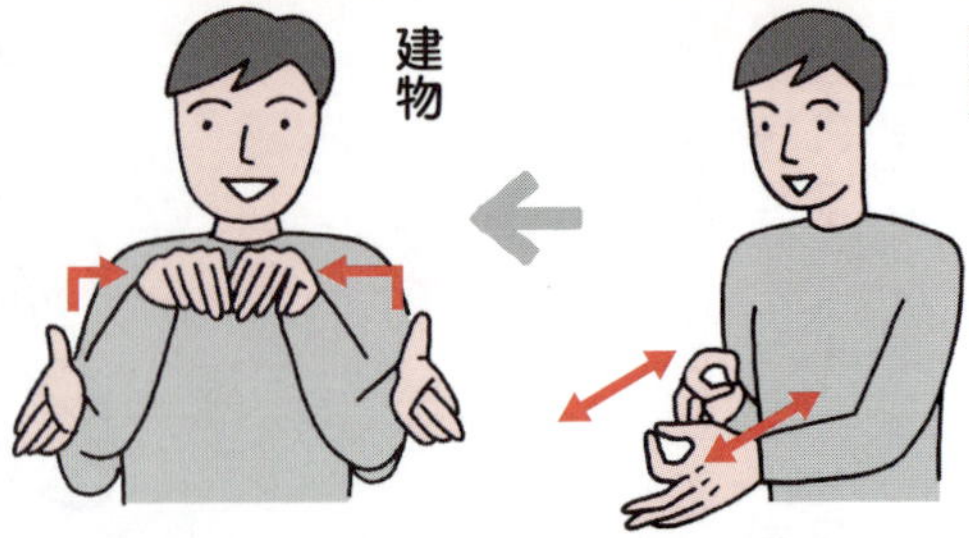

親指と人差し指で輪を作り、交互に前後させる。
両手を向かい合わせ、上げてから中央に寄せる。

参 「売買」で、両手を同時に上下させると「**銀行**」となる。

同 売買…商売・販売・店
建物…~館・ビル

使い方例
素晴らしい＋デパート＝**高級デパート**
デパート＋券＝**デパート商品券**

でびゅー
デビュー

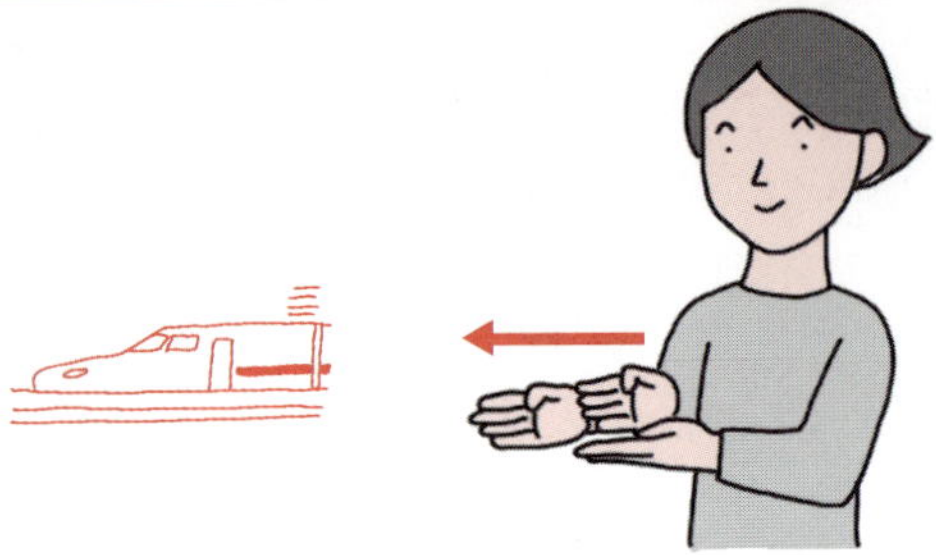

左手のひらに、立てた右手のひらをのせ、右手だけ前に滑らせる。

同 スタート・出発

使い方例
芝居＋世界＋デビュー＝**芸能界デビュー**
公園＋デビュー＝**公園デビュー**
指文字「C」「D」＋デビュー＝**CDデビュー**

てぶくろ
手袋

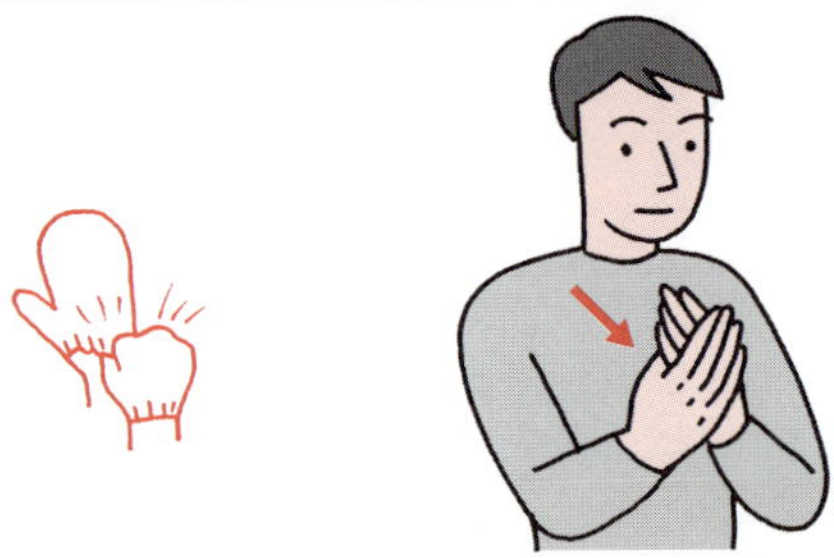

右手の親指とほかの指で、左手を指先からかぶせるようにする。

解 手袋をはめる様子を表す。

参 首にマフラーを巻きつける動作で「**マフラー**」となる。

使い方例
編む＋手袋＝**毛糸の手袋**
同じ＋手袋＝**ペアの手袋**
皮＋手袋＝**革の手袋**

てぶら
手ぶら

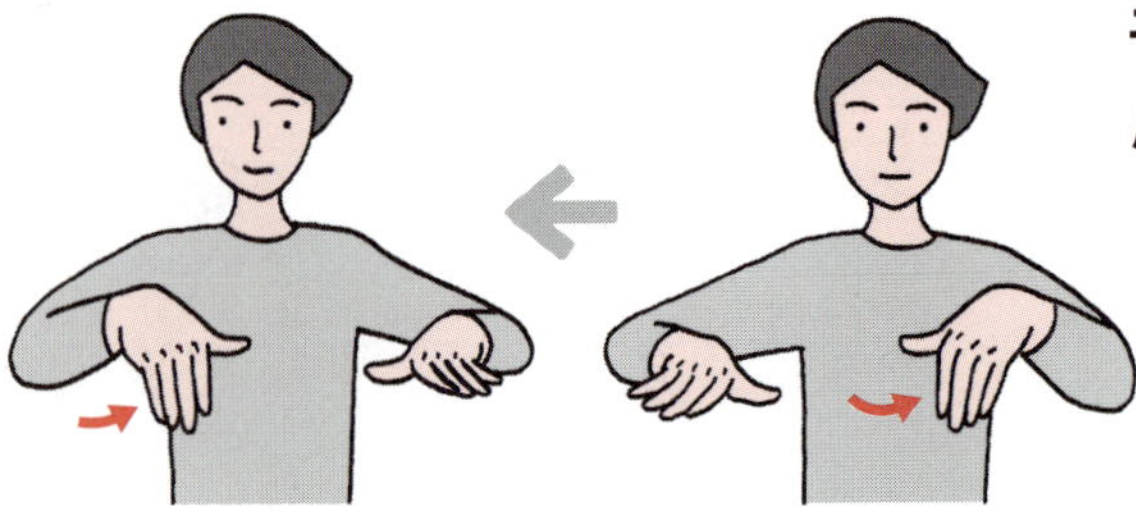

両手を体の脇で前後にぶらぶらさせる。

解 手に何も持っていないという様子から。

同 居ない・フリーター・無職

使い方例
彼女＋手ぶら＝**彼女がいない**
手ぶら＋来る＝**手ぶらで来てね**
仕事＋手ぶら＝**無職**

出前
でまえ

右手の指を軽く曲げ、顔の横においてから、前に出す。

解 そばなどの出前を届ける様子を表す。

参 「**テイクアウト**」は右手のこぶしを左手の上におき、手前に引く。

使い方例
そば＋出前＝**そばの出前**
すし＋出前＝**すしの出前**
ピザ＋出前＝**ピザの宅配**

でも
でも

右手の手のひらを前に向ける。

手首を手前にひねって、返す。

参 右手を上げながらねじるように返すと、「**なかなか**」になる。

同 けれども・しかし・だが

使い方例
今日＋ダメ＋でも＋明日＋構わない＝**今日はダメだけど、明日はいい**

寺
てら

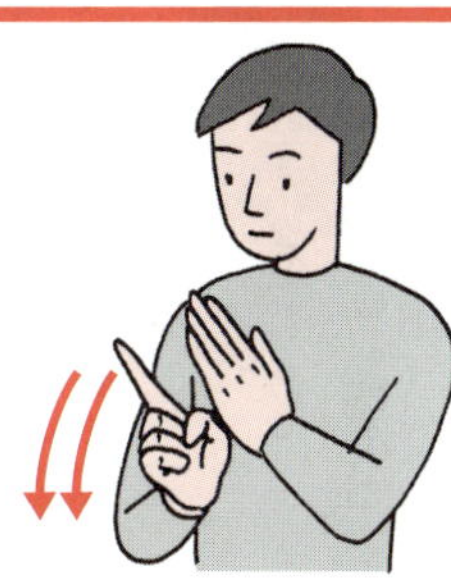

左の手のひらを右に向け、その横で右の人差し指を2回振り下ろす。

解 木魚をたたく様子を表す。

同 お盆・仏教・仏滅

使い方例
浅い＋草＋寺＝**浅草寺**
寺＋田＝**寺田**
きれい＋水＋寺＝**清水寺**

出る
でる

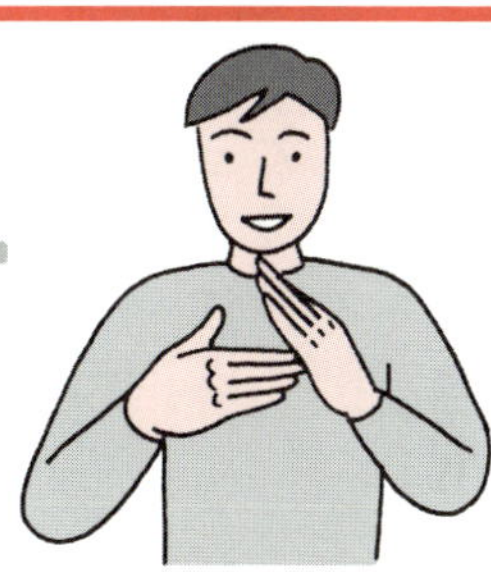

斜めにした左手の手のひらに右手の指先をつける。

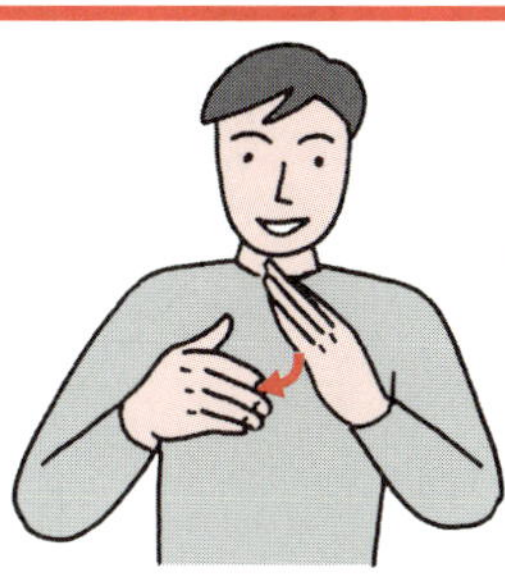

右手を前に払う。

解 左手を屋根に見立て、家の中から出る様子を表す。

同 出掛ける

使い方例
家＋出る＝**外出**
今＋出る＝**今から出掛ける**
出る＋必要＝**出掛けなければならない**

てれび

テレビ

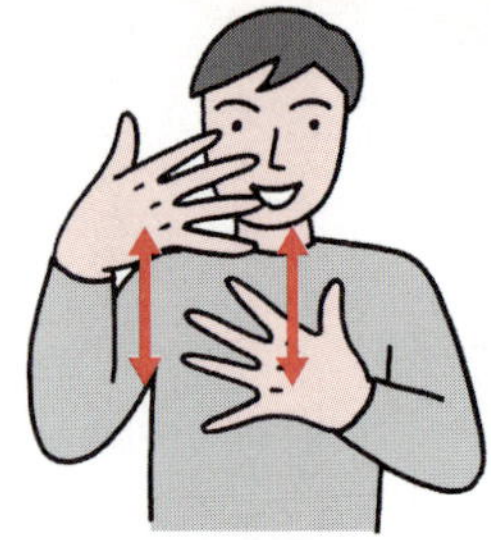

両手の指を広げて手のひらを手前に向け、交互に上下に動かす。

解 テレビ画像を表す。

参 テレビのチャンネルを回す動作で表現することもできる。「**テレビに出る**」は、「テレビ」のあと、親指と人差し指を伸ばした両手を並べ、同時に手前に引いて表す。

同 スクリーン

使い方例
デジタル＋テレビ＝**デジタルテレビ**
テレビ＋大きい＝**大きいテレビ**

てれびげーむ

テレビゲーム

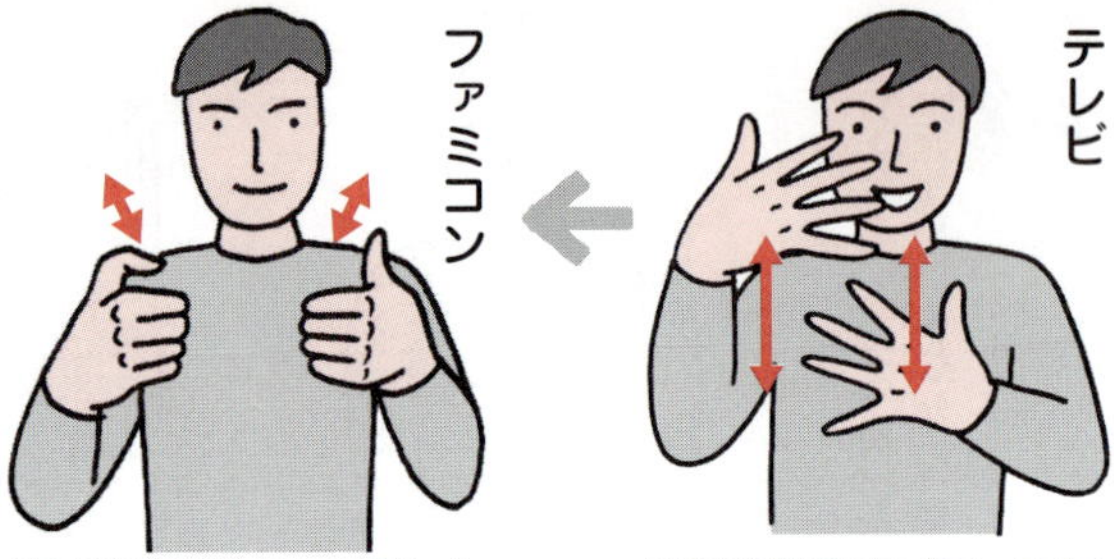

両手の指を広げて、交互に上下に動かす。

両手の親指を立てて並べ、交互に指を曲げる。

参「テレビ＋遊ぶ」でも表現できる。

使い方例
海外＋テレビゲーム＝**海外のテレビゲーム**
ファミコン＋券＝**ファミコンソフト**

てんき

天気

右手の手のひらを前に向け、顔の前で上に向かって弧を描く。

解 空そのものを表す。

参 右手の人差し指を立てて上げると、「**天国**」となる。

同 空

使い方例
天気＋報告＝**天気予報**
天気＋よい＝**天気がいい**
天気＋悪い＝**天気が悪い**
天気＋異常＝**異常気象**

でんき

電気

頭の上で、指先を閉じた右手を２回パッとはじいて開く。

解 電気がパッとつく様子を表す。

参 両手で交互にはじくと「**照明**」となる。

同 蛍光灯・ライト

使い方例
電気＋お金＝**電気代**
電気＋オーブン＝**電子レンジ**
得＋電気＝**節電**
電気＋棒＝**乾電池**

転勤
てんきん

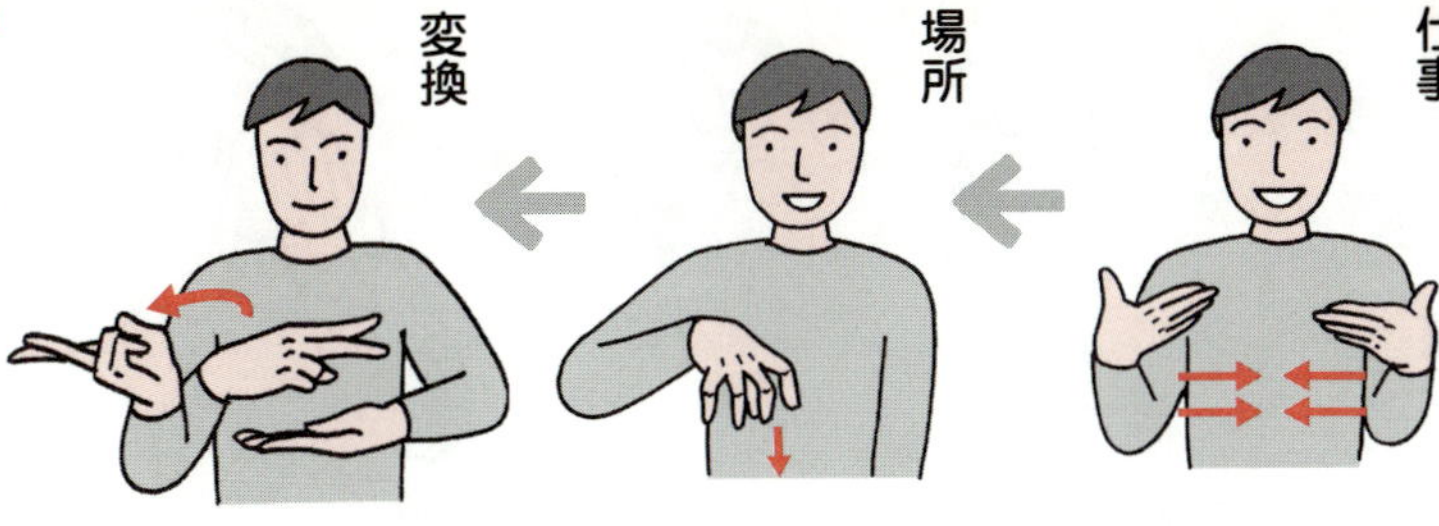

手のひらを上向きにして、左右から２回寄せる。

軽くわん曲させた右手を少し下げる。

右手の人差し指と中指を伸ばし、手首を右に返す。

同 仕事…職業・働く
変換…(場所を)移す・変わる・振替

天国
てんごく

右手の人差し指を立てて、上げる。

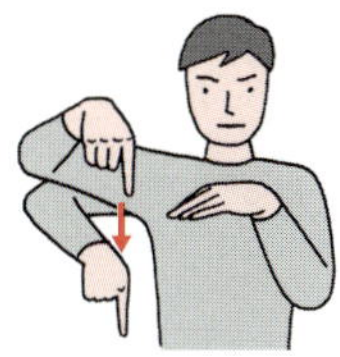

地獄

参 右手の手のひらを前に向け、顔の前で上に向かって弧を描く「空」で表してもよい。

反 左手の手のひらを下に向け、右手の人差し指で下を指して下げると、「**下**」「**地下**」「**地獄**」となる。

同 上

使い方例
歩く＋人々①＋天国＝**歩行者天国**
天国＋似る＝**天国みたい**
天国＋階段＝**天国への階段**

伝言
でんごん

両手の親指と人差し指を伸ばして口の前で左右におき、前に出す。

伝言を受ける

反 両手を手前に動かすと「**伝言を受ける**」になる。

同 告知・告白・答える・宣伝・伝える・発表・返事・報告

使い方例
天気＋伝言＝**天気予報**
伝言＋四角＝**伝言板**
伝言＋お願い＝**伝言をお願いします**

天才
てんさい

右手の親指と人差し指を合わせて頭の横におき、人差し指を立てる。

バカ

反 手のひらを前に向けて、頭の横におき、5指の指先をくっつけると、「**バカ**」となる。

同 頭がいい・賢い

使い方例
ピアノ＋男＋天才＝**天才ピアニスト**
料理＋男＋天才＝**天才料理人**
子ども＋天才＝**天才児**

展示
てんじ

両手の手のひらを手前に向けて顔の前に並べ、左右にトントンと開いていく。

国語

解 絵などが飾られている様子から。

参 両手の親指を立てて、同時に前に出し、下の位置で同様に前に出す「**国語**」という単語で表すこともできる。

同 展覧

使い方例
展示＋場所＝**展示場**
個人＋展示＝**個展**
展示＋建物＝**展示館**
展示＋会＝**展示会、展覧会**

電車
でんしゃ

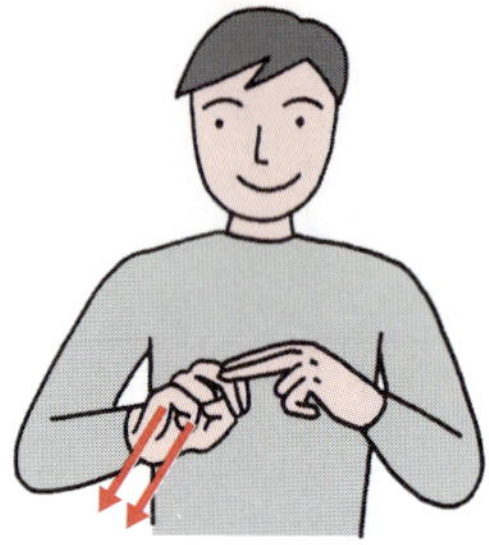

右の人差し指と中指を曲げて左の人差し指と中指につけ、2回前に出す。

両手のアップ

解 右手はパンタグラフ、左手は電線を表す。

同 〜線・列車

使い方例
最後＋電車＝**終電**
電車＋通う＝**電車通勤**
電車＋事故＝**電車の事故**
中＋電車＝**中央線**

転職
てんしょく

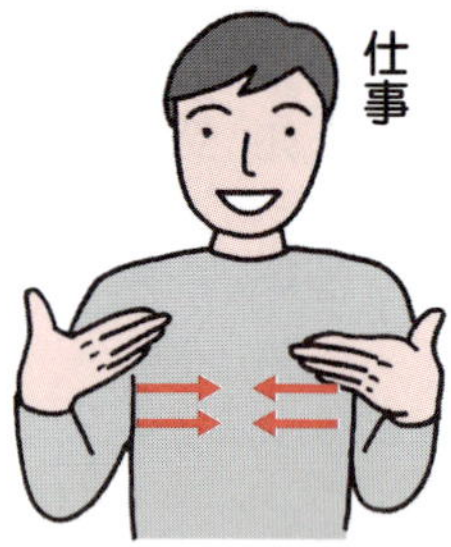

手のひらを上向きにして、左右から2回寄せる。

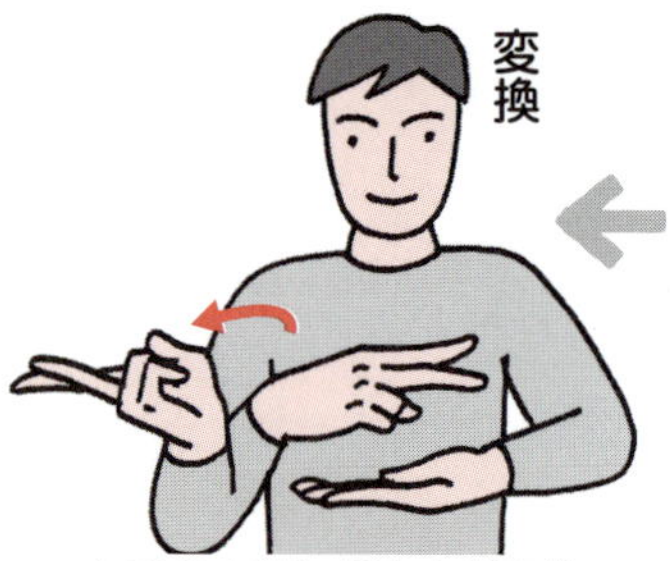

右手の人差し指と中指を伸ばし、手首をひねって返す。

参 「辞める＋変換」でも表現できる。

使い方例
転職＋〜したい＝**転職したい**
仕事＋場所＋変換＝**転勤**
学校＋変換＝**転校**

電子レンジ
でんしれんじ

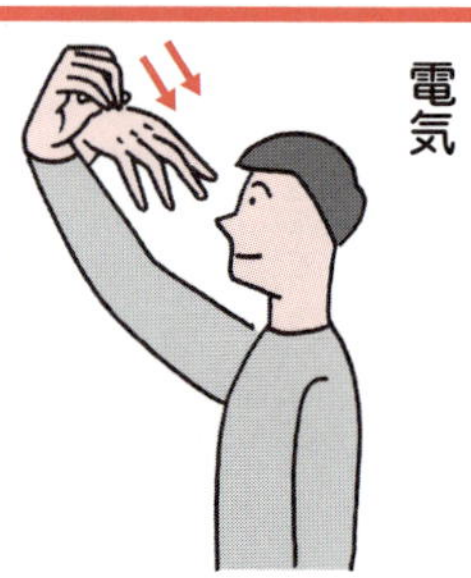

頭の上で指先を閉じた右手を2回パッとはじいて開く。

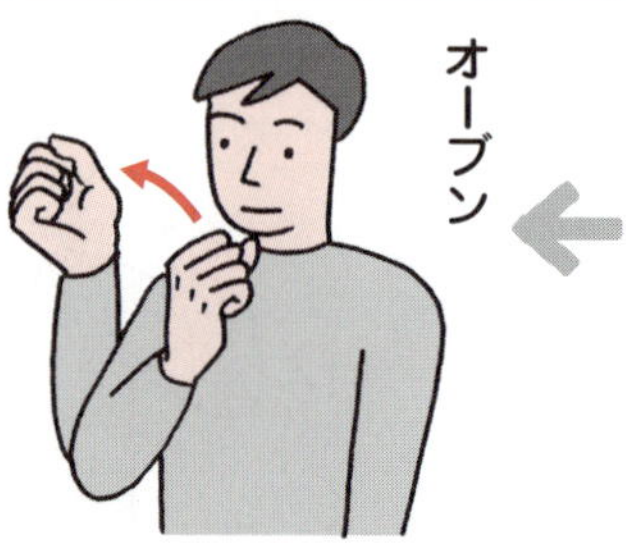

右手で、オープンの扉を開ける動作をする。

解 電気…電気がパッとつく様子から。
オープン…扉を開ける様子から。

参 ピザ屋にあるオーブンなど、大きな物を表現するときは両手で開ける動作をする。

でんたく
電卓

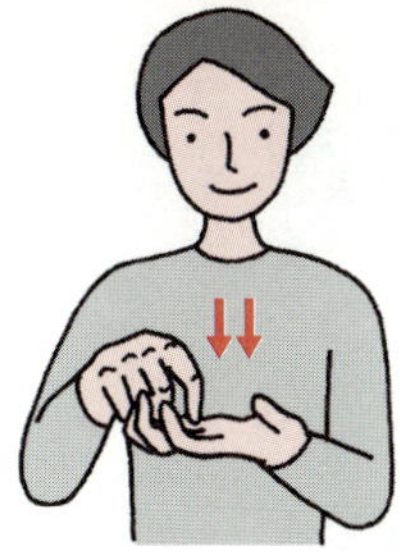

右手の人差し指で、左手の手のひらを２回たたく。

電報

解 電卓をたたく様子から。

参 左手の手のひらに右手の人差し指と中指を２回たたくと「**電報**」となる。

使い方例
携帯電話＋電卓＝**携帯電話の電卓**
電卓＋小さい＝**小型電卓**
電卓＋ついでに＝**電卓つき**

でんとう
伝統

両手の親指を立てて向かい合わせ、交互に回しながら下げる。

ほかの表現

参 親指と小指を伸ばして表現してもよい。

同 代々

使い方例
伝統＋合う＝**伝統的**
伝統＋文化＝**伝統文化**
伝統＋料理＝**伝統料理**

てんのう
天皇

左の手のひらに親指と小指を立てた右手をのせて、同時に上げる。

尊敬、尊重

解 右手を人に見立てて、敬う様子から。

参 右手を親指だけにすると、「**尊敬**」「**尊重**」となる。

使い方例
天皇＋場所＝**皇居**
天皇＋生まれる＋日＝**天皇誕生日**
昭和＋天皇＝**昭和天皇**

てんぷら
天ぷら

右手の人差し指と中指を伸ばし、手首をねじるようにして左右に振る。

解 指をはしに見立て、天ぷらを揚げる様子から。

参 指先を下にして円を描くように回すと、「**すき焼き**」となる。

使い方例
天ぷら＋定める＝**天ぷら定食**
野菜＋天ぷら＝**野菜の天ぷら**
天ぷら＋専門＋店＝**天ぷら屋**
天ぷら＋油＝**天ぷら油**

でんぽう
電報

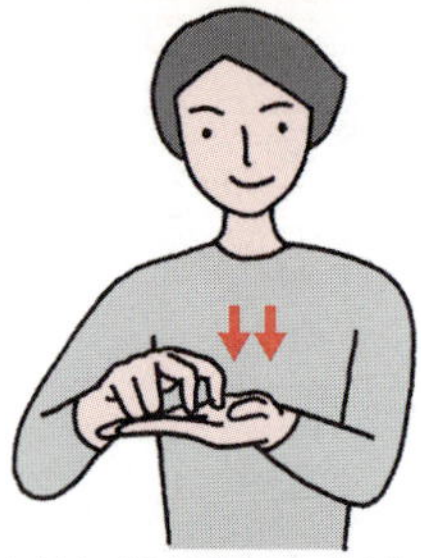

右の人差し指と中指を曲げ、指先で左の手のひらを２回たたく。

電卓

解 電報を打つ様子から。

参 「電報＋郵便」と表してもよい。また、右手の人差し指だけで同様にすると、「**電卓**」となる。

使い方例

電報＋受ける＝**電報を受ける**
電報＋送る＝**電報を送る**
祝う＋電報＝**祝電**
急ぐ＋電報＝**速達電報**

でんわ
電話

右手の親指と小指を伸ばして、親指を右耳に、小指を口にあてる。

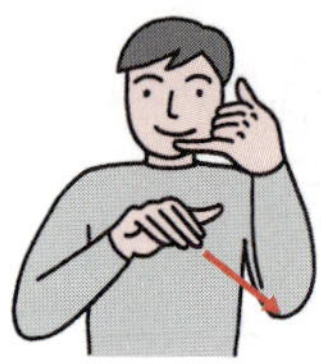

ファックス

解 受話器を耳にあてる様子を表す。

参 左手で「電話」をしながら、右手を前方に動かすと「**ファックス**」となる。

使い方例

電話＋お金＝**電話料金**
電話＋番号＝**電話番号**
電話＋券＝**テレホンカード**
留守＋電話＝**留守番電話**

と

自分から見た形

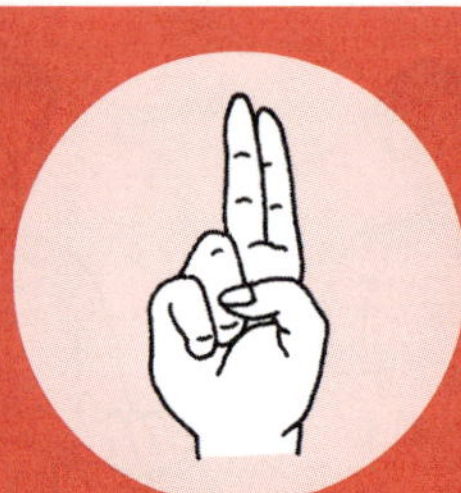

相手から見た形

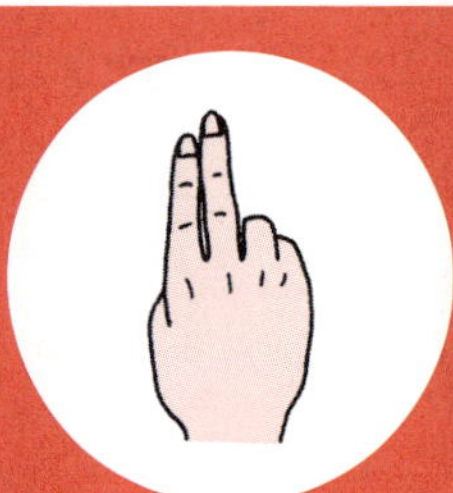

「AとB」のように、合わせて２つある意味から、指を２本立てる。

どあ
ドア

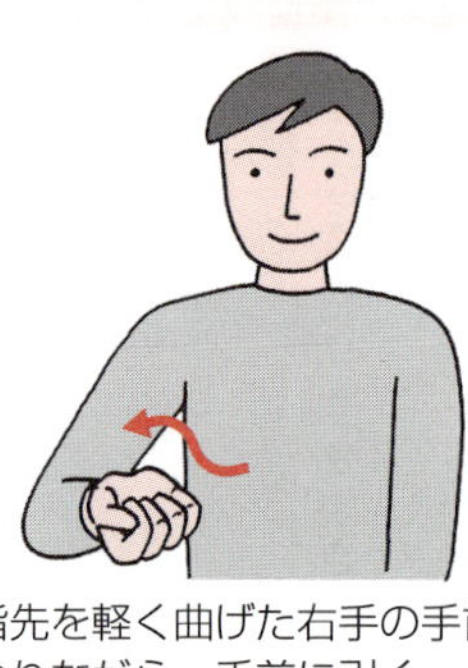

指先を軽く曲げた右手の手首をひねりながら、手前に引く。

解 ドアのノブを持って開ける様子を表す。

参 手のひらを右に向けた左手に右手の指先を向け、右手を２回前に払う「**玄関**」でも表現できる。

使い方例

ドア＋責任＋男＝**ドアマン**
ドア＋開ける＝**ドアを開ける**
トイレ＋ドア＋壊れる＝**トイレのドアが壊れる**

トイレ①
といれ①

両手の手のひらをこすり合わせる。

解 手を洗う様子を表す。

参 「お手洗い」を表すことから、丁寧な表現と言える。年配の女性がよく使う。また、顔の前で両手をこすり合わせると、「**お願い**」。

同 手洗い・手を洗う

使い方例
トイレ①＋行く＝**トイレに行く**
少し＋トイレ①＝**ちょっとトイレに**

トイレ②
といれ②

右手の親指と人差し指を軽く曲げ、中指と薬指、小指を立てる。

解 中指と薬指、小指は「W」、親指と人差し指は「C」を表し、「WC」の意味。

参 比較的若い人がよく使う表現。

使い方例
トイレ②＋終わり＝**トイレを済ませる**
トイレ②＋場所＋何？＝**トイレはどこ？**

同意する
どういする

両手の人差し指を伸ばし、右手はこめかみにあてる。

右手の手首を返しながら、左手の人差し指と向かい合わせる。

解 自分が思っていることと、相手が思っていることが合致する様子を表す。

使い方例
あなた＋意見＋同意する＝**あなたの意見に同意します**
ルール＋同意する＋無理＝**そのルールに同意できない**

どう致しまして
どういたしまして

右手の手のひらを左に向けて、左右に軽く振る。

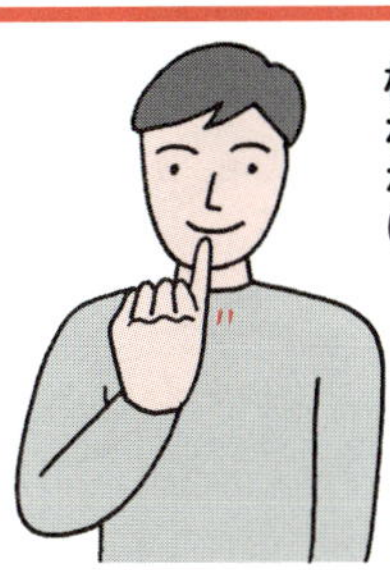

右手の小指を立てて、あごに２回あてる。

解 「構わない」だけでも通じる。

同 いいえ……～ない
構わない……いい

使い方例
いいえ＋大丈夫＝**いいえ、大丈夫ですよ**
これ＋構わない？＝**これでいいでしょうか？**

同級生
どうきゅうせい

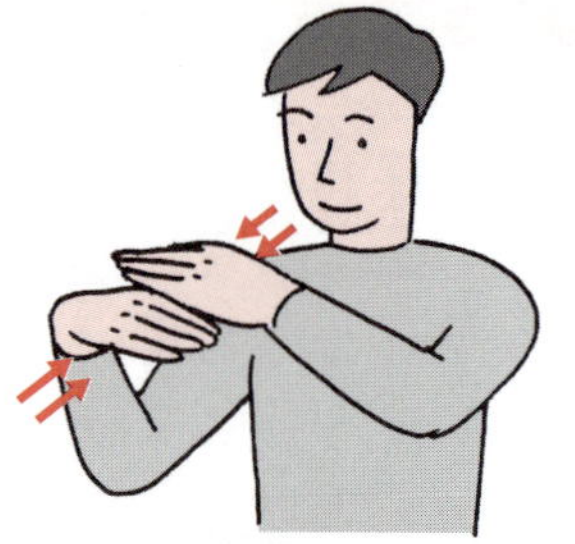

左手の小指側と右手の人差し指側を２回合わせる。

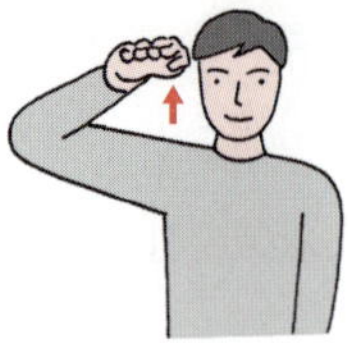

先輩

参 1回合わせるだけでもよい。また、「**先輩**」は、右手の手のひらを下向きにして上げる。

同 同い年・同期・同窓

使い方例
- 同級生＋指文字の「キ」＝**同期**
- 同級生＋問題＋会＝**同窓会**
- 大学＋同級生＝**大学の同級生**

統計
とうけい

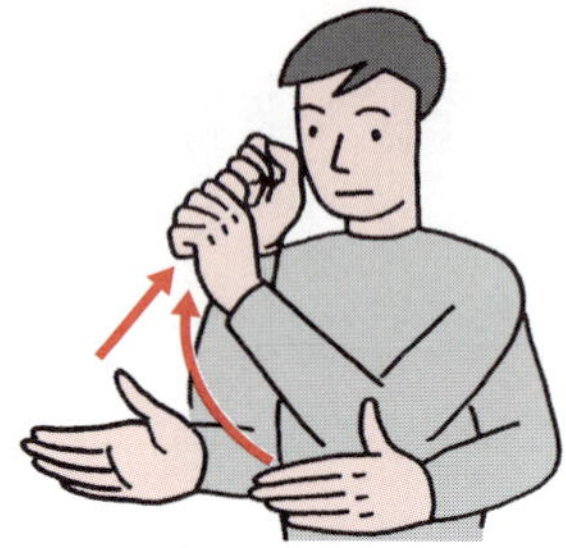

両手を並べて左右から寄せ、こぶしを作りながら中央で上げる。

解 両手で何かをつかんでひとまとめにする様子を表す。

参 「統計＋計算」で表してもよい。

同 総合・つまり・統一・まとめる・要するに

使い方例
- 統計＋指文字の「ム」＝**総務**
- 統計＋会＝**総会**
- 統計＋結果＝**統計結果**

陶芸
とうげい

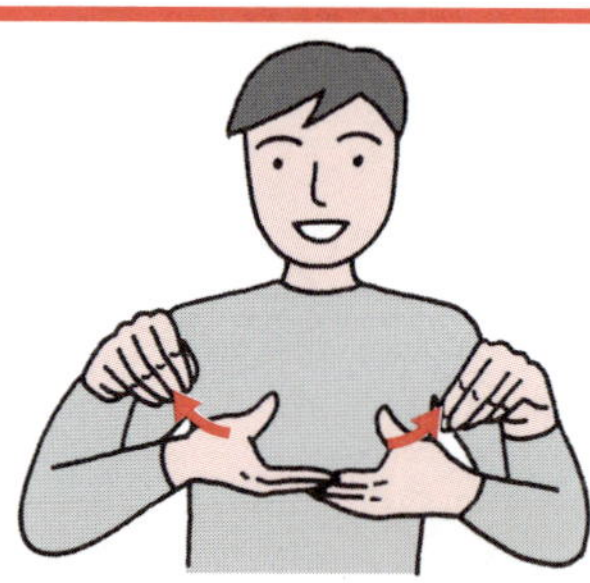

親指を離した両手を並べ、左右に引き上げながら、指を閉じる。

解 陶芸でつぼを作る様子を表す。

同 茶碗・鍋・渡辺

使い方例
- 陶芸＋教える＋部屋＝**陶芸教室**
- 陶芸＋グループ＝**陶芸クラブ**
- 陶芸＋夢中＝**陶芸に夢中**

倒産
とうさん

両手の人差し指と中指を立てて、頭の横におく。

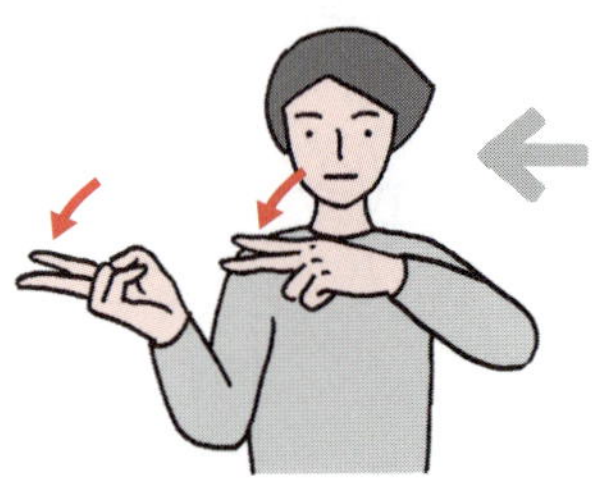

両手を同時に右に倒す。

解 両手の2指は「会社」を意味し、「会社が倒れる」ことを表す。

参 両手の指先を合わせて家の形を作り、手のひらを合わせる表現もある。

使い方例
- 経済＋倒産＝**破産**
- 倒産＋危ない＝**倒産の危機**
- 店＋倒産＝**店をたたむ**

当日
とうじつ

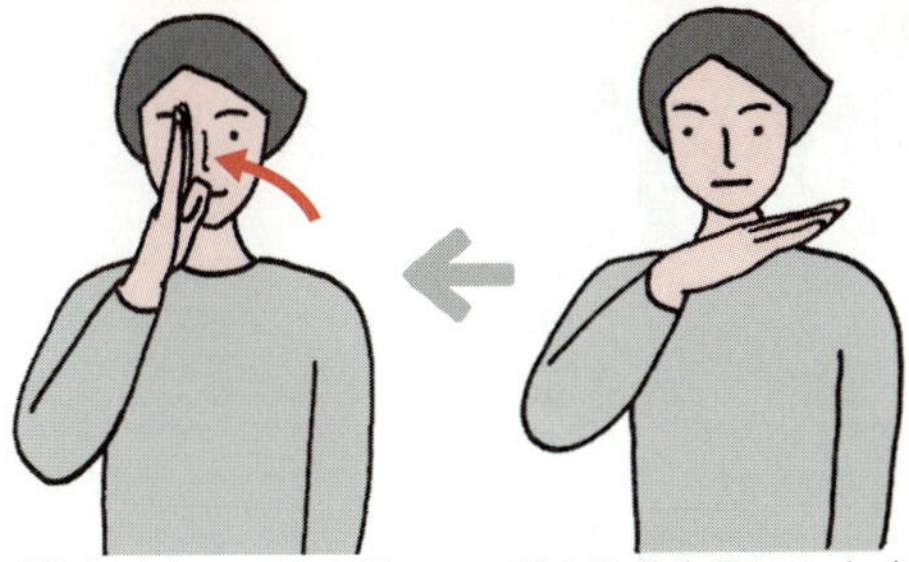

手のひらを下にした右手を顔の前におく。

手首をひねって立てる。

参 両手の人差し指を伸ばして交差させ、手首を起こして指を立てる表現(「インスタント」)もある。また、「本当＋日」でも表せる。

同 正式・本番

使い方例

当日＋券＝**当日券**

当日＋～だけ＝**当日限り**

結婚＋式＋当日＝**結婚式当日**

当日＋決める＝**当日決める**

同時に
どうじに

両手を握って左右におく。

指をはじくようにしながら、手首をひねって人差し指を立てる。

参 「同じ＋同時に」で表すこともできる。

使い方例

同時に＋通訳＝**同時通訳**

同時に＋止める＝**同時に止める**

同時に＋進む＝**同時進行**

同棲
どうせい

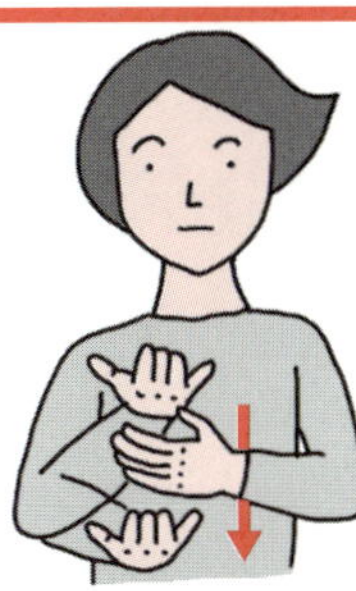

左手のひらを体に向け、その内側で親指と小指を伸ばした右手を上から下ろす。

解 親指は「男性」、小指は「女性」を表す。

使い方例

同棲＋生活＝**同棲生活**

同棲＋中＝**同棲中**

同棲＋認めない＝**同棲は認められない**

灯台
とうだい

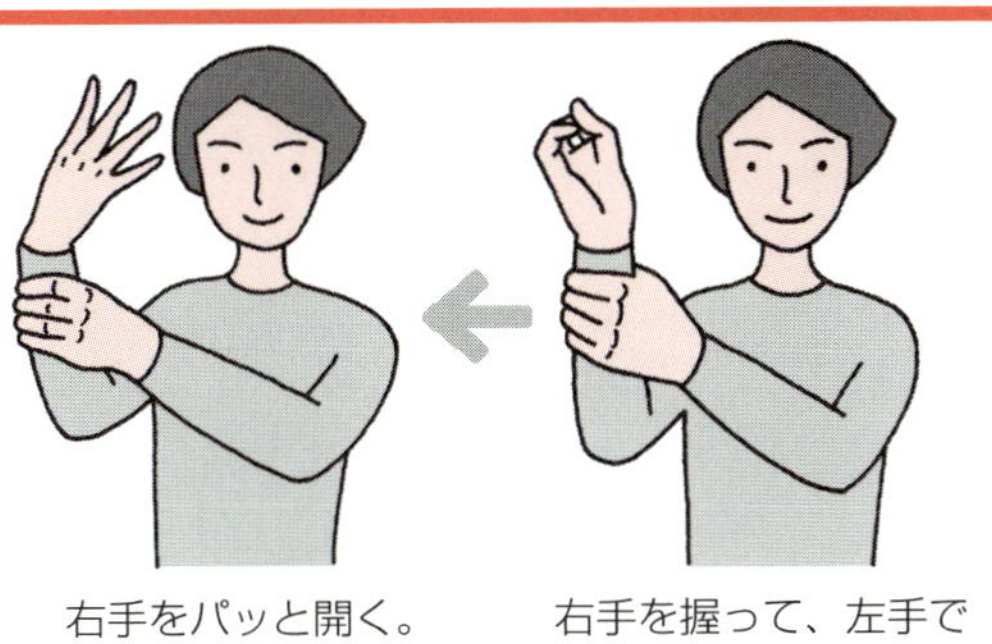

右手を握って、左手で手首のあたりをつかむ。

右手をパッと開く。

解 灯台の光を表す。

参 手首をひねりながら前に出すと、「**救急車**」となる。

使い方例

灯台＋まぶしい＝**灯台がまぶしい**

灯台＋修理＋工事＝**灯台改修工事**

盗難
とうなん

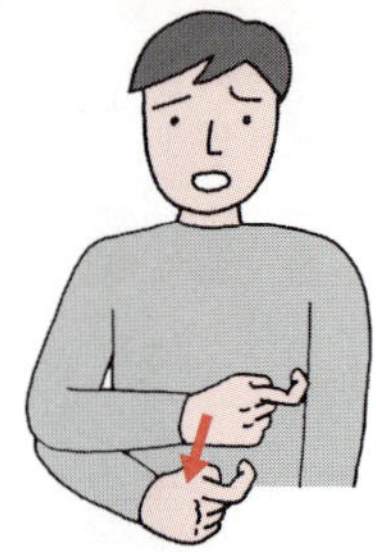

右手の人差し指をカギの形のように曲げ、斜め前に出す。

盗む

反 同じ形で手前に寄せると「**盗む**」になる。また、「盗む」を2回表現すると、「**泥棒**」になる。

同 盗まれる

使い方例
- 盗難＋申し込む＝**盗難届**
- 下着＋盗難＝**下着泥棒にあう**
- 盗難＋事件＝**盗難事件**
- 盗難＋保険＝**盗難保険**

豆腐
とうふ

左の手のひらに右手を垂直に立てて、小指側を2回あてる。

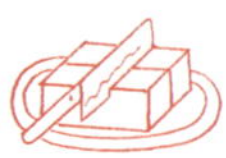

解 手のひらの上で豆腐を切る様子を表す。

参 「**ケーキ**」と似ているが、ケーキは丸いケーキにナイフを入れるイメージで表し、「豆腐」は四角い豆腐を切る様子で表す。

使い方例
- 寒い＋豆腐＝**冷ややっこ**
- 温泉＋豆腐＝**湯豆腐**
- 豆腐＋ハンバーグ＝**豆腐ハンバーグ**

動物
どうぶつ

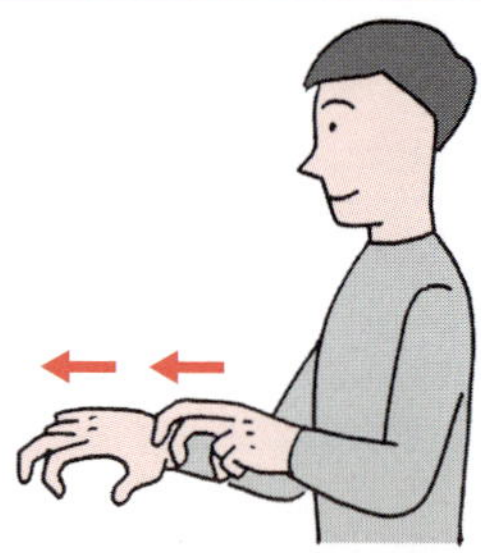

親指と人差し指、中指を曲げた両手を前後におき、グッと前に出す。

解 動物の足を表す。

参 「**ペット**」は、左手の親指を右手の指でつつきながら上げる「育てる」で表す。

使い方例
- 動物＋場所＝**動物園**
- 自然＋動物＝**野生動物**
- 動物＋油＝**動物性油脂**
- 動物＋愛する＝**動物愛護**

当分
とうぶん

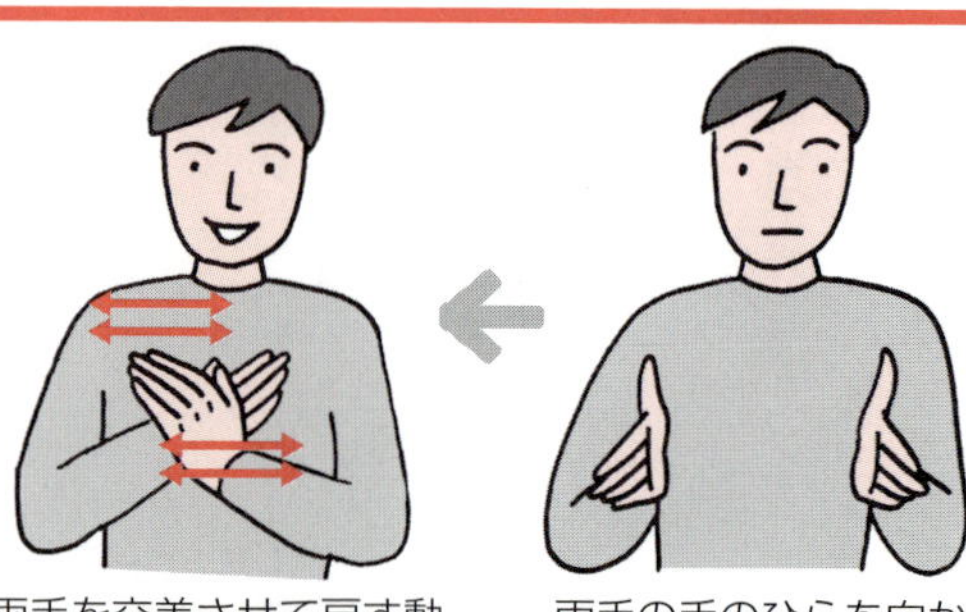

両手の手のひらを向かい合わせる。

両手を交差させて戻す動作を繰り返す。

同 休憩・しばらく・スペース・のんびり

使い方例
- 当分＋〜間＝**当分の間**
- 当分＋食べる＋止める＝**当分断食する**
- 当分＋無理＝**当分無理**

透明
とうめい

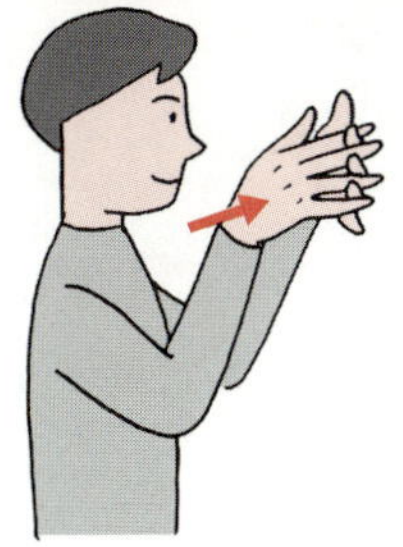

両手の指先を広げ、指先を組んで左手をかすめるように右手を前に出す。

見透かされる

参 逆に右手を前から手前に向けて組むと、「**見透かされる**」になる。

同 シースルー・透き通る・見込み・見透かす

使い方例
- 透明＋洋服＝**シースルーの洋服**
- 卒業＋透明＝**卒業見込み**
- 透明＋指文字の「ド」＝**透明度**

道路
どうろ

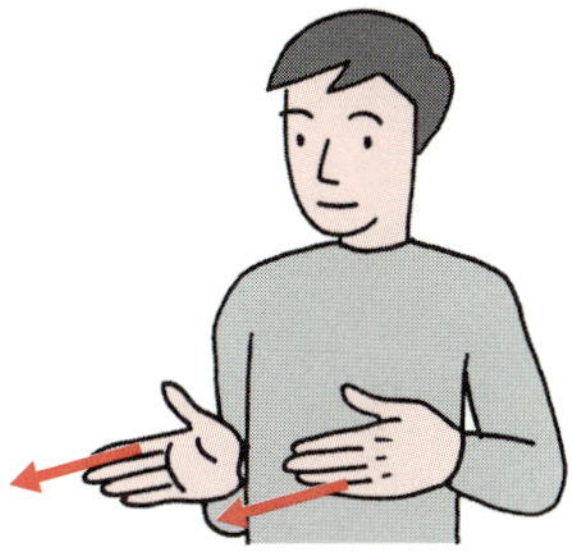

両手の手のひらを向かい合わせて、指先を前に向け、前に動かす。

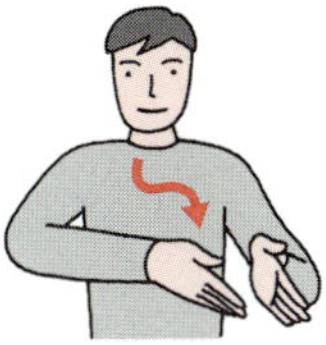

道

参 両手を前に出しながらそろえて左右に曲げると、「**道**」となる。

同 車道・通り・歩道・廊下

使い方例
- 国＋道路＝**国道**
- 県＋道路＝**県道**
- 個人＋道路＝**私道**
- 地下＋道路＝**地下道**

登録
とうろく

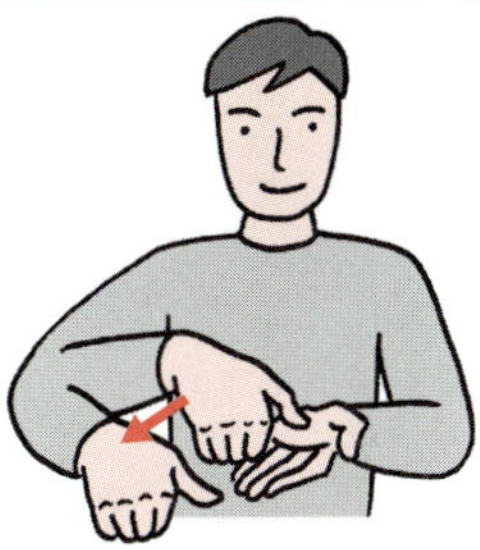

左の手のひらに右手の親指をあて、前に滑らせる。

名前

解 人の名前などが、台帳に連なっている様子を表す。

参 左の手のひらに右手の親指をあてるだけだと、「**名前**」となる。

使い方例
- 住む＋人々①＋登録＝**住民登録**
- 員＋登録＝**会員登録**
- 印鑑＋登録＝**印鑑登録**

遠い
とおい

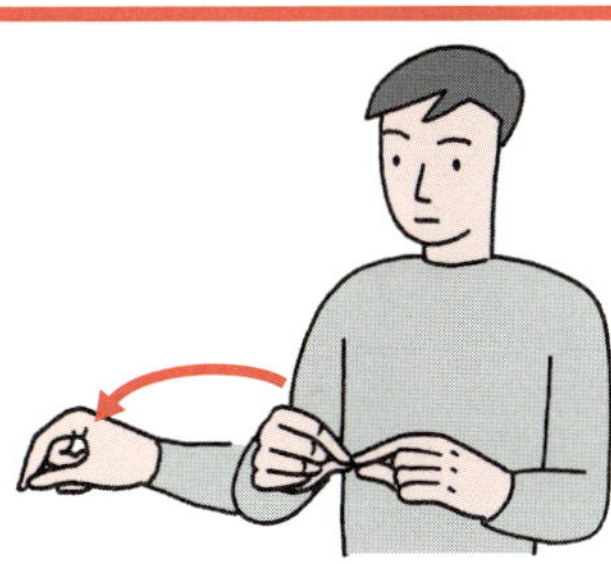

何かをつまむようにした両手の先をつけ、右手だけを斜め前に出す。

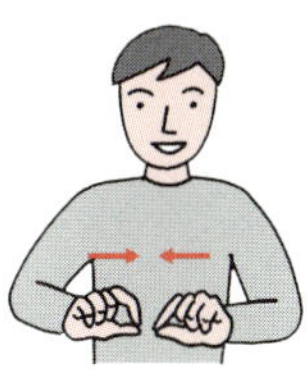

近い

参 右手を出すとき、ゆっくり出すほど「**遠い**」ことを表す。

反 両手の親指と人差し指をくっつけて左右から中央に寄せると、「**近い**」になる。

使い方例
- 遠い＋恋愛＝**遠距離恋愛**
- 家＋遠い＝**家が遠い**
- 駅＋遠い＝**駅が遠い**
- 大阪＋遠い＝**大阪は遠い**

ドーナツ
どーなつ

両手とも親指と人差し指で輪を作り、輪どうしを合わせ、手首をひねりながら半円を描く。

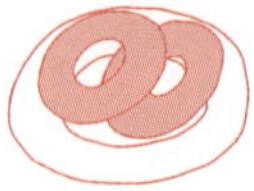

解 ドーナツの形を表す。

使い方例
町＋変える＋ドーナツ＝**ドーナツ化現象**
米＋砂＋ドーナツ＝**米粉ドーナツ**
蝶ネクタイ＋ドーナツ＝**ミスタードーナツ**

通り
とおり

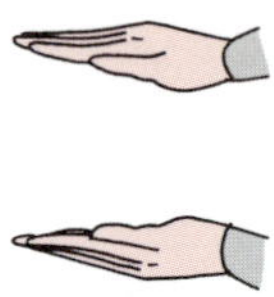

上から見たとき

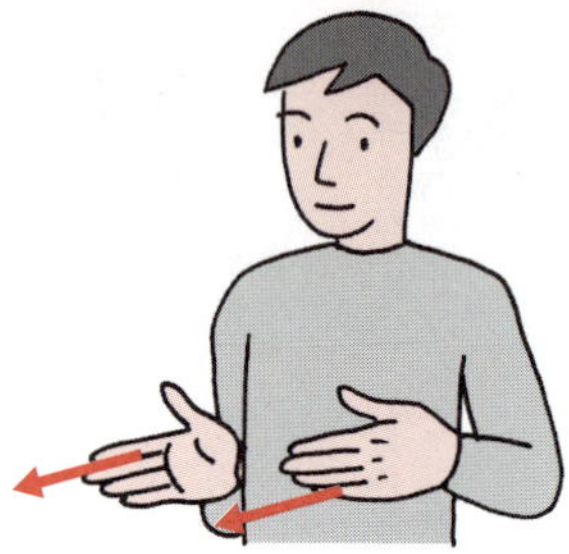

両手の手のひらを向かい合わせて、指先を前に向け、前に動かす。

同 車道・道路・歩道・廊下

使い方例
明治＋通り＝**明治通り**
通り＋歩く＝**通りを渡る**
海岸＋道路＝**海岸通り**

（～の）とき
（～の）とき

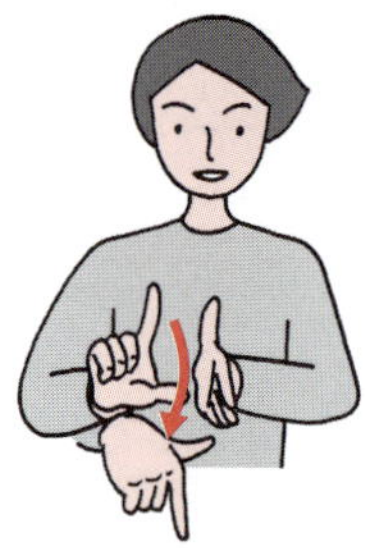

右手の親指を左の手のひらにあて、人差し指を前に倒す。

時間②

解 左手は、「ある限定されたとき」という意味を表す。

参 「**時間**」は、右の人差し指で左の手首に触れる。

同 場合

使い方例
それ＋（～の）とき＝**そのとき**
雨＋（～の）とき＋延期＝**雨天順延**
（～の）とき＋～間＝**時代**

時々
ときどき

右手の人差し指で、左から右へ弧をいくつか描く。

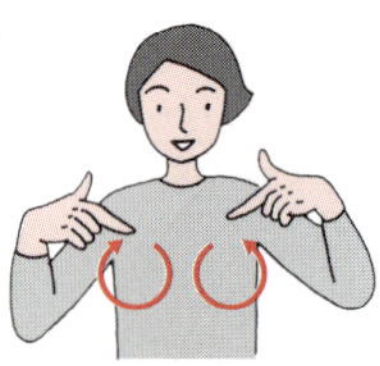

毎日

参 大きく弧を描けば描くほど頻度が少ないという意味になる。

反 両手の親指と人差し指を伸ばして、前に回すと、「**毎日**」となる。

同 たまに

使い方例
時々＋会う＝**時々会う**
時々＋食べる＝**時々食べる**
時々＋けんか＝**時々けんかする**

得　とく

人差し指を曲げた右手を、左の手のひらで手前に押す。

損

反 両手の輪を前に投げるようにして開くと、「**損**」となる。

同 節約

使い方例

得＋違う＝**得ではない**
得＋ない①＝**得がない**
買う＋得＝**お買い得**
得＋技術＝**節約術**

毒　どく

すぼめた右手を鼻の上におく。

右手の親指と人差し指をつまんで、前方にトンとおく。

参 親指と人差し指を合わせて口の端におき、手首をひねって小さく下げる表現もある。

使い方例

中＋毒＝**中毒**
毒＋りんご＝**毒りんご**
毒＋殺す＝**毒殺**
毒＋虫＝**害虫**

得意　とくい

右手の親指と小指を伸ばして、親指を鼻の上におき、前に出す。

参 前に出さずに下向きにして鼻におくと、「どうして？」「どうやって？」という意味を表すことができる。

反 右手の手のひらを鼻にあてると、「**苦手**」。

使い方例

英語＋得意＝**英語が得意**
知っている＋得意（下向きにする）＋あなた＝**どうしてあなたが知っているの？**

読書　どくしょ

本

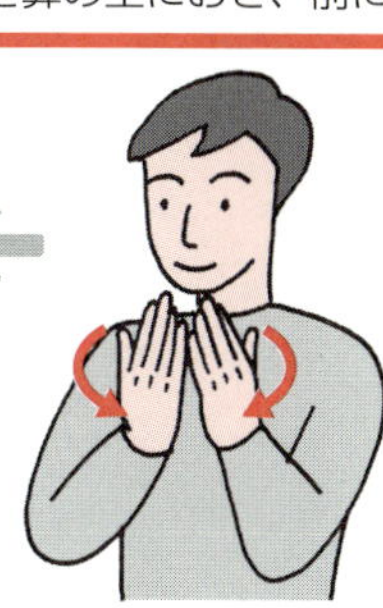

両手の手のひらを合わせて、左右に開く。

読む

左手の上で、右手の人差し指と中指を上下させる。

解 本…本を開く様子から。読む…２本の指は視線を表し、本の文字を追う様子を表す。

使い方例

趣味＋読書＝**趣味は読書です**
読書＋秋＝**読書の秋**
おもしろい＋本＝**マンガ**
本＋建物＝**図書館**

どくしん
独身

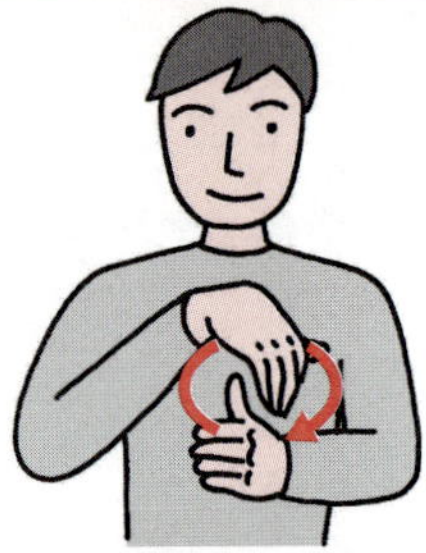

下向きに指をそろえた右手で、左の親指のまわりをぐるりと回す。

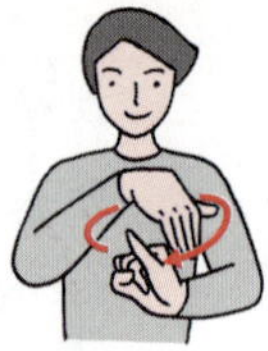

独身女性

解 独りであって、まわりに人がいないことを表す。

参 「**独身女性**」の場合は左手の小指を立てる。

同 孤独

使い方例
独身＋生活＝**独身生活、ひとり暮らし**
独身＋まっすぐ＝**生涯独身**

とくに
特に

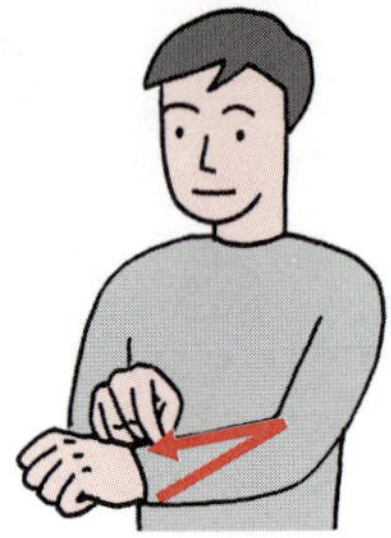

右手の親指と人差し指をくっつけ、左手の手首から腕を往復させる。

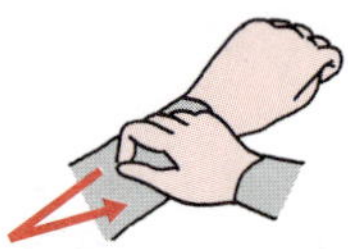

上から見たとき

同 特徴・特別・臨時

使い方例
特に＋世話＝**特別扱い**
特に＋これ＋欲しい＝**特にこれが欲しい**
特に＋国＋会＝**臨時国会**

とくべつ
特別

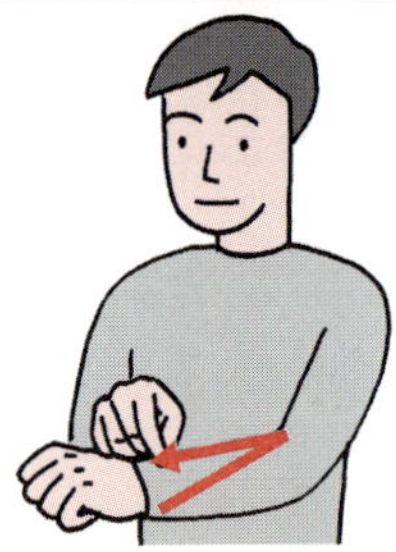

右手の親指と人差し指をくっつけ、左手の手首から腕を往復させる。

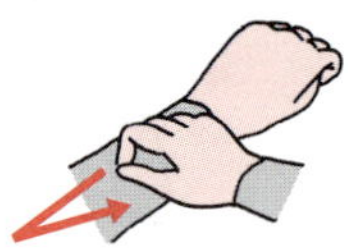

上から見たとき

同 特徴・特に・臨時

使い方例
特別＋作る＝**特製**
特別＋はやい②＝**特急**
特別＋注文＝**特注**
特別＋席＝**特別席**

とけい
時計

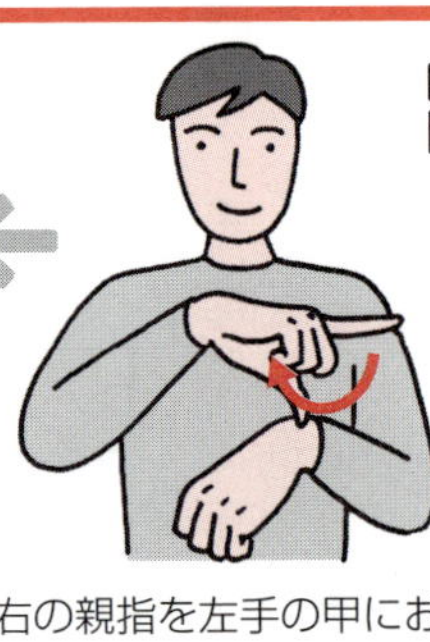

右の親指を左手の甲において軸にし、人差し指を回す。

両手で丸を作って、上方におく。

解 時間…時計の針が回る様子を表す。
壁にかける…丸い形の時計を壁にかける様子を表す。

参 壁かけ時計のときに使う。表したい時計の形によって、表現も異なる。

とける
溶ける

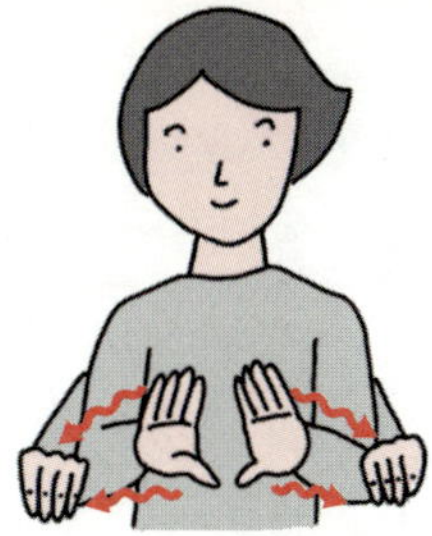

両手を前に向けて合わせ、開いたり閉じたりしながら横に引く。

解 何かが溶けている様子を表す。

使い方例
雪＋溶ける＝**雪解け**
アイスクリーム＋溶ける＝**アイスが溶ける**
頑固＋溶ける＝**頑固でなくなった**

どこ
どこ

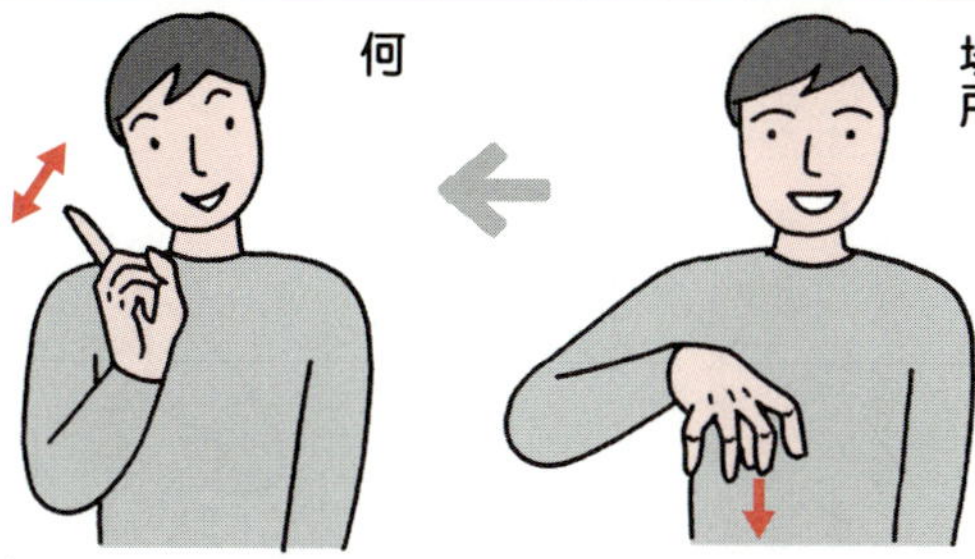

軽くわん曲させた右手を下げる。

右手の人差し指を左右に軽く振る。

参「場所」を省くこともできる。
同 何…どう・どうした

使い方例
家＋どこ?＝**家はどこ?**
生まれる＋どこ?＝**出身はどちらですか?**
店＋どこ?＝**店はどこ?**

ところてん
ところてん

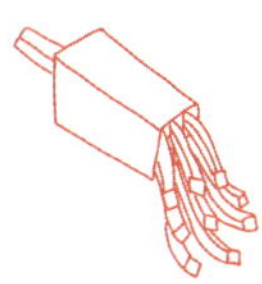

軽くわん曲させ、上に向けた左手めがけて、握った右手をあてる。

解 ところてんを器具から押し出す様子を表す。

使い方例
夏＋ところてん＋食べる＋希望＝**夏にはところてんを食べたい**

とざん
登山

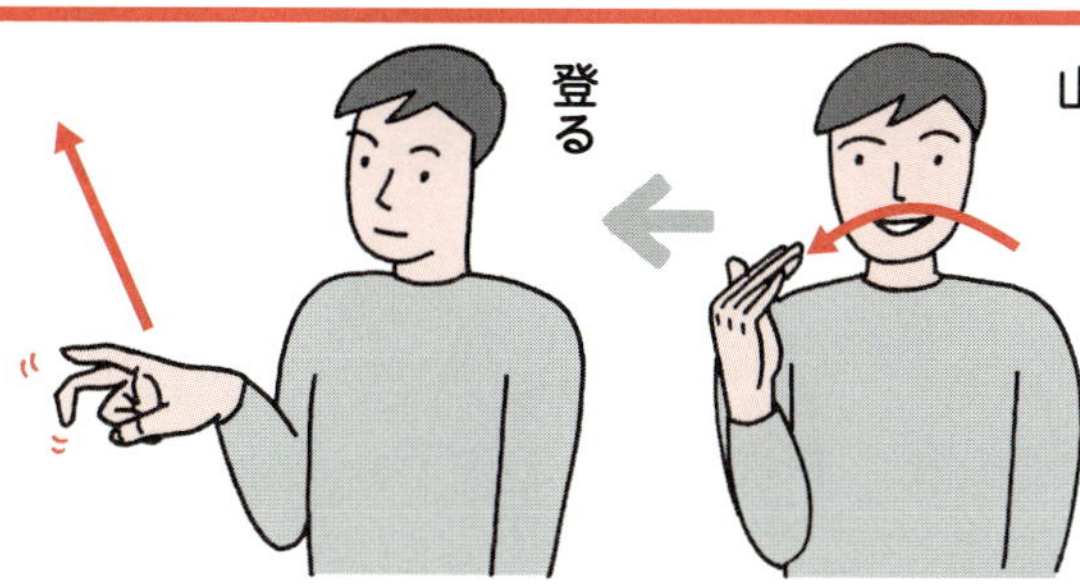

右手を左から右へ動かし、山の形を描く。

人差し指と中指を交互に動かし、斜めに上げる。

解 山…山の形を表す。
登る…2本の指を足に見立て、登る様子を表す。

使い方例
冬＋登山＝**冬山登山**
登山＋部＝**登山部**
登山＋靴＝**登山靴**
登る＋戸＝**登戸（のぼりと）**

図書館
としょかん

両手の手のひらを合わせてから、左右に開く。

両手を向かい合わせて上げ、中央で合わせる。

解 本…本をパタンと開く様子を表す。建物…建物の四角い形を表す。

参 「本」で、2回開くと「**カタログ**」「**雑誌**」「**ノート**」となる。

同 建物…~館・ビル

途中
とちゅう

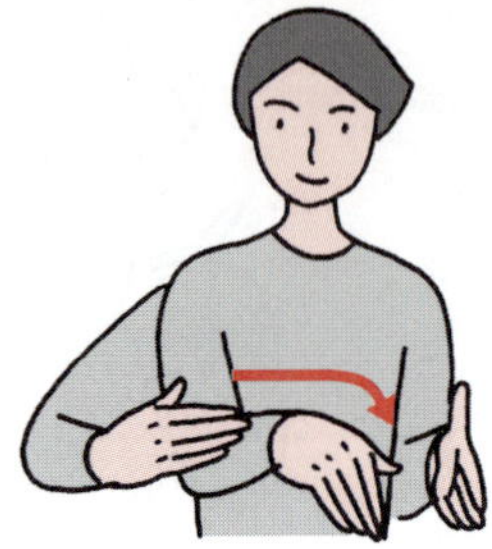

右手の指先を左手に向けて、手首から下ろす。

まだ

参 中途半端という意味もある。また、同じ形で2回振るようにすると、「**まだ**」「**まだまだ**」となる。

同 挫折・中途半端・未遂

使い方例
途中＋降りる＝**途中下車**
仕事＋途中＝**仕事の途中**
掃除＋途中＋逃げる＝**掃除を途中からサボる**

わたしは仕事も育児も中途半端。

わたし
P.578

仕事
P.240

育児
P.49

途中

どちら
どちら

両手の手のひらを前に向けて、人差し指を立てる。

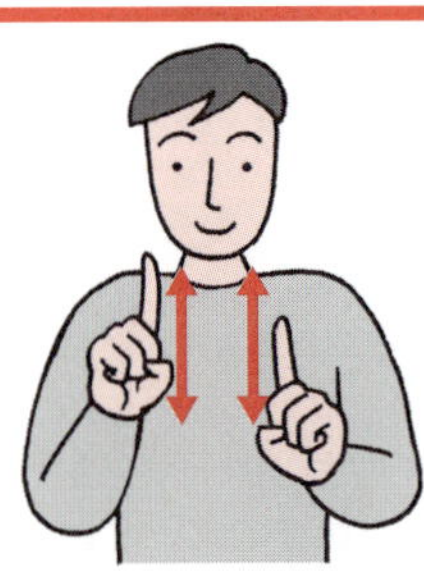

交互に上下に動かす。

同 とにかく

使い方例
犬＋ねこ＋好き＋どちら?＝**犬とねこ、どちらが好き?**
どちら＋構わない＝**どちらでもいい**

とっきゅう
特急

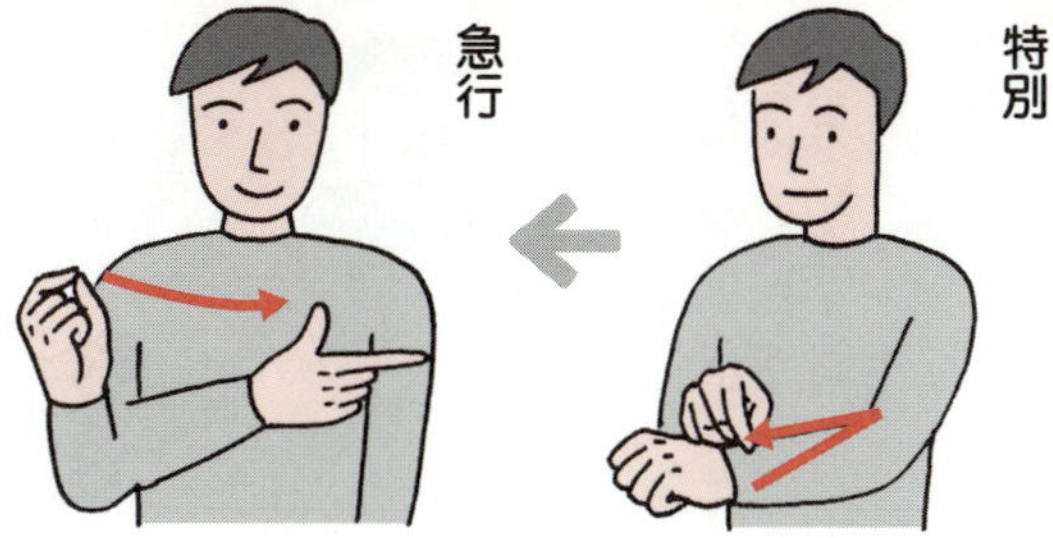

親指と人差し指をくっつけ、左腕を往復させる。

親指と人差し指をくっつけ、左にパッと離す。

同 特別…特徴・特に・臨時
急行…急いで・急ぐ・すぐ・早い・速い

使い方例
特急＋券＝**特急券**
特急＋10＋～分＋くらい＝**特急で10分ぐらい**
特別＋世話＝**特別扱い**

とつぜん
突然

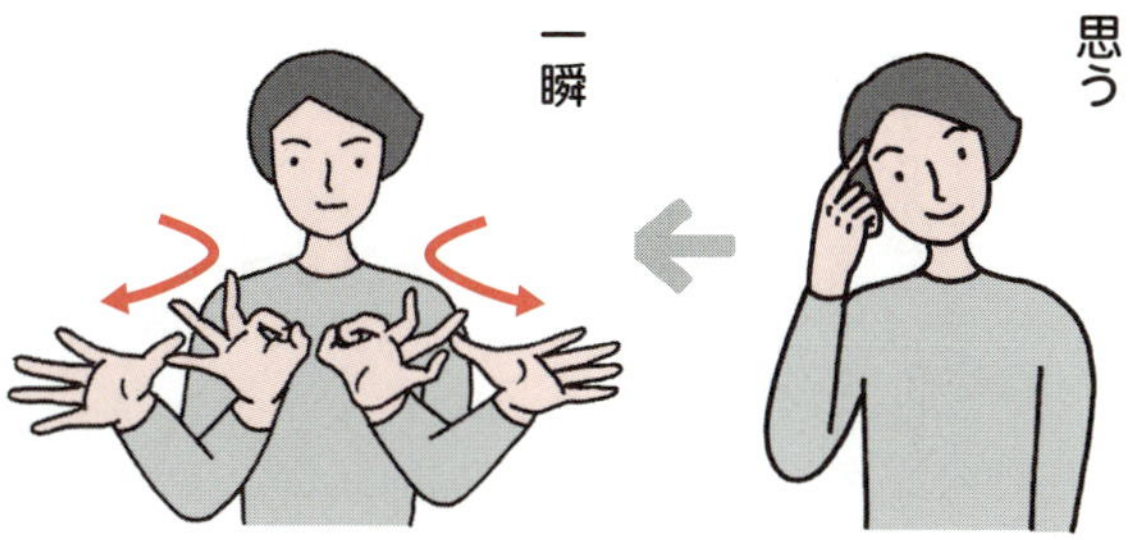

右手の人差し指を伸ばして、こめかみにあてる。

両手の親指と人差し指で輪を作って並べ、真ん中に寄せて開く。

参「思う」を省いても表現できる。

同 いきなり

使い方例
突然＋死ぬ＝**突然死**
突然＋変わる＝**突然変異**
突然＋家＋行く＝**突撃訪問**
突然＋雷＝**突然雷が鳴る**

とても
とても

右手の親指と人差し指をつけて、右に動かしながら指を開く。

参 右へゆっくり引くほど「とても」と強調する度合いが強くなる。

同 たいへん・激しい・非常に

使い方例
甘い＋とても＝**とても甘い**
とても＋わかる＋簡単＝**とてもわかりやすい**
泣く＋とても＝**大泣きする**

とどく
届く

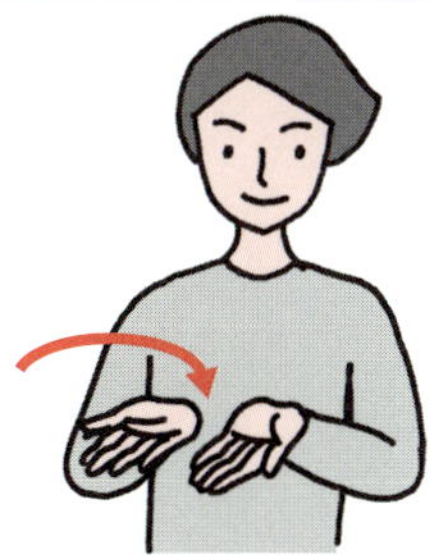

両手の手のひらを上向きにして並べ、右から左へ動かす。

届ける

解 品物が届く様子から。

反 逆に、左から右へ動かすと、「**届ける**」。

同 どうぞ

使い方例
いつ＋くらい＋届く？＝**いつごろ届く？**
通販＋届く＝**通販で買ったものが届く**

隣（となり）

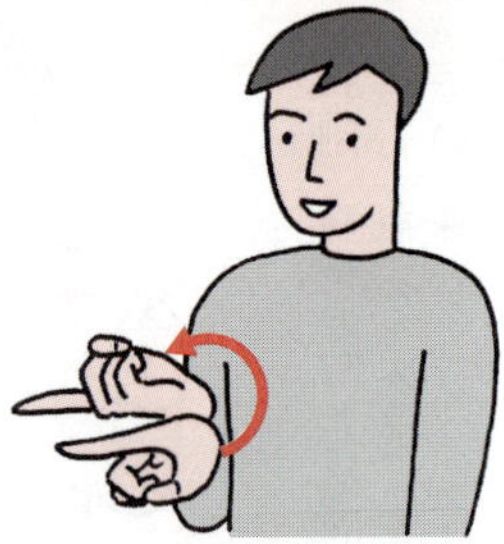

右手の人差し指を伸ばして指先を前に向け、手首を返して右に倒す。

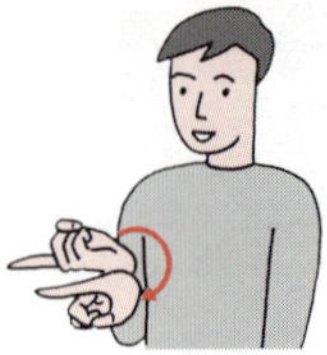

左隣

参 右隣の場合の表現。左隣の場合は、左に倒す。そのとき、初めの手は手のひらが上になる。

同 次

使い方例
- 家＋隣＝**隣の家**
- 席＋隣＝**隣の席**
- 隣＋町＝**隣の町**
- 隣＋女＝**隣の女の人**

飛ぶ（とぶ）

両手の手のひらを下向きにして体から離し、上下に振る。

解 鳥が羽を広げて飛ぶ様子を表す。

参 鳥が飛ぶときに使う。飛行機が飛ぶときには使えない。「**蝶が飛ぶ**」は「蝶」を表し空中をヒラヒラさせる。

同 天使・羽

使い方例
- 鳥＋飛ぶ＝**鳥が飛ぶ**
- 飛ぶ＋田＋空港＝**羽田空港**
- 飛ぶ＋～したい＝**飛びたい**
- 飛ぶ＋布団＝**羽毛布団**

トマト（とまと）

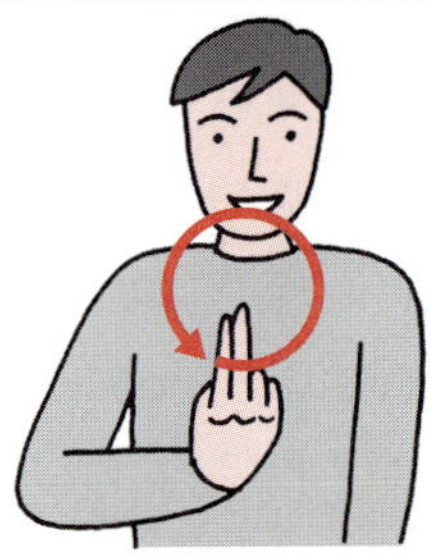

右手の人差し指と中指を立てて手のひらを手前に向け、回す。

解 右手の形は指文字の「ト」。

参 野菜はそれぞれの形で表す場合が多い。

使い方例
- トマト＋ジュース＝**トマトジュース**
- トマト＋マヨネーズ＝**トマトケチャップ**

とまどう（とまどう）

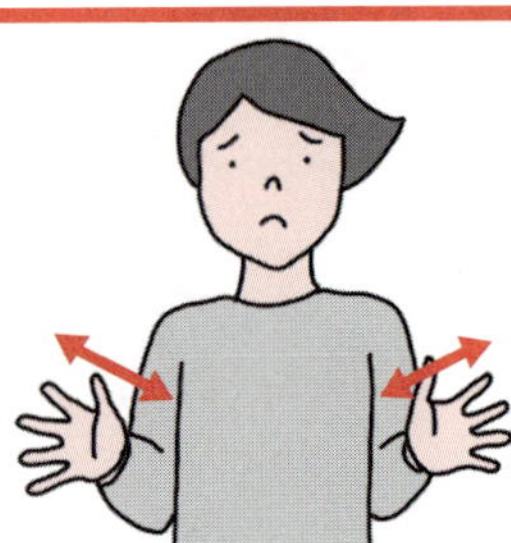

両手の手のひらを向かい合わせて体の横におき、交互に小さく前後に動かす。

同 おろおろする・動揺する・当惑する・うろたえる

使い方例
- する＋方法＋とまどう＝**右も左もわからない**
- 仕事＋とまどう＝**経験不足**

泊まる
とまる

右に頭を傾けて、右手のこぶしをこめかみのあたりにあてる。

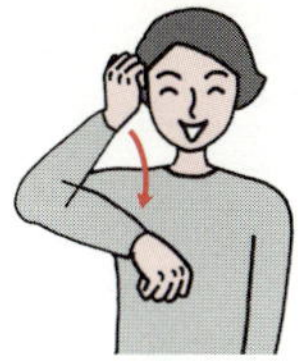

起きる

解 枕に頭をおいて寝る様子を表す。

参 右手を下げると、「**起きる**」になる。

同 おやすみなさい・寝る・～泊

使い方例
1＋泊まる＋旅行＝**1泊旅行**
泊まる＋お金＝**宿泊代**
3＋泊まる＋4＋間＝**3泊4日**

止める
とめる

左手の手のひらに右手を垂直にトンとのせる。

アパート

参 指先に向かってトントンとおくと、「**アパート**」となる。

同 到着・やめる

使い方例
痛い＋止める＝**痛み止め**
冗談＋止める＝**冗談はやめて**
買う＋止める＝**買うのをやめる**

友達
ともだち

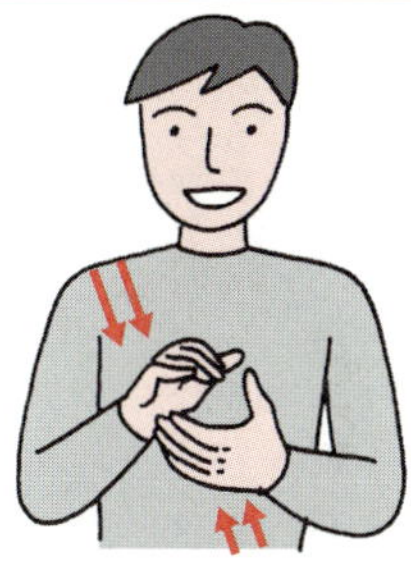

両手を握手するように、2回組み合わせる。

親友

参 両手を強く組んで回すと、「**親友**」「**仲間**」の意味になる。

使い方例
友達＋女＝**女友達**
遊ぶ＋友達＝**遊び友達**
指文字の「メ」「ル」＋友達＝**メル友**

共働き
ともばたらき

左手は親指を立てて、右手は小指を立てる。

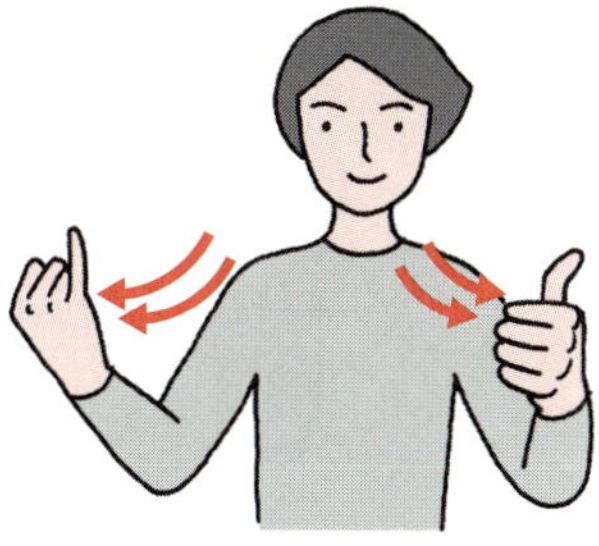

両手をそれぞれ斜め前に2回出す。

解 夫婦が共に通勤している様子を表す。

参 両手の人差し指を立てて、互い違いに前後させると、「**すれ違う**」になる。

どようび

土曜日

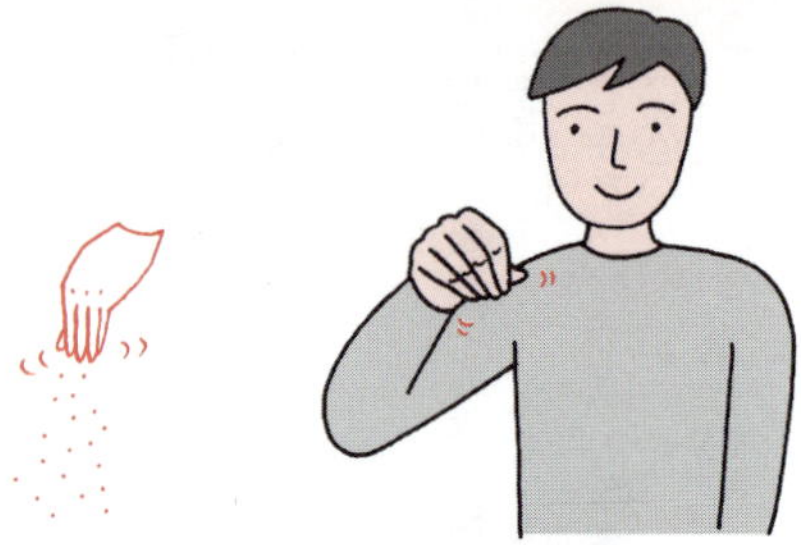

右手の指をすぼめて、指先をこすり合わせる。

解 土をパラパラとこすり落とす様子を表す。

参 塩をつまんで振りかける意味にも使える。

同 粉・砂・土

使い方例
今度＋土曜日＝**今度の土曜日**
土曜日＋まで＝**土曜日まで**
土曜日＋夜＋のんびり＝**土曜日の夜はのんびりする**

どらいぶ

ドライブ

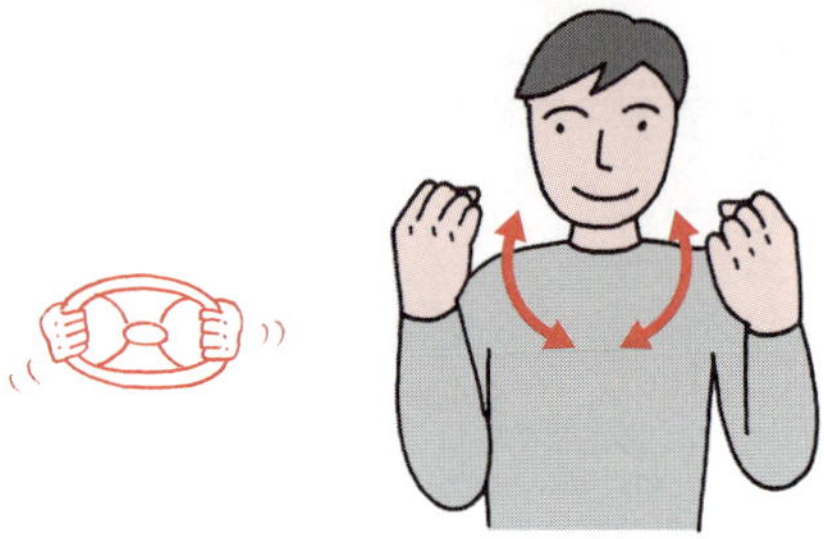

両手を軽く握って左右におき、車のハンドルを動かすようにする。

解 車のハンドルを持って運転する様子を表す。

参 大きなハンドルを水平に持って動かすと、「**トラック**」の意味になる。

同 運転・車

使い方例
ドライブ＋晴れ＋気持ちいい＝**ドライブ日和**
タクシー＋ドライブ＋男＝**タクシードライバー**

とらっく

トラック

両手でこぶしを作って左右におき、ハンドルを回すように動かす。

解 トラックの大きなハンドルを持って運転する様子を表す。

参 「普通車」とは、ハンドルの動きと位置で区別する。

同 ダンプカー

使い方例
トラック＋男＝**トラック運転手**
大きい＋トラック＝**大型トラック**

どらま

ドラマ

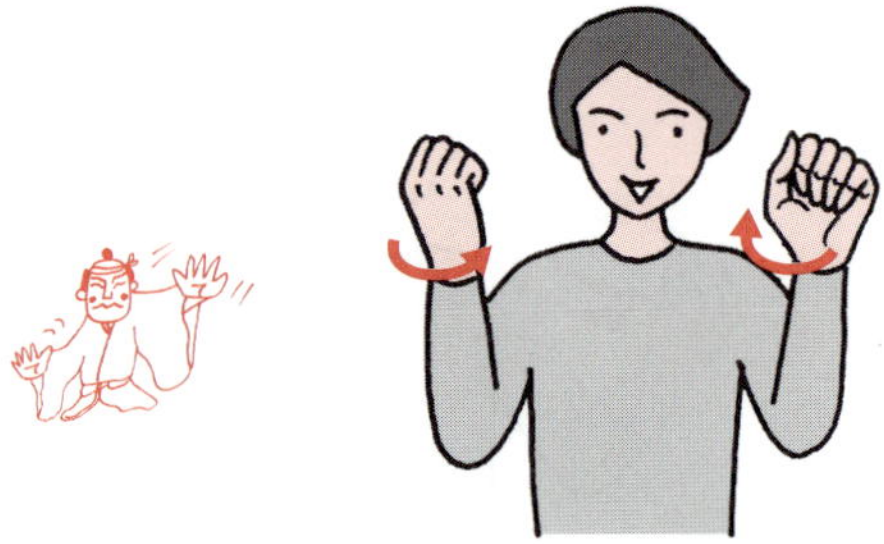

頭の両側で、両手のこぶしが互い違いになるように手首をひねる。

解 歌舞伎で見得（みえ）を切る様子から。

参 「**わざと～する**」という使い方もある。

同 演劇・演じる・芝居

使い方例
ドラマ＋新しい＝**新しいドラマ**
続く＋ドラマ＝**連続ドラマ**

トランプ
とらんぷ

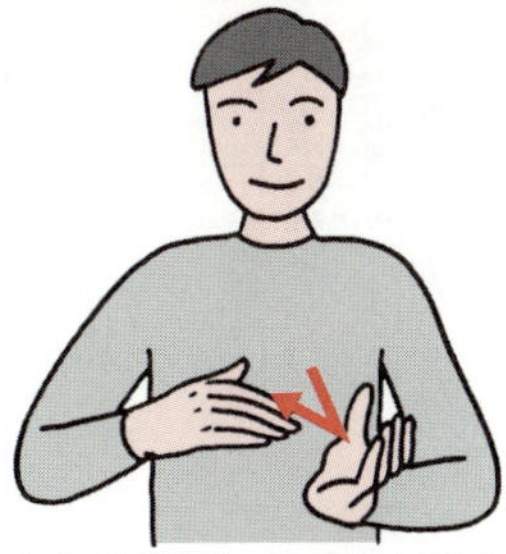

指を軽く曲げた左手に右手の手のひらをのせ、2～3回手前に引く。

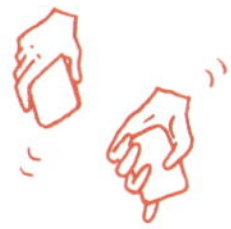

解 トランプのカードを切る様子を表す。

参 「**タロットカード**」は、カードをめくる動作で表す。

同 カルタ

使い方例
- トランプ＋占い＝**トランプ占い**
- トランプ＋遊ぶ＝**トランプゲーム**

鳥
とり

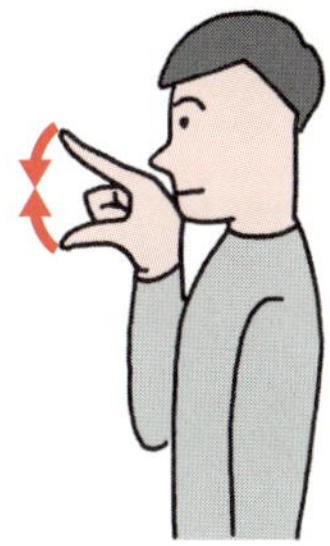

右の親指と人差し指を口元におき、2回つけたり離したりする。

解 鳥のくちばしを表す。

参 鳥が羽を広げて飛ぶ様子を表す「飛ぶ」で表現することもできる。

同 くちばし・鶴

使い方例
- 黒＋鳥＝**カラス**
- 鳥＋育てる＝**鳥を飼う**
- 鳥(ただし、指を開くのは1回だけ)＋取る＝**鳥取**

取り消す
とりけす

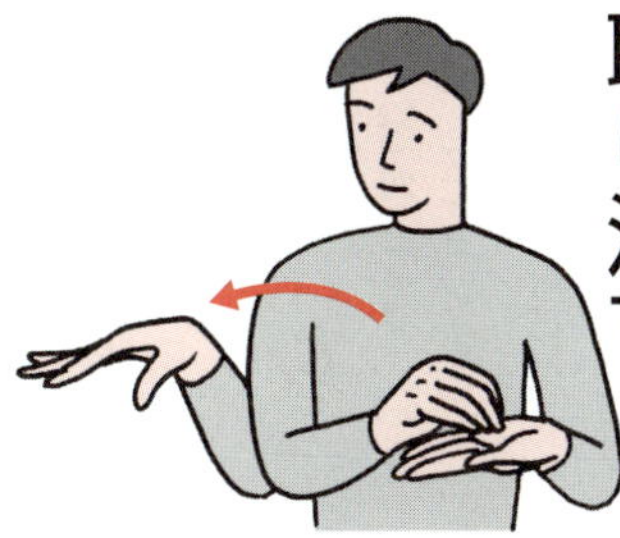

指をすぼめた右手を左の手のひらにのせ、握って捨てるようにする。

キャンセル

解 右手で何かをつかんで、捨てる様子を表す。

参 「**キャンセル**」は、両手の親指と小指を伸ばして小指をからませ、離す表現もある。

同 キャンセル

使い方例
- 予約＋取り消す＝**予約を取り消す**
- 契約＋取り消す＝**契約を取り消す**

取引
とりひき

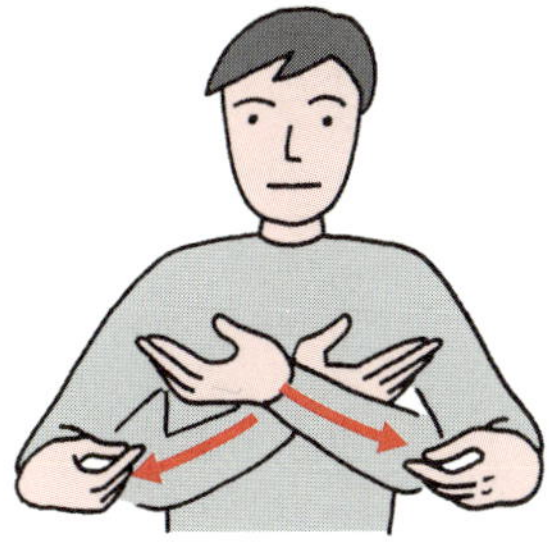

両手の手のひらを上に向けて交差させ、左右に引きながら指を閉じる。

参 右手で「貸す」、左手で「借りる」を同時に表す表現もある。

同 契約・結納

使い方例
- 取引＋成功＝**取引成立**
- 裏＋取引＝**裏取引**
- 取引＋相手＝**取引先**
- 取引＋会社＝**取引会社**

努力（どりょく）

左手の手のひらに右手の人差し指をねじりながら押しつける。

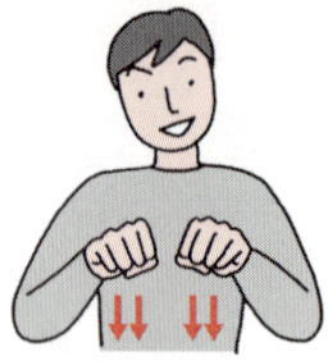

頑張る

解 前方にある壁に向かって、突き進む様子から。

参 **「頑張る」**は、握った両手を並べて2回下げる。

使い方例
- 努力＋一生懸命＝**努力家**
- 努力＋足りない①＝**努力不足**
- 努力＋結果＝**努力の結果**
- 努力＋ほめる＝**努力をほめる**

取る（とる）

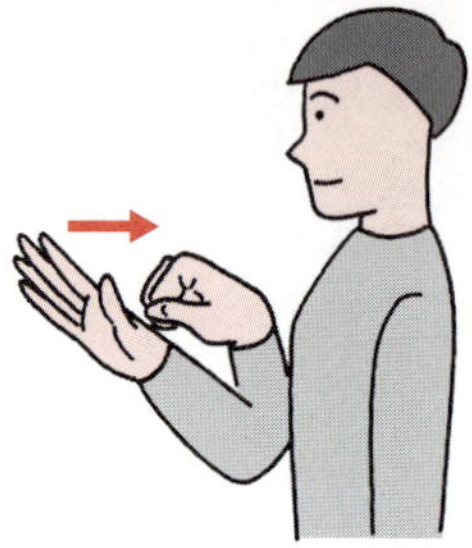

右手を握りながら、手前に引く。

解 何かをつかみ取る様子から。

同 得る

使い方例
- 鳥（ただし、指を開くのは1回だけ）＋取る＝**鳥取**
- 休む＋取る＝**休みを取る**
- 取る＋無理＝**取れない**

ドル（どる）

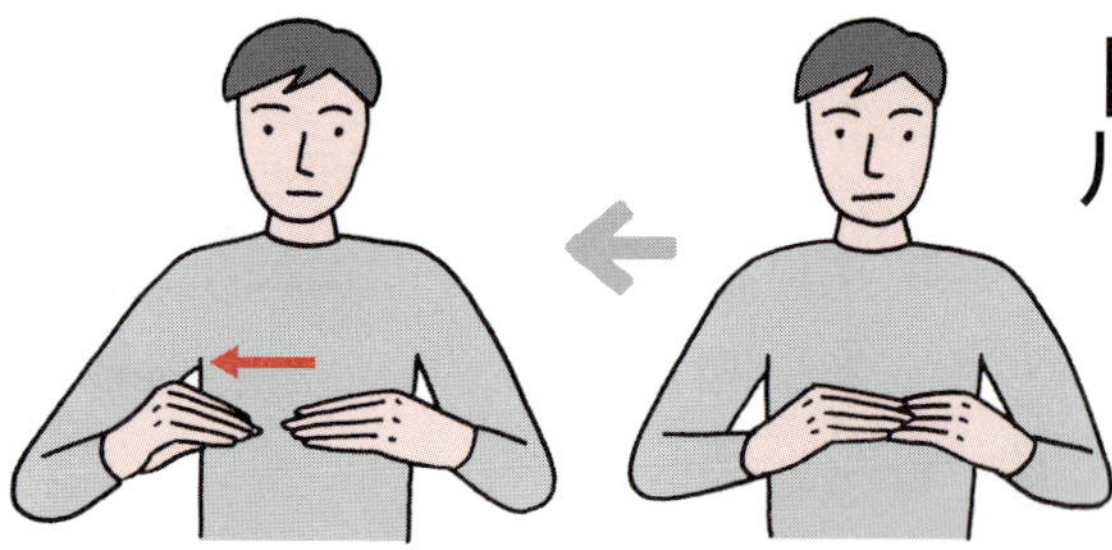

右手の親指とほかの指で左手の指先をはさむ。

右手を外して、５本の指を閉じる。

参 右手の人差し指で「S」を空書してから、人差し指と中指で縦に線を書く「$」で表現することもできる。

使い方例
- 百＋ドル＝**百ドル**
- 10＋万＋ドル＝**10万ドル**
- ドル＋四角＝**ドル札**
- ドル＋箱＝**ドル箱**

ドレッシング（どれっしんぐ）

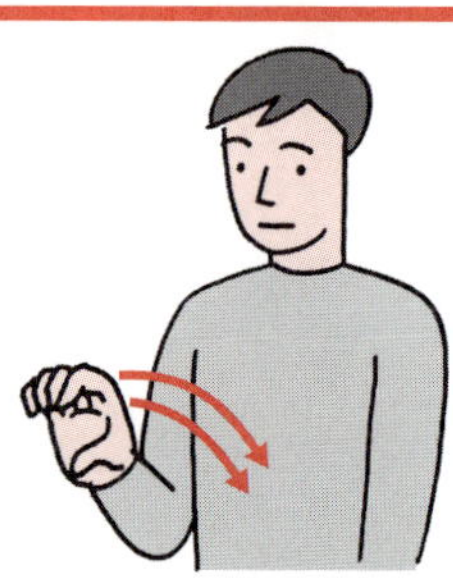

ドレッシングの容器を持ち、下に向けて振りかける動作をする。

解 ドレッシングをかける様子を表す。

参 両手でチューブを絞る動作をすると、**「マヨネーズ」**になる。

同 コショウ

使い方例
- ドレッシング＋不要＝**ドレッシング抜き**
- 中国＋ドレッシング＝**中華ドレッシング**

トンカツ
とんかつ

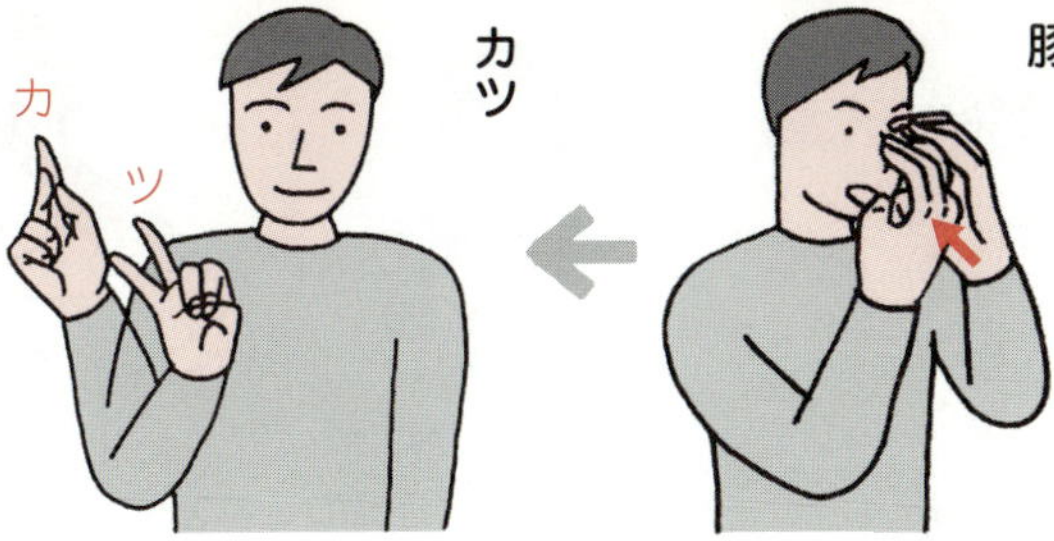

左手を鼻の前におき、右手の２本の指を入れる。

指文字の「カ」「ツ」で表す。

解 豚…豚の鼻の形を表す。

使い方例
トンカツ＋丼＝**カツ丼**
トンカツ＋ソース＝**トンカツソース**
鳥＋カツ＝**チキンカツ**

トンネル
とんねる

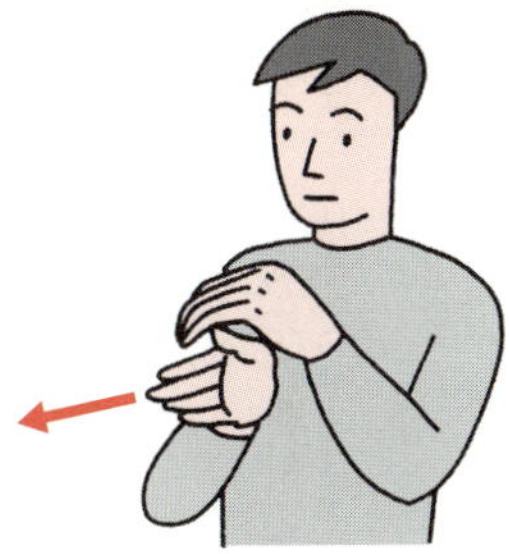

わん曲させた左手の下に右手を垂直におき、前に出す。

横から見たとき

解 左手で作ったトンネルの下を右手の電車が通る様子を表す。

参 左手の指を伸ばして手のひらを下に向け、右手をくぐらせるようにすると、「**地下鉄**」になる。

使い方例
天気＋城＋トンネル＝**天城（あまぎ）トンネル**
電車＋トンネル＝**電車のトンネル**

丼
どんぶり

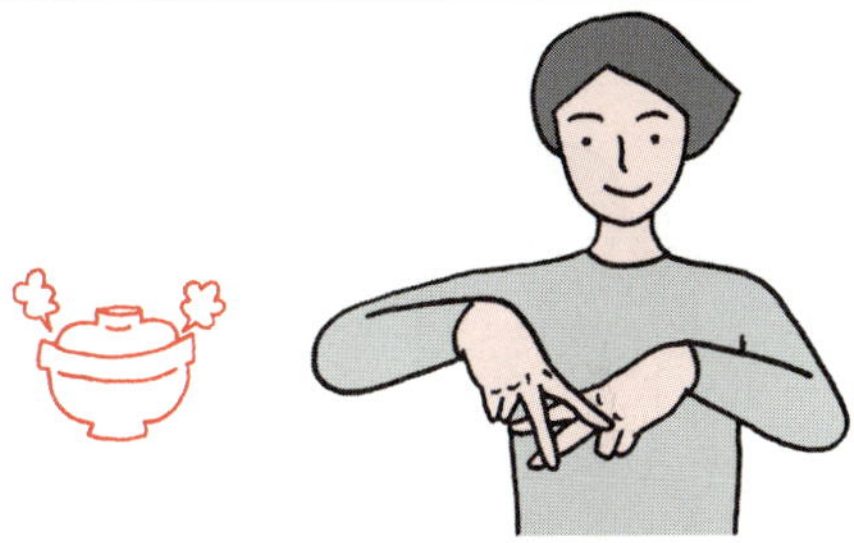

両手の人差し指と中指を伸ばして交差させ、「井」の字を作る。

解 漢字の「丼」の形から。

参 カツ丼や天丼など、食べ物のメニューを表すときに使い、食器の丼そのものは表せない。なお、「**天丼**」は「天ぷら＋丼」ではなく、「天国＋丼」。

使い方例
天国＋丼＝**天丼**
牛＋丼＝**牛丼**
親＋子ども＋丼＝**親子丼**
丼＋店＝**丼物屋**

な

自分から見た形

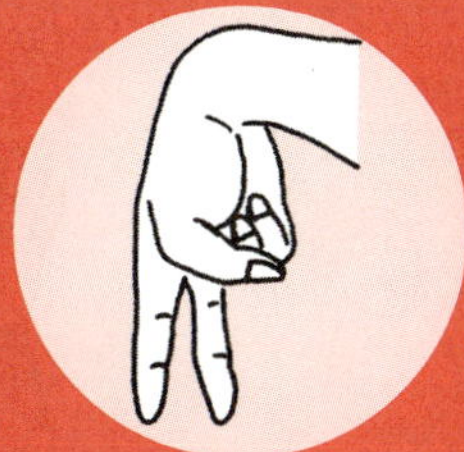

相手から見た形

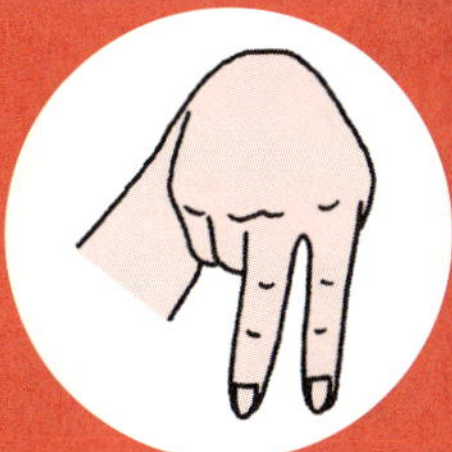

アルファベットの「n」の形になる。

なーんだ

なーんだ

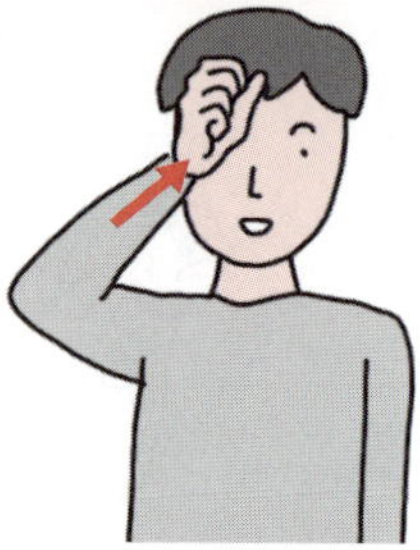

上体を前に倒しながら、右手のこぶしを下から額にあてる。

ほかの表現
正面に向けた両手のひらを同時に前に倒す。

解 やっとわかったという意味を表す。「ほかの表現」はより軽い意味。

使い方例
心配＋なーんだ＋なーんだ（ほかの表現）＝**取り越し苦労**
考える＋なーんだ＝**思い過ごし**

ない①

ない①

両手の手のひらを前に向け、顔の横において、手首を手前に返す。

片手で表したとき

参 物や物事がない意味で使う。また、片手で表現することもできる。

使い方例
お金＋ない①＝**お金がない**
予定＋ない①＝**予定がない**
家＋ない①＝**家がない**
決める＋ない①＝**決めていない**

明日は予定がない。

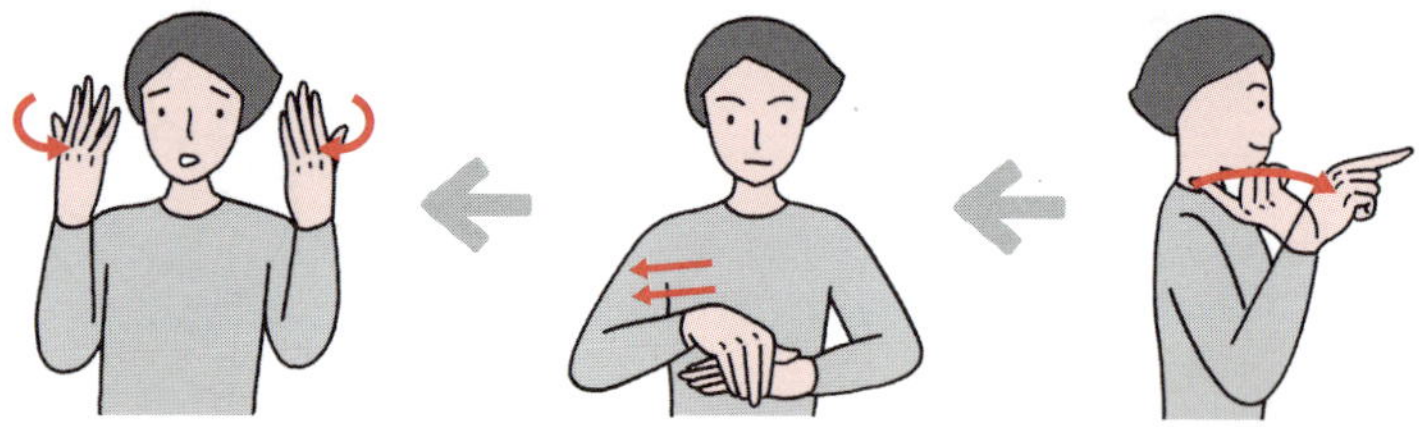

明日
P.31

予定
P.558

ない①

ない②

ない②

右手の手のひらを前に向けて、左右に軽く2～3回動かす。

参 動詞や形容詞のあとにつけて、否定を表す。また、「～したくない」という意味でも使うことができる。

同 いいえ・とんでもない

使い方例
行く＋ない②＝**行かない**
買う＋ない②＝**買わない**
する＋ない②＝**したくない**
決める＋ない②＝**決まらない**

今日はサークルに行きたくない。

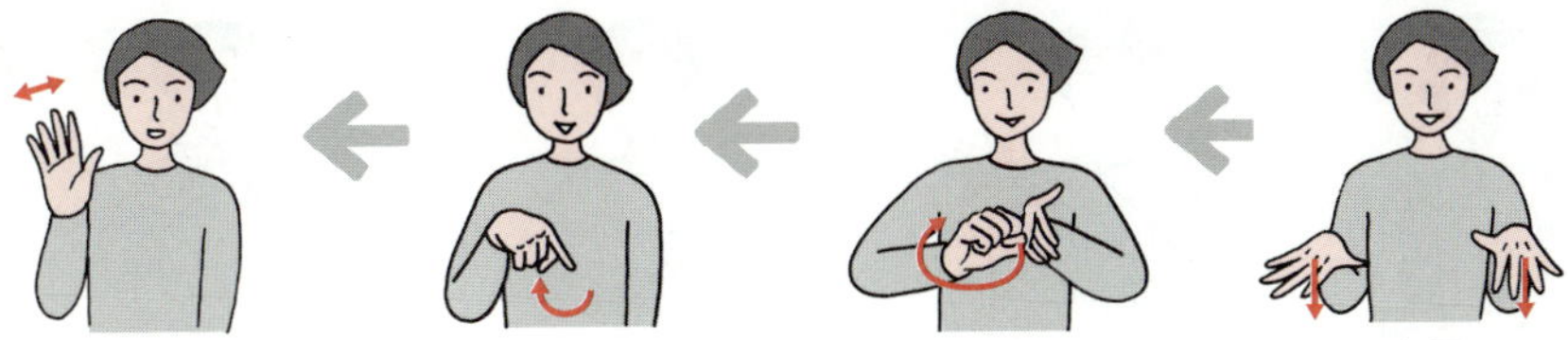

今日 P.163 → サークル P.221 → 行く P.48 → **ない②**

ない③

顔の前で右手の手のひらを左に向け、左右に軽く2～3回振る。

横から見たとき

参 質問されて、「いいえ」や「いりません」と答えるときにも使う。

同 いいえ

使い方例

忘れる＋ない③＝**忘れないように**

決める＋ない③＝**決めないで**

行かないでください。

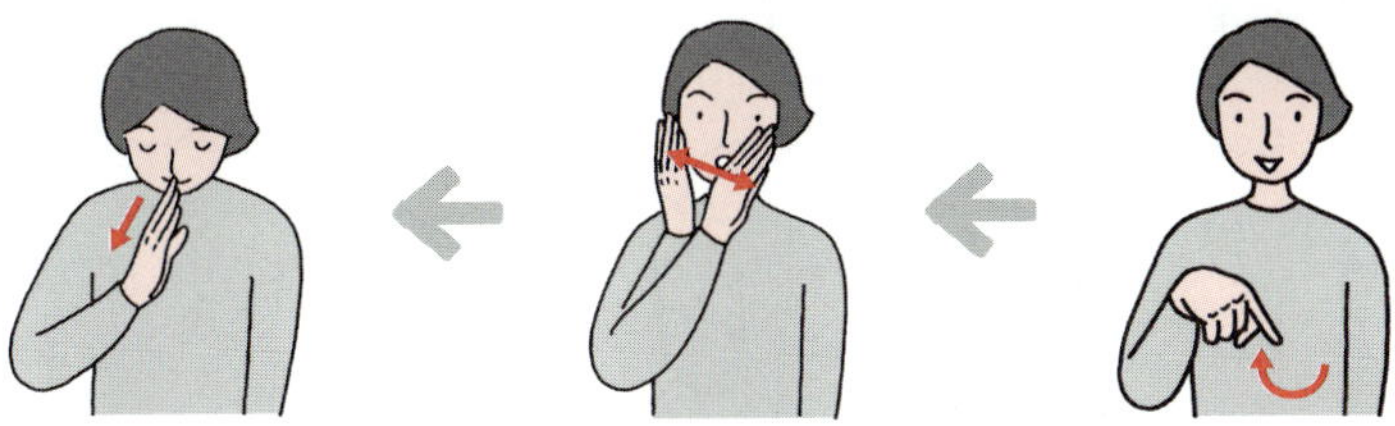

行く P.48 → **ない③** → お願い P.98

ない④

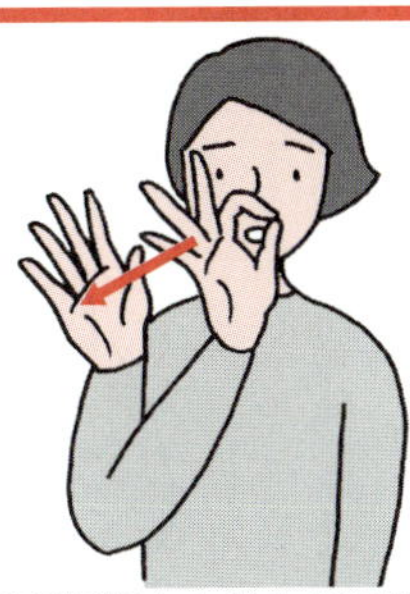

右手の親指と人差し指で輪を作って口にあて、指を開きながら右へ動かす。

0

参 経験や回数がゼロという場合に使う。

使い方例

料理＋作る＋ない④＝**料理を作ったことがない**

経験＋ない④＝**経験がない**

海外旅行に行ったことがない。

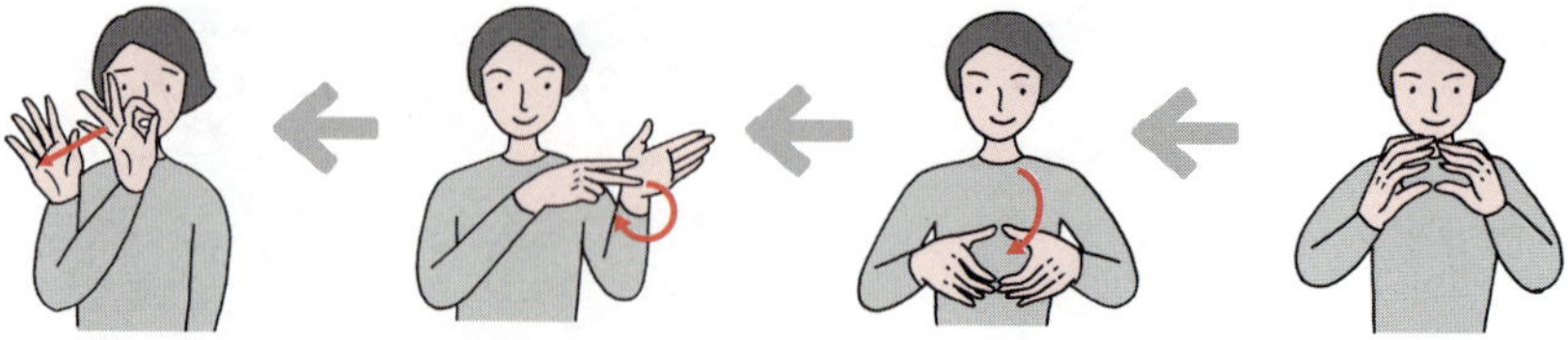

海外
P.108
旅行
P.566
ない④

内緒
ないしょ

右手の人差し指を立て、口の前におく。

解 「秘密」というしぐさから。

参 口にチャックをする動作で表すこともできる。

同 静かに・内密・秘密

使い方例
内緒＋話す＝**内緒話**
両親＋内緒＝**親に内緒**
誰＋みんな＋内緒＝**誰にも内緒**

内職
ないしょく

家の中

左手で屋根を作って、右手の人差し指を下に向ける。

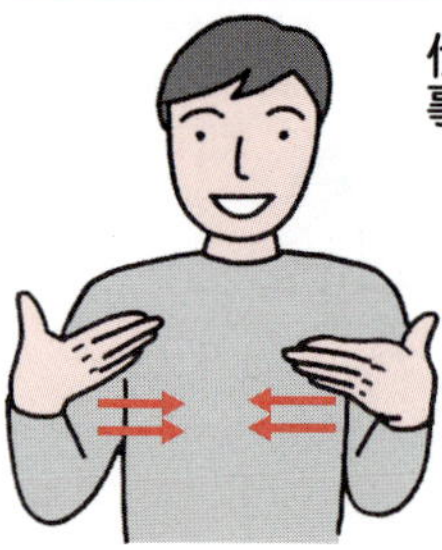

仕事

両手を上向きにして２回、左右から寄せる。

同 仕事…職業・働く

使い方例
内職＋生活＝**内職で生活する**
生活＋ため＋内職＝**生活のために内職をする**

内定
ないてい

定める

両手の指を曲げて組み合わせる。

決める

右手の人差し指と中指で左手の手のひらをたたく。

参 「定める」を省いてもよい。

同 定める…必ず・指定・絶対・セット・ぜひ

使い方例
内定＋除く＝**内定取り消し**
内定＋祝う＝**内定のお祝い**
定める＋申し込む＝**確定申告**

ナイフ

ないふ

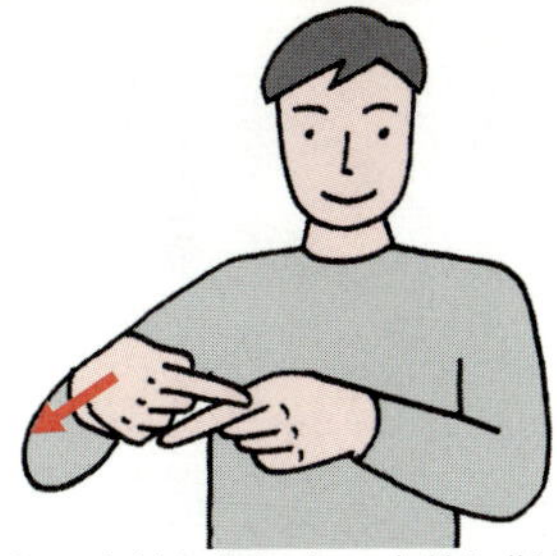

左の人差し指に右の人差し指をおき、前に滑らせる。

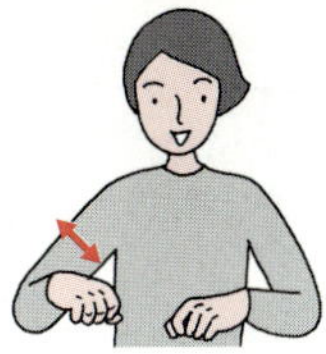

レストラン

参 「ローン」の手話単語と似ている。また、「ナイフとフォーク」のときのナイフは、「**レストラン**」の手話単語で表す。

同 削る

使い方例

果物＋ナイフ＝**果物ナイフ**

山＋旅行＋専門＋ナイフ＝**サバイバルナイフ**

内容

ないよう

左手の中で、指先を下に向けた右手の人差し指を回す。

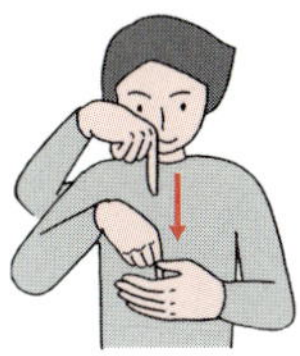

（～の）中

参 右手を回さず、中に入れるだけだと、「**（～の）中**」になる。

同 内部・中身

使い方例

授業＋内容＝**授業の内容**

映画＋内容＝**映画の内容**

内容＋わかる＋簡単＝**わかりやすい内容**

直す

なおす

両手の人差し指を伸ばして、２～３回、手を交差させる。

手前から見たとき

解 繰り返し直す様子を表す。

参 １回だけ交差させると、「**変更**」。

同 改造・修理

使い方例

直す＋機械＋場所＝**修理工場**

直す＋お金＝**修理代**

姿勢＋直す＝**姿勢を正す**

バイク＋直す＝**バイクの改造**

治る

なおる

両手のこぶしを寝かせてつなげる。

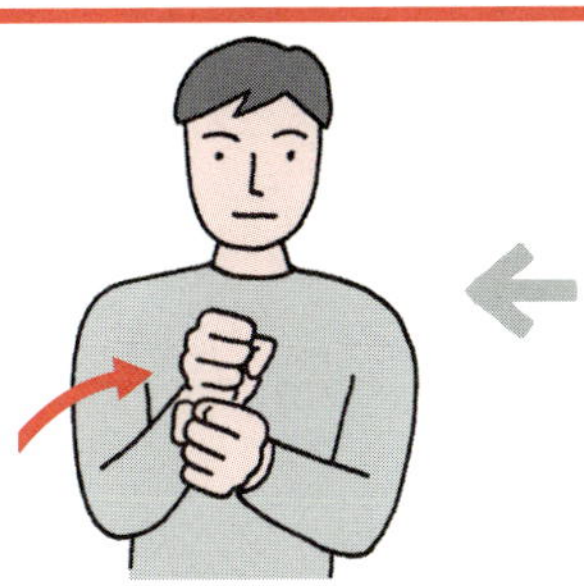

両手を同時に起こす。

参 「なくなる②」でも表現できる。

同 回復・再生・再び・もう一度・戻す・戻る・やり直す

使い方例

風邪＋治る＝**風邪が治る**

けが＋治る＝**けがが治る**

町＋治る＝**復興**

治る＋無理＝**治らない**

（～の）なか

（～の）中

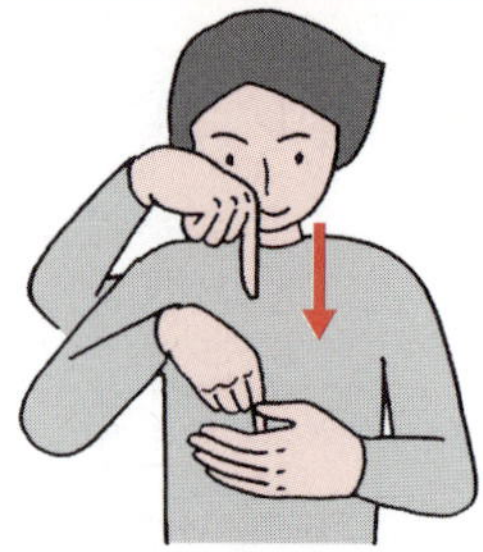

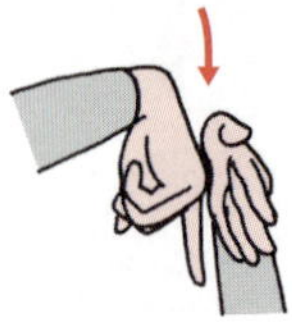

上から見たとき

左手の中に、指先を下に向けた右手の人差し指を入れる。

参 右手だけでもよい。また、そのまま右手の人差し指を水平に回すと、「**内容**」になる。なお、「家の中」は「家」を表したあと、右手の人差し指を下に向ける。

同 下着・中身

使い方例
体＋中＝**体の中**
家＋中＝**家の中**
まわり＋中＋誰＋好き？＝**この中で誰が好き？**

ながい

長い

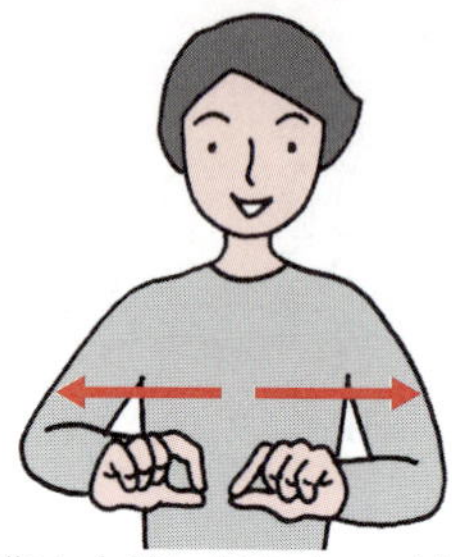

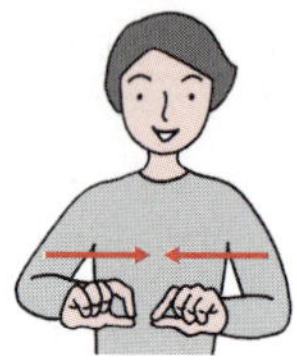

短い

親指と人差し指をくっつけた両手を向かい合わせ、左右に開く。

参 左右にゆっくり開くほど、「より長い」意味を表す。

反 左右から寄せると「**短い**」になる。

同 長さ・伸びる

使い方例
長い＋～間＋休み＝**長期休暇**
電話＋長い＝**長電話**
話す＋長い＝**話が長い**
細い＋長い＝**細長い**

なく

泣く

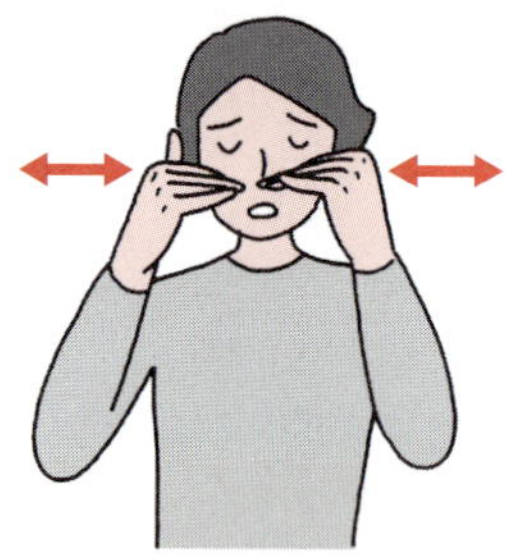

かわいそう

両手を折り曲げて目の下に持ってきて、左右に動かす。

解 泣いて、目をこする様子を表す。

参 親指と人差し指をくっつけて涙に見立て、目の位置から下げる「**かわいそう**」でも表現できる。

使い方例
うれしい＋泣く＝**うれし泣き**
泣く＋簡単＝**涙もろい**
泣く＋弱い＝**泣き虫**
泣く＋叫ぶ＝**泣き叫ぶ**

なくなる①

なくなる①

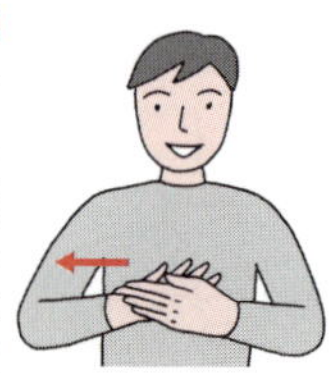

きれい

手前から勢いをつけて左の手のひらに右手をのせ、指先の方に滑らせる。

解 そこにあったものがなくなってしまう様子から。

参 右手を左手の指先に向かってゆっくり動かすと、「**きれい**」。また、「きれい」を2回繰り返すと「**衛生**」「**さっぱり**」「**清潔**」になる。

同 売り切れ

使い方例
お金＋なくなる①＝**お金を使い切ってしまった**
食べる＋なくなる①＝**食べ物がない**

なくなる②

両手の手のひらを前に向ける。

こぶしを作りながら両手を交差させる。

参 ゆっくり動かすと、「だんだんなくなる」の意味になる。

同 失う・乾く・乾燥・消える・治る

使い方例
彼＋なくなる②＝**彼がいなくなった**
なくなる②＋今＋どこ＝**行方不明**

殴る

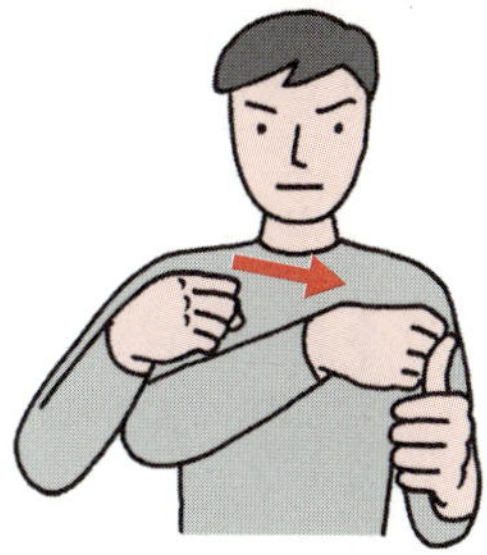

左手の親指を立て、右手のこぶしで殴りつけるようにする。

殴られる

参 右手でなでるようにすると、「**お世辞**」となる。

反 こぶしを自分の方に向けると、「**殴られる**」となる。

同 暴力

使い方例
殴る＋事件＝**暴行事件**
顔＋殴る＝**顔を殴る**
殴る＋否定＝**暴力反対**

なぜ

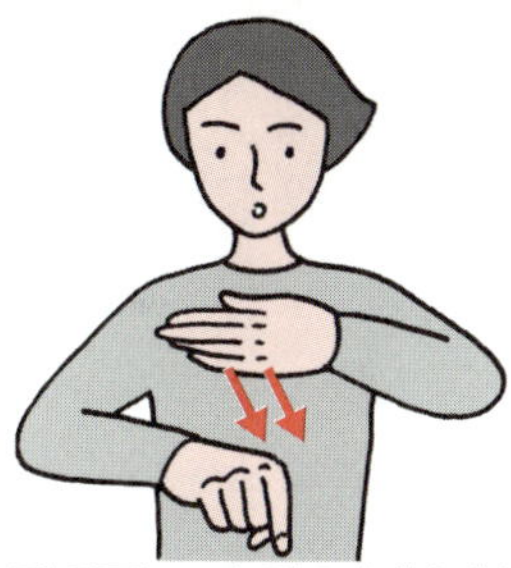

左手の下に、右手の人差し指を２回もぐり込ませる。

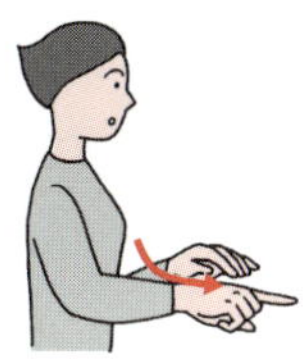

横から見たとき

参 １回だけもぐり込ませると、「**意味**」「**理由**」「**わけ**」。

同 どうして

使い方例
行く＋なぜ？＝**なぜ行くの？**
あなた＋遅れる＋なぜ？＝**なぜ遅れたの？**
なぜ＋尋ねる＝**なぜですか？**

なぜなら

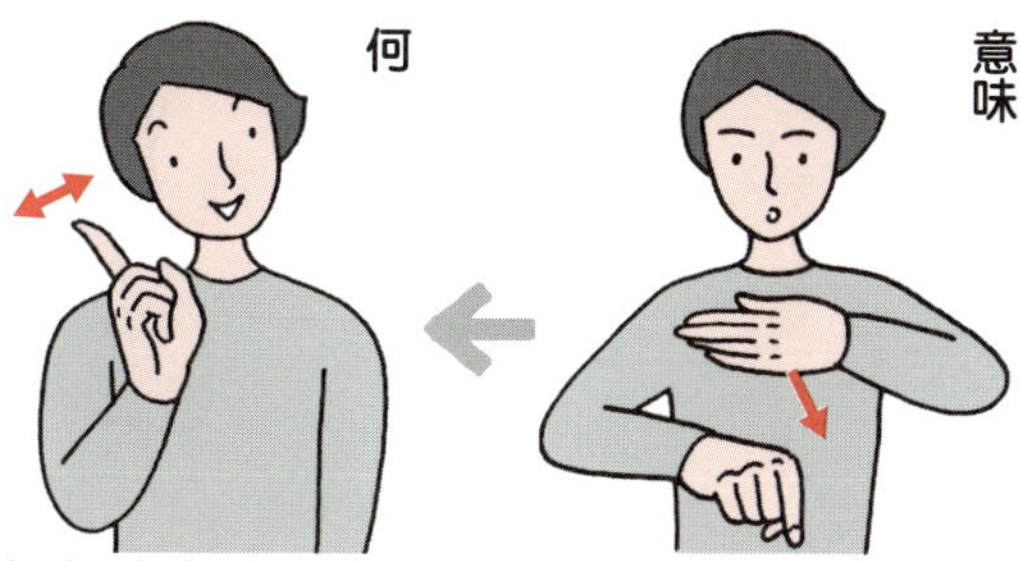

左手の下に、右手の人差し指をもぐり込ませる。

右手の人差し指を立てて、左右に軽く振る。

参 理由を述べるとき、文の最初につけて表現する。

同 理由・わけ

使い方例
なぜなら＋わたし＋風邪＝**風邪をひいているから**
なぜなら＋重い＝**重いから**

謎（なぞ）

右の人差し指で、自分から見てクエスチョンマークを空書する。

疑う

解 クエスチョンマークの形を表す。

参 右手の人差し指をあごにあて、ねじるように動かす「**疑う**」でも表現できる。

同 〜かもしれない・疑問・クイズ・なぞなぞ

使い方例

謎＋答える＋わかる＝**謎が解ける**
彼＋謎＝**謎の人物**
体＋謎＝**人体の謎**
今＋〜も＋謎＝**今も謎**

なだめる（なだめる）

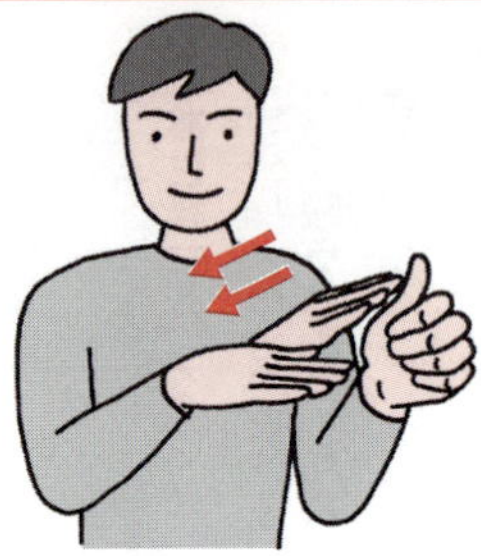

左手の親指を立て、右手で2〜3回なでる。

なだめられる

解 左手をさすって、なだめる様子を表す。

反 左手の甲を前に向けて右手で前からなでると、「**なだめられる**」となる。

同 お世辞・ごまをする・慰める

使い方例

子ども＋泣く＋なだめる＝**泣く子をなだめる**
なだめる＋上手＝**なだめ上手**

夏（なつ）

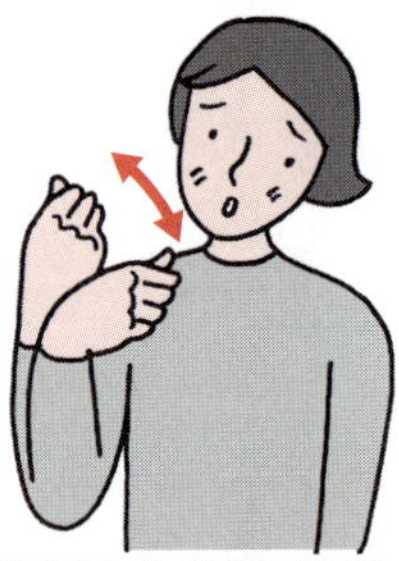

右手でうちわや扇子を持って、手首をひねって、あおぐ動作をする。

解 うちわや扇子で風を送る様子を表す。

反 「**冬**」は寒くて震える様子で表す。

同 あおぐ・暑い・うちわ・南

使い方例

夏＋「休む（を2〜3回左に動かしながら繰り返す）」＝**夏休み**
夏＋洋服＝**夏服**

懐かしい（なつかしい）

右の手のひらを下に向け、ヒラヒラさせながら頭の横から前に出す。

解 ある思いが頭から出ていく様子。

同 あこがれる

使い方例

懐かしい＋場所＝**思い出の場所**
思う＋懐かしい＝**思い出**

納得

なっとく

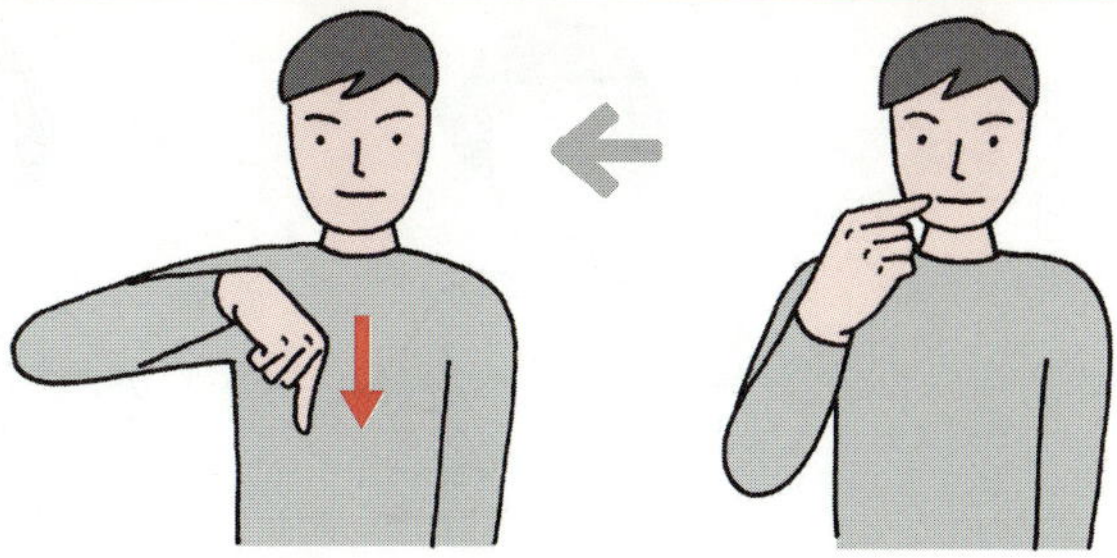

右手の人差し指を口元に持っていく。

右手の人差し指を下げる。

解 何かを飲み込む（納得する）様子から。

参 「**理解**」は、指文字の「リ」＋「わかる」で表現する。

同 受け入れる

～など

～など

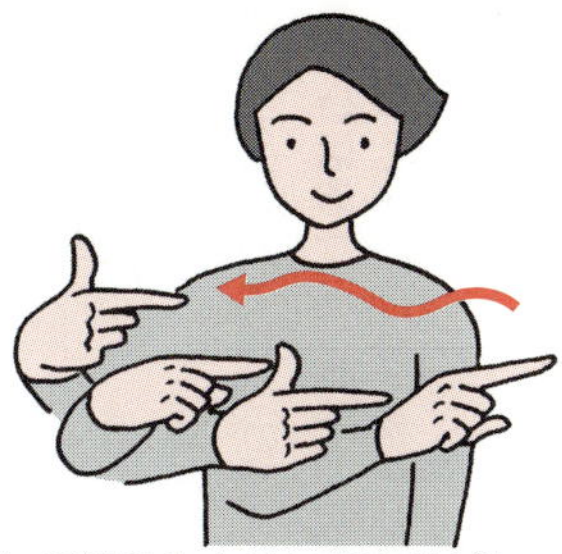

右の親指と人差し指を伸ばし、手首をねじりながら右に動かす。

違う

参 右手の親指と人差し指を伸ばして手首を内側にひねると、「**違う**」となる。

同 いろいろ・～類

使い方例

野菜＋～など＝**野菜類**

菓子＋～など＝**菓子類**

黒＋グレー＋～など＝**黒、グレーなど**

何

なに

右手の人差し指を立てて、左右に軽く振る。

参 文末におき、疑問文を作ることが多い。また、この表現だけでも「どこ」と表せるが、「場所＋何」でも表現できる。

同 どう・どうした・どこ

使い方例

する＋何?＝**何しているの?**

飲み物＋何?＝**飲み物は何にしますか?**

趣味＋何?＝**趣味は何?**

鍋

なべ

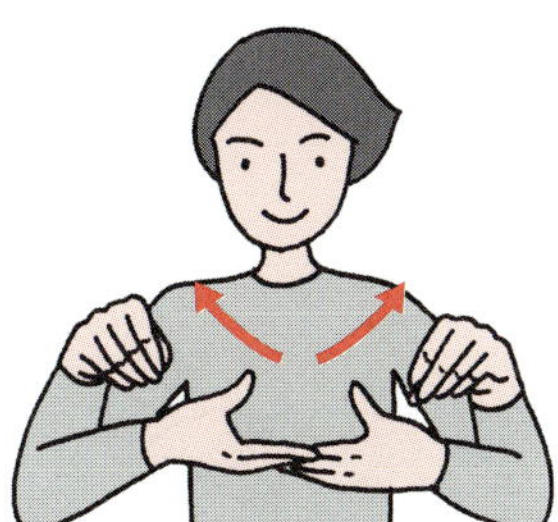

親指を離した両手を並べ、左右に引き上げながら、指を閉じる。

解 鍋の形を表す。

参 右手のこぶしを前後に揺すり、炒める動作をすると「**フライパン**」となる。

同 茶碗・陶芸・渡辺

使い方例

相撲＋鍋＝**ちゃんこ鍋**

鍋＋いろいろ＝**鍋物**

天ぷら＋鍋＝**天ぷら鍋**

鉄＋鍋＝**鉄鍋**

生
なま

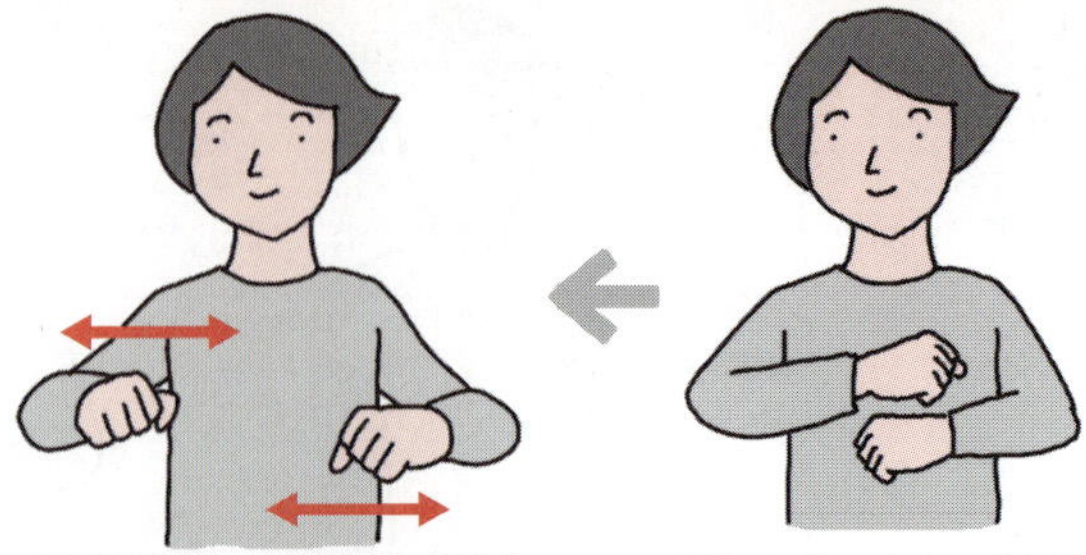

こぶしを作った両手を胸の前で上下におく。

両手同時に、横に2回引く。

解 「生きる」という手話から派生した動き。

使い方例
- 生＋放送＝**生放送**
- 生＋酒＝**生酒**
- 生＋食べる＋気をつける＝**生物に注意**

生意気
なまいき

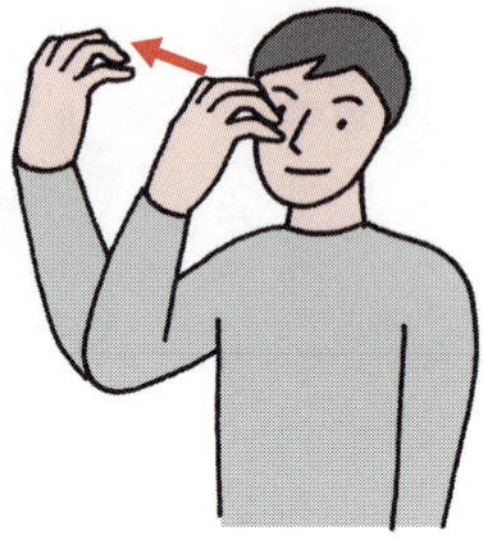

右手をすぼめて鼻の前におき、斜め上に上げる。

いばる

解 鼻が高くなる様子から。

参 「**いばる**」は、両手の親指を胸にあて、ほかの指を動かして表す。

同 自慢

使い方例
- 子ども＋生意気＝**生意気な子ども**
- 話＋生意気＝**生意気な話**
- 鼻＋生意気＝**てんぐになる**

名前
なまえ

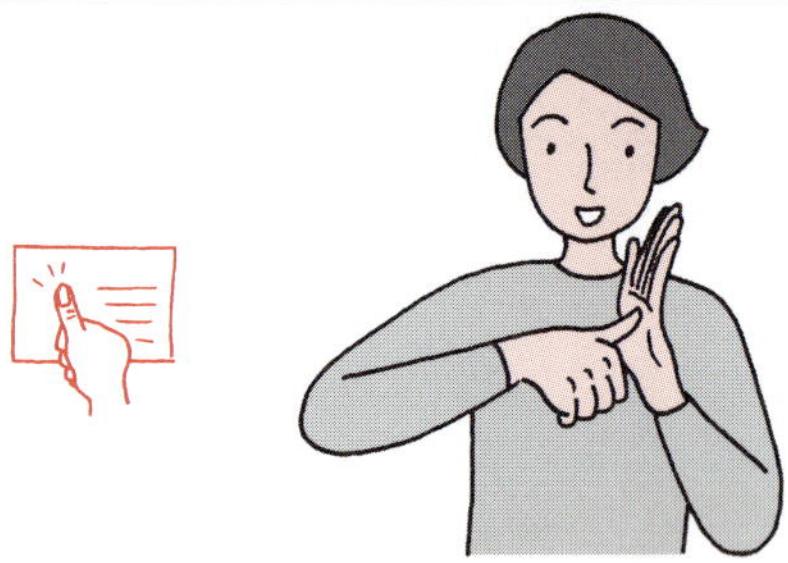

左手の手のひらに、右手の親指の腹をつける。

解 拇印（ぼいん）を押す様子を表す。

参 姓名というときの姓も、「名前」を使う。また、西日本では、右手の親指と人差し指で輪を作り、左胸にあてる表現を使う（「員」と同じ形）。

使い方例
- 名前＋何?＝**お名前は?**
- 名前＋券＝**名札**
- 東＋名前＋高速道路＝**東名高速道路**

怠ける
なまける

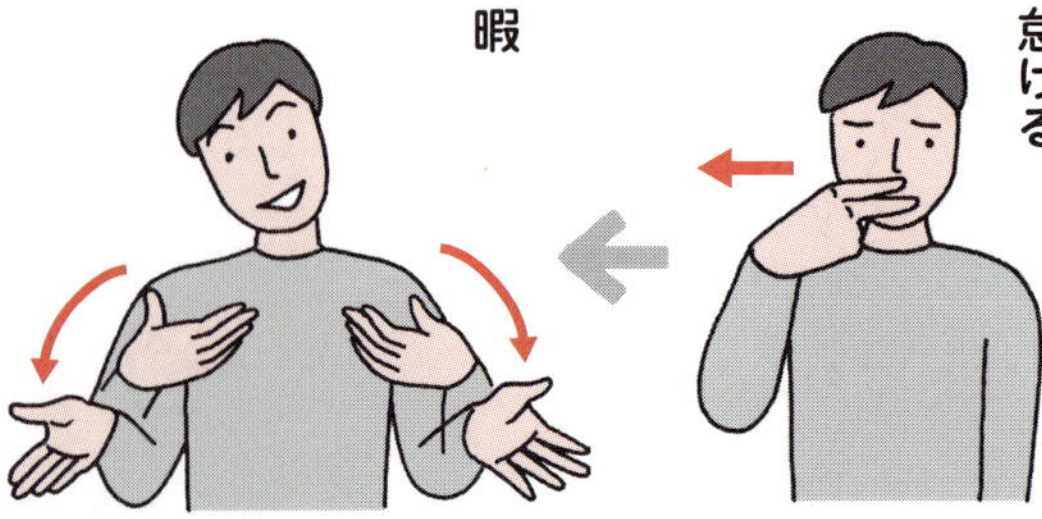

右手の人差し指と中指を鼻の下におき、右に引く。

両手を胸元から左右に広げる。

参 「逃げる」で表現することもできる。

同 暇…のんびり・ゆったり

使い方例
- 料理＋怠ける＝**料理を怠ける**
- 性格＋怠ける＝**怠けぐせ**
- 怠ける＋簡単＝**怠けやすい**

なまびーる
生ビール

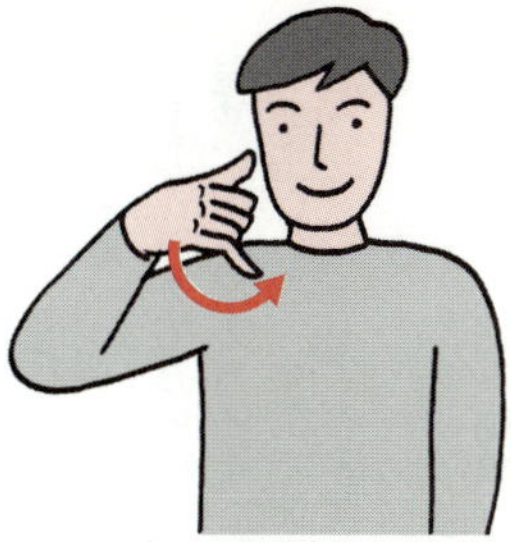

右手でビールのジョッキを持つようにし、手前に傾ける。

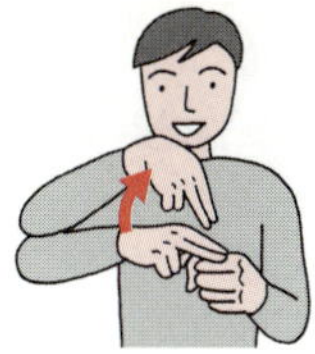

ビール

解 生ビールのジョッキを持って飲む様子から。

参 「生きる＋ビール」で表すこともできる。また、生ビールを2回表すと、「**ビアガーデン**」になる。「**ビール**」は、瓶ビールの栓を抜く様子で表す。

使い方例
黒＋生ビール＝**黒生ビール**
半分＋生ビール＝**ハーフアンドハーフ**

なみ
波

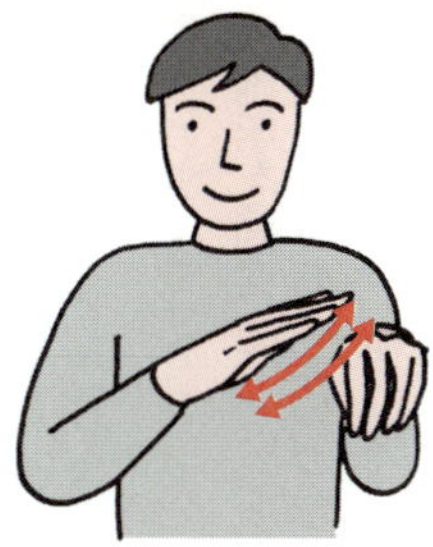

わん曲させた左手に右手をあて、2～3回上げたり下ろしたりする。

解 わん曲させた左手を陸に、右手を波に見立て、波が打ち寄せる様子を表す。

参 打ち寄せる動きを激しくすると、波が荒いことを表現できる。

同 磯・海岸・浜・浜辺

使い方例
大きい＋波＝**大波**
波＋高い＝**波が高い**
波＋プール＝**波のプール**

なみだ
涙

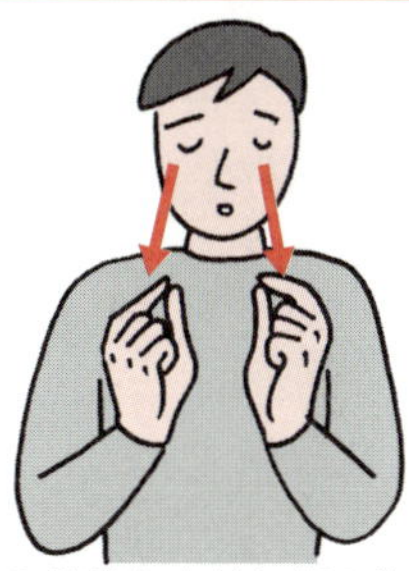

両手の親指と人差し指の先をつけて目の下におき、下げる。

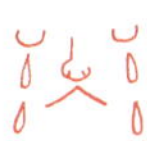

解 目から涙がこぼれる様子を表す。

参 右手だけで表現することもできる。

同 悲しい・かわいそう・泣く

使い方例
涙＋簡単＝**涙もろい**
女＋涙＋弱い＝**女の涙に弱い**
感動＋涙＝**感動の涙**

なめる
なめる

右手の人差し指をなめるしぐさをする。

解 なめる様子から。

参 「アイスクリームをなめる」などは、「アイスクリーム」＋「舌を出してなめるしぐさ」で表す。

使い方例
なめる＋試す＝**味見、なめてみる**
砂糖＋なめる＝**砂糖をなめる**

悩む
なやむ

頭の横で人差し指と中指を曲げた両手を交互に回す。

ほかの表現

解 思いをさまざまにめぐらせる様子から。

参 両手の4指を組み合わせる表現、頭を抱える表現、右手の親指以外の４本の指先を頭にトントンとあてる表現もある。

使い方例

悩む＋相談＝**悩み相談**
悩む＋こと＝**悩みごと**
迷う＋悩む＝**葛藤（かっとう）**
悩む＋苦しい＝**苦悩**

並ぶ
ならぶ

両手を立てて手のひらを向かい合わせ、前後に並べる。

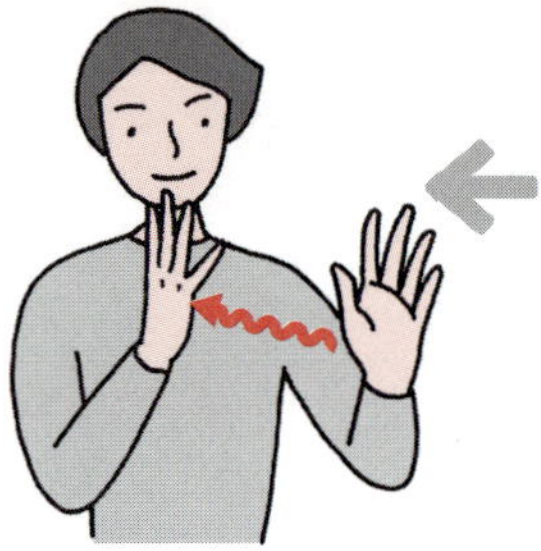

右手を揺らしながら手前に寄せる。

解 人が並ぶ様子から。

参 両手を同時にトントンと前に出すと、「**ハイキング**」。

同 行列・整列・列

使い方例

バーゲン＋並ぶ＝**バーゲンに並ぶ**
お昼＋並ぶ＝**ランチに並ぶ**
並ぶ＋すごい＋店＝**行列のできる店**

なるほど
なるほど

右手の手のひらを手前に向けて、顔の前で下ろす。

ほかの表現

参 ゆっくりと下ろすと「なーるほどねぇ」といったニュアンスになる。また、親指をあごにあてて、人差し指を上下に動かす表現もある。

同 へぇ・ほう

使い方例

なるほど＋世界＝**なるほど・ザ・ワールド（昔のテレビ番組）**

難聴
なんちょう

右手を顔の真ん中に垂直に立て、そのまま下ろす。

前から見たとき

参 右手の親指を折って同様にすると、「**四日市**」となる。

同 市（いち）

使い方例

難聴＋人々②＝**難聴者**
難聴＋グループ＝**難聴学級**
難聴＋協会＝**難聴協会**

何でも（なんでも）

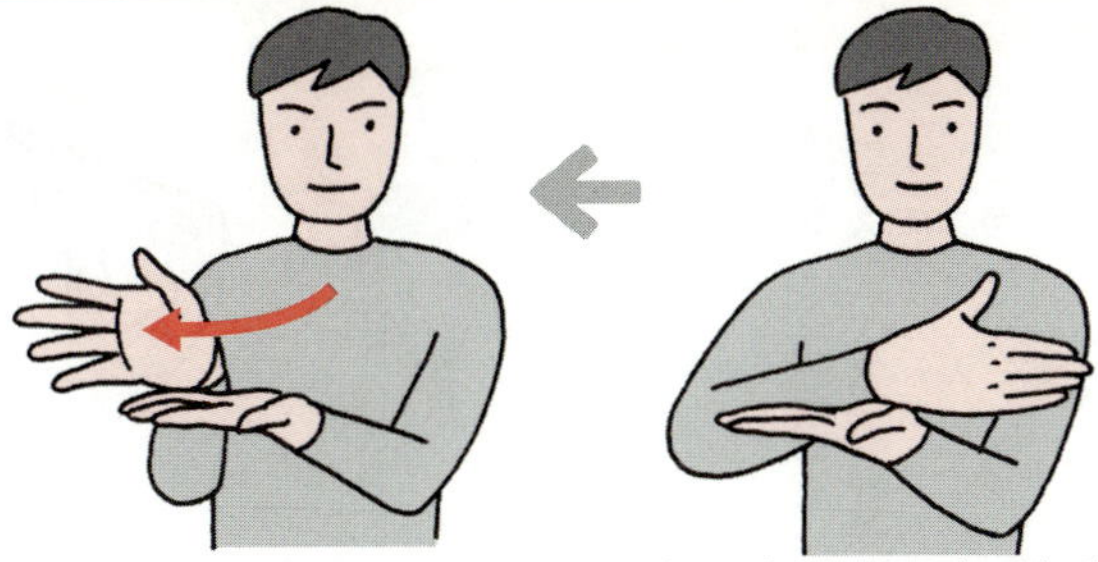

左の手のひらに右手を垂直にのせる。

右手を右に滑らせる。

解 「そこにあるすべて」という意味から。

使い方例
誰＋何でも＝**誰でも**
何でも＋構わない＝**何でもいい**

難民（なんみん）

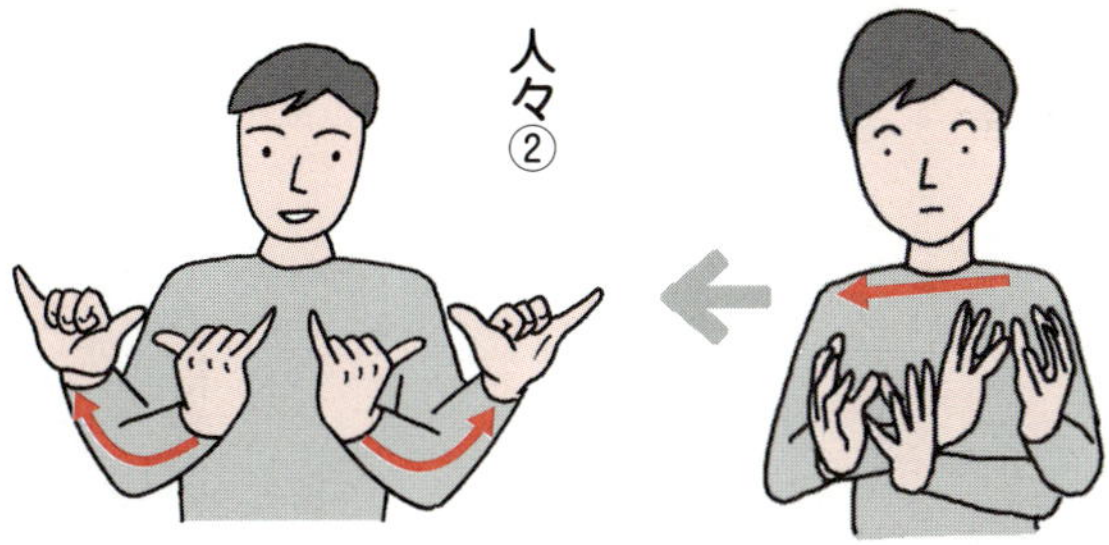

軽くわん曲させた両手を向かい合わせ、左から右に移動させる。

両手の親指と小指を立てて並べ、手首を外側にひねる。

解 最初の動作は複数の人がさまよっている様子を表し、次の動作は「人々②」の手話。

使い方例
難民＋キャンプ＝**難民キャンプ**
難民＋申し込む＝**難民申請**
難民＋助ける＋ＮＰＯ＋グループ＝**難民支援のＮＰＯ団体**

に

自分から見た形

相手から見た形

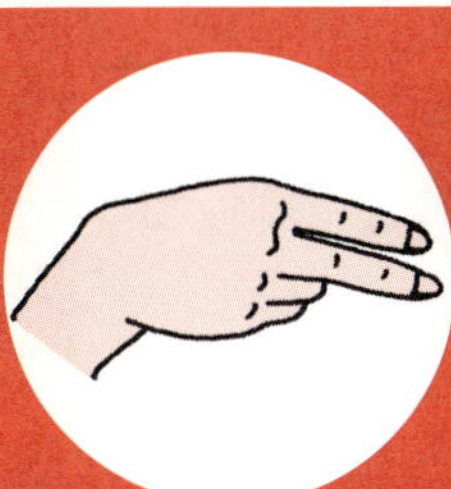

「二」の形になる。

似合う（にあう）

上向きにした左の人差し指の先に、右の人差し指を軽くあてる。

似合わない

反 「似合う」を表現したあと、あてた手を再び離すと、「**似合わない**」となる。

同 相性・合う・ちょうどよい・～的・ぴったり

使い方例
洋服＋似合う＝**洋服が似合う**
カップル＋似合う＝**似合いのカップル**

匂い
におい

右手の人差し指と中指を伸ばして、指先を鼻の穴に近づける。

前から見たとき

解 鼻から匂いをかぐ様子を表す。

参 指先を2～3回鼻に近づけると「**ガス**」「**空気**」「**呼吸**」の意味になる。

同 香り・かぐ

使い方例
- よい＋匂い＝**いい匂い**
- 花＋匂い＝**花の匂い**
- 匂い＋ついでに＝**匂いつき**
- 体＋匂い＝**体臭**

苦い
にがい

右手を軽くわん曲させて口の前に持っていき、回す。

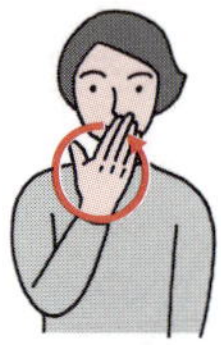

甘い

解 口の中が苦い様子から。

反 右手をまっすぐにして同様に回すと、「**甘い**」となる。

同 辛い・カレー・塩辛い

使い方例
- 薬＋苦い＝**苦い薬**
- お茶＋苦い＝**苦いお茶**
- コーヒー＋苦い＝**苦いコーヒー**
- 少し＋苦い＝**ほろ苦い**

苦手
にがて

右手の手のひらを鼻にあてる。

得意

反 「**得意**」は、右手の親指と小指を立てて、親指を鼻の上におき、前に出す。

使い方例
- わたし＋スポーツ＋苦手＝**わたしはスポーツが苦手です**
- 彼＋苦手＝**彼は苦手**
- 苦手＋遠慮＝**謙虚**

ニキビ
にきび

すぼめた両手をニキビがある部位にポツポツとおく。

解 顔にブツブツがある様子を表す。

参 ここでは、顔ということで表現しているが、背中のニキビならば、背中にポツポツとおくようにする。

同 そばかす・できもの・はしか・発疹

使い方例
- 風＋ニキビ＝**風疹（ふうしん）**
- ニキビ＋顔＝**ニキビ顔**
- ニキビ＋残る＝**ニキビ跡**

肉　にく

右手の親指と人差し指で左手の甲をつまむ。

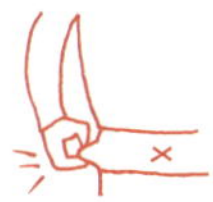

解 皮をつまむことで、肉の意味を表す。

参 食用の肉には使えるが、「体の肉づきがよい」などと表す場合には使えない。

同 皮

使い方例
- 豚＋肉＝**豚肉**
- 牛＋肉＝**牛肉**
- 馬＋肉＝**馬肉**
- 肉＋～など＝**肉類**

逃げる　にげる

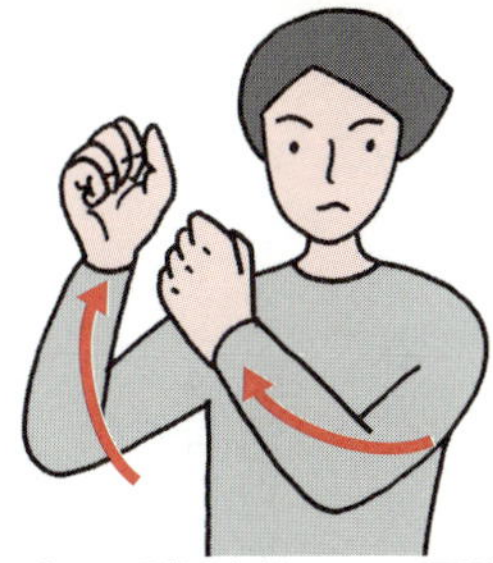

両手でこぶしを作って、同時に斜め上に上げる。

解 逃げる様子を表す。

同 サボる・脱出・逃走

使い方例
- 食べる＋逃げる＝**食い逃げ**
- 授業＋逃げる＝**授業をサボる**
- 逃げる＋多い＝**逃げてばかり**

西　にし

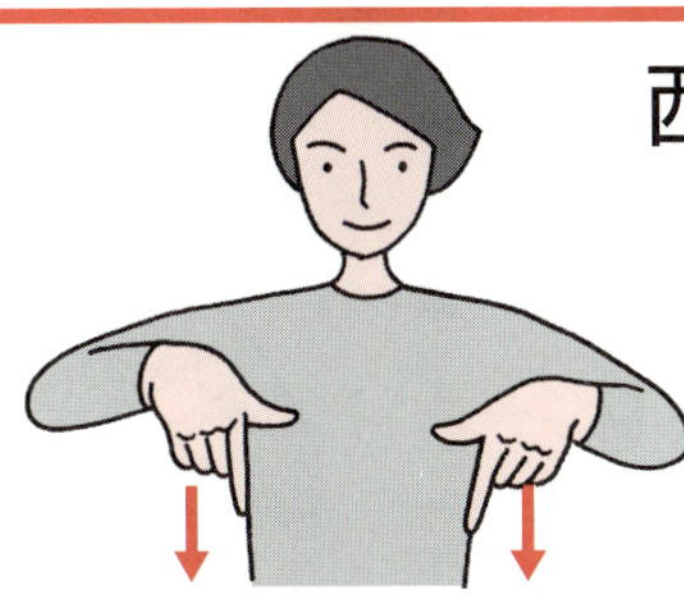

両手の親指と人差し指を伸ばして下に向け、下げる。

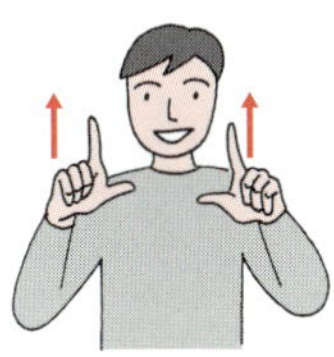

東

参 2回下げると、「**京都**」になる。

反 両手を上げると「**東**」になり、上に2回上げると「**東京**」になる。

使い方例
- 東＋西＝**東西**
- 西＋海外＝**西海岸**
- 西＋村＝**西村**
- 西＋田＝**西田**

虹　にじ

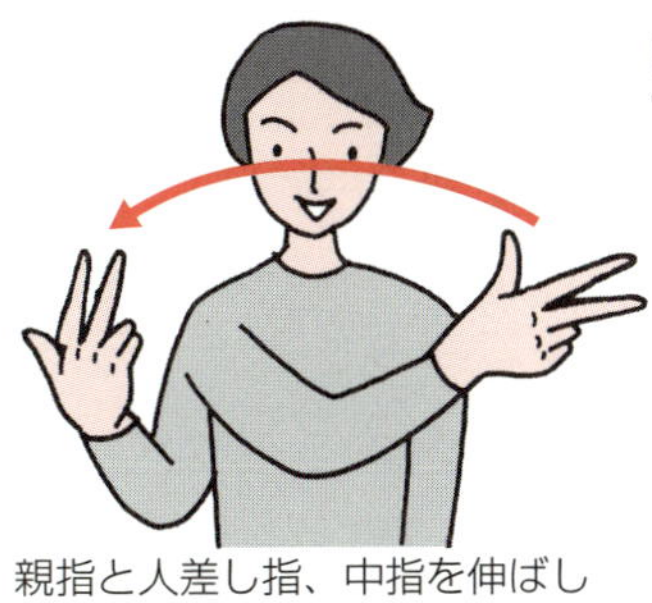

親指と人差し指、中指を伸ばした右手で右に大きく弧を描く。

解 指文字の「7」で、弧は虹の形を表す。

参 親指だけを曲げた右手で、弧を描く表現もある。

同 虹が出る・レインボー

使い方例
- 虹＋色＝**レインボーカラー**
- 虹＋見る＝**虹を見る**
- 滝＋虹＝**滝の虹**

〜日間
にちかん

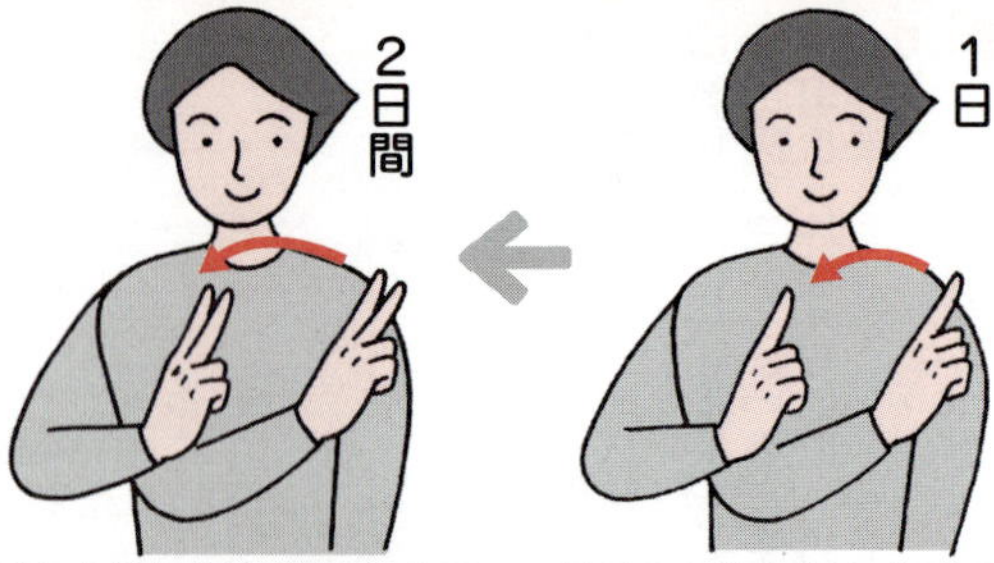

右手の人差し指を立てて、左胸、右胸と順におく。

右手の人差し指と中指を立てて、左胸、右胸と順におく。

参「1日」「2日間」の意味。同様に、3本の指を立てて「**3日間**」、4本の指を立てて「**4日間**」と表現できる。

使い方例
1＋泊まる＋2日間＝**1泊2日**
2日間＋定める＝**2日間限定**

日曜日
にちようび

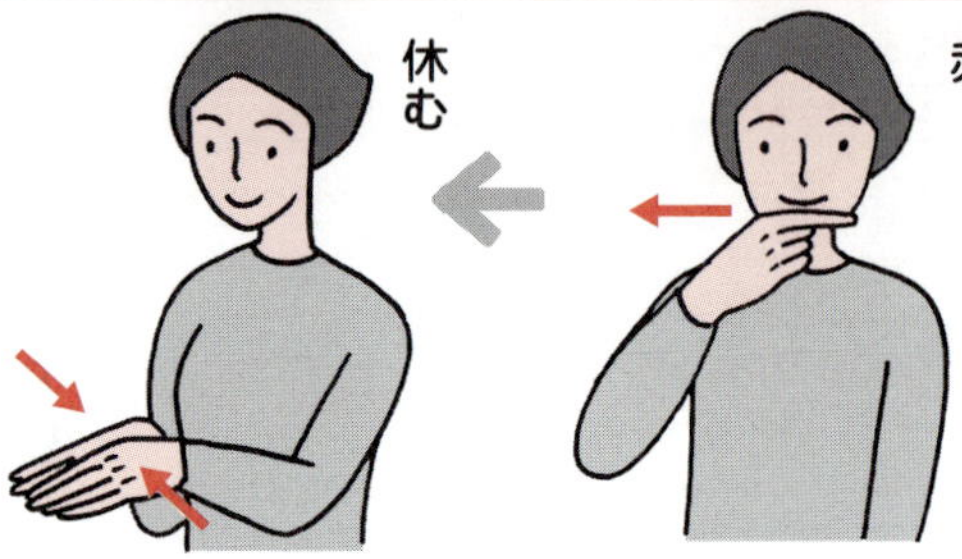

右手の人差し指を、くちびるにあてて右に引く。

両手の手のひらを下に向けて左右から寄せる。

解 カレンダーで日曜日が赤色になっていることが多いことから。

同 休む…休日・休み

使い方例
毎週＋日曜日＝**毎週日曜日**
土曜日＋日曜日＝**週末**
第一＋日曜日＝**第一日曜日**
日曜日＋〜だけ＝**日曜日のみ**

日記
にっき

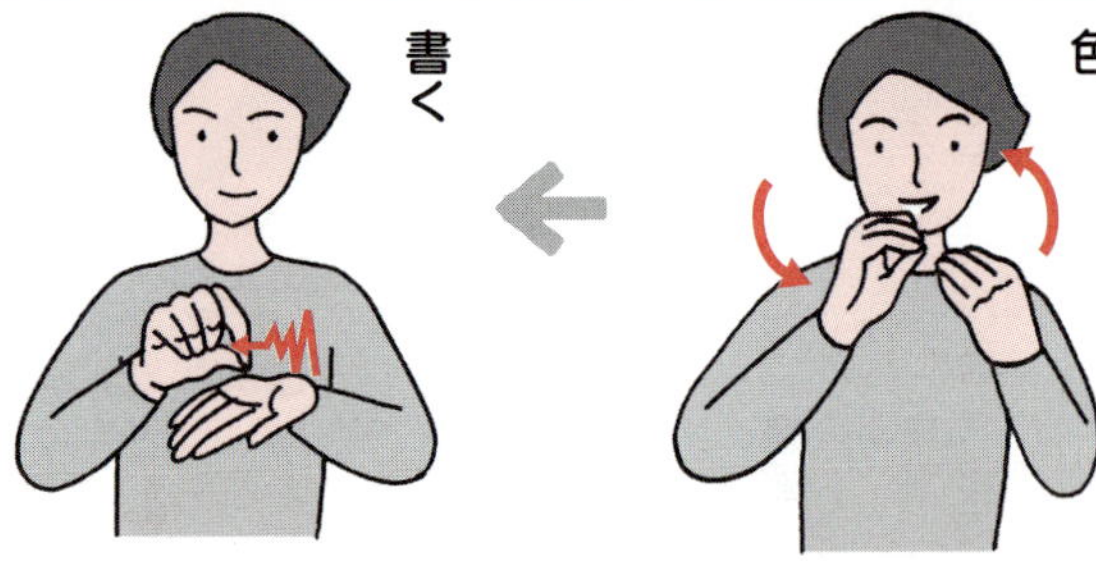

両手をすぼめて合わせ、互い違いにねじる。

右手でペンを持って左手に何かを書くように動かす。

同 書く…鉛筆・記録・サイン・筆談・ペン

使い方例
日記＋本＝**日記帳**
絵＋日記＝**絵日記**
交換＋日記＝**交換日記**

鈍い
にぶい

左の人差し指を、わん曲させた右手で下からおおう。

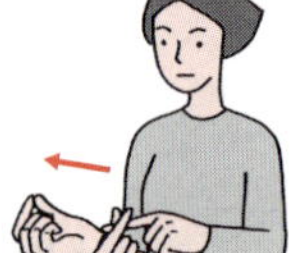

鋭い

反「**鋭い**」は、右手の親指と人差し指で、左手の人差し指を引っ張るようにする。

使い方例
頭＋神＋鈍い＝**神経が太い**
感じる＋鈍い＝**勘が鈍い**

にほん
日本

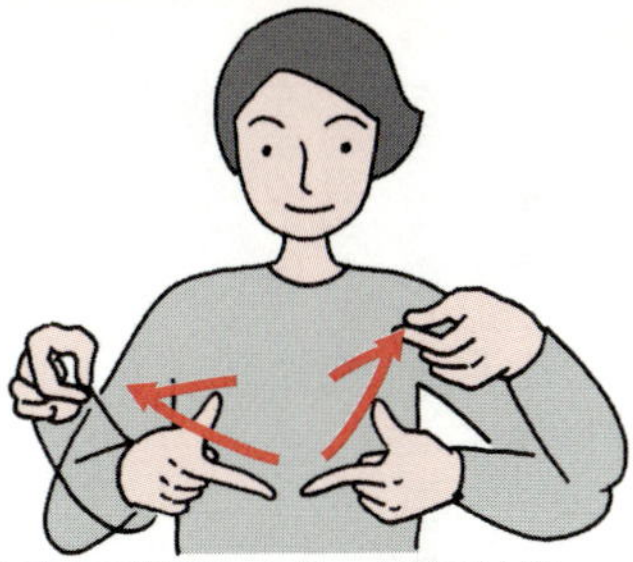

両手の親指と人差し指を伸ばし、左右に引きながらつける。

解 日本列島の形を表す。

同 国・全国

使い方例
日本＋食べる＝**和食**
日本＋料理＝**日本料理**
日本＋風＝**和風**
日本＋人②＝**日本人**

にほんご
日本語

日本

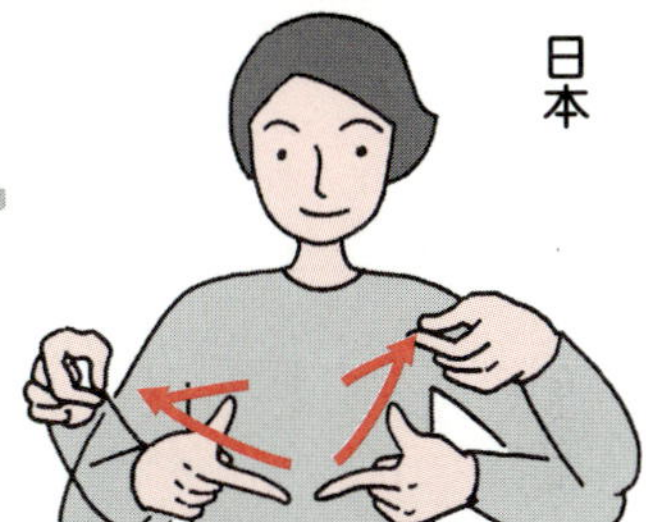

両手の親指と人差し指を伸ばし、左右に引きながらつける。

語

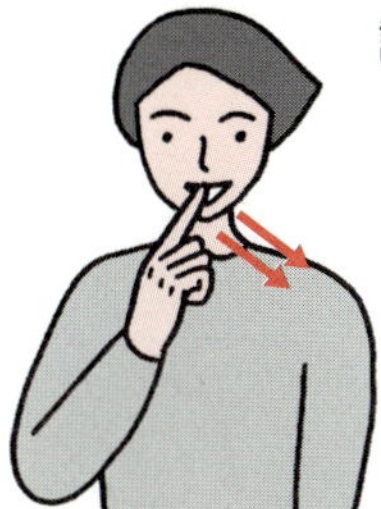

右の人差し指を口元におき、2回前に出す。

参 中国語やドイツ語、フランス語など、外国語は「国名＋語」で表現。ただし、「英語」は「イギリス」だけで表現する。

同 日本…国・全国

にほんしゅ
日本酒

日本

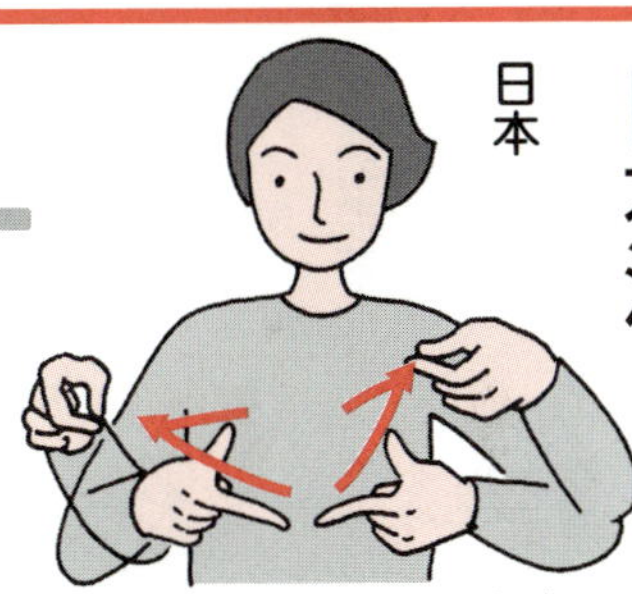

両手の親指と人差し指を伸ばして、左右に引きながらつける。

酒

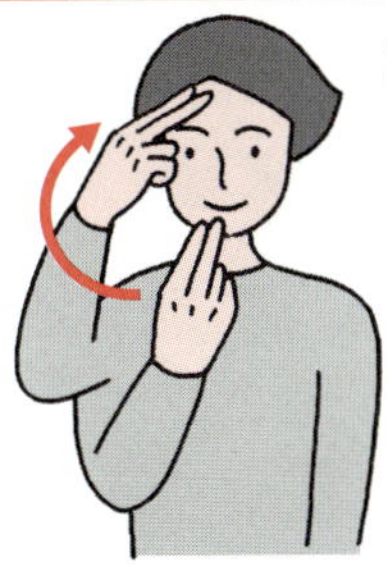

右手の人差し指と中指をあご、ひたいの順におく。

参 「酒」だけでも表現できる。

同 日本…国・全国

使い方例
熱い＋日本酒＝**熱燗（あつかん）**
寒い＋日本酒＝**冷酒**

にもつ
荷物

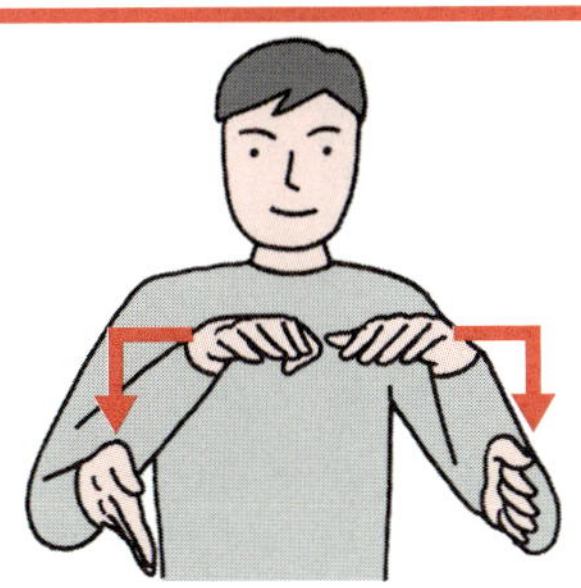

両手の手のひらを下にして合わせ、左右に引き離し、直角に下げる。

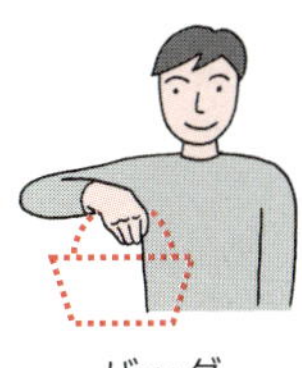

バッグ

解 四角い物を描く。

参 バッグを持つ動作で表す「バッグ」を使うときもある。

使い方例
荷物＋お願い＝**荷物預かり**
荷物＋大きい＝**大荷物**
荷物＋重い＝**荷物が重い**

にゅういん

入院

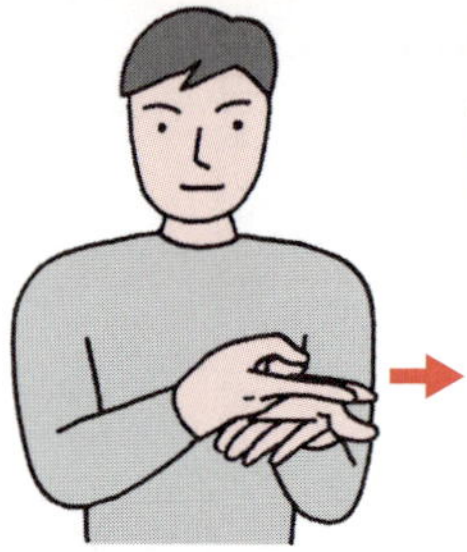

右手の人差し指と中指を伸ばして左手にのせ、前に出す。

ほかの表現

解 左手をベッド、右手を人に見立て、人がベッドに横たわる様子から。

参 左手の下に右手をもぐり込ませる表現もある。

反 左手に人差し指と中指を伸ばした右手をのせ、手前に引くと、「**退院**」となる。

使い方例

入院＋お金＝**入院費**
調べる＋入院＝**検査入院**
入院＋要らない＝**入院不要**
入院＋中＝**入院中**

にゅうがく

入学

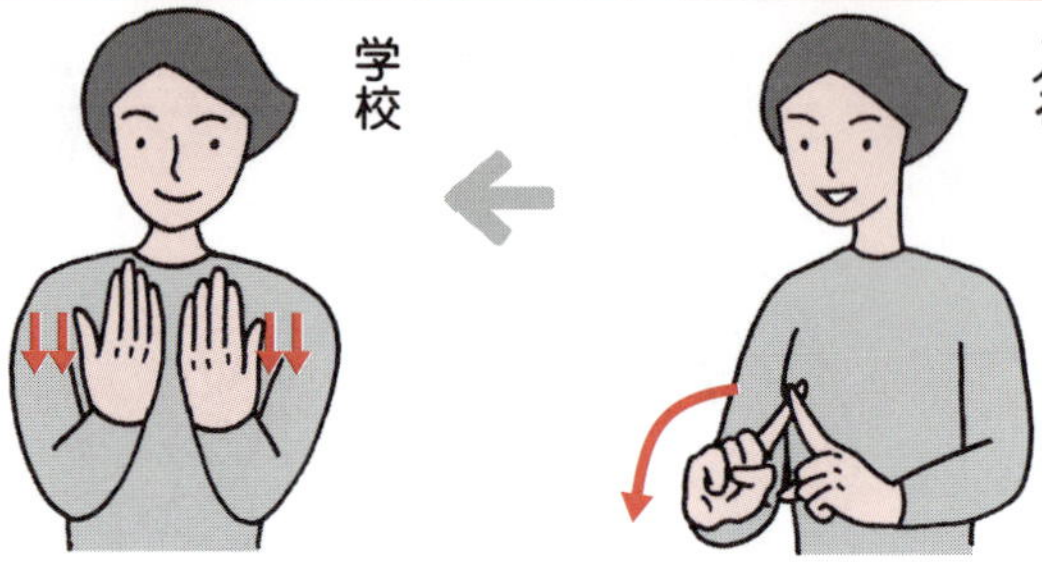

両手の人差し指で、自分から見て「入」の形を作り、前に倒す。

両手を並べて手のひらを顔に向け、2回軽く下げる。

解 入る…漢字の「入」の形を表す。
学校…本を読んで勉強する様子を表す。

同 入る…入れる
学校…授業・勉強・学ぶ

にゅーす

ニュース

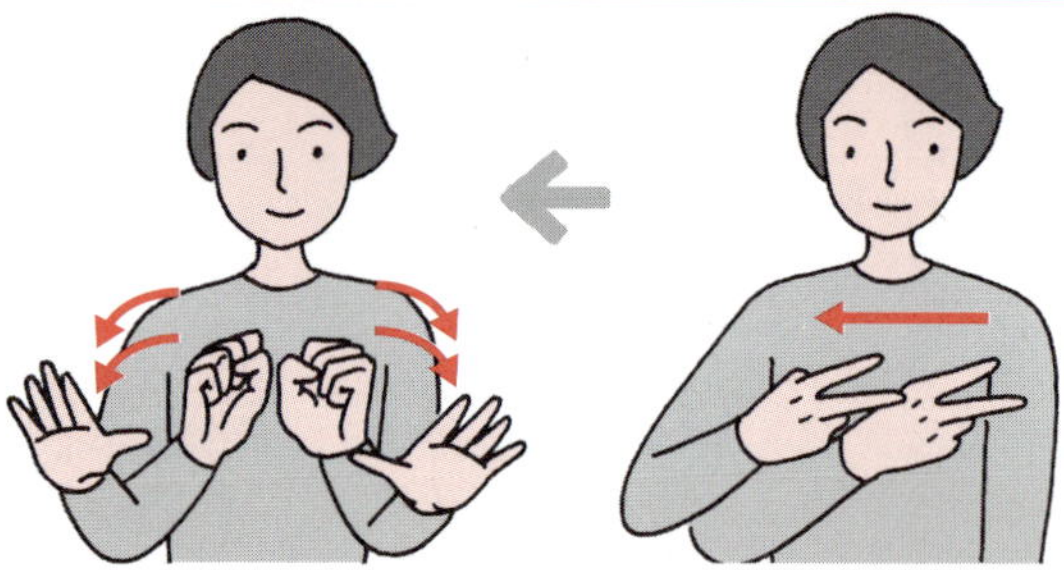

右手の人差し指と中指を横に伸ばし、右に引く。

握った両手を前に2回、パッパッと開く。

参 最初の動きは両手で表してもよい（両手の2指を伸ばして左右におき、引き離す）。

使い方例

手話＋ニュース＝**手話ニュース**
特別＋ニュース＝**臨時ニュース**

にらむ

にらむ

右の親指と人差し指、中指を開いて顔の前におく。

3指をぐっと曲げる。

解 視線が険しい様子から。

参 両手の人差し指と中指の指先を向かい合わせて交互に回すと、「**にらみ合う**」となる。

使い方例

にらむ＋怖い＝**にらむから怖い**
にらむ＋顔＝**にらんだ顔**
にらむ＋くせ＝**にらむくせ**

にる
似る

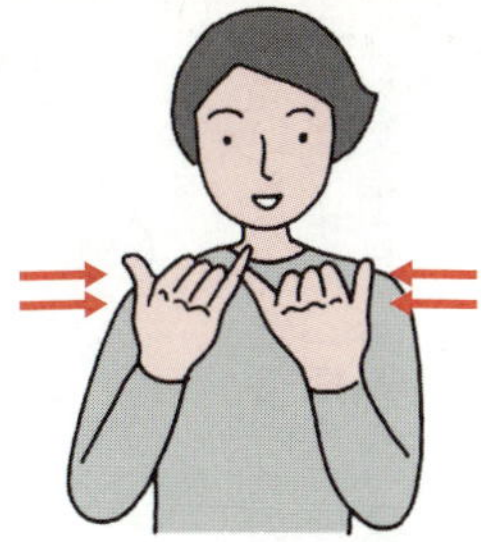

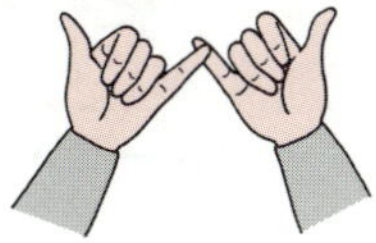
手前から見たとき

手のひらを手前に向けた両手の親指と小指を立て、小指同士を２回触れ合わせる。

同 親戚・～みたい

使い方例
似る＋ない①＝**似たところがない**
父＋顔＋似る＝**父親似**
赤ちゃん＋似る＝**子どもっぽい**

にる
煮る

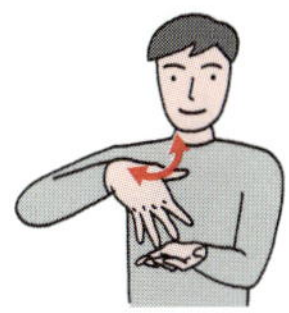
炒める

わん曲させた左手の甲に右手の指を下から２～３回あてる。

解 左手は鍋、右手は火に見立て、鍋に火をあてる様子から。

参 「**炒める**」は、左手に右手を垂らして前後に動かして表現する。

同 煮込み・煮物・焼く・ゆでる

使い方例
肉＋煮る＝**肉じゃが**
煮る＋卵＝**ゆで卵**
煮る＋うどん＝**煮込みうどん**
煮る＋魚＝**煮魚**

にわ
庭

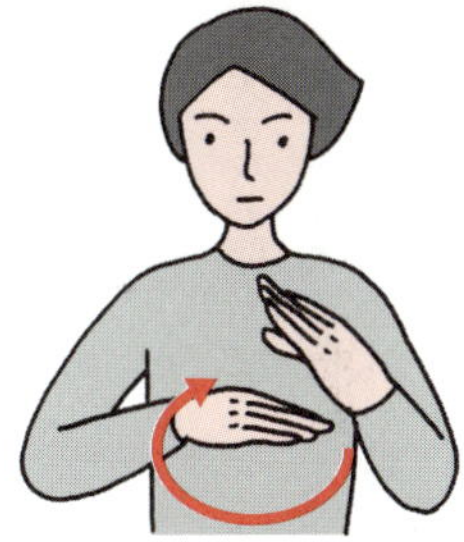

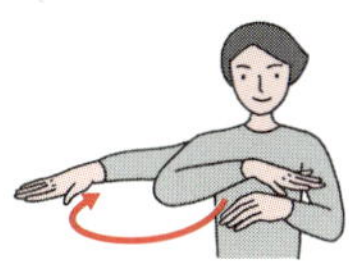
大陸

左手の下で、右の手のひらを下に向けて、水平に右に回す。

解 家の中の敷地を意味する。

参 わん曲させた左手の上で水平に回すと、「**大陸**」となる。

同 テラス・庭先

使い方例
遊ぶ＋庭＝**遊園**
庭＋遊ぶ＝**庭で遊ぶ**
家＋庭＝**家庭**
庭＋狭い＝**狭い庭**

にんき（がある）
人気(がある)

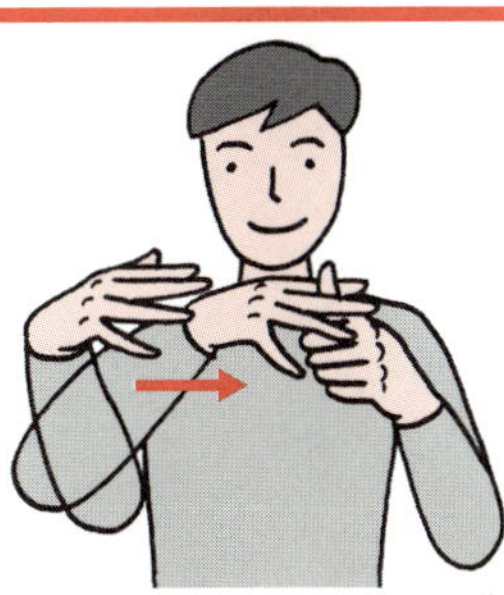

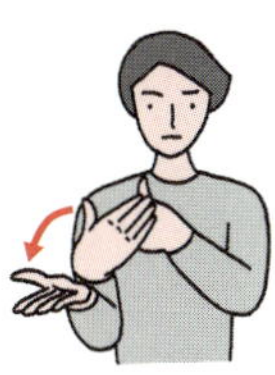
人気がない

左手の親指を立て、右手の指を開いて左手に寄せていく。

解 右手を寄せていくことで、「思いを寄せる」ことを表す。

反 右手を前に倒して手のひらを上にすると、「**人気がない**」となる。

同 ファン

使い方例
人気＋上がる＝**人気上昇**
人気＋下がる＝**人気が落ちる**
人気＋男(女)＝**人気者**
人気＋旅館＝**人気旅館**

人形

にんぎょう

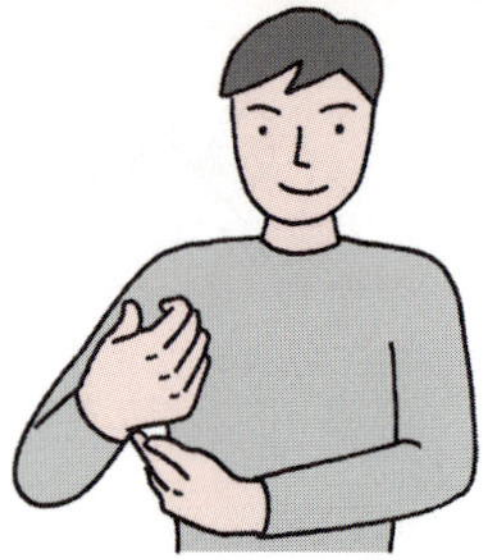

両手で人形を抱くしぐさをする。

抱く

参 ぬいぐるみなどは、その形で表す。また、「**抱く**」は両手を交差させて抱き合う様子で表す。

同 抱っこ

使い方例

古い＋人形＝**アンティークドール**
人形＋芝居＝**人形劇**
人形＋町＝**人形町**

人間ドック

にんげんどっく

人①

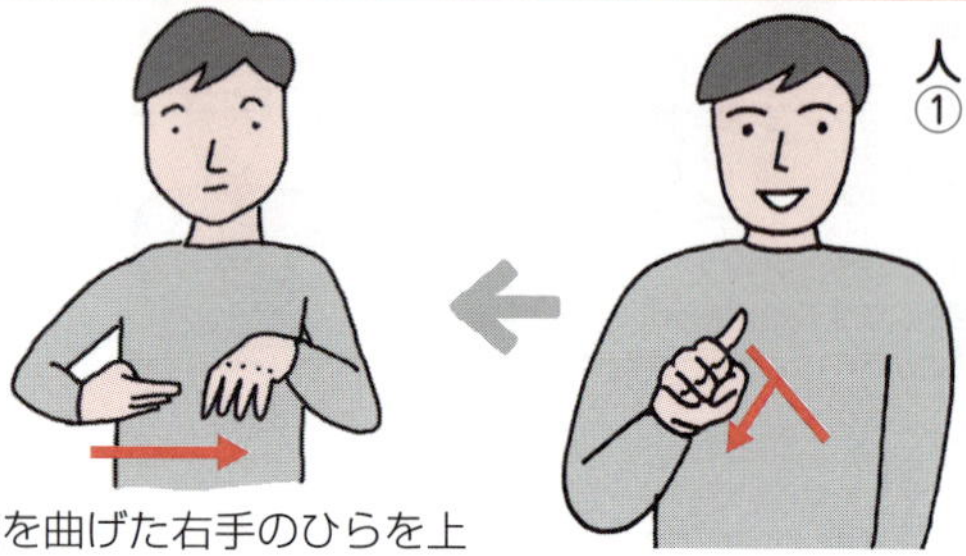

人差し指で、自分から見て、「人」の字を空書する。

親指を曲げた右手のひらを上に向け、わん曲させた左手の下に滑り込ませる。

解 最初の動作は「人①」の手話。次の動作はCTの本体にベッドが入っていく様子を表す。

使い方例

年＋指文字「1」＋人間ドック＋受ける＝**年に1回、人間ドックを受ける**
人間ドック＋調べる＋腫瘍＋発見＝**人間ドックで腫瘍が見つかる**

妊娠

にんしん

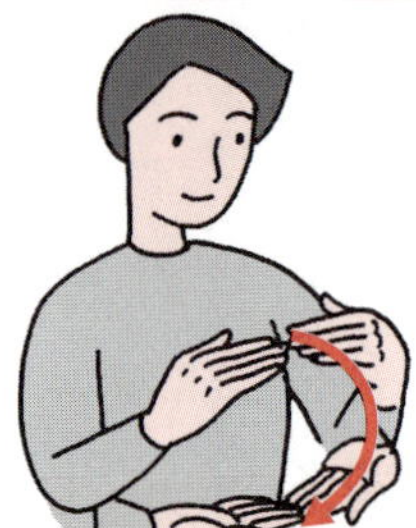

両手の手のひらを下に向けて指先を合わせ、お腹の前で弧を描く。

解 大きなお腹を表す。

参 右手だけで表現してもよい。また、「**出産**」は、両手をすぼめてお腹にあてて、開きながら前に出す。

使い方例

妊娠＋検査＋薬＝**妊娠検査薬**
妊娠＋防ぐ＝**避妊**
妊娠＋女＝**妊婦**
妊娠＋吐く＝**つわり**

ぬ

自分から見た形

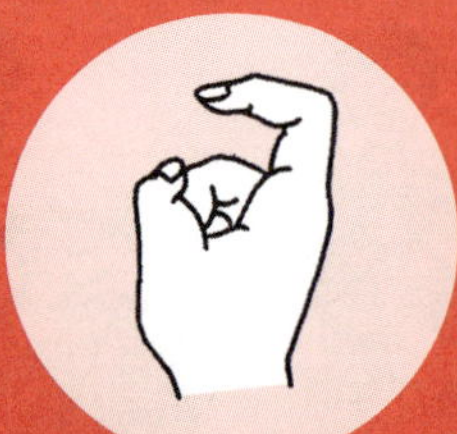

相手から見た形

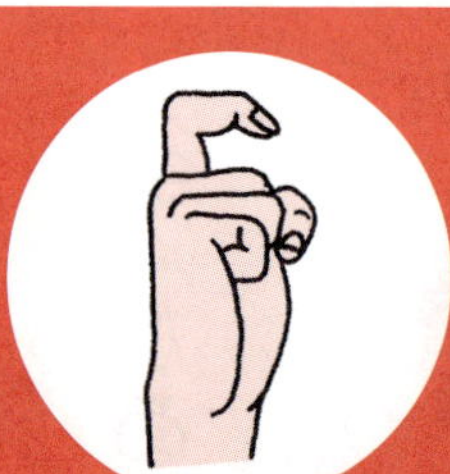

人差し指を曲げて、「盗（ぬす）む」しぐさをする。

縫う（ぬう）

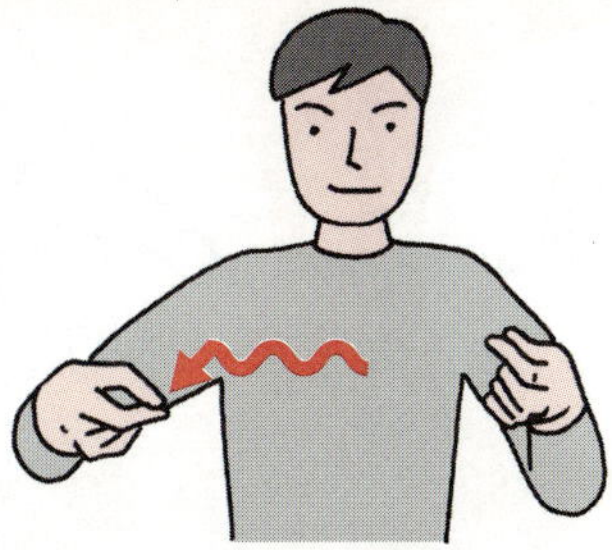
左手で布を持ち、右手で針を持って縫い物をするしぐさをする。

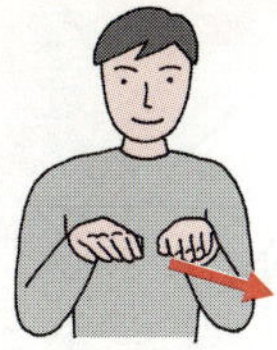
ミシンで縫う

解 縫い物をする様子から。

参 「**ミシンで縫う**」は、両手で布を押さえて前に動かすしぐさで表す。

同 和裁・針

使い方例
縫う＋指文字の「カ」＝**家庭科**
縫う＋大学＝**家政大学**
例えば＋縫う＝**仮縫い**

脱ぐ（ぬぐ）

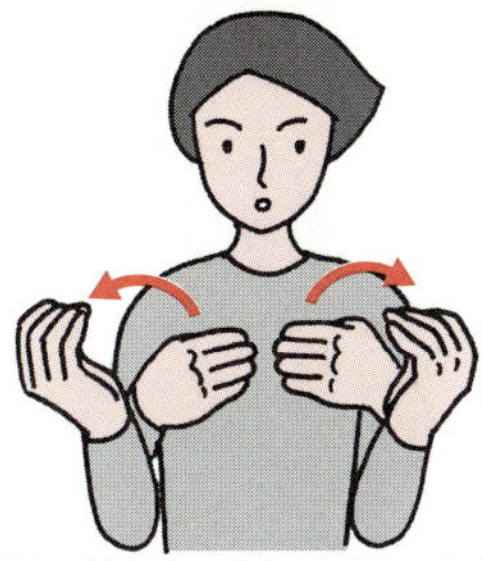
両手をすぼめて胸にあて、左右に開く。

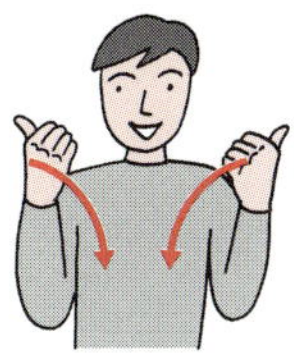
着る

解 服を脱ぐ様子を表す。

反 両手を肩の上から下ろすと「**着る**」。

同 パンツを脱ぐ、靴を脱ぐなどは、それぞれの動作で表現する。

使い方例
脱ぐ＋場所＝**脱衣所**
脱ぐ＋部屋＝**脱衣室**
脱ぐ＋お願い＝**脱いでください**

盗む（ぬすむ）

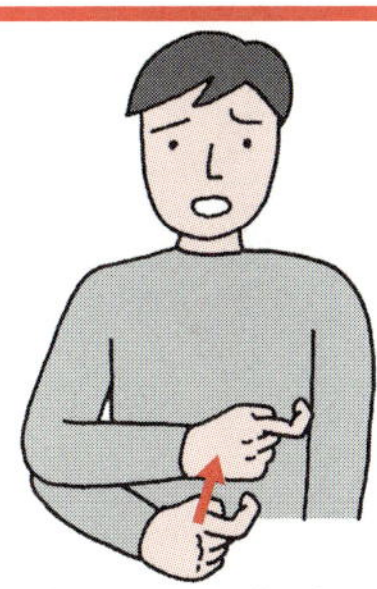
右手の人差し指を曲げて、手前に引く。

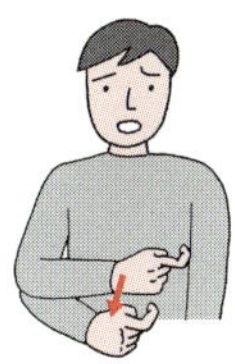
盗まれる

参 「**泥棒**」は、「盗む」を2回表現する。

反 「**盗まれる**」は、同じ形で斜め前に出す。

同 万引き

使い方例
盗む＋品＝**盗品**
時計＋盗む＝**時計を盗む**
盗む＋殺人＝**強盗殺人**

濡れる（ぬれる）

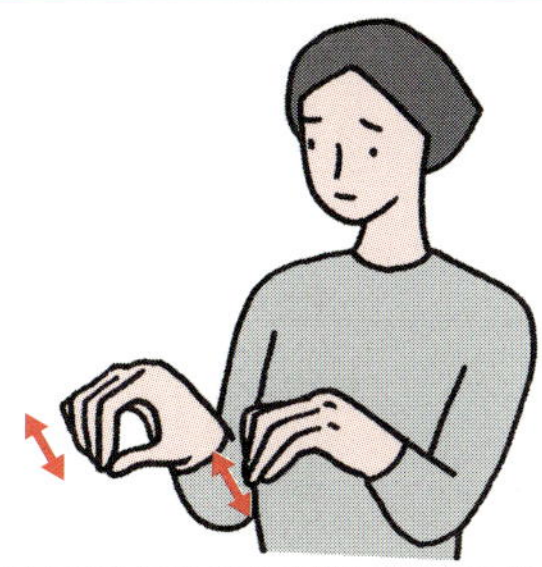
両手の指先を同時につけたり離したりする。

解 水に濡れてベタベタしている様子を表す。

参 交互につけたり離したりすると、「**湿っぽい**」「**沼**」「**蓮**」の意味になる。

使い方例
雨＋濡れる＝**雨に濡れる**
濡れる＋とても＝**びしょ濡れ**

ね

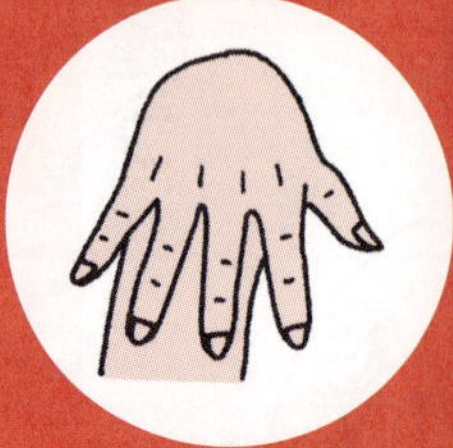

相手から見た形

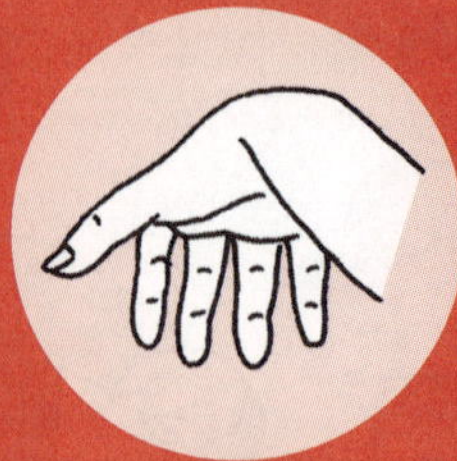

自分から見た形

木や草の「根（ね）」の形になる。

ネクタイ

ねくたい

両手をすぼめて上下におき、右手を上に左手を下に動かす。

解 ネクタイを締める様子を表す。

参 「**蝶ネクタイ**」は、蝶ネクタイの形を表す。また、「ネクタイ」のあと、親指と人差し指でピンをはさむ動きをすると、「**タイピン**」となる。

使い方例
仕事＋ネクタイ＝**サラリーマン**
チェック柄＋ネクタイ＝**チェックのネクタイ**

ねこ

ねこ

右のこぶしを右のほおにおき、手首から軽く前に動かす。

解 ねこが顔を洗う様子を表す。

参 「**犬**」は、両手を頭の両横につけて親指以外の指を前に倒して表現する。

使い方例
ねこ＋（両手の人差し指でねこの耳の形を描く）＝**キティちゃん**
山＋ねこ＝**山ねこ**

値下げ

ねさげ

両手の親指と人差し指で輪を作り、同時に斜め下に下げる。

値上げ

解 両手の輪はお金を意味し、値段が下がる様子を表す。

参 両手の輪を人差し指にすると「**バーゲン**」となる。

反 「**値上げ**」は、輪を斜め上に上げる。

同 値引き

使い方例
株＋値下げ＝**株価が下がる**
値下げ＋品＝**見切り品**
家＋お金＋値下げ＝**家賃が安くなる**

ねずみ
ねずみ

右手の人差し指と中指をそろえて、口の前で曲げる。

解 ねずみの歯を表す。

同 グレー

使い方例
- 干支＋ねずみ＝**子（ねずみ）年**
- 明るい＋ねずみ＝**ライトグレー**
- 白＋ねずみ＝**ハムスター**

妬む
ねたむ

右手の人差し指と中指を、交互に鼻先に付けたり離したりする。

恨む

同 焼きもち・嫉妬する

使い方例
- 恋＋妬む＝**恋敵**
- 負ける＋妬む＝**負け惜しみ**
- うらやましい＋妬む＝**うらやむ**

熱
ねつ

右手の親指と人差し指をつけて左脇におき、人差し指をはね上げる。

熱が下がる

参 脇の下で熱を測ることから、脇の下の位置で表現する。

反 「**熱が下がる**」は、開いた親指と人差し指を閉じる。

同 熱がある・熱が上がる

使い方例
- 熱＋普通＝**平熱**
- 熱＋高い＝**高熱**
- 熱＋ずっと＝**熱が続く**

熱心
ねっしん

親指と人差し指をつけて左脇におく。

人差し指をはね上げて、前に出す。

解 熱があるということから。

参 頭の横に両手を立てておき、前後に動かす「**一生懸命**」でも表現できる。

使い方例
- 仕事＋熱心＝**仕事熱心**
- 勉強＋熱心＝**熱心に勉強する**
- 熱心＋合う＝**積極的**

ネットワーク
ねっとわーく

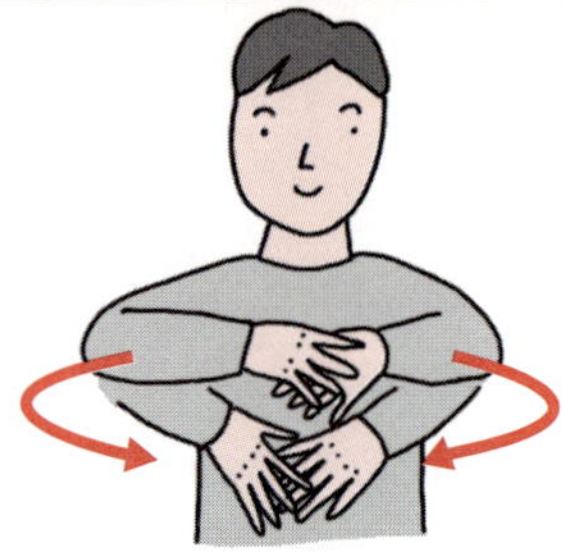

指先を開いた両手のひらを下に向けて、平泳ぎの手と逆回しに前に出す。

解 網の目が広がっている様子を表す。

使い方例

ネットワーク＋仕事＝**ネットワークビジネス**

情報＋ネットワーク＝**情報網**

寝坊
ねぼう

右手のこぶしをこめかみにあてて、頭を傾けて右に引く。

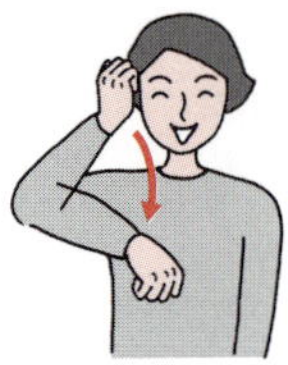

朝

解 枕を外す様子から。

参 右に引かずに下げると、「**朝**」「**おはよう**」となる。

使い方例

朝＋寝坊＝**朝寝坊**

寝坊＋遅刻＝**寝坊して遅刻する**

眠る
ねむる

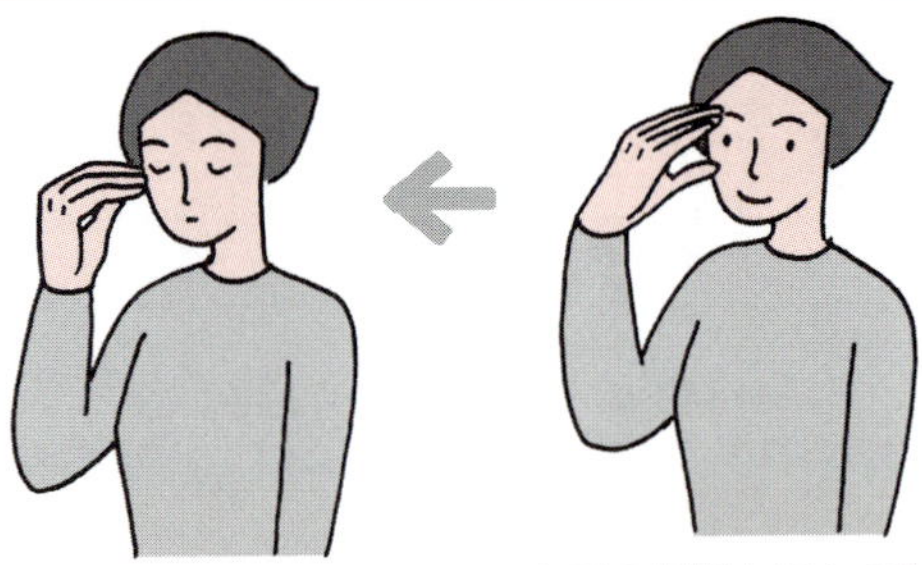

右手の親指とほかの指を離し、右目に向ける。

右手の指を閉じる。

解 目が閉じる様子を表す。

反 合わせた指を離したりつけたりすると、「**眠れない**」になる。

同 睡眠・眠い

使い方例

眠る＋足りない①＝**睡眠不足**

眠る＋時間②＝**睡眠時間**

眠る＋防ぐ＝**眠気防止**

眠れない＋病気＝**不眠症**

年
ねん

左手を丸めて筒状にし、右手の人差し指をポンとあてる。

解 左手は木の年輪を表す。

参 左手の筒を上方において同様に表現すると、「目標」となる。

同 あたる・ため・目的

使い方例

2千＋年＝**2千年**

今＋年＝**今年**

年＋あと＝**～年後**

年＋越える＝**年越し**

ねんがじょう

年賀状

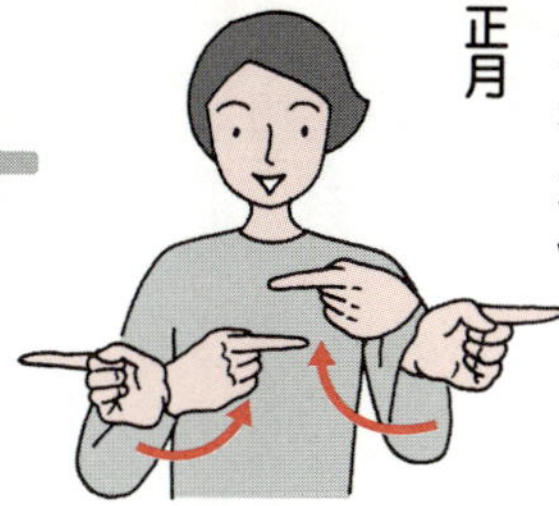

両手の人差し指を伸ばし、手首をひねって真ん中に持ってくる。

右手の人差し指と中指に左手の人差し指をつける。

解 正月…一月一日を表す。郵便…郵便局の〒マーク。

参 「正月＋四角」で表すこともできる。

使い方例
年賀状＋宝くじ＝**年賀状の宝くじ**
年賀状＋押す(390頁参照)＝**年賀スタンプ**

ねんきん

年金

左手を丸めて筒状にし、右手の人差し指をポンとあてる。

右手の親指と人差し指で輪を作り、軽く振る。

解 年…丸めた左手は「年輪」を表す。

同 年…あたる・ため・目的
お金…金曜日・値段・料金

使い方例
国＋人々①＋年金＝**国民年金**
年金＋制度＝**年金制度**
年金＋生活＝**年金生活**

ねんざ

ねんざ

両手の手のひらを合わせる。

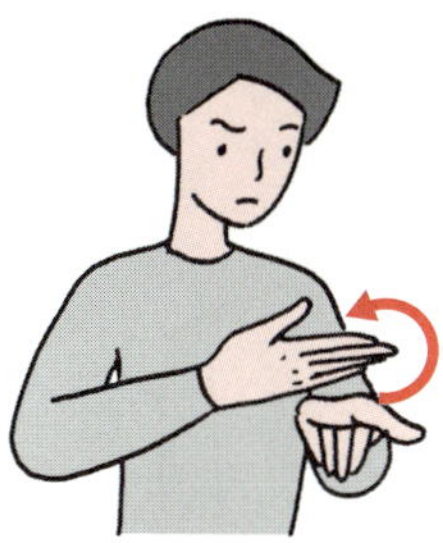

手首をひねって、右手を手前に返す。

参 足のねんざの場合の表現。指のねんざは、指を甲側に倒して表し、手のねんざは、手をねじって表現する。

使い方例
試合＋ねんざ＝**試合でねんざする**
ねんざ＋痛い＝**ねんざで痛い**

ねんど

年度

左手を丸めて筒状にし、右手の人差し指をポンとあてる。

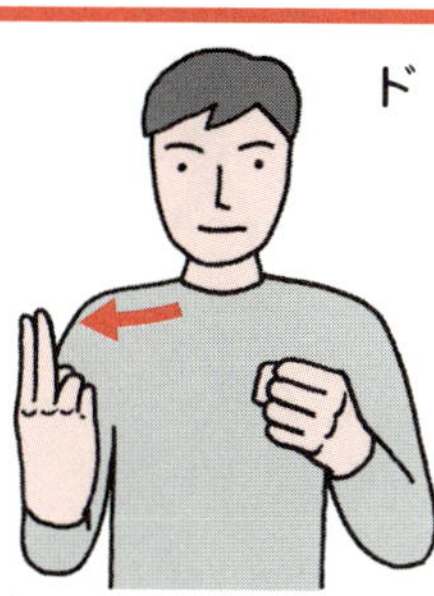

右手の人差し指と中指を立てて、右に引く。

同 年…あたる・ため・目的

使い方例
2004＋年度＝**2004年度**
初めて＋年度＝**初年度**
いくつ＋年度？＝**何年度？**

年齢
ねんれい

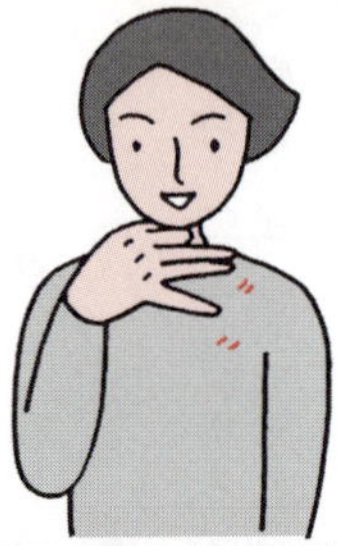

あごの下に手のひらを手前に向けた右手をおき、指を順に折る。

いつ

参 あごの下につけずに、体の前で両手で指を順に折ると**「いつ」**になる。

同 ～歳・年（とし）

使い方例
年齢＋いくつ?＝**何歳?**
年齢＋20＝**20歳**
年齢＋～ぐらい＝**年頃**
年齢＋20＋式＝**成人式**

の

自分から見た形

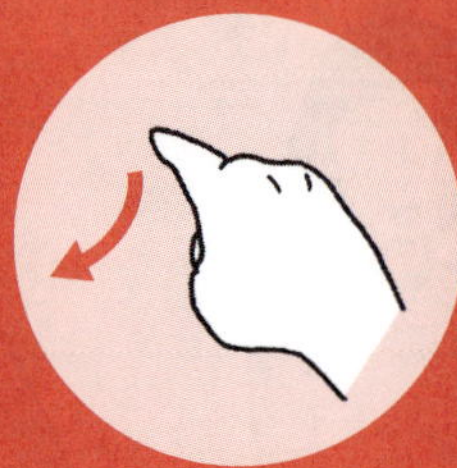

相手から見た形

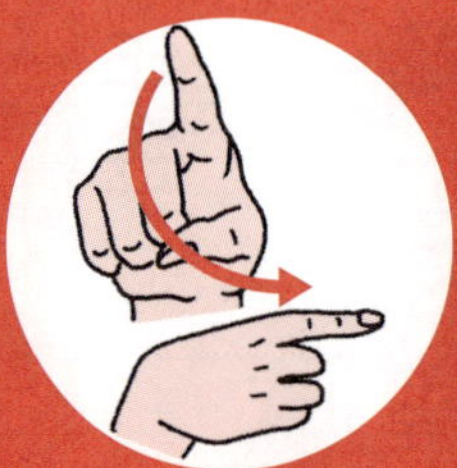

自分から見て、「ノ」と空書する。

ノイローゼ
のいろーぜ

右手の人差し指をこめかみあたりにあてる。

2～3回くるくると回しながら離していく。

解 頭が混乱している様子を表す。

同 狂人

使い方例
子ども＋育てる＋ノイローゼ＝**育児ノイローゼ**
ノイローゼ＋食べる＋過ぎる＋太る＝**ノイローゼで過食になる**

脳
のう

右手の人差し指で頭を指す。

解 頭の中に脳があることから。

同 頭脳

使い方例
脳＋死ぬ＝**脳死**
洗う＋脳＝**洗脳**
脳＋便秘＝**脳梗塞（のうこうそく）**

農業
のうぎょう

両手でこぶしを作って上下におき、2回振り下ろすようにする。

解 鍬（くわ）を振り下ろす様子を表す。

同 耕す・畑

使い方例

農業＋家＝**農家**

農業＋勉強＝**農学**

農業＋林＝**農林**

農業＋大学＝**農業大学**

脳外科
のうげか

右手の人差し指で頭を指す。

左手は何かを押さえるようにし、右手の人差し指を前後に動かす。

解 最初の動作は「脳」の手話。次の動作は切る（手術する）様子を表す。

使い方例

脳外科＋診察を受ける＝**脳外科で診察を受ける**

脳外科＋医者＝**脳外科医**

脳卒中
のうそっちゅう

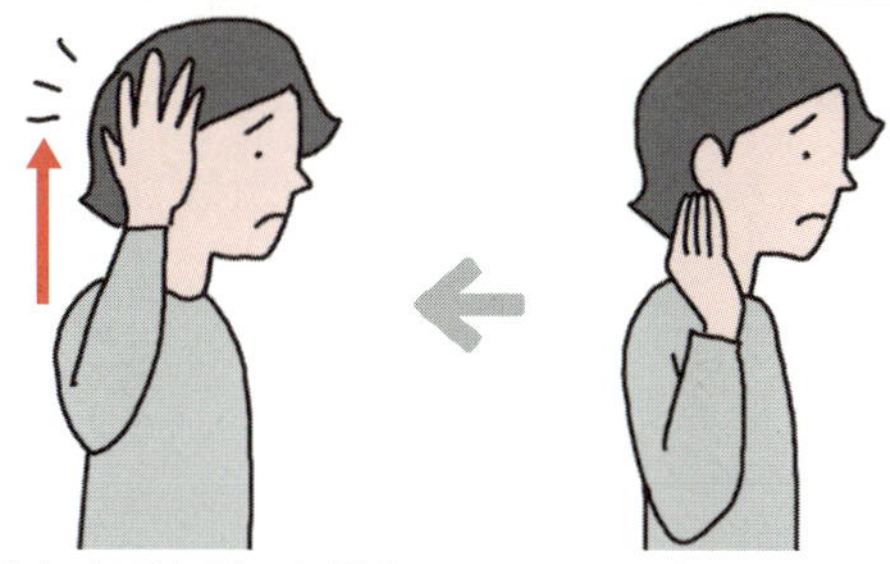

軽くすぼめた右手を、首筋あたりにあてる。

すぼめた右手をパッと開きながら、頭から少し離す。

解 首筋にある血管が破裂する様子を表す。

使い方例

私＋祖父＋脳卒中＋死ぬ＋終わる＝**私のおじいさんは脳卒中で死んだ**

脳卒中＋気をつける＝**脳卒中に注意**

ノート
のーと

両手の手のひらを合わせ、左右に2回開く。

解 ノートを開く様子を表す。

参 1回だけ左右に広げると、「**本**」「**メニュー**」になる。

同 カタログ・雑誌・手帳

使い方例

ノート＋書く＝**ノートを取る**

家＋計算＋ノート＝**家計簿**

スケジュール＋ノート＝**スケジュール帳**

ノートパソコン
のーとぱそこん

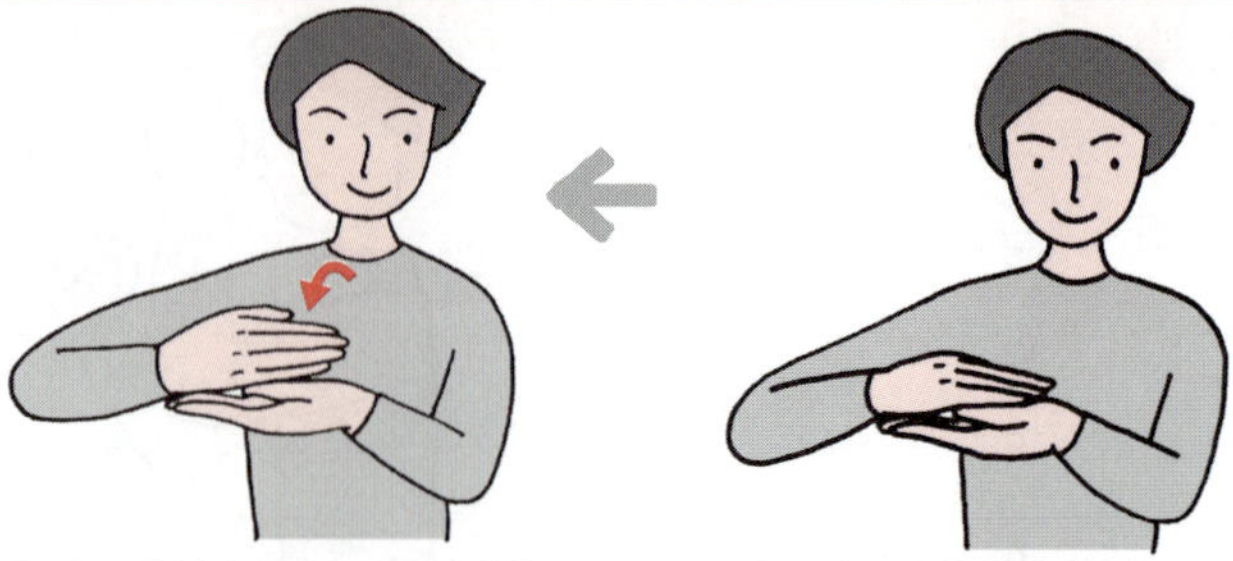

両手の手のひらを合わせる。

右手の手首をひねって、手前に開くようにする。

解 ノートパソコンを開く様子から。

参 「テレビ＋パソコン」で「**デスクトップパソコン**」となる。

残る
のこる

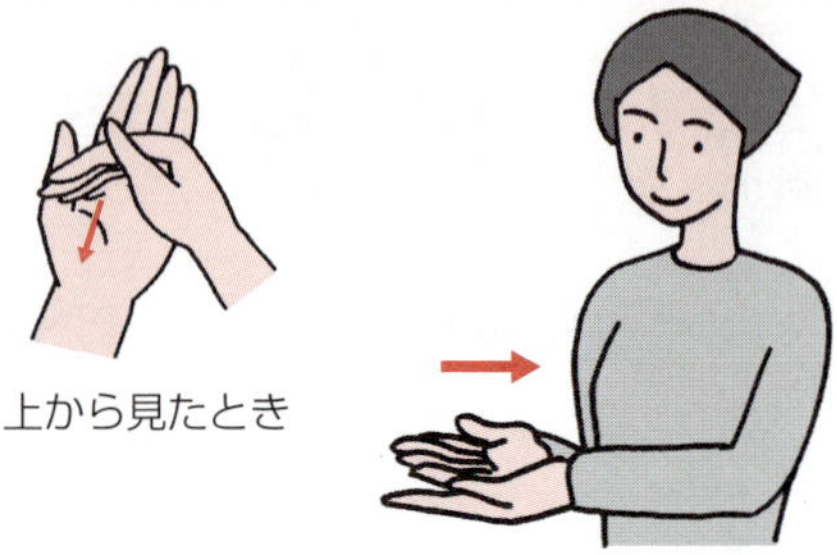

左の手のひらに右手をのせ、すくうように手前に引く。

同 余り・余る・お釣り・残り

使い方例
- 残る＋財産＝**遺産**
- 時間②＋残る＝**残り時間**
- 残る＋お金＝**残金**
- 残る＋ない①＝**残らない**

除く①
のぞく①

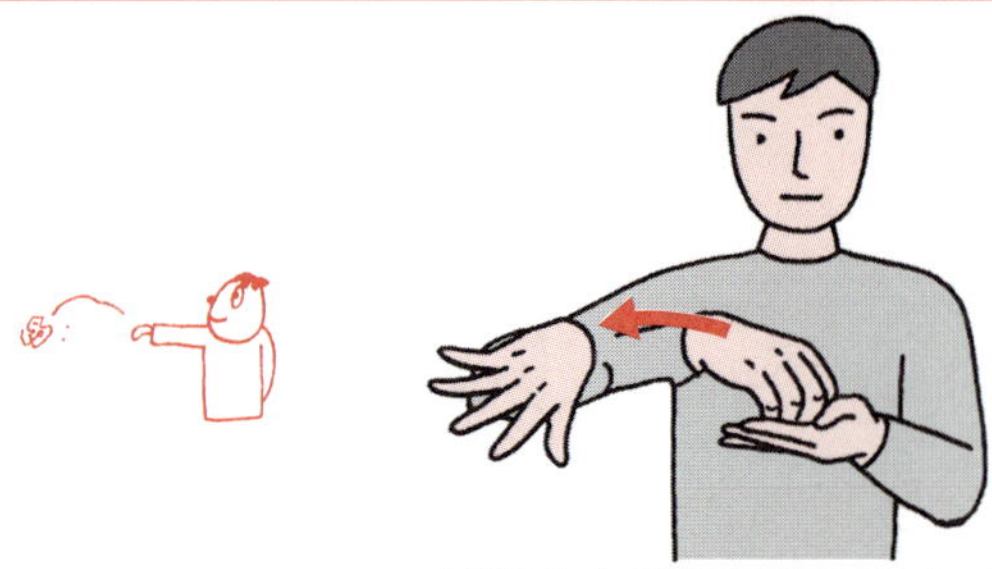

すぼめた右手で左手を引っかく。

解 何かを外す様子から。

同 省く

使い方例
- 説明＋除く①＝**説明を省略する**
- 野菜＋嫌い①＋除く①＝**嫌いな野菜を取り除く**

除く②
のぞく②

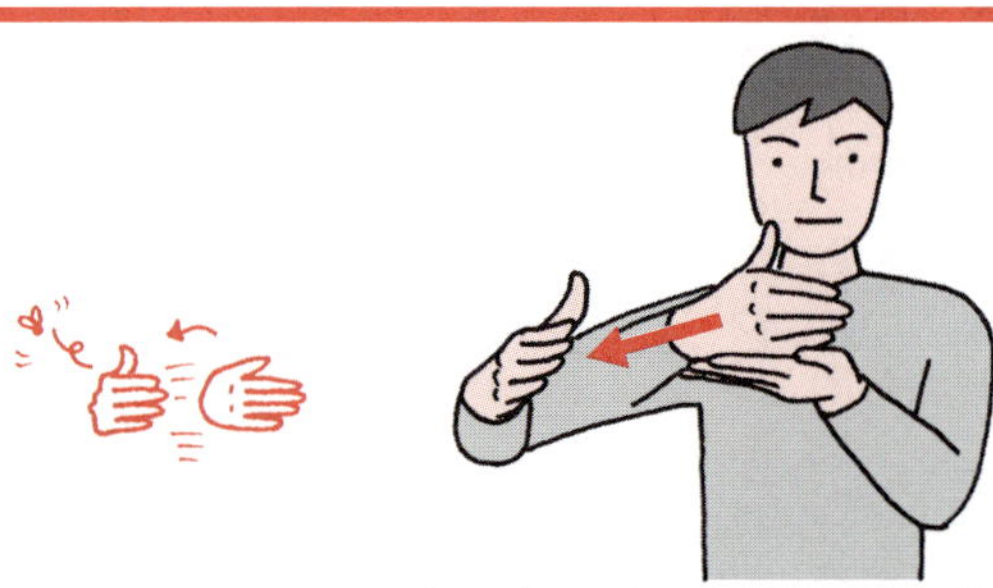

左の手のひらに右手を垂直におき、何かをはじき出すように前に払う。

解 邪魔者を取り払う様子から。

同 退場

使い方例
- 家＋除く②＝**絶縁**
- 仲間＋除く②＝**仲間外れ**
- アパート＋除く②＋命令＝**アパート立ち退き命令**

登る（のぼる）

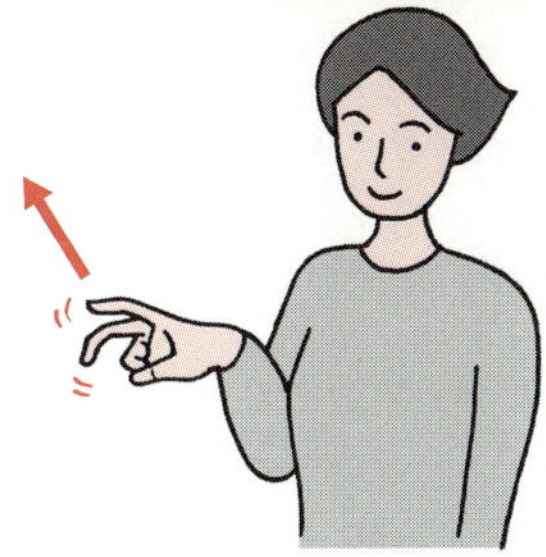

右の人差し指と中指を下に伸ばし、交互に動かし斜めに上げる。

解 人差し指と中指を足に見立て、山に登る様子を表す。

参 斜めに上げないで、そのまま前に動かすと「**歩く**」になる。

使い方例
山＋登る＝**登山**
坂＋登る＝**坂道を上る**
階段＋登る＝**階段を上がる**
登る＋専門＋靴＝**登山靴**

飲み込む（のみこむ）

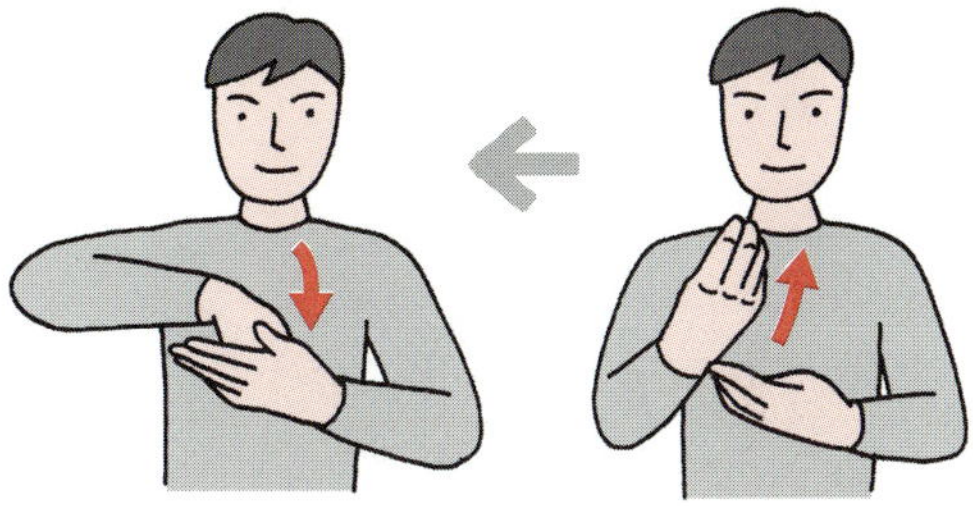

右手をすぼめて口元に持っていく。　右手を左手の中に入れる。

解 何かを飲み込む様子から。

参 薬を飲むときは「薬」のあと、左手を口元に持ってきて、飲むしぐさをしてもよい。

同 受け入れる

使い方例
話す＋飲み込む＝**話を飲み込む**
薬＋飲み込む＝**薬を飲み込む**

飲む（のむ）

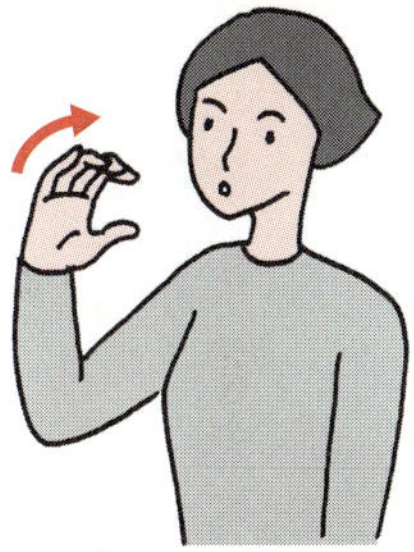

右手の親指とほかの４本の指の間を開いて丸め、口に持ってくる。

解 コップを持って飲む様子を表す。

参 「**お酒を飲む**」はおちょこを持って飲む動作、「**汁物を飲む**」はお椀を持って飲む動作など、いろいろある。

同 飲み物

使い方例
飲む＋何？＝**何を飲みますか？**
飲む＋会＝**飲み会**
飲む＋自由＝**飲み放題**

乗り物（のりもの）

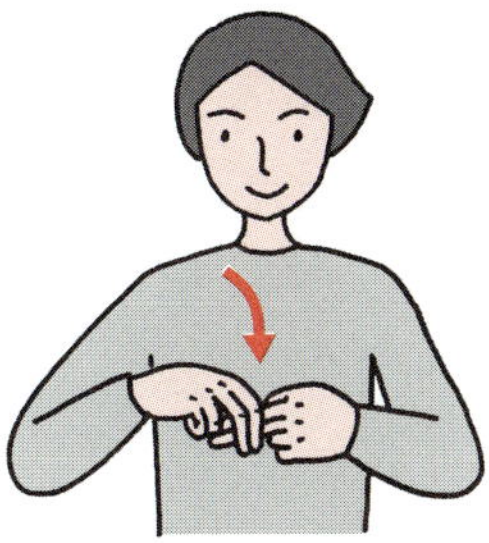

左の人差し指と中指に右の人差し指と中指をのせ、指を曲げる。

解 乗り物の椅子に座っている様子を表す。

参 実際の会話では「電車」「バス」「車」など、具体的な乗り物で表現することが多い。

同 椅子・出席する・座る・席・乗る

使い方例
乗り物＋酔う＝**乗り物酔い**
乗り物＋趣味＝**乗り物が大好きである**

乗る
のる

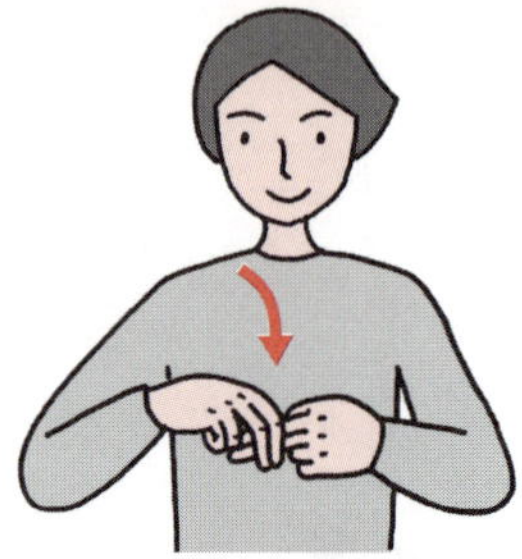

左の人差し指と中指に右の人差し指と中指をのせ、指を曲げる。

解 乗り物の椅子に座っている様子を表す。

同 椅子・出席する・座る・席・乗り物

使い方例
- 乗る＋馬＝**乗馬**
- 電車＋乗る＝**電車に乗る**
- 乗る＋降りる＝**乗り降り**
- 乗る＋場所＝**乗り場**

のんびり
のんびり

両手の手のひらを向かい合わせる。

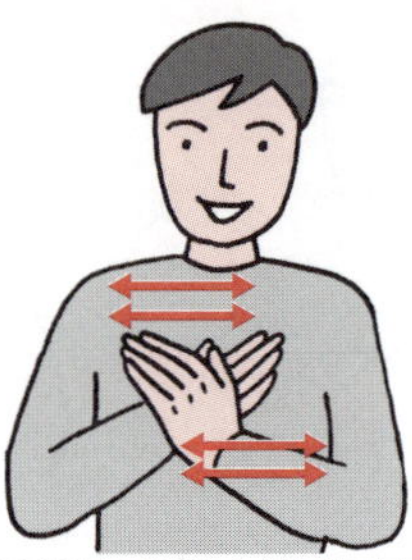

両手を交差させて戻す動作を繰り返す。

同 休憩・しばらく・スペース・当分

使い方例
- 休む＋のんびり＝**休日はのんびりする**
- のんびり＋～したい＝**のんびりしたい**

は

自分から見た形

相手から見た形

人差し指と中指を伸ばして、指先を前に向ける。

歯
は

口を開けて歯を見せながら、右手の人差し指で、自分の歯を指さす。

口

解 体のほかの部分と同じように、人差し指で指さすことで表す。

参 「口」は、右手の人差し指で口のまわりをぐるりと回す。

使い方例
- 歯＋虫＝**虫歯**
- 歯＋脈＋男＝**歯医者**
- 歯＋痛い＝**歯痛**
- 歯＋作る＋資格＝**歯科技工士**

葉

は

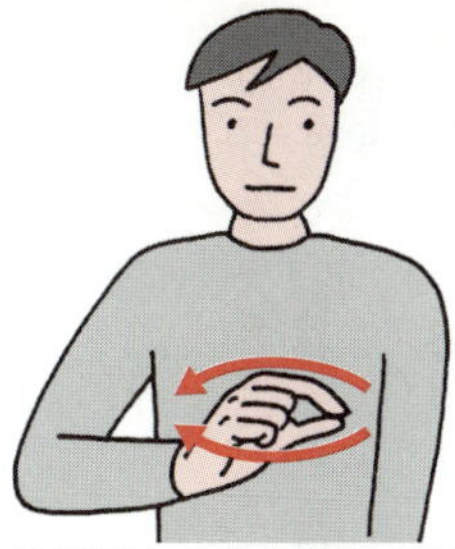

右の親指と人差し指をつけて開き、再びくっつけて、葉の形を描く。

解 葉の形を表す。

参 両手の親指と人差し指で葉の形を作る表現もある。

使い方例

木＋葉＝**木の葉**
桜＋葉＝**桜の葉**
お茶＋葉＝**お茶の葉**
葉＋枯れる＝**葉が枯れる**

バー

ばー

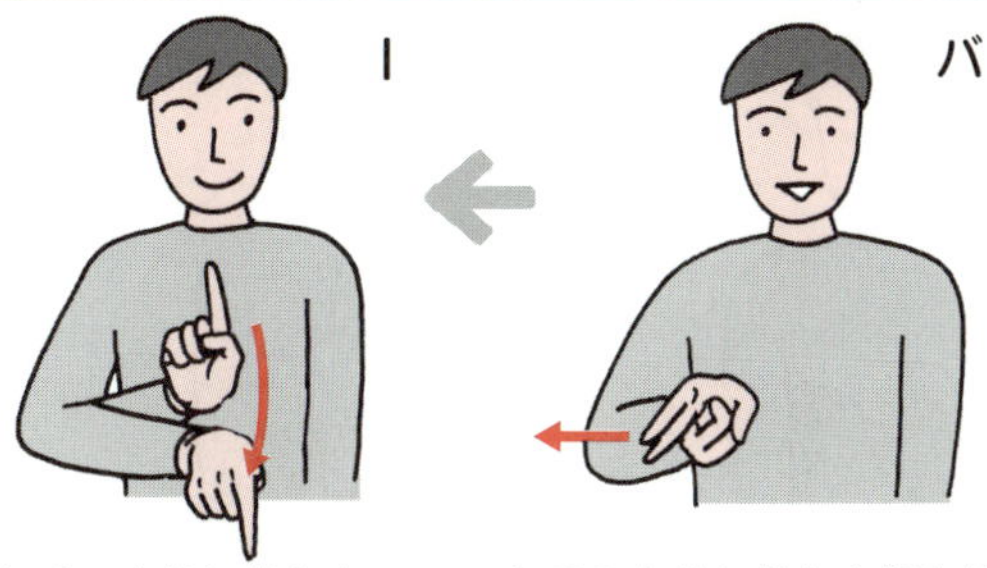

右手の人差し指と中指を伸ばして、右に引く。

右手の人差し指を立てて、下に倒す。

解 指文字で表す。

参 「飲む＋(指文字の)バー」で表現することもできる。

使い方例

おしゃれ＋バー＝**おしゃれなバー**
いつも＋行く＋バー＝**行きつけのバー**

バーゲン

ばーげん

両手の人差し指を伸ばして斜めに並べ、同時に斜め下に下ろす。

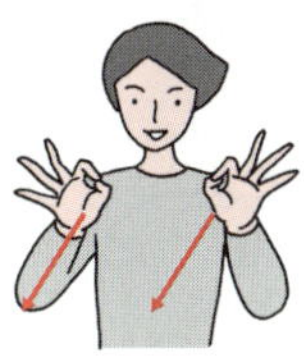

値引き

参 両手の親指と人差し指で輪を作り、斜めに下ろすと「**値引き**」になる。

同 セール

使い方例

正月＋バーゲン＝**正月セール**
夏＋バーゲン＝**夏のバーゲン**
10＋パーセント＋バーゲン＝**10パーセント引き**

パーセント

ぱーせんと

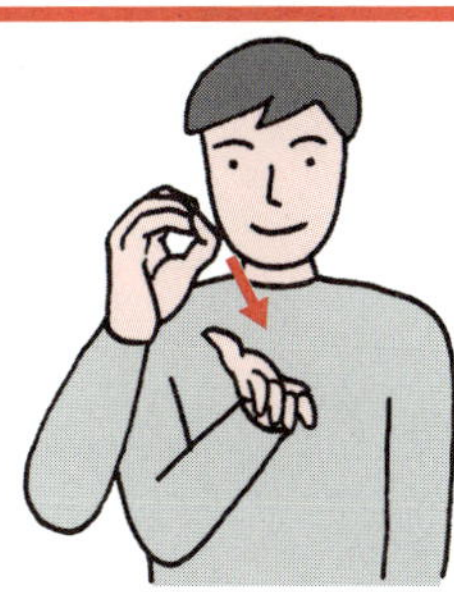

右手で筒を作り、手首をひねりながら、指を伸ばす。

割る

解 「%」の形を表す。

参 「**割る**」は、左手の人差し指を横に伸ばし、右手の曲げた親指と人差し指ではさむようにする（「÷」を表す）。

使い方例

90＋パーセント＝**90パーセント**
10＋パーセント＋バーゲン＝**10パーセント引き**

ぱーてぃー

パーティー

両手の親指と人差し指で輪を作って上下におき、交互に水平に回す。

乾杯

参 グラスを合わせて乾杯する様子を表す「**乾杯**」でも表現できる。

同 営業・宴会・経営・景気・経済

使い方例

立つ＋食べる＋パーティー＝**立食パーティー**

結婚＋パーティー＝**結婚パーティー**

ぱーとたいまー

パートタイマー

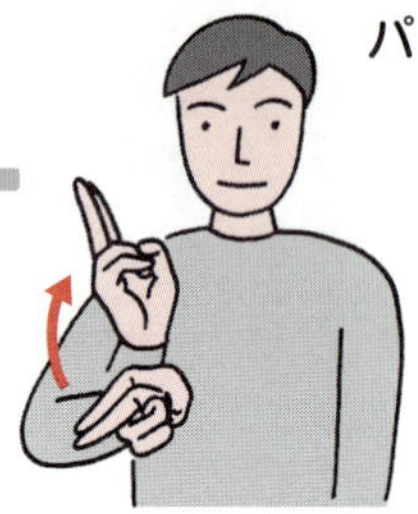

人差し指と中指を前に出し、そのまま上げる。

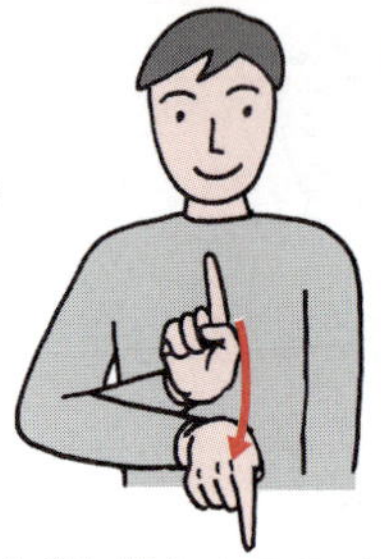

人差し指を立てて、下に倒す。

手の甲を前に向けて、人差し指と中指を立てる。

参「パートタイマー」と指文字で表現することもできる。

はーぶ

ハーブ

人差し指と中指を伸ばして、指先を前に向ける。

人差し指を立てて、下に倒す。

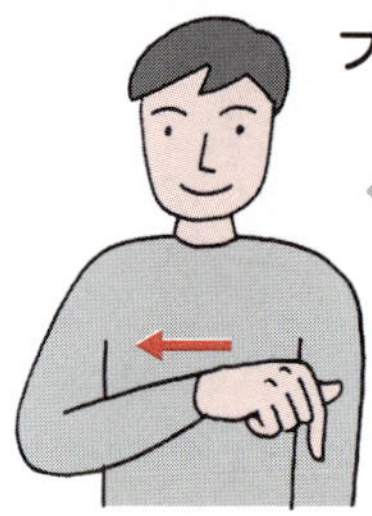

親指と人差し指を伸ばして下に向け、右に引く。

参「ラベンダー」「ミント」などの、ハーブの具体的な名前も指文字で表す。

ばーべきゅー

バーベキュー

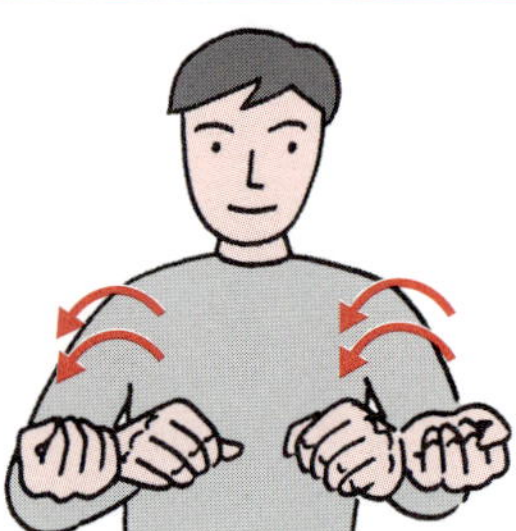

両手を握って左右に並べ、手首をひねって2回返す。

解 バーベキューの串をひっくり返す様子を表す。

使い方例

家族＋バーベキュー＋楽しい＝**家族でバーベキューを楽しむ**

パーマ（ぱーま）

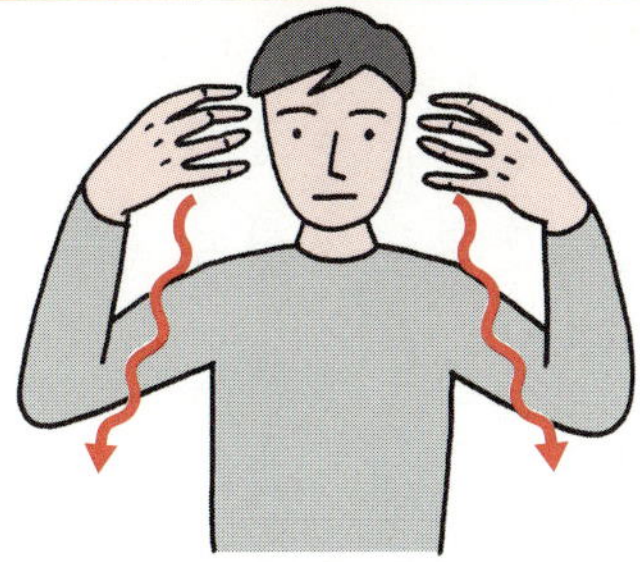

両手をわん曲させて、頭の両横で波立たせながら下げる。

解 パーマがかかっている様子を表す。

参 「**ソバージュ**」はさらに細かく波立たせ、「**ストレートパーマ**」は両手の指をそろえ、頭の横でまっすぐ下ろす。

使い方例
パーマ＋あなた？＝**パーマをかけたの？**
軽い＋パーマ＝**ソフトウエーブ**

はい（はい）

うなずく。

いいえ

解 「はい」とうなずく様子を表す。

反 「**いいえ**」は首を横に振るか、または、手を左右に振る。

同 うなずき・うん

使い方例
はい＋同じ＝**はい、そうです**
はい＋行く＝**はい、行きます**
はい＋話す＝**「はい」と言う**

肺（はい）

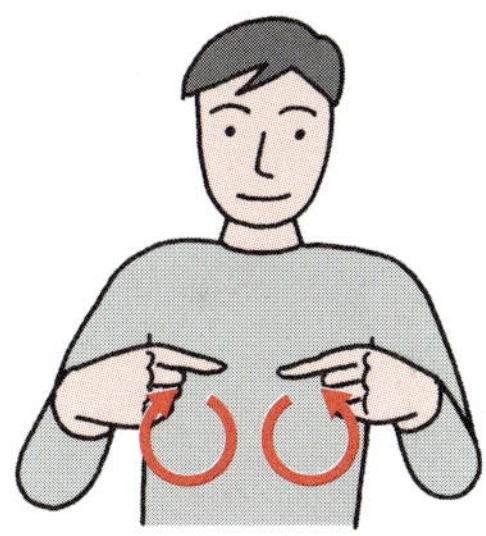

両手の人差し指を伸ばして、肺のあたりを指し、円を描く。

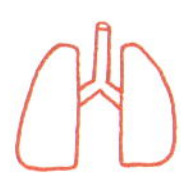

解 肺の位置を表す。

参 指文字の「イ」を胃の位置にあてると、「**胃**」になる。

使い方例
肺＋病気＝**肺をわずらう**
肺＋ガン＝**肺ガン**
肺＋水＋ストレス＝**肺水腫（はいすいしゅ）**

ばい菌（ばいきん）

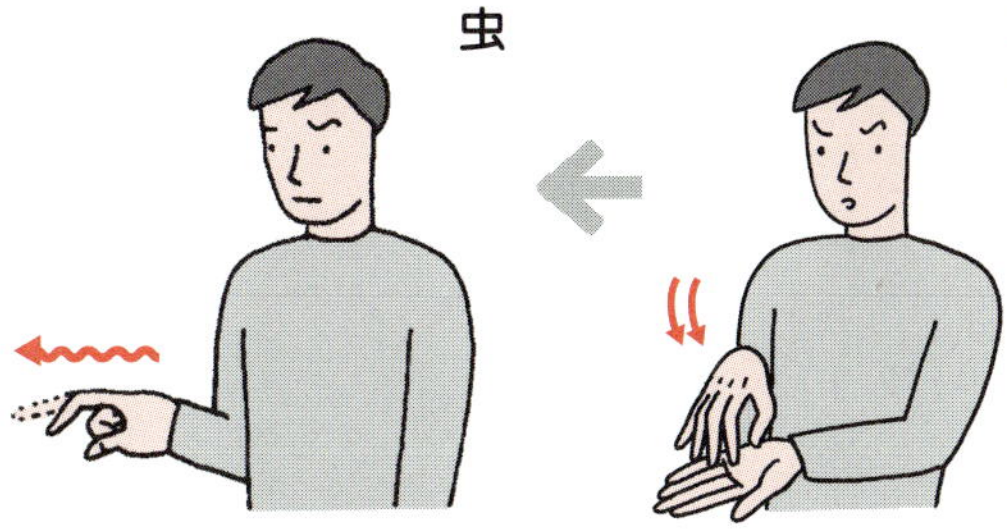

軽くわん曲させた右手を2回左手にのせる。
人差し指を2〜3回軽く曲げながら前に動かす。

解 虫…いも虫などが動く様子を表す。

同 汚れ…ゴミ

使い方例
ばい菌＋防ぐ＝**抗菌**
手＋ばい菌＋洗う＝**手のばい菌を洗う**
ばい菌＋多い＝**ばい菌だらけ**

バイキング
ばいきんぐ

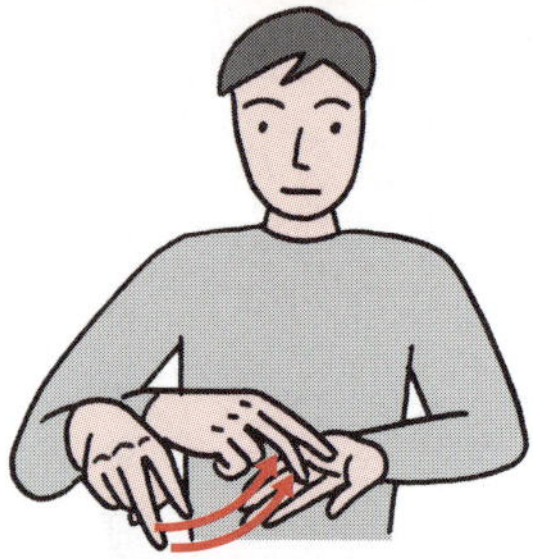

右の人差し指と中指を、左手の上に2～3回持ってくる。

解 左手をお皿、右手をはしに見立て、料理を繰り返し取る様子を表す。

参 「**セルフサービス**」は、胸を指したあと、右手で物をつかみ、左手にのせる動作をする。

使い方例
昼＋食べる＋バイキング＝**ランチバイキング**
ホテル＋バイキング＝**ホテルのバイキング**

バイク
ばいく

手のひらを下に向けた両手のこぶしを並べ、右手を2回前に回す。

解 バイクのハンドルを握って、アクセルをふかす様子を表す。

参 両手のこぶしを交互に前に回すと「**自転車**」になる。

使い方例
バイク＋グループ＝**暴走族**
バイク＋直す＝**改造バイク**
白＋バイク＝**白バイ**

売店
ばいてん

店

並べる

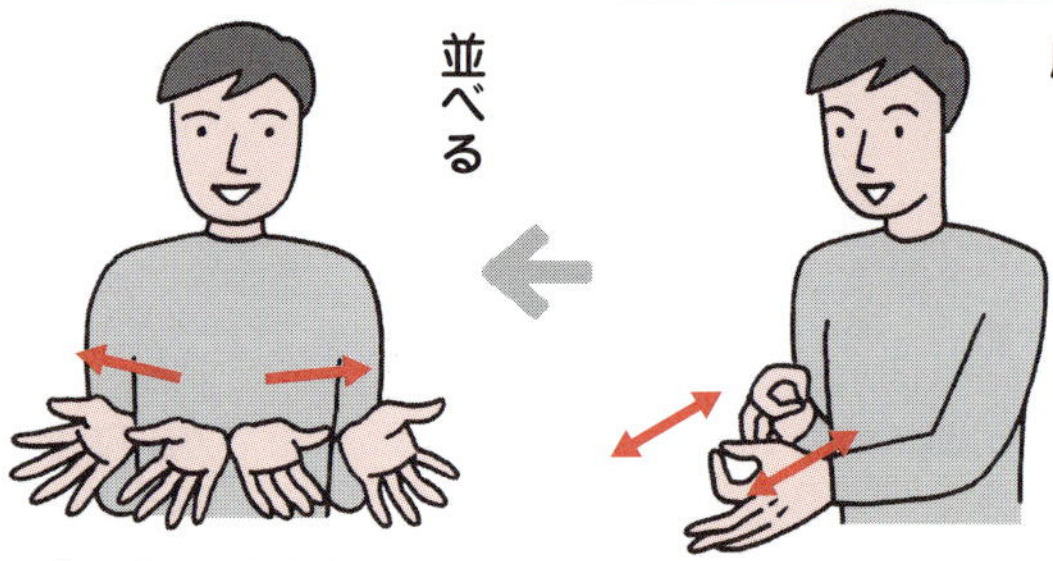

両手の親指と人差し指で輪を作り、交互に前後させる。

両手の手のひらを上に向けて、左右に広げる。

解 指で作った輪は、お金を表す。

同 店…商売・売買・販売

使い方例
駅＋売店＝**駅の売店**
学校＋～の（中）＋売店＝**学校の購買部**

入る
はいる

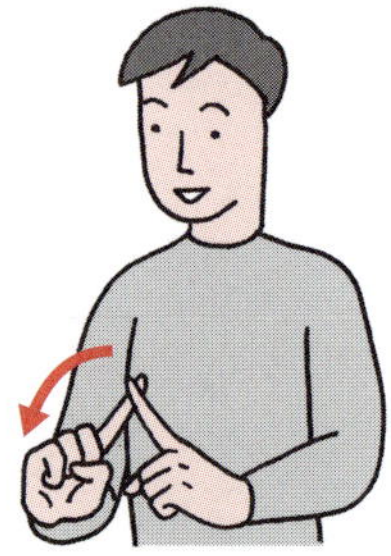

両手の人差し指で、自分から見て「入」の形を作り、前に倒す。

入

解 漢字の「入」を表す。

反 「**出る**」は、斜めにした左手の手のひらに右手の指先をつけ、前に払う。

同 入れる

使い方例
入る＋学校＝**入学**
仕事＋入る＝**就職**
入る＋会社＝**入社**
入る＋お金＝**入場料**

墓 はか

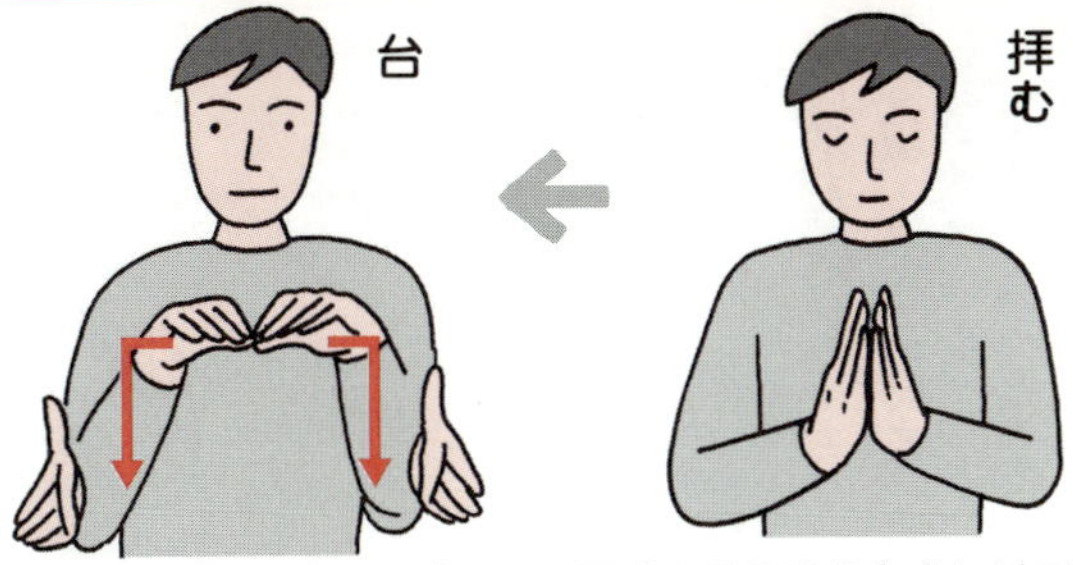

両手の手のひらを合わせて拝む動作をする。

両手の手のひらをそろえ、左右に離して下ろす。

解 拝む…拝む様子を表す。台…台の形を表す。

同 台…机・テーブル

使い方例
墓＋行く＝**墓参り**
墓＋場所＝**墓地**

バカ ばか

右手の手のひらを前に向け、頭の横で、５指の指先をくっつける。

賢い

解 5指をくっつけることで、知恵がないことを表す。

反 「**賢い**」は、右手の親指と人差し指を合わせて頭の横におき、指をはじく。

使い方例
バカ＋違う＝**バカではない**
バカ＋似る＝**バカみたい**

はがき はがき

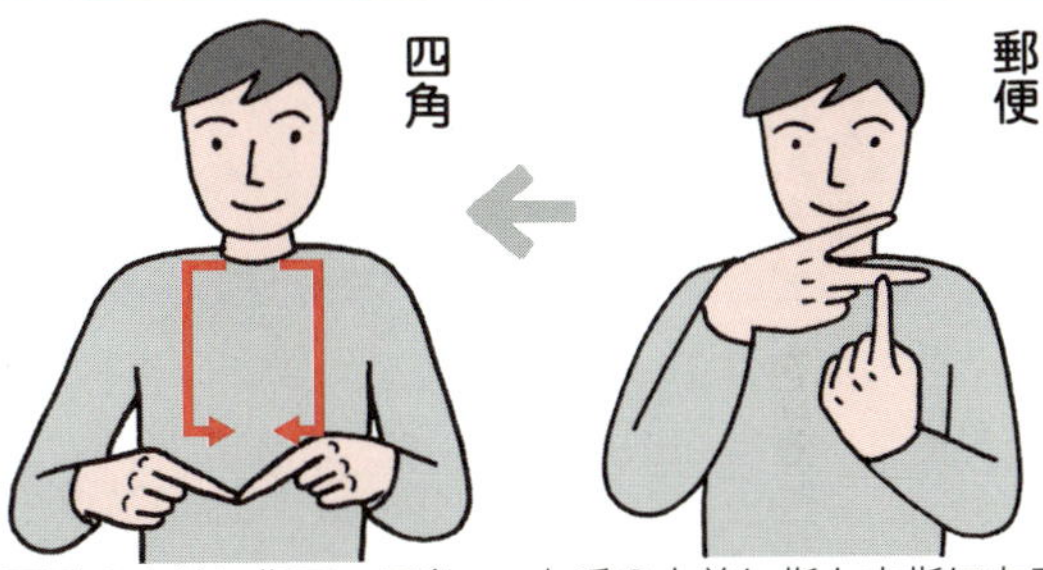

右手の人差し指と中指に左手の人差し指をつける。

両手の人差し指で、四角を描く。

解 郵便…「〒」のマークを表す。四角…はがきの四角い形を表す。

同 郵便…手紙

使い方例
正月＋はがき＝**年賀はがき**
絵＋ついでに＋はがき＝**絵はがき**
往復＋はがき＝**往復はがき**

博士 はかせ

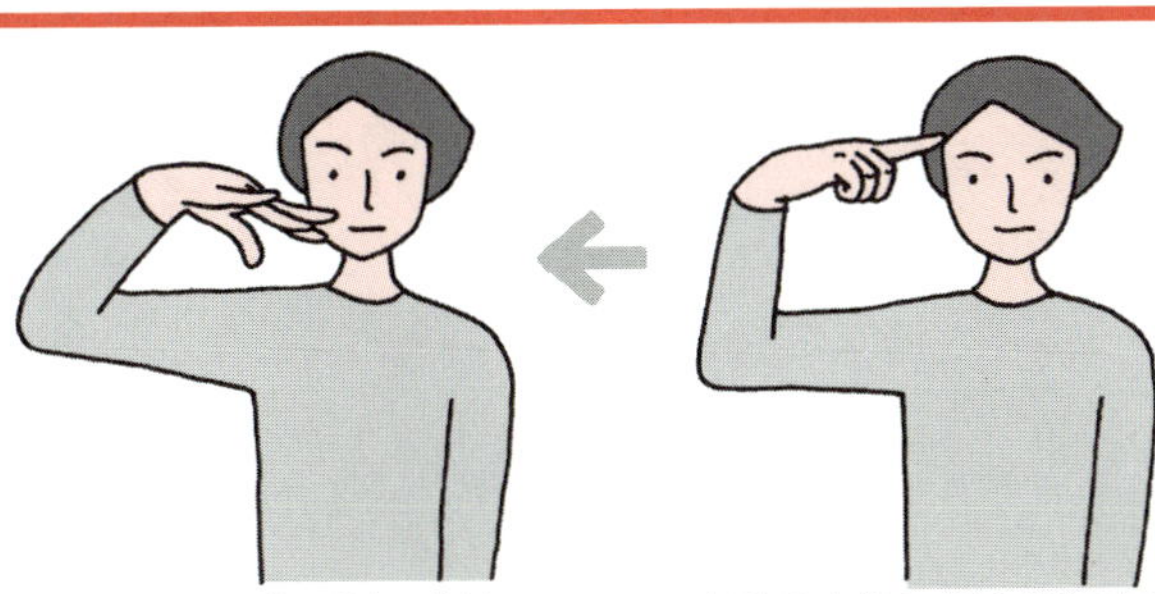

右手の人差し指を頭にあてる。

右手の人差し指以外の指をパッと開く。

解 学帽の房を表す。

同 教授・佐賀

使い方例
博士＋指文字の「ゴ」「ウ」＝**博士号**
脈＋勉強＋博士＝**医学博士**
大学＋博士＝**大学教授**

はかる

測る・計る・量る

横から見たとき

右手の人差し指と中指を曲げて指先を目に向け、2回左右に動かす。

解 眼球が動く様子を表す。

同 確認・検査・調べる・確かめる・調査

使い方例
気温＋はかる＝**気温を測る**
時間①＋はかる＝**時間を計る**
体＋重い＋はかる＝**体重を量る**

はく

吐く

右手の手のひらを上に向け、口元から弧を描きながら前に出す。

解 口から体の中の物を出す様子を表す。

同 吐き気がする

使い方例
酔う＋吐く＝**酔っ払って吐く**
妊娠＋吐く＝**つわり**
顔＋吐く＝**醜い顔**

ばくはつ

爆発

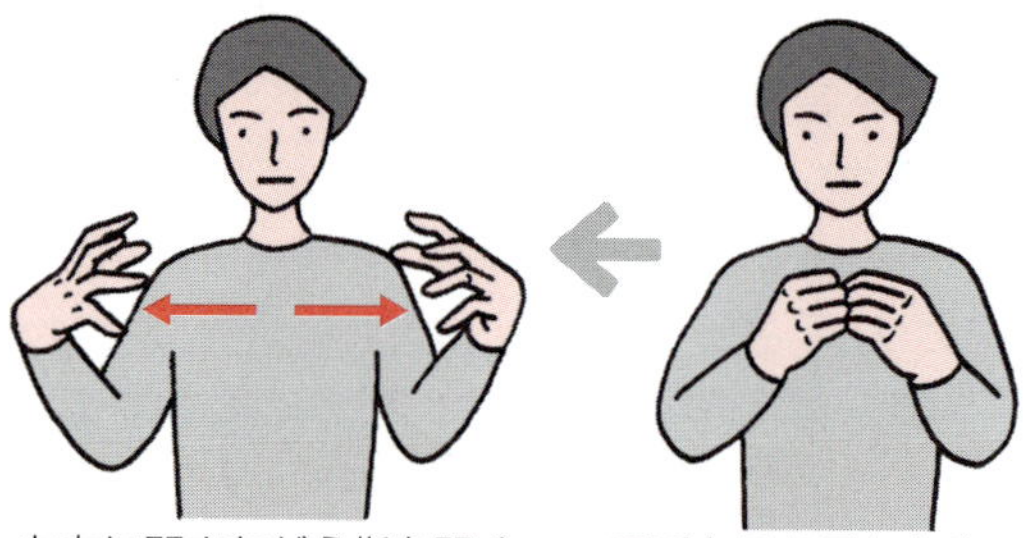

両手をそれぞれ丸めて、合わせる。

左右に開きながら指を開く。

解 激しい勢いで物が爆発する様子を表す。

同 核・核爆発・核兵器

使い方例
ガス＋爆発＝**ガス爆発**
間違える＋爆発＝**誤爆**
爆発＋危険＝**爆発の危険**

はくぶつかん

博物館

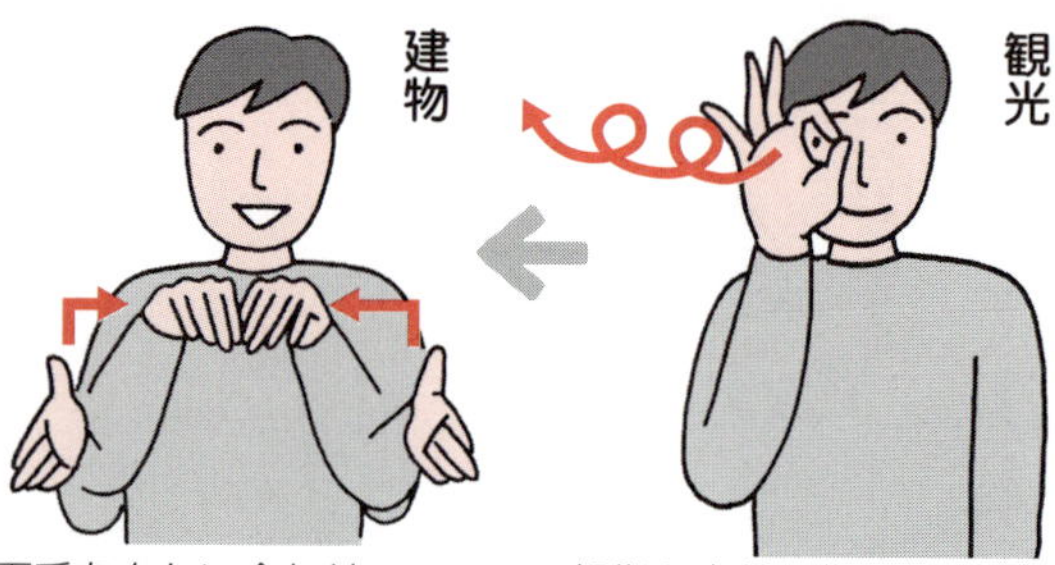

親指と人差し指で輪を作って目におき、円を描いて右に動かす。

両手を向かい合わせ、上げて中央で合わせる。

参 「**美術館**」は、「美術＋建物」で表す。

同 観光…見学・探す

使い方例
国＋立つ＋博物館＝**国立博物館**
おもちゃ＋博物館＝**おもちゃ博物館**

はげ

はげ

右手の手のひらを頭にあてて、勢いよく離す。

解 頭がツルッとしている様子から。

参 両手でかつらをかぶる動作をすれば、「**かつら**」になる。また、「**坊主頭**」は、右手を頭にあてて後ろに引く。

使い方例

若い＋はげ＝**若はげ**

はげ＋遺伝＝**はげは遺伝する**

激しい

はげしい

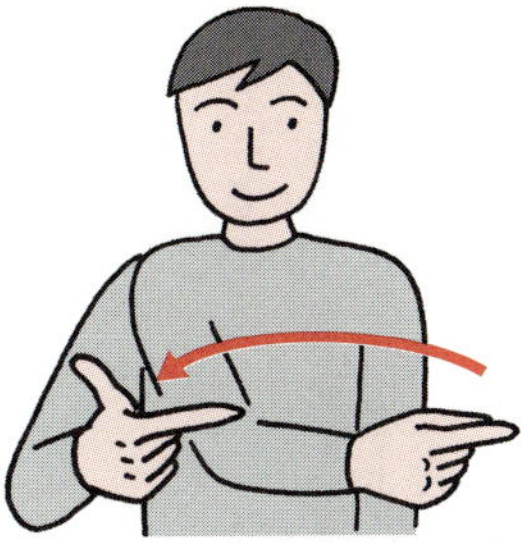

右手の親指と人差し指をつけて、右に動かしながら指を開く。

参 右へゆっくり引くほど、「より激しい」となる。

同 たいへん・とても・非常に

使い方例

頭＋痛い＋激しい＝**激しい頭痛**

風＋激しい＝**風が強い**

気持ち＋激しい＝**激しい感情**

箱

はこ

両手の５指を曲げ、かみ合わせるようにして箱の形を作る。

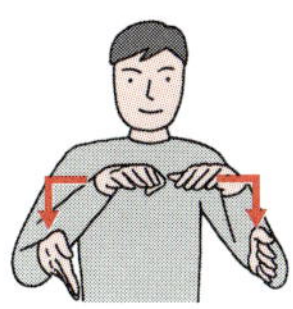

荷物

解 四角い箱のふたを合わせる様子を表す。

参 大きい箱の場合は、両手を合わせて左右に引き離し、下げる「**荷物**」を使って表すこともできる。

使い方例

箱＋指文字の「ネ」＝**箱根**

箱＋娘＝**箱入り娘**

色＋箱＝**カラーボックス**

宝石＋箱＝**宝石箱**

運ぶ

はこぶ

両手のひらを上に向け、体の左側におき、両手同時に右側に動かす。

解 物を持って移動させる様子を表す。

使い方例

スタンプを押す＋運ぶ＝**宅配便**

荷物＋運ぶ＝**荷物を運ぶ**

机＋運ぶ＋お願い①＝**机を運んでおいてください**

はさみ（はさみ）

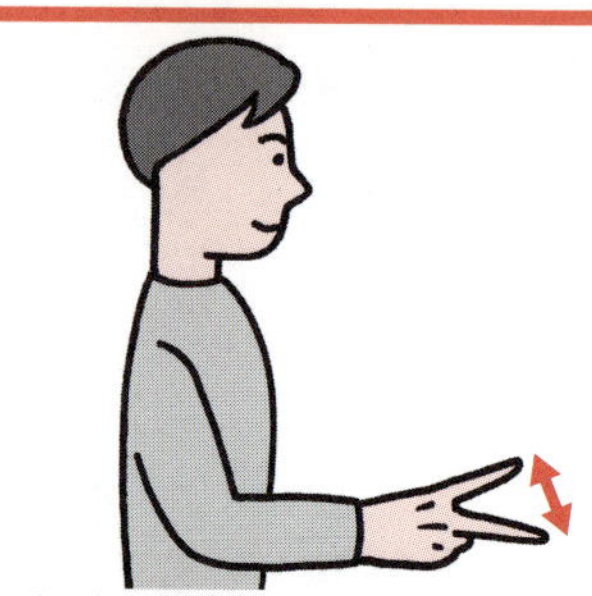

右手の人差し指と中指を伸ばし、2〜3回閉じたり開いたりする。

解 はさみで切る様子を表す。

参 そのまま前に出すと「切る」の意味に、顔の横で髪をはさみで切るしぐさをすると、「**（髪の）カット**」の意味になる。

使い方例

グー（手を握る）＋はさみ（1回開くだけ）＝**じゃんけん**

左＋専門＋はさみ＝**左きき用はさみ**

橋（はし）

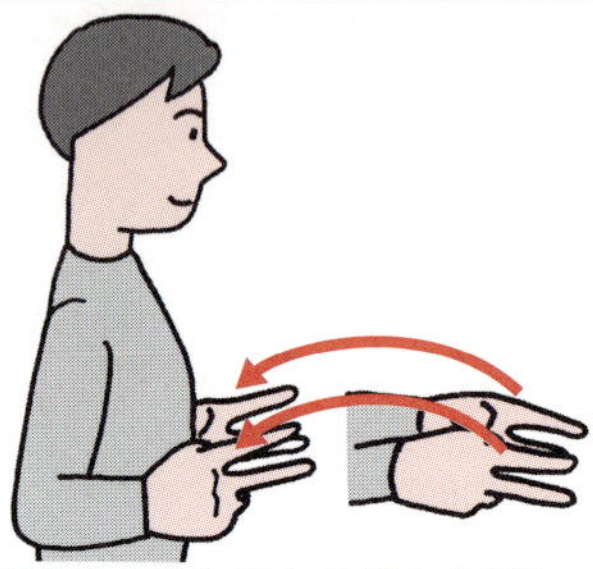

両手の人差し指と中指を伸ばし、同時に弧を描いて手前に動かす。

解 橋の形を表す。

参 橋によって、描く形を変える。例えば、「**レインボーブリッジ**」なら下に弧を描く。

使い方例

橋＋本＝**橋本**

メガネ＋橋＝**めがね橋**

指文字の「セ」「ト」＋橋＝**瀬戸大橋**

はし（はし）

右手の人差し指と中指を伸ばして、2〜3回閉じたり開いたりする。

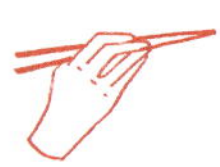

解 はしで食べ物をつまむ様子を表す。

参 両手で割りばしを割る動作で、「**割りばし**」の意味になる。

使い方例

外国＋人②＋はし＋苦手＝**外国人ははしが苦手**

客＋専門＋はし＝**お客さま用のはし**

恥（はじ）

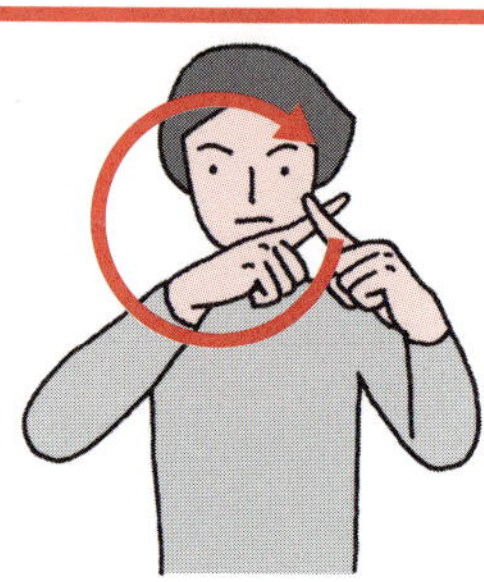

両手の人差し指で「×」を作り、顔の前で一周させる。

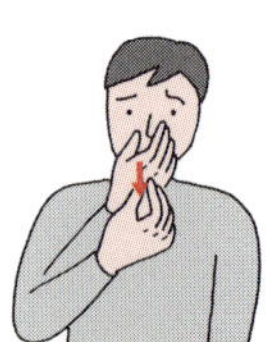

恥ずかしい

解 自分がダメであるということを表す。

参 「**恥ずかしい**」は、「赤＋恥」で表現するほか、右手を鼻の前において前に出しながらすぼめる表現もある。

使い方例

恥＋知らない＝**恥知らず**

人生＋最低＋恥＝**一生の恥**

親＋恥＝**親の恥**

はじまる

始まる

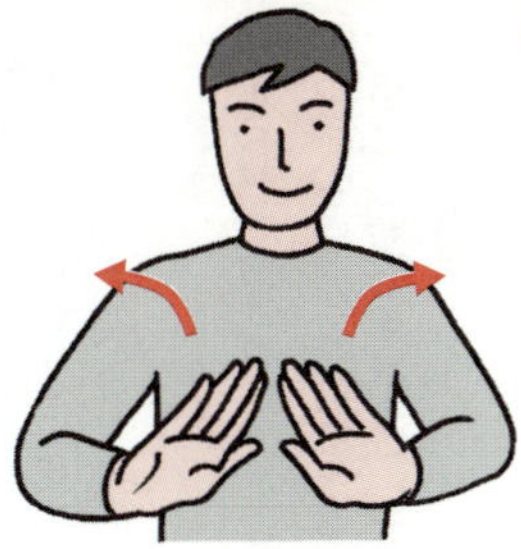

両手の手のひらを前に向けて「ハ」の字形に並べ、左右に開く。

終わる

参 「用意スタート!」という感じで、両手をパンと合わせる表現もある。

反 両手をすぼめて下げると、「**終わる**」となる。

同 オープン・開始・開く

使い方例
店＋始まる＋時間②＝**開店時間**
話す＋始まる＝**話が始まる**
授業＋始まる＝**授業が始まる**

はじめて

初めて

左手の甲に右手をのせ、右手の指を閉じて上げながら人差し指を伸ばす。

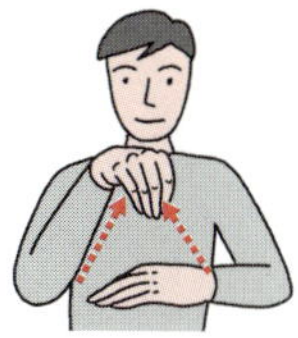

キャンプ

参 上に上げながら5本の指先をくっつけると「**キャンプ**」になる。

同 最初

使い方例
初めて＋会う＝**初めまして**
初めて＋経験＝**初体験**
初めて＋言葉＝**初めての言葉**
初めて＋キス＝**ファーストキス**

はじめまして

初めまして

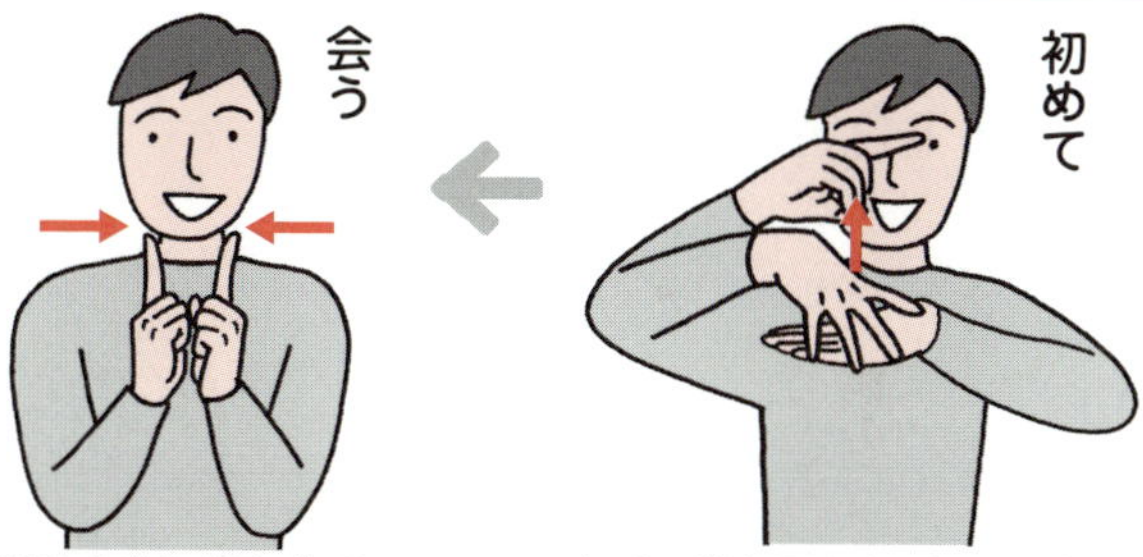

右手の指を閉じながら上げ、人差し指を伸ばす。

両手の人差し指を立てて、左右から寄せる。

同 初めて…最初

使い方例
初めまして＋わたし＋砂糖＋言う＝**初めまして、佐藤と申します**

ばしょ

場所

右手の指を軽く曲げて下に向け、軽く下げる。

横から見たとき

参 両手を同じ形にしてグッと前に出すと、「**動物**」になる。

同 〜所・〜場

使い方例
場所＋何?＝**どこ?**
遊ぶ＋場所＝**遊園地**
警察＋場所＝**交番**
場所＋お金＝**場所代**

走る
はしる

両手の指を軽く曲げて両脇につけ、交互に前後に動かす。

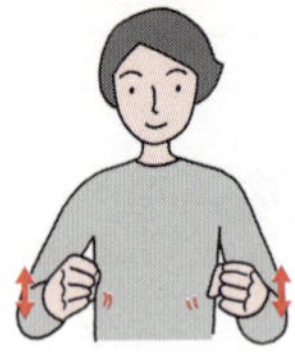

ジョギング

解 走る様子を表す。

参 両手のこぶしを軽く上下させると、「**ジョギング**」「**マラソン**」となる。

使い方例
走る＋はやい②＝**足が速い**
走る＋会＝**運動会**
走る＋逃げる＝**走って逃げる**

バス
ばす

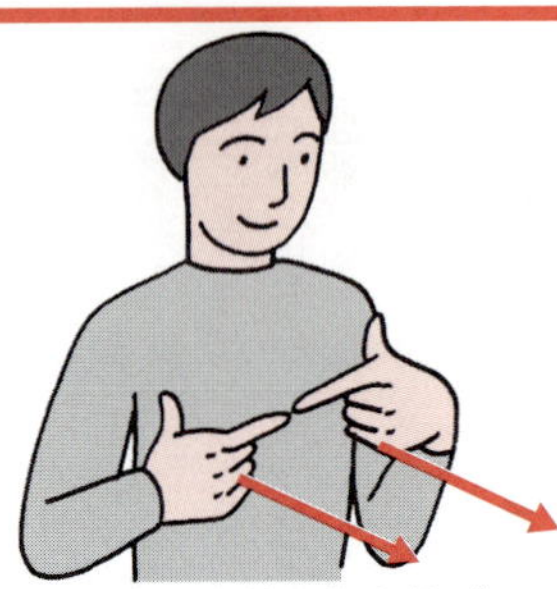

両手の親指と人差し指を伸ばして並べ、そのまま前に出す。

解 バスのバンパーを表す。

参 両手の人差し指を折り曲げて向かい合わせ、前に出す表現もある。

使い方例
観光＋バス＝**観光バス**
定める＋バス＝**定期バス**
指文字の「ト」＋経済＋バス＝**都営バス**

恥ずかしい
はずかしい

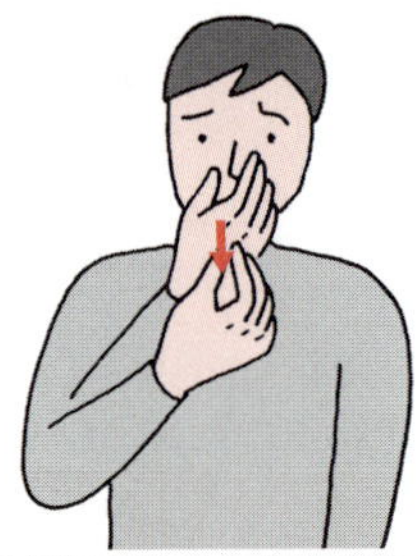

右手の手のひらを鼻の前におき、数回指をすぼめる。

横から見たとき

参 「**恥**」は、両手の人差し指で「×」を作り、顔の前で一周させる。「赤＋恥」で、顔全体が赤くなる様子を表す表現もある。

使い方例
恥ずかしい＋ない①＝**恥ずかしくない**
恥ずかしい＋ない②＝**恥ずかしがらないで**

バスケットボール
ばすけっとぼーる

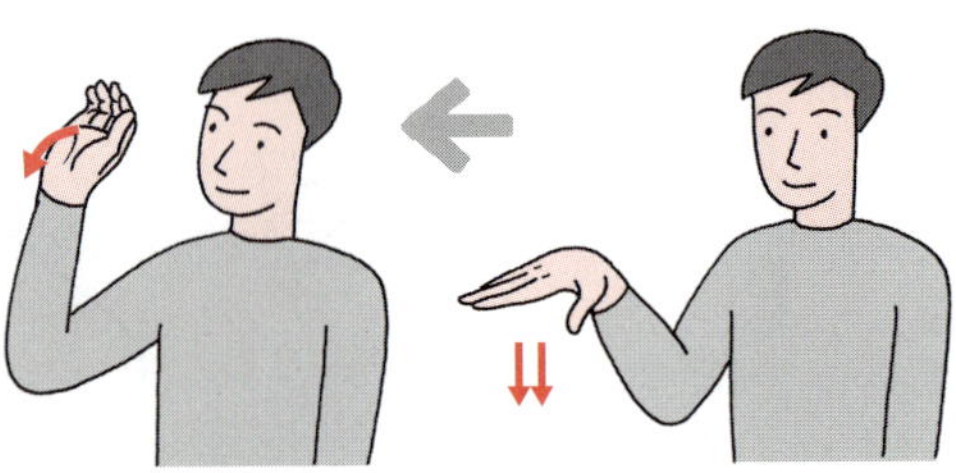

右手の手のひらを下に向けて、2回下げる。

右手を軽く曲げて手のひらを前に向け、少し倒す。

解 ドリブルとシュートをする様子を表す。

参 テニスやゴルフ、釣りなど、スポーツは、それぞれの動作で表現する。

使い方例
バスケットボール＋試合＝**バスケットボールの試合**
バスケットボール＋部＝**バスケットボール部**

パスタ
ぱすた

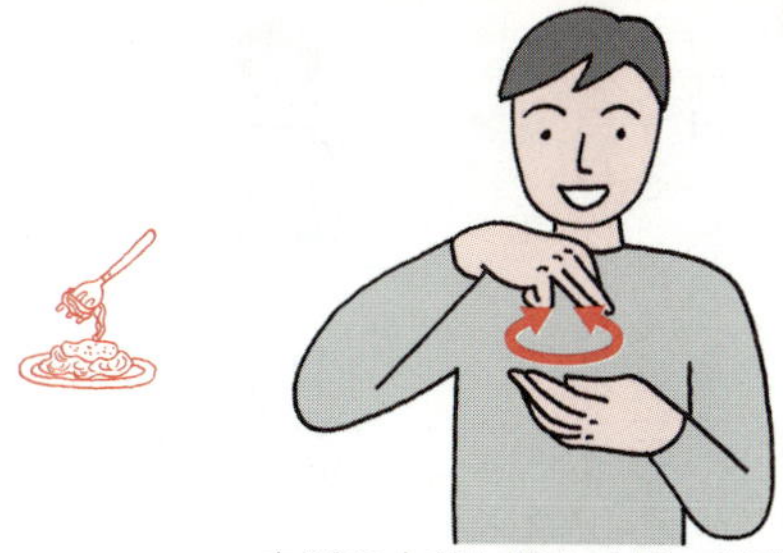

右手の人差し指と中指、薬指を伸ばして下に向け、手首をひねる。

解 フォークにスパゲッティを巻きつける様子を表す。

参 パスタの中でもスパゲッティを表すときに使う。また、3本の指を口元に持ってくると「**フォーク**」になる。

同 スパゲッティ

使い方例
パスタ＋専門＋店＝**パスタ専門店**
パスタ＋定める＝**パスタセット**

パスポート
ぱすぽーと

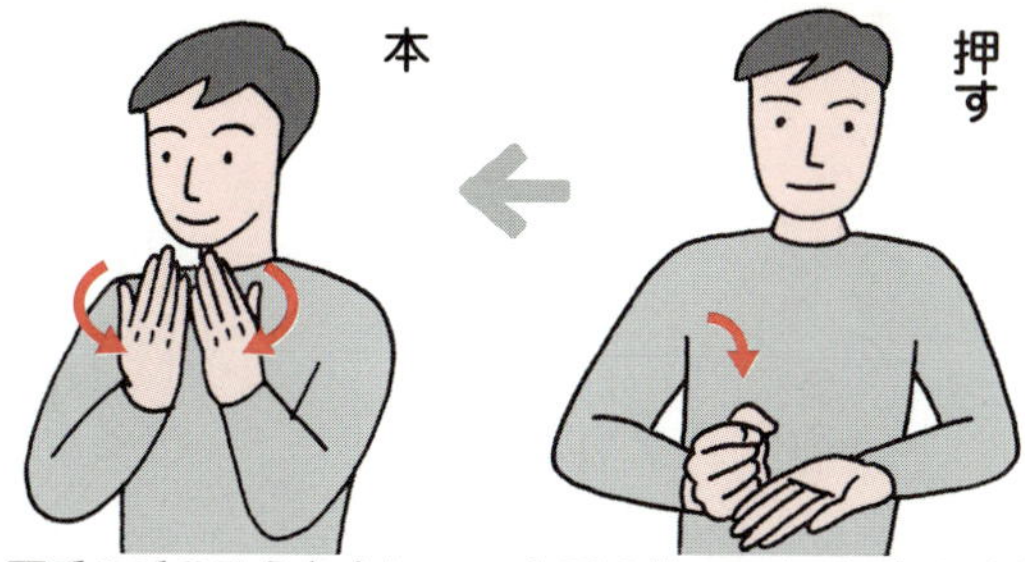

左手の横で、右手で何かを持って振り下ろす。

両手の手のひらを合わせて、左右に開く。

解 押す…左手をパスポート、右手をスタンプに見立て、押す様子を表す。

同 押す…ビザ

使い方例
パスポート＋申し込む＝**パスポートの申請**
パスポート＋なくなる②＝**パスポート紛失**

外れ
はずれ

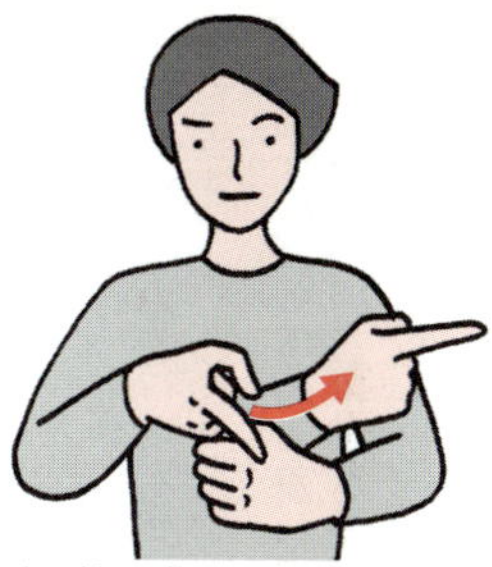

左手で筒を作り、筒をかすめながら、右の人差し指を左に動かす。

あたり

解 人差し指をいったんあててから外すのは、「あてが外れる」という意味を表している。

反 「**あたり**」は、左手の筒に右の人差し指をポンとあてる。

使い方例
宝くじ＋外れ＝**宝くじが外れる**
想像＋外れる＝**予想外**
答える＋外れ＝**不正解**

パソコン
ぱそこん

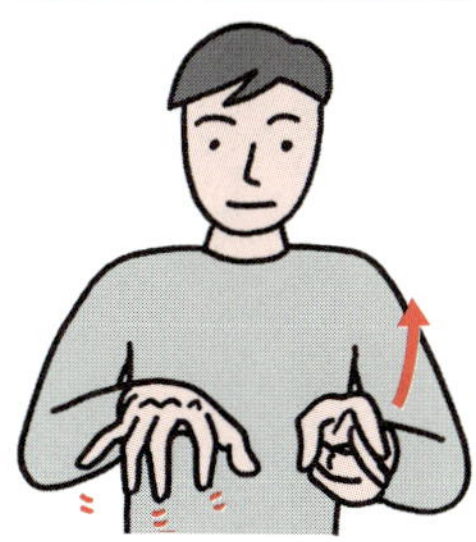

左の人差し指と中指を伸ばして上げ、右手の指を動かす。

ワープロ

解 左手は指文字「パ」を、右手はキーボードを打つ様子を表す。

参 左手を指文字の「ワ」にすると「**ワープロ**」となる。また、「**ノートパソコン**」はノートパソコンを開くしぐさで表す。

使い方例
パソコン＋教える＋部屋＝**パソコン教室**
テレビ＋パソコン＝**デスクトップパソコン**

肌　はだ

表現したい部位の肌をさする。

足の肌

参 表現したい部位をさすって表現する。例えば、「足の肌」は足をさすって表す。

使い方例
肌＋やわらかい＝**柔肌(やわはだ)**
肌＋乾燥＝**乾燥肌**
肌＋弱い＝**敏感肌**
肌＋色＝**肌の色**

裸　はだか

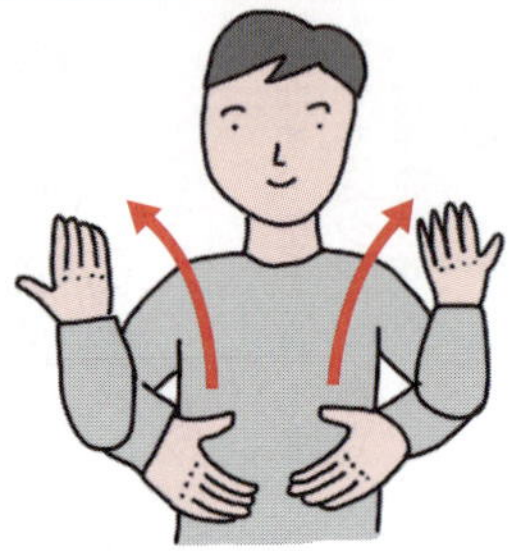

両手をお腹にあて、体を触りながら上に上げる。

解 何も身につけていない様子を表す。

使い方例
裸＋女＝**裸婦**
裸＋祭り＝**裸祭り**
裸＋王子＝**裸の王様**
裸＋グループ＝**裸族**

畑　はたけ

両手でこぶしを作って上下におき、2回振り下ろすようにする。

解 鍬（くわ）を振り下ろす様子を表す。

参 「田」は、両手の人差し指と中指、薬指を重ねて漢字の「田」を作る。

同 耕す・農業

使い方例
山＋畑＋みんな＝**田園**
田＋畑＝**田畑**
畑＋家＝**農家**

肌寒い　はだざむい

両手を交差させて左右の腕をつかみ、寒そうにさする。

寒い

解 寒くて腕をさする様子から。

参 「**寒い**」は、両手を握って震わせる。

使い方例
クーラー＋肌寒い＝**クーラーがついていて肌寒い**
肌寒い＋季節＝**肌寒い季節**

裸足
はだし

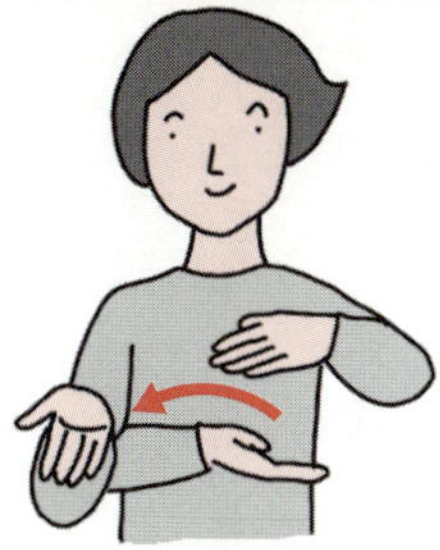

左手を上、右手を下にして向かい合わせ、右手のみ左手に打ちつけて右に動かす。

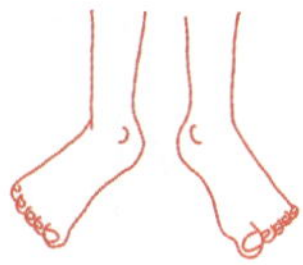

解 靴を脱ぐ様子を表す。

使い方例
- 裸足＋走る＝**裸足で走る**
- 裸足＋禁止＝**裸足禁止**
- 裸足＋楽＝**裸足は楽だ**

働く
はたらく

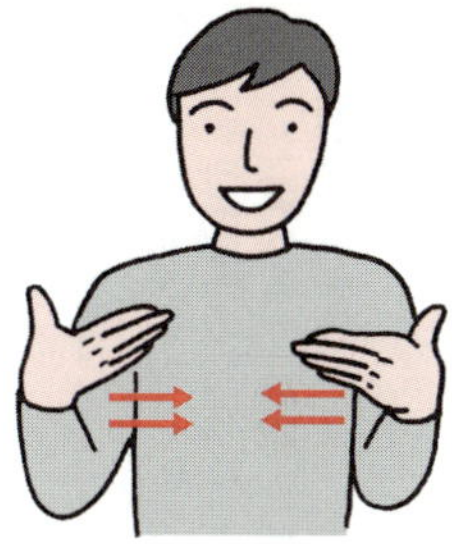

両手の手のひらを上向きにし、左右から２回寄せる。

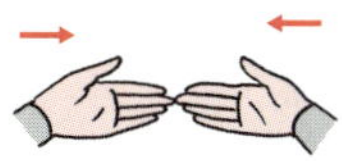

上から見たとき

解 働く様子を表す。

参 両手を速く動かすと「**忙しく働く**」、ゆっくり動かすと「**のんびり働く**」となる。

同 仕事・職業

使い方例
- 部下＋働く＝**下働き**
- 働く＋辞める＝**退職**
- 一生懸命＋働く＝**働き者**
- すし＋働く＋人＝**すし職人**

パチンコ
ぱちんこ

手のひらを前に向けた右手の指を軽く曲げ、２～３回右に回す。

解 パチンコのハンドルを手で握って回す様子を表す。

参 親指を立てて右にずらしながら３回押すと「**パチスロ**」になる。

使い方例
- パチンコ＋店＝**パチンコ店**
- パチンコ＋試合＝**パチンコ勝負**
- パチンコ＋プロ＝**パチプロ**

はっきり
はっきり

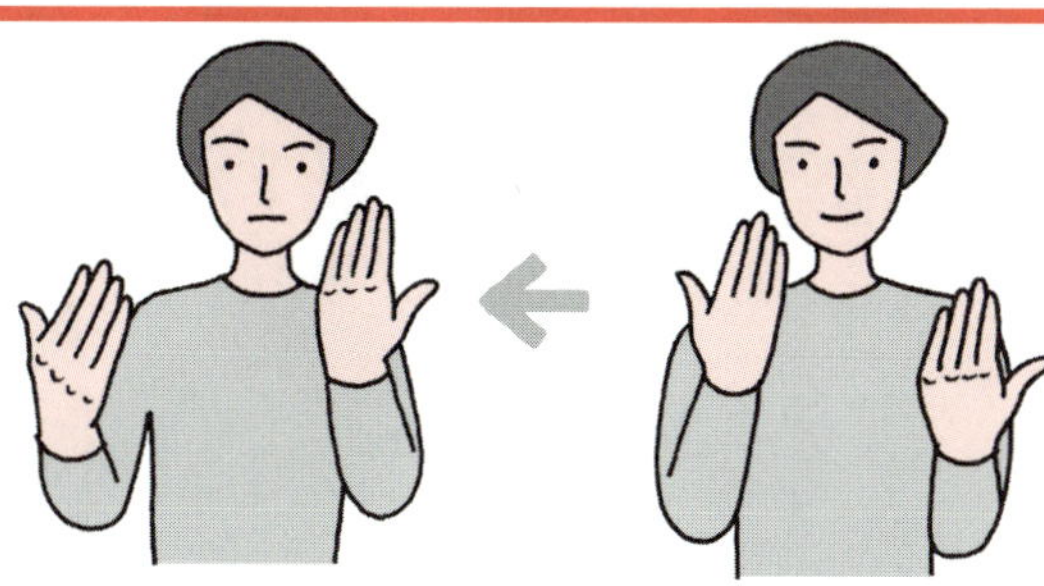

左手は前に出し、右手は体に引き寄せる。

逆に、右手を前に出し、左手を引き寄せる。

解 右と左の違いが明らかな様子。

参 両手を同時に手前に引き寄せると「**濃い**」となる。

反 両手の手のひらを向かい合わせ、互い違いに小さく回すと、「**あいまい**」となる。

同 メリハリ

バッグ
ばっぐ

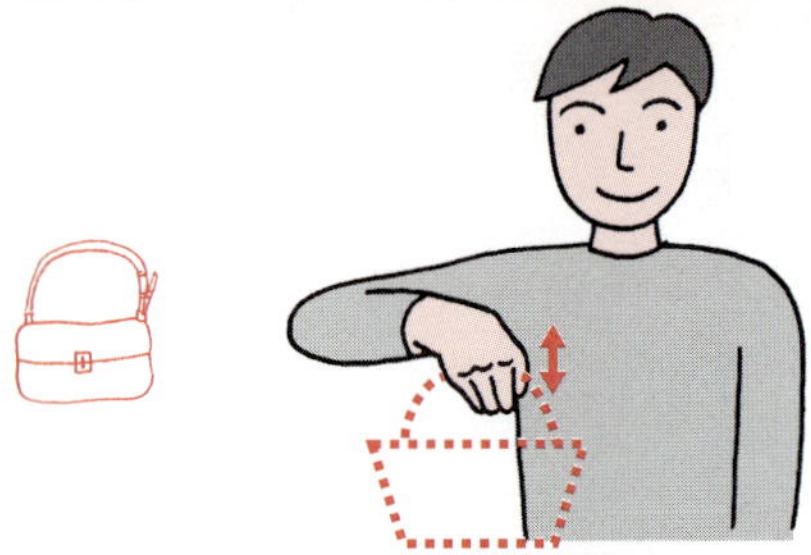

右手の指先を軽く握って、下に向け、軽く上下させる。

解 バッグの取っ手を持つ様子を表す。

参 軽く握った両手を肩のあたりにおくと、「**リュックサック**」になる。

同 かばん

使い方例
ブランド＋バッグ＝**ブランドのバッグ**
黒＋バッグ＝**黒のバッグ**

発見
はっけん

右手の人差し指と中指を下の方から目の位置に持ってくる。

調べる

解 目の動きを表す。

参 右手の人差し指と中指を曲げ、目の前で左右に動かすと、「**調べる**」「**確認**」「**調査**」「**検査**」となる。

同 バレる・見つかる

使い方例
新しい＋発見＝**新発見**
発見＋人①＝**発見者**
うそ＋発見＋機械＝**うそ発見器**

発達障害
はったつしょうがい

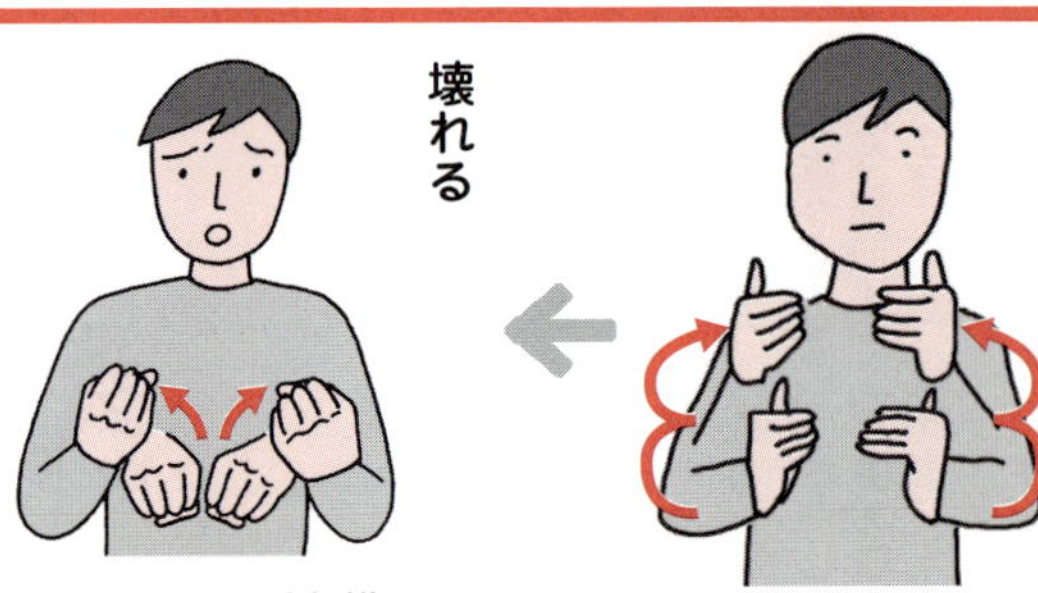

両手の親指以外の指を折り曲げて、2回上げる。

こぶしを作った両手を横につなげ、左右に折る動作をする。

解 最初の動作は発達・成長する様子を表す。次の動作は「壊れる」「障害」の動作。

使い方例
私＋息子＋発達障害＋持つ＝**私の息子は発達障害がある**
発達障害＋人々①＝**発達障害者**

派手
はで

並べた両手の手のひらを顔に向けて、軽く手前に引き寄せる。

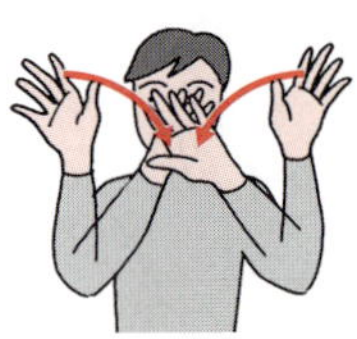

地味

参 強く手前に引き寄せるほど、「とても派手」の意味になる。

反 「**地味**」は、両手の手のひらを顔の前で交差させる「暗い」で表現する。

同 濃い・目立つ

使い方例
洋服＋派手＝**派手な服**
化粧＋派手＝**派手な化粧**
色＋派手＝**派手な色**

花 はな

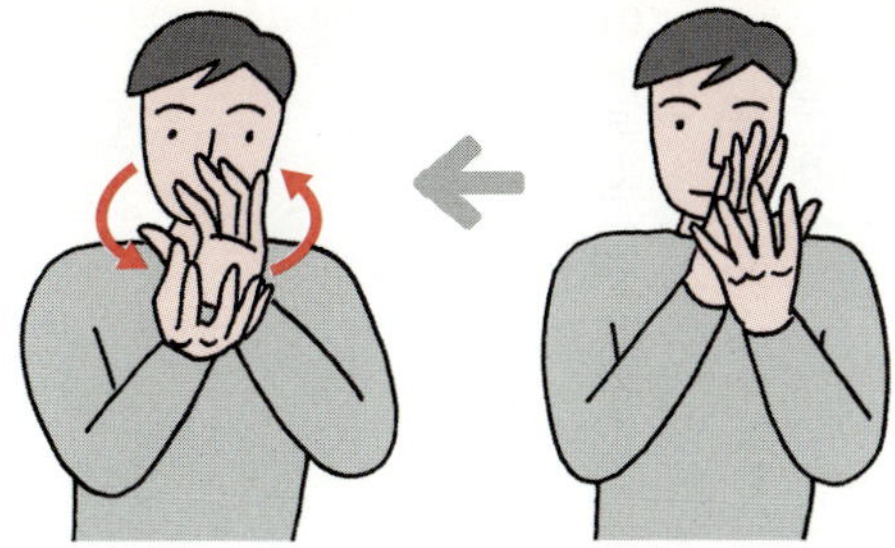

両手の指を軽く曲げて向かい合わせる。

手首を軸にして、互い違いに回して開く。

解 花のつぼみが開く様子を表す。

参 具体的な花の名前は、たいてい指文字で表す。

同 咲く・バラ

使い方例
花＋言葉＝**花言葉**
赤＋花＝**赤いバラ**
黄色＋花＝**タンポポ**
花＋店＝**花屋**

鼻 はな

右手の人差し指で、自分の鼻を指さす。

参 右手をすぼめて鼻の前におき、斜めに上げると「**生意気**」になる。また、親指と人差し指で鼻をつまむと「**臭い**」になる。

同 わたし

使い方例
鼻＋赤い＝**鼻が赤い**
鼻＋生意気＝**鼻が高い（自慢である）**

離す はなす

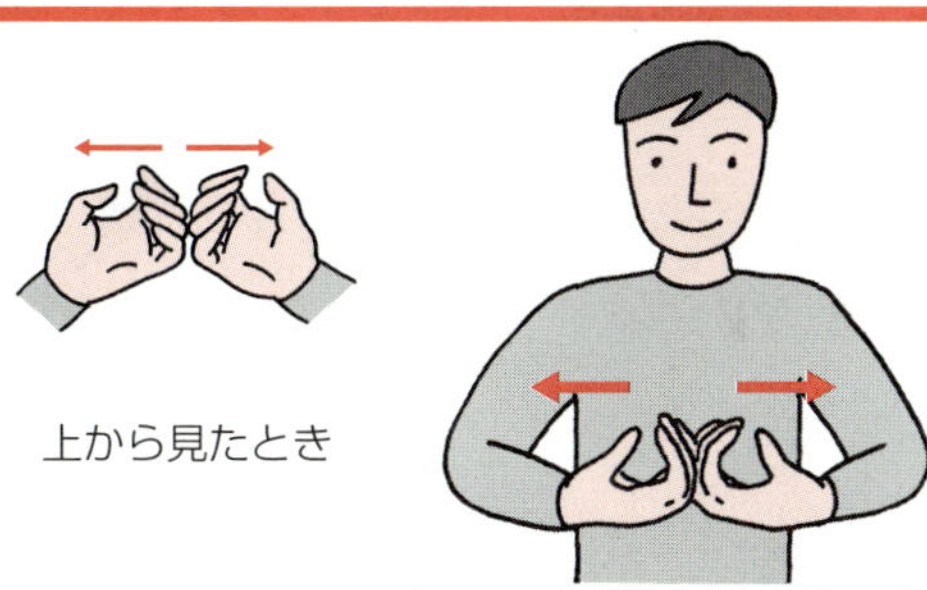

上から見たとき

体の前で両手の４本の指の背を合わせてから、左右に離す。

参 何かを分けて離すという意味で使う。

同 離れる・分かれる・別れる・分ける

使い方例
親＋離す＝**親離れ**
半分＋離す＝**半分に分ける**
田舎＋離す＝**田舎から離れる**

話す はなす

甲を手前に向けた右手をすぼめて口元におく。

パッと手を開く。

参 左手の親指を立て（人を表す）、指をすぼめた右手を左手に向けながら開くと、その人に「**話をする**」の意味になる。

同 言う

ばなな バナナ

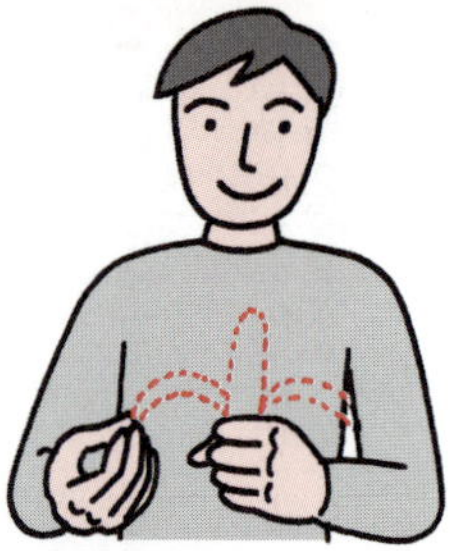

左手を軽く握って、右手を左手の上から2～3回下ろす。

解 左手でバナナを持って、右手で皮をむく様子を表す。

参 上から下まで皮を長くむくようにする。

使い方例
バナナ＋ジュース＝**バナナジュース**
バナナ＋買う＝**バナナを買う**
台湾＋バナナ＝**台湾バナナ**

はなび 花火

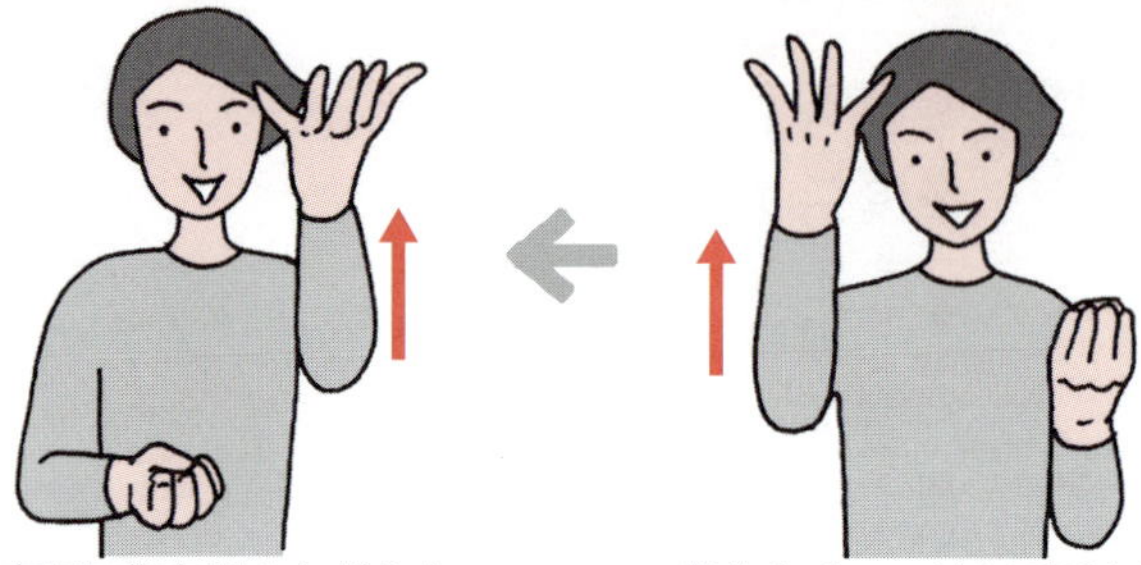

指先をくっつけた両手を並べ、右手を開いて上げる。

交互に指を開きながら上げていく。

解 花火が上がる様子から。

参 両手をわん曲させて揺らしながら上げると、「**煙**」となる。また、「**線香花火**」は、左手の人差し指の先に右手をパチパチさせる様子で表す。

はなみず 鼻水

右手の人差し指と中指を軽く伸ばし、鼻あたりにおき、そのまま右手を2～3回上下に動かす。

解 鼻水が出ている様子を表す。

同 鼻水が出る

使い方例
鼻水＋止める＋薬＝**鼻水止め薬**
鼻水＋大＋眠る＋無理＝**鼻水がひどくて眠れない**

ぱにっく パニック

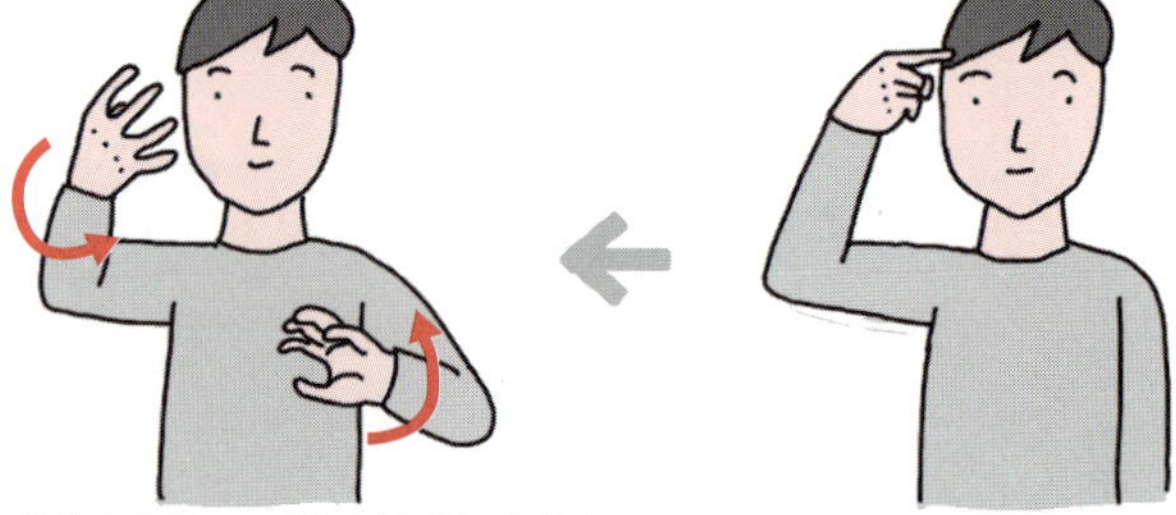

右手の人差し指をこめかみにあてる。

わん曲させた両手を、少し上下をずらして向かい合わせ、互い違いに手首をひねる。

使い方例
パニック＋壊れる＝**パニック障害**
地震＋パニック＋状態＝**地震でパニック状態になる**

はは
母

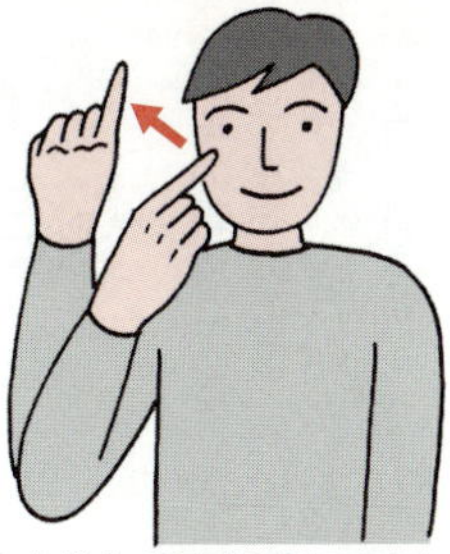

父

右の人差し指をほおにあて、小指を立てて目より上の位置に上げる。

解 人差し指をほおにあてるのは「肉親」、小指を立てるのは「女」、目より上に上げるのは「目上」の意味になる。

反 小指の代わりに親指を上げると、「**父**」となる。

使い方例
あなた＋母＋年齢＋いくつ？＝**お母さんは何歳？**
母＋日＝**母の日**
本当＋母＝**実母**

ぱふぇ
パフェ

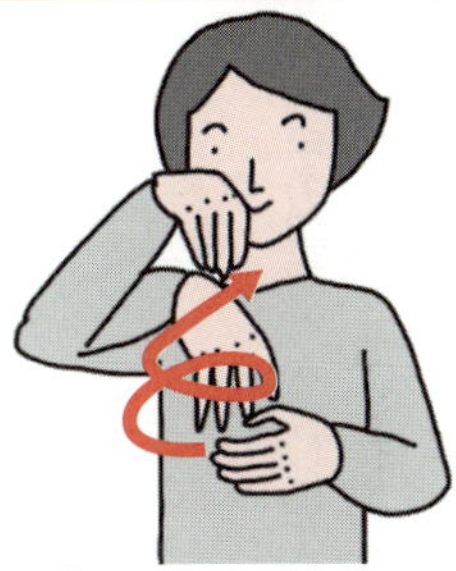

軽くわん曲させた左手を立て、その上で右手を回しながら上げ、すぼめる。

解 クリームの形を表す。

使い方例
茶色＋パフェ＝**チョコレートパフェ**
イチゴ＋パフェ＝**苺パフェ**
バナナ＋パフェ＝**バナナパフェ**
果物＋パフェ＝**フルーツパフェ**

はぶらし
歯ブラシ

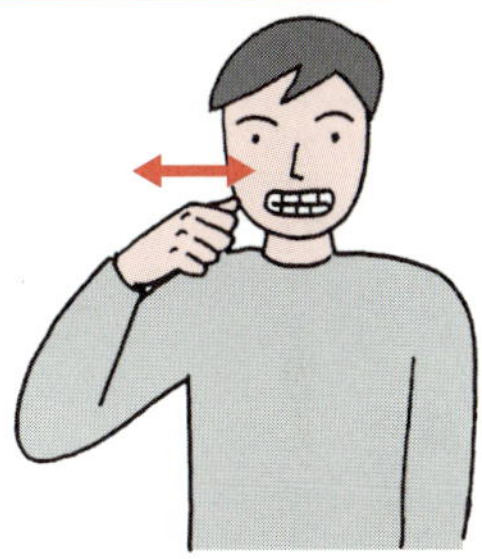

右手のこぶしを口元におき、細かく左右に動かす。

解 歯ブラシを持って、歯磨きをする様子を表す。

同 歯磨き

使い方例
電気＋歯ブラシ＝**電動歯ブラシ**
自分＋歯ブラシ＝**自分用の歯ブラシ**

はみがき
歯磨き

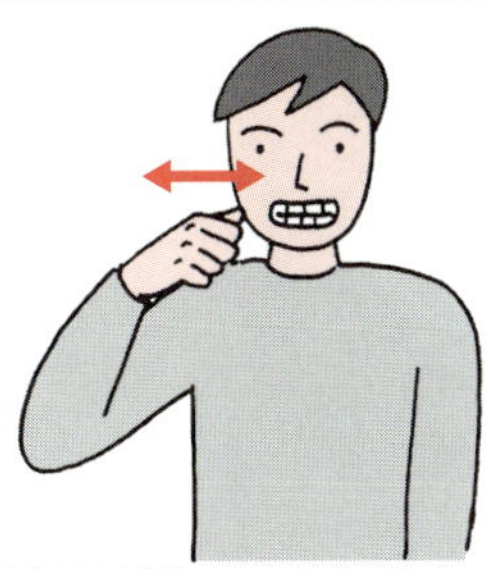

右手のこぶしを口元におき、細かく左右に動かす。

解 歯ブラシを持って、歯磨きをする様子を表す。

同 歯ブラシ

使い方例
歯磨き＋終わる？＝**歯磨きした？**
歯磨き＋（チューブを絞る動作）＝**歯磨き粉**

はやい①

速い・早い①

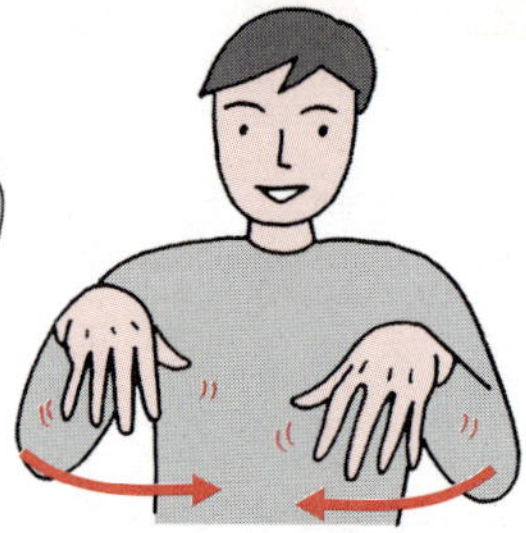

手のひらを手前に向けた両手を下ろし、中央に振るように近づける。

遅い

反 両手の親指と人差し指を伸ばして左右におき、同時に右に倒すと、「**遅い**」となる。

同 あっという間

使い方例

食べる＋はやい①＝**食べるのが速い**

1日＋終わる＋はやい①＝**1日が経つのが速い**

はやい②

速い・早い②

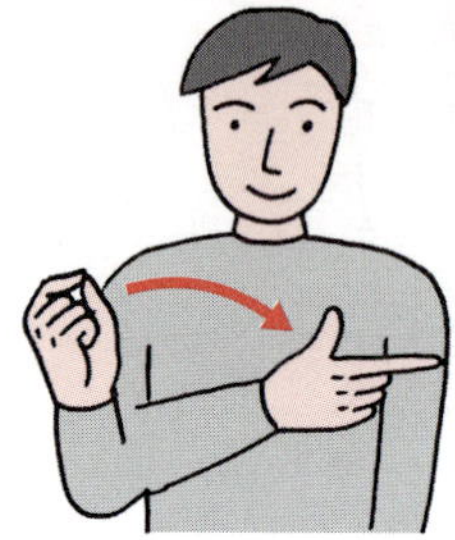

右手の親指と人差し指をくっつけ、パッと離しながら、左に動かす。

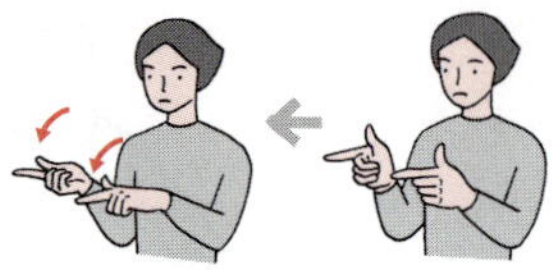

遅い

反 両手の親指と人差し指を伸ばして左右におき、同時に右に倒すと、「**遅い**」となる。

同 急いで・急ぐ・急行・すぐ

使い方例

朝＋はやい②＝**朝早く**

まだ＋はやい②＝**まだ早い**

速い②＋報告＝**速報**

はやし

林

両手の手のひらを向かい合わせ、交互に上下に動かす。

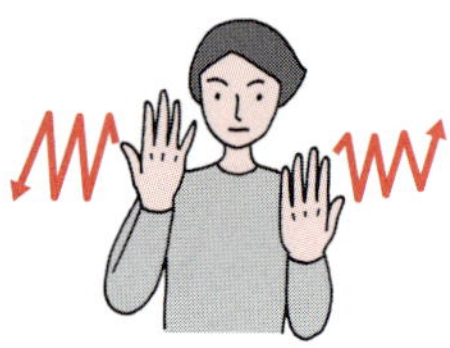

森

解 木が林立する様子を表す。

参 手のひらの向きを手前にし、左右に離すと、「**森**」となる。

使い方例

小＋林＝**小林**

林＋(～の)中＝**林の中**

木＋林＋太陽＝**森林浴**

農業＋林＝**農林**

はやる

流行る

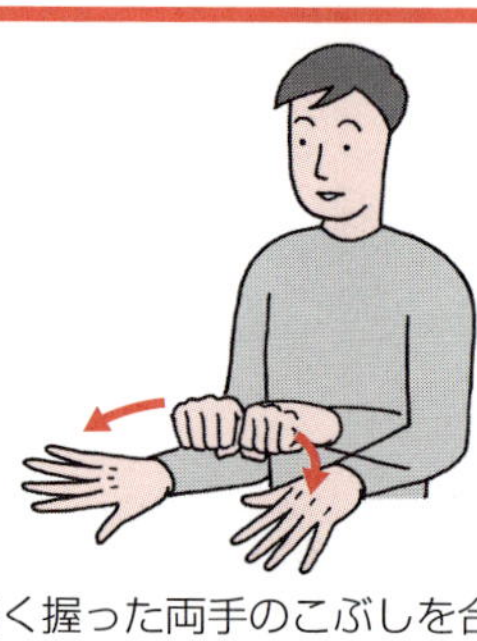

軽く握った両手のこぶしを合わせ、手を開きながら左右に開く。

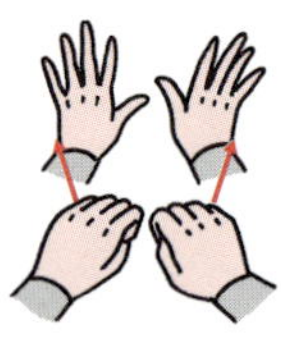

上から見たとき

解 広く行き渡る様子を表す。

同 広まる・ブーム・流行

使い方例

流行る＋洋服＝**流行のファッション**

流行る＋郵便＝**流行通信**

流行る＋中＝**流行中**

バラ
ばら

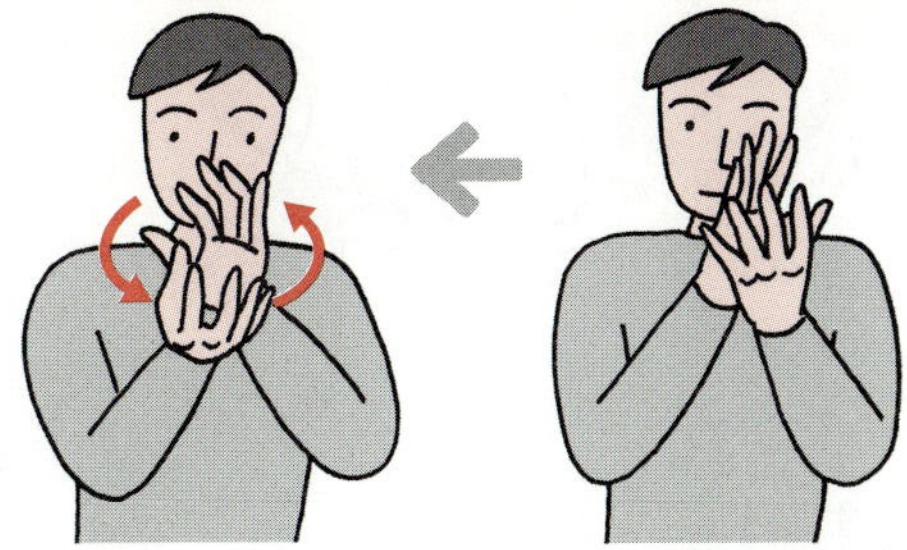

両手の指を軽く曲げて向かい合わせる。

手首を軸にして、互い違いに回して開く。

参 「花」や「咲く」とは、口型で区別する。また、花の名前を表すときは、ほとんどは指文字で表す。

同 咲く・花

使い方例
赤＋バラ＝**赤いバラ**
白＋バラ＝**白いバラ**
百＋バラ＝**百本のバラ**

払う
はらう

右手の親指と人差し指で輪を作って、前に出す。

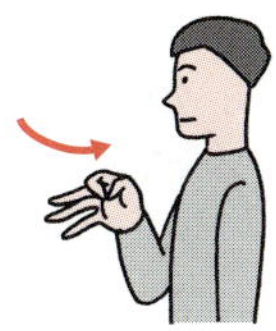

払ってもらう

参 両手で輪を作り、中央に寄せながら前に出すと、「**かけごと（ギャンブル）**」「**募金**」「**カンパ**」。

反 自分に引き寄せると「**払ってもらう**」という意味になる。

同 支払い・支払う・有料

使い方例
一番＋払う＝**先払い**
あと＋払う＝**後払い**
みんな＋払う＝**みんなにおごる**

腹を割る
はらをわる

両手の指先をお腹にあて、同時に左右に開く。

同 忌憚（きたん）ない

使い方例
腹を割る＋会話＝**腹を割って話す**
腹を割る＋もらす＝**真実を打ち明ける**

バランス
ばらんす

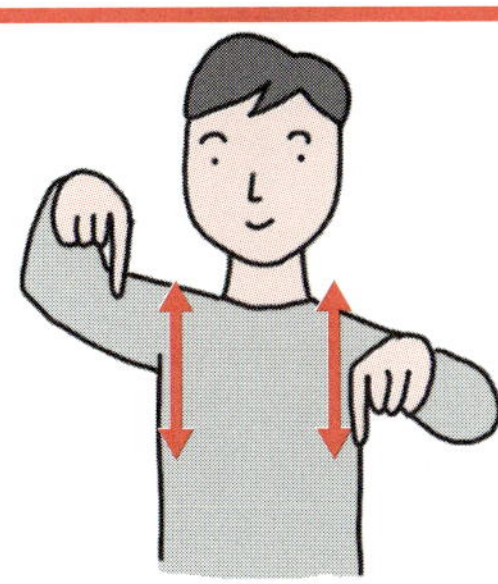

両手とも親指と人差し指で何かをつまむようにし、交互に上下2回動かす。

解 てんびんのイメージ。

使い方例
バランス＋感じ入る＝**バランス感覚**
バランス＋よい＝**バランスがいい**
栄養＋バランス＝**栄養バランス**
バランス＋硬い＝**バランスを保つ**

春
はる

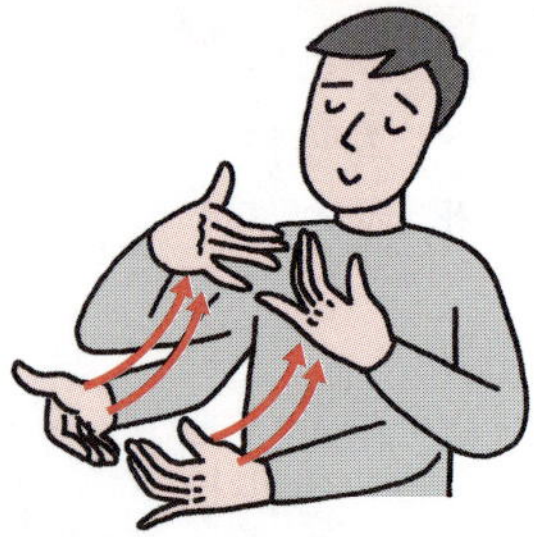

お腹のあたりから、両手をゆっくりすくい上げるように数回動かす。

解 暖かい空気が立ち上る様子を表す。

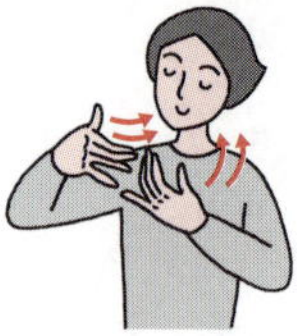

秋

反 顔に向けて手前に数回動かすと「**秋**」となる。

同 暖かい・温かい・ポカポカ

使い方例
春＋風＝**春風**
春＋一番＝**春一番**

晴れ
はれ

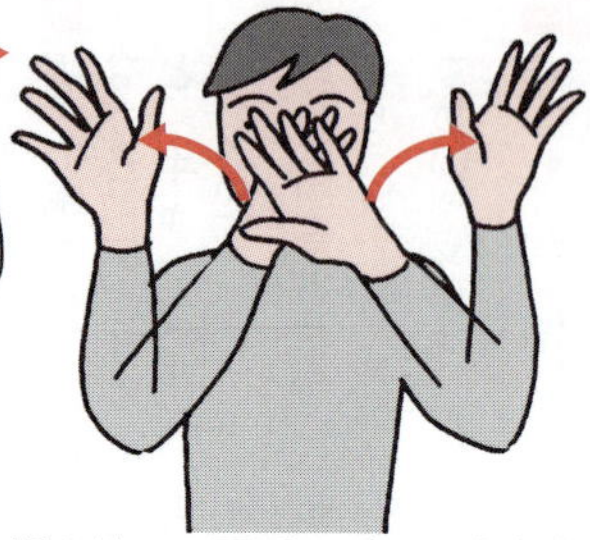

顔の前で、両手の手のひらを前に向けて交差させ、左右に開く。

解 目の前が晴れる様子を表す。

参 左右においた両手を交差させると、「**暗い**」「**夜**」になる。

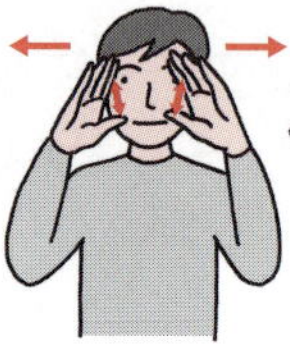

曇り

反 「**曇り**」は、両手を開いたり閉じたりしながら左右に開いて表現する。

同 明るい・始まる・始める

使い方例
明日＋晴れ＋思う＝**明日は晴れると思う**
5月＋晴れ＝**五月晴れ**

バレーボール
ばれーぼーる

軽くわん曲させた両手のひらを前に向けて頭の上におき、軽く上げる。

解 バレーボールでボールをトスする様子を表す。

同 トス

使い方例
バレーボール＋部＝**バレーボール部**
母＋バレーボール＝**ママさんバレー**

バレンタインデー
ばれんたいんでー

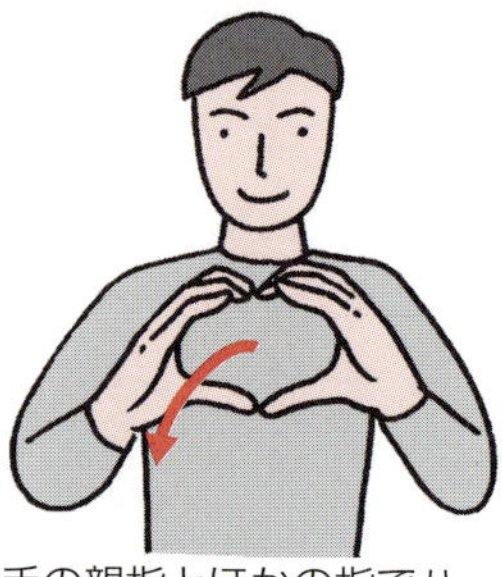

両手の親指とほかの指でハートの形を作り、そのまま前に出す。

参 ハートを割るように両手を離すと、「**失恋**」になる。

使い方例
白＋バレンタインデー＝**ホワイトデー**
バレンタインデー＋思い出＝**バレンタインデーの思い出**

パン

ぱん

右手の親指と人差し指をくっつけ、パンとはじくように開く。

解 パンの生地がふくらむ様子を表す。

参「**ご飯**」は、右手の人差し指と中指をはしに見立て、ごはんを食べる様子で表す。

使い方例

パン＋店＝**パン屋**
パン＋四角＝**食パン**
フランス＋パン＝**フランスパン**

半額

はんがく

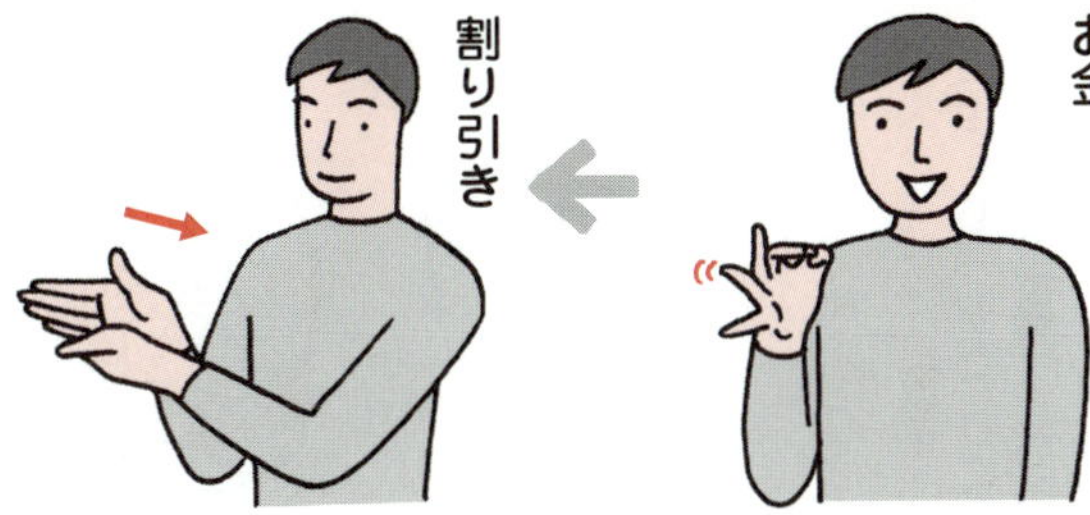

右手の親指と人差し指で輪を作って軽く振る。

右手の指先を前にし、左手にのせて、引く。

同 お金…金曜日・値段・料金
割り引き…半分

使い方例

半額＋バーゲン＝**半額セール**
半額＋買う＝**半額で買う**
半額＋日＝**半額デー**

ハンカチ

はんかち

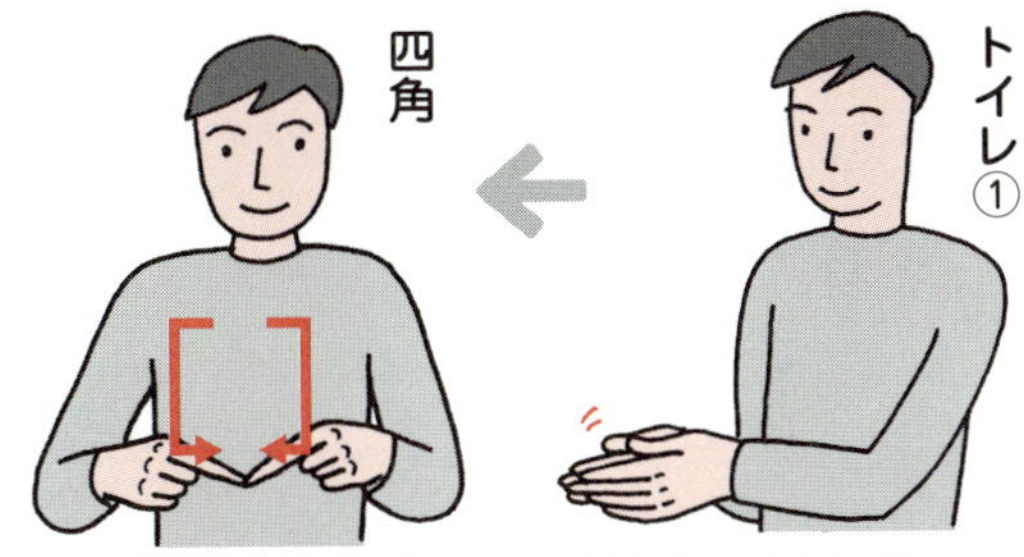

両手の手のひらをこすり合わせる。

両手の人差し指を伸ばして、四角形を描く。

解 トイレ…手を洗う様子を表す。
四角…ハンカチの形を表す。

同 トイレ…手洗い・手を洗う

使い方例

白＋ハンカチ＝**白いハンカチ**
ハンカチ＋忘れる＝**ハンカチを忘れる**

反抗

はんこう

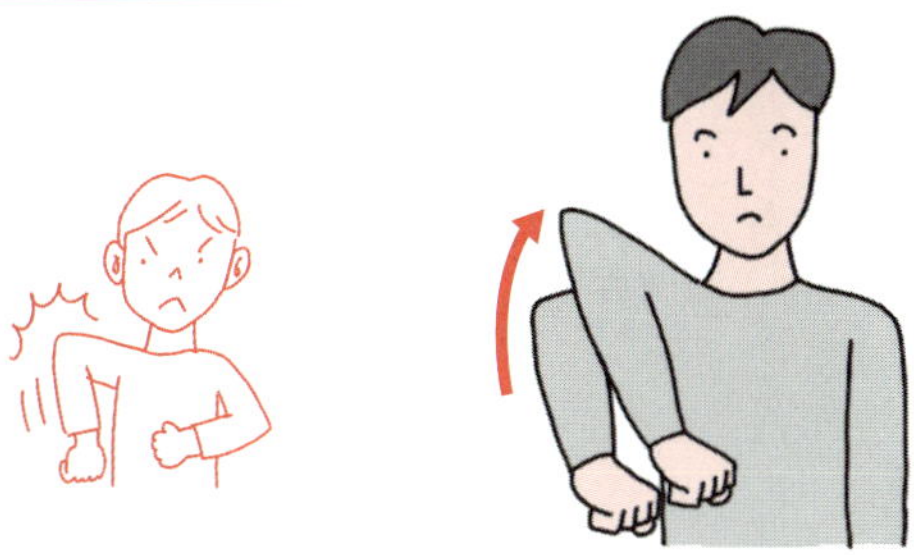

右手でこぶしを作り、ひじを斜め上に上げる。

解 肘鉄（ひじてつ）を食らわす様子を表す。

同 逆らう・反発

使い方例

自分＋反抗＝**自分勝手**
反抗＋～間＝**反抗期**
無駄＋反抗＋止める＝**無駄な抵抗はやめろ！**

ばんごう
番号

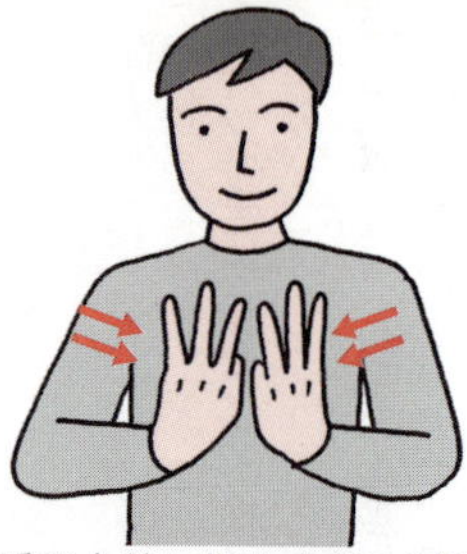

横から見たとき

両手の人差し指と中指、薬指を立てて、２回ぶつけ合わせる。

参 「番地」を表すときには使えない。

同 数・算数・数学・数字

使い方例
電話＋番号＝**電話番号**
郵便＋番号＝**郵便番号**
席＋番号＝**出席番号**
秘密＋番号＝**暗証番号**

はんせい
反省

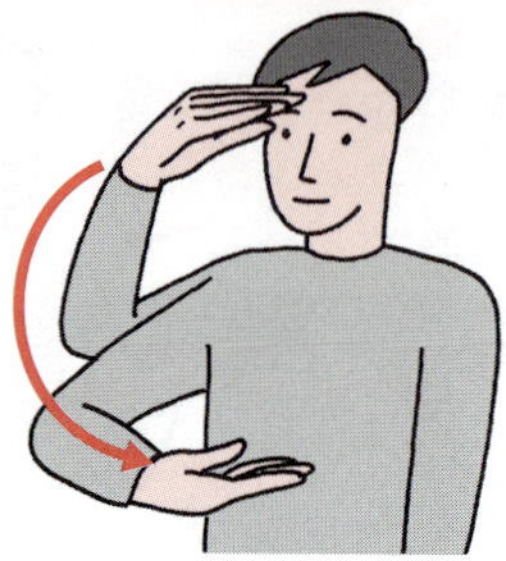

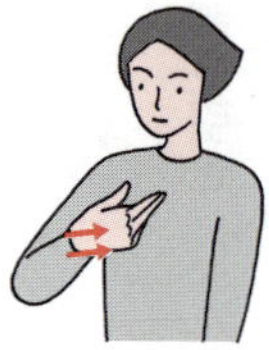
栄養

手のひらを下向きにした右手をひたいにおき、弧を描いて下ろす。

参 右手を右胸のあたりに２回あてると、「**栄養**」となる。

使い方例
反省＋言う＝**反省の言葉**
反省＋会＝**反省会**
反省＋ない①＝**反省がない**
さる＋反省＝**反省ざる**

ぱんだ
パンダ

両手の親指と人差し指で、それぞれ弧を作って両目にあてる。

解 パンダの目を表す。

同 メガネ

使い方例
自然＋パンダ＝**野生のパンダ**
パンダ＋子ども＝**パンダの子**
黒＋パンダ＝**サングラス**

はんたい
反対

賛成

両手の甲を向かい合わせて真ん中に寄せ、軽くぶつけ合わせる。

解 意見が合わずに互いに背中を向ける様子を表す。

反 右手を上げると、「**賛成**」となる。

使い方例
彼＋考える＋方法＋反対＝**彼の考えに反対**
マンション＋建てる＋反対＝**マンション建設反対**

判断（はんだん）

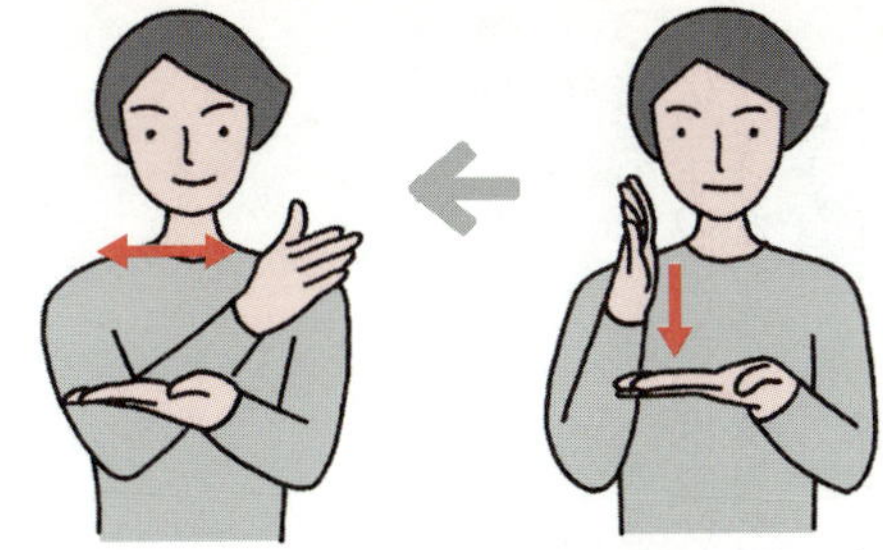

左手の手のひらに右手を垂直にのせる。

右手を左右に滑らせる。

解 右か左かと物事を見分ける、という意味から。

参 左手の上に右手をのせて、右に動かすと「**何でも**」となる。

同 区別・識別

使い方例
- 判断＋力＝**判断力**
- 判断＋指文字の「ミ」「ス」＝**判断ミス**
- 自分＋判断＝**自分で判断**

パンツ（ぱんつ）

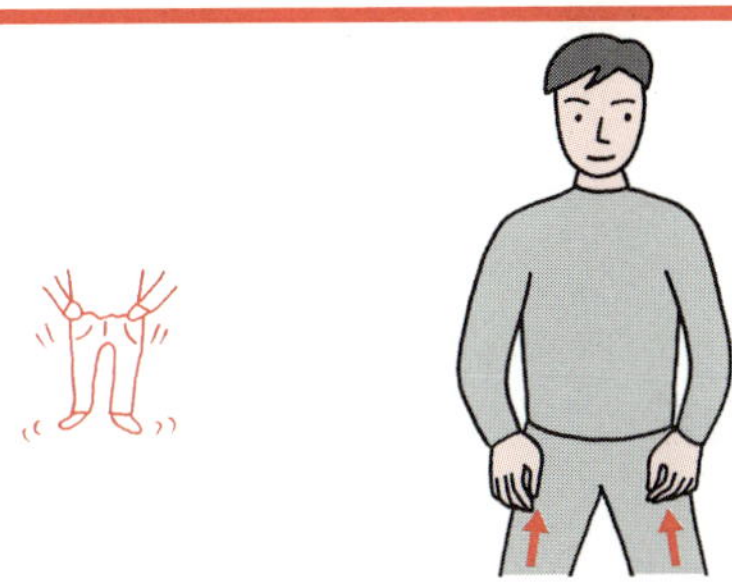

両手をすぼめて両ももにあて、上げる。

解 ズボンをはく様子から。下着のパンツには使えない。

参 下げると「**パンツを脱ぐ**」になる。

同 ズボン

使い方例
- 綿＋パンツ＝**コットンパンツ**
- 黒＋パンツ＝**黒のパンツ**
- パンツ＋直す＝**パンツの裾直し**

犯人（はんにん）

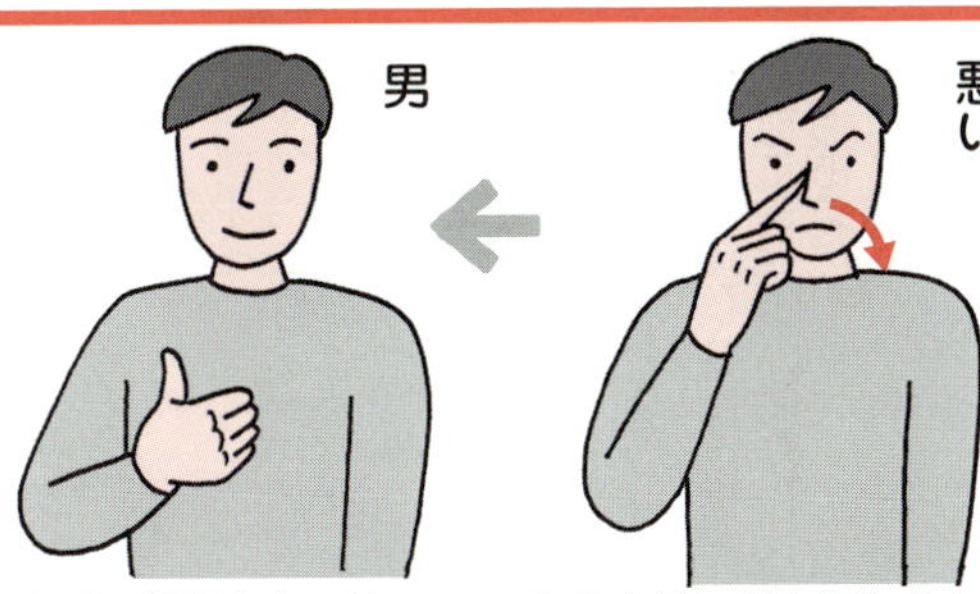

右の人差し指を鼻から左斜め下へかすめるようにする。

右手の親指を立てる。

参 「男」を省いて、「悪い」だけでも表すことができる。また、「乱暴＋男」でもよい。

同 悪人

使い方例
- 殺人＋犯人＝**殺人犯**
- ストーカー＋犯人＝**ストーカー犯**
- 犯人＋探す＝**犯人を探す**

反応（はんのう）

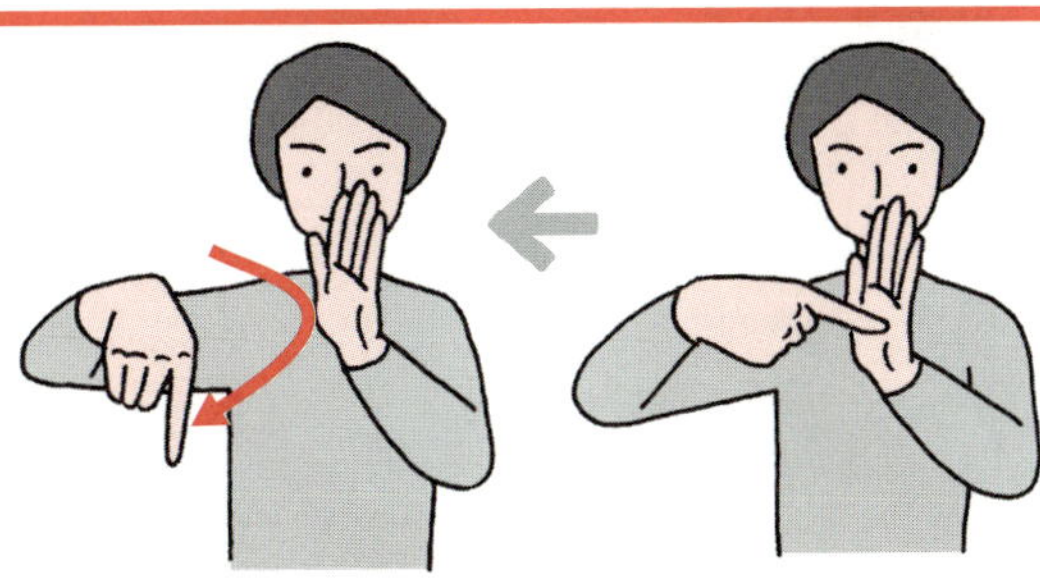

左の手のひらを前に向け、右手の人差し指で左手を引っかくように動かす。

解 人差し指は外からの刺激を意味する。

同 無視する

使い方例
- 拒絶＋反応＝**拒絶反応**
- 反応＋ない①＝**無反応**
- 反応＋悪い＝**反応が悪い**

はんばーがー

ハンバーガー

両手を広げて指先を口に向け、手前に持ってくる。

解 ハンバーガーを食べる様子を表す。

参 左手の親指とほかの4指の間に、手のひらを下に向けた右手をはさむと、「**サンドイッチ**」となる。

使い方例

簡単＋ハンバーガー＝**ファーストフード**

チーズ＋ハンバーガー＝**チーズバーガー**

はんばーぐ

ハンバーグ

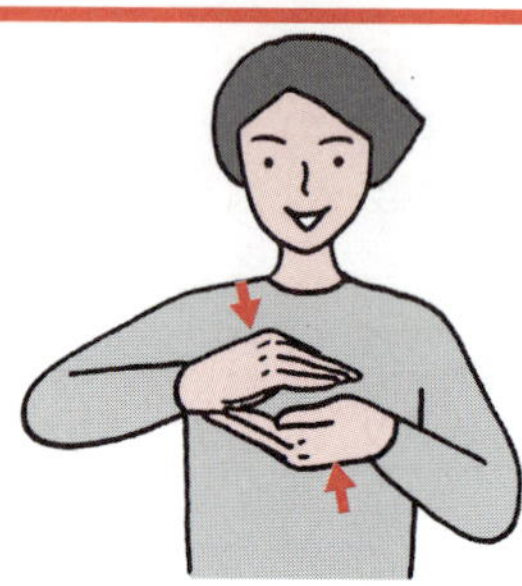

わん曲させた両手を合わせ、ハンバーグを手で形作る様子を表す。

おにぎり

解 ハンバーグを成形する様子から。

参 両手をギュッと握るようにすると、「**おにぎり**」となる。

使い方例

昼＋ハンバーグ＝**ハンバーグランチ**

日本＋風＋ハンバーグ＝**和風ハンバーグ**

はんぶん

半分

右手の指先を前にして垂直に立て、半分に切るように下ろす。

横から見たとき

解 半分に切る様子を表す。

参 左の手のひらの上に右手を垂直にのせて、手前に引く表現もある。

同 ～半

使い方例

時間＋3＋半分＝**3時半**

半分＋分ける＝**半分に分ける**

食べる＋半分＝**ご飯半ぜん**

ひ

自分から見た形

相手から見た形

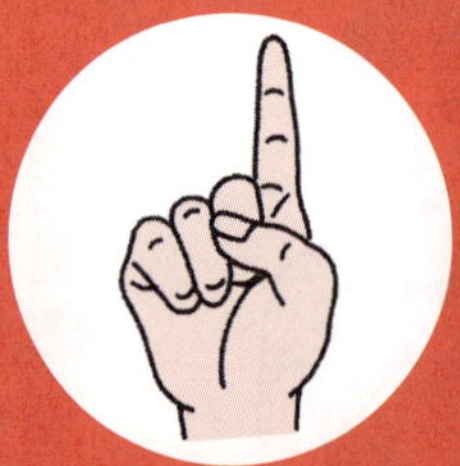

「ひぃふぅみぃ」と数えるとき、「ひぃ」が「1」を表すことから指を1本立てる。

日（ひ）

左手の人差し指を立てて、右手の人差し指と中指、薬指をつける。

解 漢字の「日」の形を表す。

参 「〇月〇日」のときには使えない（P9参照）。

使い方例

生まれる＋日＝**誕生日**

母＋日＝**母の日**

父＋日＝**父の日**

子ども＋日＝**こどもの日**

火（ひ）

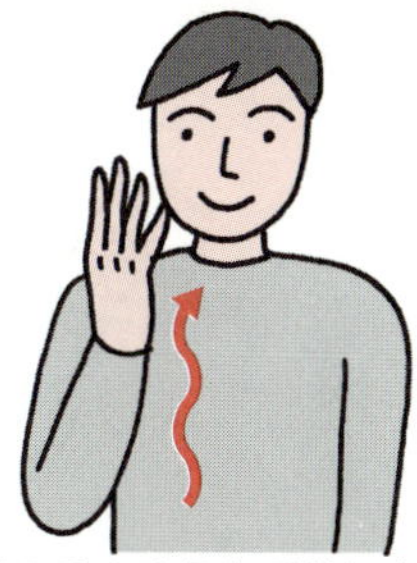

右手の手のひらを手前に向け、手首をひねりながら上げていく。

解 火が燃えて炎が上がる様子から。

同 火事・燃える

使い方例

赤＋火＝**火曜日**

火＋練習＝**火災訓練**

防ぐ＋火＝**防火**

ピアス（ぴあす）

両手の人差し指で両耳に触れる。

イヤリング

解 ピアスホールを指す。

参 右手だけで表現してもよい。また、イヤリングは耳たぶをつまんで表現する。

使い方例

ピアス＋アレルギー＝**金属アレルギー**

金＋ピアス＝**金のピアス**

ピアノ（ぴあの）

両手の指を動かして、ピアノを弾く動作をする。

バイオリン

参 両手の腕も動かすと、「**エレクトーン**」。また、「**バイオリン**」は、バイオリンを弾く様子で表す。

使い方例

ピアノ＋発表＋会＝**ピアノ発表会**

ピアノ＋教える＋部屋＝**ピアノ教室**

ビール（びーる）

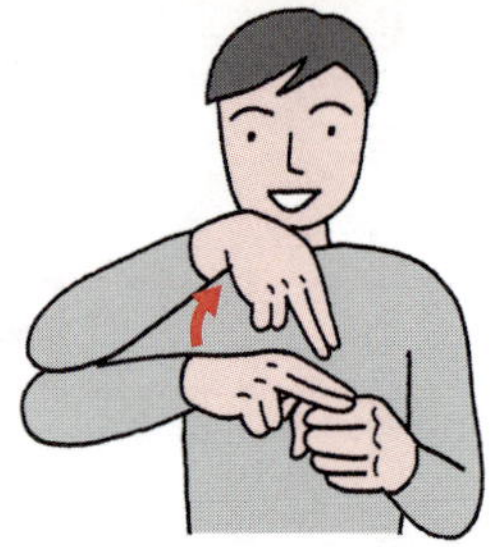

左手でこぶしを作り、右の人差し指と中指の指先をあてて、上げる。

解 びんビールの栓を抜く様子を表す。

参 ジョッキでビールを飲む動作をするか、「生きる＋ビール」で「**生ビール**」、生ビールを2回飲む動作をすると、「**ビアガーデン**」になる。

使い方例
- 生きる＋ビール＝**生ビール**
- 酒＋ない④＋ビール＝**ノンアルコールビール**
- 黒＋ビール＝**黒ビール**

控え（ひかえ）

手のひらを手前に向けた両手を立て、つける。

手首が離れないように、右手を前に、左手を手前にねじる。

解 控えのメモを表す。

参 「控える」などと表すときには使えない。

使い方例
- 領収書＋控え＝**領収書の控え**
- ノート＋控え＝**ノートの控え**
- 控え＋渡す＝**控えを渡す**

日帰り（ひがえり）

右手の人差し指を下向きにして前に出し、引き寄せて戻す。

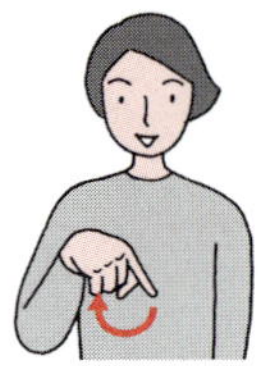

行く

解 行って帰ってくる様子から。

参 「**行く**」は、前に出すだけ。

同 往復

使い方例
- 日帰り＋旅行＝**日帰り旅行**
- 日帰り＋温泉＝**日帰り温泉**
- 日帰り＋ツアー＝**日帰りツアー**

比較（ひかく）

両手の手のひらを上に向け、交互に上下2回動かす。

解 重さを量っている様子を表す。

使い方例
- 比較＋合う＝**比較的**
- 味＋比較＝**味比べ**
- 比較＋考える＋工夫＝**比較検討**

東
ひがし

両手の親指と人差し指を伸ばして並べ、上げる。

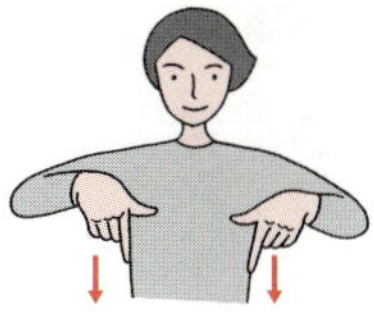

西

解 日が昇る様子を表す。

参 2回上げると「**東京**」になる。

反 指先を下に向けて下げると「**西**」、2回下げると「**京都**」になる。

使い方例
東＋北＝**東北**
東＋海＝**東海**
東＋山＝**東山**
東＋海岸＝**東海岸**

引き算
ひきざん

右手の人差し指を伸ばし、横に向け、左から右に引く。

2−1
5−3

解 一の形を表す。

使い方例
引き算＋考える＝**マイナス思考**
引き算＋指文字「い」「お」「ん」＝**マイナスイオン**

引き分け
ひきわけ

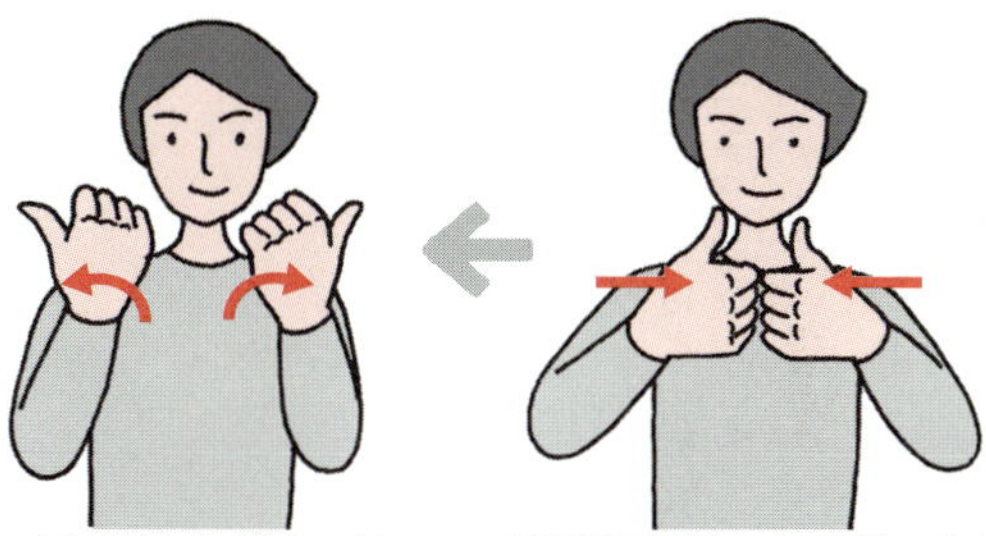

両手の親指を立てて、中央でぶつける。

左右に開きながら、はね上げる。

解 親指を立ててぶつけるのは「勝負」を意味する。

参 両手の親指を左右におき、交互に上げていくと「**ライバル**」となる。

使い方例
昨日＋野球＋引き分け＝**昨日の野球は引き分けでした**
力＋引き分け＝**力は五分五分**

引く
ひく

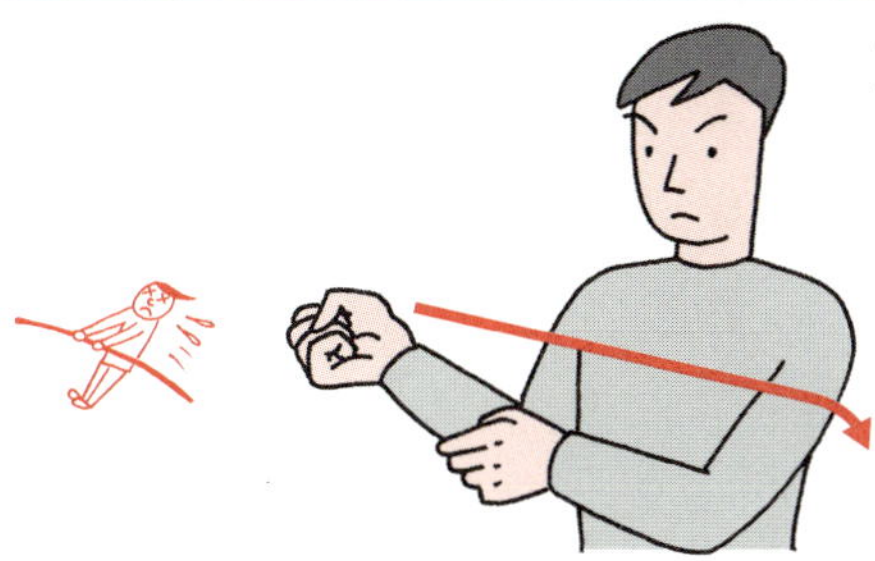

両手でこぶしを作って、左に引くようにする。

解 綱などを持って、引っ張る様子を表す。

参 綱を引く、ひもを引くなどに使う。また、両手のこぶしを斜めに上げると、「**逃げる**」となる。

同 綱引き・引っ張る

使い方例
引く＋勝つ＝**綱引きに勝つ**
彼＋引く＝**彼を引っ張る**

ひくい

低い

右手の手のひらを下に向けて、肩のあたりから下げる。

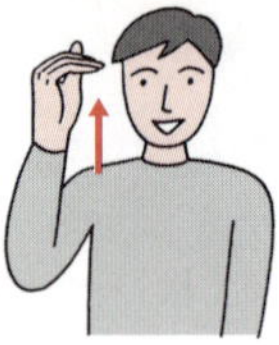

参 下げれば下げるほど、より低いことを表す。

反 右手の親指以外の4本の指をそろえて曲げ、顔の横で上げると、「**高い**」になる。

同 小さい

使い方例
レベル＋低い＝**低レベル**
低い＋男＝**背の低い男**
レベル＋低い＋学校＝**レベルの低い学校**

ぴくにっく

ピクニック

両手の指を広げて前後に並べ、トントンと前に出していく。

解 人が並んで歩いている様子を表す。

参 両手を前に出さずに右手を手前に引くと、「**行列**」になる。

同 遠足・ハイキング

使い方例
ピクニック＋行く＝**ピクニックに行く**
保育園＋ピクニック＝**保育園のピクニック**

ひげ

ひげ

軽く曲げた右手の指先を鼻の下において軽く上下に動かす。

解 口ひげをはやしている様子を表す。

参 手を下げるほど「長いひげ」を表すことができる。また、ひげの形を指で描いて表すこともできる。

使い方例
ひげ＋剃(そ)る＝**ひげを剃(そ)る**
口＋ひげ＝**口ひげ**

ひこうき

飛行機

右手の親指と小指を伸ばして、斜め上に上げる。

解 飛行機が離陸する様子を表す。

参 人差し指を空中で何回か回転させると、「**ヘリコプター**」になる。

同 (飛行機で)行く

使い方例
飛行機＋場所＝**空港**
飛行機＋世話＋女＝**客室乗務員**
海外＋飛行機＝**海外旅行**

ピザ
ぴざ

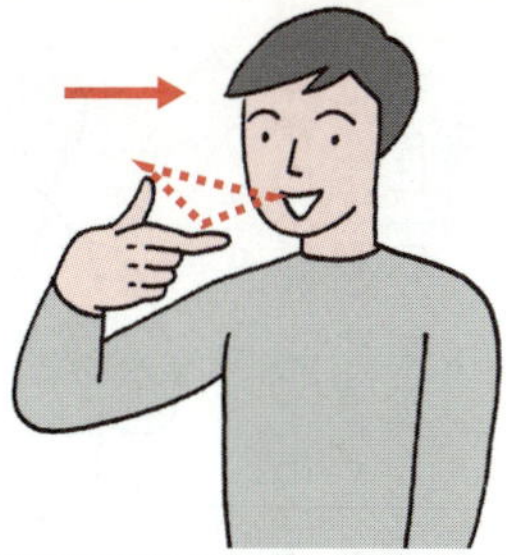

右手の親指と人差し指を開いて、口に持ってくる。

解 ピザを1切れ持って、口に入れる様子から。

参 親指と人差し指はやや広めに開く。間隔を狭めると、「**菓子**」になる。

使い方例
- ピザ＋出前＝**宅配ピザ**
- 鳥＋ピザ＝**チキンピザ**
- ピザ＋本当＋場所＝**本場のピザ**

久しぶり
ひさしぶり

両手の４本の指の背をくっつけて、左右に離していく。

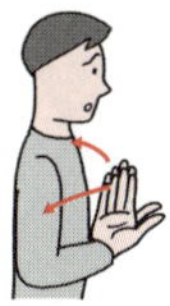

横から見たとき

解 背を向けて離れていく様子を表す。

参 手を左右に広く離すほど、「より久しぶり」であることを表す。「お久しぶりです」とあいさつするときにも使える。

同 しばらく

使い方例
- 久しぶり＋元気？＝**久しぶりですが、お元気ですか？**
- 久しぶり＋会う＝**久々に会う**

美術館
びじゅつかん

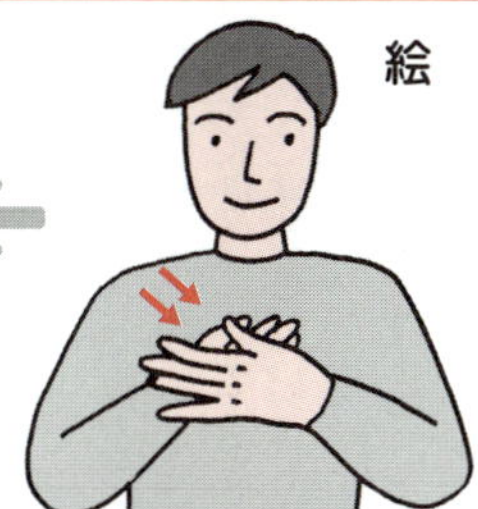

左手の手のひらに右手の甲を２回軽く打ちつける。

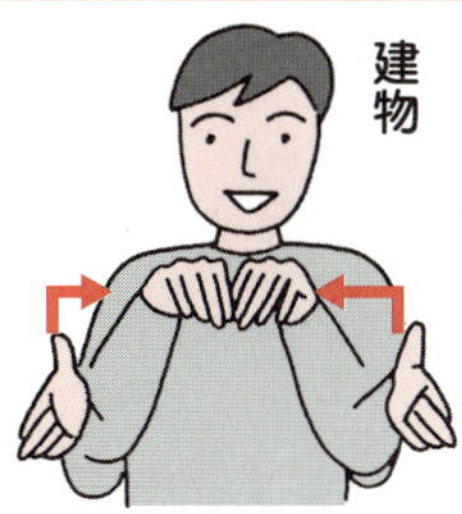

両手を向かい合わせて上げ、中央で合わせる。

解 絵…キャンバスに絵の具を塗る様子を表す。
建物…建物の四角い形を表す。

同 絵…絵を描く・絵画・美術

使い方例
- 国＋立つ＋美術館＝**国立美術館**
- 絵＋大学＝**美術大学**
- 観光＋建物＝**博物館**

秘書
ひしょ

右手の人差し指を立て、口の前におく。

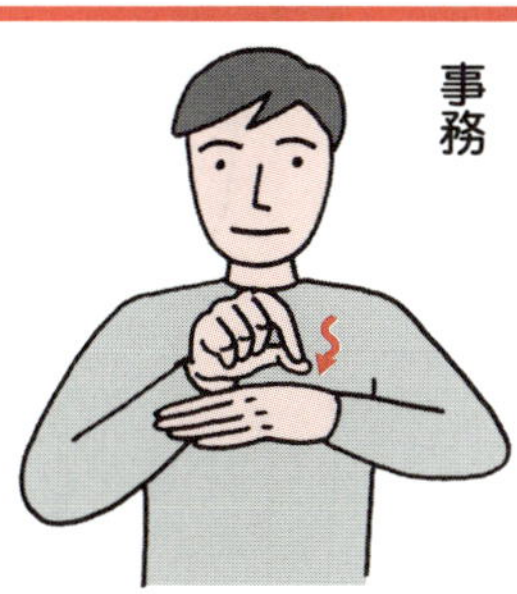

右手でペンを持って、左手のそばで何かを書く動作をする。

同 秘密…静かに・内緒・内密

使い方例
- 秘書＋部屋＝**秘書室**
- 社長＋秘書＝**社長秘書**
- 秘密＋番号＝**暗証番号**
- 事務＋員＝**事務員**

ひじょうぐち

非常口

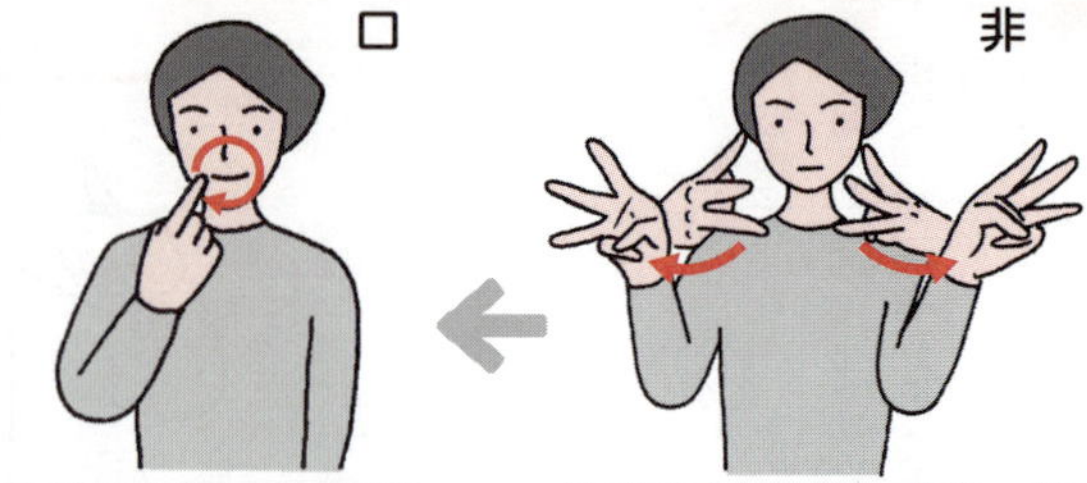

両手の人差し指、中指、薬指を伸ばして左右におき、手首を前にひねる。

右手の人差し指で口のまわりをぐるりと回す。

参 非常口のマークにあるように、走る姿を表現して、そのあとに「口」を表すこともできる。

使い方例

非常口＋連れて行く＝**非常口までお連れします**
非＋下り階段＝**非常階段**
出る＋口＝**出口**

ひじょうしき

非常識

右手のこぶしを左手のこぶしにつけ、右手を前に出す。

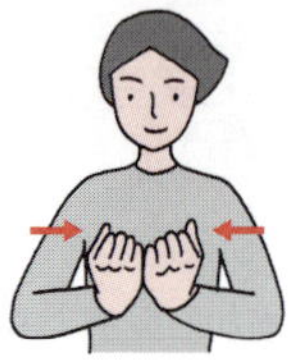

常識

解 両手のこぶしを左右からぶつけると「**常識**」、それが外れることから、「常識外れ」であることを意味する。

反 常識・礼儀

同 失礼・無礼

使い方例

彼＋非常識＝**彼は非常識だ**
話す＋非常識＝**非常識な話**
活躍＋非常識＝**非常識な行動**
態度＋非常識＝**非常識な態度**

ぴすとる

ピストル

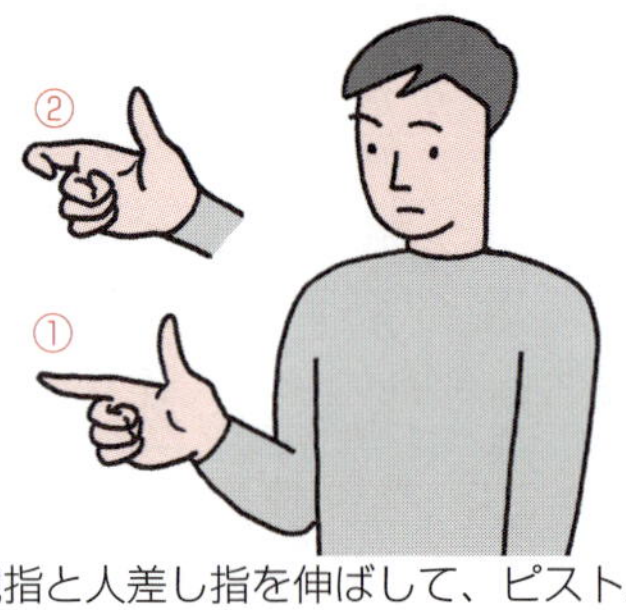

親指と人差し指を伸ばして、ピストルの形を作ったあと、人差し指を曲げる。

解 ピストルを撃つ様子を表す。

参 右手でピストルの形を作り、そのあと、右手の人差し指を軽く曲げて手前に2回引くようにすると、「**ピストル強盗**」になる。

使い方例

ピストル＋自殺＝**ピストル自殺**
ピストル＋法律＋違反＝**銃刀法違反**

ひだり

左

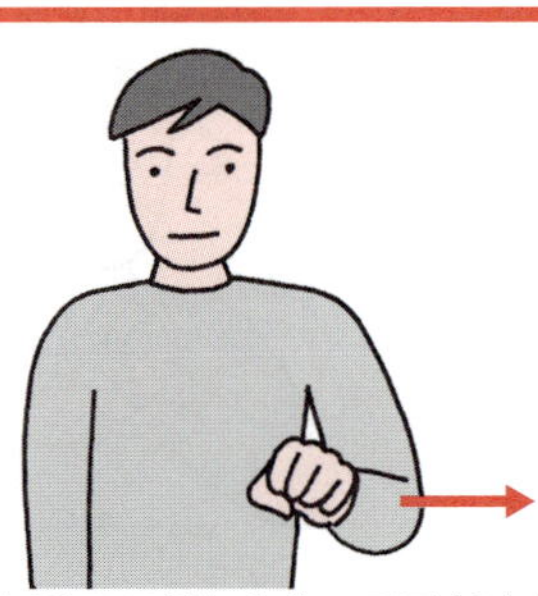

左手でこぶしを作ってひじを張り、少し左に動かす。

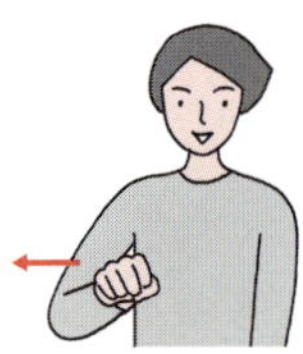

右

反 右手のこぶしで同じようにひじを張って右に動かすと、「**右**」になる。

同 左側・左きき

使い方例

左＋グループ＝**左翼（さよく）**
彼＋左＝**彼は左きき**
左＋（左手で何かを投げる動作）＝**サウスポー**

びっくり
びっくり

わん曲させた両手を左胸の前におく。

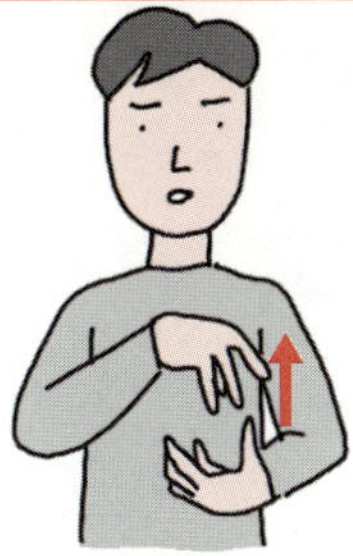

両手をパッと開きながら、引き離す。

解 突然のことに心臓が破裂するほど驚く様子。ショックに近い。

使い方例

心臓＋びっくり＝**心臓発作**
びっくり＋倒れる＝**発作で倒れる**
びっくり＋起こる①＝**発作が起こる**

引っ越す
ひっこす

両手の指先を合わせて家の形を作る。

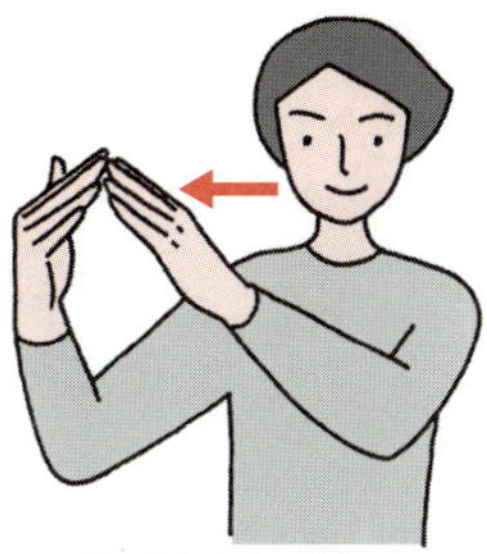

両手を右に動かす。

解 両手の指先を合わせた形は「家」を意味し、家を動かすことから。

参 数回動かすと、「**家を転々とする**」となる。また、手を寝かせて家の形を作り、起こすようにすると、「**家を建てる**」になる。

羊
ひつじ

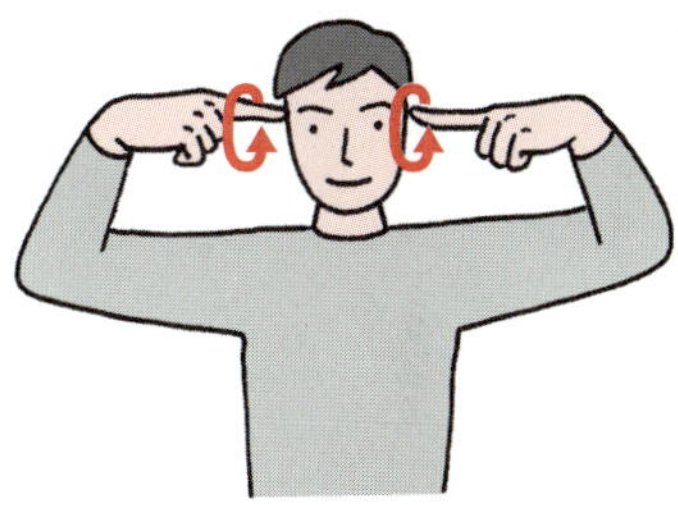

両手の人差し指を頭の両脇におき、前に回す。

牛

解 羊の角を表す。

参 親指を伸ばして人差し指を曲げ、頭の両脇におくと「**牛**」となる。

使い方例

羊＋毛＝**羊毛**
羊＋年＝**未（ひつじ）年**
羊＋肉＝**マトン、ラム**

筆談
ひつだん

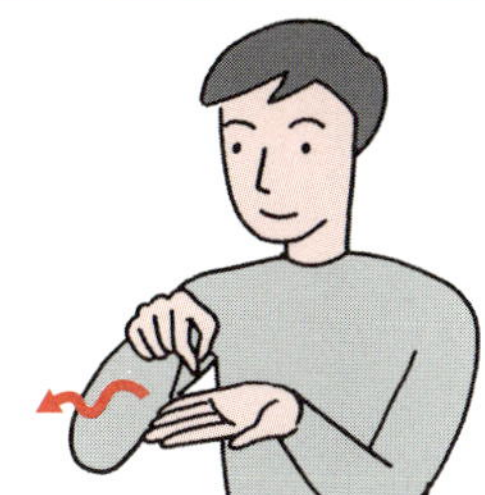

左の手のひらの上で、右手でペンを持って何かを書くように動かす。

解 紙に書く様子から。

参 両手の手のひらを上向きにして前後におき、水平に回して手の位置を入れ替える「交換」を、あとにつける場合もある。

同 鉛筆・書く・記録・サイン・ペン

使い方例

筆談＋お願い＝**筆談でお願いします**
筆談＋メモ＝**筆談メモ**

ひつよう
必要

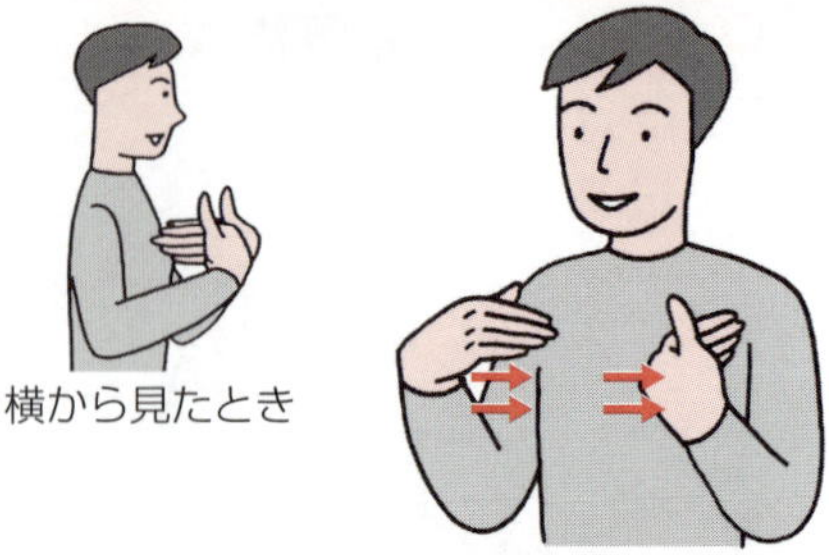

横から見たとき

両手の手首を折り曲げて、指先を両脇に2回あてる。

反 両脇にあてたあと、手首をひねって前に出すと、「**要らない**」となる。

同 （時間が）かかる・〜しなければならない・用事

使い方例
スーパー＋行く＋必要＝**スーパーに行かなければならない**
必要＋思う＋ない①＝**必要性がない**

ひてい
否定

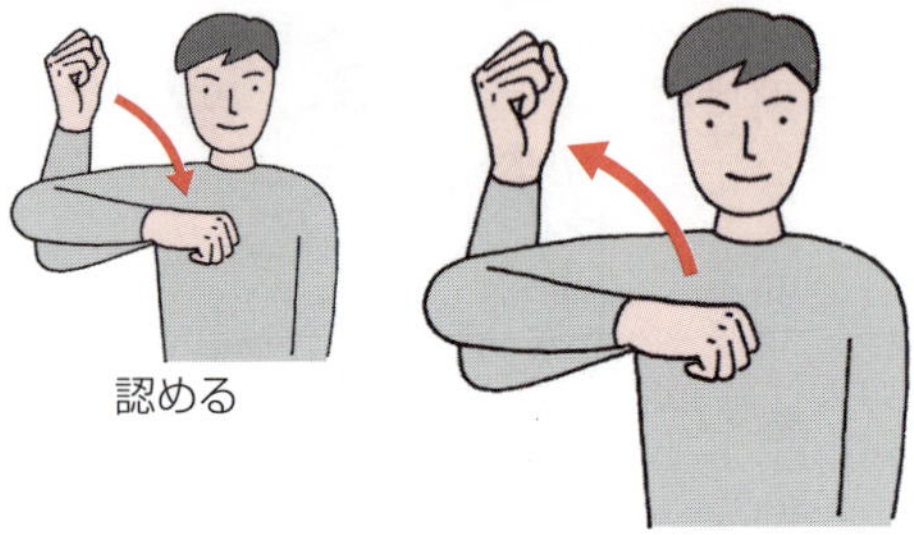

認める

右手を握って寝かせ、ひじをひねって起こす。

解 「認める」と反対の動きをすることで「否定」を意味する。

反 右手を握って手首を下げると、「**認める**」となる。

同 認めない

使い方例
否定＋文章＝**否定文**
殴る＋否定＝**暴力反対**
裏切る＋否定＝**裏切りは許さない**

びでお
ビデオ

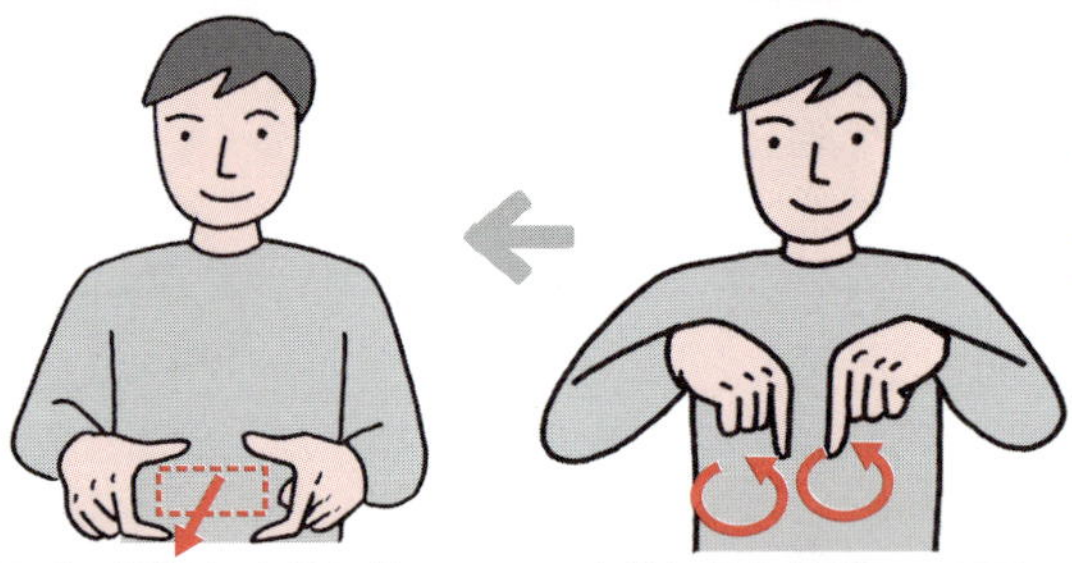

人差し指を伸ばして同時に右に水平に回す。

両手の親指と人差し指で四角形を作り、前に出す。

解 テープが回転する様子と、ビデオテープをデッキに入れる様子を表す。

使い方例
ビデオ＋借りる＝**レンタルビデオ**
ビデオ＋録画＝**ビデオ録画**
映画＋ビデオ＝**映画のビデオ**

びでおかめら
ビデオカメラ

わん曲させた左手の上に、親指・人差し指・中指を伸ばした右手をかまえ、両手同時に上下左右に動かす。

解 ビデオカメラで撮影している様子を表す。

使い方例
家族＋ビデオカメラ＝**ホームビデオ**
最高＋新しい＋ビデオカメラ＝**最新のビデオカメラ**

人①

ひと①

右手の人差し指で、自分から見て、「人」の字を空書する。

人

参 「～人」は、数字を表した形のまま「人」と空書する。例えば、「**2人**」は指文字の「2」で「人」を空書する。

同 ～人（人数を表すとき）

使い方例
2人＋兄弟＝**2人兄弟**
人①＋よい＝**人がいい**
人①＋権利＝**人権**
不思議＋人①＝**不思議な人**

人②

ひと②

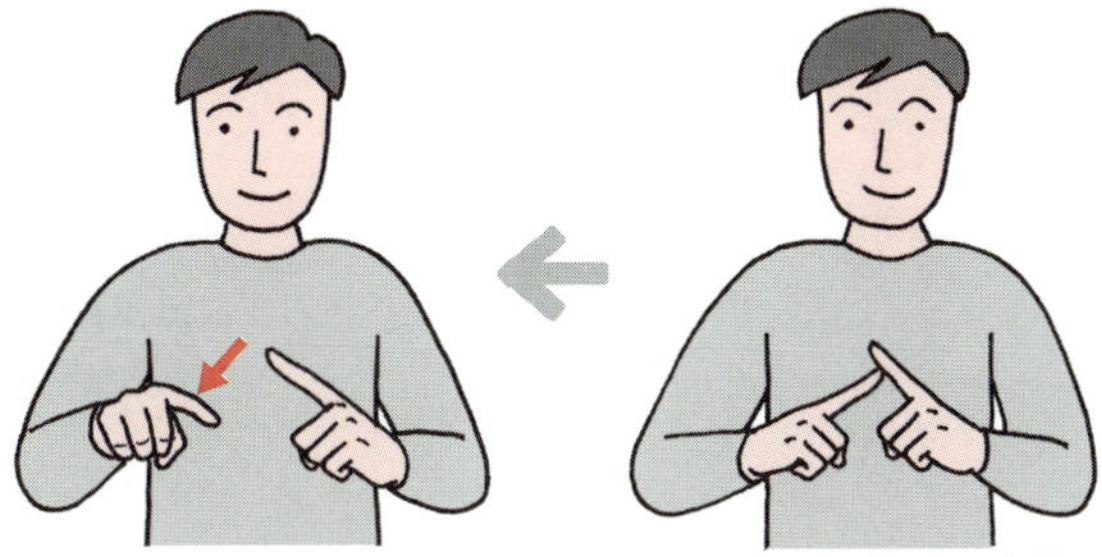

両手の人差し指で、自分から見て「人」の形を作る。

右手の人差し指を前に出す。

解 「人」という字を表す。

参 「～人（じん）」というときに使う。

使い方例
宇宙＋人②＝**宇宙人**
イタリア＋人②＝**イタリア人**
フランス＋人②＝**フランス人**
日本＋人②＝**日本人**

人通り

ひとどおり

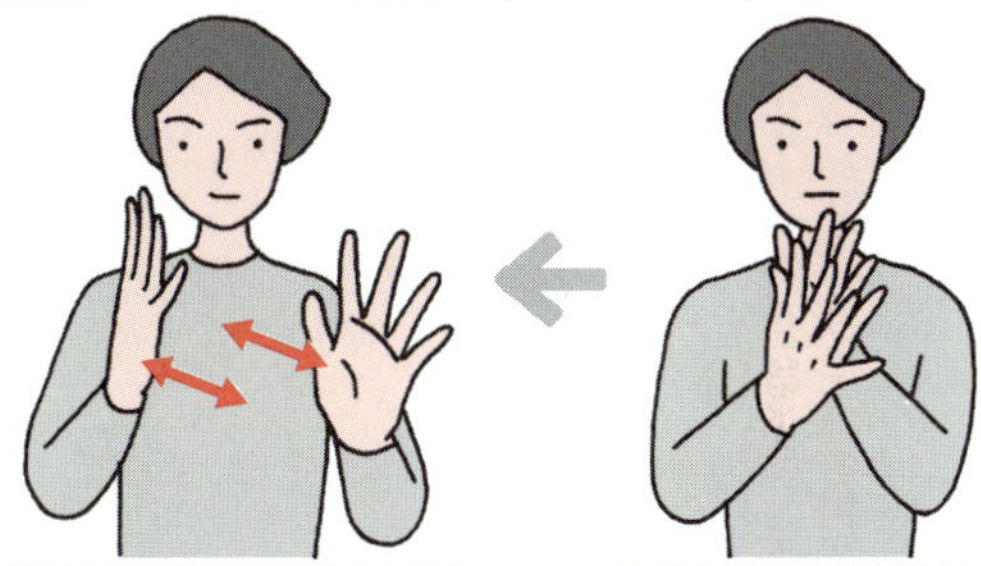

両手を向かい合わせる。

両手を交互に前後させる。

解 人が行き交う様子を表す。

参 何度も繰り返すと、「**人通りが多い**」。また、縦に並べて右手を手前に引くと、「**行列**」。

使い方例
東京＋人通り（何度も繰り返す）＝**東京は人通りが多い**
人通り＋盗まれる＋簡単＝**人込みでは盗難にあいやすい**

人々①

ひとびと①

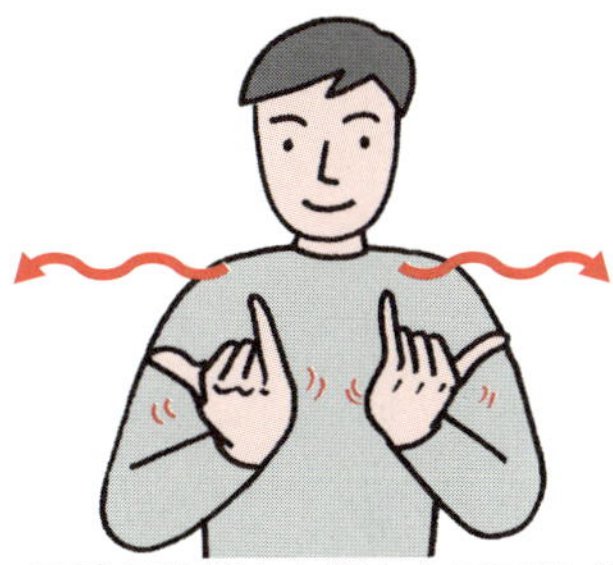

両手の親指と小指を立てて並べ、ねじりながら左右に離す。

社会

解 人がたくさんいる様子から。

参 ねじらずに手前に水平に円を描き、親指同士を合わせると、「**社会**」となる。

使い方例
アジア＋人々①＝**アジアの人**
人々①＋みんな＝**人たち**

ひとびと②

人々②

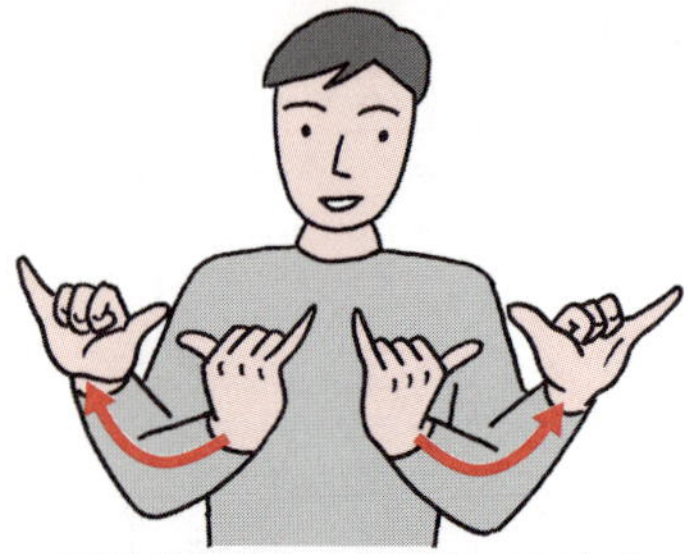

両手の親指と小指を立てて並べ、手首を外側にひねる。

参「〜者」というときに、よく使われる。

使い方例
故障＋人々②＝**障害者**
通訳＋人々②＝**通訳者**
働く＋人々②＋協会＝**労働組合**

びにーる

ビニール

両手で何かをつかむようにし、手首を使って、同時に前後に動かす。

プラスチック

解 ビニールのやわらかい様子を表す。

参 両手の手のひらを2回合わせると、「**プラスチック**」となる。

使い方例
ビニール＋作る＝**ビニール製**
ビニール＋バッグ＝**ビニールバッグ**
ビニール＋袋＝**ビニール袋**

ひにく

皮肉

左手の親指を立て、右手の人差し指で切りつける。

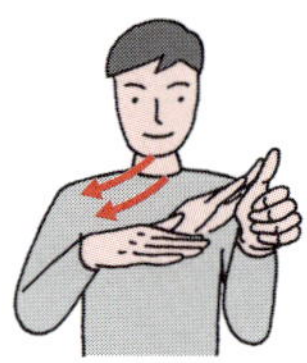

お世辞

参 左手の親指を立て、右手で2〜3回なでると、「**お世辞**」。

同 傷つける

使い方例
話す＋皮肉＝**皮肉を言う**
言葉＋皮肉＝**皮肉な言葉**
名誉＋皮肉＝**名誉毀損（めいよきそん）**

ひにん

避妊

妊娠

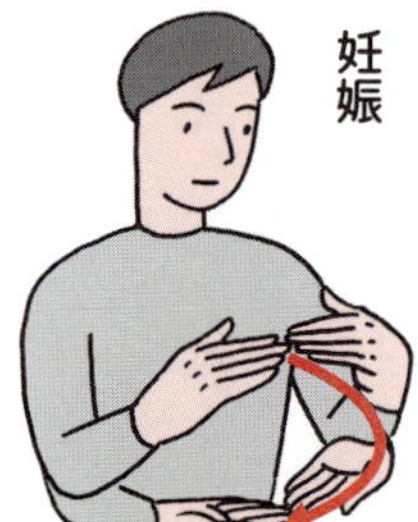

両手の指先をつけて、お腹の前で弧を描く。

防ぐ

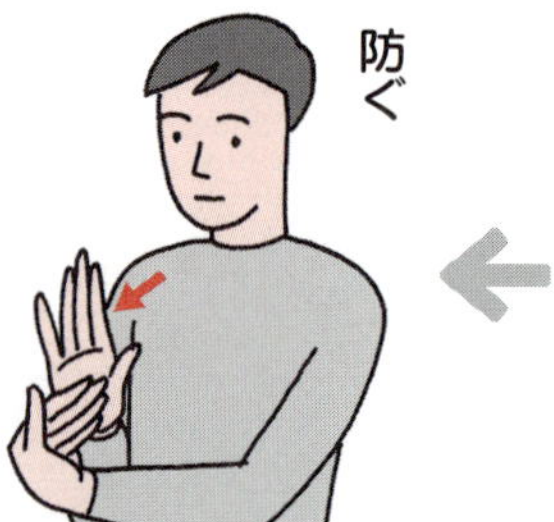

左の手のひらに右手の指先をあて、左手で押し出す。

解 妊娠…大きなお腹を表す。

参「ピル」は、「避妊＋薬」のほか、指文字でも表せる。

使い方例
避妊＋必要＝**避妊は必要**
避妊＋薬＝**ピル**
避妊＋対応＝**避妊対策**
妊娠＋女＝**妊婦**

被爆
ひばく

両手でこぶしを作り、下 に 向け 、お腹の前あたりでかまえる。

両手同時に、手をぱっと開きながら、手首をひねり上げる。

解 火が燃えさかって、体に襲いかかる様子を表す。

使い方例

被爆＋残る＋病気＝**被爆の後遺症**

広島＋被爆＝**原爆**

被爆＋人々②＋会＝**被爆者の会**

批判
ひはん

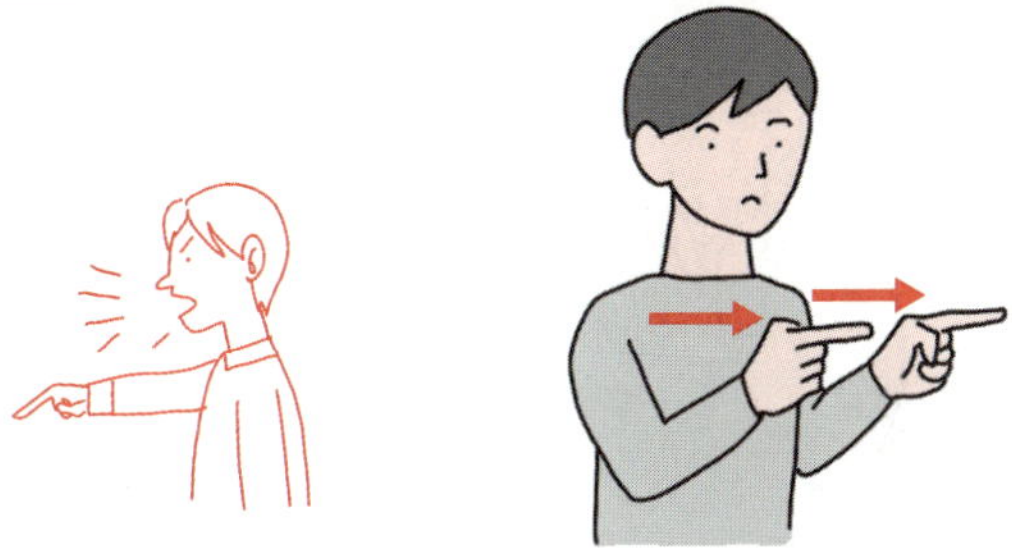

両手の人差し指を前に向かって伸ばして少し前後にずらしてかまえ、同時に前に出す。

解 槍で刺すようなイメージ。

同 抗議・追及・非難

使い方例

怪しい＋批判＝**追及**

批判＋相性＝**批判的**

批判＋精神＝**批判精神**

ひび
ひび

甲を前に向けた右手の人差し指を立ててひびを描く。

ほかの表現

解 ひびを表現している。

参 左手の上で、右手の人差し指を揺らしながら下げる表現もある。

使い方例

地震＋壁＋ひび＝**地震で壁にひびが入る**

関係＋ひび＝**関係にひびが入る**

響く
ひびく

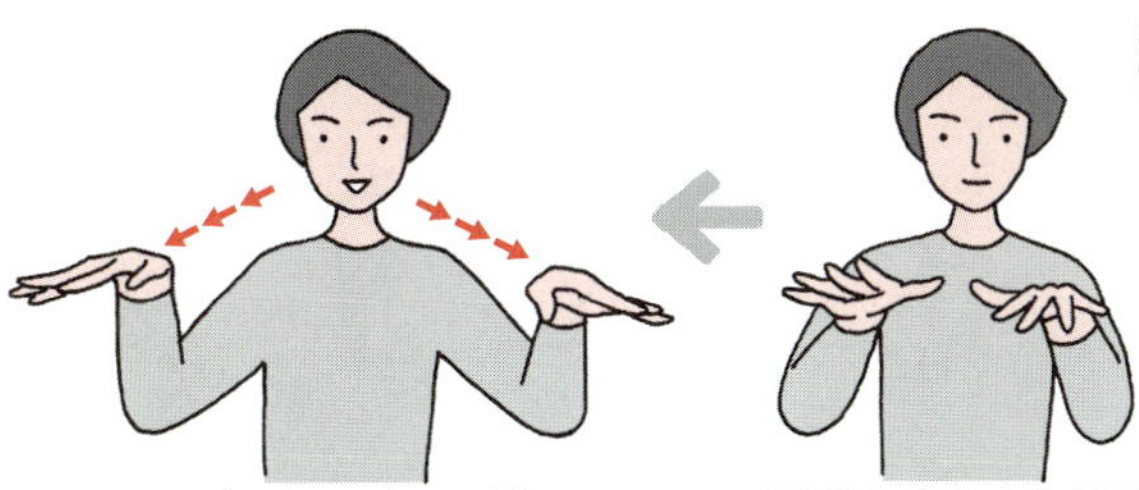

両手の手のひらを下向きにし、指を開いて並べる。

リズムをつけて、斜め前に出していく。

解 音が広がっていく様子を表す。

反 手の先を手前に向けると、「**響いてくる**」となる。

使い方例

声＋響く＝**声が響く**

心＋～まで＋響く＝**心まで響く**

響く＋ない①＝**響かない**

暇 ひま

両手を曲げて胸のあたりにおき、手首を返して手のひらを上にする。

忙しい

解 手があいている様子を表す。

反 両手の指を軽く曲げて下に向け、交互に回すと「**忙しい**」になる。

同 のんびり・ゆったり

使い方例
明日＋暇？＝**明日は暇？**
暇＋人①＋集まる＝**暇人集まれ！**
仕事＋暇＝**仕事が暇**

ヒマワリ ひまわり

右手の指をすぼめて、頭の上で少し下げながら開く。

手首をくっつけて、両手を大きくパカッと開く。

使い方例
ヒマワリ＋畑＝**ヒマワリ畑**
ヒマワリ＋指文字の「タ」「ネ」＝**ヒマワリの種**

秘密 ひみつ

右手の人差し指を立て、口の前におく。

ほかの表現

参 口にチャックをする動作で表すこともできる。

同 静かに・内緒・内密

使い方例
秘密＋事務＝**秘書**
秘密＋番号＝**暗証番号**
秘密＋部屋＝**秘密の部屋**

百 ひゃく

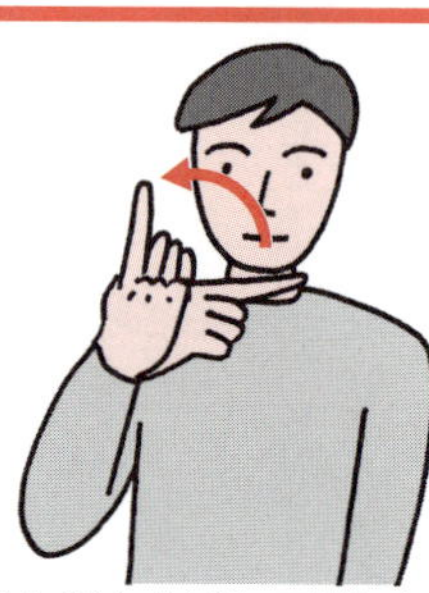

人差し指を伸ばして横にし、手首を軸にして、はね上げる。

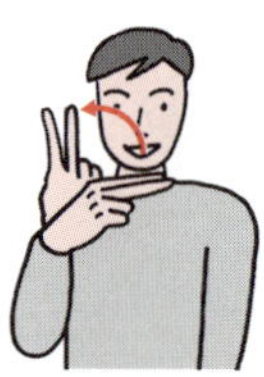

2百

参 「**2百**」は、人差し指と中指を横にしてはね上げる。同様に、「9百」まで表現することができる。また、はね上げずに指先を下げると、「**千**」になる。

使い方例
百＋パーセント＝**100パーセント**
百＋店＝**100円ショップ**

表 ひょう

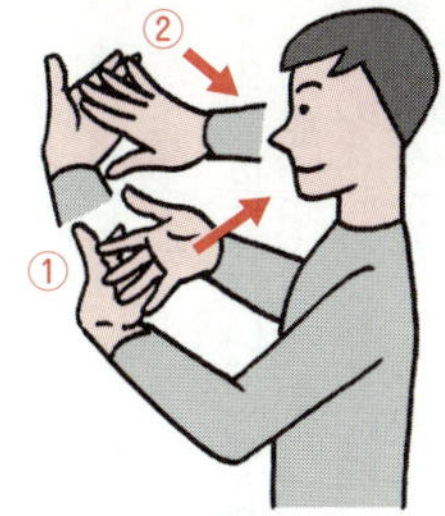

右の指先を左手にのせて横に動かし、手首を返して縦に動かす。

解 表のマス目を表す。

同 原稿・スケジュール・チェック柄・伝票

使い方例

計算＋表＝**表計算**
成績＋表＝**グラフ**
表＋ノート＝**スケジュール帳**
予定＋表＝**予定表**

秒 びょう

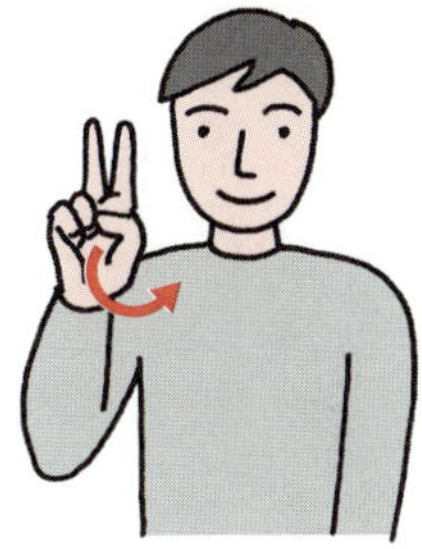

右手の人差し指と中指を立てて、手首を軸にして、斜めに下げる。

分

解 秒を表す「〃」の形を表す。

参 人差し指だけを立てて同様に下ろすと、「**分**」になる。

使い方例

5＋秒＝**5秒**
60＋秒＝**60秒**
いくつ＋秒？＝**何秒？**
1＋秒＋間＝**1秒間**

美容院 びよういん

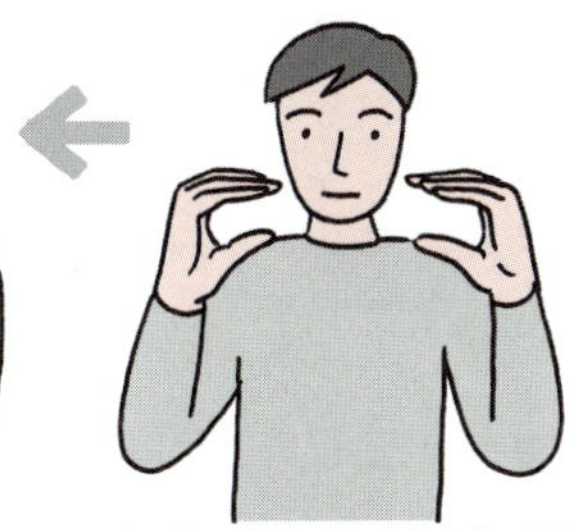

両手の指を軽く曲げ、頭の両横におく。

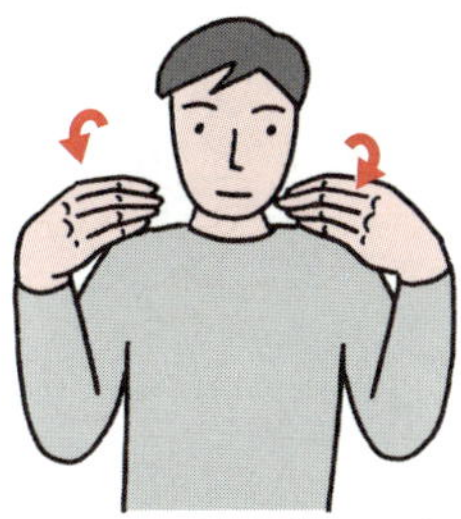

両手の手首を前に返す。

解 美容院でカーラーを巻く様子を表す。

参 「**パーマ**」は、両手の人差し指と中指を伸ばし、頭の両横で波立たせながら下げる。

使い方例

美容院＋予約＝**美容院の予約をする**
美容院＋資格＝**美容師**

病院 びょういん

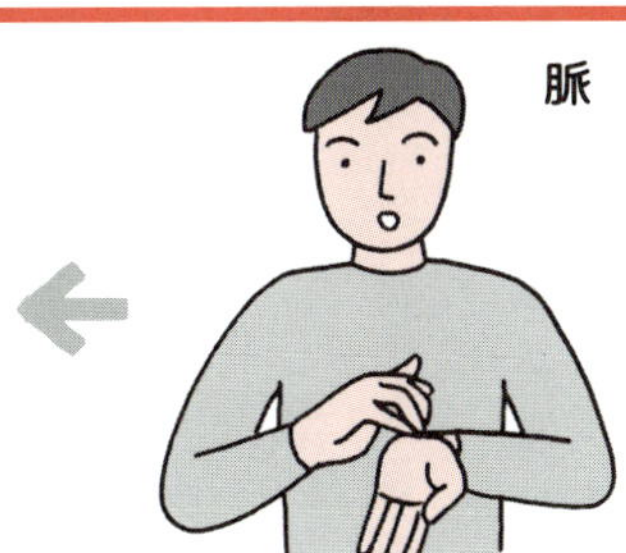

右手の指先を左手の手首にあてる。

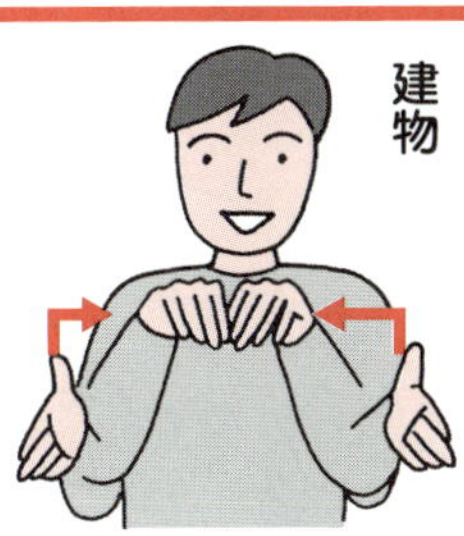

両手を向かい合わせて上げ、中央で合わせる。

解 脈…脈をとる様子を表す。建物…建物の形を表す。

使い方例

まとめる＋病院＝**総合病院**
大学＋病院＝**大学病院**
脈＋男＝**医者**

病気

びょうき

右手のこぶしを、ひたいにあてて2回軽くたたく。

エイズ

解 頭が痛いときに、ひたいをたたく様子から。

参 1回だけひたいにあてると、「**~症**」「**~病**」。また、こぶしの代わりに5指を曲げて、甲側をひたいにあてると、「**エイズ**」になる。

使い方例

病気＋ため＋休み＝**病気で休む**
心＋病気＝**心の病気**
病気＋防ぐ＝**免疫**

標識

ひょうしき

両手の親指と人差し指で標識の丸い形を作り、上方におく。

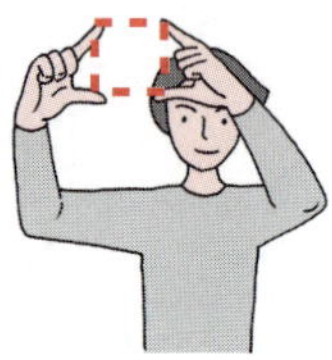

四角いとき

解 標識の丸い形を表す。

参 表したい標識の形によっては、四角で表現することもある。また、「現れる＋標識」とする場合もある。

使い方例

道路＋標識＝**道路標識**
車＋駐車＋禁止＋標識＝**駐車禁止の標識**

表情

ひょうじょう

両手の手のひらを手前に向けて顔の前におく。

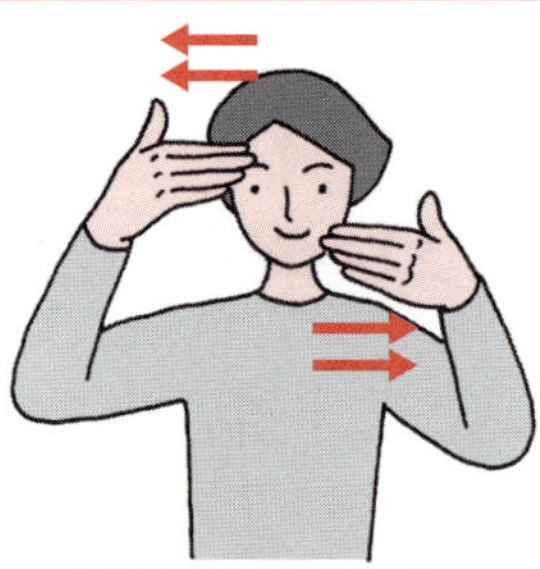

両手を2回左右に引く。

解 顔の表情が変化することから。

参 両手の手のひらを前に向けて並べ、交互に上下させると、「**状態**」となる。

使い方例

表情＋足りない①＝**表情が乏しい**
表情＋金持ち＝**表情豊か**
表情＋ない①＝**無表情**

平等

びょうどう

両手の親指と人差し指を伸ばして指先を合わせる。

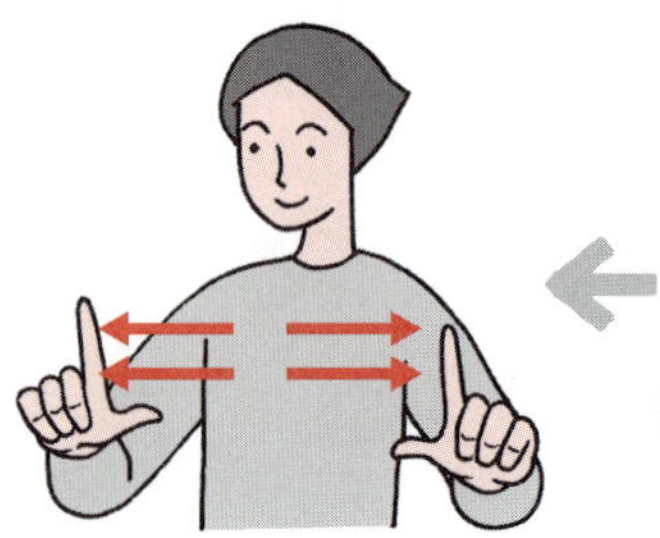

両手を左右に離していく。

参 2回同じ動作をすると「**あたり前**」となる。

同 普段・普通・平均・平凡

使い方例

みんな＋平等＝**みな平等**
平等＋建物＝**平等院**
給料＋平等＝**給料平等**
男＋女＋平等＝**男女平等**

ひらく
開く

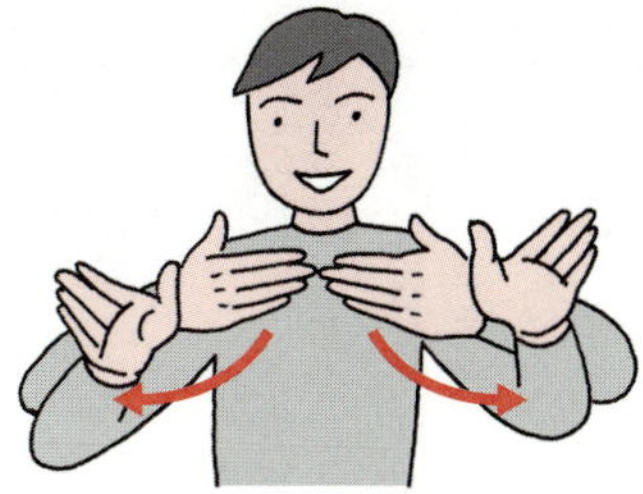

両手の手のひらを手前に向けて指先をくっつけ、左右に開く。

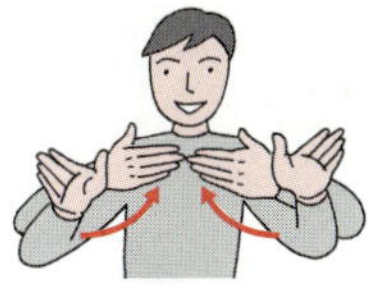

閉じる

解 扉が開く様子を表す。

反 左右に開いた手を中央に持ってくると、「**閉じる**」になる。

同 オープン・開店

使い方例
レストラン＋開く＝**レストランのオープン**
結婚＋パーティー＋開く＝**結婚披露宴を開く**

ひる
昼

右手の人差し指と中指を立て、人差し指側をひたいにあてる。

解 2本の指を時計の針に見立て、時計の文字盤の12時の位置を表す。

参 「昼」の形から右に傾けると「**午前**」、左に傾けると「**午後**」になる。

同 こんにちは・正午

使い方例
昼＋食べる＝**ランチ**
夜＋昼＝**深夜0時**
昼＋休む＝**昼休み**
昼＋～間＝**昼間**

びる
ビル

両手を向かい合わせて上げ、直角に曲げて左右からつける。

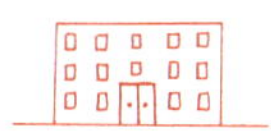

解 ビルの四角い形を表す。

同 ～館・建物

使い方例
絵＋ビル＝**美術館**
観光＋ビル＝**博物館**
売買＋ビル＝**デパート**
会社＋ビル＝**会社のビル**

ひるやすみ
昼休み

昼

右手の人差し指と中指を立て、人差し指側をひたいにあてる。

休む

下向きにした両手の手のひらを、左右から寄せる。

解 昼…時計の12時を表す。

使い方例
昼＋食べる＝**ランチ**
休む＋部＝**休部**
3＋続ける＋休む（を数回繰り返す）＝**3連休**

広い
ひろい

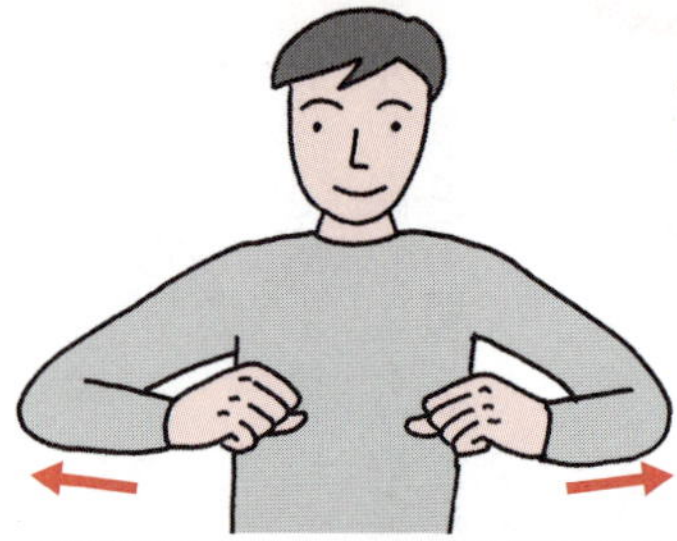

両手でこぶしを作って左右におき、ひじを張って左右に開く。

狭い

参 こぶしの代わりに手のひらで表現することもある。

反 両手の手のひらを向かい合わせ、中央に寄せると、「**狭い**」となる。

使い方例

広い＋指文字の「オ」＝**広尾**
部屋＋広い＝**部屋が広い**
指文字の「ロ」「ビ」「ー」＋広い＝**広いロビー**

品格
ひんかく

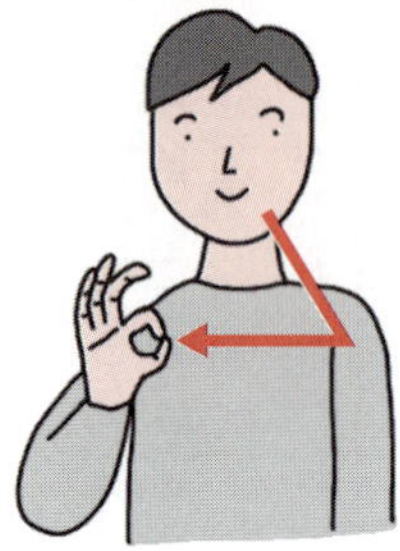

右手の親指と人差し指で輪を作り、口の前から左下、右へと動かす。

立派、素晴らしい

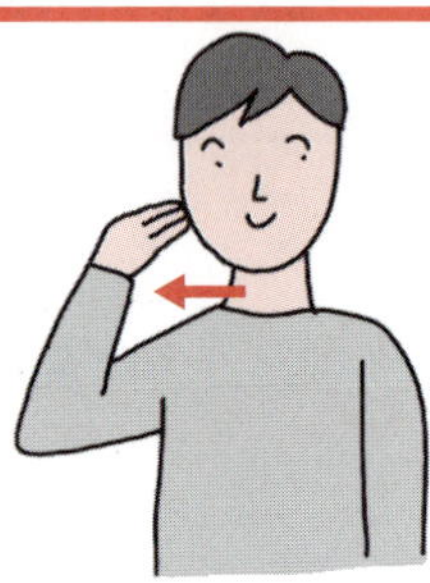

右手の手のひらを下に向け、鼻の下におき、右へ引く。

解 最初の動作は、「品」という漢字の書き順に手を動かす。次の動作は、「立派」「すばらしい」の手話。

使い方例

女性＋品格＝**女性の品格**
品格＋硬い＝**品格を保つ**
品格＋持つ＋男性＝**品のある男性**

ピンク
ぴんく

指を閉じて軽く曲げた両手を2回合わせる。

桃

解 桃の形を表す。

参 「**桃**」は、同じ形で、両手を少し左右に動かして表現する。

使い方例

濃い＋ピンク＝**濃いピンク**
淡い＋ピンク＝**薄ピンク**
ピンク＋口紅＝**ピンクの口紅**

貧血
ひんけつ

両手の人差し指の先を両目に向けて、グルグルと回す。

解 目が回る様子を表す。

同 めまい・酔う・酔っ払い

使い方例

貧血＋倒れる＝**貧血で倒れる**
貧血＋スムーズ＝**貧血になりやすい**
貧血＋防ぐ＝**貧血予防**

びんぼう

貧乏

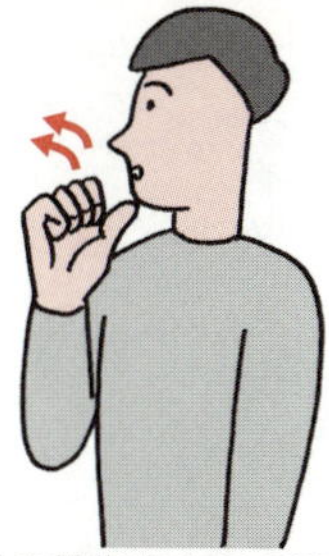

右手の親指をあごの下にあて、2回前に出す。

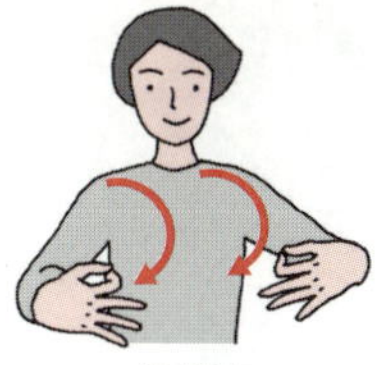

金持ち

解 「あごが干上がる＝貧しい」ということから。

参 1回あてるだけだと、「**足りない**」となる。

反 両手の輪を胸にあて、手首を返してお腹まで下ろすと、「**金持ち**」となる。

使い方例

貧乏＋人②＝**貧乏人**

貧乏＋暇＋ない①＝**貧乏暇なし**

生活＋貧乏＝**貧乏生活**

ふ

自分から見た形

相手から見た形

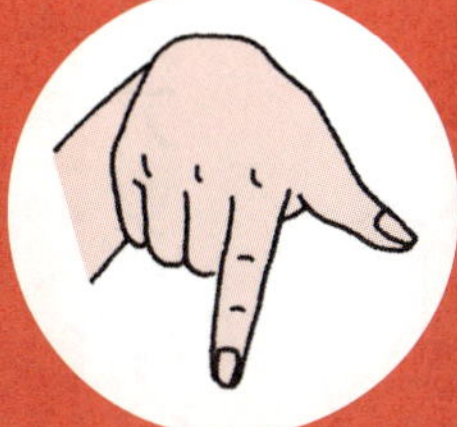

自分から見て「フ」の形になる。

ぶ

部

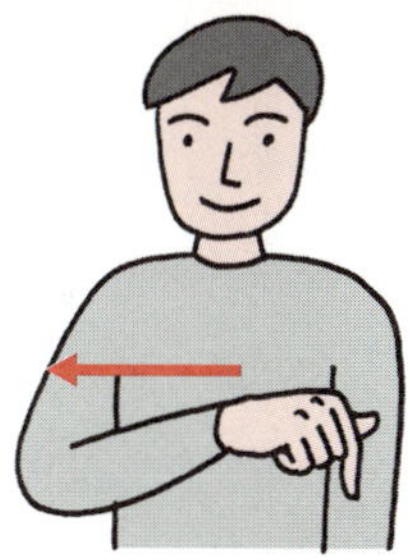

右手の親指と人差し指を伸ばして下に向け、右に引く。

課

解 指文字で表す。

参 「グループ」という単語で表現することもできる。また、「課」は、指文字の「カ」で表す。

使い方例

部＋長＝**部長**

バレーボール＋部＝**バレーボール部**

営業＋部＝**営業部**

ふぁーすとふーど

ファーストフード

簡単

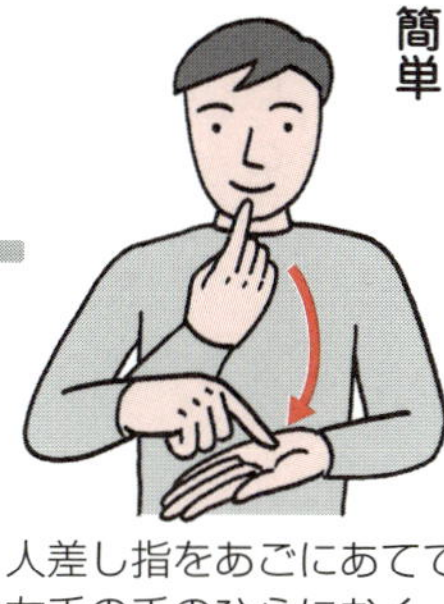

人差し指をあごにあてて左手の手のひらにおく。

ハンバーガー

両手をそろえて、口元に持ってくる。

解 ハンバーガー…ハンバーガーを両手で持って食べる様子を表す。

使い方例

ファーストフード＋構わない＝**ファーストフードでいい**

駅＋前＋ファーストフード＝**駅前のファーストフード店**

ふぁいる
ファイル

左手の親指を立て、その他の指をそろえてかまえる。

すべての指をそろえて開いた右手を、左手にすべり込ませる。

解 ファイルに見立てた左手に、データをはさむ様子を表す。

使い方例
ファイル＋整理＝**ファイルを整理する**
ファイル＋なくなる②＝**ファイルが消える**

ふぁっくす
ファックス

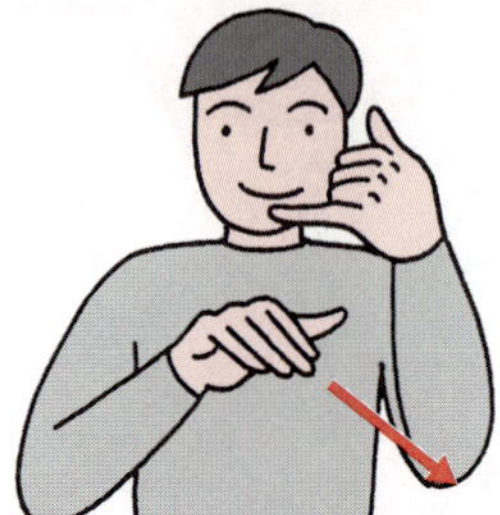

左の親指と小指を伸ばして耳と口にあて、右手を前に出す。

横から見たとき

解 左手は受話器、右手は紙を送る様子を表す。

参 両手の手のひらを合わせて、右手だけ前に動かしていく表現もある。

使い方例
ファックス＋番号＝**ファックス番号**
ファックス＋四角＝**ファックス用紙**

ふぁみりーれすとらん
ファミリーレストラン

家族

レストラン

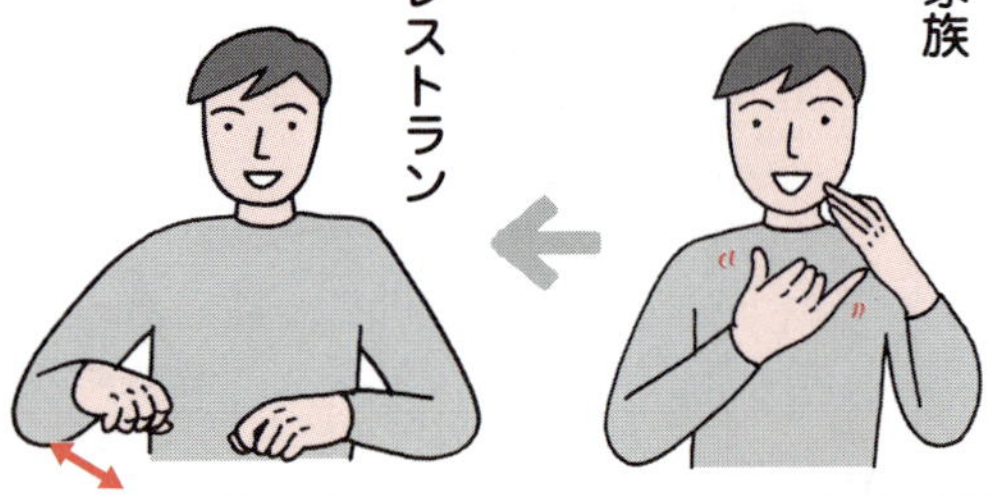

左手の下で、右手の親指と小指を立てて振る。

両手でこぶしを作って、右手を前後に動かす。

解 家族…左手は家の屋根、右手は人々を意味する。レストラン…ナイフとフォークで料理を切る様子を表す。

使い方例
夜＋レストラン＝**ディナー**
家族＋旅行＝**家族旅行**

ふあん
不安

両手の指を軽く曲げて、２回胸にあてる。

片手で表現したとき

参 右手だけで表現することもできる。

反 両手の手のひらを上に向けて胸の前で下げると、「**安心**」となる。

同 危ない・危険・心配

使い方例
不安＋眠る＋無理＝**不安で眠れない**
毎日＋不安＝**不安な日々**

ふぁん

ファン

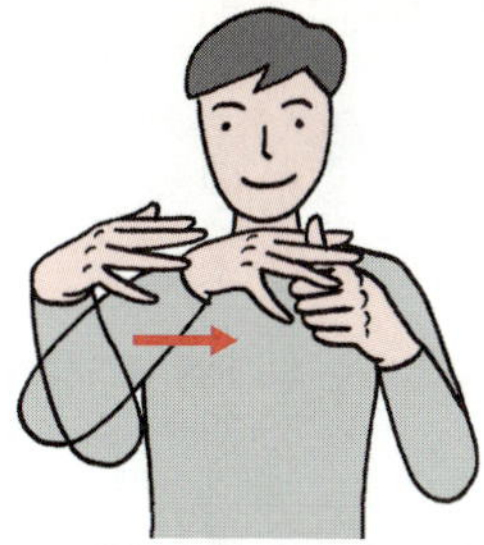

左手の親指を立て、右手の指を開いて左手に寄せていく。

あこがれる

解 右手を寄せていくことで、思いを寄せる様子を表す。

参 右手を頭の横から前に出すと、「**あこがれる**」となる。

同 人気（がある）

使い方例

ファン＋グループ＝**ファンクラブ**

芝居＋女＋ファン＝**女優のファン**

ぶーつ

ブーツ

靴

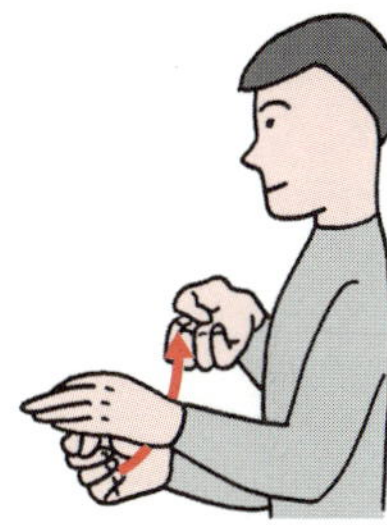

軽く握った右手を左の手のひらにあて、手首に沿って引く。

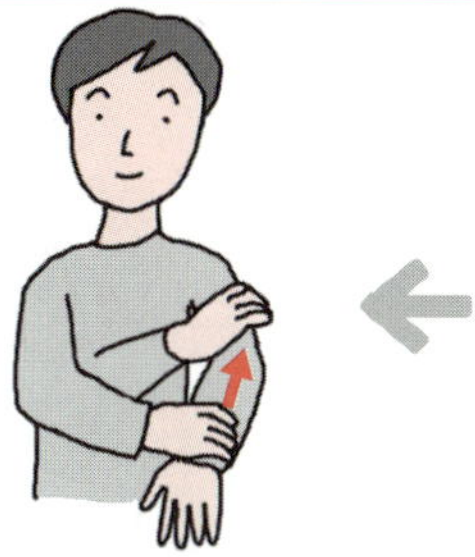

右手を左手首あたりにおき、左腕の上のほうにすべらせる。

解 最初の動作は「靴」の手話、次の動作は長いという形状を表す。

使い方例

雨＋ブーツ＝**レインブーツ**

新しい＋ブーツ＝**新作のブーツ**

雪＋ブーツ＝**スノーブーツ**

ふうとう

封筒

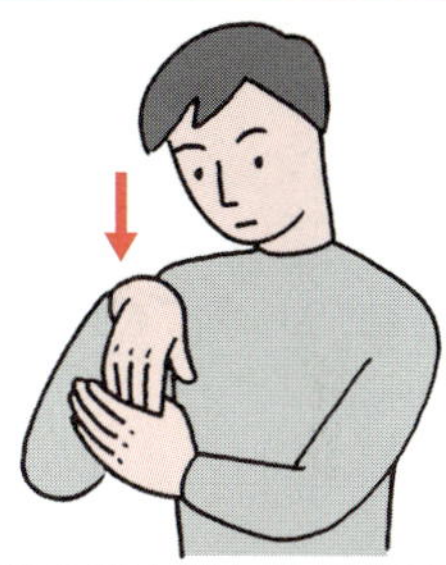

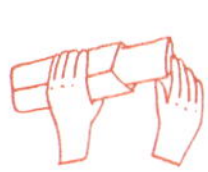

左手の親指とほかの４本の間に、右手を指先から差し入れる。

解 封筒に手紙を入れる様子を表す。

参 右手の親指と人差し指で輪を作って「お金」にすると、「**財布**」となる。

使い方例

茶色＋封筒＝**茶封筒**

海外＋郵便＋専門＋封筒＝**エアメール**

白＋封筒＝**白封筒**

ふうふ

夫婦

甲を前に向けた右手の親指と小指を立てて、手首を軽くねじる。

家族

解 親指は「男」、小指は「女」を表す。

参 振らずに手のひらを前に向けて前に出すと、「**デート**」になる。また、左手で屋根を作ってその下で「夫婦」を表すと、「**家族**」になる。

同 カップル

使い方例

夫婦＋親しい＝**夫婦円満**

年をとる＋夫婦＝**老夫婦**

基本＋夫婦＝**元夫婦**

夫婦＋けんか＝**夫婦げんか**

プール
ぷーる

右の人差し指と中指を伸ばし、交互に上下させながら右に動かす。

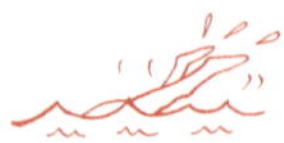

解 右手の2本の指を足に見立て、バタバタさせて泳ぐ様子を表す。

同 泳ぐ・水泳

使い方例
建物＋中＋プール＝**室内プール**
公＋人々①＋建物＋プール＝**公民館のプール**

フェイスブック
ふぇいすぶっく

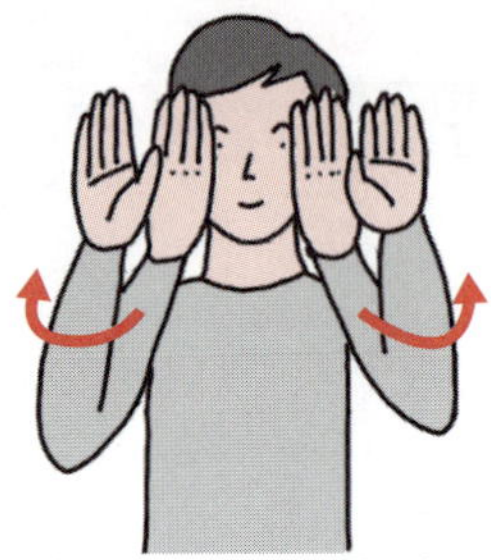

両手の手のひらを顔にあて、同時に開く。

解 「顔」と「本」を表す。

使い方例
フェイスブック＋登録＝**フェイスブックに登録する**
フェイスブック＋友達＋発見＝**フェイスブックで友達を見つける**

増える
ふえる

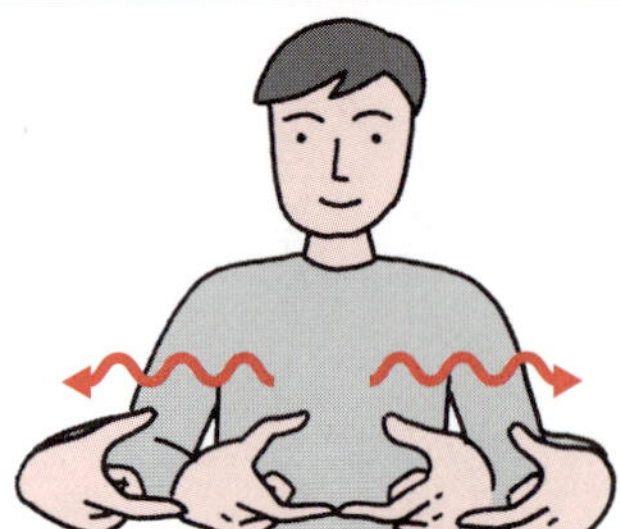

両手の親指と人差し指を曲げて向かい合わせ、ねじって左右に離す。

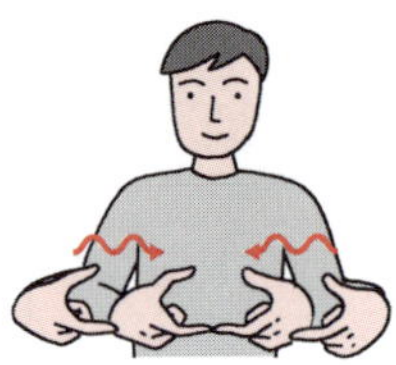

減る

解 徐々に増える様子を表す。

反 逆に、同じ動きをしながら中央に寄せると「**減る**」になる。

使い方例
人①＋数＋増える＝**人数が増える**
増す＋増える＝**ますます増える**

フォーク
ふぉーく

右の人差し指と中指、薬指を下に伸ばし、すくうようにする。

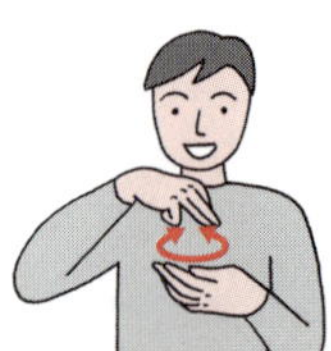

パスタ

解 右手をフォークに見立て、フォークで食べ物をすくう様子を表す。

参 右手の3本の指を下に向けて手首をひねると、「**パスタ**」になる。

使い方例
フォーク＋落ちる＋新しい＋お願い＝**フォークを落としてしまったので、新しいフォークをお願いします**

部下（ぶか）

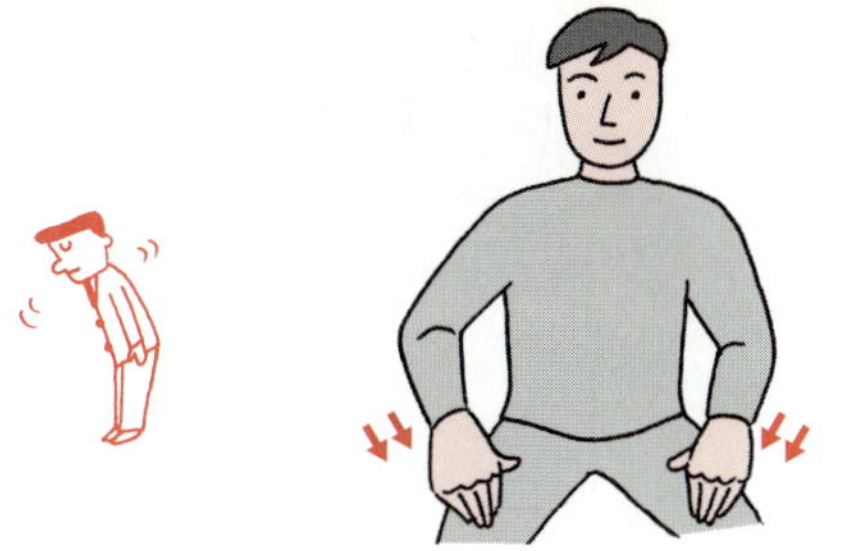

両手の指をそろえて、指先で両ももを2回つつく。

解 家来が主人に向かっておじぎをする様子から。

反 「上司」は「上+司」で表す。

同 家来・しもべ・弟子

使い方例
部下+追う=**侍従(じじゅう)**
部下+働く=**下働き**
部下+9人=**部下は9人**

深い（ふかい）

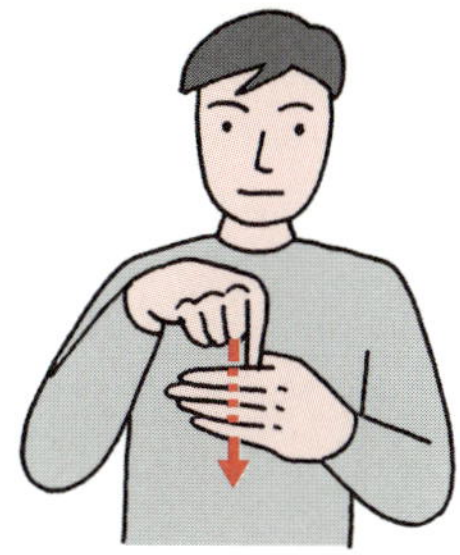

左手の手前で、右の人差し指を下向きにして下げていく。

浅い

解 どんどん深くなっていく様子を表す。

反 左手の手のひらに右の手のひらを下から近づけると、「**浅い**」となる。

使い方例
深い+魚=**深海魚**
深い+海=**深海**
深い+池=**深い池**

不快（ふかい）

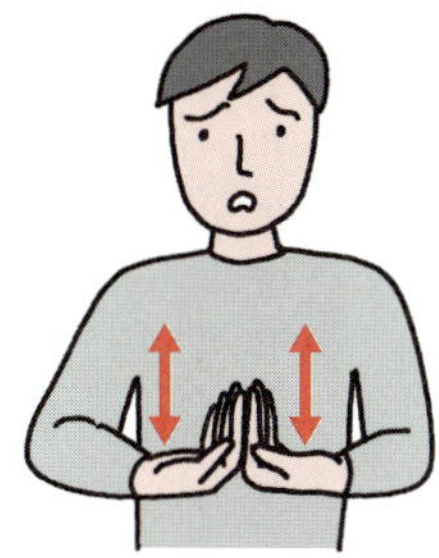

両手の甲を背中合わせにして、胸の前で上下にこすり合わせる。

横から見たとき

解 感情的にしっくりこないことを意味する。

参 甲を左右から中央に寄せてぶつけると、「**反対**」となる。

反 右の手のひらを胸にあてて2回上下させると「**気持ちいい**」になる。

同 気持ち悪い・そぐわない

使い方例
カラオケ+不快=**カラオケは嫌い**
芝居+見る+不快=**この芝居は不快**

吹き出す（ふきだす）

すぼめた右手を口の前におく。

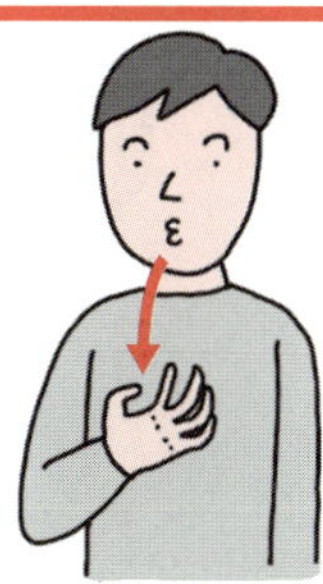

手を開きながら前に出す。このとき、口の形は「ぷ」。

解 何かを吹き出している様子を表す。手の動きに合わせて表情もつける。

使い方例
人①+失敗+吹き出す=**人の失敗を笑う**
頭+空(ほかの表現)+吹き出す=**思わず吹き出す**

不況 ふきょう

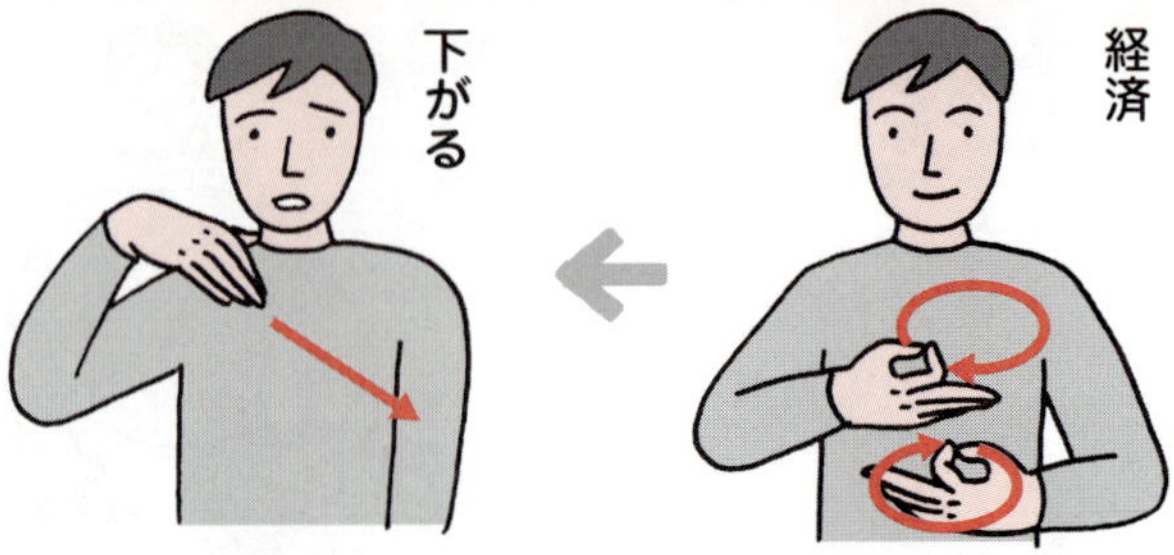

両手の輪を上下において交互に水平に回す。

手のひらを下向きにした右手を斜め下に下げる。

解 経済…お金が流通している様子を表す。
下がる…下降していく様子を表す。

同 不景気

拭く ふく

右手の手のひらを下に向け、左右に動かす。

解 状況によって、表現が異なる。

使い方例
窓＋拭く＝**窓拭き**
テーブル＋拭く＝**テーブルを拭く**
鏡＋拭く＝**鏡を磨く**

副 ふく

親指を立てた左手の下に、親指を立てた右手をつける。

解 左手が「主」、下につけた右手が「副」を表す。

反 「**主**」は、親指を立てた右手を左手におき、少し上げる。

同 おまけ・嘱託・惣菜・つまみ・付属・付録

使い方例
副＋会＋長＝**副会長**
薬＋副＝**副作用**
副＋指文字の「シ」＝**副詞**
副＋軍＝**予備軍**

フグ ふぐ

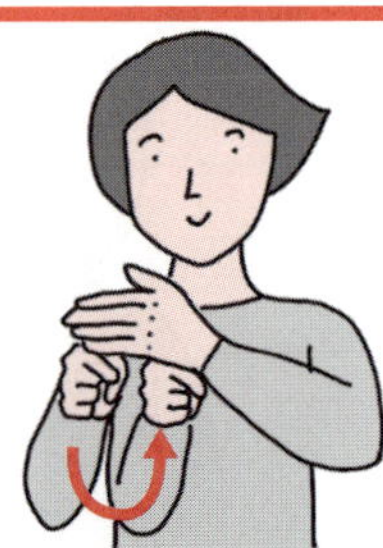

体のほうに向けた左手のひらの下に、右手の人差し指をあて、右手のみ半円を描くように動かす。

解 フグの姿を表す。

使い方例
フグ＋鍋＝**てっちり**
フグ＋刺し身＝**フグ刺し**
フグ＋偉い＋料理＝**フグは高級料理**

複雑（ふくざつ）

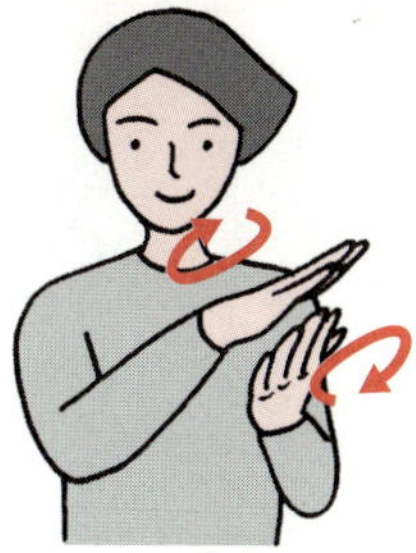

両手の手のひらを向かい合わせ、互い違いに小さく回す。

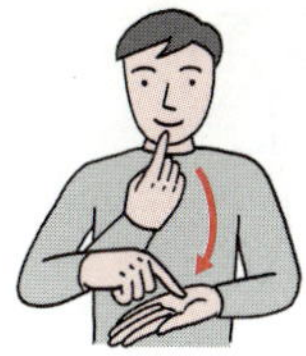

シンプル

解 ごちゃごちゃした様子を表す。

反 「**シンプル**」は、右手の人差し指をあごにあてたあと、左の手のひらにポンとのせる。

同 あいまい・淡い

使い方例

- 複雑＋気持ち＝**複雑な心境**
- 心＋悩む＋複雑＝**心の葛藤（かっとう）**
- 複雑＋問題＝**複雑な問題**

袋（ふくろ）

両手の親指と人差し指をつけて並べ、同時に前に回す。

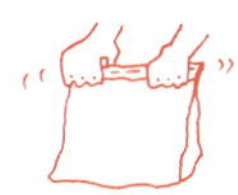

解 両手で袋の縁を持って回す様子を表す。

参 手前に回してもよい。

同 池袋

使い方例

- 買い物＋袋＝**買い物袋**
- ゴミ＋袋＝**ゴミ袋**
- ビニール＋袋＝**ビニール袋**
- 紙＋袋＝**紙袋**

不幸（ふこう）

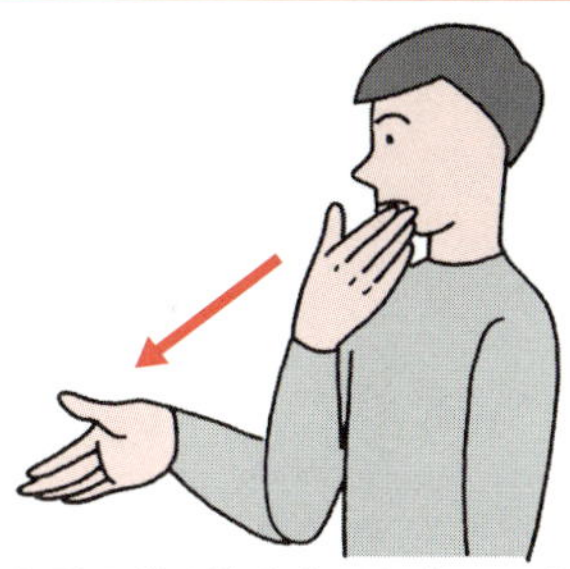

右手の指の腹をあごにあててから、下ろす。

幸福

反 親指とほかの4本の指をあごにあて、あごに沿うように下ろしながら指先を2回閉じると、「**幸福**」になる。

同 不便・まずい

使い方例

- 運＋不幸＝**不幸な運命**
- 不幸＋経験＝**不幸な経験**
- 不幸＋起きる①＝**不幸な出来事**

無事（ぶじ）

両手のひらを重ねて下に向けて、体の前でかまえ、同時に左右に開く。

解 野球の審判のセーフの動きを表す。

同 セーフ

使い方例

- ぎりぎり＋無事＝**ぎりぎりセーフ**
- 無事＋止める＝**無事到着**
- 手術＋無事＋成功＝**手術が無事に終わった**

ふしぎ

不思議

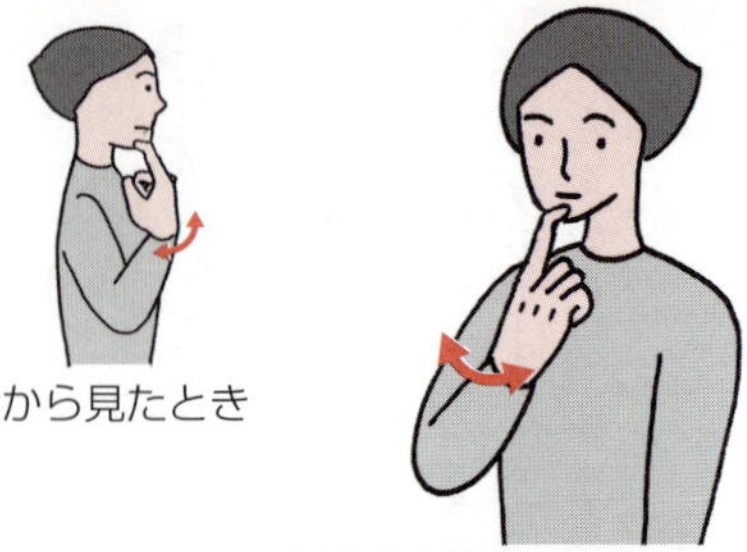

右手の人差し指をあごにあて、ねじるように動かす。

解 「不思議だ」といぶかる様子から。

参 人差し指をトントンとあごに2回あてる表現もある。

同 怪しい・疑う・おかしい・疑問

使い方例

不思議＋起きる①＝**不思議な出来事**

不思議＋経験＝**不思議な経験**

不思議＋人①＝**不思議な人**

ぶじょくする

侮辱する

左手の親指を立て、横に伸ばした右手の人差し指で前に押し出す。

解 親指を人に見立てている。

参 左手の親指を、右手の人差し指で体のほうに押すと「**侮辱される**」という意味。

同 傷つける

使い方例

侮辱する＋罪＝**侮辱罪**

侮辱する＋後悔＋反省＝**侮辱したことを反省する**

ふせい

不正

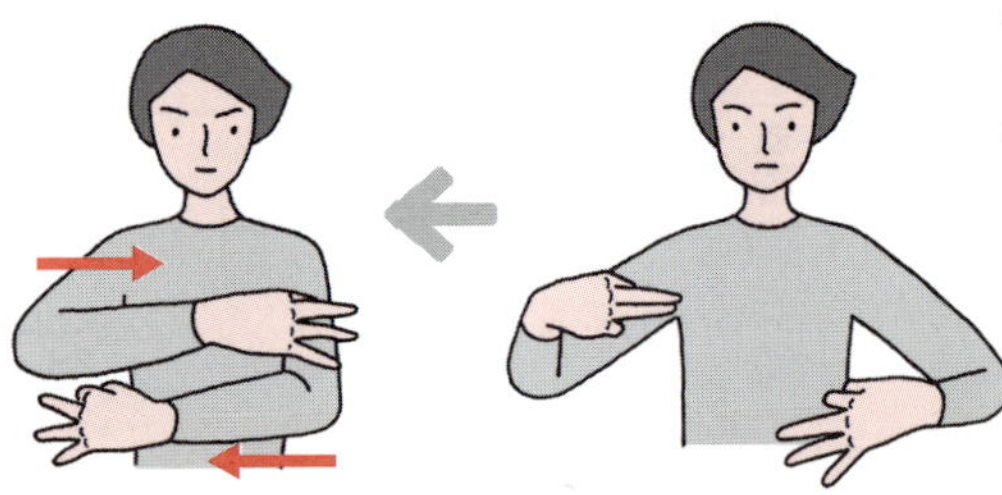

両手で輪を作り、高さを違えて左右におく。

右手は左に、左手は右に動かす。

解 輪が左右にズレていることで「正しくない」ことを意味する。

同 不まじめ

使い方例

不正＋取引＝**不正取引**

不正＋人①＝**不まじめな人**

入る＋学校＋不正＝**不正入学**

ふせぐ

防ぐ

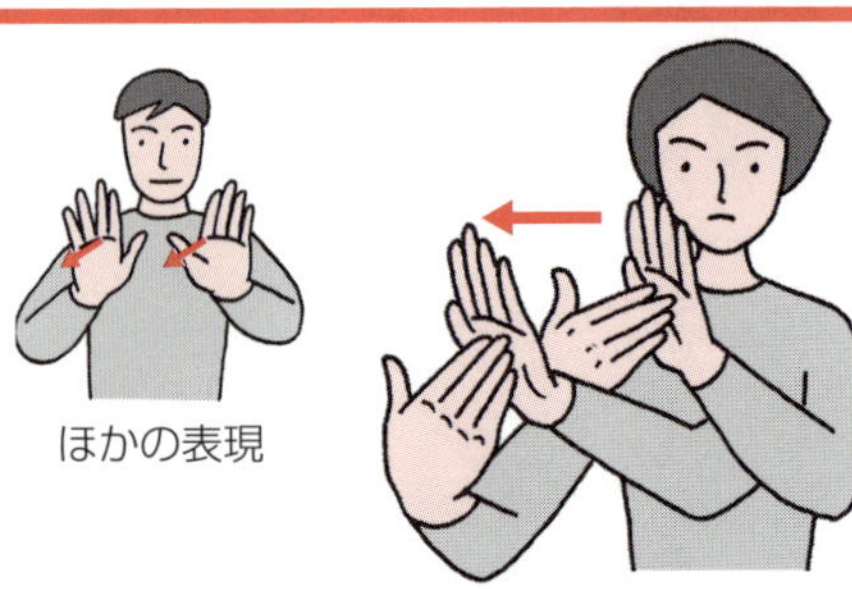

左の手のひらに右手の指先をあて、左手で押し出す。

解 害のあるものに侵されないように食い止める様子を表す。

参 両手を前に並べて押し返す表現もある。

同 拒絶・拒否・断る・防止・予防

使い方例

防ぐ＋災害＝**防災**

防ぐ＋注射＝**予防注射**

事故＋防ぐ＝**事故防止**

妊娠＋防ぐ＝**避妊**

ぶた

豚

左手の指を曲げて鼻の前におき、右手の２指を差し込むようにする。

牛

解 豚の鼻の形を表す。

参 両手の親指を伸ばして人差し指を曲げ、親指を頭の両横につけると、「**牛**」となる。

使い方例

豚＋毛＝**豚毛**

黒い＋豚＝**黒豚**

豚＋肉＝**豚肉**

豚＋指文字の「カ」「ツ」＝**トンカツ**

ぶちょう

部長

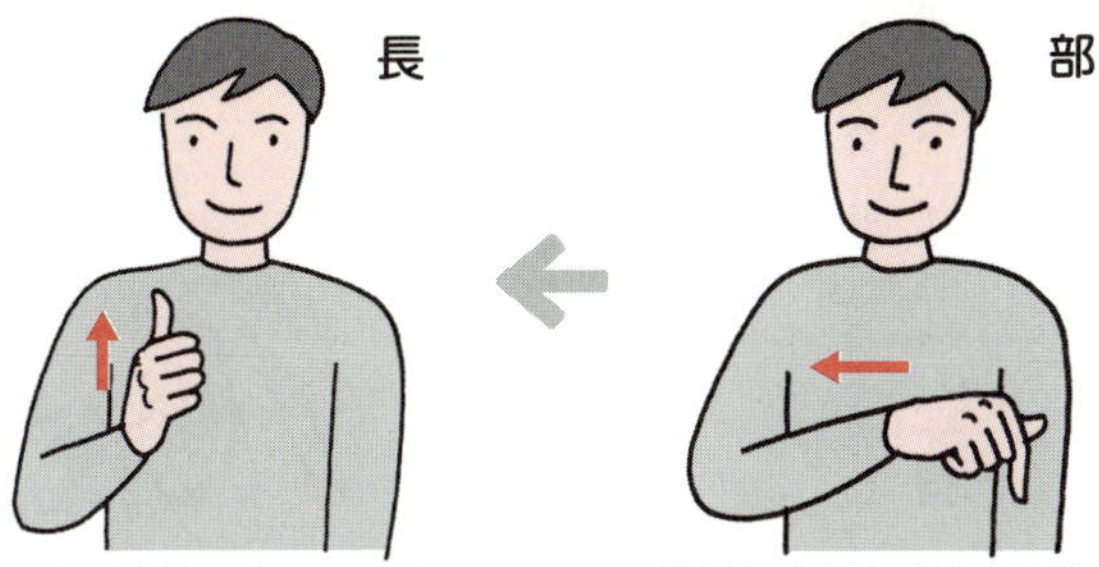

親指と人差し指を伸ばして下に向け、右に引く。

右手の親指を立てて、上げる。

解 部…指文字の「ブ」を表す。

参 親指を上に上げるほど、地位が上になる。

反 「**女性部長**」は、親指の代わりに小指を立てて上げる。

ふつう

普通

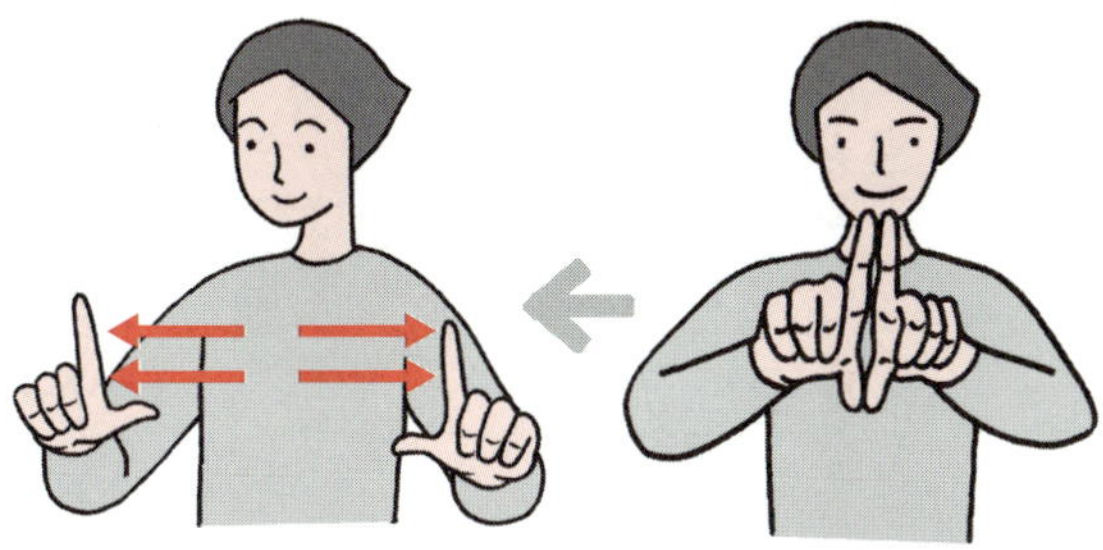

両手の親指と人差し指を伸ばして合わせる。

両手を左右に離していく。

参 2回同じ動作を繰り返すと、「**あたり前**」となる。

同 平等・普段・平均・平凡

使い方例

一＋普通＝**一般**

普通＋日＝**平日**

普通＋違う＝**異常**

普通＋和＝**平和**

ぶつかる

ぶつかる

両手の親指を立てて、左右に並べる。

右手を左手に打ちつける。

解 人と人が衝突する様子から。

参 「**対立する**」は、両手の3指を向かい合わせて左右に引き離す「敵」で表す。

使い方例

人通り＋ぶつかる＝**人が多くてぶつかってしまう**

ぶつかる＋スムーズ＝**ぶつかりやすい**

仏教
ぶっきょう

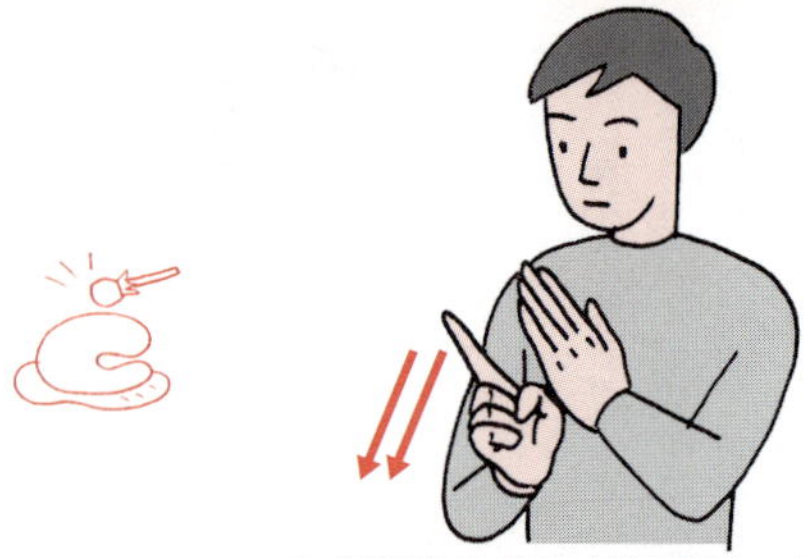

左の手のひらを右に向け、その横で右の人差し指を2回振り下ろす。

解 木魚をたたく様子を表す。

参 「**キリスト教**」は、胸に十字を描いてから「宗教」をプラスして表現する。

同 お盆・寺・仏滅

使い方例
仏教＋信じる＝**仏教を信仰する、仏教徒**
仏教＋休み＝**お盆休み**

仏滅
ぶつめつ

左の手のひらを右に向け、その横で右の人差し指を2回振り下ろす。

解 木魚をたたく様子を表す。

反 「大＋安心」で「**大安**」となる。

同 お盆・寺・仏教

使い方例
今日＋仏滅＝**今日は仏滅です**

太る
ふとる

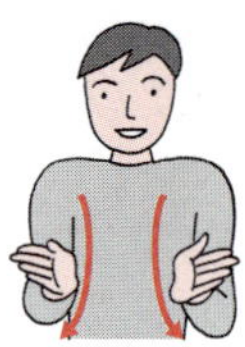

やせる

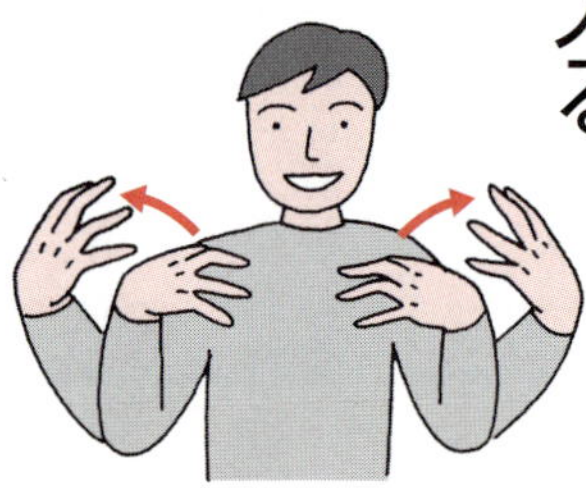

両手の指を軽くわん曲させて向かい合わせ、左右に広げる。

参 両手を広げれば広げるほど太いことを表す。「体が太い」は、両手をお腹の両横において左右に広げ、「**足が太い**」は、足の両横で左右に広げる。

反 「**やせる**」は、ほっそりとしたウエストラインを描く。

同 太い

使い方例
足＋太る＝**足がむくむ**
太る＋簡単＋体＋性格＝**太りやすい体質**
おじさん＋太る＝**中年太り**

布団
ふとん

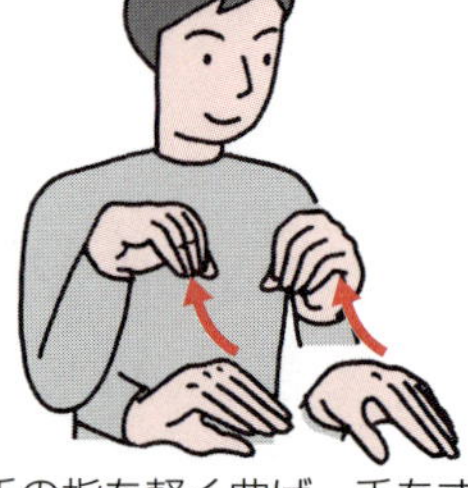

両手の指を軽く曲げ、手をすぼめながら手前に引き寄せる。

解 両手で布団をつかんで体に引き寄せる様子を表す。

使い方例
毛＋布団＝**毛布**
タオル＋布団＝**タオルケット**
飛ぶ＋布団＝**羽毛布団**
布団＋厚い＝**厚い布団**

船
ふね

両手の指を少し曲げて小指側をつけ、前に出す。

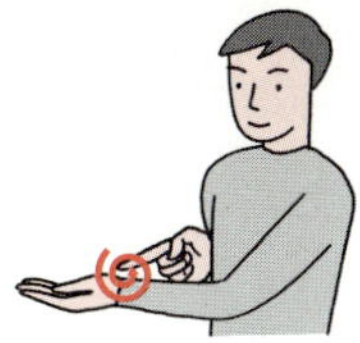

ボート

解 船が進む様子を表す。

参 左手で船の形を表し、右手の人差し指を船の後ろの部分でぐるぐると回すと、「**ボート**」「**競艇**」になる。

同 客船

使い方例
連絡＋船＝**連絡船**
大きい＋船＝**大船（おおふな）**
船＋乗る＋場所＝**船乗り場**

吹雪
ふぶき

雪

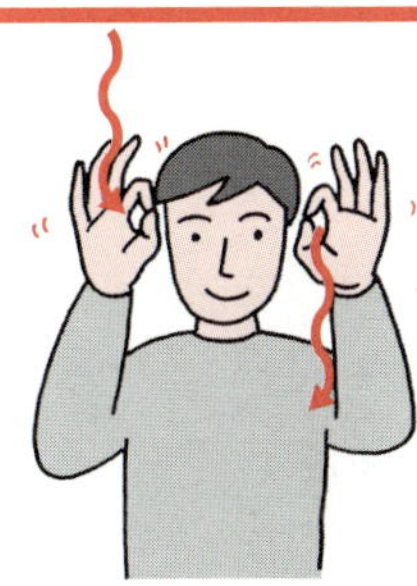

両手の親指と人差し指で作った輪を交互にヒラヒラ下ろす。

風

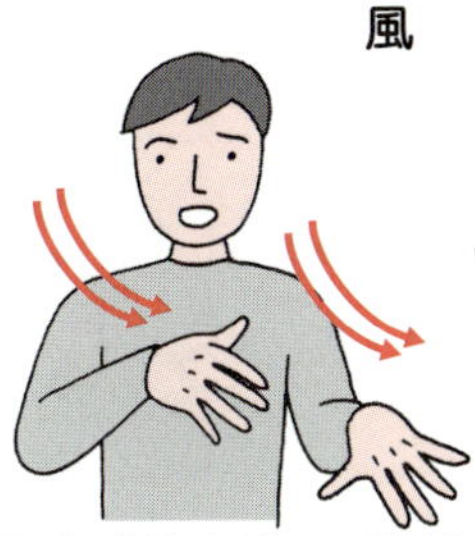

両手の指を広げて、斜めに2回下げる。

解 雪まじりの風ということから、「雪＋風」で表す。

使い方例
吹雪＋電車＋止まる＝**吹雪で電車が止まる**
大きい＋雪＝**大雪**
風＋水＝**風水**

不便
ふべん

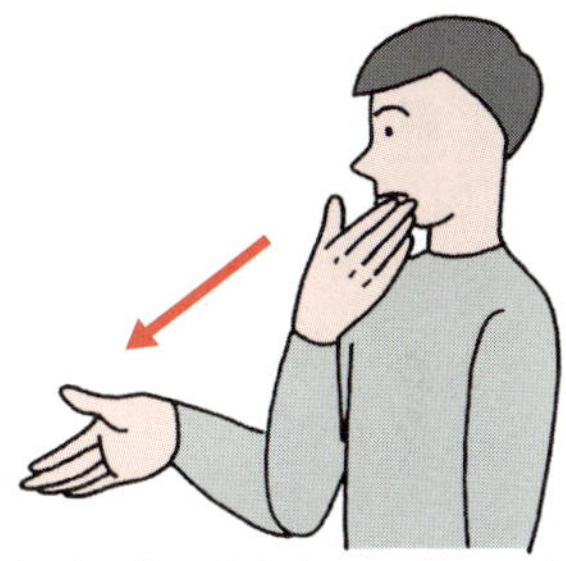

右手の指の腹をあごにあててから、下ろす。

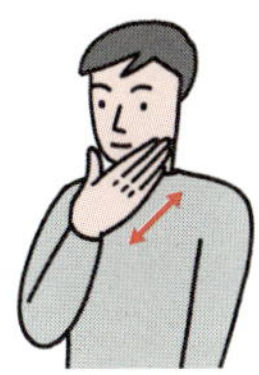

便利

反 右手をあごにあててさすると、「**便利**」になる。

同 不幸・まずい

使い方例
交通＋不便＝**交通の便が悪い**
場所＋不便＝**不便な場所**

不満
ふまん

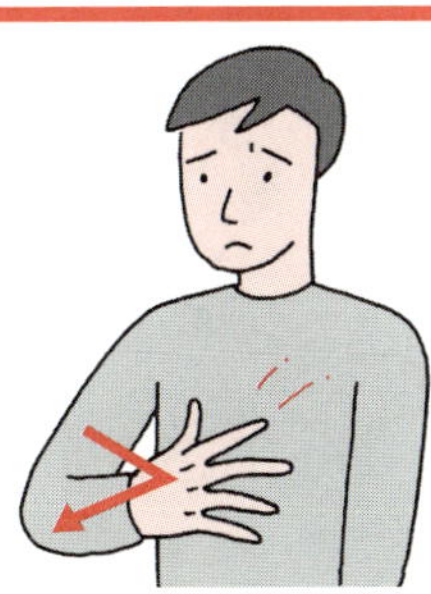

右手を胸にあてたあと、少し前に出す。

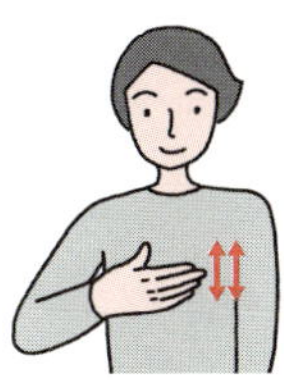

満足

解 不満そうな顔をしながら。

反 手のひらを胸におき、2～3回上下させると、「**満足**」になる。

同 不服・不平

使い方例
不満＋言う＝**不満を言う**
不満＋話す＝**クレームを言う**

冬
ふゆ

両手を握って体の両横におき、小刻みに震わせる。

解 寒くて震える様子を表す。

反 「**夏**」は、うちわなどであおぐ動作で表す。

同 怖い・寒い・冷たい・震える

使い方例

冬＋コート＝**冬のコート**
冬＋休み＝**冬休み**
冬＋バーゲン＝**冬のバーゲン**

プライバシー
ぷらいばしー

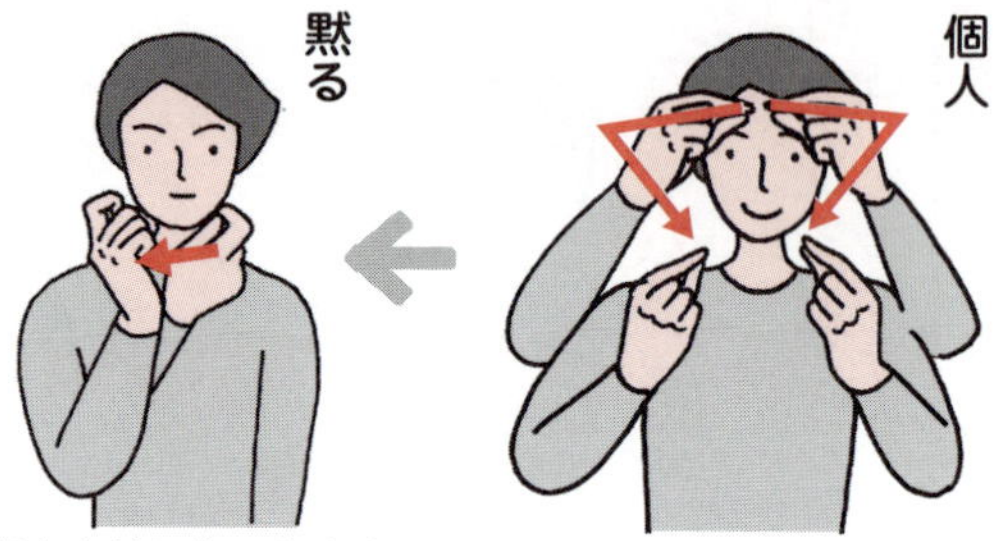

親指と人差し指をつけ、逆三角形を作る。

親指と人差し指の先を合わせ、チャックをする。

参 「個人」を省いて「黙る」だけで表現することもできる。また、「個人＋守る」で表すこともできる。

使い方例

プライバシー＋権利＝**プライバシーの権利**
プライバシー＋尊敬＝**プライバシーを尊重する**

フライパン
ふらいぱん

右手でこぶしを作り、前後に揺らす。

解 フライパンを持って料理する様子を表す。

参 「**鍋**」は、両手を並べ、鍋の形を作りながら上げ、指をすぼめる。

使い方例

フライパン＋簡単＋料理＝**フライパンで作る簡単料理**
フライパン＋定める＝**フライパンセット**

ブラジャー
ぶらじゃー

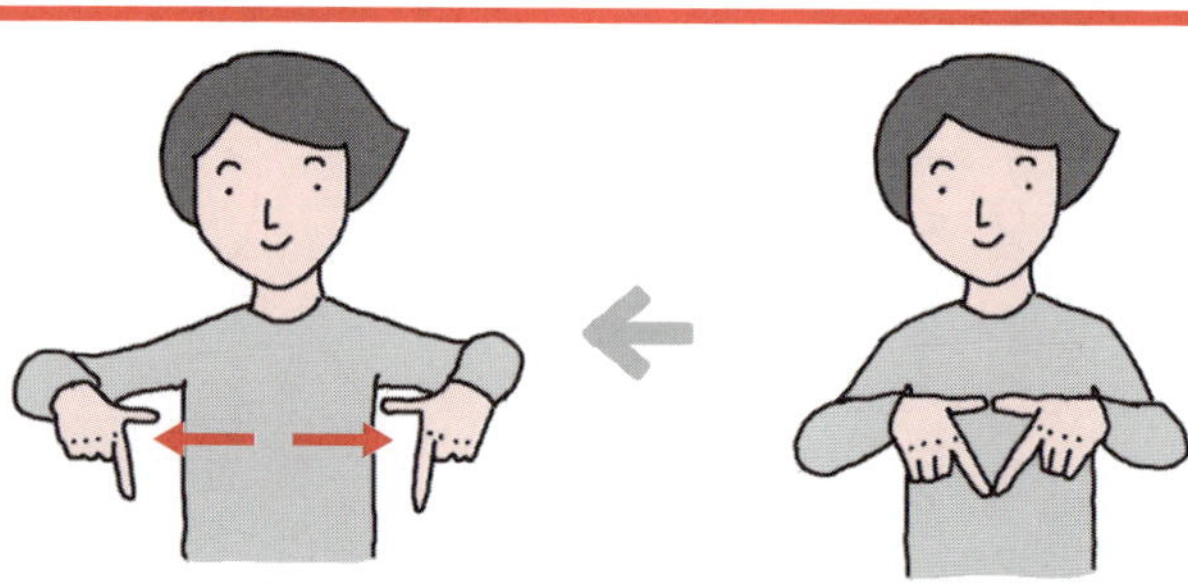

両手の親指と人差し指を伸ばして指先を合わせ、下向きにして胸の前でかまえる。

両手同時に横に引く。

使い方例

泳ぐ＋ブラジャー＝**ビキニ**
妊娠＋専門＋ブラジャー＝**妊婦用ブラジャー**

ぷらす
プラス

両手の人差し指を交差させて、「+」を作る。

マイナス

解 「+（プラス）」の記号を表す。

反 人差し指を右に引くと、「**マイナス**」となる。

同 キリスト・十字・十字架

使い方例
プラス＋考える＝**プラス思考**
プラス＋軍＝**十字軍**
プラス＋5＋キロ＝**プラス5キロ**

ぷらすちっく
プラスチック

両手の手のひらを2回合わせる。

金属

参 親指と人差し指で輪を作り、手首を前にひねると、「**金属**」となる。また、両手で何かをつかむようにして、同時に前後に動かすと、「**ビニール**」となる。

使い方例
プラスチック＋作る＝**プラスチック製**
プラスチック＋コップ＝**プラスチックのコップ**

ぷらねたりうむ
プラネタリウム

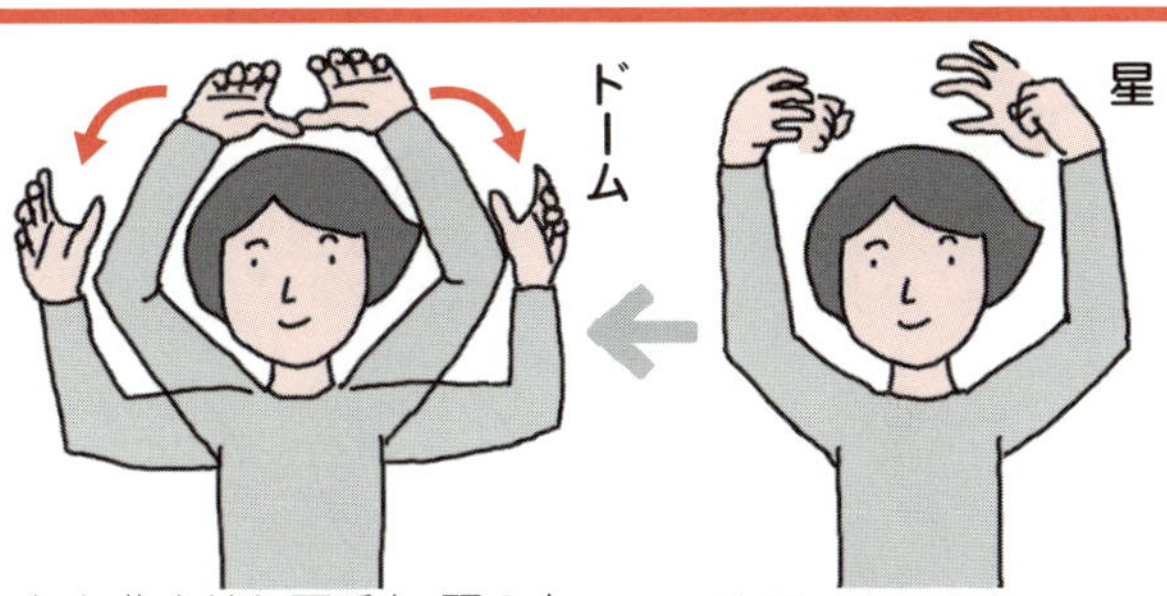

両手を頭の上で、交互に開いたり閉じたりする。
わん曲させた両手を、頭の上から半円を描くように下ろす。

解 最初の動作は「星」の手話で、次の動作は「ドーム」の手話。

使い方例
プラネタリウム＋デート＝**プラネタリウムでデート**
プラネタリウム＋人気＋混む＝**プラネタリウムが人気で混雑する**

ふられる
振られる

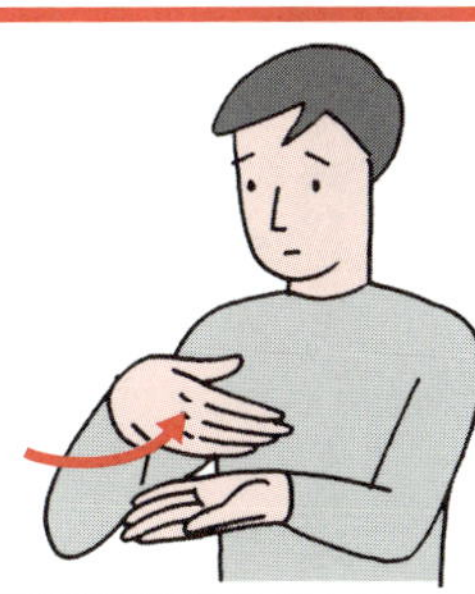
左手の手のひらの上で、右手を手前に払うようにする。

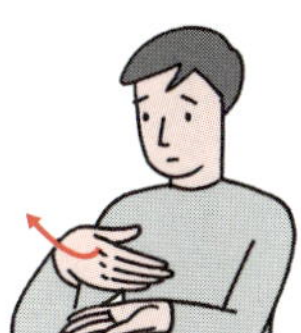
振る

解 はじかれる様子から。

反 右手を手前から前に払うと、「**振る**」になる。

同 嫌われる

使い方例
彼＋振られる＝**彼に振られる**
また＋振られる＝**また振られる**

ぶらんど
ブランド

右手の甲で、左肩を２～３回左に払う。

プライド

参 左肩を右手の手のひらで2回払うと、「**プライド**」になる。

同 おしゃれ

使い方例
素晴らしい＋ブランド＝**高級ブランド**
一流＋ブランド＝**一流ブランド**

ふりーたー
フリーター

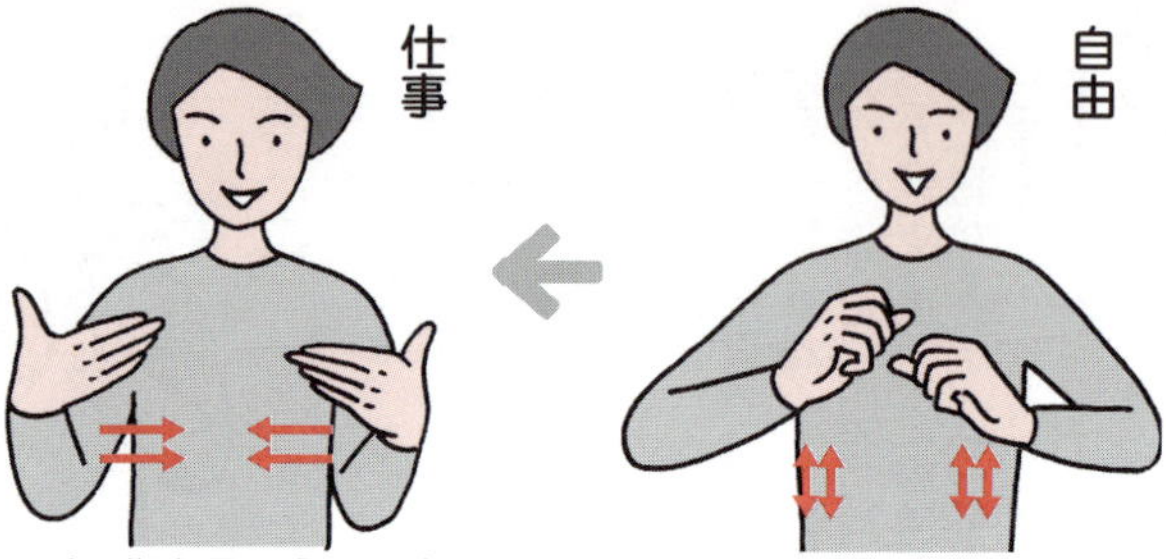

ひじを張ってこぶしを作った両手を、交互に２回上下させる。

両手の指をそろえて、左右から２回寄せる。

参 「仕事」を省いて表すことも。

同 自由業

使い方例
フリーター＋増える＝**フリーターが増加している**
自由＋時間＝**フリータイム**
例＋仕事＝**アルバイト**

ふりーまーけっと
フリーマーケット

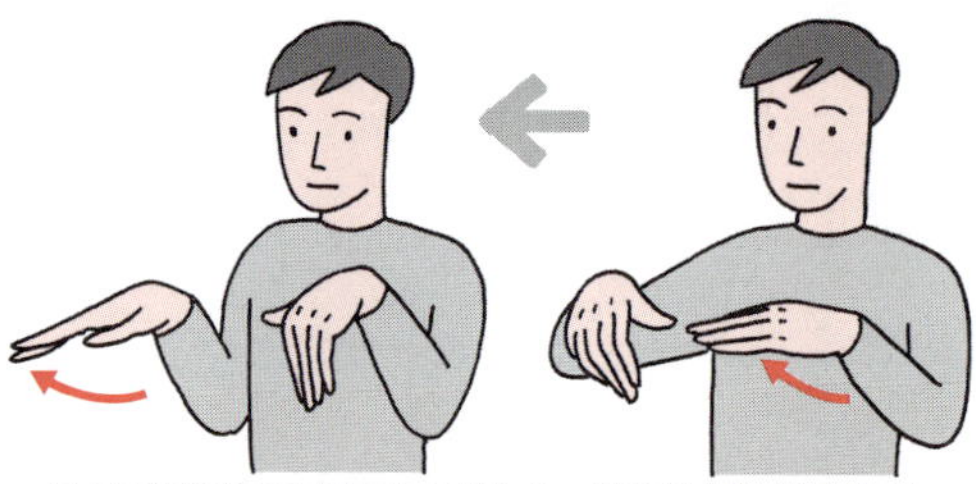

両手の指先を下にして並べ、交互に前方に払う。

解 品物を「持ってけ、持ってけ」と売る様子を表す。

参 「自由＋並べる（店）」でも表現できる。

使い方例
フリーマーケット＋参加＝**フリーマーケットに出店**
公園＋フリーマーケット＝**公園のフリーマーケット**

ふりかえる
振り返る

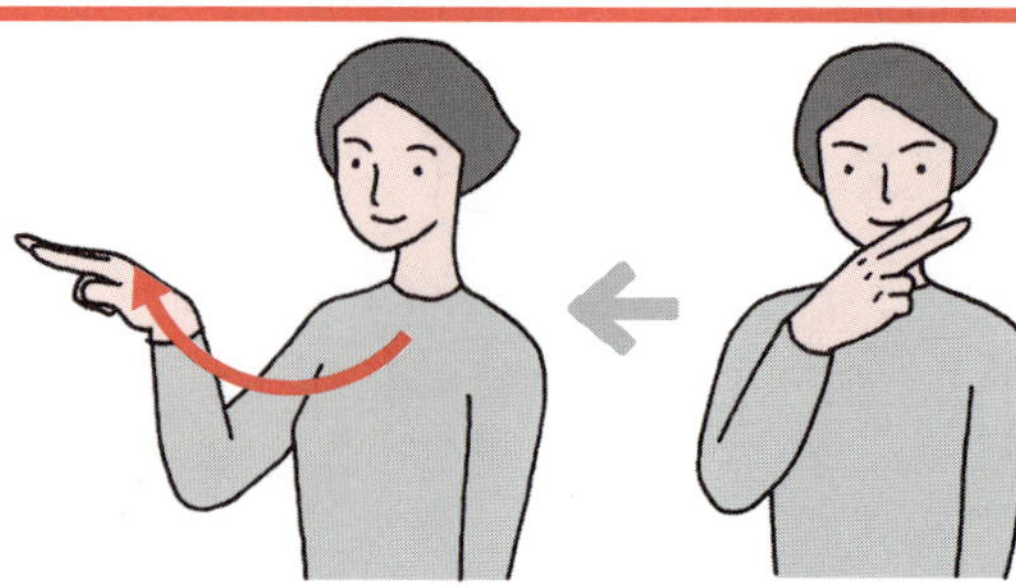

右の人差し指と中指を自分の方に向ける。

右手の２指を前方に向ける。

解 視線が後ろにいく様子を表す。

参 「過去を振り返る」などと言うときにも使える。

使い方例
振り返る＋男＋居る＝**振り返るとそこに男が居た**
（～する）前＋振り返る＝**過去を振り返る**

不倫
ふりん

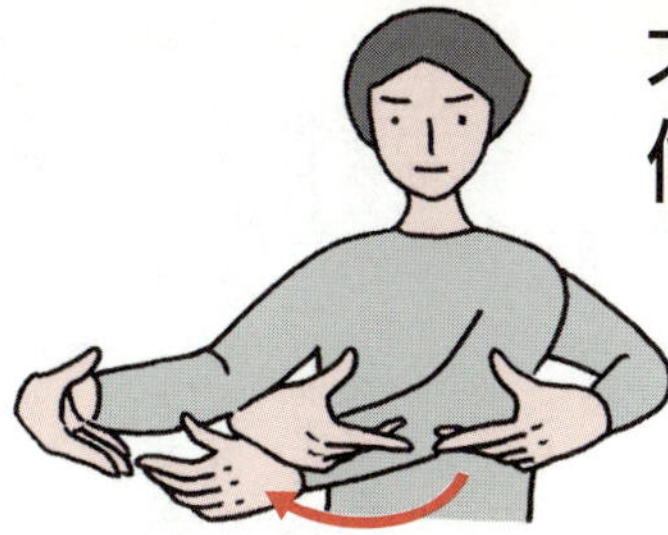

両手の手のひらを上向きにして向かい合わせ、右に動かす。

解 気持ちがほかに移る様子を表す。

参 「フリン」という音の響きから、右手の親指と人差し指で輪を作って、鈴を鳴らす動作で表現することもある。

同 浮気

使い方例
不倫＋混乱＝**泥沼不倫**
不倫＋認める＝**不倫肯定派**
アルファベット「W」＋不倫＝**ダブル不倫**

プリン
ぷりん

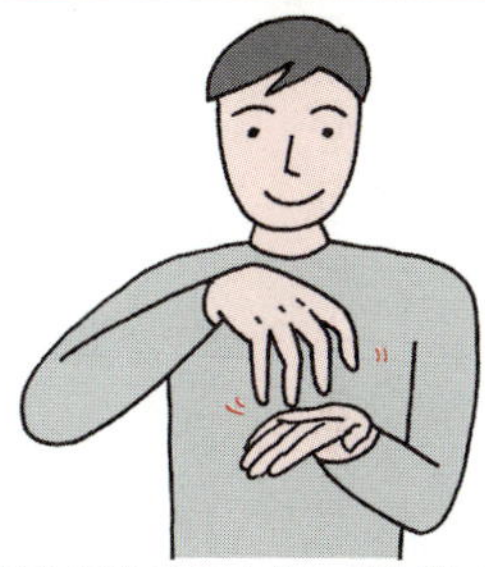

左の手のひらの上に、曲げた右手の指先をおいてプルプルと揺らす。

解 プリンが揺れる様子を表す。

参 指の形はそのままで、プルプルではなくガチッとした感じで左右に動かすと、「**氷**」になる。

同 ゼリー

使い方例
煮る＋プリン＝**焼きプリン**
手＋作る＋プリン＝**手作りプリン**

プリンター
ぷりんたー

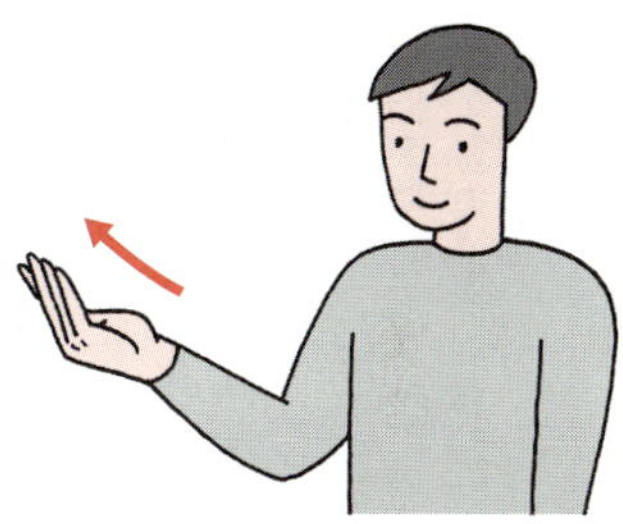

右手の手のひらを上に向けて斜めに上げていく。

解 プリンターから紙が出てくる様子を表す。

参 両手の手のひらをパタンパタンと2～3回合わせると、「**印刷**」となる。

使い方例
色＋プリンター＝**カラープリンター**
一番＋新しい＋プリンター＝**最新のプリンター**

振る
ふる

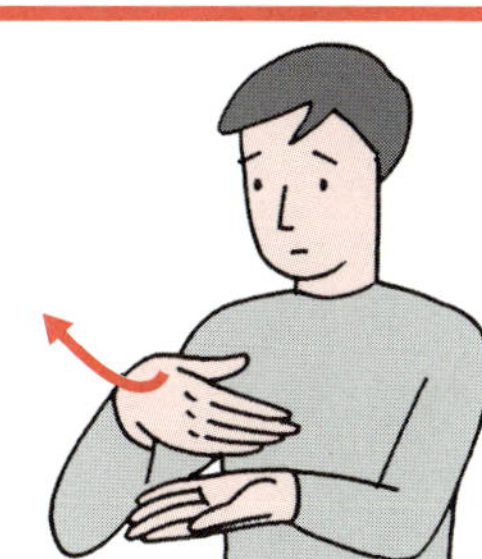

左手の手のひらの上で、右手を前に払うようにする。

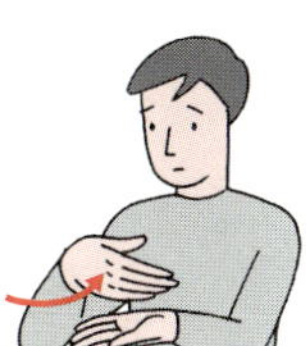

振られる

解 嫌ってはねつける様子から。

反 右手を手前に払うようにすると、「**振られる**」となる。

同 退場・出て行け

使い方例
彼＋振る＝**彼を振る**
みんな＋振る＝**みんな出て行って**

ふるい
古い

右手の人差し指を曲げて鼻の前におき、指を左に傾ける。

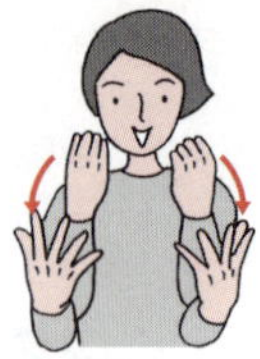

新しい

参 ゆっくり左へ下ろすと、「とても古い」という意味になる。

反 「**新しい**」は、指をすぼめた両手を並べ、パッと開いて前に出す。

同 アンティーク

使い方例
古い＋洋服＝**古着**
古い＋本＝**古本**
着物＋古い＝**アンティーク着物**

ぶれーき
ブレーキ

親指を折った両手を前に向けて並べ、右手だけ前に倒す。

止まる

解 車のブレーキを踏む様子から。

参 「心にブレーキをかける」など、使い方によっては、「**止まる**」の手話単語を使う。

使い方例
ブレーキ＋壊れる＝**ブレーキ故障**
ブレーキ＋止まる＋ない②＝**ブレーキがきかない**

ぶれすれっと
ブレスレット

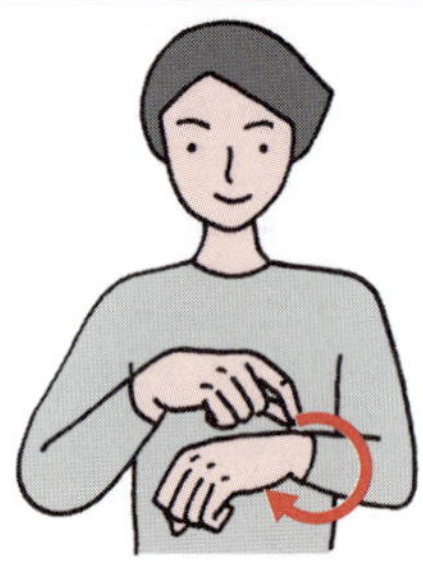

右の親指と人差し指をくっつけて、左の手首を一周させる。

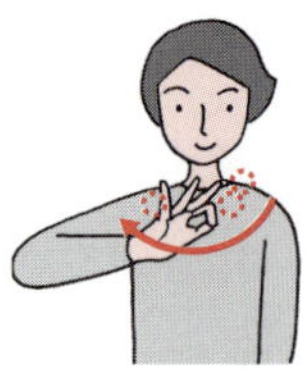

ネックレス

解 ブレスレットの形を表す。

参 右手の輪を首の下にあて、右へ動かすと「**ネックレス**」となる。また、右手の指で左の薬指をおおうようにし、根元まで動かすと、「**指輪**」となる。

使い方例
ブレスレット＋プレゼント＝**ブレスレットのプレゼント**
手＋作る＋ブレスレット＝**手作りのブレスレット**

ぷれぜんと
プレゼント

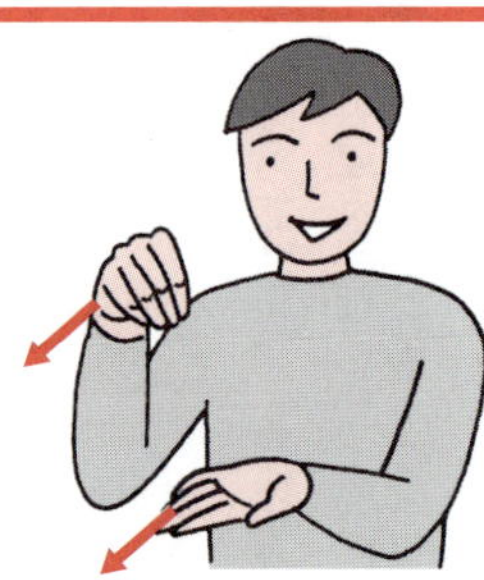

右手でリボンを持つようにし、左手を添えて同時に前に出す。

解 プレゼントのリボンをつまんで、箱を渡す様子を表す。

同 差し入れ・土産

使い方例
勉強＋プレゼント＝**宿題**
誕生日＋プレゼント＝**誕生日プレゼント**

ふれる

触れる

車に触る

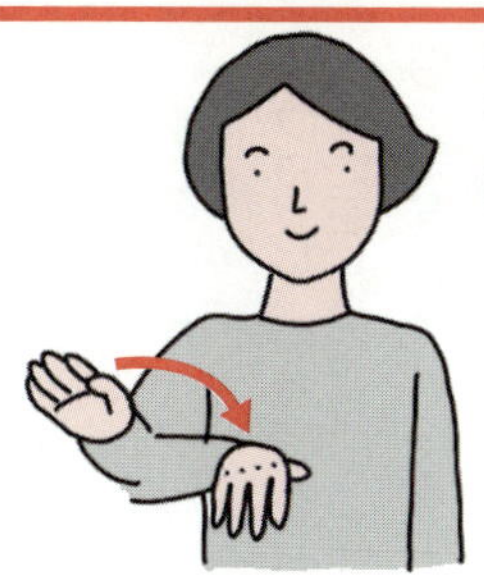

右手のひらを下に向け、前方から自分のほうに引き寄せる。

動物をなでる

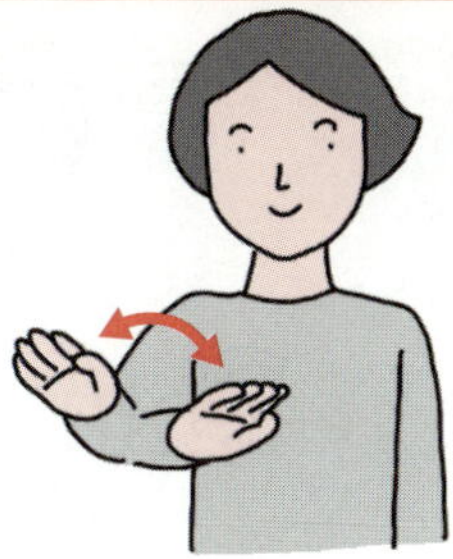

右手のひらを下に向け、左右に動かす。

解 状況によって、表現が異なる。

同 触る

使い方例

触れる＋診察＝**触診**
絵＋触れる＋ダメ＝**絵に触れないでください**
犬＋触れる＝**犬に触る**

ふろ

風呂

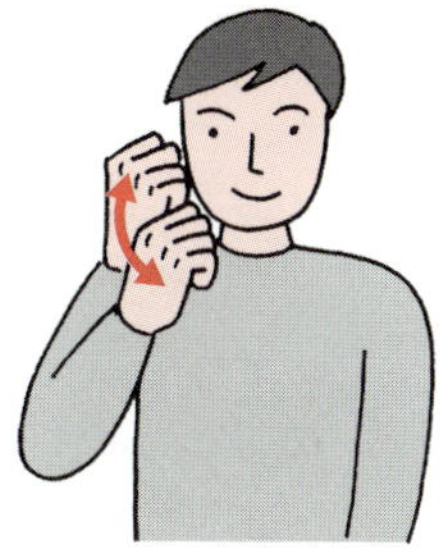

右手でこぶしを作り、ほおにあてて、上下にこする。

解 顔をゴシゴシと洗う様子を表す。

参 女性が使うことが多い表現で、胸のあたりをこすってもよい。男性は、両手でタオルを持って背中を洗う動作をする場合もある。

使い方例

外＋風呂＝**露天風呂**
風呂＋場所＝**風呂場、浴室**
貸す＋切る＋風呂＝**貸し切り風呂**

ぷろ

プロ

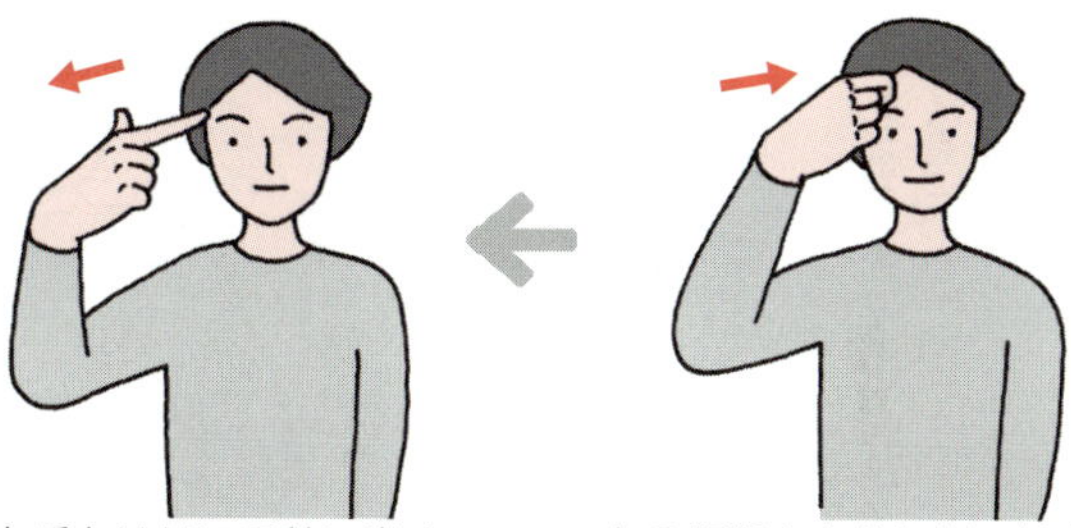

右の親指と人差し指で輪を作ってひたいに引き寄せてあてる。

右手をはじいて前に出す。

解 右手の輪はお金を表し、お金をもらう＝プロということ。

使い方例

プロ＋仕事＝**プロの仕事**
野球＋プロ＝**プロ野球**
プロ＋選手＝**プロの選手**
プロ＋ゴルフ＝**プロゴルファー**

ぷろぐらむ

プログラム

左の手のひらに、わん曲させた右手の小指側をトントンと下げながらあてる。

番組

参 右手の人差し指をトントンとあてながら下げると、「**番組**」になる。

同 レシピ

使い方例

音楽＋会＋プログラム＝**音楽会のプログラム**
ダイエット＋プログラム＝**ダイエットレシピ**

ふろっぴー

フロッピー

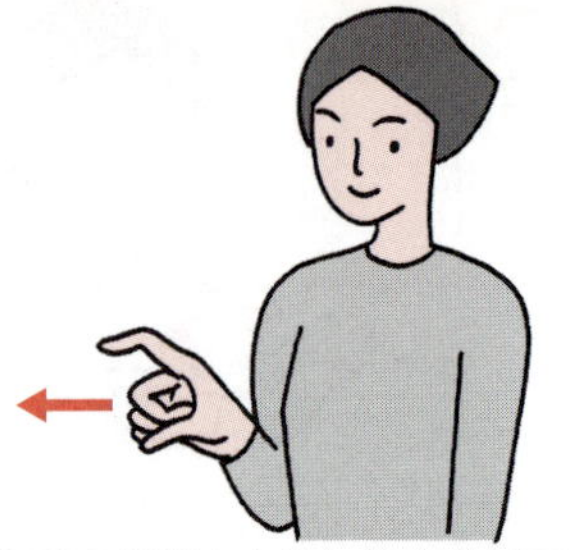

右手の親指と人差し指を曲げて、前に出す。

解 フロッピーを持って、パソコンに差し込む様子を表す。

同 カード・券

使い方例
フロッピー＋物を隠す＝**フロッピーに保存する**
パソコン＋フロッピー＝**パソコンのフロッピー**

ぷろぽーず

プロポーズ

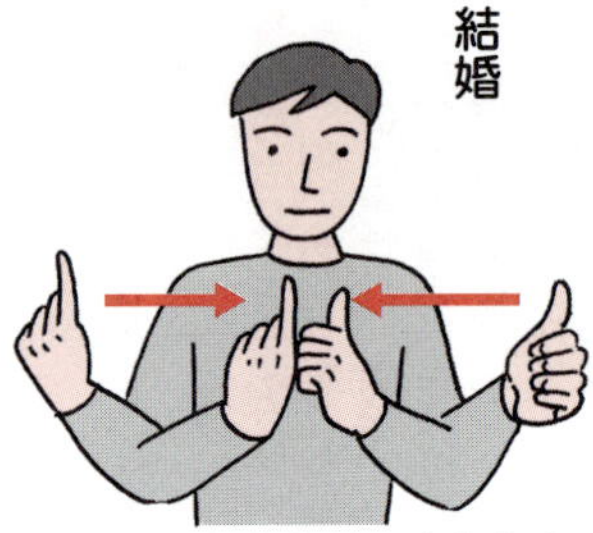

左手の親指と右手の小指を立て、左右から寄せる。

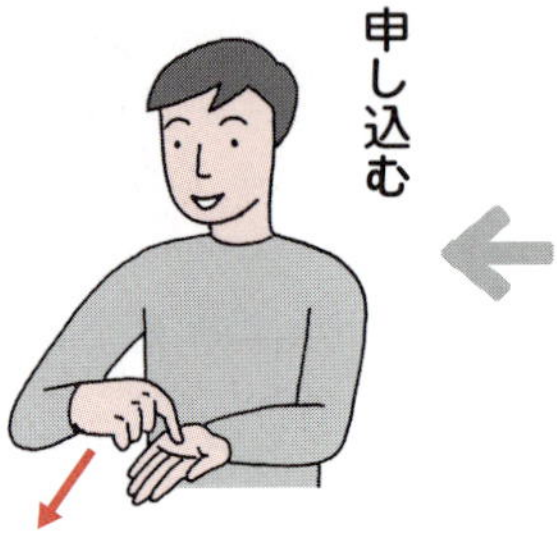

左手の手のひらに右手の人差し指をのせ、前に出す。

解 結婚…男と女が結ばれる様子。

反 「申し込む」を表すとき、両手を手前に引くと、「**プロポーズされる**」となる。

同 プロポーズする

ぷろれす

プロレス

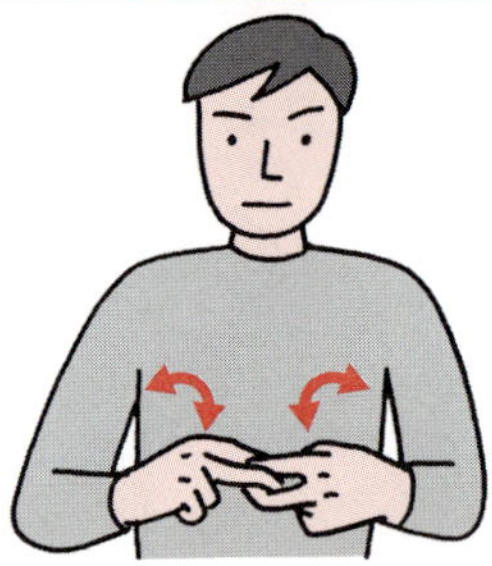

両手の人差し指と中指を組み合わせ、互い違いに何回かひねる。

解 レスリングをする様子を表す。

参 「ひじ鉄」をする動作でも表現できる。

同 レスリング

使い方例
プロレス＋見る＝**プロレス観戦**
女性＋プロレス＝**女子プロレス**

ふん

分

右手の人差し指を立てる。

手首を軸にして、斜めに下げる。

解 分を表す記号「′」の形を表す。

参 数字を指文字で示し、そのままの状態で手首をひねる表現もある。

使い方例
5＋分＝**5分**
30＋分＝**30分**
いくつ＋分＋～間？＝**何分間？**

雰囲気 ふんいき

香り

右の人差し指と中指を伸ばして、指先を鼻に近づける。

状態

両手の手のひらを前に向けて並べ、交互に上下させる。

同 香り…かぐ・匂い
状態…シーン・状況・情勢・様子・容態

使い方例
雰囲気＋よい＝**雰囲気がよい**
雰囲気＋悪い＝**雰囲気が悪い**
雰囲気＋合う＝**雰囲気が合う**

文化 ぶんか

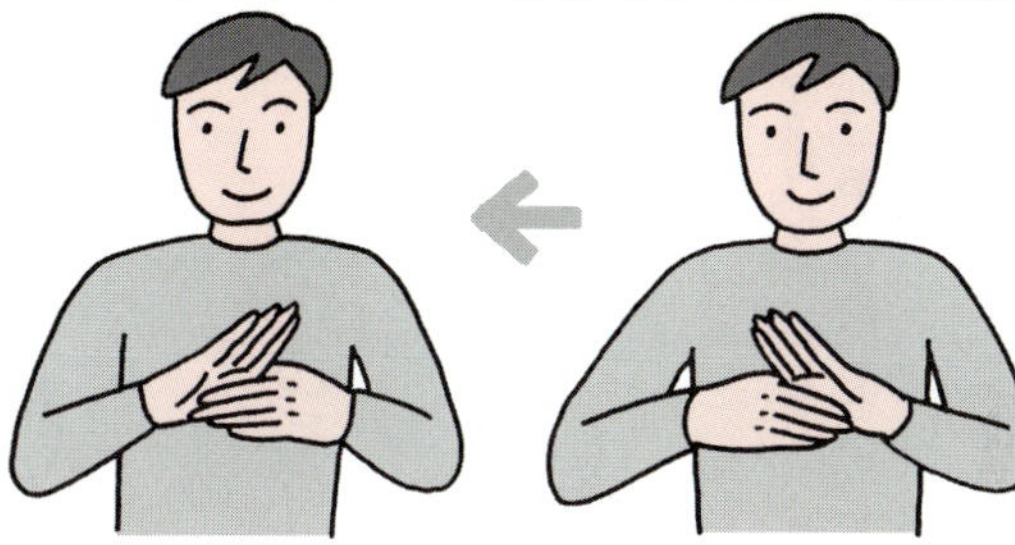

両手の指をそろえて、親指を組み合わせる。

手を組み替えて、もう一度同じ動作をする。

解 漢字の「文」の字の形から。

参 1回だけ組み合わせて下げると、「**文章**」になる。

同 文・文字

使い方例
アメリカ＋文化＝**アメリカ文化**
文化＋違う＝**文化の違い**
文章＋勉強＝**文学**

へ

自分から見た形

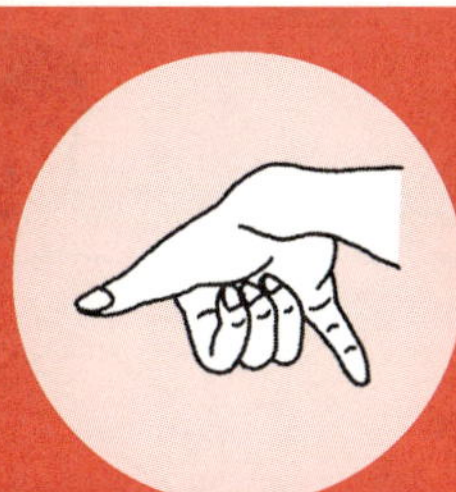

相手から見た形

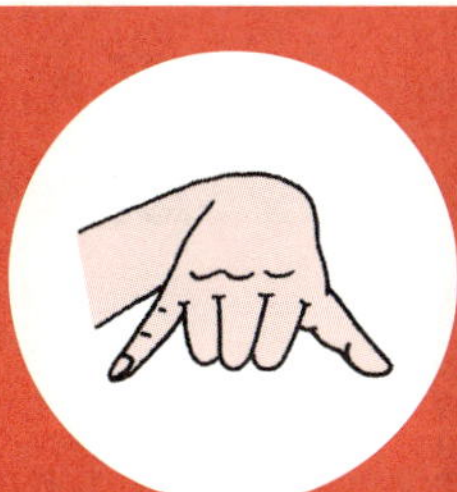

親指と小指を伸ばして「へ」の形を作る。このとき、ひじを上げて。

塀 へい

右手の指をそろえて、上から下へまっすぐに下ろす。

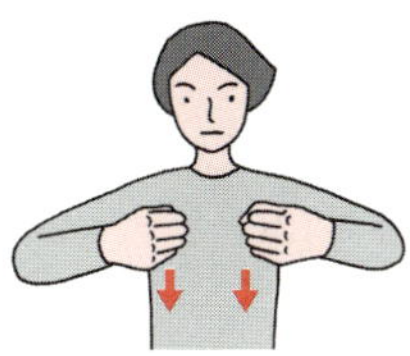

柵

参「**柵**」は、両手を握って同時に下ろして表す。

同 壁

使い方例
砂＋塀＝**土塀**

平気

へいき

右手の４指を折り曲げ、鼻の下をかすめるように右から左へ動かす。

ほかの表現

解 「はなもひっかけない」ということから。

参 目の位置で表現する場合もある。

使い方例
けが＋平気＝**けがしても平気**
顔＋平気＝**平気な顔**
全部＋平気＝**何でも平気**

平日

へいじつ

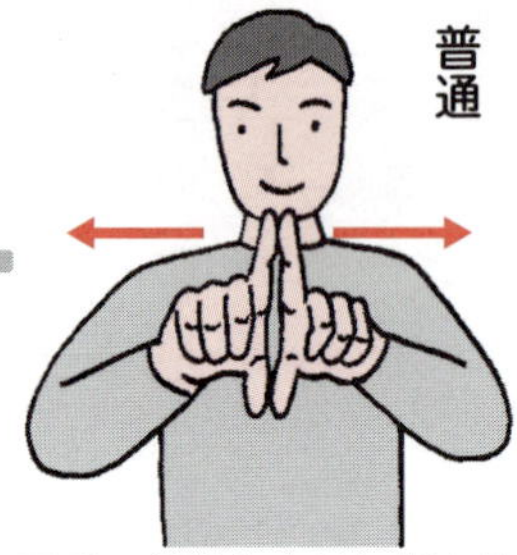

両手の親指と人差し指を伸ばして合わせ、左右に離す。

左手の人差し指に、右手の３本の指をつける。

解 日…漢字の「日」の形を表す。

参 「普通」で、左右に2回離すと「**あたり前**」という意味になる。

反 「休む＋日」で「休日」となる。

同 普通…平等・普段・平均・平凡

平成

へいせい

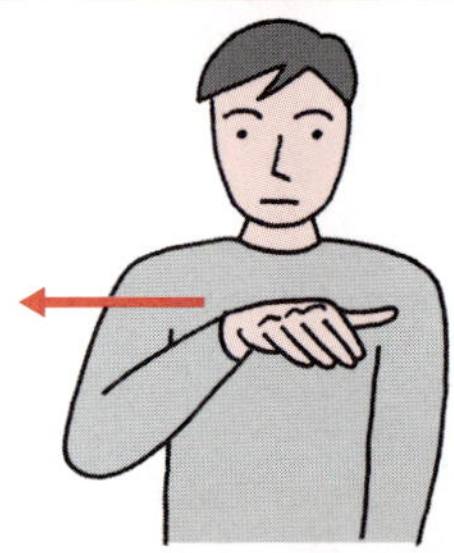

手のひらを下向きにした右手を、左から右に水平に動かす。

横から見たとき

解 平らな様子を表す。

使い方例
平成＋1＋年＝**平成元年**
平成＋生まれる＝**平成生まれ**
平成＋(〜の)とき＋〜間＝**平成時代**

閉店

へいてん

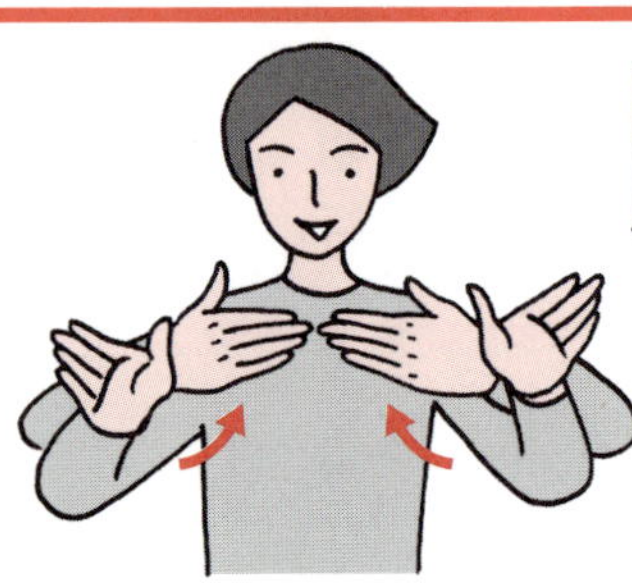

両手をハの字に開き、手首を使って指先が向かい合うように動かす。

開店

解 ドアが閉まる様子から。

反 逆に、「**開店**」は両手を開いて表す。

同 閉まる

使い方例
閉店＋割り引き＝**閉店セール**
夜＋時間②＋9＋閉店＝**夜9時閉店**

平和
へいわ

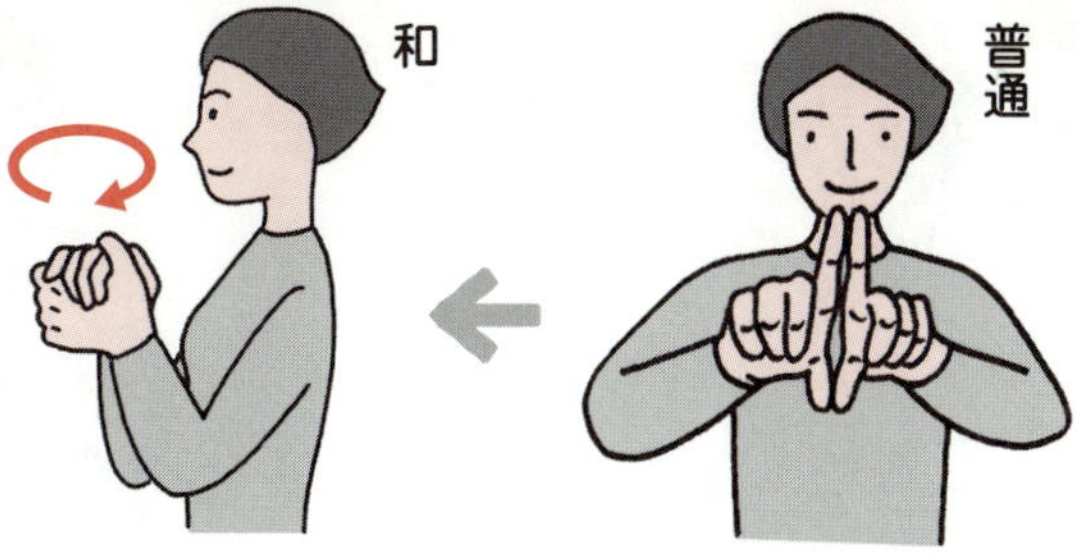

両手の親指と人差し指を伸ばして合わせ、左右に離す。

両手を組み合わせて、水平に回す。

同 普通…平等・普段・平均・平凡
和…親しい・親友・仲間・仲よし

使い方例
平和＋活躍＝**平和運動**
世界＋平和＝**世界平和**
平和＋記念＝**平和記念**
普通＋日＝**平日**

へぇ
へぇ

右手の手のひらを手前に向けて、顔の前で下ろす。

ほかの表現

参 ゆっくり下ろすと、さらに驚きのニュアンスを含ませることができる。また、親指をあごにあて、人差し指を上下に動かす表現もある。

同 なるほど・ほう

使い方例
へぇ＋本当?＝**へぇ〜、本当?**
へぇ＋驚く＝**へぇ、びっくり**

ベージュ
べーじゅ

親指と小指を下に伸ばし、手首を軸にして軽く左右に振る。

茶色

解 指文字の「へ」を振ることで表現する。

参 「**茶色**」は右手を握ってあごの下におき、手前に2回動かす。

使い方例
ベージュ＋セーター＝**ベージュのセーター**
ベージュ＋希望＋注文＝**ベージュを注文**

ベスト
べすと

両手ともすべての指先を、左右それぞれの肩にあてる。

両手同時に、腕まわりを沿わせるように下げる。

解 ベストの形を表す。

使い方例
ジーンズ＋ベスト＝**デニムのベスト**
釣り＋ベスト＝**釣り用ベスト**
会社＋決める＋ベスト＝**(会社の)制服のベスト**

下手
へた

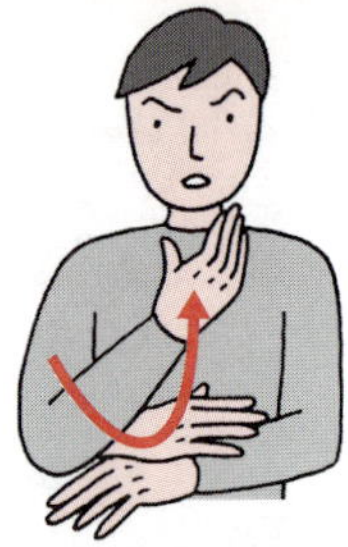

右手の手のひらを左手の甲にあて、こすり上げるように動かす。

上手

反 右手の手のひらを左腕のひじのあたりから手首に向かって動かすと、「**上手**」になる。

使い方例

料理＋下手＝**料理が下手**

手話＋下手＝**手話が下手**

下手＋すみません＝**下手ですみません**

ベッド
べっど

手のひらを上向きにした右手の人差し指と中指を左手に2回あてる。

解 ベッドで寝る様子を表す。

参 「**入院**」は、ベッドに入る様子、「**退院**」はベッドから出る様子で表現する。

使い方例

個人＋ベッド＝**シングルベッド**

アルファベットの「W」＋ベッド＝**ダブルベッド**

ペット
ぺっと

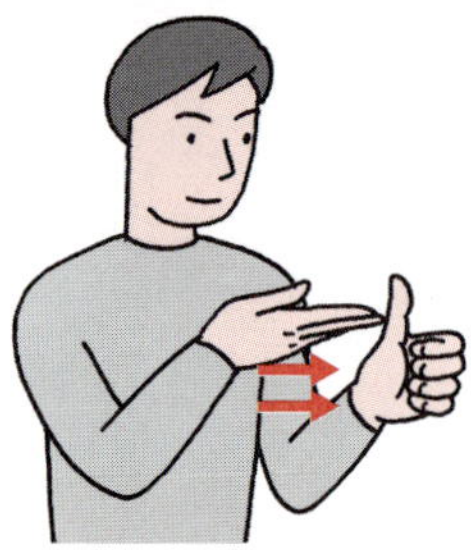

左の親指のつけ根に、右手の指先を2〜3回つける。

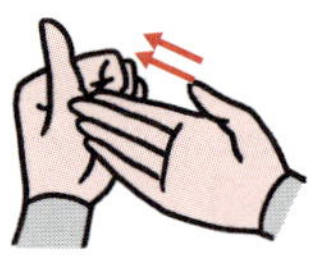

上から見たとき

解 えさを繰り返し与える様子を表す。

参 指文字で表現することもできる。

同 飼う・育てる

使い方例

犬＋ペット＝**犬を飼う**

ねこ＋ペット＝**ねこを飼う**

マンション＋ペット＋禁止＝**マンションはペット禁止**

ベテラン
べてらん

右手を押さえるように、左手の手首にトンとおく。

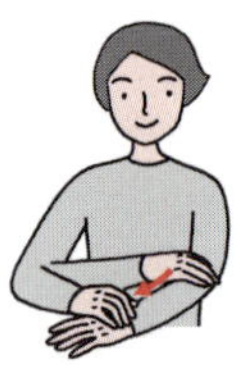

上手

参 人をほめるときなどによく使われる。「**上手**」は、右の手のひらを下向きにして左腕におき、指先に向けて滑らせる。

同 とても上手

使い方例

医者＋ベテラン＝**ベテランの医者**

手話＋ベテラン＝**手話がとても上手ですね**

へび

へび

右手の親指を前に向け、手首を左右に揺らしながら前に出す。

解 へびの動きを表す。

使い方例
干支＋へび＝**巳(み)年**
へび＋皮＝**へび皮**
へび＋酒＝**マムシ酒**

へや

部屋

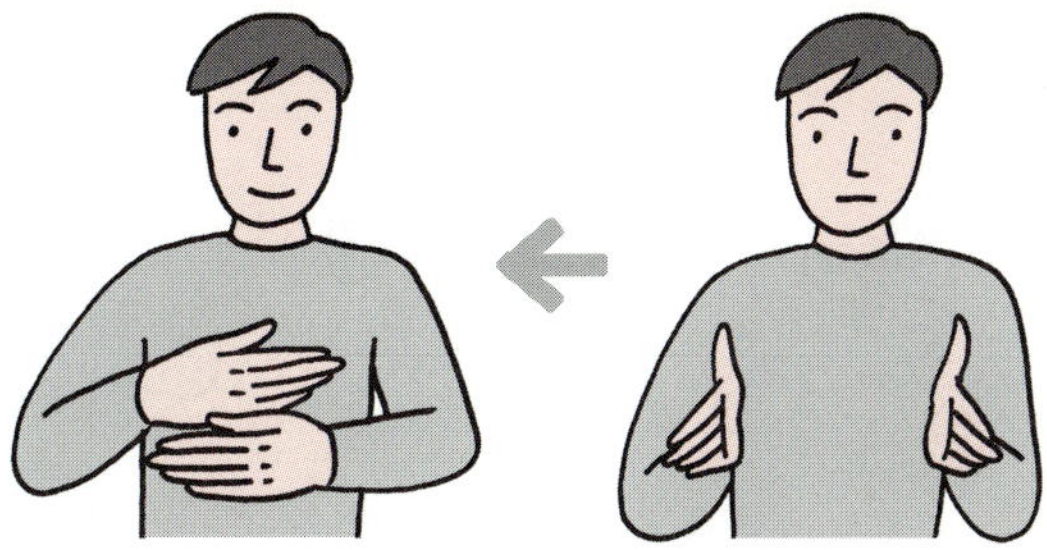

指先を前に向けた手のひらを向かい合わせる。

両手の向きを変えて、横に平行におく。

解 部屋の仕切りを表す。

参 横に縦に平行においてもよい。

同 室・範囲

使い方例
子ども＋部屋＝**子ども部屋**
教える＋部屋＝**教室**
勉強＋部屋＝**勉強部屋**
隣＋部屋＝**隣の部屋**

べらんだ

ベランダ

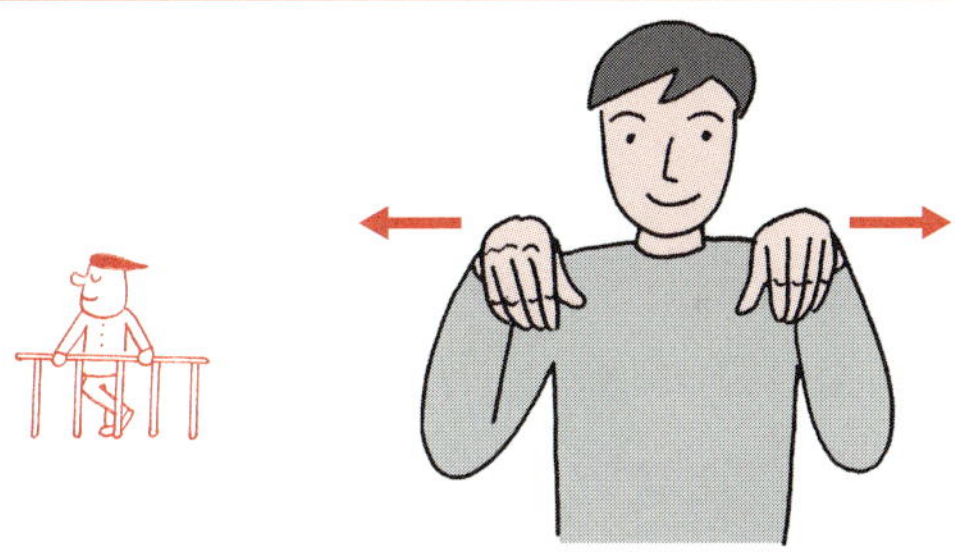

両手の親指とほかの４本の指の間を開いて下に向け、左右に広げる。

解 ベランダの手すりを持つ様子を表す。

同 バルコニー・(駅の)ホーム

使い方例
ベランダ＋野菜＋育てる＝**ベランダ菜園**
ベランダ＋広い＝**広いベランダ**

へる

減る

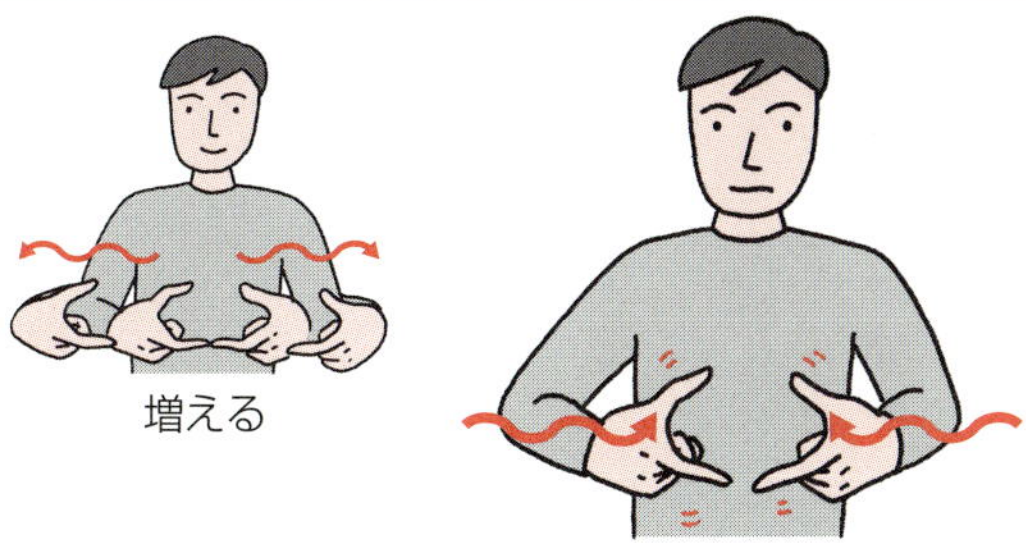

親指と人差し指を曲げた両手を左右におき、ねじって中央に寄せる。

反 同じ形で左右に離していくと、「**増える**」になる。

同 縮小・縮む

使い方例
物＋減る＝**物が減る**
数＋減る＝**数が減る**
子ども＋数＋減る＝**少子化**

ベルト

べると

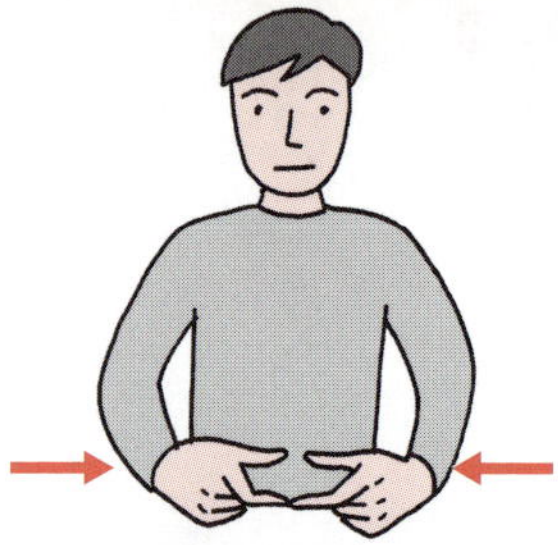

お腹の位置で、親指と人差し指を向かい合わせ、左右から寄せる。

解 両手でベルトを持って、締める様子を表す。

参 車のシートベルトは、右手を曲げて、シートベルトを斜めにかけた形で表す。

使い方例

皮＋ベルト＝**革のベルト**

飛行機＋ベルト＝**飛行機のシートベルト**

ヘルメット

へるめっと

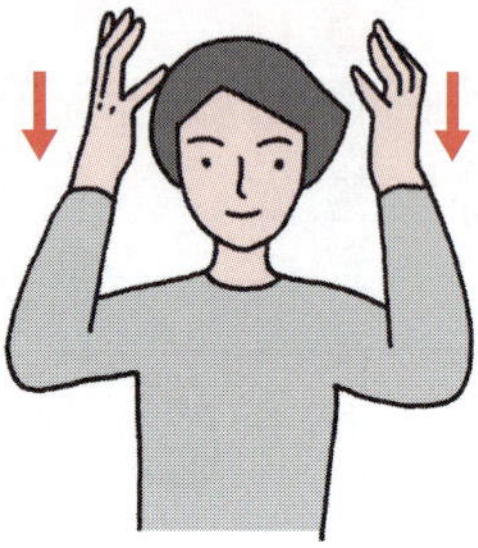

両手をわん曲させて、頭の上から下げる。

帽子

解 ヘルメットをかぶる様子から。

参 「**帽子**」は帽子のつばを持ってかぶるしぐさで表す。

使い方例

ヘルメット＋義務＋違反＝**ヘルメット着用義務違反**

バイク＋ヘルメット＝**バイクのヘルメット**

変

へん

左の手のひらに右手の親指をあてる。

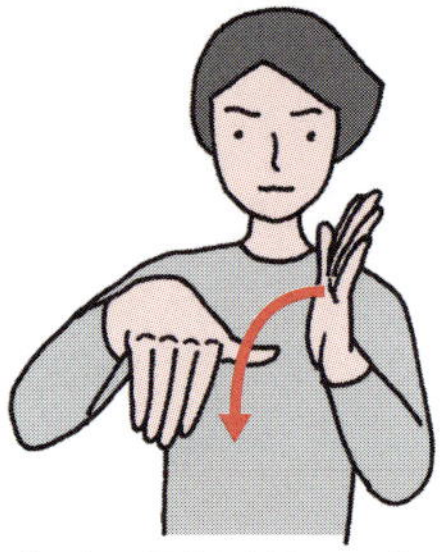

右手の親指以外の４指を前に倒す。

参 ４指を倒すとき、親指は左手についていてもいなくてもよい。

使い方例

変＋おじさん＝**変なおじさん**

味＋変＝**変な味**

顔＋色＋変＝**顔色が変**

ペン

ぺん

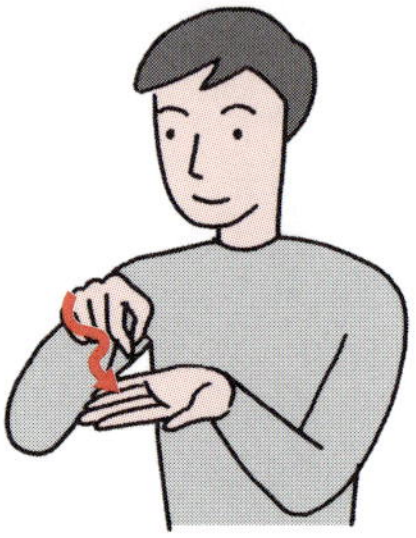

左手の手のひらの上で、右手でペンを持って何かを書くように動かす。

解 ペンで何かを書いている様子を表す。

参 左手の手のひらは、なくても表現できる。

同 鉛筆・書く・記録・サイン・筆談

使い方例

万＋ペン＝**万年筆**

赤＋ペン＋先生＝**赤ペン先生**

色＋ペン＝**カラーペン**

へんかん
変換

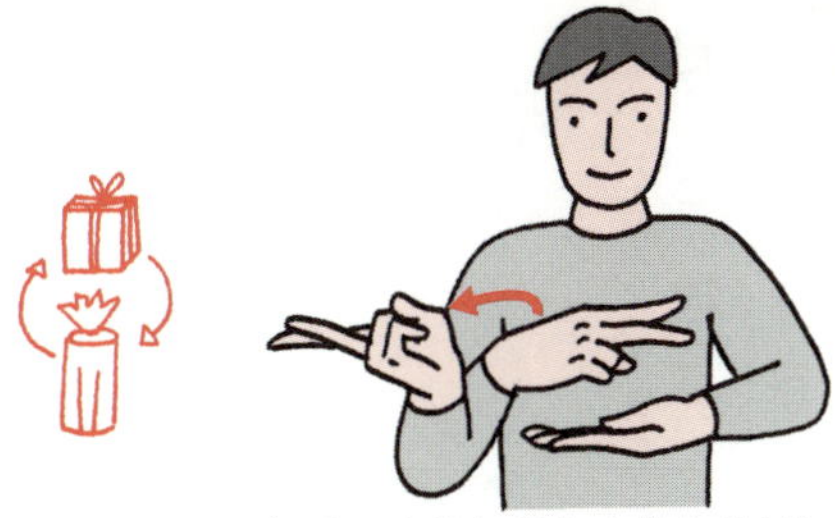

右手の人差し指と中指を伸ばし、手首をひねって返す。

解 手首を返すことによって、こちらからあちらへと、内容や場所などが変わることを表す。

参 2回繰り返すと、「**翻訳**」「**辞典**」となる。

同 (場所を)移す・変わる・振替

使い方例
仕事＋変換＝**転勤**
落ち着く＋場所＋変換＝**落ち着く場所に変わる**

べんきょう
勉強

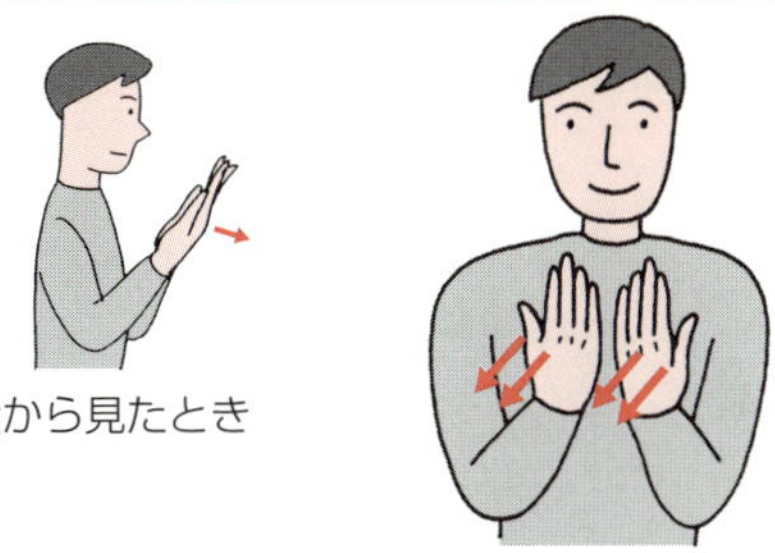

手のひらを上に向けた両手を並べ、軽く2回下げる。

解 本を開いて学ぶ様子を表す。

同 学校・授業・学ぶ

使い方例
試験＋勉強＝**試験勉強**
勉強＋時間①＝**勉強時間**
勉強＋足りない①＝**勉強不足**

べんごし
弁護士

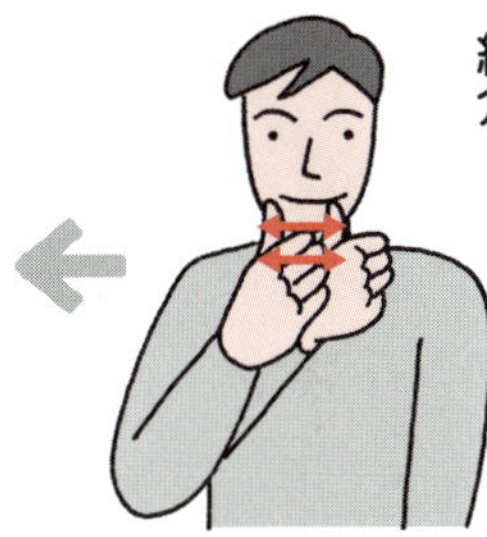

右手の親指を立て、口の前で2回往復させる。

右手の親指と人差し指、中指を左肩におく。

解 紹介…口添えする様子から。資格…右手は指文字の「シ」。

同 紹介…案内・通訳
資格…～士

使い方例
国＋選ぶ＋弁護士＝**国選弁護人**
有名＋弁護士＝**有名弁護士**
弁護士＋卵＝**弁護士の卵**

べんち
ベンチ

左の人差し指と中指に右の人差し指と中指をのせる。

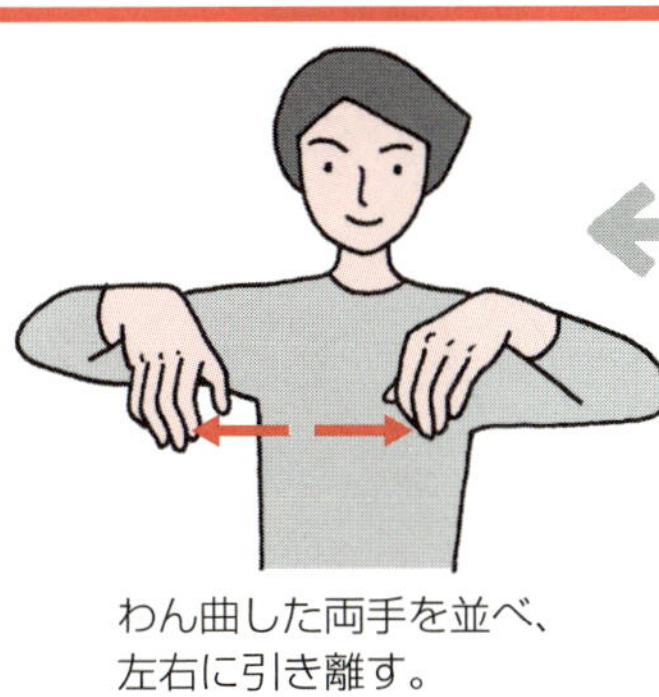

わん曲した両手を並べ、左右に引き離す。

解 初めの形は「椅子」、次の形はベンチの長い椅子の様子を表す。

使い方例
公園＋ベンチ＝**公園のベンチ**
駅＋ベンチ＋待つ＝**駅のベンチで待つ**
木＋ベンチ＝**木のベンチ**

弁当
べんとう

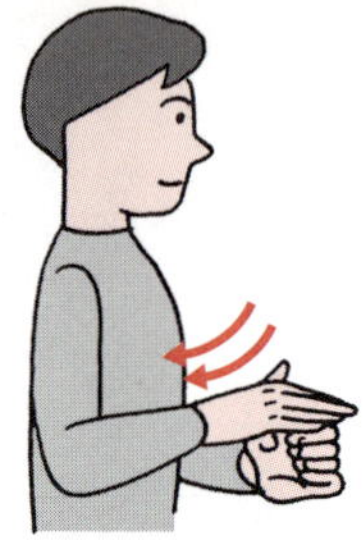

軽く握った左手の親指側を、右の手のひらで、2〜3回手前にこする。

解 弁当箱にご飯を詰める様子を表す。

参 握った左手に右手をかぶせるだけだと、「**加える**」。

使い方例
弁当＋四角＝**弁当箱**
駅＋弁当＝**駅弁**
愛する＋彼女＋弁当＝**愛妻弁当**
暖かい＋弁当＝**ホカ弁**

便秘
べんぴ

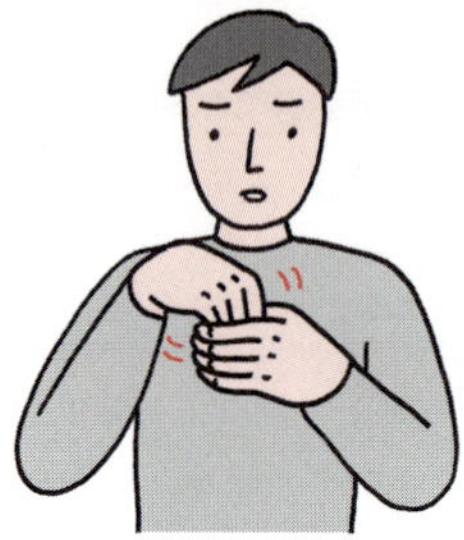

下痢

左手を軽く曲げ、右手を指先から中に入れて、少し揺らす。

解 便が詰まっている様子を表す。

反 右手を左手に入れ、右手の指を2回パッと開きながら下げると、「**下痢**」になる。

使い方例
便秘＋薬＝**便秘薬**
〜週＋間＋便秘＝**1週間便秘**
便秘＋なくなる②＝**便秘が治る**

便利
べんり

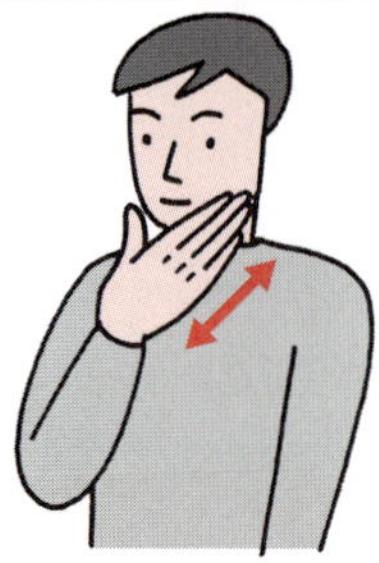

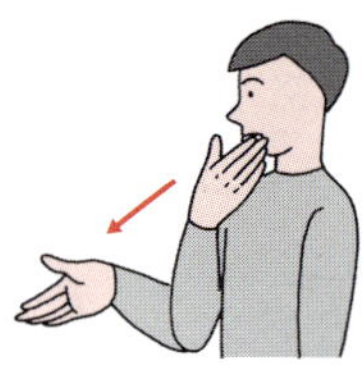

不便

右手の手のひらをあごにあてて、軽くさする。

反 あごにあてた右手を下ろすと、「**不便**」になる。

使い方例
駅＋近い＋便利＝**駅が近くて便利**
便利＋店＝**便利屋**
場所＋便利＝**便利な場所**

ほ

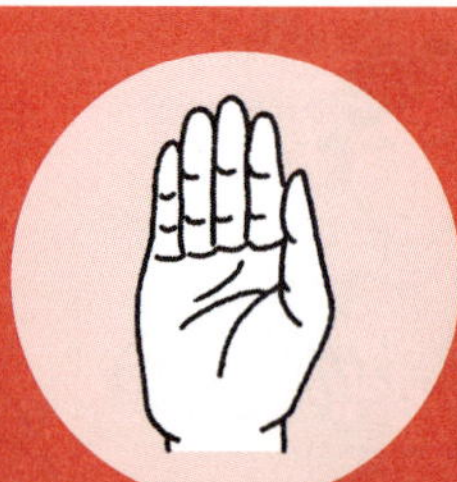

自分から見た形

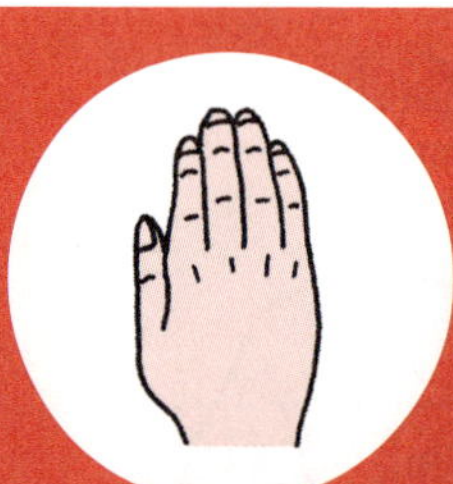

相手から見た形

指を閉じた手を手前に軽く曲げる。船の「帆（ほ）」の形になる。

保育園 ほいくえん

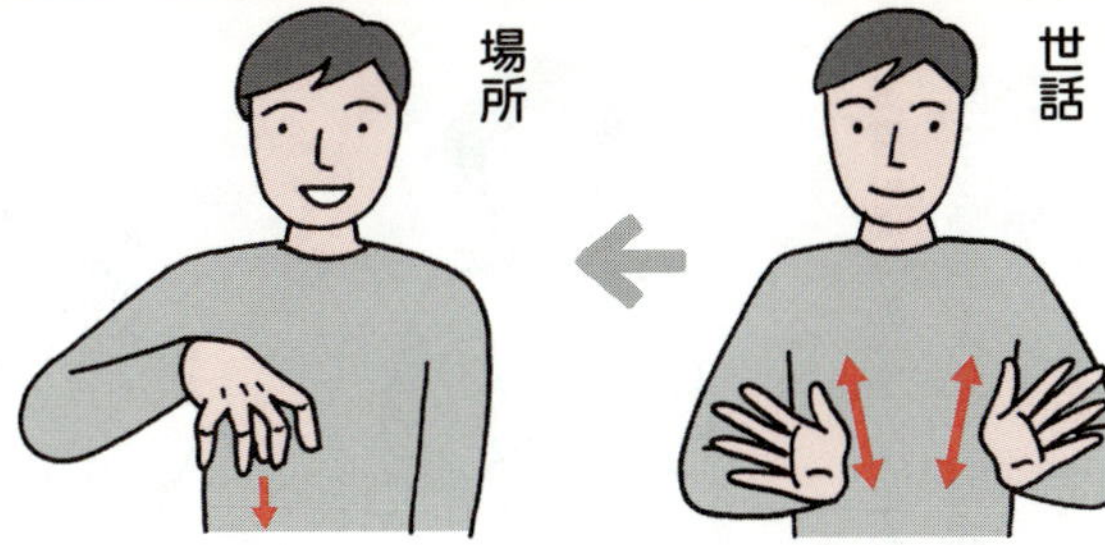

両手を向かい合わせて手首を近づけ、交互に上下させる。

軽くわん曲させた右手を少し下げる。

参 「**幼稚園**」は両手の手のひらを何回か組み替えて合わせ、そのあとで「場所」を表す。

使い方例
保育園＋子ども＝**保育園児**
世話＋資格＝**保育士**
保育園＋長＝**保育園の園長**

棒 ぼう

両手の親指と人差し指で輪を作って並べ、左右に引き離す。

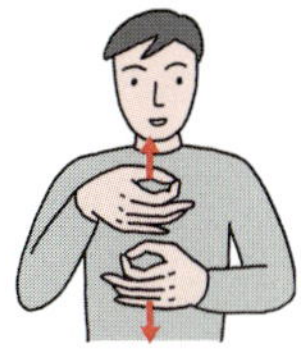

ほかの表現

解 細長い物の形を表す。
参 「足が棒のよう」と表すときは、縦に上下に引き離して表現する。
同 きゅうり

使い方例
電気＋棒＝**乾電池**
鉄＋棒＝**鉄棒**
洗濯＋棒＝**物干しざお**

貿易 ぼうえき

左の手のひらを上向きにし、右手を体の前におく。

右手を前後させる。

解 両手は船を意味し、船が行き交う様子を表す。
参 右手を手前に寄せるだけだと「**輸入**」、右手を前に出すだけだと「**輸出**」となる。

報告 ほうこく

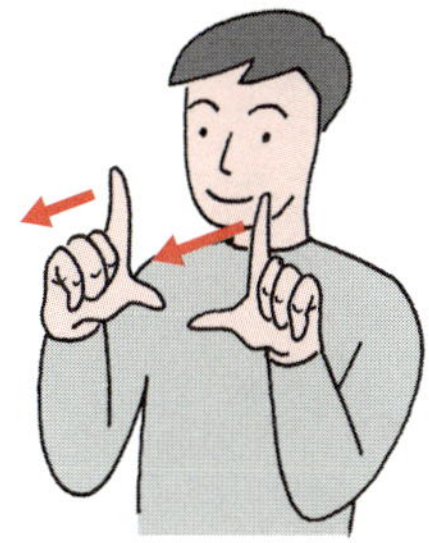

両手の親指と人差し指を伸ばして向かい合わせ、前に出す。

報告を受ける

解 「報告する」意味で使う。
反 「**報告を受ける**」は、同じ形で手前に寄せる。
同 告知・告白・答える・宣伝・伝える・伝言・発表・返事

使い方例
天気＋報告＝**天気予報**
危険＋報告＝**警報**
台風＋気をつける＋報告＝**台風注意報**

防災
ぼうさい

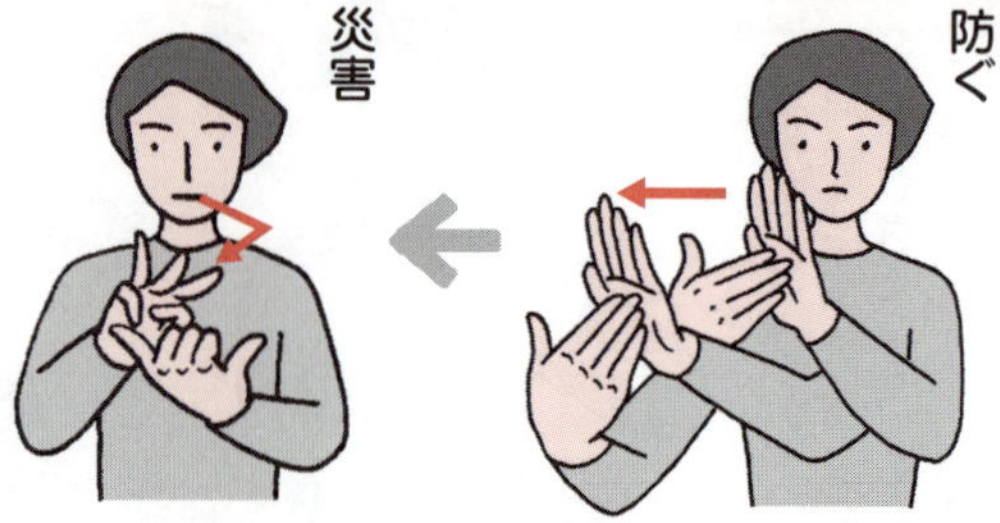

左の手のひらに右手の指先をあて、左手で押し出す。

右の人差し指、中指、薬指を立てて、くの字を書く。

解 災害…漢字の「災」の字から。

同 防ぐ…拒絶・拒否・断る・防止・予防

使い方例
防災＋練習＝**防災訓練**
防災＋プログラム＝**防災マニュアル**
防災＋の(空書)＋日＝**防災の日**

帽子
ぼうし

両手で何かをつかむようにして、少し上からひたいの位置に下げる。

解 帽子のつばを持って、かぶる様子を表す。

参 帽子の形によって、片手で表すときもある。

使い方例
野球＋帽子＝**野球帽**
スキー＋帽子＝**スキー帽**
かわいい＋帽子＝**かわいい帽子**

法人
ほうじん

左手の手のひらを右に向け、右手の親指以外の４指をあてる。

ほかの表現

参 4指の代わりに人差し指だけをあてる表現もある。また、「裁判＋人①」で表すこともできる。

使い方例
社会＋法人＝**社団法人**
宗教＋法人＝**宗教法人**
学校＋法人＝**学校法人**

坊主
ぼうず

右手を頭にあてて後ろに引く。

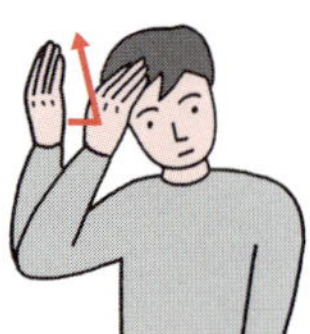

はげ

解 髪の毛がない、もしくは短い様子を表す。

参 「**はげ**」は、右手の手のひらを頭にあてて、勢いよく離す。

使い方例
寺＋坊主＝**お坊さん**
3日＋坊主＝**三日坊主**
選手＋みんな＋坊主＝**選手はみな丸刈り**

ほうせき

宝石

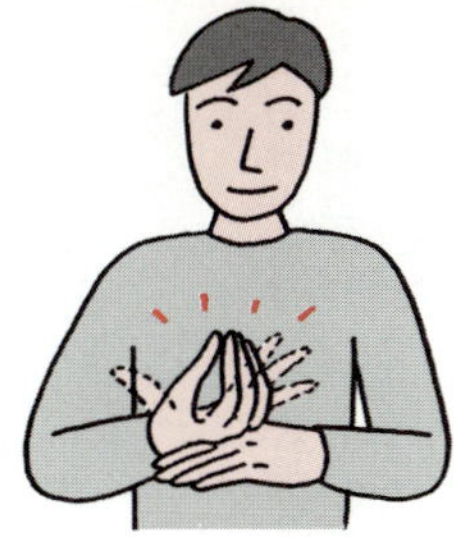

左手の甲の上に指をすぼめた右手の甲をあて、パッパッと2回開く。

解 宝石がキラキラと光る様子を表す。

同 ダイヤモンド・宝

使い方例
宝石＋店＝**宝石店**
赤＋宝石＝**ルビー**
緑＋宝石＝**エメラルド**
宝石＋券＝**宝くじ**

ほうそう

放送

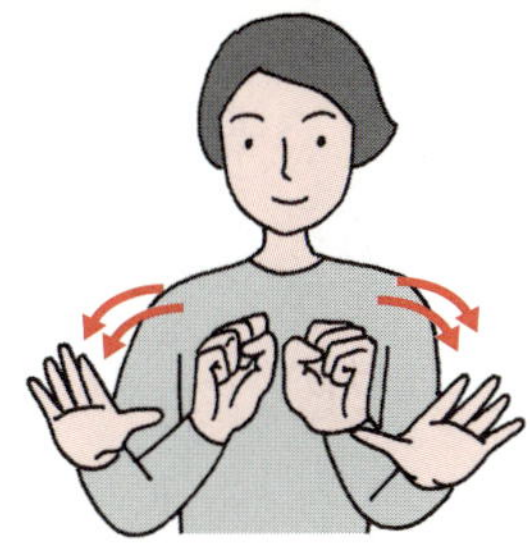

握った両手を前に2回、パッパッと開く。

横から見たとき

解 多くの人に知らせるという意味を表す。

参「**ニュース**」は、指文字「ニ」を表して右に引いたあと、「放送」をプラスして表す。

同 広告・宣伝・マスコミ

使い方例
文字＋放送＝**文字放送**
放送＋大学＝**放送大学**
デジタル＋放送＝**デジタル放送**

ほうほう

方法

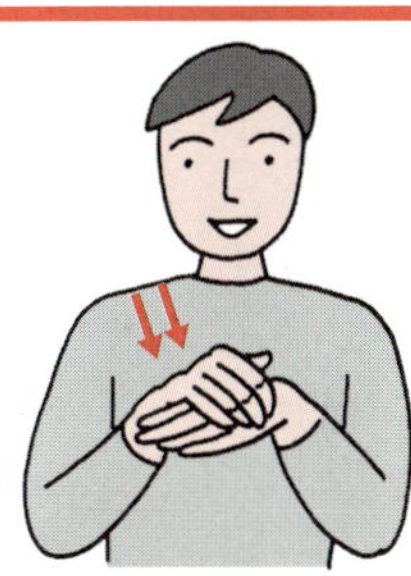

右手の手のひらで、左手の甲を2回たたく。

上から見たとき

解「手立て」ということから。

同 仕方・手段・手立て・～法

使い方例
方法＋何？＝**どうしたら？**
いつも＋方法＝**常套（じょうとう）手段**
勝つ＋方法＝**必勝法**

（いえに）ほうもんする

（家に）訪問する

左手のひらを斜めに立てて、人差し指を伸ばした右手を、左手の下を通るように前に出す。

解 左手は「家」を表し、右手は「人」を表す。

使い方例
家庭＋（家に）訪問する＝**家庭訪問**
（家に）訪問する＋売る（2回）＝**訪問販売**
（家に）訪問する＋着物＝**訪問着**
（家に）訪問する＋人々②＝**訪問者**

ほうりつ

法律

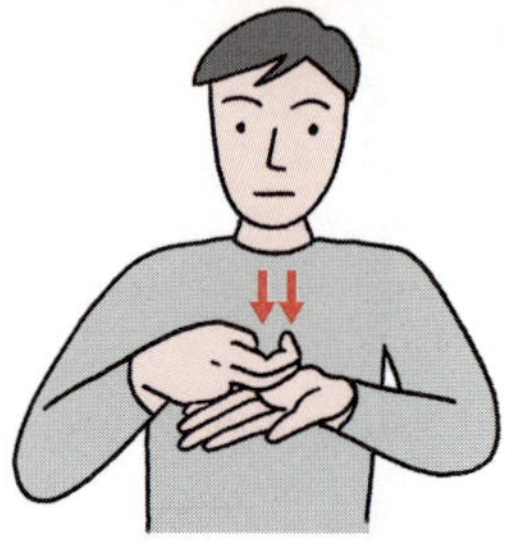

右手の人差し指と中指をそろえて曲げ、左の手のひらに2回あてる。

裁判

参 「裁判＋法律」で表現することもできる。

同 規則・憲法

使い方例
法律＋気をつける＝**法律を守る**
法律＋学校＋部＝**法学部**
交通＋法律＝**交通規則**

ぼうりょく

暴力

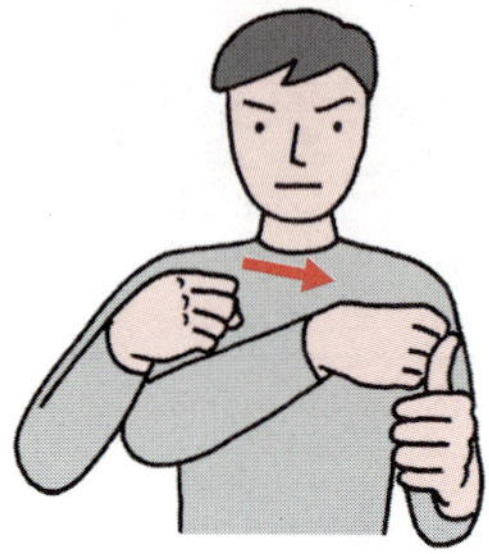

左手の親指を立て、右手のこぶしで殴りつけるようにする。

暴力を受ける

参 右手でなでるようにすると、「**お世辞**」となる。

反 こぶしを自分の方に向けると、「**暴力を受ける**」となる。

同 殴る

使い方例
家庭＋中（左手はそのままで、右手の人差し指で下を指す）＋暴力＝**家庭内暴力**
暴力＋否定＝**暴力反対**

ぼうりんぐ

ボウリング

右手を軽くわん曲させて下げ、前に出す。

解 ボウリングの球を投げる様子を表す。

参 小さくすぼめた手で同様にすると、「**ソフトボール**」になる。なお、スポーツは、それぞれの動作をすることで表現することが多い。

使い方例
ボウリング＋場所＝**ボウリング場**
ボウリング＋大会＝**ボウリング大会**

ぼーだー

ボーダー

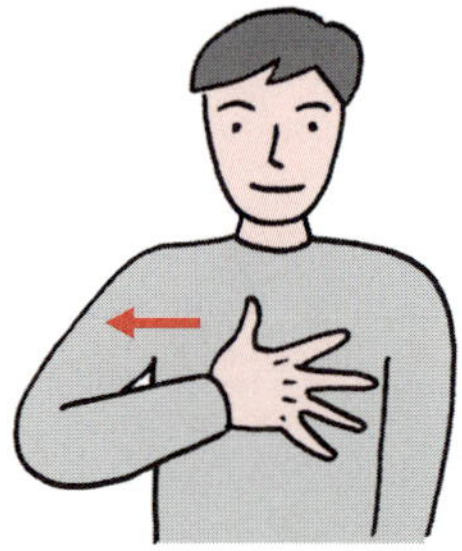

右手の指を開いて胸にあて、右に引く。

水玉

解 ボーダー（横じま）を表す。

参 境界という意味では使えない。また、「**水玉**」は両手の輪を空中にポンポンとおいて表現する。

使い方例
ボーダー＋セーター＝**ボーダーのセーター**
白＋黒＋ボーダー＝**白黒のボーダー**

ぼーと

ボート

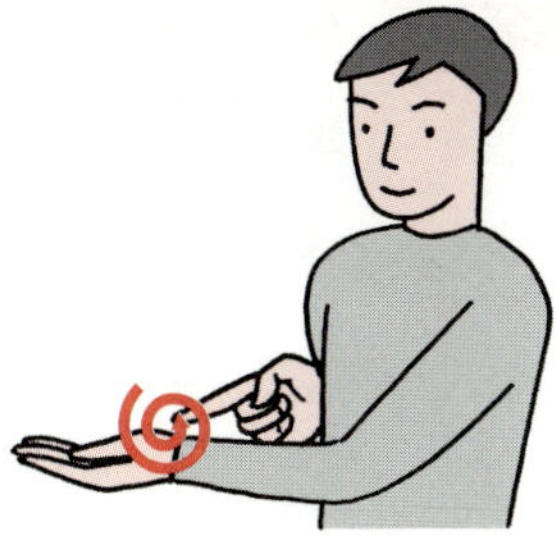

手のひらを上向きにした左手をわん曲させ、右の人差し指を回す。

解 左手は船に、右手はボートのモーターに見立て、モーターが回転する様子を表す。

参「モーターボート」のときに使う。

同 競艇

使い方例
ボート＋乗る＝**ボートに乗る**
ボート＋お金＝**ボート代**

ぼーなす

ボーナス

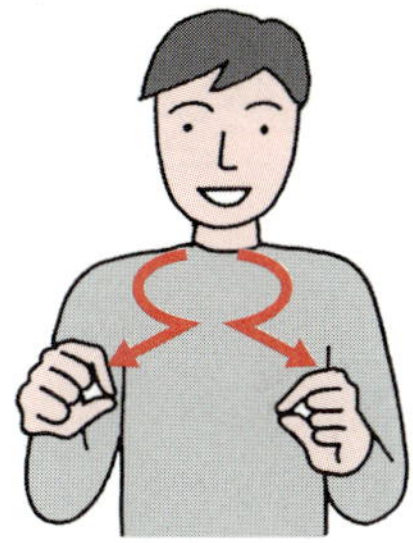

両手の親指と人差し指をくっつけて、水引を結ぶようにする。

解 祝儀袋の水引の形を表す。

参 両手の人差し指と中指を立てて、水引を結ぶ表現もある。

同 結果・結局・結論・結ぶ

使い方例
ボーナス＋払う＝**ボーナス払い**
ボーナス＋バーゲン＝**ボーナスカット**

ほーむ

ホーム

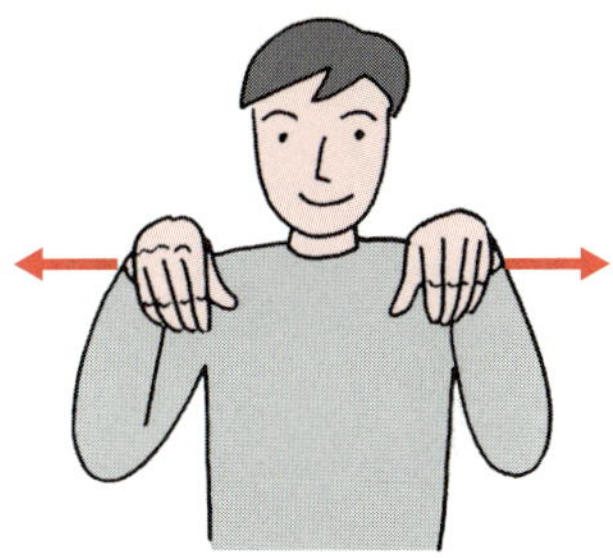

両手の親指とほかの４本の指の間を開いて下に向け、左右に広げる。

解 駅のホームの形を表す。

同 バルコニー・ベランダ

使い方例
駅＋ホーム＝**駅のホーム**
ホーム＋待つ＝**ホームで待つ**
地下鉄＋ホーム＝**地下鉄のホーム**

ほーむぺーじ

ホームページ

両手の親指を立てて同時に前に出し、下の位置で同時に前に出す。

解 ガビョウでポスターを張る様子を表す。

同 国語・ポスター

使い方例
ホームページ＋作る＝**ホームページ作成**
個人＋ホームページ＝**個人のホームページ**

ホームヘルパー

ほーむへるぱー

介護①

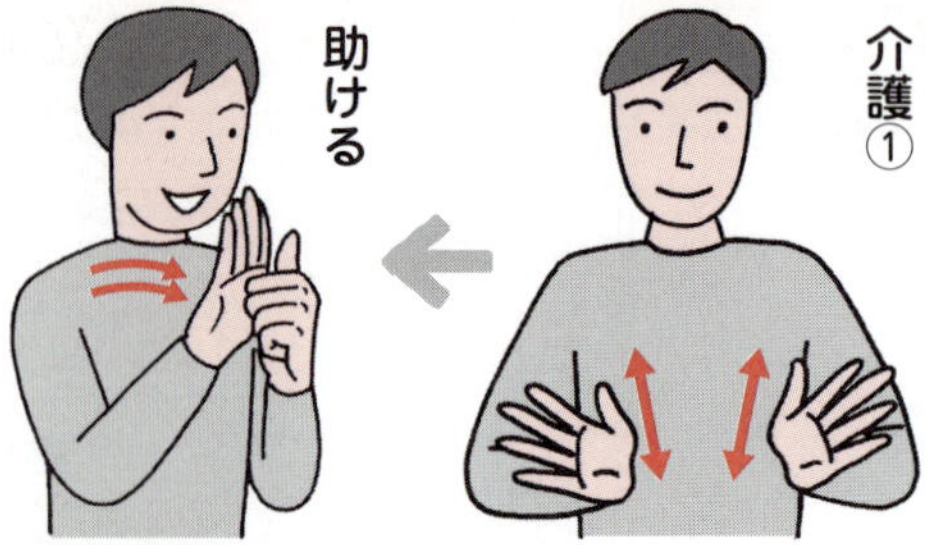

両手を向かい合わせて手首を近づけ、交互に上下させる。

助ける

左手の親指に右手を手前から、数回あてる。

解 介護①…世話をする様子を表す。

同 介護①…育児・サービス・世話・育てる
助ける…協力・手伝う

使い方例
ホームヘルパー＋資格＝**ホームヘルパーの資格**

ホームラン

ほーむらん

左手で丸い形を作り、右の人差し指をあてて前に出す。

右手を握って前に出し、パッと開く。

参 「**アウト**」は、親指を立てた右手を、軽く前に倒して出す。

使い方例
さようなら＋ホームラン＝**さよならホームラン**
ホームラン＋長＝**ホームラン王**

ほか

ほか

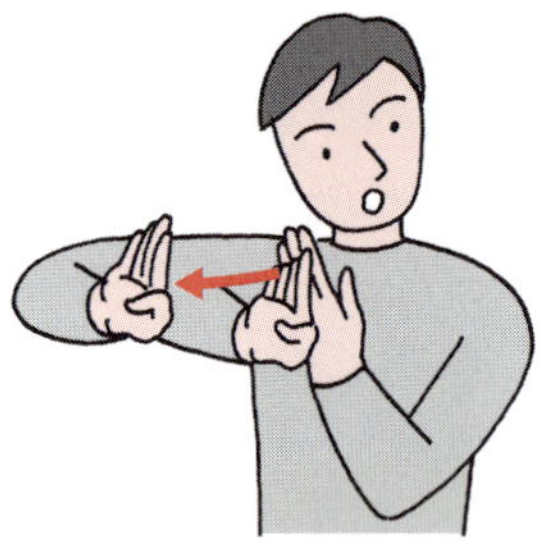

手のひらを手前に向けた左手の甲に右手の甲をあて、前に出す。

横から見たとき

解 背中合わせに分け隔てる意味から。

同 その他・別

使い方例
ほか＋人①＝**他人**
ほか＋場所＝**ほかの場所**
会計＋ほか＝**別会計**

募金

ぼきん

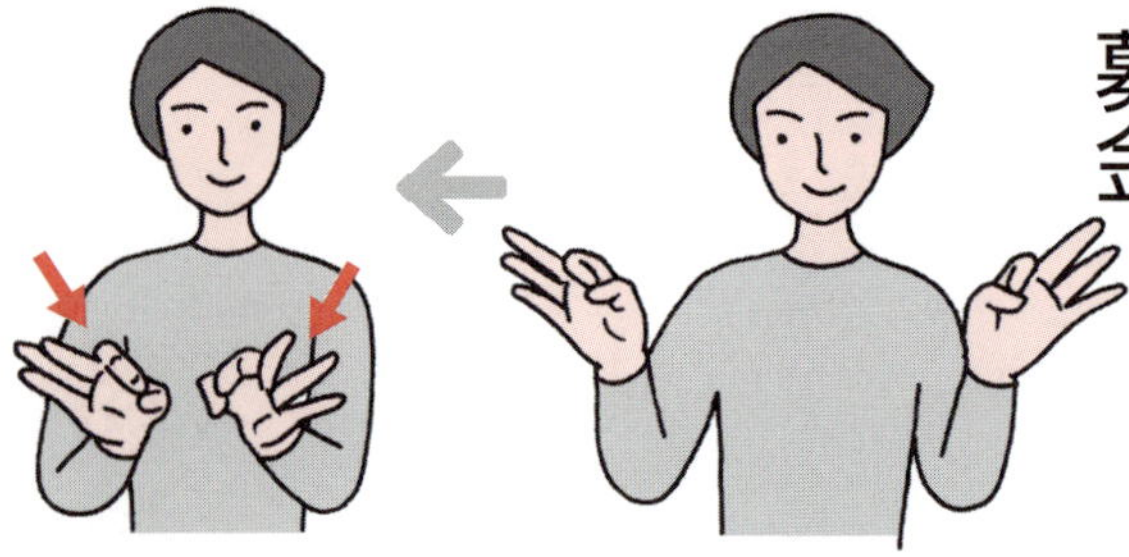

両手の親指と人差し指で輪を作り、左右に並べる。

両手の輪を前に出しながら中央に寄せる。

解 両手の輪は「お金」を意味し、集める様子から。

同 かけごと・カンパ・ギャンブル

使い方例
募金＋活躍＝**募金活動**
募金＋講演＝**チャリティー講演**
心＋募金＝**ハート募金**

牧場
ぼくじょう

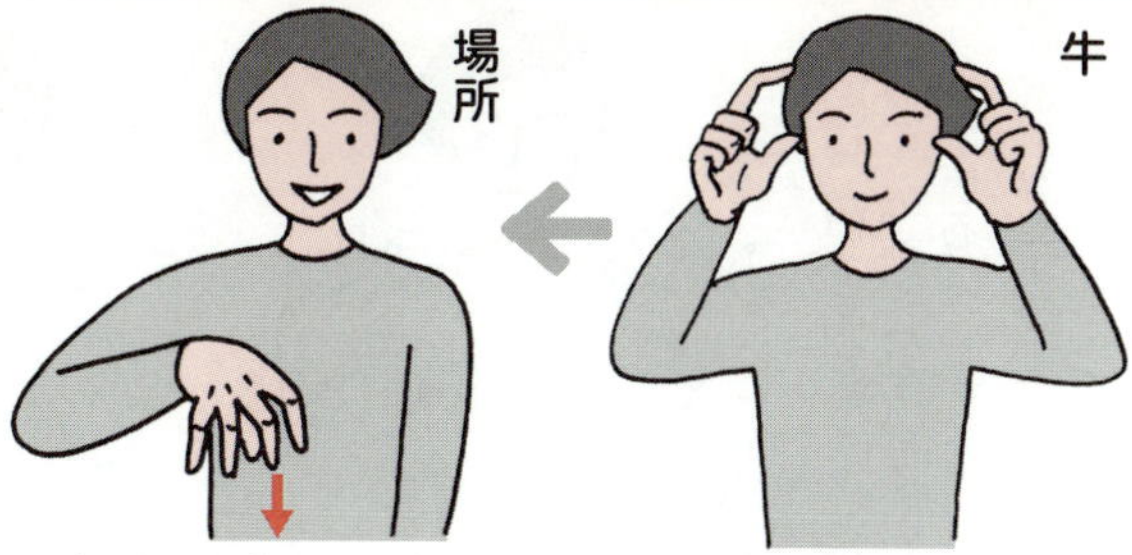

両手の人差し指を曲げ、親指を頭の両横におく。

軽くわん曲させた右手を、少し下げる。

解 牛…牛の角を表す。

同 場所…〜所・〜場

使い方例
牧場＋個人＋経済＝**牧場経営**
牧場＋アルバイト＝**牧場のアルバイト**

ボクシング
ぼくしんぐ

両手でこぶしを作り、交互に前に出す。

解 ジャブをする様子を表す。

同 ジャブ・殴る・ボクササイズ

使い方例
ボクシング＋男＝**ボクサー**
ボクシング＋指文字の「ジ」「ム」＝**ボクシングジム**

ホクロ
ほくろ

人差し指でホクロのある場所に触れる。

参 ホクロがなければ、表したい場所に触れる。また、口形も「ホクロ」とする。「**エクボ**」は人差し指でエクボのできるところに触れ、「**アザ**」は、右手の親指と人差し指で輪を作り、アザのある場所にあてて表す。

使い方例
黒＋ホクロ＝**黒いホクロ**
足＋ホクロ＝**足のホクロ**
ホクロ＋取る＝**ホクロを取る**

ポケット
ぽけっと

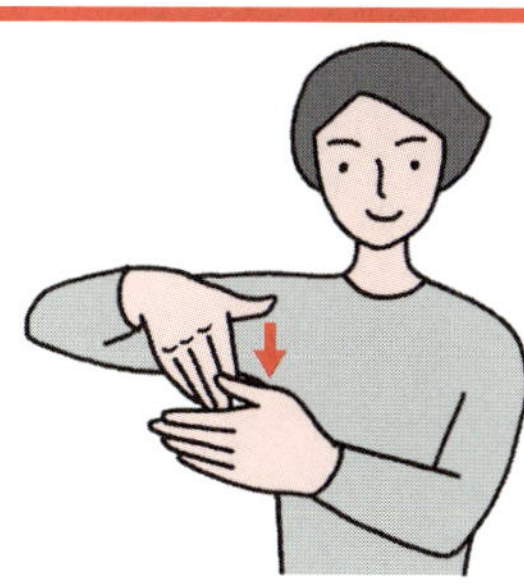

左手の内側に、右手の指先を下にして入れる。

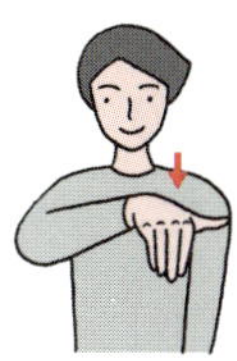

ほかの表現

解 ポケットに手を入れる様子から。

参 右手をズボンのポケットに入れるしぐさで表すこともできる。胸にあるポケットなら胸の位置で、お尻にあるポケットならお尻の位置で表現する。

使い方例
パンツ＋ポケット＝**パンツのポケット**
後ろ＋ポケット＝**後ろのポケット**

ぼける
ぼける

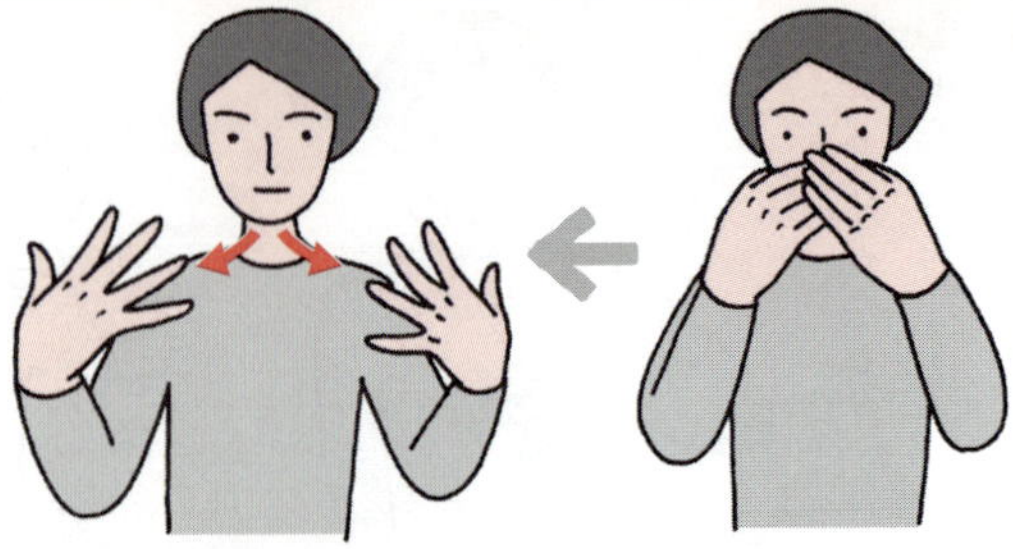

両手を重ねて目のあたりをおおうようにする。

両手を斜め下に引き下げる。

解 閉じていた手が開くことによって、「鈍くなる」ことを表している。

同 ボーッとする

使い方例
年をとる＋ぼける＝**老人ぼけ**
ぼける＋病気＝**認知症**

保険
ほけん

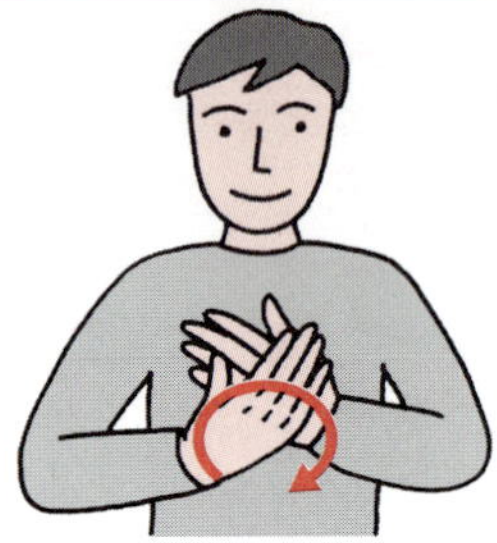

手のひらを手前に向けた左手の甲を、右手の手のひらでなでる。

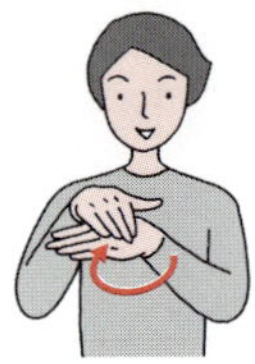

愛する

解 左手を右手でなでるのは、「大事にする」という意味から。

参 左の手のひらを下に向けて右手で同様になでると、「**愛する**」となる。

同 お大事に・表(おもて)・恵み

使い方例
介護＋保険＝**介護保険**
保険＋お金＝**保険金**
あなた＋体＋保険＝**お大事に**

ホコリ
ほこり

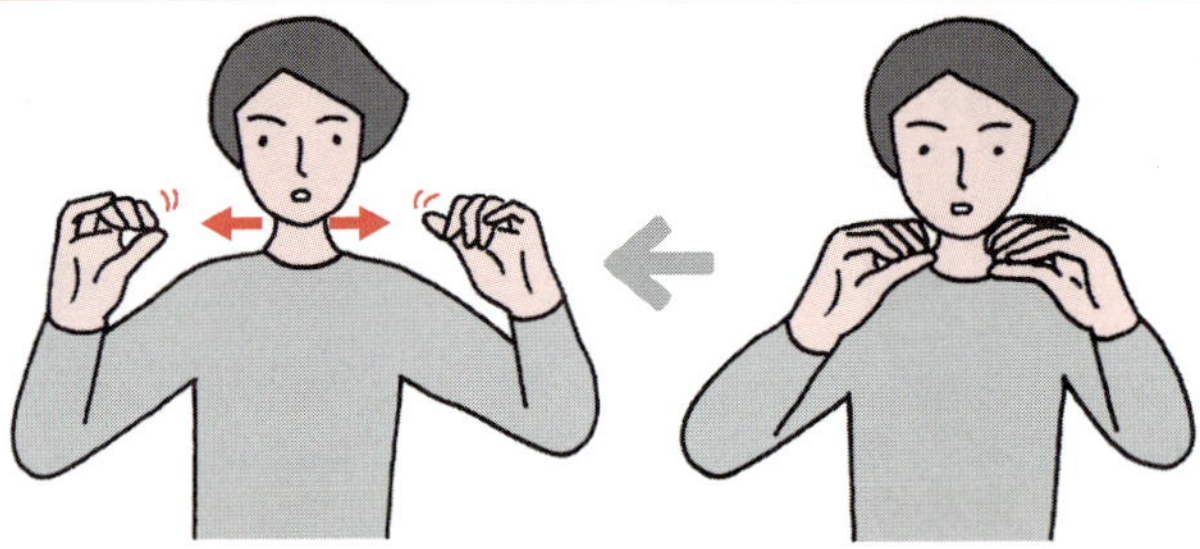

両手を左右におき、指先をくっつける。

指をこすり合わせながら、左右に開く。

解 土ボコリ、綿ボコリなど細かいゴミを表す。

使い方例
家＋ホコリ＝**ハウスダスト**
ホコリ＋多い＝**ホコリだらけ**
ホコリ＋取る＝**ホコリを取る**

星
ほし

右手の指先を軽くつけ、頭の上で開いたり閉じたりする。

太陽

解 星が光る様子を表す。

参 「**太陽**」は、右手の指をすぼめて頭の上におき、少し下げながらパッと開く。

使い方例
星＋指文字の「ザ」＝**星座**
北＋星＝**北極星**
星＋見る＝**星を見る**
星＋占い＝**星占い**

欲しい
ほしい

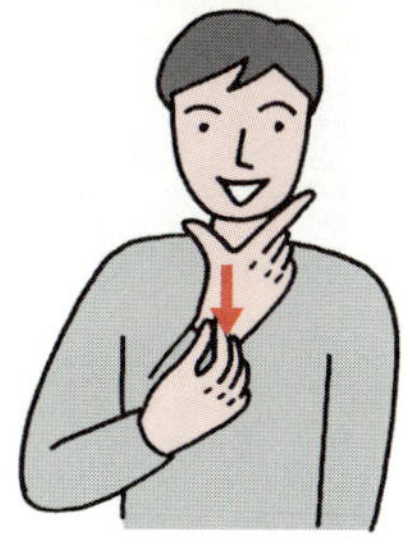

右手の親指と人差し指を伸ばしてのどにあてて、指を閉じて下げる。

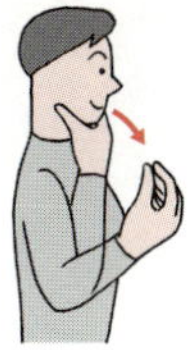

横から見たとき

参 親指と人差し指を開いてほおにあてて閉じると、「**もし**」の意味になる。また、同じ動作を2回繰り返すと「**好み**」。

同 希望・～したい・好き

使い方例
- 水＋欲しい＝**水が欲しい**
- 欲しい＋ない①＝**欲しくない**
- 恋人＋欲しい＝**恋人が欲しい**

ポスト
ぽすと

右手の人差し指と中指に左手の人差し指をつける。

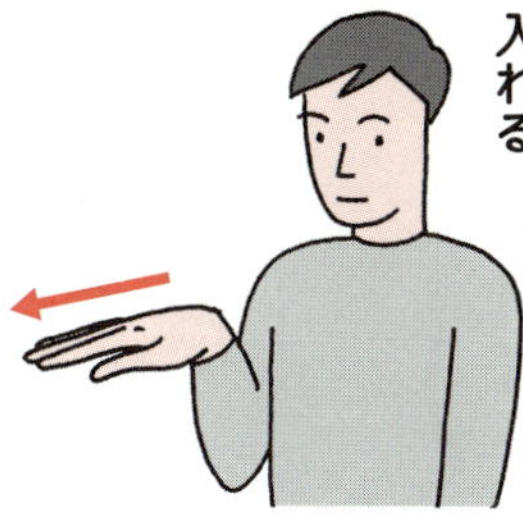

手のひらを下に向けた右手を前に出す。

解 ポストにはがきを入れる様子。

参 「赤＋郵便＋入れる」でも表現することができる。

同 郵便…手紙

使い方例
- コンビニ＋ポスト＝**コンビニのポスト**
- 恋＋郵便＝**ラブレター**
- 郵便＋番号＝**郵便番号**

細い
ほそい

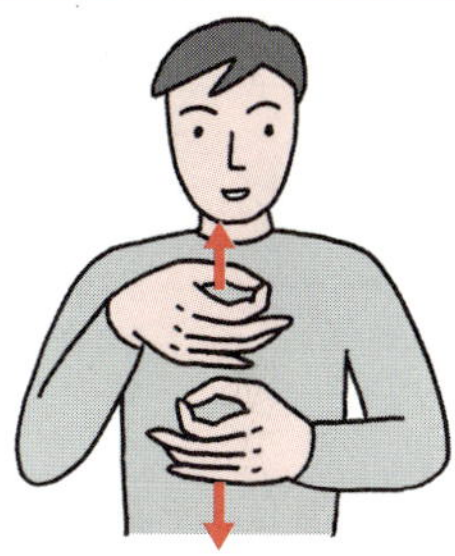

両手でそれぞれ筒の形を作って上下に並べ、上下に離す。

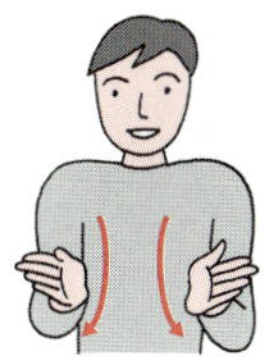

体が細い

解 細い様子から。

参 「**体が細い**」と表すときは、両手の手のひらでほっそりとしたウエストラインを描く「やせている」の手話単語を使う。

使い方例
- ペン＋細い＝**細いペン**
- パスタ＋細い＝**細いパスタ**
- 足＋細い＝**細い足**
- 細い＋長い＝**細長い**

ボタン
ぼたん

右手の親指と人差し指で輪を作って胸にあて、１段下げて再びあてる。

員

解 服についているボタンを表す。

参 胸の真ん中あたりに1回あてるだけでもよい。また、右手の輪を左胸にあてると、「**員**」となる。

同 服部(はっとり)

使い方例
- ボタン＋なくなる②＝**ボタンが取れてなくなってしまった**
- 第一＋ボタン＝**第一ボタン**
- 金＋ボタン＝**金ボタン**

補聴器

ほちょうき

横から見たとき

右手の人差し指を曲げて、右耳にかける。

解 補聴器を耳につけている様子を表す。

使い方例

補聴器＋なくなる②＝**補聴器がなくなる**

補聴器＋直す＝**補聴器の修理**

発疹

ほっしん

すぼめた両手を発疹がある部位に、ポツポツとおく。

解 顔に発疹がある様子を表す。

参 ここでは、顔ということで表現しているが、背中の発疹ならば、背中にポツポツとおくなど、発疹のある場所で表現する。

同 そばかす・できもの・ニキビ・はしか

使い方例

風邪＋発疹＝**風疹（ふうしん）**

汗＋発疹＝**あせも**

発疹＋止める＋薬＝**発疹の薬**

水＋発疹＝**水ぼうそう**

ホッとする

ほっとする

横から見たとき

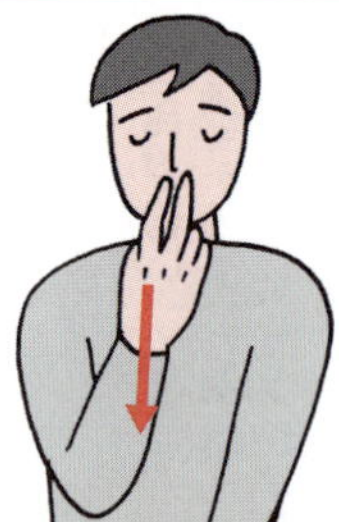

右手の人差し指と中指を、鼻のあたりから下げる。

解 ホッとため息をつく様子を表す。

参 人差し指と中指を下から鼻の穴に持っていくと、「**香り**」になる。

使い方例

試験＋終わる＋ホッとする＝**試験が終わってホッとする**

予約＋取る＋ホッとする＝**予約が取れてホッとする**

ホテル

ほてる

棚

右手の人差し指と中指を左手にあてながら、上げていく。

参 右手の指をそろえて上げると、「**棚**」になる。また、「**旅館**」は「寝る＋場所」で表す。

使い方例

仕事＋ホテル＝**ビジネスホテル**

素晴らしい＋ホテル＝**高級ホテル**

ほとんど

ほとんど

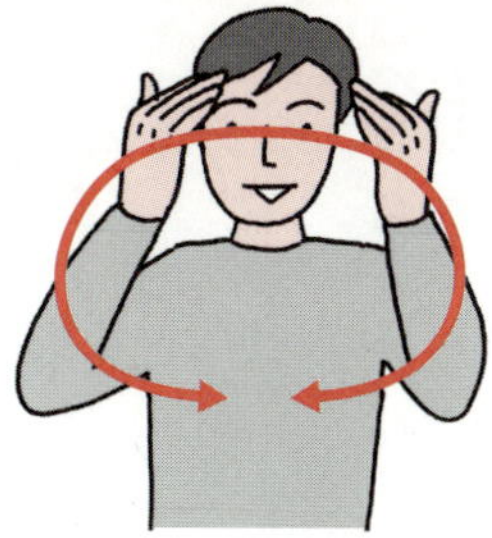

両手を合わせ、弧を描きながら下げて小指がつく手前で止める。

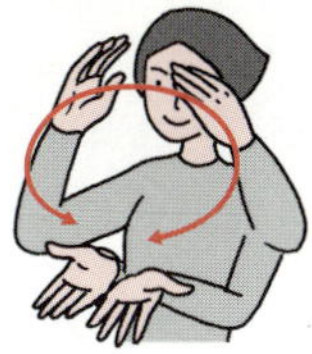

全部

参 小指を完全にくっつけて円を描くと、「**全部**」「**まったく**」になる。

同 およそ・だいたい・約

使い方例
ほとんど＋ない①＝**あまり〜ない**
ほとんど＋作る＋ない①＝**ほとんど作らない**

ほね

骨

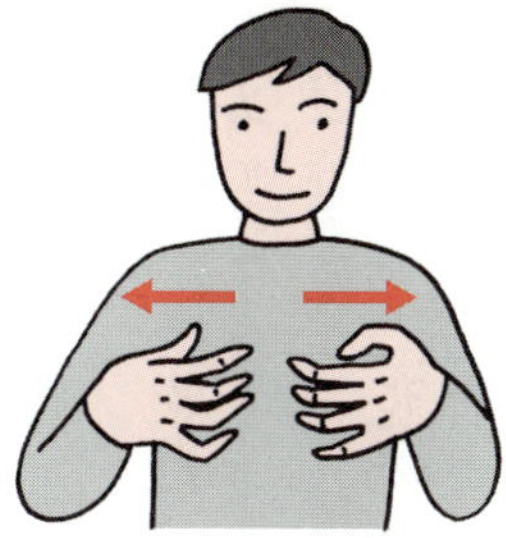

両手の指を軽く曲げて胸にあて、左右に引き離す。

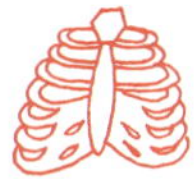

解 ろっ骨を表す。

同 理科

使い方例
骨＋一緒＋指文字の「カ」「ル」「ビ」＝**骨つきカルビ**
魚＋骨＝**魚の骨**

ほほえむ

ほほえむ

両手の指を軽く曲げ、口元で広げたり狭めたりする。

同 笑顔

使い方例
指文字「も」「な」「り」「ざ」＋ほほえむ＝**モナリザの微笑**
ほほえむ＋証拠＝**スマイルマーク**

ほめる

ほめる

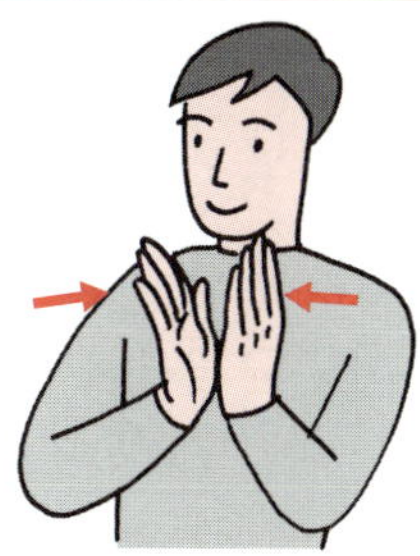

両手で拍手をする。

拍手

参 ろう者の拍手は、両手を上げて手をヒラヒラと振る。

反 右手の親指を立てて前に出すと、「**叱る**」となる。

同 拍手

使い方例
試験＋合格＋よい＋ほめる＝**試験に合格してよかったとほめる**
ほめる＋与える＝**ごほうび**

ほらふき
ほらふき

軽く指を伸ばした右手を口元におき、円を描く。

解 べらべらとしゃべりたてていたり、言いふらしていたりする様子を表す。

使い方例
ほらふき＋大＝**大ぼらふき**
ほらふき（手を大きく回す）＝**大風呂敷を広げる**

ボランティア
ぼらんてぃあ

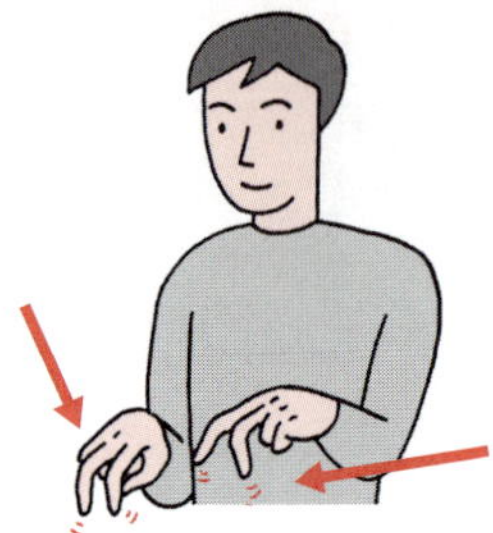

両手の人差し指と中指を動かしながら前に出して、寄せる。

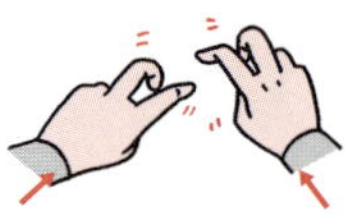

上から見たとき

解 2本の指を足に見立て、少しずつ歩み寄る様子を表す。

参 左右から寄せるのではなく、両手を同時に少しずつ前進させる表現もある。

同 歩み寄る

使い方例
ボランティア＋頭＋神＝**ボランティア精神**
ボランティア＋通訳＝**通訳のボランティア**

本
ほん

両手の手のひらを合わせ、左右に開く。

解 本を開く様子を表す。

参 2回開くと「**雑誌**」「**ノート**」「**手帳**」「**カタログ**」になる。

同 メニュー

使い方例
本＋読む＝**読書**
本＋建物＝**図書館**
専門＋本＝**専門書**
十字＋本＝**聖書**

本当
ほんとう

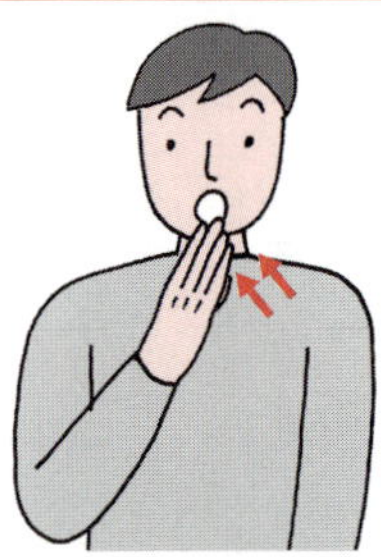

右手の人差し指の側面で、あごをトントンと2回たたく。

横から見たとき

参 「えっ、本当?」と、驚きを表現するときにも使う。

反 「**うそ**」は、右手の人差し指でほおを2回つつく。

同 事実・実際・真実・確かに・本物

使い方例
本当＋心＝**本心**
本当＋お金＝**現金**
本当＋場所＝**本場**
本当＋話す＝**実話**

本物
ほんもの

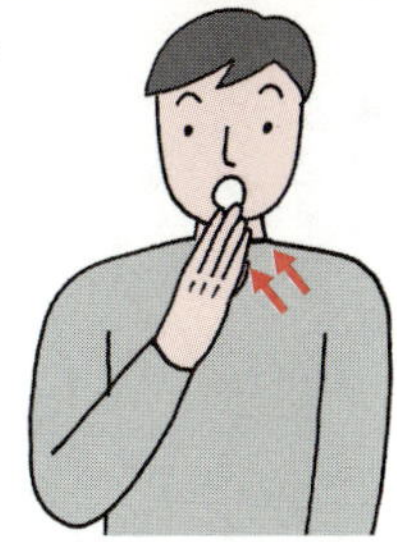

右手の人差し指の側面で、あごをトントンと2回たたく。

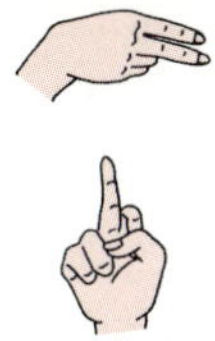

偽物

反 指文字の「ニ」と「セ」を順に表すと、「**偽物(にせもの)**」。

同 事実・実際・真実・確かに・本当

使い方例
本物＋まっすぐ＝**本物志向**
本物＋ダイヤモンド＝**本物のダイヤモンド**
本物＋場所＋料理＝**本場料理**

本屋
ほんや

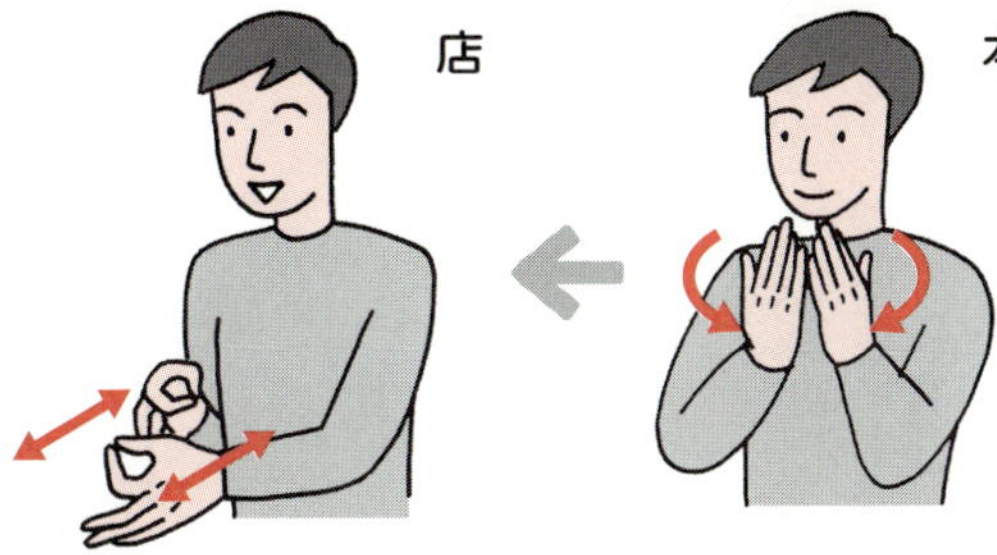

両手の手のひらを合わせ、左右に開く。

親指と人差し指で作った輪を交互に前後に動かす。

解 本…本を開く様子を表す。店…お金が流通する様子を表す。

同 店…商売・売買・販売

使い方例
古い＋本屋＝**古本屋**
インターネット＋本屋＝**インターネットの本屋**

ま

自分から見た形

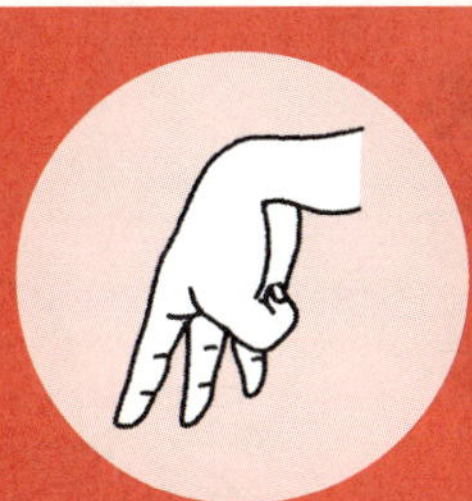

相手から見た形

「m」の形になる。

マージャン
まーじゃん

親指と人差し指を曲げて左右から何かを押さえるようにし、前に返す。

解 並べたマージャンパイを「ロン」と言ってひっくり返す様子を表す。

使い方例
徹夜＋マージャン＝**徹夜マージャン**
趣味＋マージャン＝**趣味はマージャンです**

まあまあ
まあまあ

親指と人差し指で鼻をつまむようにして、手首を2回ひねる。

解 鼻の皮をむく様子を表す。

参 手首を1回ひねるだけだと「**まし**」となる。

使い方例
まあまあ＋同じ?＝**まあまあでしょう?**
まあまあ＋よい＝**まあまあいい**

マイク
まいく

右手のこぶしを口元に持ってくる。

解 マイクを持つ様子を表す。

参 マイクを左右に動かすと、「**カラオケ**」になる。

使い方例
マイク＋男(女)＝**アナウンサー**
ニュース＋マイク＝**ニュースキャスター**

迷子
まいご

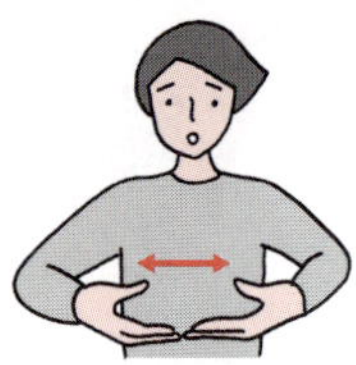

迷う

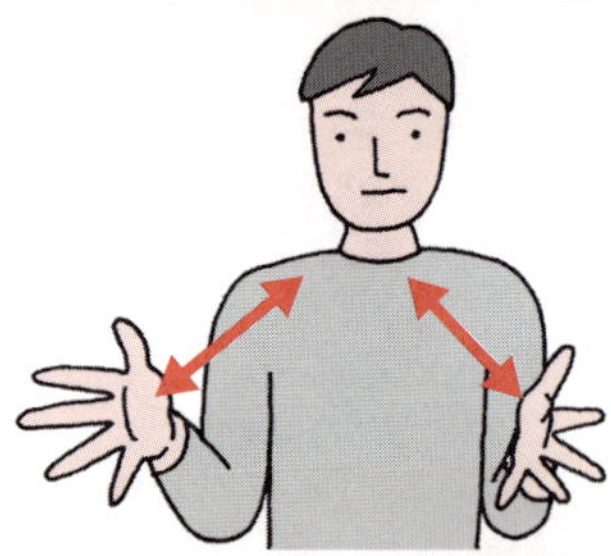

両手の指を開いて体の前で向かい合わせ、交互に前後させる。

解 道に迷ってオロオロしている様子を表す。

参 「**迷う**」は、両手の胸のあたりで左右に動かす。

使い方例
迷子＋建物＝**迷子センター**
通り＋迷子＝**通りで迷子になる**

毎週
まいしゅう

片手で表現したとき

両手の親指と人差し指、中指を伸ばして並べ、前方へ2回回す。

解 親指と人差し指、中指を伸ばした形は指文字の「7」を表す。回すことで、1週間が繰り返し来ることを意味する。

参 片手でも表現できる。

使い方例
毎週＋土曜日＝**毎週土曜日**
毎週＋月曜日＝**毎週月曜日**

毎月

まいつき

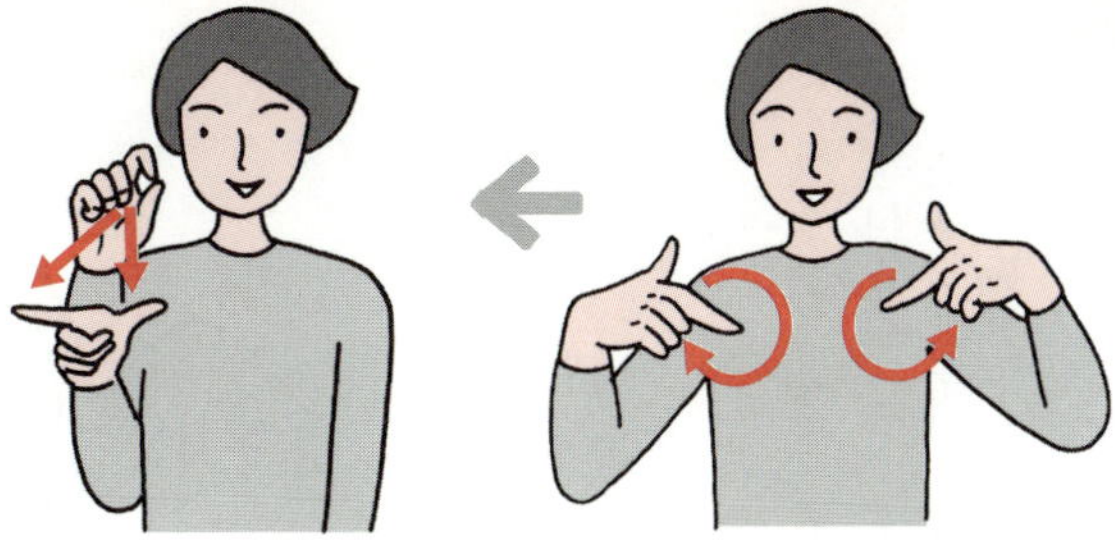

親指と人差し指を伸ばした両手を、前に回す。

親指と人差し指をつけて、離しながら下ろす。

参 「**毎日**」は、最初の動きで、2回前に出す。

使い方例

毎月＋1＋外＋食べる＝**毎月一度は外食する**

毎月＋必ず＝**毎月必ず**

毎年

まいとし

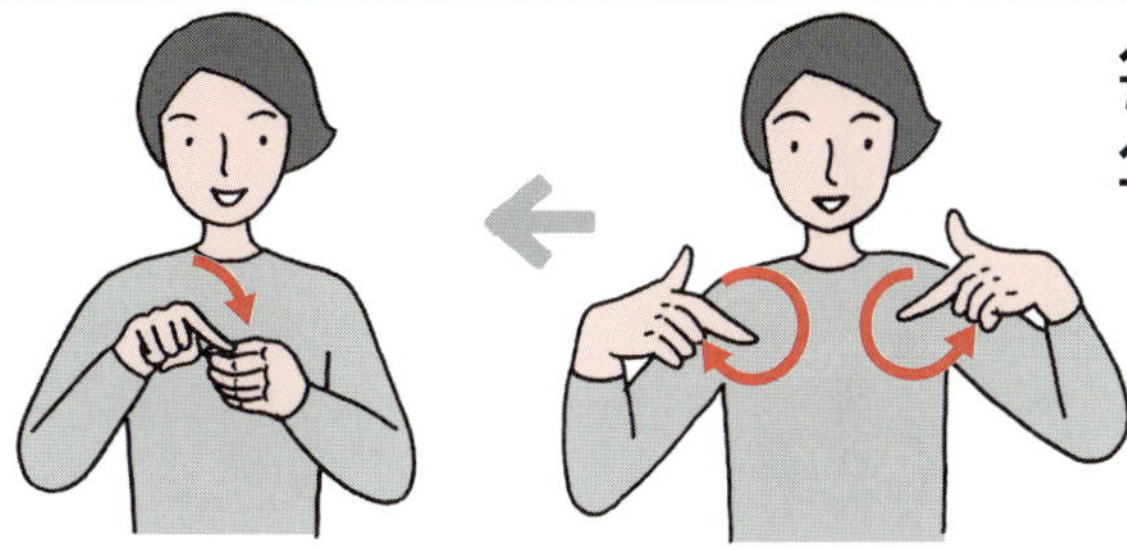

親指と人差し指を伸ばした両手を、前に回す。

左手を丸めて筒形にし、右手の人差し指をあてる。

参 「**毎日**」は、最初の動きで、2回前に出す。

使い方例

毎年＋誕生日＋プレゼント＝**毎年誕生日にはプレゼントをあげる**

毎年＋春＝**毎春**

マイナス

まいなす

右手の人差し指を横に伸ばして、右に引く。

プラス

解 マイナスの記号を表す。

反 「**プラス**」は両手で「＋」を作って表す。

同 引き算・引く(計算のとき)

使い方例

マイナス＋考える＋方法＝**マイナス思考**

マイナス＋指文字の「イ」「オ」「ン」＝**マイナスイオン**

毎日

まいにち

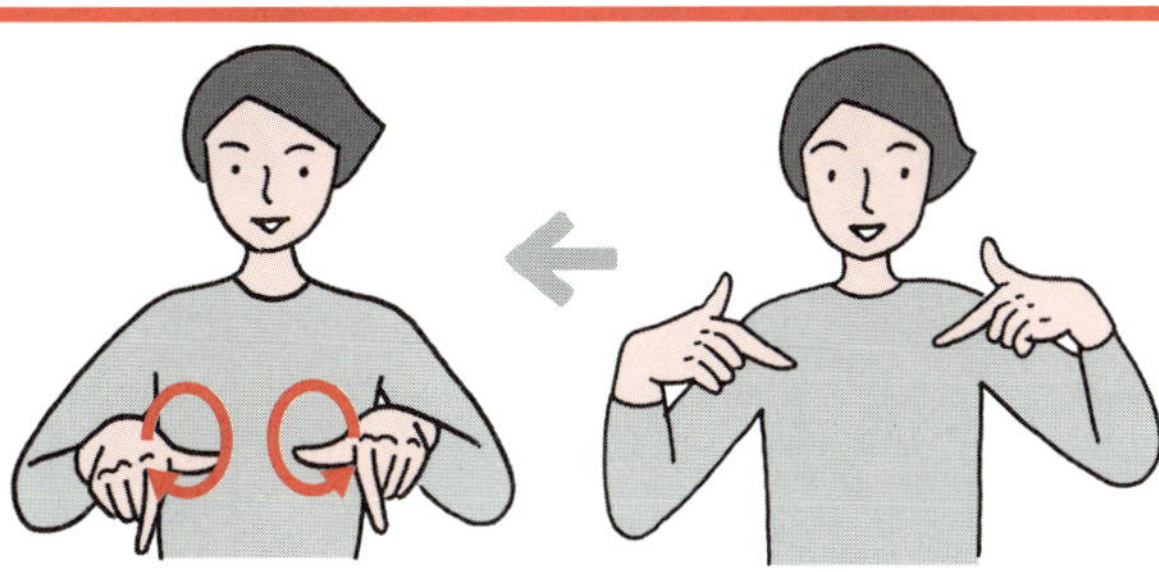

両手の親指と人差し指を伸ばして、向かい合わせる。

手前から前方へ、2回手首を回す。

同 いつも・常に・日常・普段

使い方例

毎日＋忙しい＝**毎日忙しい**

毎日＋新聞＝**毎日新聞**

毎日＋する＝**毎日行う**

まうす
マウス

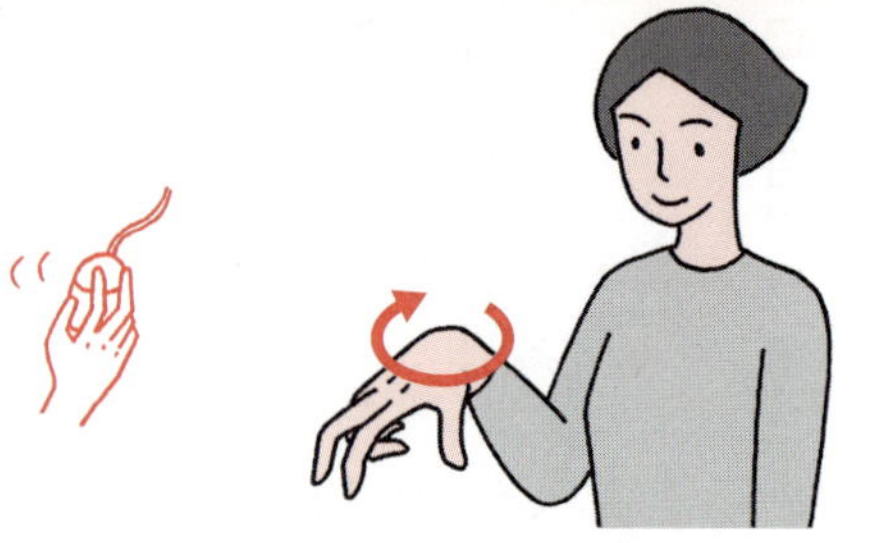

右手の手のひらを下に向けて軽くわん曲させ、回す。

解 マウスを動かす様子を表す。

参 両手をわん曲させて、手首をひねるようにしてグッと前に出すと、「**動物**」となる。

使い方例

マウス＋壊れる＝**マウスが故障する**

機械＋マウス＝**CAD（コンピュータを利用した設計・製図）**

まえ
前

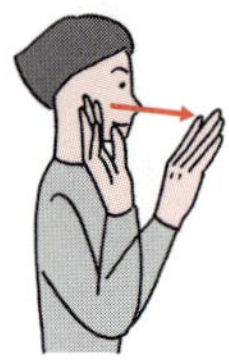

横から見たとき

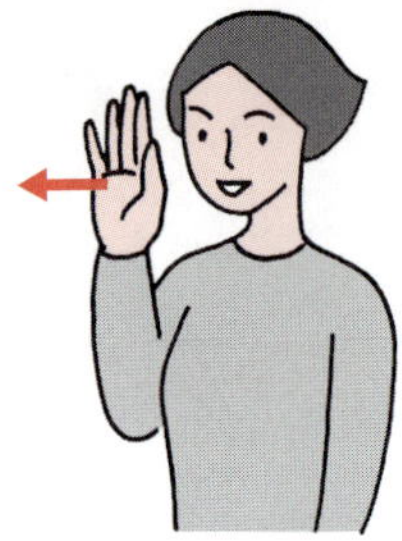

右手の手のひらを前方に向け、前に出す。

解 前方であることを意味する。

参 2回前に出すと、「**（性格的に）前向き**」「**今度**」という意味になる。

使い方例

前＋田＝**前田**

駅＋前＝**駅前**

前（2回出す）＋考える＝**前向きに考える**

（～する）まえ
（～する）前

前から見たとき

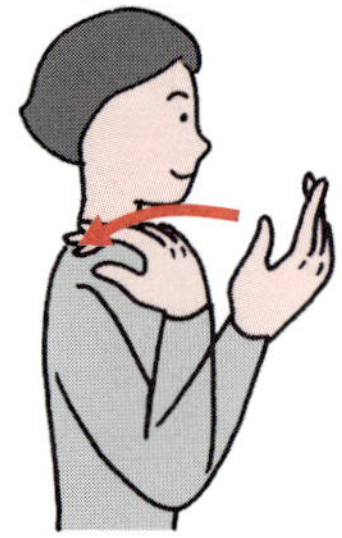

右手の甲を前に向け、肩より後ろに倒す。

解 肩の位置が「現在」を表し、それより以前であることを意味する。

参 「3日前」「1週間前」などのときにも使える。

同 以前・前に・もう

使い方例

（～する）前＋売る＋券＝**前売りチケット**

（～する）前＋終わる＝**すでに**

まかせる
任せる

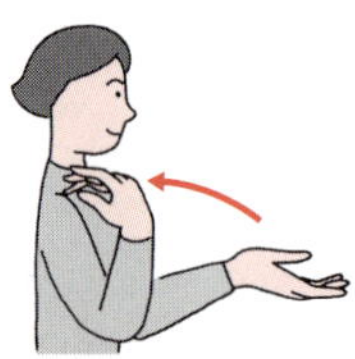

任される

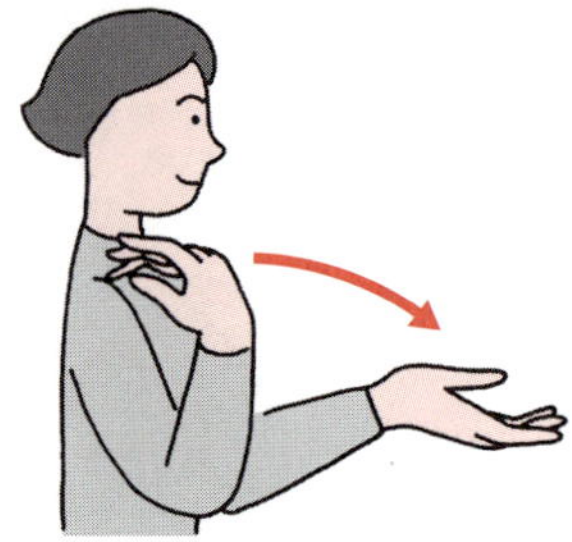

軽く指を曲げた右手を右肩にあててから、前に出す。

解 右手を肩にのせるのは「責任」の意味。

反 右手を前から持ってきて肩にトンとのせると、「**任される**」となる。

使い方例

あなた＋任せる＝**あなたに任せる**

仕事＋任せる＝**仕事を任せる**

占い＋任せる＝**運任せ**

曲がる
まがる

右手の指をそろえて前、左へと曲げる。

参 右に曲がるときは右方向に、左に曲がるときは左方向に曲げる。

使い方例
曲がる＋場所＝**曲がったところです**
へそ（右の人差し指でへそを指す）＋曲がる＝**へそ曲がり**

枕
まくら

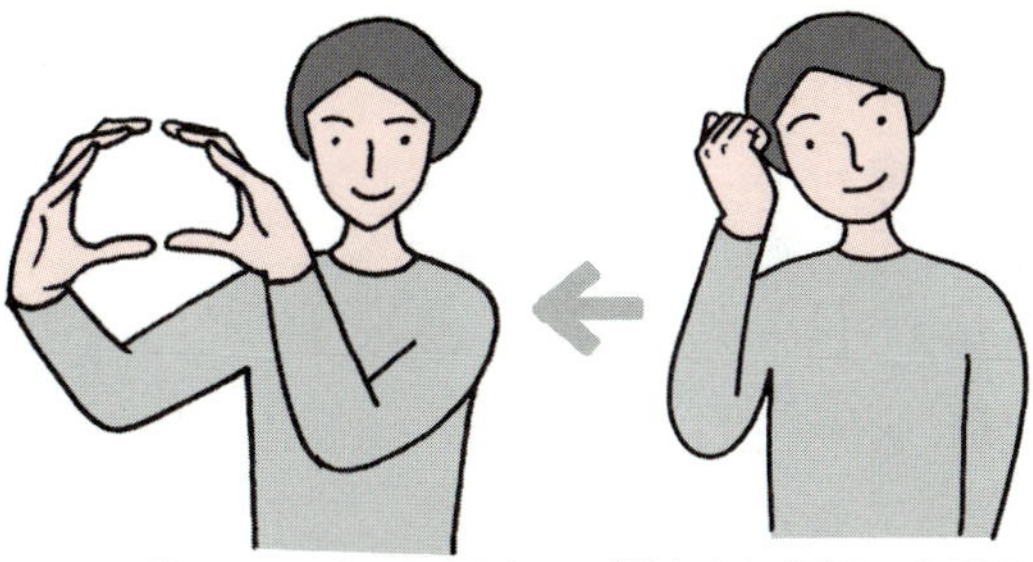

頭を右に傾け、右手のこぶしをこめかみにあてる。

頭の横で、両手で四角形を作る。

参 最初の動きを省いてもよい。

使い方例
枕＋買う＝**枕を買う**
枕＋やわらかい＝**やわらかい枕**

負ける
まける

両手の手のひらを自分に向ける。

両手の指を手前に倒す。

参 右手の手のひらで鼻を隠す表現もある。

同 敗れる

使い方例
戦争＋負ける＝**戦争に負ける**
勝ち＋負ける＝**勝ち負け**
負ける＋残念＝**負けて残念**

孫
まご

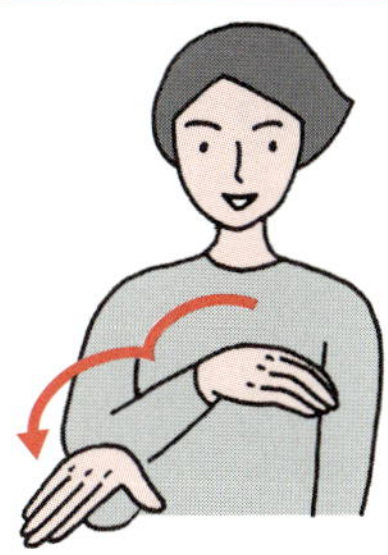

右手で小さな弧を２つ描いて少し下に移動させる。

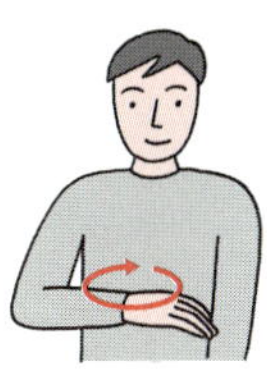

子ども

解 「子どもの子ども」という意味から。

参 「**子ども**」は、右手を水平に回して表現する。

使い方例
指文字の「ヒ」＋孫＝**ひ孫**
孫＋生まれる＝**孫が生まれる**

まじめ

まじめ

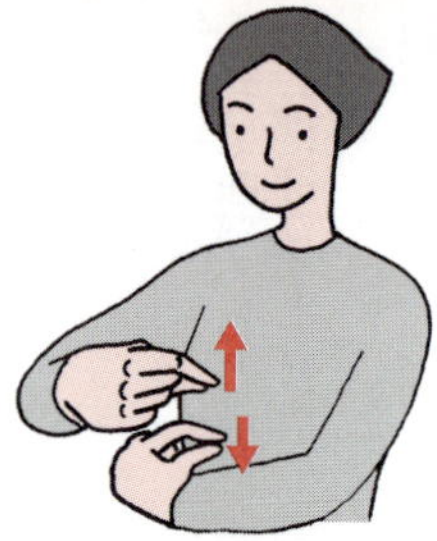

何かをつまむ形にした両手を胸に上下におき、少し引き離す。

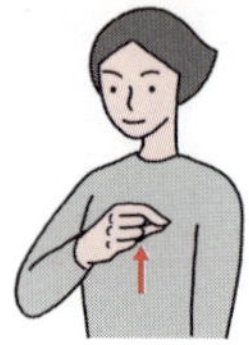

片手でも表せる

解 気持ちがまっすぐであることを表す。

参 片手だけでも表現できる。

反 胸の前で、両手の輪を高さを違えて左右におき、右手は左に、左手は右に引くと、「**不正**」となる。

同 正直・素直・正しい

使い方例
まじめ＋一生懸命＝**真剣**
子ども＋まじめ＝**まじめな子**
規則＋まじめ＋生活＝**規則正しい生活**

ます

増す

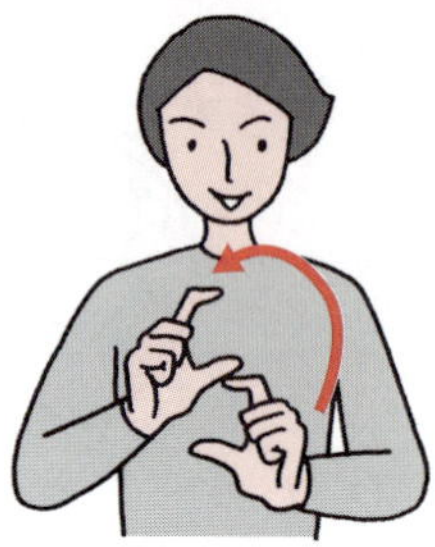

両手の親指と人差し指を軽く曲げて上下におき、下の手を上に持ってくる。

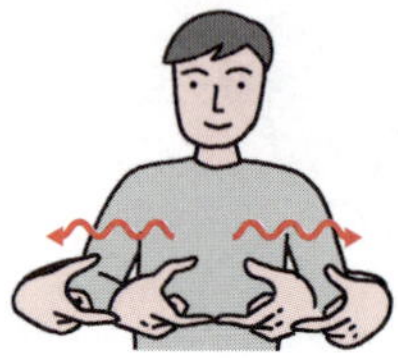

増える

参 両手の親指と人差し指を向かい合わせ、ねじって左右に離す「**増える**」でも表現できる。

同 さらに・追加・倍・ますます・もっと・利息

使い方例
だます＋増す＝**水増し**
増す＋増える＝**ますます増える**

まず

まず

右手の人差し指を伸ばし、左胸のあたりにトンとあてる。

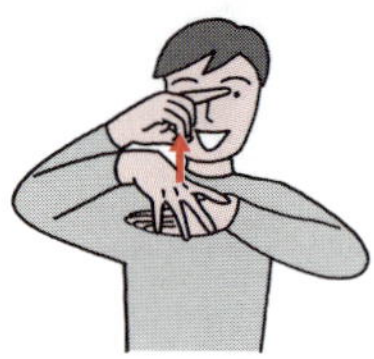

初めて

参 同じ形で肩に2回あてると、「**キャプテン**」となる。また、「**初めて**」は、左手の上に右手をのせて、上げながら人差し指を伸ばす。

同 先に

使い方例
まず＋帰る＝**お先に失礼します**
まず＋宿題＋あなた＝**まず宿題をしなさい**

まずい

まずい

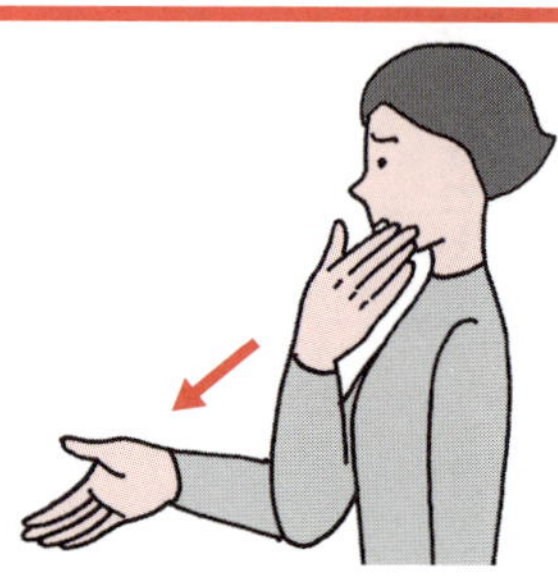

右手の指の腹をあごにあててから、下ろす。

おいしい

反 右手をほおにあてて、軽く2～3回たたくと、「**おいしい**」になる。

同 不幸・不便

使い方例
食べる＋まずい＝**食事がまずい**
バレる＋まずい＝**バレたらまずい**

マスク（ますく）

両手とも親指と人差し指を合わせる。

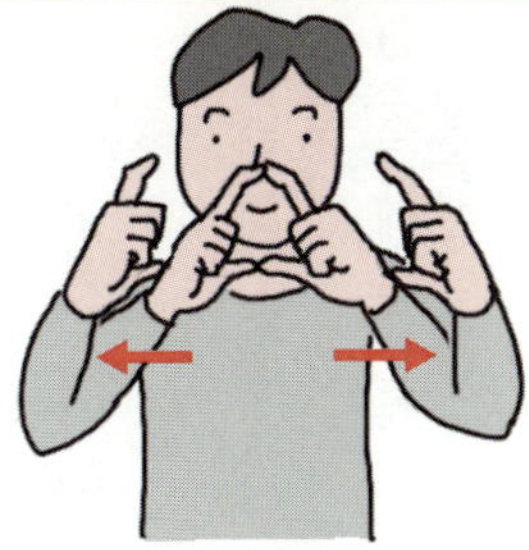

両手の親指と人差し指をわん曲させて指先を合わせ、口の前でかまえ、横に引く。

解 マスクの形と位置を表す。

使い方例
マスク＋インフルエンザ＋防ぐ＝**インフルエンザ予防のためにマスクをつける**
子ども＋専門＋マスク＝**子ども用マスク**

マスコミ（ますこみ）

横から見たとき

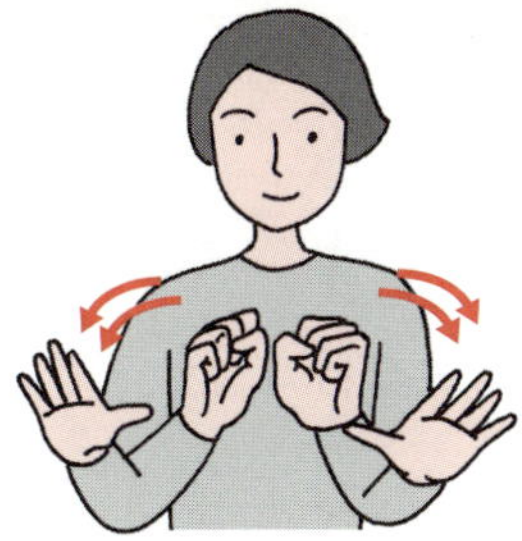

握った両手を前に2回、パッパッと開く。

参 軽く握った両手をパッと指を開きながら上げると、「**お祝い**」になる。

同 広告・宣伝・放送

使い方例
新聞＋マスコミ＝**新聞広告**
マスコミ＋関係＋仕事＝**マスコミ業界**

混ぜる（まぜる）

あいまい

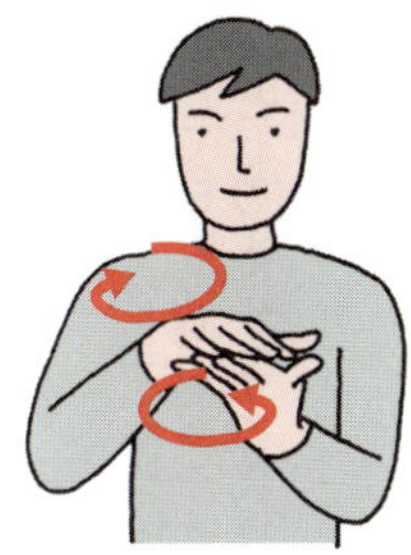

両手の手のひらを合わせ、互い違いに回す。

解 異なるものを一緒にする様子を表す。

参 両手の手のひらを合わせずに、間をあけて同様に動かすと、「**あいまい**」「**淡い**」。

同 あえ物・あえる・ごちゃごちゃ・ミックス

使い方例
混ぜる＋ジュース＝**ミックスジュース**
白＋黒＋混ぜる＝**白と黒を混ぜる**

また（また）

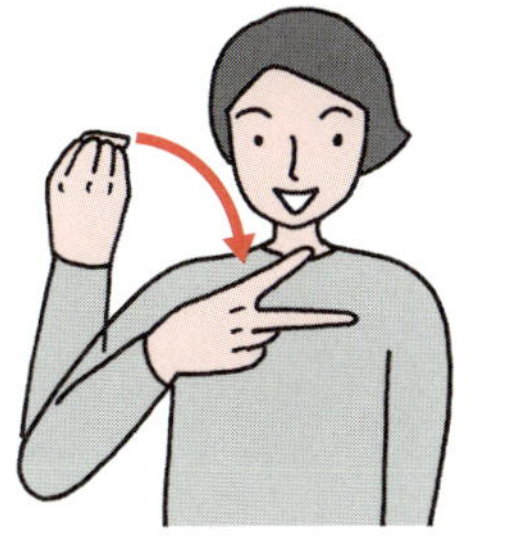

右手でこぶしを作って、人差し指と中指を伸ばしながら左に倒す。

解 「再び」の意味から、2本の指を出す。

同 再度・再び・またね

使い方例
また＋結婚＝**再婚**
また＋会う＝**また会いましょう**
また＋明日＝**また明日**

まだ

まだ

右手の指先を左手に向けて、上下に２回振る。

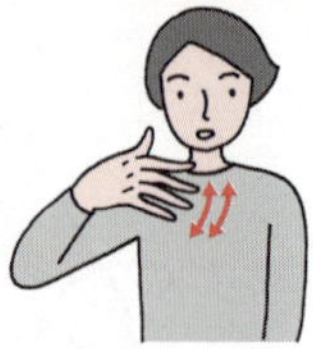

片手で表現するとき

参 片手だけで表現することもできる。

解 左手は到達点を表し、そこまで至らないという意味から。

使い方例
結婚＋まだ＝**未婚**
決める＋まだ＝**未定**
終わる＋まだ＝**まだ終わらない**

まち

町

屋根の形にした両手の手首を左右逆にひねり、手の位置を変えながら、右へ動かす。

解 家がたくさんある様子を表す。

参 指先を1回合わせただけだと、「**家**」となる。

同 街並み

使い方例
下＋町＝**下町**
指文字の「ト」＋町＝**都会**
温泉＋町＝**温泉街**
城＋町＝**城下町**

まちがえる

間違える

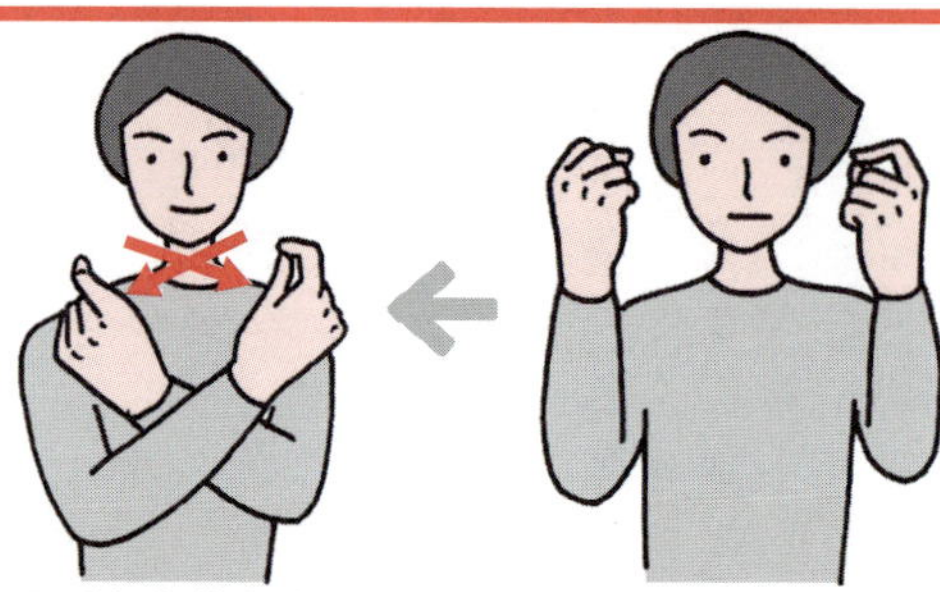

両手の甲を前に向け、親指と人差し指をつける。

両手を交差させる。

参 右手の人差し指と中指を伸ばして目の位置におき、すり合わせるようにする表現もある。

同 誤り・誤解・錯覚

使い方例
想像＋間違える＋わたし＝**わたしの思い違いだった**
間違える＋言葉＝**不適切な言葉**

まちまち

まちまち

両手を体の横にかまえ、両手とも交互に親指と人差し指をつけたり離したりしながら、右に動かす。

使い方例
意見＋まちまち＝**それぞれの意見**
好き＋まちまち＝**好みいろいろ**
形＋まちまち＝**形がまちまちだ**

まつ

待つ

右手の親指以外の４本の指を折って、あごの下にあてる。

解 首を長くして待つ様子から。

同 待機

使い方例
待つ＋会う＝**待ち合わせ**
恋人＋待つ＝**恋人を待つ**
楽しい＋待つ＝**期待**
待つ＋楽しい＝**お楽しみに**

まつげ

まつげ

両手の手のひらを下向きにして目の前におく。

前に出しながら、両手の手のひらを返す。

解 まつげの場所・形を表す。

使い方例
まつげ（少しおおげさに前に出す）＝**まつげが長い**
まつげ＋（まつげをつける動作）＝**つけまつげ**

まっさーじ

マッサージ

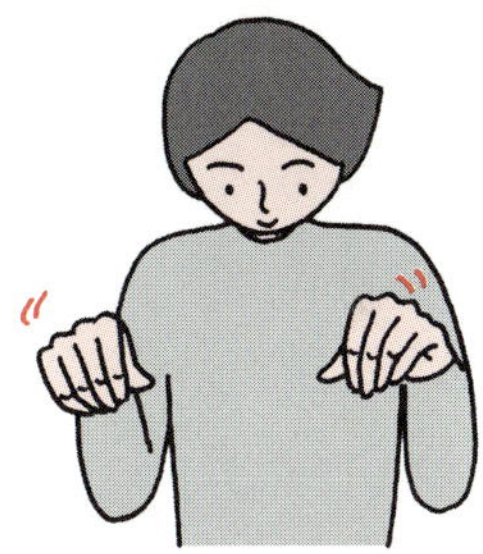

両手の指を下向きにして、親指とほかの指でもむようにする。

解 マッサージする様子を表す。

同 エステ

使い方例
足＋マッサージ＝**フットマッサージ**
油＋マッサージ＝**オイルマッサージ**

まっすぐ

まっすぐ

右手を体と垂直におき、まっすぐ前に出す。

解 まっすぐ前に進む様子を表す。

同 一方・直接

使い方例
まっすぐ＋行く＝**直行する**
トイレ＋まっすぐ＋場所＝**まっすぐ行ったところがトイレ**

まったく

まったく

両手を合わせ、円を描いて小指側をくっつける。

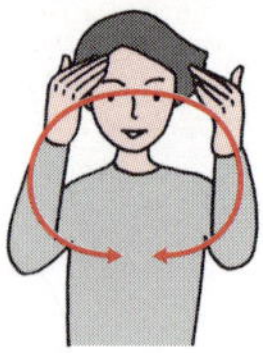

ほとんど

参 小指側をくっつけないと、「**ほとんど**」になる。

同 完全・完璧・すべて・全体・全部

使い方例

まったく＋わからない＝**まったくわからない**

まったく＋主＋指文字の「ギ」＝**完璧主義**

まっち

マッチ

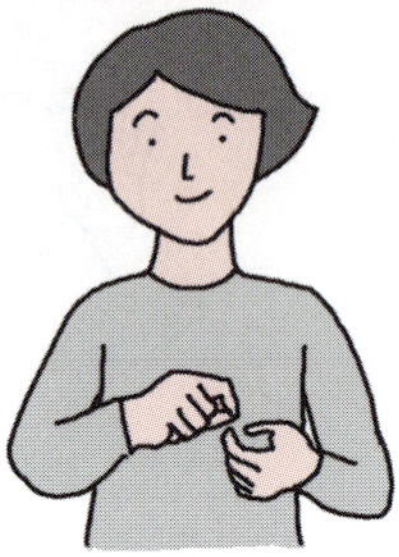

左手は軽く握り、上に向け、右手は親指と人差し指を合わせ、左手の横におく。

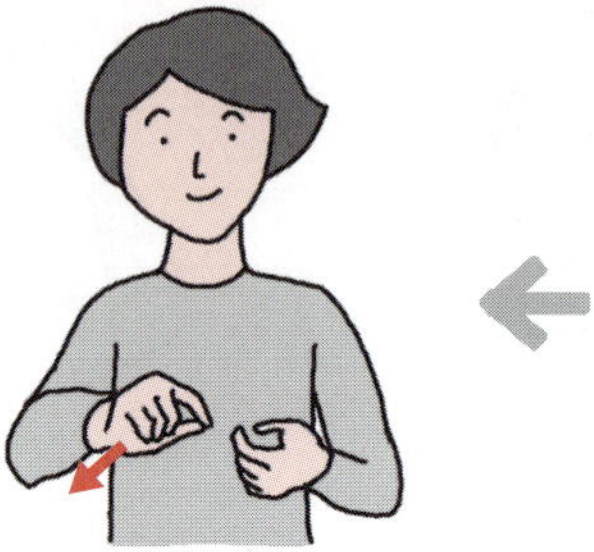

右手のみ、パッと前に出す。

解 マッチを擦っている様子を表す。

使い方例

マッチ＋売る＋女＋子ども＝**マッチ売りの少女**

マッチ＋火＝**マッチで火をつける**

マッチ＋火＋悪い＋男＝**放火魔**

まつり

祭り

両手で太い棒を持つようにして、かつぐしぐさをする。

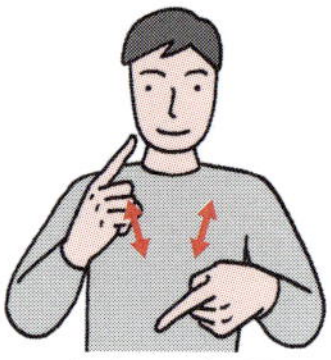

ほかの表現

解 みこしをかつぐ様子から。

参 両手の人差し指をバチに見立てて、太鼓をたたくしぐさで表現することもある。

同 みこし

使い方例

夏＋祭り＝**夏祭り**

秋＋祭り＝**秋祭り**

7月7日＋祭り＝**七夕祭り**

雪＋祭り＝**雪祭り**

～まで

～まで

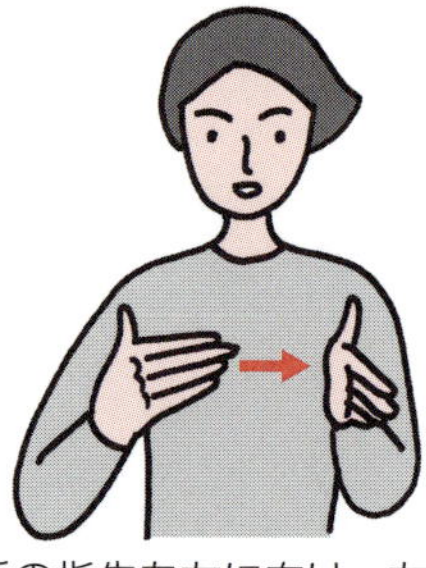

右手の指先を左に向け、左の手のひらまで動かして、くっつける。

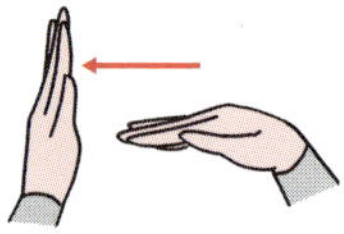

上から見たとき

解 左手が終点で、終点に右手をつける様子を表す。

参 手のひらまで動かさず、途中で下げると、「**途中**」になる。

使い方例

明日＋～まで＝**明日まで**

時間＋5＋～まで＋仕事＝**5時まで仕事をする**

～まで＋電車＝**終電**

まど

窓

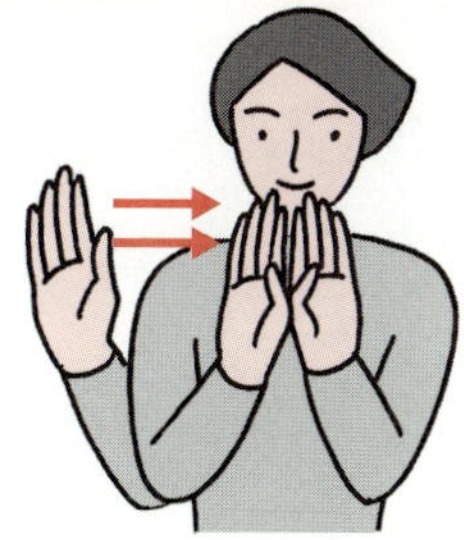

両手を並べ、右手を２回左手にぶつける。

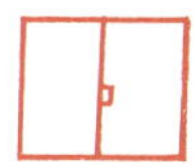

解 窓を開け閉めする様子を表す。

参 右手を右に動かすだけだと「**窓を開ける**」、右手を右から左に動かすと「**窓を閉める**」となる。

使い方例

小さい＋窓＝**小窓**
窓＋ガラス＝**窓ガラス**
車＋窓＝**車窓**
窓＋外＝**窓の外**

まとめる

まとめる

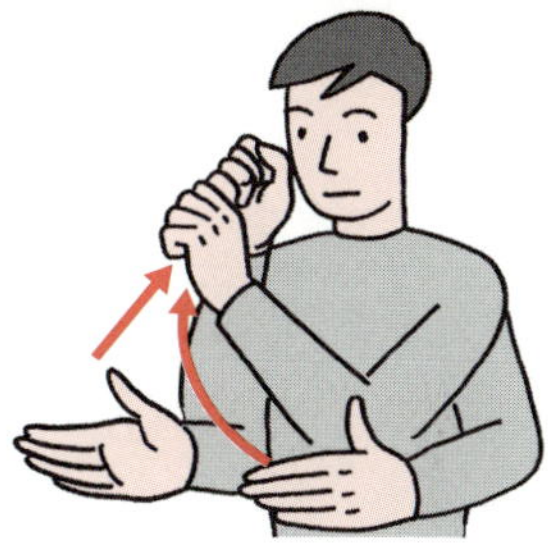

両手を並べて左右から寄せ、こぶしを作りながら中央で上げる。

解 両手で何かをつかんでひとまとめにする様子を表す。

同 総合・つまり・統一・統計・要するに

使い方例

まとめる＋指文字の「ム」＝**総務**
まとめる＋計算＝**総計**
まとめる＋紹介＝**総合案内**

まにあ

マニア

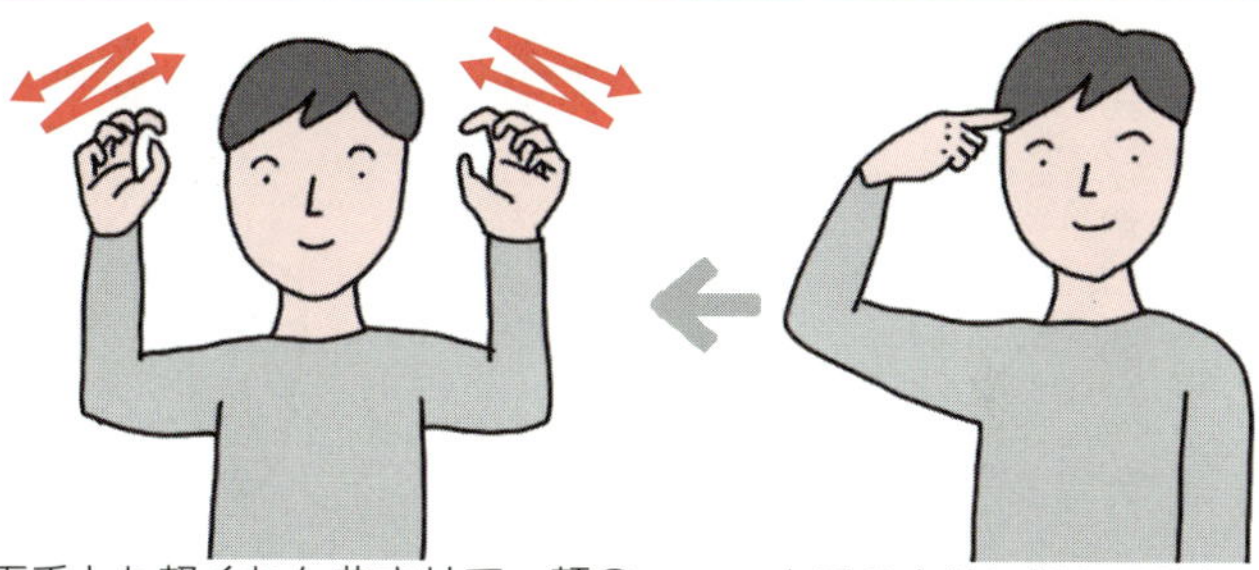

右手の人差し指をこめかみにあてる。

両手とも軽くわん曲させて、顔の横にかまえ、交互に左右に動かす。

同 ～狂・目がない

使い方例

車＋マニア＝**車マニア**
切手＋マニア＝**切手マニア**
ケーキ＋マニア＝**ケーキには目がない**

まにあわない

間に合わない

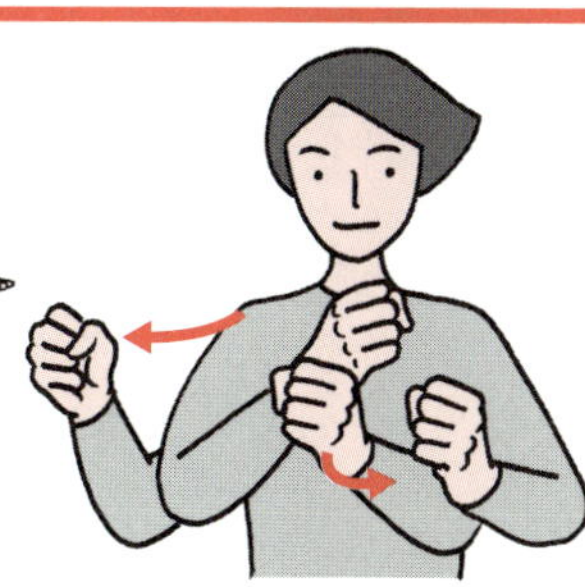

両手を握って交差させ、こぶしをぶつけて、左右に引き離す。

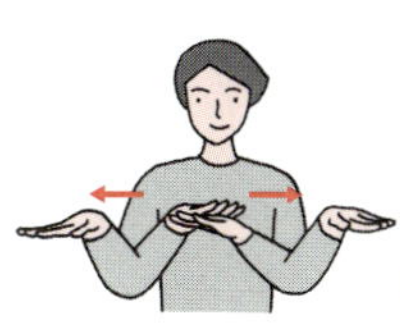

間に合う

参 日本語と同じ使い方のほか、「～できない」というような使い方もある。

反 両手を開いて「セーフ！」という動きをすると、「**間に合う**」。

使い方例

バス＋間に合わない＝**バスに間に合わない**
覚える＋間に合わない＝**覚えられない**

まにきゅあ

マニキュア

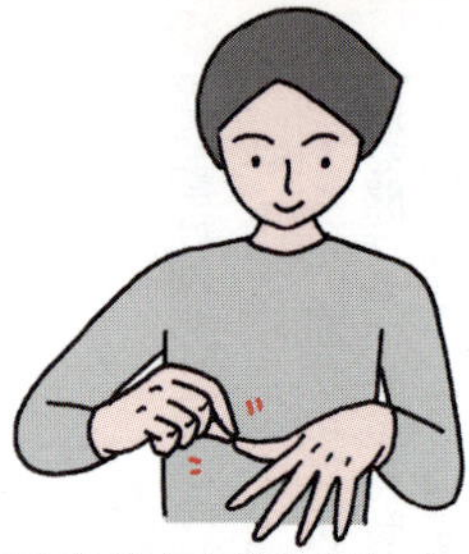

右手の親指と人差し指をくっつけて、左手の爪に順につけていく。

解 爪にマニキュアを塗る様子を表す。

使い方例

赤＋マニキュア＝**赤いマニキュア**

足＋マニキュア＝**ペディキュア**

まにゅある

マニュアル

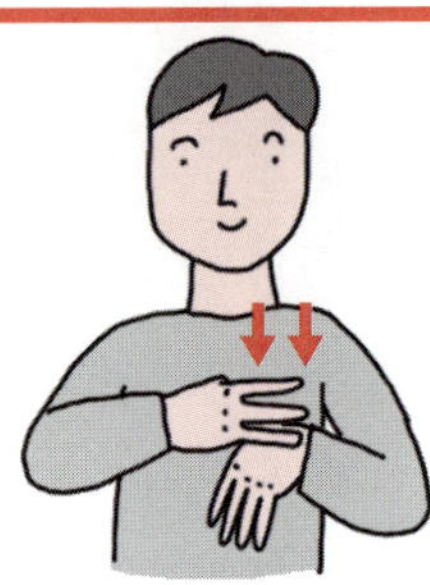

人差し指、中指、薬指を伸ばした右手を、左手の甲に2回あてる。

解 右手は「ま」の指文字。

使い方例

政治＋計画＋マニュアル＝**政策マニュアル**

マニュアル＋車＝**マニュアル車**

パソコン＋マニュアル＋本＝**パソコンのマニュアル本**

まねく

招く

立てた左手の親指に向かって、右手で「おいでおいで」するように動かす。

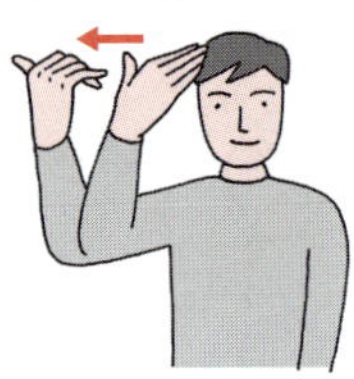

招かれる

反 自分に向かっておいでおいでをすると、「**招かれる**」「**誘われる**」という受け身の表現になる。

同 誘う・招待・呼ぶ

使い方例

パーティー＋招く＝**パーティーに招く**

招く＋四角＝**招待状**

まねる

まねる

右手を開いて顔の前におく。

手首をねじって指先をくっつけ、ひたいにあてる。

解 対象となる相手の特徴を頭に取り込む様子から。

同 物まね

使い方例

アナウンサー＋まねる＝**アナウンサーをまねる**

まねる＋上手＝**物まねがうまい**

まぶしい

まぶしい

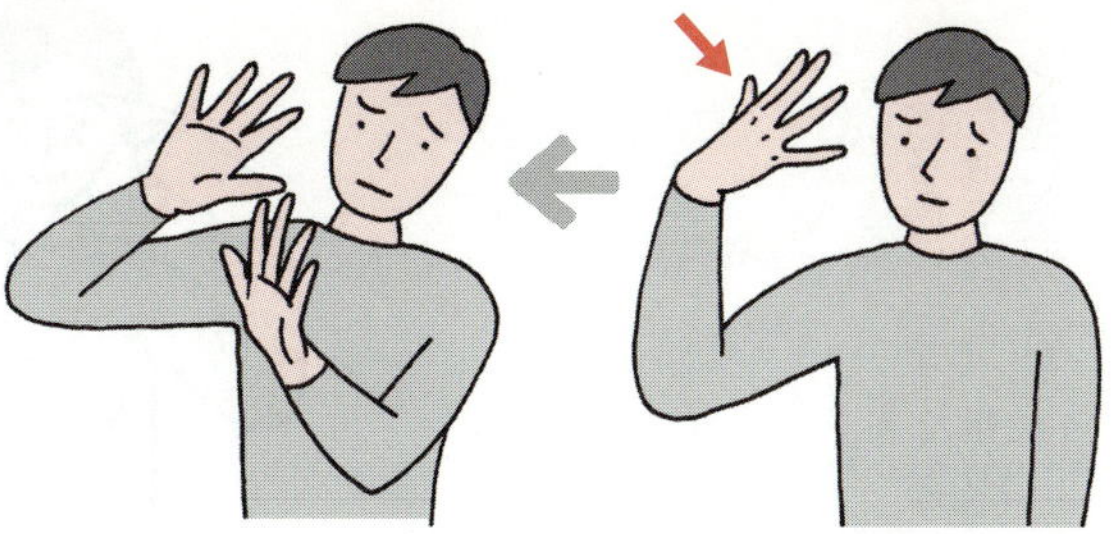

頭の上で右手をパッと開く。

両手を前に向けて光をさえぎるしぐさをする。

解 上からあたる光がまぶしい様子から。

使い方例
太陽＋まぶしい＝**太陽がまぶしい**
明かり＋まぶしい＝**明かりがまぶしい**

豆

まめ

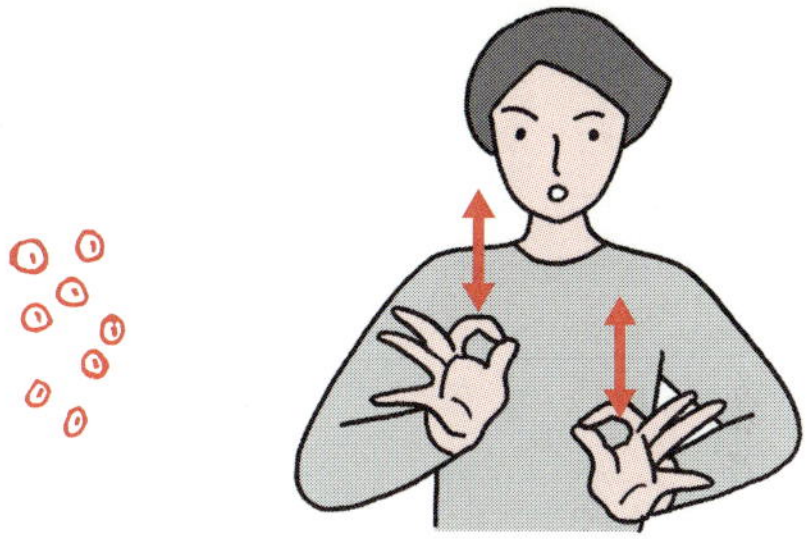

両手の親指と人差し指の輪を、交互に小さく上下に動かす。

参 右手だけで輪を作って軽く振ると、「**お金**」になる。また、両手の輪をポンポンと空間におくと、「**水玉**」になる。

同 小豆（あずき）・大豆

使い方例
コーヒー＋豆＝**コーヒー豆**
黒＋豆＝**黒豆**
豆＋（投げるしぐさ）＝**豆まき**

間もなく

まもなく

両手の手のひらを向かい合わせて前後に並べる。

右手を左手に少しずつ近づける。

解 両手の幅を狭めることで、近づくことを意味する。

参 実際には左手も少し前に動く。

同 いよいよ・迫る・近づく

使い方例
クリスマス＋間もなく＝**いよいよクリスマス**
犬＋間もなく＝**犬が近づく**

守る

まもる

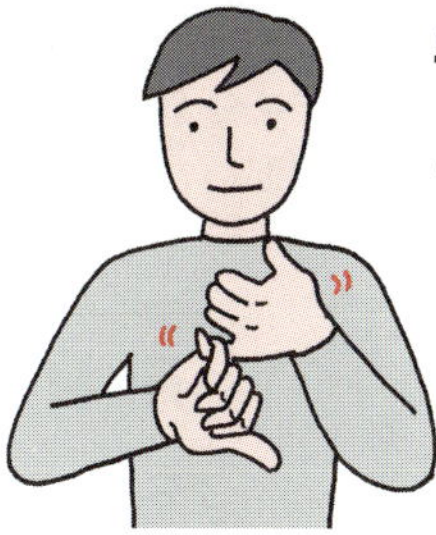

両手の小指を伸ばして上下におき、からめて軽く振る。

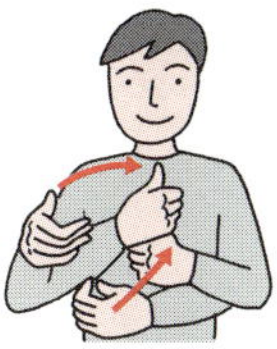

気をつける

解 「約束を守る」という意味。「身を守る」などのときには使えない。

参 軽く開いた両手を胸の前で上下におき、握りながら手前に引き寄せる「**気をつける**」で表すこともできる。

同 必ず・きっと・約束・予約

使い方例
ルール＋守る＝**ルールを守る**
法律＋守る＝**法律を守る**
時間②＋守る＝**時間を守る**

眉 まゆ

右手の人差し指で、自分の眉（まゆ）に触れる。

参 体の各部は、右手の人差し指、または手のひらで自分の体の各部に触れて表す。

使い方例
眉＋黒＝**黒い眉**
眉＋色＝**眉の色**

迷う まよう

両手の手のひらを上にして並べ、同時に左右に揺らす。

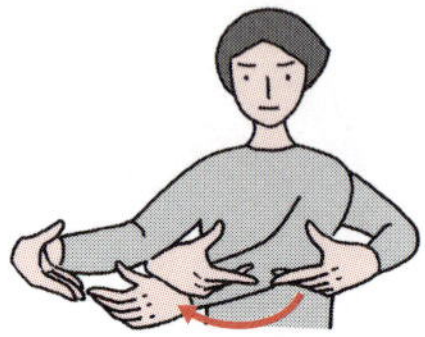

不倫

解 気持ちがあちこちへ動く様子を表す。

参 左右に揺らすのではなく、右へ移動させるだけだと「**不倫**」「**浮気**」になる。

使い方例
心＋迷う＝**心が迷う**
心＋迷う＋悩む＝**葛藤（かっとう）**

マヨネーズ まよねーず

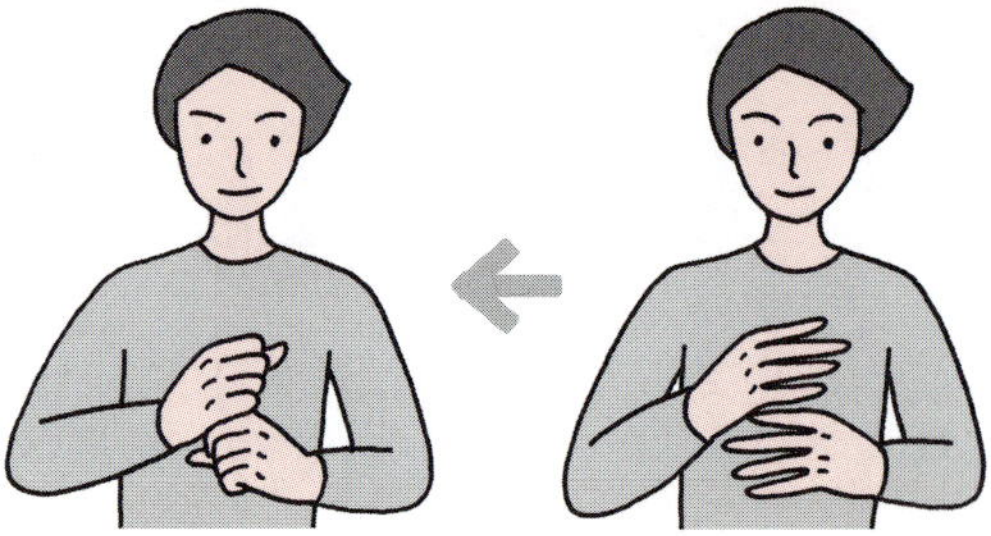

両手を軽くわん曲させて上下におく。

同時にすぼめて、マヨネーズを絞り出すようにする。

解 マヨネーズを絞り出す様子を表す。

同 チューブを絞る

使い方例
トマト＋マヨネーズ＝**トマトケチャップ**
手＋作る＋マヨネーズ＝**手作りマヨネーズ**

丸 まる

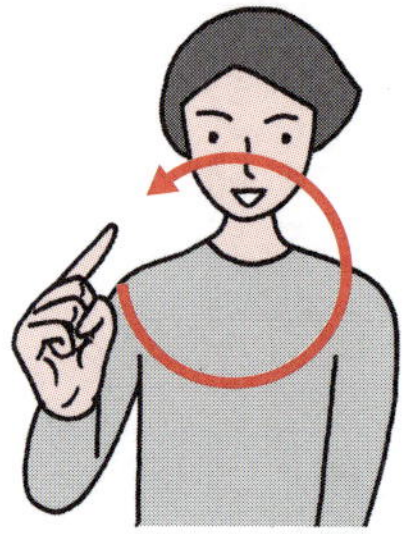

右手の人差し指を伸ばして、円を描く。

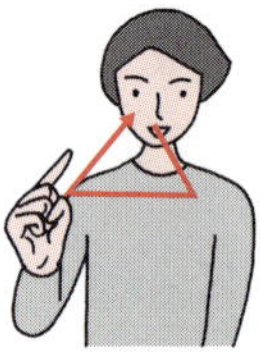

三角

参 「**四角**」や「**三角**」なども、人差し指でそれぞれの形を描いて表す。

使い方例
丸＋また＋バツ＋書く＋お願い①＝**丸かバツをつけてください**
鏡＋丸＝**丸い鏡**

万
まん

右手の手のひらを前に向け、５本の指先をくっつける。

参 右手の人差し指を伸ばして下に振ると、「**1千**」になる。

使い方例
1＋万＝**1万**
万＋ペン＝**万年筆**
万＋一＝**万一**
万＋建物＝**マンション**

万一
まんいち

右手の手のひらを前に向け、５本の指先をくっつける。

右手の人差し指を横に伸ばす。

解 漢字の「万」と「一」で表す。

使い方例
万一＋(～の)とき＝**万一のとき**
万一＋気をつける＝**万一に備える**

満員
まんいん

両手の４本の指の背を合わせて、水平に回す。

解 人が押し合って混み合っている様子を表す。

参 両手の背を合わせて交互に上下に動かすと、「**気持ち悪い**」となる。

同 混む

使い方例
電車＋満員＝**満員電車**
売買＋建物＋満員＝**デパートが混む**
満員＋席＝**満席**

マンガ
まんが

両手でこぶしを作り、小指側でお腹のあたりを同時に２～３回たたく。

両手の手のひらを合わせ、左右に開く。

参 「**アニメ**」は、右手の指を開いて手のひらを左に向け、前に2～3回回す。

使い方例
古い＋マンガ＝**古いマンガ**
少年＋マンガ＝**少年マガジン**

まんじゅう
まんじゅう

軽く曲げた両手の手のひらを向かい合わせ、丸めるように回す。

解 まんじゅうを丸める様子を表す。

参 指を伸ばし、手のひらを重ねて回すと、「**混ぜる**」となる。

同 埼玉・丸める・餅

使い方例
温泉＋まんじゅう＝**温泉まんじゅう**
大＋まんじゅう＝**大丸**

マンション
まんしょん

右手の手のひらを前に向け、5本の指先をくっつける。

両手の手のひらを向かい合わせ、上げてから中央に寄せて合わせる。

参 「マンション」の口型をつける。指文字の「マ」を2回下げる表現もある。

使い方例
借りる＋マンション＝**賃貸マンション**
マンション＋買う＝**マンションを買う**

満席
まんせき

両手の４本の指の背を合わせて、水平に回す。

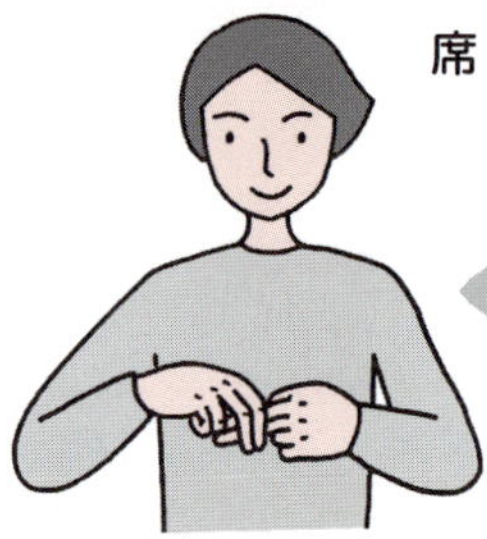

左の人差し指と中指に、右の人差し指と中指をのせる。

参 「席＋満員」としてもよい。

同 満員…混む
席…椅子・出席する・座る・乗り物・乗る

使い方例
映画＋満席＝**映画館は満席**
レストラン＋満席＝**レストランは満席**

満足
まんぞく

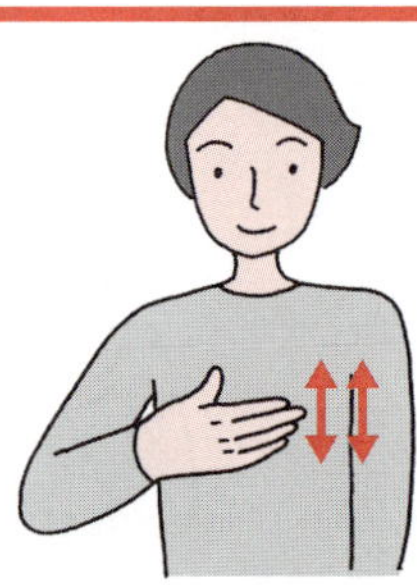

右手の手のひらを胸にあてて、2～3回上下させる。

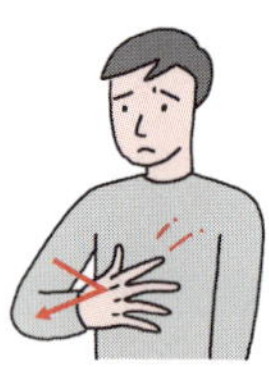

不満

反 手のひらを胸にトンとあててから前に出すと、「**不満**」になる。

同 気分がよい

使い方例
晴れ＋満足＝**天気がよくて気持ちがいい**
満足＋～できる＝**満足できる**

まんぷく
満腹

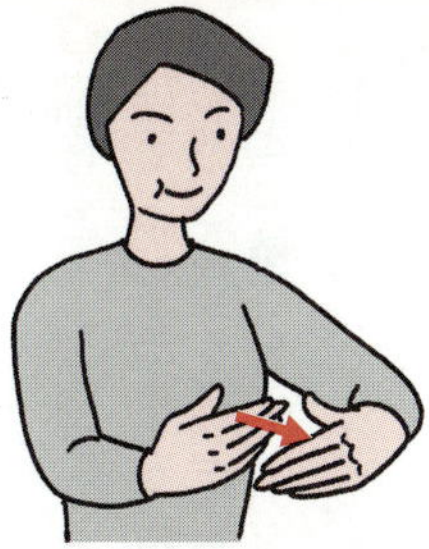

お腹につけた右手を前に出し、右手の甲を左手の手のひらにあてる。

解 お腹がいっぱいでふくらんでいる様子を表す。

参 右手を胸にあてて上下させる「**満足**」で表してもよい。

反 右手の手のひらをお腹にあてて下に滑らせると、「**空腹**」になる。

使い方例
今＋満腹＝**今は満腹です**
満腹＋苦しい＝**お腹がいっぱいで苦しい**

み

自分から見た形

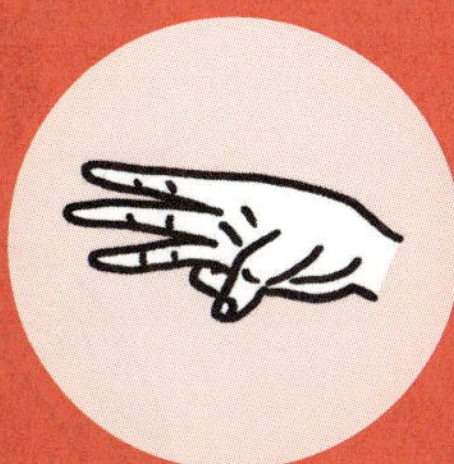

相手から見た形

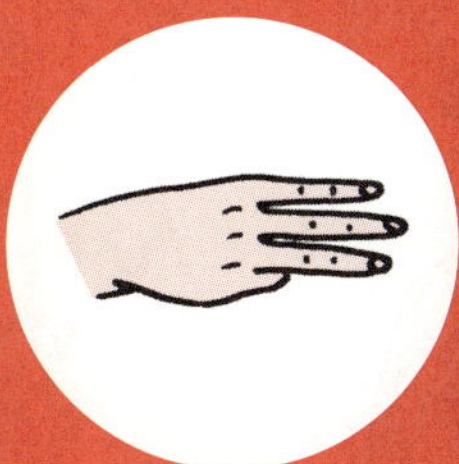

「三」と同じ。

みあい
見合い

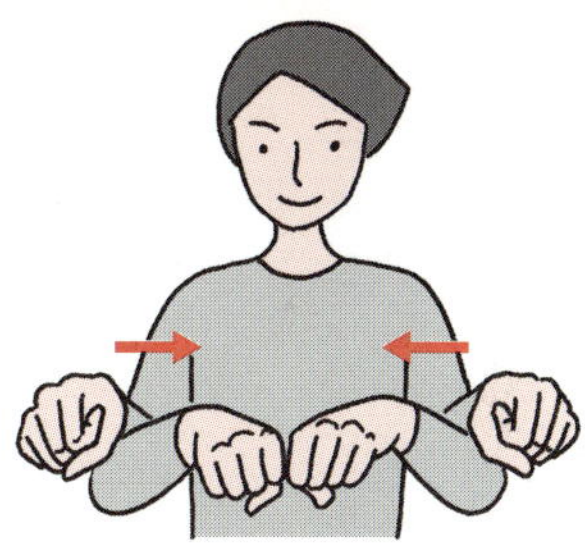

手のひらを下に向けた両手でこぶしを作り、左右から寄せる。

解 人と人を取り持つ様子を表す。

参 こぶしの代わりに、人差し指を伸ばした両手を左右から寄せると、「**一緒**」になる。

同 つなぐ・仲人

使い方例
見合い＋責任＝**仲人役**
見合い＋結婚＝**見合い結婚**

みえ
見栄

手のひらを手前に向けた左手の甲に、指を曲げた右手の甲をつける。

横から見たとき

解 右手の形は、指文字の「エ」。

同 派手

使い方例
見栄＋プレゼント＝**見栄でプレゼントをする**
見栄＋車＝**派手な車**
うそ＋見栄＝**見えすいたうそ**

味方（みかた）

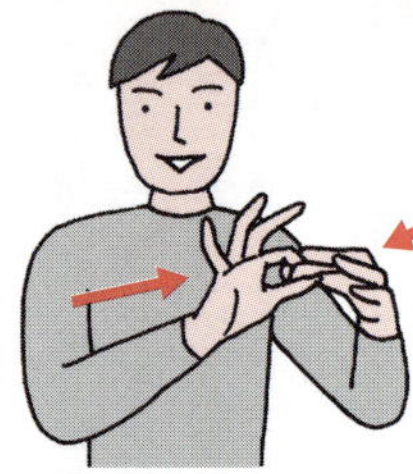

前後から両手の輪をつなげる。

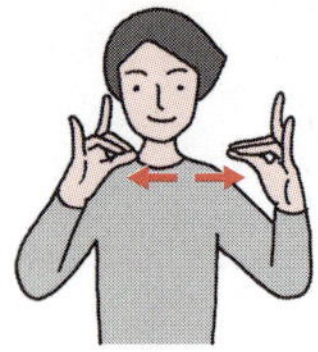

敵

解 輪をからめることで、「結びつく」となり、味方を意味する。

参 「助ける」でも表現できる。

反 両手の親指と中指、薬指を合わせて、両手を左右に引き離すと、「**敵**」となる。

同 縁組み・コンビ・つながる

使い方例
味方＋増える＝**味方が増える**
敵＋味方＝**敵味方**
養子＋味方＝**養子縁組**

みかん（みかん）

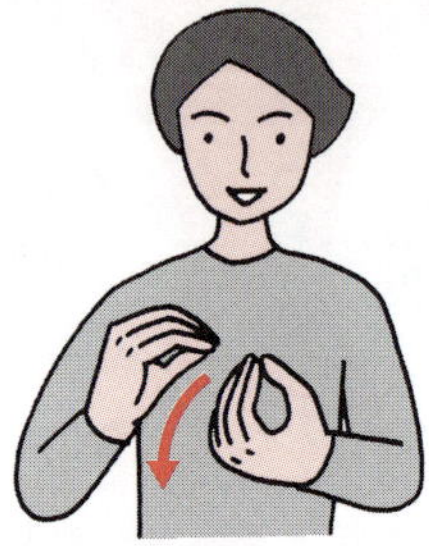

左手の指をすぼめ、右手で皮をむく動作をする。

解 左手をみかんに見立て、右手で皮をむく様子を表す。

参 上の方から皮を長くむくようにすると、「**バナナ**」になる。

使い方例
夏＋みかん＝**夏みかん**
みかん＋ジュース＝**みかんジュース**

右（みぎ）

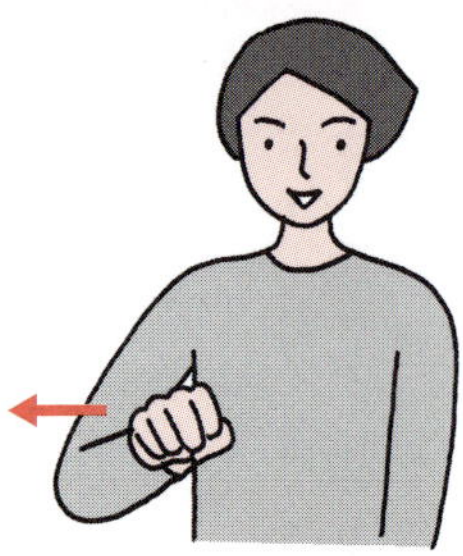

右手でこぶしを作り、ひじを右に引く。

左

反 「**左**」は左手でこぶしを作り、ひじを左に引いて表す。

同 右側・右きき

使い方例
右＋席＝**右の席**
右＋男＝**右の男性**
右＋グループ＝**右翼(うよく)**

短い（みじかい）

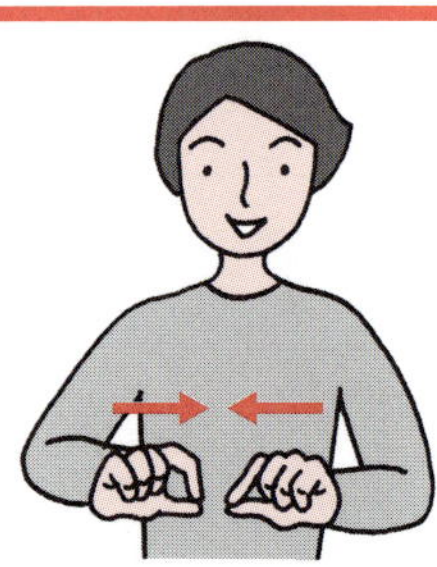

両手の親指と人差し指をくっつけて、左右から寄せる。

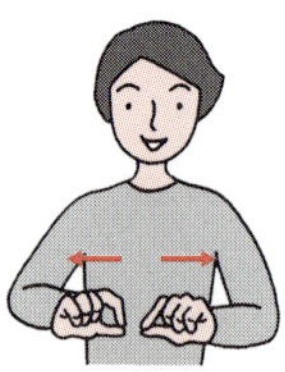

長い

反 くっつけた親指と人差し指を左右に離すと、「**長い**」になる。

同 近い

使い方例
短い＋大学＝**短大**
時間②＋短い＝**短時間**
気持ち＋短い＝**短気**

みしん

ミシン

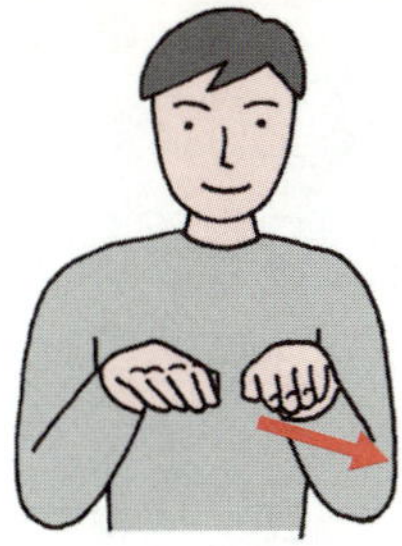

両手の手のひらを下にして並べ、少しずつ前に出していく。

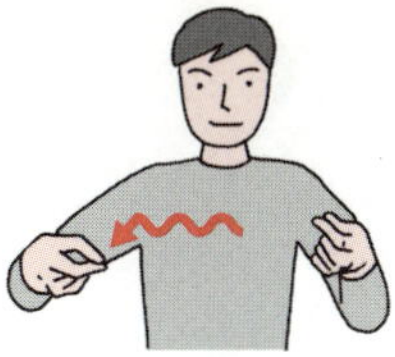

手縫い

解 布を前に送って、ミシンで何かを縫う様子から。

参 「**手縫い**」のときは、左手で布を持ち、右手で針を持って縫い物をするしぐさをする。

同 洋裁

使い方例
ミシン＋作る＋仕事＝**ミシンを作る仕事**
ミシン＋仕事＝**洋裁の仕事**

みず

水

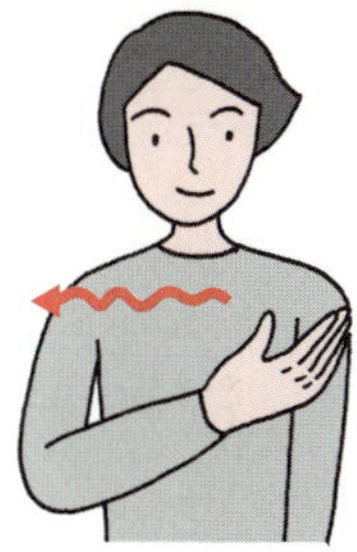

右の手のひらを上向きにし、左脇から手を揺らしながら右に動かす。

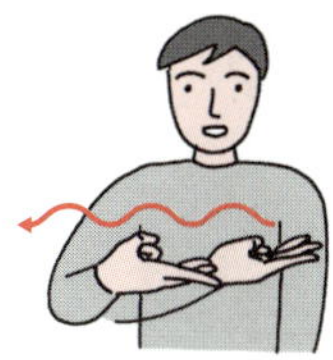

河（川）

解 水が流れる様子を表す。

参 右手の人差し指と中指、薬指を伸ばして、同様に右に動かすと、「**河（川）**」となる。

同 水分・水曜日

使い方例
水＋色＝**水色**
風＋水＝**（占いの）風水**
氷＋水＝**氷水**
塩辛い＋水＝**海**

みずいろ

水色

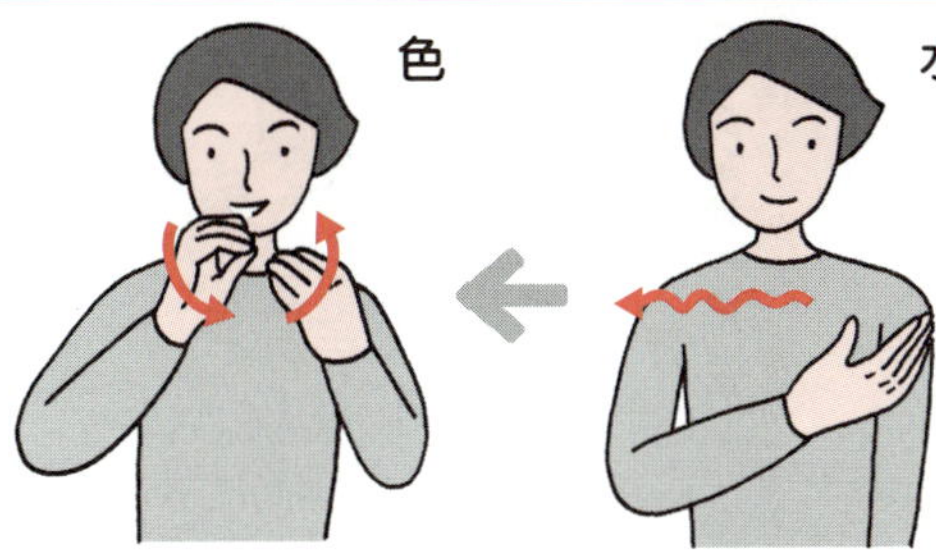

右手を上向きにして、揺らしながら右に動かす。

すぼめた両手をくっつけて、互い違いにひねる。

解 「水」は水が流れる様子を表す。

参 「空＋色」で「**空色**」になる。

同 水…水分・水曜日

使い方例
水色＋靴下＝**水色のソックス**
水色＋シャツ＝**水色のシャツ**

みずうみ

湖

両手の親指と人差し指を軽く曲げ、丸くなるように左右におく。

解 湖の丸い形を表す。

参 具体的な湖の名前は、名前＋「湖」で表現する。

使い方例
滋賀＋湖＝**琵琶湖**
雨＋湖＝**水たまり**

水玉
みずたま

両手の親指と人差し指でそれぞれ輪を作り、ポンポンと空間におく。

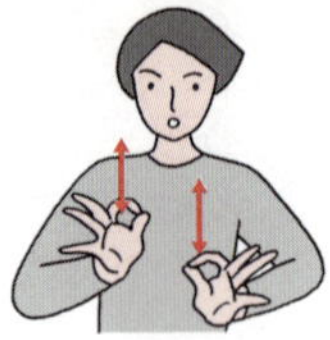

豆

解 水玉の模様を表す。

参 「水玉模様の洋服」と表す場合は、体にあてて表現してもよい。また、両手の輪を交互に上下に動かすと、「**豆**」になる。

使い方例

水玉＋傘＝**水玉模様の傘**

白＋黒＋水玉＝**白と黒の水玉**

店
みせ

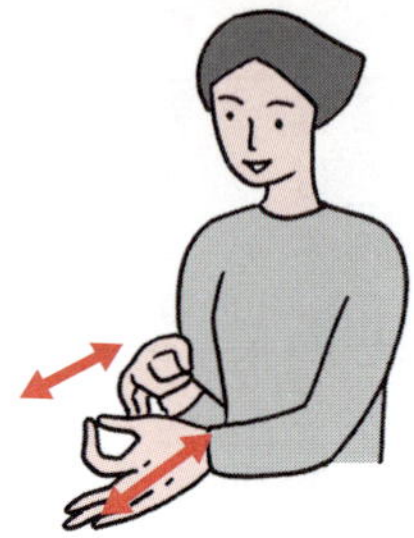

両手の親指と人差し指で輪を作って並べ、交互に前後に動かす。

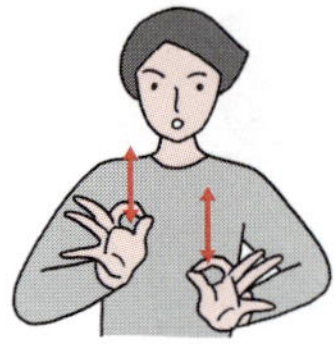

豆

参 手のひらを前に向け、交互に上下に動かすと、「**豆**」になる。

同 商売・売買・販売

使い方例

店＋建物＝**デパート**

果物＋店＝**果物屋**

百＋店＝**100円ショップ**

みそ
みそ

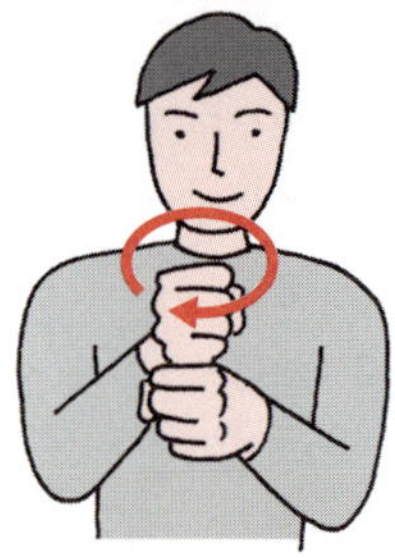

両手を握って上下につなげ、同時に回す。

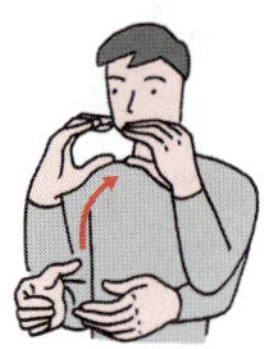

お椀を持って飲む

解 大豆をつぶしてみそを作る様子から。

参 「**みそ汁**」は「みそ＋お椀を持って飲むしぐさ」で表す。

同 ごますり

使い方例

田舎＋みそ＝**田舎みそ**

赤＋みそ＝**赤みそ**

白＋みそ＝**白みそ**

みそ＋煮る＝**みそ煮**

認める
みとめる

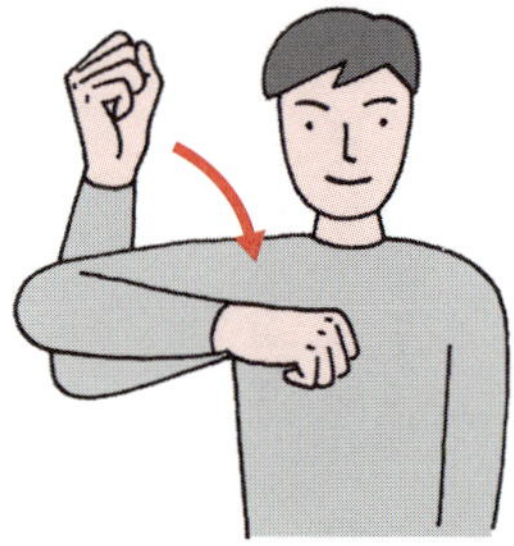

右手を握り、手首を下げる。

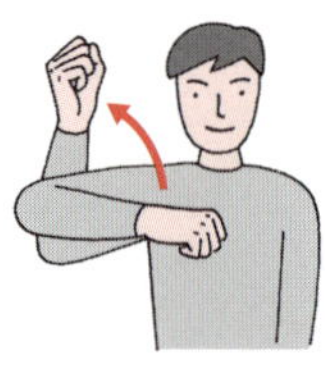

認めない

解 うなずく様子から。

参 左手で右手をつかんで表現してもよい。

反 逆に、下げた手首を上げると、「**否定**」「**認めない**」になる。

同 肯定・許す

使い方例

認める＋知る＝**認知する**

認める＋文章＝**肯定文**

公＋認める＝**公認**

緑 みどり

両手の手のひらを手前に向け、交互に上下に動かす。

草

解 緑の樹木が生えている様子を表す。

参 名前の「みどり」にも使える。小さく上下させて左右に離すと、「**草**」になる。また、交互に上下させながら左右に開くと、「**森**」になる。

使い方例

黄色＋緑＝**黄緑**
緑＋淡い＝**薄緑**
緑＋お茶＝**緑茶**
緑＋宝石＝**エメラルド**

港 みなと

両手の人差し指を曲げ、左右におく。

解 桟橋（さんばし）の形を表す。

参 両手の人差し指を向かい合わせ、左右に離しながら指を曲げると、「**城**」となる。

使い方例

港＋町＝**港町**
横浜＋港＝**横浜港**
香り＋港＝**香港**

南 みなみ

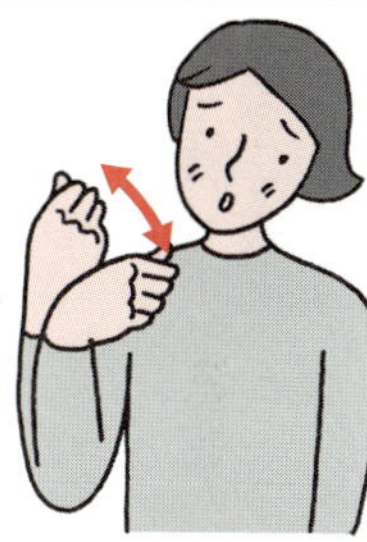

右手でうちわや扇子などを持って、手首をひねってあおぐ動作をする。

北

解 うちわなどであおぎ、風を送る様子を表す。

反 「**北**」は、両手の親指と人差し指、中指を伸ばして、手を交差させる。

同 あおぐ・暑い・うちわ・夏

使い方例

南＋島＝**南の島**
南＋町＝**南町**
東＋南＋アジア＝**東南アジア**

見本 みほん

見る①

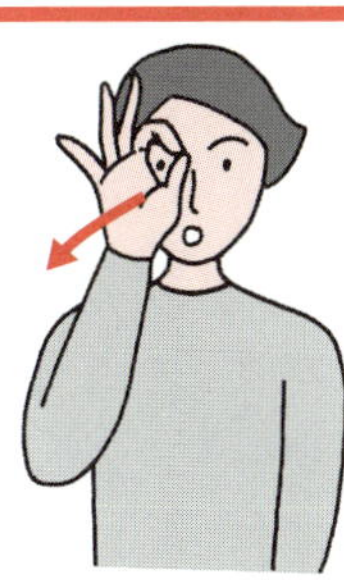

右の親指と人差し指で輪を作り、右目から少し前に出す。

本

両手の手のひらを合わせ、左右に開く。

使い方例

見本＋品＝**見本品**
見本＋試す＋お願い①＝**見本ですからお試しください**

耳 みみ

右手の人差し指で、自分の耳に触れる。

参「**ピアス**」は、両手の人差し指で両方の耳に触れ、「**イヤリング**」は、右手の親指と人差し指で右の耳たぶをつまむ動作で表す。

使い方例
耳＋痛い＝**耳が痛い**
耳＋鼻＋指文字の「力」＝**耳鼻科**

脈 みゃく

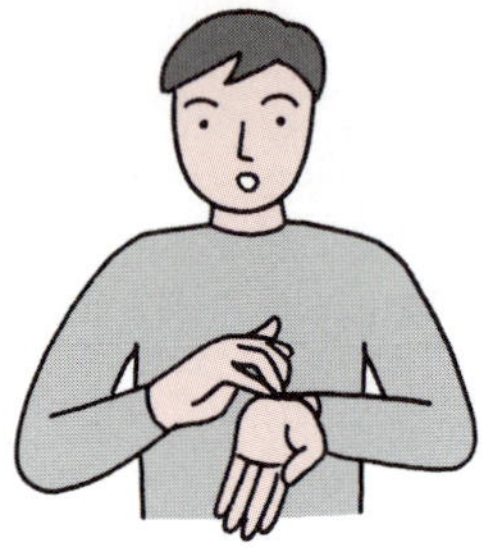

右手の指先を左手の手首にあてる。

ほかの表現

解 脈をとる様子から。
参 人差し指と中指の2本をあててもよい。
同 医療

使い方例
脈＋調べる＝**脈を見る**
脈＋男＝**医者**
脈＋女＝**女医**
脈＋勉強＝**医学**

土産 みやげ

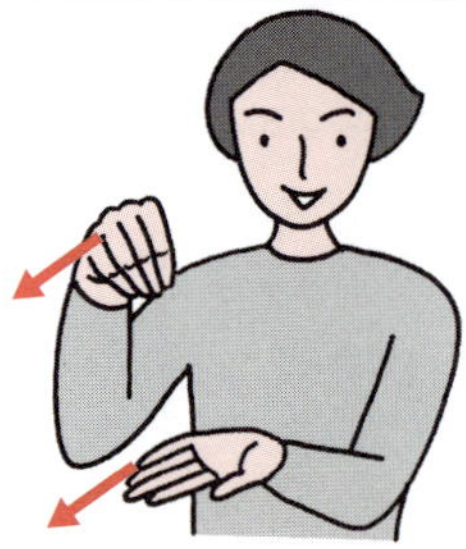

右手でリボンを持つようにし、左手を添えて同時に前に出す。

解 土産のリボンをつまんで渡す様子を表す。
同 差し入れ・プレゼント

使い方例
勉強＋土産＝**宿題**
旅行＋土産＝**旅行土産**
外国＋土産＝**海外の土産**

魅力 みりょく

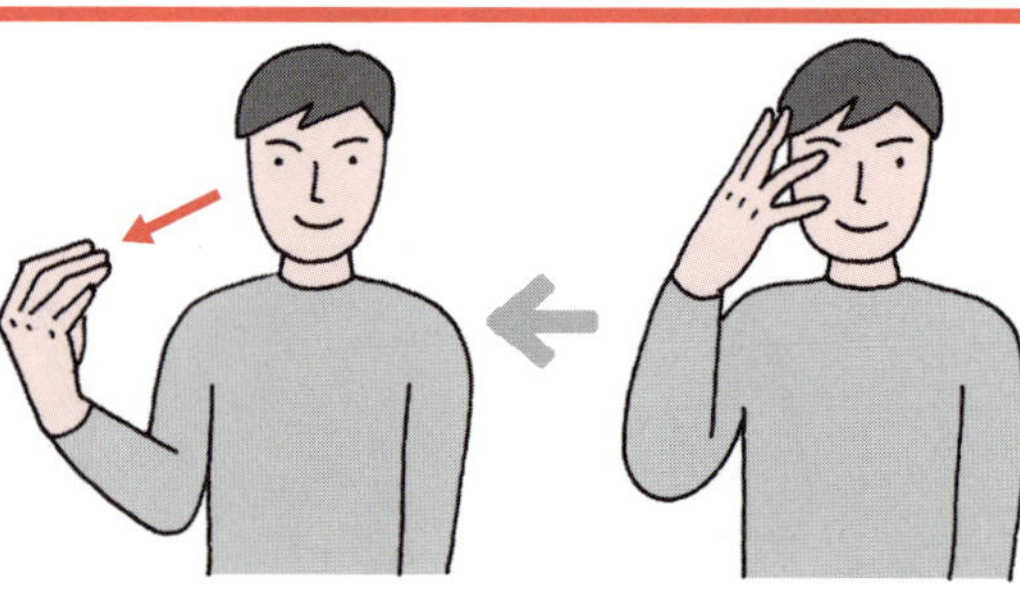

右手を開いて顔の前におく。

右手を前に出しながら、指をくっつける。

解 グッと引かれる様子を表す。
参「〜に魅力がある」ということから、「〜がいい」「〜が欲しい」などと使われることがある。

使い方例
魅力＋ない①＝**魅力がない**
ケーキ＋魅力＝**ケーキが食べたい**
魅力＋合う＝**魅力的**

わたしは天ぷら定食が食べたい。

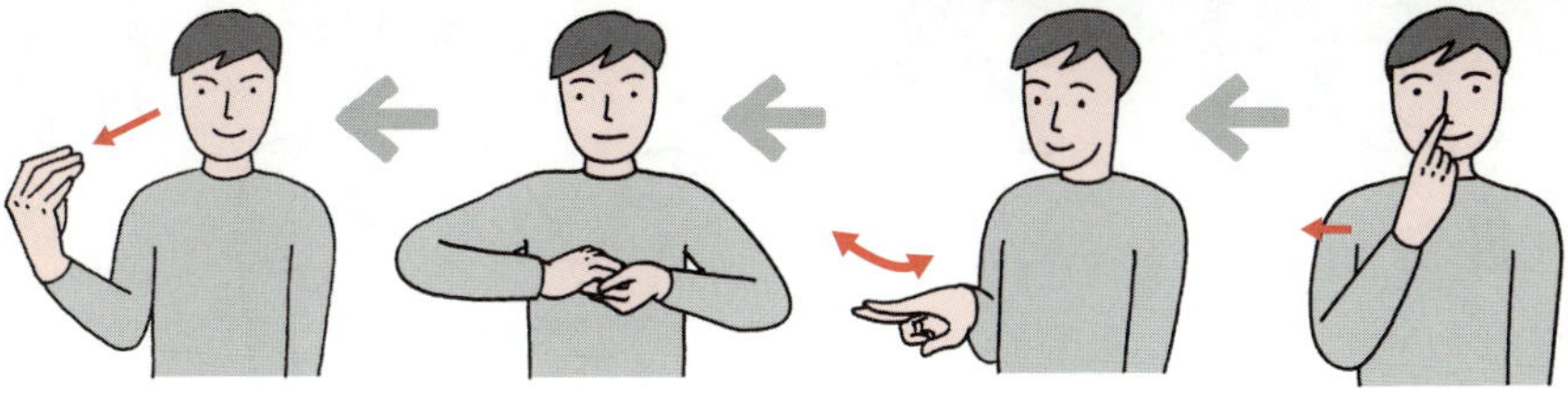

わたし P.578 ／ 天ぷら P.377 ／ 定める P.227 ／ **魅力**

わたし P.578
天ぷら P.377
定める P.227

みる①

見る①

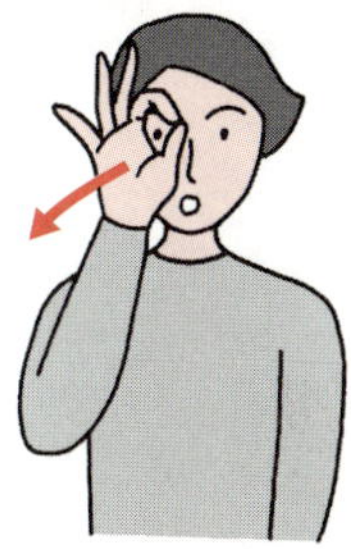

右の親指と人差し指で輪を作り、右目に持ってきて、少し前に出す。

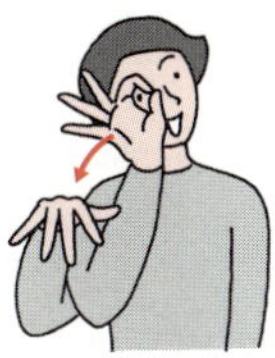

見た

参 右手の輪を前に出しながら指を開くと、「見た」と過去形になる。

使い方例

芝居＋見る①＝**芝居を見る**
テレビ＋見る①＝**テレビを見る**
桜＋見る①＝**花見**

みる②

見る②

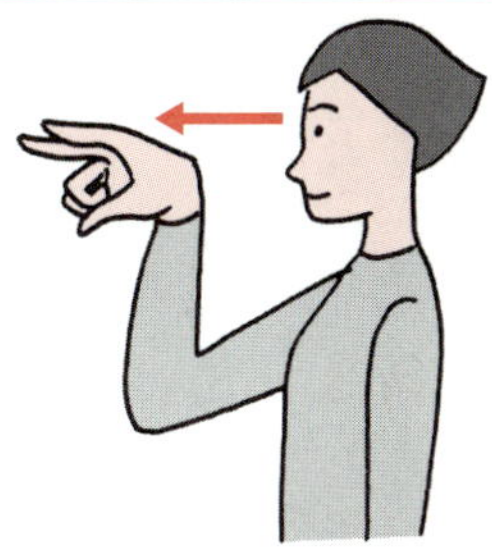

右手の人差し指と中指を立てて指先を前に向け、目から前に出す。

見られる

解 2本の指は視線を表す。
反 右手の指先を自分の目に向けると、「**見られる**」になる。

使い方例

体＋見る②＝**体を見る**
続ける＋見る②＝**じっと見る**
立つ＋見る②＝**立ち見**

みわたす

見渡す

右手の人差し指と中指を伸ばして、前に出す。

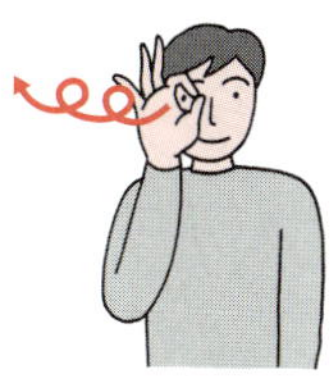

観光

解 広く望み見る様子から。
参 「観光（親指と人差し指の輪を右に動かす）」よりも広く眺めるときに使う。

使い方例

みんな＋見渡す＝**あたりを見渡す**
海＋見渡す＝**海を見渡す**

みんな

みんな

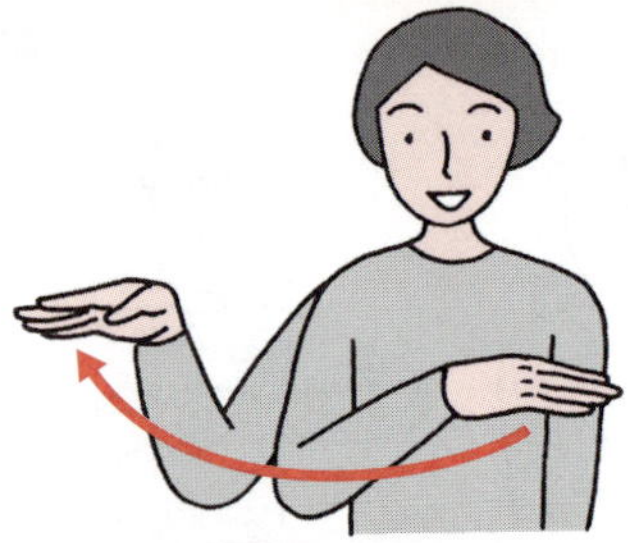

右の手のひらを下向きにし、大きく弧を描きながら、右へ動かす。

景色

参 右手の手のひらを前に向け、弧を描きながら右へ動かすと、「**景色**」になる。

同 あたり・全員・まわり

使い方例
草＋みんな＝**高原**
家＋みんな＋迷惑＝**近所迷惑**
あなた＋みんな＝**あなたたち**
みんな＋集まる＝**全員集合**

む

自分から見た形

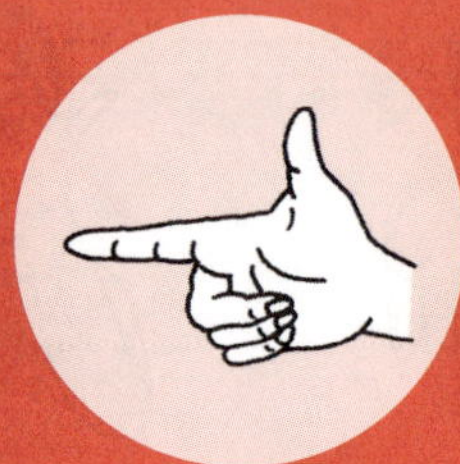

相手から見た形

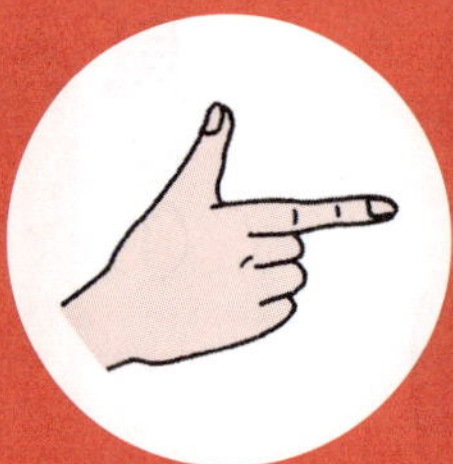

手のひらを手前に向けて、親指と人差し指を伸ばす。「6」と同じ。

むかえる

迎える

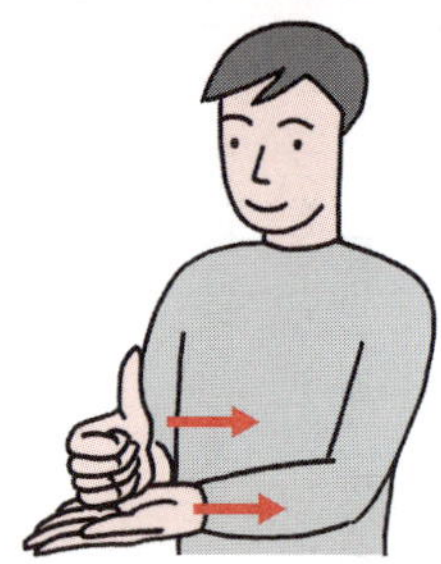

左手の手のひらに、親指を立てた右手をのせ、左に動かす。

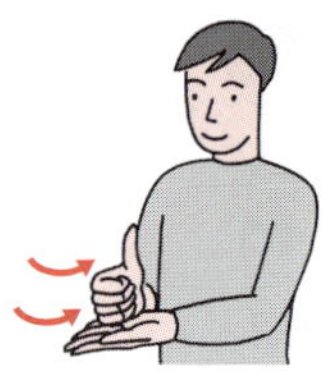

手前に寄せるとき

解 客を迎える様子から。

参 状況によって、手前に寄せることもある。また、左手を添えずに右手だけで表すと、誰かが来るという意味になる。

同 客

使い方例
今日＋迎える＋誰？＝**今日のゲストは誰？**
今日＋迎える＋林＝**今日、お迎えするのは林さんです**

むかつく

ムカつく

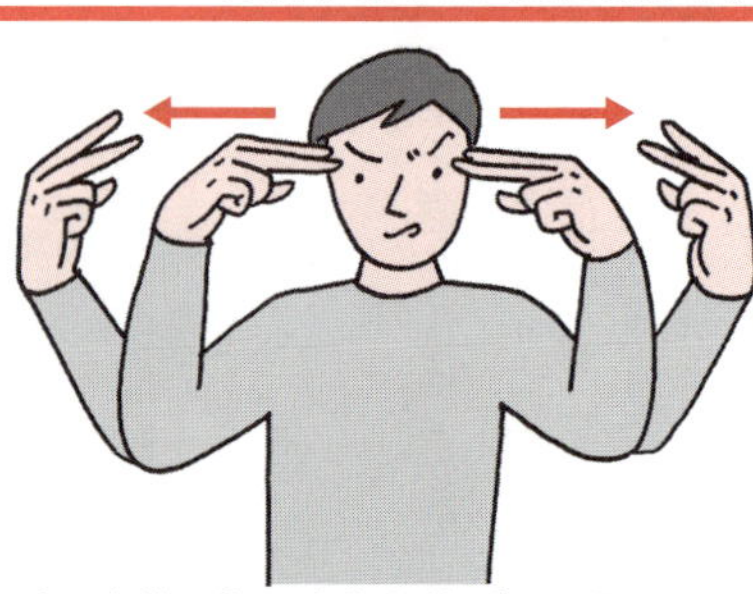

両手の人差し指と中指を伸ばして頭のあたりにおき、指を開きながら左右に引く。

解 両手をはさみに見立て、「キレる」様子を表す。

同 キレる

使い方例
上司＋ムカつく＝**上司にムカつく**
痴漢＋ムカつく＝**痴漢にムカつく**

無効
むこう

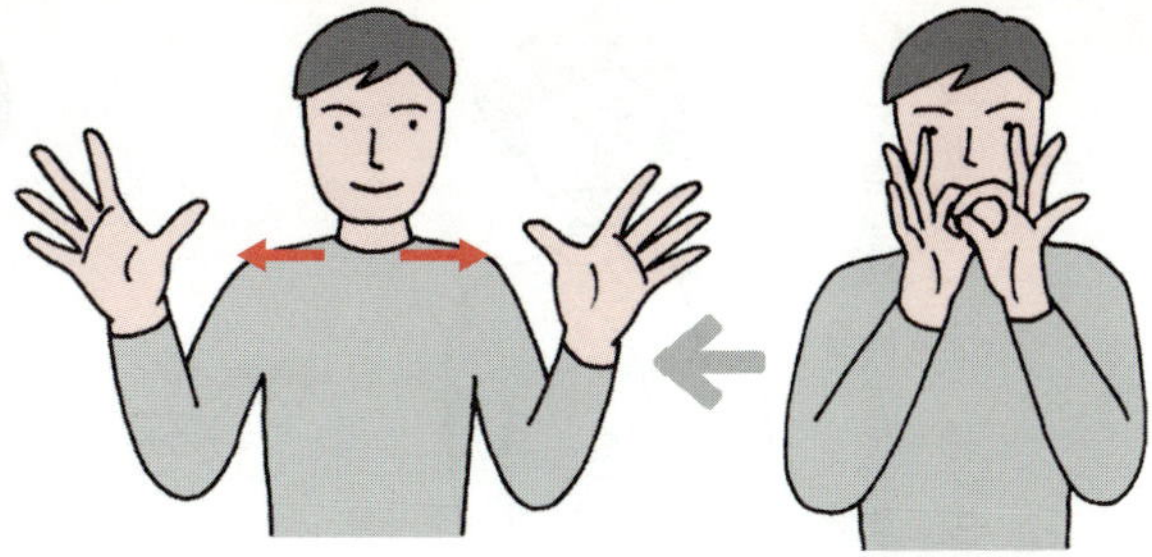

両手の親指と人差し指で輪を作って前後におく。

輪を開きながら、両手を左右に開く。

解 輪を開くことにより、なくなるという意味を表す。

同 ない

使い方例

選挙＋無効＝**無効投票**
免許＋無効＝**免許失効**
権利＋無効＝**権利なし**

虫
むし

右手の人差し指を、2～3回軽く曲げながら前に動かす。

解 イモムシなどの虫が動く様子を表す。

参 「**クワガタ**」は、両手の人差し指を曲げて向かい合わせ、ひたいにあてる。

使い方例

虫＋苦手＝**虫が苦手**
虫＋歯＝**虫歯**
青＋虫＝**青虫**
汚れ＋虫＝**ばい菌**

無地
むじ

右の手のひらを前に、左の手のひらを手前に向ける。

右手を手前に持ってきて、左手をこする。

参 逆の方向にこすると、「**きれい**」になる。

使い方例

洋服＋無地＝**無地の洋服**
シャツ＋無地＝**無地のシャツ**

無視する
むしする

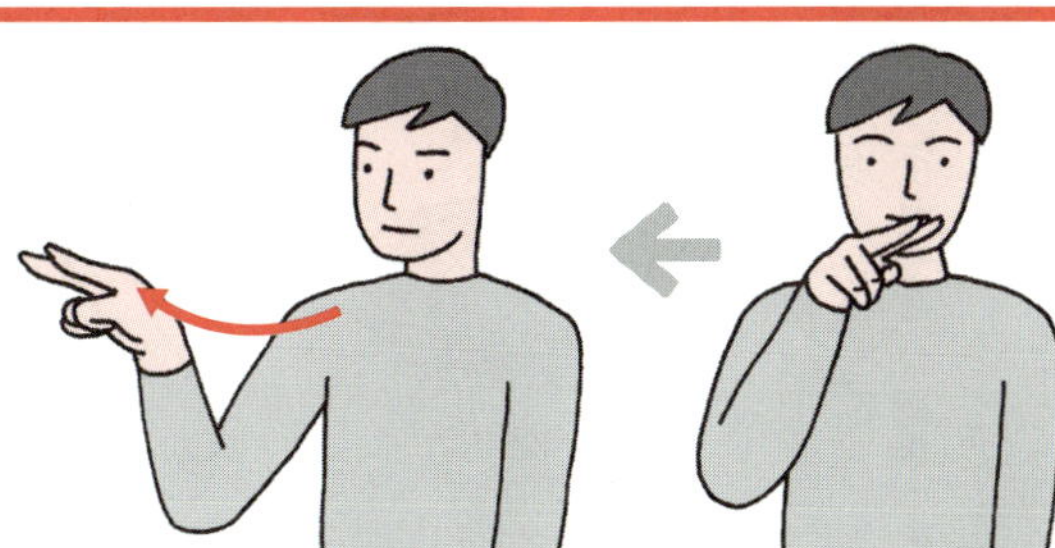

右手の人差し指と中指を正面に向ける。

そのままスッと右に動かす。

解 視線を外す様子から。

反 指先を自分に向けて同様にすると、「**無視される**」となる。

使い方例

みんな＋無視する＝**みんなで無視する**
無視＋よい＝**無視した方がいい**

むしば
虫歯

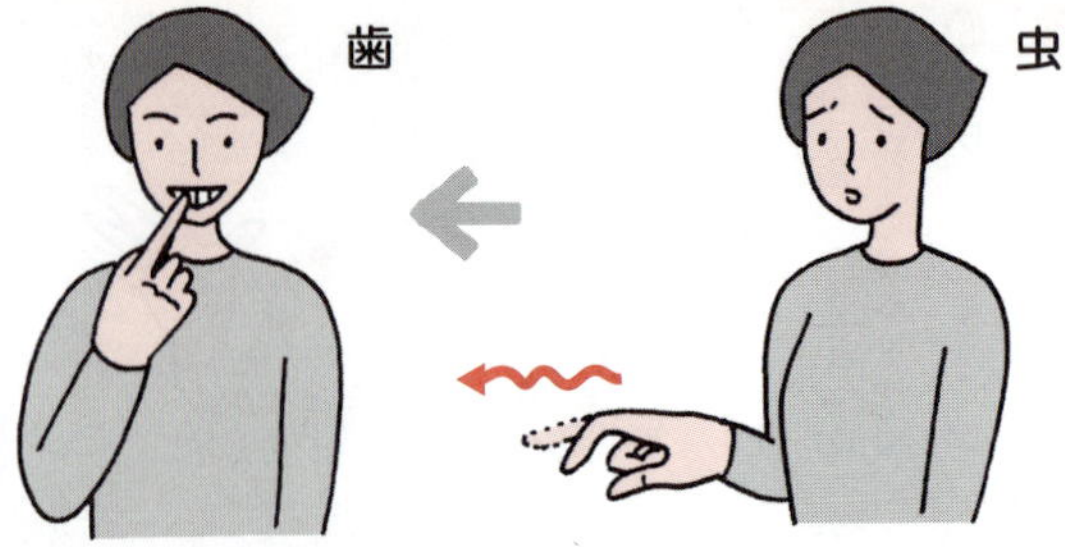

右手の人差し指を2～3回曲げながら前に動かす。

右手の人差し指で、歯を指さす。

解 虫…虫が動く様子を表す。

参 順番を逆にして「歯＋虫」としてもよい。

使い方例
虫歯＋ない③＝**虫歯ゼロ**
虫歯＋痛い＝**虫歯が痛い**

むじゅん
矛盾

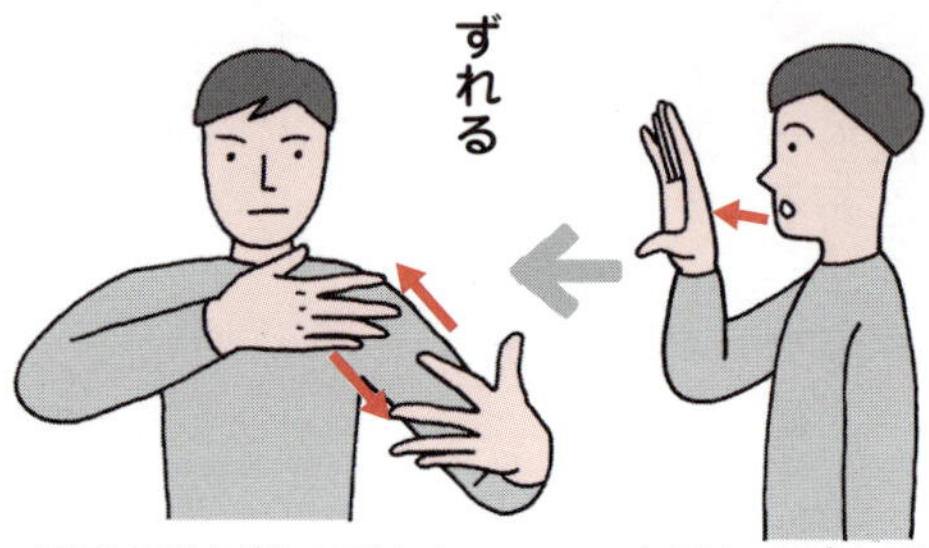

右手をすぼめて口元におき、手を開く。

両手の指を開いて並べ、前後にその位置をずらす。

解 ずれる…指先が合わない＝ずれがあることから。

参 右の人差し指と中指を伸ばして人差し指をあごにあて、手首を2回ねじる表現もある。

使い方例
矛盾＋ある＝**矛盾している**
矛盾＋多い＝**矛盾だらけ**

むす
蒸す

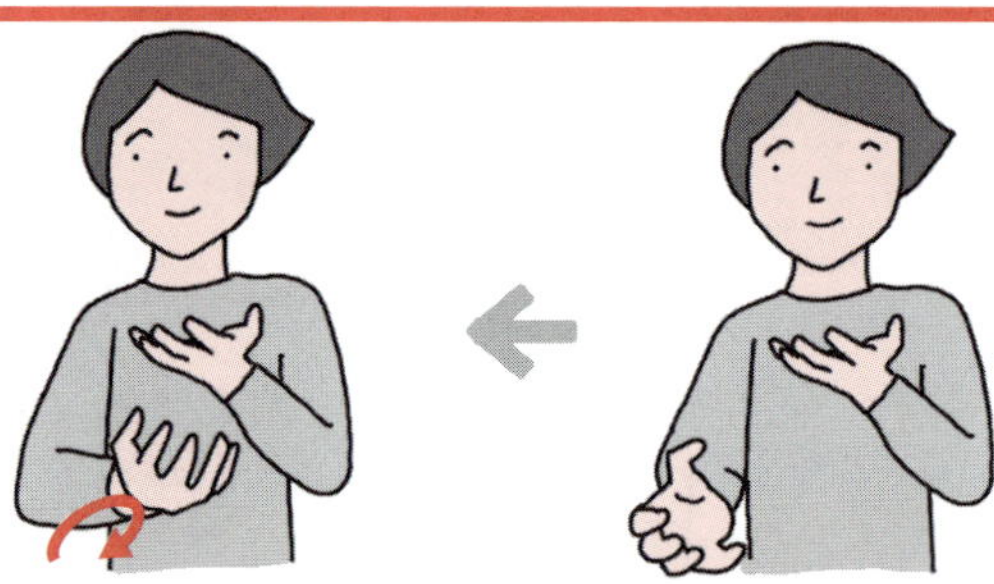

左手のひらを上に向け、軽くわん曲させた右手を下のほうにかまえる。

左手はそのままで、右手を左手の甲の下で2回回す。

解 蒸し器の中で、蒸気が上がり、蒸されている様子を表す。

使い方例
野菜＋蒸す＝**蒸し野菜**
蒸す＋料理＝**蒸し料理**
シューマイ＋蒸す＝**シューマイを蒸す**

むずかしい
難しい

右手の親指と人差し指で、右のほおを軽くつねるようにする。

簡単

反 右手の人差し指をあごにあてたあと、左の手のひらにポンとのせると、「**簡単**」となる。

同 困難・～できない・無理

使い方例
難しい＋問題＝**難問**
難しい＋仕事＝**難しい仕事**
歩く＋難しい＝**歩けない**
事件＋難しい＝**難事件**

息子
むすこ

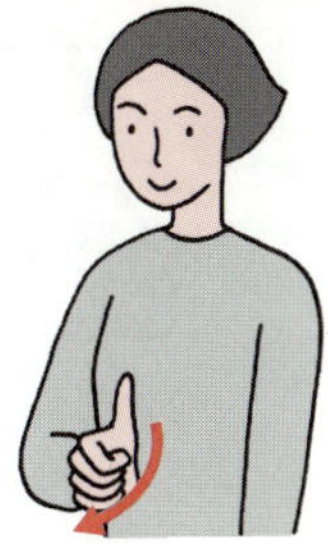

右手の親指を立てて、お腹から右斜め下に出す。

解 親指は男性を表し、お腹から生まれる意味から。

反 親指の代わりに小指を立てると、**「娘」**になる。

使い方例

一人＋息子＝**一人息子**
兄＋息子＝**甥(おい)**
息子＋かわいい＝**かわいい息子**

娘
むすめ

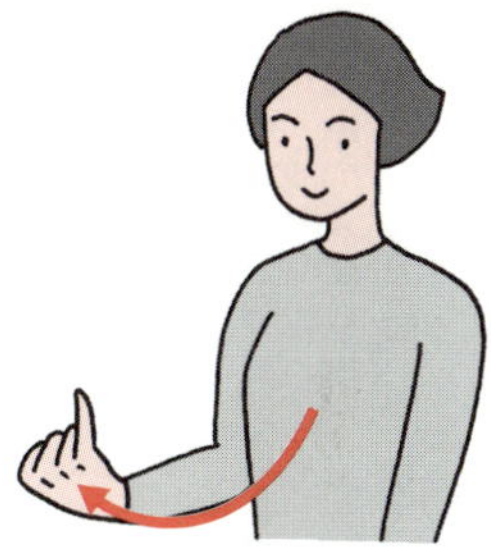

右手の小指を立てて、お腹から右斜め下に出す。

解 小指は女性を表し、お腹から生まれる意味から。

反 小指の代わりに親指を立てると、**「息子」**になる。

使い方例

わたし＋娘＝**わたしの娘**
姉＋娘＝**姪(めい)**
娘＋かわいい＝**愛娘(まなむすめ)**
箱＋娘＝**箱入り娘**

無駄
むだ

両手の親指と人差し指で輪を作って、前に投げるようにして開く。

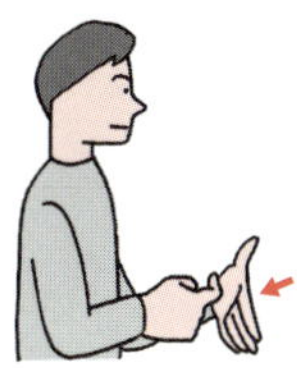

得

解 お金を捨てる様子を表す。

参 「無駄」を2回繰り返すと、**「もったいない」**になる。

反 **「得」**は、人差し指を曲げた右手を、左の手のひらで手前に押す。

同 損・損害・損失

使い方例

する＋無駄＝**やるだけ無駄**
苦労＋無駄＝**無駄な苦労**
時間②＋無駄＝**無駄な時間**
お金＋無駄＝**無駄なお金**

無駄遣い
むだづかい

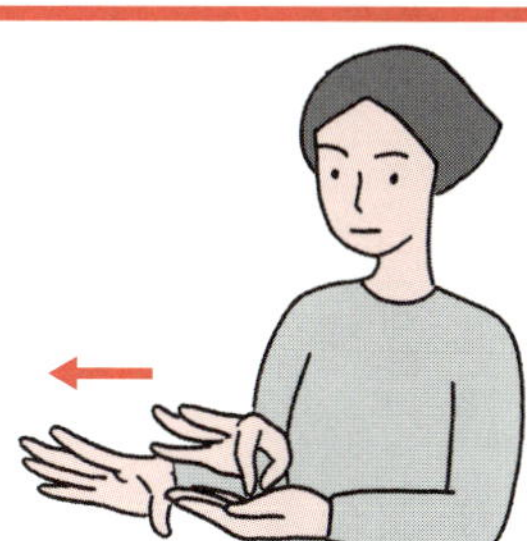

右の親指と人差し指で輪を作って左手にのせ、はじくように指を離す。

使う

解 お金がパーッと出ていく様子を表す。

参 輪をはじかずに前に出すだけだと、**「使う」「ぜいたく」**。

同 浪費

使い方例

無駄遣い＋くせ＝**浪費ぐせ**
無駄遣い＋止める＝**無駄遣いをやめる**

夢中 むちゅう

前から見たとき

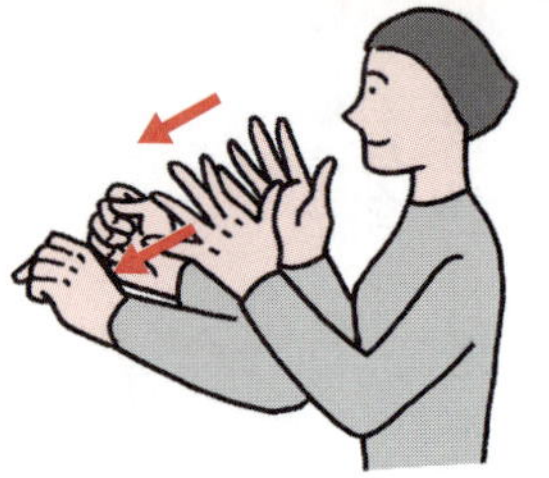
顔の前で両手の手のひらを前後に並べ、両手を握りながら前に出す。

同 熱中・はまる

使い方例
スキー＋夢中＝**スキーに夢中**
あなた＋夢中＋何？＝**あなたが夢中になっているものは何？**

村 むら

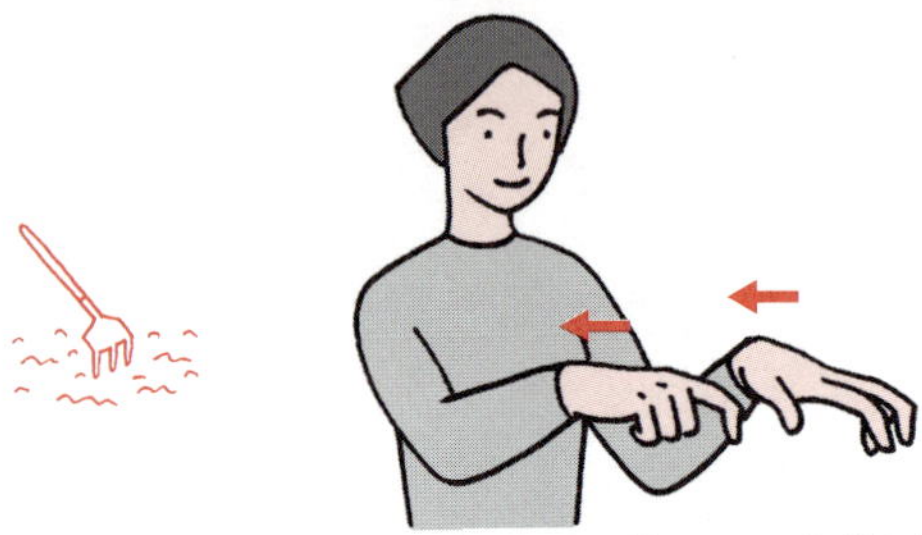
指を曲げた左手の後ろに、人差し指を曲げた右手をおき、同時に手前に引く。

解 すきで畑を耕す様子を表す。
参 右手の人差し指は上を向いていても下を向いていてもよい。

使い方例
東＋海＋村＝**東海村**
村＋人②＝**村人**
西＋村＝**西村**
植える＋村＝**植村**

紫 むらさき

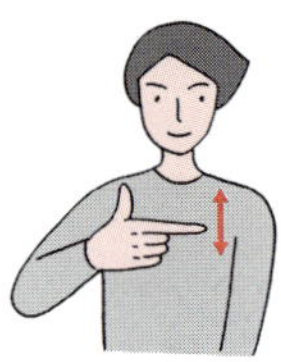
ほかの表現

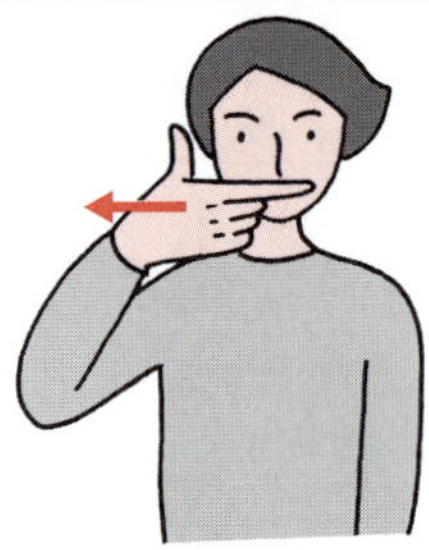
右手の親指と人差し指を伸ばして、口元から右に引く。

解 右手は指文字の「ム」の形。
参 指文字の「ム」を胸の前におき、上下に動かす表現もある。

使い方例
紫＋編む＋服＝**紫のセーター**
淡い＋紫＝**薄紫**
赤＋紫＝**赤紫**
紫＋色＝**紫色**

無理 むり

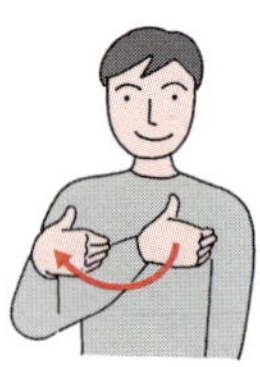
可能

右手の親指と人差し指で、右のほおを軽くつねるようにする。

参 頼まれたり誘われたりして、断るときにも使う。また、指文字で「ム」「リ」と表してもよい。
反 右手の親指以外の4本の指の指先を、左胸、右胸の順にあてると、「**可能**」となる。
同 困難・～できない・難しい

使い方例
会う＋無理＝**会えない**
行く＋無理＝**行けない**
安心＋無理＝**安心できない**

無理やり
むりやり

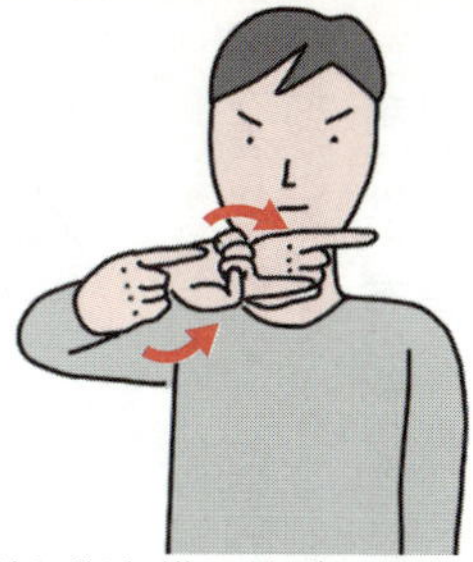

右手の人差し指を横に伸ばしてあごの横におき、手首をねじりながら横に動かす。

同 無理強い

使い方例

無理やり＋仕方ない＋行く＝**無理やり行く**

無理やり＋食べる＝**無理やり食べる**

無料
むりょう

右手の親指と人差し指で輪を作り、左に向けて輪を開く。

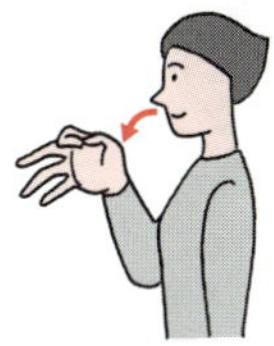

有料

解 右手の輪はお金を意味し、輪を開くことにより、「お金は要らない」ということを表す。

反 作った輪を前に出すと、「**有料**」になる。

使い方例

無料＋サービス＝**無料サービス**

無料＋券＝**無料券**

め

自分から見た形

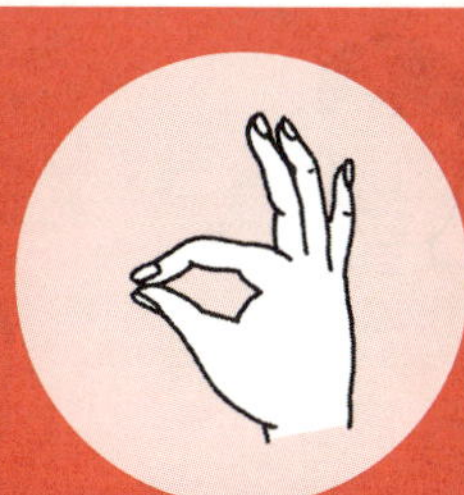

相手から見た形

親指と人差し指をつけて、「目（め）」の形を表すことから。

目
め

右手の人差し指を目の近くにあてる。

参 目の下に2回あてると、「**試す**」となる。

同 ～回目・～番目

使い方例

目＋乾燥＝**ドライアイ**

目＋よい＝**視力がいい**

いくつ＋目？＝**何回目？**

3＋目＝**3番目**

芽 めい

左手の指の間に、下から右手の人差し指を差し込む。

葉

解 人差し指の先を芽に見立て、芽が出る様子を表す。

参 「**葉**」は、右の親指と人差し指をつけて開き、再びくっつけて、葉の形を描く。

使い方例

目＋芽＝**目立つ**

芽＋(カナヅチでたたくしぐさ)＝**出るクイは打たれる**

姪 めい

右手の親指と人差し指をくっつける。

右手の小指を立てる。

解 指文字の「メ」と「イ」を順に表す。

参 「姉＋娘」、「兄＋娘」など具体的な関係で表すこともできる。

反 指文字の「オ」と「イ」を順に表して、「**甥（おい）**」となる。

名刺 めいし

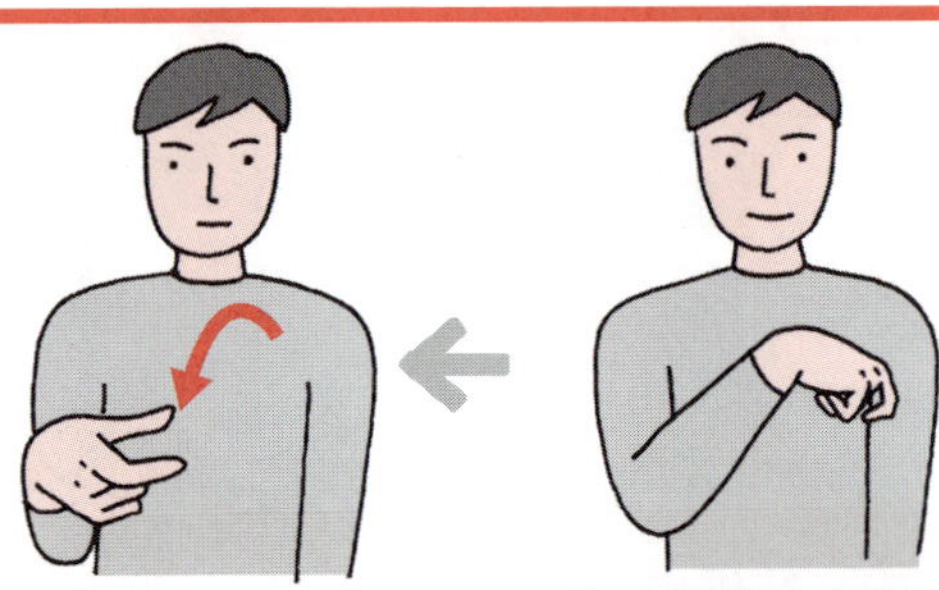

右手の親指と人差し指を曲げて左胸にあてる。

右手を前に出す。

解 ポケットから名刺を取り出して、渡す様子を表す。

参 「名前＋名刺」で表現することもできる。

使い方例

名刺＋交換＝**名刺交換**

名刺＋印刷＝**名刺印刷**

明治 めいじ

右手をあごの下にあて、下げながら握る。

解 明治天皇の、長く立派なひげを表す。

参 右手の親指と人差し指を曲げ、首にあてて少し前に動かすと、「**昭和**」となる。

使い方例

明治＋神＋宮＝**明治神宮**

明治＋20＋年＝**明治20年**

明治＋(〜の)とき＋〜間＝**明治時代**

名誉
めいよ

左手の手のひらを前に向け、右手の人差し指をあてて同時に上げる。

無名

参 両手の人差し指を顔の前に並べ、上げていく表現もある。また、逆に、同じ形で同時に下げると、「**無名**」になる。

同 栄光・有名

使い方例
名誉＋皮肉＝**名誉毀損（めいよきそん）**
探す＋名誉＝**観光名所**

命令
めいれい

右手の人差し指を伸ばし、勢いをつけて斜め下を指す。

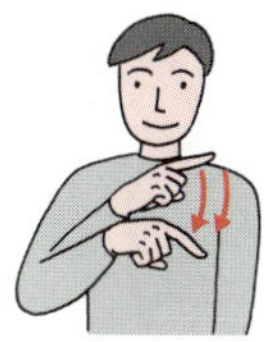

教える

解 人に何かを指図する様子を表す。

参 両手で同様に表現してもよい。また、「**教える**」は、右手の人差し指を下に向け、２回下に振る。

使い方例
命令＋文章＝**命令文**
命令＋受ける＝**命令を聞く**
命令＋禁止＝**禁止令**

迷惑
めいわく

右手の親指と人差し指で、眉間（みけん）をつまむようにする。

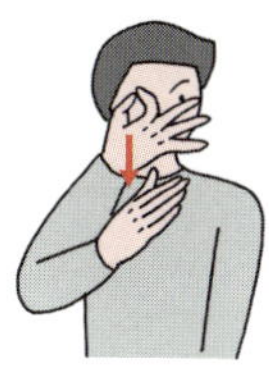

すみません

解 眉間にしわが寄る様子を表す。

参 「迷惑」のあと、右手を下げてお願いする様子を表すと、「**すみません**」となる。

使い方例
駐車＋迷惑＝**迷惑駐車**
家＋みんな＋迷惑＝**近所迷惑**
迷惑＋お金＝**迷惑料**

メーカー
めーかー

右手の親指と人差し指で輪を作って、上下に動かす。

メール

解 右手は指文字の「メ」。

参 右手で作った輪を前に出すと、「**メール**」。

使い方例
車＋メーカー＝**自動車メーカー**
洋服＋メーカー＋何？＝**どこの洋服メーカーですか？**

めーとる

メートル

右手の人差し指で「m」と空書する。

センチメートル

参 「**センチメートル**」は、人差し指で「cm」と空書して表す。

同 距離・サイズ・長さ

使い方例
2＋キロ＋メートル＝**2キロメートル**

めーる

メール

右手の親指と人差し指で輪を作り、前に出す。

メールを受け取る

解 右手は指文字「メ」を表し、前に出すことで「メールを送信する」という意味になる。

反 逆に、同じ形で手前に寄せると、「**メールを受け取る**」となる。

同 メールを送る

使い方例
メール＋構わない?＝**メールしていい?**
指文字の「E」＋メール＝**Eメール**

めがてんになる

目が点になる

両手の人差し指を立て、顔の前におき、目に向かって動かす。

解 指で点を打つように動かす。

使い方例
驚く＋目が点になる＝**びっくり仰天**
活躍＋見る②＋目が点になる＝**行いを見てあ然とする**

めがね

メガネ

両手の親指と人差し指で、それぞれ弧を作って両目にあてる。

解 メガネをかけている様子を表す。

同 パンダ

使い方例
黒＋メガネ＝**サングラス**
メガネ＋男＝**メガネをかけた男性**

珍しい（めずらしい）

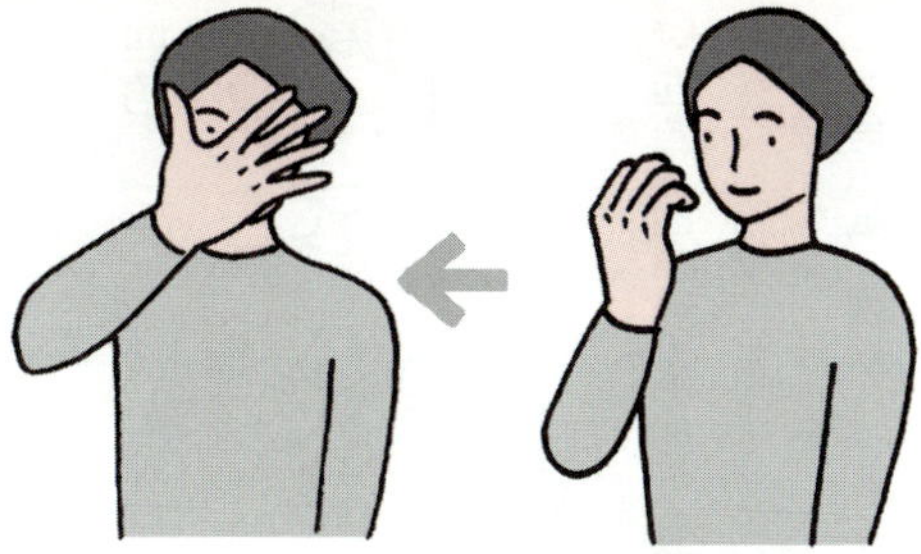

右手の指をすぼめて顔の前におく。

自分に向けて2～3回パッパッと開く。

参 手をパッパッと開きながら顔のまわりを一周させる表現もある。

同 まれ・見慣れない

使い方例

動物＋珍しい＝**珍しい動物**

花＋珍しい＝**珍しい花**

メダル（めだる）

両手の親指と人差し指を合わせ、円を作り、胸の前におく。

解 メダルの形を表す。

使い方例

金＋メダル＝**金メダル**

白＋金＋メダル＝**銀メダル**

赤＋メダル＝**銅メダル**

メダル＋取る＋人々①＝**メダリスト**

メニュー（めにゅー）

両手の手のひらを合わせ、左右に開く。

解 メニューを開く様子を表す。

参 「**注文する**」は、右手の人差し指を口にあててから、手を開いて前に出す。

同 本

使い方例

メニュー＋求める＝**メニューをください**

写真＋メニュー＝**写真つきメニュー**

めまい

両手の人差し指の先を両目に向けて、グルグルと回す。

解 目が回る様子を表す。

参 両手の親指と人差し指で輪を作り、目の前においてから、斜めに上げる表現もある。

同 貧血・酔う・酔っ払い

使い方例

突然＋めまい＝**突然のめまいに襲われる**

立つ＋めまい＝**立ちくらみ**

太陽＋めまい＝**日射病**

メモ
めも

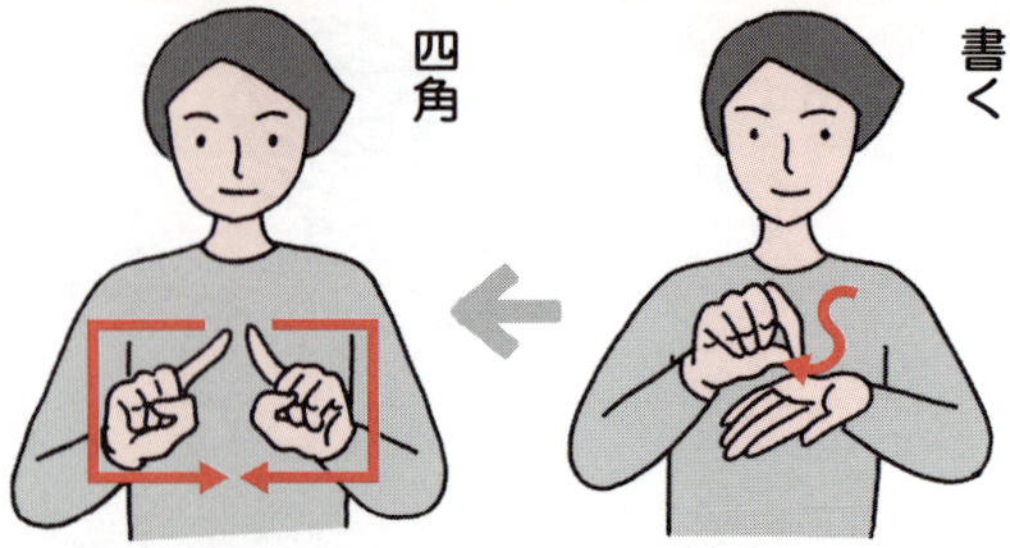

ペンを持って左手に何かを書くように動かす。

両手の人差し指で、四角形を描く。

解 四角…四角い紙の形を表す。

同 書く…鉛筆・記録・サイン・筆談・ペン
四角…紙・書類

使い方例
買い物＋メモ＝**買い物メモ**

綿
めん

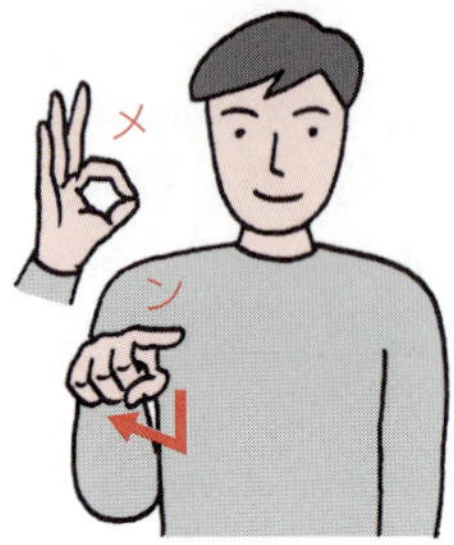

親指と人差し指で輪を作ってから、人差し指で「ン」と空書する。

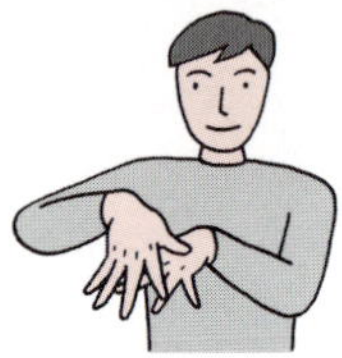

麻

解 指文字の「メ」と「ン」を順に表す。

参 左手の指を開き、その指の間に右手の指を入れると「**麻**」となる。

使い方例
綿＋靴下＝**綿の靴下**
綿＋パンツ＝**コットンパンツ**
綿＋指文字の「ソ」＋材料＝**綿素材**

免許
めんきょ

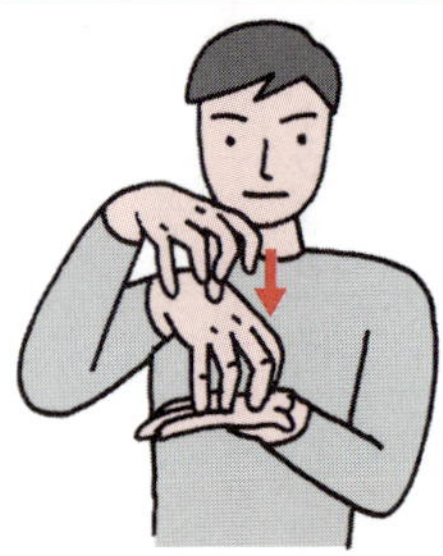

わん曲させた右手を左の手のひらにのせる。

解 証明印を押す様子から。

参 右手を2回以上のせると、「**ゴミ**」「**汚れ**」となる。また、右手をのせて体に引き寄せると、「**免許取得**」。

同 賞・証拠・証明

使い方例
車＋免許＝**運転免許**
仮＋免許＝**仮免許**
料理＋免許＝**調理師免許**
残念＋免許＝**残念賞**

面接
めんせつ

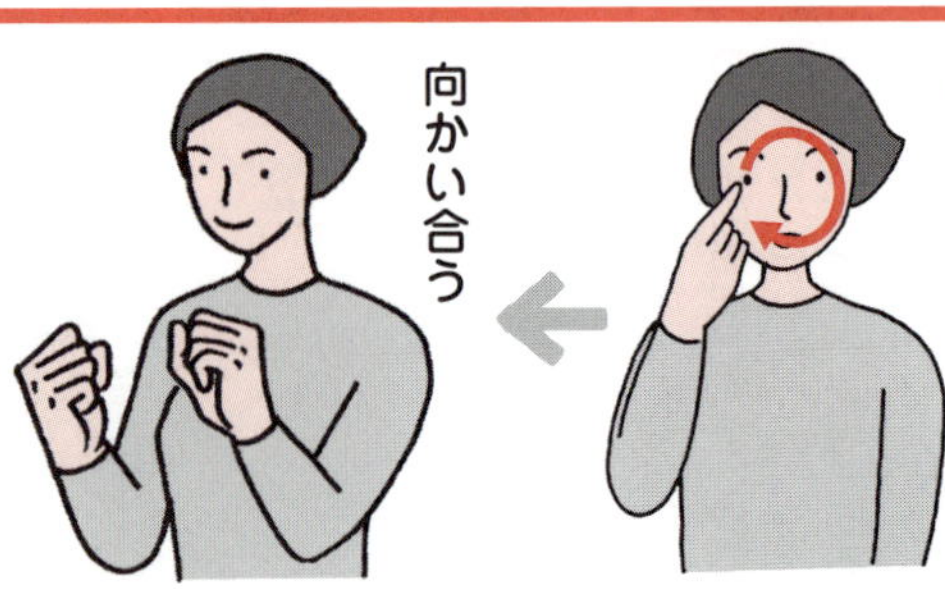

右手の人差し指を顔に向けて、丸を描く。

両手のこぶしを、前後におく。

解 向かい合う…顔と顔を見合わせる様子を表す。

参 両手の人差し指を立て、前後からぶつけ合わせる表現も。

使い方例
面接＋場所＝**面接会場**
面接＋男(女)＝**面接官**
会社＋面接＝**就職面接**

面倒
めんどう

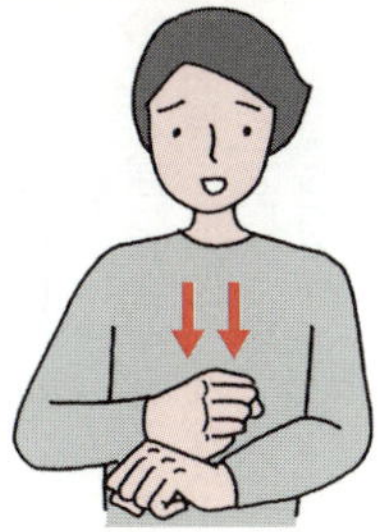

右手のこぶしで、左手の手首の甲側を２回たたく。

迷惑

参 「**迷惑**」は、親指と人差し指で輪を作ってひたいにおく。

同 お疲れさま・苦労・ご苦労さま・たいへん

使い方例

仕事＋面倒＝**面倒な仕事**

面倒＋ごめんなさい＝**面倒をおかけしてすみません**

面倒＋臭い＝**面倒臭い**

も

自分から見た形

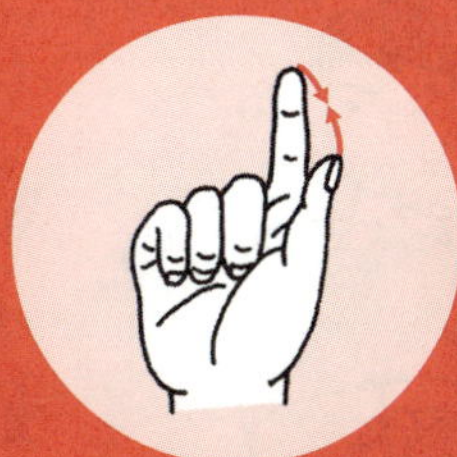

相手から見た形

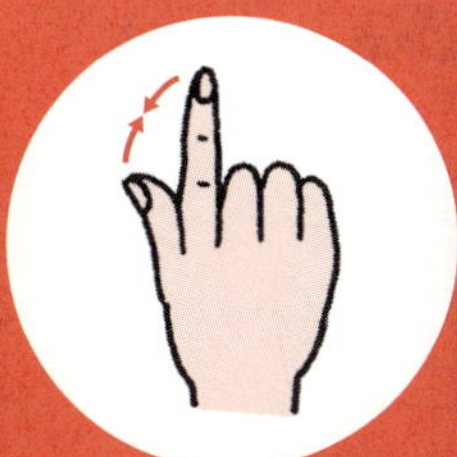

親指と人差し指をつけて斜め下に少し下げる。「～も」と同じ。

～も
～も

右手の親指と人差し指を少し下げながらくっつける。

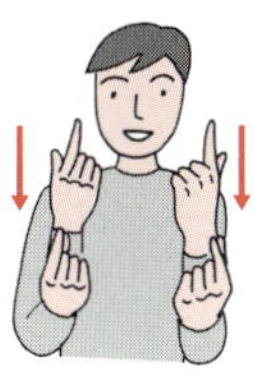

やはり

参 下げずに2回つけると「**同じ**」「**～でしょう?**」となり、両手で1回下げながらつけると「**やはり**」となる。

使い方例

弟＋～も＋中＋学生＝**弟も中学生**

わたし＋～も＋わかる＝**わたしもわかっている**

盲
もう

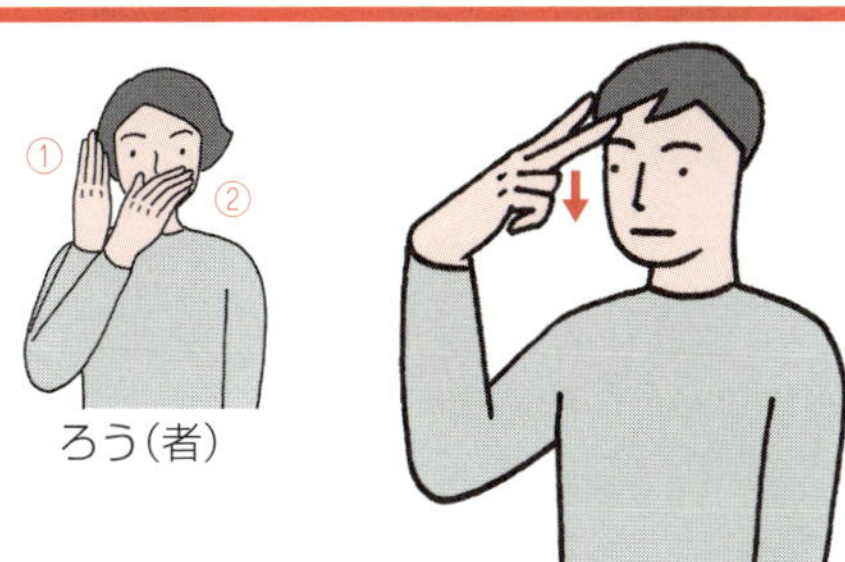

右手の人差し指と中指を伸ばして目に向け、少し下げる。

ろう（者）

解 目の見えない様子を表す。

参 目を閉じて表現してもよい。また、「**ろう（者）**」は、右手の手のひらで、耳、口の順に押さえる。

使い方例

盲＋ろう（者）＝**盲ろう**

盲＋学校＝**盲学校**

盲＋連れて行く＋犬＝**盲導犬**

もう一度
もういちど

両手のこぶしを寝かせてつなげ、起こす。

ほかの表現

参 軽く握った右手をあごの下におき、前に出しながら人差し指をはじくようにして立てる表現もある。

同 回復・再生・治る・再び・戻す・戻る・やり直す

使い方例
もう一度＋お願い＝**もう一度お願いします**
風邪＋もう一度＝**風邪が治る**

儲ける
もうける

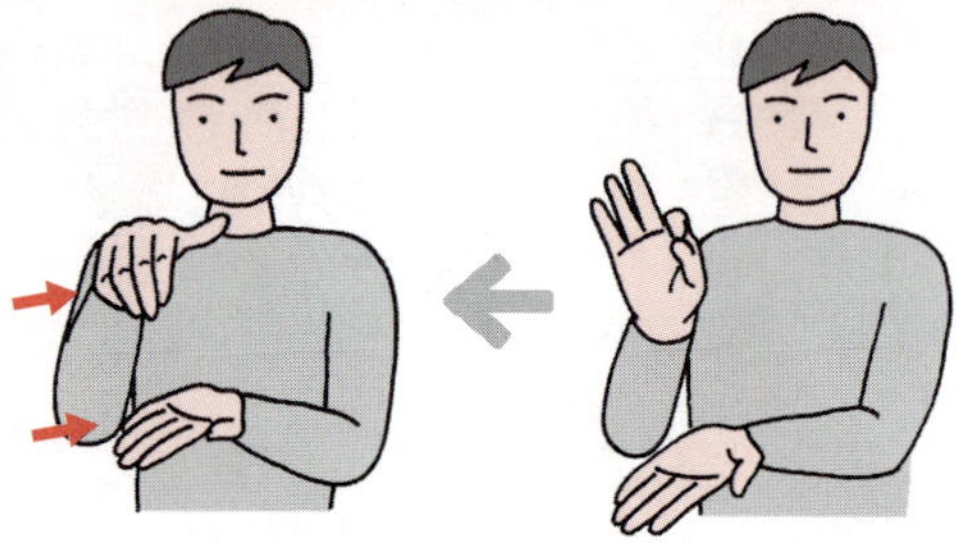

左手の上に右の親指と人差し指で作った輪をおく。

右手の輪を解いてわん曲させ、両手を同時に寄せる。

解 引き寄せる動きで、「お金が入ってくる」という意味を表す。

同 利益

使い方例
会社＋儲ける＝**企業利益**
儲ける＋方法＝**儲け方**

申し込む
もうしこむ

左手の手のひらに右手の人差し指をのせ、同時に前に出す。

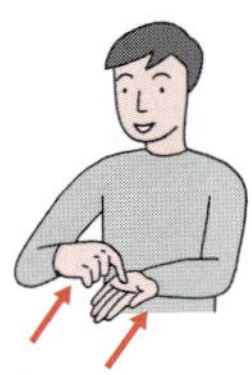

申し込まれる

反 同じ形で同時に手前に引くと、「**申し込まれる**」となる。

同 注文する

使い方例
結婚＋申し込む＝**プロポーズ**
申し込む＋四角＝**申し込み書**
求める＋申し込む＝**要望**

盲腸
もうちょう

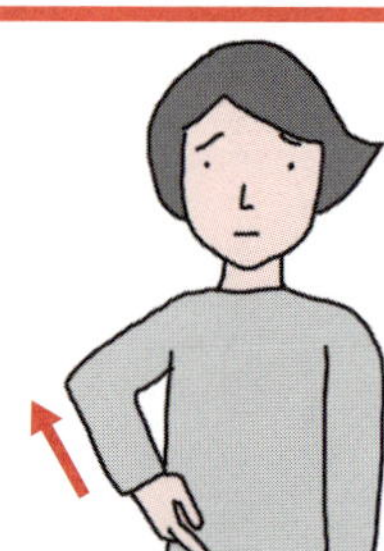

右手のひらを上に向け、盲腸のあるあたりにおき、斜め上に動かす。

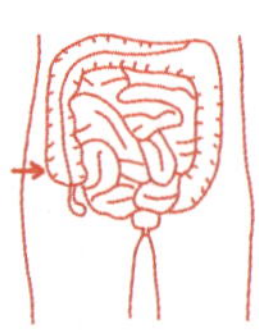

解 盲腸の位置を表す。

使い方例
盲腸＋手術＝**盲腸の手術**
盲腸＋入院＝**盲腸で入院する**
速い②＋盲腸＋火＝**急性盲腸炎**

毛布
もうふ

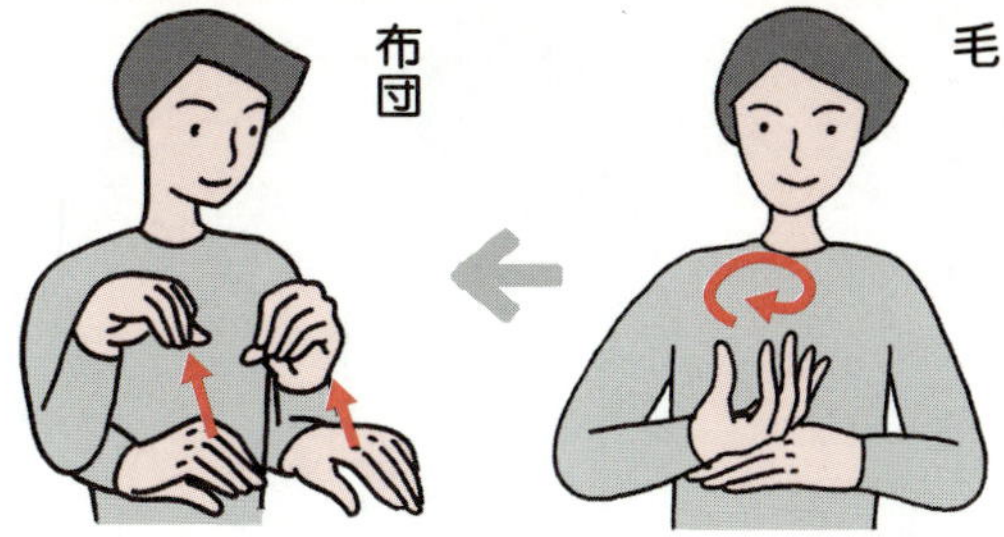

左手の甲に、軽く指を曲げた右手を重ねて回す。

両手をすぼめながら、手前に引き寄せる。

解 布団…布団をかぶって引き寄せる様子を表す。

使い方例
毛布＋やわらかい＝**やわらかい毛布**
綿＋毛布＝**綿毛布**
タオル＋布団＝**タオルケット**

燃える
もえる

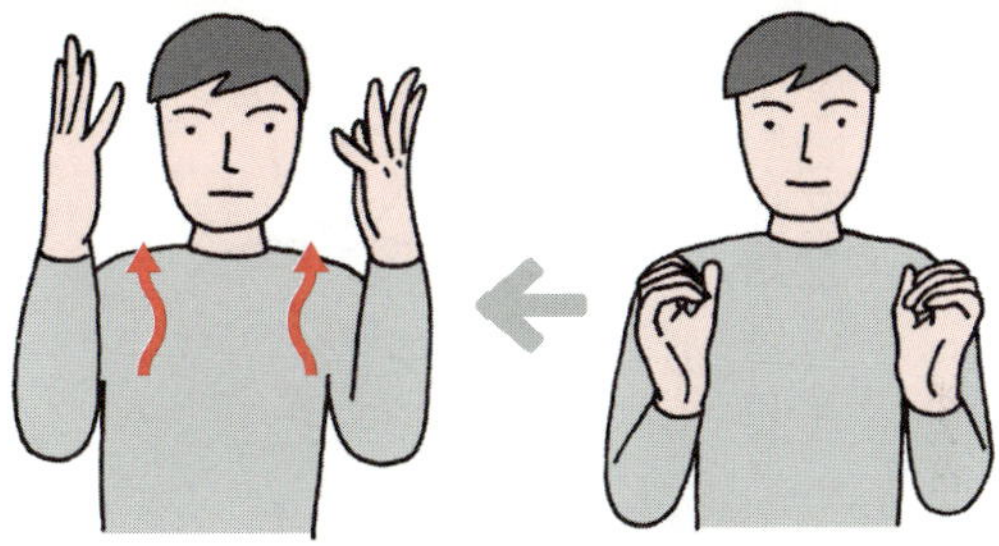

両手でそれぞれこぶしを作る。

両手の手首をねじって上げながら指を伸ばす。

解 火が上がる様子を表す。
参 右手だけで表現してもよい。
同 火事・火・燃やす

使い方例
燃える＋ゴミ＝**燃えるゴミ**
燃える＋無理＝**燃えない**

目標
もくひょう

左手を丸めて筒を作り、上方におき、右手の人差し指をあてる。

年

解 到達したいところを目指す、という意味から。
参 左手の筒に右手の人差し指をあてると、「**年**」「**あたる**」「**ため**」「**目的**」。
同 狙い

使い方例
目標＋努力＝**目標に向かって努力**
目標＋何？＝**目標は何？**
最後＋目標＝**最終目標**
目標＋数＝**目標数**

木曜日
もくようび

両手の親指と人差し指を伸ばし、手首を軸に開くようにして上げる。

解 木の形を表す。
参 「**森**」は、両手を並べて大きく上下に動かしながら左右に引き離す。
同 木

使い方例
毎週＋木曜日＝**毎週木曜日**
木曜日＋～まで＝**木曜日まで**

もし
もし

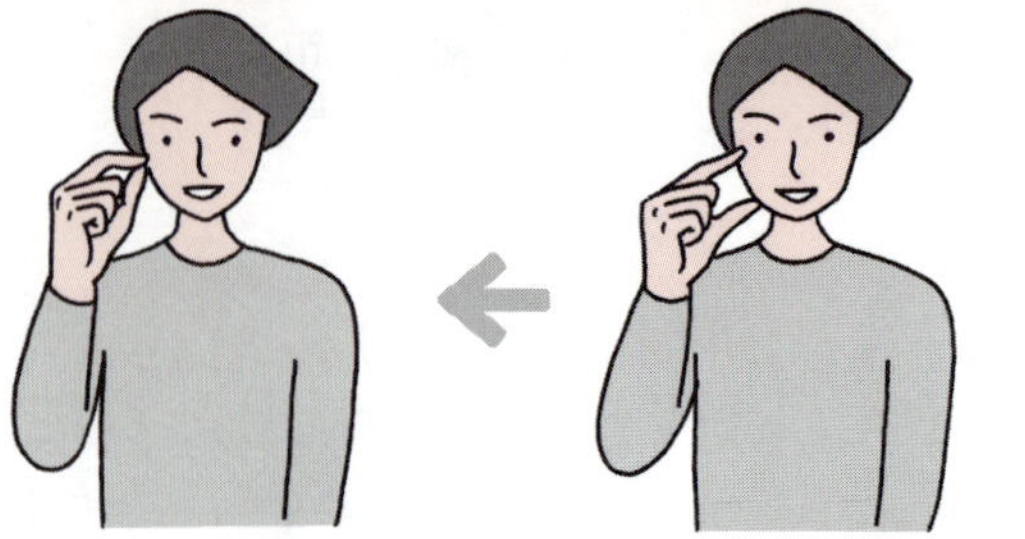

右手の親指と人差し指を伸ばして、ほおにあてる。

指をくっつけて、つまむようにする。

解 うそではないかとほおをつまむことで、「仮に」という意味を含ませている。

参 右の親指と人差し指で作った輪を左手の甲にあてる表現もある。

文字
もじ

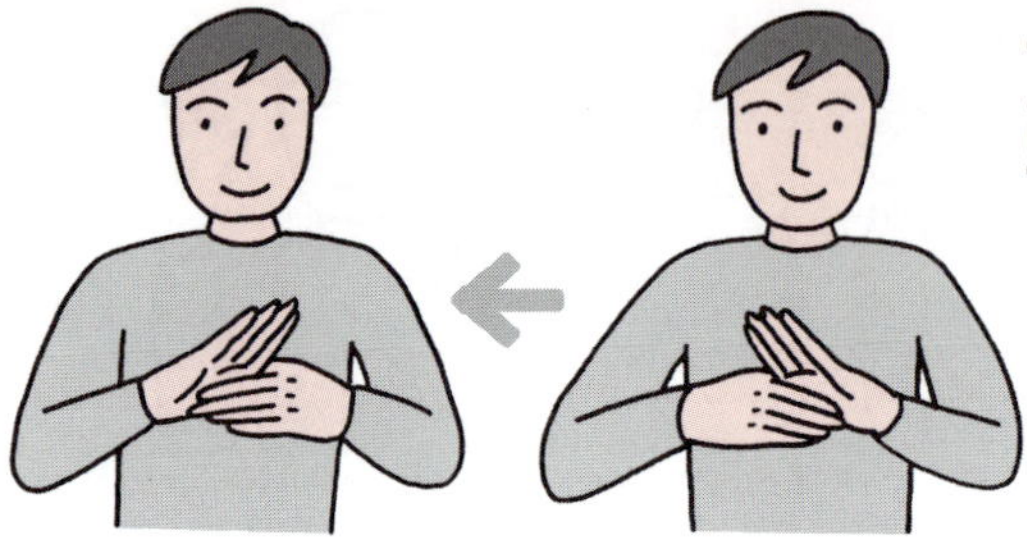

両手の指をそろえて、親指を組み合わせる。

手を組み替えて、もう一度同じ動作をする。

解 漢字の「文」の字の形から。

参 1回だけ組み合わせて下げると、「**文章**」になる。

同 文化

使い方例
文字＋放送＝**文字放送**
文字＋ラジオ＝**見えるラジオ**

もちろん
もちろん

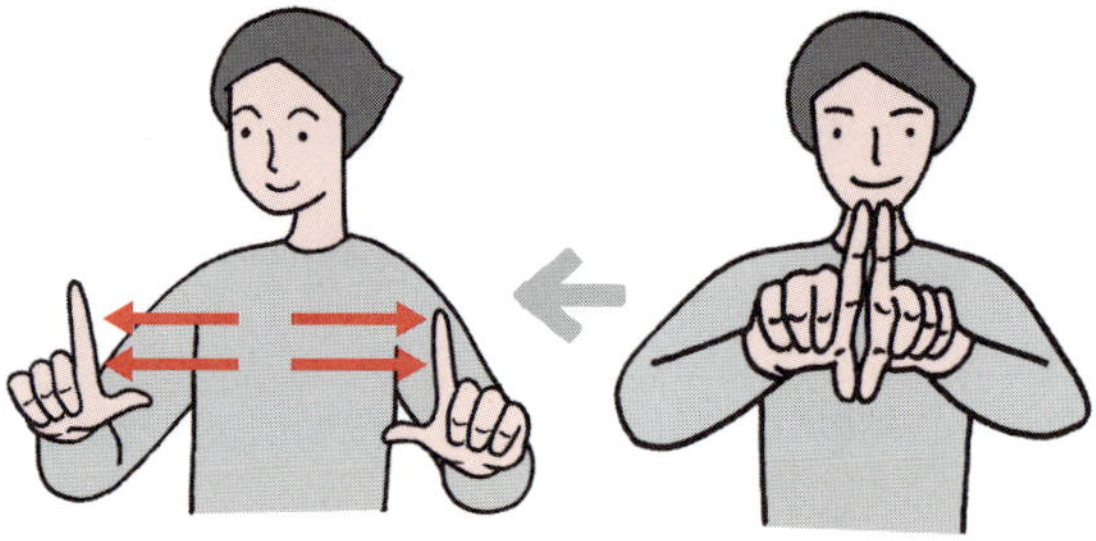

両手の親指と人差し指を伸ばして合わせる。

両手を2回、左右に引く。

解 1回だけ引くと「**普通**」になる。

同 あたり前・当然

使い方例
もちろん＋本当＝**もちろん本当です**
結果＋もちろん＝**当然の結果**

持つ
もつ

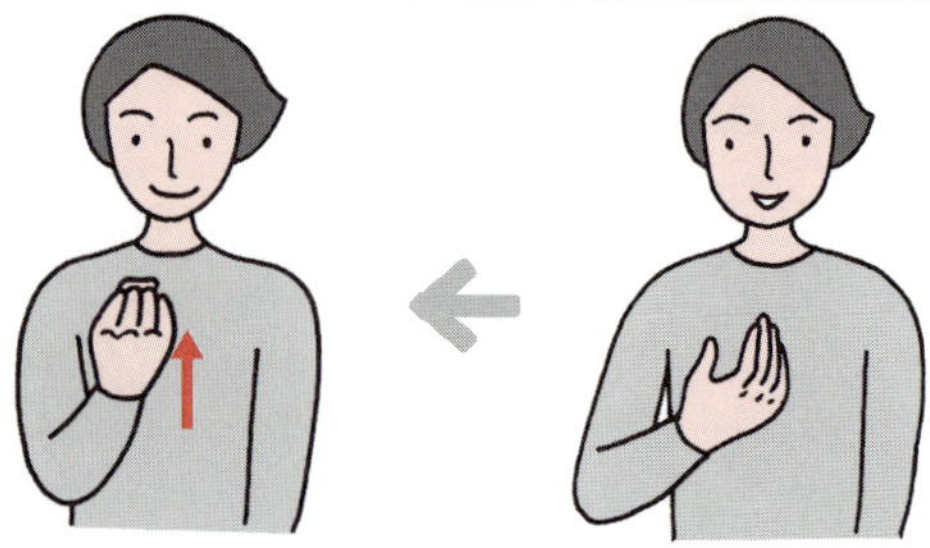

右手の手のひらを上に向ける。

右手を上げながら握る。

解 何かを持つ様子を表す。

使い方例
家＋持つ＝**家を持っている**
持つ＋お金＝**持ち金**
エイズ＋持つ＝**エイズ患者**
持つ＋ラジオ＝**携帯ラジオ**

もっていない

持っていない

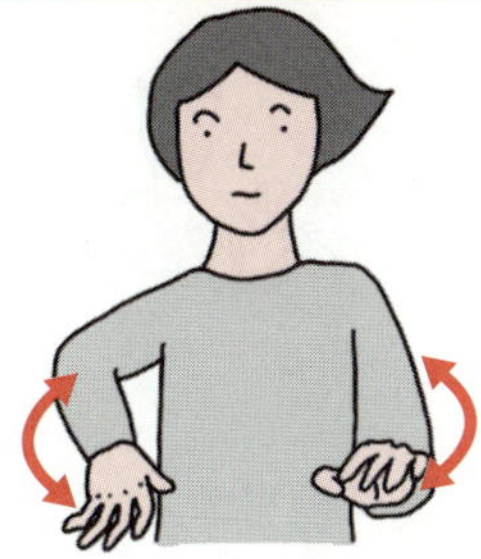

両手のひらを下に向け、体の横で交互にブラブラ前後に振る。

同 手ぶら・無職

使い方例

仕事＋持っていない＝**無職**
家＋持っていない＝**ホームレス**
お金＋持っていない＝**無一文**

もってくる

持ってくる

誰かが持ってくる

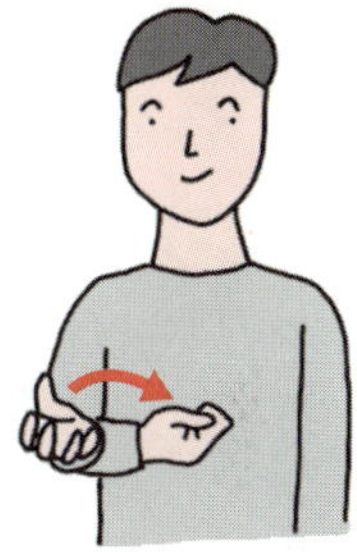

前方で、軽くわん曲させた右手を手を握りながら引き寄せる。

自分で持っていく

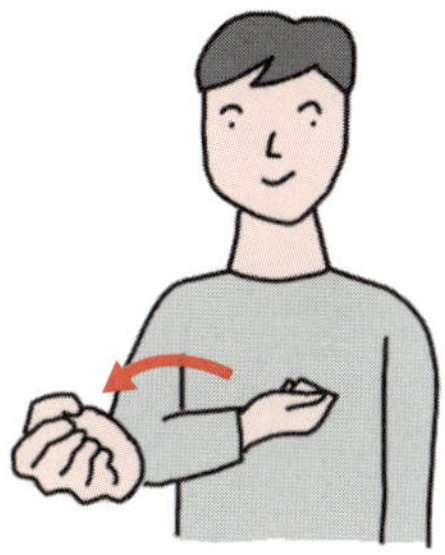

体の右側で、握った右手を上向きにかまえ、前に出す。

解 状況によって、表現が異なる。

使い方例

ゴミ＋持っていく＋お願い①＝**ゴミはお持ち帰りください**
明日＋弁当＋持ってくる＋お願い①＝**明日お弁当を持ってきてください**

もとめる

求める

左の手のひらに右の手のひらを上向きにしておく。

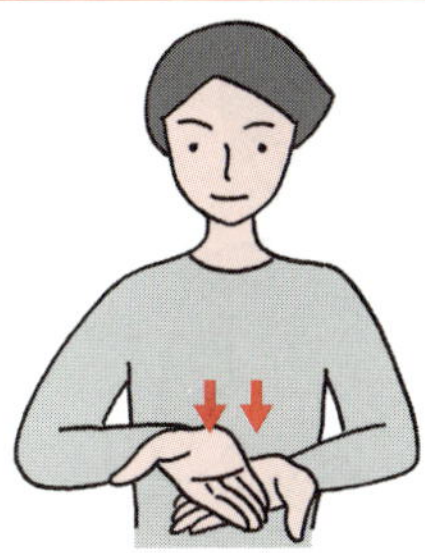

２回打ちつける。

解 何かを注文するときなど、注文する物のあとにつけて表すこともできる。

参 「求める」＋「申し込む」で「**要望**」となる。

同 ください・要求する

使い方例

求める＋申し込む＝**要望**
ケーキ＋３＋求める＝**ケーキを３個ください**

要望を申し出てください。

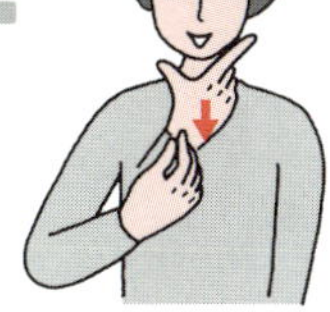

希望
P.158

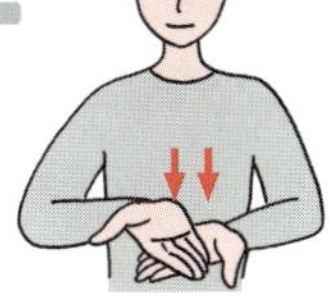

求める

申し込む
P.538

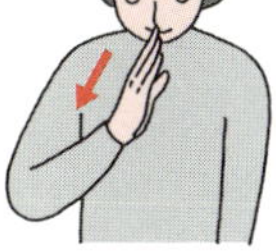

お願い
P.98

物（もの）

右の親指と人差し指で輪を作り、手首を手前にひねる。

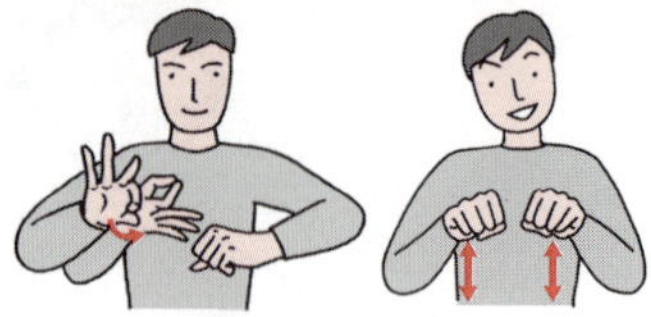

生物

参「生きる＋物」で「**生物**」となる。

使い方例
- 探す＋物＝**探し物**
- 大切＋物＝**大切な物**
- 要らない＋物＝**不用品**
- もらう＋物＝**もらい物**

物語（ものがたり）

右手の親指を左腕にあてて、手首まで下ろす。

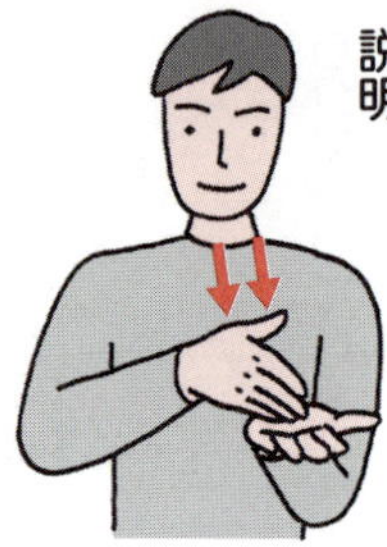

左の手のひらに、右手の指先をトントンと２回あてる。

参「物＋話す」でも表現できる。

同 説明…説得

使い方例
- 歴史＋物語＝**歴史物語**
- 悲しい＋物語＝**悲しい物語**

もみじ

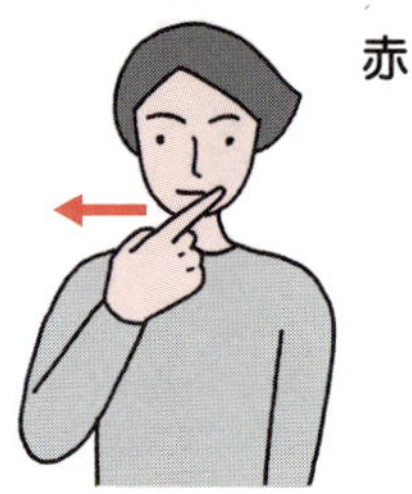

右手の人差し指を伸ばしてくちびるにあて、右に引く。

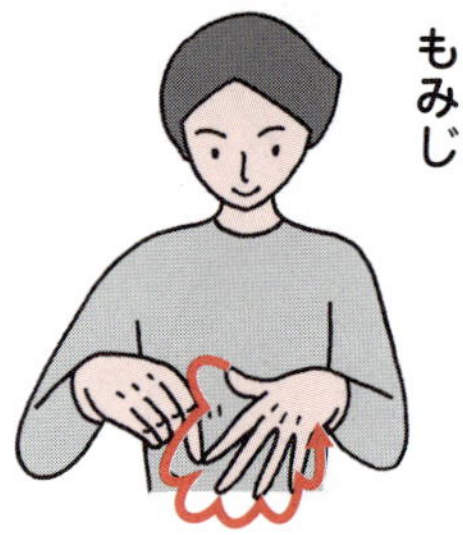

右手の人差し指で、左手の指をなぞる。

解 赤…くちびるの色、すなわち「赤」を表す。
もみじ…もみじの葉の形を表す。

使い方例
- もみじ＋見る①＝**もみじ狩り**
- もみじ＋まんじゅう＝**もみじまんじゅう**

もらう

両手の手のひらを上向きにし、同時に手前に引き寄せる。

あげる

参 片手で表すこともできるが、ややラフなニュアンスになる。

反 両手を前に出すと、「**あげる**」となる。

使い方例
- もらう＋物＝**もらい物**
- お金＋もらう＝**お金をもらう**
- お金＋もらう＋休み＋取る＝**有給休暇**

もらす

もらす

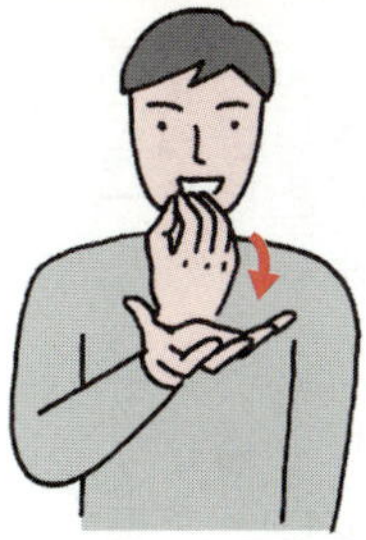

軽く握った右手を口元におき、開きながら少し下げる。

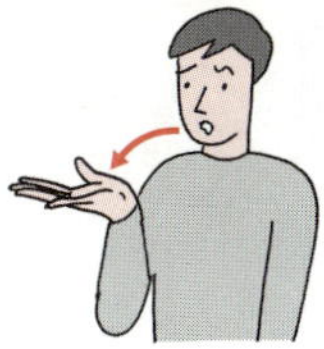

吐く

解 ポロッと話してしまう様子から。

参 あふれるように大きく表現すると、「**吐く**」となる。

同 実は・打ち明ける

使い方例
秘密＋もらす＝**秘密をもらす**
もらす＋離婚＝**実は離婚しました**

もり

森

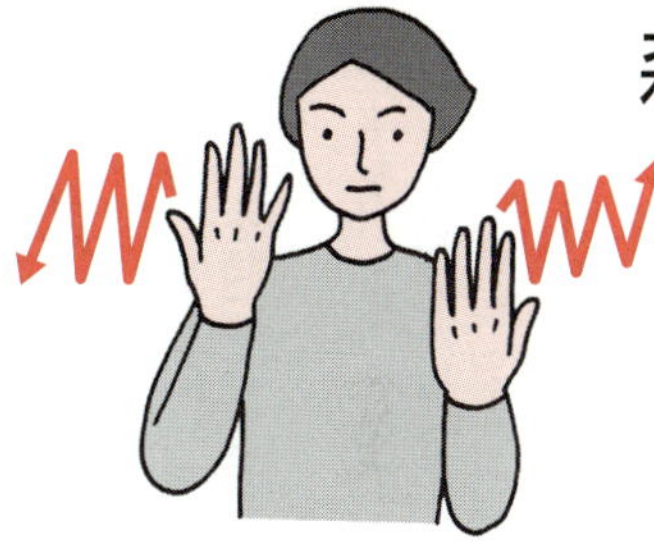

両手を並べ、大きく上下に動かしながら左右に引き離す。

解 木がたくさん生えている様子を表す。

参 手を小さく動かすと「**草**」になる。また、手のひらを向かい合わせて交互に上下に動かすと、「**林**」になる。

使い方例
森＋田＝**森田**
青＋森（ただし、上下に動かすだけ）＝**青森**
森＋公園＝**森林公園**

もんだい

問題

両手の親指と人差し指をそれぞれつけ、左右に離して直角に下ろす。

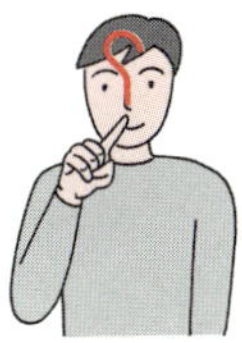

クイズ

解 漢字の「問」の「門がまえ」の形から。

参 右手の人差し指で自分から見て「？」と空書すると、「**クイズ**」になる。

同 ～について

使い方例
社会＋問題＝**社会問題**
家庭＋問題＝**家庭の問題**
いじめ＋問題＝**いじめ問題**
環境＋問題＝**環境問題**

や

自分から見た形

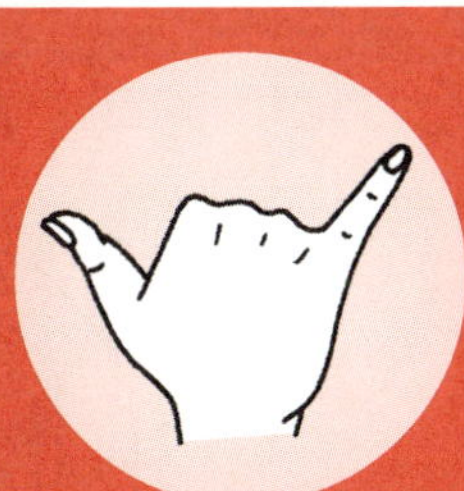

相手から見た形

親指と小指を立てて、「Y」の形になる。

やぁ

やぁ

手のひらを下に向けた右手を、こめかみのあたりから、前に出す。

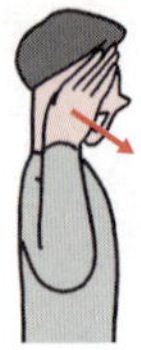

横から見たとき

参 「やぁ」と呼びかける感じで表現する。「おはよう」や「こんにちは」「お帰り」「ただいま」など、たいていのあいさつに使える便利な単語。

使い方例

やぁ＋久しぶり＝**やぁ、久しぶり**

やぁ＋元気？＝**やぁ、元気？**

野球

やきゅう

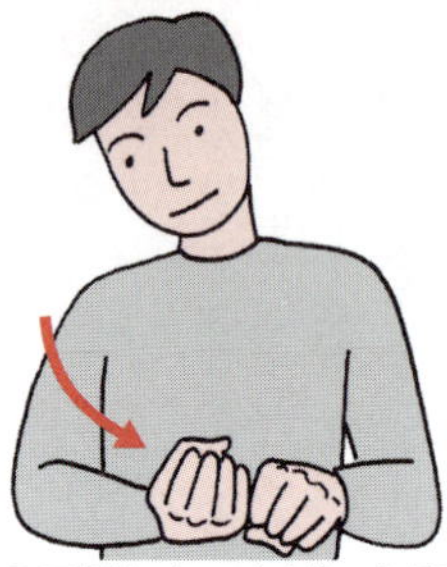

両手のこぶしをつなげ、左下に振る。

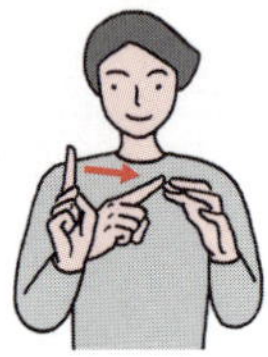

ほかの表現

解 バットを持って振る様子を表す。

参 左手をボール、右手の人差し指をバットに見立て、ボールを打つ表現もある。

使い方例

野球＋場所＝**球場**

野球＋帽子＝**野球帽**

プロ＋野球＝**プロ野球**

野球＋選手＝**野球選手**

役員

やくいん

役

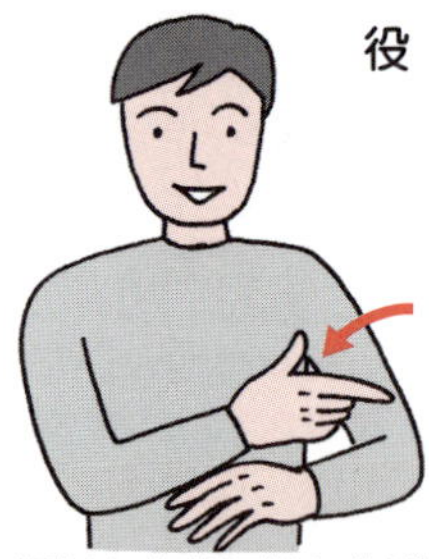

右の親指と人差し指を伸ばして左腕にあて、右に少し動かす。

員

右の親指と人差し指で輪を作り、左胸におく。

参 「員」だけでよい場合もある。

同 役…係・当番

使い方例

アルファベットの「P」「T」「A」＋役員＝**PTA役員**

会社＋役員＝**会社役員**

役員＋部屋＝**役員室**

やくざ

やくざ

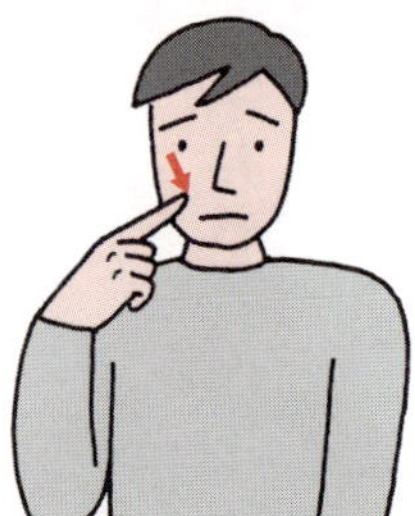

右手の人差し指を伸ばして右のほおにあて、斜め下に動かす。

解 顔についた傷を表す。

参 わん曲させた右手を顔におき、さするようにする表現もある。

使い方例

やくざ＋映画＝**やくざ映画**

芝居＋やくざ＋係＝**芝居のやくざ役**

役所

やくしょ

役場

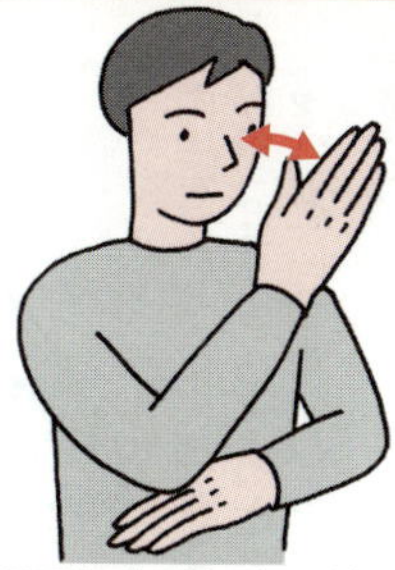

左手の甲に右ひじをのせ、右手を前後に振る。

場所

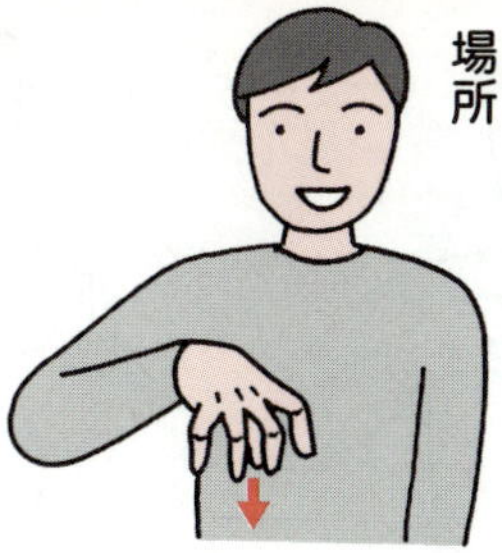

右手を軽くわん曲させて下に向け、軽く下げる。

同 役場

使い方例

市＋役所＝**市役所**

区＋役所＝**区役所**

村＋役所＝**村役場**

約束

やくそく

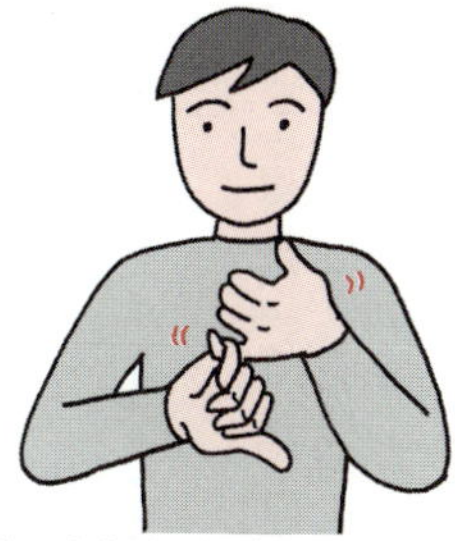

両手の小指を伸ばして上下におき、からめて軽く振る。

約束を破る

解 指切りげんまんする様子を表す。

反 からめた小指を上下に離すと、「**約束を破る**」になる。

同 必ず・きっと・守る・予約

使い方例

会う＋約束＝**会う約束**

約束＋スケジュール＝**予約表**

結婚＋約束＝**婚約**

役立つ

やくだつ

役

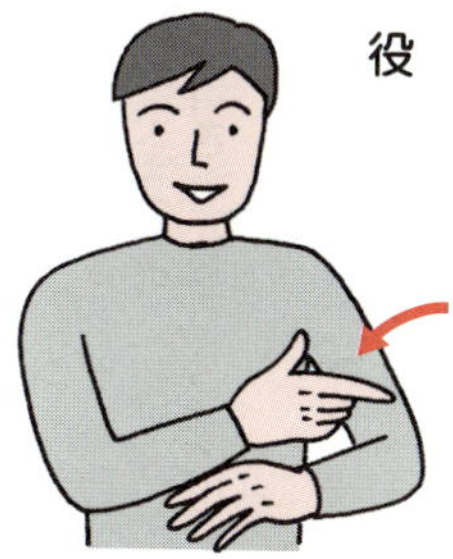

右の親指と人差し指を伸ばして左腕にあて、右に少し動かす。

立つ

右の人差し指と中指を下に伸ばして、左手にのせる。

解 立つ…右の2指を人の足に見立て、立つ様子から。

同 役…係・当番

使い方例

役立つ＋～したい＝**役立ちたい**

役＋員＝**役員**

やけど

やけど

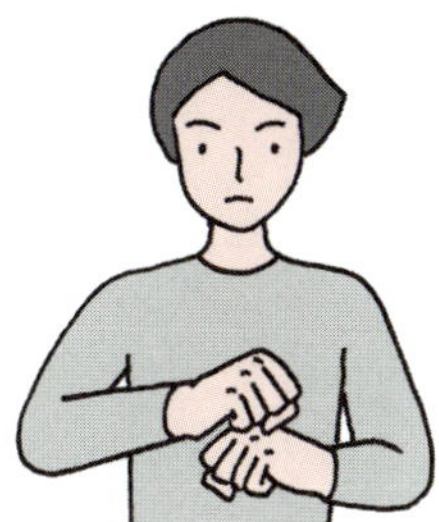

両手を握り、右手を左手にのせる。

右手を開く。

解 やけどのケロイドを表す。

参 「火＋やけど」で表してもよい。右の表現は手のやけどの場合で、そのほかの部位のやけどの場合は、その部位に触れてから「やけど」を表す。

野菜
やさい

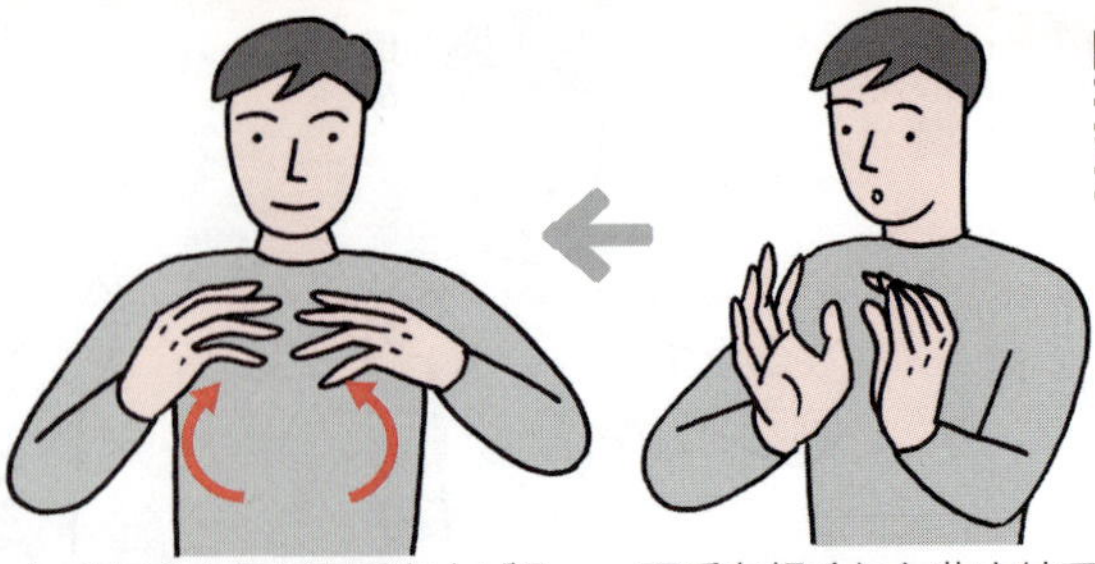

両手を軽くわん曲させて向かい合わせる。

丸くなるように両手を上げる。

参 両手を2回上げて真ん中で指が重なるようにすると、「**キャベツ**」になる。

同 サラダ

使い方例

野菜＋ジュース＝**野菜ジュース**
野菜＋足りない①＝**野菜不足**
煮る＋野菜＝**温野菜**

優しい
やさしい

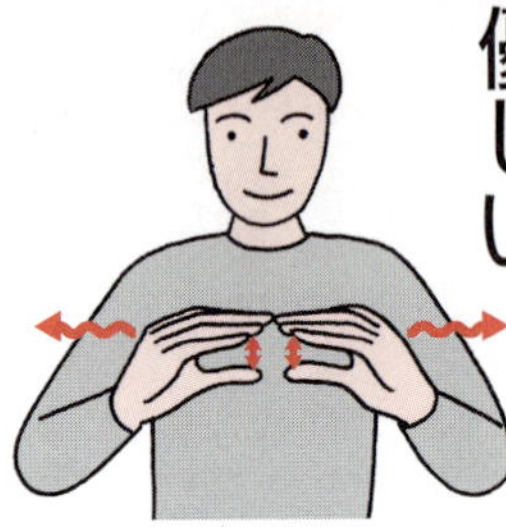

両手の親指とほかの指を向かい合わせ、フワフワさせて開く。

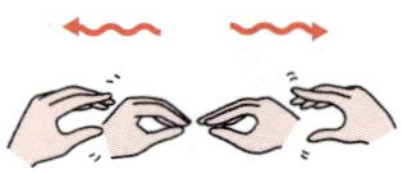

手前から見たとき

解 指を閉じたり開いたりすることで、フワフワと優しい感じを表す。

参 「心＋優しい」で表現することもある。

同 （ゲームなどの）ソフト・やわらかい

使い方例

優しい＋性格＝**優しい性格**
優しい＋あなた＝**優しいね**
思う＋優しい＝**思いやり**
心＋優しい＝**心優しい**

安い
やすい

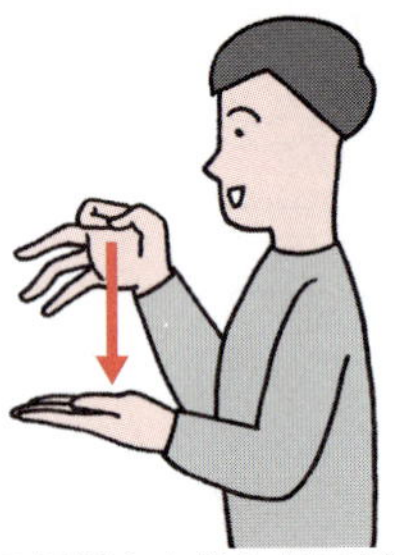

右手の親指と人差し指で輪を作って下げ、左手にのせる。

（値段が）高い

参 両手で輪を作り、同時に斜めに下ろすと、「**値下がり**」「**値引き**」になる。

反 左手を添えないで輪を上げると、「**（値段が）高い**」。

使い方例

洋服＋安い＝**安い服**
円＋安い＝**円安**
安い＋過ぎる＝**安過ぎる**

休む
やすむ

両手の手のひらを下に向け、左右から寄せて、中央で合わせる。

横から見たとき

参 夏休みや冬休みなど、休みが長いときは「夏＋休む＋休む……」というように、「休む」を繰り返して表現する。

同 休暇・休日・休み

使い方例

赤＋休む＝**日曜日**
春＋休む＝**春休み**
お金＋もらう＋休み＋取る＝**有給休暇**

やせている
やせている

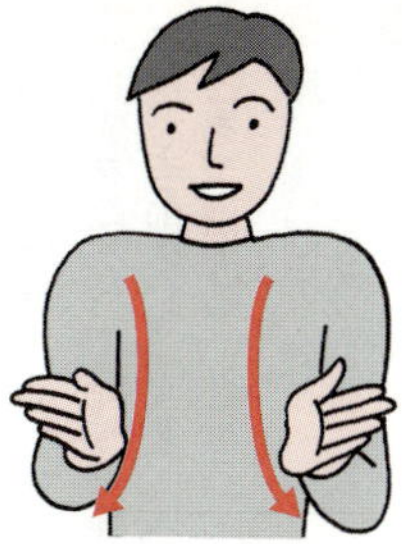

両手の手のひらを向かい合わせ、幅を狭めながら下ろす。

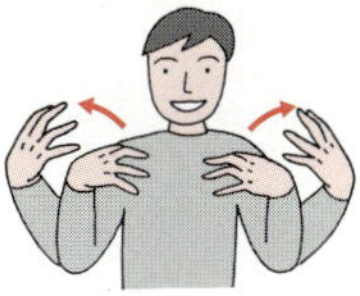

太い

解 ほっそりしたウエストライン。

参 両手の甲を両方のほおにあてて、あごの方に滑らせると、「顔がやせている」になる。

反 「**太い**」は両手を左右に広げて表す。

同 ダイエット・（体が）細い・やせる

使い方例
- やせている＋人①＝**やせた人**
- やせている＋～したい＝**やせたい**

家賃
やちん

手のひらを下に向けた両手を斜めにして指先を合わせる。

右手の親指と人差し指で輪を作って、軽く振る。

解 家…屋根の形を表す。
お金…右手で作った輪はお金を意味する。

参 「**賃貸**」は「借りる」で表す。
「ありがとう＋お金」で「**礼金**」となる。

薬局
やっきょく

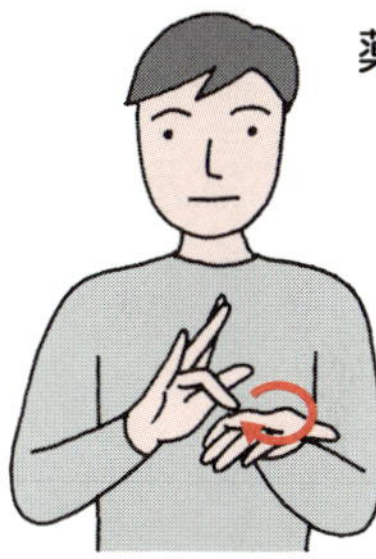

右手の薬指を左手の手のひらにおき、小さく回す。

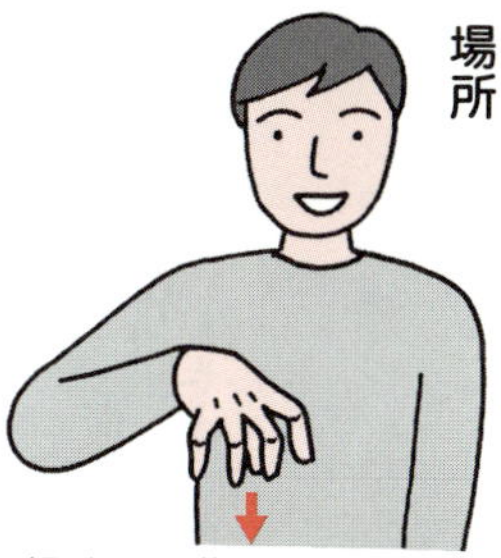

軽くわん曲させた右手を少し下げる。

参 「場所」の代わりに「店」を使っても表現できる。

使い方例
- 薬局＋支社＝**薬局チェーン**
- 胃＋薬＝**胃薬**
- 薬＋資格＝**薬剤師**

やっと
やっと

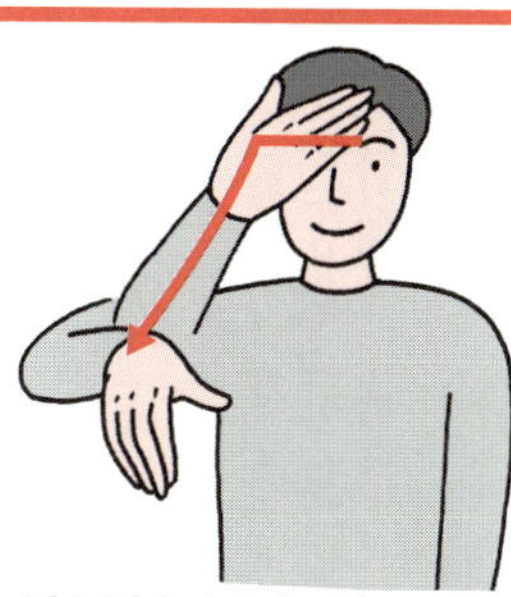

右手の手のひらをひたいにあてて、右に引いたあと、振り落とす。

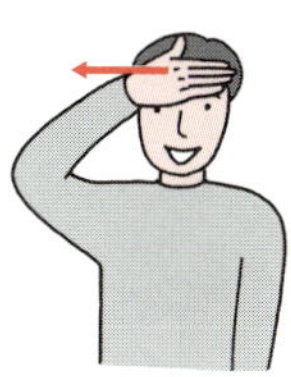

若い

参 振り落とさずに右に引くだけだと、「**若い**」になる。

同 ついに

使い方例
- やっと＋仕事＋終わる＝**やっと仕事が終わった**
- やっと＋結婚＝**やっと結婚する**

屋根 やね

手のひらを下に向けた両手を斜めにして指先を合わせる。

解 屋根の形を表す。

参 指先を前にして屋根を作った形を手前に起こすと、「**(家など) 建てる**」となる。

同 家

使い方例

屋根＋直す＝**屋根の修理**
赤＋屋根＝**赤い屋根**

やはり やはり

両手の親指と人差し指を立てて、指先をくっつけながら下げる。

横から見たとき

参 「やっぱり!」と、相手の話に同意するときにも使う。また、指先を2回くっつけるだけで下げないと、「**同じ**」になる。

同 きちんと

使い方例

やはり＋離婚＝**やはり離婚したのね**
やはり＋素直＝**やっぱり正しい**

山 やま

右手の手のひらを下に向けて、弧を描いて山の形にする。

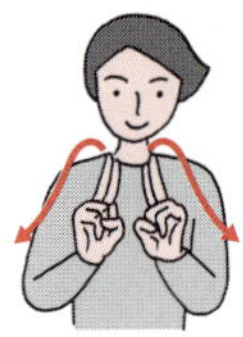

山脈

解 山の形を表す。

参 両手の人差し指と中指を左右に下ろすようにして山を描くと、「**山脈**」になる。

使い方例

山＋登る＝**登山**
山＋田＝**山田**
山＋道路＝**山道**
山＋ぶどう＝**山梨**

辞める やめる

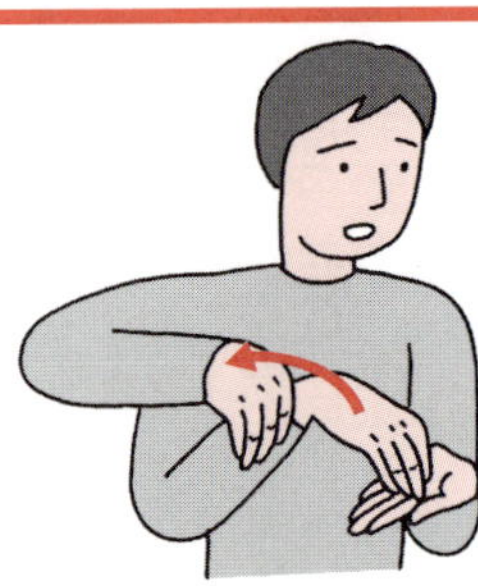

左の手のひらにすぼめた右手をのせ、手前に引く。

取り消す

解 今いる場所から退く様子を表す。

参 左の手のひらを引っかくようにして捨てる動きをすると、「**取り消す**」となる。

同 引退

使い方例

学校＋途中＋辞める＝**中退**
会社＋辞める＝**退職**
サークル＋辞める＝**サークルを退会する**

やらせ

やらせ

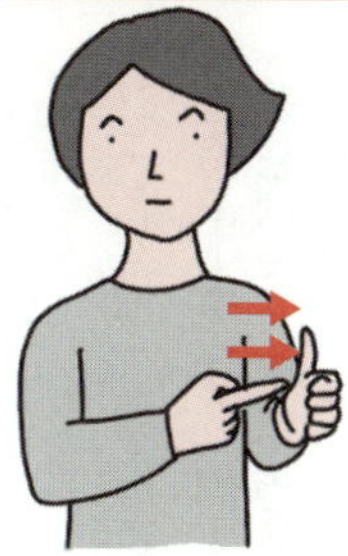

親指を立てた左手を、右手の人差し指で2回押し出す。

解 左手は「人」を表し、何かを無理やりやらせようとしている様子を表す。

同 やらせる・そそのかす

使い方例

嫌い②＋あなた＋やらせ＝**無理強いする**

友達＋やらせ＝**友達をそそのかす**

やり直す

やりなおす

両手のこぶしを寝かせてつなげる。

両手を同時に起こす。

同 回復・再生・治る・再び・もう一度・戻す・戻る

使い方例

やり直す＋お願い①＝**やり直してください**

やり直す＋結婚＝**再婚**

やわらかい

やわらかい

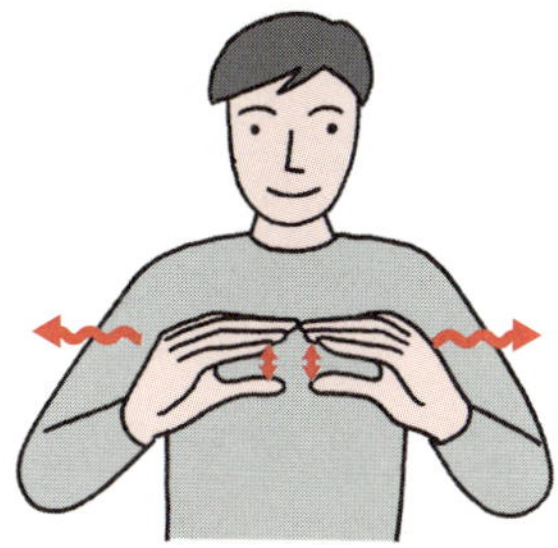

両手の親指とほかの指を向かい合わせ、フワフワさせて開く。

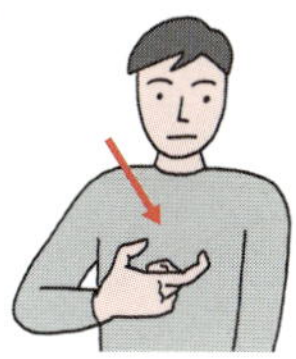

かたい

解 指先を近づけたり離したりすることで、フワフワとやわらかい感じを表す。

反 「**かたい**」は、親指と人差し指を曲げて斜め下に下ろす。

同 （ゲームなどの）ソフト・優しい

使い方例

毛布＋やわらかい＝**やわらかい毛布**

豆腐＋やわらかい＝**やわらかい豆腐**

ゆ

自分から見た形

相手から見た形

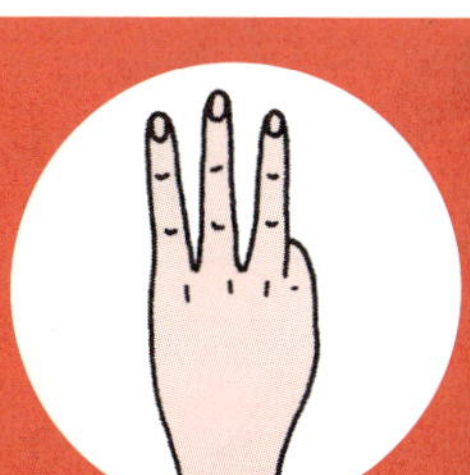

人差し指と中指、薬指を立てて、「湯（ゆ）」の温泉マークを表す。

遊園地
ゆうえんち

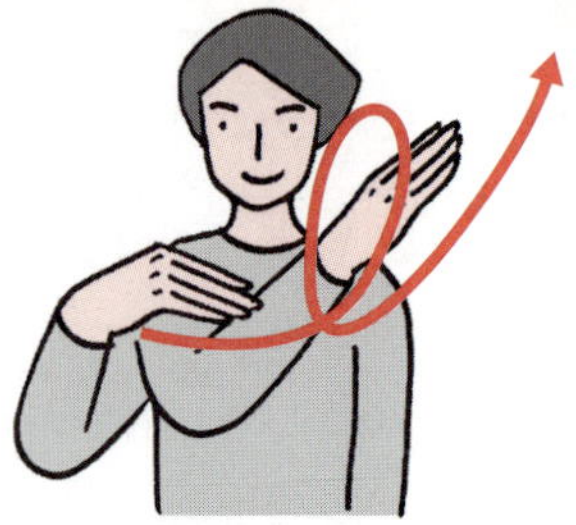

右手をそろえて伸ばし、左に一回転半させる。

ミッキーマウス

解 ジェットコースターを表す。

参 「ミッキーマウス（両手の人差し指でミッキーマウスの耳の形を描く）」＋「場所」で「**ディズニーランド**」になる。

使い方例
楽しい＋遊園地＝**後楽園遊園地**
静岡＋急行＋遊園地＝**富士急ハイランド**

夕方
ゆうがた

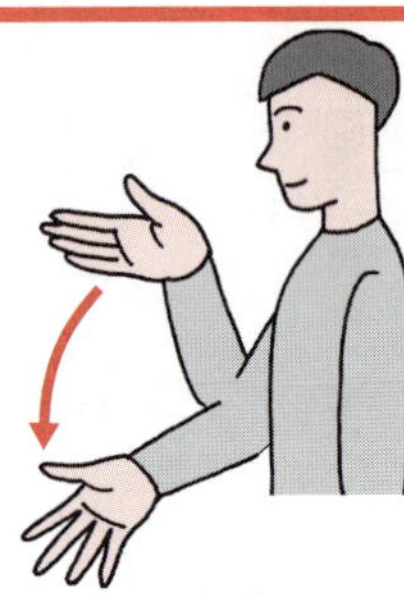

右手のひじを曲げてから、指の間を開きながら下ろす。

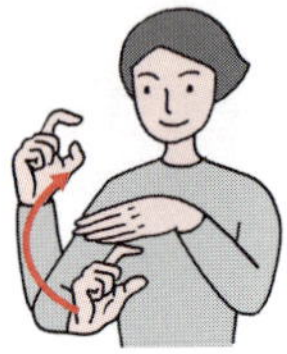

明け方

反 「**明け方**」は、右手の親指と人差し指を曲げ、左手の下から、ゆっくり上げていく。

使い方例
夕方＋新聞＝**夕刊**
夕方＋雨＝**夕立ち**
夕方＋日が沈む＝**夕暮れ**

勇気
ゆうき

両手の親指と人差し指を伸ばしてお腹にあてる。

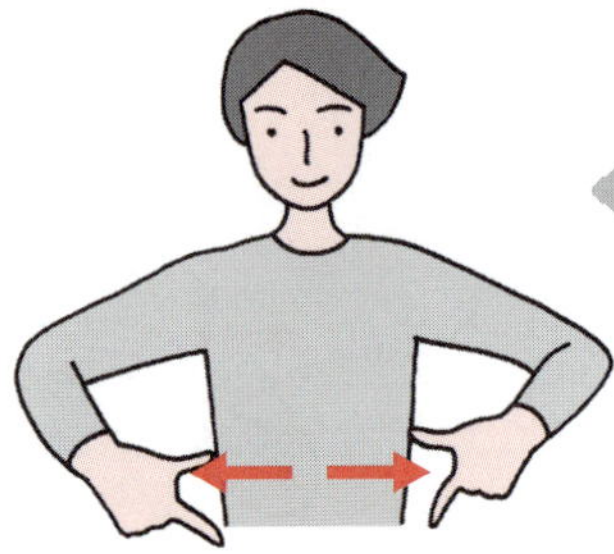

両手を左右に開く。

解 「度量が広い」＝「勇気がある」という意味から。

使い方例
勇気＋ない①＝**勇気がない**
勇気＋ある＝**勇気がある**
勇気＋素晴らしい＝**勇敢な**

優勝
ゆうしょう

両手を握って、優勝旗を持つしぐさをする。

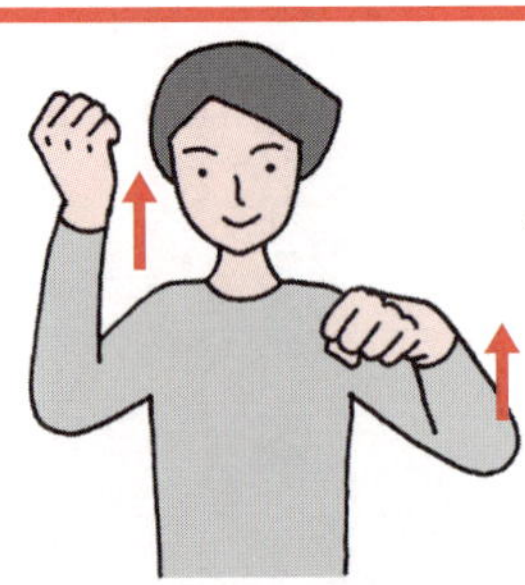

そのまま両手を上げる。

解 優勝旗を持って上げる様子から。

使い方例
逆＋優勝＝**逆転優勝**
優勝＋グループ＝**優勝チーム**
優勝＋男（女）＝**優勝者**

ゆうせん
優先

右手は人差し指を伸ばし、左手は5指を伸ばす。

水平に回して、右手を前に左手を後ろにする。

解 人差し指を左手の前に出すことによって、ほかより先であることを表す。

参 回すようにしないで、まっすぐ左手の前に出すと「**代表**」となる。

使い方例
優先＋席＝**優先席**
優先＋道路＝**優先道路**
歩く＋優先＝**歩行者優先**

ゆうびんきょく
郵便局

両手の指で、「〒」マークを作る。

軽くわん曲させた右手を少し下げる。

解 郵便…郵便局の〒マークを表す。

同 郵便…手紙
場所…～所・～場

使い方例
郵便局＋長＝**郵便局長**
中＋指文字の「ノ」＋郵便局＝**中野郵便局**

ゆうめい
有名

左手の手のひらを前に向け、右手の人差し指をあてて同時に上げる。

名前

参 右手の人差し指の代わりに親指をあてるだけだと、「**名前**」。

反 逆に、同じ形で同時に下げると、「**無名**」になる。

同 栄光・名誉

使い方例
有名＋人②＝**有名人**
有名＋ブランド＝**有名ブランド**
地域＋有名＋酒＝**地酒**

ゆうやけ
夕焼け

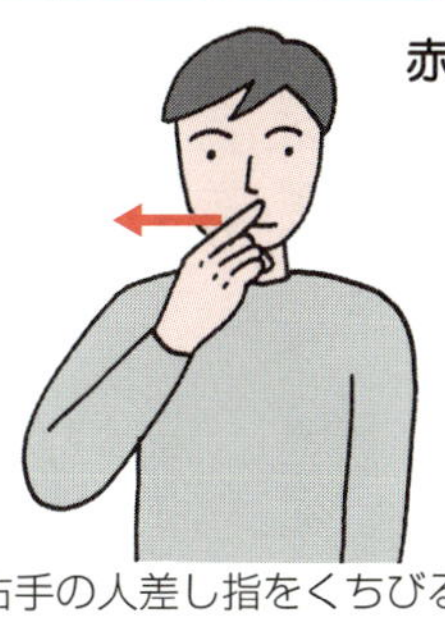

右手の人差し指をくちびるにあて、右に引く。

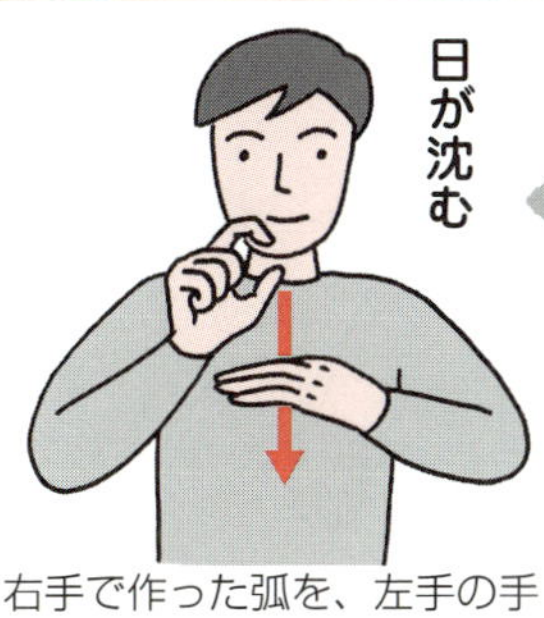

右手で作った弧を、左手の手前から下げていく。

解 赤…くちびるの色が赤いことから。

使い方例
夕焼け＋空＝**夕焼け空**
夕焼け＋きれい＝**きれいな夕焼け**

有料 ゆうりょう

右手の親指と人差し指で輪を作って、前に出す。

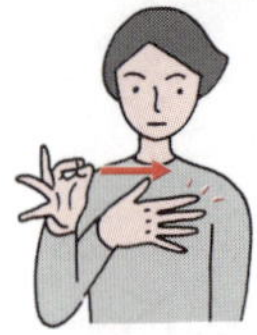

無料

解 お金を払う様子を表す。

反 輪を作った右手を左にパッとはじくと、「**無料**」になる。

同 支払い・支払う・払う

使い方例

道路＋有料＝**有料道路**

トイレ＋有料＝**有料トイレ**

雪 ゆき

両手の親指と人差し指で輪を作り、交互に揺らしながら手首をひねって下げる。

解 雪が降る様子を表す。

参 下ろす速度を速めると「**大雪**」、遅くすると「**小雪**」となる。

使い方例

雪＋風＝**吹雪**

雪＋山＝**雪山**

雪＋女＝**雪女**

雪＋祭り＝**雪祭り**

輸血 ゆけつ

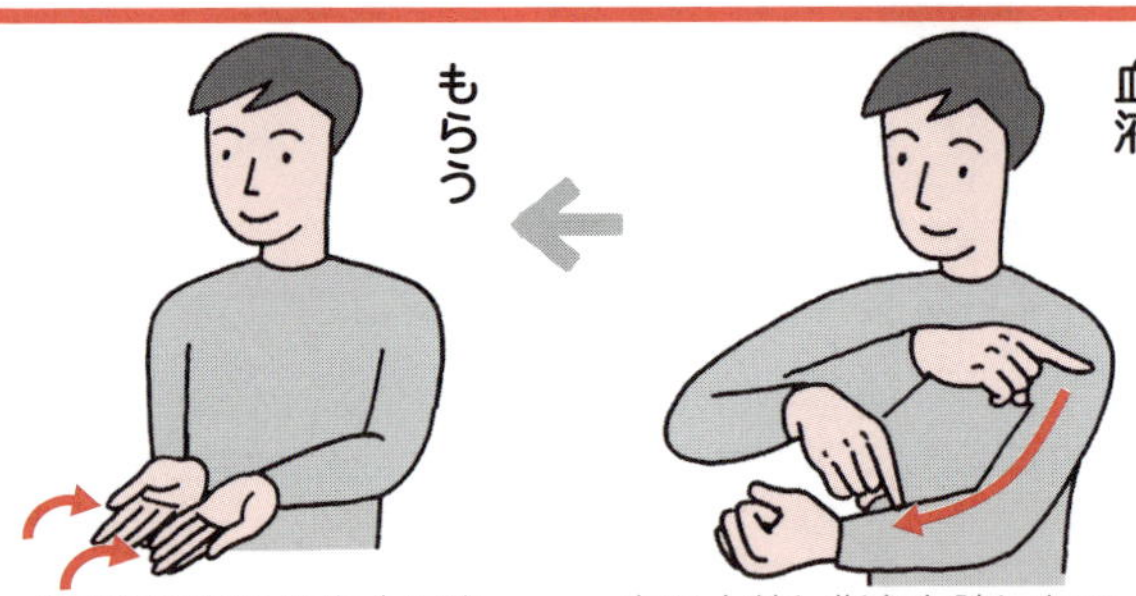

右の人差し指を左腕にあて、手首まで動かす。

両手の手のひらを上に向けて並べ、手前に引く。

反 「血液＋あげる」で、「**献血**」。

使い方例

輸血＋間違う＝**輸血ミス**

輸血＋足りない①＝**輸血する血液が足りない**

油断 ゆだん

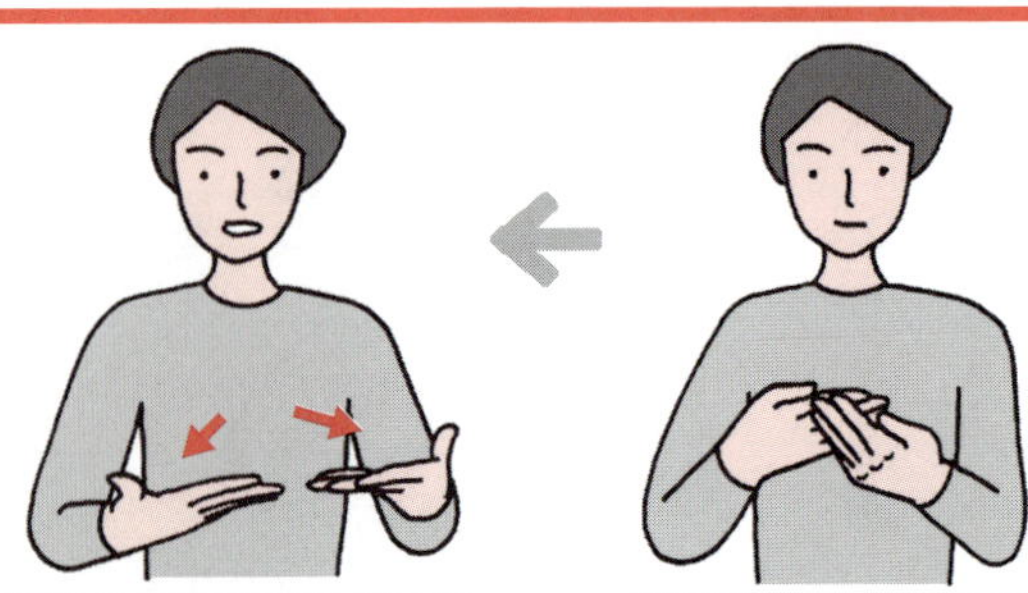

胸の前で両手を重ねる。

両手の指を開きながら下げる。

解 引き締まっていた気持ちが緩む様子から。

参 顔の前で同様の表現をすると、「**ぼける**」となる。

使い方例

油断＋否定＝**油断大敵**

油断＋簡単＝**油断しやすい**

ゆっくり
ゆっくり

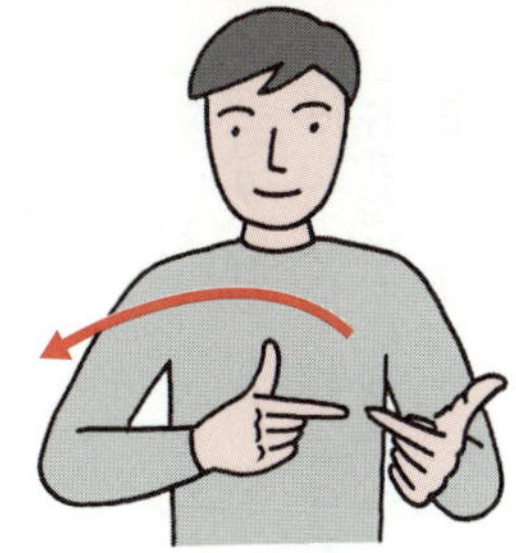

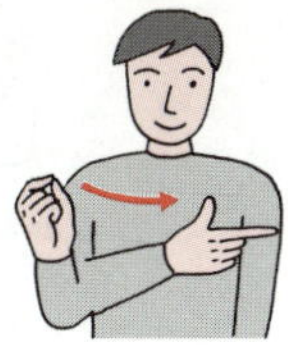
急ぐ

親指と人差し指を伸ばして指先を向かい合わせ、同時に右に動かす。

参 ゆっくりと動かすと、「とてもゆっくり」の意味を表すことができる。

使い方例
食べる＋ゆっくり＝**食べるのが遅い**
ゆっくり＋寝る＝**ゆっくり寝る**

指文字
ゆびもじ

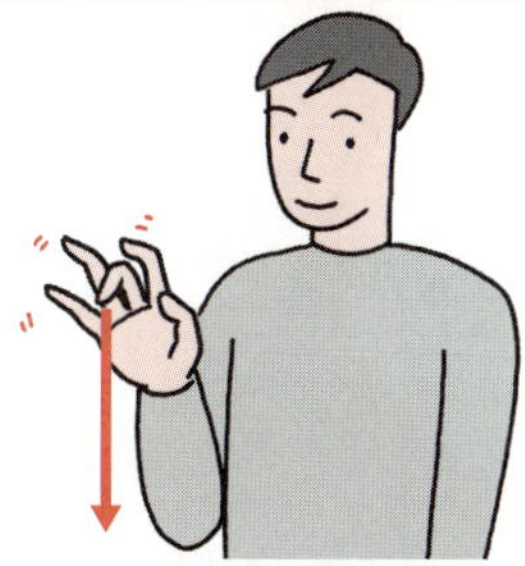

右手の手のひらを前に向け、指を軽く曲げて動かしながら下げる。

参 指文字とは、日本語の五十音を指の形で表したもの（巻末の指文字ポスター参照）。

使い方例
指文字＋指文字の「ア」＝**指文字の「ア」**
指文字＋難しい＝**指文字は難しい**

指輪
ゆびわ

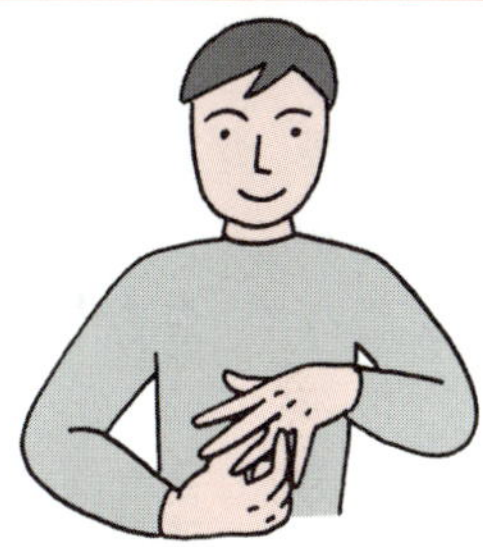

右の指で左の薬指をおおうようにし、左の指先から根元まで動かす。

解 指輪をはめる様子から。

参 右手の親指と人差し指を合わせて左の手首を一周させると、「**ブレスレット**」となる。

使い方例
金＋指輪＝**金の指輪**
白＋金＋指輪＝**銀の指輪**
結婚＋指輪＝**結婚指輪**
結婚＋約束＋指輪＝**婚約指輪**

夢
ゆめ

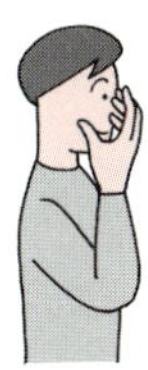
横から見たとき

右手を軽くわん曲させて上向きにし、頭の横から離していく。

同 想像・たぶん・夢想・予想

使い方例
（～した）あと＋夢＝**これからの夢**
昨日＋夜＋夢＝**昨夜の夢**

許す
ゆるす

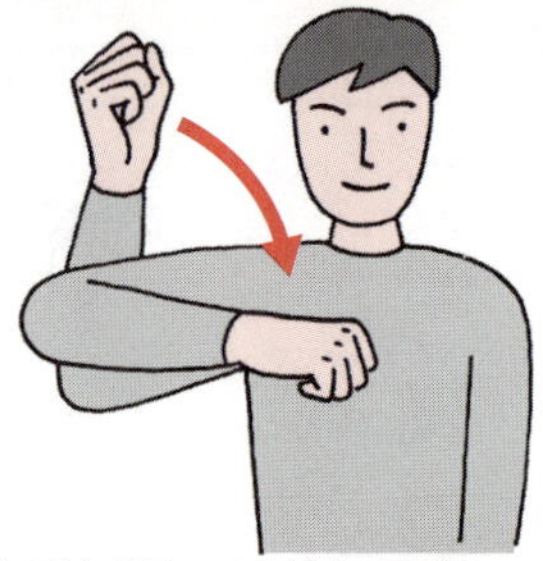

右手を握り、手首を下げる。

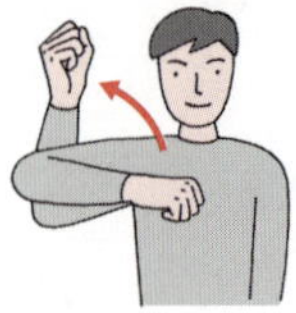

許さない

解 うなずく様子から。

反 逆に、下げた手首を上げると、「**許さない**」になる。

同 肯定・認める

使い方例
- 結婚＋許す＝**結婚を許す**
- 許す＋無理＝**許せない**
- 公＋許す＝**公認**

よ

自分から見た形

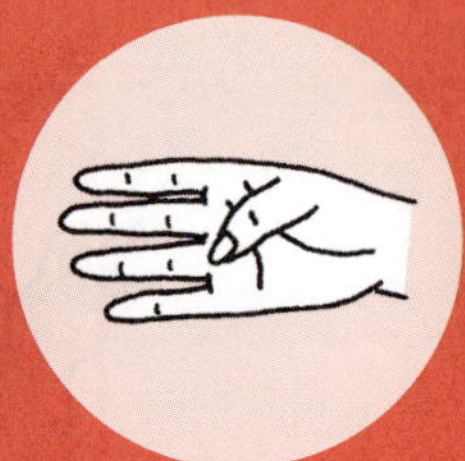

相手から見た形

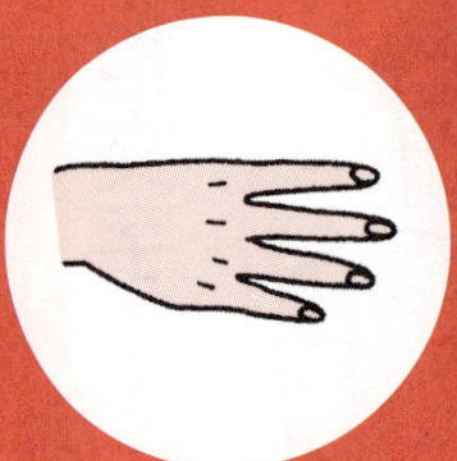

親指以外の４本の指を横に出す。
「四」と同じ。

よい
よい

右手のこぶしを、鼻から前に出す。

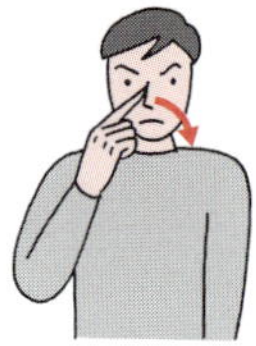

悪い

参 「よい」を表現したあと、手を下げる「お願い」を表すと、「**よろしくお願いします**」となる。

反 人差し指で鼻の頭をかすめるように斜め下に動かすと、「**悪い**」になる。

使い方例
- よい＋子ども＝**いい子**
- よい＋悪い＝**善悪**
- よい＋人①＝**いい人**
- 頭＋よい＝**頭がいい**

酔う
よう

両手の人差し指の先を両目に向けて、グルグルと回す。

解 酔って目が回る様子を表す。

参 両手の親指と人差し指で輪を作り、目の前においてから、斜めに上げる表現もある。

同 貧血・めまい・酔っ払い

使い方例
- 酔う＋防ぐ＋薬＝**酔い止め薬**
- 酔う＋倒れる＝**酔って倒れる**
- バス＋酔う＝**バスに酔う**
- 乗り物＋酔う＝**乗り物酔い**

ようい
用意

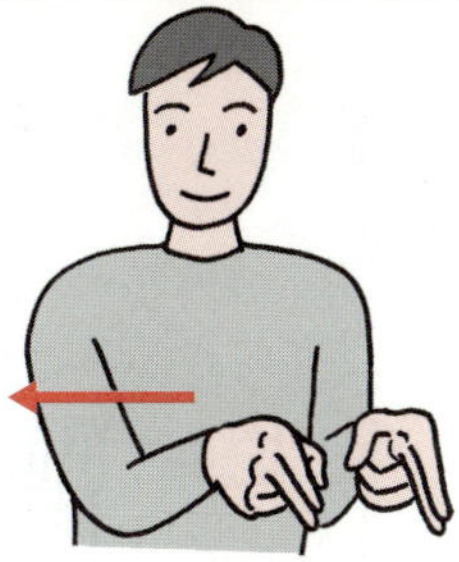

横から見たとき

両手の人差し指と中指をそろえて伸ばし、同時に右へ動かす。

参 右へ動かすとき、トントンと上下させながら動かす表現もある。

同 片づけ・準備・制度・整理

使い方例
用意＋体操＝**準備体操**
前＋用意＝**下ごしらえ**
用意＋全部＝**準備万端**
材料＋用意＝**材料の用意**

ようかん
ようかん

甘い

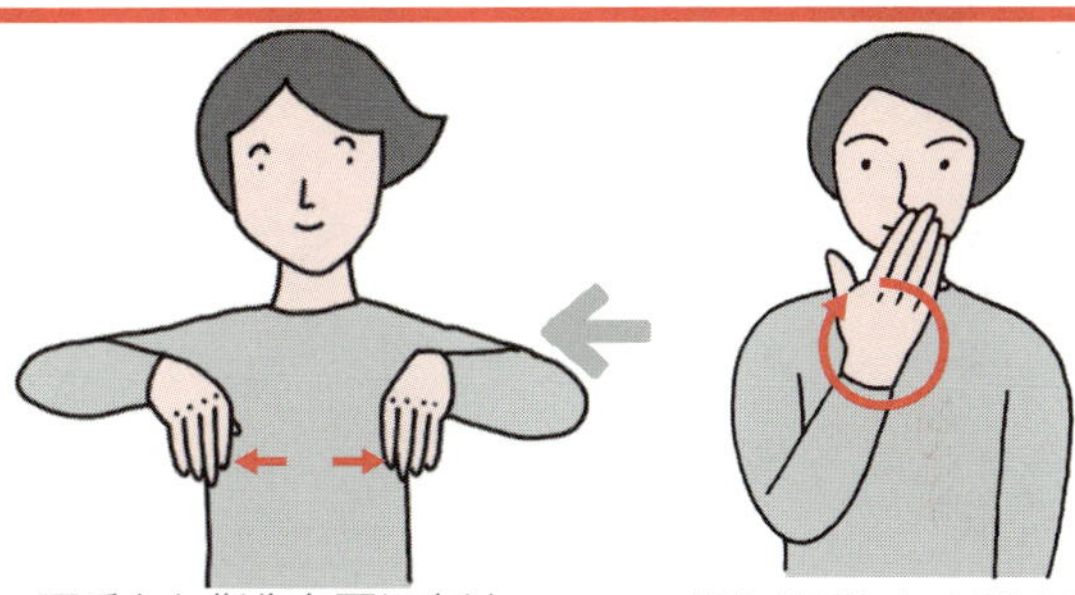

指を伸ばした右手の手のひらを口元において、回す。

両手とも指先を下に向け、合わせ、同時に横に引く。

解 最初の動作は「甘い」の手話、次の動作はようかんの形を表す。

使い方例
茶色＋ようかん＝**栗ようかん**
塩＋ようかん＝**塩ようかん**
偉い＋ようかん＝**高級ようかん**

ようし
養子

左手の親指を立てて、前から右手を添える。

右手で左手を手前に引き寄せる。

解 子どもをもらう様子から。

使い方例
養子＋味方＝**養子縁組**
養子＋認める＋考える＋方法＝**養子肯定派**

(〜の)ようだ
(〜の)ようだ

右手の人差し指と中指を伸ばしてそろえ、2回チョンチョンと振る。

参 不確かな断定、推量を表す。

同 〜らしい

使い方例
明日＋雨＋ようだ＝**明日は雨のようだ**
彼女＋結婚＋ようだ＝**彼女は結婚したらしい**

幼稚園
ようちえん

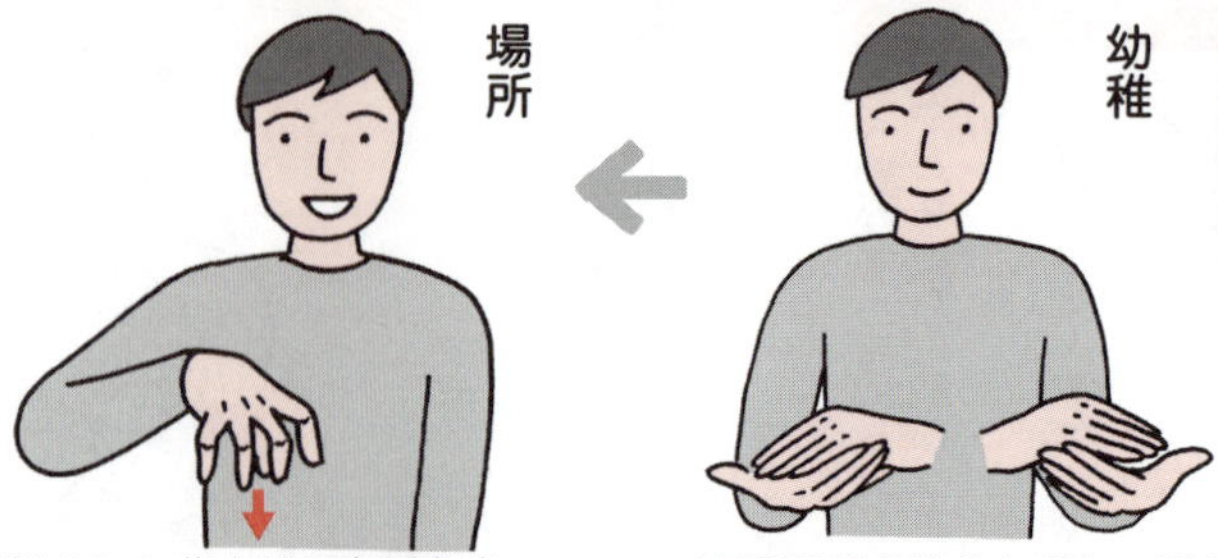

両手の手のひらを重ね、手を何回か組み替える。

軽くわん曲させた右手を少し下げる。

解 幼稚…お遊戯(ゆうぎ)をする様子から。

参 「幼稚」は、両手の手のひらを少しふくらませて合わせてから、左右に傾ける表現もある。また、「世話＋場所」で「**保育園**」となる。

腰痛
ようつう

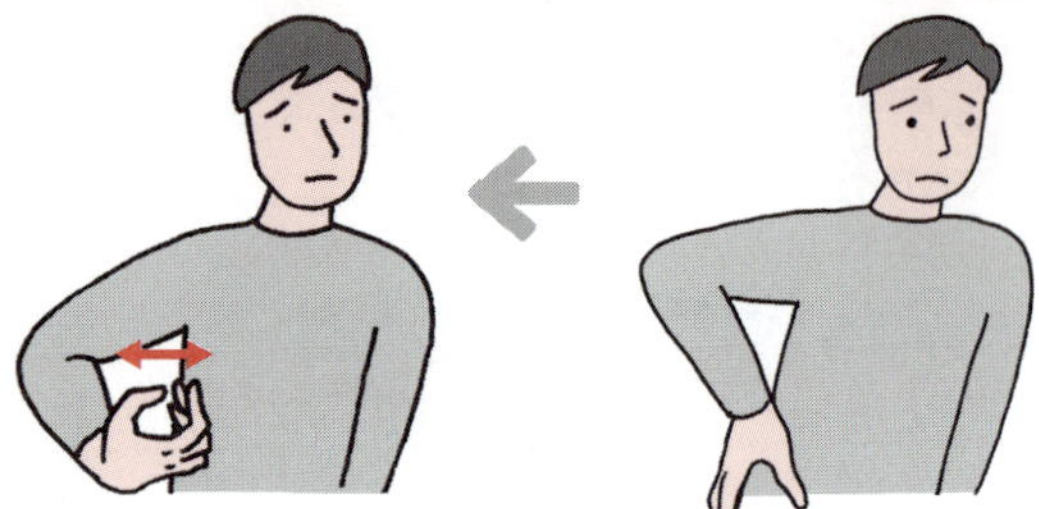

右手を腰にあてる。

腰の近くで、右手の指を軽く曲げて左右に軽く震わせる。

参 2番目の動きで、5指を曲げ伸ばしする表現もある。

使い方例
腰痛＋とても＝**ひどい腰痛**
腰痛＋治る＝**腰痛が治る**

洋服
ようふく

両手の親指と人差し指で、自分の洋服をつまむ。

参 スカートやパンツなど具体的な洋服は、それぞれの形を表して表現する。

同 ファッション

使い方例
古い＋洋服＝**古着**
黒＋洋服＝**喪服(もふく)**
洋服＋雑誌＝**ファッション誌**

ヨーグルト
よーぐると

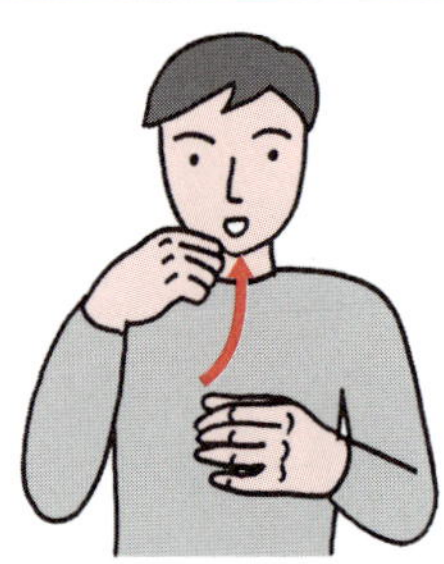

左手の上で、右手を手前にすくって口に持ってくる。

解 左手にヨーグルトのカップ、右手にスプーンを持って、ヨーグルトをすくって食べる様子を表す。

同 カップのアイスクリーム

使い方例
飲む＋ヨーグルト＝**飲むヨーグルト**
ヨーグルト＋アイスクリーム＝**ヨーグルトアイス**

よが
ヨガ

両手とも親指と人差し指で輪を作り、その他の指はそろえて伸ばし、手のひらを上にして体の横におく。

解 瞑想のポーズを表す。

使い方例
暖かい＋ヨガ＝**ホットヨガ**
ヨガ＋体＋活動＝**ヨガのポーズ**
ヨガ＋部屋＝**ヨガスタジオ**
ヨガ＋流行る＝**ヨガブーム**

よこづな
横綱

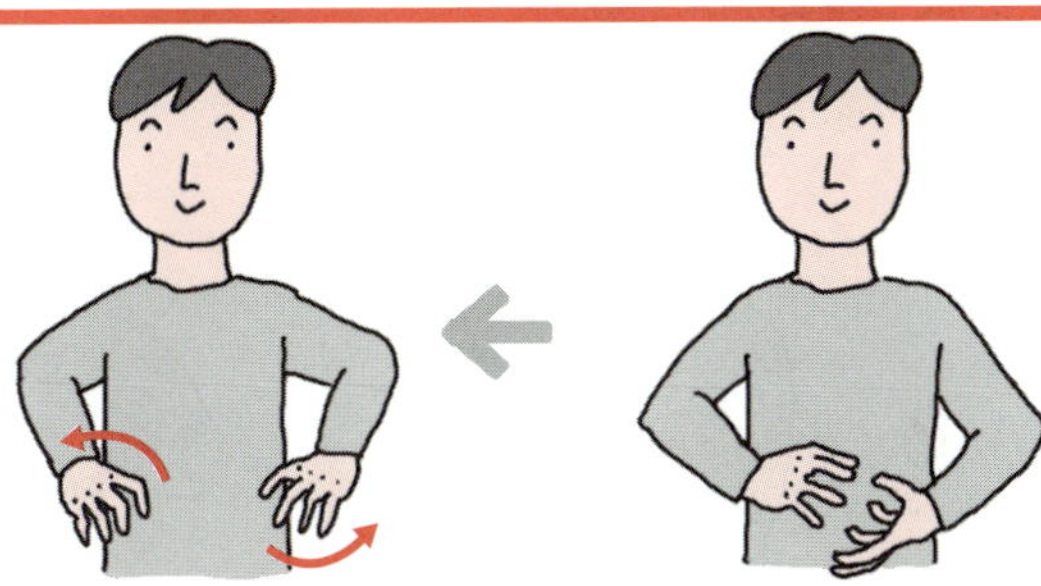

両手ともわん曲させ、向かい合わせてお腹の前あたりにかまえる。

手首を互い違いにひねりながら、両手を横に引く。

解 綱の形を表す。

使い方例
横綱＋出世＝**横綱昇進**
東＋西＋横綱＝**東西横綱**
横綱＋優勝＝**横綱優勝**
飲む＋横綱＝**大酒飲み**

よごれ
汚れ

左手の手のひらに、軽くわん曲させた右手を２回のせる。

解 手に汚れがつく様子から。

参 右手を１回だけのせると、「**証拠**」「**証明**」「**免許**」。また、鼻をつまんだあと「汚れ」を表すと、「**汚い**」。

同 ゴミ

使い方例
油＋汚れ＝**油汚れ**
汚れ＋とても＝**ひどく汚れている**
汚れ＋虫＝**ばい菌**

よさん
予算

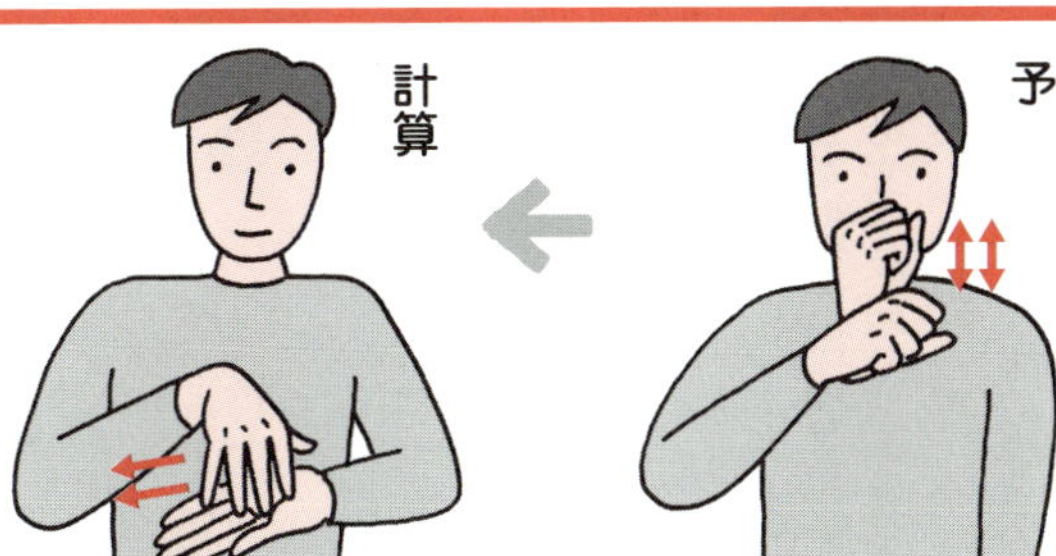

鼻の前で、手首を軸にして、右のこぶしを２回上下させる。

右手の指先を左手にのせ、右へ２回動かす。

同 予…衆
計算…そろばん・約

使い方例
予算＋案＝**予算案**
今＋月＋予算＝**今月の予算**
予＋指文字の「ギ」＋員＝**衆議院**

予定
よてい

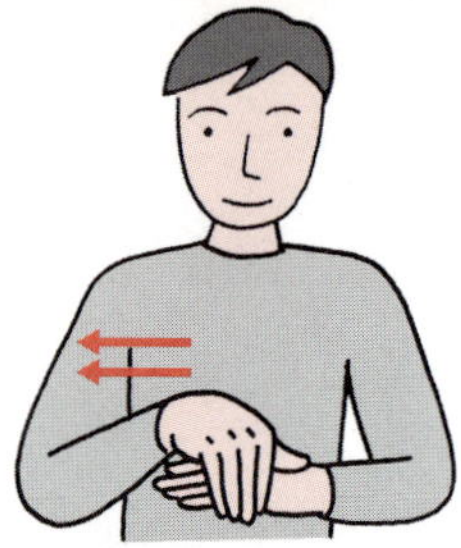

左の手のひらを下に向け、右手を左の小指にあて、2回右に動かす。

横から見たとき

参 「予＋予定」で表現することもできる。また、右手の指の代わりに人差し指だけをあてて同様にすると、「**設計**」「**デザイン**」となる。

同 計画・(〜する)つもり

使い方例
- 明日＋予定＝**明日の予定**
- 予定＋ない①＝**予定がない**
- 予定＋表＝**予定表**
- 午前＋予定＝**午前に予定する**

予備校
よびこう

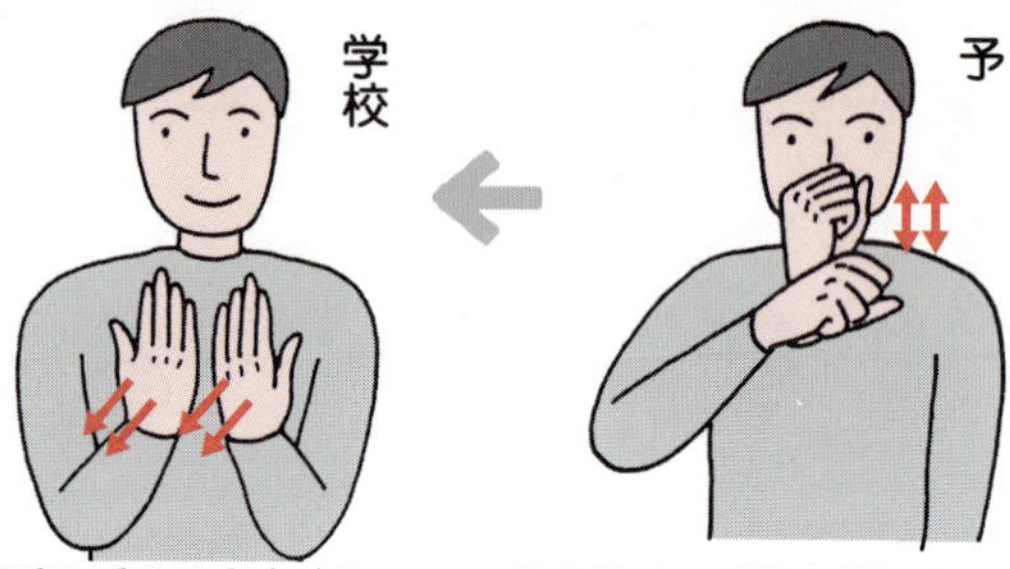

鼻の前で、手首を軸にして、右のこぶしを2回上下させる。

両手の手のひらを上に向け、2回下げる。

同 予…衆
学校…授業・勉強・学ぶ

使い方例
- 予備校＋生徒＝**予備校生**
- 予備校＋先生＝**予備校の講師**
- 予＋計算＝**予算**
- 予＋計画＝**予定**

呼ぶ
よぶ

立てた左手の親指に向かって、右手で「おいでおいで」するように動かす。

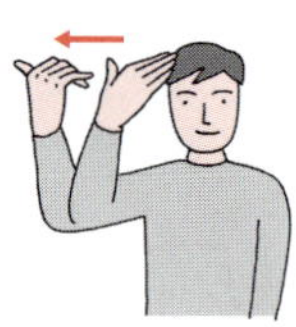

呼ばれる

解 左手の親指を人に見立て、呼び寄せる様子を表す。

参 右手だけで表現することも。

反 自分に向かっておいでおいでをすると、「**呼ばれる**」。

同 誘う・招待・招く

使い方例
- 呼ぶ＋方法＝**呼び方**
- 救急車＋呼ぶ＝**救急車を呼ぶ**
- 呼ぶ＋ない①＝**呼んでいない**

読む
よむ

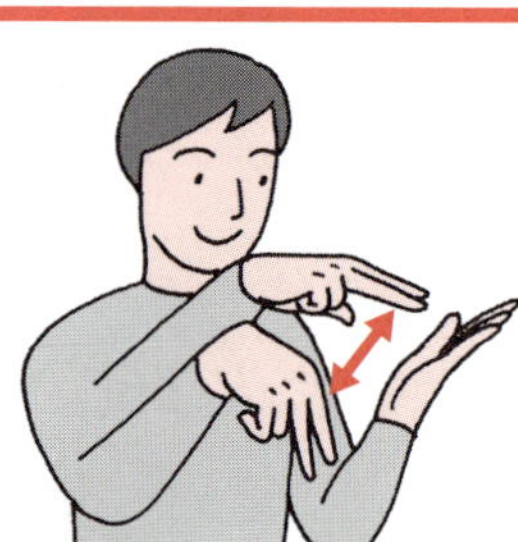

右手の人差し指と中指を、左手の手のひらの上で上下させる。

解 2本の指は目線を意味し、本の文字を目で追う様子を表す。

参 「**本**」は本を開く様子で表す。

使い方例
- 本＋読む＝**読書**
- 書類＋読む＝**書類を読む**
- 新聞＋読む＝**新聞を読む**
- 読む＋書く＝**読み書き**

よやく

予約

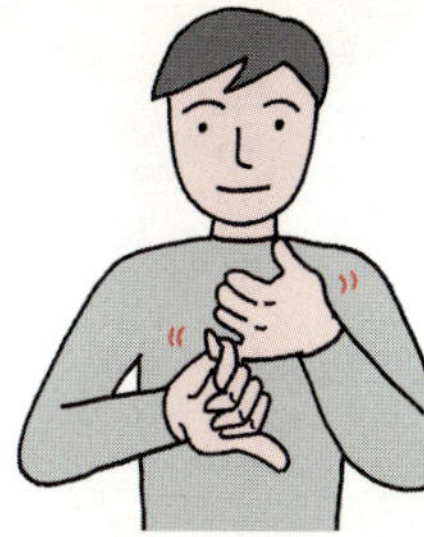

両手の小指を伸ばして上下におき、からめて軽く振る。

予約をキャンセルする

解 指切りげんまんする様子から。

反 からめた指を上下に離すと、「**予約をキャンセルする**」。

同 必ず・きっと・守る・約束

使い方例

予約＋必要＝**要予約**
予約＋席＝**予約席**
予約＋終わり＝**予約済み**
予約＋録画＝**録画予約**

よる

夜

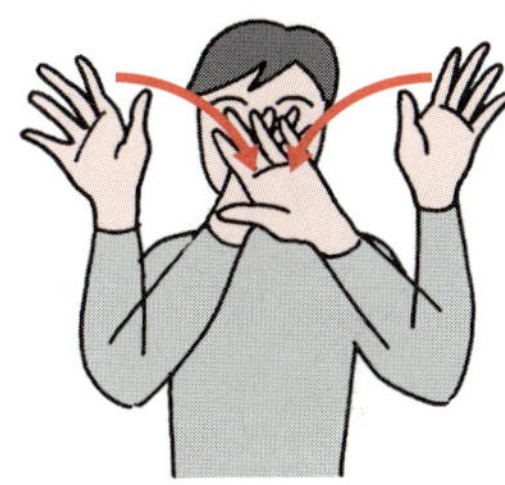

手のひらを前に向けた両手を、顔の前で左右から交差させる。

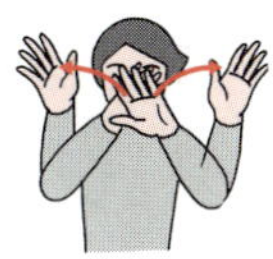

明るい

解 目の前が暗くなる様子から。

参 反対に、交差させた手を左右に広げると、「**明るい**」になる。

反 右手でこぶしを作り、こめかみのあたりにあててから、下ろすと、「**朝**」となる。

同 暗い・こんばんは・地味・闇

使い方例

今日＋夜＝**今夜**
昨日＋夜＝**昨夜**
土曜日＋夜＝**土曜の夜**
夜＋税金＝**深夜税**

よろしく

よろしく

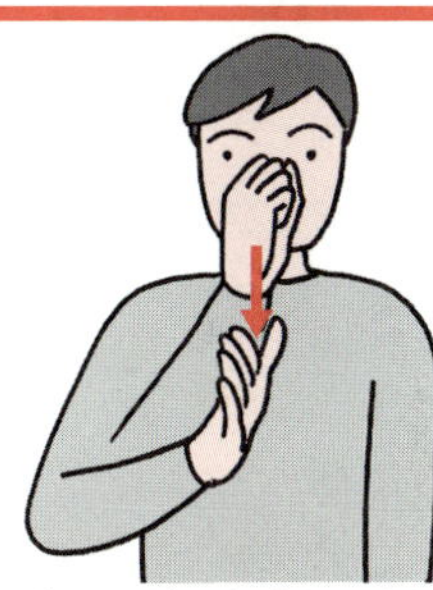

右手のこぶしを鼻につけ、前に下げながら手を開く。

横から見たとき

解 こぶしを鼻につける「よい」と、手を下げる「お願い」で「よろしくお願いします」となる。

参 「**よろしくお伝えください**」は「よい＋伝える」で表す。

使い方例

初めまして＋よろしく＝**初めまして、よろしくお願いします**

よわい

弱い

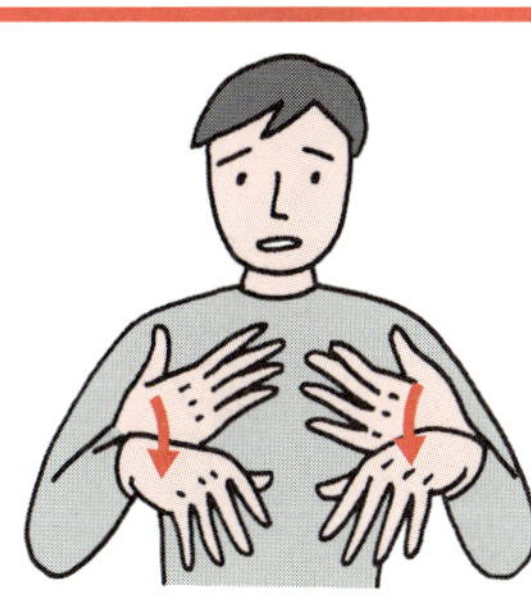

両手の指を軽く開いて甲を前に向け、肩のあたりから手首を下ろす。

強い

反 右手を握って腕を直角に曲げると、「**強い**」になる。

同 弱点

使い方例

気持ち＋弱い＝**気が弱い**
酒＋弱い＝**お酒が弱い**
女＋弱い＝**女に弱い**
意志＋弱い＝**意志が弱い**

ら

自分から見た形

相手から見た形

人差し指と中指をからめる。横から見ると、「r」の形になる。

らーめん
ラーメン

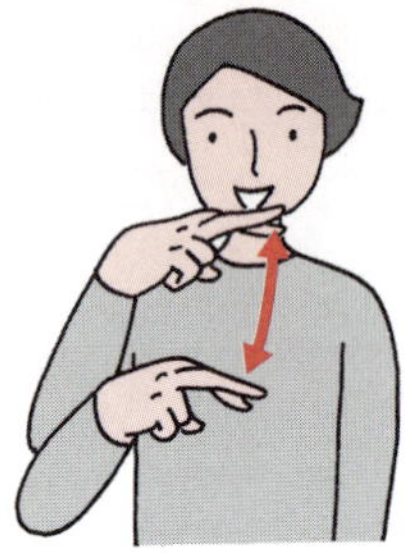

右手の人差し指と中指をからませて、上下させる。

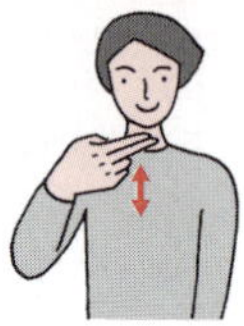

ほかの表現

解 右手は指文字の「ラ」を表し、ラーメンを食べる様子を表す。

参 右手の人差し指と中指を伸ばして、上下させる表現もある（「うどん」「そば」と同じ）。また、右手で何かをすくうように動かすと、「**ご飯**」「**食べる**」。

使い方例
寒い＋ラーメン＝**冷やしラーメン**
みそ＋ラーメン＝**みそラーメン**

らいおん
ライオン

両手の指を軽く曲げて広げ、頭の両横からギザギザさせて下ろす。

解 ライオンのたてがみを表す。

参 同じ形で、両手の手首を返すと、頭の両側においた「**獅子**」になる。

使い方例
ライオン＋女＝**メスのライオン**
アフリカ＋ライオン＝**アフリカのライオン**

らいげつ
来月

来週

右手の親指と人差し指、中指を伸ばして弧を描きながら前に出す。

月

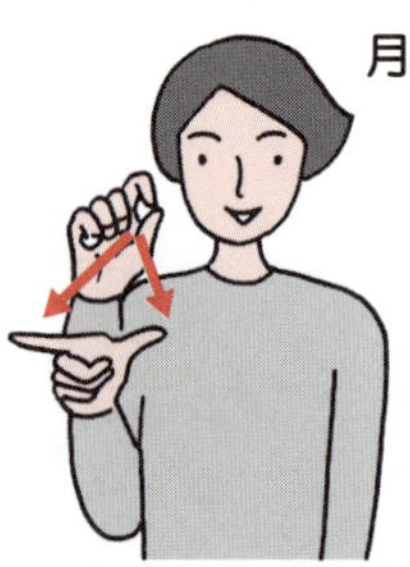

右手の親指と人差し指をくっつけて離す。

解 来週…1週間は7日であることから、親指と人差し指、中指を伸ばした形で「7」を表し、前に出すことで次の週の意味になる。
月…三日月の形の一部を表す。

来週
らいしゅう

右手の親指と人差し指、中指を伸ばして弧を描きながら前に出す。

先週

解 1週間は7日であることから、親指と人差し指、中指を伸ばした形で「7」を表し、前に出すことで次の週の意味になる。

反 同じ形で手前に弧を描くと、「**先週**」となる。

使い方例
来週＋夏休み＋わたし＝**来週から夏休みです**
来週＋旅行＝**来週、旅行に行く**

ライター
らいたー

右手でこぶしを作り、親指だけ立てる。

親指を2回折り曲げる。

解 ライターのボタンを押す様子を表す。

使い方例
100＋ライター＝**100円ライター**
偉い＋ライター＝**高級ライター**
ガス＋ライター＝**ガスライター**

来年
らいねん

左手を丸めて右の人差し指をあててから、右の人差し指を前に出す。

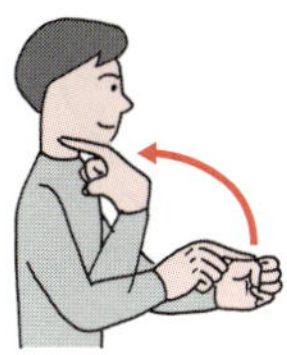

去年

解 「年」と「明日」が組み合わさっている。

参 「来年」で、人差し指と中指の2本の指を伸ばして前に出すと、「**再来年**」となる。

反 左手を丸めて右の人差し指をあててから、肩から後ろへ倒すと、「**去年**」となる。

使い方例
来年＋指文字の「ド」＝**来年度**
来年＋～から＝**来年から**

楽
らく

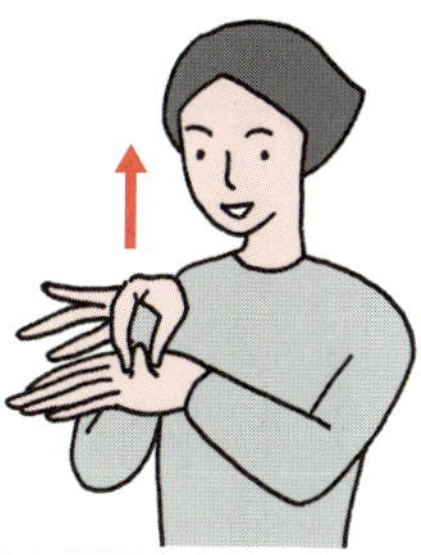

右手の親指と人差し指で左手の甲をつまむようにし、上げる。

解 簡単に持ち上げられる様子から。

反 右手でつねるだけだと、「**つらい**」「**厳しい**」となる。

使い方例
仕事＋楽＝**楽な仕事**
気持ち＋楽＝**気持ちが楽になる**

ラグビー
らぐびー

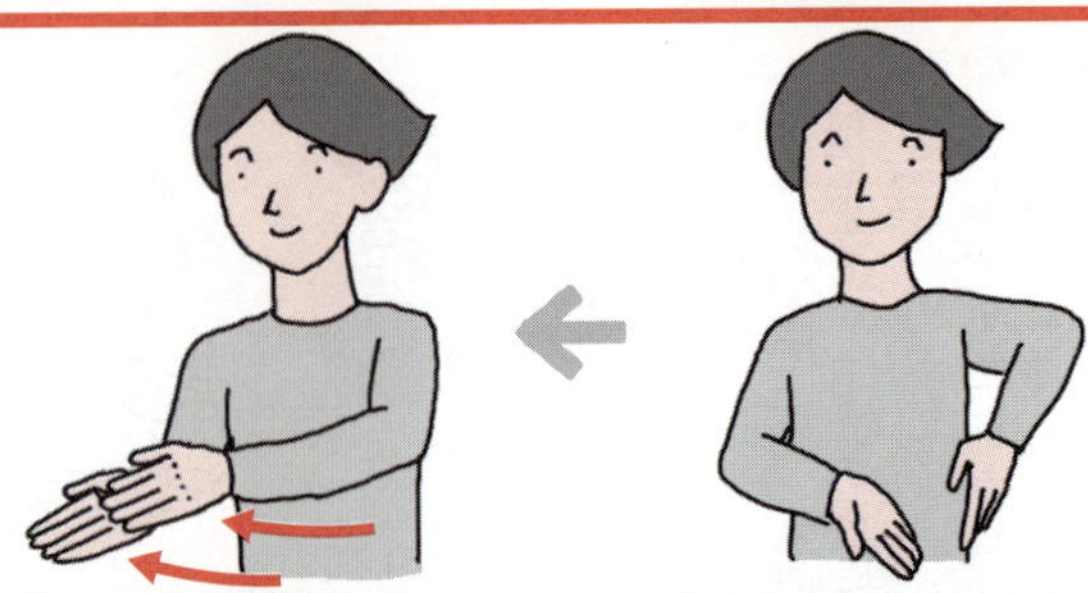

両手のひらを向かい合わせて、左腹の前あたりでかまえる。

ボールを投げるように、両手を右に振る。

解 ラグビーボールを投げる動きを表す。

使い方例
ラグビー＋場所＝**ラグビー場**
ラグビー＋選手＝**ラグビー選手**
ラグビー＋グループ＝**ラグビーチーム**

～らしい
～らしい

右手の人差し指と中指を伸ばしてそろえ、２回チョンチョンと振る。

解 不確かな断定、推量を表す。
同 (～の)ようだ

使い方例
道路＋渋滞＋～らしい＝**道路が渋滞しているらしい**
白＋流行る＋～らしい＝**白が流行るらしい**

ラジオ
らじお

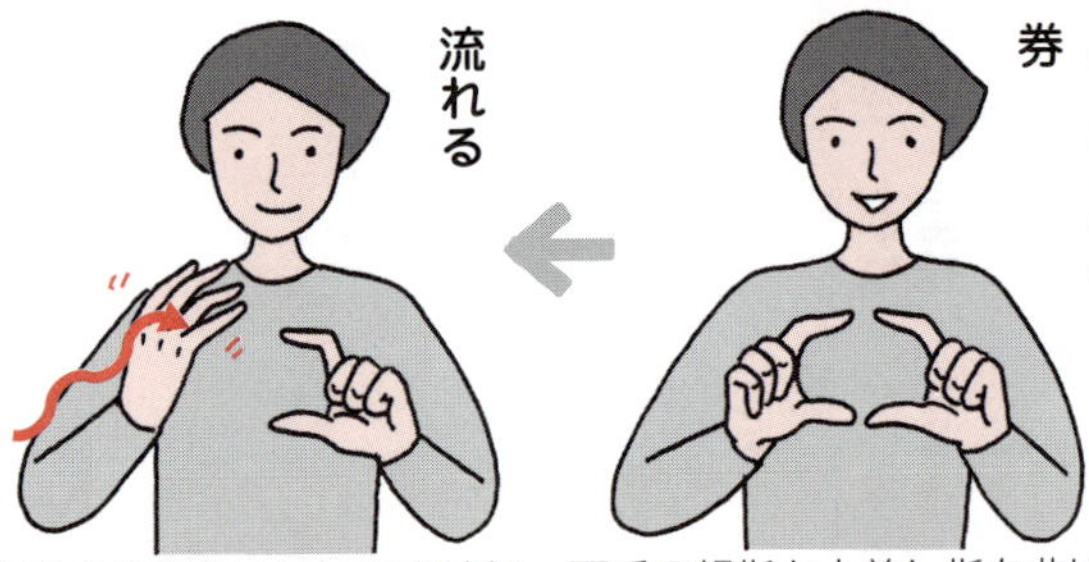

両手の親指と人差し指を曲げて向かい合わせる。

右手の指先をヒラヒラさせながら手前に寄せる。

解 ラジオの形と音が流れてくる様子から。
参 「流れる」の左手は「券」の左手が残った形。

使い方例
持つ＋ラジオ＝**携帯ラジオ**
ラジオ＋建物＝**ラジオ局**
文字＋ラジオ＝**見えるラジオ**

乱暴
らんぼう

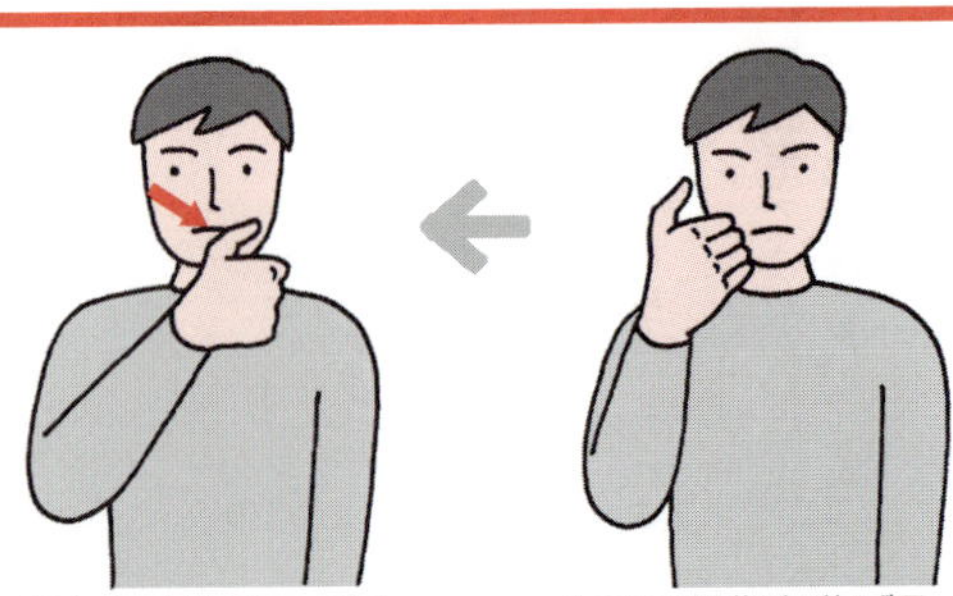

右手の親指を曲げる。

鼻をかすめるように左下に動かす。

解 「とても悪い」という意味。
参 人に使われる場合が多い。
同 犯人

使い方例
乱暴＋男＝**乱暴者**
態度＋乱暴＝**乱暴な態度**

り

相手から見た形

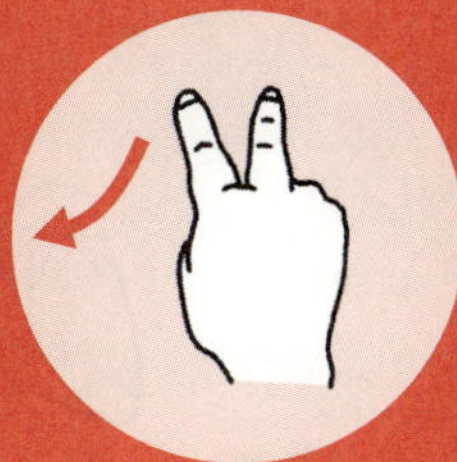

自分から見た形

右手の人差し指と中指で「リ」となるように空書する。

りか
理科

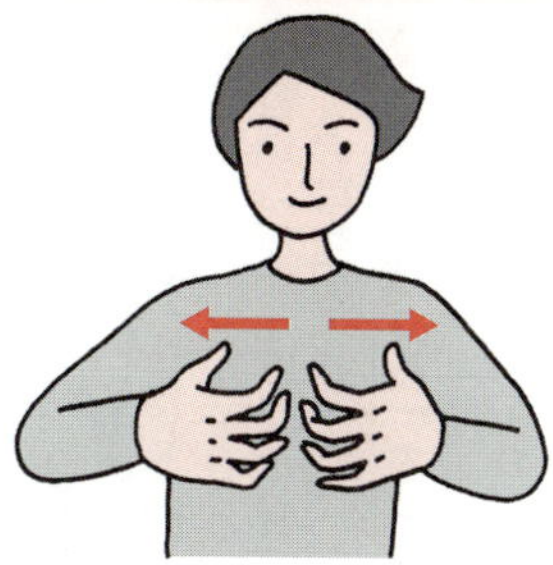

両手の指を軽く曲げて胸にあて、左右に引き離す。

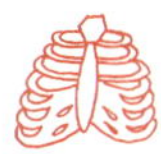

解 理科の実験室にある、模型のろっ骨を表す。

同 骨

使い方例
理科＋手術＝**解剖**
理科＋部屋＝**理科室**
理科＋実験＝**理科の実験**

りかい
理解

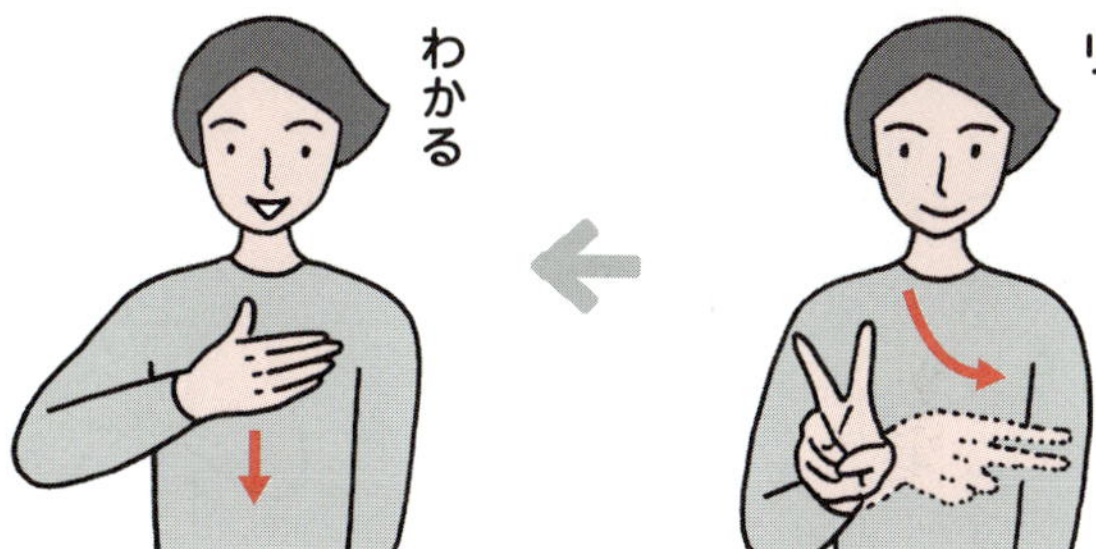

右手の人差し指と中指を立て、「リ」と空書する。

右手の手のひらを胸にあてて、軽く下ろす。

解 リ…指文字で表す。

使い方例
理解＋〜できる＝**理解できる**
理解＋無理＝**理解できない**
理解＋足りない①＝**理解不足**

りこん
離婚

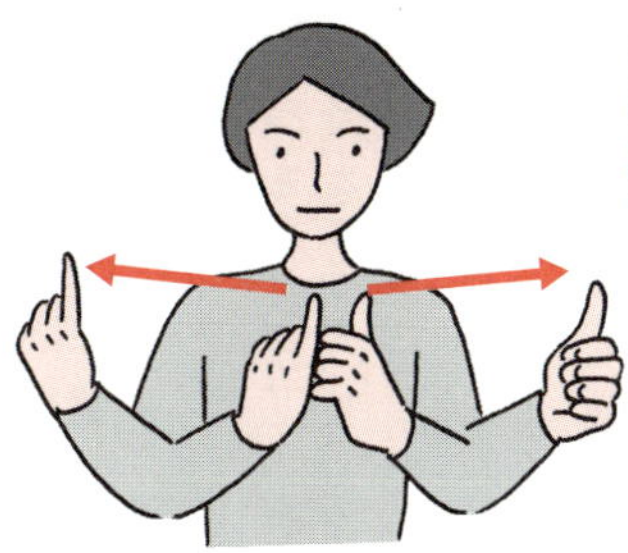

右の小指と左の親指を立てて合わせ、胸の前から左右に引き離す。

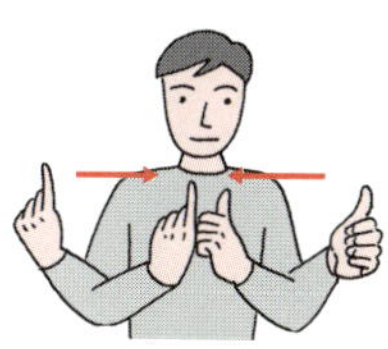

結婚

解 親指は男、小指は女を表し、男女が別れる様子から。

反 親指と小指を左右から中央で合わせると、「**結婚**」となる。

使い方例
離婚＋男＝**別れた夫**
離婚＋女＝**別れた妻**
はやい②＋離婚＝**スピード離婚**

リサイクル
りさいくる

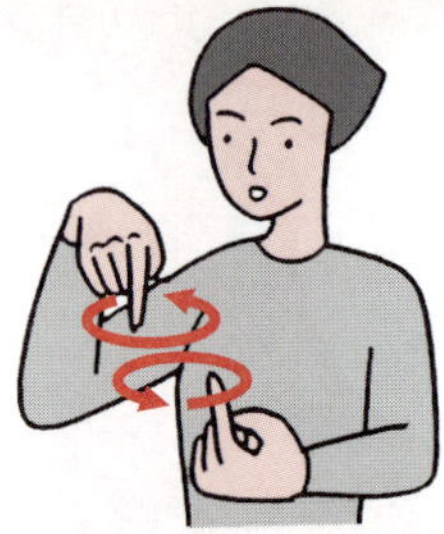

両手の人差し指を伸ばして上下におき、互い違いに回す。

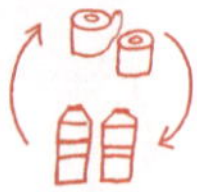

解 何回も使われるイメージから。

同 応用・繰り返す

使い方例
リサイクル＋店＝**リサイクルショップ**
リサイクル＋品＝**リサイクル品**

リストラ
りすとら

会社

両手の人差し指と中指を立てて頭の横におき、交互に前後に動かす。

首切り

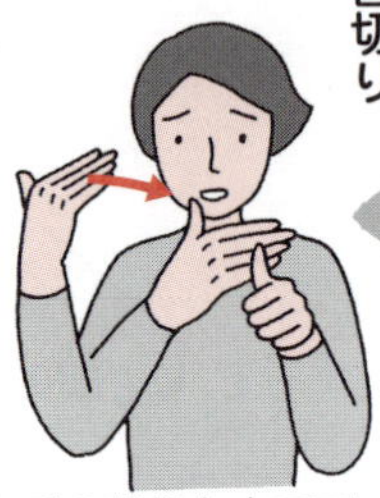

左手の親指を立てて、根元に右手をあてる。

解 首切り…左手を人に見立て、人の首を切る様子から。

参 「会社＋辞める」で「**退職**」となる。

使い方例
リストラ＋辞める＝**リストラで退職する**
リストラ＋相談＝**リストラ相談**

利息
りそく

両手の親指と人差し指を曲げて上下におき、下の手を上に持ってくる。

3倍

参 3本の指を横に伸ばして上に1段上げると、「**3倍**」。

同 さらに・追加・倍・増す・ますます・もっと

使い方例
利息＋(値段が)高い＝**利息が高い**
利息＋安い＝**利息が安い**
利息＋ない④＝**無利息**

理由
りゆう

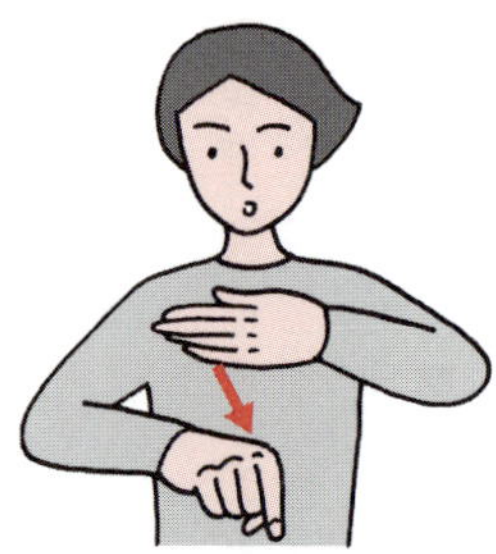

左手の下に、右手の人差し指をもぐり込ませる。

横から見たとき

参 2回もぐり込ませて、疑問の表情をすると、「**なぜ？**」の意味になる。

同 意味・わけ

使い方例
理由＋ない①＝**意味がない**
理由＋ある＝**わけがある**
遅刻＋理由＝**遅刻の理由**

龍
りゅう

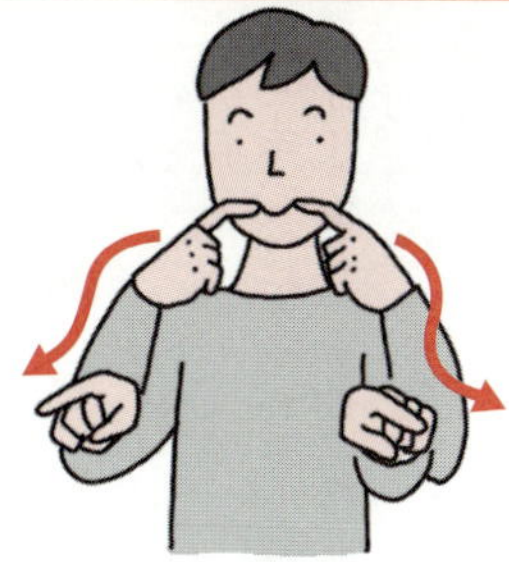

両手の人差し指を口元におき、少しうねらせながら前に出す。

解 龍のひげを表す。

使い方例
干支＋龍＝**辰(たつ)年**
坂＋本＋龍＋馬＝**坂本龍馬**
怒る＋龍＝**燃えよドラゴン**
龍＋船＝**ドラゴンボート**

リュックサック
りゅっくさっく

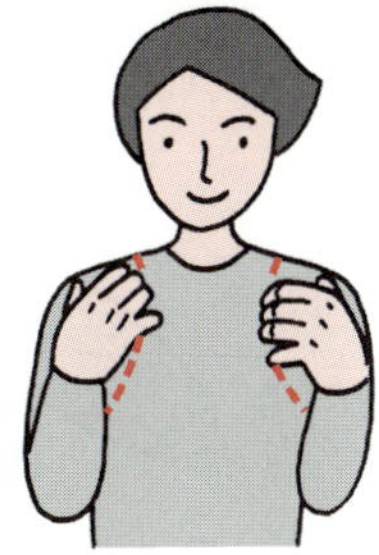

両手をすぼめて、両肩のあたりにおく。

解 リュックサックの肩ベルトをつかむ様子から。
参 「**かばん**」「**バッグ**」は、片手でかばんを下げ、軽く上下に振る動作をする。
同 ランドセル

使い方例
旅行＋リュックサック＋楽＝**旅行にはリュックサックが楽だ**

漁
りょう

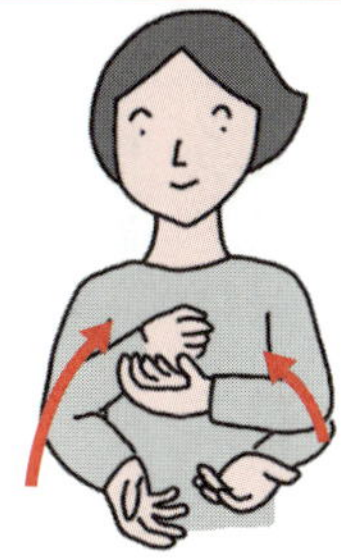

左手を後ろ、右手を前方にかまえ、網をひっぱるように動かす。

同 漁業

使い方例
イカ＋漁＝**イカ漁**
漁＋男＝**漁師**
漁＋船＝**漁船**
漁＋網＝**漁の網**

領収書
りょうしゅうしょ

両手を軽くわん曲させて手首を合わせ、右手だけを前に2回動かす。

レジ

参 両手は小指側をすり合わせるような動きになる。また、「**レシート**」は「レジ＋紙」で表す。「**レジ**」は、レジを打つ様子で表す。

使い方例
小＋領収書＝**小切手**
領収書＋お願い①＝**領収書をください**

りょうり
料理

左手を軽く曲げて手のひらを下に向け、右手を垂直に2～3回下ろす。

解 左手で材料をつかみ、右手を包丁に見立てて切る様子を表す。

同 包丁

使い方例
料理＋場所＝**台所**
中国＋料理＝**中華料理**
家庭＋料理＝**家庭料理**
料理＋四角＝**まな板**

りょかん
旅館

右に頭を傾け、右手のこぶしをこめかみのあたりにあてる。

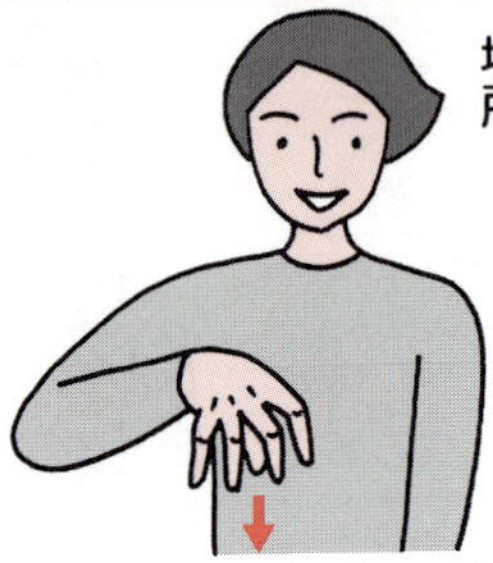

右手の指を軽く曲げて、体の前で、少し下げる。

同 寝る…おやすみなさい・泊まる・～泊

使い方例
温泉＋旅館＝**温泉旅館**
有名＋旅館＝**有名旅館**
人気＋旅館＝**人気旅館**

りょこう
旅行

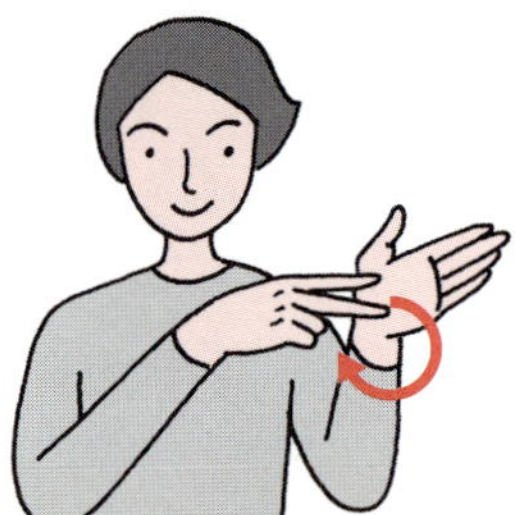

右手の人差し指と中指を伸ばして、左手の手のひらのそばで回す。

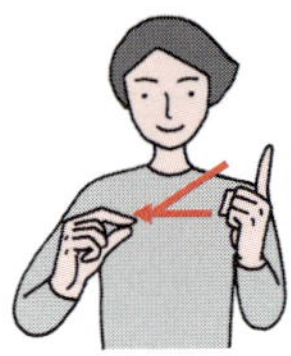

ツアー

解 汽車の車輪が回る様子から。

参 「**ツアー**」は左手の人差し指を立てて右手の親指と人差し指で三角形を作って表す。

同 汽車・旅

使い方例
旅＋一人＝**一人旅**
グループ＋旅行＝**団体旅行**
卒業＋旅行＝**修学旅行**
外国＋旅行＝**海外旅行**

りれきしょ
履歴書

右手の指先を左腕にあてて、手首まで下ろす。

両手の人差し指で四角形を描く。

解 経歴…時間が流れる様子から。
四角…紙の四角い形を表す。

同 経歴…経過・流れ・プロフィール・略歴
四角…紙・書類

りんご

りんご

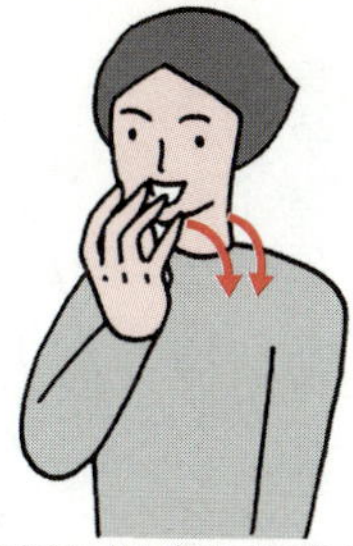

右手の指を曲げて口元におき、手首をひねって、手前に２回動かす。

解 りんごを持って、かじる様子から。

使い方例
りんご＋ジュース＝**りんごジュース**
りんご＋指文字の「パ」「イ」＝**アップルパイ**

る

自分から見た形

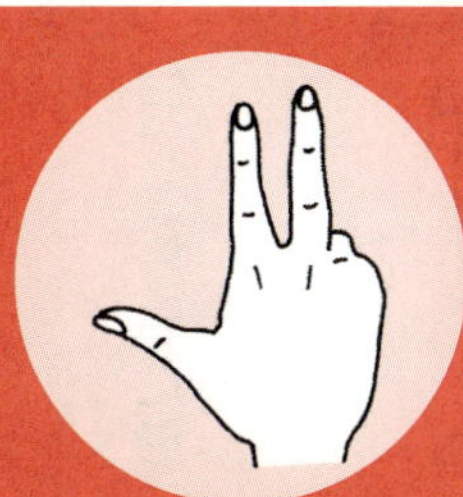

相手から見た形

右手の親指と人差し指、中指を立てる。相手から見て「ル」の形。

るーる

ルール

両手の親指と人差し指、中指を立て、上下におく。

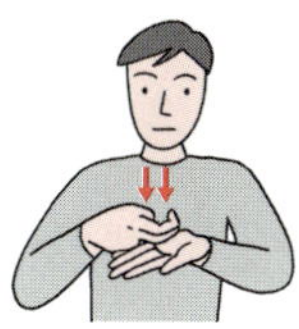

規則

解 両手の形は指文字の「ル」を表す。

参 「**規則**」は、右手の人差し指と中指をそろえて曲げ、左の手のひらに2回あてる。

使い方例
ルール＋違反＝**ルール違反**
野球＋ルール＝**野球のルール**
ルール＋守る＝**ルールを守る**

るす

留守

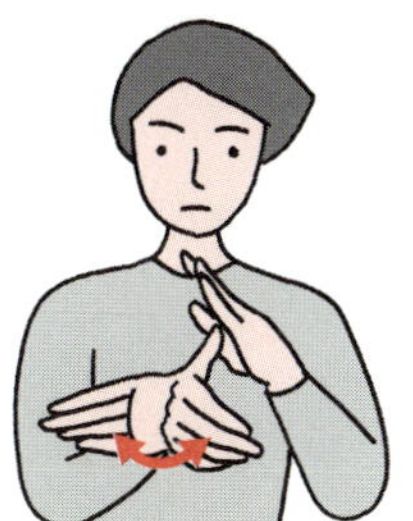

左手を斜めにして右手の親指を左の手のひらにあて、左右に振る。

家

解 左手は家を意味し、家の中に誰もいない様子から。

参 「**家**」は、両手を斜めにしてつけ、屋根を表す。

使い方例
留守＋係＝**留守番**
留守＋電話＝**留守番電話**
家＋留守＝**家に居ない**
留守＋録画＝**留守録**

るすばんでんわ

留守番電話

留守

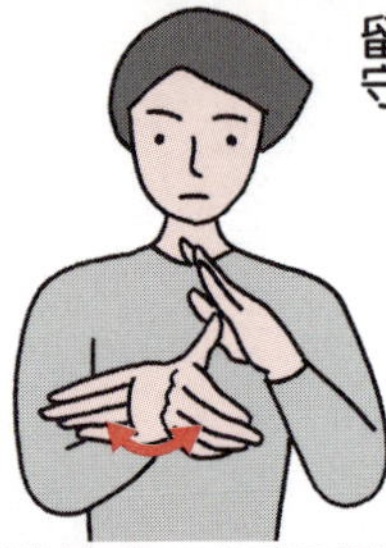

左手を斜めにして右手の親指を左の手のひらにあて、左右に振る。

電話

右手の親指と小指を伸ばし、耳と口にあてる。

解 留守…家の中に誰もいない様子を表す。
電話…受話器を持つ様子を表す。

使い方例

留守番電話＋サービス＝**留守番電話サービス**

電話＋（コインを入れる動作）＝**公衆電話**

れ

自分から見た形

相手から見た形

親指と人差し指を伸ばす。相手から見て「レ」の形になる。

れいぎ

礼儀

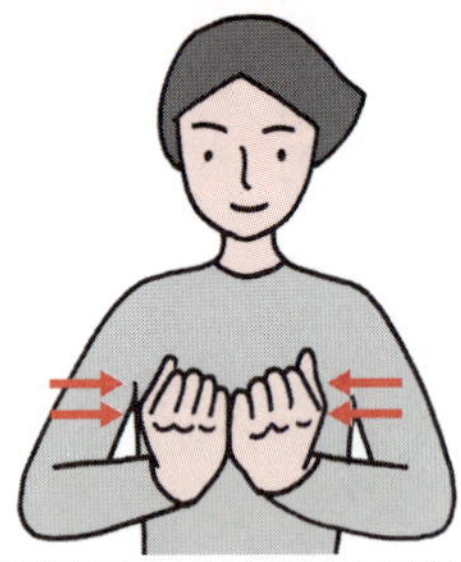

甲を前に向けた両手のこぶしを、左右から２回ぶつけ合わせる。

失礼

反 両手のこぶしをくっつけたあと、右手だけを前に出すと、「**非常識**」「**失礼**」になる。

同 エチケット・常識・常識がある・マナー

使い方例

礼儀＋きちんと＝**礼儀正しい**

礼儀＋悪い＝**マナーが悪い**

礼儀＋教える＝**しつけ**

失礼のないように、きちんとあいさつしなさい。

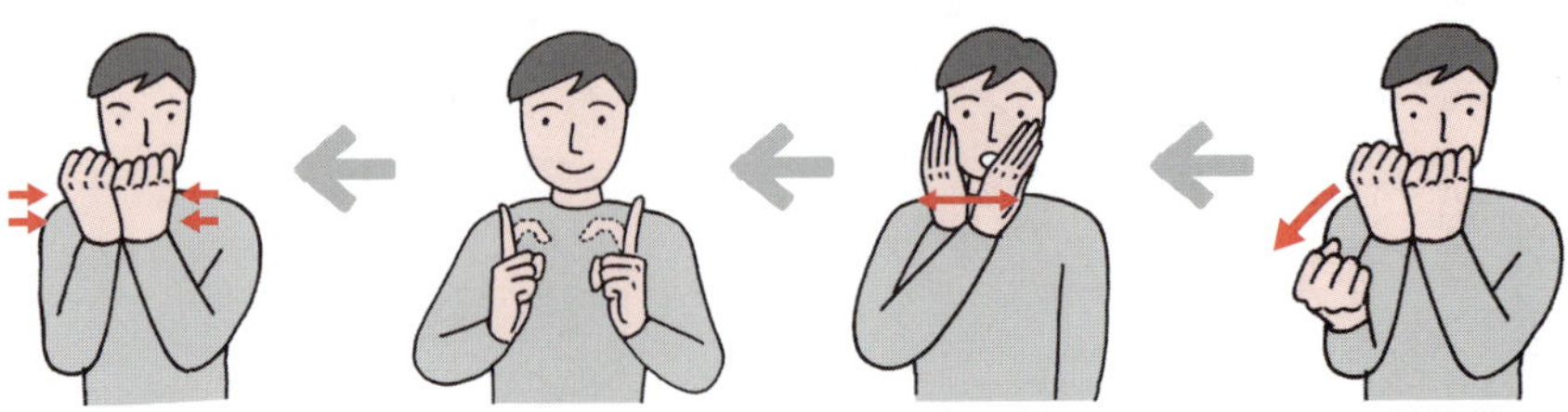

失礼① P.246　ない③ P.397　あいさつ P.22　**礼儀**

れいぞうこ
冷蔵庫

両手を握って体の両脇におき、小刻みに震わせる。

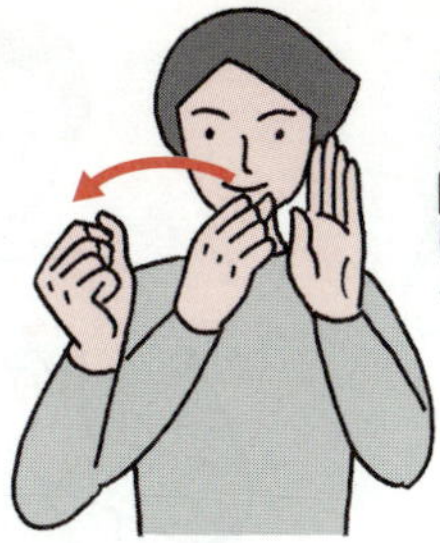

右手を軽く握って、ドアを開ける動作をする。

同 寒い…怖い・冷たい・冬・震える

使い方例
冷蔵庫＋(〜の)中＝**冷蔵庫の中**
ケーキ＋冷蔵庫＋あれ＝**ケーキが冷蔵庫にある**

れきし
歴史

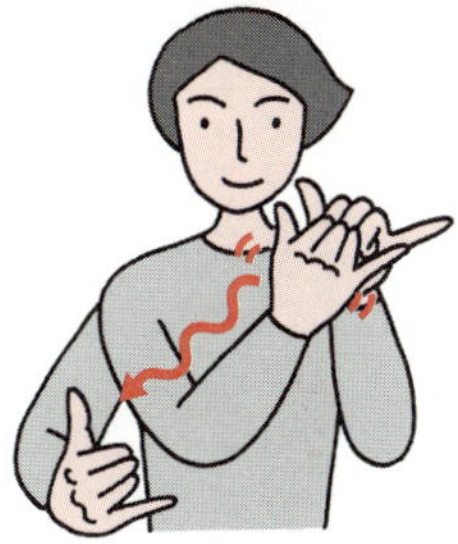

両手の親指と小指を立てて左肩で向かい合わせ、右手をねじって下ろす。

解 親指と小指は夫婦を表し、一組の夫婦から次の夫婦へと、世代が替わる様子を表す。

参 回しながら下げると、「**伝統**」になる。

使い方例
日本＋歴史＝**日本史**
世界＋歴史＝**世界史**
歴史＋本＝**歴史書**
歴史＋物語＝**歴史物語**

れじ
レジ

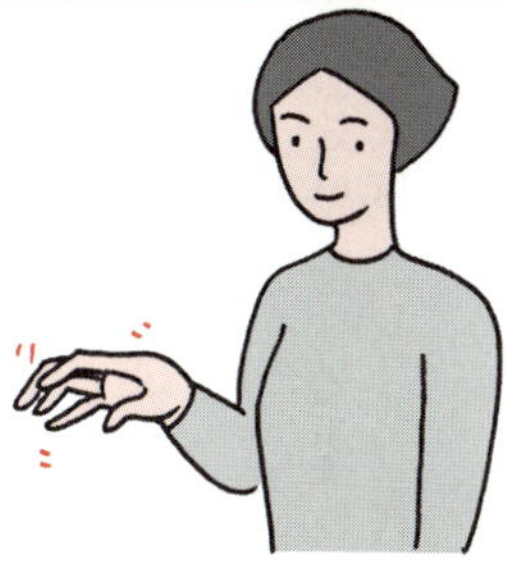

手のひらを下向きにした右手の指を動かし、レジを打つ動作をする。

解 右手でレジを打つ様子から。

参 両手で打つ動作をすると「**(パソコンなどの)キーボードを打つ**」となる。

使い方例
レジ＋券＝**レシート**
スーパー＋レジ＋仕事＝**スーパーのレジ係**

れしーと
レシート

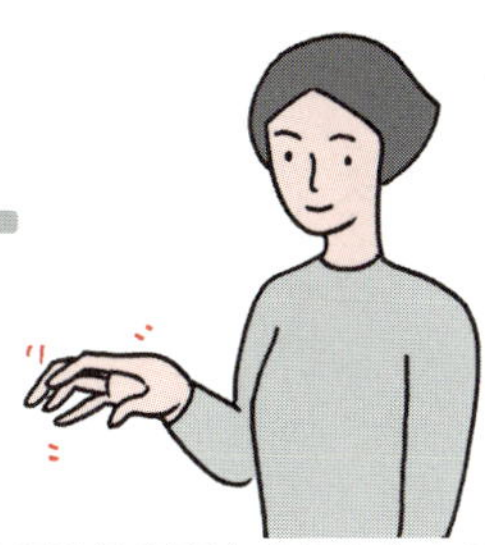

手のひらを下向きにした右手の指を動かし、レジを打つ動作をする。

両手の親指と人差し指で四角形を作る。

解 レジ…レジを打つ様子を表す。
券…レシートの四角い形を表す。

使い方例
レシート＋もらう＝**レシートをもらう**
レシート＋要らない＝**レシートは要らない**

れしぴ
レシピ

左手の手のひらに、わん曲させた右手の小指側をトントンと下げながらあてる。

番組

参 右手の人差し指をトントンとあてながら下げると、「**番組**」になる。

同 プログラム

使い方例
料理＋レシピ＝**料理レシピ**
指文字の「カ」＋レシピ＝**カリキュラム**
連絡＋レシピ＝**連絡網**

れすとらん
レストラン

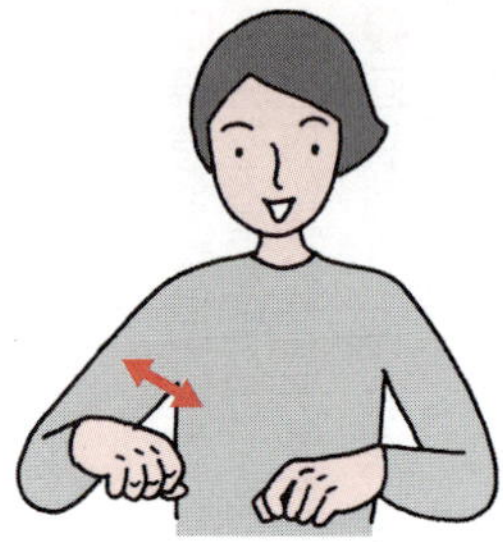

両手でこぶしを作り、右手を前後に動かす。

解 ナイフとフォークを持って、ナイフを動かして料理を切る様子を表す。

同 洋食

使い方例
牛＋レストラン＝**ステーキ**
夜＋レストラン＝**ディナー**
家族＋レストラン＝**ファミリーレストラン**

れべる
レベル

左手をコの字形にして、その横に伸ばした親指と人差し指をおく。

レベルが高い

解 左手はある一定の基準、右手は指文字の「レ」を表す。

参 左手を上にするほど「**レベルが高い**」となり、逆に、下にするほど「**レベルが低い**」となる。

使い方例
レベルが高い＋レベルが低い＋判断＋難しい＝**レベルの判断がつかない**

れんあい
恋愛

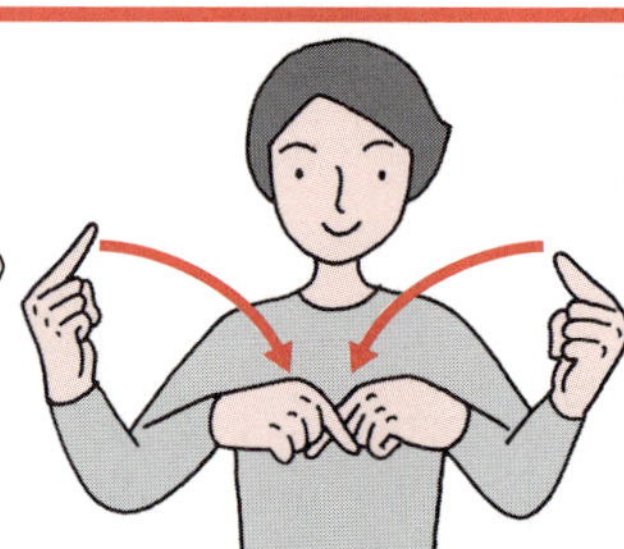

両手の人差し指を伸ばして指先を下に向け、胸の前で交差させる。

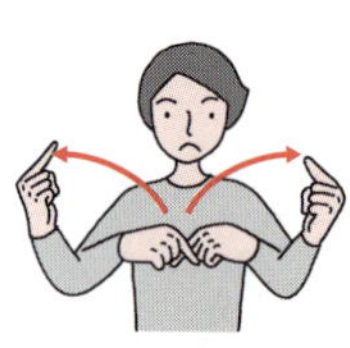

失恋

解 ハートの形を表す。

反 胸の前で交差させた両手の人差し指を左右にはね上げると、ハートが壊れる様子を表し、「**失恋**」になる。

同 恋

使い方例
恋愛＋中＝**恋愛中**
恋愛＋結婚＝**恋愛結婚**
恋愛＋本＝**恋愛小説**
遠い＋恋愛＝**遠距離恋愛**

連休
れんきゅう

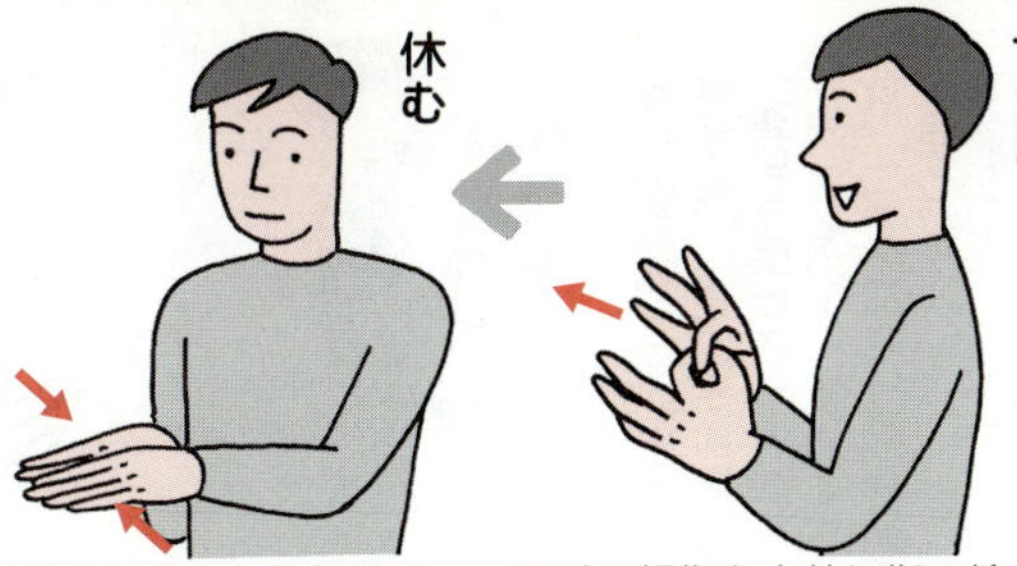

両手の親指と人差し指で輪を作ってからませ、前に出す。

両手の手のひらを下に向け、左右から寄せる。

参 休みを繰り返す表現もある。

同 ずっと…だから・伝える・続く・連絡する
休む…休暇・休日・休み

使い方例
連休＋仕事＝**連休は仕事**
アルファベットの「G」＋休み＝**ゴールデンウイーク**

練習
れんしゅう

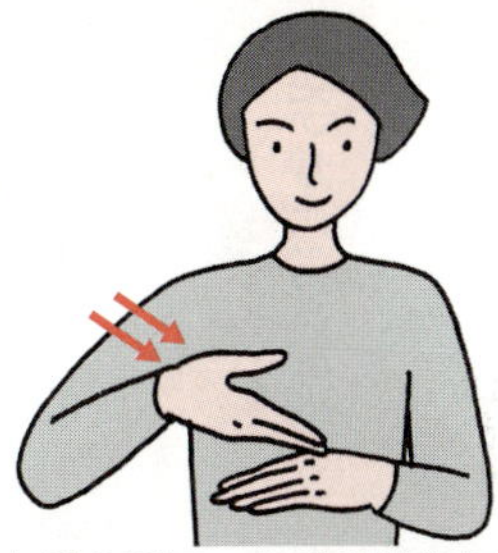

左手の甲に、右手の指先を斜め上から2～3回あてる。

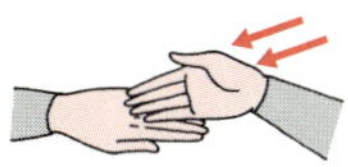

上から見たとき

参 右手の指先は前方でなく、手前を向く。

同 訓練・けいこ

使い方例
芝居＋練習＝**芝居のけいこ**
練習＋試合＝**練習試合**
練習＋問題＝**練習問題**
防災＋練習＝**防災訓練**

レンタル
れんたる

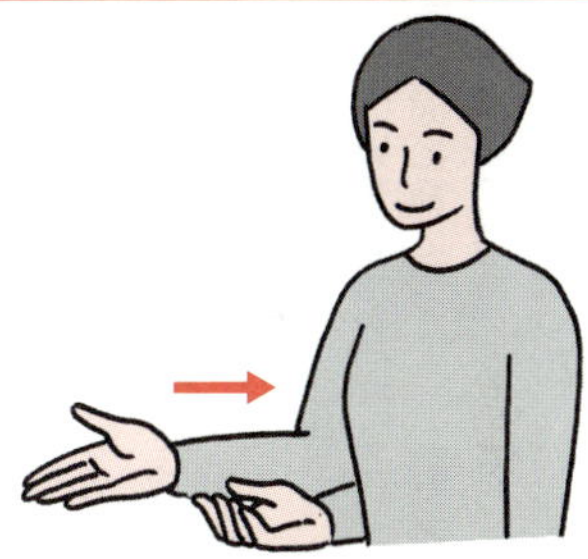

右手の手のひらを上に向け、手前に引きながら親指を閉じる。

上から見たとき

反 指先を手前に向け、前方に動かしながら親指を閉じると、「**貸す**」となる。

同 借りる

使い方例
ビデオ＋レンタル＝**レンタルビデオ**
レンタル＋車＝**レンタカー**

レントゲン
れんとげん

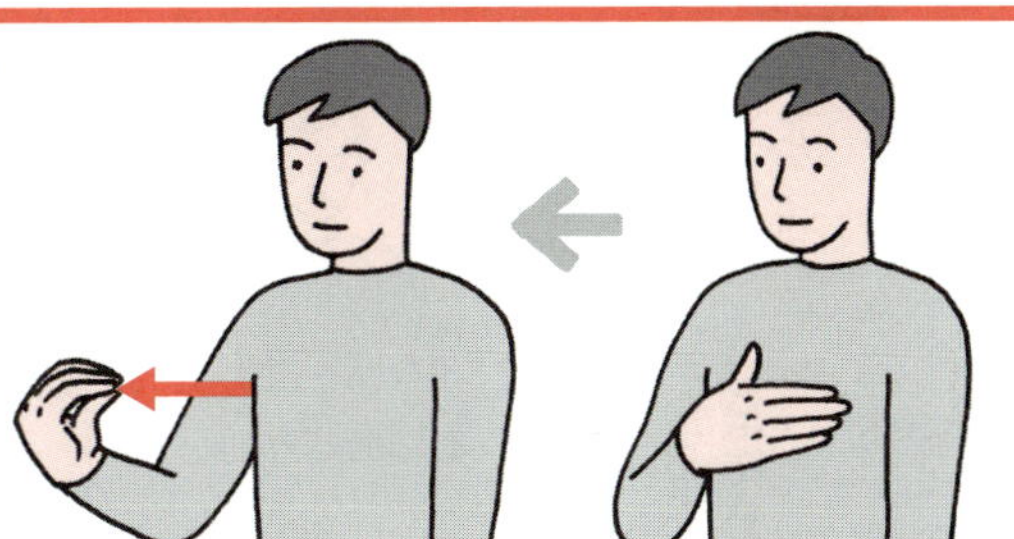

右の手のひらを手前に向けて、胸の前におく。

右手をすぼめるようにして前に引っ張る。

解 胸のレントゲンを撮る様子から。

参 左手の甲の上で右手を同様に動かすと、「**コピー**」となる。

同 X線

使い方例
レントゲン＋写真＝**レントゲン写真**
レントゲン＋部屋＝**レントゲン室**

れんらく
連絡

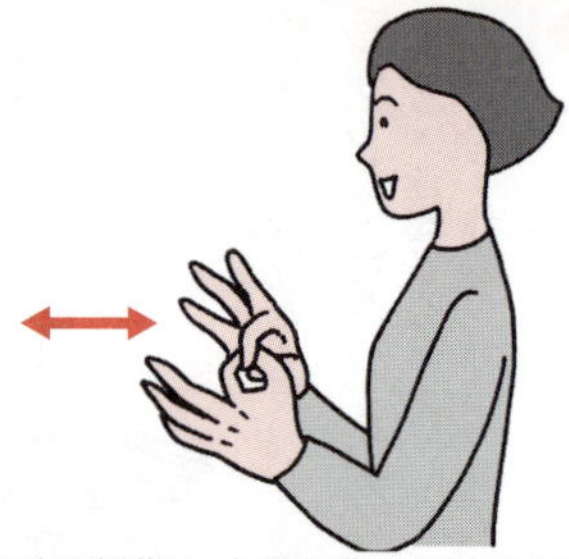

両手の親指と人差し指でそれぞれ輪を作ってからませ、前後に動かす。

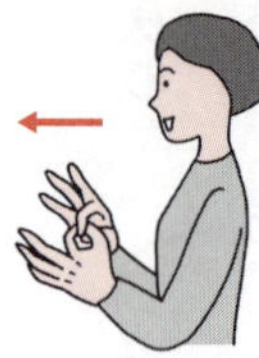

連絡する

参 からめた輪を前に出すと「**連絡する**」、逆に手前に引くと「**連絡を受ける**」となる。また、大勢の人に連絡するときは、「マスコミ」の手話単語を使う。

使い方例
- 連絡＋バス＝**連絡バス**
- 連絡＋レシピ＝**連絡網**
- 連絡＋ノート＝**連絡帳**
- 手＋連絡＝**手続き**

ろ

自分から見た形

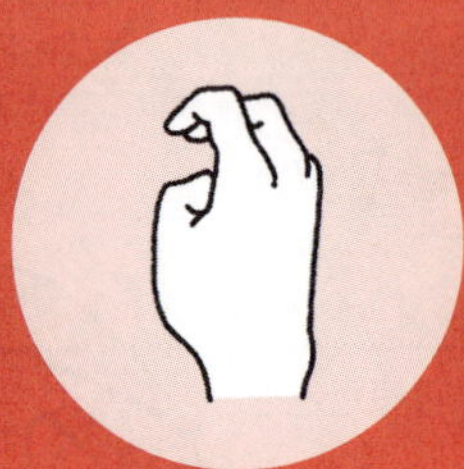

相手から見た形

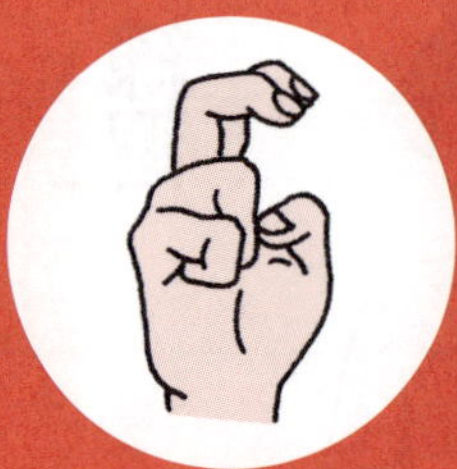

2本の指をカギ形に曲げる。

ろう（しゃ）
ろう（者）

右手の手のひらで、耳、口の順に押さえる。

聴（者）

解 聞こえないことと話せないことを表す。

参 右手の人差し指を耳に、左手の人差し指を口において、同時に前に出すと、「**聴（者）**」の意味になる。

使い方例
- ろう（者）＋学校＝**ろう学校**
- ろう（者）＋大会＝**ろう者大会**
- ろう（者）＋協会＝**ろうあ協会**
- 盲＋ろう（者）＝**盲ろう**

ろうじん
老人

右手の親指を立て、曲げながら小さく2回回す。

おばあさん

参 親指の代わりに小指を曲げて動かすと、「**おばあさん**」になる。

同 おじいさん・年寄り

使い方例
- 老人＋ホーム（「家」を前に動かす）＝**老人ホーム**
- 老人＋おばあさん＋日＝**敬老の日**

ろうそく
ろうそく

左手の人差し指の上に、すぼめた右手をあて、右手のみ軽く開いたり閉じたりする。

解 左手はろうそくを、右手は炎を表す。

使い方例
指文字「あ」「ろ」「ま」＋ろうそく＝**アロマキャンドル**
非＋専門＋ろうそく＝**非常用ろうそく**
ろうそく＋作る＝**ろうそく作り**

労働
ろうどう

両手のこぶしを立て、右手を左手の斜め上にかまえる。

左手を右手で半円を描くようにたたき、1往復させる。

解 主に、年配者が使う表現。

使い方例
労働＋ありがとう＋日＝**勤労感謝の日**
労働＋グループ＝**労働組合**
労働＋条件＝**労働条件**

浪人
ろうにん

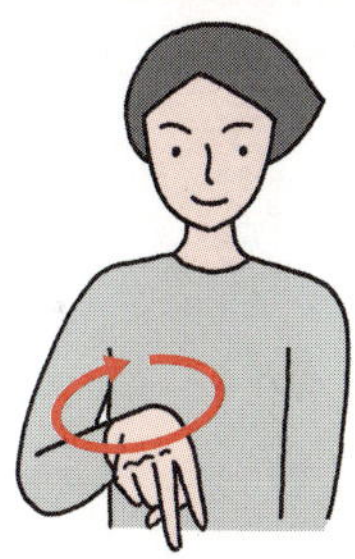

右手の人差し指と中指を下に向けて伸ばし、手首を2～3回回す。

すき焼き

参 浪人生、または無職の人を表すときに使う。また、手首ではなく指を回すと、「**すき焼き**」となる。

使い方例
仕事＋浪人＝**無職**
2＋年＋浪人＝**2浪**
浪人＋中＝**浪人中**

ローン
ろーん

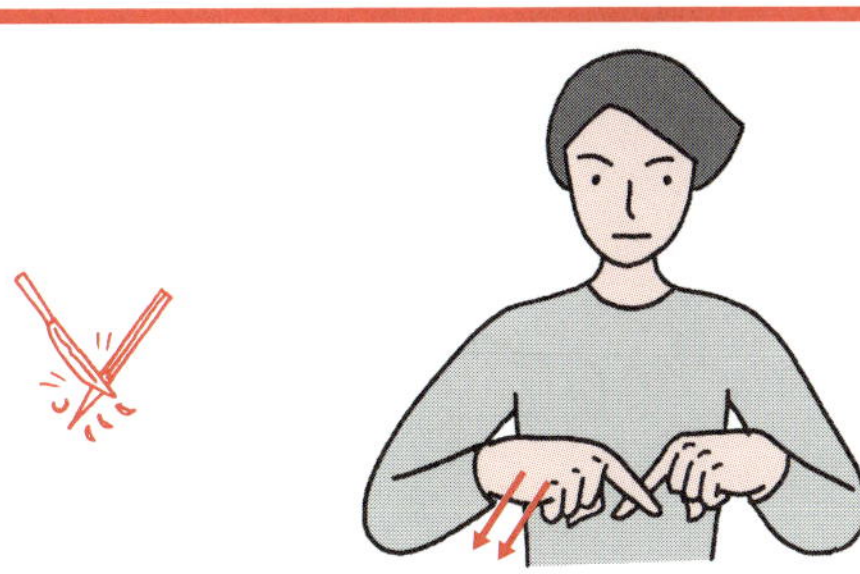

左の人差し指に右の人差し指をあて、指先に向かって2回滑らせる。

解 少しずつという意味を表す。

参 1回滑らせるだけだと、「**一部**」。

同 少しずつ

使い方例
車＋ローン＝**カーローン**
家＋ローン＝**住宅ローン**
ローン＋カード＝**クレジットカード**

ろくが
録画

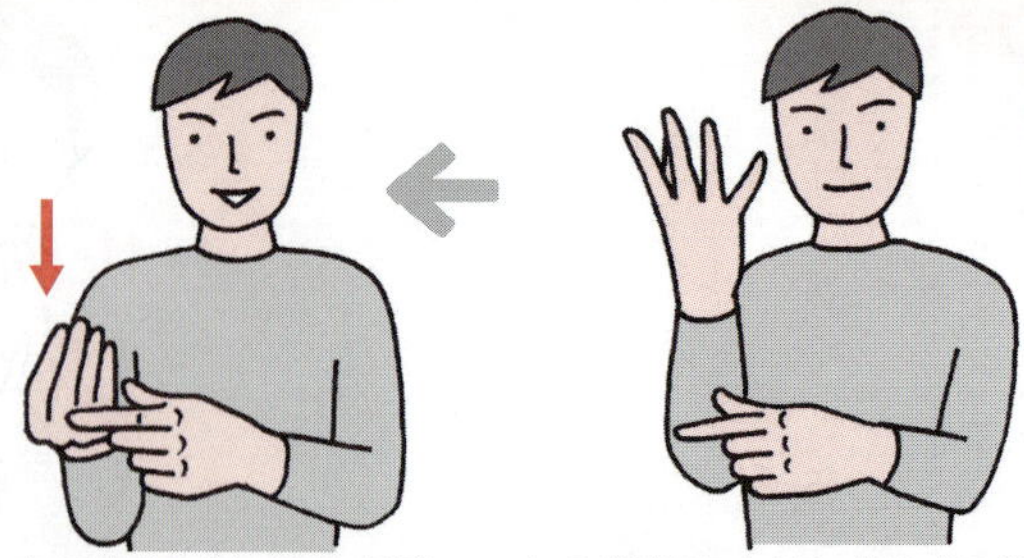

左の親指と人差し指を伸ばして寝かせ、開いた右手を横におく。

右手を下げながらすぼめる。

解 左手はビデオテープ、右手は取り込む様子を表す。

参 「**コピー**」は、左の甲に右手の指先をつけて下に引っ張りながら、指を閉じる。

使い方例
予約＋録画＝**録画予約**
録画＋中＝**録画中**
留守＋録画＝**留守録**
ビデオ＋録画＝**ビデオの録画**

ろぼっと
ロボット

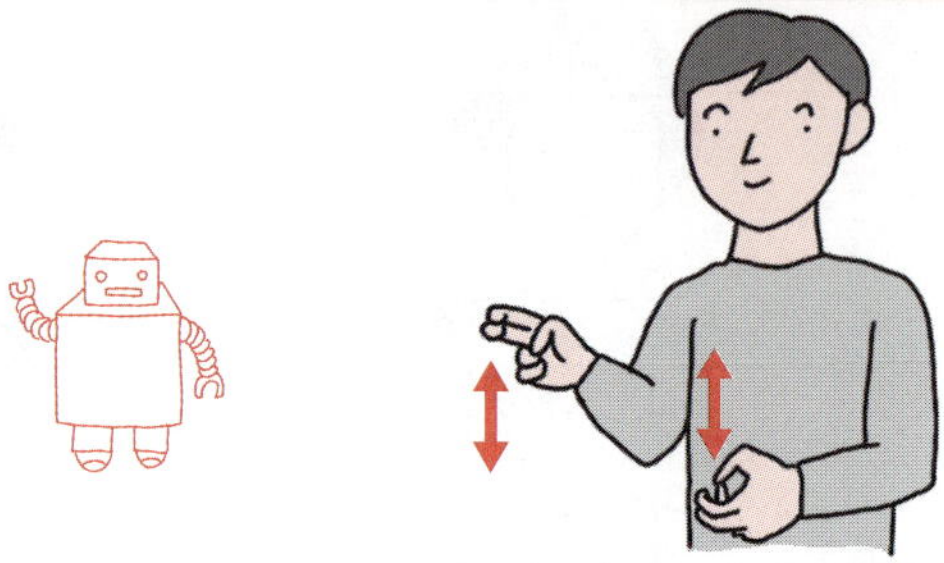

両手の人差し指と中指をカギ形に曲げ、交互に上下に動かす。

解 ロボットの手の動きを表す。

使い方例
ロボット＋労働＋勉強＝**ロボット工学**
労働＋専門＋ロボット＝**工業用ロボット**
おもちゃ＋ロボット＝**おもちゃのロボット**

わ

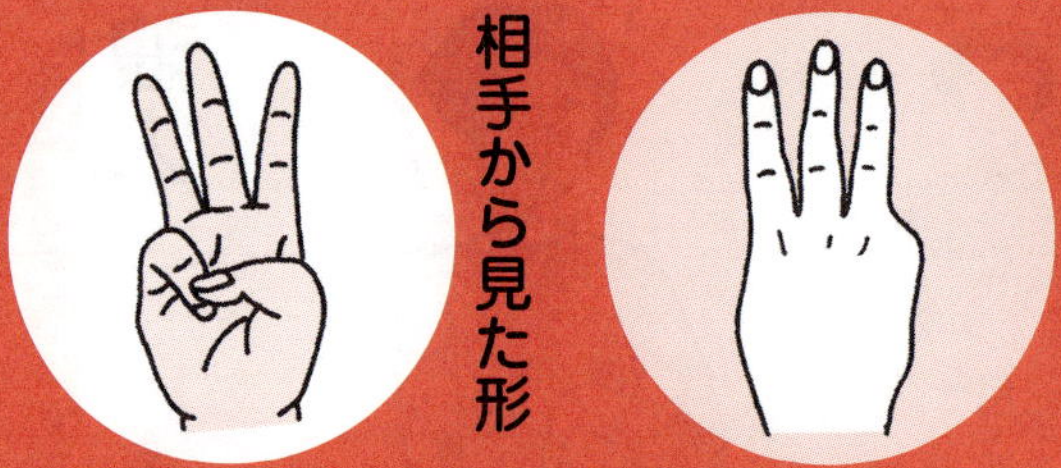

右手の人差し指と中指、薬指を立てる。「W」の形になる。

わーるどかっぷ
ワールドカップ

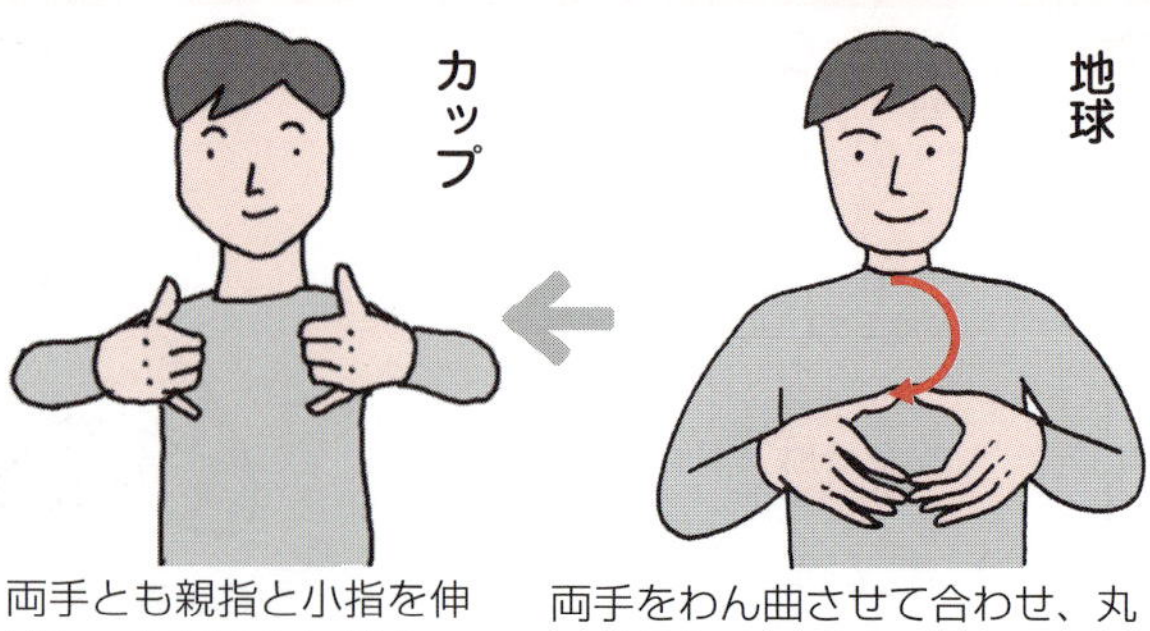

両手をわん曲させて合わせ、丸い形を作り、同時に前に回す。

両手とも親指と小指を伸ばし、向かい合わせる。

解 最初の動作は「地球」の手話で、次の動作は「カップ（優勝杯）」の手話。

使い方例
サッカー＋ワールドカップ＝**サッカーワールドカップ**
ワールドカップ＋試合＋見る①＝**ワールドカップ観戦**

わいろ

賄賂

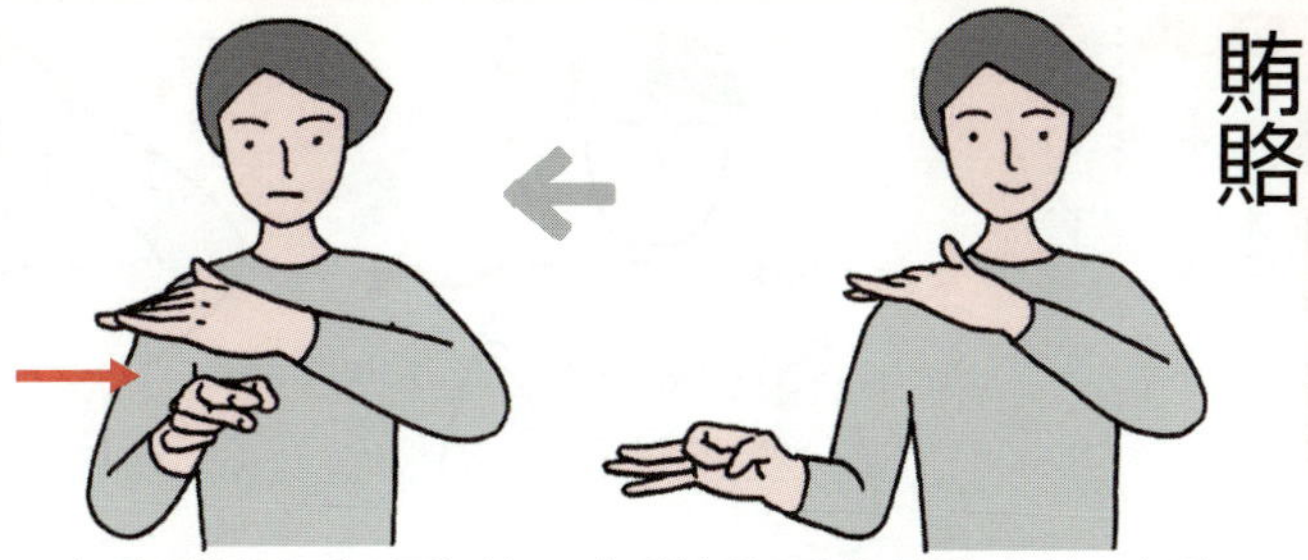

左手は手のひらを下に向け、右手は親指と人差し指で輪を作る。

右手の輪を左手の下に持ってくる。

解 「そでの下」ということから。

同 汚職

使い方例
賄賂＋求める＝**収賄(しゅうわい)**
賄賂＋渡す＝**贈賄(ぞうわい)**
賄賂＋発見＝**贈賄が見つかる**

わいん

ワイン

右手の人差し指と中指、薬指を立てて、右のほおのところで円を描く。

解 右手は指文字の「ワ」の形になる。

参 ロゼのワインは指文字の「**ロゼ**」で表す。また、同じ形で口の端に2回あてると、「**ウイスキー**」。

使い方例
赤＋ワイン＝**赤ワイン**
白＋ワイン＝**白ワイン**
ワイン＋指文字の「ビ」「ネ」「ガ」「ー」＝**ワインビネガー**

わかい

若い

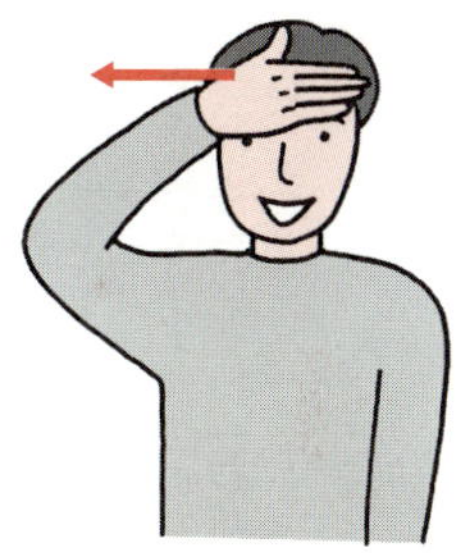

右手の手のひらをひたいにあてて、右に引く。

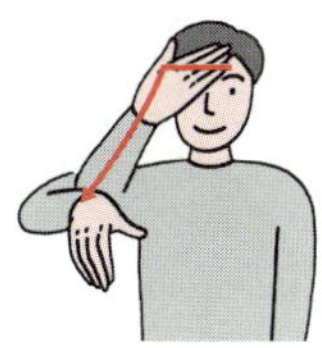

やっと

参 右手を右に引いてから振り下ろすと、「**やっと**」になる。

同 青年

使い方例
若い＋人々①＝**若者**
心＋若い＝**気が若い**
若い＋(～の)とき＝**若いとき**
若い＋部＝**青年部**

わがまま

わがまま

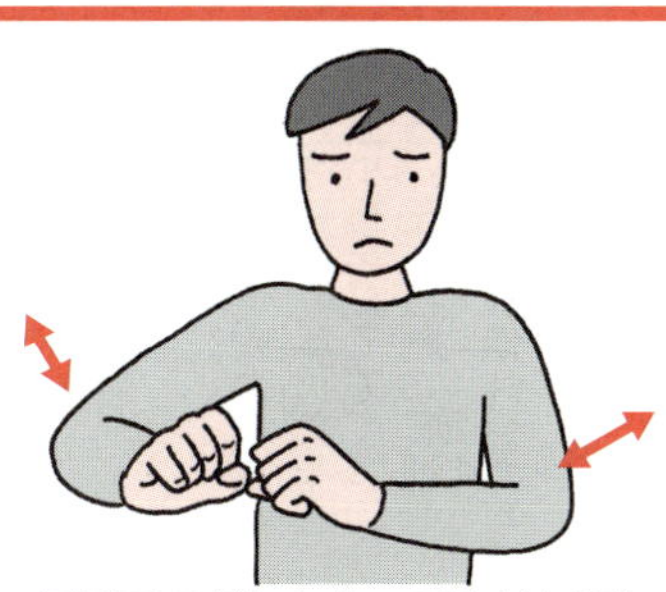

両手でこぶしを作ってひじを張り、交互に左右に動かす。

解 だだをこねる様子から。

参 両手で洋服の胸のあたりをつまみ、左右に動かす表現もある。

使い方例
男＋わがまま＝**わがままな男**
わがまま＋降参＝**わがままにつき合いきれない**

若者
わかもの

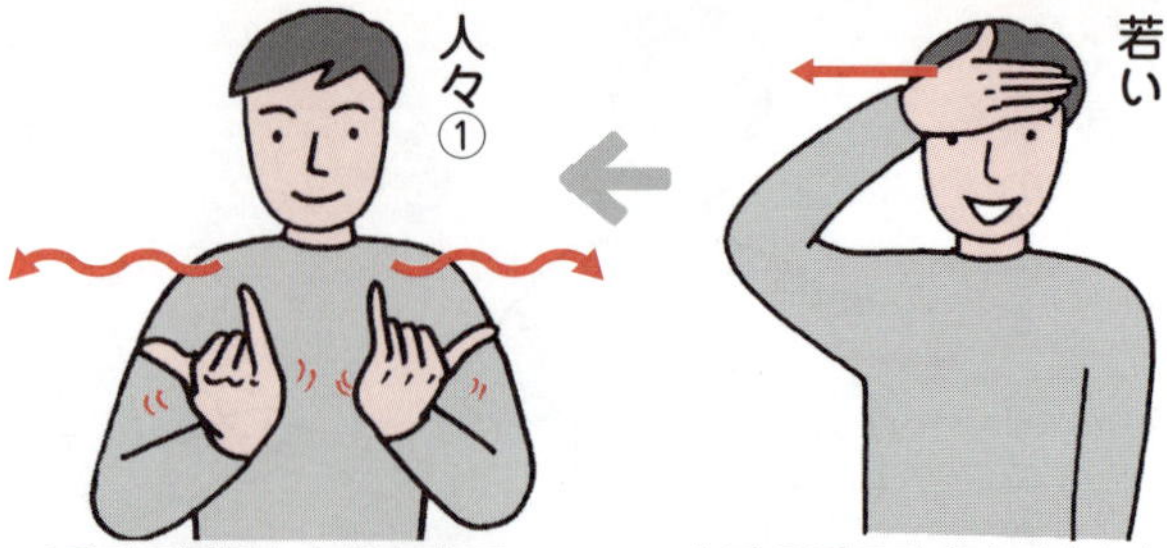

右手の手のひらをひたいにあてて、右に引く。

両手の親指と小指を立て、振りながら左右に離す。

同 若い…青年

使い方例
海外＋若者＋助ける＋グループ＝**海外青年協力隊**
若者＋語＝**若者言葉**

わからない
わからない

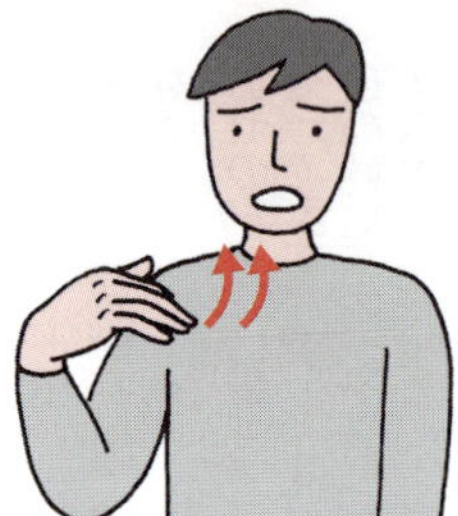

右手の指先で、右肩のあたりを2回上に払う。

横から見たとき

参 右手の手のひらを鼻にあて、中指で鼻の頭をたたく表現もある。

反 右手で胸をトントンと2回たたくと、「**わかる**」になる。

同 知らない

使い方例
英語＋わからない＝**英語がわからない**
他人＋わからない＝**他人は知らない**

わかる
わかる

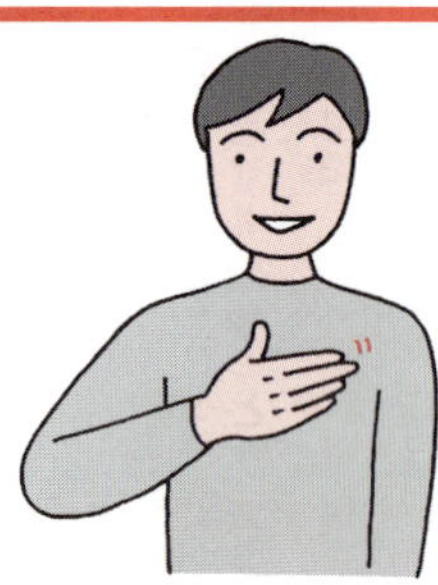

右手の手のひらで、胸のあたりをトントンと２回たたく。

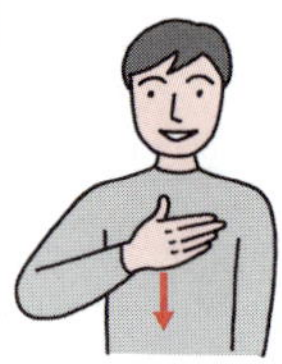

ほかの表現

解 「知っているよ、任せてよ」と、胸を張っている様子から。

参 手をあてて、少し下げる表現もある。

反 右手の指先で右肩のあたりを2回上に払うと、「**わからない**」となる。

同 知っている・承知・知る・了解

使い方例
指文字の「リ」＋わかる＝**理解**
わかる＋いる？＝**わかる人、いますか？**
自信＋わかる＝**自信満々**

別れる
わかれる

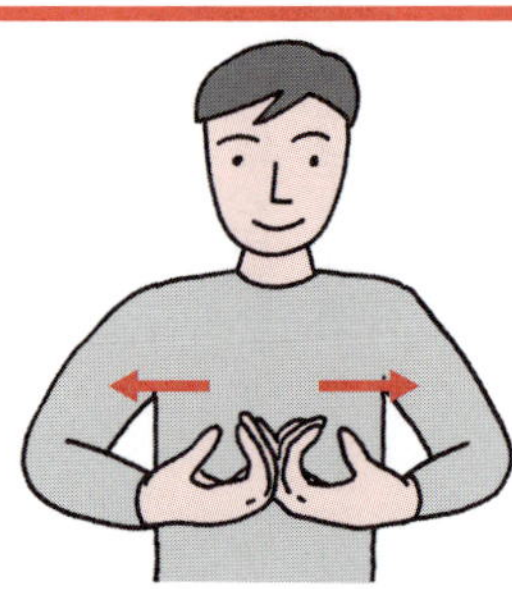

体の前で両手の４本の指の背を合わせてから、左右に離す。

参 離婚など恋人や夫婦が別れるときは、左手は親指を、右手は小指を立ててくっつけてから、左右に離す表現もある。

同 離す・離れる・分かれる・分ける

使い方例
別れる＋会＝**送別会**
家＋分かれる＝**別居**
別れる＋会話＝**別れ話**

わくちん

ワクチン

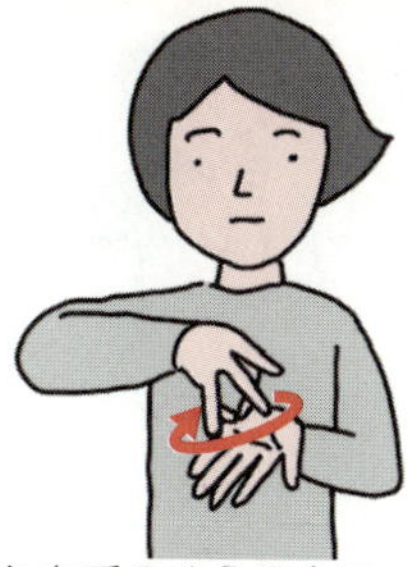

開いた左手のひらの上に、指文字「わ」を表した右手をあて、小さく回す。

解 指文字「わ」と「薬」という手話が合わさっている。

使い方例

インフルエンザ＋ワクチン＝**インフルエンザワクチン**

ワクチン＋注射＝**ワクチン注射**

わくわくする

ワクワクする

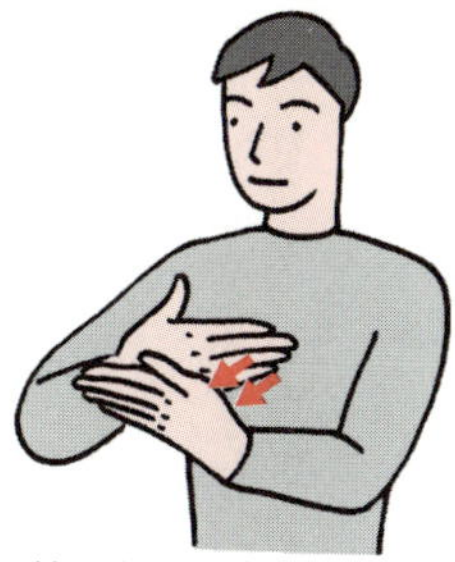

胸の前においた左手に、手前から右手の甲を２回打ちつける。

解 心臓がドキドキしている様子を表す。

同 緊張・ドキドキする

使い方例

今日＋デート＋ワクワク＝**今日はデートだからワクワクする**

わける

分ける

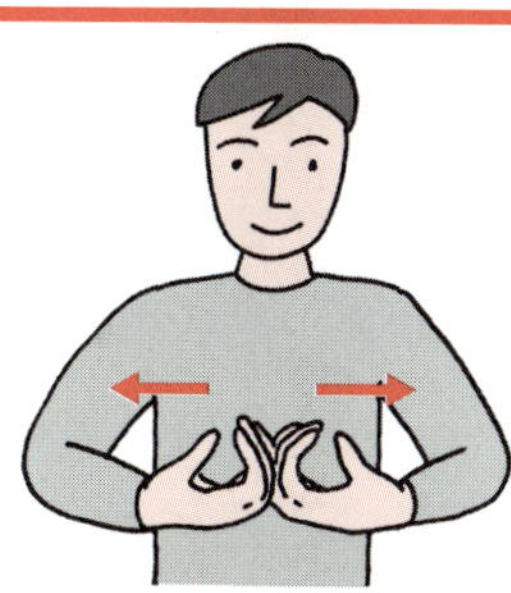

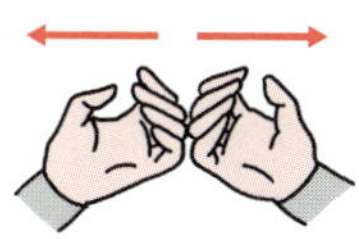

上から見たとき

体の前で両手の４本の指の背を合わせてから、左右に離す。

参 左手の手のひらを、右手で左と右に切り分けるようにする表現もある。

同 離す・離れる・分かれる・別れる

使い方例

半分＋分ける＝**半分に分ける**

右＋左＋分ける＋お願い①＝**左右に分かれてください**

係＋分ける＝**係を分担する**

わざと

わざと

右手の人差し指で２回ほおをつつく。

参 頭の両側で、両手のこぶしが互い違いになるようにひねる「**芝居**」で表現することもある。

同 うそ・故意

使い方例

わざと＋遅れる＝**わざと遅れる**

わざと＋話す＝**わざと言う**

わずか

わずか

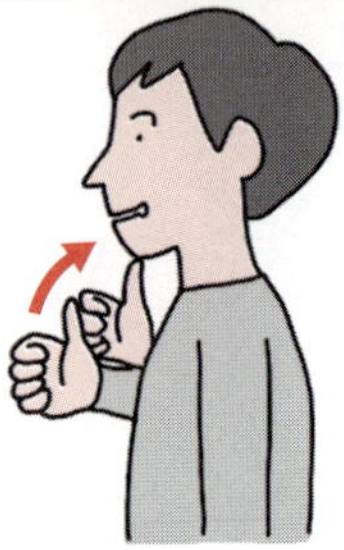

右手の親指を立ててあご下につける。このとき、口の形は「ぴ」。

貧乏

参 親指をあごの下にあて、2回前に出すと「**貧乏**」。

同 乏しい・少ない・足りない

使い方例

知識＋わずか＝**浅学**
血液＋わずか＝**貧血**
頭＋わずか＝**無知**
栄養＋わずか＝**栄養失調**

忘れる

わすれる

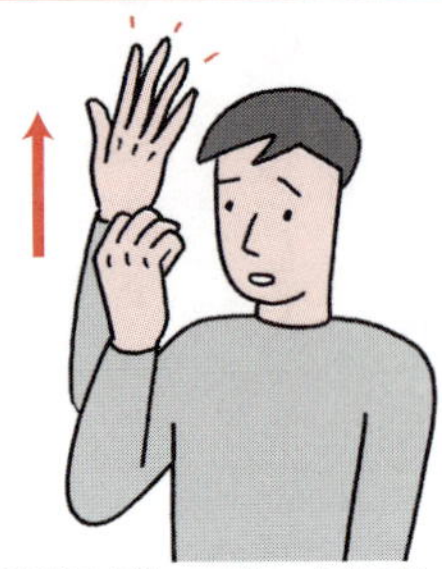

右手でこぶしを作ってこめかみのあたりにおき、開きながら上げる。

覚える

解 頭の中から記憶がなくなっていく様子から。

反 開いた手をこめかみに近づけながらこぶしを作ると、「**覚える**」となる。

同 忘れ物

使い方例

財布＋忘れる＝**財布を忘れる**
すぐ＋忘れる＝**すぐ忘れる**
清潔＋忘れる＝**きれいさっぱり忘れる**

わたし

わたし

右手の人差し指で、鼻を指さす。

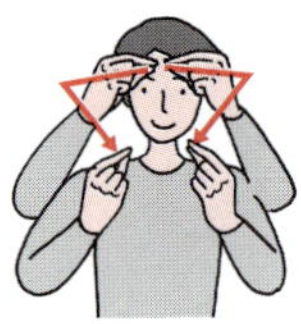

個人

参 胸を指さして表現することもできる。なお、両手の人差し指をひたいにおいて逆三角形を作ると、「**個人**」「**プライベート**」になる。

同 鼻

使い方例

わたし＋母＝**わたしの母**
わたし＋名前＝**わたしの名前**

渡す

わたす

両手の手のひらを上に向けて並べ、前に差し出す。

もらう

解 物を渡す様子から。

参 片手だけで表現することもできるが、ラフなニュアンスになる。

反 両手を手前に引くと、「**もらう**」となる。

同 あげる・与える・返す・提供・奉仕

使い方例

お金＋渡す＝**お金を渡す**
本＋渡す＝**本を渡す**
話す＋渡す＝**説明致します**
賄賂＋渡す＝**贈賄（ぞうわい）**

わたる

渡る

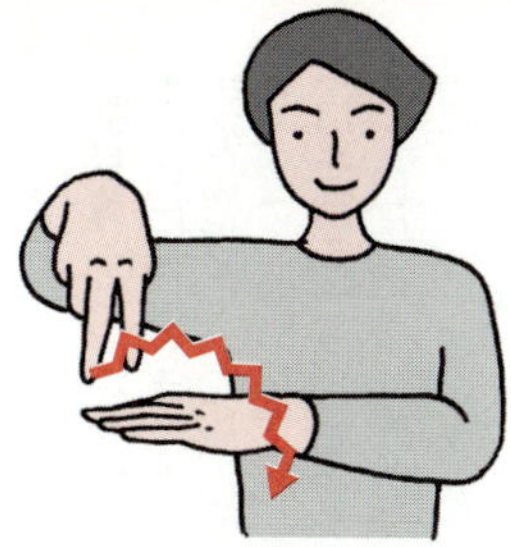

左手の上で、右手の人差し指と中指を伸ばして、交互に動かしながら前に進めていく。

歩く

解 右手の2指を足に見立て、歩いて向こう側に行く様子から。

参 右手の2指を交互に動かしながら前に進ませる「**歩く**」で表現してもよい。

使い方例
橋＋渡る＝**橋を渡る**
世界＋渡る＝**世渡り**

わらう

笑う

軽くわん曲させた右手を口の前にかまえ、左右に動かす。

反 両手を水平にして目にあて、左右に動かすと「**泣く**」になる。

同 笑顔

使い方例
笑う＋なぜ？＝**なぜ笑うの？**
笑う＋泣く＝**笑い泣き**
あなた＋笑う＋顔＋好き＝**あなたの笑顔が好き**

わりかん

割り勘

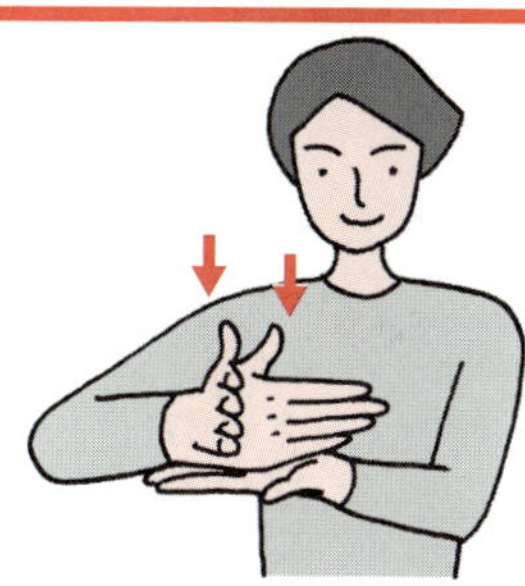

左手の手のひらに、右手をトントンとおく。

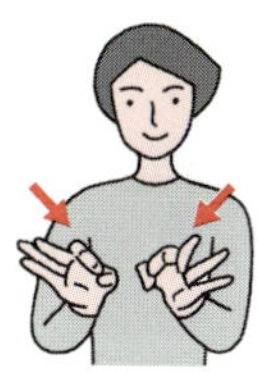

ほかの表現

解 2つ以上に「割る」ことから。

参 2人が割り勘するときは、両手で輪を作って左右に並べ、前に出しながら中央に寄せる表現もある（「募金」と同じ）。

使い方例
今日＋割り勘＝**今日は割り勘にしよう**
割り勘＋不満＝**割り勘は不満だ**

わりびき

割り引き

左の手のひらに右手を垂直におき、2つに分けるよう手前に引く。

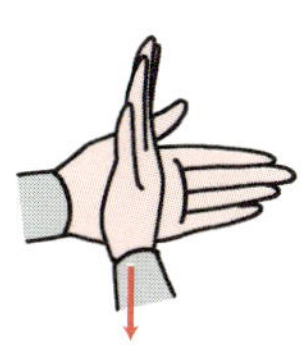

上から見たとき

解 半分に切る様子から。

参 「女性50％割り引き」などのときに使う。ほかに「バーゲン」という単語で表される場合も多い。

同 半分

使い方例
お金＋割り引き＝**半額**
女性＋割り引き＝**女性割り引き**

割る
わる

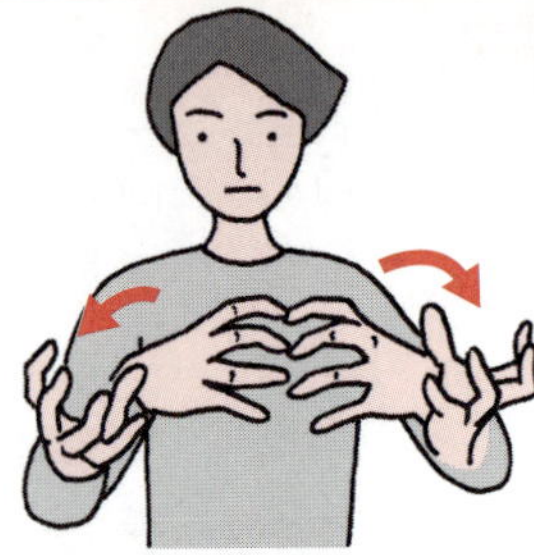

両手で何かを持ち、パカッと割るしぐさをする。

口を割る

解 物を2つに割る様子から。

参 「**割り算**」は、左手の人差し指を横に伸ばして、曲げた右手の親指と人差し指ではさみ、「÷」の形を作る。また、「**口を割る**」は、右手をすぼめて口におき、開く（「もらす」）。

使い方例

りんご＋割る＝**りんごを手で割る**

石＋割る＝**石を割る**

悪い
わるい

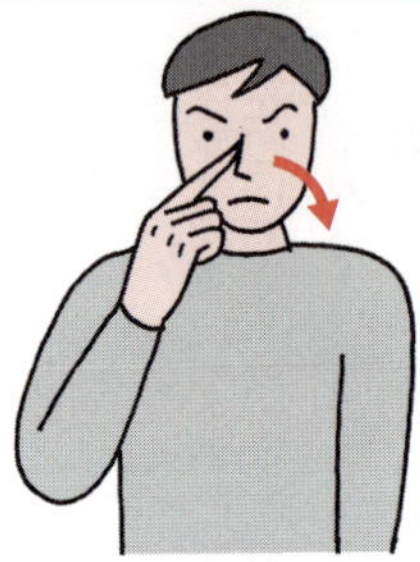

右手の人差し指を鼻から左斜め下へ、鼻をかすめるように動かす。

よい

参 2回繰り返すと、「**いじわる**」となる。

反 「**よい**」は、右手のこぶしを鼻におき、前に出す。

同 ダメ

使い方例

体＋悪い＝**気持ち悪い、体調が悪い**

悪い＋男＝**犯人**

悪い＋口＝**悪口**

悪口
わるくち

右手の人差し指を鼻から左斜め下へ、鼻をかすめるように動かす。

右手の人差し指で口のまわりをぐるりと回す。

解 口…口の丸い形を描くことで表す。

使い方例

悪口＋話す＝**悪口を言う**

悪口＋止める＝**悪口はやめよう**

ワンピース
わんぴーす

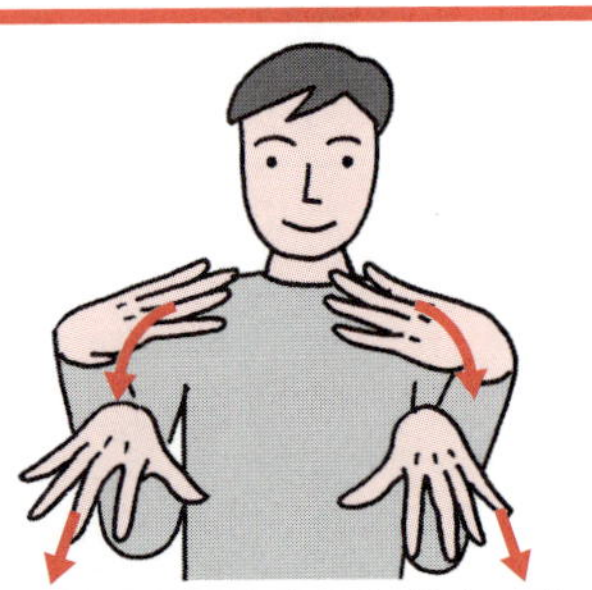

両手を両肩のあたりにおき、ひじを軸にして下ろす。

解 ワンピースの形から。

参 肩のあたりから手首を使って両手を下ろすと、「**疲れる**」。

使い方例

着る＋ワンピース＝**コート**

黒＋ワンピース＝**黒いワンピース**

固有名詞
基本単語

都道府県名…………………… 582
地域名………………………… 593
いろいろな地名……………… 595
観光地………………………… 601
外国の地名…………………… 606
苗字…………………………… 613
デパート……………………… 619
スーパーマーケット……… 621
コンビニ……………………… 622
飲食店………………………… 623
ファッションブランド…… 625
自動車メーカー…………… 626
家電メーカー……………… 627
プロ野球の球団…………… 628
プロ野球の球団
(メジャーリーグ)………… 630
1～12月 …………………… 631
指文字表……………………… 633

都道府県名

北海道

北海道の形を表す。

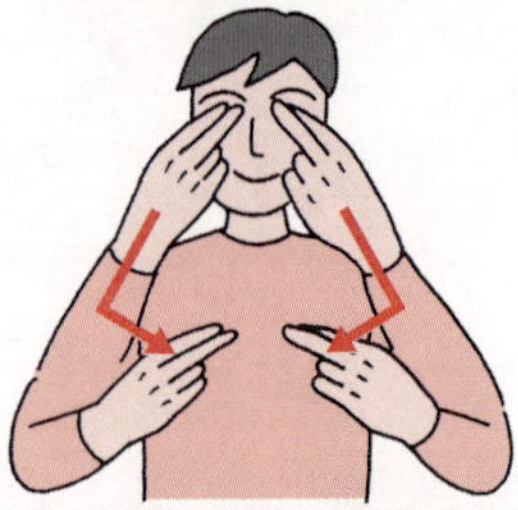

両手の人差し指と中指を立てて、ひし形を作るように下に動かす。

青森

「森」は通常、上下に動かしながら左右に離すが、「青森」の「森」は上下に動かすだけ。

青

右手の手のひらを右のほおにあてて、後ろに引く。

森

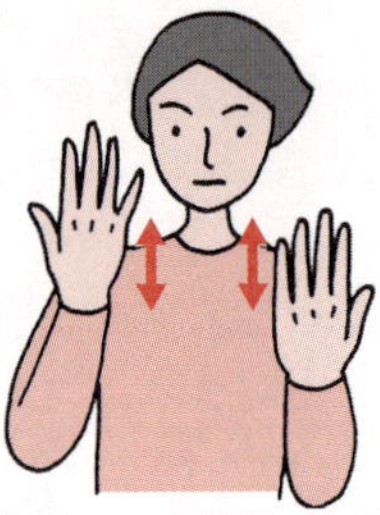

両手を並べて、交互に上下に動かす。

岩手

「岩」は岩の形を表し、「手」は指文字の「テ」。

岩

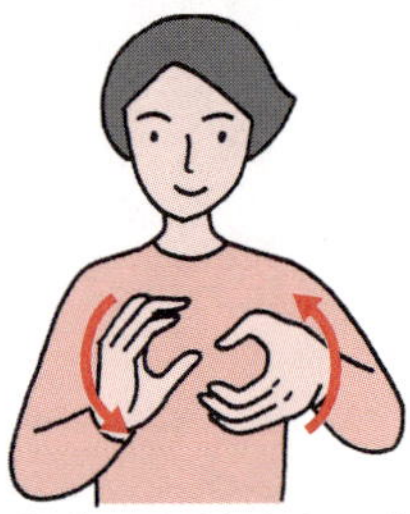

指を曲げた両手を向かい合わせ、互い違いに回す。

手

右手の手のひらを前に向ける。

宮城

「宮」は神社の屋根、「城」は名古屋城の金のシャチホコ。

宮

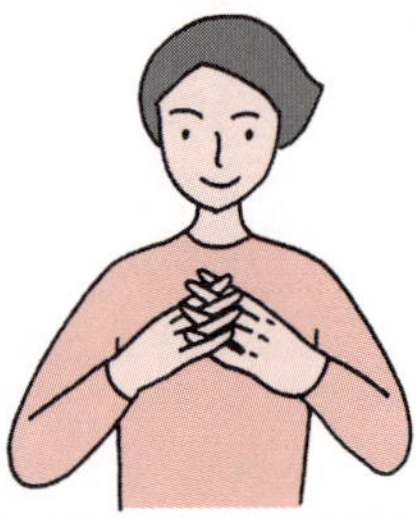

両手を斜めにして、指を組み合わせる。

城

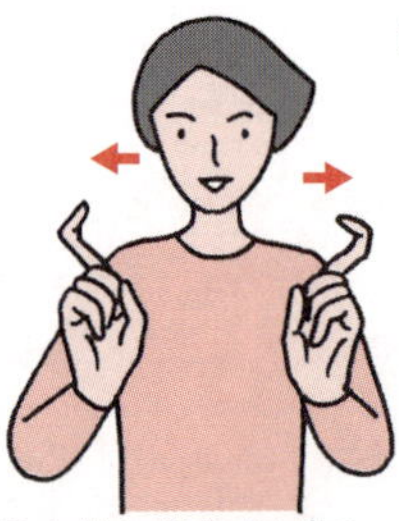

両手の人差し指を曲げて、少し左右に開く。

秋田

秋田県の名産である「ふき」の葉の形を表す。

手のひらを上向きにした左手の下に、右手の親指をつける。

山形

山形県の名産である「さくらんぼ」の形を表す。

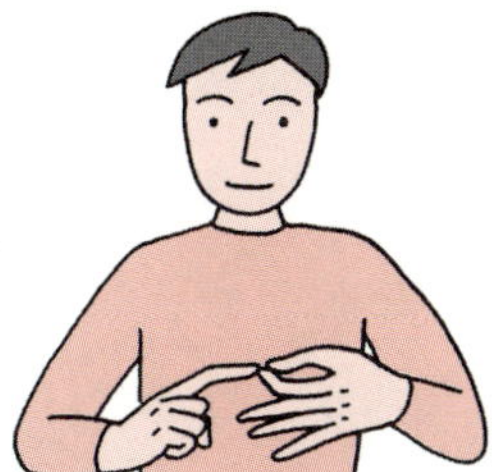

左の親指と人差し指で作った輪に、右の人差し指をつける。

福島

「福」は通常2回閉じるが、この場合は1回だけ閉じる。また、「島」は左手を陸に、右手を海に見立てている。

福

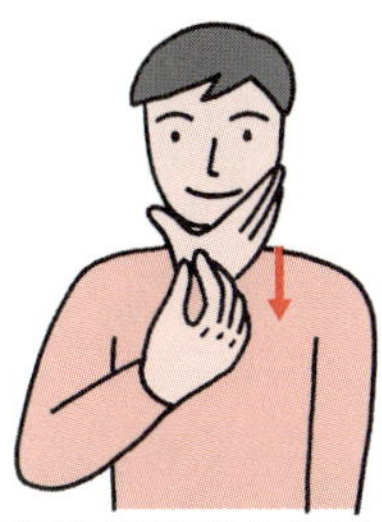

右手を開いてあごにあて、あごをなでるように閉じる。

島

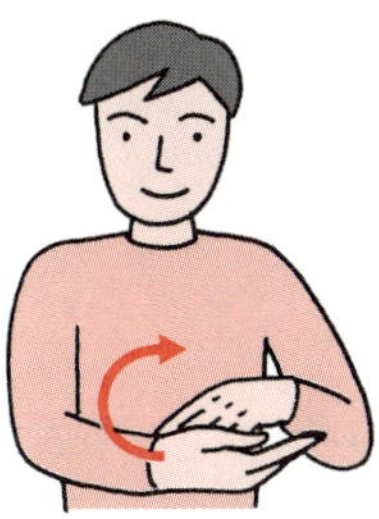

わん曲させた左手に沿って、右手を前方から手前に動かす。

茨城

「桜田門外の変」で、水戸藩士が蓑(みの)をつけていたことから、「蓑(みの)」の形で表現する。

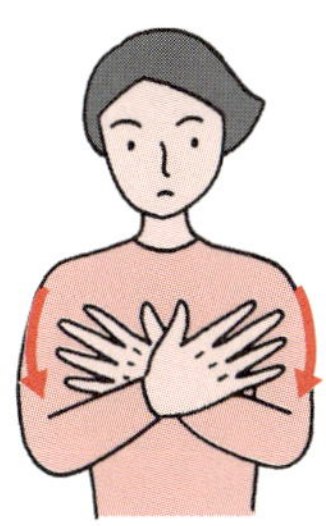

両手の手のひらを手前に向けて手首を交差させ、下に振る。

栃木

栃木の「栃（とち）」の葉の形を表す。

指を開いた左手の指を、右手の人差し指でなぞる。

群馬

両手の人差し指を馬の手綱（たづな）に見立て、手綱を持って馬を走らせる様子を表す。

両手の人差し指を伸ばして指先を前に向け、２回振り下ろす。

埼玉

埼玉の「玉」を表現。玉を丸める様子を表す。「丸める」「まんじゅう」「餅」も同じ表現になる。

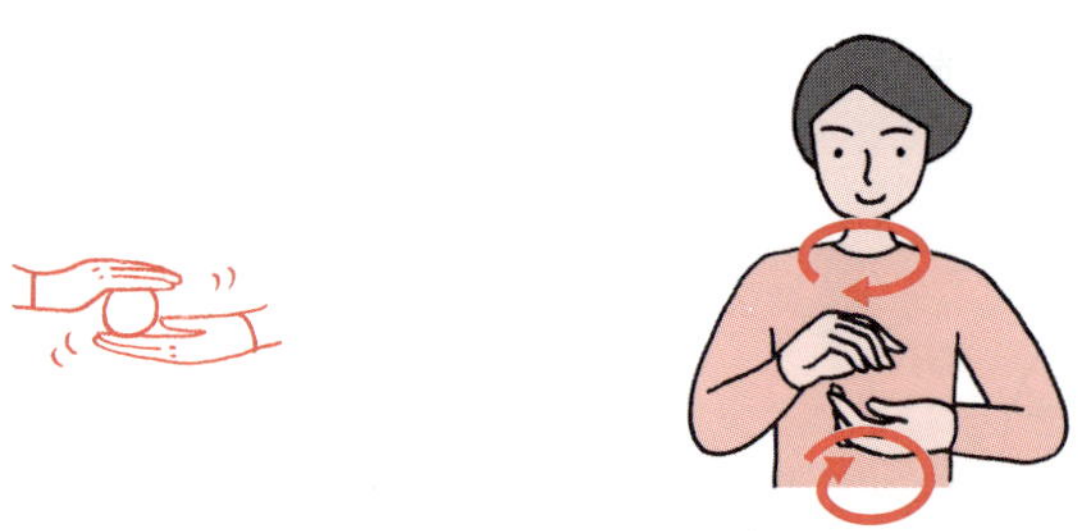

軽く曲げた両手の手のひらを向かい合わせ、丸めるように回す。

千葉

漢字の「千」の形を表す。

左手の親指と人差し指を伸ばして右手の人差し指を２回あてる。

東京

1回上げると「東」の意味になる。東京が東にあることから。

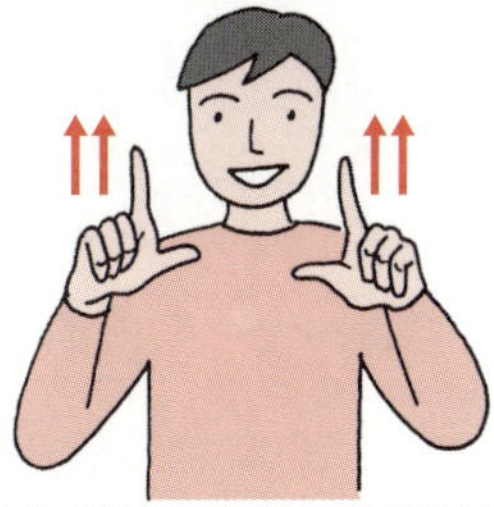

両手の親指と人差し指を伸ばして並べ、2回上げる。

神奈川

「神」は柏手（かしわで）を打つ様子を、「川」は漢字の「川」の形を表す。ただし、「神」は通常2回打つが、この場合は1回だけ打つ。

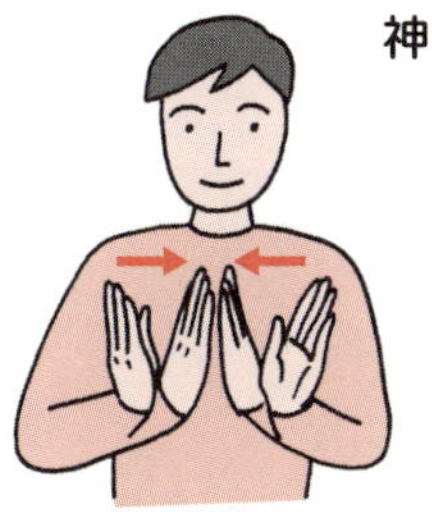

両手の手のひらを打つ。

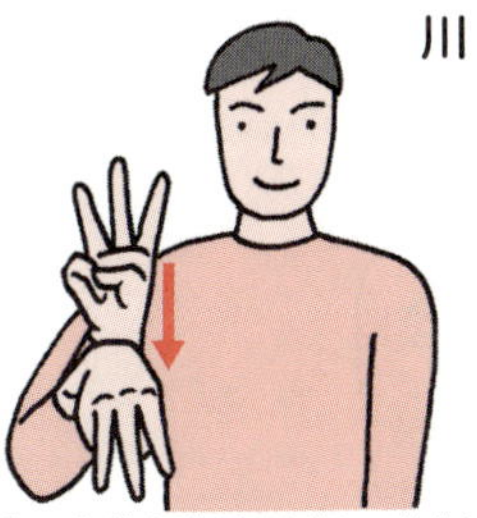

右手の人差し指と中指、薬指を立て、前に倒して下ろす。

山梨

「山」は山の形を、「ぶどう」はぶどうの形を表す。ぶどうが山梨県の名産であることから。

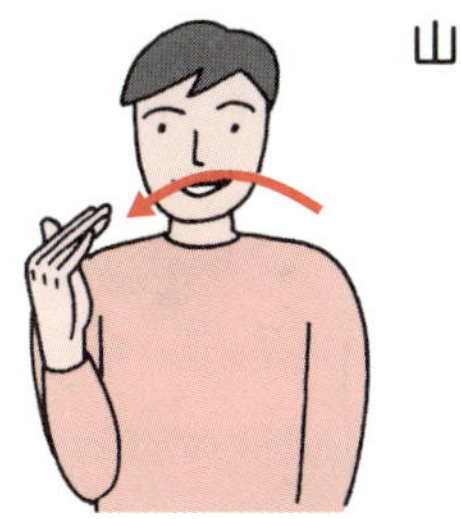

右手の手のひらを下に向けて、弧を描いて山の形にする。

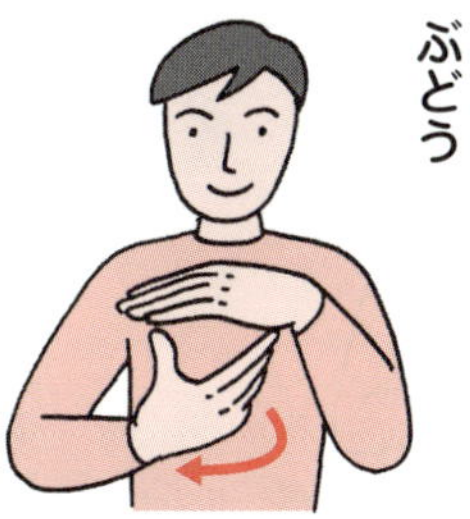

左手の下で右手をひねりながら下げて、閉じる。

長野

「長い」で、両手を左右から真ん中に寄せると、「短い」となる。

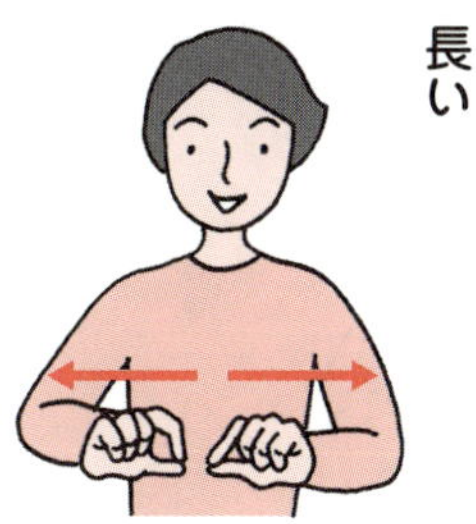

親指と人差し指をくっつけた両手を向かい合わせ、左右に開く。

右手の人差し指を伸ばして、「ノ」と空書する。

新潟

新潟港に船が出入りする様子を表す。交互ではなく同時に前後に動かすと「地震」。

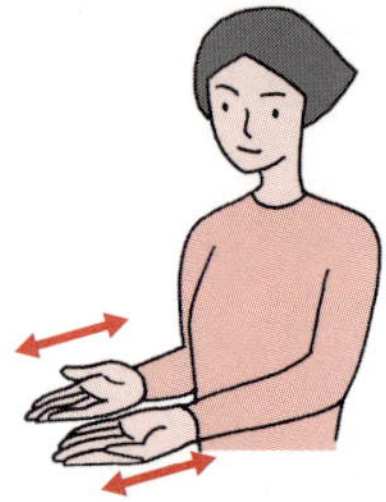

両手の手のひらを上向きにして、交互に前後に動かす。

富山

指文字の「ト」で、山の形を表している。

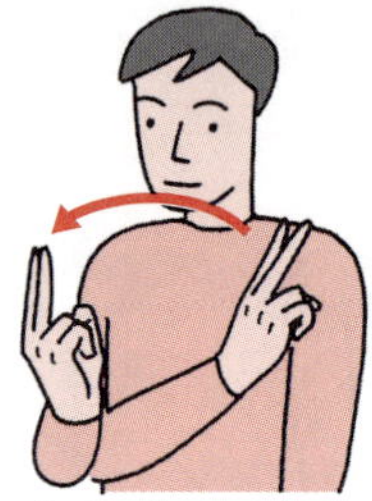

右手の人差し指と中指を立てて、右に弧を描く。

石川

「石」「川」とも、それぞれ漢字の「石」「川」の形を表す。

石

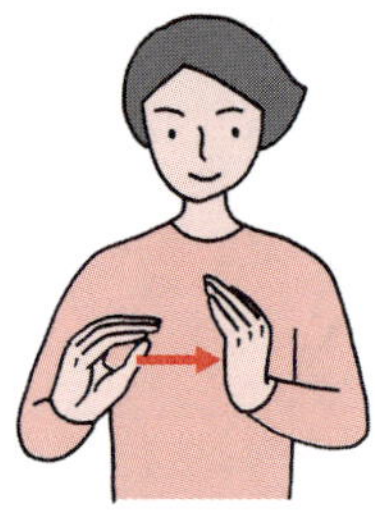

わん曲させた右手を左手の手のひらにつける。

川

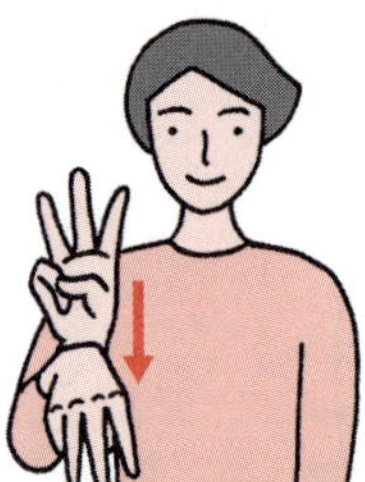

右手の人差し指と中指、薬指を立て、前に倒して下ろす。

福井

「井」は漢字の「井」の形を表し、「井戸」も同じ表現になる。また、「福」は通常2回閉じるが、この場合は1回だけ閉じる。

福

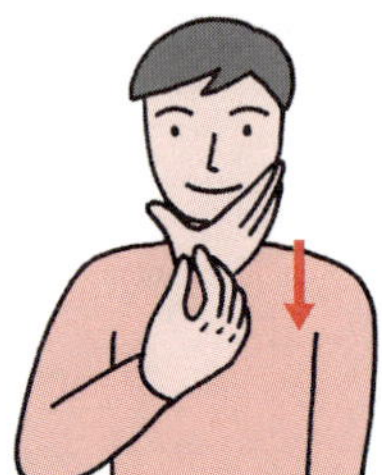

右手を開いてあごにあて、あごをなでるように閉じる。

井

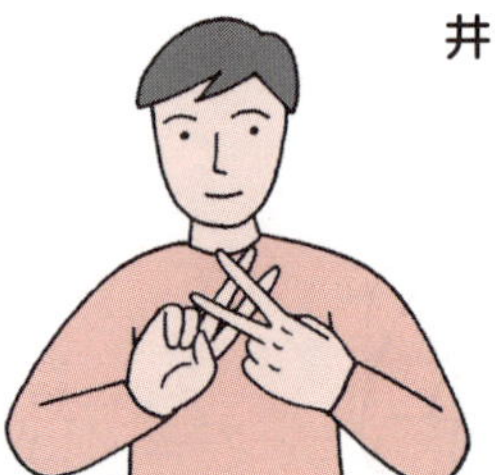

両手の人差し指と中指を「井」の形に重ねる。

岐阜

岐阜で有名な鵜(う)飼いの鵜(う)のくちばしを表す。

右の親指と人差し指、中指を、口元で閉じたり開いたりする。

静岡

静岡にある富士山の形を表す。「富士山」も同じ表現になる。

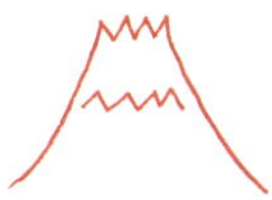

両手の人差し指と中指を伸ばして、斜めに広げながら下ろす。

愛知

左の親指を人に見立て、右手で頭をなでて愛する様子。「愛媛」は親指ではなく小指を立てて、小指を回す。

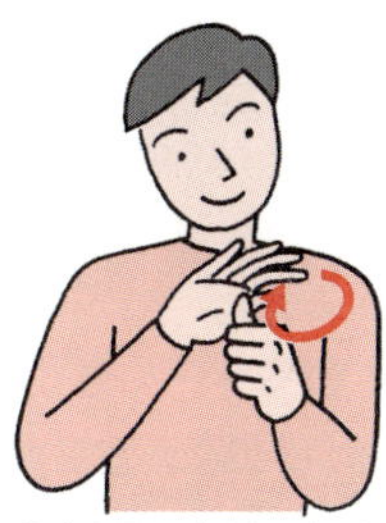

手のひらを下に向けてわん曲させた右手を、左の親指の上で回す。

三重

「三」は指文字の「3」を表し、「重い」は重い物を持っている様子を表す。

三

人差し指と中指、薬指を伸ばして横にする。

重い

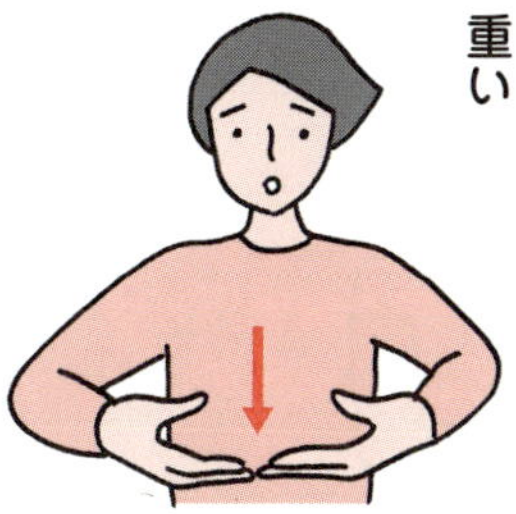

両手の手のひらを上に向けて左右に並べ、同時に下げる。

滋賀

滋賀県は琵琶（びわ）湖で有名なことから、楽器の「琵琶」を弾く様子を表す。

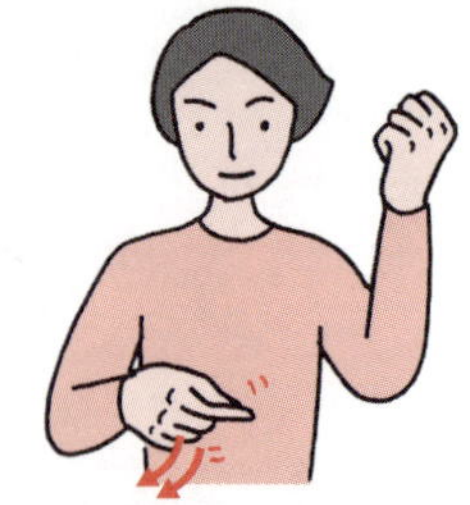

左のこぶしは上に、右の親指と人差し指はつけて、２回手首を下にひねる。

京都

京都が「西の都」と呼ばれていたことから、「西」を2回表す。なお、１回だけ下げると「西」。

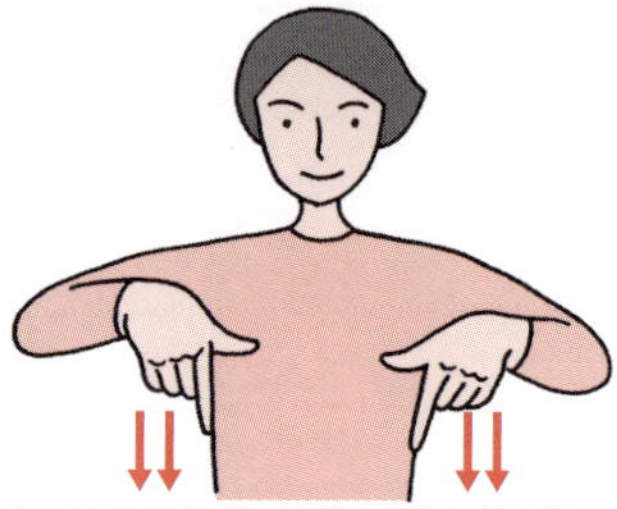

両手の親指と人差し指を伸ばして下に向け、２回下げる。

大阪

豊臣秀吉のカブトの様子から。

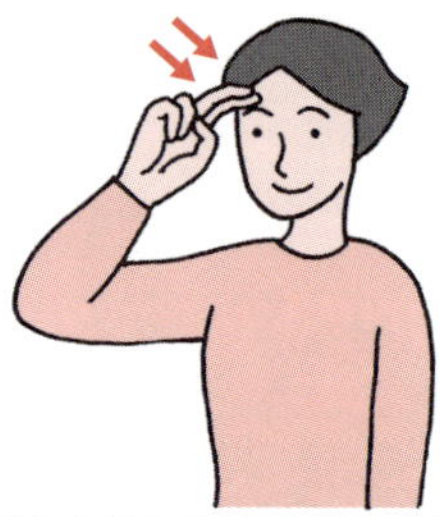

右手の人差し指と中指を曲げて頭の横に２回あてる。

兵庫

兵隊が銃を持つ様子から。

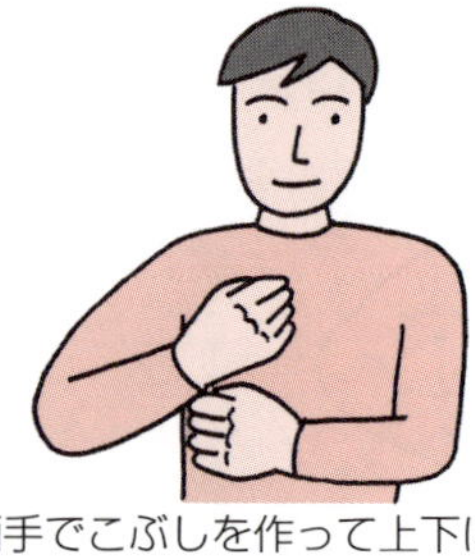

両手でこぶしを作って上下におき、右の胸にあてる。

奈良

奈良の大仏の様子を表す。「鎌倉」「大仏」も同じ表現。

左の手のひらを上向きにして、その上で、右の親指と人差し指で輪を作る。

和歌山

「和歌山」の「歌」の字から、歌を歌う様子で表す。

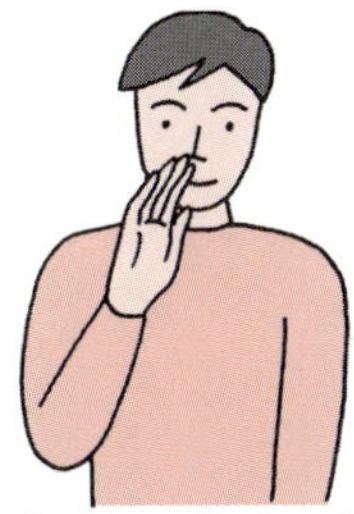

右手の指を軽く曲げ、手のひらを左に向けて口の横にあてる。

鳥取

「鳥」は鳥のクチバシの様子を、「取る」は何かをつかみ取る様子を表す。ただし、通常「鳥」は2回開いたり閉じたりするが、この場合は1回だけ。

鳥

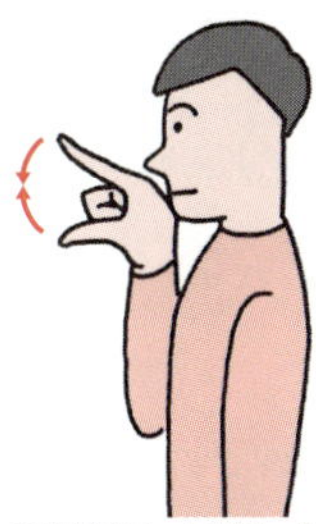

右手の親指と人差し指を口元におき、開いて閉じる。

取る

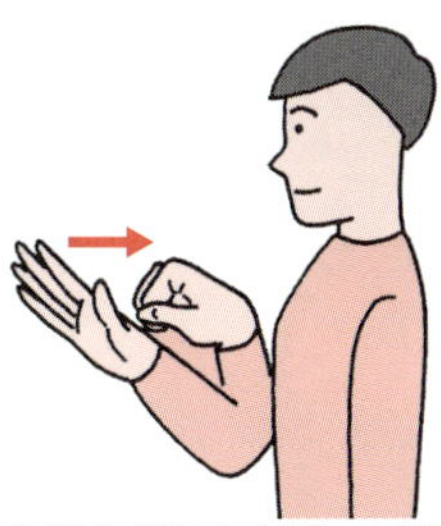

右手を握りながら、手前に引く。

島根

「島」は左手を陸に右手を海に見立て、海に囲まれた陸（島）を表す。「ネ」は指文字。

島

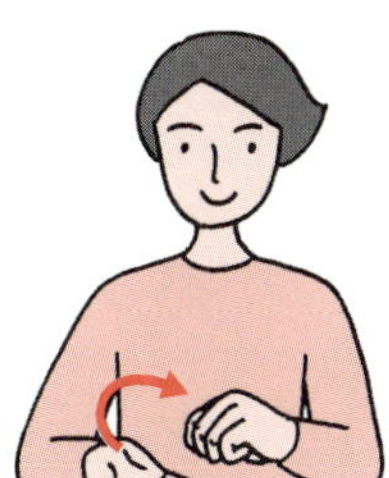

わん曲させた左手に沿って、右手を前方から手前に動かす。

ネ

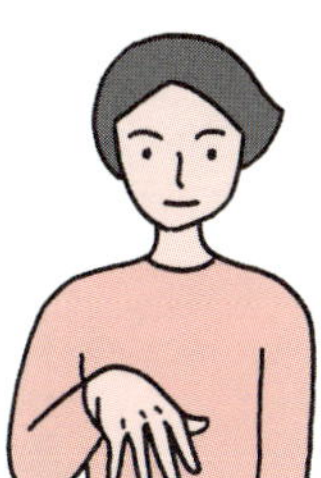

右手の手のひらを手前にして、指先を下にする。

岡山

岡山は畳の材料である「いぐさ」が特産であることから、いぐさの形を表現。

両手をすぼめて、手首のところで交差させる。

交差させたまま、2回はじくように手を開く。

広島

宮島の厳島（いつくしま）神社の鳥居の形を表す。「神＋広島」で「神社」となる。

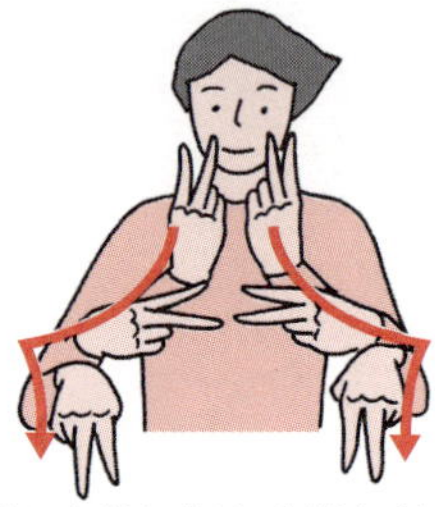

両手の人差し指と中指を並べ、左右に開いてから下ろす。

山口

「山」は山の形を、「口」は口の形を表す。

山

右手の手のひらを下に向けて、弧を描いて山の形にする。

口

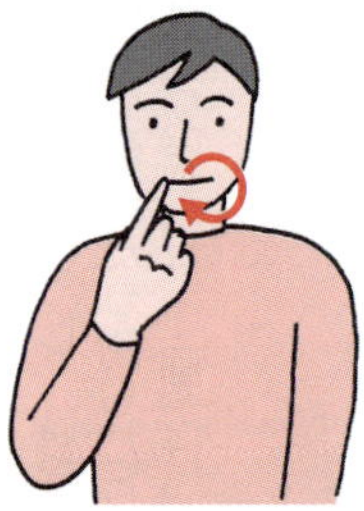

右手の人差し指で口を丸くなぞる。

徳島

「徳」は徳川家康のひげを表し、「島」は左手を陸に右手を海に見立て、海に囲まれた陸を表す。

徳

右手の親指をあごにつけて、人差し指を下ろす。

島

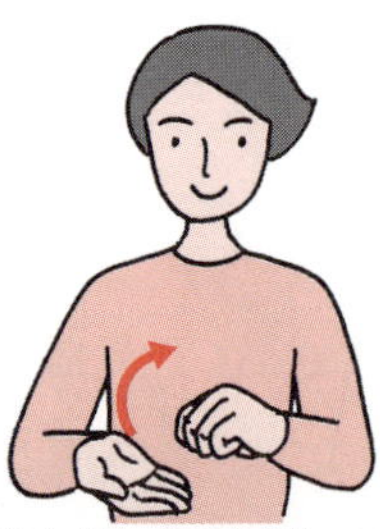

わん曲させた左手に沿って、右手を前方から手前に動かす。

香川

「香り」は鼻で香りを吸い込む様子を、「川」は漢字の「川」の形を表す。

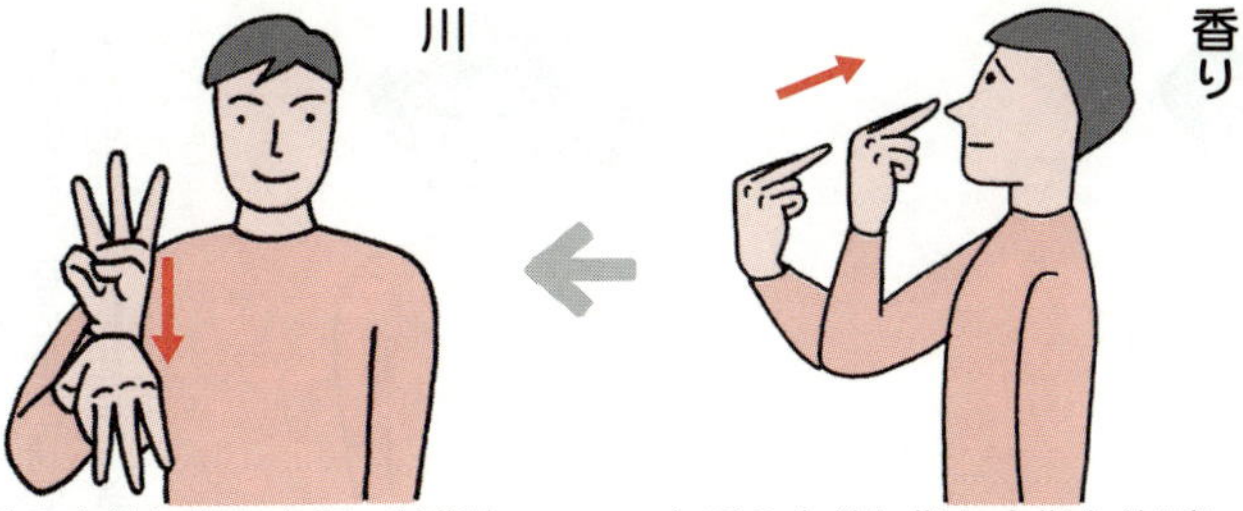

右手の人差し指と中指を伸ばして、指先を鼻の穴に近づける。

右手の人差し指と中指、薬指を前に倒して下ろす。

愛媛

「姫(女性)」を愛する意味から。「愛知」は小指ではなく親指を立て、左右の手が逆になる。

手のひらを下に向けた左手の下で右手の小指を水平に回す。

高知

両手の人差し指と中指をそれぞれ伸ばして、削るようにする表現もある。

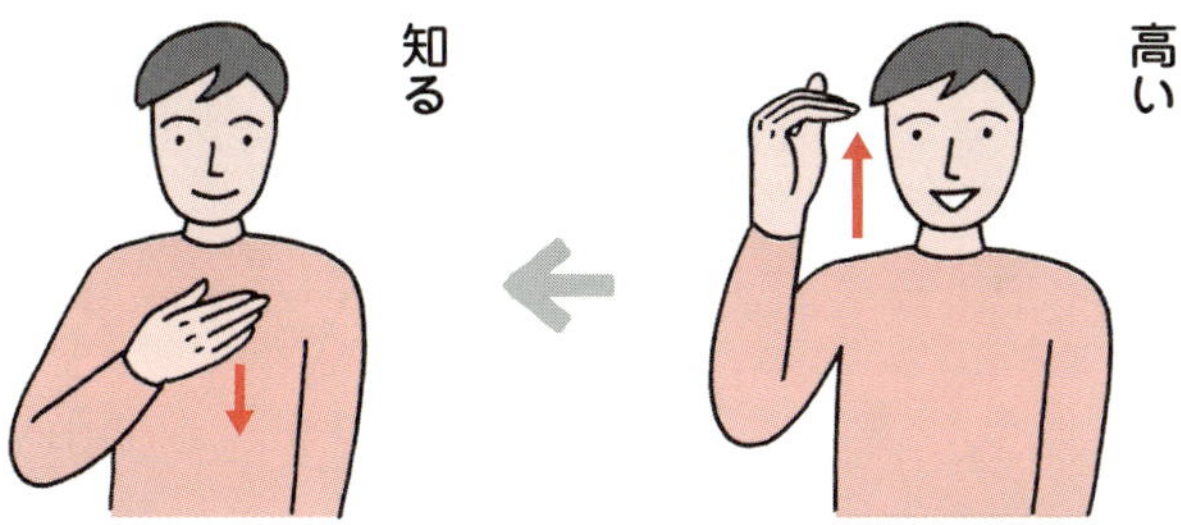

右手の親指以外の指をそろえて曲げ、顔の横で上げる。

右手の手のひらを胸にあて、下げる。

福岡

福岡県の名産である「博多帯」の形を表す。「帯」「博多」も同じ表現。

右の親指とほかの指の間を広げ、お腹のあたりで右に動かす。

佐賀

早稲田大学の大隈重信（おおくましげのぶ）が佐賀出身であることから、大学帽の房で表現。

右手の人差し指を頭にあてる。

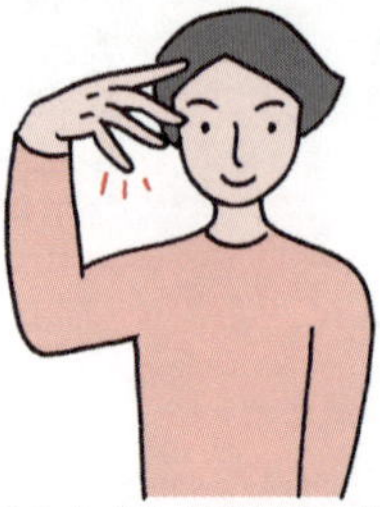

右手の人差し指以外の指をパッと開く。

長崎

「長い」で、両手を左右からくっつけると「短い」となる。

長い

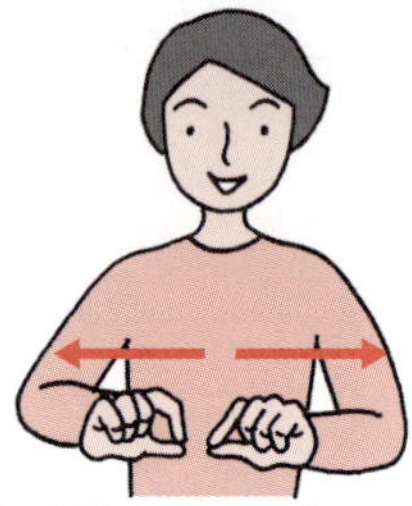

両手の親指と人差し指をくっつけて向かい合わせ、左右に離す。

崎

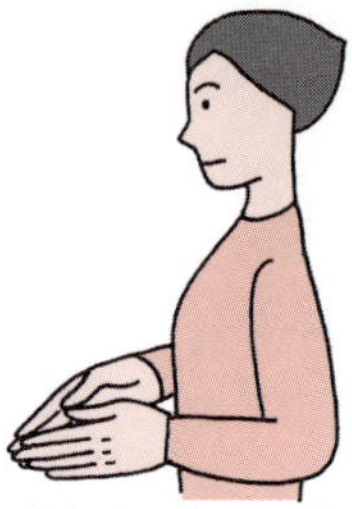

両手の指をそろえて、指先をくっつける。

熊本

熊本城を築いた加藤清正（かとうきよまさ）のよろいの胴にある、大曼陀羅（おおまんだら）を表す。

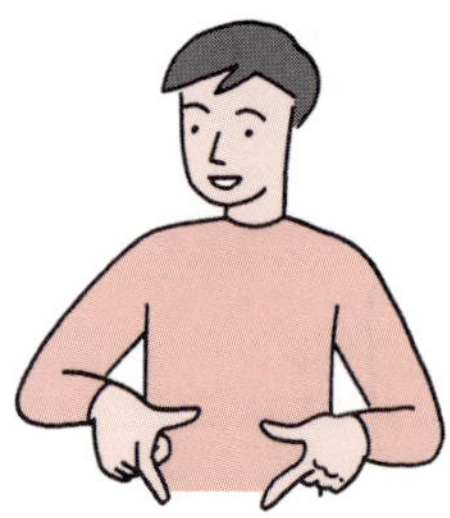

両手の親指と人差し指で丸い形を表し、お腹にあてる。

大分

左手は九州を、右手は大分を表し、九州の中での大分の位置を示す。

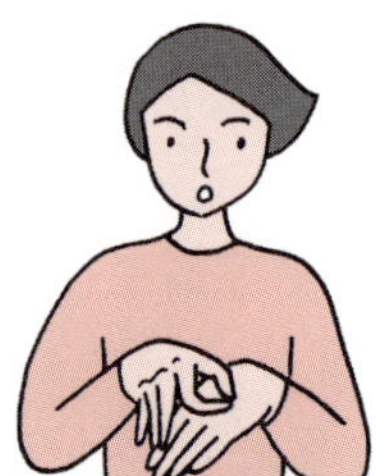

左手の甲の上に右手の親指と人差し指で作った輪をのせる。

宮崎

「宮」は神社の屋根の形を表す。

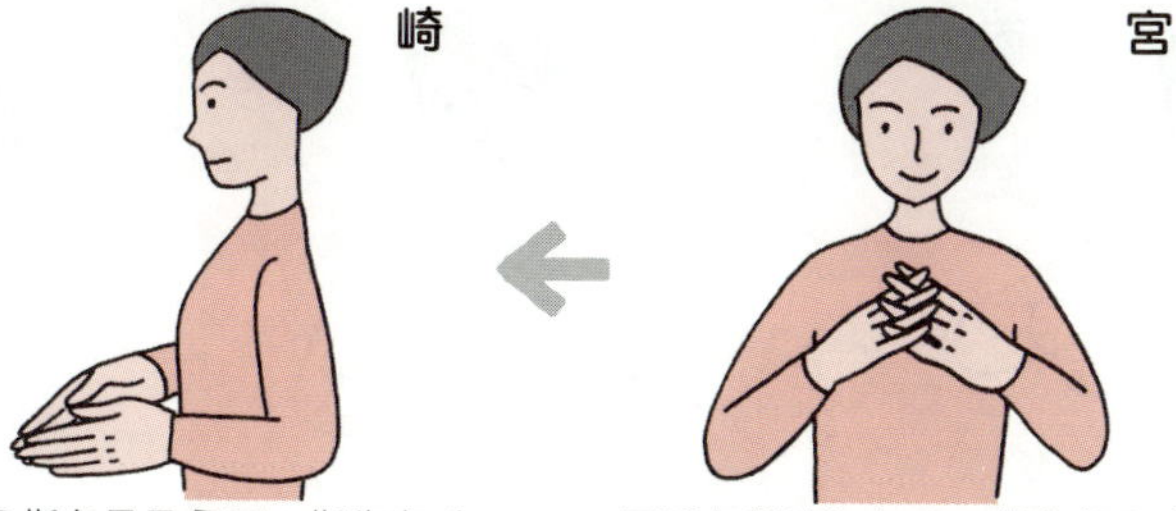

両手を斜めにして、指を組み合わせる。

両手の指をそろえて、指先をくっつける。

鹿児島

鹿児島の「鹿」の字から、鹿の角の形を表す。「鹿」も同じ表現。

右の人差し指と中指、薬指を立て、頭の横でねじりながら上げる。

沖縄

沖縄で踊りのときにつける髪飾りの形を表す。

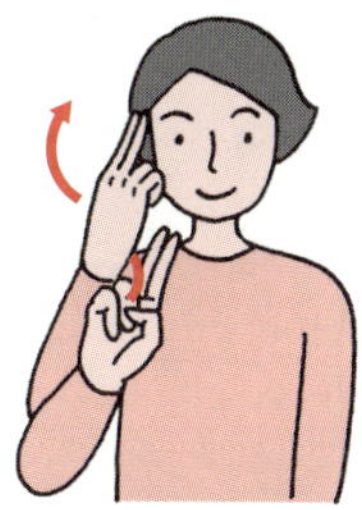

右手の人差し指と中指を立て、頭の横でねじりながら上げる。

関東

「関東＋東」で表現することもある。

両手の親指と人差し指をくっつけ、前方に円を描く。

地域名

関西

「西」の表現で、人差し指を2回下げると「京都」になる。

関東

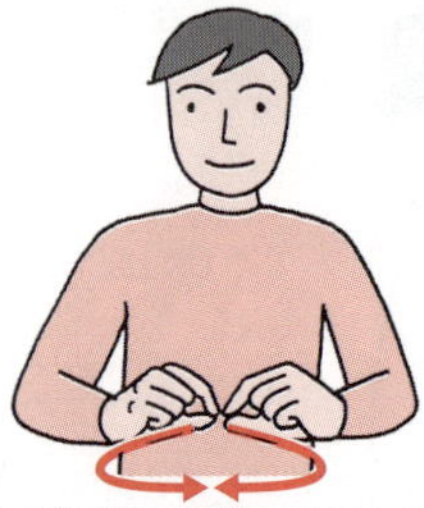

両手の親指と人差し指をくっつけ、前方に円を描く。

西

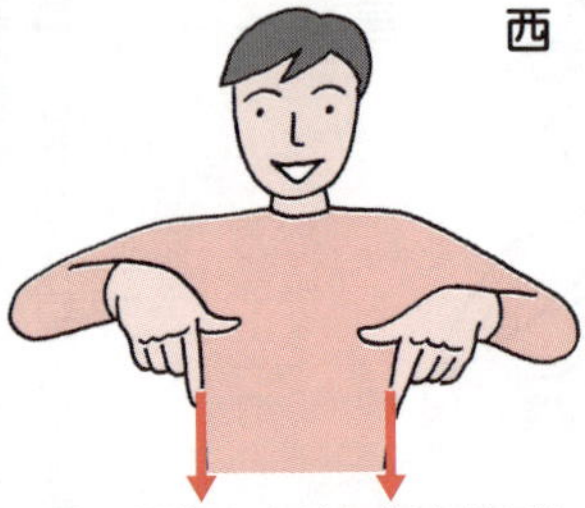

両手の親指と人差し指を伸ばして下に向け、下げる。

東北

「東」は太陽が昇る様子を、「北」は漢字の形を表す。

東

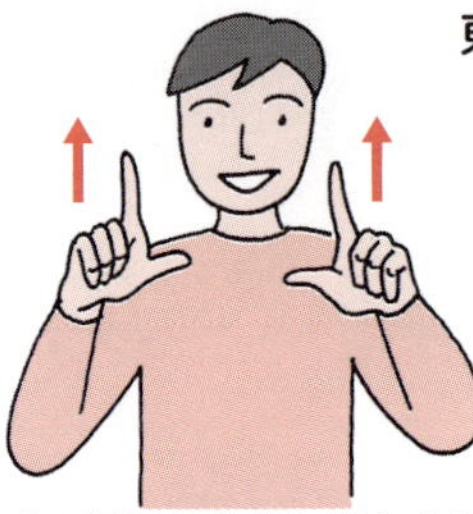

両手の親指と人差し指を伸ばして並べ、上げる。

北

両手の親指と人差し指、中指を伸ばして、交差させる。

中部

「中」は漢字の「中」を、「部」は指文字の「ブ」を表す。

中

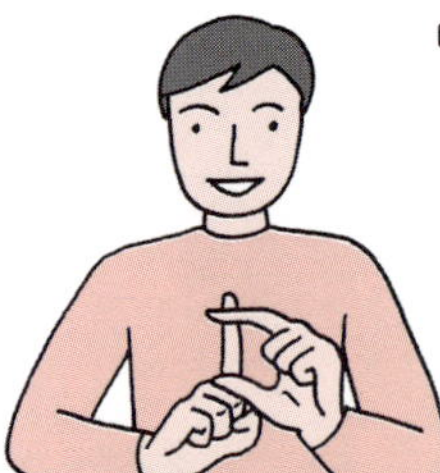

左手の親指と人差し指に右手の人差し指をあてる。

部

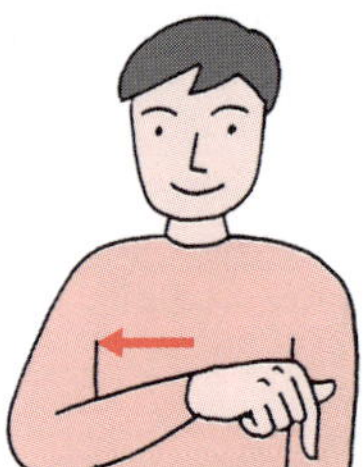

右手の親指と人差し指を伸ばして下に向け、右に引く。

近畿

大阪湾の形を表す。

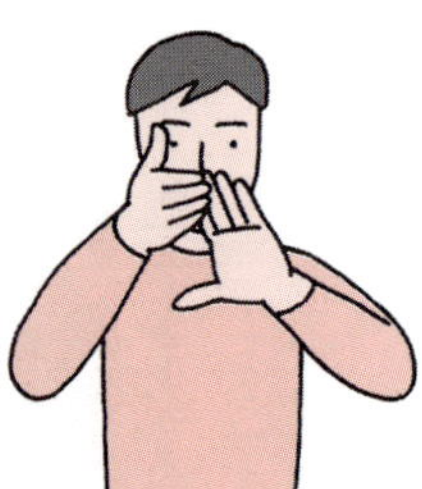

左の手のひらを前に向け、右手を横におく。

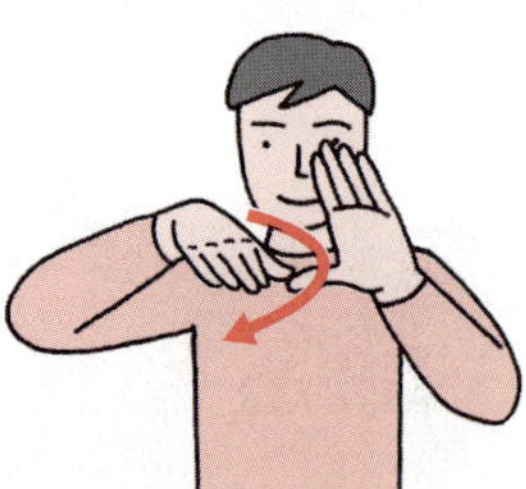

右手で左の人差し指と親指の内側をなぞる。

四国

ひとつの島が４つの県からなっている様子を意味する。

左手の中に親指以外の４本の指を伸ばした右手を垂直に立て、手前に引く。

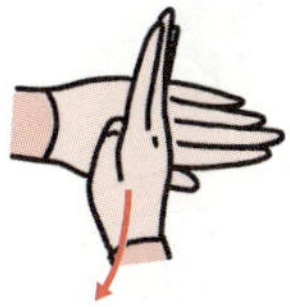

上から見たとき

中国

「中」は漢字の「中」を、「国」は日本列島の形を表す。

中

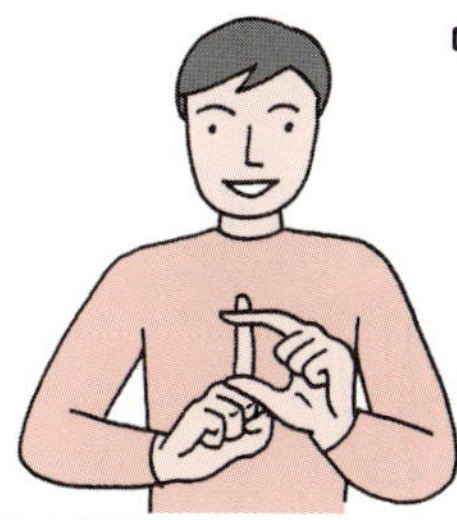

左手の親指と人差し指に右手の人差し指をあてる。

国①

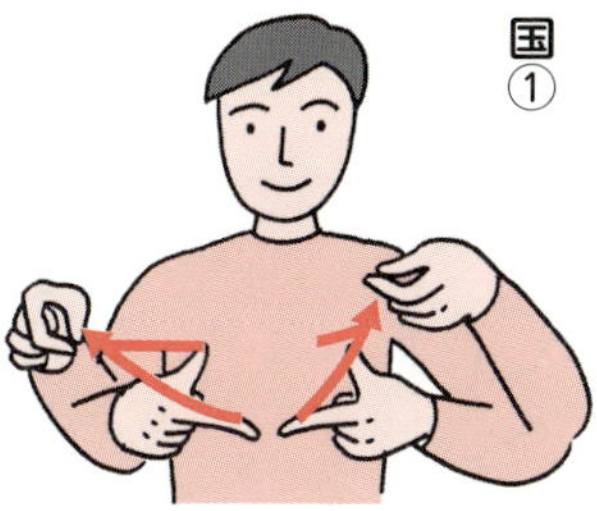

両手の親指と人差し指を伸ばし、左右に引きながらつける。

九州

九州の「9」と漢字の「州」の形から。

9

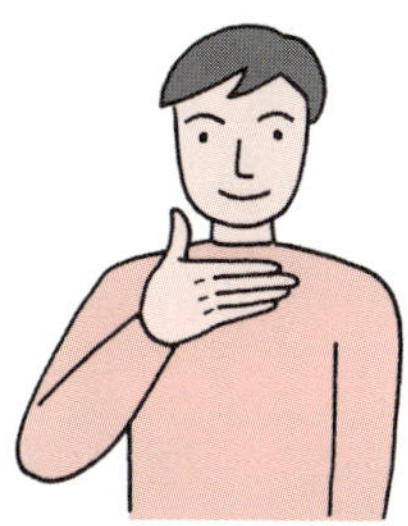

右手の親指以外の４本の指を横に伸ばす。

州

右手の手のひらを前に向けて、上から下に倒す。

会津（あいづ）

白虎隊（びゃっこたい）の隊員の最期を「切腹（せっぷく）」で表すといわれる。

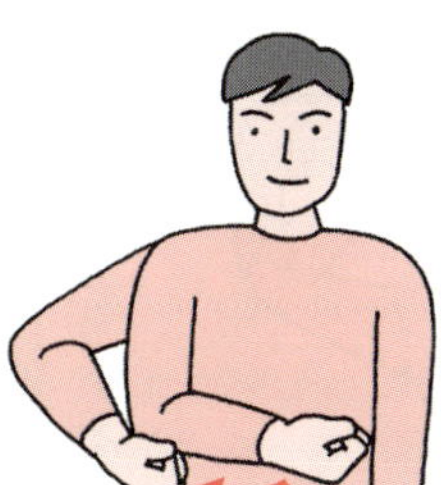

右手を握ってお腹にあて、右に引く。

いろいろな地名

網走（あばしり）

網走刑務所の柵を表す。「犯人」は、「悪い＋男」で表す。

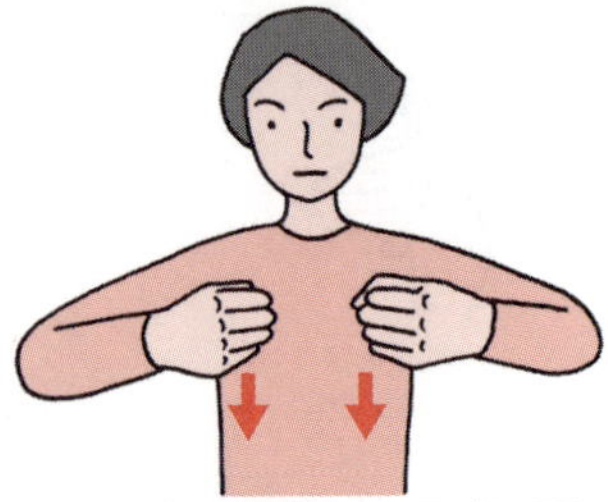

両手を握って並べ、同時に下ろす。

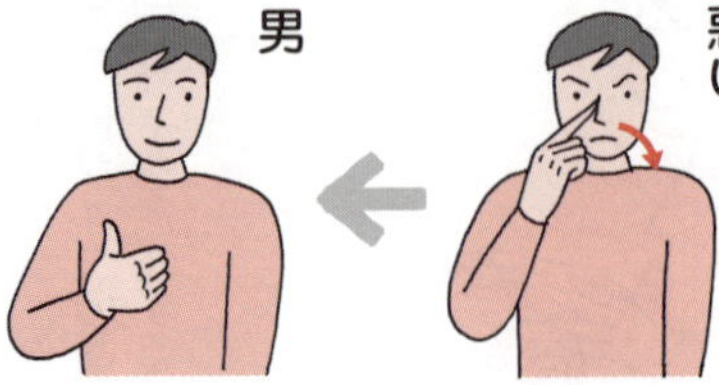

犯人

奄美大島（あまみおおしま）

地元で使われている表現。

両手の手のひらを合わせておき、右手を左に払う。

右手を返して、右に引く

淡路（あわじ）

淡路の「あわ」から、泡の様子で表す。

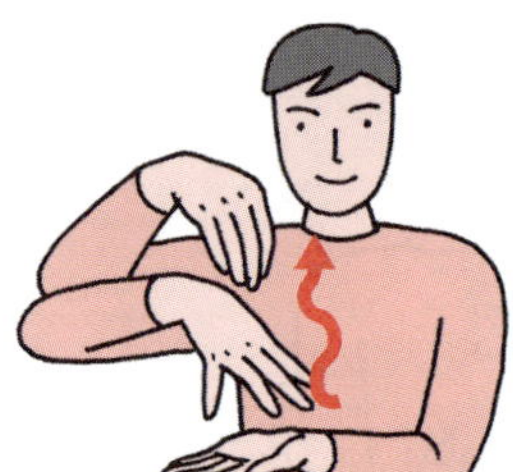

左手の上に右手を広げておき、ねじり上げながら指を閉じる。

池袋

池袋の「袋」の字から、「袋」と同じ表現になる。

両手の親指と人差し指をつけて並べ、同時に前に回す。

出雲（いずも）

出雲の「雲」の字から、雲の形を描く。

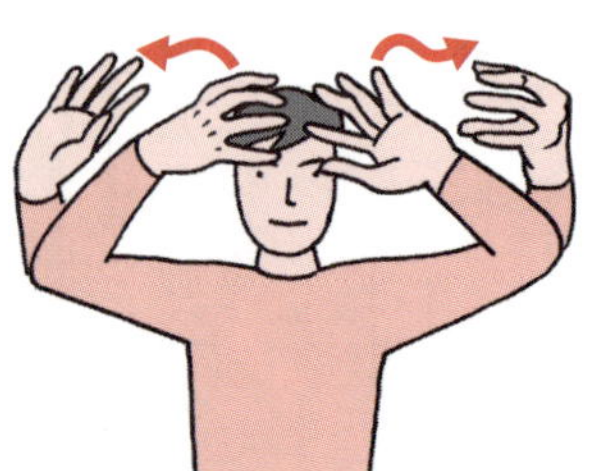

両手をわん曲させて向かい合わせ、ひねりながら左右に開く。

岩国

岩国にある錦帯橋（きんたいきょう）の形から。

右手を立てておき、手首を折り曲げながら、２回前に出す。

宇都宮

宇都宮市のシンボルマークから。

左手の筒に右手の人差し指と中指を曲げて２回差し込む。

宇和島

「牛鬼（うしおに）祭り」で有名なことから、牛が闘う様子を表す。

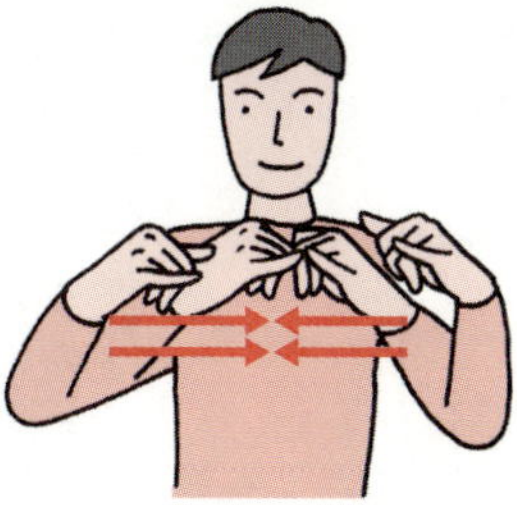

親指と小指を伸ばした両手を向かい合わせ、２回中央に寄せる。

岡崎

岡崎ろう学校の相撲部が強かったことから、「強い」という意味を表す現地の表現。また、左手の指を曲げ、右手の人差し指で左上腕に半円を描くと、「エネルギー」。

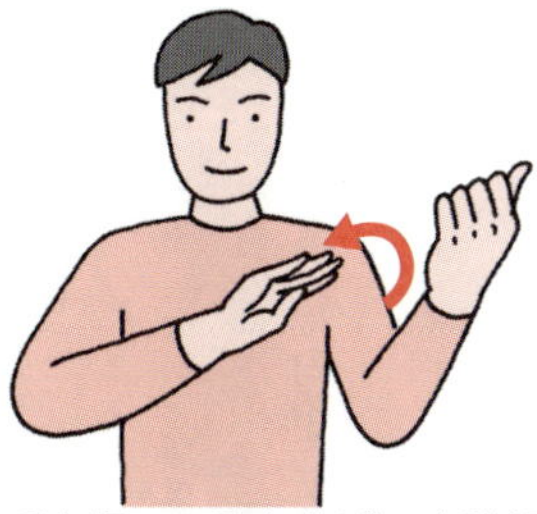

左手を握って腕を曲げ、上腕部に右手をあてて弧を描く。

エネルギー

小笠原

「傘」は傘を開く様子で表す。

小

右の人差し指と中指の間に左の人差し指を入れる。

傘

両手のこぶしを上下につなげて、右手を上げる。

腹

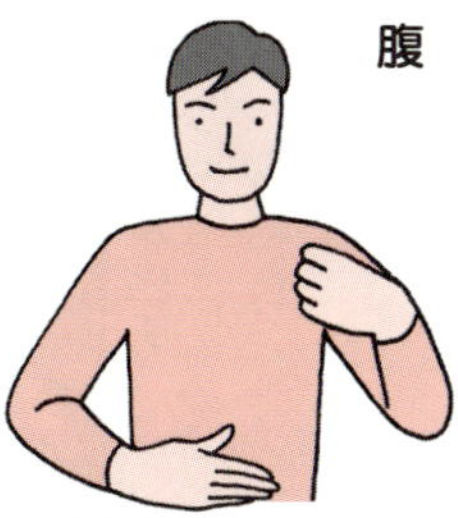

左手を上げたまま、右手をお腹にあてる。

帯広

帯を表す。

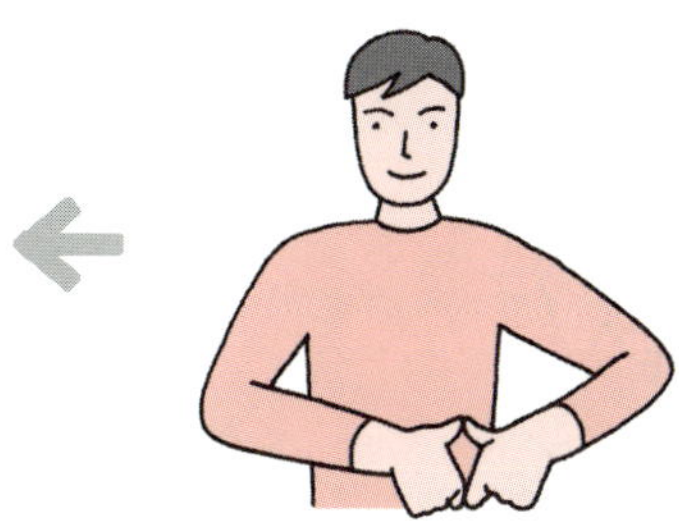

両手の親指と人差し指を伸ばして、お腹にあてる。

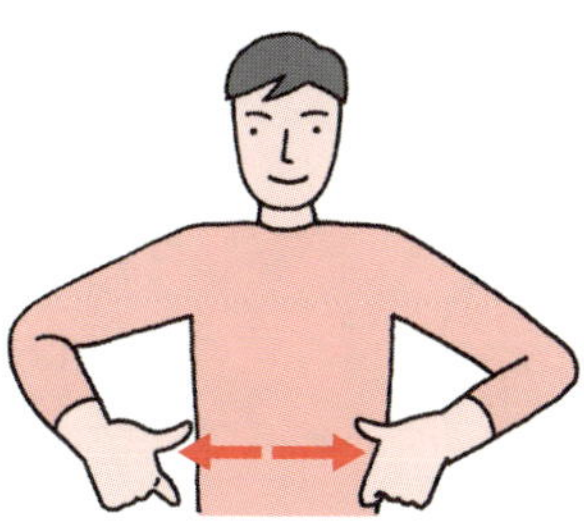

両手を左右に引き離す。

柏（かしわ）

「餃子」も同じ表現。

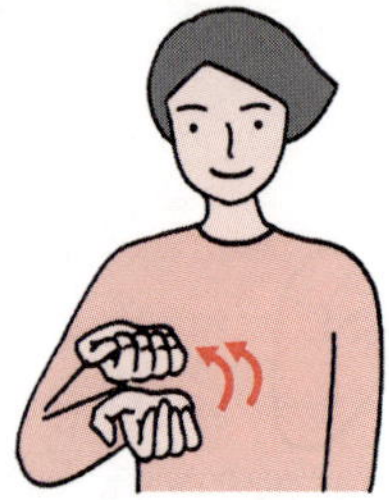

手のひらを上にした右手を２回軽く握る。

銀座

銀座のガス灯を表す。

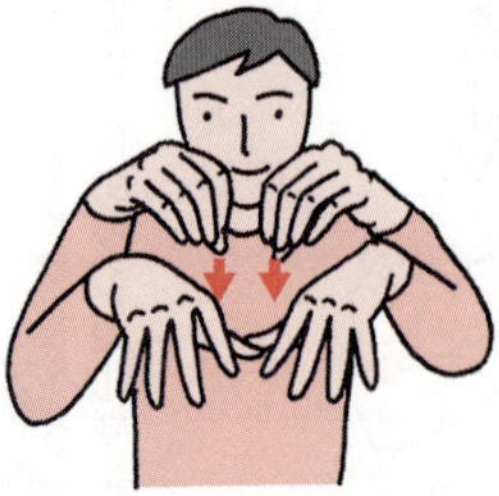

手のひらを下に向けた両手を開きながら２回前に出す。

神戸

神戸で討ち死にした楠木正成（くすのきまさしげ）の「菊水の紋」から。

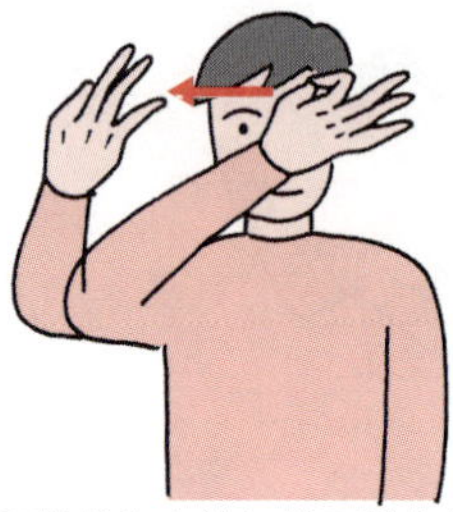

右の親指と人差し指で輪を作り、親指をひたいにあて、右に引く。

札幌

札幌の整理された街路を表す。

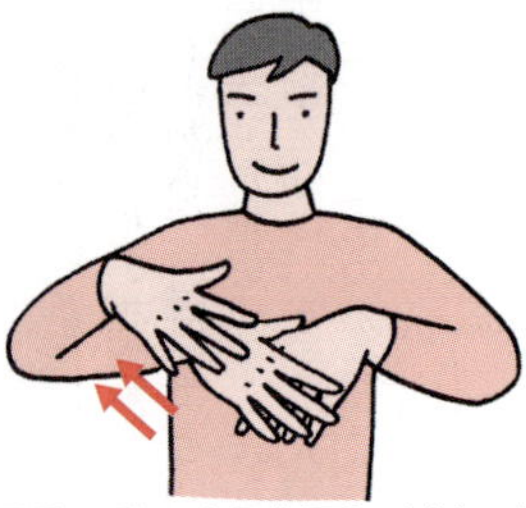

両手の手のひらを下に向け、指を広げて重ね、右手を２回引く。

佐渡

佐渡島の形を表す。

右手を上に左手を下におく。

渋谷

「渋い」は「辛い」「カレー」「塩辛い」も同じ。また、「谷」は谷の形から。

渋い

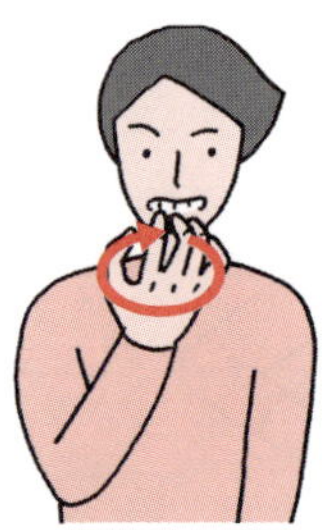

右手をわん曲させて口の前に持っていき、回す。

谷

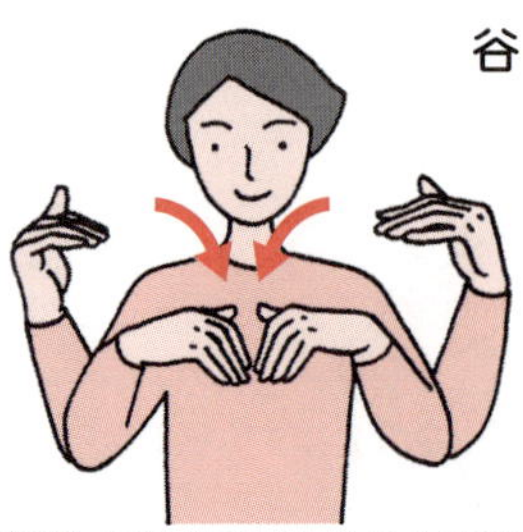

両手を軽く曲げて手のひらを下向きに並べ、内側に下げて指の背をつける。

湘南

「近畿」と同じ表現になる。

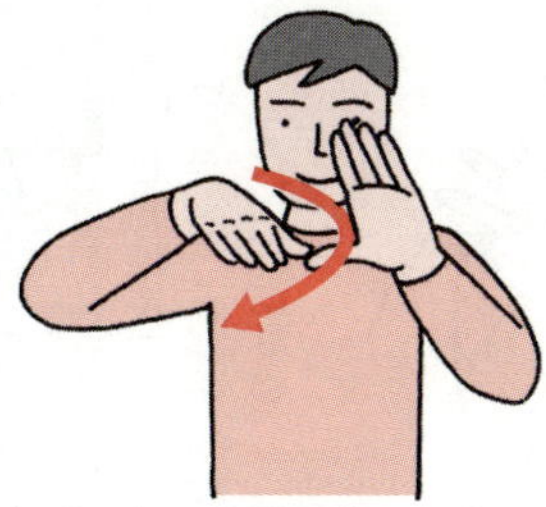

右手で左の人差し指と親指の内側をなぞる。

新宿

山手線の真ん中であることを表す。

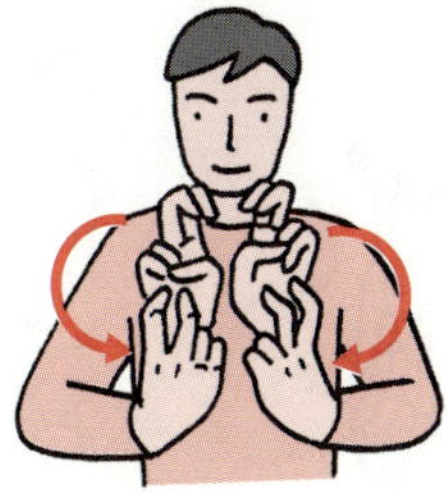

両手の人差し指と中指を曲げ、手首をひねって前に円を描く。

仙台

伊達政宗（だてまさむね）のカブトにある三日月を表す。

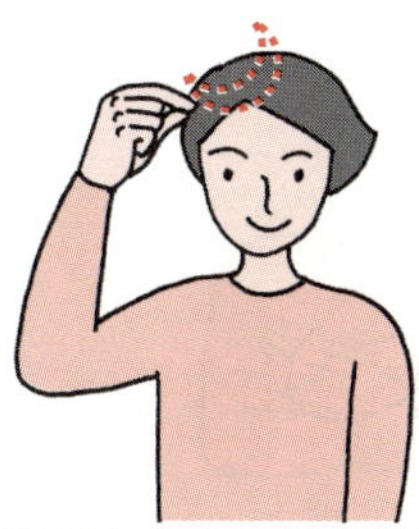

右の親指と人差し指をつけてひたいの前におき、離してつける。

茅ヶ崎（ちがさき）

名裁判官の大岡越前守（おおおかえちぜんのかみ）にゆかりがあることから、「裁判」と同じ表現。

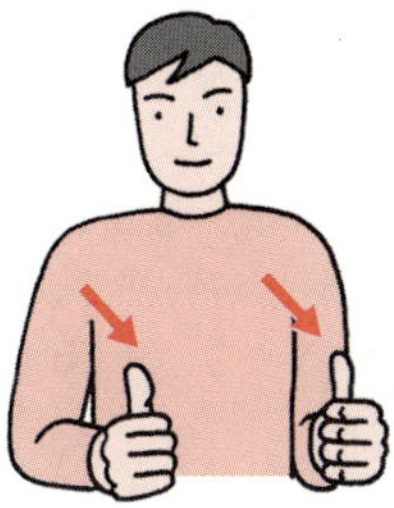

親指を立てた両手を胸の前におき、前に出す。

天王寺（てんのうじ）

「後悔」と同じ形になる。

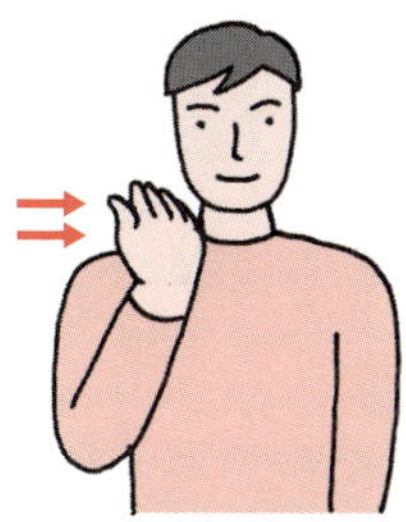

右手を首に２回あてる。

名古屋

名古屋城の金のシャチホコを表す。

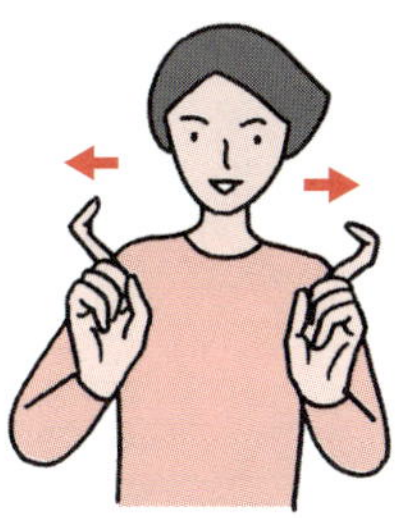

両手の人差し指を向かい合わせ、指を曲げながら左右に開く。

那覇（なは）

左手は島を表し、右手を上げることで県庁所在地である意味を表す。

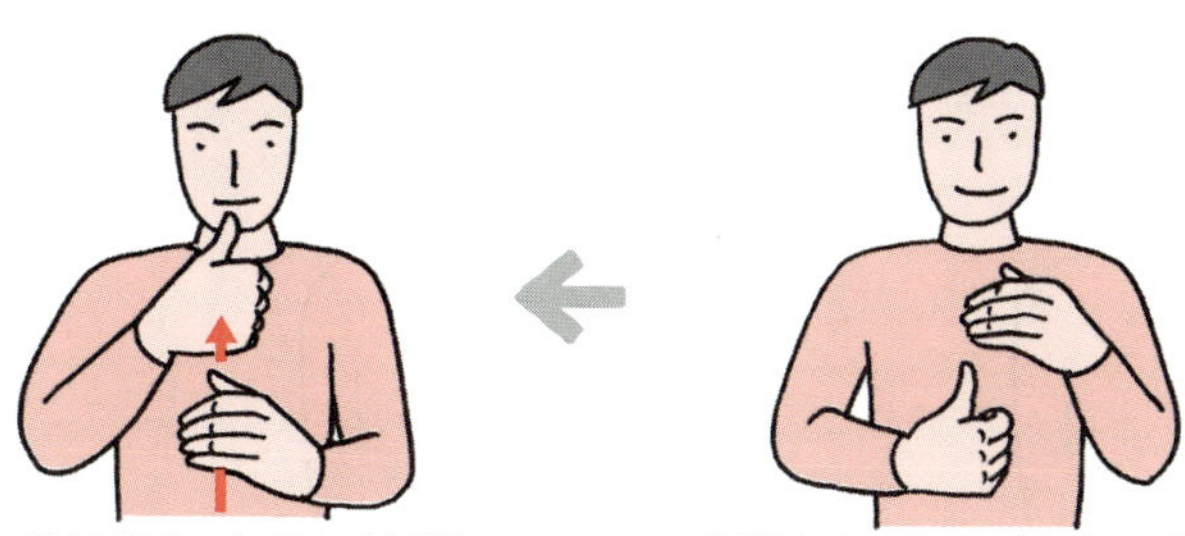

親指を立てた右手を左の親指とほかの指の内側におく。

左手を下げて右手を上げる。

鳴門（なると）

渦潮（うずしお）を表す。

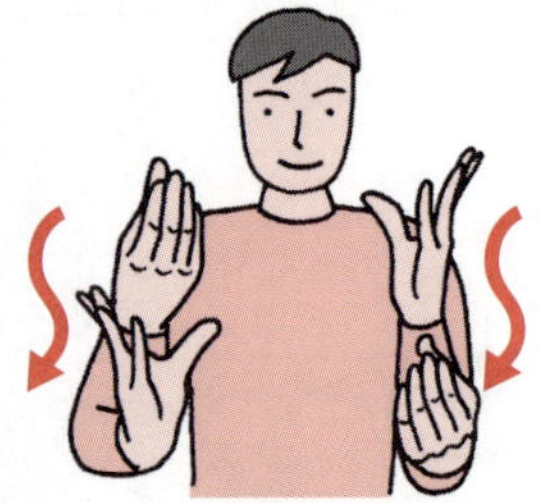

上向きにした両手の指を開いて並べ、交互にねじって下げる。

難波（なんば）

「南海」も同じ表現。また、手のひらを手前に向けて同様にすると、「祝日」となる。

両手の指を開いて前に向け、親指を重ねてパタパタと動かす。

延岡（のべおか）

現地で使われている表現。

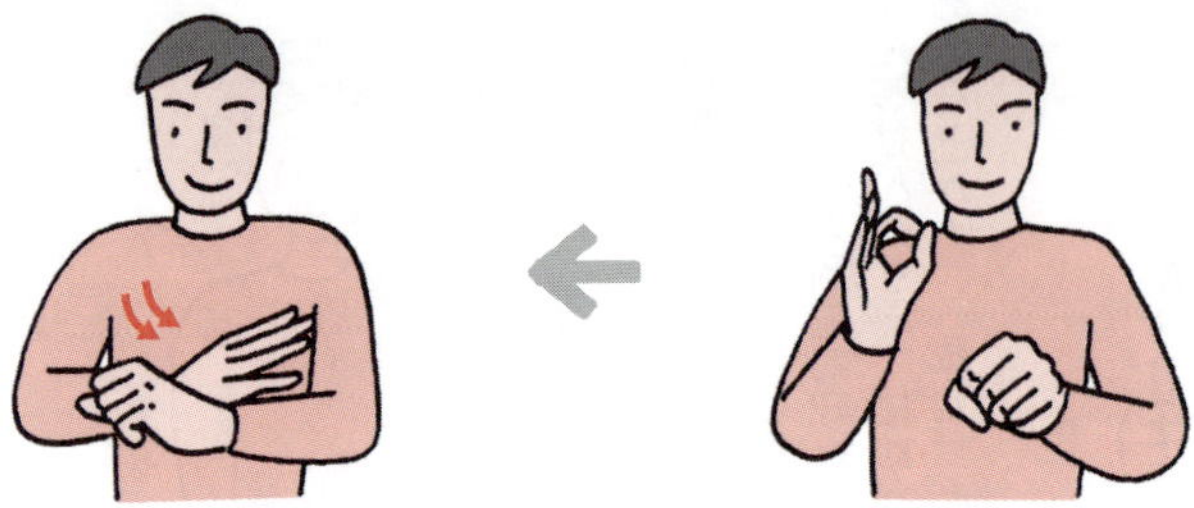

左手は握って前に少し傾け、その上方に右手の輪をおく。

右手の輪をはじいて左手にぶつける動きを２回繰り返す。

函館（はこだて）

「はこだて」の「はこ」から「箱」と同じ表現になる。

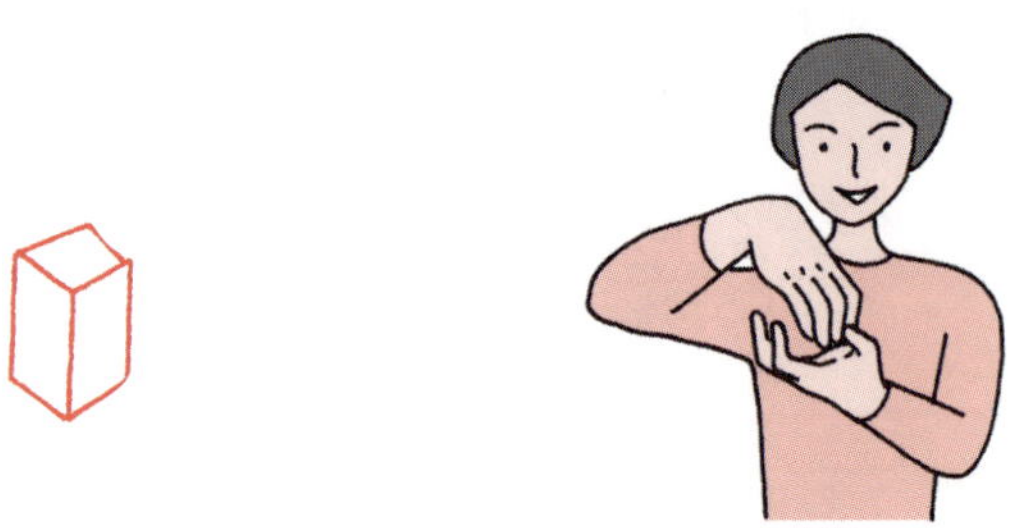

両手の５指を曲げ、かみ合わせるようにして箱の形を作る。

前橋

現地で使われている表現。

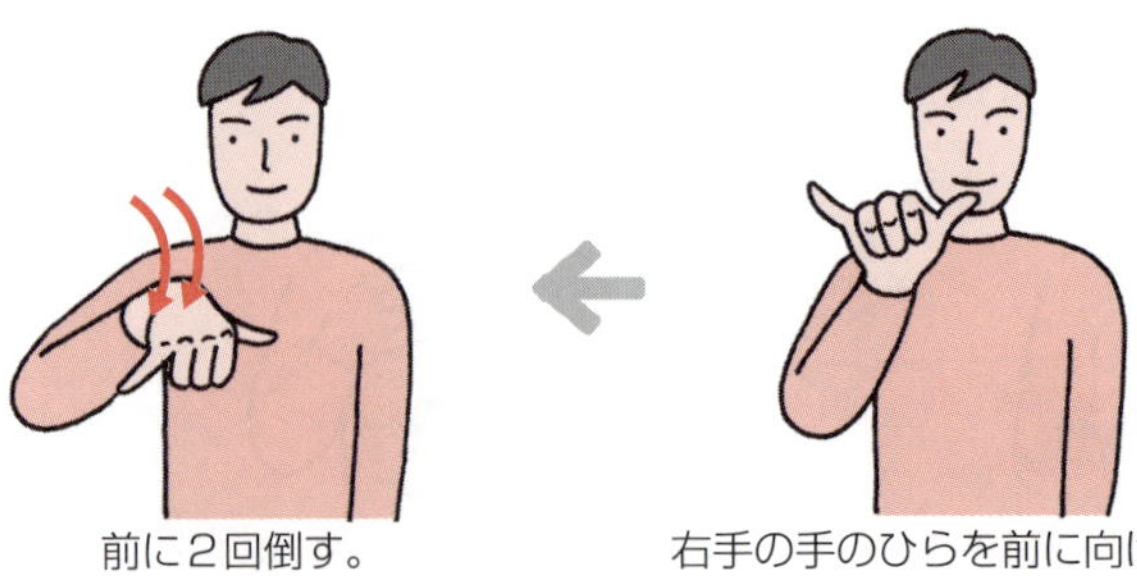

右手の手のひらを前に向け、親指と小指を伸ばす。

前に２回倒す。

丸の内

「玉」は玉を丸める様子を表す。「丸める」「まんじゅう」「餅」も同じ表現になる。

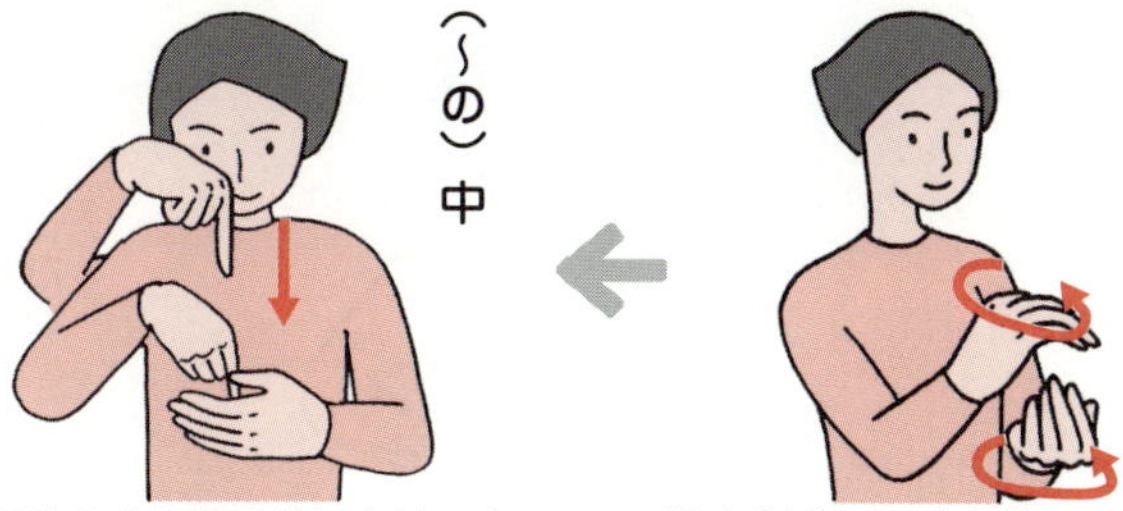

軽く曲げた両手の手のひらを向かい合わせ、丸めるように回す。

左の手のひらを手前に向け、右手の人差し指を入れる。

水戸

水戸黄門がひげをなでる様子から。

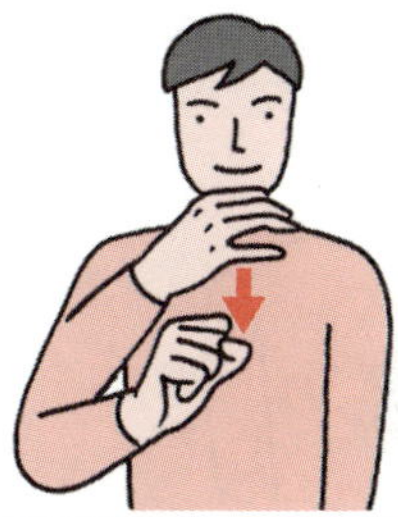

右手をあごの下におき、下げながら握る。

横浜

2本の指はカミソリを表し、横浜に初めてカミソリが輸入されたことから。

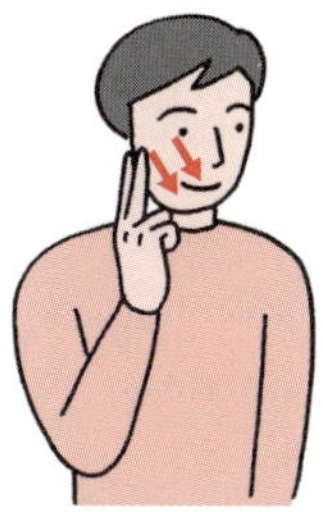

右の人差し指と中指を伸ばして右のほおにあて、2回前に出す。

四日市

数字の「4」と「市場」を組み合わせた表現。

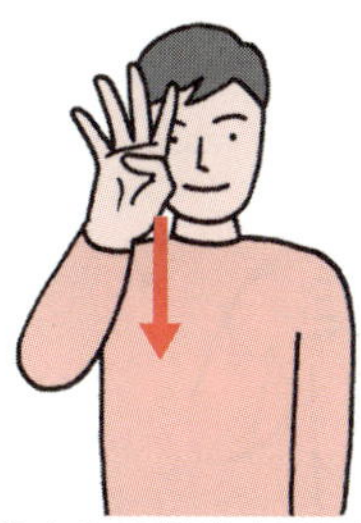

右手の4本の指を立てて顔の前におき、下げる。

観光地

浅草

親指と人差し指を曲げるのはレンガの四角い形を表し、浅草にある「仁丹ビル」のレンガから。

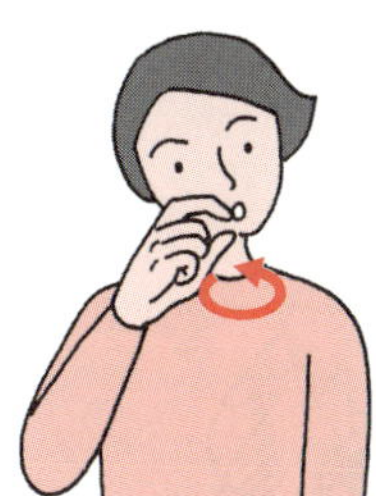

右の親指と人差し指を軽く曲げて、回す。

熱海

熱海は温泉で有名なことから、温泉マークを表す。

右手の人差し指と中指、薬指を立て、左手の親指と4本の指で2回はさむ。

伊豆

伊豆の「豆」の字より、「豆」と同じ表現になる。

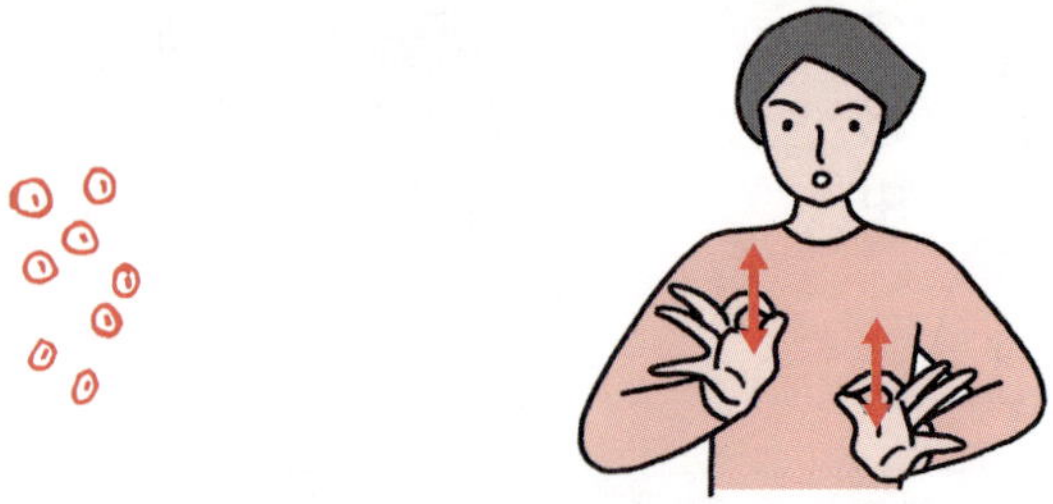

両手の親指と人差し指で輪を作って、交互に小さく上下に動かす。

お台場

「台」は「机」「テーブル」も同じ表現となる。

台

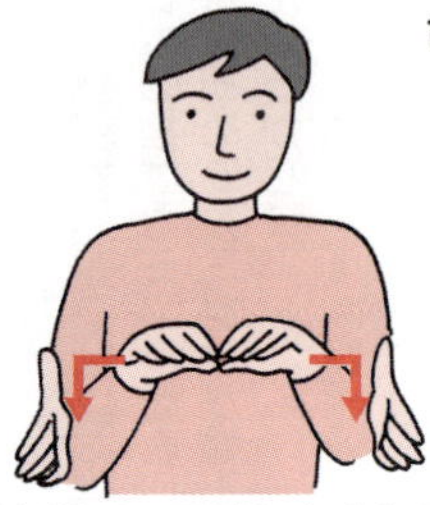

両手を並べ、同時に左右に開いてから直角に下ろす。

場所

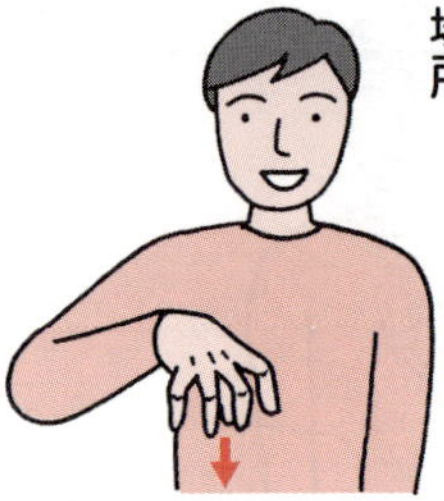

右手の指を軽く曲げて下に向け、体の前で下げる。

小樽

「小」は漢字の「小」を表し、「樽」は樽の形を表す。

小

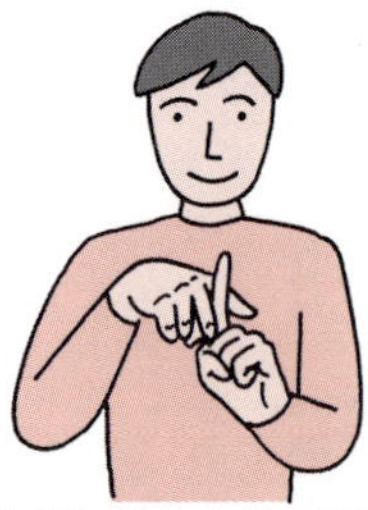

右の人差し指と中指の間に左の人差し指を入れる。

樽

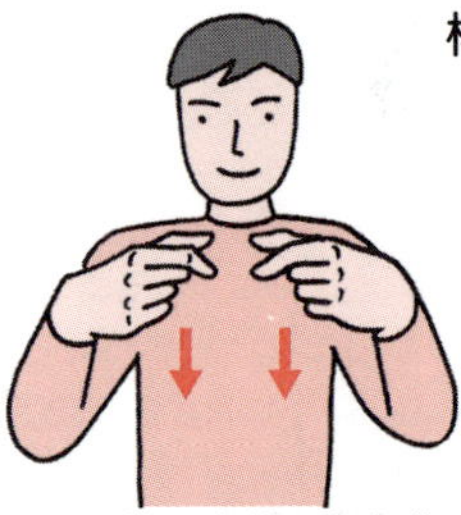

両手の親指と人差し指を曲げて左右に並べ、同時に下げる。

尾道

「尾道」の「道」から、「道」と同じ表現になる。

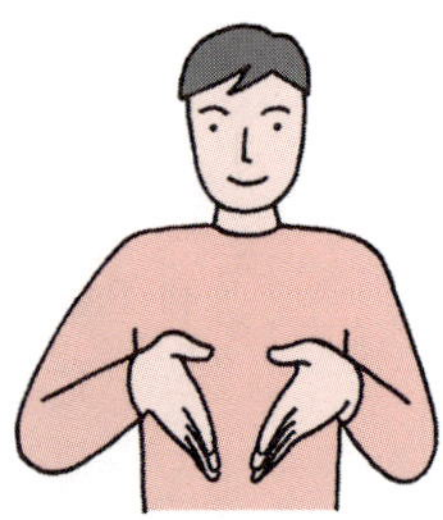

両手を向かい合わせておく。

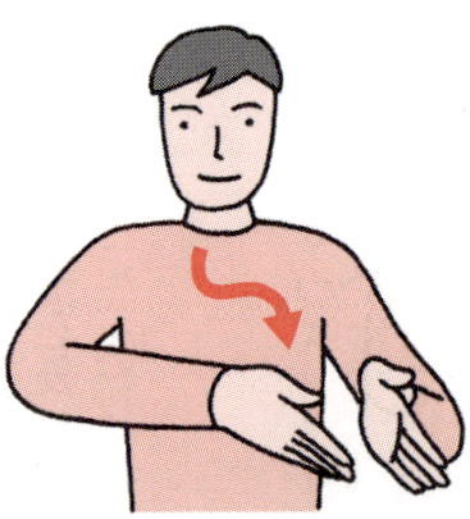

左右に曲げながら前に動かす。

金沢

「多い」は通常両手で表すが、この場合は右手のみで表す。

お金

右手の親指と人差し指で輪を作り、軽く振る。

多い

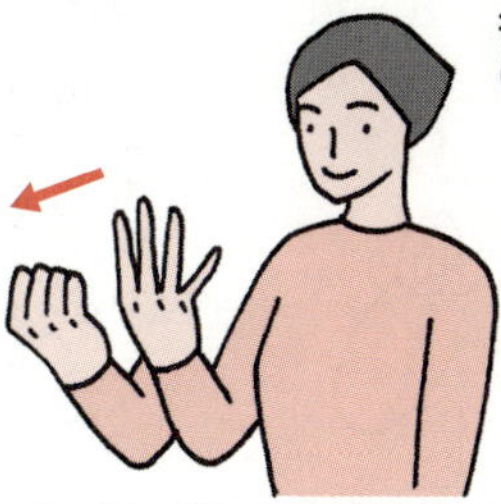

右手の指を順に折りながら右にに引く。

軽井沢

「井」は漢字の「井」の形を表す。「井戸」も「井」と同じ表現になる。

軽い

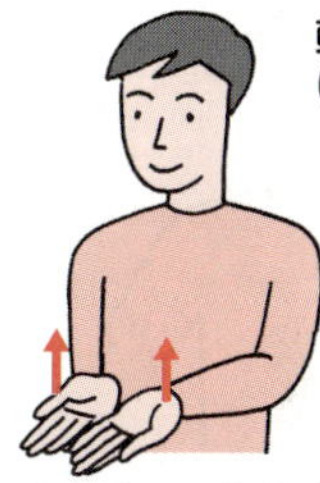

両手の手のひらを上向きにし、軽く上げる。

井

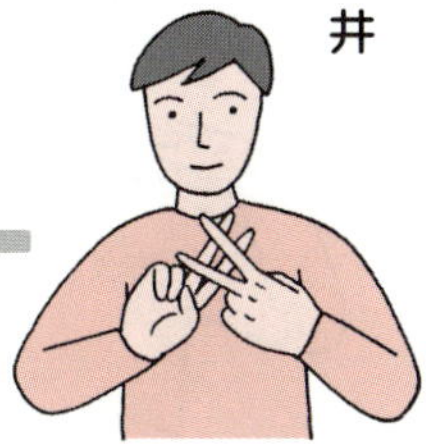

両手の人差し指と中指を「井」の形に重ねる。

多い

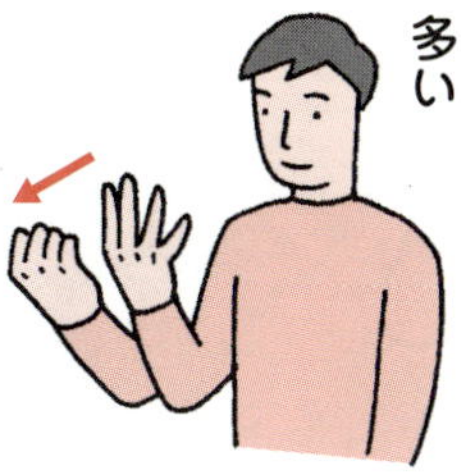

両手の指を折りながら、右に動かしていく。

倉敷

同様にして1回だけ引くと、「青」となる。

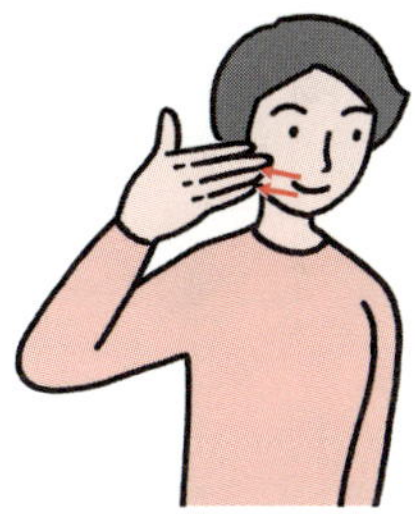

右手の4本の指を右のほおにあて、後ろに2回引く。

ディズニーランド

「ミッキーマウス」は、ミッキーの耳の形を表し、「浦安」も同じ表現。

ミッキーマウス

両手の人差し指を立てて、頭の両横で円を描く。

場所

右手の指を軽く曲げて、体の前で少し下げる。

東京タワー

「タワー」はその形を表す。「パリ」「塔」も「タワー」と同じ表現になる。

東京

両手の親指と人差し指を伸ばして並べ、2回上げる。

タワー

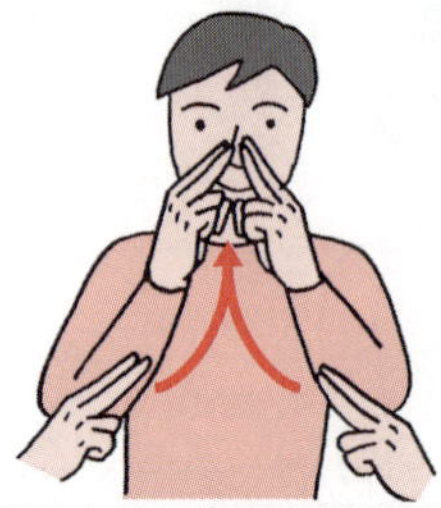

両手の人差し指と中指を伸ばし、斜めに上げて指先を合わせる。

ドーム

ドームの形で表す。

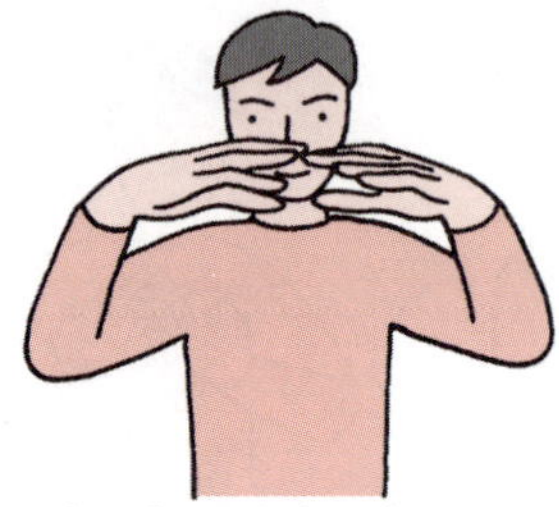

両手の手のひらを下向きにして指先を合わせる。

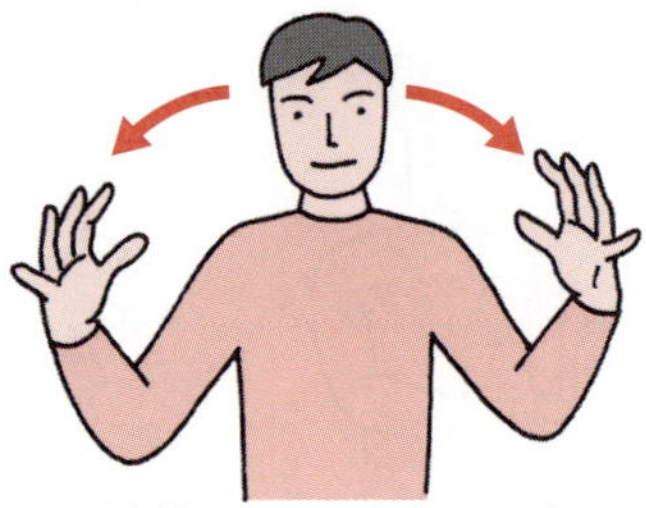

弧を描くように左右に開く。

日光

「日」は漢字の「日」の形を、「太陽」は太陽の光が照らす様子を表す。

日

左の人差し指を立てて、右の人差し指と中指、薬指をつける。

太陽

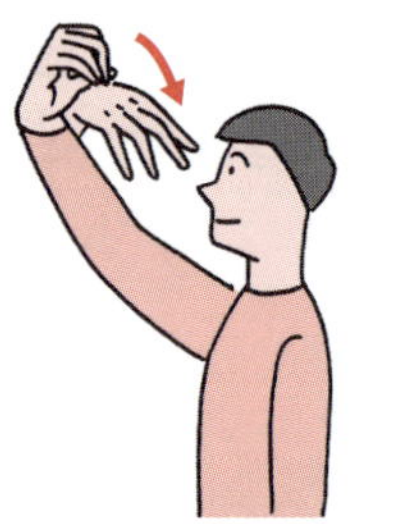

右手の指をすぼめて頭の上におき、少し下げながら指をパッと開く。

箱根

「箱」は箱のふたをかぶせる様子から。「ネ」は指文字。

箱

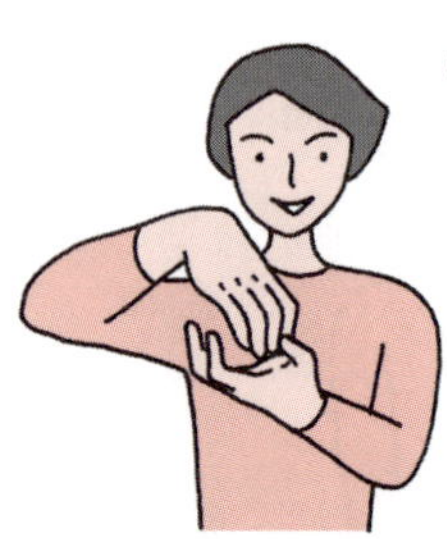

両手の5指を曲げ、かみ合わせるようにして箱の形を作る。

ネ

右手の手のひらを手前にして、指先を下にする。

富士山

静岡にある富士山の形を表す。「静岡」「山脈」も同じ表現になる。

両手の人差し指と中指を伸ばして、斜めに広げながら下ろす。

武道館

「武士」は武士が腰の刀を抜く様子を表す。

武士

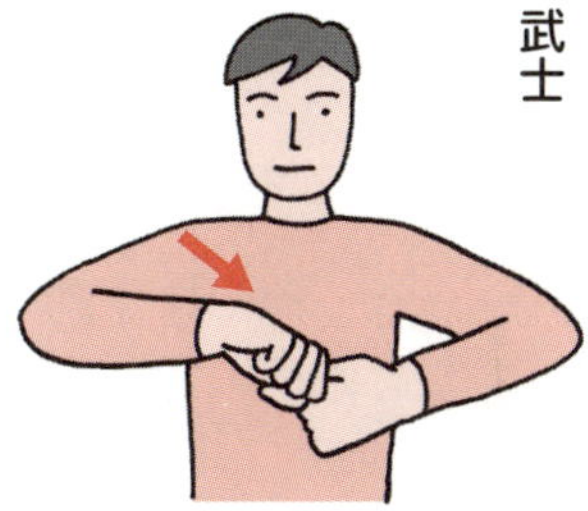

左手のこぶしに右手のこぶしをあてる。

建物

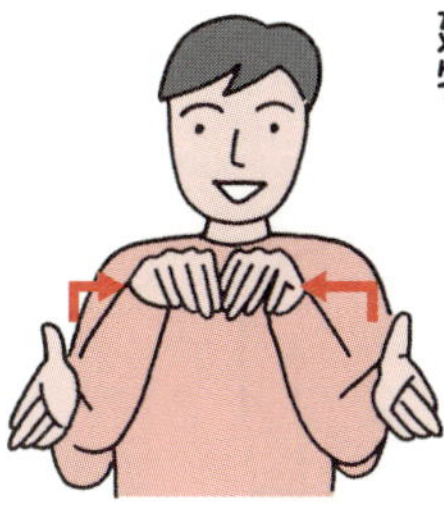

両手の手のひらを向かい合わせ、上げてから真ん中に寄せる。

別府

別府は温泉で有名なことから、温泉マークを表す。

右手の人差し指と中指、薬指を立て、左手の親指と４本の指ではさむ。

湯布院（ゆふいん）

湯布院は温泉で有名なことから、温泉につかっている様子で表す。

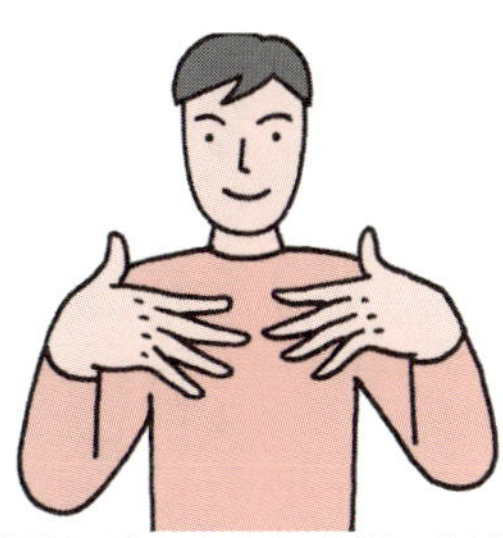

両手の手のひらを手前に向け、両胸のあたりにあてる。

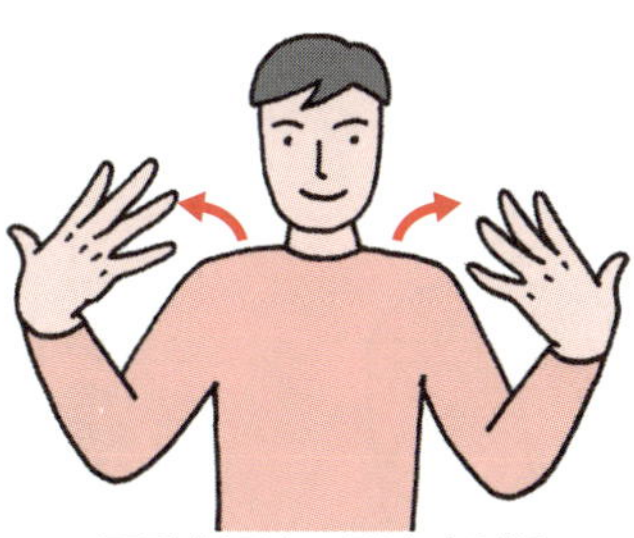

両手を肩まで引き上げる。

外国の地名

アジア

指文字の「ア」をアジア大陸の形に動かして表現している。

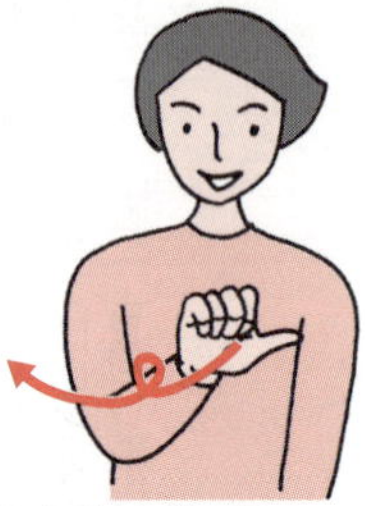

右手の親指を伸ばして、1回転半させながら右に動かす。

アフリカ

原住民の頭の飾りを表す。

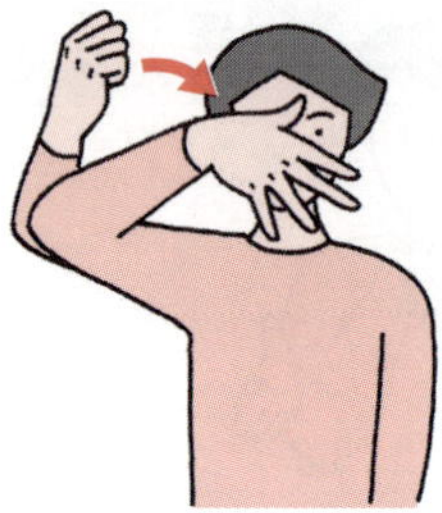

頭の上から、握った右手の指を広げながら下げる。

アメリカ

星条旗のしま模様を表す。

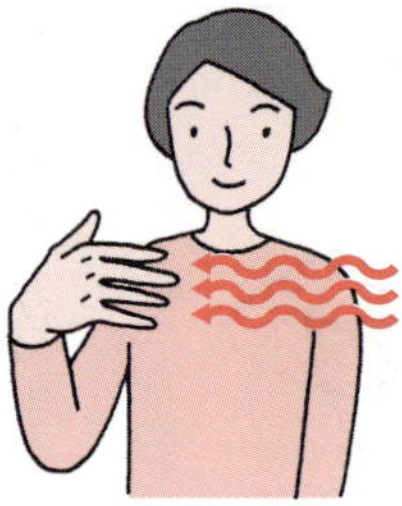

右の手のひらを手前に向け、軽く上下に揺らしながら右に動かす。

イギリス

バッキンガム宮殿の兵隊のあごひもを表す。「英語」も同じ表現。

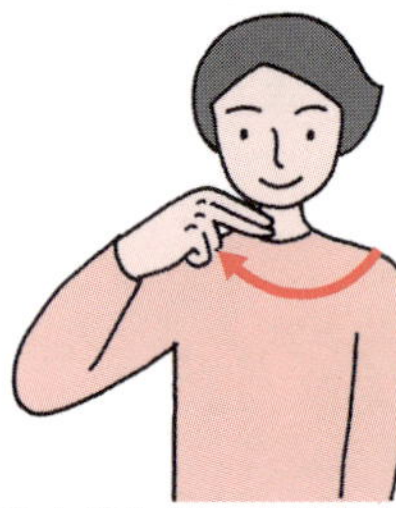

右手の人差し指と中指をあごの下にあて、あごに沿って右に引く。

イタリア

長靴に似たイタリアの国の形を表す。

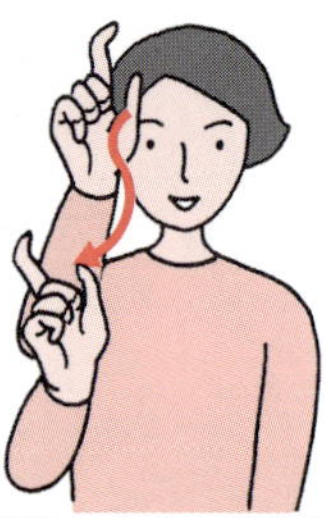

右手の親指と人差し指を曲げ、長靴の形を描く。

イラク

現地で使われている表現。

右手の指をまっすぐ伸ばし、親指側をひたいにトントンと2回あてる。

インド

インドの女性が、ひたいに赤い印をつけることから。

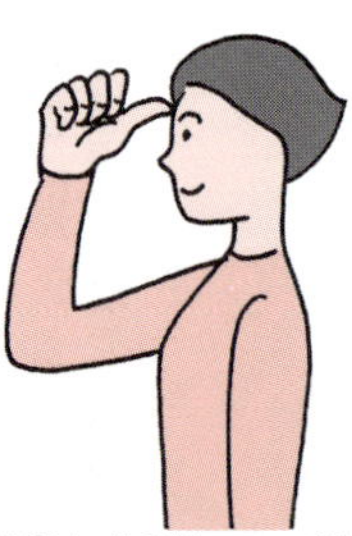

右の親指を伸ばして、親指の爪の先を眉間（みけん）にあてる。

エジプト

エジプトのスフィンクスの形から。

両手を握って、胸の前で交差させる。

オーストラリア

昔、イギリスからオーストラリアへ囚人を島送りにしたとき、囚人をつまはじきしたことから。

両手の親指と中指、薬指をつけ、指をはじきながら2回前に動かす。

オランダ

オランダで有名な風車を表す。

両手の人差し指と中指を伸ばして交差させ、2回はね上げる。

カナダ

Canadaの頭文字「C」から。

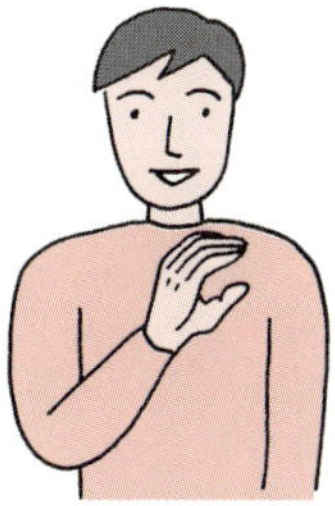

右手の指を軽く曲げて「C」の形を作り、左胸に2回あてる。

韓国

民族衣装の帽子の形から。

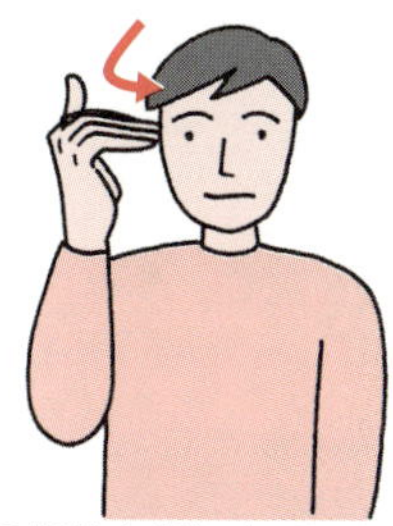

右手の指先を頭にあて、いったん離して、再び目の下にあてる。

キューバ

右手の形は指文字の「キ」となる。

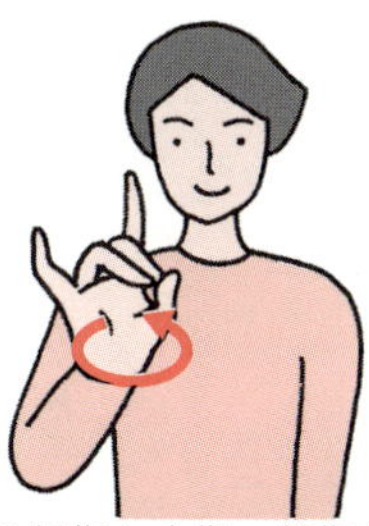

右手の親指と中指、薬指をつけて、ごく小さく回す。

北朝鮮

「朝鮮」は、チマチョゴリのリボンを表す。また、「北＋韓国」で表すこともできる。

北

両手の親指と人差し指、中指を伸ばして、手を交差させる。

朝鮮

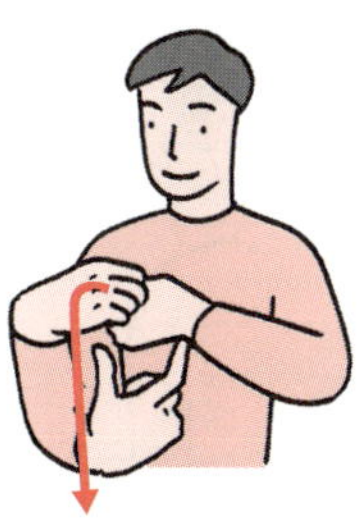

右手をすぼめて左胸にあて、前に傾けながら下げる。

ギリシャ

アルファベットの「G」を含む表現。

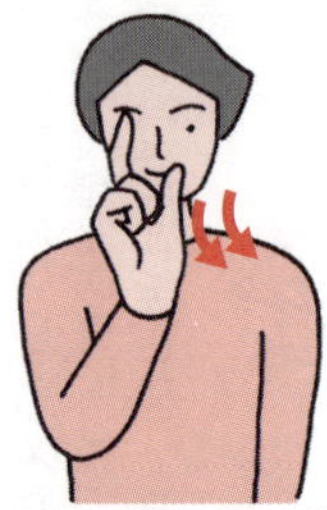

親指と人差し指を軽く曲げて鼻の前におき、2回下げる。

グアム

アルファベットの「G」を使い、同時に島であることを表現。

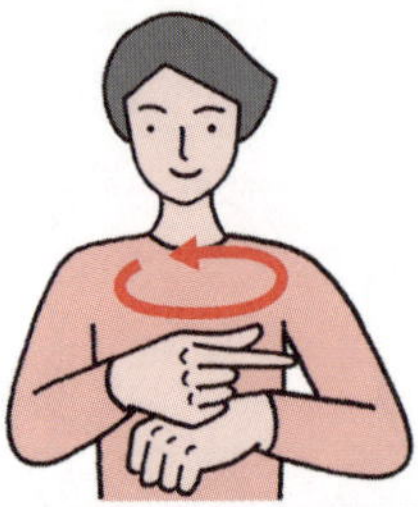

握った左手に親指と人差し指を伸ばした右手をのせ、水平に回す。

サンフランシスコ

サンフランシスコの頭文字、「S」と「F」で表す。

S

右手の手のひらを前に向け、こぶしを作る。

F

右手の手のひらを前に向け、親指と人差し指で輪を作る。

シカゴ

アルファベットの「C」の形から。

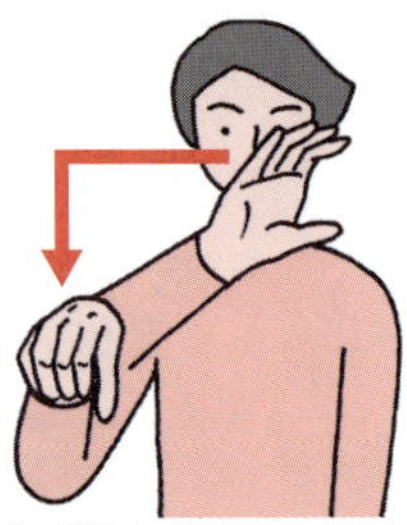

右手を「C」の形にして右に引き、下げる。

上海

「北京」と同様に、漢字を使った表現。

上

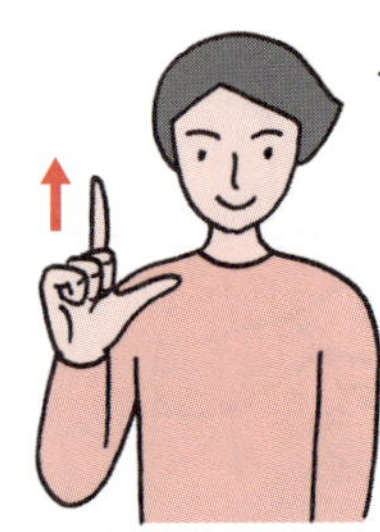

右手の親指と人差し指で「上」を作り、少し上げる。

海

右手の小指を口元にあてる。

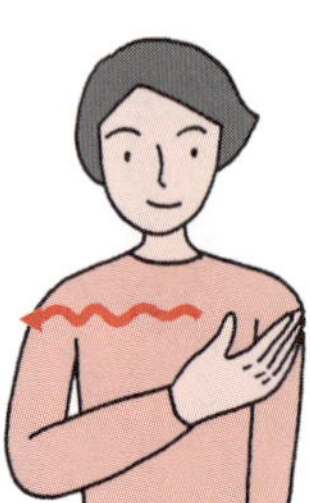

手のひらを上向きにし、波立たせながら右に引く。

シンガポール

現地で使われている表現。

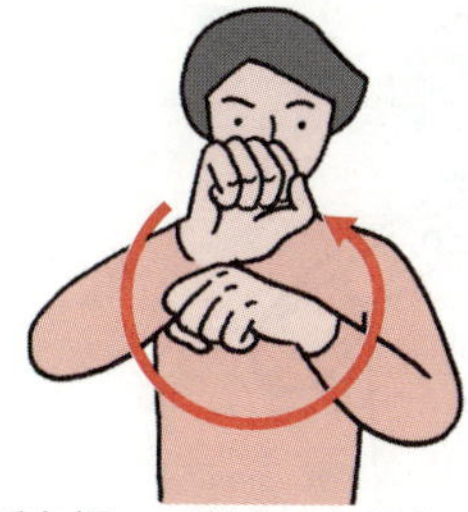

両手を握っておき、左手を一周させた右手を、左手にのせる。

スイス

スイスの国旗の十字から。

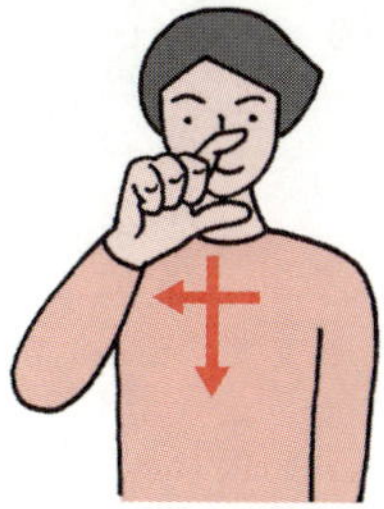

親指と人差し指を曲げ、横と下に動かして、十字を描く。

スペイン

闘牛で赤い布をつまんで振る様子を表す。

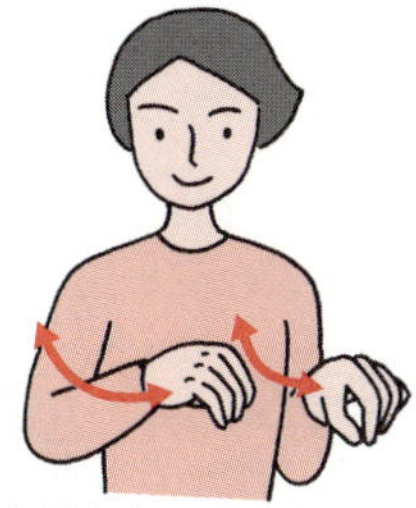

両手を何かをつまむ形にし、左右に振るように動かす。

タイ

タイで有名な象の鼻を表す。

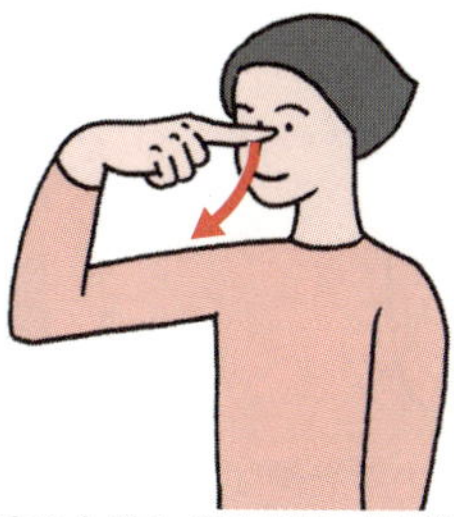

右手の人差し指を横に伸ばして鼻にあて、まっすぐ下げる。

台湾

台湾でできる、サトウキビをかじる様子を表す。

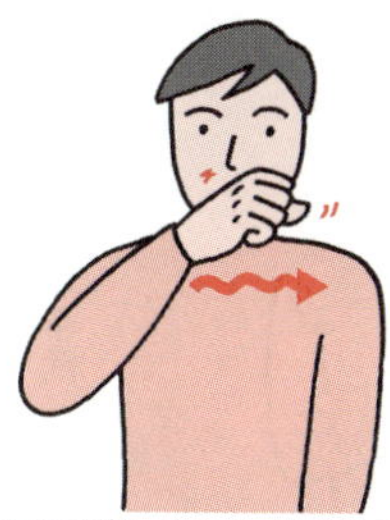

右手のこぶしを口元に近づけ、手首をねじりながら左に動かす。

中国

チャイナドレスの衿の形を表す。

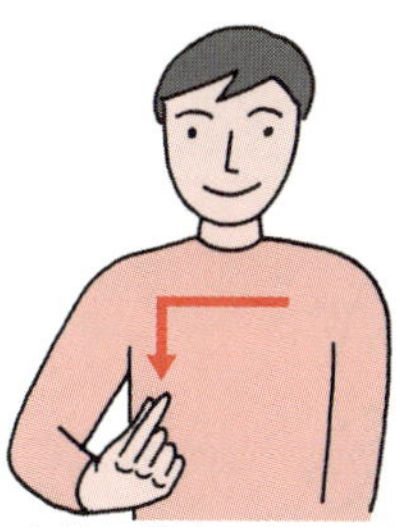

親指と人差し指をつけ、左胸にあてて右に動かし、直角に下ろす。

ドイツ

ドイツ兵の鉄カブトの形を表す。

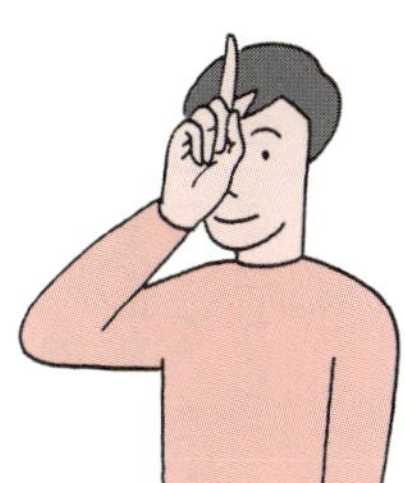

右手の人差し指を立てて、ひたいにあてる。

南極

「南」は「夏」「暑い」も同じ表現になる。また、「極」は南極のある位置を表す。

南

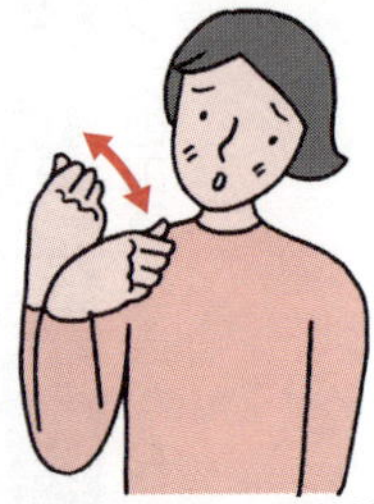

手でうちわや扇子などを持って、手首をひねってあおぐ動作をする。

極

地球の下の位置を指す。

ニュージーランド

指文字で「N」「Z」と表す表現もある。

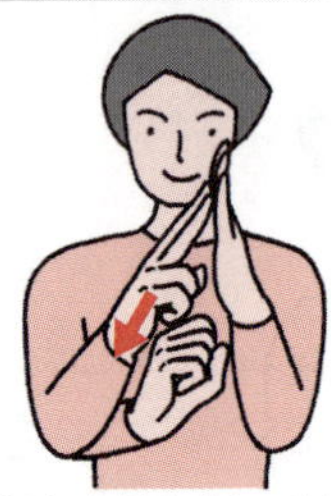

右の親指と人差し指、中指を伸ばし、左手に人差し指と中指をあて、下げながら握る。

バリ

指文字で「バ」「リ」と表す。

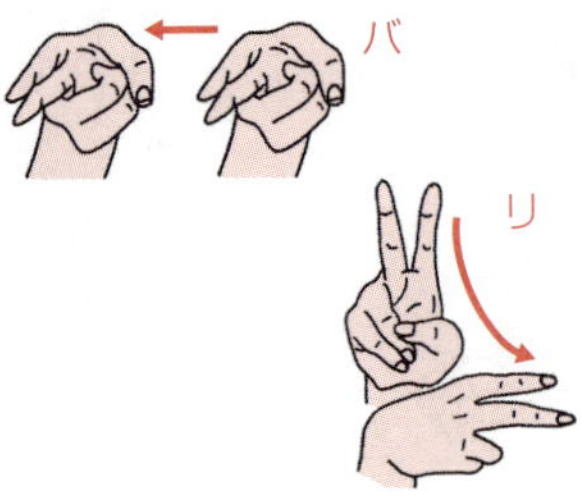

2指を前に向けて右に引き、人差し指と中指で「リ」と空書。

パリ

パリのエッフェル塔の形を表す。

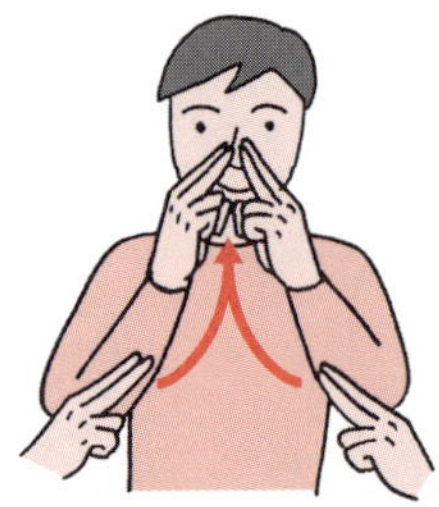

両手の人差し指と中指を伸ばし、斜めに上げて指先を合わせる。

ハワイ

フラダンスを踊る様子を表す。

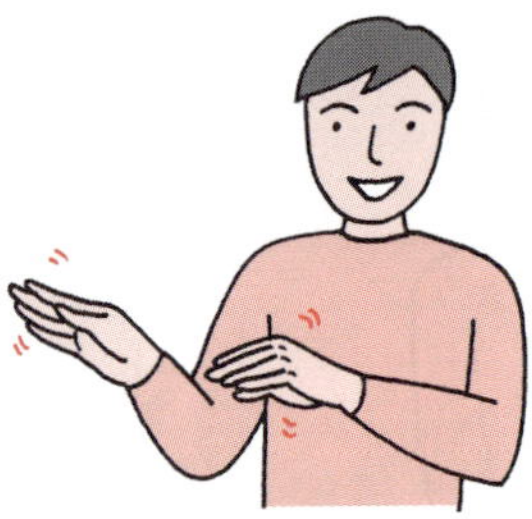

両手の手のひらを下に向け、リズミカルに揺らす。

フィンランド

人差し指をねじるように動かすと、「不思議」となる。

右手の人差し指を曲げて、あごに2回トントンとあてる。

ブラジル

指文字の「フ」で、コーヒーをかき混ぜる様子から。

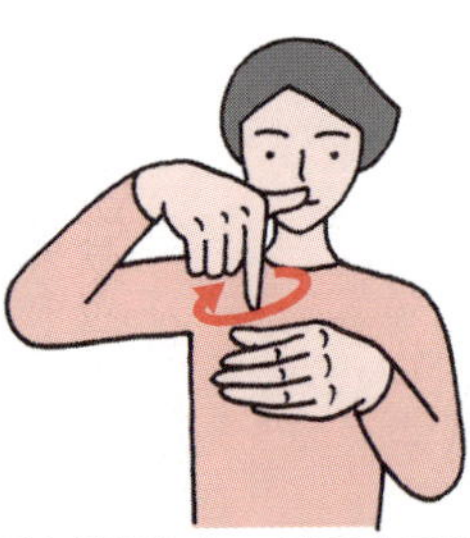

左手を筒形にし、その上で親指と人差し指を立てた右手を回す。

フランス

ナポレオンの服の形から。

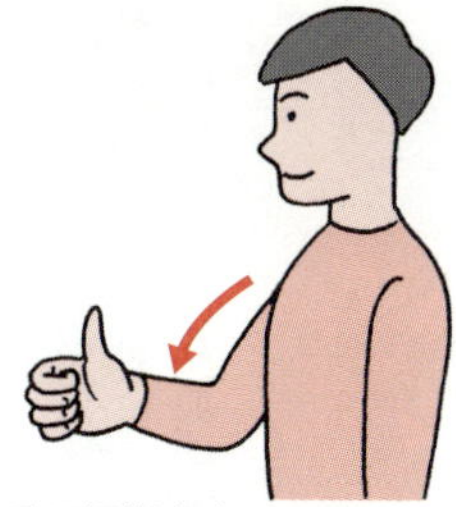

右手の親指を立て、胸から下ろす。

北京

「西」を2回表すと「京都」となる。

両手の親指と人差し指、中指を伸ばして、交差させる。

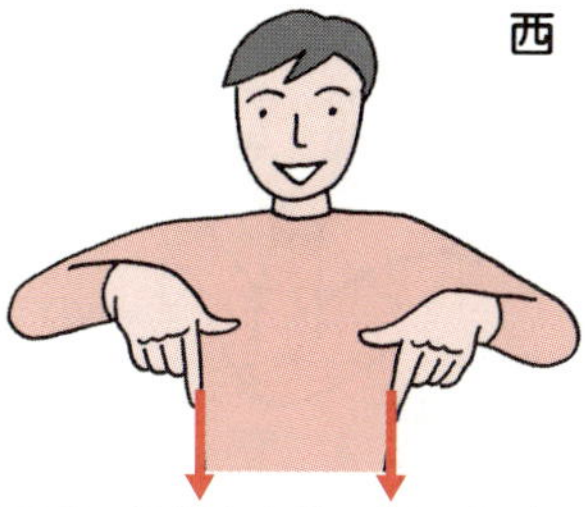

両手の親指と人差し指を伸ばして下に向け、下げる。

ベトナム

現地で使われている表現。

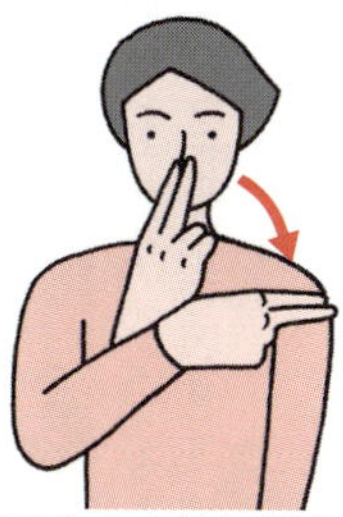

鼻の下に右の人差し指と中指をおき、手首をひねって左肩にあてる。

北極

「地球」は地球の丸い形を表し、「北極」は北極点の位置を指す。

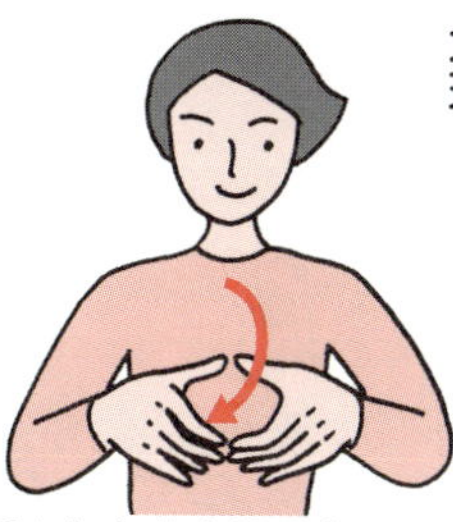

両手をわん曲させて向かい合わせ、同時に前に回す。

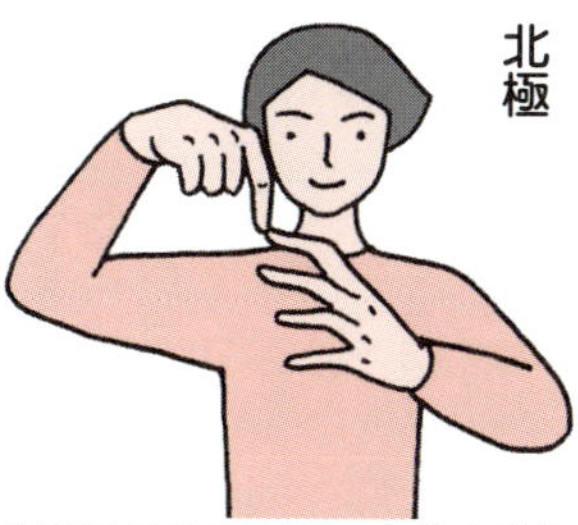

左手はそのままで、右の人差し指で左手の上を指す。

香港

「香り＋港」で表すこともできる。

鼻の位置で握った右手をパッパッと２回開く。

ミラノ

高層ビルがたくさん並ぶ様子を表す。

両手の人差し指を立てて、交互に上下させながら左右に離していく。

メキシコ

メキシコのつばの広い帽子を表す。

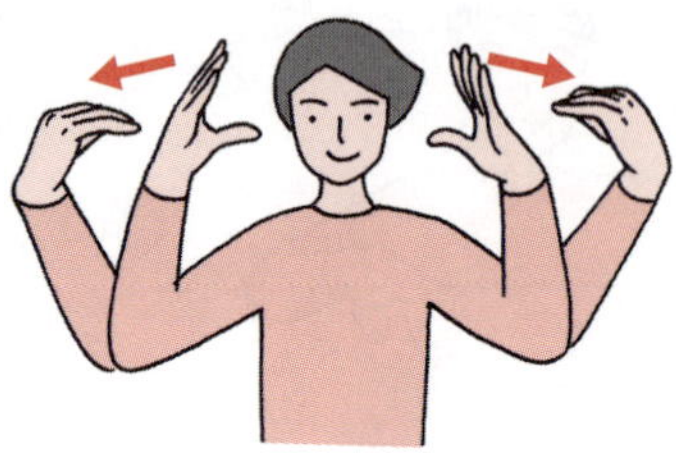

両手を曲げて頭の脇におき、左右に開きながら指を閉じる。

ヨーロッパ

右手の形はヨーロッパの頭文字「E」を表す。

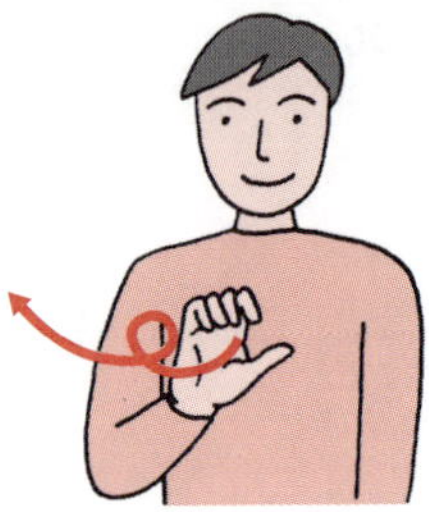

右の手のひらを前に向けて曲げ、右に移動しながら１回転半する。

ラスベガス

スロットマシンを動かす様子を表す。

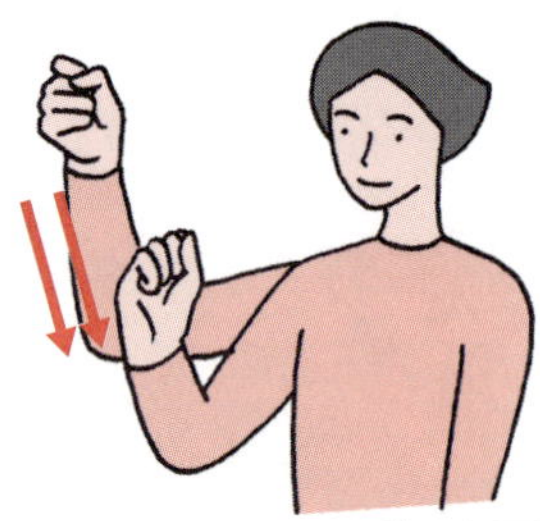

右手を握って、２回グッと下げる。

ロサンゼルス

ロサンゼルスの頭文字「L」と「A」を指文字で表す。

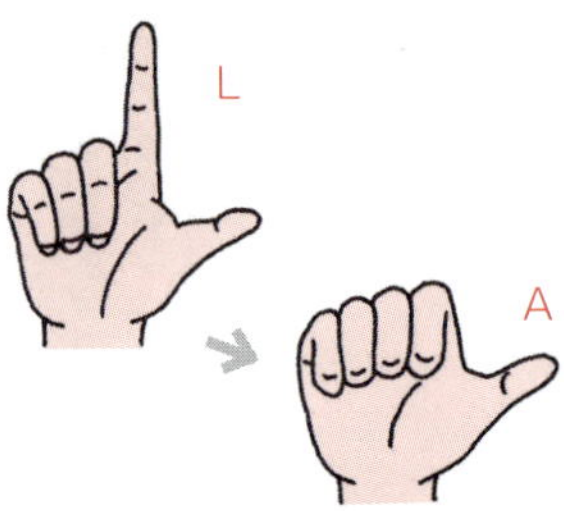

右手の親指と人差し指を伸ばしてから、親指を伸ばす。

ロシア

右手の人差し指をあごにあて、手を返してから眉間（みけん）にあてると、「(旧)ソ連」。

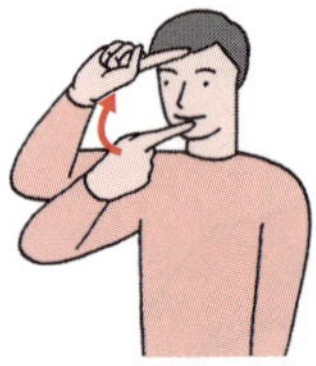

(旧)ソ連

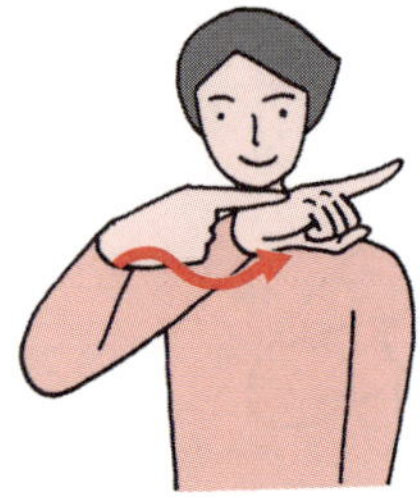

右手の人差し指をあごの下におき、ねじりながら左に動かす。

ロンドン

現地で使われている表現。

右手の人差し指を伸ばして耳の横におく。

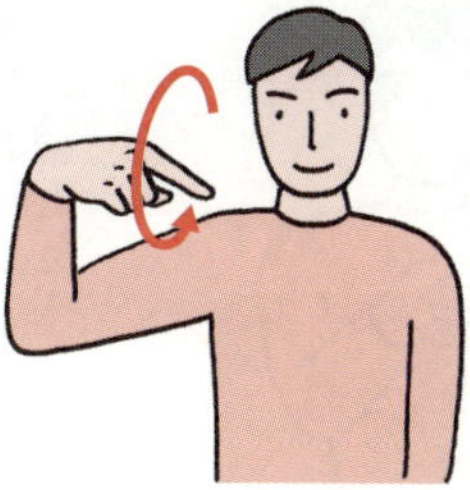

右手の人差し指を前に回す。

苗字

麻生（あそう）

「へえ」と同じ表現となる。

右手の手のひらを手前に向けて、顔の前で下ろす。

五十嵐（いがらし）

「風」は風が吹く様子を表す。

50

右手の親指を曲げ、ほかの指は握る。

風

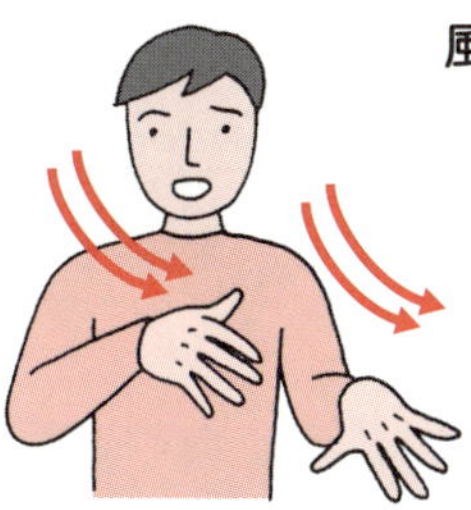

両手を広げて手のひらを前に向け、斜めに2回下げる。

伊藤

「ぶどう」はぶどうの形を表す。「山＋ぶどう」で「山梨」となる。

イ

右手の手のひらを前に向けて、小指を伸ばす。

ぶどう

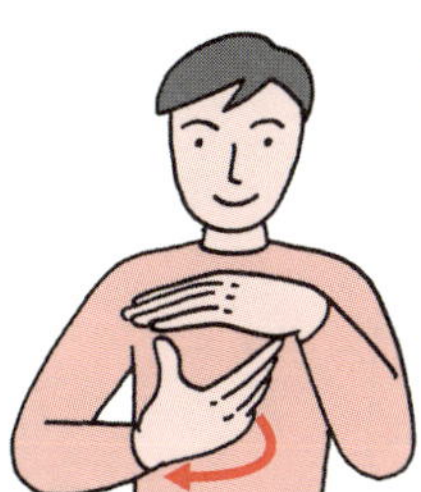

左手の下で右手をひねりながら下げて、閉じる。

越智（おち）

「落ち」ということから、「欠け」と同じ表現となる。

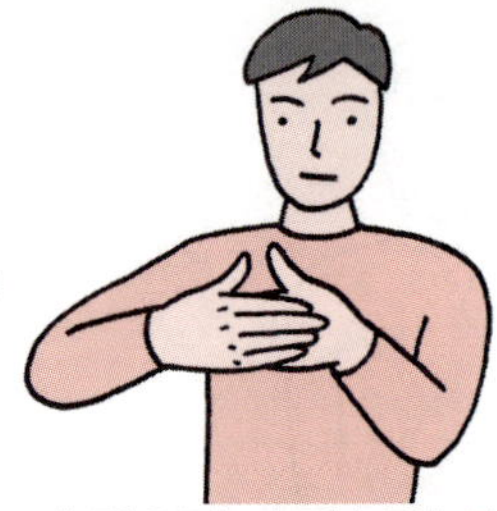

左手の甲に右手を重ねる。

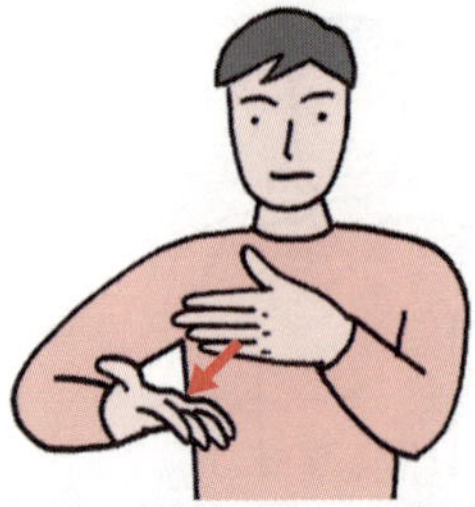

右手の手首をひねって倒す。

加藤

2回振り下ろすと「馬」となる。

両手の人差し指を伸ばして前後に並べる。

菊池

菊人形から。「菊」も同じ表現になる。

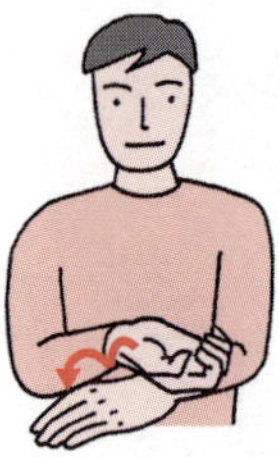

わん曲させた右手を上向きにし、左腕から手首に向かって、2～3回トントンとあてながら下ろす。

楠田（くすだ）

「薬＋資格」で「薬剤師」となる。

薬

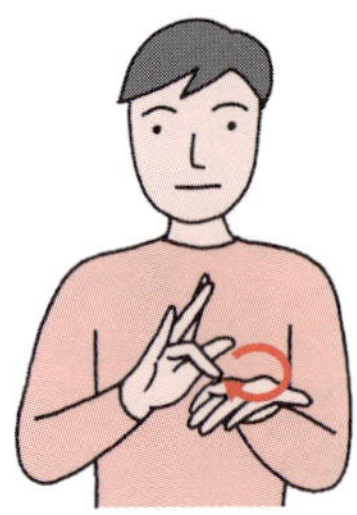

右手の薬指を左の手のひらにおき、小さく回す。

田

両手の人差し指と中指、薬指を交差させて漢字の「田」を作る。

小林

「小」は漢字の形から。「小＋生徒」で「小学生」となる。

小

右手の人差し指と中指の間に左手の人差し指を入れる。

林

両手の手のひらを向かい合わせ、交互に上下に動かす。

斉藤

斉藤道三（さいとうどうさん）のひげの形から。

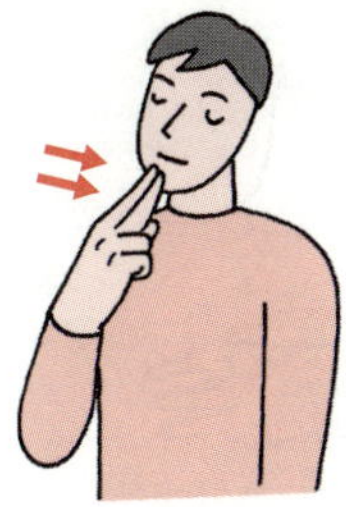

右手の人差し指と中指を２回あごにあてる。

佐川

肩にのせた棒をかつぐ様子を表す。

両手をわん曲させて前後に並べ、右肩のあたりにおく。

佐々木

佐々木巌流（ささきがんりゅう）の刀から。

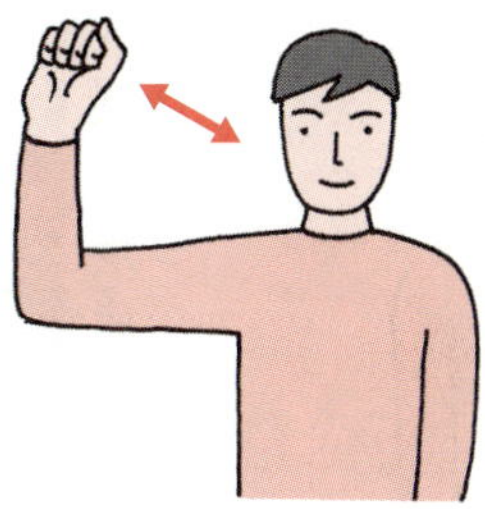

右手を握って、右肩の上で斜めに上下させる。

佐藤

「砂糖」「甘い」「デザート」も同じ表現になる。

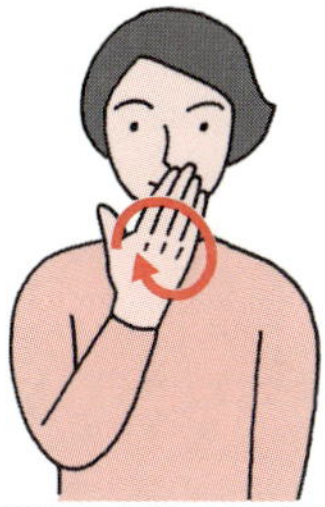

右手の指を伸ばして口元におき、回す。

椎名

「秘密」は「秘密に」というしぐさから、「名前」は拇印を押す様子を表す。

秘密

右手の人差し指を立て、口の前におく。

名前

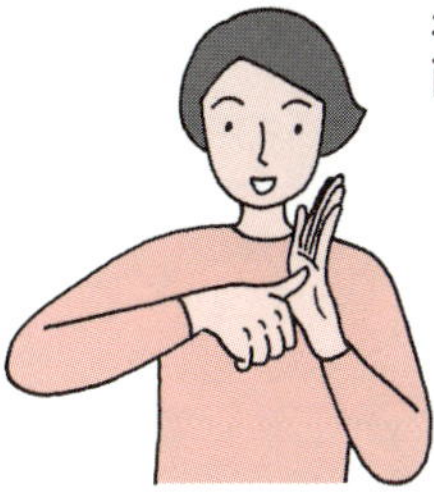

左の手のひらに、右手の親指の腹をつける。

鈴木

「鈴」は鈴を持って鳴らす様子を、「木」は木の形を表す。

鈴

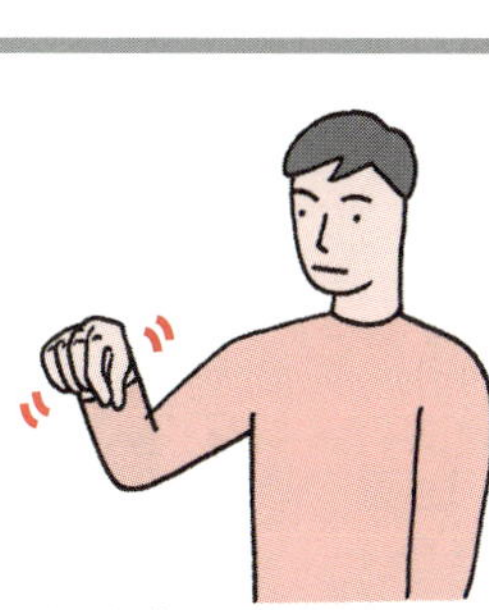

右手の親指と人差し指で何かをつまむようにして、振る。

木

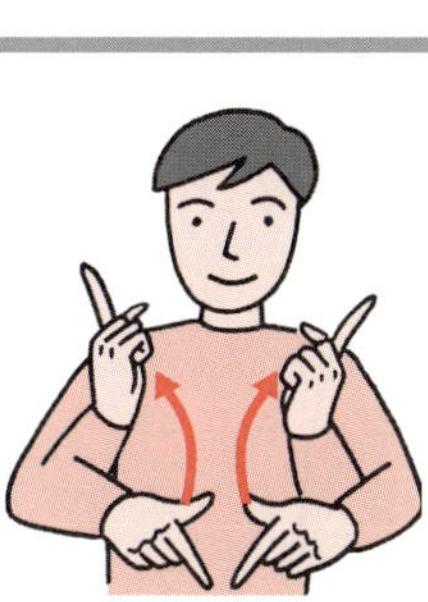

両手の親指と人差し指を伸ばし、手首を軸に開くようにして上げる。

高橋

「橋」は橋の形を表す。

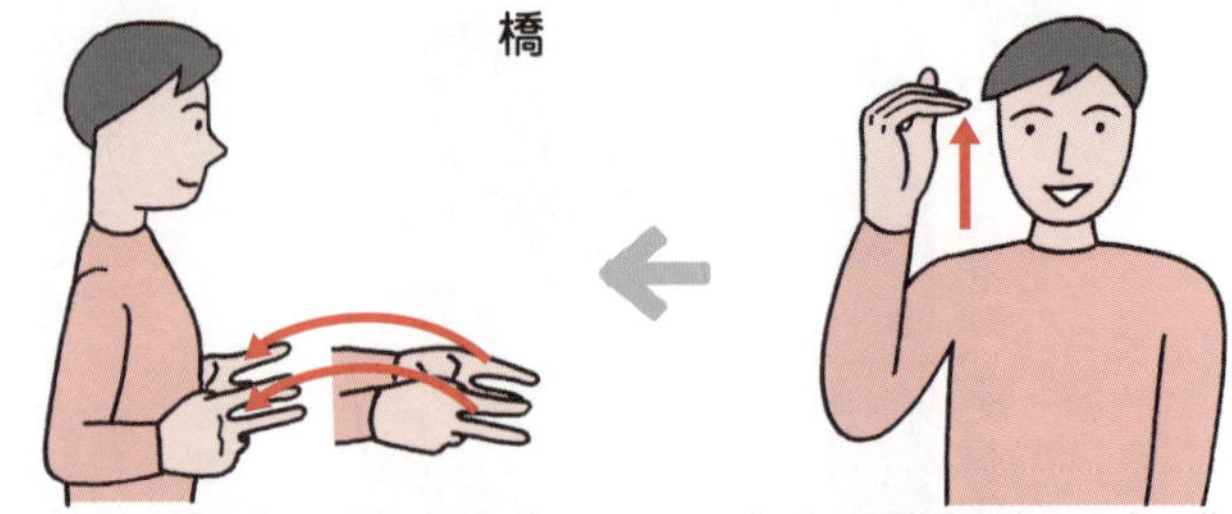

右手の親指以外の４本の指をそろえて軽く曲げ、上げる。

両手の人差し指と中指を伸ばして並べ、同時に手前に弧を描く。

橘（たちばな）

「花」「咲く」「バラ」と同じ表現。

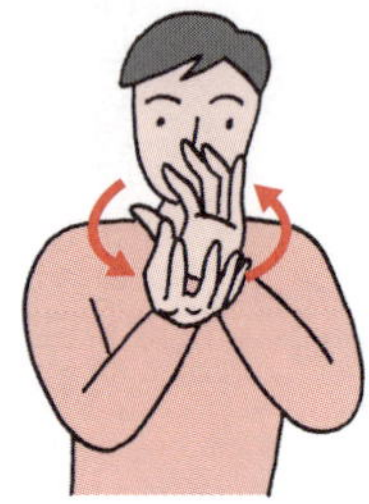

両手を曲げて向かい合わせ、手首を軸に互い違いに回しながら開く。

伊達（だて）

伊達政宗（だてまさむね）の独眼（どくがん）から。

右の人差し指を伸ばして右目にあて、斜めに下げる。

田中

それぞれ、漢字の「田」「中」の形を表す。

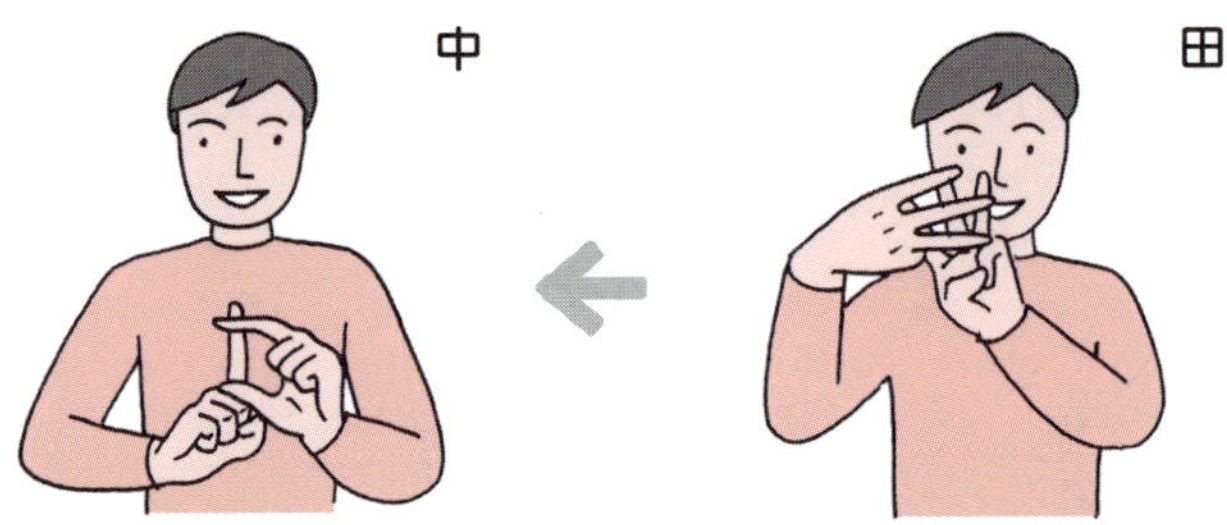

両手の人差し指と中指、薬指を交差させて漢字の「田」を作る。

左手の親指と人差し指に右手の人差し指をあてる。

辻

「崎」と同じ表現になる。

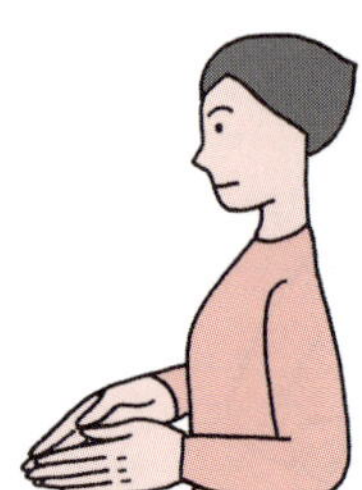

両手の指をそろえて、指先をくっつける。

堤（つつみ）

つづみを打つ様子を表す。

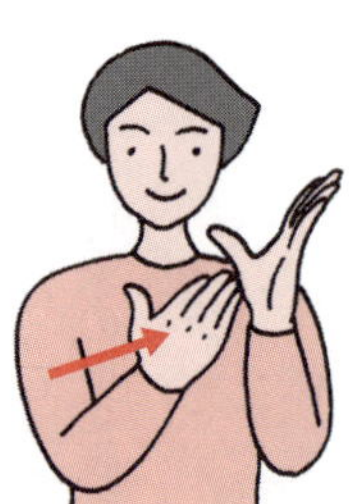

左手でつづみを持ち、右手で打つしぐさをする。

中村

「中」は漢字の「中」の形、「村」はすきで畑を耕す様子を表す。

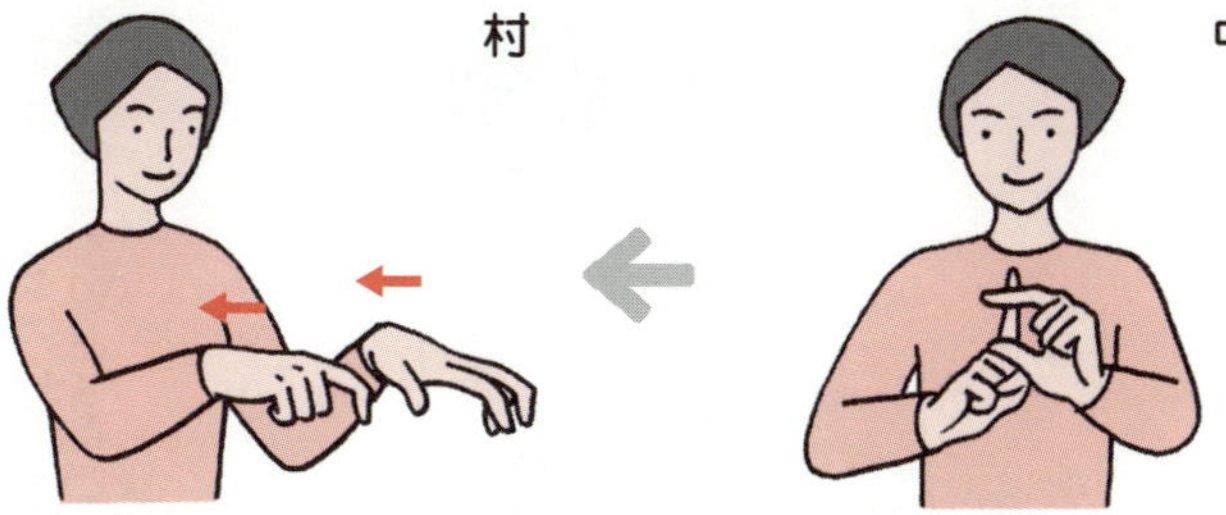

左手の親指と人差し指に右手の人差し指をあてる。

左手の後ろに人差し指を曲げた右手をおき、同時に手前に引く。

那須

野菜のなすの形から。「なす」も同じ表現になる。

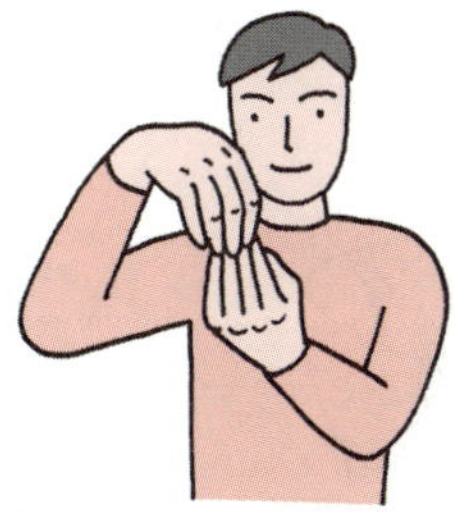

すぼめた左手を右手で上からはさむ。

服部（はっとり）

「ボタン」も同じ表現になる。

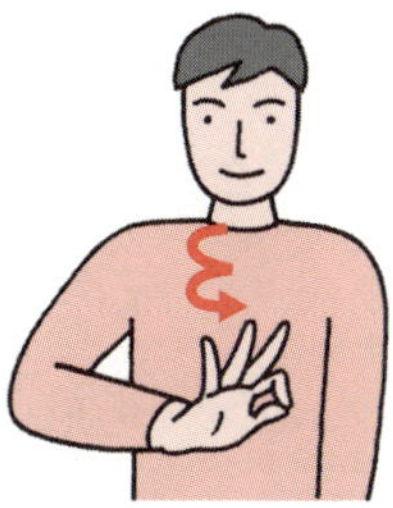

右手の親指と人差し指で輪を作って胸にあて、１段下げてもう一度あてる。

馬場

「ジャイアント馬場」のしぐさから。

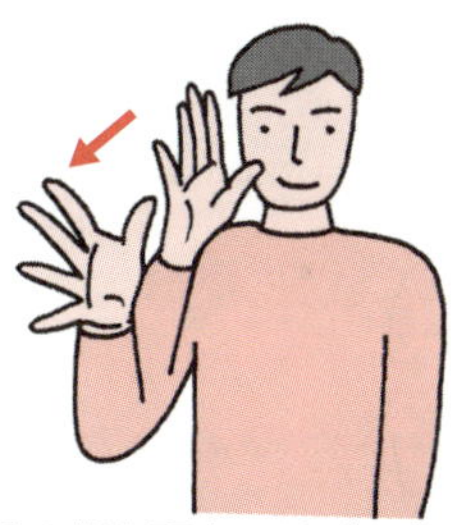

右手の指を開き、リズムをつけて前に出す。

日比野

日比谷公園の自由の鐘から、「鐘＋ノ」で表す。

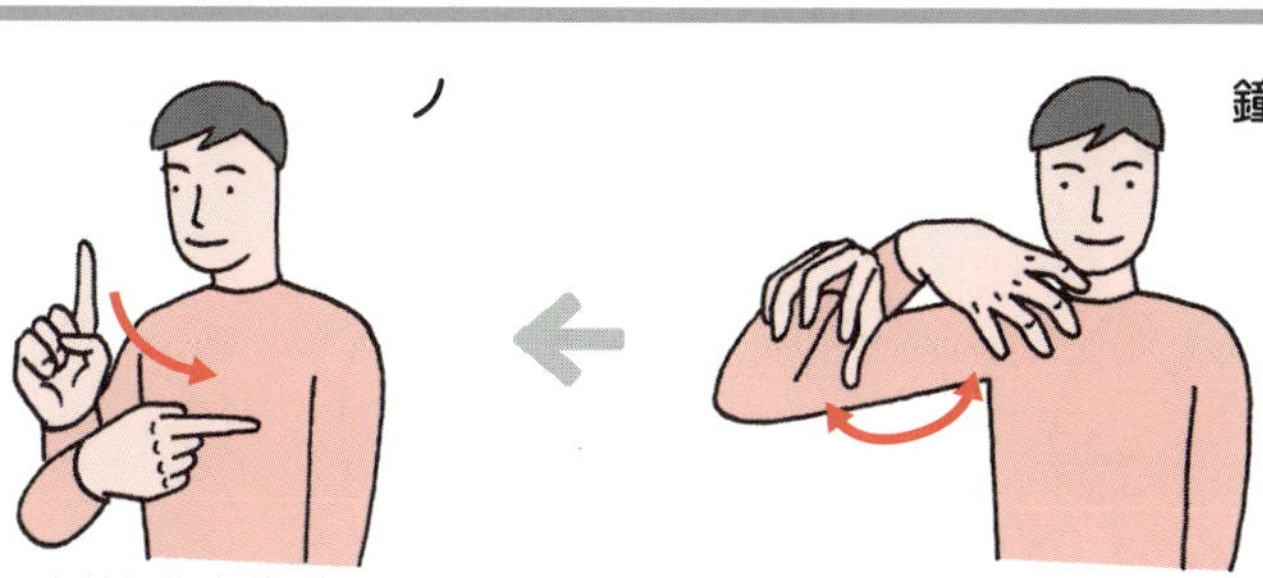

手のひらを下に向けてわん曲させた右手を振る。

右手の人差し指を伸ばして、「ノ」と空書する。

湊（みなと）

栈橋（さんばし）の形を表す。「港」も同じ表現となる。

両手の人差し指を曲げ、左右におく。

宮本

「宮」は神社の屋根の形を、「本」は本を開く様子を表す。

宮

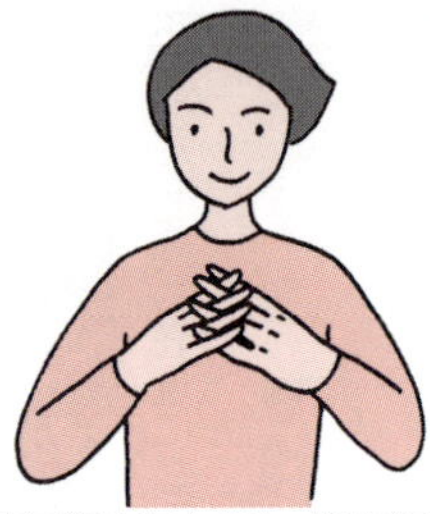

両手を斜めにして、指を組み合わせる。

本

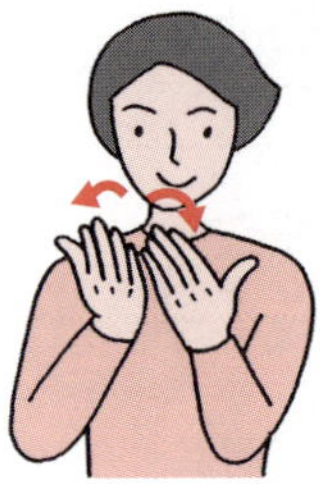

両手の手のひらを合わせ、左右に開く。

山口

「山」は山の形を、「口」は口の形を表す。

山

右手の手のひらを下に向けて、弧を描いて山の形にする。

口

右手の人差し指で口を丸くなぞる。

山田

「山」は山の形を、「田」は漢字の「田」の形を表す。

山

右手の手のひらを下に向けて、弧を描いて山の形にする。

田

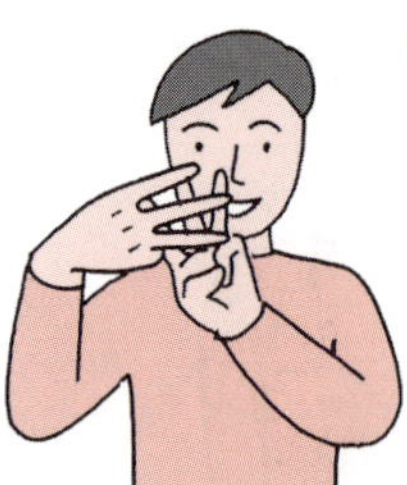

両手の人差し指と中指、薬指を交差させて漢字の「田」を作る。

山本

「山」は山の形を、「本」は本を開く様子を表す。

山

右手の手のひらを下に向けて、弧を描いて山の形にする。

本

両手の手のひらを合わせ、左右に開く。

吉田

「田」は漢字の「田」の形を表す。

よい

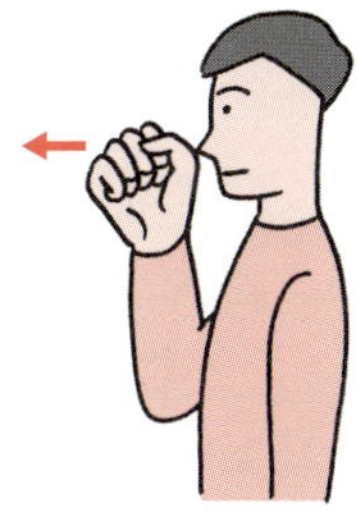

右手のこぶしを鼻の前におき、前に出す。

田

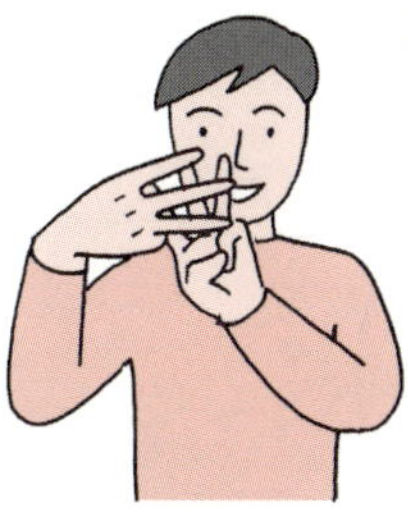

両手の人差し指と中指、薬指を交差させて漢字の「田」を作る。

デパート

渡辺

鍋の形を表す。「鍋」も同じ表現になる。

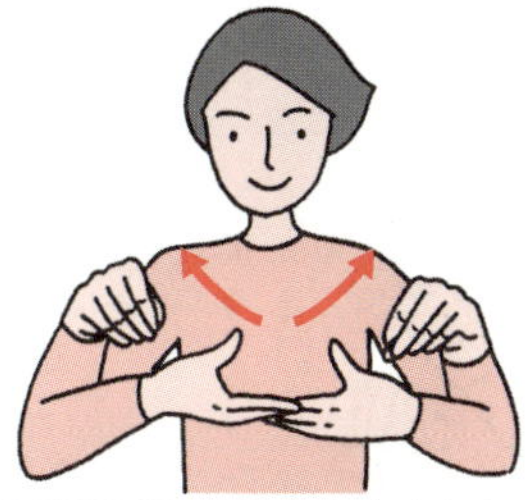

両手の手のひらを上向きにして並べ、左右に引き上げ、すぼめる。

伊勢丹

「伊勢丹」のマークを表す。

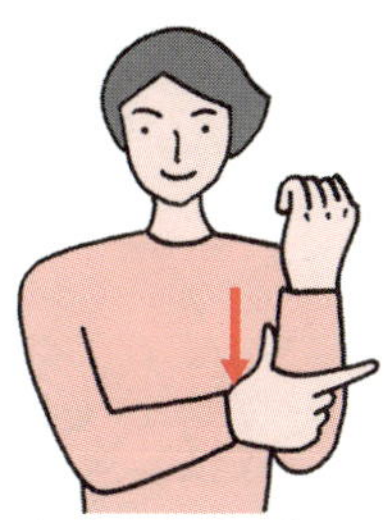

右手の親指と人差し指を開いて左腕にあて、右手を下げる。

京王

「京王」のマークを表す。

右手の人差し指と中指、薬指を伸ばし、ひたいにあてる。

西武

「武士」は武士が腰の刀を抜く様子を表す。

西

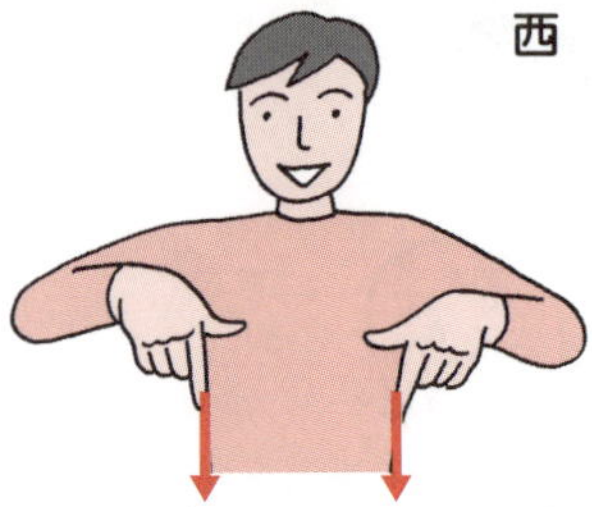

両手の親指と人差し指を伸ばして下に向け、下げる。

武士

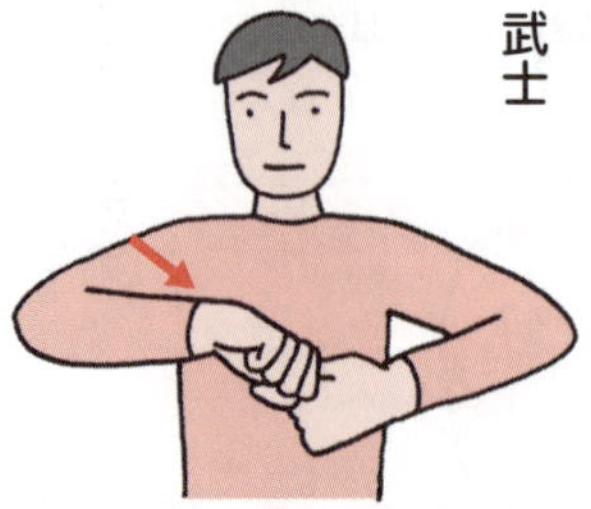

左手のこぶしに右手のこぶしをあてる。

そごう

そごうのマークである「つづみ」から。

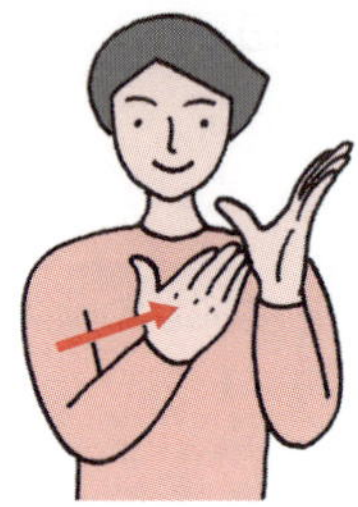

左手でつづみを持ち、右手で打つしぐさをする。

大丸

「玉」は玉を丸める様子を表す。「丸める」「まんじゅう」「餅」も同じ表現になる。

大

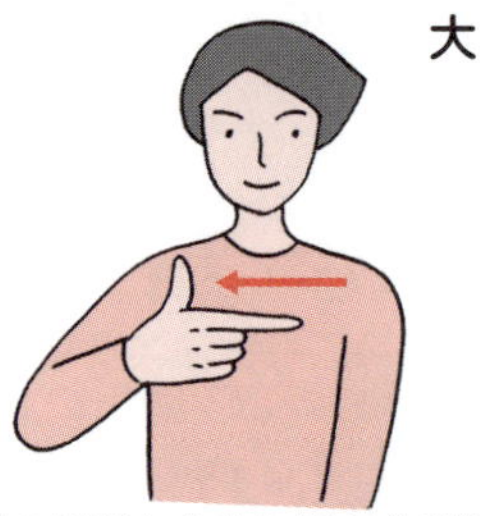

右手の親指と人差し指を伸ばし、右に引く。

玉

軽く曲げた両手の手のひらを向かい合わせ、丸めるように回す。

髙島屋

「島」は左手を陸に右手を海に見立て、海に囲まれた陸（島）を表す。

高い

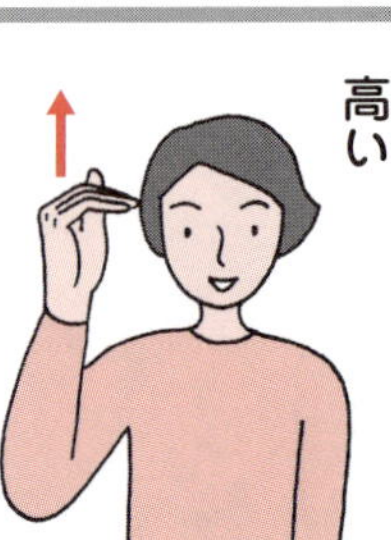

右手の親指以外の４本の指をそろえて曲げ、上げる。

島

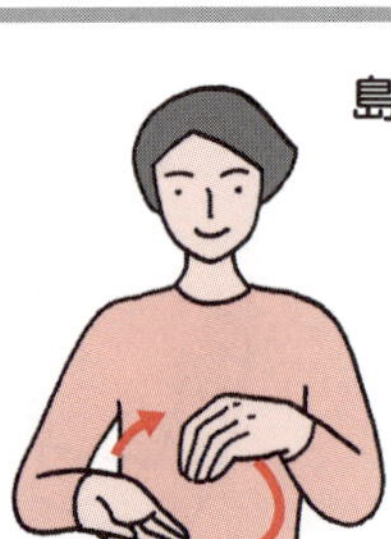

左手のまわりで、右手を上向きにして回す。

ヤ

右手の手のひらを前に向け、親指と小指を立てる。

東急

「東」で2回上げると、「東京」になる。

東

両手の親指と人差し指を伸ばして上げる。

急ぐ

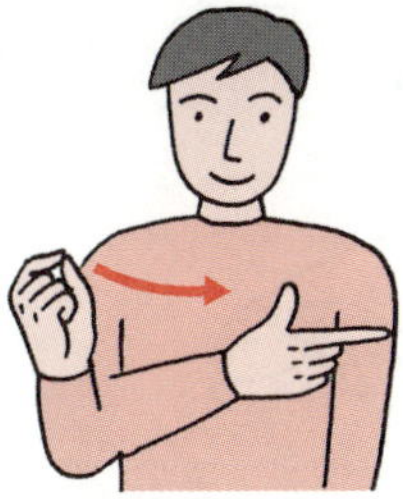

右手の親指と人差し指をくっつけ、パッと離しながら左に動かす。

松坂屋

「坂」で斜め下に下げていくと、「下り坂」になる。

松

右手の人差し指と中指を伸ばしてほおにあてる。

坂

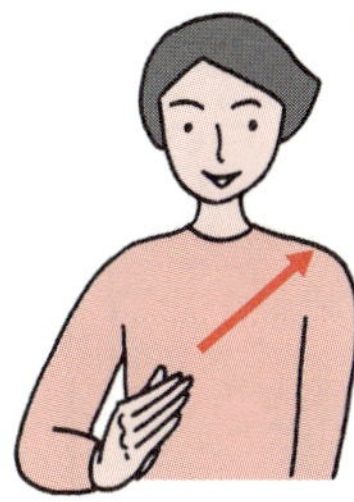

右手の手のひらを下向きにして、斜め上に上げていく。

ヤ

右手の手のひらを前に向け、親指と小指を立てる。

東急ハンズ

東急ハンズのロゴマーク（両手の人差し指を伸ばした）を表す。

両手の人差し指を伸ばし、手首あたりで交差する。

三越

右手で「3」を表し、前に滑らせることで「越える」ことを表す。

右手の3指を立てて左手の甲におき、右手を前に滑らせる。

ダイエー

自分から見て、アルファベットの「D」になる。「デニーズ」も同じ。

右手の親指とほかの4本の指を離して左の人差し指にあてる。

スーパーマーケット

西友

「西」で2回下げると、「京都」となる。

西

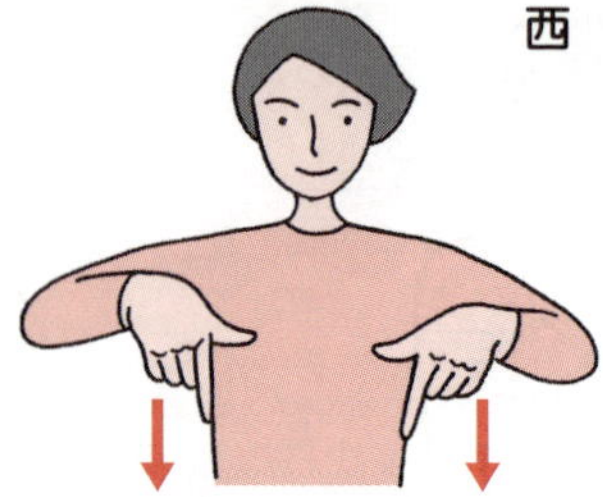

両手の親指と人差し指を伸ばして下に向け、下げる。

友達

両手を握手するように、2回組み合わせる。

イトーヨーカドー

「鳥」は鳥のくちばしを、「飛ぶ」は羽を広げて飛ぶ様子を表す。

鳥

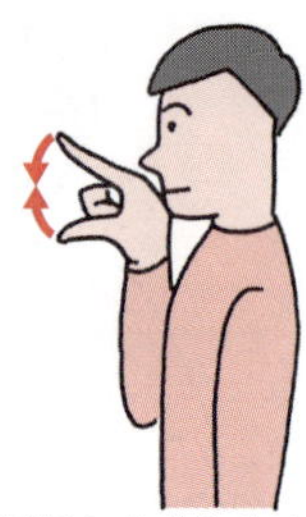

右手の親指と人差し指を口元におき、2回つけたり離したりする。

飛ぶ

両手の手のひらを下向きにして体から離し、上下に振る。

サンクス

投げキッスをする様子を表す。

右手の指先を口元にあて、前に倒す。

コンビニ

ampm

アルファベットで表す。

am

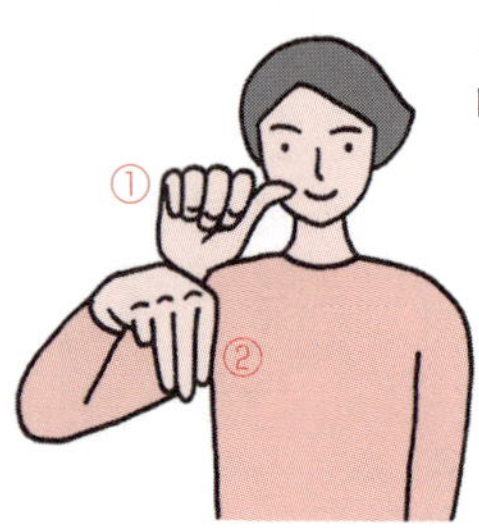

アルファベットの「a」「m」を順に表す。

pm

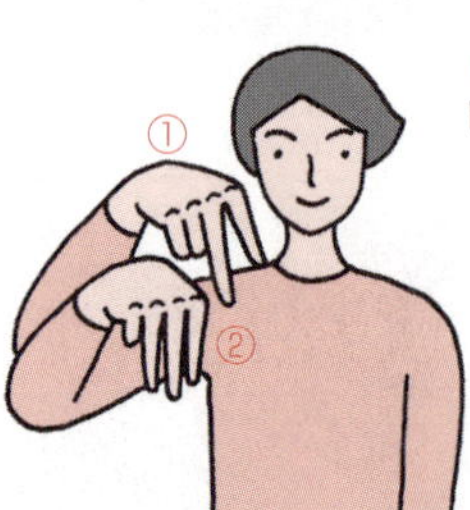

アルファベットの「p」「m」を順に表す。

セブンイレブン

右手の形は数字の「7」を表す。

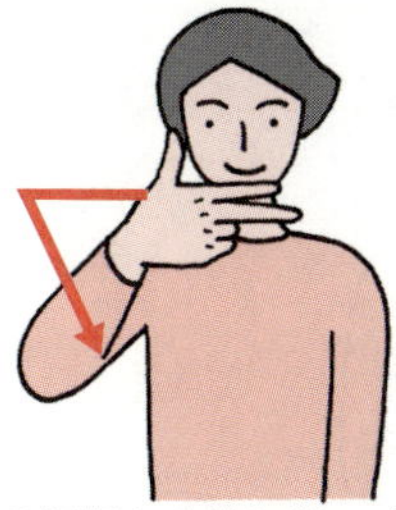

右手の親指と人差し指、中指を伸ばして、「7」を書く。

ファミリーマート

ファミリーマートのニコニコマークから。

両手の人差し指を伸ばして口の両端におく。

ローソン

「ろう(者)＋損」で表す。

ろう(者)

右手の手のひらを耳、口の順におく。

損

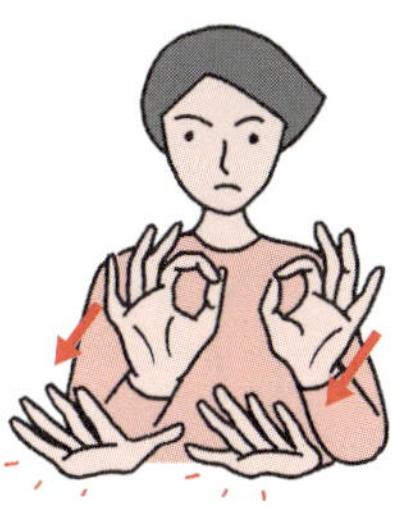

両手の親指と人差し指で輪を作って左右に並べ、開きながら下げる。

ジョナサン

「ジュース」も同じ表現になる。

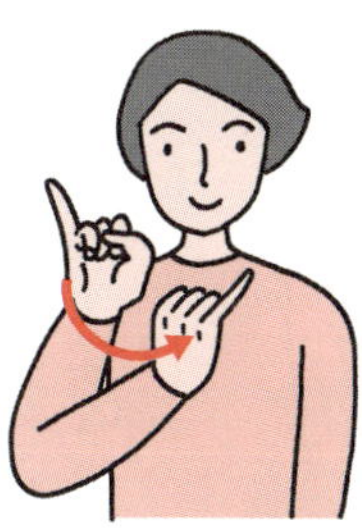

右手の小指を立てて、手首をひねりながら「J」を表す。

飲食店

かっぱ寿司

「かっぱ」はかっぱの頭のお皿を、「すし」はすしを握る様子を表す。

親指以外は閉じた手のひらを頭の上から頭に落とし、そのまま少し上に上げる。

わん曲させた左手のひらに、右手の人差し指と中指をのせる。

スターバックス

スターバックスのマークを表す。

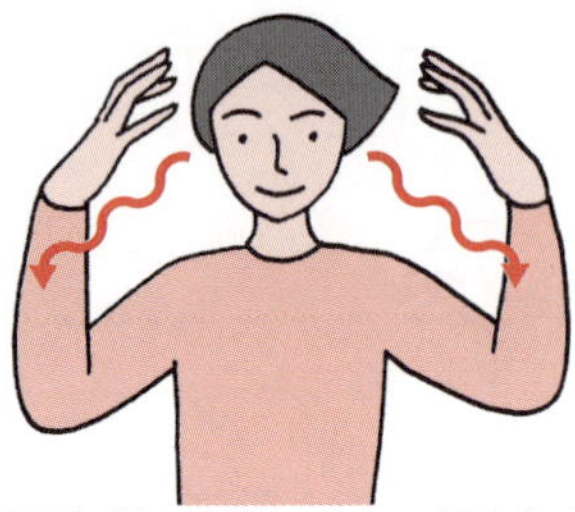

両手を顔の両横におき、開きながらウエーブを描くように下ろす。

デニーズ

自分から見て、アルファベットの「D」になる。「ダイエー」も同じ。

右手の親指とほかの４本の指を離して左の人差し指にあてる。

ファーストキッチン

ファーストキッチンのロゴの三角を表す。

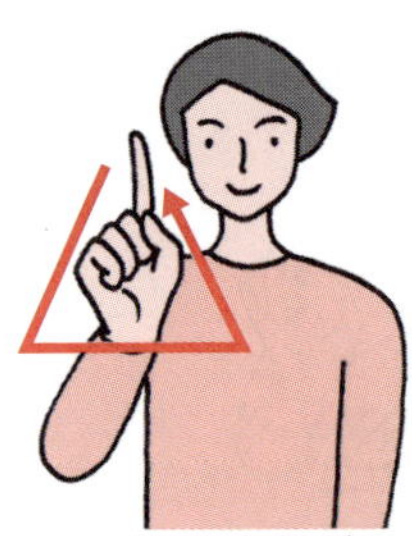

右手の人差し指を伸ばして三角形を描く。

マクドナルド

マクドナルドの頭文字、アルファベットの「M」を表す。

右手の人差し指と中指、薬指を伸ばして下に向ける。

モスバーガー

「ハンバーガー」はハンバーガーを食べる様子を表す。

右手の親指と人差し指をつける。

右手の親指と人差し指、中指を伸ばして下に向ける。

両手の親指とほかの指の間を広げて指先を口に向け、手前に動かす。

ファッションブランド

ロイヤルホスト

指文字で「ロ」「イ」「ホ」と表す。

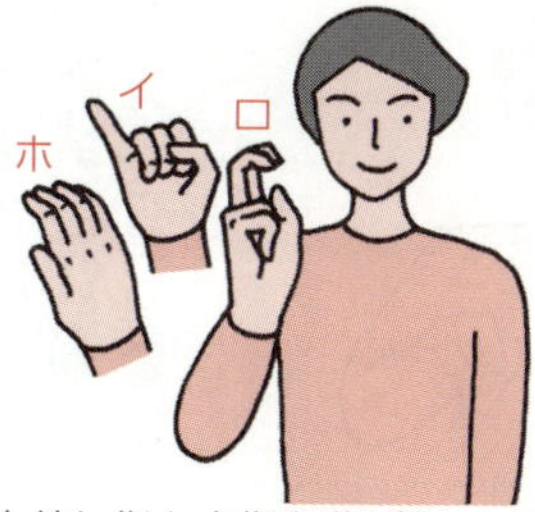

人差し指と中指を曲げて、小指を立て、指をそろえてやや曲げる。

イブ・サンローラン

イブ・サンローランの頭文字、「Y」と「L」から。

左手で「Y」を作って、右手の「L」を2回あてる。

エルメス

エルメスの頭文字「H」を表す。

右手の親指と人差し指を伸ばし、人差し指を左の人差し指につける。

グッチ

グッチの頭文字「G」を表す。

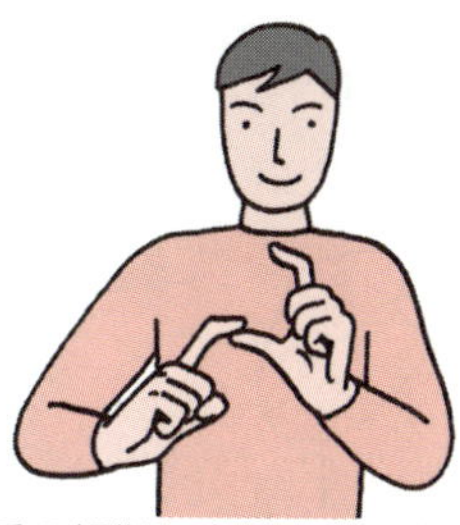

左手の親指と人差し指を曲げ、右手の人差し指をかける。

シャネル

シャネルのマークから。

両手でそれぞれ「C」を作って、2回合わせる。

フェンディ

アルファベットの「F」で表す。

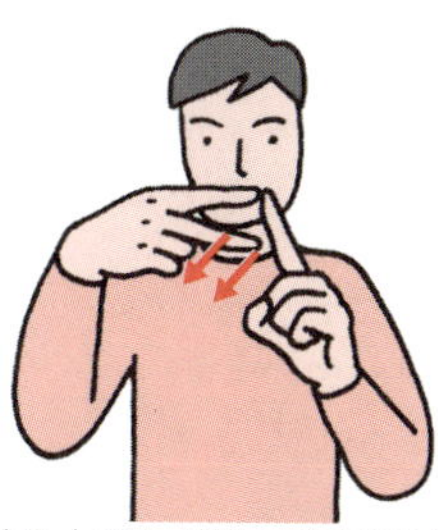

左手の人差し指に右手の2指をぶつけながら、2回前に出す。

ルイ・ヴィトン

左手は「L」、右手は「V」を表す。ルイ・ヴィトンのマークから。

左の親指と人差し指を伸ばし、右の人差し指と中指を2回あてる。

自動車メーカー

本田技研工業

「バイク」と同じ表現になる。

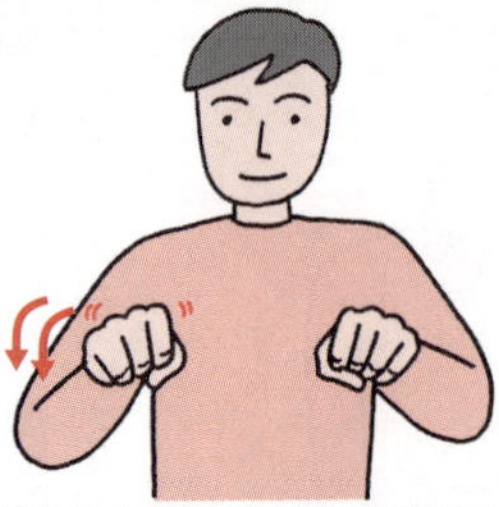

手のひらを下に向けた両手のこぶしを並べ、右手を２回前に回す。

スズキ

「鈴」は鈴を持って鳴らす様子を、「木」は木の形を表す。

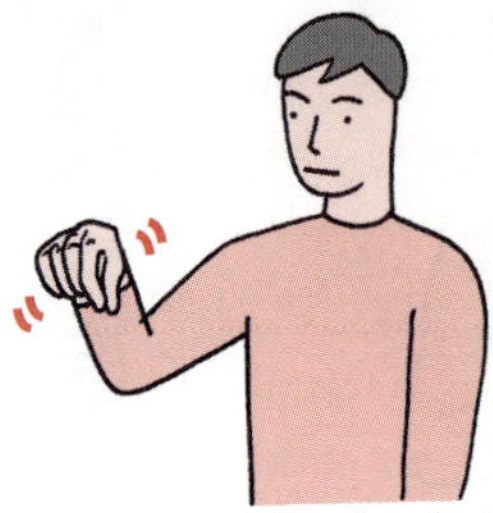

両手の親指と人差し指で何かをつまむようにして、振る。

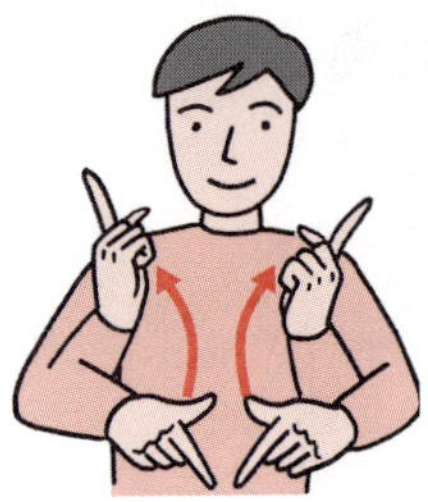

両手の親指と人差し指を伸ばし、手首を軸に開くようにして上げる。

トヨタ自動車

「豊か」は、豊臣秀吉のカブトを表す。

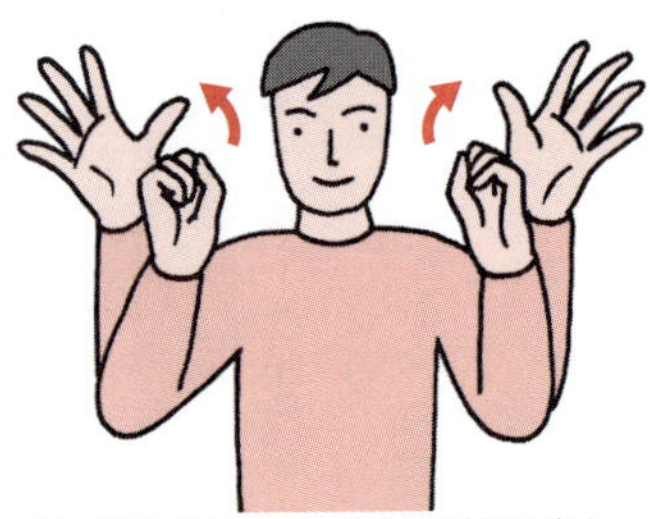

両手を首のあたりから前に出して、広げる。

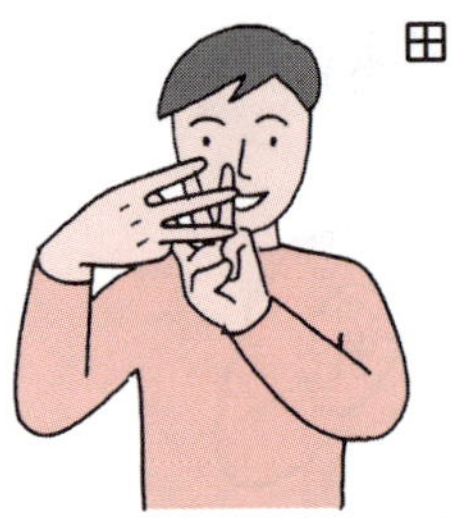

両手の人差し指と中指、薬指を交差させて漢字の「田」を作る。

日産自動車

日産の「日」の漢字から。

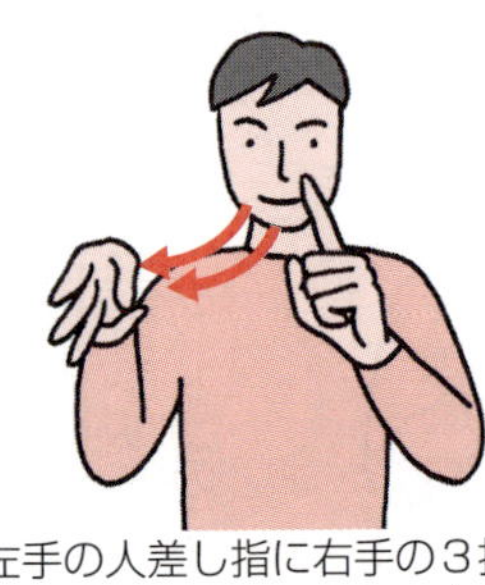

左手の人差し指に右手の３指をぶつけながら、２回前に出す。

マツダ

「松」は先のとがった松の葉を表し、「田」は漢字の「田」を表す。

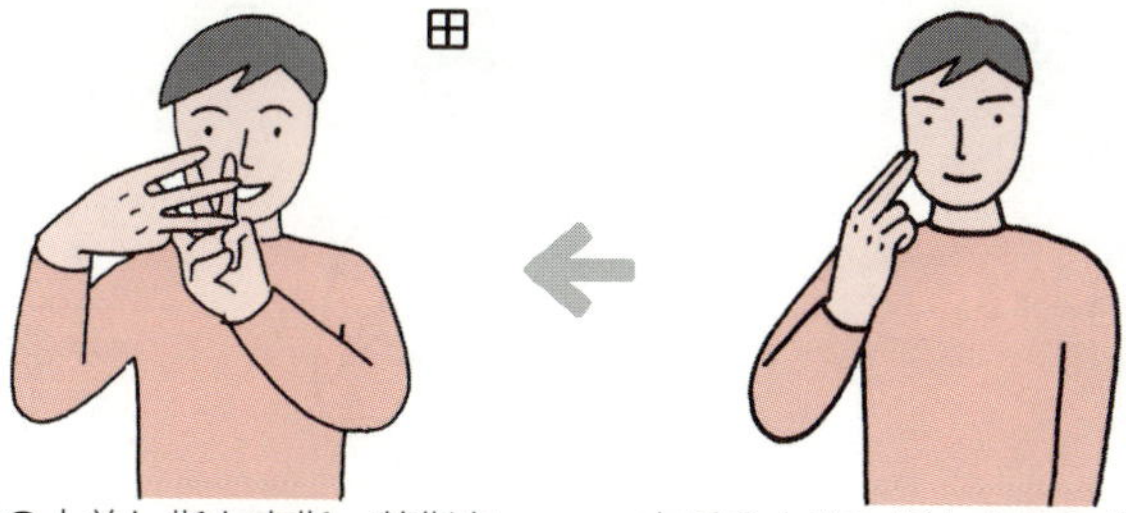

右手の人差し指と中指を伸ばしてほおにあてる。

両手の人差し指と中指、薬指を交差させて漢字の「田」を作る。

三菱自動車工業

三菱のマークを表す。

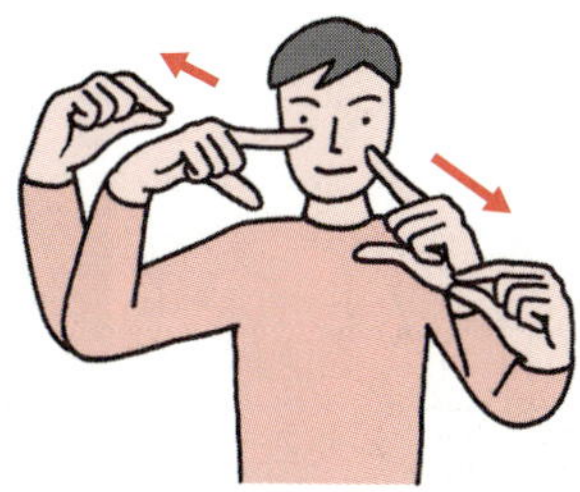

両手の親指と人差し指を左右に引き、つける。

家電メーカー

シャープ

「鋭い」と同じ表現になる。

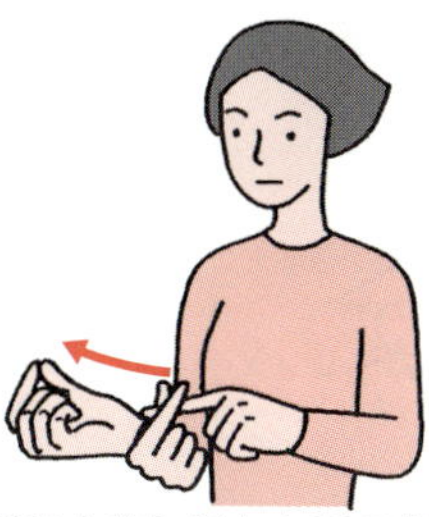

左手の人差し指を右手の親指と人差し指でつまみ、引き上げる。

NEC

NECのマークから。

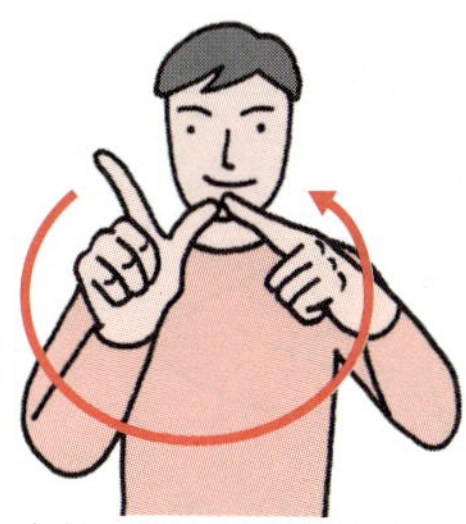

左の人差し指と右手の親指、人差し指で「N」を作り、円を描く。

パナソニック

前身である「松下電器産業」から。「松」は先のとがった松の葉を、「下」は漢字の「下」を表す。

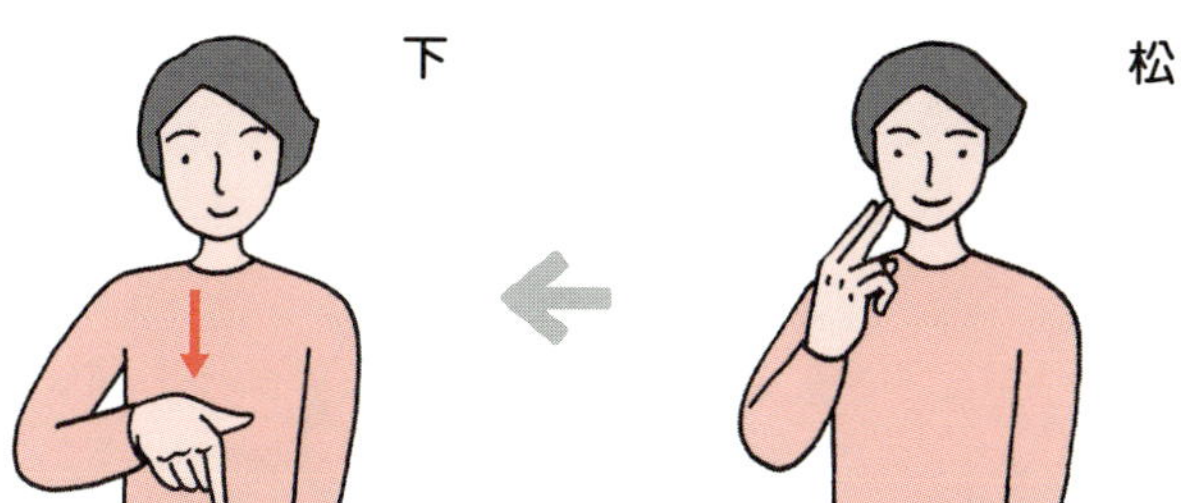

右手の人差し指と中指を伸ばしてほおにあてる。

右手の親指と人差し指を伸ばして下に向け、下げる。

日立

「日」は漢字の「日」を表し、「立つ」は2本の指を人の足に見立て、立つ様子を表す。

日

左手の人差し指を立てて、右手の人差し指と中指、薬指をつける。

立つ

左手の手のひらに、右手の人差し指と中指をのせる。

プロ野球の球団

（平成24年７月現在）

オリックス・バファローズ

チームヘルメットにある3本ラインを表す。

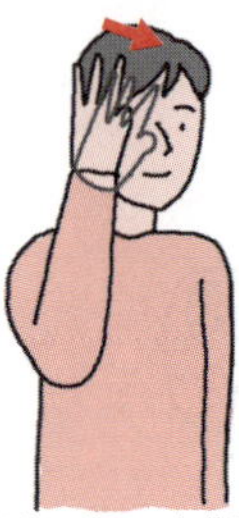

右手の人差し指、中指、薬指を頭の横におき、後方から前方へ出す。

埼玉西武ライオンズ

「西武デパート」と同じ表現になる。

西

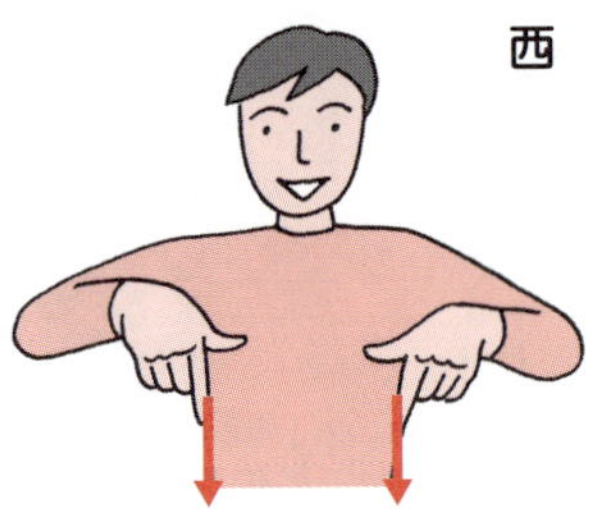

両手の親指と人差し指を伸ばして下に向け、下げる。

武士

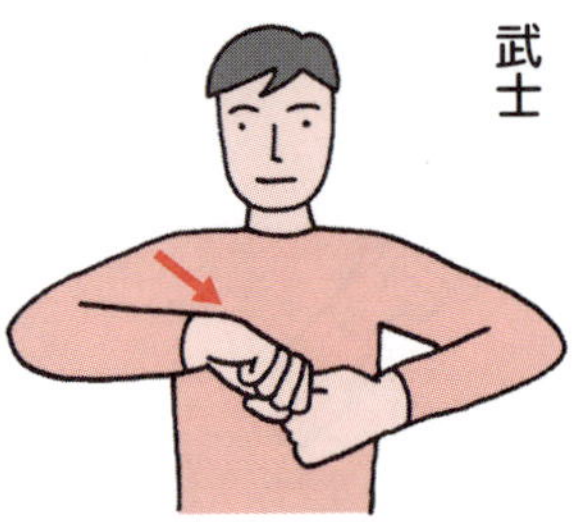

左手のこぶしに右手のこぶしをあてる。

千葉ロッテマリーンズ

漢字の「千」と、ロッテから想像される「ガム」を表す。

千

左手の親指と人差し指を伸ばして右手の人差し指を２回あてる。

ガム

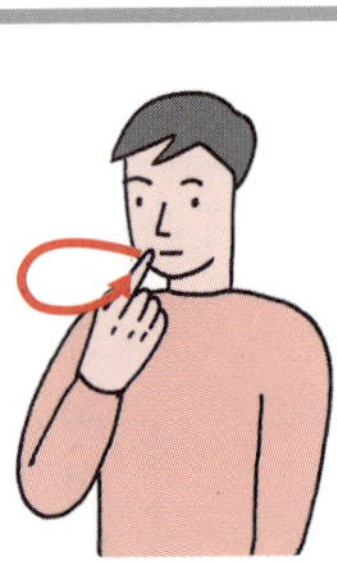

右手の人差し指を口元におき、丸く風船の形を描く。

中日ドラゴンズ

漢字の「中」と「日」をそれぞれ表す。

中

左手の親指と人差し指に右手の人差し指をあてる。

日

左手の人差し指を立てて、右手の人差し指と中指、薬指をつける。

東北楽天ゴールデンイーグルス

東北楽天ゴールデンイーグルスのロゴマーク（わしの羽）を表す。

両手の人差し指、中指、薬指を立て、腕を交差させて胸の前におく。

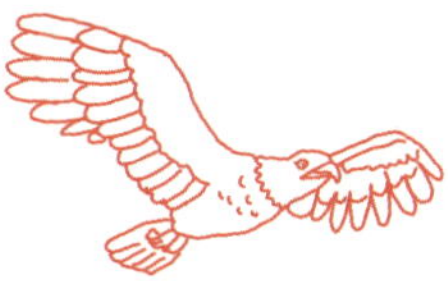

北海道日本ハムファイターズ

「ハム」は左手をハム、右手を包丁に見立て、ハムを切る様子を表す。

日本

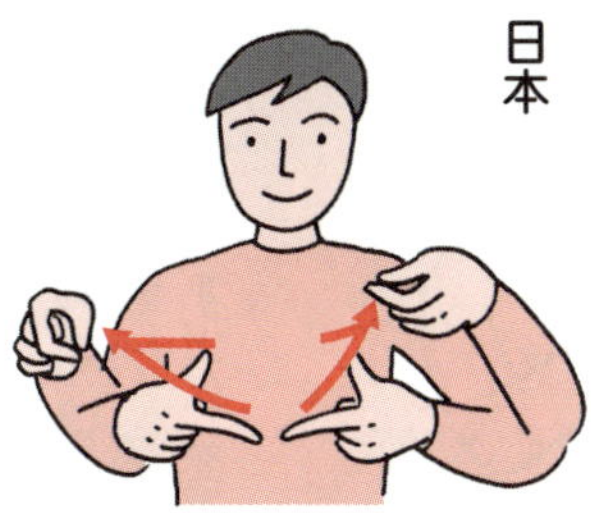

両手の親指と人差し指を伸ばし、左右に引いてつける。

ハム

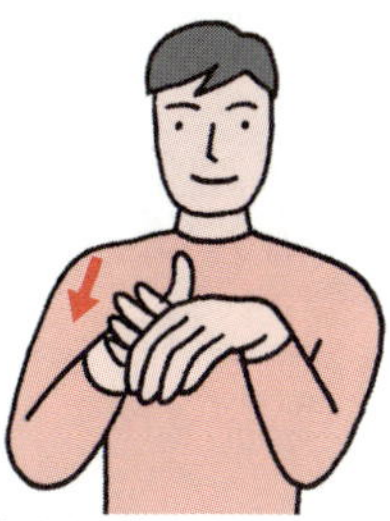

左手をわん曲させておき、右手を垂直に下ろす。

東京ヤクルトスワローズ

右手の形は、指文字の「ヤ」を表す。

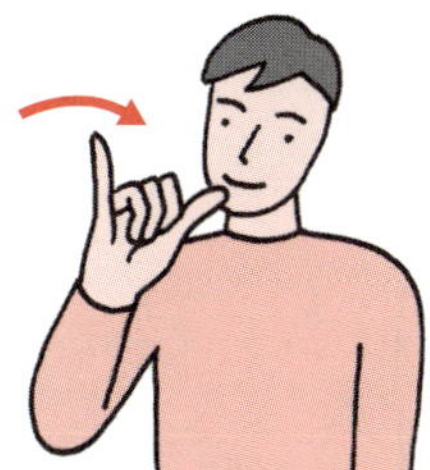

右手の親指と小指を伸ばして口元におき、親指を手前に傾ける。

阪神タイガース

「とら」と同じ表現。とらのしま模様を表す。

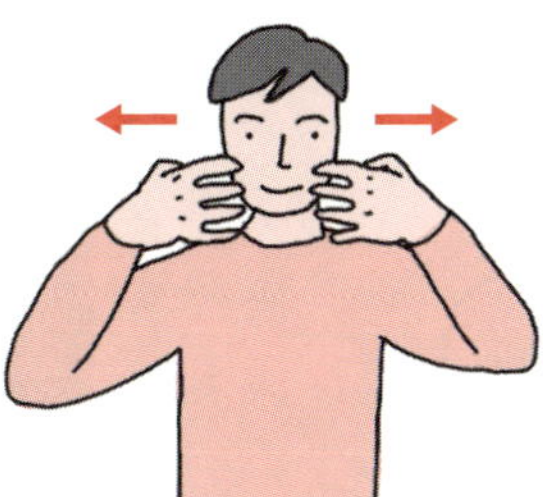

両手を軽くわん曲させて両ほおにおき、左右に開く。

広島東洋カープ

宮島の厳島（いつくしま）神社の鳥居の形を表す。「広島」と同じ表現。

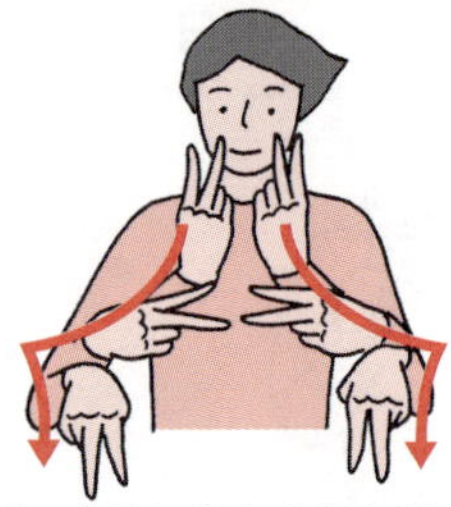

両手の人差し指と中指を並べ、左右に開いてから、下ろす。

福岡ソフトバンクホークス

ユニフォームにある2本ラインを表す。

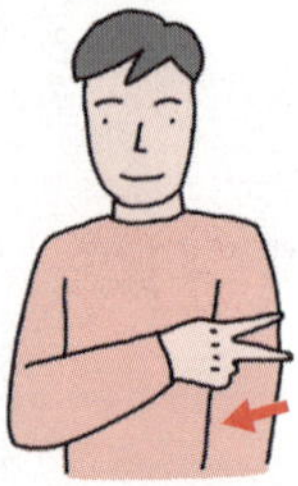

人差し指と中指を横に伸ばし、腕の上におき、引く。

横浜DeNAベイスターズ

「横浜」と同じ表現になる。

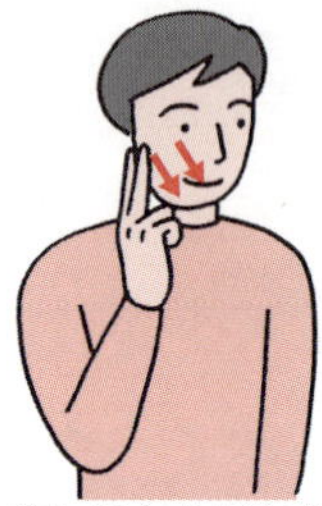

右の人差し指と中指を伸ばして右のほおにあて、２回前に出す。

読売ジャイアンツ

ジャイアンツの「G」を表す。

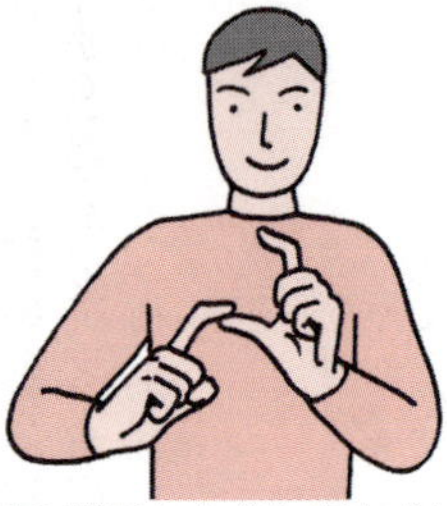

左手の親指と人差し指を曲げ、右手の人差し指をかける。

プロ野球の球団（メジャーリーグ）

シアトル・マリナーズ

両手の形は「イルカ」を表現している。

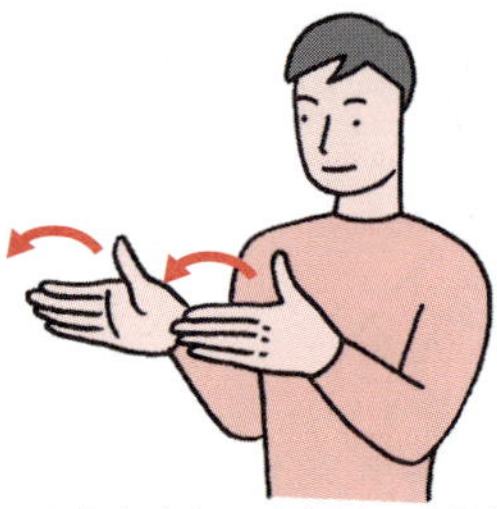

手のひらを向かい合わせて前後に並べ、小さく弧を描いて同時に前に出す。

ニューヨーク・メッツ

右手は指文字の「メ」。

右手の親指と人差し指で輪を作って、振る。

ニューヨーク・ヤンキース

右手は指文字の「ヤ」で、手のひらを逆に向けた形。

右手の親指と小指を立てて、左胸にあてる。

1～12月

1月

左手で数字を、右手で月の形を表す。

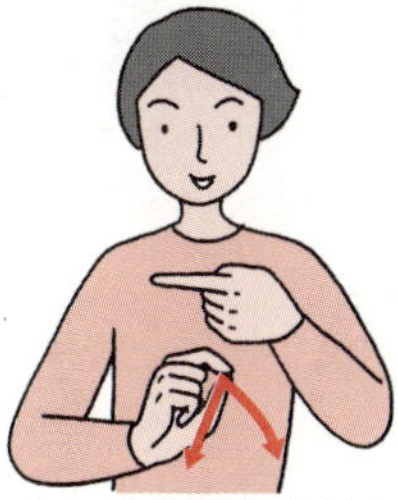

左の人差し指を横に伸ばし、右の親指と人差し指をつけて離す。

2月

左手で数字を、右手で月の形を表す。

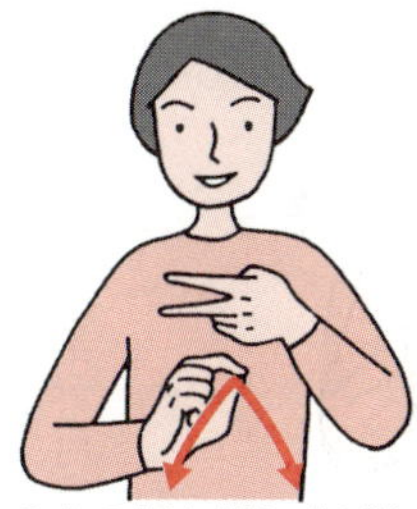

左の２本の指を横に伸ばし、右の親指と人差し指をつけて離す。

3月

左手で数字を、右手で月の形を表す。

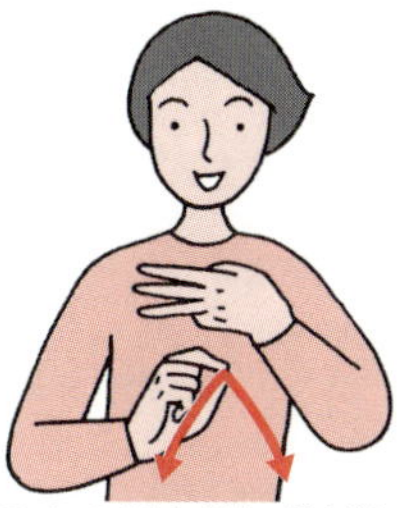

左の３本の指を横に伸ばし、右手の親指と人差し指をつけて離す。

4月

左手で数字を、右手で月の形を表す。

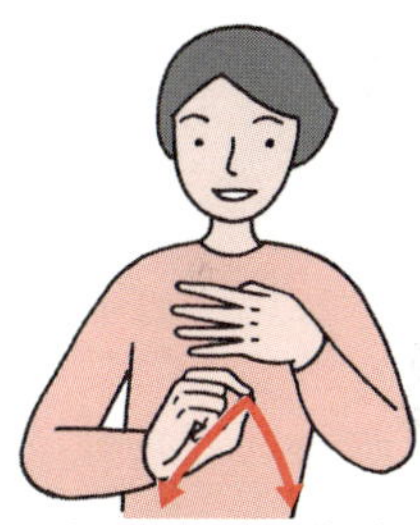

左の４本の指を横に伸ばし、右の親指と人差し指をつけて離す。

5月

左手で数字を、右手で月の形を表す。

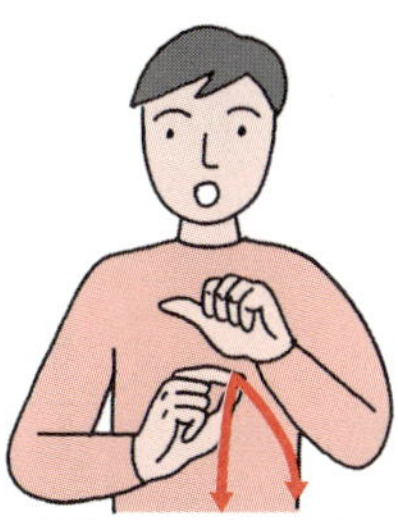

左手の親指を伸ばし、右手の親指と人差し指をつけて離す。

6月

左手で数字を、右手で月の形を表す。

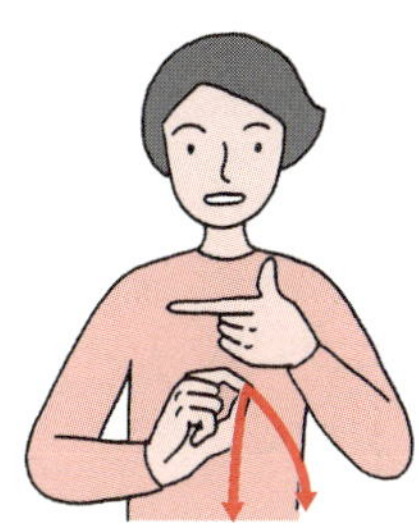

左の親指と人差し指を伸ばし、右の親指と人差し指をつけて離す。

7月

左手で数字を、右手で月の形を表す。

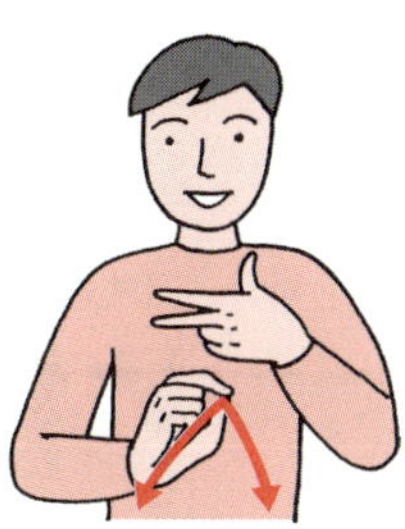

左の親指と人差し指、中指を伸ばし、右の２本の指をつけて離す。

8月

左手で数字を、右手で月の形を表す。

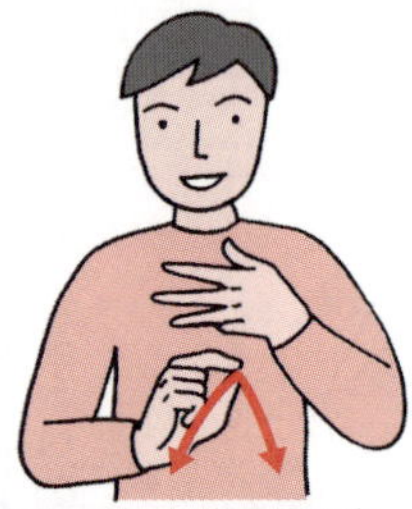

左の小指以外の指を伸ばし、右の親指と人差し指をつけて離す。

9月

左手で数字を、右手で月の形を表す。

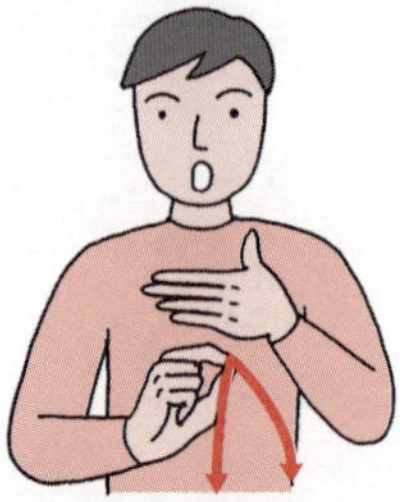

左の親指以外の指をそろえ、右の親指と人差し指をつけて離す。

10月

左手で数字を、右手で月の形を表す。

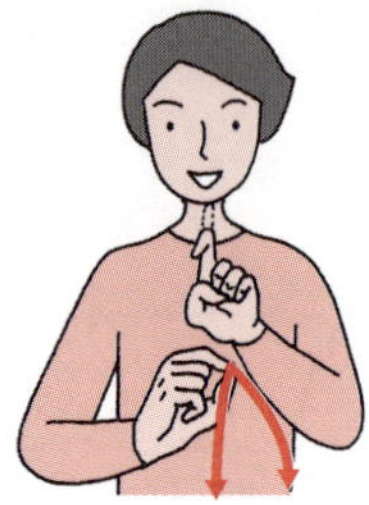

左の人差し指を伸ばして曲げ、右の親指と人差し指をつけて離す。

11月

左手で数字を、右手で月の形を表す。

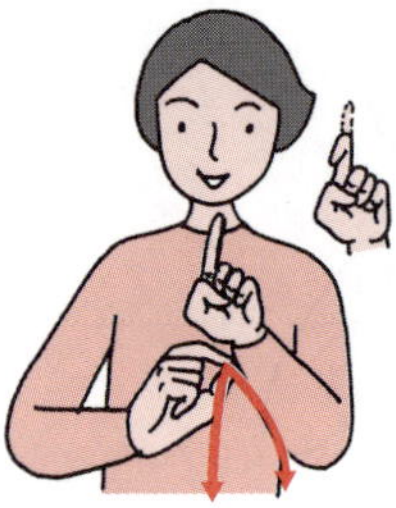

左の人差し指を伸ばして曲げ、再び伸ばし、右の2指をつけて離す。

12月

左手で数字を、右手で月の形を表す。

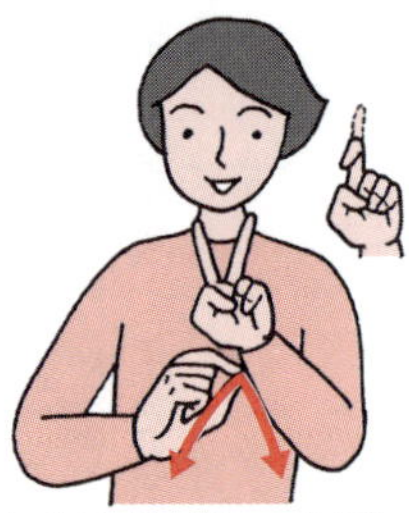

左の人差し指を伸ばして曲げ、人差し指と中指を伸ばし、右の2指をつけて離す。

月日の表し方

1月から12月の月を表してから、左手は残したままで、その下で、右手で日にちを表す。

9月1日

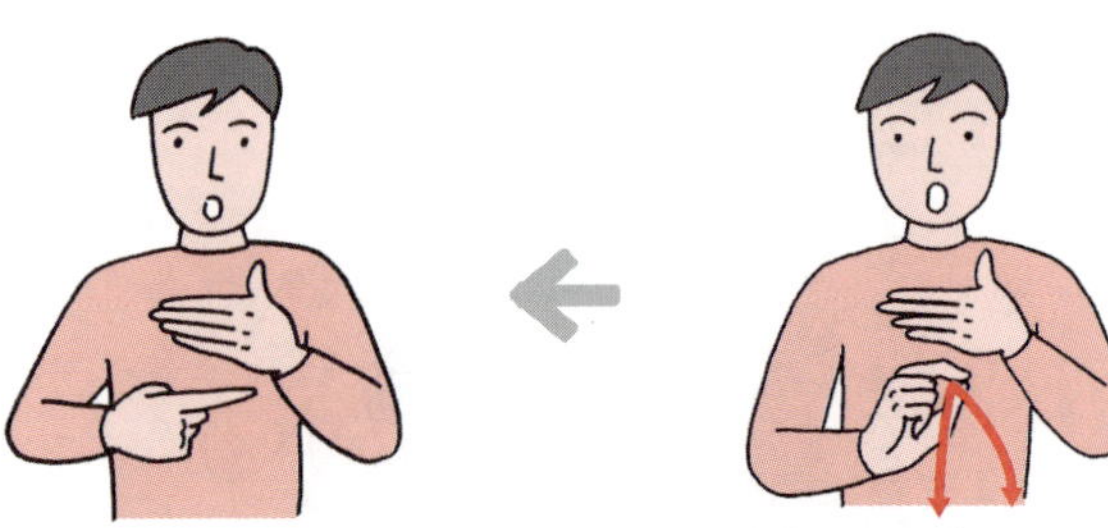

左の親指以外の指をそろえ、右の親指と人差し指をつけて離す。

左手の下で、右手の人差し指を伸ばす。

指文字表

すべて相手から見た形です。

お	え	う	い	あ
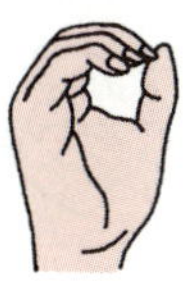	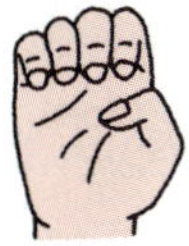			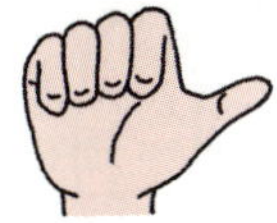
こ	け	く	き	か
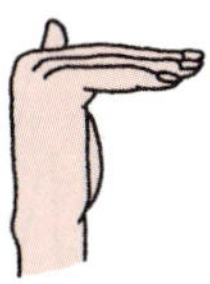	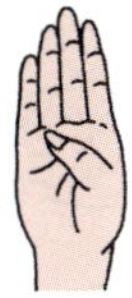	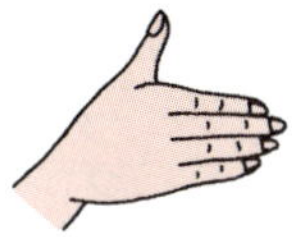		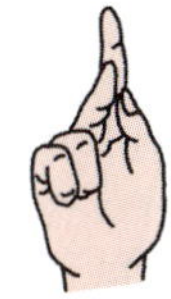
そ	せ	す	し	さ
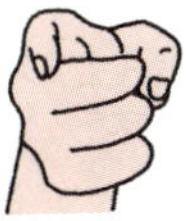		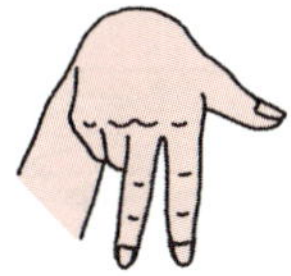	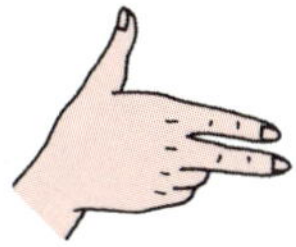	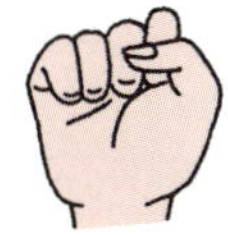
と	て	つ	ち	た
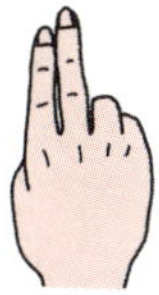	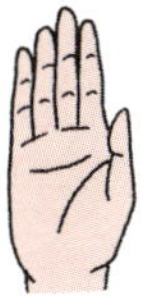		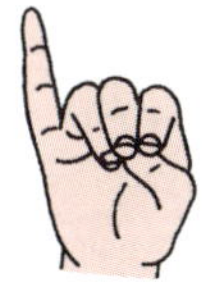	
の	ね	ぬ	に	な
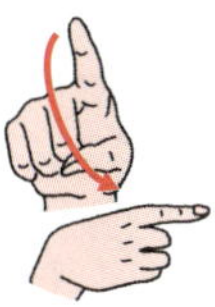	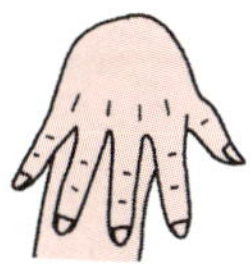	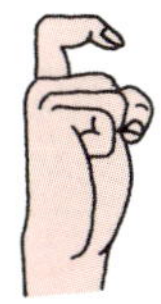	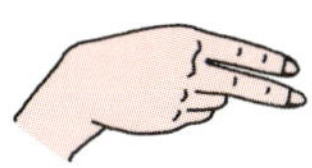	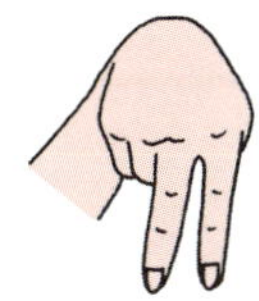

すべて相手から見た形です。

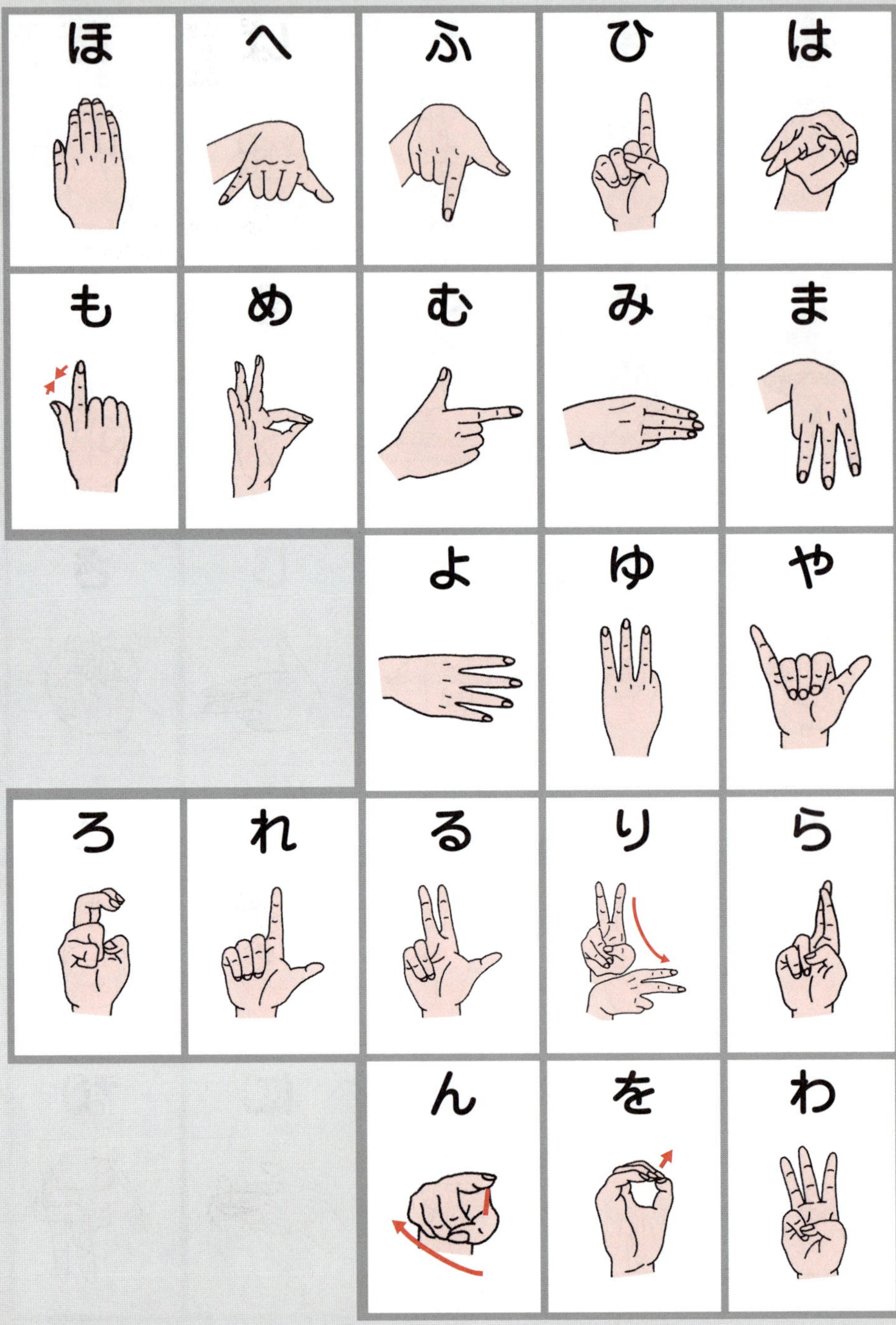

すべて相手から見た形です。

すべて相手から見た形です。

さくいん

＊あいうえお順に並べてあります。
＊ページ数の区別は、以下のとおりです。

黒・太字……１つの項目として詳しく説明しているページ
赤・細字……２つ以上の単語で紹介したときの手話ラベルとして、また、参考としてイラストつきで紹介しているページ
黒・細字……参や反、同、使い方例などで紹介しているページ

黒・細字　赤・細字　**黒・太字**

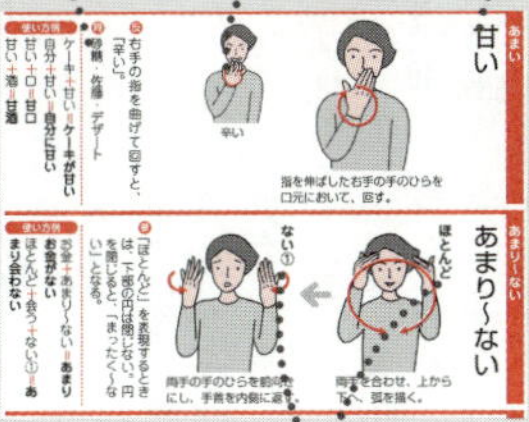

赤・細字

あ

あ **22**
ア 42 208
愛 23
合いカギ 97 116
相変わらず **22** 315
愛妻弁当 490
あいさつ **22** 39 91 99 219 275
相性 **22** 25 407
相性チェック 22 274
愛人 23 338
アイスウーロン茶 67
アイスカフェオレ 130
アイスクリーム **23** 35
アイスコーヒー 206
アイスココア 208
アイスティー 203
愛する **23** 154 322 498
藍染め 316
間（あいだ） 140 243
愛知 23 139 **587**
愛知県 193
会津（あいづ） **595**
相手 **23**
アイデア **23** 43 50
IT **24**
IT化 24
IT企業 24
ITグループ 24
アイデンティティ **24**
アイドル 122 135
アイヌ 321
iPhone 292
あいまい **24** 43 437 471 509
アイロン **24** 181
アイロン台 24
アイロンをかける 24 181
会う **25** 319 364 433
合う 22 **25** 43 407
アウェイグラウンド 180
アウト 496
会う約束 545
あえ物 509
あえる 509
青 **25** 582
あおぐ 33 402 523
青ざめる 25 114
青信号 276
青空 25 316
青虫 527
青森 25 543 **582**
赤 **25** 26 134 410 542 551
赤字 25 **26**
赤信号 25 276
赤ちゃん **26**
赤ちゃんを抱っこする 329
あかの他人 274 334
赤ペン先生 488
赤みそ 522
赤紫 530
明かり **26**
明かりが消える 26
明かりがつく 26
あがり性 171
上がる **26** 93 224 225
明るい **27** 179 219 280 444 559
赤ワイン 575
赤ん坊→赤ちゃん 26
秋 **27** 286 444
秋風 123
空き巣 **27**
空き巣対策 27
空き巣被害 27
秋田 **583**
秋田犬 59
秋葉原 27
秋祭り 512
空き家 134
あきらめる **27** 127
飽きる **28**
呆れて物も言えない 303
あきれる **28** 224
悪影響 77
悪条件 266
アクセサリー **28**
悪戦苦闘 166
悪人 447
悪魔 98
悪夢 312
悪用 86
明け方 **29** 550
アゲハ蝶 349
あけましておめでとう 64 145 265
あげる **29** 32 113 195 542 578
あこがれる **29** 102 125 312 402 467
朝 **29** 99 351 418 559
麻 **30** 536
アザ 497
浅い **30** 469
阿佐ケ谷 334
浅草 **601**
朝ご飯 213
朝シャン 255
麻素材 30
浅漬け 30 357
あさって **30** 31
朝寝坊 418
麻のカゴ 121
朝早く 29 442
朝日 29
朝日新聞 29 279
麻布（あざぶ） 30
あさり 107
足 **30**
味 **31**
アジア **606**
アジア大陸 326
足が遅い 93
足が速い 30 434
足が太い 474
足がむくむ 30 474
味比べ 450
明日 6 30 **31** 157
明日以降 50
明日から 31
明日まで 31 512
味つけ 184
足の肌 436
味見 31 338 405

小豆(あずき) 515
汗 **31**
汗かき 31 176
あせも 31 500
焦る 43 166
汗をかく 31
麻生(あそう) **613**
遊び 31
遊び相手 23 31
遊び友達 391
遊ぶ **31** 110
与える 29 **32** 113 578
温かい **32** 444
暖かい **32** 286 444
温かいお茶 94
温める 32
足立区 30 172 332
あだな **32**
頭 **32** 102 142 143 157 287
頭がいい 32 122 375 554
頭が下がる 101
頭が悪い 32
頭にきた 101
熱海 105 **601**
新しい **33** 64 101 277 480
あたり 170 435 526
あたり前 462 473 484 540
あたる 212 337 418 419 539
あちこち **33**
あちら 42
厚い **33**
暑い **33** 402 523
熱い **34** 361
厚かましい 33 281
熱燗(あつかん) 411
暑さ負け 33
暑すぎ 41
斡旋(あっせん) 359
あっち 42
あっという間 56 442
アップ **34**
アップルパイ 567
集まって行く 34 48
集まる **34** 48
あてが外れる 435
あと **34** 219
跡継ぎ 312
後払い 443
アトピー **35**
アトピーの薬 35
アドレス **35**
アナウンサー **35** 504
あなた **35** 74 250
あなた(丁寧な表現) 35
あなたたち 35 526
アナログ **36**
アナログ人間 36
アナログ派 36
兄 **36** 95
アニメ **36** 517
アニメ映画 36 77
アニメ雑誌 36
アニメファン 36
姉 6 **36** 61
アパート **37** 391
アパート暮らし 37
網走(あばしり) **596**
アピール **37**
危ない 151 279 466
油 **37** 250 321
油絵 37 76
油汚れ 37 557
アフリカ **606**
アフリカゾウ 311
あふれる **37**
あべこべ 160
甘い **38** 135 137 228 352 369 408 555
甘い考え 141
甘い声 205
甘エビ 81
雨傘 121
雨がっぱ 206
天城(あまぎ)トンネル 395
天下り **38**
甘口 38
甘口ソース 313
雨雲 39
甘酒 38 226
甘塩 236
甘酸っぱい 288
アマチュア 275
天の川 316
奄美大島(あまみおおしま) **596**
余り 95 422
あまり〜ない **38** 501
余る 95 422
網 **38**
網タイツ 38
編み物 39 300
編み物教室 39
編む **39** 300
雨 **39** 198 362
雨が降る 39 362
あめとムチ 93 96
アメリカ 324 **606**
アメリカ軍 184
アメリカ手話(ASL) 263
アメリカ大統領 260
アメリカ文化 483
怪しい **39** 70 472
誤り 206 510
謝る **39** 91
歩み寄る 502
洗い場 40
洗う **40** 308
嵐 325
粗塩 236
争う **40** 239
改めて **40**
表される 41
表す 24 **40** 41
現れる 40 **41** 147
有明(ありあけ) 27 41
ありえない **41**
ありがとう **41** 94 143 211
ある **41** 242
歩いて行く 42
歩く **42** 233 332 423 579
アルバイト **42** 240 478
あれ **42** 216
あれから 42
アレルギー **42**
アロマキャンドル 573
淡い 24 **43** 197 471 509
淡路(あわじ) **596**
合わせる 25 **43**
慌てやすい 43
慌てる **43** 94 97
慌てんぼう 43
合わない 25
案 23 43 50
案外→意外 47
暗記 100
アンケート 23 **43** 50
アンケート結果 43 190
暗証番号 446 453 460
安心 **44** 94 97 279 318 466
安静 44 94 97 318
安全 **44** 94 97 318
安全運転 44 182
安定 44 94 97 318
アンティーク 480
アンティーク家具 117
アンティーク着物 160 480
アンティークドール 414
案内 **44** 111 240 265 355 489
案内する 89 363
あんまり **44**

い

い **45**
イ 84 532
胃 **45** 278 349 613
井 586 603
いい 131 379
いい→よい 554
言い争う 201
いいえ **45** 58 230 379 396 397 427
言い換える **45** 102
いい気分 159
Eメール 534
言い訳 **46** 73
言い訳ばかり 45
委員 64 110 204 253 271
委員会 64 107
言う **46** 197 205 360 439
家 **46** 170 256 333 510 547 548 567
家の中 398 400
イエローページ 126
家を建てる 46 455
家を転々とする 455
以下 **46** 52
イカ **47**
意外 **47**
胃潰瘍(いかいよう) 45 53
いかが **47**
医学 524
医学博士 429
イカ刺し 47
イカの塩辛 47
イカ焼き 47
五十嵐(いがらし) 325 **613**
怒り→怒る 90
イカ漁 47 565
いきいきする 47 146 194 195
生き方 47
息苦しい 182 207
行きつけ 134
行きつけのバー 425
行きつけの店 48 57 134
いきなり 389

生き残り 47
偉業 81
イギリス 78 606
生きる 47 146 194 195 248
行く 48 85 181 261 367 450
（一緒に）行く 48
（飛行機で）行く 48 452
（みんなで）行く 48
育児 49 109 221 305 496
育児休暇を取る 49
育児疲れ 49
育児ノイローゼ 420
胃薬 45 547
いくつ 49
いくら 49 88
池 49
池田 49
生け花 50
生け花教室 50
池袋 471 596
意見 23 43 50 61
意見交換 50 200
意見をまとめる 50
以後 50
囲碁 50
囲碁の対局 50
居酒屋 90
遺産 51 223 422
遺産相続 312
意志 51
医師→医者 52
石 586
意地 51 128 255
意地がある 41 51

意志が固い 51 124
意志が強い 51 362
意志が弱い 51 559
石川 586
意識 32 102 143 157
いじめ 51
いじめすぎ 44
いじめ問題 51 543
いじめられる 51
いじめる 51
医者 52 95 461 524
医者の卵 336
遺書 117
以上 46 52
異常 52 343 473
異常気象 52 374
いじわる 354 580
意地を張る 51
偉人 81
椅子 52 294 301 423 424 518
伊豆 602
出雲（いずも） 596
伊勢エビ 81
伊勢丹 619
以前 34 50 219 227 506
依然として→相変わらず 22
磯 108 405
急いで 53 162 284 389 442
忙しい 53 460
忙しい仕事 53
忙しく働く 437
急ぎの仕事 53 162
急ぐ 53 162 284 389 442 553 621

磯釣り 363
痛い 53 287
痛み止め 53 287 391
痛む→痛い 53
炒め物 53 346
炒める 53 346 413
イタリア 606
イタリア語 197
イタリア人 457
一 55 314 517
市（いち） 406
1月 631
一月一日 9 145 265
一眼レフ 54
苺 54
苺のショートケーキ 54
苺パフェ 54 441
苺ミルク 54
一大決心 191
一度も〜ない 54
1日 410
一番 54 272
一番前 54
1秒間 140 461
一部 55 573
一部訂正 55
一部返却 55
1万円札偽造 152
胃腸 349
一流 55 314
一流企業 55
一流大学 55
一流品 55
一流ブランド 55 478

いつ 55 420
胃痛 45 53
いつか 55
1階 107
一回きり 57
一級 56
一昨日（いっさくじつ）→一昨日（おととい） 96
一式 63
1週間 140 255
一瞬 56 389
一緒 48 56 519
一生 56
一生懸命 57 417
一生の恥 432
一緒に行く 56
1千 517
行った 48 104
一致 201 354
一着 272
1泊2日 410
1泊旅行 391
一発 57
一発芸 57
一発合格 57
一発勝負 57
一般 473
一般常識 267
一般料金 96
一方 290 352 511
一方的 290
いつも 57 505
移転→引っ越す 455
遺伝 57 189

伊藤 613
異動 58
異動願い 58
イトーヨーカドー 622
いとこ 58 278
居ない 58 63 134 372
田舎 58
田舎暮らし 58 295
田舎みそ 58 522
意に介さず（〜する） 360
犬 59 68 416
犬嫌い 165
いのしし 59
亥（いのしし）年 59
命 59
命知らず 59 156
祈る 59 99
祈る（仏教の場合） 59
茨城 583
いばる 60 251 404
違反 60
イブ・サンローラン 625
イベント 60
イベント会社 60
居間 63 292
今 60 163 212 218 222
意味 61 401 564
意味がない 61 564
移民 61
移民拒否 61
移民申請 61
イメージ 61 65
イメージが変わる 61
イメージダウン 61

イメージチェンジ 61
妹 6 36 61 95
胃もたれ 45 101
嫌（いや） 165
違約金 60
イヤリング 449 524
いよいよ 515
依頼 98 99 335
イライラしやすい 62
イライラする 62
イラク 606
いらつく→イライラする 62
いらっしゃいませ 268
要らない 62 456
入口 62 176 369
医療 52 524
要る 62
居る 47 58 63 292
イルカ 63
入れ歯 122
入れる 412 428 499
色 63 410 521
いろいろ 63 403
色が薄い 69
色が濃い 197
色紙 63 132
岩 582
祝い金 64
祝う 64 101
違和感 64
岩国 596
岩手 582
員 64 110 204 253 271 404 499 544

印鑑 **64**
印鑑証明 64
印鑑登録 64 383
印刷 **65** 479
印刷会社 65
飲酒→お酒を飲む 90
印章→印鑑 64
印象 61 **65**
印象的 25 65
印象派 65
インスタント 56 **65** 381
インスタントコーヒー 65
インスタントラーメン 65
引率 111
インターネット **65**
インタビュー 35
引退 548
インド **606**
インドカレー 137
インドゾウ 311
インパクト 199
インフォメーション 44
インフルエンザ **66**
インフルエンザウイルス 66
インフルエンザワクチン 577

う

う **66** 71
ウイスキー **66** 575
ウイスキーのストレート 66
ウイスキーの水割り 66
ウイルス **66**
ウイルス感染 66
ウーロン茶 **67**
上 **67** 242 266 269 343 375 608
ウエーター 67 95
ウエートレス **67** 105
上田 67
植田 67
植村 67 530
植える **67**
受け入れる 403 423
受付 **68**
受付係 68 116
受付終了 68
受付嬢 68
受ける **68** 260
動く 128
うさぎ **68**
卯（うさぎ）年 68 80
牛 **69** 98 288 455 473 497
失う **69** 139 144 401
後ろ **69**
薄い 33 **69**
（色が）薄い→淡い 43
薄口しょうゆ 270
薄暗い 26
薄ピンク 43 464
薄緑 43 523
薄紫 530
うそ 41 **70** 192 336 338 502 577
うそばかり 70 86
うそ発見器 438
歌 70
歌う **70** 122
疑う 39 **70** 402 472
うだつがあがらない 293
打ち明ける 543
打ち合わせ **70** 108 201 235 313 354
宇宙 **71**
宇宙開発 71 112
宇宙人 71 457
宇宙旅行 71
うちわ 33 402 523
美しい 78 167 296
（場所を）移す 375 489
宇都宮 **597**
うつ病 **71**
腕がいい 151
腕時計 **71** 237
雨天順延 83 384
疎い 253
うどん **71** 315 560
うどん定食 71
ウナギ **72**
ウナギの白焼き 72
ウナギパイ 72
うなずき 427
うな丼 72
馬 **72** 187
生まれる **72** 261 340
海 **72** 521 608
海釣り 363
海開き 72
産む 72 261 340
梅 **73** 362
梅おにぎり 73 98
梅酒 73
梅干し 73
羽毛布団 390 474
右翼（うよく） 520
裏 **73** 266
裏表（うらおもて） 73
裏切る 45 46 **73** 370
裏取引 73 393
占い **74**
占い師 74 237
裏話 73
恨む **74**
うらやましい **74**
うらやむ 74 417
裏ワザ 73 151
売り切れ **74** 400
売り場 75
瓜二つ 314
売る **75** 112
うるさい 245
うれしい **75** 153 159 334
うれし泣き 400
売れ残り 75
うろたえる 390
浮気 **75** 479 516
浮気性 75
うわさ **75** 308
宇和島 **597**
うん 427
運 74 **76** 149 173 354 358
うんざり **76**
運試し 354
雲泥の差 120
運転 182 392
運転免許 536
運動 154
運動会 107 434
運動靴 177
運動不足 154 338
運搬用エレベーター 82
運任せ 76 506
運命 74 76 149 173 358
運命の出会い 76 364

え

え **76**
エ 80
絵 **76** 187 453
エアコン **77** 173
エアメール 467
永遠に 288 328
映画 **77**
英会話 78 112
映画館 77
映画スタッフ 287
影響 **77**
営業 **77** 82 185 186 188 426
営業成績 298
営業部 77 465
営業マン 77
影響力 77
影響を与える 77
影響を受ける 77
英語 **78**
栄光 533 551
英語検定 78 196
エイズ **78** 141 264 462
エイズ患者 78 540
エイズ訴訟 78 223
エイズ防止 78
衛星 **78**
衛生 74 **78** 167 296 400
衛星開発 78
衛生責任者 78
衛星放送 78
映像 77
エイプリルフール 70 268
英文法 78
栄養 **79** 446
栄養士 79 237
栄養失調 578
栄養たっぷり 79
栄養バランス 443
栄養不足 79
am 622
am pm **622**
A型 189
笑顔 501 579
駅 **79** 110 156
駅員 110
駅伝 **79**
駅伝のコース 79
駅伝の選手 79
駅の売店 428
駅のホーム 495
駅弁 79 490
駅前 79 506
エクボ 497
エジプト **607**
S 608
エスカレーター **79**
エスカレーターで上がる 79
エスカレーターで下りる 79
エステ **80** 511
エステティシャン 80

エチケット 244 267 568
X線 571
干支 **80**
江戸 **80**
干支占い 74 80
江戸川区 80
江戸時代 80 243
江戸前ずし 286
絵日記 410
NEC **627**
NPO **80**
NPO活動 80
NPO申請 80
NPO団体 80
NPO法人 80
エネルギー **81** 264 344 597
エネルギー不足 81
絵はがき 354 429
エビ **81**
エビ天 81
エビフライ 81
愛媛 **591**
F 608
エプロン **81**
エプロン売り場 81
Mサイズ 223
エメラルド 493 523
偉い **81** 288
選び放題 82
選ぶ **82**
L 86
得る 394
エルメス **625**
エレクトーン 449
エレベーター **82**
エレベーターガール 82
エレベーターで上がる 82
エレベーターで下がる 82
絵を描く 76 453
円 **82** 295
宴会 77 **82** 185 186 188 426
宴会芸 82
宴会の幹事 82
延期 **83**
遠距離恋愛 383 570
縁組み 520
園芸 **83** 174 249
演劇 248 392
演じる 248 392
エンジン **83**
エンジン故障 83
演説 198
遠足 452
円高 82
延長 83
延長戦 83 235
鉛筆 117 410 455 488 536
円安 82 546
遠慮 **83** 194
遠慮なく 83
遠慮深い 83
縁を切る 142

お

お **84**
オ 84
甥（おい） **84** 529 532
おいしい 25 31 **84** 154 294 322 508
お医者さん→医者 52
おいといて 315
お祈り→祈る 59
オイルマッサージ 511
お祝い 509
追う **85** 289
応援 **85**
応援合戦 85
応援団 85
王子 262
牡牛座 297
応接室 319
応対 319
往復 **85** 450
往復切符 85 156
往復はがき 85 429
オウム **85**
オウム返し 85
青梅（おうめ） 25
青梅（おうめ）線 73
応用 **86** 564
応用コース 86
O 86
大汗 31
大雨 39
多い **86** 603
大分 **592**
大江戸線 80
OL **86**
O型 189
大型トラック 392
大きい **86** 342
大きな差がある 220
オークション **87**
大御所 87
大阪 **588**
大阪城 275
大酒飲み 557
大騒ぎ 231
大島 251
オーストラリア **607**
大関 **87**
大関引退 87
大関昇進 87
大太鼓 321
オーデコロン 202
大波 405
大荷物 411
オーバー 205 231 284
大船（おおふな） 475
オープニングパーティー 111
オーブン 376
オープン 111 433 463
大ぼらふき 502
大物 **87**
大物政治家 87
大物俳優 87
公 198 199 204 209
大雪 475 552
オーロラ **87**
オーロラ観測 87
お買い得 385
お帰り 113
岡崎 **597**
小笠原 **597**
お菓子→菓子 122
おかしい 39 70 472
おかっぱ 133
お金 49 **88** 108 169 171 194 249 419 445 467 547 603
拝む 256 429
岡山 **590**
補う **88**
沖縄 **593**
沖縄返還 113
置き場所 89
起きる 29 **88** 99 155 239
億 8 **89** 351 391
置く **89**
億ション 89
臆せずに 360
億単位 89
送る **89** 363 368
遅れる **90** 93 345
お元気で 47 146 194 195
おごってもらう 90 211
行う 293 323
怒りっぽい 90 298
怒る **90** 98
（〜が）起こる 242
おごる **90**
押さえる 92
お先に失礼します 113 508
お酒が強い 362
お酒が弱い 559
お酒を飲む **90** 423
伯父 346
押上（おしあげ） 92
惜しい **91**
おじいさん **91** 99 315 572
押し入れ **91**
押し入れダンス 91 340
教える 118 244 247 307 533
おじぎ **91**
怖気づく 331
おじさん **92** 99
おしゃべり **92** 112
おしゃれ **92** 478
お焼香（しょうこう） 312
汚職 575
押す **92** 435
お薦め 286
お世辞 **93** 401 402 458 494
お世辞を言われる 93
遅い 90 **93** 345 442
遅過ぎる 93 284
おそろい 169
教わる 259 307
お大事に 498
お台場 357 367 **602**
お互いさま 328
お楽しみに 75 153 511
おたふく風邪 **93**
小樽 **602**
越智（おち） **614**
落合（おちあい） 94
落ち込む **93** 159 208 225
落ち着いた→落ち着く 94
落ち着かない 94
落ち着く 43 44 **94** 97 171 318
落ち度 88 119
お茶 67 **94** 212

お茶の葉 94 425
お茶の水 94
落ちる **94** 96
お疲れさま **94** 183 537
夫 **95** 190 360
お通夜 312
お釣り **95** 422
お手上げ 201
弟 36 61 **95**
男 52 **95** 118 268 307 447 596
男風呂 340
脅される 96
落とし物 94 **96**
落とし物案内 44 96
落とし物係 96
落とす 94 96 289
脅す **96**
一昨日 **96**
大人 **96**
おとなしい 44 94 **97** 318
踊る 340
驚く **97**
同い年 380
お腹 339
お腹がいっぱい→満腹 519
お腹がすく→空腹 173
同じ 22 **97** 154 169 311 537 548
鬼 **98**
お兄さん→兄 36
鬼ケ島 98 251
おにぎり **98** 448
おにぎり定食 98
鬼ごっこ 85 98

お姉さん→姉 36
お願い **98** **99** 335 379
尾道 **602**
伯母 346
おばあさん 91 **99** 316 572
おばさん 92 **99**
おはよう 22 29 **99** 103
おびえる **100** 351 418
お久しぶりです 453
牡羊座 297
帯広 **597**
オプション 230 349
汚物入れ 154
お風呂→風呂 481
お弁当→弁当 490
お坊さん 492
覚えがない 148
覚える **100** 578
お盆 **100** 373 474
お盆休み 100 474
おまけ 311 470
おみくじ **100**
お見事 **101**
お土産→土産 524
おむすび→おにぎり 98
おめでとう 33 64 **101**
重い **101** 137 180 321 587
思い当たる **101**
思い切って（〜する） 360
思い過ごし 396
思い出す 102
思い出 29 **102** 402
思い直す **102**

思いやり **102** 546
思う 32 47 **102** 141 143 157 232 298 389
重さ 101 321
おもしろい 36 **103** 293 517
おもしろすぎる 41
お持ち帰り 365
おもちゃ **103**
おもちゃ博物館 103 430
おもちゃ屋 103
表（おもて） 73 498
親 **103**
親子 103
親子丼 395
おやすみなさい **103** 391 566
親に内緒 398
親の恥 432
親離れ 439
泳ぐ 280 468
およそ 323 501
オランダ **607**
折りたたみ傘 121 209 217
オリックス・バファローズ **628**
降りる **104**
オリンピック **104**
オレオレ詐欺 225
折る 209 217 265
おろおろする 390
おろす **104**
（大根を）おろす 104
（ショウガを）おろす 104
お詫び 39 91 292
終わり 104

終わる **104** 151 433
追われる 85
お椀を持って飲む 522
音楽 **105**
音楽室 105
温室すいか 281
温泉 **105**
温泉街 105 510
温泉卵 336
温泉まんじゅう 105 518
温泉旅館 566
温度 148
女 67 95 **105** 142 267 273
女社長 254
女友達 391
温野菜 546

か

か **106**
課 126 465
蚊 **106**
ガ 141
蛾（が） 106
カーテン **106**
カーテンを引く 106
カード **106** 193 482
カード破産 183
カード紛失 183
カードマジック 370
カーナビ **107**
カーナビ付きのレンタカー 107
カーローン 573
会 **107** 164 211

貝 **107**
〜階 **107**
〜がいい 524
会員 64 107
会員登録 383
絵画 76 453
海外 **108** 300 344
海外在住 63 109
海外生活 295
海外青年協力隊 576
海外ツアー 353
海外旅行 108 109 300 344 452 566
貝殻 107
海岸 **108** 251 405
海岸通り 108 384
会議 70 **108** 235 313
会議室 108
会議場 108
皆勤 191
会計 **108**
会計係 108
会計士 108 186 188
会計報告 108
解決 273
介護 49 **109** 221 305 496
外交 201
外国 108 **109** 178 300 344
外国人 109
解雇される 109
解雇する **109**
介護福祉士 109
介護保険 109 498
介護をする 109

改札 79 **110** 156
改札口 110 176
解散 **110**
解散総選挙 110
解散命令 110
開始 433
会社 31 **110** 131 253 254 564
外車 108 182
会社員 64 86 **110** 271
会社組織 314
会社中心 348
会社役員 544
外出 369 373
外出中 46
会場 164
回数券 130
改造 399
改造車 182
改造バイク 428
快速 117
階段 **111**
害虫 385
懐中電灯 **111**
開店 **111** 463 484
開店時間 111 237 433
回転ずし 230 286
ガイド **111**
回答→答える 210
解答権 196 210
解答用紙 132
ガイドヘルパー 111
開発 **112**
開発費 112
開発部 112

回復 399 538 549
解剖 260 563
外務省 264
～回目 531
買い物 112
買い物袋 471
買い物メモ 536
解約 60
貝類 107
会話 92 112
飼う 486
買う 75 112
カウンセラー 113
カウンセリング 113
返してもらう 113
返す 29 32 113 578
帰ってくる 113
帰り 113 313
帰る 113 313
替える 113
代える 113 203
変える 113
顔 114 159 536
顔色 63
顔色がいい 114
顔色が変わる 114
顔がひきつる 114
顔が広い 114
顔がやせている 547
香り 115 123 172 207 408 483 500 591
顔を洗う 327
顔を隠す 119
画家 76
かかあ天下 115
化学 115 244
科学 115
化学会社 115
科学研究所 115
化学工場 115 202
科学者 115
化学部 115
掲げる 40
鏡 116
鏡に映す 116
係 116 237 300 544 545
係長（男） 116
係長（女） 116
（時間が）かかる 116 248 456
香川 591
カギ 116
かき氷 206
書き初め 273
カギ屋 116
下級生 204
カギを開ける（閉める） 116
核 117 430
書く 117 168 252 273 410 455 488 536
かぐ 115 123 172 207 408 483
家具 117 340
各駅 117 162
覚悟 118
角砂糖 228
隔日 118
核実験 117 338
隔週 118
学習→勉強 489
隔週授業 118
隠す 118 119
学生 118 299
確定申告 398
カクテル 119
確認 83 119 195 274 430 438
確認ミス 119 245
核爆発 117 430
核反応 117
核兵器 117 430
家具屋 117
学力 127
学力の差 220
隠れ家 119
隠れる 118 119
欠け 88 119
家計簿 46 186 421
かけごと 443 496
かけ算 120
かけ離れている 120
駆け引き 120
欠けを補う 119
過去 120
カゴ 121
鹿児島 593
カゴのバッグ 121
囲む 121
傘 121 597
火災→火事 122
火災訓練 134 449
重ねる 121
歌詞 234
菓子 122 453
火事 122 134 192 449 539
貸し切り 123 252
貸し切り風呂 481
貸金 123
賢い 122 375 429
賢くない 122
貸出し→貸す 123
火事場 122
歌手 70 122 135
菓子類 122 403
柏（かしわ） 165 598
貸す 123 137 571
数 123 186 232 446
ガス 115 123 172 207 408
ガス会社 123
ガス臭い 123 174
ガス公害 199
ガス自殺 240
ガスストーブ 289
ガス代 123
ガス爆発 430
ガスライター 561
風 123 325 475 613
風邪 93 124 301
家政大学 415
風が強い 431
風邪薬 124 301
カセットテープ 367
仮装行列 149 164
仮装大会 149
家族 124 128 466 467
家族旅行 466
ガソリン 124
ガソリンスタンド 124
肩 125
かたい 142 269 549
堅い 124
固い 124
硬い 124
片思い 29 125
肩書き 125 129
肩凝り 125
形 125
片づけ 299 300 555
片づける 351
片道 85
片道切符 156
カタログ 126 228 371 388 421 502
価値 126 170
価値がある 126
価値がない 126
価値観 126
勝ち負け 507
課長 126 266
勝つ 126
カツ 395
～月（がつ） 127 191 218 306 356
がっかりする 104 127 229
学校 127 259 260 265 310 347 412 489 558
格好いい 127
学校推薦 286
学校法人 492
買った 112
かつて 120
勝手 255
（髪の）カット 432
活動 128
葛藤（かっとう） 128 406 516
活動的 128
カツ丼 395
かっぱ 624
かっぱ寿司 624
活発 128
カップ 574
カップのアイスクリーム 556
カップル 128 367 467
カップル席 128
合併 43
活躍 128
活躍中 128
かつら 431
家庭 128 413
家庭科 415
家庭内暴力 128 494
家庭の問題 543
家庭訪問 493
家庭料理 128 566
加藤 614
蚊取り線香 106
神奈川 132 585
金沢 603
悲しい 128 139 405
カナダ 607
必ず 129 220 227 304 365 398 515 545 559
カニ 129
カニ缶 129
蟹工船 129
カニ座 129
カニすき 129
鐘 617

金（かね）→お金 88
金持ち **129** 223 465
兼ねる **129**
可能 322 369 530
彼女 105 **130** 137
彼女（恋人） 105 137 198
彼女（3人称） 130
かばん 438 565
株 **130** 131
カフェオレ **130**
株価 130
歌舞伎 **130**
歌舞伎座 130
歌舞伎役者 130
株式会社 110 130 **131**
株主総会 131
花粉症 **131** 264
壁 **131** 483
壁にかける 386
～が欲しい 524
構わない **131** 379
我慢する **132**
我慢大会 132 320
紙 **132** 237 273 327 536 566
神 **132** 256 276 277 298 585
かみ合わない 172
カミソリ **132** 317
雷 **133**
神に祈る 59
髪の毛 **133** 185
紙袋 471
紙を置く 89
ガム **133** 628
カメラ **133** 254 370
カメラ女子 54
カメラマン 254
～かもしれない 172 402
蚊帳の外 148
かゆい **134**
かゆみ止め薬 134
通う **134**
火曜日 **134** 449
空（から） **134** 156
～から **135**
柄 **135**
カラーコピー 214
カラープリンター 479
カラーペン 63 488
カラーボックス 431
辛い 38 **135** 137 236 369 408
カラオケ 23 122 **135** 504
カラオケボックス 135
からかう 51
ガラガラ 134
辛口 135
辛口ソース 313
カラス 393
ガラス **136**
ガラス張り 131 136
体 **136** 195 321 323 327
体が太い 474
体が細い 499
体を壊す 209
空手 **136**
カラフル 63
仮 42 333
狩り **136**
狩り（猟） 136
カリキュラム 570
仮に 42 333
仮縫い 415
仮免許 536
借りる 123 **137** 571
軽い 101 **137** 150 603
軽井沢 137 **603**
カルタ 393
彼 95 130 **137**
彼（恋人） 95 130 198
彼（3人称） 137
カレー 135 **137** 236 408
カレー粉 137 290
ガレージ **138** 347
枯れる **138**
カレンダー **138**
川 138 585 586 591
河（川） 72 **138** 281 521
皮 **139** 157 409
河合 138
かわいい **139** 213
かわいがる 139
かわいそう 128 **139** 400 405
乾く 69 **139** 144 401
（のどが）渇く **140**
革靴 139 177
革ジャン 139 167
川釣り 138
皮むき **140**
代わりに 140
代わる 113 203
変わる 45 **140** 375 489
～館 333 372 388 463
～間 **140** 243 256
ガン **141**
肝炎 **141**
眼科医 52
考え直す 102
考える 102 **141**
感覚 32 102 143 157
勘が鋭い 294
環境 121 **141** 212
環境がいい 141
環境が悪い 141
環境問題 141 543
玩具→おもちゃ 103
関係 **142** 328
関係がある 142
関係ない 142
感激 146 204
頑固 32 124 **142**
観光 **142** 224 430 525
観光ガイド 111
観光客 142 160
観光地 142
観光バス 142 434
観光名所 533
頑固おやじ 92 142
韓国 **607**
看護師（男） 142
看護師（女） **142**
関西 **594**
感じ入る 143 146 204
感謝 41 **143**
感謝祭 41
感謝状 41 143
干渉 **143**
勘定 **143**
感情 146 204
感じる 32 102 **143** 157
感心 146 204
関する 142
完成 297 309
歓声 231
間接 **144**
間接キス 144
間接照明 144
感染 **144**
完全 309 512
感染させる 144
感染症 144
感染する 144
乾燥 69 139 **144** 252 401
乾燥肌 69 139 144 436
寛大 **144**
簡単 **145** 159 465 528
元旦 **145** 265
勘違い **145**
缶詰 **145**
乾電池 **146** 374 491
関東 **593** 594
感動 **146** 204
感動作 204
感動する 62
関東大震災 241
感動の涙 405
ガンの告知 141
カンパ 443 496
乾杯 **146** 426
頑張って 47 146 194 195
頑張り屋 146
頑張る 47 **146** 194 195 323 394
看板 **147**
完璧 309 512
完璧主義 309 512
顔面蒼白 114
勧誘→誘う 227
寛容 144
関連性 298

き

き **147**
木 **147** 536 615 626
ギ 42
気合い **147**
聞いたことない **148**
聞いたためしがない 148
聞いていない **148**
（パソコンなどの）キーボードを打つ 569
黄色 **148**
消える 69 139 144 401
義援金 331
記憶 100
記憶力 100
気温 **148**
気温が高い 148
気温が低い 148
機会 76 **149** 173 358
機械 **149** 202
機械で編む 39
着替え **149**
気が変わる 45
気が強い **149**

聞かない **150**
気が弱い **150**
気軽 137 **150**
気がつく 101
気が若い 575
気管 207
聞き流す **150**
聞き逃す 150
企業 110 131
企業利益 538
聞く **151**
菊池 **614**
義兄 36
危険 44 **151** 169 170 279 466
聞こえない 148
既婚 104 **151** 190
既婚者 151
義姉 36 166
汽車 566
技術 **151**
技術開発 112
技術向上 26
技術者 151
技術提供 151
キス **152** 354
傷 **152** 188
傷つける 216 228 238 458 472
季節 **152**
季節外れ 152
基礎 158
競う→争う 40
偽装（ぎそう） 70 336
偽造 **152**

規則 **153** 494 567
規則正しい生活 153 508
基礎体温 319
北 **153** 523 594 607 611
ギター **153**
ギター教室 153
期待 75 **153** 334 511
期待通り 97 153
期待外れ 153 196
鍛える **154**
北区 153 172
北国 178
北朝鮮 **607**
汚い **154** 174 557
北方面 153
ギタリスト 153
忌憚ない 443
貴重 **154** 322
貴重品 154 322
几帳面 154
きちんと **154** 548
きつい 102 157 362
喫煙 169 335
喫煙席 335
きっかけ 88 **155** 239
気づく 23
ぎっくり腰 **155**
着つけ教室 160
喫茶店 **155** 206
キッチン→台所 324
切手 **155**
切手収集 155
切手代 155
切手マニア 513

きっと 129 220 515 545 559
きつね 166 214
切符 79 110 **156**
切符売り場 156
義弟 95 166
キティちゃん 416
気にかかる **156**
気にしない 49 **156**
気にしないで 102
気に留めない 156
気になる 156
記念 **157**
記念品 157
機能 149
昨日 6 96 **157**
きのこ **157**
きのこスパゲッティ 157
きのこ類 157
忌引（きびき） 312
厳しい 102 **157** 362 561
寄付 **158**
岐阜 **587**
義父 166
寄付金 158
気分 149 150 159 208
気分がよい **158** 518
義母 166
希望 **158** 242 272 283 499
希望価格 49
希望退職 322
基本 86 **158**
基本的 158
基本と応用 86
義妹 61

期末テスト 239
決まる 191
黄身 148
黄緑 148 523
義務 **159** 237
義務教育 159
キムチ 357
義務的 159
木村 147
決める 145 155 **159** 191 286 398
気持ち 51 149 150 **159** 208
気持ちいい 469
気持ち悪い **159** 215 313 469 517 580
着物 **160**
着物を着る 160
疑問 39 70 172 402 472
疑問文 70
客 **160** 526
逆 **160**
客室乗務員 452
客船 475
虐待 **160**
逆転勝ち 160
逆転優勝 550
キャスター→アナウンサー 35
着やせする 167
キャッシュカード 106 170
CAD 149 506
キャプテン 508
キャベツ 230 546
キャンセル 60 **161** 393
キャンセル待ち 161
キャンセル料 161

キャンプ **161** 433
キャンプ場 161
ギャンブル 496
９（数字） 172 595
休暇 546 571
救急車 **161** 381
休憩 **161** 233 382 424
急行 53 117 **162** 284 389 442
牛刺し 226
給仕 67
休日 190 410 484 546 571
九州 **595**
球場 544
急性盲腸炎 538
牛舌 69
弓道 **162**
弓道場 162
牛丼 395
急に **162**
牛肉 69 409
牛乳 **162**
キューバ **607**
急病 162
休部 463
救命胴衣 **163**
急用 162
きゅうり 336 491
給料 **163**
給料平等 462
給料明細 132 163 273
給料をもらう 163
今日 60 **163** 212 218 222
～狂 513
教育 247 307

協会 **163** 221
教会 **164**
興ざめ 196
教師 247
教室 487
教授 429
狂人 420
行政 297
競争 239 260
競争相手 40
鏡台 116 357
兄弟 36 95 **164** 251
兄弟げんか 164 193
競艇 475 495
京都 409 451 **588**
脅迫→脅す 96
脅迫電話 96
恐怖→怖い 217
恐怖体験 217
興味 **164**
協力 163 331 496
行列 **164** 406 452 457
行列のできる店 164
餃子 **165** 258 346
餃子定食 165 227
漁業 565
極 610
拒絶 213 472 492
拒絶反応 447
漁船 565
去年 **165** 561
拒否 213 472 492
清水寺 373
距離 534

禁煙 **169** 170 337
均一 **169** 220
銀 169 171 275
金（きん） **169** 171
気をつける **169** 515
気を遣う 355
木を植える 67
疑惑→疑う 70
議論 **168**
キロメートル 168 308
キログラム 168 180
記録破り 168
記録 117 **168** 410 455 488 536
キロ **168**
キレる **168** 526
キレやすい 168
きれい 74 78 127 **167** 296 400 527
着る **167** 206 244 415
切る **167** 432
キリンビール 167
キリン **167**
桐ダンス 340
キリスト教信者 166
キリスト教 **166** 474
キリスト 164 166 477
ギリシャ **608**
霧雨 39 166
ぎりぎり **166**
義理 **166**
霧 **166**
嫌われる 477
気楽 150
嫌い **165** 283
禁煙室 169
禁煙席 169 335
近畿 **594**
緊急 53 **170** 279
緊急電話 170
緊急連絡手段 170
銀行 **170** 372
銀行員 170
銀行合併 43
銀座 **598**
禁止 169 **170** 337
禁止行為 337
近所 **170**
近所づき合い 170
近所迷惑 526 533
禁止令 533
金属 169 **171** 477
金属アレルギー 449
金属製 171
緊張 **171** 577
緊張感 143 171
金のピアス 449
金髪 133
金ボタン 499
金メダル 535
銀メダル 535
金融 88 186
金曜日 88 108 **171** 194 419 445
勤労感謝の日 573

く

く **171**
ク 175
区 **172** 234
グ 177
グアム **608**
クイズ **172** 402 543
クイズ番組 172
食い違う **172**
食い逃げ 409
空間 140 172
空気 115 123 **172** 207 408
空気清浄 296
空気清浄エアコン 172
空港 **173** 452
空港内レストラン 173
偶然 76 149 **173** 358
偶然会う 364
ぐうの音も出ない 303
空腹 **173** 519
空腹時 173
クーラー 77 **173**
9月 **632**
9月1日 9 632
草 83 **174** 249 523 543
臭い **174** 439
草野 174
草むしり 174
くさり 104
腐る **174**
くし **174**
くじ **175**
くじ引き 348
くしゃみ 124 301
クジラ **175**
クジラ雲 175
クジラ料理 175
楠田（くすだ） **614**
薬 **175** 547 614
薬づけ 175
崩れる **175**
くせ **176** 256 295 298
ください 541
果物 **176**
果物ナイフ 399
果物屋 176 522
くだらない **176**
下り階段 111
下り坂 93 224 225
口 62 **176** 205 369 424 454 580 590 618
愚痴 **177**
口だけ 330
愚痴っぽい 177
口に合う 25 31
口に合わない 313
くちばし 393
口ひげ 452
口紅 **177**
口紅をつける 177
口を割る 580
靴 **177** 467
クッキー 122
靴下 **177** 289
グッチ **625**
区内 172
国 **178** 211 306 411 595
国立（くにたち） 332
苦悩 406
配る **178**
首 260
首切り 564
首になる 244 366
工夫 **178** 194
区別 **179** 447
熊本 **592**
組合 163
雲 179
雲が隠れる 119 179
曇り **179** 444
曇り空 179
曇りのち雨 179
区役所 545
悔しい **179**
暗い 27 **179** 219 444 559
～ぐらい **180** 222
グラウンド **180**
暮らし 295
倉敷 25 **603**
暮らしの手帖 371
クラス 182
暮らす 292 295
クラブ 182
グラフ 461
クラブ活動 182
比べる **180**
グラマー 287
グラム **180**
栗 346
クリーニング 24 **181**
クリーニング店 24
繰り返す 86 **181** 564
クリスマス **181**
クリスマスケーキ 181
クリスマスプレゼント 181
栗ようかん 555
来る 85 **181**
グループ **182**
グループ争い 40
苦しい **182** 362
車 107 **182** 392
車椅子 **182**
車椅子のリハビリ 182
車椅子バスケットボール 182
車がスムーズに走る 257
車で送る 89
車に触る 481
車のカギ 116
車マニア 513
グレー **183** 417
クレーマー 200
クレーム 200
クレジットカード **183** 573
クレジットカード支払い 183
黒 37 **183** 232 250 275
黒いカゴ 121
苦労 94 178 **183** 194 302 537
苦労知らず 183
苦労続き 183 358
黒コショウ 209
黒砂糖 228
黒字 26 183
黒生ビール 405
黒ビール 450
黒豚 473
黒部ダム 337
黒豆 515
加える **184** 357 490
クワガタ 527

詳しい **184**
加わる→参加 231
軍 **184**
軍隊 184
群馬 72 187 **584**
訓練 571

け

け **184**
毛 **185** 539
～系 314
芸 248
経営 77 82 185 186 188 426
経営破たん 175
京王 **619**
経過 **185** 542 566
計画 **185** 303 362 558
計画中止 185
計画通り 22 185
経過報告 185
景気 77 82 **185** 186 188 426
景気が上向く 185
経験 **186**
経験がない 148
経験不足 186 390
経験豊富 186
経験を積む 186
けいこ 571
敬語 213 366
蛍光灯 26 374
経済 77 82 185 **186** 188 426
警察 **186** 470
警察官 95 186
警察署 186
計算 108 143 **186** 188 232 557
軽自動車 137 182
掲示板 207
芸術 **187**
芸術家 187
芸術的 187
形状記憶 125
芸大 187
携帯電話 **187**
携帯番号 187
携帯メール 187
携帯ラジオ 540 562
携帯料金 187
芸能界デビュー 372
競馬 72 **187**
競馬場 187
警報 151 491
契約 **187** 393
契約社員 187
契約書 187 273
経理 186 **188**
経理課 188
経歴 185 566
敬老の日 91 99 572
ケーキ 37 **188** 382
ゲーム 31
ゲームセンター 31
けが 152 **188** 260
外科 260
劇→芝居 248
激辛 135
激怒 90
下戸（げこ） 90
今朝 29 60 163
下剤 192
景色 526
化粧 **188**
化粧室 188
化粧水 188
化粧っ気がない 188
化粧品 188 248
下水道 281
ゲスト→客 160
削る 399
下足番 189
下駄 **189**
ケチ **189** 305
血圧 **189**
血圧を測る 189 195
血液 57 185 **189** 195 552
血液型 57 189
血液型占い 189
結果 **190** 361 495
結核 **190**
結核患者 190
月刊誌 256
結局 190 495
欠勤 **190** 240
結婚 151 **190** 220 277 482 563
結婚記念日 157
結婚詐欺 225
結婚式 190 238
結婚式当日 381
結婚相談所 313
結婚パーティー 426
結婚披露宴 82
結婚指輪 553
決して～ない **191**
決死の覚悟 118
決心 **191**
欠席 **191**
決定 227
欠点 119
血尿 270
潔癖性 296
結末 190
月曜日 127 **191** 218 306 356
結論 190 495
仮病 **192**
下品 **192** 242 269
毛深い 185
煙 **192** 440
家来 469
下痢 **192** 490
下痢止め 192
けれども 373
券 106 130 131 **193** 269 329 352
県 **193** 264 297 299 482 562 569
原因 155 158 190
けんか **193**
見学 142 224 430
玄関 **193** 378
玄関口 193
玄関掃除 193 312
玄関のドアを開ける 193
元気 47 128 146 **194** 195 293
研究 178 **194**
研究室 194
研究者 194
研究所 194
研究生 194
謙虚 83 **194** 408
現金 88 **194** 502
現金のみ 194
献血 29 32 189 **195** 552
言語 **195** 197
健康 136 146 194 **195**
原稿 285 342 461
健康サンダル 233
健康食品 195
健康診断 119 194 195
健康第一 195 318
言語学 195
検査 119 **195** 196 274 430 438
現在 60 163
検査入院 412
県職員 271
原子力エネルギー 81
現地解散 110
検定 **196**
剣道 **196**
県道 193 383
剣道部 196
検尿 270
兼任 129
券売機 247
原爆 459
憲法 153 494
兼務 129
懸命に→一生懸命 57
幻滅 **196**
権利 **196** 344
権利金 196
権利なし 527

こ

こ **197**
コ 208 218
語 46 195 **197** 411
～後→あと 34
コアラ **197**
故意 70 577
濃い 43 **197** 437 438
恋 **198** 570
恋敵 417
小池 49
恋の駆け引き 120
コイン 88
豪雨 **198**
抗うつ剤 71
豪雨被害 198
公園 31 **198** 204
講演 **198**
講演会 198
公園デビュー 372
効果 **199**
硬貨 88
高価→（値段が）高い 328
豪華 81 288
後悔 **199**
公害 **199**
公害被害者 199
降格 261 267
合格 **200**
合格発表 200 358
効果的 199
交換 **200**
交換日記 410

抗議 **200** 459
抗議デモ 200
抗議文 200
高級 81 288
高給 163
高級スーパー 282
高級デパート 372
高級ブランド 478
高級ホテル 500
高級マンション 288
高級ようかん 555
高級ライター 561
皇居 377
公共施設 198 199 204 242
工業用ロボット 574
抗菌 427
口型 125
合計 43
好景気 26 77
高血圧 189
高原 526
高校 **200**
高校教師 200
高校受験 260
高校生 118 200 299
高校中退 200
広告 493 509
交互のやり取り 200
交差 201
交際 356
交際範囲 296
交差点 **201**
降参 76 **201**
工事 **201**
工事跡 201
高脂血症 264
工事現場 201
工事中 201
校舎 127
講習 198
公衆電話 568
交渉 **201** 354
工場 **202**
交渉成立 201
交渉中 201
公職選挙法 306
行進 **202**
行進曲 202
香辛料 115
香水 **202**
洪水 **202**
洪水被害 202
抗生物質 175
後送する 89
拘束 249
拘束時間 249
高速道路 **203**
高速道路の料金所 203
交替 113 **203**
高知 **591**
紅茶 155 **203** 206
交通 **203** 204
交通安全 44 203
交通違反 60
交通規則 153 203 494
交通事故 203 **204** 239
交通事故多発 204
交通の便がよい 203
交通の便が悪い 475
交通費 203
校庭 180
肯定 522 554
肯定文 522
強盗殺人 228 415
行動制限 296
公認 522 554
高熱 417
更年期 366
後輩 46 **204** 309
紅白 275
交番 186 433
幸福 235 471
興奮 146 **204**
神戸 345 **598**
候補 125
公務 199 204
公務員 **204**
被る **205**
後楽園遊園地 550
行楽地 334
交流 356
交流会 356
口話（こうわ） **205**
口話（こうわ）教育 205
口話（こうわ）訓練 205
声 **205** 226
越える 44 **205** 284
超える 44 **205** 231 284 345
声を出す 205
コース 290 352
コーディネート 350
コート **206** 580
コーヒー 130 155 203 **206**
コーヒー豆 206 515
氷 **206** 479
氷の彫刻 350
氷水 206 521
ゴールデンウイーク 571
ゴールド→金 169
誤解 145 **206** 510
誤解しやすい 145 206
小型懐中電灯 111
小型電卓 377
5月 356 **631**
小柄な 301
小切手 **207** 565
小切手帳 207
小切手を切る 207
ゴキブリ **207**
ゴキブリホイホイ 207
顧客 160
呼吸 115 123 172 **207** 408
呼吸困難 207
国益 178
国語 **207** 232 376 495
国語辞典 207 247
国語力 207
国際 108 300 344
国際会議 108 300
国際手話 108 300 344
国籍 178
国選弁護人 489
ごくたまに 336
告知 208 210 309 375 491
国道 383
国土交通省 264
告白 **208** 210 309 375 491
告白される 208
告白本 208
黒板 117 183
国民年金 419
国立（こくりつ） 178 332
国立公園 198
国立大学 320
国立博物館 430
国立美術館 453
ご苦労さま 94 183 537
午後 **208** 210 463
ココア **208**
心 149 150 159 **208**
心が汚い 154
心変わり 140 208
心苦しい 182
心にとめる 157
心の葛藤（かっとう） 471
心の傷 152
心優しい 208 546
心を鬼にする 98
小雨 39
個室 **209**
50 613
五十肩 125
コショウ **209** 394
故障 **209** 217 265
個人 **209** 240 476 578
個人タクシー 329
個人宅配 330
戸籍 **210**
戸籍変更届 210
午前 208 **210** 463
午前さま 210
子育て→育児 49
小太鼓 321
答えが来る 210
答える 208 **210** 309 375 491
こたつ **210**
こたつ布団 210
ごちそうさま 90 **211**
ごちゃごちゃ 53 509
こちら 216
国会 **211**
国会議員 211
国会図書館 211
国家公務員 204 211
骨折 **211**
こっそり 118 119
小包 **211**
小包が届く 211
小包を届ける 211
凝っている 257
コットンパンツ 447 536
コップ **212**
個展 376
こと **212** 213
孤独 **212** 386
孤独感 143 212
孤独死 212 248
今年 60 163 **212** 418
今年中 212 309
異なる→違う 343
言葉 **213**
子ども 26 204 **213** 507
子どもっぽい 26 413
こどもの日 449

子ども部屋 487
子ども料金 213
ことわざ 212
断られる 213
断る 68 **213** 472 492
粉 290 392
粉砂糖 228
誤認逮捕 325
この 216
この間 227
このごろ→最近 222
木の葉 425
好み 158 242 283 499
誤爆 430
小林 442 **614**
ご飯 71 211 **213** 215 272 335 445 560
ご飯茶碗 213
コピー **214** 571 574
コピー機 149 214
ごぼうび 501
コマーシャル **214** 309
コマーシャル料金 214
細かい 184
ごまかされる 214
ごまかす **214** 336
ごますり 522
小窓 513
困る **214** 254
ごまをする 93 402
ゴミ **215** 427 536 557
ゴミ処理車 215
ゴミ処理場 273
ゴミ箱 215

ゴミ袋 215 471
コミュニケーション **215**
混む **215** 517 518
米 189 **215**
米粉ドーナツ 384
コメディー 268
米不足 215
ごめんなさい **216** 292
こらしめる 96
こりごり 76
ゴルフ **216**
ゴルフ場 216
これ 42 **216**
これから 34 219
～頃 180 222
殺す **216** 228
転ぶ **217** 327
怖い **217** 229 476 569
壊れる 209 **217** 265 438
紺 **218**
紺色 218
婚姻届 273
今回 60 163
コンクール 238 239
今月 60 163 **218** 306
今月末 218
コンサート 105
混雑→混む 215
今週 **218** 255
今週中 218
今週末 259
根性 147
コンタクトレンズ **218**
コンタクトレンズを落とす 218

懇談会 92 112
今度 34 **219** 506
困難 368 528 530
こんにちは 22 **219** 463
紺野 218
コンパス 341
こんばんは 22 179 **219** 559
コンビ 520
コンビニ **219**
コンピュータ **220**
コンピュータ会社 220
コンピュータ室 220
根本 158
今夜 60 559
婚約 **220** 545
婚約解消 220
婚約者 220
婚約指輪 220 553
混乱 199
困惑→困る 214

さ

さ **220**
差 **220** 229
ザ 297
サークル 163 **221**
サービス 49 109 **221** 305 496
サービス料 221
サーフィン **221**
～歳 420
災害 **222** 492
災害保険 222
最近 163 180 **222**
最後 **222** 223 258

最高 54 **222** 223 364
最高級品 222
最高記録 168 222
再婚 509 549
財産 51 **223** 351
財産贈与 51 312
祭日 259
最終電車 222
最終目標 539
最初 222 433
最上 222
最新 54
最新設備 304
サイズ **223** 534
再生 399 538 549
催促 296
埼玉 518 **584**
埼玉西武ライオンズ **628**
（～している）最中 347
再挑戦 350
最低 222 **223** 258
再度 509
斉藤 **615**
裁判 129 **223** 494
裁判員 64
裁判官 223
財布 **224** 467
採用 82
材料 **224**
サイン 117 410 455 488 536
サウスポー 454
坂 26 **224** 621
佐賀 429 **592**
堺 224

差額 220
探し物 224 542
探す 142 195 **224** 430
魚 **225**
魚の骨 501
坂道 224
坂本 224
坂本龍馬 565
逆らう 445
下がる 26 93 **225** 470
佐川 **615**
先 120 249
崎 592 593
詐欺 **225**
詐欺罪 225
詐欺師 225
先に 508
先払い 443
咲く 439 443
柵 483
作戦 75
昨年→去年 165
昨年度 165
昨夜 559
桜 **225**
桜色 225
桜貝 107 225
さくらんぼ 583
酒 **226** 411
サケ **226**
サケ缶 226
サケ茶漬け 226
酒に酔う 226
叫び声 205 226

叫ぶ 205 **226**
佐々木 **615**
ささやく 360
差し入れ 260 480 524
刺し身 **226**
刺し身定食 226
挫折 313 388
誘う **227** 514 558
誘われる 227 514
定める **227** 304 365 398
サッカー **227** 236
サッカー選手 307
サッカーワールドカップ 574
錯覚 206 510
さっき 120 **227**
五月晴れ 444
雑誌 126 **228** 256 371 388 421 502
殺人 216 **228**
殺人事件 216 228 239
殺人犯 216 228 447
さっぱり 74 78 167 287 296 400
札幌 38 **598**
佐渡 **598**
佐藤 38 228 369 **615**
砂糖 38 **228** 236 369
茶道 **228**
茶道教室 228
ザトウクジラ 175
サバイバルナイフ 399
砂漠 326
裁く 223
寂しい 127 **229**

差別 220 **229**
差別禁止 170 229
サボる 409
サマースクール 33
様々→いろいろ 63
淋しい→寂しい 229
寒い 33 217 **229** 361 436 476
冷める **229** 569
さようなら **230**
左翼(さよく) 454
さよならホームラン 496
皿 **230**
再来年 30 561
サラダ **230** 546
さらに **230** 508 564
サラリーマン 416
さる **231**
申(さる)年 80
~される 68
(漢字の)沢 86
茶話会 92
騒ぎ 231
騒ぐ **231**
沢田 86
触る 481
3 8 10 587
3位 11
3円 10
参加 **231**
三角 516
参画 231
3カ月 11
参加資格 237

3月 11 **631**
参加人数 123 231
参加を見合わせる 83
3級 11 56
残業 205 **231** 284
残業手当 231
残金 422
サンクス **622**
サングラス **232** 446 534
参考 **232**
参考意見 232
参考書 232
産後うつ 71
参考人 232
3時間 10
30 8 10
残暑 33
算数 123 186 **232** 446
賛成 **232** 446
賛成意見 50 232
賛成多数 232
3000 8 11
サンダル **233**
サンドイッチ **233** 448
3人 11
3人姉妹 251
3年 11
残念 91 **233**
残念賞 233 536
3年前 165
3倍 11 230 564
3泊4日 391
散髪 133
300 8 10

産婦人科 72
サンフランシスコ **608**
3分 10
散歩 42 161 **233**
散歩道 233
山脈 548
3連休 463

し

し **234**
市 172 **234**
詩 **234**
司 236 258 266
~士 237 489
ジ 175
~時 **234** 238
試合 40 108 **235** 313 350
シアトル・マリナーズ **630**
幸せ **235**
幸せ太り 235
C 113 235
CM→コマーシャル 214
C型肝炎 141
じいさん→おじいさん 91
シースルー 383
シースルーストッキング 289
しいたけ 157
CD 214 **235**
CDデビュー 372
CDロム 235
シートベルト **235**
椎名 **615**
シーン 268 323 483
ジーンズ 364

自営 186 209 240
J 236
JR **236**
JR社員 236
JR西日本 236
JR東日本 236
Jリーグ 227 **236**
シェーカー 119
支援 331
塩 135 137 228 **236**
塩辛い 72 135 137 236 270
塩コショウ 209 236 408
塩ようかん 555
滋賀 **588**
~しか 330
司会 **236** 258 266
歯科医 52
市外 234
司会進行 236
司会代行 236
歯科衛生士 78
歯科技工士 424
四角 132 **237** 273 327 429 445
資格 125 **237** 489 536 566
資格取得 125 237
シカゴ **608**
しかし 373
仕方 493
仕方ない 159 **237**
4月 **631**
叱られる 96
叱る 96 170 337 501

時間 234 **237** **238** 384 386
時間がある 238
時間がかかる 238
四季 152
指揮 105
式 **238** 320 351
指揮者 105
識別 179 447
時給 163
死去 248
四苦八苦 166
死刑 **238**
刺激 **238**
刺激的 238
試験 40 196 **239** 260
資源 158
事件 88 155 **239**
試験勉強 489
試験問題 239
事故 204 **239**
自己 250
自己アピール 37
思考力 141
四国 **595**
地獄 **239** 343 375
地獄谷 239
事故現場 239
事故死 239
自己紹介 209 **240** 265
自己中心 348
仕事 42 190 **240** 244 257 261 271 322 357 375 376 398 437 478
仕事熱心 417

事後報告 190
事故防止 472
地酒 226 551
自殺 **240**
自殺願望 240
獅子 560
事実 194 330 502 503
しし鍋 59
支社 246
自首 **240**
刺繍 **241**
詩集 234
侍従(じじゅう) 469
刺繍針 241
試食 338
自信 51 **241** 278 280
地震 **241**
自信過剰 241
自信がない 241
自信喪失 241
自信満々 241 576
地震予知 241
自信を持つ 241 278 280
自炊する 357
静岡 212 **587**
静かに 398 453 460
システムキッチン 324
姿勢 **241**
姿勢を正す 241 399
施設 **242**
施設入所 242
自然 **242**
自然災害 222
下 67 192 **242** 343 375 627

~した 104
死体 248
~したい 158 **242** 272 283 499
時代 **243** 384
時代遅れ 243
しだいに→だんだんと 341
従う **243**
下着 **243** 400
~したくない 396
下心 242
下ごしらえ 555
親しい **243** 485
下働き 437 469
下町 510
下見 242
7月 **631**
試着 **244** 338
試着室 167 209 244
試着不可 244
室 487
失格 109
失業 240 **244**
失業者 244
失業人口 244 277
失業保険 244 366
しつけ **244** 267 568
実験 115 **244**
実験室 244
実験成功 244
実験台 244
しつこい **245** 328
実行 293
実行委員会 293
執行猶予 361

実際 194 330 502 503
失聴 **245**
知っている 274 275 345 576
湿度 252
嫉妬する 417
室内照明 26
室内プール 468
実は **245** 543
失敗 233 **245** 297
失敗談 245
実母 441
失明 245
質問する 331
失礼 **246** 267 454
失恋 198 **246** 444 570 568
失恋中 246
実話 502
指定 227 304 365 398
指定席 227 301
~してください 98 99 335
支店 **246**
辞典 **247** 489
自転車 **247** 428
指導 **247** 307
私道 383
児童虐待 160
指導される 247
指導者 247
自動車→車 182
自動車メーカー 533
自動販売機 **247**
指導法 247
品 192 **248** 269
市内 234

品川 248
~しなければならない 116 **248** 456
死人 248
死ぬ 47 **248**
芝居 **248** 273 392 577
芝公園 249
始発 **249** 262
始発駅 249
始発時刻 249
始発電車 249
始発バス 249
芝生 174 **249**
支払い 143 249 443 552
支払日 249
支払い予定 249
支払う 143 **249** 443 552
しばらく 161 233 382 424 453
しばる **249**
耳鼻科 524
支部 246
渋い 598
渋谷 334 **598**
自分 **250**
自分勝手 250 255 445
自分で持っていく 541
紙幣 345
自閉症 **250**
司法 236 258 266
死亡 248
脂肪 37 **250** 321
絞り染め 250 316
絞る **250**
島 **251** 583 589 590 620

姉妹 36 61 164 **251**
字幕 **251** 324
字幕つきテレビ 251
字幕放送 251
しまった 183 214
島根 251 **589**
閉まる 484
自慢 60 **251** 404
自慢話 251
地味 179 219 438 559
ジム 154 **252**
事務 **252** 453
事務員 252 453
事務係 252
ジム通い 134 252
事務所 252
締め切り **252**
締め切り日 252
じめじめした→湿っぽい 252
示す 40
湿っぽい **252** 415
地元 341
しもべ 469
シャープ **627**
社員 **253**
社員証 110 253
社員食堂 253
社員割引 253
謝恩会 143
社会 **253** 457
社会環境 253
社会参加 231 253
社会の壁 131
社会勉強 253

社会保障制度 299
社会問題 543
視野が狭い **253**
視野が広い 253
市役所 545
釈然としない 64
弱点 150 559
ジャケット **253** 282
車庫→ガレージ 138
遮光カーテン 106
社交ダンス 340
謝罪 216 292
謝罪文 39 216
写真 133 **254**
写真集 254
写真つきメニュー 535
~しやすい 292
ジャズダンス 340
車窓 513
社団法人 492
社長 110 **254**
社長交替 203
社長室 254
社長代理 254
社長秘書 453
シャツ **254**
借金 137
借金地獄 239
シャッター 138
シャッターを開ける 138
シャッターを閉める 138
車道 383 384
シャネル **625**
シャネルの香水 202

ジャブ 497
しゃぶしゃぶ 284
しゃべる→おしゃべり 92
邪魔 245 **254**
謝礼(金) 41
しゃれる→おしゃれ 92
シャワー **255** 326
シャワールーム 255
じゃんけん 432
上海 67 72 **608**
上海エクスプレス 162
シャンプー **255**
ジャンボ宝くじ 329
主 262 311 470
自由 **255** 353 478
~週 218 **255** 256 259
州 595
衆 557 558
11月 **632**
修学旅行 566
10月 **632**
習慣 176 **256**
週刊誌 228 **256**
週刊女性 256
衆議院 557
宗教 132 166 **256** 312
自由業 255 478
宗教画 256
就業規則 153
宗教団体 256
宗教法人 256 492
集合 34
集合時間 34
集合場所 34

照明 374
証明 266 536 557
証明書 237 266
（電車やバスの）正面衝突 204 239
しょうゆ **270** 313
将来 34 55 120 219
勝利チーム 126
条例 266
昭和 **271** 532
昭和天皇 271 377
ジョギング **271** 434
職員 **271**
職員専用 271
職業 42 190 240 244 257 261 **271** 322 375 398 437
職業安定所 271
食材 224
食事 213 272 335
食事中 347
食事を与える 32
触診 481
嘱託 311 470
食卓 367
食パン 445
食品 213 272 335
食欲 **272**
食欲旺盛 272
食欲がない 272
食欲の秋 27
助産師 72
女子アナ 35
女子高生 200
女子スケート 285
女子短大 341
女子プロレス 482
女性 **272** 340
女性関係 142
女性差別 229 272
女性誌 228 272
女性週刊誌 256
女性中心 348
女性半額 272
女性部長 473
女性割り引き 579
書籍→本 502
初段 **272**
ショック **272**
ショック死 272
ショッピング→買い物 112
ショッピングセンター 112
ショッピングバッグ 112
書道 **273**
書道一級 56 273
書道家 273
書道コンクール 273
所得税 269
ジョナサン 236 257 **623**
初年度 419
処分 273
女優 248 **273**
処理 **273**
書類 132 237 **273** 327 536 566
しらける 196
知らされていない 148
知らない 148 **274** 275 576
知らない人 **274**
調べる 119 195 224 **274** 430 438
知り合い 319
私立 209 240
私立大学 320
資料 **274**
資料書類 274
視力がいい 531
知る 274 **275** 576 591
汁物を飲む 423
城 **275** 523 582
白 25 183 **275**
白うさぎ 68
素人 151 **275**
素人劇 248 275
素人集団 275
白黒 183 275
白バイ 428
白封筒 467
白みそ 522
白ワイン 575
～人（じん） 457
深海 469
深海魚 469
シンガポール **609**
新幹線 **276**
新曲 33 70
新記録 168
心筋梗塞 **276**
深紅 197
神宮 277
シングルベッド 486
神経 **276** 298
神経質 294
神経痛 276
真剣 508
震源 158
人権 196 457
進行 286
信号 **276**
人口 **277**
人工衛星 78
信号機故障 276
人口増加 277
人口統計 277
信号待ち 276
新婚 **277**
新婚限定 277
新婚時代 277
新婚旅行 277
診察 **277** 353
診察券 277
診察時間 237 277
診察室 277
診察日 277
診察を受ける 277
紳士 340
人事異動 58
真実 194 330 502 503
紳士服 340
神社 **277**
真珠 28 107
新宿 **599**
新宿区 172
信じられない 41
信じる 241 **278** 280
新人 33
新人アナウンサー 35
新人OL 86
浸水 202
人生 **278**
新制度 299
親戚 58 **278** 413
新鮮 33 277
心臓 59 276 **278** 279
腎臓 **279**
心臓が弱い 278
腎臓手術 279
心臓に悪い 278
心臓病 278
心臓発作 455
身体検査 195 274
身体障害者 265
新体操 322
心電図 **279**
神道 132
震度3 241
新年会 33
心配 151 **279** 466
心配性 279
新発見 438
シンプル 145 471
新聞 **279** 332
新聞広告 509
新聞の切り抜き 167 279
進歩 286
親睦会（しんぼくかい） 356
新米 33 215
じんましん 368
尋問 184 331
深夜 **280**
深夜業 280
深夜残業 231
深夜税 269 280 296 559
深夜料金 280
親友 243 391 485
信用 241 278 **280**
信用金庫 170 280
信頼 241 278 280
診療 277 353
森林公園 543
森林浴 442

す

す **280**
ス 624
酢 288
ズ 342
スイートルーム 209
水泳 **280** 325 468
水泳教室 280
水泳選手 280
水泳大会 280
すいか **281**
水牛 69
水餃子 165
スイス **609**
推薦 286
水族館 225
水道 **281**
水道工事 281
水道料金 281
水分 72 281 521
睡眠 418
睡眠時間 418
睡眠不足 418

水曜日 72 **281** 521
数学 123 186 232 446
数学 123 186 232 446
図々しい **281**
スーツ 253 **282**
スーツケース **282**
スーパーマーケット **282**
スープ **282** 291
スープを飲む 282
スカート **283**
スカーフ **283**
スカイダイビング 325
好き 158 165 242 272 **283** 499
スキー **283**
スキー場 283
スキー上級者 283
スキー初心者 283
スキー帽 492
スキー旅行 283
透き通る 383
すき焼き **284** 377 573
すき焼き丼 284
すき焼き鍋 284
過ぎる 205 231 **284**
スキンヘッド 317
すぐ 53 65 162 **284** 285 389 442
少ない 86 **284** 285 578
スクランブルエッグ 53 336
スクランブル交差点 201
スクリーン 77 374
スケート **285**
スケート大会 285
スケジュール **285** 342 461

スケジュール帳 285 371 421 461
すごい 41 **285**
少し 53 284 **285**
少しずつ 55 573
すし **286** 624
すし職人 437
すしの出前 373
酢じょうゆ 270
鈴 615 626
鈴木 **615**
スズキ **626**
鈴木家 46
涼しい 27 32 **286**
進む **286**
薦める **286**
スタート 249 262 372
スターバックス **624**
スタイル（容姿） **287**
スタイル抜群 287
スタッフ **287**
スタンプを押す 92
頭痛 32 53 **287**
頭痛薬 287
すっきり **287**
ずっと 142 **288** 328 358 571
ずっと以前 227
ずっと前 120
酸っぱい **288**
ステーキ 69 **288** 570
ステーキ定食 288
ステーキを食べる 288
素敵な 78 81 167 **288** 291 296
捨てねこ 289

捨てる 215 **289**
ストーカー 85 243 **289**
ストーカー殺人 289
ストーカー犯 85 289 447
ストーブ **289**
ストッキング **289**
ストレート 263 **290** 352
ストレートパーマ 427
ストレス **290** 337
ストレス解消法 290
ストレスがなくなる 290 357
砂 **290** 392
砂遊び 290
素直 245 **290** 297 508
砂壁 131
砂場 290
砂浜 108 290
頭脳 420
スノーブーツ 467
スノーボード **291**
スパークリングワイン 339
スパゲッティ 435
素晴らしい **291** 464
スピード離婚 563
スプーン **291**
スペイン **609**
スペース 161 233 382 424
すべて 309 512
スポーツ **291**
スポーツクラブ 291
スポーツジム 252
スポーツ選手 291
ズボン 447
スマートフォン **292**

スマイルマーク 501
すみません 216 **292** 533
住む 63 **292** 295
スムーズ 132 263 **292**
相撲 **293**
相撲ファン 293
スランプ **293**
スリッパ 233 **293**
する **293**
ずるい **294**
ずる賢い 122 294
鋭い **294** 410
すれすれ 166
すれ違い生活 294
すれ違う **294** 391
ずれている 172
ずれる 528
座り方 294
座る 52 231 **294** 301 423 424 518

せ

せ **295**
性格 **295** 298
性格判断 295
生活 **295**
生活指導 247
生活習慣病 256
制汗 31
世紀 **295**
世紀末 295
請求 **296**
請求金額 296
請求書 296

請求報告 296
生協 47 163
税金 269 **296**
清潔 74 78 167 **296** 400
清潔感 296
制限 **296**
制限なし 296
成功 245 **297**
税込み 357
星座 **297** 498
星座占い 74 297
制作スタッフ 287
政治 193 264 **297** 299
政治家 297
政治活動 297
正式 **297** 381
正式採用 297
正式文書 297
正式名称 297
政治資金 297
性質 176 256 295 **298**
政治問題 297
正社員 297
聖書 164 166 502
精神 **298**
成人 96
精神安定剤 298
成人映画 77 96
成人式 96 238 420
精神的負担 298
精神病 298
成績 **298**
成績が上がる 298
成績が下がる 298

成績がよい 298
ぜいたく 269 **298** 355 529
ぜいたく品 298
成長 96
生徒 118 **299**
制度 **299** 300 304 555
生徒会 118 299
青年 575 576
青年部 575
政府 193 264 297 **299**
西武 **620**
生物 **299** 542
生物学者 299
政府内 299
税務署 296
生命 59 146
西友 **622**
声優 205
整理 299 **300** 304 555
生理 127 **300**
生理が来ない 300
生理休暇 300
整理券 300
生理中 300
整列 164 406
セーター 39 **300**
セーフ 471
セール 425
世界 108 **300** 344
世界遺産 51 300
世界史 569
世界地図 346 352
世界平和 485
背が高い 6 96 **301** 328

そよ風 123
空 316 374 375
空色 521
空模様 268 316
剃(そ)り残し 317
剃(そ)る 132 317
それ 315
それぞれ 317
(旧)ソ連 612
そろばん 108 143 186 188 557
損 317 385 529 623
損害 317 529
損害保険 317
尊敬 262 377
存在 63 292
存在する→ある 41
損失 317 529
尊重 262 377

た

た 317
田 318 436 614 616 618 619 626 627
タイ(鯛) 318
タイ 609
台 357 367 429 602
題 324
大 87 318 620
大安 318 474
大安吉日 318
体育 322
体育館 322
体育大会 320 322
第一 318
第一印象 65 318
第一希望 318
第一言語 195
第一条件 266 318
第一ボタン 499
退院 319 412 486
退院祝い 319
退院手続き 319
ダイエー 621
ダイエット 241 319 547
ダイエット中 319
ダイエットレシピ 481
対応 319
体温 319
体温計 319
大会 238 320
大学 320 341
大学教授 429
大学受験 260
大学職員 271
大学生 118 299 320
大学病院 461
待機 511
大工 320
退屈 320
体験 186
体験ダイビング 325
太鼓 321
対策 319
対策部 319
第3 11
大事 23 154 294 322
体質 136 295
体脂肪 37 250 321
体脂肪計 321
体臭 115 408
体重 136 101 321
大正 321
退場 422 479
大正時代 321
大正天皇 321
大丈夫 322 369
退職 110 240 322 437 548 564
退職金 322
退職届 322
退職願 322
耐震 124
大豆 515
大切 23 154 294 322
対戦相手 23
体操 154 252 322
体操服 322
だいたい 180 222 323 501
代々 377
対談→打ち合わせ 70
タイ茶漬け 318
体調 136 268 323
体調がいい 323
体調が悪い 323 580
体調不良 64
大腸ガン 349
タイツ 289
態度 323
対等 323 328
大統領 324
台所 324 566
タイトル 324
代表 54 324 551
代表者 324
代表選手 307
代表チーム 324
タイピン 416
ダイビング 280 325
台風 123 325
台風注意報 169 325 491
たいへん 94 183 389 431 537
大便 325
逮捕 325
逮捕歴 325
大丸 518 620
タイみそ 318
タイムカード 326
タイ飯 318
ダイヤモンド 326 329 493
太陽 255 326 498 604
代理 113 203
大陸 326 413
対立 368
対立する 473
体力 327 344
体力アップ 327
体力がある 327
体力がない 327
体力検査 327
台湾 609
台湾バナナ 440
田植え 67 318
ダウンロード 327
タオル 327
タオルケット 327 474 539
倒れやすい 327
倒れる 217 327
だが 373
高い 328 452 591 616 620
(値段が)高い 88 328 546
互いに 97 328
高島屋 620
高田 328
高橋 616
耕す 421 436
宝 326 493
だから 142 288 328 358 571
宝くじ 175 329 493
滝 329
抱き合う 329
滝沢 329
滝めぐり 329
抱く 329 414
たくさん 86
タクシー 329
タクシー運転手 329
タクシードライバー 392
宅配業者 330
宅配ピザ 453
宅配便 223 330 351 431
~だけ 330
タコ 330
タコ刺し 330
確かに 194 330 502 503
確かめる 119 195 274 430
足し算 331
足し算ドリル 331
たじろぐ 331
多数決 86
助け合う 331
助けられる 7 331
助ける 7 113 331 496
尋ねる 47 331
正しい 290 508
畳 279 332
畳職人 332
立ちくらみ 535
立場 332
橘(たちばな) 616
立ち見 332 525
立つ 233 332 545 628
脱衣カゴ 121 149
脱衣室 149 415
脱衣所 415
脱臼 332
抱っこ 414
脱出 409
脱水 333
脱水症状 333
脱線事故 310
辰(たつ)年 565
伊達(だて) 616
建物 242 333 372 388 430 453 461 463 518 605
建てる 333
(家などを)建てる 548
たとえ 42 333
例えば 42 333
棚 334 500
田中 616
田中派 314
棚橋 334
七夕祭り 512
谷 334 598
谷口 334

他人 334 496
楽しい 75 153 334
頼む 98 99 335
タバコ 169 335
タバコの煙 192
田畑 436
旅 566
Wデート 367
ダブル不倫 479
ダブルベッド 486
たぶん 312 335 553
食べ歩き 335
食べ過ぎ 284 335
食べ放題 255
食べる 71 213 272 315 335
560
多忙↓忙しい 53
玉 601 620
卵 336
卵サンド 233
卵スープ 282
卵チャーハン 346
だまされる 28 336
だまし上手 336
だます 214 225 336
たまたま 76 149 173 358
たまに 384
玉ねぎ 336
玉ねぎのみじん切り 336
たまる 37 290 337
黙る 337 476
ダム 337
ため 212 337 418 419 539
ダメ 170 337 580
ため池 337
試す 244 338 531
だらしない 338
足りない 338 465 578
樽 602
誰 339
誰かが持ってくる 541
誰でも 407
タロットカード 393
タワー 604
短気 90 339 341 520
短期大学 320
だんご 339
炭酸 339
炭酸水 339
炭酸泉 339
短時間 520
男子校 340
単純 145
誕生会 340
誕生日 72 261 340 449
誕生日プレゼント 340 480
男女差別 229
男女平等 323 462
タンス 117 340
ダンス 340
男性 272 340
男性誌 340
男性週刊誌 256
短大 339 341 520
団体 182
短大生 341
短大卒 341
団体旅行 566
団体割引 182
だんだんと 341
担当 262 302
暖冬 32
ダンプカー 392
ダンベル 252
暖房 77 173
タンポポ 148 439
男優 248 273
鍛練 154

ち

ち 341
チ 177 342
血↓血液 189
地域 341
地域登録通訳者 341
小さい 86 342 452
チーズ 342
チーズケーキ 188 342
チーズバーガー 448
チーム 182
チェーン 104
チェックアウト 342
チェックイン 342
チェック柄 285 342 461
チェックする 342
地下 239 343 375
近い 339 341 343 520
違う 52 63 149 343 383 403
近頃↓最近 222
茅ヶ崎(ちがさき) 223 599
近づく 515
地下鉄 343 395
地下鉄で行く 48
地下道 343 383
地下2階 343
近道 343
力 196 327 344 352
力持ち 344
痴漢 302 344
痴漢犯罪 344
痴漢防止グッズ 344
地球 108 300 344 574 611
ちぎる 344
チキンカツ 395
チキンピザ 453
チケット 106 193 345
チケット販売 345
チケット予約 193 345
遅刻 90 93 205 284 345
遅刻魔 345
知識 345
知人 275 345
地図 107 330 345 346 352
地図帳 371
父 103 346 441
父親似 413
父の日 449
縮む 487
千葉 584
千葉ロッテマリーンズ 628
地方公務員 204
地方裁判所 223
茶↓お茶 94
チャーハン 53 346
チャーハン定食 346
チャイムを押す 92
チャイルドシート 26 235
茶色 346 485
茶髪 133 346
茶封筒 467
チャリティー講演 496
チャレンジ 350
茶碗 380 403
ちゃんこ鍋 293 403
中 347 594 595 616 617 629
注意 169
中央改札 110
中央線 376
中学校 347
中華ドレッシング 394
中辛 135
中華料理 566
中国 236 258 595 609
中国式エステ 80
注射 347
駐車 347
駐車違反 347
駐車禁止 170 347
駐車場 347
駐車料金 347
中心 348
中絶 348
抽選 348
抽選会場 348
中退 548
中毒 385
中途失聴 96 245
中途半端 313 388
中日ドラゴンズ 629
中年太り 92 474
中部 347 594
チューブを絞る 516
注目 348
注目される 348
注文 349
注文する 535 538
腸 349
蝶 349
長 126 254 260 324 473
聴(者) 349 572
長期休暇 400
長期出張 262
彫刻 350
彫刻家 350
調査 119 195 274 430 438
調査依頼 274
調査資料 274
(どこか)調子がおかしい 285
調子が狂う 350
長女 351
朝食 29
朝食後 34
調整 350
調節 350
挑戦 350
朝鮮 607
挑戦権 350
ちょうど 140 351
ちょうどよい 22 25 407
長男 351
蝶ネクタイ 416
重複 121
重複障害者 121
重複障害者施設 242

つ

て

手続き 363 572
鉄鍋 371 403
鉄分 371
鉄棒 371 491
徹夜 **371**
徹夜マージャン 371 503
出て行け 479
デニーズ 371 **624**
テニス **371**
テニスプレーヤー 371
手縫い 521
手抜かり 119
デパート 333 **372** 463 522
デパート商品券 372
デビットカード 106
デビュー **372**
手袋 **372**
手ぶら **372** 541
出前 **373**
でも **373**
デモ行進 202
デモンストレーション 40
寺 100 **373** 474
テラス 326 413
寺田 373
出る 367 369 **373** 428
テレビ 77 **374**
テレビゲーム **374**
テレビコマーシャル 214
テレビ台 357
テレビ通販 355
テレビに出る 374
テレホンカード 378
手を挙げる 232
手を洗う 379 445
（ギャンブルなどに）手を出す 143
田園 318 436
天気 316 **374**
電気 26 146 276 **374** 376
天気がいい 374
電気が消える 26
電気がつく 26
天気が悪い 374
電気ショック 272
電気ストーブ 289
電気代 374
電気ヒーター 289
天気予報 316 374 375 491
転勤 **375** 376 489
てんぐになる 404
転校 376
天国 71 239 316 343 374 **375**
伝言 208 210 309 **375** 491
伝言ゲーム 358
伝言板 375
伝言を受ける 375
天才 122 **375**
天才児 375
天才ピアニスト 375
天才料理人 375
天使 390
展示 **376**
展示会 376
展示館 376
展示場 376
電車 258 **376**
電車通勤 376
電車で行く 48
転職 **376**
電子レンジ 374 **376**
電卓 371 **377** 378
電卓つき 377
電池→乾電池 146
電池切れ 146
テント 161
転倒 217 327
伝統 **377** 569
伝統的 377
電動歯ブラシ 441
伝統文化 377
伝統料理 377
天丼 395
天皇 **377**
天王寺（てんのうじ） **599**
天皇誕生日 377
伝票 285 342 461
天秤 180
天ぷら **377**
天ぷら油 37 377
天ぷら定食 377
天ぷら鍋 403
天ぷら屋 377
電報 **378**
展覧 376 377
展覧会 376
電力 344
電話 187 **378** 568
電話注文 349
電話番号 378 446
電話料金 378

と

と **378**
ト 80 426
ド 419
ドア 193 **378**
ドアマン 378
ドアを開ける 569
ドアを押す 92
ドイツ **609**
ドイツ語 197
トイレ 40 **379** 445
トイレ用洗剤 307
どう 47 387 403
同意する **379**
どう致しまして 131 **379**
統一 311 361 380 513
同一 169
東海 72 451
東海村 530
どうかしている 217
同期 380
冬季オリンピック 104
東急 **621**
同級生 **380**
東急ハンズ **621**
東京 409 451 **585** 604
東京駅 79
東京出身 261
東京タワー **604**
東京発 262
東京ヤクルトスワローズ **629**
統計 311 361 **380** 513
陶芸 **380** 403
陶芸教室 380
陶芸クラブ 380
統計結果 380
東西 409
東西横綱 557
倒産 **380**
凍死 229
冬至 229
同時進行 381
どうした 387 403
当日 65 297 **381**
同時通訳 355 381
当日限り 381
当日券 381
どうして 385 401
同時に **381**
東芝 249
同棲 **381**
同性愛 97
同棲生活 381
同棲中 381
当選 200
当然 540
どうぞ 268 389
逃走 409
同窓 380
同窓会 380
灯台 **381**
灯台改修工事 381
到着 262 391
盗難 344 **382**
東南アジア 523
盗難事件 239 382
盗難届 382
盗難保険 382
当番 116 544 545
投票 306
盗品 415
豆腐 **382**
頭部→頭 32
動物 **382** 433 506
動物愛護 382
動物占い 74
動物園 382
動物虐待 160
動物性油脂 382
動物をなでる 481
豆腐ハンバーグ 382
当分 161 233 **382** 424
当分の間 382
糖分控えめ 228
東北 153 451 **594**
東北楽天ゴールデンイーグルス **629**
透明 **383**
東名高速道路 203 404
透明度 383
銅メダル 535
とうもろこし 281
どうやって 385
同様→同じ 97
童謡 70
動揺する 213 390
道路 **383** 384
登録 **383**
道路標識 462
討論 168
当惑する 390

都営地下鉄 343
都営バス 434
遠い 343 **383**
（～を）通して 144
ドーナツ **384**
ドーナツ化現象 384
ドーム 477 **604**
通り 383 **384**
都会 510
度が過ぎている 44
（～の）とき 149 243 315 **384**
時々 336 **384**
ドキドキする 171 577
得 305 317 **385** 529
徳 139 590
毒 **385**
得意 251 **385** 408
毒殺 385
徳島 **590**
読書 **385** 502 558
読書の秋 27 385
独身 141 212 **386**
独身女性 386
独身生活 386
特製 386
特注 386
特徴 386 389
特に **386** 389
特別 **386** 389
特別扱い 386 389
特別席 301 386
特報 358
時計 237 **386**
溶ける **387**

どこ **387** 403 433
ところてん **387**
ところどころ →あちこち 33
登山 **387** 423 548
登山靴 387 423
登山部 387
年 212 337 420 539
年上 309
年越し 418
年頃 180 420
年下 204
土砂くずれ 175
図書館 333 385 **388** 502
図書券 193
年寄り 91 99 366 572
閉じる 463
年をとる 366
トス 444
土地 326
栃木 **584**
途中 313 **388** 512
途中下車 313 388
どちら **388**
特急 162 386 **389**
特急券 389
突撃訪問 389
突然 56 **389**
突然死 389
突然変異 389
鳥取 393 394 **589**
とても **389** 431
とてもうれしい 75
とても怒っている 90

とてもきれい 167
とても濃い 197
とても困る 214
とても派手 438
とてもゆっくり 553
届く **389**
届ける 389
隣 356 **390**
隣の部屋 487
とにかく 388
飛び下り自殺 240
とび職 320
飛ぶ **390** 393 622
土塀 483
徒歩 42
土木作業 201
乏しい 578
トマト **390**
とまどう **390**
トマトケチャップ 390 516
トマトジュース 390
止まる 480
泊まる 103 **391** 566
富 129
止める 37 **391**
～と申します 47
共稼ぎ →共働き 391
友達 98 243 **391** 622
ともに →一緒 56
共働き 391
富山 **586**
土曜日 290 **392**
トヨタ自動車 **626**
ドライアイ 139 144 531

ドライブ 182 **392**
ドライブ日和 392
ドラゴンボート 565
トラック **392**
トラック運転手 392
トラブル 199
ドラマ 248 **392**
ドラマー 321
トランプ **393**
トランプ占い 393
トランプゲーム 393
鳥 **393** 589 622
採り上げる 82
鳥居 277
トリートメント 255
取り消す 161 **393** 548
取り越し苦労 396
取引 123 187 **393**
取引会社 187 393
取引先 23 393
取引成立 393
努力 27 **394**
努力家 394
努力不足 394
撮る 133
取る **394** 589
ドル **394**
ドル札 394
ドル箱 394
ドレッシング 209 **394**
泥沼不倫 479
泥棒 344 382 415
トンカツ **395** 473
トンカツソース 395

とんでもない 45 396
トンネル **395**
丼 **395**
丼物屋 395

な

な **395**
なーんだ **396**
ない 38 40 45 54 58 62 148 379 **396** **397** 527
内緒 337 **398** 453 460
内職 **398**
内緒話 398
内定 **398**
内定取り消し 398
ナイトパレード 202
ナイフ **399**
内部 399
内密 398 453 460
内容 **399** 400
直す **399**
治る 69 139 144 **399** 401 538 549
（～の）中 243 399 **400** 601
長い **400** 520 585 592
長い間 288
長いひげ 452
長さ 400 534
長崎 **592**
長電話 400
なかなか 373
長野 **585**
中野郵便局 551
仲間 243 391 485

仲間外れ 213 422
中身 243 399 400
中村 **617**
仲よし 243 485
流れ 185 566
流れる 562
泣き叫ぶ 226 400
泣き虫 400
泣く 128 139 336 **400** 405
慰める 93 402
なくす →失う 69
なくなる 69 74 139 144 **400** **401**
殴られる 401
殴る **401** 494 497
仲人 359 519
仲人役 359 519
名古屋 275 **599**
名古屋市 234
なす 617
那須 **617**
なぜ 61 **401** 564
なぜなら **401**
謎 172 **402**
なぞなぞ 172 402
なだめ上手 402
なだめられる 402
なだめる 93 **402**
雪崩 175
ナチュラル 242
ナチュラルメーク 242
夏 33 **402** 476 523
懐かしい 29 **402**
納得 **403**

値段 88 108 171 194 419 445
熱 319 **417**
熱が上がる 417
熱がある 122 417
熱が下がる 417
ネックレス 28 480
熱心 57 **417**
熱中 57 530
熱中症 326
ネット 38
熱湯 34
ネットウイルス 66
ネットオークション 87
ネットショッピング 65
ネット投票 65
ネットワーク **418**
ネットワークビジネス 418
熱を測る 319
値引き 416 425 546
値引き交渉 201
寝坊 **418**
眠い 418
眠気防止 418
眠気防止ガム 133
眠る **418**
眠れない 418
狙い 539
寝る 103 391 566
年 **418** 419
年賀状 368 **419**
年賀スタンプ 419
年賀はがき 429
年金 88 **419**
年金生活 419
年金制度 419
～年後 418
ねんざ **419**
年度 **419**
年齢 49 **420**
年齢制限 296

の

の **420**
ノ 585 617
ノイローゼ **420**
脳 **420** 421
農家 421 436
農学 421
農業 **421** 436
農業大学 421
脳外科 **421**
脳外科医 421
脳梗塞（のうこうそく） 420
濃紺 218
脳死 420
脳腫瘍 263 420
脳卒中 **421**
能天気 134
農林 421 442
ノート 126 228 371 388 **421** 502
ノートパソコン **422** 435
残り 95 422
残り時間 422
残る 51 95 **422**
～のせいで 262 302
覗く 112
除く **422**
ノッポ 328
延ばす→延期 83
伸びる 400
延岡（のべおか） **600**
上り坂 26 224
登戸（のぼりと） 387
登る 387 **423**
～のみ→～だけ 330
飲み会 90 423
飲み込む **423**
飲み放題 423
飲み物 423
飲む 212 **423**
飲むヨーグルト 556
乗り降り 424
乗り越し 284
乗り場 424
乗り物 52 294 301 **423** 424 518
乗り物酔い 423 554
乗る 52 104 294 301 423 **424** 518
ノルマ 302
ノンアルコールビール 450
のんびり 156 161 233 382 404 **424** 460
のんびり働く 437

は

は **424**
ハ 426
歯 **424** 528
葉 **425** 532
～派 314
バ 425
パ 426
バー **425**
場合 243 315 384
バーゲン 264 416 **425**
ばあさん→おばあさん 99
バースデーケーキ 188
パーセント **425**
パーティー 77 82 146 185 186 188 356 **426**
バーテンダー 119
ハード 316
パートタイマー **426**
ハート募金 496
ハードレンズ 218
ハーブ **426**
ハーフアンドハーフ 405
ハーブティー 203
バーベキュー **426**
パーマ 133 **427** 461
はい **427**
肺 **427**
倍 230 508 564
バイオリン 449
肺ガン 141 427
排気ガス 192
ばい菌 **427** 527 557
ハイキング 164 406 452
バイキング 305 **428**
バイク 247 **428**
バイク便 330
灰皿 230
歯医者 424
売春 75
肺水腫（はいすいしゅ） 427
歯痛 424
入ってくる 7
売店 **428**
バイバイ 45 230
売買 126 355 372 428 503 522
配布 178
入る 7 62 257 412 **428**
ハウスダスト 498
墓 **429**
バカ 375 **429**
破壊→壊れる 217
歯が痛い 53
はがき 368 **429**
博士 **429**
博士号 429
ばかばかしい 176
墓参り 429
バカみたい 429
計る **430**
測る **430**
量る **430**
はかる 119 195 274
吐き気がする 430
吐く 159 **430** 543
～泊 103 391 566
白菜 230
拍手 501
爆発 117 **430**
博物館 142 333 **430** 453 463
はげ **431** 492
激しい 389 **431**
派遣 262
馬券 187
派遣社員 110 262
箱 **431** 604
箱入り娘 431 529
函館 **600** **604**
箱根 431
箱根駅伝 79
運ぶ **431**
馬刺し 72 226
はさみ **432**
破産 380
橋 **432** 616
はし **432**
恥 **432** 434
はしか 368 408 500
恥知らず 432
始まる 27 **433** 444
初めて **433** 508
初めまして **433**
始める 27 444
橋本 432
場所 33 109 155 173 198 202 256 261 324 375 387 **433** 491 497 545 547 551 556 566 602 603
場所代 433
走る 271 291 **434**
蓮 252 415
バス **434**
蓮池（人名） 49
バスガイド 111
恥ずかしい 432 **434**
バスケットボール **434**
バスケットボール部 **434** 434
パスタ **435** 468
バスタオル 327
パスタセット 435
パスタ専門店 435

バスツアー 353
パスポート **435**
パスポートの申請 435
パスポート紛失 435
外れ 47 **435**
パソコン 220 **435**
パソコン教室 435
パソコンソフト 316
肌 **436**
機織り(はたおり) 30
裸 **436**
裸祭り 436
畑 318 421 **436**
肌寒い **436**
裸足 **437**
裸足禁止 437
旗日 259
働き者 437
働く 42 190 240 244 257 261 271 322 375 398 **437**
8月 **632**
80円切手 155
パチスロ 437
パチプロ 437
パチンコ **437**
パチンコ勝負 437
パチンコ店 437
罰 170 337
発音 205
はっきり **437**
罰金 60 296
バッグ 411 **438** 565
白血病 264
発見 274 **438**

発見者 438
バッジ 64 110 204 253 271
発生 88 155 239
初体験 186 433
発達障害 **438**
発達障害者 438
ばったり会う 25
初デート 367
服部(はっとり) 499 **617**
初日の出 29 145 265
発表 208 210 309 375 491
初耳 148
初詣で 265
派手 197 **438** 519
バドミントン 371
花 50 83 131 225 **439** 443
鼻 **439** 578
鼻が高い(自慢である) 439
花言葉 213 439
話し合い 92 112
話し相手 23
話が長い 198 400
話をする 439
離す **439** 576 577
話す 46 **439** 528
パナソニック **627**
バナナ **440** 520
バナナジュース 440
バナナパフェ 441
花の香り 115
花火 **440**
花見 225 525
鼻水 **440**
鼻水が出る 440

鼻水止め薬 440
花屋 439
離れる 439 576 577
馬肉 72 409
パニック **440**
パニック障害 440
羽 390
羽田空港 173 318 390
母 103 346 **441**
馬場 **617**
母の日 441 449
パフェ **441**
省く 422
歯ブラシ **441**
バブル 26 77 185 186
浜 108 251 405
浜辺 108 405
はまる 257 530
歯磨き **441**
歯磨きガム 133
歯磨き粉 441
ハム 629
ハムスター 417
早足で歩く 42
早い 53 56 162 284 389 **442**
速い 53 56 162 284 389 **442**
はやい 162 170
林 147 231 **442** 543 614
早とちり 145
流行る **442**
原 339
腹 597
バラ 439 **443**
払う 143 249 **443** 552

パラソル 121
腹違いの兄 36 189
腹違いの姉 36
腹違いの妹 61
腹違いの弟 95
払ってもらう 443
パラリンピック 104
腹を割る **443**
バランス **443**
バランス感覚 443
針 415
バリ **610**
パリ **610**
バリアフリー 131
春 27 32 **444**
春一番 54 444
春風 123 444
バルコニー 487 495
春休み 546
晴れ 27 280 **444**
パレード 202
バレーボール **444**
バレーボール部 444 465
バレる 438
バレンタインデー **444**
パワー 198
ハワイ **610**
~半 448
パン **445**
範囲 296 487
半額 **445** 579
半額セール 445
半額デー 445
ハンカチ **445**

阪急 264
番組 334 481 570
半月 356
反抗 **445**
番号 123 186 232 **446**
反抗期 445
ハンサム 114
阪神タイガース **629**
反省 **446**
反省会 446
パンダ **446** 534
反対 160 232 **446** 469
判断 179 **447**
判断ミス 447
判断力 179 447
班長 182
パンツ **447**
パンツを脱ぐ 447
バンドウイルカ 63
犯人 95 **447** 562 580 596
反応 199 **447**
ハンバーガー 233 **448** 465 624
ハンバーグ **448**
ハンバーグランチ 448
販売 126 355 372 428 503 522
反発 445
半分 445 **448** 579
~番目 531
パン屋 445

ひ

ひ **448**
日 340 365 **449** 484 604 628 629
火 122 134 141 192 **449** 539

非 454
ビアガーデン 405 450
ピアス **449** 524
ピアノ **449**
ピアノ教室 449
ピアノ発表会 449
PHS 187
pm 622
B型 189
ビーチサンダル 233
PTA役員 544
ビール 226 405 **450**
冷え性 229
冷える→冷める 229
控え **450**
日帰り 85 **450**
日帰り温泉 450
日帰りツアー 450
日帰り旅行 450
比較 180 **450**
比較検討 450
比較的 450
比較文化 180
日が暮れる 371
日傘 121 326
東 409 **451** 594 621
東海岸 108 451
日が沈む 551
東山 451
彼岸 100
引き換え 200
引き算 **451** 505
引き出し 117 340
ビキニ 476

引き分け 126 451
引く 451
引く（計算のとき） 505
低い 328 452
びくつく 100
ピクニック 452
ひげ 452
悲劇 127 139
ひげを剃（そ）る 132
飛行機 48 173 452
ひざ 30
ビザ 435
ピザ 453
被災 205
久しぶり 453
ピザの宅配 373
ビジネス英語 78
ビジネスホテル 500
美術 76 453
美術学校 127
美術館 76 333 430 453 463
美術大学 76 453
秘書 252 453 460
非常階段 454
非常口 369 454
非常識 246 267 454 568
非常に 389 431
非常用ろうそく 573
秘書室 453
びしょ濡れ 415
美人 78 114 167 296
ピストル 454
ピストル強盗 454
ピストル自殺 454
日立 628
左 454 520
左側 454
左きき 454
左隣 390
美男子 167
びっくり 455
びっくり仰天 534
びっくりする 97
引っ越し 46
引っ越す 455
引っ込み思案 83
羊 60 182 455
未（ひつじ）年 455
必勝法 493
ぴったり 22 25 407
筆談 117 410 455 488 536
筆談メモ 455
引っ張られる 156
引っ張る 451
必要 116 248 272 456
否定 456 522
否定文 456
ビデオ 456
ビデオカメラ 456
ビデオテープ 367
ビデオ録画 456
人 95 278 334 345 414 457
ひどい 44
人がいい 457
他人事（ひとごと） 334
一筋 290 352
人たち 457
人通り 457
人通りが多い 457
人々 124 265 277 407 457 458 576
ひとり暮らし 295 386
独り言 360
一人旅 566
独りぼっち→孤独 212
一人息子 529
非難 459
ビニール 458 477
ビニール製 458
ビニールバッグ 458
ビニール袋 458 471
皮肉 458
皮肉を言う 458
避妊 414 458 472
避妊対策 458
ひねる 281
日の出 29
被曝 217
被爆 459
被爆者の会 459
批判 459
批判精神 459
批判的 459
ひび 459
響いてくる 459
響く 459
日比野 617
びびる 100 331
暇 53 404 460
ひ孫 507
ヒマワリ 326 460
ヒマワリの種 460
ヒマワリ畑 460
秘密 337 398 453 460 615
日めくり 138
冷や汗 31
百 460
100円均一 169
100円ショップ 460 522
日焼け 114
冷やしうどん 71
冷やしラーメン 560
百科事典 247
冷ややっこ 382
表 285 342 461
秒 461
〜病 264 462
美容院 461
病院 52 461
評価 126 170
ひょう柄 135
病気 71 78 192 250 264 462
病気で休む 462
表計算 461
病欠 191
表現 40
表現力 40
兵庫 184 588
氷山 206
標示 41
美容師 461
標識 462
表情 462
表情豊か 462
表題 324
平等 220 323 462 473 484 485
平等院 462
評判 75
開く 111 433 463
ひらめく 23
ピラフ 53 346
昼 219 463
ビル 333 372 388 463
ピル 175 458
昼間 140 463
ひるむ 100 331
昼休み 161 463
ヒレステーキ 288
悲恋 128
広い 305 464
広尾 464
広島 277 590
広島東洋カープ 630
広まる 442
琵琶湖 521
品格 464
敏感肌 294 436
ピンク 464
貧血 464 535 554 578
貧血予防 464
貧乏 129 465 578
貧乏生活 465
貧乏人 465
貧乏暇なし 465

ふ

ふ 465
ブ 426
部 465 473 594
ファーストキス 152 433
ファーストキッチン 624
ファーストクラス 222
ファーストフード 145 448 465
ファイル 466
ファックス 378 466
ファックス番号 466
ファックス用紙 466
ファッション 300 556
ファッション誌 228 556
ファミコン 374
ファミコンソフト 374
ファミリーマート 623
ファミリーレストラン 124 466 570
不安 44 151 279 466
ファン 413 467
ファンクラブ 467
V 366
フィギュアスケート 285
フィンランド 610
風習 176 256
風疹（ふうしん） 124 408 500
（占いの）風水 123 475 521
ブーツ 467
封筒 467
夫婦 128 367 467
夫婦円満 467
夫婦げんか 193 467
ブーム 442
プール 280 468
フェイスブック 468
フェスティバル 60 468
増える 468 487 508
フェンディ 625

へ

ベスト 485
へそくり 118
へそ曲がり 507
下手 267 486
別 334 496
別会計 496
別居 576
ベッド 486
ペット 382 486
別府 605
ペディキュア 514
ベテラン 186 267 486
ベトナム 611
へび 487
ベビー→赤ちゃん 26
ベビー雑誌 26
へび皮 487
部屋 209 487
ベランダ 487 495
ベランダ菜園 487
ヘリコプター 452
減る 468 487
ベルト 488
ヘルメット 488
変 488
ペン 117 410 455 488 536
変換 375 376 489
返却→返す 113
勉強 127 259 260 310 347 412 489 558
勉強時間 489
勉強中 347
勉強机 367
勉強不足 489
勉強部屋 487
返金 113
変更 399
弁護士 489
返事 208 210 309 375 491
変身 140
ベンチ 489
弁当 357 490
弁当箱 490
便秘 192 490
便秘薬 490
返本 113
便利 475 490
便利屋 490

ほ

ほ 490
保育園 305 491 556
保育園児 491
保育士 105 221 305 491
ポイント 23
ほう 406 485
～法 493
棒 146 491
貿易 491
防火 134 449
法学部 494
放火魔 512
方向 346
暴行事件 401
報告 208 210 309 375 491
報告を受ける 491
防災 472 492
防災カーテン 106 122
防災訓練 222 492 571
防災の日 492
防災マニュアル 492
(ゴキブリよけの)ほう酸だんご 207
奉仕 29 32 113 578
帽子 488 492
防止 213 472 492
奉仕員 29
方針 346
法人 492
坊主 492
坊主頭 431
法制度 299
宝石 326 493
宝石店 493
宝石箱 431
放送 493 509
包装紙 359
暴走族 428
放送大学 493
包丁 566
方法 121 493
訪問着 493
訪問者 493
(家に)訪問する 493
訪問販売 493
包容力 329
法律 153 494
法律違反 60
放り投げる 289
暴力 401 494
暴力反対 401 456 494
暴力を受ける 494
ボウリング 494
ボウリング場 494
ボウリング大会 494
ボーダー 342 494
ボーッとする 498
ボート 475 495
ボート代 495
ボーナス 190 495
ボーナスカット 495
ボーナス払い 495
ホーム 46
(駅の)ホーム 310 487 495
ホームグラウンド 180
ホームビデオ 456
ホームページ 207 495
ホームページアドレス 35
ホームページ作成 495
ホームヘルパー 109 305 496
ホームラン 496
ホームラン王 496
ホームレス 541
ホール 320
ほか 334 496
ホカ弁 490
ポカポカ 32 444
募金 443 496 579
募金活動 496
ぼく 250
北欧 153
ボクサー 497
ボクササイズ 497
牧場 69 497
牧場経営 497
ボクシング 497
ボクシングジム 497
ホクロ 497
ポケット 497
ぼける 498 552
保険 498
保険金 498
歩行→歩く 42
歩行者天国 375
歩行者優先 551
保護者会 103
ホコリ 498
誇り 60
ホコリだらけ 498
星 297 477 498
欲しい 158 242 272 283 499
星占い 498
補習授業 88
ボスざる 231
ポスター 207 495
ポスト 368 499
細い 499
(体が)細い 319 499 547
補足 88
細長い 400 499
ぼそぼそ言う 360
ボタン 499
墓地 429
補聴器 500
北海道 582
北海道日本ハムファイターズ 629
北極 611
北極星 498
発疹 368 408 500
ホットウーロン茶 67
没頭する 257
ホットカフェオレ 130
ホットコーヒー 32
ホットココア 208
ホッとする 500
ホットティー 203
ホットヨガ 557
ホテル 500
補てん 88
歩道 383 384
ほとんど 38 309 323 501 512
ほとんど～ない→あまり～ない 38
母乳 162
骨 501 563
骨つきカルビ 501
ほほえむ 501
ほめる 501
ホラー映画 77 217
ほらふき 502
ボランティア 502
ボランティア精神 502
ほろ苦い 408
ホワイトチョコレート 352
ホワイトデー 444
本 126 127 228 371 385 388 421 435 502 503 517 523 535 558 618 619
盆→お盆 100
盆暮れ 100 222
香港 523 612
本心 502

本田技研工業 **626**
本当 70 194 330 **502** 503
本場 502
本場料理 503
本番 381
本物 194 330 502 **503**
本物志向 503
本屋 **503**
翻訳 489

ま

ま **503**
間（ま） 140 243 351
マーク 266
マージャン **503**
まあまあ **504**
～枚（紙など） 132
マイク 35 135 **504**
迷子 **504**
迷子センター 504
毎週 **504**
毎週月曜日 191 504
毎春 505
毎月 57 127 **505**
毎年 **505**
マイナス 477 **505**
マイナスイオン 451 505
マイナス思考 451 505
毎日 57 384 **505**
毎日同じことを繰り返す 295
毎日新聞 57 279 505
参る 201
マウス **506**
マウンテンバイク 247
前 69 **506**
（～する）前 120 **506**
前売りチケット 506
前田 506
前に 506
前の妻 360
前橋 **600**
（性格的に）前向き 506
前向きに考える 506
任される 262 302 506
任せる 302 **506**
曲がる **507**
マクドナルド **624**
枕 **507**
まぐれ 76 149 173 358
マグロ 225
負け惜しみ 417
負け知らず 191
負ける **507**
孫 **507**
まさか 41
まし 504
マジシャン 370
まじめ 290 **508**
魔術 370
増す 230 **508** 564
まず 272 **508**
麻酔 347
まずい 84 114 471 475 **508**
マスク **509**
マスコミ 493 **509**
マスコミ業界 509
貧しい→貧乏 465
ますます 230 508 564
混ぜる 24 43 **509** 518
また **509**
まだ 388 **510**
また会いましょう 25 509
また明日 509
真ダコ 330
またね 509
まだまだ 388
町 **510**
待ち合い室 209
待ち合わせ 25 511
間違い 136
間違える 136 206 **510**
街並み 510
まちまち **510**
松 621 627
待つ 153 **511**
真っ暗 280
まつげ **511**
マッサージ 80 **511**
松坂屋 **621**
まっすぐ 188 290 352 **511**
マツダ **627**
まったく 309 323 501 **512**
まったく～ない 38
まつたけ 157
マッチ **512**
待ってね 315
祭り **512**
祭囃子 321
～まで 135 222 **512**
窓 **513**
窓ガラス 136 513
窓口 68
窓拭き 470
まとめる 311 361 380 **513**
窓を開ける 513
窓を閉める 513
マトン 455
マナー 244 267 568
まな板 566
学ぶ 127 259 260 310 347 412 489 558
愛娘（まなむすめ） 529
マニア **513**
間に合う 513
間に合わない **513**
マニキュア 361 **514**
マニュアル **514**
マネージャー 350
招かれる 514
招く 227 **514** 558
まねる **514**
まぶしい **515**
マフラー 283 372
魔法 370
ママさんバレー 444
マムシ酒 487
豆 **515** 522
豆まき 515
間もなく **515**
守る 129 141 220 **515** 545 559
麻薬 347
眉 **516**
迷う 75 504 **516**
マヨネーズ 394 **516**
マラソン 271 434
丸 **516**
丸の内 **601**
丸める 518
まれ 535
まわり 526
万 8 **517** 518
万一 **517**
万一のとき 517
満員 215 **517** 518
満員電車 215 517
マンガ 36 103 385 **517**
まんじゅう **518**
マンション 517 **518**
満席 215 517 **518**
満足 158 475 **518** 519
まんねり 293
万年筆 488 517
万引き 415
満腹 173 **519**

み

み **519**
見合い 56 359 **519**
見合い結婚 519
見栄 **519**
三重 **587**
見えるラジオ 540 562
味覚 31 143
味方 **520**
三日月 356
みかん **520**
みかんジュース 520
右 454 **520**
右側 520
右きき 520
見切り品 416
見苦しい 182
未経験 186
みこし 512
見事な絵 101
見込み 383
未婚 151 190 510
短い 339 341 343 400 **520**
ミシン **521**
ミシンで縫う 415
水 72 138 202 281 333 **521**
未遂 388
水色 63 **521**
湖 **521**
見透かされる 383
見透かす 383
ミスタードーナツ 384
水玉 135 494 515 **522**
水たまり 521
水ぼうそう 368 500
水増し 336 508
店 126 355 372 428 503 **522**
未成年禁止 337
店をたたむ 380
みそ **522**
みそ汁 522
みそ煮 522
みそラーメン 560
見た 525
～みたい 413
みたらし団子 339
道 383
道の駅 79
満ちる 337

3日間 410
3日後 30 31
三日坊主 492
3日前 96
見つかる 438
ミッキーマウス 550 603
ミックス 509
ミックスジュース 509
見つける→発見 438
三越 **621**
3つ上 11
三菱自動車工業 **627**
未定 510
水戸 **601**
巳（み）年 487
認めない 456 522
認める 64 456 **522** 554
緑 **523**
港 **523**
湊（みなと） **618**
港町 523
みな平等 462
南 33 153 402 **523** 610
南の島 523
南町 523
見慣れない 535
身分 136 321 323 327
見本 **523**
見本品 523
耳 **524**
耳が痛い 524
宮 582 593 618
宮城 **582**
脈 52 142 461 **524**
土産 260 480 **524**
宮崎 **593**
（安芸の）宮島 277
宮本 **618**
明後日→あさって 30
未来 34 120 219
ミラノ **612**
見られる 525
ミリメートル 308
魅力 **524**
魅力的 524
見る 523 **525**
ミルク→牛乳 162
ミルクティー 162 203
見渡す **525**
みんな **526**
みんなで行く 34

む

む **526**
無一文 541
向かい合う 536
迎える 160 268 **526**
無学 40
昔 120 227
ムカつく 158 168 **526**
むかむかする 64
向こう 42
無効 **527**
無効投票 527
虫 370 427 **527** 528
無地 **527**
蒸し暑い 33 252
無視される 527
無視する 150 447 **527**
虫歯 424 527 **528**
虫歯ゼロ 528
蒸し野菜 528
無宗教 256
矛盾 73 **528**
無職 338 372 541 573
蒸し料理 528
蒸す **528**
難しい 145 362 368 **528** 530
息子 **529**
結びつく 520
結ぶ 190 495
娘 **529**
夢想 312 335 553
無駄 317 **529**
無題 324
無駄遣い 189 **529**
無断欠席 191
無知 578
夢中 57 257 **530**
空しい 134
無反応 447
無表情 462
無名 533 551
村 **530** 617
紫 **530**
紫色 530
村人 530
村役場 545
無理 322 368 528 **530**
無理強い 531
無理強いする 549
無利息 564
無理やり **531**
無料 **531** 552
無料券 531
無料サービス 531
無料奉仕 29

め

め **531**
メ 532 536
目 **531**
芽 **532**
姪（めい） 84 529 **532**
メイク→化粧 188
名刺 125 **532**
明治 321 **532**
名刺印刷 65 532
名刺交換 200 532
明治時代 532
明治神宮 532
明治通り 384
命日 248
名誉 **533** 551
名誉毀損（めいよきそん） 458 533
命令 247 **533**
命令文 533
迷惑 292 **533** 537
迷惑駐車 533
迷惑料 533
メーカー **533**
メートル **534**
メール 35 89 533 **534**
メールアドレス 35 89
メールを受け取る 534
メールを送る 534
目が点になる **534**
目がない 513
メガネ 232 446 **534**
めがね橋 432
メキシコ **612**
恵み 498
目覚める 88
珍しい 33 **535**
目立つ 197 438
メダリスト 535
メダル **535**
メニュー 126 228 371 421 502 **535**
めまい 464 **535** 554
メモ **536**
メリハリ 437
メル友 391
綿 30 **536**
免疫 462
免許 266 **536** 557
免許失効 527
免許取得 536
面接 **536**
面接会場 536
面接官 536
綿素材 536
面倒 94 183 245 **537**
面倒臭い 174 537
綿毛布 539

も

も **537**
モ 624
〜も 154 **537**
もう 506
盲 **537**
もういいやと思う 28
もう一度 40 399 **538** 549
盲学校 537
儲け方 538
儲ける **538**
申し込まれる 538
申し込み書 538
申し込む 349 482 **538**
申し訳ない 216 292
盲腸 **538**
盲導犬 537
毛布 185 474 **539**
盲ろう 537 572
燃えない 539
燃える 122 134 192 449 **539**
燃えるゴミ 215 539
モーターボート 495
モーニングセット 99
木製 147 357
目的 212 337 418 419 539
目標 337 418 **539**
目標数 123 539
木曜日 147 **539**
潜る→ダイビング 325
もし 42 333 499 **540**
文字 483 **540**
文字放送 493 540
モスバーガー **624**
餅 518
持ち金 540
もちろん **540**
持つ 241 278 280 **540**

ようこそ 268
洋裁 521
養子 **555**
幼児 26 213
用事 116 248 456
養子縁組 520 555
幼児虐待 160
養子肯定派 555
洋食 570
様子 268 323 483
要するに 311 361 380 513
(～の)ようだ **555** 562
容態 268 323 483
幼稚 556
幼稚園 491 **556**
腰痛 **556**
洋服 300 **556**
要望 538 541
羊毛 185 455
要予約 559
ヨーグルト **556**
ヨーグルトアイス 556
ヨーロッパ **612**
ヨガ **557**
ヨガスタジオ 557
ヨガブーム 557
夜霧 166
浴室 481
横綱 **557**
横綱昇進 557
横綱優勝 557
横浜 317 **601**
横浜港 523
横浜DeNAベイスターズ **630**
汚れ 427 536 **557**
予算 **557** 558
予算案 557
吉田 **619**
余震 358
予想 312 335 553
予想外 435
四日市 406 **601**
4日間 410
欲求 140
酔っ払い 464 535 554
予定 185 285 303 362 **558**
予定表 461 558
呼ばれる 558
呼び方 558
予備軍 184 470
予備校 259 **558**
予備校生 558
呼ぶ 227 514 **558**
予防 213 472 492
予防注射 347 472
読売ジャイアンツ **630**
読み書き 558
読む 385 **558**
予約 129 220 515 545 **559**
予約済み 559
予約席 559
予約表 545
予約をキャンセルする 559
より小さい 342
より長い 400
より激しい 431
より久しぶり 453
夜 29 179 219 280 444 **559**
夜遅く 93
喜び 75 153 334
喜ぶ 75 153 334
よろしく **559**
よろしくお伝えください 559
よろしくお願いします 554 559
弱い 150 362 **559**
世渡り 579

ら

ら **560**
ラーメン 71 315 **560**
雷雲 133
ライオン **560**
来月 306 **560**
来週 307 560 **561**
雷神 133
ライス 215
ライター **561**
ライト 26 276 374
ライトグレー 183 417
来年 31 165 **561**
来年度 561
ライバル 40 239 451
ライバル関係 40
ライブ 70
楽 **561**
落胆→がっかりする 127
ラグビー **562**
ラグビー場 562
ラグビー選手 562
ラグビーチーム 562
～らしい 335 555 **562**
ラジオ **562**
ラジオ局 562
ラジオ体操 322
ラジオ付き懐中電灯 111
ラスベガス **612**
裸族 436
ラッキー 354
裸婦 436
ラブレター 368 499
ラム 455
ランチ 213 463
ランチバイキング 428
ランドセル 565
乱暴 **562**
乱暴者 562

り

り **563**
リ 196 563
利益 538
理科 501 **563**
理解 275 403 **563** 576
理解不足 563
理科室 563
離婚 190 277 **563**
リサイクル 86 **564**
リサイクルショップ 564
リサイクル品 564
利子→利息 564
リストラ 244 **564**
リストラ相談 564
利息 230 508 **564**
立食パーティー 426
リッチ→金持ち 129
立派 464
立派な 81 288
リップクリーム 177
略歴 185 566
理由 61 401 **564**
龍 **565**
～流 314
流行 442
流行遅れ 90
流行中 442
流行通信 442
流産 348
リュックサック 438 **565**
利用 355
漁 **565**
猟(りょう) 136
了解 275 576
料金 88 108 171 194 419 445
両国国技館 293
漁師 565
領収書 207 **565**
両親 103
漁の網 565
料理 324 **566**
料理が来る 230
料理上手 267
料理レシピ 570
旅館 500 **566**
緑茶 94 523
緑茶ブーム 94
旅行 **566**
旅行土産 524
履歴書 185 237 **566**
りんご **567**
りんご狩り 136
りんごジュース 567
臨時 386 389
臨時国会 386
臨時ニュース 412
リンスインシャンプー 255

る

る **567**
ル 42
～類 63 403
ルイ・ヴィトン **625**
ルーズ 338
ルール **567**
ルール違反 60 567
留守 **567** 568
留守番 567
留守番電話 134 378 567 **568**
留守番電話サービス 568
留守録 567 574
ルビー 493

れ

れ **568**
レ 42
例 42 333
礼→おじぎ 91
冷菓 122
礼儀 244 246 267 366 454 **568**
礼儀正しい 568
礼金 547
冷酒 411
冷製スープ 282

冷蔵庫 569
礼拝 59 164
例文 333
冷房 77 173 229
レインブーツ 467
レインボー 409
レインボーカラー 409
レインボーブリッジ 432
歴史 569
歴史辞典 247
歴史書 569
歴史物語 542 569
歴女 164
レジ 565 569
レシート 565 569
レシピ 481 570
レストラン 288 399 466 570
レスリング 482
列 406
列車 258 376
レベル 570
レベルが高い 570
レベルが低い 570
レポート 274
恋愛 198 246 570
恋愛結婚 570
恋愛ごっこ 198
恋愛小説 570
恋愛中 570
連休 571
練習 571
練習試合 235 571
練習問題 571
連続する 358
連続ドラマ 392
レンタカー 571
レンタル 137 571
レンタルビデオ 137 456 571
レントゲン 214 571
レントゲン室 571
レントゲン写真 571
連盟 89 163 363
連絡 288 572
連絡する 7 288 328 358 571 572
連絡船 475
連絡帳 572
連絡バス 572
連絡網 570 572
連絡を受ける 7 358 572

ろ

ろ 572
ロイヤルホスト 625
ろう（者） 349 537 572 623
ろうあ協会 163 572
廊下 383 384
ろう学校 572
ろう者大会 320 572
老女 99
老人 91 572
老人病 91
老人ホーム 572
老人ぼけ 498
ろうそく 573
ろうそく作り 573
労働 573
労働組合 458 573
労働条件 573
浪人 573
浪人中 573
浪費 529
浪費ぐせ 529
老夫婦 128 467
ローソン 623
ローン 55 573
録画 574
録画中 574
6月 631
録画予約 559 574
6畳 332
ロサンゼルス 612
ロシア 612
ロゼ 575
露天風呂 105 314 481
ロボット 574
ロボット工学 574
路面電車 310
ロンドン 613

わ

わ 574
和 243 485
ワープロ 435
ワールドカップ 574
ワールドカップ観戦 574
賄賂 575
ワイン 66 575
ワインビネガー 575
若い 366 547 575 576
若いとき 575
若はげ 431
わがまま 51 128 255 323 575
若者 575 576
若者言葉 576
和歌山 589
わからない 274 576
わかる 275 563 576
別れた夫 563
別れた妻 563
別れ話 576
分かれる 439 576 577
別れる 439 576 577
ワクチン 577
ワクチン注射 577
ワクワクする 171 577
わけ 61 401 564
分ける 439 576 577
技（わざ） 151
和裁 415
わざと 70 577
わざと～する 248 392
わざわざ 302
和室 332
和食 178 411
わずか 578
忘れ物 578
忘れる 100 578
話題 324
和太鼓 321
わたし 35 250 439 578
渡す 29 32 113 578
渡辺 380 403 619
渡る 579
和風 123 178 411
和風ハンバーグ 448
和服 160
笑い泣き 579
笑う 579
割り勘 579
割り算 120 580
割りばし 432
割り引き 445 579
割る 344 425 580
悪い 337 354 447 554 580 596
悪口 580
ワンパターン 181
ワンピース 206 356 580

ん

ン 141 218 536

著者：米内山明宏（よないやまあきひろ）
1952年東京都杉並区生まれ。1981年アメリカン・デフ・シアターの契約俳優になり、日米84カ所の公演ツアーに参加。日本ろう者劇団代表ほか数々の要職に就く。手話演劇、映画、テレビ、ビデオなど、手話の監修や台本執筆多数。現在、有限会社手話文化村代表。著書に『プライド』（法研）、『米内山先生が教えるやさしい手話会話』（高橋書店）など多数。

©Ryoichi Shimizu

イラスト　東村直美（やなか事務所）・大平ひとみ・藤田ヒロコ・かたおかともこ
デザイン　鶴田めぐみ・風間正江・菅原寿実子
執筆協力　緒方英秋
DTP　（株）明昌堂
編集協力　（株）アーク・コミュニケーションズ
編集担当　柳沢裕子・山路和彦（ナツメ出版企画）

すぐに使える手話パーフェクト辞典

2012年10月5日　初版発行
2016年4月30日　第12刷発行

著　者　**米内山明宏**
発行者　**田村　正隆**

発行所　株式会社ナツメ社
東京都千代田区神田神保町1-52　ナツメ社ビル1F（〒101-0051）
電話　03(3291)1257（代表）　FAX　03(3291)5761
振替　00130-1-58661
制　作　ナツメ出版企画株式会社
東京都千代田区神田神保町1-52　ナツメ社ビル3F（〒101-0051）
電話　03(3295)3921（代表）
印刷所　株式会社リーブルテック

ISBN978-4-8163-5287-4
Printed in Japan
〈定価はカバーに表示してあります〉
〈落丁・乱丁本はお取り替えします〉

あ	い	う	え	お
か	き	く	け	こ
さ	し	す	せ	そ
た	ち	つ	て	と
な	に	ぬ	ね	の
は	ひ	ふ	へ	ほ
ま	み	む	め	も
や		ゆ		よ
ら	り	る	れ	ろ
		わ		